中财传媒版 2025年资产评估师职业资格全国统一考试辅导系列丛书

资产评估相关知识
精讲精练

资产评估师职业资格考试辅导用书编写组 编

中国财经出版传媒集团
中国财政经济出版社
·北京·

图书在版编目（CIP）数据

资产评估相关知识精讲精练 / 资产评估师职业资格考试辅导用书编写组编. -- 北京：中国财政经济出版社，2025.4. -- （中财传媒版2025年资产评估师职业资格全国统一考试辅导系列丛书）. -- ISBN 978-7-5223-3874-3

Ⅰ.F20

中国国家版本馆 CIP 数据核字第 2025JN4469 号

责任编辑：李肇晗　张晓丽

资产评估相关知识精讲精练
ZICHAN PINGGU XIANGGUAN ZHISHI JINGJIANG JINGLIAN

中国财政经济出版社 出版
URL: http://www.cfeph.cn
E-mail: cfeph@cfeph.cn
（版权所有　翻印必究）
社址：北京市海淀区阜成路甲28号　邮政编码：100142
营销中心电话：010-88191537
天猫网店：中国财政经济出版社旗舰店
网址：https://zgczjjcbs.tmall.com
涿州汇美亿浓印刷有限公司印刷　各地新华书店经销
成品尺寸：185mm×260mm　16开　36.5印张　1 065 000字
2025年4月第1版　2025年4月河北第1次印刷
定价：89.00元
ISBN 978-7-5223-3874-3
（图书出现印装问题，本社负责调换）
本社质量投诉电话：010-88190744
打击盗版举报热线：010-88191661　QQ：2242791300

前　言

为了帮助广大考生全面理解 2025 年资产评估师考试大纲和考试教材规定的内容，在有限的复习时间内掌握教材的重难点知识，中国财经出版传媒集团组织常年从事资产评估教学科研和考前辅导的名师、专家，编写本套"中财传媒版 2025 年资产评估师职业资格全国统一考试辅导系列丛书"。

该辅导丛书涵盖了 2025 年考试 4 个科目，即"资产评估基础""资产评估相关知识""资产评估实务（一）""资产评估实务（二）"。

该辅导丛书紧扣考试大纲和考试教材，系统梳理考试重点难点，对教材变化分析总结，对重要知识点加以解析，辅以大量经典习题讲解。每章均集中安排了具有代表性和针对性练习题供考生练习，学练结合，帮助考生巩固掌握教材精髓。附有两套全真模拟试题，助力考生赢得考试。

资产评估师职业资格全国统一考试是我国选拔评估师人才、促进评估师人才成长的重要方式。希望广大考生在认真学习教材内容的基础上，结合本系列丛书正确理解和全面掌握应试知识点内容，顺利通过考试！

由于编者水平有限，加之编写时间仓促，书中错漏之处在所难免，恳请广大读者不吝指正。

目录

第一部分 会计知识

第一章 总论 （3）
考试大纲 （3）
考情分析 （3）
考点精讲及典型例题解析 （3）
精选练习题 （15）
精选练习题参考答案及解析 （17）

第二章 资产 （20）
考试大纲 （20）
考情分析 （20）
考点精讲及典型例题解析 （21）
精选练习题 （79）
精选练习题参考答案及解析 （95）

第三章 负债 （107）
考试大纲 （107）
考情分析 （107）
考点精讲及典型例题解析 （107）
精选练习题 （127）
精选练习题参考答案及解析 （131）

第四章 所有者权益 （135）
考试大纲 （135）
考情分析 （135）
考点精讲及典型例题解析 （135）
精选练习题 （141）
精选练习题参考答案及解析 （145）

第五章 收入、费用和利润 （149）
考试大纲 （149）
考情分析 （149）
考点精讲及典型例题解析 （149）
精选练习题 （168）
精选练习题参考答案及解析 （174）

第六章 财务报告 （178）
考试大纲 （178）
考情分析 （178）
考点精讲及典型例题解析 （178）
精选练习题 （202）
精选练习题参考答案及解析 （208）

第二部分 财务管理知识

第一章 财务管理基础 （213）
考试大纲 （213）
考情分析 （213）
考点精讲及典型例题解析 （213）
精选练习题 （223）
精选练习题参考答案及解析 （227）

第二章 财务分析 （230）
考试大纲 （230）
考情分析 （230）
考点精讲及典型例题解析 （230）
精选练习题 （246）
精选练习题参考答案及解析 （252）

第三章 预测与预算 （257）
考试大纲 （257）
考情分析 （257）
考点精讲及典型例题解析 （257）
精选练习题 （280）
精选练习题参考答案及解析 （285）

第四章 投资管理 …………………… (291)
　　考试大纲 …………………………… (291)
　　考情分析 …………………………… (291)
　　考点精讲及典型例题解析 ………… (291)
　　精选练习题 ………………………… (316)
　　精选练习题参考答案及解析 ……… (323)

第五章 筹资与分配管理 …………… (331)
　　考试大纲 …………………………… (331)
　　考情分析 …………………………… (331)
　　考点精讲及典型例题解析 ………… (331)
　　精选练习题 ………………………… (364)
　　精选练习题参考答案及解析 ……… (371)

第三部分 经济法知识

第一章 企业法律制度 ……………… (381)
　　考试大纲 …………………………… (381)
　　考情分析 …………………………… (381)
　　考点精讲及典型例题解析 ………… (381)
　　精选练习题 ………………………… (412)
　　精选练习题参考答案及解析 ……… (415)

第二章 物权法律制度 ……………… (418)
　　考试大纲 …………………………… (418)
　　考情分析 …………………………… (418)
　　考点精讲及典型例题解析 ………… (418)
　　精选练习题 ………………………… (440)
　　精选练习题参考答案及解析 ……… (443)

第三章 金融法律制度 ……………… (446)
　　考试大纲 …………………………… (446)
　　考情分析 …………………………… (446)
　　考点精讲及典型例题解析 ………… (446)
　　精选练习题 ………………………… (469)
　　精选练习题参考答案及解析 ……… (471)

第四章 企业国有资产法律制度 …… (474)
　　考试大纲 …………………………… (474)
　　考情分析 …………………………… (474)
　　考点精讲及典型例题解析 ………… (474)
　　精选练习题 ………………………… (491)
　　精选练习题参考答案及解析 ……… (493)

第五章 税收法律制度 ……………… (495)
　　考试大纲 …………………………… (495)
　　考情分析 …………………………… (495)
　　考点精讲及典型例题解析 ………… (495)
　　精选练习题 ………………………… (522)
　　精选练习题参考答案及解析 ……… (524)

2025 年资产评估师职业资格全国统一考试《资产评估相关知识》全真模拟试题（一） … (527)
2025 年资产评估师职业资格全国统一考试《资产评估相关知识》全真模拟试题（一）参考答案及解析 …………… (541)
2025 年资产评估师职业资格全国统一考试《资产评估相关知识》全真模拟试题（二） … (552)
2025 年资产评估师职业资格全国统一考试《资产评估相关知识》全真模拟试题（二）参考答案及解析 …………… (566)

第一部分

会计知识

第一章 总 论

考试大纲

一、考试目的

考查考生对财务报告目标、会计基本假设、会计信息质量要求、会计要素的确认、会计计量属性等会计基本原理的掌握情况及应用能力。

二、考试内容及要求

（一）掌握的内容

1. 财务报告目标。
2. 会计基本假设。
3. 会计信息质量要求。
4. 会计计量属性及其运用。

（二）熟悉的内容

1. 会计的作用。
2. 会计记账基础。
3. 会计要素的确认条件和分类。
4. 财务报告的构成和分类。

（三）了解的内容

会计准则体系。

考情分析

与往年比，2025年教材本章内容未发生实质性的变化，仅对个别文字表述及个别解释进行了修订，新增和修订内容及对应本书本章节应学习的知识点如下：

1. 第一节会计概述，修改了个别语句【知识点1】。

本章内容为会计基本理论知识，不作为重点考察内容。本章知识点主要涉及财务会计的基本假设、会计计量属性、会计信息质量要求以及会计要素的确认和分类。本章注重概念性的理论知识，作为财务会计的基础性章节，本章对全书后续章节具有统驭作用。

考生应熟练掌握并区分会计信息质量要求和会计基本假设的类别及应用案例，熟练掌握会计计量属性的概念及应用案例，并在后面章节的学习中积极联系本章知识点。

本章金融负债、权益工具和公允价值估值技术这三部分内容学习难度较大，考生初次学习时可先有所选择，待整本书学习完毕后再回来查漏补缺。

考生在本章应重点学习以下内容：

1. 财务报告的目标。
2. 会计基本假设及应用范围。
3. 辨别会计信息质量要求各要素，并重点关注要素的会计案例，尤其是谨慎性、可靠性、实质重于形式、重要性。
4. 会计计量属性的案例。

考点精讲及典型例题解析

【知识点1】会计概述

一、会计的定义

企业会计主要反映该企业的财务状况、经营成果、现金流量、所有者权益变动等，并对其经营活动和财务收支进行监督。

$$会计\begin{cases}确认\\计量\\记录\\报告\end{cases}综合管理工作$$

二、会计的作用

1. 提供决策有用的信息。
2. 加强经营管理，提高经济效益。
3. 考核企业管理层受托责任的履行情况。

三、企业会计准则体系

企业会计处理应依据企业会计准则进行。我国的企业会计准则体系见表1-1。

表1-1

企业会计准则	释义
基本准则	共五部分，包括：总则、会计信息质量要求、会计要素、会计计量、财务报告。对企业会计的一般要求和主要方面做出原则性的规定。
具体准则	共42项，在基本准则指导下，对企业各项资产、负债、所有者权益、收入、费用、利润及相关交易或事项的确认、计量和报告进行规范。
企业会计准则解释	对具体准则实施过程中出现的问题、具体准则条款规定不明确等问题做出的补充说明。
应用指南	对具体准则相关条款和有关重点难点问题提供的操作性指南。

【知识点2】财务报告目标

财务报告目标是向财务报告使用者提供与企业财务状况、经营成果和现金流量等有关的会计信息，反映企业管理层受托责任履行情况，有助于财务报告使用者做出经营决策。

【提示】管理层受托责任：现代企业制度中，企业所有权和经营权相互分离，企业各项资产被企业所有者委托给管理层进行经营管理。企业管理层有责任妥善保管并合理、有效运用这些资产。

【知识点3】会计基本假设

会计基本假设是会计人员对财务会计核算所处的时间、空间环境所做的合理设定，见表1-2。

表1-2

基本假设	含义	作用
会计主体	企业应当对其本身发生的交易或者事项进行会计确认、计量和报告。	界定企业会计确认、计量和报告的空间范围。
持续经营	在可以预见的将来，企业将会按当前的规模和状态继续经营下去，不会停业，也不会大规模削减业务。	界定企业会计确认、计量和报告的时间范围。
会计分期	为便于核算及编制财务报告，对经营活动期间进行的人为划分。	界定会计主体的记账基础、财务报告的编制期限。
货币计量	在进行财务会计确认、计量和报告时以货币计量，反映会计主体的生产经营活动。	界定会计确认、计量和报告必须使用的计量单位。

一、会计主体

会计主体假设，为会计人员在日常的会计核算中对各项交易或事项做出正确判断、对会计处理方法和会计处理程序做出正确选择提供了依据。

会计主体与法律主体的区别：一般来说，法律主体必然是一个会计主体。但是，会计主体不一定是法律主体。

【例1-1】（单选题）将子公司的财务状况反映到集团合并报表中，所体现的会计基本假设是（　　）。

A. 会计主体　　　　B. 持续经营
C. 会计分期　　　　D. 货币计量

【答案】A

【解析】在企业集团情况下，一个母公司拥有若干个子公司，企业集团在母公司的统一领导下开展生产经营活动。母子公司虽然是不同的法律主体，但是，为了全面反映企业集团的财务状况、经营成果和现金流量，就有必要将这个企业集团作为一个会计主体，编制合并财务报表。会计主体假设，为会计人员在日常的会计核算中对各项交易或事项做出正确判断、对会计处理方法和会计处理程序做出正确选择提供了依据。因此，选项A正确。

二、持续经营

持续经营假设，即会计主体将按照既定用途使用资产，按照既定的合约条件清偿债务。会计核算以企业持续、正常生产经营活动为前提，便于会计原则和方法使用的一致性、会计信息的可比性。

持续经营假设是会计分期假设的前提。

【提示】企业一旦打破持续经营假设，进入破产、清算环节，其在原假设下所选择的会计核算原则和方法就不能客观地反映企业的财务状况、经营成果和现金流量，需进行会计政策变更，按照《中华人民共和国企业破产法》《国有企业试行破产有关会计处理问题暂行规定》等相关规定进行会计核算。

三、会计分期

会计分期使企业经营成果出现当期与其他期间的差别，使不同类型的会计主体有了记账基准，进而出现了应收、折旧、摊销、递延等会计处理方法。

【提示】各个国家都根据其经济特点和管理需要，明确会计年度的起止日期。有的国家还设立多个会计年度供企业选择使用。中国按照历年制（1月1日起至12月31日止）确认会计分期。

【例1-2】（单选题）甲公司2×24年12月20日与乙公司签订商品销售合同。合同约定：甲公司应于2×25年5月20日前将合同标的商品运抵乙公司并经验收，在商品运抵乙公司前灭失、毁损、价值变动等风险由甲公司承担。甲公司该项合同中所售商品为库存W商品，2×24年12月30日，甲公司根据合同向乙公司开具了增值税专用发票并于当日确认了商品销售收入。W商品于2×25年5月10日发出并于5月15日运抵乙公司验收合格。对于甲公司2×24年W商品销售收入确认的恰当性判断，除考虑与会计准则规定的收入确认条件的符合性以外，还应考虑可能违背的会计基本假设是（　　）。

A. 会计主体　　　　B. 会计分期
C. 持续经营　　　　D. 货币计量

【答案】B

【解析】会计分期的目的，在于通过会计期间的划分，将持续经营的生产经营活动划分成连续、相等的期间，据以结算盈亏，按期编制财务报告，从而及时向财务报告使用者提供有关企业财务状况、经营成果和现金流量的信息。根据收入确认条件，甲公司应在所销售的商品控制权发生转移的期间确认销售收入，也就是收入确认时间应为2×25年而非2×24年。甲公司提前确认收入的行为，显然违背了会计分期假设。

四、货币计量

会计主体在会计核算中要以货币为统一的主要计量单位，记录和反映企业生产经营过程和经营成果。在货币计量假设下，我国境内企业会计核算以人民币为记账本位币。业务收支以人民币以外的货币为主的企业，可以选定其中一种货币作为记账本位币，但是编制的财务报表应当折算为人民币。

【提示】货币计量假设要明确三个要点：①货币在会计核算中作为主要计量尺度，除此之外可以辅以实物和时间等其他计量尺度；②货币的多样性要求会计主体确认自己的记账本位币，即以某种统一货币来反映会计主体的财务状况与经营成果；③货币计量隐含币值不变假设。

【例1-3】（单选题）甲企业的业务收支以欧元为主，下列关于该企业货币计量的会计处理中符合中国会计准则要求的是（　　）。

A. 以人民币为记账本位币，编制的财务报表折算为欧元

B. 以欧元为记账本位币，编制的财务报表不折算

C. 以欧元作为记账本位币，编制的财务报表折算为人民币

D. 以人民币为记账本位币，编制的财务报表不折算

【答案】C

【解析】记账本位币是指企业经营所处的主要环境中的货币，甲企业业务收支以欧元为主，因此应以欧元作为记账本位币。但我国会计准则要求在我国报送的财务报表需以人民币为基础，因此财务报表需折算为人民币。

【例1-4】（单选题）下列对会计核算基本前提的表述中恰当的是（　　）。

A. 持续经营和会计分期确定了会计核算的空间范围

B. 一个会计主体必然是一个法律主体

C. 货币计量为会计核算提供了必要的手段

D. 会计主体确立了会计核算的时间范围

【答案】C

【解析】选项A，是确定了时间范围；选项B，会计主体不一定是法律主体，法律主体一定是会计主体；选项D，会计主体确立了会计核算的空间范围。

【知识点4】会计记账基础

一、权责发生制

企业会计确认、计量报告应当以权责发生

制为基础，即凡是当期已经实现的收入和已经发生或应当负担的费用，无论款项是否收付，都应该作为当期的收入和费用计入当期损益；凡是不属于当期的收入和费用，即使款项已经在当期收付，也不应该作为当期的收入和费用计入当期损益。

二、借贷记账法

借贷记账法是对每项经济业务都以相等的金额在两个或两个以上有关账户进行记录的一种复式记账法。

记账符号："借""贷"。

记账依据：资产＝负债＋所有者权益。

记账规则：有借必有贷，借贷必相等。

【提示】会计记账依据以会计等式为规则：资产＝负债＋所有者权益，该等式称为会计静态等式。

增加损益类科目后，会计记账等式扩展为：资产＋费用＝负债＋所有者权益＋收入，等式左边记账依据为借方记录增加、贷方记录减少，等式右边记账依据为贷方记录增加、借方记录减少（见表1-3）。会计在对企业经济活动进行确认、计量和报告时，在会计账簿借、贷两方同时增加或减少相同的金额，使得会计等式保持不变。

表1-3

静态等式	资产	＝	负债＋所有者权益
扩展等式	资产＋费用	＝	负债＋所有者权益＋收入
记账规则	借增贷减	＝	贷增借减

【知识点5】会计信息质量要求

会计信息应具备的基本信息质量要求包括：可靠性、相关性、可理解性、可比性、实质重于形式、重要性、谨慎性和及时性。

一、可靠性

可靠性要求企业应当以实际发生的交易或者事项为依据进行会计确认、计量和报告，如实反映符合确认和计量要求的各项会计要素及其他相关信息，保证会计信息真实可靠、内容完整。

【提示】可靠性要求会计信息是真实、完整、中立的，而非虚假、缺失、偏颇的。

二、相关性

相关性要求企业提供的会计信息应当与财务报告使用者的经济决策需要相关，有助于财务报告使用者对企业过去、现在或者未来的情况做出评价或者预测。

三、可理解性

可理解性要求企业提供的会计信息应当清晰明了，便于财务报告使用者理解和使用。

四、可比性

可比性要求企业提供的会计信息应当口径一致、相互可比。可比性要求企业会计信息应横向可比及纵向可比。

（1）横向可比：不同企业发生的相同或者相似的交易或者事项，应当采用统一规定的会计政策，确保会计信息口径一致、相互可比。

（2）纵向可比：同一企业不同时期发生的相同或者相似的交易或事项，应当采用一致的会计政策，不得随意变更，确保不同时期会计信息可以比较分析。

【提示】会计政策变更应符合两个要求：①法律、行政法规或国家统一的会计制度等要求变更；②会计政策的变更能够提供更可靠、更相关的会计信息。

【例1-5】（单选题）2×25年1月1日开始，甲公司按照会计准则的规定采用新的财务报表格式进行列报。因部分财务报表列报项目发生变更，甲公司对2×25年度财务报表可比期间的数据按照变更后的财务报表列报项目进行了调整。甲公司的上述会计处理体现的会计信息质量要求是（　　）。

A. 可比性　　　　　　B. 权责发生制
C. 实质重于形式　　　D. 会计主体

【答案】A

【解析】满足同一企业不同期间可比的要求。

五、实质重于形式

实质重于形式要求企业应当按照交易或者事项的经济实质进行会计确认、计量和报告，不应仅仅以交易或者事项的法律形式为依据。

【提示】体现实质重于形式的常见案例：①销售商品的售后回购：已将商品的控制权转移，满足收入确认条件的应确认收入；未将商品的控制权转移，不满足收入确认条件的，即使商品已交付，也不应当确认收入。②销售商品的售后服务：售后服务即使未发生，也在本期确认费用。③企业交易中关联方关系的确定。④将明股实债的投资作为债权投资进行核算和管理。

【例1-6】（单选题）下列事项中，体现实质重于形式这一会计信息质量要求的是（　　）。

A. 年末对或有事项进行披露

B. 即使不存在减值迹象，每年都对商誉进行减值测试

C. 因通货膨胀，将存货的核算由先进先出法更改为月末一次加权平均法

D. 持有某公司28%股份，但能够控制该公司，对于持有的股份以成本法核算

【答案】D

【解析】实质重于形式要求企业应当按照交易或事项的经济实质进行会计确认、计量、报告，不应仅仅以交易或者事项的法律形式为依据。选项D体现实质重于形式要求。

六、重要性

重要性要求企业提供的会计信息应当反映与企业财务状况、经营成果和现金流量等有关的所有重要交易或者事项。

重要性信息质量要求，对重要的事项予以充分、准确地披露；对于次要的会计事项，可适当简化处理。

重要性应用需要依赖职业判断。

【例1-7】（单选题）甲公司编制2×24年度财务报表时，发现2×23年度某项管理用无形资产未摊销，应摊销金额20万元，甲公司将该20万元补记的摊销额计入了2×24年度的管理费用。甲公司2×23年和2×24年实现的净利润分别为20 000万元和18 000万元。不考虑其他因素，甲公司上述会计处理体现的会计信息质量要求是（　）。

A. 重要性　　　　　B. 相关性
C. 可比性　　　　　D. 及时性

【答案】A

【解析】2×23年无形资产未进行摊销，属于会计差错，同时补记金额相对于2×23年和2×24年实现的净利润而言整体影响不大，作为不重大的前期差错处理，因此甲公司在2×24年确认为当期管理费用，体现的是重要性原则。

七、谨慎性

谨慎性要求企业对交易或者事项进行确认、计量和报告应当保持应有的谨慎，不应高估资产或者收益，低估负债或者费用。

【提示】体现谨慎性的常见案例：①对可能发生减值的资产计提减值准备；②对或有事项确认预计负债；③对资产进行加速折旧等。

【例1-8】（单选题）甲公司销售乙产品，同时对售后3年内产品质量问题承担免费保修义务，有关产品更换或修理至达到正常使用状态的支出由甲公司负担。2×24年，甲公司共销售乙产品1 000件，根据历史经验估计，因履行售后保修承诺预计将发生的支出为600万元，甲公司确认了销售费用，同时确认了预计负债。甲公司该会计处理体现的会计信息质量要求是（　）。

A. 可比性　　　　　B. 实质重于形式
C. 谨慎性　　　　　D. 及时性

【答案】C

【解析】甲公司根据预计可能承担的保修义务确认预计负债，体现的是会计信息谨慎性要求。

八、及时性

及时性要求企业对于已经发生的交易或者事项，应当及时进行会计确认、计量和报告，不得提前或者延后。会计信息在收集、处理、传递时要及时。

【例1-9】（单选题）下列各项会计处理中，不违背会计信息质量要求的是（　）。

A. 甲企业投资性房地产的后续计量由公允价值模式改为成本模式

B. 乙企业对持有待售的非流动资产组在初始计量时，比较其假定不划分为持有待售类别情况下的初始计量金额和公允价值减去出售费用后的金额，以孰低计量

C. 丙企业把频繁的小额交易和数量稀少的大额交易在会计处理上一视同仁，都选择逐日逐笔记账

D. 丁企业对一项长期股权项目追加投资，使原本投资比例由25%转为65%，对被投资单位由具有重大影响变为具有控制权，对此项目使用权益法核算

【答案】B

【解析】投资性房地产准则要求其后续计量模式不能由公允价值模式转换为成本模式，只能由成本模式转化为公允价值模式，选项A违背了会计信息质量可比性要求。对持有待售资产组或处置组初始入账价值，按历史成本或公允价值减去出售费用的净额，以孰低计量，体现了企业不高估资产的原则，即谨慎性原则。频繁的小额交易逐日逐笔记账，对于次要的会计事项和重要的会计事项一视同仁，违背了会计信息重要性的要求。长期股权投资由原本重大影响转换为控制，需要改变核算方法，由权

益法改变为成本法，选项 D 违背了会计信息可比性要求。

【知识点6】会计要素

会计要素准则是指企业在会计核算中对各项根据交易或者事项的经济特征所确定的财务会计要素进行确认、计量、记录对象和报告时应当遵循的基本要求分类。企业会计准则将会计要素划分为六项，即资产、负债、所有者权益、收入、费用和利润。

一、资产

（一）资产的定义与特征

1. 定义。

资产是指企业过去的交易或者事项形成的、由企业拥有或者控制的、预期会给企业带来经济利益的资源。企业的资产通常包括库存现金、银行存款、应收款项、交易性金融资产、存货、长期股权投资、固定资产、无形资产等。

2. 特征。

（1）资产预期会给企业带来经济利益。

（2）资产应为企业拥有或者控制的资源。

（3）资产是由企业过去的交易或者事项形成的。

【提示】预期会给企业带来经济利益是资产的核心要素。如果某项资产原本可以给企业带来经济利益，但因为某种原因改变性质导致不能给企业带来经济利益，则应从已确认的资产中扣减。如已经失效或毁损的存货，应从原本已确认的资产中扣减，确认为当期损益。

（二）资产的确认条件

1. 与该资源有关的经济利益很可能流入企业。

2. 该资源的成本或价值能够可靠计量。

【提示】某些情况下，企业取得的资产没有发生实际成本，或实际发生的成本很小，如果其公允价值能够可靠计量，也被认为符合资产可计量性的条件，如某些取得成本很小的衍生金融工具。

【例1-10】（多选题）下列关于资产特征的描述中，错误的有（　　）。

A. 企业不拥有的资源不能被确认为资产

B. 由过去事项形成资源可以被确认为资产

C. 企业预期交易的，能够可靠计量的资源可以被确认为资产

D. 为了体现重要性，当月毁损的库存商品应在下个月确认损益

E. 根据编制财务报表时所取得的确凿证据，某资源相关的经济利益能够流入企业，则应将其确认为资产

【答案】ACD

【解析】资产是企业拥有或控制的资源，不拥有但是能控制的资源也应被确认为企业的资产，选项 A 错误。资产是指企业过去的交易或者事项形成的，预期交易的资源不能被确认为资产，选项 C 错误。资产预期会给企业带来经济利益，因为某种原因改变性质导致不能给企业带来经济利益，则应从已确认的资产中扣减。已经毁损的存货，应从原本已确认的资产中扣减，确认为当期损益，不应确认为下期损益，选项 D 错误。

（三）资产的分类

资产按其流动性分为流动资产和非流动资产，见表1-4。

表1-4

分类标准	类别	分类方法	适用会计科目
流动性	流动资产	符合下列条件之一的资产： （1）预计能在一个正常营业周期中变现、出售或耗用； （2）主要为交易目的而持有； （3）预计在资产负债表日起一年内（含一年）变现； （4）自资产负债表日起一年内交换其他资产或清偿负债的能力不受限制的现金或现金等价物。	库存现金 银行存款 应收票据 应收账款 存货等
	非流动资产	流动资产以外的资产。	长期股权投资 固定资产 在建工程 无形资产 开发支出等

二、负债

(一) 负债的定义与特征

1. 定义。

负债是指企业过去的交易或者事项形成的、预期会导致经济利益流出企业的现时义务。企业的负债包括短期借款、交易性金融负债、应付票据、应付账款、应交税费、应付职工薪酬、长期借款、应付债券、长期应付款等。

2. 特征。

（1）负债的清偿预期会导致经济利益流出企业。

（2）负债是企业承担的现时义务。

（3）负债由企业过去的交易或者事项形成。

【提示】现时义务是指企业在现行条件下已承担的义务，未来发生的交易或者事项形成的义务，不属于现时义务，不应该确认为负债。现时义务可以是法定义务，也可以是推定义务。法定义务是指具有约束力的合同或者法律法规规定的义务，如应付未付合同货款；推定义务是指根据企业多年的习惯做法、公开承诺或公开宣布的政策而导致企业将承担的责任，从而使有关各方形成企业将履行义务解脱责任的合理预期，如产品的售后服务。

(二) 负债的确认条件

1. 与该义务有关的经济利益很可能流出企业。
2. 未来流出经济利益的金额能够可靠计量。

【提示】经济利益的流出具有不确定性，尤其是推定义务的经济利益流出。因此，负债的确认应当与流出经济利益的不确定性程度的判断相结合。如果有确凿证据表明，与现时义务有关的经济利益很可能流出企业，应当将其作为负债确认；反之，不予确认为负债。

(三) 负债的分类

负债按流动性分类流动负债和非流动负债，按经济性质分为金融负债和非金融负债，具体分类见表1-5。

表1-5

分类标准	类别	分类方法	适用会计科目
流动性	流动负债	符合下列条件之一的负债： （1）预计能在一个正常营业周期中清偿； （2）主要为交易目的而持有； （3）自资产负债表日起一年内（含一年）到期应予以清偿； （4）企业无权自主地将清偿推迟至资产负债表日后一年以上的负债。	短期借款 应付票据 应付账款 预收账款 应付职工薪酬 应交税费 其他应付款等
	非流动负债	流动负债以外的负债。	长期借款 应付债券等
经济性质	金融负债	符合下列条件之一的负债： （1）向其他方交付现金或其他金融资产的合同义务； （2）在潜在不利条件下，与其他方交换金融资产或金融负债的合同义务； （3）将来须用或可用企业自身权益工具进行结算的非衍生工具合同，且企业根据该合同将交付可变数量的自身权益工具； （4）将来须用或可用企业自身权益工具进行结算的衍生合同工具，但以固定数量的自身权益工具交换固定金额的现金或其他金融资产的衍生工具合同除外。	符合条件的： 短期借款 长期借款 应付债券 交易性金融负债等
	非金融负债	除金融工具外的其他事项所承担的负债。	应付职工薪酬 应交税费等

三、所有者权益

(一) 定义及特征

1. 定义。

所有者权益是指企业资产扣除负债后,由所有者享有的剩余权益。企业的所有者权益包括所有者投入的资本、直接计入所有者权益的利得和损失、留存收益等内容。

2. 特征。

(1) 除非发生减资、清算或分派现金股利,企业不需要偿还所有者。

(2) 清算时,企业的资产只有在清偿所有的负债后,才返还给所有者。

(3) 所有者凭借所有者权益能够参与企业利润的分配。

【提示】股份公司的所有者权益又称为股东权益,它是所有者对企业资产的剩余索取权,是企业资产中扣除债权人权益后应由所有者享有的部分。

(二) 所有者权益的确认条件

1. 资产和负债能够可靠确认。
2. 接受所有者投入资产符合企业资产确认条件。

(三) 所有者权益的构成

所有者权益由企业所有者投入的资本、直接计入所有者权益的利得和损失、留存收益三部分构成,具体见表1-6。

表1-6

构成	具体内容	适用会计科目
所有者投入的资本	所有者投入企业的资本,包括构成企业注册资本或者股本部分的金额,投入资本超过注册资本或者股本部分的金额。	实收资本(股本) 资本公积——资本溢价(股本溢价)
直接计入所有者权益的利得和损失	直接计入所有者权益的利得和损失指不应计入当期损益、会导致所有者权益发生增减变动的、与所有者投入资本或者向所有者分配利润无关的利得或损失。	其他综合收益
留存收益	留存收益是指企业从历年实现的利润中提取或形成的留存于企业的内部积累。	盈余公积 未分配利润

【提示】利得和损失。①利得是指由企业非日常活动形成的、会导致所有者权益增加的、与所有者投入资本无关的经济利益流入。②损失是指由企业非日常活动所发生的、会导致所有者权益减少的、与向所有者分配利润无关的经济利益流出。③利得和损失是与收入和费用相对应的概念,利得和损失强调企业非日常活动导致的经济利益出入,收入和费用强调企业日常活动导致的经济利益出入。

【例1-11】(单选题)下列交易事项中,能够引起资产和所有者权益同时发生增减变动的是( )。

A. 分配股票股利
B. 用银行存款缴纳职工医疗保险
C. 财产清查中固定资产盘亏
D. 赊购原材料

【答案】C

【解析】选项A,属于所有者权益内部结转,不影响资产;选项B、D,属于资产和负债同时变动。

(四) 权益工具

权益工具是指能证明拥有某个企业在扣除所有负债后的资产中的剩余权益的合同。

1. 确认条件。

同时满足下列条件,并符合权益工具定义的,可以将发行的金融工具确认为权益工具:

(1) 该金融工具不包括交付现金或其他金融资产给其他方,或在潜在不利条件下与其他方交换金融资产或金融负债的合同义务。

(2) 将来须用或可用企业自身权益工具结算的该金融工具。如为非衍生工具,该金融工具不包括交付可变数量的自身权益工具进行结算的合同义务;如为衍生工具,企业只能通过以固定数量的自身权益工具交换固定金额的现金或其他金融资产结算该金融工具。

2. 判断标准。

(1) 是否存在无条件地避免交付现金或其他金融资产的合同义务,若存在则构成权益工具。如能够根据相应的议事机制自主决定是否支付股息,同时所发行的金融工具没有到期日且持有方没有回售权，或虽有固定期限但发行方有权无限期递延的金融工具应确认为权益工具。

（2）是否通过固定数量的自身权益工具结算。

【提示】常见权益工具如：企业发行的普通股，以及企业发行的、使持有者有权以固定价格购入固定数量本企业普通股的认股权证。

四、收入

（一）收入的定义与特征

1. 定义。

收入是指企业在日常活动中形成的、会导致所有者权益增加的、与所有者投入资本无关的经济利益的总流入。

2. 特征。

（1）收入是企业在日常活动中形成的。

（2）收入会导致经济利益的流入，但不包括所有者投入的资本。

（3）收入应当最终会导致所有者权益的增加。

【提示】日常活动是收入的核心要素，其是指企业为完成其经营目标所从事的经常性活动，以及与之相关的其他活动。日常活动一般指企业的三种活动：销售商品、提供劳务和让渡资产使用权。

（二）收入的确认条件

企业应当在履行了合同中的履约义务，即在客户取得相关商品控制权时确认收入。取得相关商品控制权，是指能够主导该商品的使用并从中获得几乎全部的经济利益，也包括有能力阻止其他方主导该商品的使用并从中获得经济利益。

（三）分类

收入可以按经营活动的内容或按经营活动发生的频繁程度分类，见表1-7。

表1-7

	分类方式	类别
收入的分类	按经营活动的内容	销售商品收入
		提供劳务收入
		让渡资产使用权收入
	按经营活动发生的频繁程度	主营业务收入
		其他业务收入

（四）收入与利得

收入与利得的发生条件、定义、涉及的会计科目及二者之间的联系见表1-8。

表1-8

	收入	利得
发生条件	日常活动	非日常活动
定义	生产经营活动造成的经济利益总流入，如销售商品、提供劳务获得的资金等。	非生产经营活动造成的经济利益流入，如处置固定资产获得利得，其他企业因违约收取的违约金等。
涉及会计科目	主营业务收入、其他业务收入	营业外收入、其他综合收益
联系	（1）都会造成经济利益流入企业； （2）都会导致所有者权益增加，与向所有者分配利润无关。	

【例1-12】（多选题）下列各项中，不符合收入定义的有（　　）。

A. 投资性房地产收取的租金
B. 会计师事务所对某房地产进行资产评估获得的收入
C. 中游加工企业代收的增值税
D. 轮胎制造厂销售的橡胶
E. 医院接受某企业捐赠的一批医疗设备

【答案】CE

【解析】选项C，企业为第三方或客户代收的款项不确认为收入；选项E，捐赠属于非日常活动，不符合收入的定义，应确认为利得。

五、费用

（一）费用的定义与特征

1. 定义。

费用是指企业在日常活动中发生的、会导致所有者权益减少的、与向所有者分配利润无关的经济利益的总流出。主要包括主营业务成本、其他业务成本、税金及附加、销售费用、管理费用、研发费用和财务费用。

2. 特征。

（1）费用应当是企业在日常活动中发生的。

(2) 费用是与向所有者分配利润无关的经济利益总流出。

(3) 费用应当最终会导致所有者权益的减少。

(二) 费用的确认条件

1. 与费用相关的经济利益很可能流出企业。

2. 经济利益流出企业的结果会导致资产减少或负债增加。

3. 经济利益的流出金额能够可靠计量。

(三) 费用与损失

费用与损失的发生条件、定义、涉及的会计科目及二者之间的联系见表1-9。

表1-9

	费用	损失
发生条件	日常活动	非日常活动
定义	生产经营活动造成的经济利益总流出,如销售商品、提供劳务发生的费用等。	非生产经营活动造成的经济利益流出,如处置固定资产发生损失,发生自然灾害造成损失等。
涉及会计科目	销售成本、应付职工薪酬、累计折旧、累计摊销、财务费用等	营业外支出、其他综合收益
联系	(1) 都会造成经济利益流出企业; (2) 都会导致所有者权益减少、与向所有者分配利润无关。	

【例1-13】(单选题) 下列关于会计要素的表述中,不正确的是( )。

A. 费用只有在经济利益很可能流出企业从而导致企业资产减少或者负债增加,且经济利益的流出金额能够可靠计量时才能予以确认

B. 资产的特征之一是由企业过去的交易或者事项形成的

C. 只有确凿证据表明了与现时义务有关的经济利益很可能流出企业,才能将其作为负债确认

D. 所有导致所有者权益增加的经济利益的流入都应该确认为收入

【答案】D

【解析】利得也能导致所有者权益增加的经济利益的流入,但是利得不属于企业的收入,选项D不正确。

六、利润

(一) 利润的定义

利润是指企业在一定会计期间的经营成果。

(二) 利润的构成

收入减去费用后的净额、直接计入当期利润的利得和损失。

【提示】收入减去费用后的净额反映的是企业日常活动的业绩,直接计入当期利润的利得和损失反映企业非日常活动的业绩。直接计入当期利润的利得和损失是指应当计入当期损益、会导致所有者权益发生增减变动的、与所有者投入资本或者向所有者分配利润无关的利得或损失,如处置固定资产净损失等。

(三) 利润的计算公式

营业利润 = 营业收入 - 营业成本 - 税金及附加 - 销售费用 - 管理费用 - 研发费用 - 财务费用 + 其他收益(- 其他损失) + 投资收益(- 投资损失) + 净敞口套期收益(- 净敞口套期损失) + 公允价值变动收益(- 公允价值变动损失) - 信用减值损失 - 资产减值损失 + 资产处置收益(- 资产处置损失)

利润总额 = 营业利润 + 营业外收入 - 营业外支出

净利润 = 利润总额 - 所得税费用

【例1-14】(多选题) 下列项目影响企业营业利润的项目有( )。

A. 资产处置损失
B. 营业外支出
C. 所得税费用
D. 信用减值损失
E. 其他业务收入

【答案】ADE

【解析】根据营业利润的计算公式,营业收入包括主营业务收入和其他业务收入,选项A、D、E正确。

七、会计六要素之间的关系

会计六要素之间的关系及其应用见表1-10。

表1-10

会计要素	关系	作用
	资产 = 负债 + 所有者权益	反映企业财务状况
	收入 - 费用 = 利润	反映企业经营成果

【知识点7】会计计量属性

一、会计计量属性

会计计量属性 { 历史成本 / 重置成本 / 可变现净值 / 现值 / 公允价值

（一）历史成本

在历史成本计量下，资产按照购置时支付的现金或者现金等价物的金额，或者按照购置时所付出对价的公允价值计量；负债按照因承担现时义务而实际收到的款项或者资产的金额，或者承担现时义务的合同金额，或者按照日常活动中为偿还负债预期需要支付的现金或者现金等价物的金额计量。

（二）重置成本

在重置成本计量下，资产按照现在购买相同或者相似资产所需支付的现金或者现金等价物的金额计量。

（三）可变现净值

在可变现净值计量下，资产按照其正常对外销售所能收到现金或现金等价物的金额扣减该资产至完工时估计将要发生的成本、估计的销售费用，以及相关税费后的金额计量。

（四）现值

在现值计量下，资产按照预计从其持续使用和最终处置中所产生的未来净现金流入量的折现金额计量；负债按照预计期限内需要偿还的未来净现金流出量的折现金额计量。

（五）公允价值

1. 公允价值的定义。

公允价值是指市场参与者在计量日发生的有序交易中，出售一项资产所能收到或者转移一项负债所需支付的价格。

2. 公允价值计量时应当考虑的因素。

（1）计量单元。确定交易进行计量的最小单位。

（2）有序交易。假定交易是有序的。

（3）交易市场。假定存在主要交易市场，若不存在，则假定存在相关资产或负债的最有利市场。

（4）市场参与者。假定市场参与者相互独立不关联，并在熟悉市场的情况下进行自愿交易。

3. 初始判断。

进行初始计量时，应判断公允价值与交易价格是否相等。通常两者相等，若存在以下情况之一则两者不等：①交易发生在关联方之间；②交易是被迫的；③交易价格所代表的计量单元与按照公允价值准则确定的计量单元不同；④交易市场不是相关资产或负债的主要市场（或最有利市场）。

4. 估值技术。

（1）企业需应用估值技术确定资产或负债的公允价值。主要的估值技术包括市场法、收益法和成本法（见表1-11）。

表1-11

估值技术	含义
市场法	利用相同或类似的资产、负债或资产和负债组合的价格以及其他相关市场交易信息进行估值的技术。
收益法	将未来金额转换成单一现值的估值技术。
成本法	反映当前要求重置相关资产服务能力所需金额（通常指现行重置成本）的估值技术。

（2）估值技术输入值的应用。输入值是指市场参与者在给相关资产或负债定价时所使用的假设，包括可观察输入值和不可观察输入值。企业在估值技术的应用中，应当优先使用相关可观察输入值，只有在相关可观察输入值无法取得或取得不切实可行的情况下，才可以使用不可观察输入值。

【提示】可观察输入值是指能够从市场数据中取得的输入值。不可观察输入值是指不能从市场数据中取得的输入值。

依据不同的市场范围，应使用不同的确定方法获取输入值。输入值分为三个层次，其划分方法见表1-12。

表 1-12

层次	市场范围	确定方法
第一层次	存在活跃市场。	企业直接使用活跃市场报价作为可观察输入值。
第二层次	下列情况之一： （1）活跃市场中存在类似资产或负债报价； （2）存在非活跃市场中相同或类似资产或负债的报价； （3）存在除报价以外的其他可观察输入值； （4）存在需市场验证的输入值。	应用估值技术确定可观察输入值。
第三层次	不存在活跃市场，或可观察输入值不能可靠取得。	企业可以使用做出调整后的内部数据作为不可观察输入值。

【例 1-15】（单选题）企业可以运用估值技术的公允价值输入值层次是（　　）。
A. 第一层次输入值
B. 第二层次输入值
C. 第三层次输入值
D. 第四层次输入值
【答案】B
【解析】第二层次输入值可以应用估值技术确定。

二、各会计要素计量属性之间的关系

历史成本通常反映的是资产或者负债过去的价值，而重置成本、可变现净值、现值以及公允价值通常反映的是资产或者负债的现时成本或者现时价值，是与历史成本相对应的计量属性。

三、计量属性的运用原则

一般情况下，应当采用历史成本计量属性。

重置成本、可变现净值、现值、公允价值，在其金额能够可靠计量的前提下，可以在企业会计准则允许范围内进行计量。若相关计量方式所取得的计量金额不可靠，则不允许使用。

【例 1-16】（多选题）下列各项关于资产期末计量的表述中，正确的有（　　）。
A. 投资性房地产按照公允价值计量
B. 应付债券按照摊余成本计量
C. 应收款项按照账面价值与其预计未来现金流量现值孰低计量
D. 长期借款按照公允价值计量
E. 存货按照成本与可变现净值孰低计量
【答案】BE
【解析】投资性房地产按照公允价值或历史成本计量，选项 A 不正确；应收款项减值准备在持有期间可以转回，选项 C 不正确；企业应当采用实际利率法，按摊余成本对长期借款进行后续计量，选项 D 不正确。

【知识点 8】财务报告

一、财务报告的定义

财务报告是指企业对外提供的反映企业某一特定日期的财务状况和某一会计期间的经营成果、现金流量等会计信息的文件。

【提示】财务报告的服务对象主要是财务报告使用者，使用者通过财务报告了解企业当前的财务状况、经营成果和现金流量等情况，从而预测未来的发展。

二、财务报告的构成

财务报告由财务报表和其他应当在财务报告中披露的相关信息和资料构成，见表 1-13。

表 1-13

构成	分类	内容	作用
财务报告	财务报表		
	资产负债表	反映企业在某一特定日期资产、负债、所有者权益金额及其构成情况的财务报表。	帮助使用者评价企业资产的质量以及偿债能力和利润分配情况。
	利润表	反映企业在一定会计期间的经营成果的财务报表。具体反映内容为企业实现的收入、发生的费用、应当计入当期利润的利得和损失以及其他综合收益等金额及其构成情况。	帮助使用者分析评价企业的盈利能力及其构成与质量。

续表

构成	分类	内容	作用
财务报告	财务报表 — 现金流量表	反映企业在一定会计期间的现金和现金等价物流入和流出的财务报表。	向使用者提供企业现金流量状况。
	所有者（股东）权益变动表	反映企业所有者权益各组成部分当期增减变动情况的财务报表。	帮助使用者准确理解所有者权益变动的根源。
	财务报表附注	对报表中列示项目所做的进一步说明，以及对未能在报表中列示项目的说明等。	帮助使用者更全面、充分了解财务报表情况。
其他应当在财务报告中披露的相关信息和资料		根据有关法律法规的规定和外部使用者的信息需求而确定所应该提供的除财务报表之外的其他信息。如企业可以在财务报告中披露其承担的社会责任、对社区的贡献、可持续发展能力等信息。	便于使用者了解企业状况，做出科学合理决策。

三、财务报表分类

财务报表可以按反映内容、编制时间、编制范围分类，见表1-14。

表1-14

分类标准	具体类别	具体反映内容
按反映内容	资产负债表	反映企业财务状况
	利润表	反映企业经营成果
	现金流量表	反映企业现金流量情况
	所有者权益变动表	反映企业所有者权益变动情况
按编制时间	年度报表	反映完整会计年度财务情况
	中期报表	反映某月、某季度、半年度财务情况
按编制范围	个别报表	反映某个单独公司财务情况
	合并报表	反映包含子母公司在内的整个集团财务情况

精选练习题

一、单项选择题

1. 下列不属于会计的作用的是（　　）。
A. 提供决策有用的信息
B. 考核企业管理层受托责任的履行情况
C. 加强经营管理，提高经济效益
D. 提供财务问题的解决方案

2. 下列关于会计主体与法律主体的关系说法中，正确的是（　　）。
A. 会计主体包含法律主体
B. 法律主体包含会计主体
C. 会计主体同于法律主体
D. 会计主体与法律主体没有任何交集

3. 下列关于货币计量假设的说法中，正确的是（　　）。

A. 货币计量假设货币是会计核算中唯一的计量单位
B. 货币计量是指企业在会计核算中要以货币为统一的主要的计量单位，记录和反映企业生产经营过程和经营成果
C. 存在多种货币的情况下，我国境内的企业均要求以人民币作为记账本位币
D. 不论国家是否发生通货膨胀，都要坚持货币计量假设

4. 依照权责发生制的要求，下列做法中错误的是（　　）。
A. 当期已实现的收入，已经收到了款项，应该记账
B. 当期未负担的费用，已经交付了款项，应该记账
C. 当期未实现的收入，已经收到了款项，

不应记账

D. 当期已负担的费用，未收到款项，应该记账

5. （　　）原则是以会计基本假设中的持续经营假设为前提的。
A. 可比性　　　　B. 相关性
C. 实质重于形式　D. 谨慎性

6. 企业虚构应收账款违背（　　）的会计信息质量要求。
A. 谨慎性　　　　B. 可靠性
C. 及时性　　　　D. 相关性

7. 甲公司20×4年销售一批设备，承诺3年后按照双方约定的价格回购该设备。甲公司将该业务按金融资产进行处理，体现的会计信息质量要求是（　　）。
A. 及时性　　　　B. 可比性
C. 可理解性　　　D. 实质重于形式

8. 下列各项中，不符合收入定义的是（　　）。
A. 玻璃厂出租的包装物收入
B. 品牌专卖店销售的耳机
C. 中游加工企业代收的增值税
D. 轮胎制造厂销售的橡胶

9. 当企业以公允价值计量相关资产或负债时，下列说法错误的是（　　）。
A. 假定市场参与者在计量日出售资产或者转移负债的交易是在当前市场条件下的有序交易
B. 假定出售资产或者转移负债的有序交易在相关资产或负债的主要市场进行
C. 如果不存在主要市场，企业应当假定该交易在与之最相近的资产或负债的主要市场进行
D. 企业应当以主要市场的价格计量相关资产或负债的公允价值

10. 下列会计科目中，不属于费用的是（　　）。
A. 其他业务成本　B. 税金及附加
C. 研发费用　　　D. 资产减值损失

11. 在公允价值输入值的确定中，企业能够在类似的活跃市场取得报价的输入值属于第（　　）层次输入值。
A. 一　　　　　　B. 二
C. 三　　　　　　D. 四

12. 购买固定资产的价款超过正常信用条件延期支付、实质上具有融资性质时，固定资产的入账价值应以购买价款的（　　）为基础确定。
A. 历史成本　　　B. 可变现净值
C. 现值　　　　　D. 公允价值

13. 下列不属于所有者权益的构成内容的是（　　）。
A. 所有者投入的资本
B. 所得税费用
C. 直接计入所有者权益的损失
D. 未分配利润

14. 下列关于费用与损失的表述中，正确的是（　　）。
A. 损失是由企业日常活动所发生的、会导致所有者权益减少的、与向所有者分配利润无关的经济利益的总流出
B. 费用和损失都是经济利益的流出并最终导致所有者权益的减少
C. 损失应采用营业外支出科目核算
D. 费用和损失的主要区别在于是否计入企业的当期损益

二、多项选择题

1. 会计的基本假设包括（　　）。
A. 法律主体　　　B. 会计主体
C. 持续营业　　　D. 生产周期
E. 货币计量

2. 下列体现实质重于形式的会计信息质量要求的事项包括（　　）。
A. 将不满足收入确认条件的售后回购确认为收入
B. 即使对某公司持股比例未超过50%，但却能够实施控制，应将其作为子公司进行管理
C. 将融资租入的固定资产计提折旧
D. 将明股实债的投资作为债权投资进行核算
E. 将销售商品之后未发生的售后服务费用在本期确认

3. 在财务报表附注中披露本期或有负债的具体情况，应符合的会计信息质量要求有（　　）。
A. 可靠性　　　　B. 可理解性
C. 相关性　　　　D. 及时性
E. 实质重于形式

4. 根据可靠性要求，企业会计核算应当做到（　　）。
   A. 以未来发生的交易或事项为依据
   B. 企业提供的会计信息采用的会计政策应该前后期一致
   C. 在财务报告中的会计信息应当是中立的、无偏的
   D. 及时性地处理会计信息
   E. 在符合重要性和成本效益的前提下，保证会计信息的完整性

5. 根据负债的定义，下列各项属于负债特征的有（　　）。
   A. 负债是企业承担的现实义务
   B. 负债可能是由未来的交易或事项形成
   C. 负债是由企业过去交易或事项形成的
   D. 负债的金额能够可靠计量
   E. 负债预期会导致经济利益流出企业

6. 下列属于金融负债的有（　　）。
   A. 短期借款　　　B. 长期借款
   C. 交易性金融负债　D. 应交税费
   E. 应付职工薪酬

7. 下列各项中，属于利得的有（　　）。
   A. 处置固定资产产生的净收益
   B. 出租无形资产取得的收益
   C. 投资性房地产后续计量模式变更中公允价值大于账面价值的部分
   D. 以现金清偿债务形成的债务重组收益
   E. 投资者的出资额大于其在被投资单位注册资本中所占份额的金额

8. 下列关于会计计量的说法中，正确的有（　　）。
   A. 会计计量是为了将符合条件的会计要素登记入账，并列报于财务报表而确定其金额的过程
   B. 历史成本是按照购置资产时所付出的对价的公允价值进行计量的计量属性
   C. 重置成本是资产按照现在购买相同或者相似资产所需支付的现金或者现金等价物的金额进行计量的计量属性
   D. 可变现净值是指资产按照其正常对外销售所能收到现金或者现金等价物的金额扣减该资产至完工时估计将要发生的成本后的金额
   E. 现值是指负债按照预计期限内需要偿还的未来净现金流出量的折现金额

9. 下列交易或事项中，能够引起资产和所有者权益同时发生增减变动的有（　　）。
   A. 分配现金股利
   B. 接受医疗物资捐赠
   C. 固定资产盘亏
   D. 生产领用原材料
   E. 以银行存款支付原材料购买价款

10. 下列项目中影响企业利润总额的有（　　）。
    A. 所得税费用　　B. 税金及附加
    C. 投资收益　　　D. 营业外支出
    E. 公允价值变动损益

11. 下列属于财务报告构成内容的有（　　）。
    A. 财务报表附注
    B. 所有者权益变动表
    C. 财务报告分析书
    D. 合并利润表
    E. 企业对社区的贡献

精选练习题参考答案及解析

一、单项选择题

1.【答案】D

【解析】会计的作用包括：①提供决策有用的信息；②加强经营管理，提高经济效益；③考核企业管理层受托责任的履行情况。

2.【答案】A

【解析】会计主体不同于法律主体。一般来说，法律主体必然是一个会计主体。但是，会计主体不一定是法律主体。因此选项A正确。

3.【答案】B

【解析】选项A，在以货币作为主要计量单位的同时，有必要也应当以实物量度和劳动量度作为补充，货币计量假设并不表示货币是会计核算中唯一的计量单位。选项C，会计法规定会计核算以人民币为记账本位币，业务收支以人民币以外的货币为主的单位，可以选定其中一种作为记账本位币，但是编报的财务会计报表应当折算为人民币。因此我国境内可以采用外币作为记账本位币。选项D，货币计量假设假定币值是稳定的，因为只有在币值稳定或相对稳定的情况下，不同时点上的资产的价值才有可比性，不同期间的收入和费用才能进行比较，并计算确定其经营成果，会计核算提供的会计

信息才能真实反映会计主体的经济活动情况。在通货膨胀下应使用通货膨胀会计进行核算。

4. 【答案】B

【解析】企业会计确认、计量和报告应当以权责发生制为基础，即凡是当期已经实现的收入和已经发生或应当负担的费用，无论款项是否收付，都应该作为当期的收入和费用，计入利润表；凡是不属于当期的收入和费用，即使款项已经在当期收付，也不应该作为当期的收入和费用。因此选项B错误。

5. 【答案】A

【解析】持续经营假设，即会计主体将按照既定用途使用资产，按照既定的合约条件清偿债务。会计核算以企业持续、正常生产经营活动为前提，便于会计原则和方法使用的一致性、会计信息的可比性。选项A正确。

6. 【答案】B

【解析】企业应当以实际发生的交易或者事项为依据进行确认、计量，将符合会计要素定义及其确认条件的资产、负债、所有者权益、收入、费用和利润等如实反映在财务报表中，不得根据虚构的、没有发生的或者尚未发生的交易或者事项进行确认、计量和报告。因此选项B正确。

7. 【答案】D

【解析】面对售后回购且回购价格固定的销售业务，甲公司不将其从形式上按照销售分别确认营业收入和营业成本，而是从经济实质出发将此业务的实质"设备抵押贷款"进行计量，确认为金融资产，体现了实质重于形式的会计信息质量要求。

8. 【答案】C

【解析】选项C，企业为第三方或客户代收的款项不确认为收入。

9. 【答案】C

【解析】不存在主要市场的，企业应当假定该交易在相关资产或负债的最有利市场进行。

10. 【答案】D

【解析】资产减值损失属于损失，不属于费用。

11. 【答案】B

【解析】第二层次输入值包括：①活跃市场中类似资产或负债的报价；②非活跃市场中相同或类似资产或负债的报价；③除报价以外的其他可观察输入值，包括在正常报价间隔期间可观察的利率和收益率曲线、隐含波动率和信用利差等；④市场验证的输入值等。

12. 【答案】C

【解析】具有融资性质的固定资产应以购买价款的现值确认入账基础，选项C正确。

13. 【答案】B

【解析】所有者权益由企业所有者投入的资本、直接计入所有者权益的利得和损失、留存收益三部分构成（其中留存收益由盈余公积和未分配利润两部分构成）。

14. 【答案】B

【解析】损失是非日常活动产生的净流出，选项A错误；企业发生的损失在会计上可能计入"营业外支出""其他综合收益"等科目，选项C错误；费用和损失都可能计入企业的当期损益，选项D错误。

二、多项选择题

1. 【答案】BE

【解析】会计的基本假设包括：会计主体、持续经营、会计分期、货币计量。

2. 【答案】BCDE

【解析】实质重于形式要求企业应当按照交易或者事项的经济实质进行会计确认、计量和报告，不应仅仅以交易或者事项的法律形式为依据。选项B、C、D、E都体现了实质重于形式的会计要求。

3. 【答案】AC

【解析】企业应当在符合重要性和成本效益原则的前提下，保证会计信息的完整性，不能随意遗漏或者减少应予披露的信息，选项A正确。为了满足会计信息质量的相关性要求，企业应当在确认、计量和报告会计信息的过程中，充分考虑财务报告使用者的信息需求。对于特定目的或者用途的会计信息，不一定都能通过财务报告来提供，而可以采用其他形式加以提供。相关性要求企业充分考虑使用者的需求，选项C正确。

4. 【答案】CE

【解析】选项A，说法错误，不体现会计信息质量要求；选项B，体现可比性要求；选项D，体现及时性要求。

5. 【答案】ACE

【解析】选项B，负债是由企业过去的交易

或事项形成的；选项D，属于负债确认的条件，不是负债的特征。

6.【答案】ABC

【解析】符合下列条件之一的负债应被确认为金融负债：①向其他方交付现金或其他金融资产的合同义务；②在潜在不利条件下，与其他方交换金融资产或金融负债的合同义务；③将来须用或可用企业自身权益工具进行结算的非衍生工具合同，且企业根据该合同将交付可变数量的自身权益工具；④将来须用或可用企业自身权益工具进行结算的衍生合同工具，但以固定数量的自身权益工具交换固定金额的现金或其他金融资产的衍生工具合同除外。选项A、B、C正确。

7.【答案】AD

【解析】选项A，处置固定资产产生的净收益计入资产处置收益，属于利得；选项B，出租无形资产取得收益，应计入其他业务收入，不属于利得；选项C，投资性房地产后续计量模式变更，公允价值与账面价值的差额调整期初留存收益（即盈余公积和未分配利润），留存收益不属于利得；选项D，以现金清偿债务形成的债务重组属于营业外收入，属于利得；选项E，投资者的出资额大于其被投资单位注册资本中所占的金额，应计入资本公积，不属于利得。

8.【答案】ABCE

【解析】选项D，可变现净值是指资产按照其正常对外销售所能收到现金或者现金等价物的金额扣减该资产至完工时估计将要发生的成本、估计的销售费用，以及相关税费后的金额。

9.【答案】ABC

【解析】选项D、E，属于资产内部变动。

10.【答案】BCDE

【解析】根据利润的计算公式：①营业利润＝营业收入－营业成本－税金及附加－销售费用－管理费用－研发费用－财务费用＋其他收益（－其他损失）＋投资收益（－投资损失）＋净敞口套期收益（－净敞口套期损失）＋公允价值变动收益（－公允价值变动损失）－信用减值损失－资产减值损失＋资产处置收益（－资产处置损失）；②利润总额＝营业利润＋营业外收入－营业外支出；③净利润＝利润总额－所得税费用。选项A不影响企业利润总额。

11.【答案】ABDE

【解析】财务报告包括财务报表和其他应当在财务报告中披露的相关信息和资料。其中，财务报表由报表及其附注构成，报表至少包括资产负债表、利润表、现金流量表、所有者权益变动表；报表附注是财务报表的组成部分，是对报表的补充说明等，选项E属于对财务报表的补充说明。财务报告不包括对其自身的分析及决策建议类材料。

第二章 资　产

考试大纲

一、考试目的

考查考生对存货、金融资产、长期股权投资、固定资产、投资性房地产、使用权资产、无形资产等会计知识和会计处理的掌握情况及应用能力。

二、考试内容及要求

（一）掌握的内容

1. 存货的初始计量；存货发出的计价；存货按实际成本和计划成本计价的会计处理；产品制造成本的会计处理；存货跌价准备的计提方法；存货期末计量及其会计处理。

2. 以摊余成本计量的金融资产的会计处理；以公允价值计量且其变动计入其他综合收益的金融资产的会计处理；以公允价值计量且其变动计入当期损益的金融资产的会计处理；指定为以公允价值计量且其变动计入其他综合收益的非交易性权益工具投资的会计处理。

3. 长期股权投资的初始计量；长期股权投资后续计量的成本法和权益法的会计处理；长期股权投资减值的会计处理；长期股权投资成本法与权益法的转换；长期股权投资的期末计价。

4. 固定资产的初始计量、后续计量的会计处理；固定资产折旧方法及其会计处理；固定资产的期末计价。

5. 投资性房地产的确认条件；投资性房地产的初始计量、后续计量的会计处理。

6. 使用权资产的初始计量、后续计量的会计处理。

7. 无形资产的确认条件；无形资产的初始计量、后续计量的会计处理；无形资产研发支出的会计处理；无形资产摊销方法及其会计处理。

（二）熟悉的内容

1. 存货清查的会计处理；存货盘存制度。

2. 资产分类为以摊余成本计量的金融资产的条件及其内容；资产分类为以公允价值计量且其变动计入其他综合收益的金融资产的条件及其内容。

3. 长期股权投资的处置。

4. 固定资产处置的会计处理；固定资产清查的会计处理。

5. 投资性房地产转换和处置的会计处理。

6. 租赁的三要素。

7. 无形资产处置的会计处理。

（三）了解的内容

1. 存货的分类；存货清查方法。

2. 资产分类为以公允价值计量且其变动计入当期损益金融资产的条件及其内容。

3. 长期股权投资的基本概念；企业合并及其类型；合营安排。

4. 固定资产的确认条件。

5. 投资性房地产的范围。

6. 无形资产研究和开发的界定条件。

考情分析

与2024年比，2025年本章教材在第一节存货、第二节金融资产、第三节长期股权投资、第五节投资性房地产、第七节无形资产中均有新增和修订内容。新增和修订内容及对应本书本章节应学习的知识点如下：

1. 第一节存货，新增了：对于其他可归属于存货采购成本的费用，按是否能分清负担对象的会计计量；通过外购或自制方式确认为存货的数据资源的会计计量【知识点1】。

2. 第二节金融资产，修订了以摊余成本计量的金融资产、以公允价值计量且其变动计入其他综合收益的金融资产的资产负债表日、出售及到期收回的账务处理，以公允价值计量且其变动计入当期损益的金融资产持有期间收到现金股利的账务处理，出售指定为以公允价值计量且其变动计入其他综合收益的非交易性权益工具投资的账务处理【知识点2】【知识点3】【知识点4】【知识点5】。

3. 第三节长期股权投资，修订了关于联营企业投资方是否具有重大影响的表述，以及通过多次交换交易，分步取得股权最终形成控股合并中形成控股合并前对长期股权投资采用公允价值计量的账务处理【知识点6】。

4. 第五节投资性房地产，新增了采用公允价值模式计量的投资性房地产的补充说明【知识点8】。

5. 第七节无形资产，新增了对于确认为无形资产的数据资源的初始计量和后续计量【知识点10】。

本章内容包括会计理论与实际知识，是资产评估相关知识中会计部分的重点章节。本章知识点主要涉及资产的各个方面，属于会计核算的基础章节，考试重点为存货的初始计量及后续计量、固定资产的初始计量及后续计量。难点为长期股权投资的初始计量及后续计量、金融资产的初始计量与后续计量。

本章属于会计基础知识章节，可以结合第五章、第六章出题考察，因此考生要重点把握本章节内容。具体考情分析如下：

第一节存货，本节涉及存货的确认、计量和记录等内容，是本章的核心考点之一。本节内容可以与固定资产中的非货币性资产交换、第五章收入、费用和利润结合考查，属于会计基础性章节，本节内容十分重要。

第二节金融资产，本节涉及以摊余成本计量的金融资产、以公允价值计量且其变动计入其他综合收益的金融资产、以公允价值计量且其变动计入当期损益的金融资产、指定为以公允价值计量且其变动计入其他综合收益的非交易性权益工具投资的初始计量以及后续计量，本节内容可以与长期股权投资结合对比考察，本节内容十分重要。

第三节长期股权投资，本节阐述长期股权投资的确认、计量与报告。本节内容是本章核心考点，也是本章难度最大的考点，本节内容十分重要。

第四节固定资产，本节涉及固定资产的确认、计量和记录等内容。本节内容为会计基础性章节。

第五节投资性房地产，本节阐述投资性房地产的确认、计量和记录等内容，本节内容为会计基础性章节，可以与固定资产、无形资产结合考察。

第六节使用权资产，本节涉及使用权资产的初始计量、后续计量及对短期租赁和低价值资产租赁的特殊规定等内容，本节内容十分重要。

第七节无形资产，本节涉及无形资产的确认、计量和记录等内容。

考生在本章应重点学习以下内容：

1. 存货的初始取得成本的构成、存货的期末计量方法，可变现净值的计算。

2. 本章所述四种金融资产的概念、初始计量和后续计量。

3. 不同方式取得长期股权投资的初始计量，长期股权投资权益法核算的会计处理，反向购买的会计处理。

4. 固定资产成本的构成（尤其是非货币性资产交换的初始计量）、固定资产的折旧额计算、固定资产的处置损益计算。

5. 投资性房地产的核算范围、投资性房地产的转换、投资性房地产后续计量模式的变更。

6. 使用权资产的初始计量和后续计量。

7. 无形资产的摊销。

考点精讲及典型例题解析

【知识点1】存货

一、存货概述

（一）存货的定义

存货是指企业在日常活动中持有以备出售的产成品或商品、处在生产过程中的在产品、在生产过程或提供劳务过程中耗用的材料和物料等。存货属于企业的流动资产，包括原材料、在产品、半成品、产成品、商品，以及周转材料、委托代销商品等。

（二）存货的特征

持有存货的最终目的是出售。

【提示1】工程物资不属于存货，虽然工程物资同样是材料，但其持有目的是进行工程建造而非出售，不符合存货的定义，因此不能确认为存货。

【提示2】受托代销商品（不需要进行加工或修理）不属于受托方的存货，但受托代加工或修理的产品在完工后形成的产成品属于受托方的存货。

【提示3】企业对以下项目应作为存货进行确认：①受托代加工或修理的产品在完工后形成的产成品；②委托加工物资及委托代销商品；③房地产开发企业作为商品出售目的而持有的房屋建筑物和土地使用权；④已取得所有权，却尚未验收入库的在途物资；⑤已发出企业但风险和报酬并未通过合同等方式转移给购买方的商品。

（三）存货的确认条件

存货应在同时满足以下两个条件时，才能予以确认：

1. 与该存货有关的经济利益很可能流入企业。

2. 该存货的成本能够可靠地计量。

【例2-1】（多选题）以下产品能够确认为企业存货的有（ ）。

A. 工程物资
B. 委托加工完毕的产成品
C. 劳动保护用品
D. 修理用备件
E. 房地产开发企业用来出售的土地使用权

【答案】BCDE

【解析】存货包括原材料、在产品、半成品、产成品、商品、周转材料、委托代销商品七大类。其中，选项B属于产成品，选项C属于周转材料，选项D属于原材料，选项E属于商品。选项A，工程物资的持有目的是进行工程建造而非出售，不符合存货的定义，因此不能确认为存货。

二、存货的初始计量

存货应当按照成本进行初始计量。存货成本包括采购成本、加工成本和其他成本。企业为获得存货所发生的所有费用中，只有使存货达到预定场所和预定使用状态的费用，才能计入存货的初始成本。

（一）外购存货成本的计量

外购存货成本由购买价款、相关税费及其他可归属于存货采购成本的费用组成，见表2-1。

表2-1

组成部分	包含内容
购买价款	企业购入的材料或商品的发票账单上列明的价款，但不包括按规定可以抵扣的增值税额，小规模纳税人的增值税除外。
相关税费	企业购买、自制或委托加工存货发生的相关税费，包括消费税、资源税、关税和不能从增值税销项税额中抵扣的进项税额等。
其他可归属于存货采购成本的费用	除上述各项以外的可归属于存货采购成本的费用，该费用能够使存货达到预定场所和预定使用状态，包括采购过程中发生的仓储费、包装费、运输途中的合理损耗、入库前的挑选整理费用等；对于企业通过外购方式取得确认为存货的数据资源，可归属于存货采购成本的数据权属鉴证、质量评估、登记结算、安全管理等费用，也应当计入有关存货的采购成本。

【提示1】增值税的相关处理：

（1）小规模纳税人购入货物相关的增值税计入存货成本；

（2）一般纳税人购入货物相关的增值税可以抵扣，不计入成本。

【提示2】损耗的相关处理：

（1）合理耗损计入采购成本。

（2）非合理耗损：①短缺物资或其他赔款，冲减采购成本；②意外损失或不明损耗，计入待处理财产损溢。

【例2-2】（单选题）甲公司系增值税一般纳税人，2×24年12月1日外购一批存货，取得的增值税专用发票上注明的价额为80万元，增值税税额为10.4万元，入库前发生挑选整理费1万元，不考虑其他因素，该批存货的入账价值为（ ）万元。

A. 93.8　　　　　B. 81
C. 92.8　　　　　D. 80

【答案】B

【解析】甲公司应确认存货入账价值=80+1=81（万元）。

【例2-3】（多选题）甲公司为增值税一般纳税人，下列各项中，应计入存货入账价值的有（ ）。

A. 相关数据资源的安全管理费用

B. 入库前的仓储费用

C. 关税

D. 购买价款

E. 进口环节可抵扣的增值税进项税额

【答案】ABCD

【解析】增值税一般纳税人，进口环节增值税进项税额可抵扣，应计入"应交税费——应交增值税（进项税额）"，不影响存货入账价值，选项E错误。

（二）自制存货成本的计量

通过进一步加工而取得的存货，其成本由采购成本、加工成本，以及使存货达到目前场所和状态所发生的其他成本构成。

【提示1】加工成本＝直接人工＋制造费用。

【提示2】企业通过数据加工取得确认为存货的数据资源成本包括采购成本，数据采集、脱敏、清洗、标注、整合、分析、可视化等加工成本，使存货达到目前场所和状态所发生的其他支出。

（三）委托外单位加工存货的计量

委托外单位加工完成的存货，其成本包括加工中实际耗用的原材料或者半成品、加工费、装卸费、保险费、委托加工的往返运输费用，以及按规定应计入成本的税费。

（四）投资者投入存货的计量

投资者投入的存货，其成本按投资合同或协议约定的价值确定。在投资合同或协议约定价值不公允的情况下，按照该项存货的公允价值作为其入账价值。

（五）通过提供劳务取得存货的计量

通过提供劳务取得的存货，其成本按从事劳务提供人员的直接人工和其他直接费用以及可归属于该存货的间接费用确定。

（六）盘盈存货的计量

企业当期盘盈的存货，按重置成本作为入账价值进行计量。

【提示】企业对以下项目应确认为当期损益，不计入存货成本：①非正常消耗的直接材料、直接人工和制造费用；②采购入库后的仓储费用，但不包括在生产过程中为达到下一个生产阶段所必需的仓储费用；③不能归属于使存货达到目前场所和状态的其他支出。

【例2-4】（多选题）下列项目中，应计入存货成本的有（　　）。

A. 生产过程中为达到下一个生产阶段所必需的仓储费用

B. 入库后的挑选整理费

C. 为特定客户设计产品发生的可直接确定的设计费

D. 运输过程中因不可抗力发生的损耗

E. 委托外单位加工的往返运输费

【答案】ACE

【解析】选项B，入库后的挑选整理费计入企业人工费用，不计入存货的采购成本；选项D，运输过程中发生的不合理损耗属于非正常消耗的费用，不计入存货成本，而计入当期损益。

三、存货发出的计价方法

企业应根据自身的管理、存货的性质等实际情况，选择适合自己的存货计价方法，具体包括：个别计价法、先进先出法、月末一次加权平均法和移动加权平均法。

（一）个别计价法

1. 定义。

个别计价法是指企业按照各种存货逐一辨认各批发出存货和期末存货所属的购进批别或生产批别，分别按其购入或生产时所确定的单位成本计算各批发出存货和期末存货成本的方法。使用此方法，对发出和期末结存的存货成本应以实际成本进行计量。

2. 适用范围。

对于不能替代使用的存货、为特定项目专门购入或制造的存货以及提供的劳务，通常采用个别计价法。

3. 特点。

（1）优点：计算精准，符合实际。

（2）缺点：工作量较大，但可以使用计算机信息系统进行辅助。

（二）先进先出法

1. 定义。

先进先出法是指先购入的存货成本在后购入的存货成本之前先转出，后购入的存货成本后转出，据此确定发出存货和期末存货成本的一种方法。使用此方法，对发出和期末结存的存货成本应进行计算。

2. 特点。

（1）优点：可以随时结转存货发出成本。

(2) 缺点：工作量大；物价上升时会高估利润和存货价值，物价下降时会低估利润和存货价值。

【例 2-5】（单选题）甲企业采用先进先出法计算发出原材料的成本。2×24 年 9 月 1 日，甲企业的 B 材料结存 100 千克，每千克实际成本 100 元；9 月 7 日，购进 B 材料 50 千克，每千克实际成本 110 元；9 月 13 日，车间领用 B 材料 80 千克；9 月 23 日，因原材料价格大幅度上涨，甲企业购入 B 材料 50 千克，每千克 200 元；9 月 28 日，管理部门领用 B 材料 100 千克。此后 9 月无其他材料的进出，不考虑其他因素。9 月 B 材料的发出成本为（　　）元。

A. 21 500　　　　　　B. 22 950
C. 22 540　　　　　　D. 18 000

【答案】A

【解析】先进先出法，先入库的 B 材料先发出。9 月共计发出材料 80 + 100 = 180（千克），9 月发出材料成本 = 100 × 100 + 50 × 110 + 30 × 200 = 21 500（元）。

（三）月末一次加权平均法

1. 定义。

月末一次加权平均法是指以本月全部进货数量加上月初存货数量作为权数，去除本月全部进货成本加上月初存货成本，计算出存货的加权平均单位成本，从而确定本月发出存货和期末存货成本的方法。

2. 计算公式。

$$存货单位成本 = \frac{月初库存存货实际成本 + 本月增加存货实际成本}{月初库存存货数量 + 本月增加存货数量}$$

本月发出存货的成本 = 本月发出存货的数量 × 存货单位成本

本月月末库存存货成本 = 月末库存存货的数量 × 存货单位成本

3. 特点。

（1）优点：只在每月末计算一次加权平均单价，核算工作比较简单；物价波动时，对存货成本的分摊较为折中。

（2）缺点：平时无法从有关存货账簿中提供发出和结存存货的单价和金额，不利于对存货的日常管理。

【例 2-6】（单选题）甲企业采用月末一次加权平均法计算发出原材料的成本。2×24 年 9 月 1 日，甲企业的 B 材料结存 100 千克，每千克实际成本 100 元；9 月 7 日，购进 B 材料 50 千克，每千克实际成本 110 元；9 月 13 日，车间领用 B 材料 80 千克；9 月 23 日，因原材料价格大幅度上涨，甲企业购入 B 材料 50 千克，每千克 200 元；9 月 28 日，管理部门领用 B 材料 100 千克。此后 9 月无其他材料的进出，不考虑其他因素。9 月 B 材料的发出成本为（　　）元。

A. 21 500　　　　　　B. 22 950
C. 22 540　　　　　　D. 18 000

【答案】B

【解析】采用月末一次加权平均法，等到月末一次加权平均计算出材料单位成本后，再计算本月材料成本价格。9 月 B 材料单位成本 = (100 × 100 + 50 × 110 + 50 × 200) ÷ (100 + 50 + 50) = 127.5（元/千克），9 月共计发出材料 80 + 100 = 180（千克），9 月 B 材料发出成本 = 180 × 127.5 = 22 950（元）。

（四）移动加权平均法

1. 定义。

移动加权平均法是指本次进货的成本加原有库存的成本，除以本次进货数量加原有库存存货的数量，据以计算加权平均单位成本，作为在下次进货前计算各次发出存货成本依据的一种方法。

2. 计算公式。

$$存货单位成本 = \frac{原有库存存货实际成本 + 本次增加存货实际成本}{原有库存存货数量 + 本次增加存货数量}$$

本次发出存货的成本 = 本次发出存货的数量 × 本次发出存货前存货的单位成本

本月月末库存存货成本 = 月末库存存货的数量 × 本月月末存货单位成本

3. 特点。

（1）优点：随时结转发出存货的成本，便于对存货的日常管理；计算客观。

（2）缺点：工作量较大。

【例 2-7】（单选题）甲企业采用移动加权平均法计算发出原材料的成本。2×24 年 9 月 1 日，甲企业的 B 材料结存 100 千克，每千克实际成本 100 元；9 月 7 日，购进 B 材料 50 千克，每千克实际成本 110 元；9 月 13 日，车间领用 B 材料 80 千克；9 月 23 日，因原材料价格大幅度上涨，甲企业购入 B 材料 50 千克，每千克 200 元；9 月 28 日，管理部门领用 B 材料 100 千克。此后 9 月无其他材料的进出，不考虑其他因素。9 月 B 材料的发出成本为（　　）元。（四舍五入保留个位数）

　　A. 21 500　　　　B. 22 950
　　C. 22 540　　　　D. 18 000

【答案】C

【解析】采用移动加权平均法，每次购进原材料后即对材料单位成本进行移动加权平均。9 月 13 日，B 材料单位成本 =（100×100 + 50×110）÷（100 + 50）≈103（元/千克）；9 月 13 日，发出材料成本 = 80×103 = 8 240（元）；剩余材料 70 千克，材料成本 7 210 元；9 月 28 日，B 材料单位成本 =（7 210 + 50×200）÷（70 + 50）≈143（元/千克），9 月 28 日发出材料成本 = 100×143 = 14 300（元），9 月发出材料成本 = 8 240 + 14 300 = 22 540（元）。

四、存货按实际成本计价的核算

存货可以按实际成本进行日常核算，也可以按计划成本进行日常核算，但资产负债表日均应调整为按实际成本核算。

存货按实际成本计价的方法适用于规模较小、存货品种简单、采购业务不多的企业。

（一）原材料的核算

1. 购入原材料的核算。

（1）科目设置。

①"原材料"科目，核算企业库存主要材料、辅助材料、外购半成品等各种原材料的计划成本或实际成本，并依据材料的不同设置相应明细科目。原材料科目借方核算企业购入或自制并已验收入库的材料，贷方核算生产经营领用材料。期末余额在借方，反映企业库存材料的计划成本或实际成本。

②"在途物资"科目，核算企业已支付货款尚未验收入库的在途物资采购成本。借方核算企业尚在途中还未验收的原材料，原材料入库后从本科目贷方转出。期末余额在借方，反映企业已付款或已开出、承兑商业汇票，但尚未到达或尚未验收入库的在途材料、商品的采购成本。

（2）账务处理。根据材料采购的方式、是否付款和是否验收入库等条件把材料采购分为四个类别。

①发票账单与材料同时到达，企业在支付货款或开出、承兑商业汇票，并已验收材料入库。

借：原材料
　　应交税费——应交增值税（进项税额）
　贷：银行存款/应付账款/应付票据等

②已经付款或已开出、承兑商业汇票，但材料尚未到达或验收入库。

借：在途物资
　　应交税费——应交增值税（进项税额）
　贷：银行存款/应付票据

材料验收入库后，相关会计分录如下：

借：原材料
　贷：在途物资

③材料已到达并已验收入库，但货款尚未支付。

若材料采购成本无法确认，则在月末编制以下会计分录并在下月初编制相同的红字分录予以冲回。

借：原材料
　贷：应付账款——暂估应付账款

当材料采购成本可以确认时，相关会计分录如下：

借：原材料
　　应交税费——应交增值税（进项税额）
　贷：应付账款

付款或开出、承兑商业汇票时，相关会计分录如下：

借：应付账款
　贷：银行存款/应付票据

④预付货款方式采购材料。

借：预付账款（实际预付金额）
　贷：银行存款

材料验收入库后，相关会计分录如下：

借：原材料
　　应交税费——应交增值税（进项税额）
　贷：预付账款

借或贷：银行存款（借方表示预付超额收到销货方的退款，贷方表示预付不够补给销货方的补款）

2. 原材料发出的核算。

（1）科目设置。

①"生产成本"科目，成本类科目，核算企业为生产产品而发生的成本，包括直接材料

费、直接人工、其他直接费用以及分配转入的间接费用（制造费用）。该科目借方登记归属于产品的生产成本，贷方登记转入"库存商品"账户的完工产品的制造成本。期末余额表示期末在产品成本。该账户的明细分类账应按产品品种分别设置。

②"制造费用"科目，成本类科目，核算企业为制造产品而发生的，应计入产品成本但没有专设成本项目的各项生产费用，包括机物料消耗、车间厂房折旧费和修理费、车间照明费、水费、车间管理人员和辅助人员的薪酬费用、办公费用、差旅费等。通过"制造费用"科目归集的制造费用采用生产工时比例、生产工人工资比例、机器工时比例、计划分配率等方法将其分配计入各种产品的制造成本。该科目借方核算企业发生的制造费用，通过贷方将制造费用分配计入有关的成本核算对象，期末无余额。

③"销售费用"科目，费用类科目，核算企业在销售产品、自制半成品和提供劳务等过程中发生的各项费用，如包装费、运输费、广告费、与销售有关的差旅费等。该科目借方核算企业发生的销售费用，贷方登记期末转入"本年利润"科目的销售费用，结转后该科目应无余额。

④"管理费用"科目，费用类科目，核算企业进行管理而产生的各类费用，如企业行政管理部门人员的职工薪酬、办公室发生的办公费和培训费等。该科目借方登记企业发生的各项管理费用，贷方登记期末转入"本年利润"科目的管理费用，结转后该科目应无余额。

(2) 账务处理。

①除基建工程部门外的生产经营及管理需要领用原材料的核算。

借：生产成本（直接材料成本）
　　制造费用（间接材料成本）
　　销售费用（销售部门领用）
　　管理费用（管理部门领用）
　　研发支出（研发部门领用）
　　贷：原材料（按实际成本计算）

②基建工程部门领用原材料的核算。

借：在建工程（实际成本＋不予抵扣的增值税）
　　贷：原材料
　　　　应交税费——应交增值税（进项税额转出）

【提示】基建工程部门领用原材料，为原材料视同成本价销售。原本计入原材料增值税中的进项税额，应进行转出，不得与销项税额进行抵扣。

③出售原材料。

借：银行存款/应收账款
　　贷：其他业务收入
　　　　应交税费——应交增值税（销项税额）

借：其他业务成本
　　贷：原材料

【例2-8】（单选题）生产车间厂房的折旧费应采用（　　）科目进行核算。

A. 生产成本　　　　B. 制造费用
C. 管理费用　　　　D. 本年利润

【答案】B

【解析】制造费用是为制造产品而发生的，应计入产品成本但没有专设成本项目的各项生产费用，包括机器物料消耗、车间厂房折旧费和修理费、车间照明费、水费、车间管理人员和辅助人员的薪酬费用、办公费用、差旅费等。

【例2-9】（单选题）甲公司为增值税一般纳税人，2×24年5月30日，购入生产用原材料一批，取得的增值税专用发票上注明的原材料价款10万元，增值税税额为1.3万元，甲公司签发商业汇票一张。6月15日，甲公司收到购入的该批材料，并已验收入库。上述采购事项涉及的会计核算科目不包括（　　）。

A. 原材料　　　　B. 在途物资
C. 应付票据　　　D. 材料采购

【答案】D

【解析】相关会计分录如下：

① 5月30日购入原材料：

借：在途物资　　　　　　100 000
　　应交税费——应交增值税（进项税额）
　　　　　　　　　　　　 13 000
　　贷：应付票据　　　　113 000

② 6月15日材料入库：

借：原材料　　　　　　　100 000
　　贷：在途物资　　　　100 000

(二) 委托加工物资的核算

委托加工物资是指企业委托外单位进行加工的各种材料和商品物资。

1. 科目设置。

"委托加工物资"科目，核算企业委托外单

位进行加工发出或收回的物资。该科目借方核算领用加工物资的实际成本、支付的加工费、运杂费及相关的税金（包括小规模纳税人应负担的增值税），贷方登记加工完成验收入库的物资的实际成本。期末余额在借方，反映的是尚未完工的委托加工物资的实际成本。

2. 账务处理。

（1）发出加工物资。

借：委托加工物资
　　贷：原材料/库存商品等

（2）支付加工费、运杂费。

借：委托加工物资
　　应交税费——应交增值税（进项税额）
　　贷：银行存款等

（3）委托加工物资收回后直接用于出售。

借：委托加工物资（原物资成本＋代收代缴消费税）
　　贷：应付账款/银行存款等

（4）委托加工物资收回后用于连续生产应税消费品。

借：委托加工物资（原物资成本）
　　应交税费——应交消费税
　　贷：应付账款/银行存款等

（5）收回加工完成的物资及剩余物资。

借：原材料
　　库存商品等
　　贷：委托加工物资

【提示】委托加工物资发生的税务处理方法：

①增值税：凡属加工物资用于应交增值税项目并取得了增值税专用发票的一般纳税企业，其加工物资所应负担的增值税可作为进项税，不计入加工物资成本，小规模纳税人计入委托加工物资。

②消费税：委托加工物资收回后直接用于出售的，委托方应将受托方代收代缴的消费税计入委托加工物资的成本；委托加工物资收回后用于连续生产应税消费品的，委托方应将受托方代收代缴的消费税计入应交税费。

【例2-10】（多选题）甲珠宝公司是增值税一般纳税人，委托外单位加工一批原石打磨成翡翠半成品，收回后再统一加工成翡翠挂件。不考虑其他因素，下列各项中，应当计入回收物资的加工成本的有（　　）。

A. 委托加工耗用原材料的实际成本
B. 收回委托加工时支付的运杂费
C. 支付给受托方有其代收代缴的消费税
D. 支付的加工费
E. 加工金银首饰的增值税

【答案】ABD

【解析】委托外单位加工的存货，收回后用于继续生产的，以实际耗用的原材料或半成品、加工费、运输费、装卸费等计入存货成本。因用于继续生产，其消费税不计入产品成本，选项C错误。甲公司是增值税一般纳税人，其进项税可以抵扣，不应计入产品成本，选项E错误。

五、存货按计划成本计价的核算

（一）定义与核算方式

1. 定义。

计划成本法，即企业日常发生的存货收入、发出和结存均采用计划成本进行核算，计划成本和实际成本的差异反映在"材料成本差异"科目，月末计算出发出存货和结存存货应分摊的成本差异，再将发出存货和结存存货的计划成本调整为实际成本的一种方法。

2. 核算方式。

取得的原材料先要通过"材料采购"科目进行核算，材料的实际成本与计划成本的差异，通过"材料成本差异"科目进行核算。

（二）特点

1. 优点。

可以计算实际成本和计划成本的差异，以考核、分析成本节约或超支的情况和原因，有利于对存货的采购和使用进行控制。

2. 适用范围。

适用于规模较大、存货品种繁多、收发频繁的企业；自制半成品、产成品品种繁多的，或者在管理上需要分别核算其计划成本和实际成本差异的，也可采用计划成本核算。

（三）原材料取得的核算

1. 科目设置。

（1）"材料采购"科目，核算企业采用计划成本法进行材料日常核算而购入的材料采购成本。该科目借方登记企业已经收到发票账单付款或已开出、承兑商业汇票，但尚未到达或尚未验收入库的在途材料的采购成本，贷方登记已经验收入库的材料采购成本。期末余额在借方，反映企业计划成本法下尚未验收入库的材料采购成本。

（2）"材料成本差异"科目，核算企业各种材料的实际成本与计划成本的差异。该科目借方登记实际成本大于计划成本的差异额（超支差）及发出材料应负担的节约差，以及调整库存材料计划成本时，调整减少的计划成本。贷方登记实际成本小于计划成本的差异额（节约差）及发出材料应负担的超支差，以及调整库存材料计划成本时，调整减少的计划成本。

2. 账务处理。

（1）外购原材料。

借：材料采购（入库材料的实际成本）
　　应交税费——应交增值税（进项税额）
　贷：银行存款/预付账款等

（2）月末，调整计划成本与实际成本。

借：原材料（入库材料的计划成本）
　贷：材料采购
　　　材料成本差异（计划与实际之间的差额，也可能在借方）

（四）原材料发出的核算

在计划成本法下，发出原材料时，应根据原材料的具体用途，按照其计划成本结转到有关成本费用科目，即根据领料单等编制"发料凭证汇总表"，借记有关科目，贷记"原材料"科目。

借：生产成本（产品领用）
　　制造费用（车间领用）
　　管理费用（管理部门领用）
　　在建工程等（工程项目领用）
　贷：原材料（计划成本）

（五）期末结转成本差异的核算

1. 结转材料成本差异。

计划成本法下，期末计划成本与实际成本间产生的差异应进行结转，将发出材料的计划成本调整成为实际成本。使用计划成本法，首先应计算材料成本差异率，其次依照差异率分配材料成本差异。月末"材料成本差异"科目的期末余额即为结存材料应负担的材料成本差异。

材料成本差异率的计算公式如下：

材料成本差异率 =（期初结存材料成本差异 + 本期入库材料成本差异）÷（期初结存材料计划成本 + 本期入库材料计划成本）× 100%

发出材料应负担的成本差异 = 发出材料的计划成本 × 材料成本差异率

【提示】节约差用负号表示，超支差用正号表示。

2. 账务处理

结转超支差额时，相关会计分录如下：

借：生产成本/制造费用/管理费用/销售费用/委托加工物资等
　贷：材料成本差异

结转节约差额时，编制相反会计分录。

【例2-11】（单选题）甲企业月初结存材料的计划成本为180万元，成本差异为节约80万元，本月入库材料的计划成本为300万元，成本差异为超支30万元。本月甲企业材料成本差异率为（　　）。

A. -10.42%　　　　　B. 10.42%
C. 22.92%　　　　　D. -22.92%

【答案】A

【解析】本月材料成本差异率 =（期初结存材料成本差异 + 本期入库材料成本差异）÷（期初结存材料计划成本 + 本期入库材料计划成本）× 100% =（-80 + 30）÷（180 + 300）× 100% = -10.42%。

【提示】材料采购、在途物资和原材料的区分见表2-2。

表2-2

会计科目	核算内容	使用范围
材料采购	原材料在途情况，借方登记采购材料的实际成本，贷方登记入库材料的实际成本。	计划成本法
在途物资	原材料在途情况，借方登记采购材料的实际成本，贷方登记入库材料的实际成本。	实际成本法
原材料	原材料入库情况，实际成本法下登记原材料入库或出库的实际成本，计划成本法下登记原材料入库或出库的计划成本。	计划成本法或实际成本法

【例 2-12】（单选题）下列会计科目中，在计划成本法和实际成本法下都可以使用的是（　　）。

A. 材料采购　　B. 材料成本差异
C. 原材料　　　D. 在途物资

【答案】 C

【解析】 选项 A 和 B 只能在计划成本法中使用，选项 D 只能在实际成本法中使用。

六、产品制造成本的核算

（一）产品制造成本的内容

产品制造成本由直接材料、直接人工和制造费用组成，见表 2-3。

表 2-3

	分类	含义
产品制造成本	直接材料	直接用于产品制造的原料及主要材料。
	直接人工	直接进行产品制造的生产工人工资。
	制造费用	为制造产品而发生的，应计入产品成本但没有专设成本项目的各项生产费用，包括机物料消耗、车间厂房折旧费和修理费、车间照明费、水费、车间管理人员和辅助人员的薪酬费用、办公费用、差旅费等。

（二）产品制造成本的账务处理

直接材料、直接人工和制造费用三者共同组成产品制造成本。根据生产进度，期末先将制造费用分配到生产成本中，再将生产成本在完工产品和在产品之间进行分配，最后结转完工产品成本。

（三）账务处理

1. 生产发生各种费用时，根据费用发生的情况判断其是否能直接归属于某个产品，如果能直接归属于某个产品，则计入生产成本。如果不能则计入制造费用。

借：生产成本/制造费用
　　贷：原材料/应付职工薪酬等

2. 期末结转制造费用，采用分配方法把制造费用按产品分配到生产成本中去。

借：生产成本
　　贷：制造费用

3. 转出完工产品成本。

借：库存商品
　　贷：生产成本

【例 2-13】（单选题）下列关于制造费用的说法中，错误的是（　　）。

A. 企业车间的办公费应使用制造费用科目核算

B. 如果某工厂只生产一种产品，那么该工厂可以不设置制造费用科目

C. 制造费用分配方法种类繁多，即使选定了某种方法作为当期的分配方式，下期也可以变更成其他方法

D. 制造费用期末余额结转至下个月，直到产品完成生产后再分配进产品

【答案】 D

【解析】 制造费用每期期末都应该将科目余额按一定的方法进行分配，结转至生产成本中。制造费用科目无余额，因此选项 D 错误。

七、存货盘存和清查

（一）存货盘存的方法

存货盘存制度，即通过设置存货明细账，对日常发生的存货增加或减少根据会计凭证进行连续登记，并随时在账面上结算各项存货的结存数并定期与实际盘存数对比，确定存货盘盈盘亏的一种制度。存货的盘存方法有两种：定期盘存制和永续盘存制（见表 2-4）。

表 2-4

	定期盘存制	永续盘存制
含义	定期盘存制又称实地盘存制，是指在每一会计期间结束时，对存货进行实地盘点以确定存货数量，再乘以其单位价格，计算出期末存货价值的方法。	永续盘存制又称账面盘存制，是指对存货的收入、发出按种类、品名等在平时逐笔或逐日在明细账中进行连续登记，并随时算出结存数量的方法。

续表

	定期盘存制	永续盘存制
具体操作方法	平时只记录存货购进的数量和金额，不记录减少的数量和金额，期末通过实地盘点，确定存货的实际结存数量，据以计算期末存货成本，并以"期初结存＋本期购入－期末结存＝本期发出"的公式倒挤出本期该项存货耗用或销售的数量及成本。	以账面记录为依据，计算当期发出成本和期末结存成本，并仍需对存货进行定期或不定期的实地盘点，以保证账实相符。
优点	核算工作比较简单。	有利于对存货的控制，为正确计算生产和销售成本提供了基础。
缺点	不便于对存货进行随时控制。	核算工作量较大。

（二）存货清查

存货清查是指通过对存货的实地盘点，确定存货的实有数量，并与账面资料核对，从而确定存货实存数与账面数是否相符的一种专门方法。存货清查通常采用实地盘点法。

【例2-14】（单选题）下列关于存货盘存的说法中，错误的是（　　）。

A. 自然灾害等非常原因造成的存货毁损，应将全部损失计入营业外支出

B. 因管理不善造成的存货净损失计入管理费用

C. 存货发生的盘亏，应作为待处理财产损溢进行核算

D. 因非正常原因导致存货的毁损，按规定不能抵扣的增值税进项税额，应当予以转出

【答案】A

【解析】属于自然灾害等非常原因造成的存货毁损，应先扣除处置收入（如残料价值）、可以收回的保险赔偿和过失人赔偿，将净损失计入营业外支出，选项A错误。

八、存货的期末计量

（一）期末计量原则

存货期末计量方法——成本与可变现净值孰低法。

成本与可变现净值孰低法是指对期末原材料按照成本与可变现净值两者之中较低者进行计量的方法。即当原材料成本低于可变现净值时，期末原材料按成本计价；当原材料成本高于可变现净值时，期末原材料按可变现净值计价。

"成本"，是指期末存货的实际成本。

"可变现净值"，是指在日常活动中，存货的估计售价减去至完工时将要发生的成本、估计的销售费用以及相关税费后的金额。

【例2-15】（单选题）下列关于存货期末计量原则的说法中，正确的是（　　）。

A. 成本与可收回金额孰低计量

B. 账面价值与可变现净值孰低计量

C. 成本与可变现净值孰低计量

D. 账面价值与可收回金额孰低计量

【答案】C

【解析】期末存货计量按成本和可变现净值孰低计量。

（二）可变现净值的确定

1. 减值迹象的判断。

当发生下列情形之一时，通常表明原材料发生减值，其可变现净值低于成本：

（1）该原材料的市场价格持续下跌，并且在可预见的未来无回升的希望；

（2）企业使用该项原材料生产的产品的成本大于产品的销售价格；

（3）企业因产品更新换代，原有库存原材料已不适应新产品的需要，而该原材料的市场价格又低于其账面成本；

（4）因企业所提供的商品或劳务过时或消费者偏好改变而使市场的需求发生变化，导致市场价格逐渐下跌；

（5）其他足以证明该项原材料实质上已经发生减值的情形。

【提示】当发生下列情形之一时，通常表明原材料的可变现净值为零：

（1）已霉烂变质的原材料；

（2）已过期且无转让价值的原材料；

（3）生产中已不再需要并且已无使用价值和转让价值的原材料；

（4）其他足以证明已无使用价值和转让价值的原材料。

2. 估计售价。

企业估计售价的确定方法如下所示：

估计售价 { 有销售合同 { 合同数量内：合同价计量 / 合同数量外：一般市场价计量 } / 没有销售合同：一般市场价计量 }

（1）如果企业与购买方签订了销售合同，并且销售合同订购的数量等于企业持有存货的数量，则应当以合同价格作为售价。

（2）如果企业持有存货的数量多于销售合同订购的数量，超出部分应当以一般销售价格确定售价。

（3）如果企业持有存货的数量少于销售合同订购的数量，持有的存货以合同价格作为售价。

（4）没有销售合同约定的存货，以一般销售价格确定售价。

（5）用于出售的材料，通常以市场价格作为售价的确定基础。如果用于出售的材料存在销售合同，应按合同价格确定售价。

3. 估计至完工时将要发生的成本、估计销售费用、估计相关税费。

估计至完工时将要发生的成本：以取得外来原始凭证、生产成本账簿等作为确凿证据进行估计。

估计销售费用、估计相关税费：以取得外来原始凭证、销售费用账簿、相关税费账簿等作为确凿证据进行估计。

4. 计算可变现净值。

存货可变现净值的确定，因需要考虑的因素不同有两种计算公式：

（1）用于出售存货的可变现净值＝估计售价－估计销售费用－估计相关税费

（2）需要加工后出售存货的可变现净值＝估计售价－估计至完工时将要发生的成本－估计销售费用－估计相关税费

【例2-16】（单选题）2×24年12月10日，甲、乙公司签订了一项不可撤销合同，合同约定甲公司于2×25年12月10日以每台30万元的价格向乙公司销售5台A产品。2×24年12月31日，甲公司库存的专门用于生产A商品的K材料价值100万元，市场售价98万元，预计将材料K加工成A产品加工成本40万元，与销售A产品相关税费15万元。不考虑其他因素，2×24年12月31日，K材料可变现净值为（　　）万元。

A. 95　　　　　B. 98

C. 100　　　　D. 110

【答案】A

【解析】K材料的可变现净值＝A产品估计售价（30×5）－预计完工发生成本（40）－预计销售税费（15）＝95（万元）。

【例2-17】（单选题）2×24年12月15日，对于甲公司的A产品，甲公司与乙公司签订了一份不可撤销的销售合同，合同约定2×25年3月15日，乙公司以每件10万元的价格购买A产品50件。2×24年12月31日，甲公司库存A产品60件，每件账面价值11万元；A产品的市场销售价格为每件9.5万元。每件A产品需花费相关税费1万元。合同价格和市场销售价格均为不含税价格。2×24年12月31日，甲公司库存60件A产品的账面价值为（　　）万元。

A. 535　　　　B. 510

C. 600　　　　D. 660

【答案】A

【解析】存货期末采用成本与可变现净值孰低法计量存货成本。甲公司与乙公司签订了A产品销售合同，合同数量内的50件，A产品的可变现净值应以销售合同约定的单位价格10万元为基础计量，合同数量外的10件，A产品应以市场价格作为计量基础，因此A产品期末可变现净值＝估计售价－估计销售费用－估计相关税费＝（50×10＋10×9.5）－60×1＝535（万元）。A产品成本＝60×11＝660（万元）。因此A产品期末的账面价值为535万元。

【例2-18】（多选题）下列各项中，影响已完工入库产品的可变现净值的有（　　）。

A. 销售产品时的合同价格
B. 生产产品发生的原材料
C. 销售产品时估计的市场售价
D. 销售产品时估计的相关税费
E. 委托加工发生的消费税

【答案】ACD

【解析】存货的可变现净值＝估计售价－估计销售费用－估计相关税费。其中，估计售价的确定，若存在合同价格，则以合同价格为准（选项A）；若不存在合同价格或超出合同价格的部分，则以市场售价为准（选项C）。

5. 材料期末计量的特殊考虑。

对于为生产而持有的材料，如果用其生产

的产成品可变现净值预计高于成本,则该材料仍然应当按成本计量;如果材料价格的下降表明产成品的可变现净值低于成本,则该材料应当按可变现净值计量,按其差额计算跌价。材料期末计量方法如下:

$$\text{原材料}\begin{cases}\text{原材料用于出售}\begin{cases}\text{材料按成本与可变现净值孰低法计量}\\\text{材料可变现净值}=\text{材料估计售价}-\text{销售材料估计的相关税费}\end{cases}\\\text{原材料用于继续生产产品}\begin{cases}\text{①生产产品未减值:材料按成本计量}\\\text{②生产产品发生减值:材料按成本与可变现净值孰低法计量}\\\text{材料可变现净值}=\text{产品估计售价}-\text{估计继续生产至完工将要发生的产品成本}-\text{销售产品估计的相关税费}\end{cases}\end{cases}$$

【提示】资产负债表日,同一项存货中一部分有合同价格约定,其他部分不存在合同价格的,应当分别确定其可变现净值,并与其相对应的成本进行比较,分别确定存货跌价准备的计提或转回的金额,由此计提的存货跌价准备不得相互抵销。

(三) 存货跌价准备的确定

资产负债表日,当有迹象表明存货发生减值时,应当进行减值测试,若其可变现净值低于成本,应当计提存货跌价准备。期末企业比较存货可变现净值与成本的方法如下:

(1) 按照单个存货项目计算跌价准备。

(2) 按照存货类别计算跌价准备。

(3) 与在同一地区生产和销售的产品系列相关、具有相同或类似最终用途或目的,且难以与其他项目分开计量的存货,可以合并计量存货跌价。

【例 2-19】(单选题) 下列关于存货可变现净值的说法中,正确的是( )。

A. 在确认可变现净值前,要先判断该存货是否存在减值迹象。如果不存在,以成本计价即可

B. 如果有合同价格,企业的估计售价按照合同价格计算即可

C. 专用生产某产品的原材料发生了减值,虽然该产成品不存在减值迹象,依然要计算原材料的可变现净值并计提减值准备

D. 需要加工后出售存货的可变现净值为估计售价扣除相关的销售费用以及税费之后的价值

【答案】A

【解析】为执行销售合同或者劳务合同而持有的存货,通常应当以商品的合同价格作为其售价加以确定。如果企业与购买方签订了销售合同,并且销售合同订购的数量等于企业持有存货的数量,则应当以合同价格作为售价。选项B未明确企业的合同数量,说法片面。选项C,如果专用材料的产成品不存在减值迹象,则材料按成本计量。选项D,需要加工后出售存货的可变现净值 = 估计售价 - 估计至完工时将要发生的成本 - 估计销售费用 - 估计相关税费。

【例 2-20】(单选题) 2×24 年 12 月 31 日,甲公司库存的 A 材料实际成本为 15 万元,不含增值税的销售价格为 18 万元,甲公司计划把 A 材料全部投入生产 B 产品 1 000 件。B 产品的加工除了 A 材料外,还需投入生产成本 5 万元。由于 A 材料市场价格持续下降,B 产品每件不含增值税的市场价格由原来的每件 245 元下降到 195 元。估计销售全部 B 产品将发生销售费用及相关税费合计 0.8 万元。不考虑其他因素,2×24 年 12 月 31 日,甲公司 A 材料的账面价值应为( )万元。

A. 15 　　　　　B. 18
C. 13.7 　　　　D. 14.5

【答案】C

【解析】B 产品的可变现净值 = 195×1 000 - 8 000 = 187 000(元),B 产品的成本 = 150 000 + 50 000 = 200 000(元),B 产品的可变现净值低于成本,因此 B 产品发生减值,A 材料应按可变现净值计量成本。A 材料的可变现净值 = 195×1 000 - 8 000 - 50 000 = 137 000(元)。因此,甲公司 A 材料的账面价值应为 13.7 万元。

(四) 存货跌价准备的计提与转回

1. 存货期末计量原则。

(1) 企业应当在每一个资产负债表日重新确定存货的可变现净值。如果可变现净值低于存货的账面价值,则继续计提存货跌价准备;如果存货的价值得以恢复,可以转回计提的跌

价准备。

（2）存货跌价准备若需要转回，则需要满足相关条件，不能随意转回。

（3）计提存货跌价准备后，如果其中有部分存货已经销售，则企业结转销售成本时，应同时结转相应已计提的存货跌价准备。

【提示】存货跌价准备的转回条件，必须同时满足：①存货跌价准备转回的条件是以前减记存货价值的影响因素消失，而不是当期造成存货可变现净值高于成本的其他因素；②符合存货跌价准备转回的条件时，应在原已计提跌价准备的金额内转回，转回的金额以将存货跌价准备余额冲减至零为限；③转回的存货跌价准备与计提该准备的存货项目或类别应当存在直接对应关系。

2. 科目设置。

（1）"存货跌价准备"科目，核算存货跌价准备的计提、转销等情况。该科目的贷方登记当期计提的存货跌价准备金额，借方登记发出存货结转和冲减的存货跌价准备金额，期末贷方余额反映已计提尚未转销存货的跌价准备。

（2）"资产减值损失"科目，核算企业资产的账面价值高于其可收回金额而造成的损失。该科目借方登记发生的损失，贷方登记损失发生后又得到恢复的金额，期末，应将本科目余额转入"本年利润"科目，结转后本科目无余额。

3. 账务处理。

（1）存货的账面价值高于可变现净值，计提存货跌价准备。

借：资产减值损失
　　贷：存货跌价准备

（2）存货的账面价值低于可变现净值，转回存货跌价准备。

借：存货跌价准备
　　贷：资产减值损失

【例2-21】（多选题）下列有关存货会计处理的表述中，正确的有（　　）。

A. 一般纳税人进口原材料交纳的增值税，计入相关原材料的成本

B. 因非货币性资产交换换出存货结转的已计提存货跌价准备，不冲减当期资产减值损失

C. 结转商品销售成本时，无须将相关存货跌价准备结转调整主营业务成本

D. 虽然当期可变现净值高于成本，但以前减记存货价值的影响因素并未消失，因此不能转销存货跌价准备

E. 管理不善造成的存货净损失计入管理费用

【答案】BDE

【解析】一般纳税人进口原材料交纳的增值税可以抵扣，不计入相关原材料的成本，选项A错误。结转商品销售成本时，应将相关存货跌价准备结转调整主营业务成本，选项C错误。

【例2-22】（综合题）甲公司系增值税一般纳税人，适用的增值税税率为13%。甲公司采用先进先出法核算企业的库存材料。

2×24年12月，甲公司发生经济事项如下：

资料一：A材料是生产B产品的专用材料，B产品为甲公司3年前专门研发，是具有专利技术的一项产品。20件A材料可以生产出一件B产品。B产品月初售价每件1 500元。

因技术更新换代，目前B产品市场预期走低。其竞争对手乙公司上月刚刚发布了新研制的C产品，对B产品具有替代功能，并且更物美价廉。

资料二：月初，A材料库存100件，每件价格50元。

资料三：8日，甲公司与丙公司签订一份不可撤销的合同，丙公司以每件1 450元的价格购买甲公司B产品40件，约定的交货期是2×25年3月1日。

资料四：10日，甲公司在市场购买A材料500件，每件价格45元。

资料五：18日，车间领用300件A材料用于生产B产品。

资料六：25日，甲公司又购入A材料100件，每件价格80元。

资料七：月末，由于原材料市场的波动，A材料价格上涨至每件85元。B产品售价下降，由每件1 500元降至每件1 300元。

资料八：已知甲公司由A材料加工为B产品每件需要花费各类成本合计200元。销售每件B产品需要花费的销售费用及相关税费合计50元。甲公司月末库存B产品50件，单位成本1 350元。

不考虑其他因素，请根据上述材料回答下列问题：

1. 甲公司本月发出 A 材料的材料成本为（　　）元。
A. 14 000　　　　B. 15 000
C. 13 500　　　　D. 13 000

2. 车间领用的 A 材料应计入（　　）会计科目进行核算。
A. 制造费用　　　B. 生产费用
C. 销售费用　　　D. 生产成本

3. 下列关于 A 材料的月末所作处理的说法中，正确的有（　　）。
A. 月末 A 材料市场价格上涨，无须调整 A 材料成本
B. B 产品市场价格下降，符合减值情况，应判断 A 材料的可变现净值
C. 因 B 产品存在合同价格，所以按照 B 产品合同价格计量 B 产品未发生减值，无须计提存货跌价准备
D. 应区分 B 产品合同数量内及数量外的情况，分别计算减值

4. 甲公司 2×24 年应计提存货跌价准备（　　）元。
A. 0　　　　　　B. 1 000
C. 1 500　　　　D. 5 000

5. 甲公司若需要计提存货跌价准备，应采用的会计分录是（　　）。
A. 借记资产减值损失
B. 贷记资产减值准备
C. 借记存货跌价损失
D. 贷记存货跌价准备

【答案与解析】
1.【答案】A
【解析】甲公司采用先进先出法核算 A 材料的发出成本，本月 A 材料发出成本 = 100 × 50 + 200 × 45 = 14 000（元）。

2.【答案】D
【解析】车间领用的原材料成本，可以直接归集到产品中的，需直接计入产品成本，使用"生产成本"科目进行核算。

3.【答案】BD
【解析】对于为生产而持有的材料，如果用其生产的产成品可变现净值预计高于成本，则该材料仍然应当按成本计量；如果材料价格的下降表明产成品的可变现净值低于成本，则该材料应当按可变现净值计量，按其差额计算跌价。因此选项 A 错误，B 正确。资产负债表日，同一项存货中一部分有合同价格约定，其他部分不存在合同价格的，应当分别确定其可变现净值，并与其相对应的成本进行比较，分别确定存货跌价准备的计提或转回的金额，由此计提的存货跌价准备不得相互抵销。因此选项 C 错误，D 正确。

4.【答案】C
【解析】对于 B 产品而言，甲公司库存 B 产品 50 件，单位成本 1 400 元，可变现净值 = 估计售价 − 相关税费 = 1 300 − 50 = 1 250（元）。其中 40 件存在合同价格，合同价格 1 450 元高于单位成本 1 350 元，40 件不计提减值。其余 10 件不存在合同价格，其成本 = 10 × 1 350 = 13 500（元），可变现净值 = 10 × 1 250 = 12 500（元），B 产品应计提存货跌价准备 = 13 500 − 12 500 = 1 000（元）。对于 A 材料而言，甲公司库存 A 材料 400 件，价值 21 500 元。20 件 A 材料可加工成 1 件 B 产品，期末 A 材料可变现净值 = （完成产品售价 − 相关税费 − 预计达到完成的加工成本）÷ 20 × 400 = （1300 − 50 − 200）÷ 20 × 400 = 21 000（元）。因此 A 材料期末应计提存货跌价准备 = 21 500 − 21 000 = 500（元）。甲公司期末应计提存货跌价准备 = 1 000 + 500 = 1 500（元）。

5.【答案】AD
【解析】存货的账面价值高于可变现净值，计提存货跌价准备。会计分录如下：
借：资产减值损失
　　贷：存货跌价准备

【知识点2】以摊余成本计量的金融资产
一、以摊余成本计量的金融资产概述
金融资产同时符合下列条件的，应当分类为以摊余成本计量的金融资产：
（1）企业管理该金融资产的业务模式是以收取合同现金流量为目标。
（2）该金融资产的合同条款规定，在特定日期产生的现金流量，仅为支付的本金和以未偿付本金金额为基础的利息。

二、以摊余成本计量的金融资产会计处理
（一）初始计量和后续计量
企业初始确认以摊余成本计量的金融资产，应当按照公允价值计量，相关交易费用应当计

入初始确认金额。

以摊余成本计量的金融资产后续计量采用实际利率法计算金融资产的摊余成本，并将利息收入分摊计入各会计期间。

金融资产的摊余成本，应当以金融资产的初始确认金额扣除已偿还的本金、加上或减去采用实际利率法将该初始确认金额与到期日金额之间的差额进行摊销形成的累计摊销额，并扣除计提的累计信用减值准备。

企业对以摊余成本计量的金融资产计提信用减值准备时，应当采用"预期信用损失法"。在预期信用损失法下，减值准备的计提不以减值的实际发生为前提，而是以未来可能的违约事件造成的损失的期望值来计量当前（资产负债表日）应当确认的减值准备。

（二）账务处理

以摊余成本计量的金融资产的会计处理，主要包括该金融资产实际利率的计算、摊余成本的确定、持有期间的收益确认及将其处置时损益的处理。以摊余成本计量的金融资产所产生的利得或损失，应当在终止确认、按照规定重分类、按照实际利率法摊销或确认减值时，计入当期损益。

以摊余成本计量的债权投资相关的账务处理如下：

（1）企业取得以摊余成本计量的债权投资时，相关会计分录如下：

借：债权投资——成本（该投资的面值）
　　应收利息（支付的价款中包含的已宣告但尚未领取的利息）
　贷：银行存款（实际支付的金额）
　　　债权投资——利息调整（差额，可借可贷）

（2）资产负债表日，相关会计分录如下：

借：债权投资——应计利息（票面利率计算确定的应收未收利息）
　贷：投资收益（该金融资产摊余成本和实际利率计算确定的利息收入）
　　　债权投资——利息调整（差额，可借可贷）

对于已过付息期但尚未收到的利息，相关会计分录如下：

借：应收利息
　贷：债权投资——应计利息

资产负债表日，应以预期信用损失为基础确定应计提的减值准备金额。该金额大于当前减值准备账面余额时，相关会计分录如下：

借：信用减值损失（差额）
　贷：债权投资减值准备（差额）

应计提的减值准备金额小于当前减值准备账面余额的，按其差额做相反分录。

（3）出售以摊余成本计量的债权投资时，应重新计算剩余存续期预期信用损失。该损失金额大于当前减值准备账面余额的，相关会计分录如下：

借：信用减值损失（差额）
　贷：债权投资减值准备（差额）

该损失金额小于当前减值准备账面余额的，按其差额做相反分录。

终止确认债权投资时，相关会计分录如下：

借：银行存款等（实际收到的金额）
　　债权投资减值准备
　贷：债权投资——成本（账面余额）
　　　　　　——应计利息（账面余额）
　　　　　　——利息调整（账面余额，可借可贷）
　　　　　　——投资收益（差额，可借可贷）

（4）到期收回债权投资，相关会计分录如下：

借：银行存款等（实际收到的金额）
　　债权投资减值准备（减值准备余额）
　贷：债权投资——成本（账面余额）
　　　　　　——应计利息（账面余额）
　　　　　　——利息调整（账面余额，可借可贷）
　　　信用减值损失（差额，可借可贷）

企业持有的以摊余成本计量的应收款项、贷款等的账务处理原则，与债权投资大致相同，企业可使用"应收账款""贷款"等科目进行核算。

【例2-23】（单选题）20×3年1月1日，甲公司支付价款880万元（含交易费用）从活跃市场上购入某公司5年期公司债券，面值1 000万元，票面利率5%，按年支付利息（即每年50万元），本金最后一次支付。合同约定，该债券的发行方在遇到特定情况时可以将债券赎回，且不需要为提前赎回支付额外款项。甲公司在购买该债券时,预计发行方不会提前赎回。甲公司根据其管理该债券的业务模式和该债券的合同现金流量特征,将该债券分类为以摊余成本计量的金融资产。假定不考虑所得税、减值损失等因素。计算过程中出现小数的,四舍五入至个位。以下选项正确的是( )。

A. 实际利率为5%
B. 20×3年1月1日购入债券时,应贷记债权投资——利息调整120万元
C. 20×4年12月31日,确认实际利息收入、收到票面利息时,应贷记投资收益70万元
D. 20×7年现金流入为1 000万元

【答案】B

【解析】计算实际利率r:
$50 \times (1+r)^{-1} + 50 \times (1+r)^{-2} + 50 \times (1+r)^{-3} + 50 \times (1+r)^{-4} + (50+1000) \times (1+r)^{-5} = 880$(万元)

由此得出$r=8\%$。可计算债券利息及摊余成本如表2-5所示。

表2-5　　　　　债券利息及摊余成本计算表　　　　　单位:万元

年份	期初摊余成本(a)	实际利息(b)(按8%计算)	现金流入(c)	期末摊余成本(d=a+b-c)
20×3	880	70	50	900
20×4	900	72	50	922
20×5	922	74	50	946
20×6	946	76	50	972
20×7	972	78	1 000+50	0

根据表2-5数据,甲公司的有关账务处理如下:

(1) 20×3年1月1日,购入债券。

借:债权投资——成本　　10 000 000
　　贷:银行存款　　　　　8 800 000
　　　　债权投资——利息调整　1 200 000

(2) 20×3年12月31日,确认实际利息收入、收到票面利息等。

借:债权投资——应计利息　500 000
　　　　　　——利息调整　200 000
　　贷:投资收益　　　　　700 000
借:银行存款　　　　　　　500 000
　　贷:债权投资——应计利息　500 000

(3) 20×4年12月31日,确认实际利息收入、收到票面利息等。

借:债权投资——应计利息　500 000
　　　　　　——利息调整　220 000
　　贷:投资收益　　　　　720 000
借:银行存款　　　　　　　500 000
　　贷:债权投资——应计利息　500 000

(4) 20×5年12月31日,确认实际利息收入、收到票面利息等。

借:债权投资——应计利息　500 000
　　　　　　——利息调整　240 000
　　贷:投资收益　　　　　740 000
借:银行存款　　　　　　　500 000
　　贷:应收利息　　　　　500 000

(5) 20×6年12月31日,确认实际利息、收到票面利息等。

借:债权投资——应计利息　500 000
　　　　　　——利息调整　260 000
　　贷:投资收益　　　　　760 000
借:银行存款　　　　　　　500 000
　　贷:债权投资——应计利息　500 000

(6) 20×7年12月31日,确认实际利息、收到票面利息和本金等。

借:债权投资——应计利息　500 000
　　　　　　——利息调整　280 000
　　贷:投资收益　　　　　780 000
借:银行存款　　　　　　　500 000
　　贷:债权投资——应计利息　500 000
借:银行存款等　　　　　10 000 000
　　贷:债权投资——成本　10 000 000

【知识点3】以公允价值计量且其变动计入其他综合收益的金融资产

一、以公允价值计量且其变动计入其他综合收益的金融资产概述

金融资产同时符合下列条件的，应当分类为以公允价值计量且其变动计入其他综合收益的金融资产：

（1）企业管理该金融资产的业务模式既以收取合同现金流量为目标又以出售该金融资产为目标。在同时以收取合同现金流量和出售金融资产为目标的业务模式下，企业的关键管理人员认为收取合同现金流量和出售金融资产对于实现其管理目标而言都是不可或缺的。与以收取合同现金流量为目标的业务模式相比，此业务模式涉及的出售通常频率更高、金额更大，因为出售金融资产是此业务模式的目标之一。

（2）该金融资产的合同条款规定，在特定日期产生的现金流量，仅为支付的本金和以未偿付本金金额为基础的利息。

二、以公允价值计量且其变动计入其他综合收益的金融资产的会计处理

（一）初始计量和后续计量

企业初始确认以公允价值计量且其变动计入其他综合收益的金融资产，应当按照公允价值计量，相关交易费用应当计入初始确认金额。以公允价值计量且其变动计入其他综合收益的金融资产以公允价值进行后续计量，所产生的利得或损失（除减值损失或利得和汇兑损益外），应当计入其他综合收益，直至该金融资产终止确认或被重分类。但是，采用实际利率法计算的该金融资产的利息应当计入当期损益。终止确认时，之前计入其他综合收益的累计利得或损失应当从其他综合收益中转出，计入当期损益。

（二）账务处理

（1）企业取得以公允价值计量且其变动计入其他综合收益的金融资产时，相关会计分录如下：

借：其他债权投资——成本（该金融资产投资的面值）
　　应收利息（支付的价款中包含的已宣告但尚未领取的利息）
　贷：银行存款等（实际支付的金额）
　　其他债权投资——利息调整（差额，可借可贷）

（2）资产负债表日，相关会计分录如下：

借：其他债权投资——应计利息（按票面利率计算确定的应收未收利息）
　贷：投资收益（债券的摊余成本和实际利率计算确定的利息收入）
　　其他债权投资——利息调整（差额，可借可贷）

对于已过付息期但尚未收到的利息，相关会计分录如下：

借：应收利息
　贷：其他债权投资——应计利息

资产负债表日，应以预期信用损失为基础确定应计提的减值准备金额，该金额大于当前减值准备账面余额的，相关会计分录如下：

借：信用减值损失（差额）
　贷：其他综合收益——信用减值准备（差额）

应计提的减值准备金额小于当前减值准备账面余额的，按其差额做相反分录。

（3）资产负债表日，以公允价值计量且其变动计入其他综合收益的金融资产的公允价值高于其账面余额的差额的，相关会计分录如下：

借：其他债权投资——公允价值变动
　贷：其他综合收益——其他债权投资公允价值变动

公允价值低于其账面余额的差额编制相反的会计分录。

（4）出售其他债权投资，应重新计算剩余存续期预期信用损失，该损失金额大于当前减值准备账面余额的，相关会计分录如下：

借：信用减值损失（差额）
　贷：其他综合收益——信用减值准备（差额）

该损失金额小于当前减值准备账面余额的，按其差额做相反分录。

终止确认其他债权投资时，相关会计分录如下：

借：银行存款等（实际收到的金额）
　　其他综合收益——信用减值准备（减值准备余额）
　贷：其他债权投资——成本（账面余额）
　　　　　　　　——应计利息（账面余额）
　　其他债权投资——公允价值变动（可借可贷）
　　　　　　　　——利息调整（可借可贷）

其他综合收益——其他债权投资公允价值变动（从其他综合收益中转出的公允价值累计变动额，可借可贷）

投资收益（差额，可借可贷）

(5) 到期收回其他债权投资，相关会计分录如下：

借：银行存款等（实际收到的金额）
　　其他综合收益——信用减值准备（减值准备余额）
贷：其他债权投资——成本（账面余额）
　　　　　　　　——应计利息（账面余额）
　　　　　　　　——公允价值变动（账面余额，可借可贷）
　　　　　　　　——利息调整（账面余额，可借可贷）
　　其他综合收益——其他债权投资公允价值变动（从其他综合收益中转出的公允价值累计变动额，可借可贷）
　　信用减值损失（差额，可借可贷）

【例2-24】（单选题）甲公司于2×24年12月15日购入一项公允价值为1 000万元的债务工具，分类为以公允价值计量且其变动计入其他综合收益的金融资产。该工具合同期限为10年，年利率为5%，实际利率为5%。2×24年12月31日，由于市场利率变动，该债务工具的公允价值跌至950万元，甲公司计提信用减值损失30万元。2×25年1月1日，甲公司决定以当日的公允价值950万元出售该债务工具。假定不考虑其他因素。以下选项正确的是（　　）。

A. 2×24年12月31日，应借记其他综合收益——其他债权投资公允价值变动20万元
B. 2×24年12月31日，应借记信用减值损失30万元
C. 2×25年1月1日，应借记其他综合收益——其他债权投资公允价值变动50万元
D. 2×25年1月1日，应贷记投资收益20万元

【答案】B
【解析】甲公司的相关账务处理如下：
(1) 购入该工具时：
借：其他债权投资——成本　10 000 000
　　贷：银行存款　　　　　　10 000 000
(2) 2×24年12月31日：
借：信用减值损失　　　　　　300 000
　　其他综合收益——其他债权投资公允价值变动
　　　　　　　　　　　　　　500 000
　　贷：其他债权投资——公允价值变动
　　　　　　　　　　　　　　500 000
　　　　其他综合收益——信用减值准备
　　　　　　　　　　　　　　300 000
(3) 2×25年1月1日：
借：银行存款　　　　　　　9 500 000
　　投资收益　　　　　　　　200 000
　　其他综合收益——信用减值准备
　　　　　　　　　　　　　　300 000
　　其他债权投资——公允价值变动
　　　　　　　　　　　　　　500 000
　　贷：其他综合收益——其他债权投资公允价值变动
　　　　　　　　　　　　　　500 000
　　　　其他债权投资——成本
　　　　　　　　　　　　　10 000 000

【知识点4】以公允价值计量且其变动计入当期损益的金融资产

一、概述

企业分类为以摊余成本计量的金融资产和以公允价值计量且其变动计入其他综合收益的金融资产之外的金融资产，应当分类为以公允价值计量且其变动计入当期损益的金融资产。此外，在初始确认时，如果能够消除或显著减少会计错配，企业可以将金融资产指定为以公允价值计量且其变动计入当期损益的金融资产。该指定一经作出，不得撤销。

二、以公允价值计量且其变动计入当期损益的金融资产的会计处理

（一）初始计量和后续计量

企业初始确认以公允价值计量且其变动计入当期损益的金融资产，应当按照公允价值计量，相关交易费用应当直接计入当期损益。以公允价值计量且其变动计入当期损益的金融资

产以公允价值进行后续计量，所产生的利得或损失计入当期损益。以公允价值计量且其变动计入当期损益的金融资产的会计处理，着重于反映该类金融资产公允价值的变化以及对企业财务状况和经营成果的影响。

（二）账务处理

（1）企业取得以公允价值计量且其变动计入当期损益的金融资产时，编制如下会计分录：

借：交易性金融资产——成本（其公允价值）
　　投资收益（发生的交易费用）
　　应收利息/应收股利（支付价款中已到付息期但尚未领取的利息或已宣告但尚未发放的现金股利）
　贷：银行存款（实际支付的金额）

（2）金融资产持有期间，被投资单位宣告发放的现金股利，编制如下会计分录：

借：应收股利
　贷：投资收益

【提示】以公允价值计量且其变动计入当期损益的金融资产为债权投资的，可以将按票面或合同利率计算的利息计入投资收益，借记"交易性金融资产——应计利息"科目，贷记"投资收益"科目；也可以不单独确认前述利息，而通过"交易性金融资产——公允价值变动"科目汇总反映包含利息的债权投资的公允价值变化。

（3）资产负债表日，以公允价值计量且其变动计入当期损益的金融资产的公允价值高于其账面余额的差额时，编制如下会计分录：

借：交易性金融资产——公允价值变动
　贷：公允价值变动损益

公允价值低于其账面余额的差额编制相反的会计分录。

（4）出售以公允价值计量且其变动计入当期损益的金融资产时，编制如下会计分录：

借：银行存款（实际收到的金额）
　贷：交易性金融资产——成本（账面余额）
　　　　　　　　　　——应计利息（账面余额）
　　　交易性金融资产——公允价值变动（可借可贷）
　　　投资收益（差额，可借可贷）

【例2-25】（单选题）2×24年1月1日，甲公司从二级市场购入丙公司债券，支付价款合计1 020 000元（含已到付息期但尚未领取的利息20 000元），另发生交易费用20 000元。该债券面值1 000 000元，剩余期限为2年，票面年利率为4%，每半年末付息一次，其合同现金流量特征满足仅为对本金和以未偿付本金金额为基础的利息的支付。甲公司根据其管理该债券的业务模式和该债券的合同现金流量特征，将该债券分类为以公允价值计量且其变动计入当期损益的金融资产。其他资料如下：

（1）2×24年1月5日，收到丙公司债券2×23年下半年利息20 000元。

（2）2×24年6月30日，丙公司债券的公允价值为1 150 000元（不含利息）。

（3）2×24年7月5日，收到丙公司债券2×24年上半年利息。

（4）2×24年12月31日，丙公司债券的公允价值为1 100 000元（不含利息）。

（5）2×25年1月5日，收到丙公司债券2×24年下半年利息。

（6）2×25年6月20日，通过二级市场出售丙公司债券，取得价款1 180 000元（含1季度利息10 000元）。

假定不考虑其他因素，下列选项中正确的是（　　）。

A. 2×24年1月1日，应借记交易性金融资产——成本102万元

B. 2×24年12月31日，应借记公允价值变动损益100万元

C. 2×25年1月5日，应贷记应收利息2万元

D. 2×25年6月20日，应贷记投资收益18万元

【答案】C

【解析】甲公司的账务处理如下：

（1）2×24年1月1日，从二级市场购入丙公司债券。

借：交易性金融资产——成本
　　　　　　　　　　　　1 000 000
　　应收利息　　　　　　　20 000
　　投资收益　　　　　　　20 000
　贷：银行存款　　　　　1 040 000

（2）2×24年1月5日，收到该债券2×23年下半年利息20 000元。

借：银行存款　　　　　　20 000
　贷：应收利息　　　　　　20 000

(3) 2×24年6月30日，确认丙公司债券公允价值变动和投资收益。

借：交易性金融资产——公允价值变动 150 000
　　贷：公允价值变动损益 150 000
借：交易性金融资产——应计利息 20 000
　　贷：投资收益 20 000

(4) 2×24年7月5日，收到丙公司债券2×24年上半年利息。

借：银行存款 20 000
　　贷：交易性金融资产——应计利息 20 000

(5) 2×24年12月31日，确认丙公司债券公允价值变动和投资收益。

借：公允价值变动损益 50 000
　　贷：交易性金融资产——公允价值变动 50 000
借：交易性金融资产——应计利息 20 000
　　贷：投资收益 20 000

(6) 2×25年1月5日，收到丙公司债券2×24年下半年利息。

借：银行存款 20 000
　　贷：交易性金融资产——应计利息 20 000

(7) 2×24年6月20日，通过二级市场出售丙公司债券。

借：银行存款 1 180 000
　　贷：交易性金融资产——成本 1 000 000
　　　　　　　　　　　　——公允价值变动 100 000
　　　　投资收益 80 000

【知识点5】指定为以公允价值计量且其变动计入其他综合收益的非交易性权益工具投资

一、指定为以公允价值计量且其变动计入其他综合收益的非交易性权益工具投资概述

权益工具投资一般不符合本金加利息的合同现金流量特征，因此应当分类为以公允价值计量且其变动计入当期损益的金融资产。但在初始确认时，企业可以将非交易性权益工具投资指定为以公允价值计量且其变动计入其他综合收益的金融资产，并按照规定确认股利收入。该指定一经做出，不得撤销。企业投资其他上市公司股票或者非上市公司股权的，都可能属于这种情形。

金融资产或金融负债满足下列条件之一的，表明企业持有该金融资产或承担该金融负债的目的是交易性的：

1. 取得相关金融资产或承担相关金融负债的目的，主要是为了近期出售或回购。例如，企业以赚取差价为目的从二级市场购入的股票、债券和基金等，或者发行人根据债务工具的公允价值变动计划在近期回购的、有公开市场报价的债务工具。

2. 相关金融资产或金融负债在初始确认时属于集中管理的可辨认金融工具组合的一部分，且有客观证据表明近期实际存在短期获利目的。在这种情况下，即使组合中有某个组成项目持有的期限稍长也不受影响。其中，"金融工具组合"指金融资产组合或金融负债组合。

3. 相关金融资产或金融负债属于衍生工具。但符合财务担保合同定义的衍生工具以及被指定为有效套期工具的衍生工具除外。如未作为套期工具的利率互换或外汇期权。

只有不符合上述条件的非交易性权益工具投资才可以进行该指定。

二、指定为以公允价值计量且其变动计入其他综合收益的非交易性权益工具投资的会计处理

(一) 初始计量和后续计量

企业初始确认以公允价值计量且其变动计入其他综合收益的非交易性权益工具投资，应当按照公允价值计量，相关交易费用应当计入初始确认金额。以公允价值计量且其变动计入其他综合收益的非交易性权益工具投资以公允价值进行后续计量，除了获得的股利收入（作为投资成本部分收回的股利收入除外）计入当期损益外，其他相关的利得和损失（包括汇兑损益）均应当计入其他综合收益，且后续不得转入损益；当终止确认时，之前计入其他综合收益的累计利得或损失应当从其他综合收益中转出，计入留存收益。指定为以公允价值计量且其变动计入其他综合收益的非交易性权益工具投资不需计提减值准备。

(二) 账务处理

(1) 企业取得指定为以公允价值计量且其

变动计入其他综合收益的非交易性权益工具投资时，相关会计分录如下：

借：其他权益工具投资——成本（该投资的公允价值与交易费用之和）
　　应收股利（支付的价款中包含的已宣告但尚未发放的现金股利）
　　贷：银行存款等（实际支付的金额）

（2）资产负债表日，权益工具投资的公允价值高于其账面余额的差额的，相关会计分录如下：

借：其他权益工具投资——公允价值变动
　　贷：其他综合收益——其他权益工具投资公允价值变动

公允价值低于其账面余额的差额的，编制相反的会计分录。

（3）出售权益工具投资时，相关会计分录如下：

借：银行存款（实际收到的金额）
　　其他权益工具投资——公允价值变动（可借可贷）
　　利润分配——未分配利润
　　贷：其他权益工具投资——成本（账面余额）
借：利润分配——未分配利润（差额）
　　贷：其他综合收益——其他权益工具投资公允价值变动

【例 2 - 26】（单选题）2×24 年 5 月 6 日，甲公司支付价款 1 016 万元（含交易费用 1 万元和已宣告发放现金股利 15 万元），购入乙公司发行的股票 200 万股，占乙公司有表决权股份的 0.5%。甲公司将其指定为以公允价值计量且其变动计入其他综合收益的非交易性权益工具投资。

（1）2×24 年 5 月 10 日，甲公司收到乙公司发放的现金股利 15 万元。

（2）2×24 年 6 月 30 日，该股票市价为每股 5.2 元。

（3）2×24 年 12 月 31 日，甲公司仍持有该股票；当日，该股票市价为每股 5 元。

（4）2×25 年 5 月 9 日，乙公司宣告发放股利 4 000 万元。

（5）2×25 年 5 月 13 日，甲公司收到乙公司发放的现金股利。

（6）2×25 年 5 月 20 日，甲公司由于某特殊原因，以每股 4.9 元的价格将股票全部转让。

假定不考虑其他因素，下列选项中正确的是（　　）。

A. 2×24 年 5 月 6 日，应借记其他权益工具投资——成本 1 000 万元

B. 2×24 年 6 月 30 日，应借记其他权益工具投资——公允价值变动 40 万元

C. 2×25 年 5 月 9 日，应贷记应收股利 20 万元

D. 2×25 年 5 月 20 日，应先借记利润分配——未分配利润 1 万元

【答案】 D

【解析】 甲公司的账务处理如下：

（1）2×24 年 5 月 6 日，购入股票。

借：应收股利　　　　　　　150 000
　　其他权益工具投资——成本
　　　　　　　　　　　　10 010 000
　　贷：银行存款　　　　10 160 000

（2）2×24 年 5 月 10 日，收到现金股利。

借：银行存款　　　　　　　150 000
　　贷：应收股利　　　　　150 000

（3）2×24 年 6 月 30 日，确认股票价格变动。

借：其他权益工具投资——公允价值变动
　　　　　　　　　　　　　390 000
　　贷：其他综合收益——其他权益工具投资公允价值变动
　　　　　　　　　　　　　390 000

（4）2×24 年 12 月 31 日，确认股票价格变动。

借：其他综合收益——其他权益工具投资公允价值变动
　　　　　　　　　　　　　400 000
　　贷：其他权益工具投资——公允价值变动
　　　　　　　　　　　　　400 000

（5）2×25 年 5 月 9 日，确认应收现金股利。

借：应收股利　　　　　　　200 000
　　贷：投资收益　　　　　200 000

（6）2×25 年 5 月 13 日，收到现金股利。

借：银行存款　　　　　　　200 000
　　贷：应收股利　　　　　200 000

(7) 2×25年5月20日，出售股票。
借：利润分配——未分配利润
　　　　　　　　　　　10 000
　贷：其他综合收益——其他权益工具投
　　　　　　　　　资公允价值变动
　　　　　　　　　　　10 000
借：银行存款　　　　9 800 000
　其他权益工具投资——公允价值变动
　　　　　　　　　　　10 000
　利润分配——未分配利润
　　　　　　　　　　　200 000
　贷：其他权益工具投资——成本
　　　　　　　　　　　10 010 000

【知识点6】长期股权投资
一、概述
（一）股权投资
1. 股权投资的定义。
股权投资是指通过付出现金或非现金资产等取得被投资单位股份或股权，享有一定比例的权益份额代表的资产。
2. 分类。

股权投资 { 按金融工具确认和计量准则核算的股权投资
　　　　　按长期股权投资准则核算的股权投资 { 对联营企业的投资
　　　　　　　　　　　　　　　　　　　　　 对合营企业的投资
　　　　　　　　　　　　　　　　　　　　　 对子公司的投资

（二）联营企业投资
1. 定义。
联营企业投资是指投资方能够对被投资方实施重大影响的股权投资。重大影响是指投资方对被投资单位的财务和生产经营决策有参与决策的权利，但不能控制或与其他方一起共同控制被投资单位有关政策的制定。

【提示】一般认为，投资方直接或间接持有被投资单位20%—50%股份表决权时，对被投资单位具有重大影响，除非有明确的证据表明该种情况下不能参与被投资单位的生产经营决策，不形成重大影响。相反，如果投资方直接或通过子公司间接持有被投资单位20%以下的表决权，一般认为对被投资单位不具有重大影响，除非能够明确证明存在这种影响。

2. 重大影响的判断标准。
（1）在被投资单位的董事会或类似权力机构中派有代表。
（2）参与被投资单位财务和经营决策等的制定过程。
（3）与被投资单位之间发生重要交易。
（4）向被投资单位派出管理人员。
（5）向被投资单位提供关键技术资料。

（三）合营企业投资
1. 定义。
合营企业投资是指投资方持有对构成合营企业的合营安排的投资。对于投资方的投资是否属于合营企业的合营安排，首先判断是否构成合营安排，其次判断合营安排是否构成合营企业。
2. 合营安排。
合营安排是指一项由两个或两个以上的参与方共同控制的安排。
合营安排的特征如下：
（1）各参与方均受到该安排的约束。
（2）两个或两个以上的参与方对该安排实施共同控制。任何一个参与方都不能够单独控制该安排，对该安排具有共同控制的任何一个参与方均能够阻止其他参与方或参与方组合单独控制该安排。
3. 共同控制。
共同控制是指按照相关约定对某项安排所共有的控制，并且该安排的相关活动必须经过分享控制权的参与方一致同意后才能决策。
相关活动是指对某项安排的回报产生重大影响的活动，如商品或劳务的销售或购买、资产的购买和处置、研究及融资活动等。
（1）共同控制的判断标准如下：
①所有参与方或参与方组合集体控制该安排。
②该安排相关活动的决策必须经过这些参与方一致同意。
（2）共同控制的判断原则如下：
①集体控制。如果所有参与方或一组参与方必须一致行动才能决策某项安排的相关活动，则所有参与方或一组参与方集体控制该安排。
②相关活动决策。主体应当在确定是由参与方组合集体控制该安排，再判断这些集体控制该安排是否共同控制该安排，只有相关活动的决策要求集体控制该安排的参与方一致同意时，才存在共同控制。存在共同控制时，有关合营安排的所有重大决策必须经分享控制权的各方一致同意。
③解决争议机制。相关约定可能包括处理

纠纷的条款，如仲裁约定。

④仅享有保护性权利的参与方不享有共同控制。保护性权利是指为了保护权利持有人利益却没有赋予持有人对相关活动进行决策的一项权利。保护性权利通常只能在合营安排发生根本性改变或某项例外情况发生时才能行使，它既没有赋予某持有人对合营安排有用权利，也不能阻止其他参与方参与对合营安排拥有权力。

⑤一项安排的不同活动由不同参与方或参与方组合主导。一项安排中不同参与方分别主导不同相关活动时，相关的参与方需要分别评估自身是否拥有主导对回报产生最大的活动的权利，从而确定是否能够控制该项安排。

⑥综合评估多项相关协议。一项安排的各参与方之间存在多项协议时，应综合考虑该安排的目的和设计等所有情况，综合评估多项相关协议，确定是否存在共同控制。

【提示】合营安排与共同控制：

构成共同控制：一个参与方组合，决策活动需要一致同意

不构成共同控制：
- 两个或两个以上的参与方组合，决策活动每个组合都能进行
- 两个或两个以上的参与方组合，决策活动需要所有组合一致同意

4. 合营安排中不同参与方。

对合营安排享有共同控制的参与方称"合营方"，对合营安排中不享有共同控制的参与方称为"非合营方"。

5. 合营安排的分类。

（1）共同经营：合营方享有该安排相关资产且承担该安排相关负债的合营安排。

（2）合营企业：合营方仅对该安排的净资产享有权利的合营安排。

【提示】未通过单独主体达成的合营安排，应当划分为共同经营。

（四）对子公司投资

1. 定义。

对子公司投资是指投资方持有的能够对被投资单位施加控制的股权投资。投资单位通过企业合并的方式达成对被投资单位的投资。

2. 企业合并。

（1）企业合并是将两个或两个以上单独的企业合并形成一个报告主体的交易或事项。

（2）企业合并的方式见表2-6。

表2-6

方式	含义	法人资格	财务报表核算情况
控股合并	合并方通过企业合并交易或事项取得对被合并方的控制权，被合并方成为合并方子公司。	合并方和被合并方都具有法人资格。	被合并方应纳入合并方合并财务报表的编制范围。
吸收合并	合并方在企业合并中取得被合并方的全部净资产，并将有关资产、负债纳入合并方自身账簿和报表，同时注销被合并方法人资格，由合并方进行经营管理。	合并方具有法人资格，被合并方不具有法人资格。	合并方确认被合并方资产、负债，以及合并支付的对价等情况，计入合并方财务报表。
新设合并	参与合并的各方在企业合并后法人资格均被注销，重新注册成立一家新的企业，由新注册成立的企业持有合并各方的资产、负债，在新的基础上进行经营。	合并方和被合并方都不具有法人资格。	合并方与被合并方形成新的财务报表。

3. 企业合并分类。

企业合并分为同一控制下的企业合并和非同一控制下的企业合并。

二、长期股权投资的初始计量

（一）长期股权投资的确认

1. 定义。

长期股权投资的确认是指投资方能够在自身账簿和报表中确认对被投资单位股权投资的时点。对子公司投资应当在企业合并的合并日确认。

2. 合并日的判断条件。

（1）企业合并合同或协议已获股东大会通过。

（2）企业合并事项已获国家有关主管部门批准。

（3）参与合并各方已办理必要的财产转移

手续。

（4）合并方或购买方已支付合并价款的大部分（超过50%），并有能力、有计划支付剩余款项。

（5）合并方或购买方实际上已经控制被合并方的财务和经营政策，并享有相应的利益、承担相应的风险。

（二）对联营企业、合营企业的初始计量

对联营企业、合营企业长期股权投资的不同取得方式及其相应的初始计量原则见表2－7。

表2－7

取得方式	初始投资成本计量原则
支付现金	支付的购买价款＋直接相关税费
发行权益性证券	权益性证券的公允价值
债务重组、非货币性资产交换等	按债务重组、非货币性资产交换规定处理

【提示1】支付价款中包含的已宣告尚未发放的现金股利或利润不计入初始投资成本。

【提示2】以发行权益性证券方式取得的长期股权投资中，支付给有关证券机构的手续费、佣金等与权益性证券发行直接相关的费用，不构成取得长期股权投资的成本，在权益性证券的溢价发行中扣除（冲减资本公积——股本溢价），溢价不足的，冲减盈余公积和未分配利润。

【例2－27】（单选题）（单选题）2×24年6月30日，甲公司以增发2 000万普通股和一台机器设备为对价，取得乙公司30%股权。甲公司发行的股权，每股面值1元，公允价值10元，为发行股份另支付手续费和佣金800万元。该设备账面价值1 800万元，公允价值2 800万元。本次交易除发行股份的手续费和佣金外，又支付其他直接相关税费100万元。在交易当日，乙公司可辨认净资产公允价值为76 000万元。投资后甲公司派出董事2名参与乙公司生产经营决策（乙公司董事会共9名成员，生产经营决策需董事会投票过半通过）。不考虑增值税等其他因素，甲公司取得此项长期股权投资的初始投资成本为（　　）万元。

A. 22 800   B. 23 600
C. 22 900   D. 23 700

【答案】C

【解析】甲公司能够派出人员参与乙公司经营决策但并不形成控制，对乙公司的长期股权投资判断为对联营企业的投资，初始投资成本＝支付的购买的价款＋直接相关税费＝2 000×10＋2 800＋100＝22 900（万元）。发行股票支付的手续费和佣金800万元冲减资本公积——股本溢价。

（三）对子公司投资的初始计量

1. 同一控制下控股合并形成对子公司的长期股权投资。

（1）合并成本。同一控制下控股合并形成对子公司长期股权投资初始计量按照取得的被合并方所有者权益在最终控制方合并财务报表中的账面价值的份额确认。（账面净资产的份额）

（2）账面净资产。账面净资产是指被合并方自其被最终控制方开始控制时开始，其所持有的资产、负债确定对于最终控制方的价值持续计算至合并日的账面价值。

（3）合并方以支付现金、转让非现金资产或承担债务方式作为合并对价。

①借：长期股权投资（取得的被合并方所有者权益在最终控制方合并财务报表中账面价值的份额）
　　贷：负债（承担的债务的账面价值）
　　　　资产（支付的资产的账面价值）
　　　　资本公积——资本溢价/股本溢价
　　　　　　（差额，或在借方）

【提示】长期股权投资的初始投资成本与支付的现金、转让的非现金资产及承担债务账面价值之间的差额，调整资本公积（资本溢价或股本溢价）；资本公积的余额不足冲减的，调整留存收益。

②借：管理费用（合并方发生的审计、法律服务、评估咨询等中介费用以及其他相关的管理费用）
　　贷：银行存款

【例2－28】（单选题）甲公司以一栋大楼

为对价取得其母公司控制的乙公司60%股权，并于当日能够对乙公司实时控制。合并日，该大楼账面余额4 000万元，已计提折旧1 500万元，公允价值4 500万元。乙公司可辨认净资产的账面价值为7 500万元，公允价值8 500万元。假定合并前双方采用的会计政策及会计期间均相同，不考虑其他因素，甲公司对乙公司长期股权投资的初始投资成本为（　　）万元。

A. 4 500　　　　　　B. 5 100
C. 4 800　　　　　　D. 2 800

【答案】A

【解析】同一控制下的企业合并，合并方以支付现金、转让非现金资产或承担债务方式作为合并对价的，应当在合并日按照被合并方所有者权益在最终控制方合并财务报表中的账面价值的份额作为长期股权投资的初始投资成本。该长期股权投资初始投资成本 = 7 500 × 60% = 4 500（万元）。

(4) 合并方以发行权益性证券作为合并对价。

①借：长期股权投资（取得的被合并方所有者权益在最终控制方合并财务报表中账面价值的份额）
　　　应收股利（已宣告但尚未发放的现金股利）
　　贷：股本（面值）
　　　资本公积——股本溢价（差额，或在借方）

②借：资本公积——股本溢价（权益证券的发行费用等）
　　贷：银行存款

【提示】长期股权投资初始投资成本与所发行权益性证券面值总额之间的差额，调整资本公积（资本溢价或股本溢价）；资本公积的余额不足冲减的，调整留存收益。

(5) 子公司改制的账面价值确认。形成同一控制下控股合并的长期股权投资，如果子公司按照改制时确定的资产负债经评估确认的价值调整资产负债账面价值的，合并方应按照取得子公司经评估确认的净资产的份额，作为长期股权投资的初始投资成本。

(6) 通过多次交换交易，分步取得股权最终形成控股合并。在个别财务报表中，应当以持股比例计算的合并日应享有被合并方账面所有者权益份额，作为该项投资的初始投资成本。初始投资成本与其原长期股权投资账面价值加上合并日为取得新的股份所支付对价的现金、转让非现金资产及所承担债务账面价值之和的差额，调整资本公积（资本溢价或股本溢价）；资本公积的余额不足冲减的，调整留存收益。

【提示】长期股权投资初始成本的确定需考虑被合并方与合并方的会计政策、会计期间是否一致。如果被合并方与合并方的会计政策、会计期间不同的，需要按照合并方的会计政策、会计期间对被合并方的净资产账面价值进行调整，以此作为长期股权投资的初始成本计量依据。

【例2-29】（单选题）同一控制下的企业控股合并，合并日通过多次交换交易，分步取得被合并方股权并形成控制，则合并方该项长期股权投资的初始投资成本为（　　）。

A. 享有的被合并方所有者权益公允价值份额
B. 享有的被合并方所有者权益账面价值份额
C. 享有的被合并方可辨认净资产公允价值份额
D. 享有的被合并方在其最终控制方合并财务报表中所有者权益账面价值的份额

【答案】D

【解析】企业通过多次交易分步取得同一控制下被投资单位的股权，最终形成企业合并的，不属于"一揽子交易"的，应根据合并后享有被合并方在最终控制方合并财务报表中所有者权益账面价值的份额，确定长期股权投资的初始投资成本。

2. 非同一控制下控股合并形成对子公司的长期股权投资。

(1) 计量方式。非同一控制下控股合并形成对子公司的长期股权投资初始投资成本，按照被购买方各项可辨认资产、负债在其购买日公允价值之和进行初始计量，支付的成本与公允价值之和间产生差额的，处理方式见表2-8。

表2-8

支付成本与被购买方各项可辨认资产、负债公允价值之和的关系			交易实质及会计处理
支付成本	>	被购买方各项可辨认资产、负债公允价值之和	交易实质为商誉，不做会计处理
支付成本	<	被购买方各项可辨认资产、负债公允价值之和	交易实质为负商誉，差额计入营业外收入

（2）一次交易完成的非同一控制下的控股合并。企业合并成本包括购买方付出的资产、发生或承担的负债、发行的权益性证券的公允价值之和。

【提示1】购买方为企业合并发生的审计、法律等相关费用，应于发生时计入当期损益（管理费用）。

【提示2】购买方作为合并对价发行的权益性工具或债务性工具的交易费用，应当计入权益性工具或债务性工具的初始确认金额。

【提示3】控股合并以库存商品等作为合并对价的，该商品视同销售，计入收入同时结转成本。收入及增值税之和计入合并成本。

【提示4】控股合并以分类为以公允价值计量且其变动计入其他综合收益的债权性金融资产作为合并对价的，持有期间公允价值变动形成的其他综合收益一并转入投资收益，借记"其他综合收益"科目，贷记"投资收益"科目。合并过程中发生的相关费用，计入"管理费用"科目。

【例2-30】（单选题）2×24年1月1日，甲公司发行1 500万普通股股票从非关联方取得乙公司80%股权，发行股票的每股面值1元，取得股权当日，每股公允价值6元，为发行股票支付给券商佣金300万元，乙公司2×24年1月1日所有者权益账面价值总额12 000万元，可辨认净资产的公允价值与账面价值相同，则甲公司应确认的长期股权投资初始投资成本为（　　）万元。

A. 9 000　　　　B. 9 600
C. 8 700　　　　D. 9 300

【答案】A

【解析】非同一控制下的企业合并，初始投资成本=支付对价公允价值=1 500×6=9 000（万元），为发行股票支付的佣金、手续费计入"资本公积——股本溢价"。

（3）多次交换交易，分步取得股权最终形成控股合并。多次交换交易，分步取得股权最终形成控股合并，在个别财务报表中，应当以购买日之前所持被购买方的股权投资的账面价值与购买日新增投资成本之和，作为该项投资的初始投资成本。形成控股合并前对长期股权投资采用不同的计量方式，购买日时的处理方法见表2-9。

表2-9

购买日前的计量方法	购买日时初始投资成本计算	购买日前形成的其他综合收益/资本公积处理方法
权益法计量	权益法计量的账面价值+新支付的公允价值	先不做处理，处置时再做处理
公允价值计量	公允价值计量的账面价值+新增投资成本	公允价值与账面价值之间的差额以及原计入其他综合收益的累计公允价值变动，在改按成本法核算时采用与处置原持有的股权投资相同的基础进行会计处理 原持有的股权投资指定为以公允价值计量且其变动计入其他综合收益的非交易性权益工具投资的，其公允价值与账面价值之间的差额以及原计入其他综合收益的累计公允价值变动应当直接转入留存收益

【例2-31】（单选题）2×23年1月1日，甲公司以银行存款5 000万元在公开市场收购乙公司25%股权，能够对乙公司施加重大影响。取得股权投资时，乙公司可辨认净资产的公允价值为18 000万元，账面价值与公允价值相同。2×24年6月30日，甲公司通过定向增发股票方式购买丙公司持有的乙公司45%股权。此次甲公司增发普通股2 000万股，每股面值1元，每股公允价值4元，另支付承销费用50万元。取得该股权时，乙公司可辨认净资产公允价值

为19 000万元。甲公司与丙公司不存在任何关联方关系。2×23年至2×24年6月30日，乙公司共实现净利润1 000万元。不考虑所得税等其他因素影响，甲公司2×24年6月30日该项长期股权投资的账面价值为（　　）万元。

A. 13 300　　　　B. 13 250
C. 17 050　　　　D. 17 100

【答案】B

【解析】2×23甲公司长期股权投资入账价值5 000万元，截至2×24年6月30日，甲公司按照购买日持续计量的该笔长期股权投资净资产账面价值＝5 000＋1 000×25%＝5 250（万元）。2×24年6月30日新增投资的入账价值＝2 000×4＝8 000（万元），2×24年6月30日新增投资甲公司的持股比例达到70%，能够对乙公司实时控制，2×24年6月30日长期股权投资账面价值＝5 250＋8 000＝13 250（万元）。

3. 涉及或有对价的长期股权投资成本的计量。

（1）同一控制企业合并涉及或有对价时长期股权投资成本的计量。同一控制企业合并中产生的或有对价，按照《企业会计准则第13号——或有事项》的规定进行判断及确认。

或有对价确认预计负债或资产的，该预计负债或资产金额与后续计量或有对价结算金额的差额，调整资本公积——资本溢价/股本溢价，资本公积余额不足冲减的，调整盈余公积和未分配利润。

【提示】或有事项的判断和计量见第三章负债【知识点5】。

（2）非同一控制企业合并涉及或有对价时长期股权投资成本的计量。非同一控制企业合并产生或有对价时，购买方应将合并协议约定的或有对价作为合并转移对价的一部分，按照其在购买日的公允价值计入企业合并成本，并依据或有对价的性质计入企业的资产或负债。

如果购买日后12个月内出现对购买日已存在情况的新的或进一步证据需要调整或有对价的，应当予以确认并对原计入合并商誉的金额区分情况进行调整。

会计处理方式：

①购买日应合理估计或有对价并计入合并成本，购买日后12个月内取得新的或进一步证据表明购买日已存在需要对合并成本进行调整的状况的，可以据以调整合并成本。

②如果由于新的情况导致对原或有对价进行调整的，判断或有对价性质，分别情况进行会计处理：或有对价属于金融工具，以公允价值计量，变动计入当期损益或其他综合收益；或有对价不属于金融工具的，按或有事项准则进行会计处理。

4. 投资成本中包含的已宣告但尚未发放的现金股利或利润。

（1）企业取得长期股权投资时包含的已宣告但尚未发放的现金股利或利润，应作为应收项目进行核算。

（2）企业取得长期股权投资实际支付的价款中包含已宣告但尚未发放的现金股利或利润，应作为预付款进行处理，并与所取得的长期股权投资作为两项金融资产核算。

5. 一项交易中同时涉及最终控制方购买股权形成的控制和自其他外部独立第三方购买股权的。

（1）合并方自集团内取得的股权能够形成控制的，按照同一控制下企业合并的规定进行会计处理。

（2）合并方自其他外部独立第三方取得的股权能够形成控制的，视为在取得被投资单位控制权的基础上，对少数股权的购买，该部分少数股权的购买不论与形成同一控制下企业合并的交易是否同时进行，在与同一控制企业合并不构成一揽子交易的情况下，有关股权投资成本即应按照实际支付的购买价款确定。由此出现在合并方最终持有对同一被投资单位的股权中，不同部分的计量基础产生差异。

（四）反向购买

1. 反向购买的定义。

发行权益性证券的一方因其生产经营决策在合并被参与合并的另一方所控制，发行权益性证券一方为法律上的母公司，但其会计上的被购买方，该类企业合并通常称为"反向购买"。

2. 合并成本——法律上子公司（购买方）。

（1）发行的权益性证券存在公开市场报价的，购买方发行权益性证券的公允价值作为购买方企业合并成本。

（2）发行的权益性证券不存在公开市场报价的，以购买方的公允价值或被购买方的公允价值之中更为明显证据支持的一个作为基础去确定购买方企业合并成本。

3. 合并财报编制原则——法律上的母公司（被购买方）。

（1）法律上的子公司（购买方）的资产、负债应以其在合并前的账面价值进行确认和计量。

（2）留存收益和其他权益余额应反映法律上的子公司（购买方）在合并前的留存收益和其他权益余额。

（3）权益性工具的金额应当反映法律上的子公司（购买方）合并前发行的在外股份面值以及假定在确定该项企业合并过程中新发行的权益性工具的金额。权益结构应反映法律上的母公司（被购买方）的权益结构，即应反映法律上的母公司（被购买方）发行在外权益性证券的数量和种类。

（4）法律上的母公司（被购买方）可辨认资产、负债在并入合并报表时，应以其在购买日确定的公允价值进行合并，企业合并成本大于合并中取得的法律上的母公司（被购买方）可辨认净资产公允价值的份额体现为商誉；企业合并成本小于法律上的母公司（被购买方）可辨认净资产公允价值的份额确认为合并当期损益。

（5）合并报表的比较信息应当是法律上的子公司（购买方）的比较信息。

（6）法律上的子公司（购买方）有关股东在合并过程中未将其持有的股份转换为法律上的母公司（被购买方）股份的，该部分固定享有的权益份额在合并财务报表中应作少数股东权益列示。

4. 每股收益的计算。

发行反向购买当期，用于计算每股收益的发行在外普通股加权平均数为：

（1）自当期期初至购买日，发行在外的普通股股数应假定为在该项合并中法律上的母公司向法律上子公司股东发行的普通股数量。

（2）自购买日至期末发行在外的普通股数量为法律上的母公司实际发行在外的普通股股数。

【例 2-32】（多选题）下列关于长期股权投资的反向购买说法中，正确的有（　　）。

A. 反向购买的合并成本以法律上的母公司所发行股票的公允价值进行计量

B. 在合并财务报表上，负债项目无须反映法律上母公司记录的法律上子公司长期股权投资的公允价值

C. 在合并财务报表上，留存收益和其他权益余额应反映法律上的子公司在合并前的留存收益和其他权益余额

D. 在合并财务报表上，企业合并成本小于法律上的母公司可辨认净资产公允价值的份额确认为其他综合收益

E. 在合并财务报表上，少数股东权益列示的是法律上的子公司有关股东在合并过程中未将其持有的股份转换为法律上的母公司的股份

【答案】BCE

【解析】选项 A，反向购买的合并成本以法律上的子公司所发行股票的公允价值进行计量；选项 D，在合并财务报表上，企业合并成本小于法律上的母公司（被购买方）可辨认净资产公允价值的份额确认为合并当期损益。

5. 非上市公司购买上市公司股权实现间接上市。

非上市公司以所持有对子公司投资等资产作为对价取得上市公司的控制权，构成反向购买的，上市公司编制合并财务报表时应区分以下情况处理：

（1）发生交易时，上市公司未持有任何资产、负债或仅持有现金、交易性金融资产等不构成业务的资产或负债的，上市公司在编制合并财务报表时，购买企业应按照权益性交易的原则进行处理，不确认商誉或计入当期损益。

（2）发生交易时，上市公司保留的资产、负债构成业务的，对于形成非同一控制下企业合并的，企业合并成本与取得的上市公司可辨认净资产公允价值份额的差额应当确认为商誉或计入当期损益。

三、长期股权投资的后续计量

（一）核算方法

长期股权投资的核算方法有成本法及权益法，见表 2-10。

表 2–10

核算方法	成本法	对子公司的长期股权投资（对被投资单位实施控制）
	权益法	（1）对合营企业的长期股权投资（对被投资单位实施共同控制） （2）对联营企业的长期股权投资（对被投资单位具有重大影响）

（二）成本法

1. 进行初始投资或追加投资时，依照前述"长期股权投资的初始计量"方法进行核算。

2. 被投资单位宣告发放现金股利。

借：应收股利
　　贷：投资收益

【提示】成本法将投资企业与被投资企业视为两个独立核算单位看待，除了核算取得投资、追加投资、宣告发放股利以及考虑减值外，不会在资产负债表日因被投资企业可辨认净资产发生公允价值变动而确认相应损益。

【例 2–33】（多选题）甲公司关于乙公司的长期股权投资经济活动事项如下：2×23 年 1 月 1 日，甲公司以银行存款 650 万元自甲公司的母公司丙公司处购入乙公司 75% 的股份并取得控制权，合并日，丙公司合并财务报表列示的乙公司可辨认净资产 1 000 万元，商誉 200 万元，公允价值 1 300 万元。2×23 年，乙公司实现净利 300 万元。2×23 年 12 月 31 日，乙公司被评估公司净资产 2 100 万元。2×24 年 1 月 7 日，乙公司宣告分配现金股利 200 万元。2×24 年 1 月 30 日，甲公司将乙公司全部股权出售给非关联的第三方，收到价款 1 360 万元。下列有关甲公司长期股权投资会计处理的表述中，正确的有（　　）。

A. 2×23 年，该项长期股权投资应被认定为同一控制下的企业合并

B. 2×23 年购入乙公司长期股权投资的入账价值为 975 万元

C. 2×23 年 12 月 31 日，甲公司确认长期股权投资账面价值增加 600 万元

D. 2×24 年 1 月 7 日，甲公司确认投资收益 150 万元

E. 2×24 年 1 月 30 日，甲公司处置资产确认投资收益 160 万元。

【答案】AD

【解析】选项 B，甲公司对乙公司的合并为同一控制下的企业合并，初始投资成本为对最终控制方而言的可辨认净资产的份额 + 最终控制方合并财务报表确认的商誉 = 1 000 × 75% + 200 = 950（万元）。选项 C，成本法核算下，甲公司不会在资产负债表日因被投资企业可辨认净资产发生公允价值变动而确认相应损益。选项 D，乙公司宣告现金股利，甲企业确认投资收益 200 × 75% = 150（万元）。选项 E，处置乙公司股权确认的投资收益 = 1 360 – 950 = 410（万元）。

（三）权益法

1. 定义及适用范围。

（1）定义。权益法是指在持有期间，投资企业按应享有被投资企业所有者权益的份额调整其账面价值的方法。

（2）适用范围。权益法核算适用于对合营企业及联营企业的投资。但是风险投资机构、共同基金以及类似主体除外，即使持有被投资单位的股份数额达到重大影响的范围，也应按照金融工具确认和计量准则核算。

2. 科目设置。

"长期股权投资"科目，核算期限在 1 年以上（不含 1 年）的各种股权性质的投资，包括购入的股票和其他股权投资，其下设 4 个二级科目：

"投资成本"科目，反映投资时点被投资企业净资产中应享有的份额。

"损益调整"科目，反映持有期间被投资企业留存收益的增减变动。

"其他综合收益"科目，反映持有期间被投资企业综合收益的增减变动。

"所有者权益其他变动"科目，反映持有期间被投资企业所有者权益其他变动而享有的份额调整数。

【提示1】净资产是资产公允价值减负债公允价值后的余额。

净资产 $\begin{cases} \text{可辨认净资产：存货、货币资金、固定资产、无形资产} \\ \text{不可辨认净资产：商誉} \end{cases}$

【提示2】份额是被投资单位拥有的股数占被投资单位全部股数的百分比。

3. 权益法对初始投资成本的调整。

（1）初始投资成本大于投资时应享有的被投资单位可辨认净资产公允价值份额，不调整长期股权投资的初始投资成本。

（2）初始投资成本小于投资时应享有的被投资单位可辨认净资产公允价值份额，差额计入当期损益（"营业外收入"），同时调整长期股权投资的投资成本。

借：长期股权投资——投资成本
　　贷：营业外收入

【提示1】被投资企业可辨认净资产公允价值的份额 =（被投资企业可辨认资产公允价值 - 负债公允价值）×股权比例。

【提示2】长期股权投资初始投资成本大于投资时应享有的被投资单位可辨认净资产公允价值份额的差额，实质是商誉。商誉只能在企业合并时能通过差额体现，不能独立存在，在个别财务报表中不进行确认。

【例2-34】（单选题）在非同一控制下的企业合并中，对于投资方初始投资成本大于被投资单位可辨认净资产公允价值的差额，投资方应（　　）。

A. 调整资本公积——资本溢价或股本溢价
B. 不做账务处理
C. 计入投资收益
D. 计入商誉

【答案】B

【解析】非同一控制下的企业合并，初始投资成本与所付出的资产、发生或承担的负债账面价值及发生直接相关费用的差额，在个别财务报表中，投资单位核算的正差额不做处理，负差额计入营业外收入。

【例2-35】（单选题）甲公司2×24年3月取得乙公司30%股权，支付价款5 000万元。取得时乙公司净资产账面价值为18 000万元。甲公司能对乙公司实施重大影响，拟采用权益法核算。甲公司除按照所投资的公允价值确认初始投资成本之外，还应该（　　）。

A. 不做任何会计处理
B. 计入商誉收入400万元
C. 计入营业外支出400万元
D. 计入营业外收入400万元

【答案】D

【解析】甲公司长期股权投资的初始投资成本5 000万元小于投资时应享有被投资单位可辨认净资产公允价值份额5 400（18 000×30%）万元，差额400（5 400 - 5 000）万元应计入营业外收入，相关会计分录如下：

借：长期股权投资——投资成本
　　　　　　　　　　50 000 000
　　贷：银行存款　　50 000 000
借：长期股权投资——投资成本
　　　　　　　　　　4 000 000
　　贷：营业外收入　4 000 000

4. 损益调整。

权益法下，投资单位应当按照应享有或应分担的被投资单位实现净损益的份额，确认投资损益并调整长期股权投资的账面价值。

被投资单位实现净利润时。
借：长期股权投资——损益调整
　　贷：投资收益
被投资单位发生净亏损时。
借：投资收益
　　贷：长期股权投资——损益调整

（1）损益调整的考虑因素。

①被投资单位采用的会计政策、会计期间与投资单位不一致的，应按投资单位进行调整。

②被投资单位的固定资产、无形资产以历史成本计量，与投资单位以公允价值计量的净资产产生差异（累计折旧、累计摊销），应将被投资单位按账面价值计量的损益调整为公允价值确认的净损益。

【例2-36】（单选题）2×24年1月1日，甲公司于公开市场取得乙公司25%的股权，能够对乙公司施加重大影响。取得投资时，乙公司的一栋办公大楼公允价值为8 000万元，账面价值为5 000万元，预计尚可使用年限为20年，预计净残值为零，按照年限平均法计提折旧。乙公司2×24年度利润表中的净利润为4 000万元。不考虑所得税和其他因素的影响，2×24年甲公司对该项股权投资应确认的投资收益为（　　）万元。

A. 937.5　　　　B. 900
C. 1 000　　　　D. 962.5

【答案】D

【解析】2×24年办公大楼作为固定资产，按公允价值计提的折旧额400（8 000÷20）万元比按账面价值计提的折旧额250（5 000÷20）万元多150万元，应调减净利润150万元，即2×24年甲公司应确认的投资收益=（4 000 – 150）× 25% =962.5（万元）。

③在评估投资方对被投资单位是否具有重大影响时，应当考虑潜在表决权的影响，但在确认应享有的被投资单位实现的净损益、其他综合收益和其他所有者权益变动的份额时，潜在表决权所对应的权益份额不应予以考虑。

④在确认应享有或应分担的被投资单位净利润（或净亏损）金额时，法规或章程规定不属于投资方的净损益应当予以剔除。

⑤对投资企业与其联营企业及合营企业之间发生的未实现内部交易应予以抵销。

内部交易是指投资企业与联营企业或合营企业之间发生的交易，投资企业应将内部交易的损益，按照应享有的比例计算归属于投资方的部分予以抵销。在此基础上确认投资损益。

内部交易 { 顺流交易：投资企业向联营企业或合营企业出售资产
逆流交易：联营企业或合营企业向投资企业出售资产 }

【例2–37】（单选题）（顺流交易）投资单位拥有被投资单位20%股权，投资单位向被投资单位销售存货一批，该批存货成本90万元，售价100万元。截至资产负债表日，被投资单位仍未处置该批存货。下列说法正确的是（　　）。

A. 对于投资单位而言，营业收入+100万元，营业成本+90万元，存货–90万元

B. 对于投资单位而言，此笔交易实际获利10万元

C. 对于投资单位而言，应贷记投资收益2万元

D. 对于投资单位而言，应借记长期股权投资2万元

【答案】A

【解析】对于投资单位而言，营业收入+100万元，营业成本+90万元，存货–90万元。对于被投资单位而言，存货+100万元，银行存款等–100万元。对于投资单位而言，销售产品本应获得利润10万元，但其中20%的利润属于从自己的左口袋拿到自己的右口袋，并没有产生实质性的交易，20%利润应该抵销。投资单位其余80%的获利是从别人的左口袋（被投资单位的其他投资者）中拿到的，不用抵销。因此，个别财务报表应抵销未实现内部交易损益=（100 – 90）×20% =2（万元），相关会计分录如下：

借：投资收益　　　　　　　　20 000
　　贷：长期股权投资　　　　　　20 000

【例2–38】（单选题）（逆流交易）投资单位拥有被投资单位20%股权，被投资单位向投资单位销售存货一批，该批存货成本90万元，售价100万元。截至资产负债表日，投资单位仍未处置该批存货。下列说法正确的是（　　）。

A. 对于被投资单位而言，营业收入+100万元，营业成本+90万元，存货–90万元

B. 对于被投资单位而言，此笔交易实际获利10万元

C. 对于投资单位而言，应贷记投资收益2万元

D. 对于投资单位而言，应借记长期股权投资2万元

【答案】A

【解析】对于投资单位而言，存货+100万元，银行存款等–100万元。对于被投资单位而言，营业收入+100万元，营业成本+90万元，存货–90万元。对于投资单位而言，被投资单位向投资单位销售的这批货物所获得的利润10万元，使得被投资单位期末利润增加10万元，投资单位本应就10万元中20%确认损益调整。但这10万元利润中的20%是从投资单位自己的左口袋拿到自己的右口袋，剩余的80%才是被投资单位从投资单位赚走的。因此，投资单位个别财务报表应抵销未实现内部交易损益=（100 – 90）×20% =2（万元），相关会计分录如下：

借：投资收益　　　　　　　　20 000
　　贷：长期股权投资　　　　　　20 000

结论：在权益法下，不论是顺流交易还是逆流交易，都应按持股比例抵销未实现的内部交易损益。

（2）调整净损益的计算公式。
调整净损益变动份额=调整后的净损益×持股比例

调整后净损益=调整前净损益±公允价值与账面价值差额对损益影响的调整项目–抵销项目

【提示1】调整项目：以取得投资时被投资单位各项可辨认资产、负债的公允价值为基础，计算应享有或应承担的份额，对被投资单位的利润进行调整后确认。如固定资产账面价值和公允价值不一致项目的折旧应根据公允价值去调整净损益。

【提示2】抵销项目：投资企业与联营企业及合营企业之间发生的为实现内部交易损益按照持股比例计算归属于投资企业的部分应予抵销。

【提示3】损益调整影响见表2-11。

表 2-11

项目	投资时点被投资单位公允价值与账面价值差额对当期损益的影响	对内部交易当期损益的影响
存货	调整后的净利润＝被投资单位当期实现的净利润－（投资时点存货公允价值－账面价值）×当期出售比例	交易当期： 调整后的净利润＝被投资单位当期实现净利润－（存货内部交易售价－存货账面价值）×(1－当期出售比例)
固定资产/无形资产（以直线法为例）	调整后的净利润＝被投资单位当期实现净利润－（资产公允价值÷尚可使用年限－资产原值÷预计使用年限）×（当期折旧或摊销月数÷12）	交易当期： 调整后的净利润＝被投资单位当期实现净利润－（资产售价－资产账面价值）＋（资产售价－资产账面价值）÷预计尚可使用年限×（当期折旧或摊销月数÷12）

【例 2-39】（单选题）2×24 年 1 月 1 日，甲公司购入乙公司 40% 股份，对乙企业具有重大影响。甲公司取得该项投资时，乙公司各项可辨认资产、负债的公允价值与其账面价值相等。2×24 年 10 月，乙公司将其账面价值 120 万元的产品以 180 万元的价格出售给甲公司，甲公司将取得的商品作为存货核算。截至 2×24 年 12 月 31 日，甲公司尚未对外出售该存货。乙公司 2×24 年度实现净利润 600 万元，假定不考虑所得税等因素的影响，2×24 年甲公司应确认投资收益（　　）万元。

A. 216　　　　　B. 240
C. 168　　　　　D. 192

【答案】A

【解析】乙公司出售给甲公司的商品作为内部交易，其损益并未实现，因此应该进行调整。调整后的净利润＝被投资单位当期实现净利润－（存货内部交易售价－存货账面价值）×(1－当期出售比例)＝600－(180－120)＝540（万元）。甲公司应确认投资收益＝540×40%＝216（万元）。

借：长期股权投资——损益调整　　2 160 000
　　贷：投资收益　　　　　　　　2 160 000

【例 2-40】（单选题）甲公司持有乙公司 30% 的股权，能够对乙公司施加重大影响。2×24 年度乙公司实现净利润 8 000 万元，当年 6 月 20 日，甲公司将成本为 600 万元的商品以 1 000 万元的价格出售给乙公司，乙公司将其作为管理用固定资产并于当月投入使用，预计使用 10 年，净残值为零，采用年限平均法计提折旧。不考虑其他因素，甲公司在其 2×24 年度的个别财务报表中应确认对乙公司投资的投资收益为（　　）万元。

A. 2 100　　　　　B. 2 280
C. 2 286　　　　　D. 2 400

【答案】C

【解析】甲公司在个别财务报表中应确认对乙公司投资的投资收益＝[8 000－(1 000－600)＋(1 000－600)÷10×(6÷12)]×30%＝2 286（万元）。

（3）被投资单位亏损。被投资单位当年发生净亏损的，首先，应以取得投资时被投资单位各项可辨认资产、负债的公允价值为基础，对被投资单位的净亏损进行调整，然后再按照以下顺序进行处理：

①按持股比例计算应分担的份额，冲减长期股权投资的账面价值；

②应分担被投资单位净亏损的份额超过长期股权投资的账面价值的，应当以其他实质上构成对被投资单位净投资的长期权益账面价值为限继续确认投资损失，冲减长期应收款；

③若有按照合同或协议约定投资企业承担额外义务的，该投资企业应按照预计承担的义务确认预计负债；

④备查登记。

发生超额亏损后,若被投资单位以后实现盈利,投资企业扣除未确认的亏损分担额后,应按与上述相反的顺序处理,减记已确认预计负债的账面余额、恢复其他实质上构成对被投资单位净投资的长期权益及长期股权投资的账面价值,同时确认投资收益。

【例2-41】(单选题)2×24年1月1日,甲公司持有乙公司30%股份,对乙公司具有重大影响。2×24年末,甲公司"长期股权投资——乙公司"借方余额为400万元,当年乙公司实现净亏损2 000万元,不考虑其他因素,甲公司2×24年应冲减长期股权投资的账面价值为( )万元。

A. 600　　　　　　B. 200
C. 400　　　　　　D. 0

【答案】C

【解析】甲公司应承担的乙公司亏损额 = 2 000×30% = 600(万元),大于长期股权投资的账面价值400万元,所以只能冲减长期股权投资的账面价值400万元。

5. 被投资单位宣告分派利润或现金股利。
借:应收股利
　　贷:长期股权投资——损益调整(按投资比例确定)

权益法下,被投资单位宣告发放的股票股利,不进行账务处理,但应在备查簿中登记。

6. 被投资单位其他综合收益的调整。
借:长期股权投资——其他综合收益(按投资比例确定)
　　贷:其他综合收益
或编制相反会计分录。

7. 除净损益、其他综合收益外,被投资单位所有者权益其他变动的调整。

被投资单位除净损益、其他综合收益以外的所有者权益其他变动的因素,投资方应按所持有股权比例计算应享有的份额,调整长期股权投资的账面价值,同时计入资本公积——其他资本公积。

借:长期股权投资——所有者权益其他变动
　　贷:资本公积——其他资本公积

【例2-42】(单选题)2×24年1月1日,甲公司购买乙公司30%股权,对乙公司具有重大影响。2×24年度,乙公司实现净利400万元,宣告分配现金股利100万元,股票股利100万股(每股1元),以公允价值计量且其变动计入其他综合收益的金融资产公允价值上升30万元。不考虑其他因素,2×24年末,甲公司长期股权投资账面价值增加( )万元。

A. 120　　　　　　B. 99
C. 129　　　　　　D. 159

【答案】B

【解析】甲公司长期股权投资账面价值增加 = (400-100+30)×30% = 99(万元),具体包括:

(1)乙公司实现净利应确认投资收益 = 400×30% = 120(万元)。
借:长期股权投资——损益调整　　1 200 000
　　贷:投资收益　　　　　　　　　1 200 000

(2)乙公司宣告分派现金股利,甲公司确认应收股利 = 100×30% = 30(万元)。
借:应收股利　　　　　　　　　　　300 000
　　贷:长期股权投资——损益调整　　300 000

(3)乙公司以公允价值计量且其变动计入其他综合收益的金融资产公允价值上升,甲公司调整其他综合收益 = 30×30% = 9(万元)。
借:长期股权投资——其他综合收益　　90 000
　　贷:其他综合收益　　　　　　　　　90 000

乙公司分配股票股利,甲公司不做任何会计处理。

(四)长期股权投资成本法与权益法的转换
股权投资转换涉及的六种情况及调整方式见表2-12。

表2-12

转换情况		调整方式	
		个别报表	合并报表
持股比例上升	①公允价值计量转换为权益法	原投资调整到公允价值	/
	②公允价值计量转换为成本法	原投资调整到转换日公允价值	无须调整
	③权益法转换为成本法	原投资保持账面价值	原投资调整到公允价值

续表

转换情况		调整方式	
		个别报表	合并报表
持股比例下降	①成本法转换为权益法	剩余投资追溯调整到权益法	剩余投资调整到公允价值
	②成本法转换为公允价值计量	剩余投资调整到公允价值	无须调整
	③权益法转换为公允价值计量	剩余投资调整到公允价值	/

1. 公允价值计量或权益法转换为成本法。

（1）原投资采用权益法核算。

追加投资日长期股权投资初始投资成本 = 原投资账面价值 + 新增投资成本

（2）原投资按公允价值计量。

追加投资日长期股权投资初始投资成本 = 原投资公允价值 + 新增投资成本

对于原作为金融资产，转换为采用成本法核算的对子公司投资的，如有关金融资产分类为以公允价值且其变动计入当期损益的金融资产，应当按照转换时的公允价值确认为长期股权投资；如有关金融资产指定为以公允价值计量且其变动计入其他综合收益的非交易性权益工具投资，应按照转换时的公允价值确认长期股权投资，原确认计入其他综合收益的累计公允价值变动应结转计入留存收益，不得计入当期损益。

【例 2 – 43】（单选题）2×24 年 1 月 1 日，甲公司从公开市场取得乙公司 30% 股权，支付现金 3 000 万元，当日除一栋办公大楼外，乙公司其他可辨认净资产公允价值与账面价值相同。该办公大楼账面价值 5 000 万元，公允价值 8 000 万元，预计使用年限 10 年。2×24 年 12 月 31 日，乙公司实现净利 1 000 万元。乙公司指定为以公允价值计量且其变动计入其他综合收益的非交易性权益工具投资的金融资产公允价值变动增加 300 万元。2×25 年 1 月 1 日，甲公司支付 2 800 万元取得乙公司 25% 股权（当日乙公司可辨认净资产公允价值与前日相同）。追加投资日，甲公司长期股权投资账面价值为（　　）万元。

A. 5 890　　　　B. 6 010
C. 5 800　　　　D. 6 100

【答案】D

【解析】2×24 年乙公司办公大楼影响损益的金额 =（8 000 – 5 000）÷ 10 = 300（万元），甲公司 2×24 年应确认投资收益 =（1 000 – 300）× 30% = 210（万元），甲公司 2×24 年应确认其他综合收益 = 300 × 30% = 90（万元）。投资前，甲公司长期股权投资账面价值 = 3 000 + 210 + 90 = 3 300（万元）。追加投资日，甲公司账面价值 = 3 300 + 2 800 = 6 100（万元）。

2. 成本法转换为权益法。

（1）转换原则。剩余持股比例部分应视同取得投资时点即采用权益法核算，即对剩余持股比例投资追溯调整，将其调整到权益法核算的结果。

（2）追溯调整方法。

①对处置部分进行会计处理。

借：银行存款
　　贷：长期股权投资——投资成本（处置投资的账面价值）
　　　　投资收益（差额，也可能在借方）

②比较剩余的长期股权投资成本与按照剩余持股比例计算原投资时应享有被投资单位可辨认净资产公允价值的份额，属于投资作价中体现商誉部分，不调整长期股权投资的账面价值；属于投资成本小于应享有被投资单位可辨认净资产公允价值份额的，在调整长期股权投资成本的同时，调整期初留存收益。

③对原投资日至处置投资日之间被投资单位实现的以公允价值为计量基础的净损益、现金股利、所有者权益其他变动按照权益法进行调整（追溯调整）。

借：长期股权投资
　　贷：留存收益（盈余公积、利润分配）
　　　　（原取得投资时至处置投资当期期初被投资单位留存收益的变动 × 剩余持股比例）
　　　　投资收益（处置投资当期期初至处置日被投资单位的净损益变动 × 剩余持股比例）
　　　　其他综合收益（被投资单位其他综合收益变动 × 剩余持股比例）
　　　　资本公积——其他资本公积（其

他原因导致被投资单位所有者权益变动×剩余持股比例）

【例2-44】（单选题）2×24年1月1日，甲公司支付600万元取得乙公司100%的股权，投资时乙公司可辨认净资产的公允价值为500万元。2×24年1月1日至2×24年12月31日，乙公司实现的净利润为50万元，持有的指定为以公允价值计量且其变动计入其他综合收益的非交易性权益工具投资的公允价值升值25万元。2×25年1月1日，甲公司以500万元转让乙公司60%的股权，丧失对乙公司的控制权。转让日，乙公司剩余40%股权的公允价值为320万元。假定甲、乙公司提取盈余公积的比例均为10%，不考虑其他因素。转让日后甲公司长期股权投资的账面价值为（　　）万元。

A. 240　　B. 250
C. 270　　D. 320

【答案】C

【解析】甲公司剩余股权的账面价值=600×40%+50×40%+25×40%=270（万元），账务处理如下：

①确认部分股权处置收益。

借：银行存款　　　　　5 000 000
　　贷：长期股权投资
　　　　　　　3 600 000（6 000 000×60%）
　　　　投资收益　　　　1 400 000

②对剩余股权改按权益法核算。

借：长期股权投资　　　　300 000
　　贷：盈余公积
　　　　　20 000（500 000×40%×10%）
　　　　利润分配——未分配利润
　　　　　180 000（500 000×40%×90%）
　　　　其他综合收益
　　　　　100 000（250 000×40%）

3. 公允价值计量转换为权益法。

（1）追加投资日长期股权投资初始投资成本=转换日原投资公允价值+新增投资的成本。

借：长期股权投资（原股权的公允价值+新增投资的公允价值）
　　贷：银行存款（追加投资支付价款）
　　　　非交易性权益工具投资/交易性金融资产（公允价值）
　　　　投资收益（差额，也可能在借方）

（2）原投资为分类为以公允价值计量且其变动计入当期损益的金融资产。追加投资日，原投资公允价值与账面价值的差额计入投资收益。

借：交易性金融资产（账面价值与公允价值之差）
　　贷：投资收益

或编制相反会计分录。

（3）原投资为指定为公允价值计量且其变动计入其他综合收益的非交易性权益工具投资。原投资公允价值与账面价值的差额计入留存收益，且原投资因公允价值变动形成的其他综合收益应转入留存收益。

借：非交易性权益工具投资（账面价值与公允价值之差）
　　贷：留存收益（盈余公积、利润分配）

或编制相反会计分录。

（4）比较初始投资成本与获得被投资单位共同控制或重大影响时应享有被投资单位可辨认净资产公允价值份额之间的差额，前者大于后者的，不调整长期股权投资的账面价值；前者小于后者的，调整长期股权投资的账面价值，并计入当期营业外收入。

【例2-45】（单选题）甲公司在公开市场持有乙公司5%的股票，对乙公司不具备任何控制权和影响力。本月，甲公司追加对乙公司的投资，可以对乙公司产生重大影响。在追加投资日，甲公司对乙公司的初始投资成本大于乙公司当日可辨认净资产公允价值的份额，甲公司对此差额应该（　　）。

A. 不做任何会计处理
B. 将差额计入营业外支出
C. 增加长期股权投资的账面价值
D. 确认投资收益

【答案】A

【解析】公允价值计量转换为权益法时，初始投资成本与获得被投资单位共同控制或重大影响时应享有被投资单位可辨认净资产公允价值份额之间的差额，前者大于后者的，不调整长期股权投资的账面价值；前者小于后者的，调整长期股权投资的账面价值，并计入当期营业外收入。

4. 权益法转为公允价值计量。

（1）处置原则。处置投资导致持股比例下

降，投资单位对被投资单位由原本具有共同控制或重大影响转换为不再对被投资单位实施影响。企业使用金融工具确认准则进行核算。

原权益法核算的相关其他综合收益应当在终止采用权益法核算时，采用与原被投资单位直接处置相关资产或负债相同的基础进行会计处理，因被投资方除净损益、其他综合收益和利润分配以外的其他所有者权益变动而确认的所有者权益，应当在终止采用权益法核算时全部转入当期损益。

（2）账务处理。
①确认有关投资的处置损益。
借：银行存款
　　贷：长期股权投资（出售部分的账面价值）
　　　　投资收益（差额，也可能在借方）
②将原确认的其他综合收益转为留存收益。
借：其他综合收益
　　贷：利润分配——未分配利润
或编制相反会计分录。
③将原确认的资本公积转为当期损益。
借：资本公积——其他资本公积
　　贷：投资收益
或编制相反会计分录。
④剩余股权投资的转换。
借：交易性金融资产/非交易性权益工具投资（转换日公允价值）
　　贷：长期股权投资（剩余投资账面价值）
　　　　投资收益（差额，也可能在借方）

5. 成本法转为公允价值计量。
（1）确认有关投资的处置损益。
借：银行存款
　　贷：长期股权投资（出售部分的账面价值）
　　　　投资收益（差额，也可能在借方）
（2）剩余股权投资的转换。
借：非交易性权益工具投资/交易性金融资产（剩余部分公允价值）
　　贷：长期股权投资（剩余部分账面价值）
　　　　投资收益（差额，也可能在借方）

【例2-46】（多选题）下列关于长期股权投资的说法中，正确的有（　　）。

A. 2×24年1月2日，甲公司购入乙公司25%股份，能对乙公司产生重大影响。2×24年6月30日，甲公司又购入乙公司35%股份，对乙公司拥有控制能力。因股份增持，甲公司转换长期股权投资的核算方法，同时出于可比性原则考虑，对转换日前的核算进行追溯调整

B. 2×24年1月2日，甲公司购入乙公司25%股份，能对乙公司产生重大影响。2×24年6月30日，甲公司出售此次长期股权投资的50%股份，甲公司无法对乙公司产生共同控制或重大影响。因此，要将2×24年6月30日之前计入其他综合收益的份额转入投资收益

C. 2×24年1月2日，甲公司购入乙公司10%股份作为以公允价值计量且其变动计入其他综合收益的非交易性权益工具投资核算。2×24年6月30日，甲公司又购入乙公司55%股份，对乙公司拥有控制能力。其转换日时的初始投资成本等于该金融资产账面价值与追加投资之和。转换日后采用权益法核算此笔长期股权投资

D. 2×24年1月2日，甲公司购入乙公司10%股份作为以公允价值计量且其变动计入其他综合收益的非交易性权益工具投资核算。2×24年6月30日，甲公司又购入乙公司10%股份，对乙公司达到重大影响。则转换日应把该金融资产转入长期股权投资进行核算，同时原计入投资收益的公允价值变动损益应转入留存收益

E. 2×24年1月2日，甲公司购入乙公司60%股份形成非同一控制下的控股合并。2×24年6月30日，甲公司卖出乙公司20%股份。甲公司需要在2×24年6月30日进行追溯调整

【答案】BDE
【解析】成本法转换为权益法需要追溯，权益法转换为成本法不需要追溯。甲公司由持股25%增加到60%，核算方法由权益法转换为成本法，不需要对原权益法进行追溯调整，选项A错误，选项E正确。权益法转为公允价值核算的，当初权益法下所有的其他综合收益要转入留存收益。反之，编制相反会计分录，选项B正确。转换后应以成本法计量，选项C错误。

四、长期股权投资的处置
（一）处置方法
1. 注销长期股权投资账面余额，包括投资成本、损益调整、所有者权益其他变动、其他

综合收益、减值准备等。

2. 确认投资收益。

3. 结转原计入其他综合收益、资本公积的相关金额。

（二）账务处理

1. 注销股权投资，确认投资损益。

借：银行存款（实际收到的金额）
　　贷：长期股权投资（账面余额）
　　　　投资收益（差额，也可能在借方）

2. 结转原其他综合收益、资本公积。

借：其他综合收益/资本公积
　　贷：投资收益

或编制相反会计分录。

五、长期股权投资的期末计价

（一）减值原则

企业应定期与可收回金额比较，确认长期股权投资是否发生减值。发生减值时，借记"资产减值损失"科目，贷记"长期股权投资减值准备"科目。长期股权投资减值准备一经计提，持有期间不允许转回。

（二）科目设置

企业设置"长期股权投资减值准备"科目，该科目贷方记录长期股权投资的减值，借方记录处置长期股权投资时相应结转的减值准备，期末贷方余额反映企业已计提尚未转销的长期股权投资减值准备。

（三）计提减值准备的账务处理

借：资产减值损失
　　贷：长期股权投资减值准备

【例2-47】（单选题）企业的下列各项资产计提的减值准备在以后期间不可转回的是（　　）。

A. 合同取得成本

B. 合同资产

C. 长期股权投资

D. 库存商品

【答案】C

【解析】长期股权投资的减值使用《企业会计准则第8号——资产减值》，减值一经计提不得转回。

六、除合营企业外其他合营安排的会计处理

（一）共同经营中合营方的会计处理

1. 一般会计处理原则。

合营方应当确认自身所承担的以及按比例享有或承担的合营安排中按照合同、协议等的规定归属于本企业的资产、负债、收入及费用，并按照相关企业会计准则的规定进行会计处理：

（1）确认单独所持有的资产和单独所承担的负债；

（2）共同经营中的资产、负债、收入和费用按比例确定。

2. 合营方向共同经营投出或出售不构成业务的资产的会计处理。

合营方向共同经营投出或出售资产等，不构成业务的，在共同经营将相关资产出售给第三方或相关资产消耗前，应当确认归属于共同经营其他参与方的利得和损失。如果投出或出售资产发生减值损失的，合营方应当全额确认该损失。

3. 合营方自共同经营购买不构成业务的资产会计处理。

合营方自共同经营购买的资产等，不构成业务的，在将该资产等出售给第三方前，不应当确认因该交易产生的损益中该合营方应享有的部分，即仅确认因该交易产生的损益中归属于共同经营其他参与方的部分。

4. 合营方取得构成业务的共同经营的利益份额且形成控制的会计处理。

合营方取得共同经营中的利益份额，且该共同经营构成业务时，应当按照企业合并准则等相关准则进行会计处理。即按照企业合并准则判断该共同经营是否构成业务。

合营方增加其持有的一项构成业务的共同经营份额时，如果合营方对该共同经营仍是共同控制，则合营方之前持有的共同经营的份额不应按照新增投资项目的公允价值重新计量。

（二）对共同经营不享有控制的参与方的会计处理原则

对共同经营不享有共同控制的参与方，如果享有该共同经营相关资产且承担共同经营相关负债的，比照合营方进行会计处理。即共同经营的参与方，不论其是否具有共同控制，只要能够享有共同经营相关资产的权利，并承担共同经营相关负债的义务，对在共同经营中的利益份额采用与合营方相同的会计处理。

【知识点7】固定资产

一、固定资产概述

固定资产的定义及确认条件见表2-13。

表 2-13

定义	固定资产是指同时具有下列特征的有形资产： (1) 为生产商品、提供劳务、出租或经营管理而持有的； (2) 使用寿命超过一个会计年度。
确认条件	固定资产同时满足下列条件的，才能予以确认： (1) 与该固定资产有关的经济利益很可能流入企业； (2) 该固定资产的成本能够可靠地计量。

二、固定资产的初始计量

固定资产应当按照成本进行初始计量。固定资产成本是指企业购建某项固定资产达到预定可使用状态前所发生的一切合理、必要的支出，包括三个方面，见表 2-14。

表 2-14

固定资产成本	分类	举例
	(1) 直接费用	支付的价款、运输费、装卸费、安装费和专业人员服务费
	(2) 间接费用	应承担的借款利息、外币借款折算差额
	(3) 特殊行业的弃置费用	核能、石油开采、煤矿开采企业

（一）外购固定资产

固定资产入账成本 = 买价 + 相关费用

相关费用是指使固定资产达到预定可使用状态前所发生的可归属于该项资产的运输费、装卸费、安装费和专业人员服务费等。不包括员工人员培训费、达到预定可使用状态后的运输费、安装费等，它们应于发生时计入当期损益。

1. 购买不需要安装的固定资产。

借：固定资产

　　应交税费——应交增值税（进项税额）

　贷：银行存款

【例 2-48】（单选题）甲公司为增值税一般纳税人，2×24 年 5 月 15 日购入一项生产专用设备并立即投入使用。该设备买价 100 万元，增值税额 13 万元。除买价外，甲公司另支付运输费 1 万元，专业人员服务费 0.5 万元，员工培训费 1 万元。不考虑其他因素，该设备的入账价值是（　）万元。

A. 101　　　　　B. 102
C. 101.5　　　　D. 102.5

【答案】C

【解析】该设备入账价值 = 100 + 1 + 0.5 = 101.5（万元），员工培训费不计入固定资产采购成本。

2. 购买需要安装的固定资产。

(1) 支付设备价款及相应费用。

借：在建工程

　　应交税费——应交增值税（进项税额）

　贷：银行存款

(2) 支付安装过程中发生的费用。

借：在建工程

　贷：原材料/库存商品（安装领用）

　　　应付职工薪酬（安装工人工资）

(3) 安装完成，达到预定可使用状态。

借：固定资产

　贷：在建工程

【例 2-49】（单选题）甲公司为增值税一般纳税人，2×24 年 5 月 1 日，甲公司购买一台需要安装的设备，取得的增值税专用发票上注明该价款 100 万元，增值税进项税额为 13 万元，甲公司签发商业汇票一张。设备安装时，甲公司领用本公司材料一批，价值 10 万元，购进材料时支付的增值税进项税额为 1.3 万元；同时，甲公司支付安装费 5 万元。假设不考虑其他因素，该设备的入账价值为（　）万元。

A. 115　　　　　B. 138
C. 139.3　　　　D. 100

【答案】A

【解析】设备入账价值 = 100 + 10 + 5 = 115（万元）。

【提示1】若一次性购买多个固定资产，发生的共同购买费用需要在各个固定资产之间按一定的标准进行分摊，一般以各项固定资产公允价值的比例进行分配。

【提示2】一般纳税人购入生产经营用固定资产所支付的增值税（包含运费，不包含运杂费）可以作为进项税额进行抵扣，无须计入固定资产成本。但如果固定资产购入用于集体福利或个人消费目的，其增值税需要计入固定资产成本。

【提示3】小规模纳税人购入固定资产支付的增值税不得进行抵扣，计入固定资产成本。

3. 超过正常信用条件购买的固定资产。

超过正常信用条件购买的固定资产，即以延期支付方式购入固定资产，这种购买方式实质上具有融资性质。因此购入资产的成本要以各期付款额的现值之和确定。实际支付价款与购买价款之间的差额，在信用期内采用实际利率法进行摊销。

企业设置"未确认融资费用"科目，核算企业应当分期计入利息费用的未确认融资费用。该科目的借方记录发生的未确认融资费用；贷方记录分摊的融资费用，期末借方余额反映企业未确认融资费用的摊余价值。"未确认融资费用"是"长期应付款"的备抵科目，"未确认融资费用"科目的借方余额会减少"长期应付款"项目的金额。

（1）购入固定资产。

借：固定资产/在建工程（购买价款现值）
　　未确认融资费用（差额）
　　贷：长期应付款（未来应付本金和利息）

（2）分摊未确认融资费用。

借：财务费用（不符合资本化条件）/在建工程（符合资本化条件）
　　贷：未确认融资费用

未确认融资费用摊销 = 期初应付本金余额 × 实际利率 =（期初长期应付款余额 - 期初未确认融资费用余额）× 实际利率

【例2-50】（单选题）2×25年1月1日，甲公司从乙公司购入一台不需要安装的机器设备，甲公司将其作为固定资产核算。根据甲乙双方的购销合同约定，该设备价款900万元，设备进项税额117万元。甲公司分3年支付给乙公司，分别在每年初付款。第1年购买时支付500万元，第2年初支付300万元，第3年初支付100万元。假定甲公司3年期银行借款利率为6%，不考虑其他因素。该设备的入账价值为（　　）万元。

已知：(P/F, 6%, 1) = 0.9434；(P/F, 6%, 2) = 0.8900；(P/F, 6%, 3) = 0.8396。

A. 1 017　　　　B. 900
C. 872.02　　　D. 856.55

【答案】C

【解析】该设备的入账价值 = 500 + 300 × 0.9434 + 100 × 0.8900 = 872.02（万元）。

（二）自行建造的固定资产

自行建造的固定资产，以建造该项资产达到预定可使用状态前所发生的必要支出为入账价值。包括工程用物资成本、人工成本、应予以资本化的借款费用以及应分摊的间接费用等。企业自行建造固定资产，主要通过"工程物资"和"在建工程"科目进行核算。

【提示】企业为建造固定资产通过出让方式取得土地使用权而支付的土地出让金不计入在建工程成本，应计入"无形资产——土地使用权"。

1. 自营方式建造固定资产。

（1）企业通过自营方式建造固定资产，其入账价值为建造该项固定资产达到预定可使用状态前所发生的必要支出，包括按照实际支付的买价、运输费、保险费、材料费、人工费、机械施工费等。

【提示1】用于生产设备的工程物资，进项税额可以抵扣。

【提示2】符合资本化条件，应计入所建造固定资产成本的借款费用按照《企业会计准则第17号——借款费用》的有关规定处理。

（2）账务处理。

①建造固定资产。

借：在建工程
　　贷：银行存款/原材料/应付职工薪酬等

②工程达到预定可使用状态后。

借：固定资产
　　贷：在建工程

【提示】所建造的固定资产已达到预定可使用状态，但尚未办理竣工决算的，应当自达到预定可使用状态之日起，根据工程预算、造价或者工程实际成本等，按暂估价值转入固定资产，并按有关计提固定资产折旧的规定，计提固定资产折旧。待办理了竣工决算手续后再调整原来的暂估价值，但不需要调整原来的折旧额。

(3) 高危行业企业按照国家规定提取的安全生产费。

企业设置"专项储备"，核算高危行业企业按照规定提取的安全生产费以及维持简单再生产费用等具有类似性质的费用。

①提取安全生产费。

借：生产成本/当期损益
　　贷：专项储备——安全生产费

②按照形成固定资产的成本冲减专项储备，并确认相同金额的累计折旧，该固定资产在以后期间不再计提折旧。

借：固定资产
　　贷：在建工程
借：专项储备——安全生产费
　　贷：累计折旧

【例2-51】（单选题）甲公司是一家煤矿企业，每月依据开采的原煤产量按10元/吨提取安全生产费。2×24年5月1日，甲公司"专项储备——安全生产费"余额为500万元。

2×24年5月10日，经有关部门批准，甲公司购入一批开采用设备，价款为400万元，增值税进项税额为52万元，发生安装费10万元。设备于2×24年5月31日安装完成，并达到预定可使用状态。

甲公司于2×24年5月份支付安全生产设备检查费10万元，当月开采原煤15万吨。不考虑其他相关税费，2×24年5月31日，甲公司"专项储备——安全生产费"余额为（　　）万元。

A. 640　　　　　B. 230
C. 240　　　　　D. 630

【答案】B

【解析】2×24年5月31日，安全防护设备完工，按固定资产的入账价值一次性计提折旧冲减专项储备，甲公司"专项储备——安全生产费"余额=500（月初余额）+10×15（本月原煤计提）-10（检查费）-（400+10）（固定资产入账价值）=230（万元）。

(4) 固定资产达到预定可使用状态后剩余的工程物资，按其实际成本或计划成本，转作企业的库存材料。盘亏、报废、毁损的工程物资，减去保险公司、过失人赔偿部分后的余额，计入所建工程项目的成本；盘盈的工程物资或处置净收益冲减所建工程项目的成本。工程完工后发生的工程物资盘盈、盘亏、报废、毁损，计入当期损益。

2. 出包方式建造固定资产。

企业通过发包工程方式建造的固定资产，应按照支付的工程价款等计量，其工程的具体支出在承包单位核算。

(1) 预付工程款。

借：预付账款
　　贷：银行存款

(2) 结算工程进度款。

借：在建工程（估计进度款）
　　贷：银行存款/预付货款

(3) 交付建造承包商建造安装。

借：在建工程
　　贷：工程物资

(4) 完工补付工程款。

借：在建工程（剩余进度款）
　　贷：银行存款

(5) 工程交付使用。

借：固定资产
　　贷：在建工程

【例2-52】（单选题）甲公司以出包方式建造厂房，建造过程中发生的下列支出中，不计入所建造厂房成本的是（　　）。

A. 支付给第三方监理公司的监理费
B. 为取得土地使用权而缴纳的土地出让金
C. 建造期间进行试生产发生的负荷联合试车费用
D. 建造期间因可预见的不可抗力导致暂停施工发生的费用

【答案】B

【解析】为取得土地使用权而缴纳的土地出让金应作为无形资产核算。

(三) 非货币性交易取得固定资产

1. 非货币性资产交换。

非货币性资产是指货币性资产以外的资产，包括存货、固定资产、无形资产、长期股权投资、投资性房地产、在建工程等。

非货币性资产交换是指交易双方主要以非

货币性资产进行交换的交易。

非货币性资产交换的特点如下：
（1）交换对象主要是非货币性资产。
（2）以非货币性资产进行交换的互惠转让行为。
（3）非货币性资产交换有时也可能涉及少量的货币性资产（补价）。

【提示】涉及补价的交易性质的判断：补价占整个资产交换金额的比例低于25%为非货币性资产交换，高于25%（含25%）为货币性资产交换。

2. 非货币性资产交换的确认和计量。
（1）商业实质的判断。满足下列条件之一的非货币性资产交换具有商业实质：
①换入资产的未来现金流量在风险、时间和金额方面与换出资产显著不同。
②换入资产与换出资产的预计未来现金流量现值不同，且其差额与换入资产和换出资产的公允价值相比是重大的。

【提示】关联方关系的存在可能导致发生的非货币性资产交换不具有商业实质。

（2）具有商业实质且公允价值能够可靠计量的非货币性资产交货（以公允价值计量的非货币性资产交换）。非货币性资产交换同时满足下列条件的，应当以公允价值和应支付的相关税费作为换入资产的成本，公允价值与换出资产账面价值的差额计入当期损益：一是该项交换具有商业实质；二是换入资产或换出资产的公允价值能够可靠地计量。

①不涉及补价。
换入资产成本 = 换出资产公允价值 + 换出资产增值税销项税额 - 换入资产可抵扣的增值税进项税额 + 支付的应计入成本的相关税费。

②涉及补价。
a. 支付补价的，换入资产成本计算公式为：
换入资产成本 = 换出资产公允价值 + 换出资产增值税销项税额 - 换入资产可抵扣的增值税进项税额 + 支付的应计入换入资产成本的相关税费 + 支付的补价

b. 收到补价的，换入资产成本计算公式为：
换入资产成本 = 换出资产公允价值 + 换出资产增值税销项税额 - 换入资产可抵扣的增值税进项税额 + 支付的应计入换入资产成本的相关税费 - 收到的补价

③固定资产换出的注意事项。换出资产为固定资产的，换出资产公允价值与其账面价值的差额，计入资产处置损益。

④同时换入多项资产。非货币性资产交换同时换入多项资产的，应当按照换入各项资产的公允价值占换入资产公允价值总额的比例，对换入资产的成本总额进行分配，确定各项换入资产的成本。

【例2-53】（单选题）2×24年5月，甲公司用一台生产设备交换乙公司的一批办公用桌椅，换入后作为固定资产管理。甲、乙公司均为增值税一般纳税人，适用增值税税率为13%。甲公司的生产设备账面原值150万元，已计提累计折旧45万元，交换日的公允价值110万元。乙公司一批办公桌椅账面原值130万元，已计提累计折旧45万元，交换日公允价值90万元。甲乙双方的交换具有商业实质，甲公司为生产设备支付清理费1万元。不考虑其他因素，甲公司换入办公桌椅的入账价值为（　　）万元。

A. 91　　　　　　B. 107.4
C. 113.6　　　　D. 111

【答案】C

【解析】甲公司换入的办公桌椅的增值税 = 90×13% = 11.7（万元），换出的生产设备的销项税额 = 110×13% = 14.3（万元）。甲公司换入桌椅的入账价值 = 换出资产公允价值 + 换出资产增值税销项税额 - 换入资产可抵扣的增值税进项税额 + 支付的应计入成本的相关税费 = 110 + 14.3 - 11.7 + 1 = 113.6（万元）。

（3）不具有商业实质或者换入资产或换出资产公允价值不能可靠计量的非货币性资产交换（以账面价值计量的非货币性资产交换）。非货币性资产交换中，交换不具有商业实质或交换资产（全部或之一）的公允价值不能够可靠地计量时，应采用账面价值进行计量。

①不涉及补价。以账面价值计量的非货币性资产交换，不涉及补价时，以换出资产的账面价值和应支付的相关税费作为换入资产的成本，不确认损益。用公式表示为：

换入资产成本 = 换出资产账面价值 + 应支付的相关税费

【提示1】相关增值税按涉及补价的方法进行计量。

【提示2】即使交换一方资产的公允价值能够可靠计量，能够准确确定公允价值与账面价值之间的差额，在另一方资产不能够可靠计量或交换不具有商业实质的情况下，交换一方不能对公允价值与账面价值之间的差额确认损益。

②涉及补价。

a. 支付补价的，应当以换出资产的账面价值，加上支付的补价和应支付的相关税费，作为换入资产的成本，不确认损益。用公式表示为：

换入资产成本 = 换出资产账面价值 + 补价 + 应支付的相关税费

b. 收到补价的，应当以换出资产的账面价值，减去补价，加上应支付的相关税费，作为换入资产的成本，不确认损益。用公式表示为：

换入资产成本 = 换出资产账面价值 − 补价 + 应支付的相关税费

③同时换入多项资产。非货币性资产交换不具有商业实质，或者虽具有商业实质但换入资产的公允价值不能可靠计量的，应当按照换入各项资产的原账面价值占换入资产的原账面价值总额的比例，对换入资产的成本总额进行分配，确定各项换入资产的成本。

【例2−54】（单选题）下列关于不具有商业实质的非货币性资产交换的说法中，错误的是（　　）。

A. 不涉及补价时，以换出资产的账面价值和应支付的相关税费作为换入资产的成本

B. 如换入资产的进项税额可以抵扣，则其换入资产的入账价值应扣除可以抵扣的进项税额

C. 同时换入多项资产，多项资产公允价值可以可靠计量的，换入资产的账面价值应按照换入资产的公允价值比例进行分配

D. 交换一方的固定资产公允价值能够可靠计量，可以就固定资产确认资产处置损益

【答案】D

【解析】选项D，在不具有商业实质的非货币性资产交换中，即使交换一方公允价值可以可靠计量，也不能对公允价值与账面价值之间的差额确认损益。

三、固定资产折旧

（一）折旧的概念

1. 折旧的定义。

固定资产折旧是指在固定资产使用寿命内，按照确定的方法对应计折旧额进行系统分摊。

2. 固定资产折旧的计算公式。

应计折旧额 = 固定资产原值 − 预计净残值 − 已计提减值准备

3. 使用寿命确定应考虑的因素。

（1）预计生产能力或实物产量。

（2）固定资产预计有形损耗、无形损耗。

（3）法律规定使用寿命。

（4）固定资产消耗方式、所处环境等。

（二）固定资产折旧的范围

1. 除以下情况外，企业应对所有固定资产计提折旧：

（1）已提足折旧仍继续使用的固定资产。

（2）单独计价作为固定资产入账的土地。

2. 确定固定资产折旧范围的注意事项。

（1）折旧时间：企业应当按月计提折旧，当月增加的固定资产，当月不提折旧，从下月起计提折旧；当月减少的固定资产，当月仍提折旧，从下月起停止计提折旧。

（2）固定资产提足折旧后，不管能否继续使用，均不再提取折旧；提前报废的固定资产，也不再补提折旧。

（3）已达到预定可使用状态的固定资产，尚未办理竣工决算的，应当按照估计价值暂估入账，并计提折旧；待办理了竣工决算手续后，再按照实际成本调整原来的暂估价值，但是不调整原已计提的折旧额。

【例2−55】（多选题）下列关于固定资产折旧会计处理的表述中，正确的有（　　）。

A. 处于季节性修理过程中的固定资产在修理期间应当停止计提折旧

B. 已达到预定可使用状态但尚未办理竣工决算的固定资产应当按暂估价计提折旧

C. 自用固定资产转为成本模式后续计量的投资性房地产后仍应当计提折旧

D. 与固定资产有关的经济利益预期消耗方式发生重大改变的，应当调整折旧方法

E. 企业应以包括使用固定资产在内的经济活动所产生的收入为基础进行折旧

【答案】BCD

【解析】选项A，应该继续计提折旧。选项E，由于收入可能受到投入、生产过程、销售等因素的影响，这些因素与固定资产有关经济利益的预期消耗方式无关，因此，企业不应以

包括使用固定资产在内的经济活动所产生的收入为基础进行折旧。

（三）固定资产折旧方法

1. 年限平均法（直线法）。

年折旧额 =（固定资产原值 - 预计净残值）÷ 预计使用年限

= 固定资产原值 × 年折旧率

年折旧率 =（1 - 预计净残值率）÷ 预计使用年限

月折旧额 = 年折旧额 ÷ 12

= 固定资产原值 × 月折旧率

月折旧率 = 年折旧率 ÷ 12

【例 2-56】（单选题）甲公司为增值税一般纳税人，2×14 年 5 月 10 日购入需安装设备一台，价款为 500 万元，可抵扣增值税进项税额为 65 万元。为购买该设备发生运输途中保险费 20 万元。设备安装过程中，领用材料 50 万元，相关增值税进项税额为 6.5 万元；支付安装工人工资 12 万元。该设备于 2×14 年 12 月 30 日达到预定可使用状态。甲公司对该设备采用直线法计提折旧，预计使用 10 年，预计净残值 2 万元。假定不考虑其他因素，2×25 年该设备应计提的折旧额为（　　）万元。

A. 58　　　　　　B. 58.2
C. 58.7　　　　　D. 105.82

【答案】A

【解析】2×14 年 12 月 30 日甲公司购入固定资产的入账价值 = 500 + 20 + 50 + 12 = 582（万元），2×25 年该设备应计提的折旧额 =（582 - 2）÷ 10 = 58（万元）。

2. 工作量法。

单位工作量折旧额 = [固定资产原价 ×（1 - 预计净残值率）] ÷ 预计总工作量

某项固定资产月折旧额 = 该项固定资产当月工作量 × 单位工作量折旧额

3. 双倍余额递减法。

年折旧率 = 2 ÷ 预计使用年限

月折旧率 = 年折旧率 ÷ 12

月折旧额 = 固定资产年初账面余额 × 月折旧率

使用双倍余额递减法，固定资产折旧到期最后两年折旧额需要进行平均摊销。

固定资产折旧到期最后两年折旧额 =（固定资产账面净值 - 预计净残值）÷ 2

【提示】在最后两年之前，计算折旧额时不考虑预计净残值的影响。

4. 年数总和法。

年折旧率 = 尚可使用寿命 ÷ 预计使用寿命的年数总和

年折旧额 =（固定资产原价 - 预计净残值）× 年折旧率

月折旧率 = 年折旧率 ÷ 12

月折旧额 =（固定资产原价 - 预计净残值）× 月折旧率

【例 2-57】（单选题）2×24 年 11 月 20 日，甲公司购入需要安装的设备一台，取得的增值税专用发票上注明的设备价款为 100 万元，可抵扣增值税进项税额为 13 万元，款项已通过银行支付。设备安装时，甲公司领用原材料 10 万元，支付安装工人工资 40 万元。2×24 年 12 月 30 日，该设备达到预定可使用状态。该设备预计使用年限为 5 年，预计净残值率为 5%，甲公司采用双倍余额递减法计提折旧。甲公司 2×25 年度对该设备计提的折旧是（　　）万元。

A. 30　　　　　　B. 60
C. 28.5　　　　　D. 57

【答案】B

【解析】设备的入账价值 = 100 + 10 + 40 = 150（万元），2×25 年计提的折旧 = 150 × 2 ÷ 5 = 60（万元）。

5. 折旧账务处理。

借：制造费用（车间生产部门）
　　销售费用（销售部门）
　　管理费用（管理部门）
　　在建工程（建造部门）
　　研发支出（科研部门）
　　其他业务成本（经营租赁）
　贷：累计折旧

6. 固定资产使用寿命、预计净残值和折旧方法的复核。

企业至少应当于每年年度终了时对固定资产使用寿命、预计净残值和折旧方法进行复核。

（1）固定资产使用寿命、预计净残值的预期数与原先的估计数有重大差异，则应当相应调整固定资产使用寿命、预计净残值。

（2）固定资产经济利益预期消耗方式有重大改变，企业应该改变折旧方法。

【提示】固定资产使用寿命、预计净残值和折旧方法的改变应作会计估计变更。

四、固定资产后续支出

在固定资产发生后续支出的过程中，如果后续支出满足固定资产的确认条件，应当资本化，计入固定资产账面价值。不符合资本化条件的，应当费用化，计入当期损益。

（一）资本化的后续支出

1. 固定资产发生资本化支出的处理。

（1）转销固定资产的原价、已计提的累计折旧和减值准备，将固定资产的净值转入在建工程，并停止计提折旧。

（2）固定资产发生的可资本化后续支出计入在建工程。

（3）待固定资产发生的后续支出完工并达到预定可使用状态时，从在建工程转为固定资产，同时将被替换部分的账面价值扣除。

（4）按重新确定的使用寿命、预计净残值和折旧方法开始计提折旧。

2. 账务处理。

（1）将固定资产的原值转入在建工程。

借：在建工程
　　累计折旧
　　固定资产减值准备
　贷：固定资产（原值）

（2）发生可资本化的后续支出。

借：在建工程
　贷：工程物资/银行存款等

（3）完工达到预定可使用状态。

借：固定资产
　贷：在建工程

（4）计提折旧，依照前述方法处理。

（二）费用化

1. 固定资产的费用化依照费用发生的部门对费用进行归集。

费用化情况如下：

（1）维护维修磨损、局部损坏的固定资产产生的费用，计入当期损益。

（2）更新改造固定资产时不满足资本化的费用，计入当期损益。

2. 账务处理。

借：制造费用（生产部门）
　　管理费用（管理部门）
　　销售费用（销售部门）
　贷：银行存款等

不符合固定资产资本化后续支出条件的固定资产日常修理费用，在发生时应当按照受益对象计入当期损益或计入相关资产的成本，与存货的生产和加工相关的固定资产日常修理费用按照存货成本确定原则进行处理，行政管理部门、企业专设的销售机构等发生的固定资产日常修理费用按照功能分类计入管理费用或销售费用。

【例2-58】（多选题）下列各项应计入企业固定资产入账价值的有（　　）。

A. 固定资产的预计弃置费用的现值
B. 固定资产的日常维修费
C. 固定资产建造期间因安全事故停工5个月的借款费用
D. 满足资本化条件的固定资产改建支出
E. 因修建固定资产从企业获得的库存原材料

【答案】ADE

【解析】选项B应计入管理费用（或销售费用等）；选项C应计入财务费用。

【例2-59】（单选题）甲公司的重要生产线原价为3 000万元，采用年限平均法计提折旧，使用寿命为10年，预计净残值为0，第5年折旧年度末，甲公司对该生产线的某一主要部件进行更换，发生支出合计1 200万元，符合固定资产确认条件，被更换部件的原价为1 000万元，该生产线更换部件后的入账价值为（　　）万元。

A. 1 500　　　　B. 2 700
C. 1 700　　　　D. 2 200

【答案】D

【解析】固定资产更换前的账面价值＝3 000－3 000÷10×5＝1 500（万元），加上发生的后续支出1200万元，减去被更换部件的账面价值1 000－1 500×（1 000÷3 000）＝500（万元），更换后该部件的固定资产价值为2 200万元。

五、固定资产的处置

（一）固定资产处置条件

固定资产处置情况：固定资产进行出售、报废或毁损、对外投资、非货币性资产交换、债务重组等。

固定资产满足下列条件之一的，应当予以

终止确认：

（1）该固定资产处于处置状态。

（2）该固定资产预期通过使用或处置不能产生经济利益。

（二）固定资产处置账务处理

1. 科目设置。

（1）企业设置"固定资产清理"科目，其是资产类科目，核算企业转入清理的固定资产价值以及在清理过程中所发生的清理费用和清理收入。借方登记固定资产转入清理的净值和清理过程中发生的费用；贷方登记出售固定资产取得的价款、残料价值和变价收入。其贷方余额表示清理后的净收益，借方余额表示清理后的净损失。

（2）企业设置"资产处置损益"科目，核算处置非毁损报废固定资产产生的利得或损失。借方反映处置固定资产的损失，贷方反映处置固定资产的利得。

（3）企业设置"营业外支出"科目，核算处置毁损报废固定资产产生的损失。

2. 账务处理。

（1）固定资产转入清理。

借：固定资产清理（固定资产净值）
　　累计折旧
　　固定资产减值准备
　　贷：固定资产（原值）

（2）发生清理税费。

借：固定资产清理
　　贷：银行存款（清理费用）
　　　　应交税费——应交增值税（销项税额）（缴纳增值税）

（3）获得处置收入，包括变价收入、残值收入、赔偿收入。

借：银行存款/其他应收款等
　　贷：固定资产清理

（4）清理净损益。

①处置固定资产获得净收益。

借：固定资产清理
　　贷：资产处置损益——处置非流动资产利得

②处置非毁损报废固定资产产生净损失。

借：资产处置损益——处置非流动资产损失（经营正常损失）

　　贷：固定资产清理

③处置毁损报废固定资产产生净损失。

借：营业外支出
　　贷：固定资产清理

【提示1】盘亏的固定资产不通过"固定资产清理"核算，而是通过"待处理财产损溢——待处理固定资产损溢"进行核算。具体账务处理如下：

①查明盘亏原因前。

借：待处理财产损溢——待处理固定资产损溢（固定资产净额）
　　累计折旧
　　固定资产减值准备
　　贷：固定资产

②查明盘亏原因后。

借：其他应收款（保险赔偿、过失人赔偿）
　　管理费用（管理不善）
　　营业外支出——盘亏损失（找不到原因）
　　贷：待处理财产损溢

【提示2】盘盈的固定资产，应作为前期差错，计入"以前年度损益调整"科目。

六、固定资产的期末计价

企业应当在资产负债表日判断资产是否存在可能发生减值的迹象。存在减值迹象的，应进行减值测试，估计其可收回金额。判断可收回金额与资产账面价值孰低，前者低于后者，固定资产应计提减值准备。

（一）资产可收回金额

1. 定义。

可收回金额是指资产的公允价值减去处置费用后的净额与资产预计未来现金流量的现值两者之间较高者。

2. 计算步骤。

（1）确定资产的公允价值减去处置费用后的净额。

（2）确定资产预计未来现金流量的现值。

（3）比较两者，选择较高者作为可收回金额。

【提示】处置费用包括与资产处置有关的法律费用、相关税费、搬运费以及为使资产达到可销售状态所发生的直接费用等。

【例2-60】（单选题）固定资产的可收回金额是指（　　）。

A. 固定资产未来现金流量现值

B. 固定资产的公允价值减去处置费用后的净额

C. 固定资产未来现金流量现值与公允价值减去处置费用后的净额中较高者

D. 固定资产未来现金流量现值与公允价值减去处置费用后的净额中较低者

【答案】C

【解析】固定资产的可收回金额是指固定资产的公允价值减去处置费用后的净额与预计未来现金流量现值两者较高者。

(二)固定资产减值的确认

1. 减值确认。

企业比较资产可收回金额和资产的账面价值。如果资产的可收回金额低于其账面价值的,应当将资产的账面价值减记至可收回金额,减记的金额确认为资产减值损失,计入当期损益,同时计提固定资产减值准备。

【提示1】资产账面价值=资产原值(取得成本)-累计折旧/累计摊销-减值准备。

【提示2】固定资产减值损失一经确认,在以后会计期间不得转回。

2. 账务处理。

借:资产减值损失
　　贷:固定资产减值准备

【例2-61】(单选题)2×24年12月31日,甲公司一台原价500万元,已计提折旧210万元,已计提减值准备20万元的固定资产出现减值迹象,经减值测试,其未来税前和税后净现金流量现值分别为250万元和210万元,公允价值减去处置费用后的净额为240万元。不考虑其他因素,2×24年12月31日甲公司应为该固定资产计提减值准备的金额为( )万元。

A. 50　　　　　B. 30
C. 60　　　　　D. 20

【答案】D

【解析】2×24年12月31日,该固定资产在减值测试前的账面价值=500-210-20=270(万元);公允价值减去处置费用后的净额240万元,预计未来税前现金净流量现值250万元,因此可收回金额为250万元;2×24年12月31日,该公司应计提减值准备=270-250=20(万元)。

七、持有待售的非流动资产或处置组

企业主要通过出售或具有商业实质的非货币性资产交换而非持续使用一项非流动资产或处置组收回其账面价值的,应当将其划分为持有待售类别。

(一)持有待售的非流动资产或处置组分类

1. 非流动资产或处置组划分为持有待售类别的满足条件:

(1)根据类似交易中出售此类资产或处置组的惯例,在当前状况下即可立即出售。

(2)出售极可能发生,即企业已经就一项出售计划做出决议且获得确定的购买承诺,预计出售将在一年内完成。

2. 有充分证据表明企业仍然可以维持承诺的持有待售资产,因下列无法控制的原因之一导致一年内未完成交易,企业应当继续将其划分为持有待售类别:

(1)买方或其他方意外设定导致出售延期的条件,企业针对这些条件已经及时采取行动,且预计能够自设定导致出售延期的条件起一年内顺利化解延期因素。

(2)因发生罕见情况,导致持有待售的非流动资产或处置组未能在一年内完成出售,企业在最初一年内已经针对这些新情况采取必要措施且重新满足了持有待售类别的划分条件。

3. 持有待售的非流动资产或处置组的移除。

(1)不再满足持有待售类别划分条件的,企业不应当继续将其划分为持有待售类别。

(2)部分移除后,剩余部分满足划分条件,企业应当将新组成的处置组划分为持有待售类别,否则应当将满足持有待售类别划分条件的非流动资产单独划分为持有待售类别。

(3)企业因出售对子公司的投资等原因导致其丧失对子公司控制权的,无论出售后企业是否保留部分权益性投资,应当在拟出售的对子公司投资满足持有待售类别划分条件时,在母公司个别财务报表中将对子公司投资整体划分为持有待售类别,在合并财务报表中将子公司所有资产和负债划分为持有待售类别。

(4)企业不应当将拟结束使用而非出售的非流动资产或处置组划分为持有待售类别。

(二)持有待售的非流动资产或处置组的计量

1. 初始计量。

(1)企业初始计量或在资产负债表日重新计量持有待售的非流动资产或处置组时,其账面价值高于公允价值减去出售费用后的净额的,应当将账面价值减记至公允价值减去出售费用后的净额,减记的金额确认为资产减值损失,计入当期损益,同时计提持有待售资产减值准备。

(2) 对于取得日划分为持有待售类别的非流动资产或处置组,企业应当在初始计量时比较假定其不划分为持有待售类别情况下的初始计量金额和公允价值减去出售费用后的净额,以两者孰低计量。除企业合并中取得的非流动资产或处置组外,由非流动资产或处置组以公允价值减去出售费用后的净额作为初始计量金额而产生的差额,应当计入当期损益。

(3) 对于持有待售的处置组确认的资产减值损失金额,应当先抵减处置组中商誉的账面价值,再根据处置组中相关各项非流动资产账面价值所占比重,按比例抵减其账面价值。

2. 后续计量。

(1) 后续资产负债表日持有待售的非流动资产公允价值减去出售费用后的净额增加的,以前减记的金额应当予以恢复,并在划分为持有待售类别后确认的资产减值损失金额内转回,转回金额计入当期损益。划分为持有待售类别前确认的资产减值损失不得转回。

(2) 后续资产负债表日持有待售的处置组公允价值减去出售费用后的净额增加的,以前减记的金额应当予以恢复,并在划分为持有待售类别后相关非流动资产确认的资产减值损失金额内转回,转回金额计入当期损益。已抵减的商誉账面价值,以及相关非流动资产在划分为持有待售类别前确认的资产减值损失不得转回。

(3) 持有待售的处置组确认的资产减值损失后续转回金额,应当根据处置组中除商誉外相关各项非流动资产账面价值所占比重,按比例增加其账面价值。

(4) 持有待售的非流动资产或处置组中的非流动资产不应计提折旧或摊销,持有待售的处置组中负债的利息和其他费用应当继续予以确认。

3. 移除。

(1) 非流动资产或处置组因不再满足持有待售类别的划分条件而不再继续划分为持有待售类别或非流动资产从持有待售的处置组中移除时,应当按照以下两者孰低计量:①划分为持有待售类别前的账面价值,按照假定不划分为持有待售类别情况下本应确认的折旧、摊销或减值等进行调整后的金额;②可收回金额。

(2) 企业终止确认持有待售的非流动资产或处置组时,应当将尚未确认的利得或损失计入当期损益。

【例 2 – 62】(多选题) 2×24 年 6 月 30 日,甲公司董事会通过关于处置公司内部某一资产组的决议,同月,甲公司与乙公司签订资产组购买合同。合同约定,自合同签起 10 个月内完成交易。资产组售价 1 200 万元,预计发生资产处置费用 100 万元。该资产组是甲公司 2×22 年 6 月 30 日购入,原价为 4 200 万元,预计使用年限为 5 年,预计净残值为 10%,甲公司采用双倍余额递减法计提折旧。该资产组自购买日起未计提减值准备。2×25 年 12 月,因不可抗力,该资产组尚未完成出售,但乙公司预缴 50% 的资产组购买价款,并与甲公司重新约定于 2×26 年第一季度交易。不考虑其他因素,下列关于甲公司因该持有待售资产组的表述中,正确的有( )。

A. 甲公司在 2×24 年 6 月 30 日发布的第二季度财务报表中,该资产组列示金额为 1 780.8 万元

B. 甲公司在 2×24 年 12 月 31 日应对该资产组计提减值准备 412 万元

C. 甲公司 2×24 年 7 月至 12 月应计提折旧额为 302.4 万元

D. 该资产组 2×25 年末,应在资产负债表以流动资产 1 100 万元列报

E. 甲公司应在 2×25 年末确认应收账款 550 万元

【答案】BD

【解析】2×22 年 6 月 30 日至 2×24 年 6 月 30 日,已计提折旧额 = 4 200 × 2 ÷ 5 +(4 200 – 4 200 × 2 ÷ 5)× 2 ÷ 5 = 2 688(万元),该资产组账面价值 = 4 200 – 2 688 = 1 512(万元)。因此选项 A 错误。该资产组账面价值 1 512 万元,预计售价减去处置费用的金额 = 1 200 – 100 = 1 100(万元),甲公司应计提减值准备 = 1 512 – 1 100 = 412(万元)。因此选项 B 正确。持有待售资产组不计提折旧。因此选项 C 错误。甲公司应将该资产组作为流动资产进行列报,列报

金额为1 100万元，因此选项D正确。年末资产负债表中不确认应收账款，因此选项E错误。

【知识点8】投资性房地产

一、投资性房地产的概念

投资性房地产是指为赚取租金或资本增值，或者两者兼有而持有的房地产。投资性房地产应当能够单独计量和出售。

二、投资性房地产的范围

（一）属于投资性房地产的项目

投资性房地产 { 已出租的土地使用权 / 持有并准备增值后转让的土地使用权 / 已出租的建筑物

【提示1】以下各项不属于已出租的土地使用权：

①企业租入再转租给其他单位的土地使用权。

②计划用于出租但尚未出租（未签署租赁协议）的土地使用权。

【提示2】以下各项不属于持有并准备增值后转让的土地使用权：

①按照国家有关规定认定的闲置土地。

②房地产经营开发公司依法取得的、用于开发出售或持有增值的土地使用权。

【提示3】以经营租赁方式租入，再次转租给其他单位的建筑物，不属于已出租的建筑物。

（二）不属于投资性房地产的项目

1.自用房地产、企业生产经营用的土地使用权。

2.作为存货的房地产。

三、投资性房地产的确认

将某个项目确认为投资性房地产，首先应当符合投资性房地产的概念，其次要同时满足投资性房地产的两个确认条件：

（1）与该投资性房地产相关的经济利益很可能流入企业。

（2）该投资性房地产的成本能够可靠地计量。

四、投资性房地产的初始计量

投资性房地产按照成本进行初始计量。

（一）外购的投资性房地产

外购的房地产，仅在购入时同时对外出租，或用于资本增值时，才能确认为投资性房地产。外购的投资性房地产，应当按照取得时的实际成本进行初始计量。

初始成本＝购买价款＋相关税费＋可直接归属于该资产的其他支出

【提示】如果企业购入的房地产，在购入时拟自用，待一段时间后再改做投资用，则应将其确认为固定资产或无形资产。自租赁开始日或增值开始日，才确认为投资性房地产。

（二）自行建造的投资性房地产

自行建造投资性房地产的成本，由建造该项资产达到预定可使用状态前发生的必要支出构成，包括土地开发费、建安成本、应予以资本化的借款费用、支付的其他费用和分摊的间接费用等。

【提示】建造过程中发生的某项费用是否属于该项投资性房地产，可以参考固定资产的初始计量加以判断。

（三）账务处理

1.企业采用成本模式进行后续计量的投资性房地产初始计量。

借：投资性房地产
　　贷：银行存款等（外购）/在建工程
　　　　（自建）

2.企业采用公允价值模式进行后续计量的投资性房地产初始计量。

借：投资性房地产——成本
　　贷：银行存款等（外购）/在建工程
　　　　（自建）

五、投资性房地产的后续计量

企业通常采用成本模式对投资性房地产进行后续计量，也可采用公允价值模式对投资性房地产进行后续计量。但是，同一企业只能采用一种模式对所有投资性房地产进行后续计量，不得同时采用两种计量模式。

（一）采用成本模式计量的投资性房地产

1.科目设置。

企业设置投资性房地产、投资性房地产累计折旧、投资性房地产累计摊销、投资性房地产减值准备等相关科目，核算企业的投资性房地产。

2.账务处理。

（1）计提折旧或摊销。

借：其他业务成本
　　贷：投资性房地产累计折旧/摊销

（2）取得租金收入。

借：银行存款

贷：其他业务收入
（3）计提减值准备。
借：资产减值损失
　　贷：投资性房地产减值准备

【提示】采用成本模式进行后续计量的投资性房地产，应当按照固定资产或无形资产的有关规定，按期（月）计提折旧或摊销；当月增加的固定资产下月计提折旧，当月增加的无形资产当月进行摊销。

因此，当月增加的投资性房地产（建筑物）下月计提折旧，当月减少的投资性房地产（建筑物）下月停止计提折旧；当月增加的投资性房地产（土地使用权）当月开始摊销，当月减少的投资性房地产（土地使用权）当月停止摊销。

【例2-63】（单选题）企业对其分类为投资性房地产的写字楼进行日常维护所发生的相关支出，应计入的财务报销项目是（　　）。

A. 管理费用
B. 营业外支出
C. 营业成本
D. 投资收益

【答案】C

【解析】投资性房地产日常维护所发生的相关支出，应计入企业其他业务成本科目，在利润表中列示于"营业成本"项目。

（二）采用公允价值模式计量的投资性房地产

1. 采用公允价值模式计量的前提。

只有存在确凿证据表明投资性房地产的公允价值能够持续可靠取得的，才允许对其采用公允价值计量模式。

执行《企业会计准则第25号——保险合同》的企业对于浮动收费法下作为基础项目持有的投资性房地产，在符合《企业会计准则第3号——投资性房地产》有关采用公允价值模式进行后续计量的规定时，可以选择全部采用公允价值模式或者全部采用成本模式对其进行后续计量，但不得对该部分投资性房地产同时采用两种计量模式，且选择采用公允价值模式后不得转为成本模式。对于浮动收费法下作为基础项目持有的投资性房地产原已采用公允价值模式进行后续计量的，不得转为成本模式，且企业应当对在浮动收费法下作为基础项目持有的投资性房地产全部采用公允价值模式计量。无论对于上述情况的投资性房地产选择哪种模式进行后续计量，企业对于除上述情况外的其余投资性房地产只能从成本模式和公允价值模式中选择一种计量模式进行后续计量，不得同时采用两种计量模式，且采用公允价值计量模式需要符合投资性房地产准则有关采用公允价值模式进行后续计量的规定。

采用公允价值模式计量投资性房地产，应当同时满足以下两个条件：

（1）投资性房地产所在地有活跃的房地产交易市场。

（2）企业能够从房地产交易市场上取得同类或类似房地产的市场价格及其他相关信息，从而对投资性房地产的公允价值做出科学合理的估计。

2. 科目设置。

企业设置"投资性房地产"科目，下设二级科目"投资性房地产——成本""投资性房地产——公允价值变动"。

3. 账务处理。

（1）公允价值上升。
借：投资性房地产——公允价值变动
　　贷：公允价值变动损益
（2）公允价值下降
借：公允价值变动损益
　　贷：投资性房地产——公允价值变动
（3）取得租金收入。
借：银行存款
　　贷：其他业务收入

【提示】采用公允价值模式计量的，企业不对投资性房地产计提折旧或摊销，也不计提减值准备，而是以资产负债表日投资性房地产的公允价值为基础调整其账面价值，公允价值与原账面价值之间的差额计入当期损益。

【例2-64】（单选题）甲公司将其自用的一栋写字楼出租给乙公司，根据甲乙双方的合同约定，租赁开始日为2×24年1月1日，租期10年，租金每年100万元。该写字楼原本为甲公司自用，账面原值5 000万元，预计使用年限20年，预计净残值为零。甲公司按照直线法计提折旧，已计提折旧2 000万元。2×24年1月1日，该写字楼公允价值4 000万元。甲公司拟采用公允价值模式对该写字楼进行后续计量。则 2×24 年 12 月 31 日，因房地产市场遭遇寒流，该写字楼公允价值评估为 3 200 万元。下列甲公司对该写字楼的会计处理中，做法正确的是（　　）。

A. 2×24 年 1 月 1 日，投资性房地产入账价值为 3 000 万元

B. 2×24 年，甲公司对投资性房地产计提折旧 250 万元

C. 2×24 年 12 月 31 日，甲公司计提投资性房地产减值准备 800 万元

D. 2×24 年 12 月 31 日，甲公司投资性房地产账面价值下降 800 万元

【答案】D

【解析】选项 A，投资性房地产按照公允价值入账，2×24 年，投资性房地产入账价值应为 4 000 万元。选项 B，公允价值模式计量的投资性房地产不计提折旧。选项 C，公允价值模式计量的投资性房地产不计提减值准备。选项 D，2×24 年 12 月 31 日，甲公司按照公允价值为基础调整其账面价值，公允价值与原账面价值之间的差额计入当期损益 4 000－320＝800（万元）。相关会计分录如下：

借：公允价值变动损益　8 000 000
　　贷：投资性房地产——公允价值变动
　　　　　　　　　　　　 8 000 000

（三）投资性房地产后续计量模式的变更

企业对投资性房地产的计量模式，只有满足相应条件，才允许从成本模式变更为公允价值模式。成本模式转为公允价值模式的，应当作为会计政策变更处理，将计量模式变更时公允价值与账面价值的差额，调整期初留存收益。

已采用公允价值模式计量的投资性房地产，不得从公允价值模式转为成本模式。

公允价值模式←成本模式
公允价值模式↛成本模式
账务处理如下：

借：投资性房地产——成本（变更日公允价值）
　　投资性房地产累计折旧/摊销
　　投资性房地产减值准备
　　贷：投资性房地产（原值）
　　　　利润分配——未分配利润（扣除盈余公积的剩余差额，也可能在借方）
　　　　盈余公积——法定盈余公积（差额的 10%，也可能在借方）
　　　　盈余公积——任意盈余公积（若有，依照规定）

【提示 1】企业对投资性房地产的计量模式一经确定，不得随意变更。

【提示 2】涉及所得税影响的，调整递延所得税负债（或递延所得税资产）。

【例 2－65】（单选题）甲公司董事会决定，将原本由成本模式计量的一座持有用于出租的土地使用权变更为公允价值模式计量，转换日，土地使用权的账面价值 2 000 万元（账面原值 4 000 万元，已计提摊销 1 800 万元，已计提减值准备 200 万元），公允价值为 1 900 万元。因账面价值与公允价值存在的差额，甲公司应该（　　）。

A. 计入财务费用
B. 调整期初留存收益
C. 作为公允价值变动损益处理
D. 调整其他综合收益

【答案】B

【解析】成本模式转为公允价值模式的，应当作为会计政策变更处理，将计量模式变更时公允价值与账面价值的差额，调整期初留存收益。选项 B 正确。

六、投资性房地产的后续支出

与投资性房地产有关的后续支出，满足投资性房地产确认条件的，应当计入投资性房地产成本。不满足投资性房地产确认条件的，应当在发生时计入当期损益。

投资性房地产进行改扩建等再开发，且将来仍作为投资性房地产的，再开发期间应继续将其作为投资性房地产，再开发期间不计提折旧或摊销。

七、投资性房地产的转换

（一）投资性房地产的转换条件

企业有确凿证据表明房地产用途发生改变，满足下列条件之一的，应当将投资性房地产转换为其他资产或者将其他资产转换为投资性房地产：

（1）投资性房地产开始自用。
（2）作为存货的房地产，改为出租。
（3）自用土地使用权停止自用，用于赚取租金或资本增值。

（4）自用建筑物停止自用，改为出租。

（二）投资性房地产的转换日确定

不同类别的投资性房地产转换所适用的转换日见表2-15。

表2-15

类别	转换日
1. 投资性房地产开始自用。	房地产达到自用状态之日。
2. 作为存货的房地产改为出租。	以下两者之一： （1）租赁期开始日； （2）董事会或类似机构就房地产用途转变做出书面决议的决议日。
3. 自用土地使用权停止自用，改为赚取租金或资本增值。	
4. 自用建筑物停止自用，改为出租。	

（三）投资性房地产转换为自用房地产

1. 成本模式计量的账务处理。

借：固定资产/无形资产（账面余额）
　　投资性房地产累计折旧/摊销
　　投资性房地产减值准备
　贷：投资性房地产
　　　累计折旧/累计摊销
　　　固定资产减值准备/无形资产减值准备

2. 公允价值模式计量的账务处理。

企业将采用公允价值模式计量的投资性房地产转换为自用房地产时，应当以其转换当日的公允价值作为自用房地产的账面价值，公允价值与原账面价值的差额计入当期损益。

借：固定资产/无形资产
　　投资性房地产——公允价值变动
　贷：投资性房地产——成本
　　　公允价值变动损益

或者：

借：固定资产/无形资产
　　公允价值变动损益
　贷：投资性房地产——成本
　　　投资性房地产——公允价值变动

（四）作为存货的房地产转换为投资性房地产

1. 成本模式计量的账务处理。

借：投资性房地产（账面价值）
　　存货跌价准备
　贷：开发产品

2. 公允价值模式计量的账务处理。

（1）转换日的公允价值小于账面价值，其差额计入公允价值变动损益。

借：投资性房地产——成本（公允价值）
　　存货跌价准备
　　公允价值变动损益（差额）
　贷：开发产品（账面余额）

（2）转换日的公允价值大于账面价值，其差额计入其他综合收益。

借：投资性房地产——成本（公允价值）
　　存货跌价准备
　贷：开发产品（账面余额）
　　　其他综合收益（差额）

【提示】待该项投资性房地产处置时，因转换计入其他综合收益的部分应转入当期的其他业务收入，借记"其他综合收益"科目，贷记"其他业务收入"科目。

（五）自用房地产转换为投资性房地产

1. 成本模式计量的账务处理。

借：投资性房地产
　　累计折旧/累计摊销
　　固定资产减值准备/无形资产减值准备
　贷：固定资产/无形资产
　　　投资性房地产累计折旧/摊销
　　　投资性房地产减值准备

2. 企业将自用房地产转换为采用公允价值模式计量的投资性房地产时，其会计处理与存货转换为投资性房地产类似。

【提示1】投资性房地产采用成本模式计量的转换，采用对应科目——转换形式进行，不确认损益。

【提示2】投资性房地产采用公允价值模式计量的转换，借方转入公允价值，贷方转出账面价值。借贷之间的差额处理见表2-16。

表 2-16

模式	差额方向	使用会计科目
投资性房地产转为非投资性房地产	借	公允价值变动损益
	贷	投资性房地产——公允价值变动
非投资性房地产转为投资性房地产	借	公允价值变动损益
	贷	其他综合收益

八、投资性房地产的处置

当投资性房地产被处置，或者永久退出使用且预计不能从其处置中取得经济利益时，应当终止确认该项投资性房地产。企业应将处置收入扣除其账面价值和相关税费后的金额计入当期损益。

（一）成本模式计量处置的账务处理

1. 确认收入。

借：银行存款
　　贷：其他业务收入
　　　　应交税费——应交增值税

2. 结转成本。

借：其他业务成本（投资性房地产账面价值）
　　投资性房地产累计折旧/摊销
　　投资性房地产减值准备
　　贷：投资性房地产

（二）公允价值模式计量处置的账务处理

1. 确认收入。

借：银行存款
　　贷：其他业务收入
　　　　应交税费——应交增值税

2. 结转成本，转销公允价值变动损益。

（1）借：其他业务成本（投资性房地产账面余额）
　　　　贷：投资性房地产——成本
　　　　　　　　　　　　——公允价值变动

（2）借：公允价值变动损益
　　　　贷：其他业务成本

或编制相反会计分录。

3. 结转其他综合收益。

借：其他综合收益
　　贷：其他业务成本

若存在原转换日计入其他综合收益的金额，也一并转出。

【例 2-66】（单选题）甲公司对投资性房地产采用公允价值模式计量。2×23 年 7 月 1 日以银行存款 520 万元购入一座办公楼并于当日对外出租。2×23 年 12 月 31 日，该投资性房地产的公允价值为 550 万元。2×24 年 6 月 30 日该公司将此项投资性房地产出售，售价为 600 万元，该企业处置投资性房地产时影响营业利润的金额为（　　）万元。

A. 50　　　　　B. 80
C. 20　　　　　D. 30

【答案】A

【解析】营业利润 = 营业收入 - 营业成本 - 税金及附加 - 销售费用 - 管理费用 - 研发费用 - 财务费用 + 其他收益（-其他损失）+ 投资收益（-投资损失）+ 净敞口套期收益（-净敞口套期损失）+ 公允价值变动收益（-公允价值变动损失）- 信用减值损失 - 资产减值损失 + 资产处置收益（-资产处置损失）。影响营业利润的金额 = 600 - 550 = 50（万元），处置时公允价值变动损益借方 30 万元转入其他业务成本，为营业利润内部的变动，不对营业利润总额产生影响。

【知识点 9】使用权资产

一、使用权资产和租赁概述

使用权资产，是指承租人可在租赁期内使用租赁资产的权利。

一项合同要被分类为租赁，必须要满足三要素：一是存在一定期间；二是存在已识别资产；三是资产供应方向客户转移对已识别资产使用权的控制。

1. 租赁期。

租赁期是指承租人有权使用租赁资产且不可撤销的期间。符合条件的，租赁期还应当包含续租选择权涵盖的期间或终止租赁选择权涵盖的期间。在合同中，租赁期也可能表述为已识别资产的使用量。

2. 已识别资产。

已识别资产通常由合同明确指定，也可以在资产可供客户使用时隐性指定。

【提示】存在下列情况之一的，可视为客户有权主导对已识别资产在整个使用期间内的使用：①客户有权在整个使用期间主导已识别资产的使用目的和使用方式。②已识别资产的使用目的和使用方式在使用期开始前已预先确定，并且客户有权在整个使用期间自行或主导他人按照其确定的方式运营该资产，或者客户设计了已识别资产并在设计时已预先确定了该资产在整个使用期间的使用目的和使用方式。

二、使用权资产的初始计量

在租赁期开始日，承租人应当按照成本对使用权资产进行初始计量。该成本包括：一是租赁负债的初始计量金额。二是在租赁期开始日或之前支付的租赁付款额；存在租赁激励的，应扣除已享受的租赁激励相关金额。三是承租人发生的初始直接费用。四是承租人为拆卸及移除租赁资产、复原租赁资产所在场地或将租赁资产恢复至租赁条款约定状态预计将发生的成本。

租赁负债应当按照租赁期开始日尚未支付的租赁付款额的现值进行初始计量。

【例 2 – 67】（单选题）承租人甲公司就某栋建筑物的某一层楼与出租人乙公司签订了为期 10 年的租赁协议，并拥有 5 年的续租选择权。有关资料如下：（1）初始租赁期内的不含税租金为每年 50 000 元，续租期间为每年 55 000 元，所有款项应于每年年初支付；（2）为获得该项租赁，甲公司发生的初始直接费用为 20 000 元，其中，15 000 元为向该楼层前任租户支付的款项，5 000 元为向促成此租赁交易的房地产中介支付的佣金；（3）作为对甲公司的激励，乙公司同意补偿甲公司 5 000 元的佣金；（4）在租赁期开始日，甲公司评估后认为，不能合理确定将行使续租选择权，因此，将租赁期确定为 10 年；（5）甲公司无法确定租赁内含利率，其增量借款利率为每年 5%，该利率反映的是甲公司以类似抵押条件借入期限为 10 年、与使用权资产等值的相同币种的借款而必须支付的利率。已知（P/A，5%，9）= 7.1078。为简化处理，假设不考虑相关税费影响。下列说法正确的是（　　）。

A. 租赁期开始日，未确认融资费用为 144 609 元
B. 租赁期开始日，应贷记租赁负债——租赁付款额 450 000 元
C. 初始直接费用应计入当期损益
D. 使用权资产的初始成本为 425 391 元

【答案】B

【解析】第一步，计算租赁期开始日租赁付款额的现值，并确认租赁负债和使用权资产。在租赁期开始日，甲公司支付第 1 年的租金 50 000 元，并以剩余 9 年租金（每年 50 000 元）按 5% 的年利率折现后的现值计量租赁负债。剩余 9 期租赁付款额 = 50 000 × 9 = 450 000（元），租赁负债 = 剩余 9 期租赁付款额的现值 = 50 000 × (P/A，5%，9) = 355 391（元），未确认融资费用 = 剩余 9 期租赁付款额 – 剩余 9 期租赁付款额的现值 = 450 000 – 355 391 = 94 609（元），选项 A 错误。甲公司应做的会计分录如下：

借：使用权资产　　　　　　　405 391
　　租赁负债——未确认融资费用
　　　　　　　　　　　　　　　94 609
　贷：租赁负债——租赁付款额
　　　　　　　　　　　　　　　450 000
　　　银行存款（第 1 年的租赁付款额）
　　　　　　　　　　　　　　　50 000

故选项 B 正确。

第二步，将初始直接费用计入使用权资产的初始成本。

借：使用权资产　　　　　　　20 000
　贷：银行存款　　　　　　　20 000

故选项 C 错误。

第三步，将已收的租赁激励相关金额从使用权资产入账价值中扣除。

借：银行存款　　　　　　　　5 000
　贷：使用权资产　　　　　　5 000

综上，甲公司使用权资产的初始成本为：405 391 + 20 000 – 5 000 = 420 391（元）。

故选项 D 错误。

三、使用权资产的后续计量

（一）计量基础

在租赁期开始日后，承租人应当采用成本模式对使用权资产进行后续计量，即，以成本减累计折旧及累计减值损失计量使用权资产。

租赁期开始日，是指出租人提供租赁资产使其可供承租人使用的起始日期。如果承租人在租赁协议约定的起租日或租金起付日之前，已获得对租赁资产使用权的控制，则表明租赁期已经开始。

承租人发生的租赁资产改良支出不属于使用权资产，应当计入"长期待摊费用"科目。因实质固定付款额发生变动、担保余值预计的

应付金额发生变动、用于确定租赁付款额的指数或比率发生变动、购买选择权、续租选择权或终止租赁选择权的评估结果或实际行使情况发生变化等原因，承租人按企业会计准则有关规定重新计量租赁负债的，应当相应调整使用权资产的账面价值，使用权资产的账面价值已调减至零，但租赁负债仍需进一步调减的，承租人应当将剩余金额计入当期损益。

（二）使用权资产的折旧

承租人应当自租赁期开始日起对使用权资产计提折旧。使用权资产通常应自租赁期开始的当月计提折旧，当月计提确有困难的，为便于实务操作，企业也可以选择自租赁期开始的下月计提折旧，但应对同类使用权资产采取相同的折旧政策。计提的折旧金额应根据使用权资产的用途，计入相关资产的成本或者当期损益。

承租人在确定使用权资产的折旧方法时，应当根据与使用权资产有关的经济利益的预期实现方式做出决定。

承租人在确定使用权资产的折旧年限时，应遵循以下原则：承租人能够合理确定租赁期届满时取得租赁资产所有权的，应当在租赁资产剩余使用寿命内计提折旧；承租人无法合理确定租赁期届满时能够取得租赁资产所有权的，应当在租赁期与租赁资产剩余使用寿命两者孰短的期间内计提折旧。如果使用权资产的剩余使用寿命短于前两者，则应在使用权资产的剩余使用寿命内计提折旧。

（三）使用权资产的减值

在租赁期开始日后，承租人应当确定使用权资产是否发生减值，并对已识别的减值损失进行会计处理。使用权资产发生减值的，按应减记的金额，做如下会计分录：

借：资产减值损失
　　贷：使用权资产减值准备

使用权资产减值准备一旦计提，不得转回。承租人应当按照扣除减值损失之后的使用权资产的账面价值，进行后续折旧。

【例2-68】（单选题）承租人甲公司签订了一份为期10年的机器租赁合同，用于甲公司生产经营。相关使用权资产的初始账面价值为100 000元，按直线法在10年内计提折旧。在第5年末，确认该使用权资产发生的减值损失为20 000元。下列说法不正确的是（　　）。

A. 年折旧费为10 000元，计入其他综合收益

B. 年折旧费计入当期损益

C. 计提减值损失之后，该使用权资产的账面价值减至30 000元

D. 计提减值损失之后，该使用权资产的年折旧费为6 000元

【答案】 A

【解析】 使用权资产年折旧费100 000÷10＝10 000元，计入当期损益，选项A错误、B正确。该使用权资产在减值前的账面价值为50 000元（100 000×5÷10）。计提减值损失之后，该使用权资产的账面价值减至30 000元（50 000－20 000），之后每年的折旧费也相应减至6 000元（30 000÷5）。

四、对短期租赁和低价值资产租赁的特殊规定

对于短期租赁和低价值资产租赁，承租人可以选择不确认使用权资产和租赁负债。作出该选择的，承租人应当将短期租赁和低价值资产租赁的租赁付款额，在租赁期内各个期间按照直线法或其他系统合理的方法计入相关资产成本或当期损益。其他系统合理的方法能够更好地反映承租人的受益模式的，承租人应当采用该方法。

短期租赁，是指在租赁期开始日，租赁期不超过12个月的租赁。鉴于租赁期是指承租人有权使用租赁资产且不可撤销的期间，同时还应包括合理确定承租人将行使续租选择权的期间和不行使终止租赁选择权的期间。

低价值资产租赁，是指单项租赁资产为全新资产时价值较低的租赁。低价值资产租赁的判定仅与资产的绝对价值有关，不受承租人规模、性质或其他情况影响。承租人转租或预期转租租赁资产的，原租赁不属于低价值资产租赁。

【例2-69】（多选题）下列有关租赁的说法中正确的是（　　）。

A. 甲公司租了一间厂房，租赁期为15个月，可能属于短期租赁

B. 乙公司租了某写字楼的一层，租赁期为12个月，认定为短期租赁

C. 丙公司签订了一份租赁合同，不可撤销期间为10个月，且丙公司拥有3个月的续租选

择权，不属于短期租赁

D. 丁公司租赁的一项资产，其价格相对于公司资产较为低廉，判定为低价值资产租赁

E. 戊公司某项租赁因租赁变更导致租赁期缩短至1年以内，不改按短期租赁进行简化处理或追溯调整

【答案】CE

【解析】短期租赁，是指在租赁期开始日，租赁期不超过12个月的租赁，选项A错误。承租人与出租人签订租赁期为12个月的租赁合同时，应当基于所有相关事实和情况判断可强制执行合同的期间以及是否存在实质续租、终止等选择权以合理确定租赁期，选项B错误。包含购买选择权的租赁不属于短期租赁，选项C正确。低价值资产租赁的判定仅与资产的绝对价值有关，不受承租人规模、性质或其他情况影响，选项D错误。租赁变更导致租赁期缩短至1年以内的，承租人应当调减使用权资产的账面价值，部分终止租赁的相关利得或损失计入"资产处置损益"科目。企业不得改按短期租赁进行简化处理或追溯调整，选项E正确。

【知识点10】无形资产

一、无形资产的定义与特征

无形资产是指企业拥有或者控制的没有实物形态的可辨认非货币性资产。

无形资产具有以下特征：

（1）无形资产不具有实物形态。

（2）无形资产具有可辨认性。

（3）无形资产属于非货币性资产。

无形资产包括专利权、非专利技术、商标权、著作权、特许权、土地使用权、作为无形资产确认的数据资源等。

商誉的存在无法与企业自身分离，不具有可辨认性，不属于本节所指无形资产。

二、无形资产的确认条件

同时满足下列条件的，才能确认为无形资产：

（1）符合无形资产的定义。

（2）与该无形资产有关的经济利益很可能流入企业。

（3）该无形资产的成本能够可靠地计量。

三、无形资产确认条件的具体应用

1. 企业无形资产项目的支出，除下列情形外，均应于发生时计入当期损益：

（1）符合无形资产的确认条件、构成无形资产成本的部分。

（2）非同一控制下企业合并中取得的、不能单独确认为无形资产、构成购买日确认的商誉的部分。

2. 研发支出的区分。

企业内部研究开发项目的支出，应当区分研究阶段支出与开发阶段支出，并分别计量，具体见表2-17。

表2-17

支出分类	定义	计入条件	核算方式
研究支出	为获取并理解新的科学或技术知识而有独创性有计划的进行调查的支出费用。	全部研究阶段的支出	费用化计入当期损益
开发支出	在进行商业性生产或使用前，将研究成果或其他知识应用于某项计划或设计，以生产出新的或具有实质性改进的材料、装置、产品所花费的支出费用。	不满足下述五个条件的开发支出	费用化计入当期损益
		满足下述五个条件的开发支出	资本化计入无形资产
无法区分	无法区分是属于研究支出还是开发支出的支出费用。	全部无法区分的支出	费用化计入当期损益

同时满足下列条件的开发支出，才能确认为无形资产：

（1）完成该无形资产以使其能够使用或出售在技术上具有可行性。

（2）具有完成该无形资产并使用或出售的意图。

（3）无形资产产生经济利益的方式，包括能够证明运用该无形资产生产的产品存在市场或无形资产自身存在市场，无形资产将在内部使用的，应当证明其有用性。

（4）有足够的技术、财务资源和其他资源支持，以完成该无形资产的开发，并有能力使

用或出售该无形资产。

(5) 归属于该无形资产开发阶段的支出能够可靠地计量。

【提示1】商誉的存在无法与企业自身分离，不具有可辨认性，不属于无形资产。

【提示2】不应确认为无形资产的案例：
① 不能单独计量的：内部产生的品牌、报刊名、刊头、客户名单。
② 不能可靠计量其经济利益的：客户关系、人力资源。

四、无形资产的初始计量

(一) 购入的无形资产

1. 购入的无形资产的成本。

无形资产成本 = 购买价款 + 相关税费 + 直接归属于使该项资产达到预定用途所发生的其他支出

【提示】直接归属于使该项资产达到预定用途所发生的其他支出包括：① 专业服务费；② 测试费。但不包括：① 宣传用的广告费、管理费等间接费用；② 无形资产已经达到预定用途以后发生的费用。

【例2-70】（单选题）2×24年12月20日，甲公司以银行存款200万元外购一项专利技术用于W产品生产，另支付相关税费1万元，达到预定用途前的专用服务费2万元，宣传W产品广告费4万元。不考虑增值税及其他因素，2×24年12月20日，该专利技术的入账价值为（　　）万元。

A. 200　　　　B. 201
C. 203　　　　D. 217

【答案】C

【解析】广告费不属于该专利技术达到预定用途前的必要支出，因此该专利技术的入账价值 = 200 + 1 + 2 = 203（万元）。

2. 购买无形资产的价款超过正常信用条件延期支付，实质上具有融资性质的，无形资产的成本以购买价款的现值为基础确定。实际支付价款与现值之间的差额，作为未确认融资费用，并在信用期间采用实际利率法按期进行摊销。

【提示】若一次性购入多项无形资产，其成本通常应按该无形资产和其他资产的公允价值相对比例确定。

3. 账务处理。

借：无形资产

贷：银行存款

4. 确认为无形资产的数据资源。

企业通过外购方式取得确认为无形资产的数据资源，其成本包括购买价款、相关税费，直接归属于使该项无形资产达到预定用途所发生的数据脱敏、清洗、标注、整合、分析、可视化等加工过程所发生的有关支出，以及数据权属鉴证、质量评估、登记结算、安全管理等费用。

企业通过外购方式取得数据采集、脱敏、清洗、标注、整合、分析、可视化等服务所发生的有关支出，不符合无形资产定义和确认条件的，则应当根据用途计入当期损益。

(二) 自行开发的无形资产

1. 研发支出界定。

区分研发支出，应依照研究与开发的特点进行界定。

研究阶段支出的特点：① 计划性；② 探索性。

开发阶段支出的特点：① 具有针对性；② 形成成果可能性较大。

【提示】已经计入各期费用的研究与开发费用，在该项无形资产符合确认条件后，不得再资本化。

2. 无形资产入账成本。

自行开发活动发生的无形资产成本，由可直接归属于该资产的创造、生产并使该资产能够以管理层预定的方式运作的所有必要支出组成。

可直接归属成本包括：开发该无形资产时耗费的材料、劳务成本、注册费、在开发该无形资产过程中使用的其他专利权和特许经营权的摊销、按照借款费用的处理原则可以资本化的利息支出等。

3. 科目设置。

企业设置"研发支出"科目，核算企业用于研发的费用。研发支出下设二级科目"资本化支出""费用化支出"。

4. 账务处理。

(1) 发生支出时。

借：研发支出——资本化支出
　　　　　　——费用化支出

贷：原材料
　　应付职工薪酬

银行存款

(2) 期末，结转费用化支出。

借：管理费用
　　贷：研发支出——费用化支出

(3) 研究开发项目达到预定用途形成无形资产。

借：无形资产
　　贷：研发支出——资本化支出

【例2-71】（单选题）甲公司自行研究开发一项新产品专利技术，在研究开发过程中发生材料费40 000元、人工工资10 000元，以及以银行存款支付其他费用30 000元，其中，符合资本化条件的支出为35 000元，期末，该专利技术已经达到预定用途。则应属于当期损益的支出为（　　）元。

A. 35 000　　　　B. 40 000
C. 45 000　　　　D. 25 000

【答案】C

【解析】属于当期损益的支出=（40 000+10 000+30 000）-35 000=45 000（元）。

(三) 投资者投入无形资产

1. 无形资产入账成本。

投资者投入无形资产的成本，应当按照投资合同或协议约定的价值确定，合同或协议约定价值不公允的，应按公允价值入账。

2. 账务处理。

借：无形资产
　　贷：实收资本/股本

(四) 土地使用权的处理

1. 企业取得的土地使用权通常应确认为无形资产。

2. 土地使用权用于自行开发建造厂房等地上建筑物时，土地使用权的账面价值不与地上建筑物合并计算其成本，而仍作为无形资产进行核算，土地使用权与地上建筑物分别进行摊销和提取折旧。但下列情况除外：

(1) 房地产开发企业取得的土地使用权用于建造对外出售的房屋建筑物，相关的土地使用权应当计入所建造的房屋建筑物成本。

(2) 企业外购的房屋建筑物，实际支付的价款中包括土地及建筑物的价值，则应当对支付的价款在土地和地上建筑物之间进行分配；如果无法进行合理分配的，应当全部作为固定资产。

【提示】依照土地使用权持有的不同目的，使用不同科目进行核算。持有用于出租或增值目的时，应将其作为投资性房地产核算；房地产开发公司持有用于开发商品房的，应将其作为存货核算。

【例2-72】（单选题）下列关于土地使用权的处理方法中，处理不正确的是（　　）。

A. 甲公司为房地产开发企业，将土地使用权计入商品房建造成本

B. 乙公司将取得的用于建造厂房的土地使用权在建造期间的摊销计入管理费用

C. 丙公司将持有的土地使用权对外出租，自租赁开始日停止摊销并转为公允价值进行后续计量

D. 丁公司将作为办公用房的外购房屋按照房屋建筑物和土地使用权的公允价值分别确认固定资产和无形资产，采用不同的年限计提折旧

【答案】B

【解析】厂房建造期间的土地使用权摊销应计入厂房成本，不计入当期管理费用。

五、无形资产的后续计量

(一) 无形资产使用寿命的确定

1. 分类。

(1) 使用寿命有限的无形资产。

(2) 使用寿命不确定的无形资产。

2. 使用寿命的确定。

使用寿命有限的无形资产，使用寿命通常来源于合同性权利或是其他法定权利，企业应当估计该使用寿命的年限或者构成使用寿命的产量等类似计量单位数量进行计量。经过以下方法仍无法合理确定无形资产为企业带来经济利益的期限的，才能将其作为使用寿命不确定的无形资产。

(1) 来源于合同性权利或是其他法定权利的无形资产，其使用寿命来源于合同或法律规定。

(2) 合同性权利或其他法定权利能够在到期时因续约等延续，且有证据表明企业续约不需要付出大额成本的，续约期应当计入使用寿命。

(3) 合同或法律没有规定使用寿命的，企业应当综合各方面因素判断，以确定无形资产能为企业带来经济利益的期限。

（4）对确认为无形资产的数据资源的使用寿命进行估计时，还应重点关注数据资源相关业务模式、权利限制、更新频率和时效性、有关产品或技术迭代、同类竞品等因素。

（二）无形资产摊销方法

1. 摊销范围。

（1）使用寿命有限的无形资产，其应摊销金额应当在使用寿命内系统合理摊销；

（2）使用寿命不确定的无形资产不应摊销。

2. 摊销时间。

当月新增的无形资产，当月开始摊销；当月减少的无形资产，当月不再摊销。

【提示】当月新增的固定资产，下月开始计提折旧，当月减少的固定资产，下月开始停止计提折旧。投资性房地产中成本模式下房屋建筑物的折旧依照固定资产的时间进行，土地使用权的摊销依照无形资产的时间进行。

3. 摊销方法。

企业选择的无形资产摊销方法，应当反映与该项无形资产有关的经济利益的预期实现方式。无法可靠确定预期实现方式的，应当采用直线法摊销。

4. 摊销金额。

应摊销额 = 成本 - 预计净残值 - 无形资产减值准备

【提示】无形资产的残值一般为零，但下列情况除外：

（1）有第三方承诺在无形资产使用寿命结束时购买该无形资产。

（2）可以根据活跃市场得到预计残值信息，并且该市场在无形资产使用寿命结束时很可能存在。

5. 摊销原则。

（1）企业至少应当于每年年度终了，对使用寿命有限的无形资产的使用寿命及摊销方法进行复核。在每个会计期间对使用寿命不确定的无形资产的使用寿命进行复核。

（2）无形资产的使用寿命及摊销方法与以前估计不同的，应当改变摊销期限和摊销方法，并按照会计估计变更处理。

（三）无形资产摊销的账务处理

企业应根据无形资产使用方式的不同，将无形资产摊销金额计入不同费用。

借：管理费用、制造费用、研发支出、在建工程等（企业自用）

其他业务成本（出租用）

贷：累计摊销

六、无形资产的处置

（一）无形资产的出售

1. 企业出售无形资产，应当将取得的价款与该无形资产账面价值的差额计入当期损益。

无形资产处置损益 = 取得价款 - （无形资产账面余额 - 累计摊销 - 无形资产减值准备）- 相关税费

2. 账务处理。

借：银行存款

　　无形资产减值准备

　　累计摊销

贷：无形资产

　　应交税费——应交增值税（销项税额）

　　资产处置损益（处置无形资产净收益差额，净损失差额在借方）

（二）无形资产的出租

1. 企业将所拥有的无形资产使用权让渡给他人，并收取租金，在满足收入确认标准的情况下，应确认相关的收入及成本。

2. 账务处理

（1）取得租金收入。

借：银行存款

贷：其他业务收入

　　应交税费——应交增值税（销项税额）

（2）摊销出租无形资产的成本并发生与转让有关的各种费用支出。

借：其他业务成本

贷：累计摊销/银行存款

七、无形资产的期末计价

（一）无形资产期末计量方法

1. 判断是否存在减值迹象。

2. 若存在减值计量，进行减值测试，估计可收回金额。

3. 比较可收回金额与无形资产账面价值的大小，如果资产的可收回金额低于其账面价值，应当将资产的账面价值减记至可收回金额，减记的金额确认为资产减值损失，计入当期损益，同时计提相应的资产减值准备。

【提示1】无形资产账面价值 = 账面原值 -

累计摊销－累计减值准备。

【提示2】 无形资产减值损失一经确认，在以后会计期间不得转回。摊销额和摊销期限都需要重新计算。

（二）无形资产可收回金额计算步骤

1. 计算确定资产的公允价值减去处置费用后的净额。
2. 计算确定资产预计未来现金流量的现值。
3. 比较资产的公允价值减去处置费用后的净额与预计未来现金流量现值，取其较高者作为资产的可收回金额。

（三）无形资产发生减值的账务处理

借：资产减值损失
　　贷：无形资产减值准备

【例2-73】（单选题）甲公司2×24年3月10日聘用专业开发人员为公司开发定制一款计算机软件。软件价款为500万元，另支付其他相关税费50万元，预计使用年限为5年，预计净残值为零，甲公司采用直线法进行摊销。甲公司2×24年7月10日对软件进行验收并投入使用。2×24年7月至12月，共发生软件日常的维护支出及升级更新费用20万元。2×24年12月31日，该软件的可收回金额为480万元。不考虑其他因素，2×24年12月31日该软件的账面价值为（　　）万元。

A. 495　　　　B. 480
C. 445　　　　D. 440

【答案】 B

【解析】 12月31日该无形资产在进行减值测试前的账面价值＝(500＋50)－(500＋50)÷5÷2＝495（万元），为维护该计算机软件程序支出的20万元升级更新费用，计入当期管理费用；2×24年12月31日该无形资产可收回金额为480万元，低于账面价值，需要计提减值准备15万元，所以该无形资产在2×24年12月31日的账面价值为480万元。

精选练习题

一、单项选择题

1. 下列属于企业存货的是（　　）。

A. 房地产开发企业为销售商品房持有的土地使用权
B. 在途物资
C. 工程物资
D. 受托代销商品

2. 甲公司为增值税一般纳税人，2×24年5月，甲公司购进易耗损原材料200瓶，增值税专用发票上注明的价款为60万元，增值税税额为9.6万元。甲企业为购进此批原材料，另支付保险费3万元，入库前的挑选整理费为5万元。原材料入库时发生了合理损耗10瓶，不考虑其他因素，该批原材料实际成本为每瓶（　　）万元。

A. 0.316　　　　B. 0.358
C. 0.342　　　　D. 0.408

3. 下列各项中，应当计入存货成本的是（　　）。

A. 季节性停工损失
B. 超定额废品损失
C. 新产品研发人员的薪酬
D. 采购材料入库后的仓储费

4. 下列存货发出方法中，可以随时结转发出存货的成本，最有利于存货日常管理，适用于大批量生产企业的方法是（　　）。

A. 个别计价法
B. 先进先出法
C. 月末一次加权平均法
D. 移动加权平均法

5. 甲企业采用先进先出法计算发出原材料的成本。2×24年6月1日，甲企业的A材料结存50千克，每千克实际成本60元；6月2日，购进A材料50千克，每千克实际成本70元；6月11日，生产X产品领用A材料60千克；6月16日，因建造厂房领用A材料20千克；6月20日，购入A材料100千克，每千克实际成本66元。6月25日，生产Y产品领用A材料80千克。此后6月无其他材料的进出，不考虑其他因素。6月A材料应计入存货成本（　　）元。

A. 9 060　　　　B. 10 460
C. 9 170　　　　D. 10 480

6. 下列对企业建设生产线领用原材料的会计处理说法中，正确的是（　　）。

A. 按领用的成本计入在建工程
B. 按领用的成本及核算的进项税额之和计入在建工程
C. 视同销售，按照售价的成本计入在建工程
D. 视同销售，按照售价的成本和销项税之

和计入在建工程

7. 下列关于委托加工物资的消费税处理方法中，正确的是（　　）。

A. 委托加工的物资收回后直接用于出售的，委托方应将受托方代收代缴的消费税计入委托加工物资的成本

B. 委托加工的物资收回后用于连续生产应税消费品的，委托方应将受托方代收代缴的消费税计入委托加工物资的成本

C. 委托加工物资所发生的消费税都应计入产品成本

D. 委托加工物资所发生的消费税都应计入应交税费

8. 甲企业月初结存材料的计划成本为120 000元，超支差额20 000元，本月入库材料的计划成本为80 000元，成本差异为节约10 000元。本月甲企业材料成本差异率为（　　）。

　　A. -5%　　　　　B. 5%
　　C. -7.5%　　　D. 2.5%

9. 甲公司为增值税一般纳税人，适用的增值税税率为13%，A商品5月1日结存数量150件，单位成本为550元，已计提存货跌价准备25 000元，该商品的购进按实际成本计价，发出按先进先出法计价，关于A商品的采购、销售资料如下：①5月18日购进A商品410件，每件510元，以银行存款支付全部价款，取得的增值税专用发票上注明的价款为209 100元，增值税税款为27 183元，另以现金支付入库前的挑选整理费1 000元，该商品实际入库400件，破损10件为合理损耗。②5月24日，销售A商品300件，单位售价540元，商品已发出，收到一张面额为187 920元的银行承兑汇票，同时结转销售商品成本。5月，A商品销售应结转库存商品（　　）元。

　　A. 160 912.5　　　B. 185 912.5
　　C. 161 287.5　　　D. 186 287.5

10. 在计划成本法下，如果采购的材料已验收入库，但结算单据未到，企业应采用的方式是（　　）。

A. 不做任何会计处理

B. 应先按原材料计划成本暂估入账，借记原材料，贷记"应付账款——暂估应付账款"，收到结算凭据后再调整原材料的入账价值

C. 应先按原材料计划成本暂估入账，借记原材料，贷记"应付账款——暂估应付账款"，到下月月初编制红字会计分录予以冲回

D. 先与发货企业确认原材料实际成本，并按实际成本入账

11. 2×24年12月1日，甲公司与乙公司签订了一项不可撤销的销售合同，约定甲公司于2×25年1月10日以每台2万元的价格（不含增值税）向乙公司销售电脑200台。2×24年12月31日，甲公司库存电脑300台，单位成本为1.8万元，单位市场销售价格为1.7万元（不含增值税）。甲公司预计销售上述300台库存产品将发生销售费用和其他相关税费15万元。不考虑其他因素，2×24年12月31日，上述300台电脑的账面价值为（　　）万元。

　　A. 525　　　　　B. 555
　　C. 540　　　　　D. 570

12. 下列关于存货盘点和清查的说法中，正确的是（　　）。

A. 计划成本法下盘亏的存货，应按计划成本转出存货成本，材料成本差异计入营业外支出

B. 存货应每半年盘点一次，以保证中期报告的真实性

C. 存货采用永续盘存制度，使用"期初结存+本期购入-期末结存=本期发出"进行计算

D. 存货采用定期盘存制度，容易造成存货的计量、收发、保管差错，甚至产生浪费、非法盗用

13. 下列计价方法中，正确的是（　　）。

A. 存货期末采用成本与可回收金额孰低法计量

B. 应收款项期末采用摊余成本计量

C. 固定资产的初始计量采用公允价值

D. 投资性房地产期末采用历史成本计量

14. 甲公司对其购入债券的业务管理模式是以收取合同现金流量为目标。该债券的合同条款规定，在特定日期产生的现金流量，仅为对本金和以未偿付本金金额为基础的利息的支付。不考虑其他因素，甲公司应将该债券投资分类为（　　）。

A. 其他货币资金

B. 以公允价值计量且其变动计入当期损益的金融资产

C. 以公允价值计量且其变动计入其他综合收益的金融资产

D. 以摊余成本计量的金融资产

15. 2×24年1月1日，甲公司按面值购入乙公司当日发行的5年期不可赎回债券，将其划分为以摊余成本计量的金融资产。该债券面值为1 000万元，票面年利率为10%，分期付息、到期一次还本，每年12月31日支付当年利息。2×24年12月31日，该债券的公允价值上涨至1 180万元。假定不考虑其他因素，2×24年12月31日甲公司该债券投资的账面价值为（　　）万元。

A. 1 000　　　　　B. 1 100
C. 1 180　　　　　D. 1 280

16. A公司于2×22年7月1日以每股25元的价格购入B公司发行的股票100万股，指定为以公允价值计量且其变动计入其他综合收益的非交易性权益工具。2×22年12月31日，该股票的市场价格为每股27.5元。2×23年12月31日，该股票的市场价格为每股23.75元，A公司预计该股票价格的下跌是暂时的。2×24年12月31日，该股票的市场价格为每股22.75元，A公司认为该股票的下跌是因为出现了减值，则2×24年12月31日A公司应作的会计处理是（　　）。

A. 借记"信用减值损失"科目100万元

B. 借记"公允价值变动损益"科目100万元

C. 贷记"其他权益工具投资——公允价值变动"250万元

D. 借记"其他综合收益"科目100万元

17. 下列有关以公允价值计量且其变动计入其他综合收益的金融资产会计处理的说法中，不正确的是（　　）。

A. 初始确认时，应按公允价值和相关交易费用之和作为初始入账金额

B. 初始确认时，涉及的账务科目有"其他债权投资——成本""应收利息""银行存款""其他债权投资——利息调整"等

C. 资产负债表日，以公允价值计量且其变动计入其他综合收益的金融资产公允价值变动应计入其他综合收益

D. 以公允价值计量且其变动计入其他综合收益的金融资产的汇兑损益计入其他综合收益

18. 2×23年1月1日，甲公司自证券市场购入当日发行的面值总额为2 000万元的债券，购入时实际支付价款2 078.98万元，另支付交易费用10万元。该债券系分期付息、到期还本债券，期限为5年，票面年利率为5%，实际年利率为4%，每年12月31日支付当年利息。甲公司将该债券划分为以摊余成本计量的金融资产。假定不考虑其他因素，2×24年12月31日该债券投资的账面价值为（　　）万元。

A. 2 062.14　　　　B. 2 068.98
C. 2 072.54　　　　D. 2 055.44

19. 下列各项中可以划分为以摊余成本计量的金融资产的是（　　）。

A. 从二级市场购入某企业面值100万元的债券，既以收取合同现金流量为目标又以出售该金融资产为目标

B. 从二级市场购入某企业面值200万元的债券，管理该金融资产的业务模式是以收取合同现金流量为目标，其在特定日期产生的现金流量仅为对本金和以未偿付本金金额为基础的利息的支付

C. 从二级市场购入某企业于当日发行的面值150万元的五年期债券，没有短期内出售以赚取差价的计划

D. 企业常见的股票

20. 下列各项中，不影响当期损益的事项是（　　）。

A. 以公允价值计量且其变动计入当期损益的金融资产在持有期间获得现金股利

B. 以公允价值计量且其变动计入当期损益的金融资产在资产负债表日的公允价值高于账面价值的差额

C. 以摊余成本计量的金融资产在持有期间按摊余成本和实际利率计算确认的利息收入

D. 以公允价值计量且其变动计入其他综合收益的金融资产在资产负债表日的公允价值大于账面价值的差额

21. 甲公司购入债券，作为债权投资核算，购买价款110万元，另支付交易费用4万元，债券面值为100万元，票面利率8%，则该债权投资的入账价值是（　　）万元。

A. 104　　　　　B. 110
C. 100　　　　　D. 114

22. 2×24年1月1日甲公司购入乙公司同

日发行的5年期公司债券,该债券面值为100万元,票面年利率为12%,每年年初支付上年度利息,到期归还本金。甲公司支付购买价款108万元,另支付相关税费2万元。甲公司根据管理金融资产的业务模式和该债券的合同现金流量特征,将其划分为以摊余成本计量的金融资产。已知同类债券的实际年利率为10%。不考虑其他因素,则2×24年12月31日该债权投资的摊余成本是( )万元。

A. 109 B. 121
C. 118.8 D. 106.8

23. 2×24年1月1日,甲公司自证券市场购入一批分期付息、到期还本的债券,该债券面值总额为1 000万元,票面年利率为8%,期限为5年,购入时实际支付价款970万元,另支付交易费用10万元。该债券实际年利率为10%,甲公司将该债券划分为以摊余成本计量的金融资产核算。假定不考虑其他因素,甲公司持有该债券投资2×25年应确认的利息收入是( )万元。

A. 106.7 B. 98.7
C. 107.8 D. 99.8

24. 2×24年12月9日,甲公司支付价款400万元购入乙公司股票100万股,另支付交易费用4万元,占乙公司有表决权股份的3%,指定为以公允价值计量且其变动计入其他综合收益的金融资产核算。2×24年12月31日,该股票市场价格为每股5元。2×25年1月26日,甲公司以每股5.8元的价格将乙公司股票全部转让。不考虑其他因素,甲公司持有该金融资产期间应确认的投资收益是( )万元。

A. 200 B. 80
C. 0 D. 100

25. 在一项股权投资活动中,甲公司向被投资单位提供关键技术资料,但不能控制被投资单位的董事会决策。对于该投资,甲公司应认定其为( )。

A. 对联营企业的投资
B. 对合营企业的投资
C. 对子公司的投资
D. 购买金融工具的投资

26. 下列关于合营安排的表述中,正确的是( )。

A. 当合营安排未通过单独主体达成时,该合营安排为共同经营
B. 合营安排中参与方对合营安排提供担保的,该合营安排为共同经营
C. 两个参与方组合能够集体控制某项安排的,该安排构成合营安排
D. 合营安排为共同经营的,参与方对合营安排有关的净资产享有权利

27. 甲公司于2×25年1月2日自公开市场上购入乙公司30%股权,支付价款1 200万元(包含已宣告但尚未发放的现金股利100万元),另支付相关手续费10万元,能够对乙公司实施重大影响。当日,乙公司可辨认净资产的公允价值为5 000万元,账面价值为4 500万元。不考虑其他因素,甲公司购买该项股权投资的初始投资成本为( )万元。

A. 1 500 B. 1 200
C. 1 410 D. 1 110

28. 乙公司和丙公司同属于甲公司旗下的全资子公司。2×25年1月1日,乙公司以发行权益性证券的方式购买丙公司100%股权,乙公司向丙公司发行股票500万股,每股面值1元,每股公允价值2元,另支付发行股票的手续费及佣金20万元。丙公司最近评估基准日确定,丙公司账面价值为1 800万元,公允价值3 000万元,其在甲公司合并报表的所有者权益账面价值为1 200万元。乙公司长期股权投资的入账价值为( )万元。

A. 1 020 B. 1 200
C. 1 800 D. 3 000

29. 甲公司为增值税一般纳税人,适用的增值税税率为13%。2×24年6月30日,甲公司以某生产在售的一台机器设备和承担的乙公司短期借款还款义务作为合并对价,与丙公司换取丁公司60%的股权。该设备售价1 600万元,生产成本1 200万元。乙公司短期借款账面价值和公允价值均为100万元。购买日,丁公司可辨认资产的公允价值为3 000万元,负债的公允价值为500万元。甲公司在企业合并时发生资产评估费、理事咨询费用10万元,以银行存款支付。假定甲公司与乙公司、丙公司在投资之前无关联方关系,不考虑其他因素,甲公司长期股权投资的初始投资成本为( )万元。

A. 1 500 B. 1 510
C. 1 908 D. 1 966

30. 非同一控制下的企业合并，通过多次交换交易，分步取得股权最终形成控股合并的，应以（　　）作为该项投资的初始投资成本。

A. 购买日之前所持被购买方的股权投资的账面价值与购买日新增投资成本之和

B. 购买日时投资方对被投资方所占可辨认净资产的份额

C. 购买日之前所持被购买方的股权投资的公允价值与购买日新增投资成本之和

D. 购买日取得的被合并方所有者权益在最终控制方合并财务报表中的账面价值的份额

31. 乙公司是甲公司的全资子公司。截至2×24年12月31日，甲公司长期股权投资账户余额为250万元。2×25年，市场出现大规模的技术更新，乙公司技术处于劣势状态。甲公司对乙公司开展减值测试发现，乙公司可辨认净资产公允价值发生减值100万元。乙公司2×25年财务报表列示本年度发生亏损200万元。则2×25年，甲公司"长期股权投资"的账面价值应为（　　）万元。

A. 150　　　　　　B. 50
C. 0　　　　　　　D. -50

32. 2×24年1月1日，甲公司购入乙公司30%股份，对乙公司具有重大影响，甲公司采用权益法进行此笔投资的核算。甲公司取得该项投资时，乙公司各项可辨认资产、负债的公允价值与其账面价值相等。2×24年10月，甲公司将其账面价值120万元的A产品以180万元的价格出售给乙公司，乙公司将取得的商品作为存货核算。至2×24年12月31日，乙公司将其存货对外出售60%。乙公司2×24年度实现净利润600万元，假定不考虑所得税等因素的影响，2×24年甲公司个别报表应确认享有乙公司的净损益为（　　）万元。

A. 184.8　　　　　B. 172.8
C. 193.2　　　　　D. 169.2

33. 2×24年1月1日，甲公司支付现金9 000万元为对价，在公开市场取得乙公司60%的股权，能够对乙公司实施控制。当日，乙公司可辨认净资产账面价值为12 000万元，公允价值为13 500万元。2×25年6月30日，甲公司将持有的占乙公司40%股权的股票进行出售，获取价款9 500万元。处置后甲公司对乙公司的持股比例为20%，丧失了对乙公司的控制权。当日，乙公司可辨认净资产的账面价值为14 500万元，公允价值为18 000万元。乙公司在2×24年1月1日至2×25年6月30日之间按购买日公允价值持续计算的净利润为600万元，其他综合收益为500万元（不可转损益），无其他所有者权益变动。甲公司和乙公司都按10%提取盈余公积。不考虑其他因素，则丧失控制权日个别财务报表长期股权投资剩余金额为（　　）万元。

A. 2 900　　　　　B. 4 000
C. 3 600　　　　　D. 3 220

34. 2×25年1月，甲公司出售所持子公司（乙公司）80%股权，出售后剩余5%股权不能再对乙公司进行控制、共同控制或施加重大影响。下列各项关于甲公司出售乙公司股权时对剩余5%股权进行会计处理的表述中，正确的是（　　）。

A. 按成本进行计量

B. 按公允价值与其账面价值的差额确认为资本公积

C. 视同取得该股权投资时即采用权益法核算并调整其账面价值

D. 按金融工具确认和计量准则进行分类和计量

35. 甲公司为增值税一般纳税人，2×23年5月开始建造一栋办公大楼。下列各项中，应计入甲公司所建造办公楼成本的是（　　）。

A. 办公楼开始建造前发生的专门借款费用利息

B. 建造办公楼领用原材料的进项税额

C. 办公楼竣工决算前的资产评估费

D. 生产准备及开办费

36. 甲公司为增值税小规模纳税人，2×24年4月15日购进一台生产用机器设备，收到的增值税专用发票上注明价款10万元，增值税进项税额1.3万元。甲公司另支付该设备的安装费0.3万元，运输费0.1万元，设备的员工培训费0.5万元，专业人员服务指导费0.5万元。甲公司该设备的入账价值为（　　）万元。

A. 10.9　　　　　　B. 11.4
C. 12.2　　　　　　D. 12.7

37. 甲公司2×24年1月7日采用分期付款购买大型设备。合同约定价款1 200万元，1月7日支付200万元，其余款项按5年等额支付，付款日为每年12月31日，甲公司另支付设备安装费10万元。设备的现行价格为1 000万元，甲公司5年期银行借款利率为8%，该设备价款按8%复利折现金额为1 002.1万元。不考虑其他因素，该设备的入账价值为（　　）万元。

A. 1 210　　　　B. 1 000
C. 1 002.1　　　D. 1 012.1

38. 固定资产达到预定可使用状态后剩余的工程物资，应（　　）。

A. 转入原材料
B. 转入在建工程，留用建造固定资产
C. 转入建设固定资产成本
D. 转入营业外收入

39. 甲公司以其自制的专有设备交换乙公司一栋地处偏远的办公楼自用。甲公司拥有专有设备的账面原价100万元，已计提折旧20万元，由于该设备是甲公司的定制产品，性质特殊，其公允价值不能可靠计量。乙公司拥有一栋办公楼，账面原价900万元，已计提折旧840万元，公允价值120万元。双方商定，乙公司支付10万元补价。不考虑其他因素，甲公司换入资产的入账价值为（　　）万元。

A. 120　　　　B. 100
C. 80　　　　　D. 70

40. 下列资产中，不需要计提折旧的是（　　）。

A. 已划分为持有待售的固定资产
B. 采用成本模式计量的投资性房地产
C. 因产品市场不景气尚未投入使用的外购机器设备
D. 已经完工投入使用但尚未办理竣工决算的自建厂房

41. 甲公司2×24年4月20日购入一台不需要安装的机器设备，售价为4 000万元，增值税税额为520万元，发生的运杂费为110万元（不考虑运费抵扣增值税的因素），预计使用5年，预计净残值为60万元，按年数总和法计提折旧。则该公司2×25年就该设备应计提的折旧额为（　　）万元。

A. 1 080　　　　B. 1 350
C. 1 096　　　　D. 1 170

42. 下列各项关于资产的预计未来现金流量说法中，符合会计准则的是（　　）。

A. 资产预计未来现金流量，按照资产持有过程中的预计现金流入减去使用过程中的预计现金流出确定

B. 资产持续使用过程中产生的现金流入所必需的预计现金流出不包括处置资产所收到或者支付的净现金流量

C. 预计在建工程的未来现金流量，应当包括预期为使资产达到预定可使用或可销售状态而发生的全部现金流出

D. 在计算资产的未来现金流量时，无须考虑内部交易的影响，只需考虑外部所带来的现金流入

43. 下列关于固定资产减值的表述中，符合会计准则规定的是（　　）。

A. 预计固定资产未来现金流量应当考虑与所得税收付相关的现金流量

B. 固定资产的公允价值减去处置费用后的净额高于其账面价值，但预计未来现金流量现值低于其账面价值的，应当计提减值

C. 在确定固定资产未来现金流量现值时，应当考虑将来可能发生的与改良有关的预计现金流量的影响

D. 单项固定资产减值损失一经确认，以后会计期间不得转回

44. 下列不属于投资性房地产的是（　　）。

A. 已出租的土地使用权
B. 企业生产经营用的土地使用权
C. 已出租的建筑物
D. 持有并准备增值后转让的土地使用权

45. 下列关于采用公允价值计量的投资性房地产的说法中，正确的是（　　）。

A. 土地使用权应按月进行摊销
B. 当市场出现减值迹象时，应进行减值测试
C. 收到的租金应计入营业外收入
D. 维修房地产的成本计入其他业务成本

46. 作为存货的房地产改为出租，其投资性房地产的转换日为（　　）。

A. 租赁开始日
B. 合同签订日
C. 房地产达到自用状态之日
D. 董事会会议召开日

47. 甲公司2×21年12月31日购入一栋办公楼，实际取得成本为4 000万元。该办公楼预计使用年限为20年，预计净残值为零，采用年

限平均法计提折旧。2×24 年，甲公司董事会做出将该办公楼对外出售决议，并与乙公司签订租赁合同。合同约定，甲公司 2×24 年 7 月 1 日将办公楼租赁给乙公司，租赁期开始日为协议签订日，租期 10 年，年租金 600 万元，每半年支付一次。租赁协议签订日该办公楼的公允价值为 3 900 万元。甲公司对投资性房地产采用公允价值模式进行后续计量。2×24 年 12 月 31 日，该办公楼的公允价值为 2 200 万元。假定不考虑增值税等其他因素的影响，下列各项关于甲公司上述交易或事项会计处理的表述中，正确的是（ ）。

A. 出租办公楼于 2×24 年起不用计提折旧
B. 出租办公楼应于租赁期开始日确认其他综合收益 400 万元
C. 租赁开始日，投资性房地产入账价值为 4 000 万元
D. 2×24 年取得的 300 万元租金应冲减投资性房地产的账面价值

48. 企业将作为存货的房地产转换为采用公允价值模式计量的投资性房地产时，转换日的公允价值小于账面价值的，其差额应（ ）。

A. 计入营业外支出
B. 计入其他综合收益
C. 计入公允价值变动损益
D. 计入其他业务成本

49. 下列关于租赁的选项中，不正确的是（ ）。

A. 已识别资产必须由合同明确指定
B. 租赁期是指承租人有权使用租赁资产且不可撤销的期间
C. 已识别资产的使用目的和使用方式在使用期开始前已预先确定，并且客户有权在整个使用期间自行或主导他人按照其确定的方式运营该资产
D. 客户设计了已识别资产并在设计时已预先确定了该资产在整个使用期间的使用目的和使用方式

50. 下列不属于企业无形资产的是（ ）。

A. 购买的软件
B. 对某出版物的著作权
C. 企业合并产生的商誉
D. 对某产品的特许经营权

51. 甲公司为购买一项专利技术，通过银行存款支付购买价款 300 万元，相关税费 10 万元，有关专业服务费 5 万元，广告费 20 万元。则该专利技术的初始计量成本为（ ）万元。

A. 305
B. 310
C. 315
D. 335

52. 摊销出租无形资产的成本时，借记（ ）科目，贷记"累计摊销"科目。

A. 其他业务成本
B. 其他业务收入
C. 管理费用
D. 营业外支出

53. 甲公司自 2×24 年开始研发一项专利技术，该技术与 2×24 年末达到预定可使用状态。在研究阶段，甲公司支付职工薪酬 20 万元，研究使用购买专项设备 30 万元；开发阶段发生的符合资本化条件的支出为 200 万元，不符合资本化条件的支出为 50 万元。则甲公司应确认无形资产的入账价值为（ ）万元。

A. 250
B. 200
C. 270
D. 300

54. 下列关于内部研究开发费用的会计处理，不正确的是（ ）。

A. 研究阶段的支出全部费用化，计入当期损益
B. 开发阶段的支出全部资本化，计入无形资产成本
C. 开发阶段的支出不符合资本化条件的，应当费用化，计入当期损益
D. 确实无法区分研究阶段的支出和开发阶段的支出，应将其所发生的研究开发支出全部费用化，计入当期损益

二、多项选择题

1. 下列属于企业存货的有（ ）。

A. 周转材料
B. 委托代销商品
C. 在产品
D. 工程物资
E. 已通过合同取得所有权的在途物资

2. 甲公司为增值税一般纳税人，下列各项中，应计入原材料入账价值的有（ ）。

A. 入库后的整理费用
B. 运输途中的非合理损耗
C. 购买价款
D. 关税

E. 进口环节不可抵扣的增值税进项税额

3. 下列关于存货的盘点和清查的说法中，正确的有（ ）。

A. 存货盘点的目的是确定存货的实际数量，因为存货每月都进行盘点，因此无须对存货进行清查

B. 存货每年必须清查一次

C. 使用定期盘存制，期末结存数是通过公式倒推的

D. 在未明确原因前，企业使用"待处理财产损溢"科目记录存货的盘盈盘亏

E. 对盘盈、盘亏或毁损的存货，应于期末前查明原因，根据企业的管理权限报经批准后，盘盈的存货通常应计入营业外收入

4. 下列情况表明存货可变现净值低于成本的有（ ）。

A. 原材料已霉烂

B. 消费者偏好改变，不利于市场

C. 产品迭代，处于淘汰边缘

D. 因可预见原因，原材料价格上涨且未来将持续上涨

E. 过期材料

5. 制造费用是指企业为生产产品和提供劳务而发生的各项间接费用，通常采用的制造费用分配方法有（ ）。

A. 生产工人工时比例法

B. 生产工人工资比例法

C. 机器工时比例法

D. 按年度计划分配率分配法

E. 直线法

6. 下列关于定期盘存制的说法中，正确的有（ ）。

A. 这种盘存制度的优点是核算工作比较简单

B. 容易把在计量、收发、保管中产生的差错，甚至浪费、非法盗用等，全部计入销售成本

C. 能够通过账面记录及时反映存货的增减变动及结存情况

D. 核算工作量较大

E. 不便于对存货进行随时控制

7. 下列关于以公允价值计量且其变动计入当期损益的金融资产的说法中，正确的有（ ）。

A. 金融资产初始确认时，按照公允价值计量

B. 金融资产的交易费用计入初始投资成本

C. 购买价款中包含已宣告但尚未领取的债券利息，应确认为公允价值变动收益

D. 资产负债表日，金融资产以公允价值计量，公允价值与原账面价值的差额计入当期损益

E. 出售金融资产的最终损益计入投资收益

8. 下列关于长期股权投资核算的权益法的选项中正确的有（ ）。

A. 所有投资企业对持有的对合营企业投资及联营企业投资，都应当采用权益法核算

B. 权益法下取得股权投资时，每期需根据被投资企业的损益及其分配情况进行损益调整

C. 权益法的核算内容不仅包括取得股权投资时，初始投资成本的核算，还包括对初始投资成本的调整、损益调整，以及所有者权益其他变动的调整

D. 初始投资成本反映投资者在被投资企业中享有的权益

E. 在长期股权投资采用权益法核算的情况下，初始投资时，长期股权投资的初始投资成本大于投资时应享有被投资单位可辨认净资产公允价值的份额

9. 2×24年1月1日，甲公司支付价款1 000万元（含交易费用）购入乙公司同日发行的5年期公司债券，债券票面价值总额为1 250万元，票面年利率为4.72%，实际利率10%，每年末支付本年度债券利息，本金在债券到期时一次性偿还。合同约定，该债券的发行方在遇到特定情况时可以将债券赎回，且不需要为提前赎回支付额外款项。甲公司在购买该债券时，预计发行方不会提前赎回。企业管理该金融资产的业务模式是以收取合同现金流量为目标。下列关于甲公司债券的说法中，正确的有( )。

A. 甲公司根据其管理该债券的业务模式和该债券的合同现金流量特征，应该将该债券分类为以摊余成本计量的金融资产

B. 该债券的入账价值为1 250万元

C. 2×24年末，应确认应收利息100万元

D. 2×24年末，应确认投资收益100万元

E. 2×24年末，该债券摊余成本为1 059

万元

10. 下列关于金融资产的说法中，正确的有（　　）。

A. 企业持有的其他企业的在活跃市场上没有报价的债权，其回收金额固定，应确认为应收款项

B. 即使某项金融资产的取得不是为了近期内出售，企业也可以指定其为以公允价值计量且其变动计入当期损益的金融资产

C. 有效套期工具的衍生工具应当划分为交易性金融资产

D. 在金融资产期限不确定的情况下，不能将其划分为持有至到期投资

E. 以公允价值计量且其变动计入其他综合收益的金融资产的汇兑损益计入其他综合收益

11. 下列各项关于以摊余成本计量的金融资产的表述正确的有（　　）。

A. 取得时，发生的交易费用应计入其初始确认金额

B. 以摊余成本计量的金融资产可重分类为以公允价值计量且其变动计入当期损益的金融资产

C. 分期付息、一次还本的债券投资，应按票面利率计算应收未收利息，借记"债权投资——应收利息"，按该金融资产摊余成本和实际利率计算确定的利息收入，贷记"投资收益"科目，按其差额，借记或贷记"债权投资——利息调整"科目

D. 一次还本付息的债券投资，应按票面利率计算确定的应收未收利息，借记"应收利息"科目，按该金融资产摊余成本和实际利率计算确定的利息收入，贷记"投资收益"科目，按其差额，借记或贷记"债权投资——利息调整"科目

E. 管理该金融资产的目的是收取合同现金流量

12. 对于以摊余成本计量的金融资产，下列各项中影响摊余成本的有（　　）。

A. 取得时所支付价款中包含的应收未收利息

B. 已偿还的本金

C. 初始确认金额与到期日金额之间的差额按实际利率法摊销形成的累计摊销额

D. 已发生的减值损失

E. 预期信用损失

13. 下列关于以公允价值计量且其变动计入当期损益的金融资产的说法中，正确的有（　　）。

A. 取得金融资产时，按其公允价值，借记"交易性金融资产——成本"科目，按发生的交易费用，借记"投资成本"科目

B. 收到被投资单位发放的现金股利时，贷记"投资收益"科目

C. 出售金融资产时，按实际收到的金额，贷记"交易性金融资产——成本"科目

D. 以摊余成本计量的金融资产和以公允价值计量且其变动计入其他综合收益的金融资产之外的金融资产，应当分类为以公允价值计量且其变动计入当期损益的金融资产

E. 如果企业将金融资产指定为以公允价值计量且其变动计入当期损益的金融资产，该指定一经作出，不得撤销

14. 关于以摊余成本计量的金融资产，下列说法中不正确的有（　　）。

A. 应按照实际利率与摊余成本计算确定应收未收利息

B. 应按照票面利率计算确定利息收入

C. 计提减值损失不影响其摊余成本

D. 应按期末公允价值调整其账面价值

E. 出售以摊余成本计量的债权投资时，涉及的会计科目有"信用减值损失""债券投资减值准备"等

15. 下列关于指定为以公允价值计量且其变动计入其他综合收益的非交易性权益工具投资的说法中，正确的有（　　）。

A. 相关金融资产或金融负债属于衍生工具，表明企业持有该金融资产或承担该金融负债的目的是非交易性的

B. 企业初始确认投资时，相关交易费用应计入初始确认金额

C. 获得的股利收入计入其他综合收益

D. 终止确认时，之前计入其他综合收益的累计利得或损失应当从其他综合收益中转出，计入留存收益

E. 很多权益工具投资符合本金加利息的合同现金流量特征

16. 2×25年1月6日，A公司从二级市场购入一批债券，面值总额为500万元，票面年

利率为3％，3年期，每年利息于次年1月7日支付，该债券为2×24年1月1日发行。取得时实际支付价款525万元，含2×24年的全年利息，支付交易费用10万元。下列会计处理中，表述不正确的有（　　）。

A. 若划分为以公允价值计量且其变动计入其他综合收益的金融资产，其初始确认的入账价值为525万元

B. 若划分为以公允价值计量且其变动计入当期损益的金融资产，其初始确认的入账价值为535万元

C. 若划分为以公允价值计量且其变动计入当期损益的金融资产，其初始确认的入账价值为510万元

D. 若划分为以摊余成本计量的金融资产，其初始确认的入账价值为535万元

E. 若划分为以摊余成本计量的金融资产，其初始确认的入账价值为520万元

17. 出售金融资产时，下列会计处理方法不正确的有（　　）。

A. 出售指定为以公允价值计量且其变动计入其他综合收益的非交易性权益工具投资时，之前计入其他综合收益的累计利得或损失应当从其他综合收益中转出，计入当期损益

B. 出售以公允价值计量且其变动计入其他综合收益的金融资产时，之前计入其他综合收益的累计利得或损失应当从其他综合收益中转出，计入当期损益

C. 出售以摊余成本计量的金融资产时，应将所取得价款与该投资账面价值之间的差额计入投资收益

D. 处置以公允价值计量且其变动计入当期损益的金融资产时，需要调整原公允价值变动累计额

E. 处置以公允价值计量且其变动计入当期损益的金融资产时，应将所取得价款与该投资账面价值之间的差额计入投资收益

18. 下列各项中，关于指定为以公允价值计量且其变动计入其他综合收益的非交易性权益工具投资说法正确的有（　　）。

A. 期末按公允价值计量，公允价值变动计入当期损益

B. 该金融资产持有期间被投资单位宣告分配现金股利时影响当期损益

C. 当该项金融资产终止确认时，原计入其他综合收益的累计利得或损失应转入留存收益

D. 该金融资产在持有期间不得确认损益

E. 公允价值的变动计入其他综合收益，企业不需对其计提信用减值准备

19. 下列项目中，应采用长期股权投权益法核算的有（　　）。

A. 投资企业能够对被投资单位实施控制的权益投资

B. 投资企业与其他合营方一同对被投资单位实施共同控制的权益投资

C. 投资企业对被投资单位具有重大影响的权益性投资

D. 投资企业对被投资单位不具有共同控制或重大影响，并且在活跃市场中没有报价、公允价值不能可靠计量的投资

E. 对联营企业投资

20. 下列关于长期股权投资初始计量的说法中，正确的有（　　）。

A. 对合营企业进行投资时，以发行权益性证券方式取得的长期股权投资，为发行权益性证券支付给有关证券机构等的手续费、佣金等与权益性证券发行直接相关的费用，计入长期股权投资成本

B. 对联营企业进行投资时，以支付现金取得的长期股权投资，长期股权投资直接相关费用应冲减资本公积

C. 同一控制下控股合并形成对子公司的长期股权投资，合并方以发行权益性证券作为合并对价的，按发行权益性证券的面值总额作为投资成本

D. 同一控制下控股合并形成对子公司的长期股权投资，合并方以支付现金、转让非现金资产或承担债务方式作为合并对价的，应当在合并日按照取得被合并方所有者权益在最终控制方合并财务报表中的账面价值的份额作为长期股权投资的初始投资成本

E. 通过多次交换交易，分步取得股权最终形成同一控制下控股合并的，在个别财务报表中，以持股比例计算的合并日应享有被合并方所有者权益在最终控制方合并财务报表账面价值的份额，作为该项投资的初始投资成本

21. 有关长期股权投资中发生的相关费用处理方法，正确的有（　　）。

A. 同一控制下的企业合并，合并方发生的审计、法律服务、评估咨询等中介费用应计入当期投资成本

B. 非同一控制下的企业合并，购买方发生的审计、法律服务、评估咨询等中介费用应计入当期管理费用

C. 同一控制下的企业合并，以发行债券方式进行的企业合并，与发行债券相关的佣金、手续费等要冲减发行权益性证券的溢价收入，溢价收入不足冲减的则冲减留存收益

D. 同一控制下的企业合并，发行权益性证券作为合并对价的，与所发行权益性证券相关的佣金、手续费等要冲减发行权益性证券的溢价收入，溢价收入不足冲减的则冲减留存收益

E. 对被投资企业不产生重大影响也不能控制的长期股权投资，发生的直接相关费用应计入初始投资成本

22. 下列关于反向购买的说法中，正确的有（　　）。

A. 发行权益性证券的一方因其生产经营决策在合并被参与合并的另一方所控制的情况称为反向购买

B. 购买方的企业合并成本以购买方在购买日权益性证券的公开报价所计算的公允价值作为入账价值

C. 合并财务报表中，购买方的资产、负债应以其在合并前的公允价值进行确认和计量

D. 被购买方的有关可辨认资产、负债在并入合并财务报表时，应以其在购买日确定的公允价值进行合并，企业合并成本大于合并中取得的被购买方可辨认净资产公允价值的份额体现为商誉

E. 合并财务报表中的留存收益和其他权益余额应当反映被购买方在合并前的留存收益和其他权益余额

23. 在成本法下，下列各项可能会引起长期股权投资账面价值变动的有（　　）。

A. 增持股份
B. 年末被投资单位实现净损失
C. 被投资单位宣告分配股票股利
D. 收到被投资单位发放的现金股利
E. 减持股份

24. 下列关于损益调整需要考虑因素的说法中，正确的有（　　）。

A. 被投资单位采用的会计期间与投资企业不一致，应以被投资单位为准

B. 无形资产的摊销额投资单位与被投资单位不一致的，应调整差额

C. 在确定应享有的被投资单位实现的净损益时，潜在表决权所对应的权益份额不应予以考虑

D. 内部交易损益应全额抵销

E. 法规规定不属于投资企业的净亏损应从被投资单位净亏损中剔除

25. 2×24年1月2日，甲公司取得乙公司40%的股权，对乙公司产生重大影响。2×24年发生的下列交易或事项中，会对甲公司2×24年个别财务报表中确认对乙公司投资收益产生影响的有（　　）。

A. 甲公司将一批存货出售给乙公司，年末，乙公司对外销售了30%

B. 乙公司股东大会通过发放股票股利的议案

C. 投资时，乙公司有一栋办公大楼，账面价值小于公允价值

D. 乙公司将其作为存货的房地产转换为以公允价值模式计量的投资性房地产，转换日，公允价值大于账面价值

E. 乙公司接受其他股东的注资

26. 下列关于长期股权投资核算方法的转换说法中，正确的有（　　）。

A. 由公允价值计量的金融资产转换为成本法，原确认计入其他综合收益的前期公允价值变动应结转留存收益

B. 由成本法转换为权益法核算的，剩余的长期股权投资成本大于按照剩余持股比例计算原投资时应享有被投资单位可辨认净资产公允价值的份额，应调整留存收益

C. 由公允价值计量转为权益法核算的，在转换日，按照原股权的公允价值加上为取得新增投资而支付对价的公允价值，作为改为权益法核算的初始投资成本

D. 由权益法转为公允价值计量的金融资产，被投资单位的其他综合收益变动无须转入当期损益

E. 成本法转为公允价值计量，于丧失控制权日将剩余股权按公允价值重新计量，公允价值与其账面价值的差额计入当期损益

27. 2×25年1月1日，甲公司将持有的乙公司的股权全部出售，取得价款1 000万元。出售日前，甲公司确认关于乙公司的长期股权投资账户相关信息如下：确认投资成本借方余额900万元，损益调整贷方余额300万元，所有者权益其他变动贷方余额150万元。甲公司处置乙公司的长期股权投资，对甲公司相关账户的影响有（　　）。

A. 银行存款借方增加1 000万元

B. 投资收益借方增加200万元

C. 投资收益借方增加50万元

D. 长期股权投资账户为0

E. 资本公积借方增加50万元

28. 2×24年3月1日，甲公司为筹集生产线建设资金，通过定向增发本公司股票募集资金3 000万元。生产线建造工程于2×24年4月1日开工。2×24年10月1日，募集资金已全部投入。为补充资金缺口，11月1日，甲公司以一般借款（甲公司仅有一笔年利率为6%的一般借款）补充生产线建设资金500万元。建造过程中，甲公司领用本公司原材料一批，成本为100万元，预付建造公司10%的建造合同款共计200万元。至2×24年12月31日，该生产线建造工程仍在进行当中。不考虑税费及其他因素，下列各项甲公司2×24年所发生的支出中，应当资本化并计入所建造生产线成本的有（　　）。

A. 领用本公司原材料100万元

B. 2×24年11月1日前甲公司一般借款所发生的利息

C. 使用募集资金支出3 000万元

D. 使用一般借款资金支出500万元

E. 预付的建造合同款200万元

29. 甲公司在购买一项进口机器设备发生的下列费用中，应该确认为固定资产购置成本的有（　　）。

A. 关税

B. 外币借款折算差额

C. 安装费

D. 员工培训费

E. 买价

30. 下列关于外购固定资产的初始计量说法中，不正确的有（　　）。

A. 煤炭公司购入固定资产，应在建设完成后一次性将固定资产入账价值冲减专项储备

B. 超过正常信用条件购买的固定资产，购入资产的成本要以各期付款额的现值之和确定

C. 外购大型生产设备的入账价值应当扣除运输途中发生的零件毁损损失

D. 外购需要安装的生产经营用设备，在安装时领用的原材料，应当按照其市场价格计入固定资产的入账价值

E. 出包方式建造的固定资产企业的工程的具体支出一般由承包单位核算

31. 下列关于固定资产折旧说法，不正确的有（　　）。

A. 改扩建期间的固定资产应继续计提折旧

B. 提前报废的固定资产不提折旧

C. 企业新购买未使用的固定资产不提折旧

D. 因季节性修理而停工的固定资产需要提取折旧

E. 当月增加的固定资产当月不提折旧，当月减少的固定资产当月照提折旧

32. 下列关于持有待售非流动资产或处置组的说法中，符合会计准则的有（　　）。

A. 在未来两年内预计出售的一组非流动资产，可以划分为持有待售处置组

B. 处置组中部分资产不符合条件，剩余资产应组成新的处置组，重新划分为持有待售类别

C. 母公司拟处置子公司，处置后仅对子公司产生重大影响。母公司应在财务报表日，将处置部分划分为持有待售资产组

D. 取得日划分为持有待售类别的非流动资产的入账成本为该非流动资产的公允价值

E. 非流动资产从持有待售的处置组中移除时，应按照原账面价值在假定不划分为持有待售类别情况下本应确认的折旧、摊销或减值等进行调整后的金额与可收回金额对比，采用孰低计量

33. 下列关于采用公允价值模式计量的投资性房地产的说法中，正确的有（　　）。

A. 企业不对投资性房地产计提折旧或摊销

B. 企业一旦选择公允价值模式，就应当对其所有投资性房地产采用公允价值模式进行后续计量

C. 资产负债表日投资性房地产公允价值与原账面价值之间的差额计入其他业务收入

D. 期末投资性房地产公允价值高于原账面价值的差额，应调整投资性房地产账面价值

E. 如果被董事会批准允许，企业可以将公允价值模式转变为成本模式

34. 投资性房地产的后续计量模式由成本模式转为公允价值模式时，公允价值与账面价值之间的差额，对企业财务报表项目产生影响的有（　　）。

A. 其他综合收益
B. 资本公积
C. 盈余公积
D. 未分配利润
E. 公允价值变动损益

35. 下列关于摊销或折旧的说法中，正确的有（　　）。

A. 当月增加的无形资产，下个月开始摊销
B. 当月减少的固定资产，下个月停止计提折旧
C. 使用寿命不确定的无形资产不应摊销
D. 当月增加的投资性房地产，当月开始计提折旧
E. 专门生产产品的无形资产摊销金额，应计入产品成本

36. 甲公司某项专利技术在市场出现减值迹象，下列因素会影响甲公司对该技术回收价值的判断的有（　　）。

A. 该技术的公允价值
B. 该技术的预计处置费用
C. 该技术的未来现金流量的现值
D. 该技术的账面价值
E. 该技术的市场价值

37. 下列关于使用寿命不确定的无形资产的说法中，正确的有（　　）。

A. 使用寿命不确定的无形资产应当采用直线法按10年进行摊销
B. 虽然法律有规定无形资产的使用寿命，但合同没有规定，应将其视为使用寿命不确定的无形资产
C. 对于使用寿命不确定的无形资产如果有证据表明其使用寿命是有限的，则应视为会计估计变更
D. 使用寿命不确定的无形资产计提的减值准备计入资产减值损失
E. 使用寿命不确定的无形资产应当在每个会计期末进行减值测试

38. 下列关于土地使用权的说法中，正确的有（　　）。

A. 房地产开发企业取得的土地使用权应计入房屋建筑物成本
B. 企业将土地使用权改变用途用于出租的，应停止摊销
C. 土地使用权与地上建筑物计价公允，土地使用权可以自己计提摊销
D. 自用的土地使用权应按照无形资产会计准则进行后续计量
E. 如果无法对土地使用权和地上建筑物分别计价，则应全部作为固定资产计量

39. 下列说法中正确的有（　　）。

A. 企业将固定资产达到预定可使用状态前产出的产品或副产品对外销售的，应抵销相关成本后的净额冲减固定资产成本
B. 试运行产出的有关产品或副产品在对外销售前，符合企业会计准则规定的应当确认为存货
C. 固定资产达到预定可使用状态前产出的产品或副产品包括测试固定资产可否正常运转时产出的样品等
D. 测试固定资产可否正常运转而发生的支出属于固定资产达到预定可使用状态前的必要支出，应当按规定计入该固定资产成本
E. 测试固定资产可否正常运转包括评估该固定资产的技术和物理性能是否达到生产产品、提供服务、对外出租或用于管理等标准的活动，以及评估固定资产的财务业绩

40. 下列关于无形资产的初始计量中，正确的有（　　）。

A. 外购的无形资产初始计量成本，不包括为引入新产品进行宣传发生的广告费
B. 自行开发的无形资产初始计量成本，不包括开发期间特许经营权的摊销费
C. 投资者投入的无形资产成本，合同约定不公允，应按照公允价值入账
D. 自行开发建筑物的无地使用权，计量公允的，应按照土地使用权的公允价值为基础入账
E. 自行开发的无形资产初始计量成本，不包括无形资产初始运作的损失

三、综合题

（一）存货的综合练习

甲公司为增值税一般纳税人，适用的增值

税税率为13%。甲公司生产A产品。2×24年5月，甲公司发生事项：

（1）5月1日，A产品结存150件，单位成本550元，已计提跌价准备1 500元，A产品按实际成本计价，按先进先出法发出。

（2）5月18日，购进A产品410件，每件510元，以银行存款支付全部价款，取得增值税专用发票上注明的价款为209 100元，增值税税款为27 183元，另以现金1 000元支付搬运费（假定进货费用直接计入当期损益），该商品实际入库400件，破损的10件为合理损耗。

（3）5月20日，接受乙企业作为资本投入B产品一批，同时收到乙企业开具的增值税专用发票，发票上注明的不含税金额为5 000 000元，增值税税额650 000元。甲公司章程约定，公司资本总额为10 000 000元，期中有表决权股份的55%由乙公司享有。

（4）5月24日，销售A商品300件，单位售价540元，商品已发出，收到一张票面金额为183 060元，期限为90天，年利率为3.25%的银行承兑汇票，同时结转销售商品成本。

（5）5月26日，销售B产品50%，开出的增值税专用发票上注明不含税金额为2 600 000元，增值税税额338 000元。商品已发出，款项尚未收到。

（6）5月31日，B产品的可变现净值为2 400 000元。

根据上述材料，不考虑其他因素，回答下列问题：

1. 甲公司5月18日购进A商品的单位成本为（　　）元/件。

　A. 523　　　　　　　B. 510
　C. 410.20　　　　　D. 522.75

2. 下列对于甲公司5月24日销售A产品的说法中，正确的有（　　）。

　A. 销售A产品应确认主营业务收入162 000元
　B. A产品销售的增值税销项税应在贷方核算
　C. A产品的销售成本应从库存商品结转到主营业务成本
　D. 已计提的存货跌价准备计入当期损益

3. A产品本期销售成本为（　　）元。

　A. 160 950　　　　B. 159 450
　C. 159 412.5　　　D. 160 912.5

4. 下列关于本期B产品的说法中，正确的有（　　）。

　A. 甲公司接受乙公司投资的B产品，应以公允价值入账
　B. 本次投资B产品，应确认投资收益150 000元
　C. 甲公司销售B产品款项尚未收到，不应确认收入
　D. 甲公司销售B产品应结转营业成本2 500 000元

5. 下列关于B产品本期期末的说法中，正确的有（　　）。

　A. B产品期末应在资产负债表列示为2 500 000元
　B. B产品应计提减值准备100 000元
　C. 相关会计分录应借记存货跌价准备100 000元
　D. 相关会计分录应贷记资产减值损失100 000元

（二）金融资产的综合练习

甲公司20×3年1月1日以银行存款6 000万元购入A公司100%的股权，对A公司具有控制（甲公司与A公司为非同一控制），采用成本法核算。20×3年1月1日A公司可辨认净资产公允价值为5 500万元，商誉500万元。20×5年1月3日甲公司出售A公司60%的股权，收取价款4 800万元，对A公司具有重大影响。

20×3年1月1日至20×4年12月31日，A公司按购买日公允价值计算实现的净利润为500万元，持有的指定为以公允价值计量且其变动计入其他综合收益的非交易性权益工具投资的公允价值升值50万元。

20×5年1月3日甲公司丧失对A公司的控制，A公司剩余40%股权的公允价值为3 200万元。假定甲公司、A公司均按10%计提盈余公积，A公司未分配现金股利，并不考虑其他因素。

1. 下列关于甲公司处置部分股权投资的说法正确的有（　　）。

　A. 处置的A公司的股权成本为3 300万元
　B. 处置股权的价款及成本的差额应计入"投资收益"科目借方
　C. 本次交易甲公司获利1 200万元

D. 应贷记"长期股权投资——成本"3 600万元

2. 下列说法中正确的有（　　）。
A. 核算方法可以维持成本法计量，也可以转换为权益法或公允价值计量
B. 需要对初始成本进行调整
C. 甲公司对 A 公司不再具有控制权，但仍存在重大影响，股权投资的核算方法应转换为权益法
D. 转换核算的总体原则是将全部股份转换为权益法核算

3. 甲公司对剩余部分股权进行会计处理时，下列说法不正确的是（　　）。
A. 其他综合收益调整 0
B. 其他综合收益调整 20 万元
C. 盈余公积调整 20 万元
D. 未分配利润调整 180 万元

4. 经过上述调整后，甲公司持有 A 公司长期股权投资的账面价值为（　　）万元。
A. 2 400　　　B. 3 200
C. 2 620　　　D. 3 420

5. 如果甲公司增持股份，将 A 公司转变为子公司，下列说法正确的有（　　）。
A. 甲公司适用成本法对 A 公司进行计量
B. 长期股权投资账面价值的调整按照对子公司投资初始计量进行处理
C. A 公司分配股利时，甲公司确认其他综合收益
D. 初始投资或追加投资时，按照初始投资或追加投资时的公允价值增加长期股权投资的账面价值

（三）长期股权投资的综合练习

甲公司 2×23 年发生的有关长期股权投资事项如下：

资料一：甲公司与乙公司同受丙公司控制。2×23 年 5 月 15 日，甲公司从丙公司取得乙公司股权 60%，支付价款 2 000 万元，另支付 50 万元相关税费。合并日，乙公司个别财务报表显示乙公司可辨认净资产的公允价值为 2 500 万元，账面价值为 2 300 万元，其中一项固定资产账面价值 300 万元，合并日评估的公允价值 500 万元。该固定资产尚可使用 10 年，预计净残值为零，乙公司采用年限平均法计提折旧。除此之外，乙公司其他的资产、负债公允价值与账面价值相等。

丙公司合并财务报表显示乙公司可辨认净资产账面价值为 4 000 万元。

资料二：2×23 年 10 月，甲公司将一批商品销售给乙公司，不含增值税售价为 400 万元，成本为 300 万元，截至 2×23 年末，乙公司已对外销售该批商品的 60%。

资料三：2×23 年，乙公司实现净利 1 200 万元。2×24 年 4 月 15 日，乙公司宣告分配现金股利 100 万元。

假定甲、乙公司为增值税一般纳税人，且不考虑其他因素。回答下列问题：

1. 2×23 年 5 月 15 日，甲公司应确认的长期股权投资的入账价值为（　　）万元。
A. 2 050　　　B. 2 400
C. 2 500　　　D. 2 550

2. 在初始投资日，甲公司发生的中介费用应进行的账务处理为（　　）。
A. 计入管理费用
B. 计入长期股权投资初始投资成本
C. 冲减投资收益
D. 冲减商誉

3. 2×23 年 5 月 15 日甲公司的会计处理说法中，正确的有（　　）。
A. 长期股权投资账面价值增加 2 050 万元
B. 银行存款减少 2 050 万元
C. 资本公积增加 400 万元
D. 管理费用增加 50 万元

4. 2×23 年末，甲公司针对与乙公司之间的内部销售业务，应对乙公司长期股权投资账面价值进行调整的金额是（　　）。
A. 0　　　　　B. 12 万元
C. 18 万元　　D. 40 万元

5. 2×24 年 4 月 15 日，乙公司宣告分配现金股利 100 万元。甲公司对乙公司宣告分配现金股利的会计处理为（　　）。
A. 借记"应收股利"100 万元
B. 借记"应收股利"60 万元
C. 贷记"长期股权投资——损益调整"100 万元
D. 贷记"投资收益"60 万元

（四）投资性房地产的综合练习

甲公司 2×21 年至 2×24 年发生与房地产相关的交易或事项：

(1) 2×21年1月1日，财务部门对下列资产是否属于投资性房地产进行讨论：①以出让方式取得，并以经营租赁方式出租的某块土地使用权A；②拥有产权并自行经营的某酒店B，但物业服务外包给乙公司；③出租给本企业职工居住的员工公寓C，每月向员工收取租金；④闲置且尚未明确用途的写字楼D。

(2) 2×22年1月1日，甲公司将闲置写字楼D出租给丙公司，并采用成本模式进行后续计量。租赁合同约定：租赁期开始日为2×22年1月1日，租赁期3年。该写字楼的成本为8 000万元，公允价值为8 200万元。出租时，甲公司对该写字楼已计提折旧1 500万元，已计提减值准备500万元，预计仍可使用年限为30年，采用年限平均法计提折旧，预计净残值为300万元。

(3) 2×23年1月1日，考虑到所在地的房地产交易市场已经较为成熟，并且能够合理估计写字楼D的公允价值，甲公司决定将该写字楼的后续计量模式从成本模式转换为公允价值模式。2×23年1月1日，该写字楼的公允价值为6 800万元，2×23年12月31日，该写字楼的公允价值为7 500万元。

(4) 2×24年12月31日，因人员规模扩大，甲公司收回租赁期届满的写字楼D，同时将其作为本公司的办公楼，当日，该写字楼的公允价值为7 200万元。

假定甲公司按净利润的10%计提盈余公积，不考虑所得税等相关税费的影响。回答下列问题：

1. 甲公司财务部门讨论的资产中，应作为投资性房地产的是（　　）。
 A. 土地使用权A　　B. 酒店B
 C. 员工公寓C　　D. 写字楼D

2. 2×22年1月1日，甲公司因出租写字楼D进行的下列会计处理中，正确的是（　　）。
 A. 减少固定资产减值准备500万元
 B. 增加投资性房地产8 000万元
 C. 增加投资性房地产累计折旧1 500万元
 D. 增加投资收益200万元

3. 2×23年1月1日，甲公司写字楼D计量模式转换前的账面价值为（　　）万元。
 A. 6 000　　　　B. 6 800
 C. 5 800　　　　D. 5 810

4. 2×23年1月1日，甲公司对写字楼D的后续计量模式从成本模式转换为公允价值模式时，公允价值与账面价值的差额应确认或调整的项目为（　　）。
 A. 其他综合收益
 B. 营业外收入
 C. 期初留存收益
 D. 公允价值变动损益

5. 2×24年12月31日，甲公司收回写字楼D并转为自用对2×24年度利润总额的影响金额为（　　）。
 A. 0　　　　　　B. 400万元
 C. 700万元　　　D. －300万元

（五）固定资产、长期股权投资的综合练习

甲公司与乙公司都是增值税一般纳税人，适用的增值税税率为13%。2×24年甲公司长期股权投资发生如下业务：

资料一：2×24年1月1日，甲公司与非关联的乙公司协商，将其自产的一台作为固定资产核算的机器设备与乙公司对丙公司的长期股权投资进行交换。交换时，乙公司向甲公司支付补价100万元。该交换具有商业实质。

交换时，甲公司设备账面价值1 000万元，已计提折旧100万元，未计提减值准备。交换日市场公允价值1 200万元。

乙公司对丙公司的长期股权投资为2×23年6月30日购入，占丙公司有表决权股份的25%，能够对丙公司产生重大影响。交换日，丙公司可辨认净资产的公允价值为4 800万元（与账面价值相等），丙公司25%股份的公允价值为1 300万元。2×23年丙公司实现净利润100万元，以公允价值计量且其变动计入其他综合收益的金融资产公允价值变动50万元。

资料二：2×24年6月15日，甲公司将成本为150万元的商品以200万元出售给丙公司，作为存货处理。截至2×24年12月31日，乙公司未出售该存货。

资料三：截至2×24年12月31日，丙公司实现净利300万元。以公允价值计量且其变动计入其他综合收益的金融资产发生公允价值变动100万元。丙公司用200万元弥补上年亏损。

假设不考虑所得税等其他因素的影响，回答下列问题：

1. 甲公司换入股权的入账价值为（　　）

万元。

　　A. 1 356　　　　　　B. 1 300
　　C. 1 256　　　　　　D. 1 200

　　2. 下列关于甲公司对于换出的固定资产的说法中，正确的有（　　）。

　　A. 应视同固定资产出售处理
　　B. 应按账面价值计量，不确认损益
　　C. 确认资产处置损益 356 万元
　　D. 其已计提的累计折旧应该进行转销

　　3. 2×24 年 1 月 1 日，甲公司确认初始投资后，应对长期股权投资初始入账成本进行的调整是（　　）。

　　A. 甲公司长期股权投资初始入账价值大于被购买方可辨认资产、负债公允价值之和，不做会计处理
　　B. 甲公司长期股权投资初始入账价值小于被购买方可辨认资产、负债公允价值之和，差额计入营业外收入
　　C. 甲公司长期股权投资初始入账价值大于被购买方股份公允价值之和，不做会计处理
　　D. 甲公司长期股权投资初始入账价值小于被购买方股份公允价值之和，差额计入营业外收入

　　4. 仅对 2×24 年 6 月 15 日的内部交易，甲公司应在确认损益时（　　）。

　　A. 因内部交易未实现，不做任何处理
　　B. 因内部交易未实现，按交易利润 50 万元全额抵销
　　C. 因内部交易未实现，按甲公司所占的份额抵销 12.5 万元
　　D. 因内部交易未实现，按交易额 200 万元的份额 50 万元全额抵销

　　5. 甲公司 2×24 年度应确认长期股权投资的损益调整金额为（　　）。

　　A. 减少 50 万元
　　B. 增加 37.5 万元
　　C. 增加 75 万元
　　D. 增加 87.5 万元

精选练习题参考答案及解析

一、单项选择题

1. 【答案】A

【解析】房地产开发企业为销售商品房持有的土地使用权及商品房属于房地产开发企业的存货，但其为办公目的持有的商品房及土地使用权属于企业的固定资产即无形资产，选项 A 正确。选项 B，只有风险和报酬已经转移给企业的在途物资才能够被确认为存货，如企业已付款或已签合同的在途物资能够被确认为存货。若在途物资的风险和报酬没有转移给企业，企业不能确认为存货。选项 C，为建造固定资产等各项工程而储备的各种材料，虽然同属于材料，但是用于建造固定资产等各项工程，而非出售，并不符合存货的定义，因此不能作为企业的存货进行核算。选项 D，受托代销商品应确认为委托方的存货而非受托方的存货。

2. 【答案】B

【解析】该批原材料的采购成本 = 价款（60 万元）+ 保险费（3 万元）+ 入库前的挑选整理费（5 万元）= 68（万元）。该批原材料的单位成本 = 68÷190 = 0.358（万元/瓶）。

3. 【答案】A

【解析】选项 A，季节性停工损失计入制造费用，进而影响存货成本；选项 B，超定额的废品损失计入当期损益；选项 C，新产品研发人员的薪酬要看产品研发阶段，研究阶段薪酬应费用化计入当期损益，开发阶段应资本化，计入产品成本；选项 D，入库后的仓储费计入当期损益。

4. 【答案】D

【解析】移动加权平均法的优点在于可以随时结转发出存货的成本，便于对存货的日常管理，适用于大批量生产的企业。

5. 【答案】A

【解析】6 月 A 材料在 6 月 11 日领用的 60 千克及 6 月 25 日领用 80 千克应计入存货成本。6 月 11 日领用材料成本 = 50×60 + 10×70 = 3 700（元），6 月 25 日领用材料成本 = 20×70 + 60×66 = 5 360（元）。6 月 A 材料应计入存货成本 = 3 700 + 5 360 = 9 060（元）。

6. 【答案】B

【解析】对于基建工程等部门领用的原材料，按其实际成本加上不予抵扣的增值税额等，借记"在建工程"等科目，贷记"原材料""应交税费——应交增值税（进项税额转出）"等科目，选项 B 正确。

7. 【答案】A

【解析】委托加工的物资收回后直接用于出

售的，委托方应将受托方代收代缴的消费税计入委托加工物资的成本；委托加工的物资收回后用于连续生产应税消费品的，委托方应按准予抵扣的受托方代收代缴的消费税额计入"应交税费"，选项A正确。

8.【答案】B

【解析】本月材料成本差异率＝（期初结存材料成本差异＋本期入库材料成本差异）÷（期初结存材料计划成本＋本期入库材料计划成本）×100％＝（20 000－10 000）÷（120 000＋80 000）×100％＝5％。

9.【答案】C

【解析】先进先出法是指先购入的存货成本先转出，后购入的存货成本后转出的存货计算方法。在先进先出法下，甲公司原本库存150件应先发出，不足的150件以本月购进的成本为主。5月18日购入的A商品单位成本＝（410×510＋1 000）÷400＝525.25（元）。销售A商品实际成本＝550×150＋525.25×150－25 000＝136 287.5（元）。计提存货跌价准备后，如果其中有部分存货已经销售，则在结转销售成本时，应同时结转对其已计提的存货跌价准备。因此本月应结转库存商品＝136 287.5＋25 000＝161 287.5（元）。

10.【答案】C

【解析】如果企业期末发生材料已验收入库，但结算单据未到的情况，应先按原材料计划成本暂估入账，借记"原材料"科目，贷记"应付账款——暂估应付账款"科目，下期初编制红字会计分录予以冲回。待结算单据收到后再按照正常程序处理。

11.【答案】A

【解析】200台电脑为合同价格，可变现净值＝2×200－15×200÷300＝390（万元），成本＝1.8×200＝360（万元），200台电脑的可变现净值大于成本，因此期末按照成本360万元计量；其余100台电脑无合同价格，可变现净值＝1.7×100－15×100÷300＝165（万元），成本1.8×100＝180（万元），可变现净值小于成本，该100台电脑期末按照可变现净值计量。因此上述300台电脑的期末账面价值为360＋165＝525（万元）。

12.【答案】D

【解析】选项A，在计划成本法下，盘亏的存货应同时结转计划成本和材料成本差异；选项B，各企业对存货应当定期盘点，每年至少盘点一次，以保证年度财务会计报告的真实性，年度内还应进行定期或不定期的全面清查或重点抽查；选项C，该公式为定期盘存制度的计算公式，永续盘存制是指对存货的收入、发出按种类、品名等在平时逐笔或逐日在明细账中进行连续登记，并随时算出结存数量的方法。

13.【答案】B

【解析】选项A，存货期末采用成本与可变现净值孰低法计量；选项C，固定资产的初始计量是指确定固定资产的取得成本；选项D，投资性房地产根据其性质，期末可以选择使用历史成本或公允价值之一进行计量。

14.【答案】D

【解析】企业管理金融资产的业务模式是以收取合同现金流量为目标，合同条款规定仅为对本金和以未偿付本金金额为基础的利息支付的金融资产，因此应当将其划分为以摊余成本计量的金融资产。

15.【答案】A

【解析】该债券投资划分为以摊余成本计量的金融资产，期末按摊余成本计量，而不是按公允价值计量，由于按照面值购入，所以实际利率和票面利率相等，2×24年12月31日甲公司该债券投资的账面价值为1 000万元。

16.【答案】D

【解析】指定为以公允价值计量且其变动计入其他综合收益的非交易性权益工具投资不计提减值准备，故应借记"其他综合收益"科目的金额＝（23.75－22.75）×100＝100（万元），贷记"其他权益工具投资——公允价值变动"科目100万元。

17.【答案】D

【解析】以公允价值计量且其变动计入其他综合收益的金融资产的汇兑损益计入当期损益。

18.【答案】D

【解析】2×23年12月31日该债权投资的账面价值＝（2 078.98＋10）×（1＋4％）－2 000×5％＝2 072.54（万元），2×24年12月31日的账面价值＝2 072.54×（1＋4％）－2 000×5％＝2 055.44（万元）。

19.【答案】B

【解析】选项A为以公允价值计量且其变动

计入其他综合收益的金融资产；选项C和D为以公允价值计量且其变动计入当期损益的金融资产。

20.【答案】D

【解析】选项A，计入投资收益；选项B，计入公允价值变动损益；选项C，计入利息收入；选项D，计入其他综合收益，不影响当期损益。

21.【答案】D

【解析】购入债权投资的相关交易费用计入债权投资的入账价值，所以入账价值110 + 4 = 114（万元）。

22.【答案】A

【解析】2×24年12月31日债权投资的摊余成本 = (108 + 2)×(1 + 10%) - 100×12% = 109（万元）。账务处理如下：

2×24年1月1日购入：

借：债权投资——成本　1 000 000
　　　利息调整　　　　100 000
　贷：银行存款　　　　　　1 100 000

2×24年12月31日：

借：应收利息　　　　　120 000
　贷：投资收益　　　　　　110 000
　　　债权投资——利息调整
　　　　　　　　　　　　10 000

23.【答案】D

【解析】2×24年12月31日该以摊余成本计量的金融资产的账面余额 = (970 + 10)×(1 + 10%) - 1 000×8% = 998（万元），2×25年应确认利息收入 = 998×10% = 99.8（万元）。账务处理如下：

2×24年1月1日购入：

借：债权投资——成本 10 000 000
　贷：银行存款　　　　　9 800 000
　　　债权投资——利息调整
　　　　　　　　　　　　200 000

2×24年12月31日：

借：应收利息
　　　800 000（10 000 000×8%）
　　　债权投资——利息调整
　　　　　　　　　　　　180 000
　贷：投资收益
　　　980 000[(9 700 000 + 100 000)×10%]

24.【答案】C

【解析】甲公司持有该股票期间被投资单位宣告发放的现金股利计入当期损益，影响投资收益金额；资产负债表日，公允价值变动计入其他综合收益，不影响投资收益金额；出售时，售价与账面价值的差额计入留存收益，同时从其他综合收益中转出公允价值累计变动额至留存收益，不影响投资收益金额。则本题甲公司持有该项金融资产应确认的投资收益为0。

25.【答案】A

【解析】甲公司拥有关键性技术资料，能对被投资方实施重大影响，应被认定为对联营企业的投资。因此选项A正确。

26.【答案】A

【解析】选项B，参与方为合营安排提供担保（或提供担保的承诺）的行为本身并不直接导致一项安排被分类为共同经营；选项C，必须是具有唯一一组集体控制的参与方组合，该安排才构成合营安排；选项D，合营安排划分为合营企业的，参与方对合营安排相关的净资产享有权利。

27.【答案】D

【解析】甲公司购买该项股权投资的初始投资成本 = 1 200 - 100 + 10 = 1 110（万元）。

28.【答案】B

【解析】同一控制下控股合并形成对子公司长期股权投资初始计量按照取得的被合并方所有者权益在最终控制方合并财务报表中的账面价值的份额确认，丙公司在甲公司合并财务报表中的账面价值为1 200万元，选项B正确。

29.【答案】C

【解析】甲公司取得丁公司的长期股权投资为非同一控制下的企业合并，长期股权投资的初始投资成本以付出对价的公允价值为基础进行核算，初始投资成本 = 1 600×(1 + 13%) + 100 = 1 908（万元），甲公司在企业合并时发生的资产评估等费用计入管理费用，不影响长期股权投资的初始投资成本。

30.【答案】A

【解析】通过多次交换交易，分步取得股权最终形成控股合并的，在个别财务报表中，应当以购买日之前所持被购买方的股权投资的账面价值与购买日新增投资成本之和，作为该项投资的初始投资成本。

31.【答案】A

【解析】甲公司对此项长期股权投资采用成本法核算，成本法下对被投资单位发生的亏损投资单位不做任何处理，减值应冲减长期股权投资账面价值。因此，2×25年甲公司"长期股权投资"的账面价值 = 250 - 100 = 150（万元）。

32.【答案】B

【解析】甲公司应确认享有乙公司的净损益 = [600 - (180 - 120) × (1 - 60%)] × 30% = 172.8（万元）。

33.【答案】D

【解析】甲公司个别报表中的长期股权投资账面价值 = 9 000 - 6 000 + (600 + 500) × 20% = 3 220（万元），相关会计分录如下：

2×24年1月1日
借：长期股权投资　　　90 000 000
　　贷：银行存款　　　　90 000 000

2×25年6月30日
借：银行存款　　　　　95 000 000
　　贷：长期股权投资
　　　　60 000 000 (90 000 000 ÷ 60% × 40%)
　　　　投资收益　　　　35 000 000

借：长期股权投资　　　2 200 000
　　贷：其他综合收益
　　　　1 000 000 (5 000 000 × 20%)
　　　　盈余公积
　　　　120 000 (6 000 000 × 20% × 10%)
　　　　利润分配——未分配利润
　　　　1 080 000 (6 000 000 × 20% × 90%)

34.【答案】D

【解析】出售后剩余5%股权不能再对乙公司进行控制、共同控制或施加重大影响，应按照金融工具确认和计量准则进行分类和计量，按照该时点公允价值进行计量，其公允价值与账面价值的差额计入投资收益，选项D正确。

35.【答案】C

【解析】为达到固定资产预定可使用状态前的费用计入固定资产，选项C正确。

36.【答案】C

【解析】甲公司为增值税小规模纳税人，其进项税额计入固定资产采购成本。支付的除买价之外的费用中，员工培训费不计入固定资产采购成本，而应计入当期损益。因此该设备的入账价值 = 10 + 1.3 + 0.3 + 0.1 + 0.5 = 12.2（万元）。

37.【答案】D

【解析】分期付款购入资产，实际上具有融资性质。固定资产的成本要以各期付款额的现值之和确定。因此，该设备的入账价值 = 1 002.1 + 10 = 1 012.1（万元）。

38.【答案】A

【解析】固定资产达到预定可使用状态后剩余的工程物资，按其实际成本或计划成本，转作企业的库存材料。

39.【答案】D

【解析】甲公司换入资产成本 = 换出资产账面价值 - 补价 = 80 - 10 = 70（万元）。

40.【答案】A

【解析】持有待售的非流动资产或处置组中的非流动资产不应计提折旧或摊销，持有待售的处置组中负债的利息和其他费用应当继续予以确认。

41.【答案】D

【解析】该设备的入账价值 = 4 000 + 110 = 4 110（万元），2×25年该设备应计提折旧额 = (4 110 - 60) × (4 ÷ 12) × (5 ÷ 15) + (4 110 - 60) × (8 ÷ 12) × (4 ÷ 15) = 1 170（万元）。

42.【答案】C

【解析】资产预计未来现金流量，应按照资产持续使用过程中预计产生的现金流入减去为实现资产持续使用过程中产生的现金流入所必需的预计的现金流出确定，选项A错误。资产持续使用过程中产生的现金流入所必需的预计的现金流出应包括处置资产所收到或者支付的净现金流量，选项B错误。资产的未来现金流量受内部转移价格影响的，应当采用在公平交易前提下企业管理层能够达成的最佳价格估计数进行预计，选项D错误。

43.【答案】D

【解析】选项A，不需要考虑与所得税收付相关的现金流量；选项B，公允价值减去处置费用后的净额与预计未来现金流量现值中有一个高于账面价值，则不需要计提减值；选项C，不需要考虑与改良有关的预计现金流量。

44.【答案】B

【解析】投资性房地产是指为赚取租金或资本增值，或者两者兼有而持有的房地产。选项B，企业生产经营用的土地使用权不属于投资性房地产，而属于企业无形资产。

45. 【答案】D

【解析】选项A，采用公允价值模式计量的，企业不对投资性房地产计提折旧或摊销；选项B，采用公允价值模式计量的，企业不对投资性房地产计提减值准备，无须进行减值测试；选项C，不论采用什么模式计量的投资性房地产，收取的租金都应计入其他业务收入。

46. 【答案】A

【解析】作为存货的房地产改为出租，或者自用建筑物或土地使用权停止自用改为出租，其转换日为租赁期开始日或董事会等类似机构就房地产用途转变做出书面决议的决议日，选项A正确。

47. 【答案】B

【解析】2×24年该办公楼应计提半年的折旧，折旧金额＝4 000÷20×（6÷12）＝100（万元），选项A错误；将固定资产转换为采用公允价值模式计量的投资性房地产，应将转换日该项固定资产的公允价值作为投资性房地产的入账价值，投资性房地产的入账价值与固定资产账面价值之间的贷方差额计入其他综合收益。办公楼出租前的账面价值＝4 000－4 000÷20×2.5＝3 500（万元），出租日计入其他综合收益的金额＝3 900－3 500＝400（万元），选项B正确，选项C错误；出租办公楼其目的是为赚取租金，属于企业的日常经营活动，应将取得的租金收入计入其他业务收入。

48. 【答案】C

【解析】公允价值模式计量的投资性房地产，转换日的公允价值小于账面价值的，按其差额，借记"公允价值变动损益"科目。

49. 【答案】A

【解析】选项A，已识别资产通常由合同明确指定，也可以在资产可供客户使用时隐性指定。

50. 【答案】C

【解析】无形资产主要包括专利权、非专利技术、商标权、著作权、土地使用权、特许权等。商誉不属于无形资产，其不能够可靠计量。

51. 【答案】C

【解析】无形资产的初始计量成本＝300＋10＋5＝315（万元）。

52. 【答案】A

【解析】出租无形资产的租金收入计入其他业务收入，与此相关的摊销及其他费用支出计入其他业务成本。

53. 【答案】B

【解析】自行研发的无形资产，在开发阶段发生的符合资本化条件的支出应计入无形资产的成本，即入账价值为200万元。

54. 【答案】B

【解析】开发阶段的支出符合资本化条件的，应当资本化计入无形资产的成本；不符合资本化条件的，应当费用化计入当期损益（管理费用）。

二、多项选择题

1. 【答案】ABCE

【解析】为建造固定资产等各项工程而储备的各种材料，虽然同属于材料，但是用于建造固定资产等各项工程，而非出售，并不符合存货的定义，因此不能作为企业的存货进行核算。因此选项D错误。

2. 【答案】CDE

【解析】入库后的整理费用计入企业的人工费用，不计入存货成本，选项A错误。选项B，运输途中的非合理损耗如果是短缺物资或其他赔款造成的，冲减采购成本；如果是意外损失或不明损耗造成的，计入待处理财产损溢。选项B错误。

3. 【答案】BD

【解析】选项A，存货清查是指通过对存货的实地盘点，确定存货的实有数量，并与账面资料核对，从而确定存货实存数与账面数是否相符的一种专门方法。各企业对存货应当定期盘点，每年至少盘点一次，以保证年度财务会计报告的真实性，年度内还应进行定期或不定期的全面清查或重点抽查。选项C，在实地盘存制下，平时只记录存货购进的数量和金额，不记录减少的数量和金额，期末通过实地盘点，确定存货的实际结存数量，据以计算期末存货成本。因此，本期成本是倒推的，期末结算数量是确定的。选项E，盘盈的存货通常应冲减当期管理费用。

4. 【答案】ABCE

【解析】选项A、B、C、E存货发生减值，其可变现净值低于成本。

5. 【答案】ABCD

【解析】直线法是固定资产折旧的计算方

法。企业对制造费用应企业应采用与该制造费用相关性较强的方法对其进行合理分配。通常采用的方法有生产工人工时比例法、生产工人工资比例法、机器工时比例法和按年度计划分配率分配法等,还可以按照耗用原材料的数量或成本、直接成本及产品产量分配制造费用。

6.【答案】ABE

【解析】选项C、D为永续盘存制的特点。永续盘存制为存货设置了完整的明细账,能够通过账面记录及时反映存货的增减变动及结存情况,有利于对存货的控制,其缺点是核算工作量较大。

7.【答案】ADE

【解析】选项B,以公允价值计量且其变动计入当期损益的金融资产的交易费用直接计入投资收益;选项C,企业取得金融资产所支付的价款中包含的已宣告但尚未发放的现金股利或已到期尚未领取的债券利息,应当单独确认为应收项目。

8.【答案】BCE

【解析】选项A,风险投资机构、共同基金以及类似主体持有的、在初始确认时按照有关规定以公允价值计量且其变动计入当期损益的金融资产,无论上述主体是否对被投资单位具有重大影响,均按照企业会计准则的规定进行确认和计量。投资方对联营企业的权益性投资,其中一部分通过风险投资机构、共同基金以及类似主体间接持有的,无论上述主体是否对被投资单位具有重大影响,投资方都可以按照有关规定,对间接持有的该部分投资选择以公允价值计量且其变动计入当期损益,并对其余部分采用权益法核算。选项D,初始投资成本反映取得长期股权投资时所付出的代价,不能反映投资者在被投资企业中享有的权益。

9.【答案】AD

【解析】选项B,该债券按实际支付的1 000万元入账,相关会计分录如下:

借:债权投资——成本　12 500 000
　　贷:银行存款　　　　　10 000 000
　　　　债权投资——利息调整
　　　　　　　　　　　　　2 500 000

2×24年应确认应收利息 = 票面价值 × 票面利率 = 1 250 × 4.72% = 59(万元),2×24年应确认投资收益 = 实际利息收入 = 期初摊余成本 × 实际利率 = 1 000 × 10% = 100(万元),年末,该债券期末摊余成本 = 期初摊余成本 + 实际利息收入 - 应收利息 = 1 000 + 100 - 59 = 1 041(万元)。相关会计分录如下:

借:应收利息　　　　　　　590 000
　　债权投资——利息调整
　　　　　　　　　　　　　410 000
　　贷:投资收益　　　　　1 000 000

10.【答案】ABDE

【解析】选项A,应收款项是指在活跃市场中没有报价、回收金额固定或可确定的非衍生金融资产,属于按摊余成本计量的金融资产。非金融企业销售商品或提供劳务形成的应收款项、企业持有的其他企业的债权(不包括在活跃市场上有报价的债务工具)等,只要符合应收款项的定义,就可以划分为这一类。选项B,企业将某项金融资产指定为以公允价值计量且其变动计入当期损益的金融资产,通常是指金融资产不满足确认为交易性金融资产的条件时,企业仍可在符合某些特定条件的情况下将其按公允价值计量,并将公允价值变动计入当期损益。选项C,属于衍生工具的金融资产可以指定为交易性金融资产,但以下情况除外:①被指定为有效套期工具的衍生工具;②属于财务担保合同的衍生工具;③与在活跃市场中没有报价且其公允价值不能可靠计量的权益工具投资挂钩并须通过交付该权益工具结算的衍生工具。选项D,企业存在下列情况,表明企业没有明确意图将金融资产持有至到期:①持有该金融资产的期限不确定;②发生市场利率变化、流动性需要变化、替代投资机会及其投资收益率变化、融资来源和条件变化、外汇风险变化等情况时,将出售该金融资产。但是,无法控制、预期不会重复发生且难以合理预计的独立事项引起的金融资产出售除外;③金融资产的发行方可以按照明显低于其摊余成本的金额清偿;④其他表明企业没有明确意图将该金融资产持有至到期的情况。选项E,以公允价值计量且其变动计入其他综合收益的金融资产的汇兑损益计入当期损益。

11.【答案】ABE

【解析】选项C,资产负债表日,以摊余成本计量的债权投资为分期付息、一次还本债券投资的,应按票面利率计算确定的应收未收利息，借记"应收利息"科目，按该金融资产摊余成本和实际利率计算确定的利息收入，贷记"投资收益"科目，按其差额，借记或贷记"债权投资——利息调整"科目。

选项 D，以摊余成本计量的债权投资为一次还本付息债券投资的，应按票面利率计算确定的应收未收利息，借记"债权投资——应计利息"科目，按该金融资产摊余成本和实际利率计算确定的利息收入，贷记"投资收益"科目，按其差额，借记或贷记"债权投资——利息调整"科目。

12. 【答案】BCD

【解析】金融资产的摊余成本，是指该金融资产的初始确认金额经下列调整后的结果：（1）扣除已偿还的本金；（2）加上或减去采用实际利率法将该初始确认金额与到期日金额之间的差额进行摊销形成的累计摊销额；（3）扣除已发生的减值损失。

13. 【答案】BDE

【解析】选项 A，取得金融资产时，按其公允价值，借记"交易性金融资产——成本"科目，按发生的交易费用，借记"投资成本"科目。选项 C，出售金融资产时，应按实际收到的金额，借记"银行存款"等科目，按该金融资产的账面余额，贷记"交易性金融资产——成本"科目。贷记或借记"交易性金融资产——公允价值变动"等科目，按其差额，贷记或借记"投资收益"科目。

14. 【答案】ABCD

【解析】本题考核以摊余成本计量的金融资产的核算。以摊余成本计量的金融资产，应按票面利率计算确定应收未收利息；按实际利率计算确定利息收入，选项 A、B 不正确；计提减值损失，会减少以摊余成本计量的金融资产的摊余成本，选项 C 不正确；以摊余成本计量的金融资产按摊余成本计量，不应按期末公允价值调整其账面价值，选项 D 不正确。

15. 【答案】BD

【解析】选项 A，相关金融资产或金融负债属于衍生工具，表明企业持有该金融资产或承担该金融负债的目的是交易性的。选项 C，获得的股利收入计入当期损益。选项 E，权益工具投资一般不符合本金加利息的合同现金流量特征。

16. 【答案】ABD

【解析】选项 A，若划分为以公允价值计量且其变动计入其他综合收益的金融资产，初始入账价值 = 525 + 10 − 500 × 3% = 520（万元）；选项 B、C，若划分为以公允价值计量且其变动计入当期损益的金融资产，初始入账价值 = 525 − 500 × 3% = 510（万元）；选项 D、E，若划分为以摊余成本计量的金融资产，初始入账价值 = 525 + 10 − 500 × 3% = 520（万元）。

17. 【答案】AD

【解析】选项 A，出售指定为以公允价值计量且其变动计入其他综合收益的非交易性权益工具投资，之前计入其他综合收益的累计利得或损失应当从其他综合收益中转出，计入留存收益；选项 D，出售以公允价值计量且其变动计入当期损益的金融资产时，不需将公允价值变动累计额转入投资收益。

18. 【答案】BCE

【解析】期末按公允价值计量，公允价值变动计入其他综合收益，选项 A 错误；持有期间取得的现金股利满足条件应确认为股权投资，选项 D 错误。

19. 【答案】BCE

【解析】选项 A，采用成本法核算。选项 D，遵循金融工具的确认和计量准则，不作为长期股权投资进行核算。

20. 【答案】DE

【解析】选项 A，以支付现金取得的长期股权投资，按照支付的购买价款作为长期股权投资的初始投资成本，包括取得长期股权投资直接相关费用、税金及其他必要支出，但不包括所支付价款中包含的被投资单位已宣告尚未发放的现金股利或利润。选项 B，以支付现金取得的长期股权投资，按照支付的购买价款作为长期股权投资的初始投资成本，包括取得长期股权投资直接相关费用、税金及其他必要支出，但不包括所支付价款中包含的被投资单位已宣告尚未发放的现金股利或利润。选项 C，合并方以发行权益性证券作为合并对价的，应按合并日取得被合并方所有者权益在最终控制方合并财务报表中的账面价值的份额确认长期股权投资，按发行权益性证券的面值总额作为股本，长期股权投资初始投资成本与所发行权益性证券面值总额之间的差额，调整资本公积（资本溢价或股本溢价）；资本公积的余额不足冲减的，调整留存收益。

21.【答案】BD

【解析】只要是企业控股合并形成的长期股权投资，不论是否是同一控制下的企业合并，合并方发生的审计、法律服务、评估咨询等中介费用都应计入管理费用。因此选项A错误，B正确。以发行债券方式进行的企业合并，与发行债券相关的佣金、手续费等应计入债务性债券的初始计量金额，选项C错误。权益性证券发行直接相关的费用以此冲减权益性证券溢价和留存收益（盈余公积、未分配利润），选项D正确。重大影响以下的投资不形成长期股权投资，采用金融工具会计准则计量。选项E错误。

22.【答案】ABD

【解析】选项C，合并财务报表中，法律上子公司（购买方）的资产、负债应以其在合并前的账面价值进行确认和计量；选项E，合并财务报表中的留存收益和其他权益余额应当反映法律上子公司（购买方）在合并前的留存收益和其他权益余额。

23.【答案】AE

【解析】采用成本法核算的长期股权投资，其长期股权投资账面核算初始投资成本及变动情况。追加或收回投资应当调整长期股权投资的成本，选项A、E正确。被投资单位宣告分派的现金股利或利润，确认为当期投资收益，不调整长期股权投资的入账价值。

24.【答案】BCE

【解析】选项A，被投资单位采用的会计政策、会计期间与投资企业不一致的，应按投资企业的会计政策、会计期间对被投资单位的财务报表进行调整；选项D，对投资企业与其联营企业及合营企业之间发生的未实现的内部交易应予以抵销。实现的内部交易无须抵销。

25.【答案】AC

【解析】选项B，甲公司不做会计处理；选项D，影响甲公司其他综合收益；选项E，影响甲公司资本公积。

26.【答案】ACE

【解析】选项B，由成本法转换为权益法，比较剩余的长期股权投资成本与按照剩余持股比例计算原投资时应享有被投资单位可辨认净资产公允价值的份额，属于投资作价中体现商誉部分，不调整长期股权投资的账面价值；属

于投资成本小于应享有被投资单位可辨认净资产公允价值份额的，在调整长期股权投资成本的同时，调整留存收益。选项D，由权益法转为公允价值计量的金融资产，原采用权益法核算的相关其他综合收益应当在终止采用权益法核算时转入投资收益。

27.【答案】ABD

【解析】投资收益 = -150 + (1000 + 150 - 900 - 300) = -200（万元），投资收益借方增加200万元，选项B正确，选项C错误。选项E，除净损益以外，被投资单位的所有者权益发生其他变动时，在持股比例不变的情况下，投资企业应按持股比例计算应享有的份额，调整长期股权投资——所有者权益其他变动和资本公积——其他资本公积。因此甲公司在持有期间计入的所有者权益其他变动贷方余额150万元，对应也在借方计入了资本公积——其他资本公积150万元。处置时，甲公司应将150万元从资本公积转出。相关会计分录如下：

借：银行存款　　　　　10 000 000
　　长期股权投资——所有者权益其他变动
　　　　　　　　　　　1 500 000
　　投资收益　　　　　　500 000
　贷：长期股权投资——投资成本
　　　　　　　　　　　9 000 000
　　　长期股权投资——损益调整
　　　　　　　　　　　3 000 000
借：投资收益　　　　　1 500 000
　贷：资本公积——其他资本公积
　　　　　　　　　　　1 500 000

28.【答案】ACDE

【解析】领用本公司原材料，属于内部耗用，按照价值结转成本，选项A正确；2×24年11月1日前不属于资本化期间，一般借款产生的利息不计入资产的成本，选项B错误；使用募集资金支出3 000万元，因筹建资产支出，故计入资产的成本，选项C正确；因建造生产线支出一般借款，应计入资产的成本，选项D正确；为达到固定资产预计使用状态的安装费，应计入固定资产成本，选项E正确。

29.【答案】ABCE

【解析】固定资产成本是指企业购建某项固定资产达到预定可使用状态前所发生的一切合理、必要的支出，包括直接发生的价款、运输

费、装卸费、安装费和专业人员服务费等，也包括间接发生的其他一些费用，如应承担的借款利息、外币借款折算差额，以及应分摊的其他间接费用。不包括员工人员培训费、达到预定可使用状态后的运输费、安装费等，这些费用应于发生时计入当期损益，因此选项D错误。

30. 【答案】CD

【解析】选项C，外购大型生产设备运输途中发生的零件毁损损失应当扣除保险公司的赔偿后计入当期损益，不应从入账价值中扣除。选项D，外购需要安装的生产经营用设备，在安装时领用的原材料，应当按照其原材料的成本价格计入在建工程。

31. 【答案】AC

【解析】选项A，改扩建期间的固定资产不提折旧；选项C，未使用、不需用的固定资产需计提折旧，折旧费用计入"管理费用"。

32. 【答案】BE

【解析】选项A，企业已经就一项出售计划做出决议且获得确定的购买承诺预计出售将在一年内完成的资产组，才能被划分为持有待售处置组；选项C，企业因出售对子公司的投资等原因导致其丧失对子公司控制权的，无论出售后企业是否保留部分权益性投资，应当在拟出售的对子公司投资满足持有待售类别划分条件时，在母公司个别财务报表中将对子公司投资整体划分为持有待售类别，在合并财务报表中将子公司所有资产和负债划分为持有待售类别；选项D，对于取得日划分为持有待售类别的非流动资产或处置组，企业应当在初始计量时比较假定其不划分为持有待售类别情况下的初始计量金额和公允价值减去出售费用后的净额，以两者孰低计量。

33. 【答案】ABD

【解析】选项C，公允价值模式计量的投资性房地产，资产负债表日，公允价值与账面价值的差额调整公允价值变动损益，同时调整投资性房地产账面价值，相关会计分录如下：

借：投资性房地产——公允价值变动
　　贷：公允价值变动损益

或编制相反会计分录。

选项E，已采用公允价值模式计量的投资性房地产，不得从公允价值模式转为成本模式。

34. 【答案】CD

【解析】投资性房地产由成本模式转为公允价值模式计量，属于会计政策变更，差额部分调整留存收益。

35. 【答案】BCE

【解析】当月增加的无形资产，当月开始摊销，当月减少的无形资产，当月停止摊销，选项A错误。采用成本模式计量的投资性房地产财务要计提折旧/摊销，采用公允价值模式计量的投资性房地产不计提折旧/摊销。当月新增的投资性房地产，下个月开始计提折旧，选项D错误。

36. 【答案】ABC

【解析】计算资产可收回金额应当经过以下步骤：第一步，计算确定资产的公允价值减去处置费用后的净额。第二步，计算确定资产预计未来现金流量的现值。第三步，比较资产的公允价值减去处置费用后的净额与预计未来现金流量现值，取其较高者作为资产的可收回金额。因此选项A、B、C正确。

37. 【答案】CDE

【解析】选项A，使用寿命不确定的无形资产，在持有期间不需要摊销。选项B，法律权利可以确定使用寿命的，应将其作为使用寿命有限的无形资产进行管理。

38. 【答案】CDE

【解析】选项A，房地产开发企业取得的土地使用权用于建造对外出售的房屋建筑物，相关的土地使用权应当计入所建造的房屋建筑物成本。如果是自用的，应该计入企业无形资产。选项B，企业将土地使用权改变用途用于出租的，应将其视为投资性房地产。投资性房地产采用公允价值模式进行后续计量应该停止摊销，采用成本模式进行后续计量应该继续摊销。

39. 【答案】BCD

【解析】选项A，企业将固定资产达到预定可使用状态前或者研发过程中产出的产品或副产品对外销售（以下统称试运行销售）的，应当按照规定，对试运行销售相关的收入和成本分别进行会计处理，计入当期损益，不应将试运行销售相关收入抵销
相关成本后的净额冲减固定资产成本或者研发支出。选项E，"测试固定资产可否正常运转"指评估该固定资产的技术和物理性能是否达到生产产品、提供服务、对外出租或用于管理等

标准的活动,不包括评估固定资产的财务业绩。

40.【答案】ACDE

【解析】选项 B,自行开发活动发生的无形资产成本,由可直接归属于该资产的创造、生产并使该资产能够以管理层预定的方式运作的所有必要支出组成。可直接归属成本包括:开发该无形资产时耗费的材料、劳务成本、注册费、在开发该无形资产过程中使用的其他专利权和特许经营权的摊销、按照借款费用的处理原则可以资本化的利息支出等。

三、综合题

(一)存货的综合练习

1.【答案】D

【解析】5 月 18 日购进商品的单位成本 = (410×510)÷400=522.75(元/件)。

2.【答案】ABCD

【解析】甲公司应确认营业收入 = 300×540 = 162 000(元),选项 A 正确。会计分录如下:

借:应收票据　　　　　　183 060
　　贷:主营业务收入　　　　162 000
　　　　应交税费——应交增值税(销项税额)　21 060

根据上述会计分录,销项税在贷方核算,选项 B 正确。

销售商品,应结转相应成本,同时已计提存货跌价准备的,应结转相应存货跌价准备,选项 C、D 正确。

3.【答案】C

【解析】本期 A 产品销售商品成本 = 150×550 – 1 500 + 150×522.75 = 159 412.5(元),相关会计分录如下:

借:主营业务成本　　　　159 412.5
　　存货跌价准备　　　　　 1 500
　　贷:库存商品　　　　　160 912.5

4.【答案】AD

【解析】选项 A、B,接受投资者投入的资本应以公允价值入账,公允价值大于实收资本的金额应计入资本公积。选项 A 正确,B 错误,相关会计分录如下:

借:库存商品——B　　　5 000 000
　　应交税费——应交增值税(进项税额)
　　　　　　　　　　　　　 650 000
　　贷:实收资本　　　　　5 500 000
　　　　资本公积——资本溢价
　　　　　　　　　　　　　 150 000

选项 C,根据权责发生制,本期发生的收入,即使本期末收到钱,也应计入产品成本,因此选项 C 错误。选项 D,本期应结转主营业务成本的金额 = 5 000 000×50% = 2 500 000(元)。

5.【答案】B

【解析】销售 B 产品 50% 后,B 产品剩余成本 = 5 000 000×50% = 2 500 000(元),大于可变现净值 2 400 000 元,应计提存货跌价准备 100 000 元,会计分录为:

借:资产减值损失　　　　100 000
　　贷:存货跌价准备　　　100 000

因此,期末应在资产负债表列示该存货价值 2 400 000 元,选项 A 错误。计提存货跌价准备,借记资产减值损失,贷记存货跌价准备,选项 C、D 错误。

(二)金融资产的综合练习

1.【答案】CD

【解析】对处置部分的股权投资进行会计处理。处置 A 公司 60% 的股权,价款为 4 800 万元,成本为 3 600 万元(6 000×60%),差额作为投资收益。编制的会计分录为:

借:银行存款　　　　　48 000 000
　　贷:长期股权投资——A 公司(投资成本)
　　　　　　　　　　　　 36 000 000
　　　　投资收益　　　　 12 000 000

2.【答案】C

【解析】投资企业由于减持股份,对被投资企业由控制转为共同控制或重大影响。投资企业因减少投资对被投资企业不再具有控制权,但仍存在共同控制或重大影响时,股权投资的核算方法应由成本法转换为权益法,故选项 A 错误,选项 C 正确。剩余股权原账面价值为 2 400 万元,大于应享有的份额,不需要对初始投资成本进行调整,故选项 B 错误。转换核算的总体原则是采用追溯调整法,即将剩余部分转换为权益法核算,故选项 D 错误。

3.【答案】A

【解析】剩余部分股权改按权益法核算的会计处理。剩余股权原账面价值为 2 400 万元,大于应享有的份额,故不需要对初始投资成本进行调整。其增值的 220 万元(550×40%)应按照权益法调整留存收益,其中 20 万元(200×

10%）调整盈余公积；180 万元（200×90%）调整未分配利润；20 万元调整其他综合收益。编制的会计分录为：

借：长期股权投资——A 公司（损益调整）
　　　　　　　　　　　　　2 200 000
　贷：利润分配——未分配利润
　　　　　　　　　　　　　1 800 000
　　　盈余公积　　　　　　　200 000
　　　其他综合收益　　　　　200 000

4.【答案】C

【解析】经过上述调整后，甲公司持有 A 公司长期股权投资的账面价值为 2 620 万元（2 400+220）。

5.【答案】AB

【解析】长期股权投资的成本法适用于企业持有的，能够对被投资单位实施控制的长期股权投资，故选项 A 正确。投资企业由于增持股份，原对联营企业或合营企业的投资转变为对子公司投资，长期股权投资账面价值的调整按照对子公司投资初始计量进行处理，选项 B 正确。被投资企业分配股利时，投资企业确认投资收益，故选项 C 错误。初始投资或追加投资时，按照初始投资或追加投资时的成本增加长期股权投资的账面价值，故选项 D 错误。

（三）长期股权投资的综合练习

1.【答案】B

【解析】同一控制下企业合并合并方以支付现金、转让非现金资产或承担债务方式作为合并对价的，以取得的被合并方所有者权益在最终控制方合并财务报表中账面价值的份额及站在最终控制方合并时产生的商誉之和作为长期股权投资的入账价值。因此，甲公司长期股权投资的入账价值=4 000×0.6=2 400（万元）。

2.【答案】A

【解析】同一控制下企业合并形成对子公司长期股权投资初始计量合并方发生的审计、法律服务、评估咨询等中介费用以及其他相关费用计入管理费用。

3.【答案】BC

【解析】会计分录如下：
借：长期股权投资　　24 000 000
　贷：银行存款　　　　20 000 000
　　　资本公积——股本溢价
　　　　　　　　　　　4 000 000

借：管理费用　　　　　500 000
　贷：银行存款　　　　500 000

4.【答案】A

【解析】甲公司对乙公司采用成本法核算，成本法将投资企业与被投资企业视为两个独立核算单位看待，除了核算取得投资、追加投资、宣告发放股利及考虑减值外，不会在资产负债表日因被投资企业可辨认净资产发生公允价值变动而确认相应损益。

5.【答案】BD

【解析】会计分录如下：
借：应收股利　　　　　600 000
　贷：投资收益　　　　600 000

（四）投资性房地产的综合练习

1.【答案】A

【解析】投资性房地产是指为赚取租金或资本增值，或者两者兼有而持有的房地产。土地使用权 A 是甲公司资产，对外经营出租，因此要按照投资性房地产核算。

2.【答案】ABC

【解析】会计分录如下：
借：投资性房地产　　80 000 000
　　累计折旧　　　　15 000 000
　　固定资产减值准备　5 000 000
　贷：投资性房地产累计折旧
　　　　　　　　　　15 000 000
　　　投资性房地产减值准备
　　　　　　　　　　5 000 000

3.【答案】D

【解析】转换前的账面价值=8 000−1500−500−(8 000−1 500−500−300)÷30=5 810（万元）。

4.【答案】C

【解析】投资性房地产由成本模式转为公允价值计量模式，属于会计政策变更，累计影响数应计入留存收益。

5.【答案】D

【解析】投资性房地产转为自用固定资产的会计分录如下：
借：固定资产　　　　72 000 000
　　公允价值变动损益　3 000 000
　贷：投资性房地产——成本
　　　　　　　　　　68 000 000
　　　——公允价值变动
　　　　　　　　　　7 000 000

(五) 固定资产、长期股权投资的综合练习

1. 【答案】C

【解析】非货币性资产具有商业实质且公允价值能够可靠计量的，换入资产成本 = 换出资产公允价值 + 补价 + 应支付的相关税费，甲公司换入长期股权投资的入账价值 = 1 200 × (1 + 13%) − 100 = 1 256（万元）。

2. 【答案】AD

【解析】固定资产进行非货币性资产交换，视同固定资产销售处理，选项 A 正确；固定资产的非货币性资产交换，公允价值可以可靠计量的，按照公允价值进行计量，选项 B 错误；甲公司应确认资产处置损益 = (1 200 − 1 000) = 200（万元），选项 C 错误；选项 D，视同出售的固定资产，应交已计提的折旧和减值准备转销，选项 D 正确。

相关会计分录如下：

借：固定资产清理　　9 000 000
　　累计折旧　　　　1 000 000
　贷：固定资产　　　　　　10 000 000

借：长期股权投资　　12 560 000
　　银行存款　　　　1 000 000
　贷：固定资产清理　　　　120 00 000
　　　应交税费——应交增值税（销项税额）
　　　　　　　　　　　　　1 560 000

借：固定资产清理　　2 000 000
　贷：资产处置损益　　　　2 000 000

3. 【答案】A

【解析】甲公司长期股权投资初始入账价值 1 256 万元，大于被购买方各项可辨认资产、负债公允价值之和 1 200（4 800 × 25%）万元，差额部分的实质是商誉价值，在个别报表不做会计处理。

4. 【答案】C

【解析】投资企业与联营企业及合营企业之间发生的未实现内部交易损益按照持股比例计算归属于投资企业的部分应予以抵销。因此，甲公司应抵销额 = (200 − 150) × 25% = 12.5（万元）。

5. 【答案】D

【解析】被投资单位弥补亏损，投资企业不需要做账务处理。甲公司应确认长期股权投资损益调整增加额 = [300 + 100 − (200 − 150)] × 25% = 87.5（万元）。

第三章 负 债

考试大纲

一、考试目的
考查考生对流动负债、非流动负债、债务重组、或有事项、借款费用等会计知识和会计处理的掌握情况及应用能力。

二、考试内容及要求
（一）掌握的内容
1. 短期借款、应付票据、应付账款、应付职工薪酬、应交税费的会计处理。
2. 长期借款、应付债券的会计处理。
3. 或有事项的会计处理。
4. 借款费用的会计处理。

（二）熟悉的内容
1. 预收账款、应付股利、其他应付款的会计处理。
2. 可转换公司债券、长期应付款的会计处理。
3. 债务重组的会计处理。

（三）了解的内容
1. 专门借款；借款费用的构成。
2. 以现金结算的股份支付形成的应付职工薪酬。

考情分析

与往年比，2025年本章教材没有发生实质性变化。

本章内容为负债类相关知识内容，包括流动负债、非流动负债、债务重组、借款费用和或有事项，属于不太重要的章节。本章考点主要集中在借款费用和或有事项，考生需要对借款费用和或有事项的核算重点掌握。

考生在本章应重点学习以下内容：
1. 应付职工薪酬的含义、分类及计算。
2. 长期借款利息的计算。
3. 应付债券利息的计算。
4. 借款费用资本化与费用化的确认和计量。
5. 预计负债的确认条件与计量方式。

考点精讲及典型例题解析

负债是指企业过去的交易或者事项形成的、预期会导致经济利益流出企业的现时义务。负债分为流动负债和非流动负债。

【知识点1】流动负债

一、短期借款
（一）定义

短期借款是指企业从银行或其他金融机构等借入的、期限在1年以下（含1年）的各种借款。企业应设置"短期借款"账户，核算短期借款的增减变动及结存情况。

【提示】短期借款的利息可以在发生时直接计入财务费用，如果按季支付，按月可以预提，预提时通过"应付利息"科目核算。

（二）账务处理

1. 企业取得短期借款时。

借：银行存款
　　贷：短期借款

2. 计提利息时。

借：财务费用
　　贷：应付利息

3. 支付利息时。

借：应付利息
　　贷：银行存款

4. 归还短期借款时。

借：短期借款
　　贷：银行存款

【提示】短期借款如果金额较大，可以按月计提，计入财务费用；如果金额较小，可以到期一次还本支付。

二、应付票据

（一）定义

应付票据是指企业购买材料、商品或接受劳务供应等开出、承兑的商业汇票，包括银行承兑汇票和商业承兑汇票。

企业应设置"应付票据"账户，核算应付票据的增减变动及结存情况。应付票据核算的内容主要包括签发或承兑商业汇票、计提票据利息、支付票款等。

（二）账务处理

1. 购进原材料等形成应付票据时。

借：材料采购/在途物资/原材料等
　　应交税费——应交增值税（进项税额）
　贷：应付票据

2. 支付银行承兑汇票手续费时。

借：财务费用
　贷：银行存款

3. 偿还应付票据时。

借：应付票据
　贷：银行存款

4. 无法偿还票据时。

借：应付票据
　贷：应付账款/短期借款

【提示】商业承兑汇票到期无力偿还，转入"应付账款"；银行承兑汇票到期无力偿还，转入"短期借款"。

【例3-1】（单选题）下列甲公司张会计对于甲公司汇票的处理做法中，错误的是（　　）。

A. 甲公司本月与乙公司签订了购销合同，赊购一批原材料，张会计开出商业汇票一张，因为材料还在途中，因此本月张会计并没有将这笔业务记录账簿

B. 甲公司开给丙公司的商业汇票已到期付款，张会计在会计账簿上记录——借：应付票据，贷：银行存款

C. 甲公司向银行支付开给丁公司的银行承兑汇票的手续费，张会计将手续费计入财务费用

D. 甲公司对戊公司的商业汇票到期了，甲公司无力支付，张会计将其转为应付账款

【答案】A

【解析】因甲公司采购业务已签订合同，根据权责发生制，应在本月记录该笔账务。

三、应付账款

（一）定义

应付账款是指企业因购买材料、商品或接受劳务供应等经营活动应支付给供应单位的款项。

应付账款核算的内容主要包括应付账款的形成及其偿还情况，企业设置"应付账款"账户，按供货单位设置明细账，核算应付账款的增减变动及结存情况。

【提示】企业根据合同规定预付给供应单位购货定金或部分货款，企业在不设置"预付款项"账户的情况下，可以通过"应付账款"借方核算预付账款的增加。

（二）入账时间

应付账款入账时间的确定，应以与所购物资的所有权有关的风险和报酬已经转移或劳务已经接受为标志。

（三）账务处理

1. 企业发生应付账款事项时。

借：原材料/固定资产等
　　应交税费——应交增值税（进项税额）
　贷：应付账款

2. 偿还应付账款时。

借：应付账款
　贷：银行存款/应付票据

3. 应付账款无须偿还。

若企业遇到应付账款发生后无须偿还的情况，该笔应付账款计入"营业外收入"。

借：应付账款
　贷：营业外收入

四、应付职工薪酬

（一）定义

职工薪酬是指企业为获得职工提供的服务或解除劳动关系而给予的各种形式的报酬或补偿。应付职工薪酬是企业对职工个人的一种负债，核算企业为获得职工提供的服务应负担的各种形式的报酬以及其他相关支出。

（二）类别

职工薪酬的类别及其含义见表3-1。

表 3-1

类别	含义
短期薪酬	企业在职工提供相关服务的年度报告期间结束后 12 个月内需要全部予以支付的职工薪酬，包括职工工资、奖金、津贴和补贴，职工福利费，医疗保险费、工伤保险费和生育保险费等社会保险费，住房公积金，工会经费和职工教育经费，短期带薪缺勤，短期利润分享计划，非货币性福利以及其他短期薪酬等。
离职后福利	企业为获得职工提供的服务而在职工退休或与企业解除劳动关系后，提供的各种形式的报酬和福利。
辞退福利	企业在职工劳动合同到期之前解除与职工的劳动关系，或者为鼓励职工自愿接受裁减而给予职工的补偿。
其他长期职工福利	除短期薪酬、离职后福利、辞退福利以外所有的职工薪酬，包括长期带薪缺勤、长期残疾福利、长期利润分享计划等。

（三）科目设置

企业设置"应付职工薪酬"科目，贷方登记职工薪酬的分配，借方登记职工薪酬的发放，期末贷方余额反映应付未付的职工薪酬。该科目按工资、职工福利、社会保险费、住房公积金、工会经费、职工教育经费、非货币性福利、辞退福利、股份支付等设置明细科目进行明细分类核算。

月度终了，企业应将本月发生的职工薪酬进行分配，根据职工提供服务的受益对象，分别计入相关资产的成本或当期损益：生产、管理部门的职工（包括炊事人员、工会人员）薪酬，计入生产成本、制造费用或管理费用；销售部门的职工薪酬，计入销售费用；应由在建工程、无形资产负担的职工薪酬，计入建造固定资产或无形资产成本。

具体应付职工薪酬的类别的核算内容见表 3-2。

表 3-2

类别		核算内容
1. 职工福利费		实际发生时根据实际发生额计入当期损益或相关资产成本。职工福利为非货币福利的，应当按公允价值计量。
2. 医疗保险费、养老保险费、失业保险费、工伤保险费、生育保险费等社会保险费和住房公积金		根据工资总额的一定比例计算确定，并计入当期损益或相关资产成本。
3. 带薪缺勤	（1）累积带薪缺勤是指带薪缺勤权利可以结转下期的带薪缺勤，本期尚未用完的带薪缺勤权利可以在未来期间使用。	企业应当在职工提供服务从而增加了其未来享有的带薪缺勤权利时，确认与累积带薪缺勤相关的职工薪酬，并以累积未行使权利而增加的预期支付金额计量。
	（2）非累积带薪缺勤是指权利不能结转下期的带薪缺勤，本期尚未用完的带薪缺勤权利予以取消，并且职工离开企业时无权获得现金补偿。	实际发生缺勤的会计期间确认与非累积带薪缺勤相关的职工薪酬。
4. 利润分享计划		企业以现金结算的利润分享计划，通过"应付职工薪酬"科目核算。同时，计量利润分享计划产生的应付职工薪酬时应当反映职工离职而无法分享利润计划福利的可能性。如果企业在职工为其提供服务的年度报告期间结束后 12 个月内，不需要全部支付利润分享计划产生的应付职工薪酬，该利润分享计划应当适用长期职工福利的有关规定。
5. 外商投资企业按规定从净利润中提取的职工奖励及福利基金		用于支付职工的非经常性奖金（如特别贡献奖、年终奖）和职工集体福利的，应在"应付职工薪酬"科目下核算。

【提示】利润分享计划应当在满足下列条件时，确认为应付职工薪酬：①企业因过去事项导致现在具有支付职工薪酬的法定义务或推定义务。②因利润分享计划所产生的应付职工薪酬义务金额能够可靠估计，即在财务报告批准报出前企业已确定支付的薪酬金额；该短期利润分享计划的正式条件中包括确定薪酬金额的方式；过去的惯例为企业确定推定义务金额提供了明显证据。

【例3-2】（单选题）甲家电制造公司系增值税一般纳税人，适用的增值税税率为13%。2×24年4月30日，甲公司在公司年会上，将自己生产的10台电视机作为奖品发放给本年度销售冠军团队。已知电视机的生产成本为5 000元/台，当前市场销售价格为8 000元/台。不考虑企业因素，甲公司对该电视机应该计入应付职工薪酬的金额为（　　）元。

A. 50 000　　　　B. 56 500
C. 80 000　　　　D. 90 400

【答案】D

【解析】应计入应付职工薪酬的金额 = 8 000 × 10 × (1 + 13%) = 90 400（元）。

（四）账务处理

月度终了，企业应将本月发生的职工薪酬进行分配，根据职工提供服务的受益对象，分别计入相关资产的成本或当期损益。

1. 计提应付职工薪酬。

借：生产成本（车间生产工人）
　　制造费用（车间管理人员）
　　管理费用（行政管理人员）
　　销售费用（销售人员）
　　研发支出（研发人员）
　　在建工程等（基建人员）
　贷：应付职工薪酬——工资
　　　　　　　　　　——职工福利
　　　　　　　　　　——社会保险费
　　　　　　　　　　——住房公积金
　　　　　　　　　　——工会经费
　　　　　　　　　　——职工教育经费等

【提示1】在建工程、无形资产负担的职工薪酬，计入建造固定资产或无形资产成本。

【提示2】职工福利为非货币福利的，应当按公允价值计量。

【提示3】若企业自产商品用于发放职工福利，需要进行增值税进项税的转出。

2. 代扣费用、代扣个税。

借：应付职工薪酬
　贷：其他应付款（代扣费用）
　　　应交税费——应交个人所得税
　　　　　　　　　　（代扣所得税）

3. 用银行存款支付应付职工薪酬时。

借：应付职工薪酬
　贷：银行存款

【例3-3】（单选题）2×24年，甲公司发生与职工薪酬有关的交易或事项如下：①以甲公司生产的产品作为福利发放给职工，该产品的生产成本为1 500万元，市场价格为1 800万元；②为职工交纳200万元的"五险一金"；③根据职工入职期限，分别可以享受5至15天的年休假，当年未用完的带薪休假权利予以取消，甲公司职工平均日工资为120元/人；④对管理人员实施2×24年度的利润分享计划，按当年度利润实现情况，相关管理人员可分享利润500万元。不考虑其他因素，下列各项关于甲公司2×24年与职工薪酬有关会计处理的表述中，错误的是（　　）。

A. 对于职工未享受的休假权利无须进行会计处理

B. 管理人员分享的利润确认为当期费用和计入损益

C. 以产品作为福利发放给职工按产品的生产成本计入相关成本费用

D. 为职工交纳的"五险一金"按照职工所在岗位分别确认为相关成本费用

【答案】C

【解析】以产品作为福利发放给职工，应当按照产品的公允价值和相关税费计入相关成本费用，选项C不正确。

（五）股份支付

1. 股份支付的定义与特征。

股份支付是指企业为获取职工和其他方提供服务而授予权益工具或承担以权益工具为基础确定的负债的交易。

股份支付具有如下特征：①股份支付是企业与职工或向其提供服务的其他方之间发生的交易；②股份支付是以获取职工或其他方服务为目的的交易；③企业可以向职工支付其自身权益工具，也可以向职工支付现金，而金额的高低取决于结算时企业自身权益工具的公允价值。

2. 股份支付的分类。

股份支付 { 以权益结算的股份支付：限制性股票和股票期权
以现金结算的股份支付：模拟股票和现金股票增值权 }

（1）以权益结算的股份支付。以权益结算的股份支付，即企业为获取服务而以股份（如限制性股票）或其他权益工具（如股票期权）为对价结算的交易。企业应当以股份支付所授予的权益工具的公允价值计量，将当期取得服务计入相关资产成本或当期费用，同时计入资本公积——其他资本公积。

若此份股份支付可立即行权，应在授予日按照权益工具的公允价值计量，不确认其后续连续公允价值变动。将取得的服务计入相关资产成本或当期费用，同时计入资本公积——股本溢价。

【提示】①限制性股票是指职工或其他方按照股份支付协议规定的条款和条件，从企业获得一定数量的本企业股票。②股票期权是指企业授予职工或其他方在未来一定期限内以预先确定的价格和条件购买本企业股票的权利。

【例3-4】（多选题）乙公司、丙公司和丁公司均为甲公司的子公司。甲公司及其相关子公司经各自董事会批准，对甲公司以及相关子公司管理人员或员工进行激励：①甲公司以自身普通股授予乙公司管理人员；②丙公司按照上年实现净利润的5%分配给在职员工；③丁公司以自身普通股授予其管理人员；④甲公司以其生产的产品分配给在职员工；⑤乙公司承诺免费给在职员工提供员工宿舍。下列各项关于甲公司及其相关子公司对其管理人员或员工进行激励的安排中，应按股份支付会计准则进行会计处理的有（　　）。

A. 甲公司以其生产的产品分配给员工
B. 丙公司按上年净利润的5%分配给员工
C. 甲公司以自身普通股授予乙公司管理人员
D. 丁公司以自身普通股授予其管理人员
E. 乙公司以其固定资产提供给员工使用

【答案】CD

【解析】丙公司按上年净利润的5%分配给

员工属于利润分享计划，甲公司以其生产的产品分配给员工、免费给员工提供住宿属于非货币性职工福利，选项A、B、E应按照职工薪酬准则进行会计处理。

（2）以现金结算的股份支付。以现金结算的股份支付是指企业为获取服务而承担的以股份或其他权益工具为基础计算的交付现金或其他资产的业务的交易。

企业应当在等待期内的每个资产负债表日，以对可行权情况的最佳估计为基础，按照企业承担负债的公允价值，将当期取得的服务计入相关资产或当期费用，同时计入负债，并在结算前的每个资产负债表日和结算日对负债的公允价值重新计量，将其变动计入损益。

企业修改以现金结算的股份支付协议中的条款和条件，使其成为以权益结算的股份支付的，在修改日，企业应当按照所授予权益工具当日的公允价值计量以权益结算的股份支付，将已取得的服务计入资本公积，同时终止确认以现金结算的股份支付在修改日已确认的负债，两者之间的差额计入当期损益。该会计处理要求同样适用于修改发生在等待期结束后的情形。

如果由于修改延长或缩短了等待期，企业应当按照修改后的等待期进行上述会计处理（无需考虑不利修改的有关会计处理规定）。如果企业取消一项以现金结算的股份支付，授予一项以权益结算的股份支付，并在授予权益工具日认定其是用来替代已取消的以现金结算的股份支付（因未满足可行权条件而被取消的除外）的，也应当按照上述要求进行会计处理。

五、应付股利

（一）应付股利的定义

应付股利是指企业经股东大会或类似机构审议批准宣告发放的现金股利或利润。

【提示】企业与其他单位或个人的合作项目，如按协议或合同规定，应支付给其他单位或个人的利润，也通过"应付股利"科目核算。

（二）应付股利的账务处理

1. 企业宣告发放股利之前。

借：利润分配
　　贷：应付股利

2. 实际发放时。

借：应付股利
　　贷：银行存款

【提示】董事会或类似机构提议拟分派的现金股利或利润，不做账务处理，但应在附注中披露。

六、应交税费

应交税费包括企业依法应交纳的增值税、消费税、所得税、资源税、土地增值税、城市维护建设税、房产税、土地使用税、车船税、教育费附加等税费，以及在上缴国家之前，由企业代扣代缴的个人所得税等。

（一）增值税

1. 增值税的定义。

增值税是以商品（含应税劳务、应税行为）在流转过程中实现的增值额作为计税依据而征收的一种流转税。

增值税适用税率 $\begin{cases} 一般纳税人：13\%、9\%、6\%、0\% \\ 小规模纳税人：3\% \end{cases}$

【提示】一般纳税人征收率适用范围：

① 13%：销售货物或者提供加工、修理修配劳务以及进口货物、提供有形动产租赁服务。

② 9%：提供交通运输业服务；农产品（含粮食）、自来水、暖气、石油液化气、天然气、食用植物油、冷气、热水、煤气、居民用煤炭制品、食用盐、农机、饲料、农药、农膜、化肥、沼气、二甲醚、图书、报纸、杂志、音像制品、电子出版物。

③ 6%：提供现代服务业服务（有形动产租赁服务除外）。

④ 0%：出口货物等特殊业务。

2. 科目设置。

企业在核算增值税时，一级科目是"应交税费"，并下设"应交增值税""未交增值税""预交增值税""待抵扣进项税额""待认证进项税额""待转销项税额""增值税留抵税额""简易计税""转让金融商品应交增值税""代扣代缴增值税"等明细科目。

3. 增值税一般纳税人的会计处理。

（1）一般购销业务的会计处理见表3-3。

表3-3

计算公式	当期应纳税额 = 当期销项税额 - 当期进项税额 销售额 = 含税销售额 ÷（1 + 税率）
账务处理特点	①在购进阶段，实行价税分离，分离的依据为增值税专用发票上注明的价款和增值税，属于价款部分，计入购入货物的成本；属于增值税部分，计入增值税进项税额； ②在销售阶段，销售价格中不含税，如果定价时含税，应还原为不含税价格作为销售收入，向购买方收取的增值税作为销项税额。

【提示】企业销售货物采用销售额和销项税额合并定价方法的，应还原为不含税销售额，并按不含税销售额计算销售税额。

①购买材料时。
借：原材料
　　应交税费——应交增值税（进项税额）
　贷：银行存款/应收账款等

②销售商品时。
借：应收账款/银行存款等
　贷：主营业务收入
　　应缴税费——应交增值税（销项税额）

（2）免税产品的会计处理见表3-4。

表3-4

定义	按照税法的有关规定，对于购入的免税农业产品、收购废旧物资等可以按买价（或收购金额）的一定比率计算进项税额，并准予从销项税额中抵扣。
账务处理特点	①按购进免税农业产品，收购废旧物资的有关凭证上确定的金额（买价或收购金额）扣除一定比率的进项税额，作为购进农业产品（或收购废旧物资）的成本。 ②扣除的部分作为进项税额，待以后用销项税额抵扣。

（3）视同销售的定义和八种情况见表3-5。

表 3-5

定义	在会计核算中没有产生销售收入，但企业应按照税法的规定计算增值税销项税额，按期缴纳增值税的情况被称为视同销售。
视同销售的	①将货物交由他人代销。 ②代他人销售货物。 ③将货物从一地移送至另一地（同一县市除外）。 ④将自产或委托加工的货物用于非应税项目。 ⑤将自产、委托加工或购买的货物作为对其他单位的投资。 ⑥将自产、委托加工或购买的货物分配给股东或投资者。 ⑦将自产、委托加工的货物用于职工福利或个人消费。 ⑧将自产、委托加工或购买的货物无偿赠送他人。

借：在建工程/长期股权投资/营业外支出/应付职工薪酬等
　　贷：库存商品
　　　　应交税费——应交增值税（销项税额）

【例3-5】（多选题）下列情况中，会对应交税费和当期损益都产生影响的有（　　）。

A. 将已使用的固定资产售卖给他人
B. 将北京市的货物运送到广州市
C. 将货物委托给外单位加工，收回后作为职工福利进行分配
D. 将自制的重型机器设备与其他单位进行非货币性资产交换
E. 将自产的商品分配给股东

【答案】BCDE

【解析】选项B、C、D、E都是视同销售的情况，都应按销售价格（公允价值）计量销项税额，并将销售价格（公允价值）与账面价值的差额计入当期损益。

（4）不予抵扣项目的会计处理见表3-6。

表 3-6

定义	不予抵扣项目是指按照增值税暂行条例及其实施细则的规定，企业购进用于集体福利或个人消费的货物、用于非应税项目的购进货物或应税劳务等按规定不予抵扣增值税进项税额。
类别及相关处理方式	①属于购进时即能认定其进项税额不能抵扣的，其增值税专用发票上注明的增值税进项税额，计入购入货物或接受应税劳务的成本。 ②属于购进时不能直接认定其进项税额能否抵扣的，其增值税专用发票上注明的增值税进项税额，应先计入"应交税费——应交增值税（进项税额）"科目，暂时认为可以抵扣；如果以后确认按规定不能进行抵扣时，应将原来已经计入进项税额并支付的增值税通过"应交税费——应交增值税（进项税额转出）"科目转出。

4. 增值税小规模纳税人的会计处理见表3-7。

表 3-7

小规模纳税人特征	①只能开具增值税普通发票，不能开具增值税专用发票。 ②实行简易办法计算应纳税额，按照销售额的一定比率（征收率）计算。 ③销售额不包括其应纳税额。采用销售额和应纳税额合并定价方法的，按还原公式还原为不含税销售额计算。 【提示】还原公式：销售额 = 含税销售额 ÷ (1 + 征收率)
账务处理方式	①小规模纳税人购进货物不得抵扣销项税；其他企业从小规模纳税人购入货物或者接受应税劳务，也不得抵扣进项税（取得增值税专用发票除外）。 ②销售收入按不含税价格计算。

【提示】小规模纳税人实行简易办法征收，按照不含税销售额的3%的征税率征收。

（1）销售货物或提供应税劳务。
借：银行存款等
　　贷：主营业务收入
　　　　应交税费——应交增值税

（2）交纳增值税时。
借：应交税费——应交增值税

贷：银行存款

【例 3－6】（多选题）下列选项中，属于小规模纳税人特点的有（　　）。
　　A. 销售额不包括其应纳税额
　　B. 销售劳务可抵扣进项税
　　C. 只能开具增值税普通发票，不能开具增值税专用发票
　　D. 实行简易办法计算应纳税额
　　E. 销售收入按含税价格计算
【答案】ACD
【解析】选项 B，小规模纳税人购进货物不得抵扣销项税；其他企业从小规模纳税人购入货物或者接受应税劳务，也不得抵扣进项税（取得增值税专用发票除外）；选项 E，小规模纳税人销售收入按不含税价格计算。

（二）消费税
1. 产品销售的会计处理。
消费税是指在中华人民共和国境内生产、委托加工和进口应税消费品的单位和个人，按其流转额交纳的一种税。企业将生产的产品直接对外销售的，其应缴纳的消费税通过"税金及附加"科目核算。
（1）企业以应税消费品换取生产资料和消费资料、抵偿债务等，应视同销售进行会计处理。
　　借：税金及附加
　　　贷：应交税费——应交消费税
（2）企业以应税消费品对外投资，或用于在建工程、非生产机构等其他方面，消费税计入有关项目的成本。
　　借：在建工程等
　　　贷：应交税费——应交消费税

【例 3－7】（单选题）2×24 年 5 月 15 日，甲公司以其生产的一批应纳消费税的产品交换乙股份有限公司的一批原材料，应纳消费税产品的计税价格为 100 万元（不含应向购买方收取的增值税），适用的消费税税率为 10%；应纳消费税产品的成本为 60 万元；产品已经发出，材料已经验收入材料库；假设该项交换不具有商业实质，原材料的计税价格为 110 万元，适用的增值税税率为 13%，不考虑存货跌价准备和其他相关税费。甲公司原材料入账价值为（　　）万元。
　　A. 108.7　　　　　B. 68.7
　　C. 71.3　　　　　D. 111.3
【答案】B
【解析】应交消费税 = 100 × 10% = 10（万元）；应交增值税进项税额 = 110 × 13% = 14.3（万元），应交增值税销项税额 = 100 × 13% = 13（万元）；原材料的入账价值 =（60 + 10 + 13）- 14.3 = 68.7（万元）。

2. 委托加工应税消费品的会计处理。
委托加工应税消费品应交税费的账务处理如下：
（1）企业委托加工应税消费品，其消费税由受托方代收代缴（除受托加工或翻新改制金银首饰按规定由受托方缴纳消费税外）。
　　借：应收账款/银行存款
　　　贷：应交税费——应交消费税
（2）企业委托加工的应税消费品，收回后直接用于销售的，委托方应将代扣代缴的消费税计入委托加工应税消费品成本，待委托加工应税消费品销售时，不需要再缴纳消费税。

【例 3－8】（单选题）甲公司委托外单位加工一批应税消费品，加工前商品价格 100 万元，甲公司支付加工费 30 万元，材料费 20 万元，由受托方代收代缴的消费税为 10 万元。加工完成后，甲公司收回当天直接出售给乙公司，售价 200 万元。不考虑其他因素，该批产品的销售成本为（　　）万元。
　　A. 100　　　　　B. 150
　　C. 160　　　　　D. 200
【答案】C
【解析】销售成本 = 100 + 30 + 20 + 10 = 160（万元）。

（3）委托加工的应税消费品收回后用于连续生产应税消费品的，所纳税款准予按规定抵扣，待用委托加工的应税消费品生产出应纳消费税的产品销售时，再缴纳消费税。
　　借：应交税费——应交消费税
　　　贷：应付账款/银行存款
（4）受托加工或翻新改制金银首饰按规定由受托方缴纳消费税的，企业向委托方交货时，按规定计算缴纳消费税。

【提示】对于由受托方提供原材料生产的应税消费品，或者受托方先将原材料卖给委托方，然后再接受加工的应税消费品，以及由受托方以委托方名义购进原材料生产的应税消费品，

都不作为委托加工应税消费品。

3. 进出口产品的会计处理。

（1）企业在进口应税消费品时，其缴纳的消费税应计入该进口消费品的成本。

借：固定资产/原材料/材料采购等
　　贷：银行存款

（2）免征消费税的出口应税消费品分别就不同情况进行账务处理。

①属于生产企业直接出口应税消费品或通过外贸企业出口应税消费品，不计算应交消费税。

②属于委托外贸企业代理出口应税消费品的生产企业，应计算消费税。

借：应收账款/银行存款
　　贷：应交税费——应交消费税

【提示】应税消费品出口收到外贸企业退回的税金时：

借：银行存款
　　贷：应收账款

（三）其他应交税费

1. 资源税的账务处理。

借：税金及附加（对外销售）
　　生产成本/制造费用（自产自用）
　　贷：应交税费——应交资源税

【提示1】收购未税矿产品应按实际支付的收购款以及代扣代缴的资源税，作为收购矿产品的成本。

【提示2】企业外购液体盐加工固体盐的，所购入的液体盐缴纳的资源税可以抵扣，外购价款扣除允许抵扣资源税后的金额，计入外购液体盐的成本；加工成固体盐后，在销售时，计算出的销售固体盐应缴的资源税，通过"税金及附加"科目核算。

2. 土地增值税的账务处理。

①房地产企业或兼营房地产项目的企业，应由当期负担土地增值税。

借：税金及附加
　　贷：应交税费——应交土地增值税

②转让国有土地使用权、地上建筑物及其附着物应缴纳的土地增值税。

借：固定资产清理/在建工程等
　　贷：应交税费——应交土地增值税

【提示】企业在项目全部竣工结算前转让房地产取得的收入预交的土地增值税，借记"应交税费——应交土地增值税"科目，贷记"银行存款"等科目；待该房地产销售收入实现时，再按正常的销售业务进行处理；该项目全部竣工、办理结算后进行清算，收到退回多交的土地增值税，借记"银行存款"等科目，贷记"应交税费——应交土地增值税"科目，补交的土地增值税编制相反的会计分录。

3. 城市维护建设税的账务处理。

企业销售应税产品时，按规定应缴纳城市维护建设税。

应纳税额=（实际缴纳增值税+实际缴纳消费税）×适用税率

借：税金及附加
　　贷：应交税费——应交城市维护建设税

4. 房产税、土地使用税和车船税的账务处理。

借：税金及附加
　　贷：应交税费——房产税
　　　　　　　　——车船税
　　　　　　　　——土地增值税

七、其他应付款

（一）定义

其他应付款是指企业除应付票据、应付账款、应付职工薪酬、应交税费、长期应付款等以外的其他各项应付、暂收款项。具体包括：应付包装物的租金，职工未按期领取的工资，存入保证金，应付、暂收所属单位、个人的款项，其他应付、暂收款项等。

（二）账务处理

企业设置"其他应付款"账户，核算其他应付款的增减变动情况。

1. 发生其他应付、暂收款项时。

借：银行存款/管理费用等
　　贷：其他应付款

2. 实际支付时。

借：其他应付款
　　贷：银行存款等

【知识点2】非流动负债

一、长期借款

（一）定义

长期借款是指企业向银行或其他金融机构借入的期限在1年以上（不含1年）的各项借款。长期借款核算的内容主要包括：长期借款的借入、借款利息的处理、借款本息的归还、长期借款的期末计量。

（二）科目设置

企业应设置"长期借款"总分类账户，并设置"本金""利息调整"明细科目进行核算。

企业按照长期借款的摊余成本和实际利率计算确定的长期借款利息费用，应视其发生的期间以及能否资本化，分别借记"制造费用""财务费用""在建工程""研发支出"等科目，按借款本金和合同利率计算确定的应付未付利息，贷记"应付利息"科目，按其差额，贷记"长期借款——利息调整"科目。

（三）账务处理

长期借款按照公允价值进行初始计量，即企业向银行或其他金融机构借入金额的现值。

1. 借入长期借款。

借：银行存款
  贷：长期借款——本金
    长期借款——利息调整（差额）

【提示】对于长期借款的利息，企业应当采用实际利率法，按摊余成本进行后续计量。

2. 计提利息。

借：制造费用/财务费用/在建工程/研发支付等
  贷：应付利息（分期利息）/长期借款——应计利息（到期一次还本付息）
    长期借款——利息调整（差额）

3. 到期归还本息。

借：长期借款——本金
    ——应计利息
  在建工程/财务费用/制造费用等（差额）
  贷：银行存款
    长期借款——利息调整

【例3-9】（单选题）下列关于长期借款的说法不正确的是（ ）。

A. 甲公司向银行借入期限为12个月的借款，确认为长期借款

B. 乙公司借入长期借款，按实际收到的金额，借记"银行存款"科目，贷记"长期借款——本金"科目

C. 丙公司采用实际利率法，按摊余成本对长期借款进行后续计量

D. 丁公司借入长期借款时，支付了12%的手续费，应借记"长期借款——利息调整"科目

【答案】A

【解析】长期借款是指企业向银行或其他金融机构借入的期限在1年以上（不含1年）的各项借款，选项A错误。

二、应付债券

（一）定义

应付债券构成企业长期负债，是企业为筹集长期资金而发行的一种书面凭证，通过凭证上记载的利率、期限等，表明发行债券的企业允诺在未来某一特定日期还本付息。

债券的发行方式有三种，见表3-8。

表3-8

发行方式	平价发行	溢价发行	折价发行
发行结果	票面利率等于同期银行存款利率	票面利率大于同期银行存款利率	票面利率小于同期银行存款利率

（二）科目设置与计量方法

1. 科目设置。

企业设置"应付债券"总分类账户，按债券种类设置明细账，并按面值、利息调整、应计利息等进行明细核算。

2. 计量方法。

债券期末以摊余成本计量，采用实际利率法计算摊销的利息。

【提示1】实际利率法是指每期的利息费用按实际利率乘以期初债券账面价值计算，按实际利率计算的利息费用与按票面利率计算的应计利息的差额，即为本期摊销的溢价或折价。实际利率法中的实际利率是指使某项资产或负债的未来现金流量现值等于当前公允价值的折现率。

【提示2】金融资产（金融负债）的摊余成本是指该金融资产（金融负债）的初始确认金额经过下列调整后的金额：

①扣除已收回或偿还的本金；

②加上或减去采用实际利率法将该初始确认金额与到期日金额之间的差额进行摊销形成的累计摊销额；

③扣除已发生的减值损失（仅适用于金融资产）。

摊余成本=初始确认金额-已收回或偿还的本金±累计摊销额-已发生的减值损失。

【提示3】实际利率法计算步骤如下：

①按照实际利率计算的利息费用=期初债券的购买价款×实际利率。

②按照面值计算的利息=面值×票面利率。

③溢价发行的债券，当期溢价的摊销额=按照面值计算的利息-按照实际利率计算的利息费用。

④折价发行的债券，当期折价的摊销额=按照实际利率计算的利息费用-按照面值计算的利息。

（三）账务处理

1. 发行债券。

借：银行存款
    贷：应付债券——面值（债券面值）
              ——利息调整（差额，也可能在借方）

【提示】发行债券的发行费用应计入发行债券的初始成本，计入"利息调整"。

2. 期末计提利息。

每期计入"在建工程""制造费用""财务费用"等科目的利息费用=期初摊余成本×实际利率；每期确认的"应付利息"或"应付债券——应计利息"=债券面值×票面利率。

借：在建工程/制造费用/财务费用等
    应付债券——利息调整（差额，也可能在贷方）
    贷：应付利息（分期付息，到期还本债券）
        应付债券——应计利息（到期一次还本付息债券）

3. 到期还本付息。

借：应付债券——面值
              ——应计利息（到期一次还本付息债券）
    应付利息（分期付息，到期还本债券最后一次利息）
    贷：银行存款

【例3-10】（单选题）甲公司2×23年1月1日发行面值为37 000万元，票面利率10%，到期一次还本付息债券。该债券实际发行价格34 272万元，实际年利率12%。该债券2×24年12月31日账面价值为（　　）万元。

A. 34 272　　　　B. 38 199.7
C. 38 384.64　　D. 42 990.8

【答案】D

【解析】债券的摊余成本=账面价值。应付债券期末的摊余成本=期初摊余成本+本期计提的利息费用-本期支付的利息。甲公司发行债券为到期一次还本付息债券，本期支付利息为0，因此，2×23年12月31日应付债券的摊余成本=34 272+34 272×12%-0=38 384.64（万元），2×24年12月31日应付债券的摊余成本=38 384.64+38 384.64×12%-0=42 990.8（万元）。

会计分录如下：

2×23年1月1日发行债券。

借：银行存款　　　　　　　34 272
    应付债券——利息调整　2 728
    贷：应付债券——面值　　37 000

2×23年12月31日计提利息。

借：财务费用
        4 112.64（34 272×12%）
    贷：应付债券——应计利息　3 700
              ——利息调整
                            412.64

2×24年12月31日计提利息。

借：财务费用
        4 606.16（38 384.64×12%）
    贷：应付债券——应计利息　3 700
              ——利息调整
                            906.16

（四）可转换公司债券

可转换公司债券是指发行人依照法定程序发行、在一定期间内依据约定的条件可以转换为股份的公司债券。企业应在"应付债券"科目中设置"可转换公司债券"明细科目进行核算。

1. 企业实际收到款项时。

借：银行存款
    贷：应付债券——可转换公司债券（面值）（负债成分）
        其他权益工具（权益成分）
        应付债券——可转换公司债券（利息调整）

（1）可转换公司债券发行收款构成分为两个部分：

①负债成分公允价值（未来现金流量现值），按面值计入"应付债券——可转换公司债券（面值）科目，面值与公允价值的差额计入"应付债券——可转换公司债券（利息调整）科目"。

②权益成分公允价值（发行收款－负债成分公允价值）计入"其他权益工具"科目。

(2) 可转换公司债券发行费用。

①负债成分负担的发行费用计入"应付债券——可转换公司债券（利息调整）科目"。

②权益成分负担的发行费用计入"其他权益工具"科目。

【例3-11】（单选题）2×25年1月1日，甲公司以5 000万元的价格平价发行一份可转换公司债券。债券期为5年，票面利率5%，实际利率6%。不考虑其他因素，发行当日，甲公司应确认可转换公司债券权益成分的公允价值为（   ）万元。

已知：（P/A，6%，5）=4.2124，（P/F，6%，5）=0.7473。

A. 5 000 B. 789.6
C. 210.4 D. 0

【答案】C

【解析】可转换公司债券负债成分的公允价值=5 000×0.7473+5 000×5%×4.2124=4 789.6（万元），权益成分的公允价值=5 000-4 789.6=210.4（万元）。

2. 股份转换前。

可转换公司债券的负债成分，在转换为股份前，其会计处理与一般公司债券相同，即按照实际利率和摊余成本确认利息费用，按面值和票面利率确认应付利息，差额作为利息调整进行摊销。

3. 股份转换时。

借：应付债券——可转换公司债券（面值、利息调整）（账面余额）
　　其他权益工具（转换部分权益成分的公允价值）
　贷：股本（股票面值×转换的股数）
　　　资本公积——股本溢价（差额）

【例3-12】（单选题）甲公司2×23年1月1日发行1 000万份可转换公司债券，每份面值为100元、每份发行价格为100.5元，可转换公司债券发行2年后，每份可转换公司债券可以转换4股甲公司普通股（每股面值1元）。甲公司发行该可转换公司债券确认的负债初始计量金额为100 150万元。2×24年12月31日，与该可转换公司债券相关负债的账面价值为100 050万元。2×25年1月2日，该可转换公司债券全部转换为甲公司股份。甲公司因可转换公司债券的转换应确认的资本公积（股本溢价）为（   ）万元。

A. 350 B. 400
C. 96 050 D. 96 400

【答案】D

【解析】甲公司因可转换公司债券的转换应确认的资本公积（股本溢价）的金额=100 050+(1 000×100.5-100 150)-1 000×4=96 400（万元）。

三、长期应付款

（一）定义

长期应付款是指企业发生的除长期借款和长期债券以外的其他各种长期应付款，包括以分期付款方式购入固定资产发生的应付款项等。企业设置"长期应付款"账户，核算长期应付款的增减变动情况。

（二）账务处理

1. 租入固定资产。

借：在建工程/固定资产（公允价值和最低租赁款两者较低者）
　　未确认融资费用（差额）
　贷：长期应付款（最低租赁付款额）
　　　银行存款等（初始直接费用）

2. 确认未确认融资费用。

借：财务费用/在建工程等
　贷：未确认融资费用

【提示1】在融资租赁下，承租人向出租人支付的租金中，包含了本金和利息两部分。承租人支付租金时，一方面应减少长期应付款，另一方面应将未确认的融资费用，在租赁期内各个期间按一定的方法确认为当期融资费用。

【提示2】企业应当按照实际利率法计算确认当期的融资费用。

3. 付款。

借：长期应付款
　贷：银行存款

（三）具有融资性质的延期付款

企业购买资产有可能延期支付有关价款。

如果延期支付的购买价款超过正常信用条件，实质上具有融资性质的，所购资产的成本应当以延期支付购买价款的现值为基础确定。

借：固定资产/在建工程（购买价款现值）
　　贷：长期应付款
　　　　未确认融资费用（差额）

【提示】实际支付的价款与购买价款的现值之间的差额，应当在信用期间内采用实际利率法进行摊销，计入相关资产成本或当期损益。

四、专项应付款

专项应付款是指企业取得政府作为企业所有者投入的具有专项或特定用途的款项，如专项用于技术改造、技术研究等，以及从其他来源取得的款项。为了核算专用应付款的增减变动情况，企业应设置"专项应付款"总分类账户，并按照资本性投资项目进行明细核算。

企业接受政府作为企业所有者投入的资本性拨款，如国家拨入的具有专门用途的拨款，应在实际收到专项拨款时作为专项应付款处理。待拨款项目完成后，将形成固定资产等资产项目的部分转入资本公积；未形成资产应核销的部分，报经批准后冲减专项应付款；拨款项目完成后，如有拨款结余须上交的，冲减专项应付款。

【知识点3】债务重组

一、定义

债务重组是指在不改变交易对手方的情况下，经债权人和债务人协定或法院裁定，就清偿债务的时间、金额或方式等重新达成协议的交易。

【提示】债务重组分为持续经营情况下的债务重组和非持续经营情况下的债务重组两种，本书只涉及持续经营情况下的债务重组。

二、债务重组主要方式

（1）以资产清偿债务。
（2）将债务转为资本，将应付可转换公司债券转为资本的除外。
（3）除上述两种方式外，修改其他债务条件，如减少债务本金、降低利率、减少债务利息等。
（4）以上方式的组合。

【提示】在债务重组中涉及的重组债务和重组债权只有在满足金融负债和金融资产终止确认条件时，才能予以终止确认。

【例3-13】（多选题）企业重组发生的下列支出中，属于与重组有关的直接支出包括（　　）。
A. 遣散职工的安置费
B. 新系统的投入
C. 留用员工的培训费
D. 撤销设备租赁合同的违约金
E. 设备的迁移费

【答案】AD

【解析】与重组有关的直接支出包括向辞退员工支付的自愿遣散或强制遣散费、不再使用的厂房租赁撤销费，不包括留用员工的岗前培训费、市场推广、新系统和营销网络投入、将设备从拟关闭的工厂转移到继续使用的工厂的迁移费等支出。

三、会计处理

（一）以现金清偿债务

1. 债务人的会计处理。

借：应付账款
　　贷：银行存款
　　　　营业外收入——债务重组利得
　　　　　　（差额）

2. 债权人的会计处理。

借：银行存款
　　营业外支出——债务重组损失（差额）
　　贷：应收账款

（二）以非现金资产清偿债务

1. 债务人的会计处理。

债务人应当在相关资产和所清偿债务符合终止确认条件时予以终止确认，所清偿债务账面价值与转让资产账面价值之间的差额计入当期损益。

借：应付账款（债务账面价值）
　　贷：主营业务收入/固定资产清理/无形资产等（公允价值）
　　　　应交税费——应交增值税（销项税）
　　　　营业外收入——债务重组利得
　　　　　　（差额）

【提示】债务人在转让非现金资产过程中发生相关费用，如资产评估、运杂费等，计入资产转让损益。

2. 债权人的会计处理。

债权人初始确认受让的非金融资产时，应

当对受让的非金融资产以放弃债权的公允价值为入账基础，放弃债权的公允价值与账面价值之间的差额计入当期损益。

借：固定资产/库存商品等（按其公允价值入账）
　　应交税费——应交增值税（进项税额）
　　银行存款（收到的补价）
　　坏账准备（已计提的减值准备）
　　营业外支出——债务重组损失（当重组损失额大于已提减值准备）
　贷：应收账款（账面余额）
　　　银行存款（支付的补价）
　　　资产减值损失（当重组损失额小于已提减值准备）

【例3-14】（单选题）甲公司和乙公司都是增值税一般纳税人，适用的增值税税率为13%。2×24年5月1日，甲公司因发生财务困难，与乙公司就其所欠乙公司的1 000万元的货款进行了债务重组。债务重组协议约定，甲公司以其产品抵偿所欠乙公司全部债务，抵债产品账面余额1 100万元，已计提的存货跌价准备为400万元，公允价值为800万元。假定不考虑其他因素的影响，甲公司对此项债务重组（　　）。

A. 确认营业外收入96万元
B. 确认重组损失100万元
C. 确认营业收入700万元
D. 确认营业成本1 100万元

【答案】A
【解析】以库存商品清偿债务的，债务人应当将重组债务的账面价值与转让的非现金资产的公允价值和增值税之和之间的差额确认为债务重组利得，甲公司债务重组利得 = 1 000 - 800 × (1 + 13%) = 96（万元），计入营业外收入。相关会计分录如下：

借：应付账款　　　　　　10 000 000
　贷：主营业务收入　　　　8 000 000
　　　应交税费——应交增值税（销项税额）　1 040 000
　　　营业外收入——债务重组利得　960 000

借：主营业务成本　　　　7 000 000
　　存货跌价准备　　　　4 000 000
　贷：库存商品　　　　　11 000 000

（三）将债务转为权益工具

1. 债务人的会计处理。

债务人应当在所清偿债务符合终止确认条件时予以终止确认，并在初始确认权益工具时按照权益工具的公允价值计量，权益工具的公允价值不能可靠计量的，应当按照所清偿债务的公允价值计量，所清偿债务账面价值与权益工具确认金额之间的差额，应当计入当期损益。

借：应付账款
　贷：股本/实收资本
　　　资本公积——股本溢价/资本溢价（按股票公允价值减去股本额）
　　　营业外收入——债务重组利得（按抵债额减去股票公允价值）

2. 债权人的会计处理。

债权人应当将放弃债权的公允价值与账面价值之间的差额，计入当期损益。

借：长期股权投资/交易性金融资产等（按其公允价值入账）
　　坏账准备
　　营业外支出——债务重组损失（当重组损失额大于已提减值准备）
　贷：应收账款（账面余额）
　　　资产减值损失（当重组损失额小于已提减值准备）

【提示】债权人已对重组债权计提减值准备的，应当先将该差额冲减减值准备（"坏账准备"科目），减值准备不足以冲减的部分，计入当期损益；冲减后减值准备仍有余额的，应予转回并抵减当期资产减值损失（"资产减值损失"科目）。

（四）修改其他债务条件

1. 债务人的会计处理。

债务人应当将修改其他债务条件后债务的公允价值作为重组后债务的入账价值，重组债务的账面价值与重组后债务的入账价值之间的差额，计入当期损益。

2. 债权人的会计处理。

债权人应当将修改其他债务条件后的债权的公允价值作为重组后债权的账面价值，重组债权的账面余额与重组后债权的账面价值之间的差额，计入当期损益；债权人已对重组债权计提减值准备的，应当先将该差额冲减减值准备，减值准备不足以冲减的部分，计入当期损益。

【例3-15】（多选题）下列关于债务重组的说法中，正确的有（　　）。

A. 以资产清偿债务方式进行债务重组的，债权人初始确认受让的非金融资产时，应当对受让的非金融资产以放弃债权的公允价值为入账基础

B. 将债务转为权益工具的，债务人在初始确认权益工具时按照权益工具的公允价值计量

C. 以资产清偿债务方式进行债务重组的，债务人所清偿债务账面价值与转让资产账面价值之间的差额计入营业外收支

D. 将债务转为权益工具的，债权人应当以放弃债权的账面价值入账

E. 债权人已对重组债权计提减值准备的，重组时转入当期损益

【答案】ABC

【解析】选项D，将债务转为权益工具的，债权人应当以权益的公允价值入账，放弃债权的公允价值与账面价值之间的差额，计入当期损益；选项E，债权人已对重组债权计提减值准备的，应当先将该差额冲减减值准备，减值准备不足以冲减的部分，计入当期损益。

【知识点4】借款费用

一、概述

（一）借款费用的定义

借款费用是指企业因借入资金所付出的代价，包括借款利息、折价或者溢价的摊销、辅助费用以及因外币借款而发生的汇兑差额等。借款包括专门借款和一般借款。

【提示】专门借款是指为购建或生产符合资本化条件的资产而专门借入的款项；一般借款是指除专门借款之外的借款。

（二）处理方法

1. 可以直接归属于符合资本化条件的资产的购买或者生产的借款费用，应给予资本化，计入相关资产的成本。

2. 其他借款费用，应当在发生时根据其发生额给予费用化，计入当期损益。

（三）确认原则

1. 企业因专门借款及占用的一般借款而发生的利息、折价或溢价的摊销、汇兑差额和安排专门借款而发生的辅助费用在符合资本化条件的情况下，应当予以资本化，计入相关资产的成本。

2. 其他的借款利息、折价或溢价的摊销和汇兑差额等，应当于发生当期计入当期损益。

二、借款费用资本化的确认

（一）借款费用资本化的范围

1. 符合资本化条件的固定资产、投资性房地产和存货在购建或者生产过程中的借款费用予以资本化；发生在其他资产上的借款费用，不能予以资本化。

2. 专门借款和占用的一般借款所发生的借款费用允许在符合资本化条件的情况下予以资本化，其他借款所发生的借款费用不允许资本化，而应在发生时直接计入当期损益。

3. 自行开发建造厂房等建筑物，土地使用权与建筑物应当分别进行会计处理，土地使用权的账面价值不与地上建筑物合并计算其成本，而仍作为无形资产进行会计处理。在该情形下，土地使用权在取得时通常已达到预定使用状态，土地使用权不满足借款费用准则规定的"符合资本化条件的资产"定义。因此，根据借款费用准则，企业应当以建造支出（包括土地使用权在房屋建造期间计入在建工程的摊销金额）为基础，而不是以土地使用权支出为基础，确定应予资本化的借款费用金额。

4. 房地产开发企业，取得的土地使用权用于建造对外出售的房屋建筑物，相关的土地使用权应当计入所建造的房屋建筑物成本。在该情况下，建造的房屋建筑物满足借款费用准则规定的"符合资本化条件的资产"定义。因此，根据借款费用准则，企业应当以包括土地使用权支出的建造成本为基础，确定应予资本化的借款费用金额。

【提示】当所购建或者生产的符合资本化条件的固定资产、投资性房地产和存货一旦达到预定可使用或可销售状态，所发生的借款费用就不能再予以资本化，而应在发生时直接计入当期损益。

（二）借款费用资本化期间的确认

借款费用同时满足以下三个条件，才能开始资本化：

（1）资产支出已经发生；

(2) 借款费用已经发生；

(3) 为使资产达到预定可使用或者可销售状态所必要的购建或者生产活动已经开始。

【例 3-16】（单选题）2×24 年 1 月 15 日，甲公司董事会通过了厂房建造决议，打算自建一座厂房以扩大生产。经过一系列前期准备工作，建造工程于 2×24 年 3 月 1 日开始，工程队进驻施工，甲公司已支付首期工程款。直至 2×24 年 5 月 15 日，因自有资金不足，甲公司向银行申请一笔专门借款用于施工工程。银行至 6 月 30 日批准借款并下放予以甲公司使用，并于当日开始计息。获得该笔款项后，甲公司于 7 月 25 日支付给工程队二期工程款。则该专门借款利息开始资本化的时点为（　　）。

A. 2×24 年 3 月 1 日
B. 2×24 年 5 月 15 日
C. 2×24 年 6 月 30 日
D. 2×24 年 7 月 25 日

【答案】 C

【解析】 借款费用在 2×24 年 6 月 30 日同时满足了资产支出已经发生、借款费用已经发生、为使资产达到预定可使用或者可销售状态所必要的购建或者生产活动已经开始三个资本化条件。

三、借款费用资本化的计量

（一）利息资本化金额的确定

1. 为购建或者生产符合资本化条件的资产而借入专门借款的，应当以专门借款当期实际发生的利息费用，减去将尚未动用的借款资金存入银行取得的利息收入或进行暂时性投资取得的投资收益后的金额确定。

【提示】 对专门借款而言，资本化期间的借款费用全部资本化，费用化期间的借款费用全部费用化。对费用化金额的计算可比照资本化金额的计算方式处理，即费用化期间的利息费用减去费用化期间尚未动用的借款资金存入银行取得的利息收入或进行暂时性投资取得的投资收益后的金额确定。

【例 3-17】（单选题）2×23 年 3 月 5 日，甲公司开工建设一栋办公大楼，工期预计为 2 年。为筹集办公大楼后续建设所需要的资金，甲公司于 2×24 年 1 月 1 日向银行专门借款 5 000 万元，借款期限为 2 年。年利率为 12%（与实际利率相同）。借款利息按年支付，2×24 年 2 月 1 日、2×24 年 3 月 1 日、2×24 年 5 月 1 日甲公司使用专门借款分别支付工程进度款 2 000 万元、1 000 万元、2 000 万元。借款资金闲置期间专门用于短期理财，共获得理财收益 100 万元。办公大楼于 2×24 年 10 月 1 日完工，达到预计可使用状态。不考虑其他因素，甲公司 2×24 年度应予以资本化的利息金额是（　　）万元。

A. 500
B. 350
C. 450
D. 330

【答案】 B

【解析】 应予以资本化的利息金额 = 5 000 × 12% × 9 ÷ 12 − 100 = 350（万元）。

2. 为购建或者生产符合资本化条件的资产而占用了一般借款的，企业应当根据累计资产支出超过专门借款部分的资产支出加权平均数乘以所占用一般借款的资本化率，计算确定一般借款应予资本化的利息金额。资本化率应当根据一般借款加权平均利率计算确定。有关计算公式如下：

每一会计期间占用的一般借款利息的资本化金额 = 至当期末止资产支出加权平均数 × 资本化率

资产支出加权平均数 = $\sum$ [每笔资产支出金额 × （每笔资产支出实际占用天数 ÷ 会计期间涵盖天数）]

【提示】 如果为购建或者生产符合资本化条件的资产只占用了一笔一般借款，资本化率即为该项一般借款的利率；如果为购建或者生产符合资本化条件的资产而占用了一笔以上的一般借款，则资本化率为这些一般借款的加权平均利率。加权平均利率按以下公式计算：

加权平均利率 = 所占用一般借款当期实际发生的利息之和 ± 当期摊销的溢折价所占用一般借款本金加权平均数 × 100%

【例 3-18】（单选题）甲公司建造一条生产线，该工程预计工期为两年，建造活动自 2×24 年 7 月 1 日开始，当日预付承包商建造工程款 3 000 万元。9 月 30 日，追加支付工程进度款 2 000 万元。甲公司该生产线建造工程占用借款包括：

①2×24 年 6 月 1 日借入的 3 年期专门借款 4 000 万元，年利率 6%。

②2×24 年 1 月 1 日借入的 2 年期一般借款 3 000 万元，年利率 7%，甲公司将闲置部分专

门借款投资货币市场基金,月收益率为0.6%,不考虑其他因素。2×24年甲公司该生产线建造工程应予资本化的利息费用是( )万元。

A. 119.5　　　　B. 122.5
C. 137.5　　　　D. 139.5

【答案】A

【解析】应予资本化的利息费用 = (4 000 × 6% × 6/12 - 1 000 × 0.6% × 3) + 1 000 × 7% × 3/12 = 119.5(万元)。

3. 每一会计期间的利息资本化金额,不应当超过当期相关借款实际发生的利息金额。

(二)借款辅助费用资本化金额的确定

专门借款发生的辅助费用,在所购建或者生产的符合资本化条件的资产达到预定可使用或可销售状态之前发生的,应当在发生时根据其发生额予以资本化,计入符合资本化条件的资产的成本,它不与发生在购建或生产符合资本化条件的资产上的支出相联系。在所购建或者生产的符合资本化条件的资产达到预定可使用或者可销售状态之后发生的辅助费用,应当在发生时根据其发生额确认为费用,计入当期损益。一般借款发生的辅助费用,应当在发生时根据其发生额确认为费用,计入当期损益。

(三)外币专门借款汇兑差额资本化金额的确定

在资本化期间内,外币专门借款本金及利息的汇兑差额,应当予以资本化,计入符合资本化条件的资产的成本,并不要求其与资产支出相挂钩;除外币专门借款之外的其他外币借款本金及其利息所产生的汇兑差额,则全部计入当期损益。

四、暂停资本化

符合资本化条件的资产在购建或者生产过程中,如果符合资本化的资产购建或生产活动发生非正常中断,并且中断时间连续超过3个月,应当暂停借款费用的资本化,见表3-9。

表3-9

项目	概念	示例
正常中断	为使所购建或生产的符合资本化的资产达到预定可使用或者可销售状态所必要的程序而发生的中断,或由于事先可预见的不可抗力因素导致的中断。	(1)中期工程质量和安全检查; (2)不可预见的天气因素等。
非正常中断	通常是由于企业管理决策上的原因或者其他不可预见的原因等所导致的中断。	(1)质量纠纷; (2)工程用料断供; (3)资金周转困难; (4)安全事故; (5)劳务纠纷等。

【提示】中断的原因必须是非正常中断,若属于正常中断,则借款费用应当继续资本化。

【例3-19】(单选题)下列各项中,应该暂停借款费用资本化的是( )。

A. 因拖欠施工人员工资导致固定资产建造活动连续中断超过3个月

B. 因自然灾害导致固定资产建造活动连续中断2个月

C. 因施工质量例行检查导致固定资产建造活动连续中断超过3个月

D. 因可预见的不可抗力因素导致的固定资产的建造活动连续中断超过3个月

【答案】A

【解析】符合资本化条件的资产在购建或者生产过程中如果发生非正常中断,且中断时间连续超过3个月的,应当暂停借款费用的资本化。选项C、D,属于正常中断,不需要暂停资本化。选项B,属于非正常中断,但是中断时间没有超过3个月,所以不暂停资本化。

五、停止资本化

(一)停止资本化的一般原则

1. 企业所购建或者生产的符合资本化条件的资产达到预定可使用或者可销售状态,借款费用应当停止资本化,后续发生的费用计入当期损益。

2. 借款费用是否停止资本化可以从以下几个方面判断(满足任意一项即可):

(1)符合资本化条件的资产实体建造(包括安装)或者生产工作已经全部完成或者实质上已经完成。

(2)所购建或者生产的符合资本化条件的资产与设计要求、合同规定或者生产要求相符或基本相符。

(3)继续发生在所购建或者生产的符合资

本化条件的资产上的支出金额很少或几乎不再发生。

【提示】如果所购建或者生产符合资本化条件的资产需要试生产或者试运行，则在试生产结果表明资产能够正常生产出合格产品时，或者试运行结果表明能够正常运转或营业时，就应当认为该资产已经达到预定可使用或可销售状态，借款费用应当停止资本化。

（二）资产分别建造、分别完工情况下的停止资本化

当满足下列条件时，说明该部分已经达到了预定可使用或者可销售状态，企业应当停止与该部分资产相关的借款费用资本化：

1. 企业所购建或者生产的符合资本化条件的资产的各部分分别完工。

2. 每部分在其他部分继续建造过程中可供使用或者可对外销售。

3. 为使该部分资产达到预定可使用或者可销售状态所必要的购建或者生产活动实质上已经完成。

【提示】如果企业所购建或者生产的资产各部分分别完工，但必须等到整体完工后才可使用或者对外销售的，即使各部分资产已经完工，也不能认为该部分资产已经达到了预定可使用或者可销售状态，企业只能在所购建或者生产的资产整体完工时，才能认为达到了预定可使用或者可销售状态，才能停止借款费用的资本化。

【知识点5】或有事项
一、或有事项的定义
（一）或有事项的定义及特征
1. 定义。

或有事项是指过去的交易或事项形成的，其结果须由某些未来事项的发生或不发生才能决定的不确定事项。常见的或有事项有：未决诉讼或未决仲裁、债务担保、产品质量保证（含产品安全保证）、亏损合同、重组义务、承诺、环境污染整治等。

2. 特征。

或有事项具有三个特征，见表3–10。

表3–10

特征	解释	示例
（1）过去的交易或事项形成	或有事项作为一种不确定事项，是企业过去交易或事项引起的，是资产负债表日的一种客观存在。	产品质量保证是企业对已出售商品或已提供劳务的质量提供的保证，不是为尚未出售商品或尚未提供劳务的质量提供的保证。
（2）结果具有不确定性	或有事项的结果是否发生具有不确定性或者或有事项的结果预计会发生，但发生的具体时间或金额具有不确定性。	为其他单位提供债务担保，担保方在债务到期时是否承担和履行连带责任，需要根据被担保方能否按时还款决定，其结果在担保协议达成时具有不确定性。
（3）结果须由未来事项决定	由未来事项决定，是指或有事项的结果只能由未来事项的发生或不发生加以决定。	未决诉讼，其最终结果只能随着案情的发展，由判决结果来确定。

【提示】或有事项的不确定性并非会计核算面临的不确定情形，而是生产经营面临的不确定情形。

【例3–20】（多选题）下列事项中，属于或有事项的有（　　）。

　A. 利润分享计划的实施
　B. 可转换公司债券的行权
　C. 对逃债公司的诉讼
　D. 为子公司提供的担保
　E. 对环境污染的整治

【答案】CDE

【解析】或有事项是指过去的交易或者事项形成的，其结果须由某些未来事项的发生或不发生才能决定的不确定事项。选项A、B的结果都是确定的，因此不是或有事项。

（二）或有负债

或有负债是指过去的交易或事项形成的潜在义务，其存在须通过未来不确定事项的发生或不发生予以证实；或过去的交易或事项形成的现时义务，履行该义务不是很可能导致经济利益流出企业或该义务的金额不能可靠地计量。

或有负债涉及两类义务：一类是潜在义务，另一类是现时义务，见表3–11。

表 3-11

义务	概念
潜在义务	是指结果取决于不确定未来事项的可能义务。
现实义务	是指企业在现行条件下已承担的义务，该现时义务的履行不是很可能（可能性≤50%）导致经济利益流出企业，或者该现时义务的金额不能可靠地计量。

（三）或有资产

或有资产是指过去的交易或事项形成的潜在资产，其存在须通过未来不确定事项的发生或不发生予以证实。

【例 3-21】（多选题）下列关于或有事项的表述中，正确的有（　　）。

A. 未来不发生的事项也可以证实或有资产的存在

B. 对本单位不产生影响的事项，不确认为或有事项

C. 不能可靠计量的现实义务不确认为或有负债

D. 或有负债一定要在资产负债表列报

E. 或有事项起因于过去的交易或事项

【答案】ABE

【解析】现实义务是指企业在现行条件下已承担的义务，该现时义务的履行不是很可能导致经济利益流出企业，或者该现时义务的金额不能可靠地计量。因此就是因为金额不能可靠计量，才需要确认为或有负债，选项 C 错误。或有负债和或有资产不符合负债或资产的确认条件，企业不应当确认或有负债和或有资产，而应当进行相应的披露。因此选项 D 错误。

【提示】或有事项的内容如下：

或有事项 {
　确认和计量 { 负债（预计负债）；资产（其他应收款）
　列报 { 预计负债的列报；或有负债的披露；或有资产的披露
}

二、或有事项的确认和计量

若或有负债符合预计负债确认条件，则确定为负债；或有资产确定可以收到，则确认为资产。若或有负债和或有资产不符合负债要素或资产要素的定义，则不应当确认。

（一）预计负债的确认

1. 确认条件。

如果与或有事项相关的义务同时满足下列条件，企业应将其确认为预计负债，见表 3-12。

表 3-12

条件	解释
（1）该义务是企业承担的现时义务	与或有事项有关的义务是企业当前条件下已承担的义务，企业没有其他现实的选择，只能履行该现时义务。
（2）履行该义务很可能导致经济利益流出企业	企业履行因或有事项而承担的现时义务导致经济利益流出企业的可能性超过 50%，但小于或等于 95%。
（3）该义务的金额能够可靠地计量	与或有事项相关的现时义务的金额能够合理地估计。

【提示】概率及对应划分见表 3-13。

表 3-13

表述	对应概率范围
基本确定	95%（不含）~100%（不含）
很可能	50%（不含）~95%（含）
可能	5%（不含）~50%（含）
极小可能	0（不含）~5%（含）

2. 科目设置。

为了核算预计负债的增减变动情况，设置"预计负债"科目，该科目的贷方登记符合条件的或有负债，借方登记清偿或冲减的预计负债，期末贷方余额反映企业已确认尚未支付的预计负债。

（二）预计负债计量

预计负债的计量主要涉及三个问题：最佳估计数的确定；预期可获得补偿的处理；预计负债计量需要考虑的因素。

1. 最佳估计数。

预计负债应当按照履行相关现实义务所需支出的最佳估计数进行初始计量。

最佳估计数的确定 { 连续范围、可能性相等：中间值（算术平均）
其他 { 单个项目：最可能发生金额
多个项目：概率计算（加权平均）

【提示】对于重组所产生的预计负债，企业应当按照与重组有关的直接支出确定预计负债金额。但是，直接支出不包括留用职工岗前培训、市场推广、新系统和营销网络投入等支出。

【例 3-22】（单选题）2×24 年 11 月 16 日，甲公司与乙公司就一合同产生纠纷，乙公司已向甲公司提起诉讼。2×24 年 12 月 31 日，法院尚未对纠纷做出判决。在咨询了相关法律顾问后，甲公司测算出胜诉的可能性为 30%，败诉的可能性为 70%，如果败诉，需要赔偿 1 000 万元。则甲公司在 2×24 年 12 月 31 日，应确认的预计负债为（　　）万元。

A. 0　　　　　　　B. 300
C. 700　　　　　　D. 1 000

【答案】D

【解析】或有事项涉及单个项目，最佳估计数按照最可能发生的金额确定。

2. 预期可获得补偿的处理。

如果企业清偿预计负债所需支出全部或部分预期由第三方补偿的，补偿金额只有在基本确定能收到时才能作为资产单独确认，确认的补偿金额不应当超过预计负债的账面价值。

预期可能获得补偿的情况通常有：发生交通事故等情况时，企业通常可从保险公司获得合理的赔偿；在某些索赔诉讼中，企业可通过反诉的方式对索赔人或第三方另行提出赔偿要求；在债务担保业务中，企业在履行担保义务的同时，通常可向被担保企业提出追偿要求。

【例 3-23】（单选题）2×24 年 12 月 31 日，甲公司涉及的一项产品质量未决诉讼案，败诉的可能性为 80%，如果胜诉，不需要支付任何费用，如果败诉，支付赔偿金及诉讼费共计 60 万元，同时基本确定可从保险公司获赔 45 万元的赔偿，当日，甲公司确认预计负债的金额为（　　）万元。

A. 15　　　　　　B. 0
C. 47　　　　　　D. 60

【答案】D

【解析】甲公司应按照预计支付的赔偿金和诉讼费用确认预计负债 60 万元，同时基本确定收到的赔偿款确认为其他应收款，会计分录如下：

借：营业外支出　　　　　　　150 000
　　其他应收款　　　　　　　450 000
　　贷：预计负债　　　　　　　　600 000

3. 预计负债计量需要考虑的因素。

企业在确定最佳估计数时，应当综合考虑与或有事项有关的风险和不确定性、货币时间价值以及未来事项等相关因素，见表 3-14。

表 3-14

相关因素	说明
(1) 风险和不确定性	企业在有风险和不确定的情况下需要进行谨慎判断，使得收入或资产不会被高估，费用或负债不会被低估。但并不代表应当确认过多的预计负债和故意夸大支出或费用。
(2) 货币时间价值	货币时间价值影响重大的，应当通过对相关未来现金流出进行折现后确定最佳估计数。
(3) 未来事项	在确定预计负债金额时，企业应当考虑可能影响履行现时义务所需金额的相关未来事项。也就是说，如果有足够的客观证据表明相关未来事项将会发生，则应当在预计负债计量中予以考虑相关未来事项的影响，但不应考虑预期处置相关资产形成的利得。

【提示】企业应当在资产负债表日对预计负债的账面价值进行复核。有确凿证据表明该账面价值不能真实反映当前最佳估计数的，应当按照当前最佳估计数对该账面价值进行调整。

【例 3-24】（单选题）下列关于或有事项的会计处理表述中，正确的是（　　）。

A. 现时义务导致的预计负债，在资产负债表中无须复核

B. 潜在义务导致的或有负债，不能在资产负债表中列为负债

C. 现时义务导致的预计负债，不能在资产负债表中列为负债

D. 或有事项形成的或有资产，应当在资产负债表中列为资产

【答案】B

【解析】企业应当在资产负债表日对预计负债的账面价值进行复核,选项 A 错误;现时义务导致的预计负债,应当在资产负债表中列为负债,选项 C 错误;或有事项形成的或有资产,不符合资产确认条件,不能在财务报表中确认,选项 D 错误。

精选练习题

一、单项选择题

1. 企业的短期借款利息应使用的核算账户是（　　）。
   A. 未确认融资费用
   B. 短期借款
   C. 应付账款
   D. 财务费用

2. 下列各项中,不属于应付票据核算范围的是（　　）。
   A. 承兑商业汇票
   B. 计提票据利息
   C. 支付票款
   D. 具有融资性质的购买资产应支付的款项

3. 下列关于应付账款的说法中,不正确的是（　　）。
   A. 应付账款核算的内容主要包括应付账款的形成及其偿还情况
   B. 应付账款入账时间的确定,应以与所购物资的所有权有关的风险和报酬已经转移或劳务已经接受为标志
   C. 无法支付的或无须支付的应付款项应计入主营业务收入
   D. 企业根据合同规定预付给供应单位购货定金,可以通过"应付账款"科目核算

4. 下列选项中不属于职工薪酬的是（　　）。
   A. 长期残疾福利
   B. 职工出差报销的火车票
   C. 长期带薪缺勤
   D. 辞退福利

5. 企业在职工劳动合同到期之前解除与职工的劳动关系所支付的款项属于职工薪酬中的（　　）部分。
   A. 短期薪酬
   B. 离职后福利
   C. 辞退福利
   D. 其他长期职工福利

6. 甲公司为增值税一般纳税人,适用的增值税税率为13%。根据董事会 2×25 年 1 月的决议,将公司最新研发的产品——X 牌电视机 100 件发放给公司董事高管以资奖励。X 牌电视机生产成本为每件 1.5 万元,市场售价每件 2 万元。假定不考虑除了增值税之外的其他因素,甲公司在 2×25 年因该项业务应计入管理费用的金额为（　　）万元。
   A. 200　　　　B. 226
   C. 150　　　　D. 169.5

7. 甲公司为母公司,对乙公司可以实施控制。甲公司与乙公司本年度发生下列交易或事项：①甲公司与乙公司签订协议,授予乙公司高管 100 万份股票期权,待满足行权条件时,乙公司高管可以每股 4 元的价格自甲公司购买乙公司股票；②乙公司授予其研发人员 20 万份现金股票增值权,这些研发人员在乙公司连续服务 2 年,即可按照乙公司股价的增值幅度获得现金；③乙公司向丙公司发行 500 万股本公司股票,作为支付丙公司为乙公司提供咨询服务的价款；④乙公司自市场回购本公司股票 100 万股,并与销售人员签订协议,如未来 3 年销售业绩达标,销售人员将无偿取得该部分股票。不考虑其他因素,上述各项中,乙公司不能作为以权益结算的股份支付的是（　　）。
   A. 事项①　　　B. 事项②
   C. 事项③　　　D. 事项④

8. 甲公司为增值税一般纳税人,适用的增值税税率为13%。甲公司将自产的一批应税消费品（非金银首饰）用于在建厂房。该批消费品成本为 100 万元,计税价格为 250 万元。该批消费品适用的消费税税率为 10%。则甲公司应计入在建厂房成本的金额为（　　）万元。
   A. 110　　　　B. 125
   C. 250　　　　D. 312.5

9. 企业外购液体盐加工固体盐的,所购入的液体盐缴纳的资源税可以抵扣,外购液体盐的成本为（　　）。
   A. 外购价款
   B. 外购价款扣除资源税
   C. 外购价款加上资源税
   D. 外购价款的 90%

10. 下列关于长期借款的说法中，错误的是（　　）。

A. 借款期大于等于1年的借款应使用长期借款科目核算

B. 企业应当采用实际利率计算长期借款各期的利息费用

C. 企业应当按摊余成本对长期借款进行后续计量

D. 长期借款应当按照公允价值进行初始计量

11. 下列关于长期借款的利息费用的说法中，正确的是（　　）。

A. 企业的长期借款应按现值和实际利率确定借款利息费用

B. 长期借款的利息费用应计入财务费用核算

C. 企业应按长期借款本金和合同利率确定实际利息

D. 长期借款实际利息和应付利息之间的差额计入长期借款科目

12. 甲公司2×24年1月1日获得公开募集债券许可，甲公司募集债券500万元，票面利率为6%（等于实际年利率）。筹集资金用于生产线建设，该生产线于2×24年7月1日正式开工（符合资本化条件），工程在年末尚未结束。则当年债券的利息支出资本化的金额为（　　）万元。

A. 0　　　　　　B. 5
C. 15　　　　　 D. 60

13. 下列关于应付债券的说法中，错误的是（　　）。

A. 折价发行的债券应在存续期内于计提利息时进行摊销

B. 采用一次还本付息方式的债券，应计未付利息于确认利息时增加长期债券的账面价值

C. 债券发行的溢价是企业以后各期少付息而预先给投资者的补偿

D. 长期债券在资产负债表日应按摊余成本进行计量

14. 企业发行的认股权和债权分离交易的可转换公司债券时，其权益工具的确认方法是（　　）。

A. 债券发行价格乘以实际利率

B. 债券发行价格减去公允价值

C. 债券公允价值乘以票面利率

D. 债券公允价值减去债券发行价格与实际利率的乘积

15. 下列说法中正确的是（　　）。

A. 长期借款是指企业向银行或其他金融机构借入的期限在5年以上（不含）的各项借款

B. 企业溢价发行债券，其溢价应在债券存续期内于计提利息时进行摊销，摊销方法应当采用直线法

C. 企业发行的认股权和债权分离交易的可转换公司债券，应当在初始确认时将其包含的负债成分和权益成分进行分拆，将负债成分确认为应付债券，将权益成分确认为其他权益工具

D. 如果延期支付的购买价款超过正常信用条件，实质上具有融资性质的，所购资产的成本应当以延期支付购买价款的终值为基础确定

16. 2×25年3月1日，甲公司将一批价值200万元的货物销售给乙公司，并约定乙公司于3月30日前支付货款。销售当日，甲公司已将货物送达乙公司，乙公司已验收入库。等到6月15日，乙公司并未支付货款。甲公司通过调查发现，乙公司存在严重财务困难。经双方协商，乙公司以银行存款150万元结清全部债务。甲公司对该项应收账款已经计提坏账准备30万元。假定不考虑其他因素，债务重组日甲公司应确认的债务重组损失为（　　）万元。

A. 0　　　　　　B. 20
C. 30　　　　　 D. 50

17. 2×24年1月1日，甲公司获得批准，在公开市场发行一份分期付息、到期还本债券的债券用来专门进行高科技生产线建造工程。该债券面值总额为10 000万元，期限为5年，票面年利率为10%，实际年利率为8%，每年12月31日支付当年利息。甲公司通过该债券共募集资金10 200万元，款项已存入银行。生产线于2×24年1月1日开工建造，2×24年度累计发生建造工程支出5 000万元。2×24年，甲公司将尚未使用的债券资金用于投资，取得投资收益900万元。2×24年12月31日工程尚未完工，不考虑其他因素，2×24年末该在建工程的账面余额为（　　）万元。

A. 5 816　　　　B. 5 600
C. 5 120　　　　D. 4 916

18. 如果企业要将一项或有事项确认为预计负债，则这项或有事项无须满足的条件是（ ）。

A. 或有事项符合潜在义务的要求

B. 履行或有事项产生的义务很可能导致企业经济利益流出

C. 该或有事项产生的业务时企业承担的现实义务

D. 或有事项导致的结果金额能够可靠计量

19. 2×24年12月31日，甲公司涉及一项未决诉讼，基本确定败诉，甲公司若败诉，需承担诉讼费20万元，支付赔偿款400万元，但基本确定可从保险公司获赔200万元的补偿。2×24年12月31日，甲公司因该诉讼应确认预计负债的金额为（ ）万元。

A. 420   B. 400
C. 220   D. 200

20. 甲公司为增值税一般纳税人，适用的增值税税率为13%。2×24年9月1日，甲公司因合同违约而遭到乙企业的起诉。截至2×24年12月31日，甲公司尚未接到法院判决。甲公司经过内部会议判断，该官司的最终判决可能对公司不利。假定预计支付的赔偿金额为10万至20万元之间，该区间内每个金额的可能性都大致相同。甲公司应确认预计负债（ ）万元。

A. 15   B. 20
C. 0   D. 30

二、多项选择题

1. 下列说法中，正确的有（ ）。

A. 短期借款的核算内容包括短期借款的借入、利息的结算和本金的偿还

B. 企业到期无力偿还的银行承兑汇票，应转为短期借款核算

C. "履行合同义务不可避免会发生的成本"反映退出该合同的最高净成本

D. 履行合同的增量成本包括直接人工，不包括直接材料

E. 虽未与企业签订劳动合同但由企业正式任命的人员薪酬需通过其他业务支出核算

2. 下列各项中，应通过"应付职工薪酬"科目核算的有（ ）。

A. 工伤和生育保险费

B. 短期带薪缺勤

C. 短期利润分享计划

D. 职工薪酬个人所得税

E. 长期残疾补贴

3. 甲公司是一家上市公司，2×24年初，甲公司向其100名管理人员每人授予10万股股票期权。该期权的行权方法是，从授权日起，该批管理人员只要在公司连续服务3年，即可以每股5元的价格购买公司股票。公司估计该股票在授权日的公允价值为15元。假设2×24年，甲公司高管离职人数5人，离职比例20%。根据上述情况，下列说法中，正确的有（ ）。

A. 该事项可判断为以权益结算的股份支付

B. 2×24年甲公司应计入当期损益为4 000万元

C. 甲公司应将发生的费用计入财务费用

D. 当期费用应计入资本公积——其他资本公积

E. 当期费用应计入资本公积——股本溢价

4. 下列有关股份支付的相关表述中，正确的有（ ）。

A. 股份支付是企业与职工或其他方之间发生的交易

B. 股份支付准则所指的权益工具只包括企业本身及其母公司的权益工具，不包括同集团其他会计主体的权益工具

C. 企业为获取其他方提供服务而承担的以权益工具为基础确定的负债的交易属于股份支付

D. 股份支付是以获取职工或其他方服务为目的的交易

E. 股份支付方式可以使用权益结算，也可以使用现金结算

5. 下列关于增值税的说法中，正确的有（ ）。

A. 增值税一般纳税企业购入货物取得的增值税专用发票上注明的增值税额可以从销项税额中抵扣

B. 企业购进农产品之外的免税产品，不能抵扣增值税

C. 企业将委托加工的货物用于个人消费，应缴纳销项税

D. 企业购进用于集体福利的货物，不予抵扣增值税进项税

E. 小规模纳税人销售货物或提供应税劳务，必须开具增值税专用发票

6. 下列税种中，应该通过"税金及附加"科目核算的项目有（　　）。

A. 车船税
B. 进口应税消费品的消费税
C. 资源税
D. 土地增值税
E. 教育费附加

7. 下列有关长期借款利息费用的表述中，正确的有（　　）。

A. 建造厂房的长期专项借款，符合资本化条件的借款利息应计入厂房成本
B. 到期一次还本付息的长期借款的利息应用"应计利息"进行核算
C. 企业为生产产品取得借款的利息费用计入产品成本
D. 取得的长期借款用于筹建期间，其利息费用应计入管理费用
E. 分期付息的长期借款应将利息计入应付利息

8. 资产负债表日，对于分期付息、一次还本的债券，企业应按应付债券的摊余成本和实际利率计算确定的债券利息费用，可能借记（　　）科目。

A. 未确认融资费用
B. 应付利息
C. 财务费用
D. 研发支出
E. 在建工程

9. 下列对于甲公司发行的可转换公司债券的会计处理中，正确的有（　　）。

A. 将债券拆分为负债成分和权益成分
B. 对负债成分的未来现金流量进行折现，确定负债成分的初始确认金额
C. 将权益成分计入资本公积
D. 将交易费用计入当期损益
E. 可转换公司债券转换股份前负债成分计提的利息费用均应计入当期损益

10. 下列属于债务重组方式的有（　　）。

A. 用金融资产清偿债务
B. 改变债务利息
C. 将应付可转换公司债券转为资本
D. 将债权转为股权投资
E. 调整债务本金

11. 下列属于借款费用开始资本化的条件的有（　　）。

A. 利息金额已确定
B. 资产支出已经发生
C. 借款费用已经发生
D. 为使资产达到预定可使用或者可销售状态所必要的购建或者生产活动已经开始
E. 符合资本化条件的资产实体建造（包括安装）或者生产工作已经全部完成或者实质上已经完成

12. 下列情况中，表明该固定资产已经达到预定可使用状态的有（　　）。

A. 固定资产试运行能够正常生产出合格产品
B. 固定资产与设计要求基本相符
C. 固定资产的实体建造工作部分完成
D. 固定资产虽然没有竣工结算，但是实质已经开始使用
E. 继续发生在所购建固定资产上的支出金额几乎不会再发生

13. 下列各事项中，属于或有事项的有（　　）。

A. 以自有财产作抵押向银行贷款
B. 待执行合同
C. 销售产品提供质量保证
D. 将到期的商业汇票到银行承兑
E. 很可能败诉的官司

14. 预计负债的计量主要涉及的问题有（　　）。

A. 可能性的判断
B. 风险大小的评估
C. 预计负债的确认
D. 最佳估计数的确定
E. 预期可获得补偿的处理

15. 2×24年12月1日，甲公司和乙公司签订了不可撤销的买卖合同，合同约定，甲公司向乙公司销售A产品一批，甲公司应于2×25年1月30日之前交货。合同签订后，由于生产A产品材料成本上涨，甲公司估计生产A产品将发生损失1 000万元。如果甲公司按照合同约定交付质量符合标准的产品，乙公司承诺最多给甲公司不超过800万元的补偿。2×24年末，甲公司对该亏损合同的会计处理正确的有（　　）。

A. 确认当期损失200万元

B. 确认当期收益 800 万元
C. 确认当期损失 1 000 万元
D. 预计负债增加 200 万元
E. 预计负债增加 1 000 万元

三、综合题

甲公司系增值税一般纳税人，适用的增值税税率为 13%。2×24 年，甲公司发生如下交易或事项：

资料一：2×23 年 5 月 1 日，甲公司购入一条需要安装的机器设备，甲公司使用自有资金支付价款 3 000 万元。安装时领用外购的原材料 500 万元，当前原材料市场销售价格为 800 万元。支付安装工人工资 150 万元，机器运行的联合试车费用 60 万元。2×23 年 6 月 30 日，该机器设备安装完成并投入使用。

资料二：因购建大型机器设备造成流动资金短缺，2×23 年 6 月 30 日，甲公司从 M 银行借入一般借款 1 000 万元，年利率 8%，限期 2 年。

资料三：2×23 年 11 月 15 日，购建机器设备投资回报率良好，甲公司拟扩大生产，自建一条生产线，配套机器设备使用。甲公司申请通过发行公司债券方式募集购建生产线专用资金。获批后，甲公司于 2×24 年 1 月 1 日发行了 3 年期、分期付息到期还本公司债券，面值为 3 000 万元，票面利率 5%，发行价格 3 069.75 万元，另在发行过程中支付中介机构佣金 150 万元，实际筹集资金净额为 2 919.75 万元，实际年利率 6%。

资料四：甲公司生产线工程采用出包方式进行建造，工程于 2×24 年 1 月 1 日开工，甲公司在 2×24 年 1 月 1 日、2×24 年 7 月 1 日分别支付承包商 1 000 万元、2 000 万元。根据甲公司董事会决议，专门借款额度不足的，从 M 银行的一般借款额度中补充，M 银行借入款项至 2×24 年 6 月 30 日，剩余 800 万元。

资料五：2×24 年 8 月 31 日，生产线建造工程因事故停工，被住建局责令整改，直至 2×24 年 12 月 31 日整改完毕。工程于 2×25 年 1 月 1 日恢复建造，当日向建造商支付工程款 500 万。生产线建造工程于 2×25 年 4 月 1 日完工，并经验收合格。

资料六：甲公司将闲置借款资金投资理财产品，月收益率为 0.5%。

不考虑其他因素，回答下列问题：

1. 甲公司建造机器设备领用的原材料，下列说法正确的是（　　）。

A. 应视同销售，按当前市场价 800 万元确认其他业务收入
B. 计算增值税销项税额，用于抵扣领用原材料的增值税进项税额，并确认损益
C. 按原材料账面价值 500 万元计入在建工程
D. 建造生产线的进项税额需要转出

2. 甲公司购建机器设备的入账价值为（　　）万元。
A. 4 010   B. 3 950
C. 3 650   D. 3 710

3. 该建设工程资本化的期间是（　　）。
A. 2×24 年 1 月 1 日至 2×25 年 4 月 1 日
B. 2×23 年 6 月 30 日至 2×24 年 8 月 31 日，2×25 年 1 月 1 日至 2×25 年 4 月 1 日
C. 2×24 年 1 月 1 日至 2×24 年 8 月 31 日
D. 2×24 年 1 月 1 日至 2×24 年 8 月 31 日，2×25 年 1 月 1 日至 2×25 年 4 月 1 日

4. 2×24 年专门借款利息资本化金额为（　　）万元。
A. 175.185   B. 116.8678
C. 115.9875   D. 59.1975

5. 2×25 年 4 月，生产线的入账价值为（　　）万元。
A. 3 665.80   B. 3 650.98
C. 3 576.25   D. 3 500

精选练习题参考答案及解析

一、单项选择题

1.【答案】D

【解析】企业短期借款利息是按期（如按季）支付的，或者利息是在借款到期归还本金时一并支付，并且金额较大，可以采用预提的方式，按月预提计入财务费用；短期借款利息按月支付，或者利息是在借款到期归还本金时一并支付，并且金额不大，可以在实际支付或收到银行的计息通知时，直接计入财务费用。选项 D 正确。

2.【答案】D

【解析】应付票据核算的内容主要包括签发或承兑商业汇票、计提票据利息、支付票款等

内容。选项D,购买固定资产或无形资产的价款超过正常信用条件延期支付,具有融资性质的,购买固定资产或无形资产实际应支付的款项应作为长期应付款核算。

3.【答案】C

【解析】无法支付的或无须支付的应付款项应计入营业外收入。

4.【答案】B

【解析】职工薪酬包括短期薪酬(包括职工工资、奖金、津贴和补贴,职工福利费,医疗保险费、工伤保险费和生育保险费等社会保险费,住房公积金,工会经费和职工教育经费,短期带薪缺勤、短期利润分享计划,非货币性福利以及其他短期薪酬)、离职后福利、辞退福利、其他长期职工福利(包括长期带薪缺勤、长期残疾福利、长期利润分享计划等)。选项B不属于职工薪酬。

5.【答案】C

【解析】辞退福利是指企业在职工劳动合同到期之前解除与职工的劳动关系,或者为鼓励职工自愿接受裁减而给予职工的补偿。选项C正确。

6.【答案】B

【解析】甲公司以其自产产品作为福利发放给公司管理人员,应视同销售产品处理,甲公司应计入管理费用的金额=100×2×(1+13%)=226(万元)。

7.【答案】B

【解析】授予本公司研发人员的现金股票增值权属于以现金结算的股份支付,选项B错误。

8.【答案】B

【解析】甲公司应计入在建厂房成本=100+250×10%=125(万元)。

9.【答案】B

【解析】企业外购液体盐加工固体盐的,所购入的液体盐缴纳的资源税可以抵扣,外购价款扣除允许抵扣资源税后的金额,计入外购液体盐的成本。

10.【答案】A

【解析】长期借款是指企业向银行或其他金融机构借入的期限在1年以上(不含1年)的各项借款,所以选项A错误。

11.【答案】D

【解析】企业的长期借款应按照实际利率计算其摊余成本及各期利息费用,选项A错误;长期借款利息费用,应视其发生的期间以及能否资本化,分别借记"制造费用""财务费用""在建工程""研发支出"等科目,选项B错误;按借款本金和合同利率计算确定的是应付未付利息,选项C错误;差额应计入"长期借款——利息调整",选项D正确。

12.【答案】C

【解析】该债券的年利息支出=500×6%=30(万元),由于工程是7月1日开工并满足资本化条件,所以资本化的利息费用=30×6/12=15(万元)。

13.【答案】C

【解析】选项C,发行债券的票面利率低于市场利率,企业可按低于债券票面金额的价格发行债券,则为折价发行;折价是企业以后各期少付利息而预先给投资者的补偿。

14.【答案】B

【解析】企业发行的认股权和债权分离交易的可转换公司债券,应当在初始确认时将其包含的负债成分和权益成分进行分拆,权益工具应当按照该债券发行价格,减去不附认股权且其他条件相同的公司债券公允价值后的差额,确认一项权益工具。选项B正确。

15.【答案】C

【解析】长期借款是指企业向银行或其他金融机构借入的期限在1年以上(不含1年)的各项借款,选项A错误。企业溢价或折价发行债券,其溢价或折价应在债券存续期内于计提利息时进行摊销,摊销方法应当采用实际利率法,选项B错误。如果延期支付的购买价款超过正常信用条件,实质上具有融资性质的,所购资产的成本应当以延期支付购买价款的现值为基础确定,选项D错误。

16.【答案】B

【解析】债务重组损失金额=200-150-30=20(万元)。

17.【答案】D

【解析】在资本化期间,专门借款发生的利息,扣除没有动用的专门借款取得的收益后的金额应当资本化。2×24年末该在建工程的账面余额=5 000+(10 200×8%-900)=4 916(万元)。

18.【答案】A

【解析】如果与或有事项相关的义务同时满足下列条件，企业应将其确认为预计负债：①该义务是企业承担的现时义务；②履行该义务很可能导致经济利益流出企业；③该义务的金额能够可靠地计量。

19.【答案】A

【解析】应确认预计负债的金额 = 20 + 400 = 420（万元），基本可能获赔 200 万元赔偿款应通过其他应收款核算，不能冲减预计负债账面价值。

20.【答案】A

【解析】甲公司应确认负债金额 =（10 + 20）÷ 2 = 15（万元）。

二、多项选择题

1.【答案】AB

【解析】选项 C，"履行合同义务不可避免会发生的成本"应当反映退出该合同的最低净成本，即履行该合同的成本与未能履行该合同而发生的补偿或处罚两者之间的较低者。选项 D，企业履行该合同的成本包括履行合同的增量成本和与履行合同直接相关的其他成本的分摊金额。其中，履行合同的增量成本包括直接人工、直接材料等；与履行合同直接相关的其他成本的分摊金额包括用于履行合同的固定资产的折旧费用分摊金额等。选项 E，虽未与企业签订劳动合同但由企业正式任命的人员薪酬应使用应付职工薪酬核算。

2.【答案】ABCE

【解析】职工薪酬的内容包括：①短期薪酬，包括职工工资、奖金、津贴和补贴，职工福利费，医疗保险费、工伤保险费和生育保险费等社会保险费，住房公积金，工会经费和职工教育经费，短期带薪缺勤、短期利润分享计划，非货币性福利以及其他短期薪酬；②离职后福利；③辞退福利；④其他长期职工福利。

3.【答案】ABD

【解析】以权益结算的股份支付包括限制性股票和股票期权，本题是一份股票期权交易，选项 A 正确。选项 B，甲公司应计入当期损益 = 100 × 10 ×（1 - 20%）× 15 ×（1 ÷ 3）= 4 000（万元），选项 B 正确。选项 C，甲公司应将发生的费用计入管理费用，选项 C 错误。选项 D、E，以权益结算的股份支付，即企业为获取服务而以股份或其他权益工具为对价结算的交易。企业应当以股份支付所授予的权益工具的公允价值计量，将当期取得的服务计入相关资产成本或当期费用，同时计入资本公积——其他资本公积。在行权日计入资本公积——股本溢价，选项 D 正确，选项 E 错误。

4.【答案】ACDE

【解析】股份支付准则所指的权益工具是指企业自身权益工具，包括企业本身、企业的母公司或同集团其他会计主体的权益工具，选项 B 错误。

5.【答案】ABCD

【解析】小规模纳税人销售货物或提供应税劳务，一般情况下，只能开具增值税普通发票，不能开具增值税专用发票，选项 E 说法错误。

6.【答案】ACE

【解析】税金及附加科目核算企业经营活动发生的消费税、城市维护建设税、资源税、教育费附加及房产税、土地使用税、车船使用税、印花税等相关税费。选项 B、D 不通过"税金及附加"科目进行核算。

7.【答案】ABDE

【解析】选项 C，企业为生产产品取得的借款费用利息，符合资本化条件的计入产品成本，其他情况计入财务费用。

8.【答案】CDE

【解析】对于分期付息、一次还本的债券，应于资产负债表日按应付债券的摊余成本和实际利率计算确定的债券利息费用，借记"在建工程""制造费用""财务费用""研发支出"等科目，按票面利率计算确定的应付未付利息，贷记"应付利息"科目，按其差额，借记或贷记"应付债券——利息调整"科目。

9.【答案】AB

【解析】企业发行的可转换公司债券，应当在初始确认时将其包含的负债成分和权益成分进行分拆，将负债成分确认为应付债券，将权益成分确认为其他权益工具，选项 C 错误。发行可转换公司债券发生的交易费用，应当在负债成分和权益成分之间按照相对公允价值进行分摊，分别计入其入账价值，选项 D 错误。计提的利息费用如果符合资本化条件的，应于发生当期进行资本化计入所购建资产的成本，选项 E 错误。

10.【答案】ABDE

【解析】将应付可转换公司债券转为资本的,不能作为将债务转为权益工具的债务重组处理,选项C错误。

11.【答案】BCD

【解析】选项A,属于资本化计量的方法;选项E,属于停止资本化的状态。

12.【答案】ABDE

【解析】所购建固定资产达到预定可使用状态是指资产已经达到购买方或建造方预定的可使用状态。

13.【答案】CE

【解析】或有事项是指过去的交易或事项形成的,其结果须由某些未来事项的发生或不发生才能决定的不确定事项。或有事项主要包括:未决诉讼和未决仲裁、债务担保、产品质量保证、环境污染整治、承诺、亏损合同、重组义务等。

14.【答案】DE

【解析】预计负债的计量所涉及的问题是,当与或有事项相关的义务满足确认为预计负债的条件时,应以什么金额入账。因或有事项而确认的预计负债的金额,应当是履行相关现时义务所需支出的最佳估计数。此外,企业因履行或有事项所形成的义务,还可能从第三方获得补偿。因此,预计负债的计量主要涉及两个方面:最佳估计数的确定和预期可获得补偿的处理。

15.【答案】CE

【解析】甲公司待执行合同变为亏损合同时,应按照预计最可能发生的损失金额确认预计负债,因此甲公司应将估计发生的损失1 000万元确认为预计负债,同时确认当期损失1 000万元,选项C、E正确。或有资产只有在企业基本确定能够收到且收到金额可确定的情况下,才能转变为真正的资产予以确认,因乙公司承诺金额具有不确定性,因此甲公司不确认收益。

三、综合题

1.【答案】C

【解析】将外购原材料用于生产线建造,材料被领用以后,不属于视同销售,只是以不同的形式存在于企业,因此不确认收入;而生产线属于增值税应税项目,因此领用材料对应的材料的进项税额照样可以抵扣,税金无须转出。

2.【答案】D

【解析】机器设备的入账价值 = 3 000 + 500 + 150 + 60 = 3 710(万元)。

3.【答案】D

【解析】2×24年1月1日建造工程发生支出,同时发生借款费用,活动已经开始建造,满足资本化三个条件,因此2×24年1月1日是资本化的开始时点。2×24年8月31日至12月31日,资本活动停止,因为非正常活动导致工程中断超过3个月,应暂停资本化。2×25年1月1日至2×25年4月1日继续资本化,直至2×25年4月1日停止。因此选项D正确。

4.【答案】D

【解析】在资本化期间内,企业为购建或者生产符合资本化条件的资产而借入专门借款的,应当以专门借款当期实际发生的利息费用,减去将尚未动用的借款资金存入银行取得的利息收入或进行暂时性投资取得的投资收益后的金额确定。2×24年专门借款利息费用总额 = 2 919.75 × 6% = 175.185(万元)。2×24年闲置专门借款用于短期投资取得的收益 = (2 919.75 - 1 000) × 0.5% × 6 = 57.592 5(万元)。2×24年专门借款利息资本化费用金额 = 2 919.75 × 6% × 8 ÷ 12 - 57.592 5 = 59.197 5(万元)。

5.【答案】C

【解析】生产线的入账价值 = 1 000 + 2 000 + 500 + 107.19(2×24年专门借款资本化利息) + 2 919.75 × 6% × 3 ÷ 12(2×25年专门借款资本化利息) + [2 000 - (2 919.75 - 1 000)] × 8% × 2 ÷ 12(2×24年一般借款资本化利息) + [2 000 - (2 919.75 - 1 000) + 500] × 8% × 3 ÷ 12(2×25年一般借款资本化利息) ≈ 3 576.25(万元)。

第四章 所有者权益

考试大纲

一、考试目的

考查考生对实收资本（股本）、资本公积、其他综合收益、留存收益等会计知识和会计处理的掌握情况及应用能力。

二、考试内容及要求

（一）掌握的内容

1. 实收资本（股本）的会计处理。
2. 资本公积的会计处理。
3. 其他综合收益的会计处理。
4. 留存收益的会计处理。

（二）熟悉的内容

1. 其他权益工具的会计处理。
2. 资本公积的特点。

（三）了解的内容

1. 留存收益的构成。
2. 留存收益的用途。

考情分析

与往年比，2025年本章教材没有发生实质性变化。

本章内容主要涉及所有者权益的账务处理，主要结合第二章资产、第三章负债和第六章财务报表的内容进行考察。因此虽然本章的考点并不多，但是承上启下的章节。本章知识点主要涉及实收资本、资本公积、其他综合收益和留存收益的核算。

本章内容学习难度不大，学习本章前考生需要熟练掌握第二章资产内容，尤其是长期股权投资权益法的核算、以权益结算的股份支付的核算、投资性房地产计量模式的转换、金融资产的相关计量等知识点，这些可以与本章结合考察。

考生在本章应重点学习以下内容：

1. 股份有限公司增加实收资本的会计核算。
2. 其他资本公积的具体案例及应用（与第二章、第三章相结合）。
3. 其他综合收益的具体案例及应用（与第二章、第三章相结合）。
4. 留存收益的计算和具体应用。
5. 未分配利润的结转。

考点精讲及典型例题解析

【知识点1】实收资本

一、实收资本概述

（一）定义

实收资本是投资者投入资本形成法定资本的价值。

【提示】投资者可以用货币出资，也可以用实物、知识产权、土地使用权等可以用货币估价并可以依法转让的非货币财产作价出资；但法律、行政、法规规定不得作为出资的财产除外。

（二）科目设置

一般企业设置"实收资本"科目，股份有限公司应设置"股本"科目，核算投资者投入资本的增减变动。该科目的贷方登记实收资本的增加数额，借方登记实收资本的减少数额，期末贷方余额反映企业期末实收资本实有数额。

二、一般企业实收资本的账务处理

（一）接受现金投资

借：银行存款（实收款项）
　　贷：实收资本（投资者在企业注册资本中所占的份额）
　　　　资本公积——资本溢价（差额）

（二）接受非现金资产投资

借：原材料/固定资产/无形资产（按投资各方确认的价值或投资合同或协议约定价值）
　　应交税费——应交增值税（进项税额）
　　贷：实收资本
　　　　资本公积——资本溢价（差额）

（三）企业接受外币资本投资

企业接受外币资本投资，无论是否存在合

同约定汇率,均采用交易日即期汇率折算。外币投入资本与相应的货币性项目的记账本位币金额相等,不产生外币资本折算差额。

【例4-1】(单选题)甲公司和乙公司为增值税一般纳税人,适用的增值税税率为13%。2×25年5月1日,甲公司接受乙公司投入的存货一批。该批存货在乙公司账面价值3 000万元,已计提减值准备500万元,公允价值2 800万元。甲公司与乙公司合同约定,乙公司投入资本占甲公司资本总额的20%。投入后,甲公司总股本10 000万元。下列关于甲公司接受投资的说法中,正确的是( )。

A. 该批原材料的入账价值为2 500万元
B. 甲公司应确认实收资本2 800万元
C. 甲公司应确认资本公积1 164万元
D. 甲公司应确认增值税进项税额390万元

【答案】 C

【解析】 相关会计分录如下:
借:原材料　　　　　　　28 000 000
　　应交税费——应交增值税(进项税额)
　　　　　　　　　　　　 3 640 000
　　贷:实收资本——乙公司
　　　　　　　　　　　　20 000 000
　　　　资本公积——股本溢价
　　　　　　　　　　　　11 640 000

【例4-2】(单选题)甲公司的记账本位币为人民币,2×24年接受某投资者采用分期方式投入的资本,其中2×24年12月10日收到第一笔投资1 000美元,当日即期汇率为1美元=6.93元人民币;2×24年12月20日收到第二笔投资1 000美元,当日即期汇率为1美元=6.96元人民币。2×24年12月31日的即期汇率为1美元=6.95元人民币。则2×24年12月31日,甲公司资产负债表中该投资者的所有者权益金额为( )元人民币。

A. 13 890　　B. 13 880
C. 13 900　　D. 13 700

【答案】 A

【解析】 资产负债表中该投资者的所有者权益金额=1 000×6.93+1 000×6.96=13 890(元人民币)。

三、股份有限公司股本的会计处理

(一)发行股票筹集股本

股份有限公司将企业的资本划分为等额股份,并通过发行股票的方式来筹集资本。企业发行股票取得的收入大于股本总额的,称为溢价发行;小于股本总额的,称为折价发行;等于股本总额的,称为按面值发行。

【提示】 我国不允许折价发行股票。
借:银行存款(实际收到的金额)
　　贷:股本(每股面值×股份总数)
　　　　资本公积——股本溢价(差额,也可能在借方)

(二)境外上市公司和境内发行外资股公司股本

境外上市公司,以及在境内发行外资股的公司,在收到股款时,应按照收到股款当日的即期汇率折算的人民币金额。
借:银行存款(当日汇率折算金额)
　　贷:股本(人民币股票面值×股份总数)
　　　　资本公积——股本溢价(差额,也可能在借方)

【提示】 上市公司发行权益性证券费用处理方式如下:

①与发行权益性证券直接相关的费用,计入资本公积——股本溢价,溢价金额不足扣减时,依次冲减盈余公积和未分配利润。直接相关费用包括为发行权益性证券而支付的承销费、保荐费、上网发行费、招股说明书印刷费、申报会计师费、律师费、评估费等。

②与发行权益性证券不直接相关的间接费用,计入财务费用。间接费用包括广告费、路演及财经公关费、上市酒会费等。

【例4-3】(单选题)甲公司委托证券公司代理发行普通股股票,此次发行计划为:股票每股面值1元,每股发行价格3元,共发行1 000万股。为成功发行,甲公司需要向证券公司支付发行收入的1%作为发行费用。则此次发行,甲公司应确认的资本公积为( )万元。

A. 30　　　　B. 1 970
C. 1 990　　 D. 2 000

【答案】 B

【解析】 股票发行费用=1 000×3×1%=30(万元);实际收到款项=1 000×3-30=2 970(万元)。甲公司应计入股本溢价金额=2 970-1 000=1 970(万元)。相关会计分录如下:
借:银行存款　　　　　　29 700 000
　　贷:股本　　　　　　10 000 000

资本公积——股本溢价
　　　　　　　　　19 700 000

四、企业资本（或股本）变动的会计处理

（一）企业增资的会计处理

1. 接受投资者追加投资。
借：银行存款等
　　贷：实收资本/股本
　　　　资本公积——资本溢价/股本溢价

2. 资本公积转增资本。
借：资本公积——资本溢价/股本溢价
　　贷：实收资本/股本

3. 盈余公积转增资本。
借：盈余公积
　　贷：实收资本/股本

4. 可转换公司债券转为股本。
借：应付债券——可转换公司债券（面值、应计利息、利息调整）
　　其他权益工具（权益成分的公允价值）
　　贷：股本（转换的股数×每股面值）
　　　　资本公积——股本溢价（差额）
　　　　银行存款（不可转换部分）

5. 以权益结算的股份支付的行权。
借：银行存款
　　资本公积——其他资本公积
　　贷：实收资本/股本
　　　　资本公积——资本溢价/股本溢价

6. 将重组债务转为资本。
借：应付账款等（重组债务的账面余额）
　　贷：实收资本/股本（债权人因放弃债权而享有本企业股份的面值总额）
　　　　资本公积——股本溢价（股份的公允价值总额与股本之间的差额）
　　　　营业外收入——债务重组利得（差额）

若为损失，计入"营业外支出——债务重组损失"。

7. 分配股票股利。
借：利润分配（实际发放的股票股利数）
　　贷：股本

【提示】股东所持股份按比例分配的股利不足 1 股时，可以采取以下方式：①将不足 1 股的股票股利改为现金股利，用现金支付；②由股东相互转让，凑为整股。无论采用哪种方法，都将改变企业的股权结构。

（二）企业减资的会计处理

1. 因资本过剩而减资。
借：实收资本
　　贷：银行存款、库存现金等

2. 股份有限公司收购本企业股票的方式减资。

（1）购回股票支付的价款大于股票面值时。
借：股本
　　资本公积——股本溢价（差额）
　　盈余公积（股本溢价不足冲减时）
　　利润分配——未分配利润（盈余公积不足冲减时）
　　贷：银行存款
　　　　库存股（注销库存股的账面余额）

（2）购回股票支付的价款小于股票面值时。
借：股本（面值）
　　贷：库存股（所注销库存股的账面余额）
　　　　资本公积——股本溢价（差额）

【例 4 - 4】（单选题）甲公司 2×24 年 12 月 31 日所有者权益为：股本 2 000 万元（面值为 1 元），资本公积 1 000 万元（其中，股本溢价 500 万元），盈余公积 800 万元，未分配利润为 0。经董事会批准以每股 5 元回购本公司股票 300 万股并注销。关于回购股票，下列会计处理正确的有（　　）。

A. 注销回购库存股时，企业股本减少的金额是 1 000 万元

B. 回购股票时，企业库存股的入账金额是 300 万元

C. 注销回购库存股时，"资本公积——股本溢价"科目的金额是 1 000 万元

D. 企业注销回购库存股不影响企业的所有者权益总额

【答案】D

【解析】选项 A，注销库存股时，应按股票面值和注销股数计算的股票面值总额 300 万元计入股本；选项 B，企业回购股票，应按实际支付的金额 1 500 万元作为库存股的入账金额；选项 C，注销库存股时冲销的资本公积应以"资本公积——股本溢价"的金额 500 万元为限，不足冲减的，冲减留存收益；选项 D，企业注销库存股是企业所有者权益内部的变动，不影响所有者权益总额。

【知识点2】其他权益工具的会计处理

在所有者权益类科目中设置"其他权益工具"科目，核算企业发行的除普通股以外归类为权益工具的各种金融工具的后续计量。

一、发行方的账务处理

1. 发行方发行的金融工具归类为债务工具并以摊余成本计量。

借：银行存款
　　贷：应付债券——优先股、永续债（面值）
　　　　应付债券——优先股、永续债（利息调整）（差额，或在借方）

2. 发行方发行的金融工具归类为权益工具。

借：银行存款
　　贷：其他权益工具——优先股、永续债（面值）

分类为权益工具，在存续期间分派股利的，作为利润分配处理。

3. 发行方发行的金融工具归类为复合金融工具的，按负债成分的公允价值与金融工具之间的差额确认利息调整费用，按实际收到的金额扣除负债成分的公允价值后的余额确认其他权益工具科目金额。

借：银行存款
　　应付债券——优先股、永续债（利息调整）（差额，或在贷方）
　　贷：应付债券——优先股、永续债（面值）
　　　　其他权益工具——优先股、永续债

【提示】发行复合金融工具的交易费用，应在负债成分和权益成分之间按照各自占总发行价款的比例进行分摊。

二、投资方的账务处理

如果投资方因持有发行方的金融工具而对发行方拥有控制、共同控制或重大影响的，按照《企业会计准则第 2 号——长期股权投资》和《企业会计准则第 20 号——企业合并》进行确认和计量；投资方需编制合并财务报表的，按照《企业会计准则第 33 号——合并财务报表》的规定编制合并财务报表。

【知识点3】资本公积

一、资本公积概述

（一）定义

资本公积是指企业收到投资者出资额超出其在注册资本或股本中所占份额的部分，以及直接计入所有者权益的利得和损失等。资本公积包括资本溢价（股本溢价）和其他资本公积。

（二）来源

1. 资本（或股本）溢价。

资本（或股本）溢价是指企业投资者投入的资金超过其在注册资本中所占份额的部分，其中，在股份有限公司称为股本溢价。

2. 其他资本公积。

其他资本公积是指除资本溢价或股本溢价以外所形成的资本公积。

二、资本公积账务处理

（一）科目设置

"资本公积"科目下设两个二级科目："资本溢价或股本溢价""其他资本公积"。

（二）资本溢价

有限责任公司接受投资者投入资产的金额超过投资者在公司注册资本中所占份额的部分，通过"资本公积——资本溢价"科目核算。

（三）股本溢价

1. 股份有限公司在采用溢价发行股票的情况下的溢价部分。

2. 境外上市企业或者是在境内发行外资股的股份有限公司汇率折算差额。

3. 发行股票相关的手续费、佣金等交易费用。

三、其他资本公积

其他资本公积是指除资本溢价（股本溢价）项目以外所形成的资本公积。

（一）长期股权投资权益法核算下产生的资本公积

1. 被投资单位除净损益、其他综合收益以及利润分配以外的所有者权益的其他变动的，投资方按投资比例计算并调整长期股权投资账面价值，并同时调整资本公积。

借：长期股权投资——所有者权益其他变动
　　贷：资本公积——其他资本公积

或编制相反会计分录。

2. 处置采用权益法核算的长期股权投资时，同时结转资本公积。

借：资本公积——其他资本公积
　　贷：投资收益
或编制相反会计分录。

（二）以权益结算的股份支付

1. 以权益结算的股份支付换取职工或其他方服务的，在等待期每个资产负债表日，应按确定的金额核算。
借：管理费用
　　贷：资本公积——其他资本公积

2. 行权日，按实际行权的权益工具数量计算确定金额。
借：银行存款（按行权价收取的金额）
　　资本公积——其他资本公积（等待期
　　　　　　　　累计确定的金额）
　　贷：实收资本/股本
　　　　资本公积——资本溢价/股本溢价

四、资本公积转增资本
借：资本公积——资本溢价或股本溢价
　　贷：实收资本或股本

【例4-5】（单选题）企业发生的下列交易或事项中，不会引起当期资本公积——资本溢价发生变动的是（　　）。
A. 以资本公积转增股本
B. 根据董事会决议，每2股缩为1股
C. 授予员工股票期权在等待期内确认相关费用
D. 同一控制下企业合并中取得被合并方净资产份额小于所支付对价账面价值

【答案】C

【解析】选项C，股份支付在等待期内借记相关费用，同时贷方计入"资本公积——其他资本公积"科目。

【例4-6】（单选题）下列事项发生变动时，不会对企业资本公积账户产生影响的是（　　）。
A. 注销库存股
B. 处置采用权益法核算的长期股权投资
C. 以权益结算股份支付的行权
D. 同一控制下企业合并

【答案】D

【解析】选项D，同一控制下企业合并不影响合并企业和被合并企业的资本公积。

【知识点4】其他综合收益

一、定义

其他综合收益是指企业根据会计准则的规定未在当期损益中确认的各种利得和损失。

二、分类

1. 以后会计期间不能重分类进损益的其他综合收益。
2. 以后会计期间满足规定条件时重分类进损益的其他综合收益。

三、以后会计期间不能重分类进损益的其他综合收益

以后会计期间不能重分类进损益的其他综合收益主要包括：

1. 重新计量设定受益计划净负债或净资产导致的变动。
2. 按照权益法核算因被投资单位重新计量设定受益计划净负债或净资产导致的权益变动，投资企业按持股比例计算确认的该部分其他综合收益项目。
3. 其他权益工具投资公允价值变动。
4. 企业自身信用风险公允价值变动。

四、以后会计期间满足规定条件时重分类进损益的其他综合收益

以后会计期间满足规定条件时重分类进损益的其他综合收益主要包括：权益法下可转损益的其他综合收益；其他债权投资公允价值变动；金融资产重分类计入其他综合收益的金额；其他债权投资信用减值准备；现金流量套期储备；外币财务报表折算差额等。

【知识点5】留存收益

留存收益是指企业从历年实现的利润中提取或形成的留存于企业的内部积累。留存收益来源于企业实现的净利润，主要包括盈余公积和未分配利润。

一、盈余公积

（一）定义

盈余公积是指企业按照规定从净利润中提取的各种积累资金。

（二）分类

1. 法定盈余公积。

公司制企业的法定盈余公积按照税后利润的10%提取，法定盈余公积累计额已达注册资本的50%时可以不再提取。

2. 任意盈余公积。

企业按照股东会或股东大会决议提取的盈余公积。

(三）用途

1. 弥补亏损。
2. 转增资本或股本。
3. 扩大生产经营。

【提示】用盈余公积转增资本后，留存的盈余公积不得少于注册资本的25%。

【例4-7】（单选题）下列公司的做法中，不符合会计准则的是（　　）。

A. 甲公司用本年度的盈余公积弥补上一年度亏损
B. 乙公司用盈余公积转增公司股本
C. 丙公司用盈余公积向股东发放股票股利
D. 丁公司用盈余公积购买生产线

【答案】C

【解析】盈余公积可以用于弥补亏损、转增资本或股本、扩大生产经营，选项C不属于盈余公积的用途。

（四）账务处理

1. 提取盈余公积。

借：利润分配——提取法定盈余公积
　　　　　　——提取任意盈余公积
　　贷：盈余公积——法定盈余公积
　　　　　　——任意盈余公积

2. 盈余公积的用途。

（1）弥补亏损。

借：盈余公积
　　贷：利润分配——盈余公积补亏

（2）转增资本。

借：盈余公积
　　贷：实收资本/股本

二、未分配利润

（一）定义

未分配利润是指企业实现的净利润经过弥补亏损、提取盈余公积和向投资者分配利润后留存在企业的、历年结存的利润。

（二）用途

未分配利润通常用于留待以后年度向投资者进行分配。

（三）计算公式

本期可供投资者分配的利润＝期初未分配利润＋本期实现的税后净利－提取的盈余公积

（四）科目设置

未分配利润是通过"利润分配"科目进行核算的，企业应设置"利润分配"科目，核算企业利润的分配（或亏损的弥补）和历年分配（或弥补）后的积存余额。利润分配科目下应分别设置以下明细科目：盈余公积补亏、提取法定盈余公积、提取任意盈余公积、应付现金股利或利润、转作股本的股利、未分配利润。

（五）账务处理

1. 当期实现盈利。

借：本年利润
　　贷：利润分配——未分配利润
　　亏损编制相反会计分录

2. 计提盈余公积。

借：利润分配——提取法定盈余公积/提取任意盈余公积
　　贷：盈余公积——法定盈余公积/提取任意盈余公积

3. 分配现金股利或利润。

借：利润分配——应付现金股利
　　贷：应付股利

4. 宣告股票股利时不需编制会计分录，支付股票股利时。

借：利润分配——转作股本的股利
　　贷：股本

5. 盈余公积补亏。

借：盈余公积
　　贷：利润分配——盈余公积补亏

6. 期末结转利润分配。

借：利润分配——未分配利润
　　贷：利润分配——提取法定盈余公积
　　　　　　——提取任意盈余公积
　　　　　　——应付现金股利或利润
　　　　　　——转作股本的股利

借：利润分配——盈余公积补亏
　　贷：利润分配——未分配利润

7. 盈余公积转增资本。

借：盈余公积
　　贷：股本
　　　　资本公积——股本溢价

【例4-8】（多选题）甲公司本年度所发生的下列业务中，会引起甲公司留存收益总额发生变动的有（　　）。

A. 盈余公积补亏
B. 提取法定盈余公积
C. 发放现金股利
D. 回购股票

E. 注销库存股

【答案】CE

【解析】盈余公积补亏、提取法定盈余公积属于留存收益内部增加变动，选项A、B错误。发放现金股利使得盈余公积减少，选项C正确。回购股票时，库存股减少不影响留存收益变化，选项D错误。注销库存股，高于面值回购时可能会减少留存收益总额，选项E正确。

【例4-9】（多选题）甲公司股本为10 000万元，每股面值1元。2×24年初未分配利润为贷方8 000万元，2×24年实现净利润5 000万元。根据本年度股东大会决议，甲公司按照当年实现净利润的10%提取法定盈余公积，5%提取任意盈余公积。同时，甲公司以每股0.2元的价格向全体股东派发现金股利，按每10股送3股的比例派发股票股利。2×24年底完成全部手续。则下列说法中，正确的有（ ）。

A. 甲公司应提取法定盈余公积500万元

B. 2×25年初未分配利润贷方为12 250万元

C. 应发放现金股利2 000万元

D. 应派发股票股利3 000万元

E. 甲公司应提取任意盈余公积250万元

【答案】ACDE

【解析】选项A，应提取法定盈余公积5 000×10%＝500（万元）。选项B，2×25年年初未分配利润余额＝8 000＋5 000－（500＋250）－2 000－3 000＝7 250（万元）。选项C，派发的现金股利10 000×0.2＝2 000（万元）。选项D，应派发股票股利＝10 000×（3÷10）＝3 000（万元）。选项E，应提取任意盈余公积5 000×5%＝250（万元）。

精选练习题

一、单项选择题

1. 有限责任公司投资者的投入资本超过注册资本的部分应当计入公司的（ ）。

A. 实收资本　　B. 资本公积

C. 盈余公积　　D. 营业外收入

2. 某有限责任公司由甲、乙、丙三方各出资450万元设立，2×24年末该公司所有者权益项目的余额为：实收资本1 350万元，资本公积500万元，盈余公积250万元，未分配利润600万元。为扩大经营规模，甲、乙、丙三方决定重组公司，吸收丁投资者加入，且甲、乙、丙三方投资比例各为30%，丁的投资比例为10%，则丁投资者应投入资金总额为（ ）万元。

A. 300　　　　B. 270

C. 233　　　　D. 135

3. 2×24年4月5日，甲公司与乙公司签订一笔投资合同。合同约定，甲公司向乙公司投资100万美元，约定汇率为1美元＝6.66元人民币。合同签订日，市场汇率为1美元＝6.60元人民币。该笔投资于2×24年6月30日入账，当日市场汇率为1美元＝6.56元人民币。则该笔投资的入账价格为（ ）万元。

A. 100×6.66　　B. 100×6.60

C. 100×6.56　　D. 100×6.63

4. 甲公司和乙公司为增值税一般纳税人，适用的增值税税率为13%。2×24年4月1日，甲公司以账面原值1 000万元，已计提折旧200万元，已计提减值准备100万元的固定资产对乙公司进行投资。投资当日，该设备公允价值600万元。乙公司接受投资后，评估甲公司所的投资占乙公司总股本的10%，投资后乙公司总股本为5 000万元。对此，乙公司应计入资本公积的金额为（ ）万元。

A. 200　　　　B. 100

C. 178　　　　D. 0

5. 甲公司发行普通股2 000万股，每股面值1元，每股发行价格3.5元，支付手续费10万元，支付咨询费20万元。该公司发行普通股计入股本的金额为（ ）万元。

A. 1 990　　　B. 2 000

C. 2 030　　　D. 7 000

6. 2×25年1月1日，甲公司经批准在公开市场发行了100万份可转换公司债券，债券每次面值100元（无手续费），期限为3年，票面年利率为6%，利息每年12月31日支付。该债券发行一年后可转换为普通股。若债券持有人在当期付息前转换股票，应按照债券面值与应付利息之和除以转股价，计算转股股份数。该公司发行债券时，二级市场上与之类似但没有转股权的债券的市场利率为9%。则甲公司发行可转换公司债券初始确认对所有者权益的影响金额是（ ）万元。

已知：（P/A，9%，3）＝2.5313，（P/F，

9%，3）= 0.7722。

　　A. 0　　　　　　B. 759.22
　　C. 9 240.78　　　D. 10 000

7. 2×25 年初，甲公司"盈余公积"余额为 120 万元，当年实现利润总额 900 万元，所得税费用 300 万元，按净利润的 10% 提取法定盈余公积，经股东大会批准将盈余公积 50 万元转增资本，2×25 年 12 月 31 日，该公司资产负债表中"盈余公积"项目年末余额为（　　）万元。

　　A. 180　　　　　　B. 120
　　C. 70　　　　　　 D. 130

8. 下列交易或事项中，不涉及"其他综合收益"科目进行核算的是（　　）。

　　A. 采用权益法核算的长期股权投资在被投资单位除净损益以外的所有者权益发生增减变动时，投资企业按持股比例计算应享有的份额

　　B. 企业将作为存货的房地产转为采用公允价值模式计量的投资性房地产，其公允价值小于账面价值的差额

　　C. 以公允价值计量且其变动计入其他综合收益的金融资产公允价值变动，资产负债表日，其公允价值变动形成的利得（除减值损失和外币货币性金融资产的汇兑差额外）

　　D. 将以摊余成本计量的金融资产重分类为以公允价值计量且其变动计入其他综合收益的金融资产，并以公允价值进行后续计量，重分类日金融资产的公允价值与账面余额的差额

9. 在上市公司中，下列交易或事项形成的资本公积或其他综合收益中，可以直接用于新转增资本的是（　　）。

　　A. 以公允价值计量且其变动计入其他综合收益的金融资产（债权类）公允价值大于账面价值形成的其他综合收益

　　B. 企业将自用的建筑转为采用公允价值模式计量的投资性房地产时，其公允价值大于账面价值形成的其他综合收益

　　C. 采用权益法核算，因被投资单位除净损益以外的其他所有者权益发生增减变动而确认的资本公积

　　D. 发行股票形成的资本溢价

10. 2×24 年 1 月 1 日，甲公司"盈余公积"科目余额为 2 000 万元，2×24 年 12 月 31 日，提取盈余公积 540 万元，用盈余公积转增资本 320 万元，则甲公司"盈余公积"科目的年末余额为（　　）万元。

　　A. 2 140　　　　　B. 2 220
　　C. 2 860　　　　　D. 2 540

11. 甲公司持有乙公司 40% 的股权，能够对乙公司产生重大影响，甲公司采用权益法核算乙公司的长期股权投资。2×24 年 11 月 30 日，甲公司出售所持有乙公司股权的 25%，剩余投资继续采用长期股权投资权益法核算，出售时甲公司账面上对乙公司长期股权投资的构成为：投资成本 3 600 万元，损益调整为 960 万元，其他权益变动 600 元。出售取得价款 1 410 万元。下列对于甲公司出售该部分股权的会计处理中，正确的是（　　）。

　　A. 甲公司原来计入资本公积——其他资本公积中的金额不需要根据处置比例结转到投资收益

　　B. 甲公司应结转其他权益变动 600 万元

　　C. 甲公司应确认投资收益 120 万元

　　D. 甲公司需要结转长期股权投资的账面价值为 1 290 万元

12. 下列事项中，发生时不会对资本公积产生变动影响的是（　　）。

　　A. 作为存货的房地产转换为投资性房地产，转换日公允价值大于账面价值

　　B. 境外上市企业汇率折算差额

　　C. 股份有限公司发行股票相关的佣金等交易费用

　　D. 被投资单位除净损益、其他综合收益以及利润分配以外的所有者权益的其他变动

13. 2×25 年 4 月 30 日，甲公司召开 2×24 年度股东大会，决议通过 2×24 年利润分配方案如下：2×24 年净利润为 1 000 万元，按净利润 10% 提取法定盈余公积，2% 提取任意盈余公积，以资本公积转增股本 60 万股，分派现金股利 200 万元。上述方案对甲公司 2×24 年报表所有者权益的影响是（　　）。

　　A. 未分配利润减少 220 万元，盈余公积增加 20 万元

　　B. 未分配利润减少 320 万元，盈余公积增加 220 万元

　　C. 未分配利润减少 100 万元，盈余公积增加 100 万元

　　D. 未分配利润减少 320 万元，盈余公积增

加 120 万元，资本公积减少 60 万元，股本增加 60 万元

14. 下列有关未分配利润的表述中，正确的是（   ）。

A. 未分配利润和企业留存收益是一个概念的两种不同表述

B. 年末未分配利润借方余额表示未弥补亏损的金额

C. 未分配利润明细科目只有贷方余额，没有借方余额

D. 未分配利润 = 期初未分配利润 + 本期实现的净利润

15. 甲公司 2×24 年初盈余公积贷方余额 100 万元，2×24 年 12 月 31 日发生如下事项，计算当年净利 1 000 万元，按照公司章程提取 10% 法定盈余公积，5% 任意盈余公积。宣告发放现金股利 100 万元，宣告分配股票股利 50 万元，盈余公积转增股本 20 万元，提前预支 2×25 年 1 月的宣传广告费 40 万元，两项金融资产的公允价值变动分别为上升 80 万元、下降 30 万元。权益法核算的长期股权投资中，甲公司占被投资单位 15% 比例，2×24 年 12 月 31 日被投资单位宣告发放现金股利 200 万元。假定不考虑所得税纳税调整事项及其他因素，2×24 年底，甲公司盈余公积总额为（   ）万元。

A. 90
B. 130
C. 180
D. 210

二、多项选择题

1. 下列事项中，会导致股份有限公司股本发生增减变动的有（   ）。

A. 资本公积转增资本
B. 盈余公积转增资本
C. 盈余公积弥补亏损
D. 股东大会宣告发放现金股利
E. 回购公司股份

2. 甲公司委托证券公司发行普通股股票 2 000 万股，每股面值 1 元，按每股 6 元的价格发行，受托单位按照发行价格的 1% 收取手续费用。下列相关表述中，正确的有（   ）。

A. 确认资本公积（股本溢价）贷方金额 10 000 万元
B. 确认股本贷方金额 2 000 万元
C. 确认银行存款贷方金额 11 880 万元
D. 确认资本公积（股本溢价）贷方金额 9 880 万元
E. 确认银行存款借方金额 12 000 万元

3. "库存股"科目核算的内容包括（   ）。

A. 发行股票
B. 企业转让库存股或注销库存股
C. 将收购的股份奖励给本公司职工
D. 企业为减资而收购本公司股份
E. 股东因对股东大会做出的公司合并、分立决议持有异议而要求公司收购其股份的，企业实际支付的金额

4. 下列有关资本公积核算的表述中，不正确的有（   ）。

A. 同一控制下控股合并形成的长期股权投资，应在合并日按取得被合并方所有者权益在最终控制方合并财务报表中的账面价值的份额与按支付的合并对价的账面价值，按其贷方差额，贷记"资本公积——资本溢价（或股本溢价）"科目

B. 发行权益性证券直接相关的手续费，借记"资本公积——股本溢价"等科目，贷记"股本"等科目

C. 长期股权投资采用权益法核算的，被投资单位除净损益、其他综合收益及利润分配以外所有者权益的其他变动，企业按持股比例计算应享有的份额，借记或贷记"长期股权投资——其他权益变动"科目，贷记或借记"其他综合收益"科目

D. 处置采用权益法核算的长期股权投资，还应结转原计入资本公积的相关金额，借记或贷记"资本公积——其他资本公积"科目，贷记或借记"投资收益"科目

E. 以权益结算的股份支付换取职工或其他方提供服务的，应按照确定的金额，借记"财务费用"等科目，贷记"资本公积——其他资本公积"科目

5. 甲公司董事会 2×23 年 12 月批准了一项股份支付协议。协议规定，2×24 年 1 月 1 日，公司向其 100 名管理人员每人授予 100 份股票期权，这些管理人员必须从 2×24 年 1 月 1 日起在公司连续服务 3 年，服务期满时才能够以每股 6 元购买 100 股该公司股票。该期权在授予日的公允价值为每股 9 元。公司预计 3 年中离开的管理人员比例将达到 15%。2×24 年 12 月 31 日，有 5 名管理人员离开该公司，当时公司股票价格为每股 10 元。关于上述股份支付，下列说法

中，正确的有（　　）。

A. 该项目是以权益结算的股份支付

B. 在授予日，甲公司不做任何会计处理

C. 甲公司应将2×24年负担的费用计入其他综合收益

D. 甲公司2×24年应针对该分股份支付承担管理费用25 500元

E. 甲公司2×24年应确认该股票公允价值变动10 000元

6. 下列交易或事项中，可能导致企业资本公积增加的有（　　）。

A. 将重组债务转为资本

B. 接受控股股东捐赠现金

C. 接受投资者追加投资

D. 换入办公楼的公允价值大于换出土地使用权的账面价值

E. 以权益结算的股份支付

7. 甲公司2×25年发生下列交易或事项中，会对所有者权益产生影响的有（　　）。

A. 从母公司中以账面价值为20 000万元的土地使用权作为对价，取得同一集团内乙公司100%股权，合并日，母公司合并财务报表显示乙公司净资产的账面价值为25 000万元

B. 控股股东将自身持有的甲公司5%股权赠予甲公司10名管理人员并立即行权

C. 从丙公司分5年期购买一座生产线，每年支付500万元，生产线收到已投入使用

D. 联营企业重新计量设定受益计划净负债变动6 000万元

E. 委托乙公司帮忙加工一批价值3 000万元的原材料，打算收回后用于继续加工成商品再出售

8. 甲公司发生的下列交易或事项中，应通过"其他综合收益"科目核算的有（　　）。

A. 重新计量设定受益计划净资产或净负债导致的变动

B. 因供应商破产无须偿还的应付账款

C. 回购库存股

D. 采用权益法核算长期股权投资时被投资单位发生其他综合收益变动

E. 将自用房地产转为公允价值模式计量的投资性房地产时，公允价值大于账面价值的差额

9. 利润分配科目下设的明细科目有（　　）。

A. 转作股本的股利

B. 其他资本公积

C. 盈余公积补亏

D. 应付现金股利

E. 提取任意盈余公积

10. 下列关于企业会计利润期末的会计处理中，正确的有（　　）。

A. 以当年实现的净利润弥补亏损，借记"资本公积——资本公积补亏"，贷记"利润分配——未分配利润"

B. 实际分配股票股利，不做账务处理，只在备查账簿中登记

C. 宣告分配现金股利，借记"利润分配——应付现金股利"科目，贷记"应付股利"科目

D. "利润分配"科目除"未分配利润"明细科目外的其他明细科目应转入"未分配利润"明细科目

E. 结转本年发生的亏损，借记"利润分配——未分配利润"科目，贷记"本年利润"科目

三、综合题

甲公司2×24年发生有关权益的交易或事项如下：

资料一：8月20日，甲公司以一项土地使用权作为对价，自母公司购入其持有的一项对乙公司60%的股权，另以银行存款向母公司支付补价3 000万元。当日，甲公司土地使用权成本为12 000万元，已摊销1 200万元，未计提减值准备，其公允价值为19 000万元。乙公司可辨认净资产的公允价值为38 000万元，相对于最终控制方而言的所有者权益账面价值为8 000万元（无商誉）。取得乙公司60%股权后，甲公司能够对乙公司实施控制。当日，甲公司与母公司办理完成了相关的股权变更手续。

资料二：1月2日，甲公司支付银行存款3 600万元取得丙公司30%股权，当日丙公司可辨认净资产公允价值为14 000万元，有关可辨认资产、负债的公允价值与账面价值相同。甲公司采用权益法对该长期股权投资进行后续计量。2×24年丙公司实现净利润2 000万元，以公允价值计量且其变动计入其他综合收益的金融资产公允价值下跌300万元。2×24年12月31日，丙公司引入新的投资者，新投资者向丙公司投入4 000万元。新投资者加入后，甲公司

持有丙公司的股权比例下降至25%，但仍能够对丙公司施加重大影响。

资料三：6月30日，甲公司将原作为办公楼的一栋房地产对外出租，该房地产账面原值3 000万元，至租赁期开始日已计提折旧1 200万元，未计提减值准备。甲公司对投资性房地产采用公允价值模式进行后续计量，当日估计该房地产公允价值为1 500万元。至2×24年12月31日，因市政规划，该房地产地段筹备建造地铁口，房地产的公允价值飙升至2 500万元。

不考虑其他因素，回答下列问题：

1. 根据资料一，甲公司长期股权投资的入账价值为（　　）万元。

A. 4 800　　　　B. 22 000
C. 22 800　　　D. 13 800

2. 根据资料一，甲公司付出对价账面价值与长期股权投资初始投资成本之间的差额计入（　　）。

A. 长期股权投资
B. 资本公积
C. 营业外收入
D. 其他综合收益

3. 根据资料二，2×24年1月2日，甲公司长期股权投资的入账价值为（　　）万元。

A. 3 600　　　　B. 3 800
C. 4 200　　　　D. 4 500

4. 根据资料二，2×24年12月31日，甲公司应确认资本公积的金额是（　　）万元。

A. 0　　　　　　B. 90
C. 1 200　　　　D. 215

5. 根据资料三，下列说法中，正确的有（　　）。

A. 2×24年6月30日，投资性房地产转换公允价值小于账面价值的差额计入其他综合收益
B. 2×24年6月30日，原固定资产已计提折旧转入"投资性房地产累计折旧"账户
C. 2×24年12月31日，投资性房地产账面价值增加1 000万元
D. 2×24年12月31日，投资性房地产公允价值变动应贷记公允价值变动损益

精选练习题参考答案及解析

一、单项选择题

1. 【答案】B

【解析】企业收到投资者投入的资金，超过其在注册资本所占的份额的部分，作为资本溢价或股本溢价，在"资本公积"科目中核算，不计入"实收资本"科目。

2. 【答案】A

【解析】丁投资者应投入资金总额=（实收资本+资本公积+盈余公积+未分配利润）÷90%×10%=（1 350+500+250+600）÷90%×10%=300（万元）。

3. 【答案】C

【解析】企业接受外币资本投资，无论是否存在合同约定汇率，均采用交易日即期汇率折算。

4. 【答案】C

【解析】应计入资本公积的金额=600×（1+13%）－5 000×10%=178（万元）。

5. 【答案】B

【解析】股本的确认，股本账面金额由面值确定。

6. 【答案】B

【解析】负债成分的公允价值=10 000×6%×(P/A, 9%, 3)+10 000×(P/F, 9%, 3)=9 240.78（万元），权益成分的入账金额=10 000－9 240.78=759.22（万元）。

7. 【答案】D

【解析】该公司资产负债表中"盈余公积"项目的年末余额=120+（900－300）×10%－50=130（万元）。

8. 【答案】B

【解析】企业将作为存货的房地产转为采用公允价值模式计量的投资性房地产，其公允价值大于账面价值形成的差额计入其他综合收益，如果是公允价值小于账面价值形成的差额应该计入公允价值变动损益。

9. 【答案】D

【解析】选项A、B、C均应在处置相关资产时转入当期损益。

10. 【答案】B

【解析】甲公司"盈余公积"科目的年末余额=2 000+540－320=2 220（万元）。

11. 【答案】D

【解析】选项A、B，甲公司长期股权投资出售，剩余股权仍然作为长期股权投资按照权益法核算，原权益法确认的其他综合收益中的可转损益和"资本公积——其他资本公积"需

要按照处置比例结转至投资收益。甲公司需结转资本公积 150（600×25%）万元，其他权益变动能 150 万元。选项 C、D，甲公司应确认两部分作为投资收益，一是处置 40% 股权，应确认投资收益 = 售价 – 处置股权的账面价值 × 出售比例 = 1 410 – (3 600 + 960 + 600) × 25% = 120；二是把原权益法确认的"资本公积——其他资本公积"按照处置比例结转 150 万元至投资收益，因此甲公司需确认投资收益 270 万元，甲公司需结转长期股权的账面价值 = (3 600 + 960 + 600) × 25% = 1 290（万元）。

会计处理如下：

借：银行存款　　　　　　14 100 000
　　贷：长期股权投资——投资成本
　　　　　　　　　　　　　9 000 000
　　　　　　　　——损益调整
　　　　　　　　　　　　　2 400 000
　　　　　　　　——其他权益变动
　　　　　　　　　　　　　1 500 000
　　　　投资收益　　　　　1 200 000
借：资本公积——其他资本公积
　　　　　　　　　　　　　1 500 000
　　贷：投资收益　　　　　1 500 000

12. 【答案】A

【解析】作为存货的房地产转换为投资性房地产，转换日公允价值大于账面价值的，通过其他综合收益核算，不适用资本公积科目核算，选项 A 正确。股本溢价的主要核算内容包括：①股份有限公司在采用溢价发行股票的情况下的按溢价部分；②境外上市企业或者是在境内发行外资股的股份有限公司汇率折算差额；③发行股票相关的手续费、佣金等交易费用。选项 B、C 错误。被投资单位除净损益、其他综合收益以及利润分配以外的所有者权益的其他变动的，投资方按投资比例计算并调整长期股权投资账面价值，并同时调整资本公积。借：长期股权投资——所有者权益其他变动，贷：资本公积——其他资本公积，或编制相反会计分录。选项 D 错误。

13. 【答案】C

【解析】董事会分配方案只有提取法定盈余公积在实现利润年度报表上反映，其他在股东大会通过以后在分配年度报表上反映。

14. 【答案】B

【解析】选项 A，留存收益包括盈余公积和未分配利润；选项 C，未分配利润余额借方表示亏损，贷方表示盈利；选项 D，本期可供投资者分配的利润 = 期初未分配利润 + 本期实现的税后净利 – 提取的盈余公积。

15. 【答案】B

【解析】甲公司盈余公积总额 = 100 + 1 000 × (10% + 5%) – 100 – 20 = 130（万元）。

二、多项选择题

1. 【答案】ABE

【解析】选项 C、D 不涉及股本的核算，不会引起股本发生增减变动。相关的会计处理如下：

选项 A：
借：资本公积
　　贷：股本

选项 B：
借：盈余公积
　　贷：股本

选项 C：
借：盈余公积
　　贷：利润分配——盈余公积补亏

选项 D：
借：利润分配——应付现金股利或利润
　　贷：应付股利

选项 E：
借：库存股
　　贷：银行存款
借：股本
　　资本公积——股本溢价
　　盈余公积
　　贷：库存股

2. 【答案】BD

【解析】会计分录：
借：银行存款　　　　　118 800 000
　　贷：股本　　　　　　20 000 000
　　　　资本公积——股本溢价
　　　　　　　　　　　　98 800 000

3. 【答案】BCDE

【解析】选项 A，发行股票通过"股本""资本公积"核算。

4. 【答案】BCE

【解析】B 选项，与发行权益性证券直接相关的手续费、佣金等交易费用，借记"资本公积——股本溢价"等科目，贷记"银行存款"科目；C 选项，长期股权投资采用权益法核算的，被投资单位除净损益、其他综合收益及利润分配以外所有者权益的其他变动，企业按持股比例计算应享有的份额，借记或贷记"长期股权投资——其他权益变动"科目，贷记或借记"资本公积"科目；E 选项，以权益结算的股份支付换取职工或其他方提供服务的，应按照确定的金额，借记"管理费用"等科目，贷记"资本公积——其他资本公积"科目。

5. 【答案】ABD

【解析】以权益结算的股份支付是指企业为获取服务以期权等作为对价进行结算的交易，题目符合定义，选项 A 正确。只有在授予日立即可行权的股份支付才进行会计处理，甲公司并非立即行权的股份支付，在授予日不做会计处理，选项 B 正确。职工完成约定期内的服务或达到规定业绩条件才可行权的以权益结算的股份支付，在等待期内的每个资产负债表日，应当根据最新取得的可行权数量变动等后续信息做出最佳估计，按照权益工具授予日的公允价值，确定成本费用和相应的资本公积，借记"管理费用"等科目，贷记"资本公积——其他资本公积"科目，不确认权益工具后续公允价值变动，选项 C、E 错误。甲公司预计支付股份应负担的费用 = 9 × 100 × 100 × (1 - 15%) = 76 500（元），2 × 24 年应负担的费用 = 76 500 ÷ 3 = 25 500（元）。

借：管理费用　　　　　　25 500
　　贷：资本公积——其他资本公积
　　　　　　　　　　　　　25 500

选项 D 正确。

6. 【答案】ABCE

【解析】选项 D，非货币性资产交换具有商业实质的资产公允价值差额计入当期损益，不影响企业资本公积。

7. 【答案】ABD

【解析】选项 C，超过正常信用条件购买固定资产影响企业固定资产、在建工程、长期应付款、未确认融资费用等，不影响企业所有者权益。购入固定资产时，按购买价款的现值，借记"固定资产"或"在建工程"科目，按应支付的金额，贷记"长期应付款"科目，按其差额，借记"未确认融资费用"科目。选项 E，委托加工商品收回后影响企业委托加工商品、生产成本等，不影响所有者权益。

8. 【答案】ADE

【解析】选项 B，无须偿还的应付账款应作为企业非日常活动产生的经济利益流入，计入"营业外收入"；选项 C，回购库存股影响企业资本公积和留存收益，不影响其他综合收益。

9. 【答案】ACDE

【解析】在会计处理上，未分配利润是通过"利润分配"科目进行核算的，企业应设置"利润分配"科目，核算企业利润的分配（或亏损的弥补）和历年分配（或弥补）后的积存余额。利润分配科目下应分别设置以下明细科目：盈余公积补亏、提取法定盈余公积、提取任意盈余公积、应付现金股利或利润、转作股本的股利、未分配利润。

10. 【答案】CDE

【解析】选项 A，以当年实现的利润弥补以前年度的未弥补亏损时，不需要进行专门的账务处理，将当年实现的利润自"本年利润"科目的借方转入"利润分配——未分配利润"科目的贷方，其贷方发生额与"利润分配——未分配利润"科目借方余额自然抵补。选项 B，实际分配股票股利，应借记"利润分配——转作股本的股利"科目，贷记"股本"科目。

三、综合题

1. 【答案】A

【解析】长期股权投资的入账价值 = 8 000 × 60% = 4 800（万元）。

2. 【答案】B

【解析】同一控制下的企业合并，甲公司付出对价账面价值与长期股权投资初始投资成本之间的差额冲减资本公积。相关会计分录如下：

借：长期股权投资　　　　4 800
　　累计摊销　　　　　　1 200
　　资本公积　　　　　　9 000
　　贷：无形资产　　　　12 000
　　　　银行存款　　　　　3 000

3. 【答案】C

【解析】长期股权投资的入账价值 = 14 000 × 30% = 4 200（万元）。

相关会计分录如下：

（1）确认长期股权投资的初始投资成本。

借：长期股权投资　　　　3 600

贷：银行存款　　　　　　　　3 600

（2）根据被投资单位所占净资产的份额的公允价值调整长期股权投资初始投资成本，确认长期股权投资的入账价值。

借：长期股权投资
　　　　600（14 000×30% – 3 600）
　　贷：营业外收入　　　　　　600

4.【答案】D

【解析】因新的投资者投入，甲公司应将新资本的投入计入资本公积，确认金额 =（14 000 + 2 000 – 300 + 4 000）×25% –（14 000 + 2 000 – 300）×30% = 215（万元）。

5.【答案】CD

【解析】投资性房地产的转换，公允价值小于账面价值的差额计入公允价值变动损益，选项A错误；公允价值计量模式，投资性房地产按公允价值进行后续计量，不计提折旧，选项B错误。相关会计分录如下：

借：投资性房地产　　　　　　1 500
　　累计折旧　　　　　　　　1 200
　　公允价值变动损益　　　　　300
　　贷：固定资产　　　　　　　3 000

选项C、D，相关会计分录如下：

借：投资性房地产——公允价值变动
　　　　1 000（2 500 – 1 500）
　　贷：公允价值变动损益　　　1 000

第五章 收入、费用和利润

考试大纲

一、考试目的

考查考生对收入、费用和利润等会计知识和会计处理的掌握情况及应用能力。

二、考试内容及要求

（一）掌握的内容

1. 收入确认的原则。
2. 收入确认和计量的步骤。
3. 收入确认和计量的会计处理。
4. 合同资产的确认与转换条件。
5. 合同资产的会计处理。
6. 应收账款和应收票据的会计处理。
7. 政府补助的确认、计量和列报。
8. 本年利润结转的会计处理。

（二）熟悉的内容

1. 收入核算应设置的会计科目。
2. 合同成本的会计处理。
3. 所得税费用的会计处理。
4. 以前年度损益调整的会计处理。

（三）了解的内容

1. 合同成本的内容。
2. 委托代销安排和售后代管商品安排。
3. 期间费用的会计处理。

考情分析

与往年相比，2025年本章教材有一定变化，新增了对于不属于单项履约义务的保证类质量保证的会计核算，以及关于销售退回的具体内容【知识点1】。

本章内容为收入、费用和利润相关内容，属于考试重点章节，近年考试题型包括单选题和多选题。本章注重实务知识，对收入、政府补助、本年利润的计算需重点掌握。

除所得税和以前年度损益调整外，本章学习难度较小，但综合性较强。在考试中，可以与第二章资产的购置、第四章所有者权益的本年利润、第六章财务报表列报结合出题。

考生在本章应重点学习以下内容：

1. 收入的确认原则。
2. 商业折扣、现金折扣、销售折让的确认与计量。
3. 提供劳务收入的确认与计量。
4. 政府补助的确认与计量。
5. 管理费用、销售费用和财务费用的核算内容。
6. 所得税费用的计算。
7. 营业利润的计算（与第四章利润结合）。

考点精讲及典型例题解析

【知识点1】收入

一、定义

收入是指企业在日常活动中形成的、会导致所有者权益增加的、与所有者投入资本无关的经济利益的总流入。

二、收入确认和计量

（一）收入确认的原则

企业应当在履行了合同中的履约义务，即在客户取得相关商品控制权时确认收入。取得相关商品控制权，是指能够主导该商品的使用并从中获得几乎全部的经济利益，也包括有能力阻止其他方主导该商品的使用并从中获得经济利益。

企业在判断商品的控制权是否发生转移时，应当从客户的角度进行分析，即客户是否取得了相关商品的控制权以及何时取得该控制权。取得商品控制权同时包括下列三项要素：

一是客户拥有现时权利。如果客户只能在未来的某一期间主导该商品的使用并从中获益，则表明其尚未取得该商品的控制权。

二是客户能够主导该商品的使用。客户在其活动中有权使用该商品，或者能够允许或阻止其他方使用该商品。

三是客户能够获得商品几乎全部的经济利益。商品的经济利益，是指该商品的潜在现金流量，既包括现金流入的增加，也包括现金流出的减少。客户可以通过使用、消耗、出售、处置、交换、抵押或持有等多种方式直接或间接地获得商品的经济利益。

本章所称的客户是指与企业订立合同以向该企业购买其日常活动产出的商品并支付对价的一方。本章所说的收入不涉及企业对外出租资产收取的租金、进行债权投资收取的利息、进行股权投资取得的现金股利、保费收入等。

（二）收入确认和计量的步骤

收入确认和计量的基本步骤和要点如表5-1所示。

表5-1

步骤	要点
1. 识别与客户订立的合同（收入确认）	合同，是指双方或多方之间订立有法律约束力的权利义务的协议。合同的存在是企业确认客户合同收入的前提。合同包括书面形式、口头形式以及其他形式。
2. 识别合同中的单项履约义务（收入确认）	合同开始日，企业应当对合同进行评估，识别该合同所包含的各单项履约义务，并确定各单项履约义务是在某一时段内履行，还是在某一时点履行，然后在履行了各单项履约义务时分别确认收入。
3. 确定交易价格（收入计量）	企业应当根据合同条款，并结合其以往的习惯做法确定交易价格。
4. 将交易价格分摊至各单项履约义务（收入计量）	合同中包含两项或多项履约义务的，企业应当在合同开始日，按照各单项履约义务所承诺商品的单独售价的相对比例，将交易价格分摊至各单项履约义务。
5. 履行每一单项履约义务时确认收入（收入确认）	企业应当在履行了合同中的履约义务，即在客户取得相关商品控制权时确认收入。

【提示1】下列情况不能确认收入：①企业销售的商品在质量、品种、规格等方面不符合合同规定的要求，又未根据正常的保证条款予以弥补，因而仍负有责任；②采用支付手续费方式委托代销商品、售后回购；③企业尚未完成售出商品的安装或检验工作，且此项安装或检验任务是销售合同的重要组成部分；④销售合同中规定了由于特定原因买方有权退货的条款，而企业又不能确定退货的可能性。

【提示2】对于不属于单项履约义务的保证类质量保证，企业应当按照或有事项会计准则规定进行会计处理。在对因上述保证类质量保证产生的预计负债进行会计核算时，企业应当根据或有事项会计准则有关规定，按确定的预计负债金额，借记"主营业务成本""其他业务成本"等科目，贷记"预计负债"科目，并相应在利润表中的"营业成本"和资产负债表中的"预计负债"或"其他流动负债"项目列示。

【例5-1】（单选题）当合同中包含两项或多项履约义务时，企业应当在合同开始日，将交易价格分摊各单项履约义务。具体分摊时采用的方法是（　　）。

A. 各单项履约义务所承诺商品的成本的相对比例

B. 各单项履约义务所承诺商品的单独售价的相对比例

C. 各单项履约义务所承诺商品的净收益的相对比例

D. 直线法平均摊销

【答案】B

【解析】当合同中包含两项或多项履约义务时，企业应当在合同开始日，按照各单项履约义务所承诺商品的单独售价的相对比例，将交易价格分摊各单项履约义务。

企业应当将在类似环境下向类似客户单独销售商品的价格作为确定该商品单独售价的最佳证据。单独售价无法直接观察的，企业应当综合考虑其能够合理取得的全部相关信息，采用市场调整法、成本加成法、余值法等方法合理估计单独售价。

市场调整法，是指企业根据某商品或类似商品的市场售价考虑本企业的成本和毛利等进行适当调整后，确定其单独售价的方法。成本加成法，是指企业根据某商品的预计成本加上其合理毛利后的价格，确定其单独售价的方法。余值法，是指企业根据合同交易价格减去合同中其他商品可观察的单独售价后的余值，确定某商品单独售价的方法。企业在商品近期售价波动幅度巨大，或者因未定价且未曾单独销售而使售价无法可靠确定时，可采用余值法估计其单独售价。

对于合同折扣，即合同中各单项履约义务所承诺商品的单独售价之和高于合同交易价格的金额，企业应当在各单项履约义务之间按比例分摊。有确凿证据表明合同折扣仅与合同中一项或多项（而非全部）履约义务相关的，企业应当将该合同折扣分摊至相关一项或多项履约义务。合同折扣仅与合同中一项或多项（而非全部）履约义务相关，且企业采用余值法估计单独售价的，应当首先按照此规定在该一项或多项（而非全部）履约义务之间分摊合同折扣，然后采用余值法估计单独售价。

三、收入核算应设置的会计科目

（一）主营业务收入

"主营业务收入"科目核算企业确认的销售商品、提供服务等主营业务的收入。本科目可按主营业务的种类进行明细核算。

1. 企业履行了合同中的单项履约义务时，应按确认的收入金额作如下会计分录：

借：银行存款/应收账款/应收票据/合同资产等
  贷：主营业务收入
    应交税费——应交增值税
    应交税费——待转销项税额

2. 合同中存在企业为客户提供重大融资利益时，相关会计分录如下：

借：长期应收款（应收合同价款）
  贷：主营业务收入（现销价格）
    未实现融资收益（差额）

3. 合同中存在客户为企业提供重大融资利益时，相关会计分录如下：

借：银行存款（已收合同价款）
  贷：合同负债（现销价格）
    未确认融资费用（差额）
    应交税费——应交增值税（如有涉及）

4. 企业收到的对价为非现金资产时，相关会计分录如下：

借：存货/固定资产/无形资产等（该非现金资产在合同开始日的公允价值）
  贷：主营业务收入（该非现金资产在合同开始日的公允价值）
    应交税费——应交增值税（如有涉及）

期末，相关会计分录如下：

借：主营业务收入
  贷：本年利润

结转后"主营业务收入"科目应无余额。

（二）其他业务收入

"其他业务收入"科目核算企业确认的除主营业务活动以外的其他经营活动实现的收入，包括出租固定资产、出租无形资产、出租包装物和商品、销售材料、用材料进行非货币性交换（非货币性资产交换具有商业实质且公允价值能够可靠计量）等实现的收入等。企业（保险）经营受托管理业务收取的管理费收入，也通过本科目核算。

本科目可按其他业务的种类进行明细核算。其他业务收入的主要账务处理同"主营业务收入"科目。期末，应将本科目的余额转入"本年利润"科目，结转后本科目应无余额。

（三）主营业务成本

"主营业务成本"科目核算企业确认销售商品、提供服务等主营业务收入时应结转的成本。本科目可按主营业务的种类进行明细核算。

期末，企业应根据本期销售各种商品、提供各种服务等实际成本，计算应结转的主营业务成本，作如下会计分录：

借：主营业务成本
  贷：库存商品
    合同履约成本

采用计划成本或售价核算库存商品的，平时的营业成本按计划成本或售价结转，月末，还应结转本月销售商品应分摊的产品成本差异或商品进销差价。期末，相关会计分录如下：

借：本年利润
  贷：主营业务成本

结转后本科目无余额。

（四）其他业务成本

"其他业务成本"科目核算企业确认的除主营业务活动以外的其他经营活动所发生的支出，包括销售材料的成本、出租固定资产的折旧额、出租无形资产的摊销额、出租包装物的成本或摊销额等。除主营业务活动以外的其他经营活动发生的相关税费，在"税金及附加"科目核算。

本科目可按其他业务成本的种类进行明细

核算，相关会计分录如下：
　　借：其他业务成本
　　　　贷：原材料/周转材料
期末，相关会计分录如下：
　　借：本年利润
　　　　贷：其他业务成本
结转后本科目无余额。

（五）合同取得成本

"合同取得成本"科目核算企业取得合同发生的、预计能够收回的增量成本。本科目可按合同进行明细核算，相关会计分录如下：
　　借：合同取得成本
　　　　贷：银行存款/其他应付款等
对合同取得成本进行摊销时，相关会计分录如下：
　　借：销售费用等
　　　　贷：合同取得成本
　　　　　　应交税费——应交增值税（如有涉及）

本科目期末借方余额，反映企业尚未结转的合同取得成本。

（六）合同履约成本

"合同履约成本"科目核算企业为履行当前或预期取得的合同所发生的、不属于其他企业会计准则规范范围且按照本准则应当确认为一项资产的成本。企业因履行合同而产生的毛利不在本科目核算。本科目可按合同，分别"服务成本""工程施工"等进行明细核算。

企业发生上述合同履约成本时，相关会计分录如下：
　　借：合同履约成本
　　　　贷：银行存款/应付职工薪酬/原材料等
对合同履约成本进行摊销时，相关会计分录如下：
　　借：主营业务成本/其他业务成本等
　　　　贷：合同履约成本
　　　　　　应交税费——应交增值税（如有涉及）

本科目期末借方余额，反映企业尚未结转的合同履约成本。

（七）合同负债

"合同负债"科目核算企业已收或应收客户对价而应向客户转让商品的义务。尚未向客户履行转让商品的义务而已收或应收客户对价中的增值税部分，因不符合合同负债的定义，不应确认为合同负债。本科目应按合同进行明细核算。

企业在向客户转让商品之前，客户已经支付了合同对价或企业已经取得了无条件收取合同对价权利的，企业应当在客户实际支付款项与到期应支付款项孰早时点，作如下会计分录：
　　借：银行存款/应收账款/应收票据（已收或应收的金额）
　　　　贷：合同负债
企业向客户转让相关商品时，相关会计分录如下：
　　借：合同负债
　　　　贷：主营业务收入/其他业务收入等
　　　　　　应交税费——应交增值税（如有涉及）

本科目期末贷方余额，反映企业在向客户转让商品之前，已经收到的合同对价或已经取得的无条件收取合同对价权利的金额。

（八）减值核算科目

企业还应当设置"合同取得成本减值准备""合同履约成本减值准备"等科目，对相应减值进行核算。
　　借：资产减值损失（应减记的金额）
　　　　贷：相应科目
转回已计提的资产减值准备时，编制相反的会计分录。

四、收入确认和计量的会计处理

（一）在某一时段履行履约义务确认收入

满足下列条件之一的，属于在某一时段内履行的履约义务：①客户在企业履约的同时即取得并消耗企业履约所带来的经济利益。②客户能够控制企业履约过程中在建的商品。例如，企业在客户拥有的土地上按照客户的设计要求为其建造厂房。③企业履约过程中所产出的商品具有不可替代用途，且该企业在整个合同期间内有权就累计至今已完成的履约部分收取款项。

对于在某一时段内履行的履约义务，企业应当选取恰当的方法来确定履约进度，在该时间段内按照履约进度确认收入，履约进度不能合理确定的除外。企业按照履约进度确认收入时，通常应当在资产负债表日按照合同的交易价格总额乘以履约进度扣除以前会计期间累计已确认的收入后的金额,确认为当期收入。

企业应当考虑商品的性质,采用产出法或投入法确定恰当的履约进度。其中,产出法是根据已转移给客户的商品对于客户的价值确定履约进度;投入法是根据企业为履行履约义务的投入确定履约进度。对于类似情况下的类似履约义务,企业应当采用相同的方法确定履约进度。

【例5-2】(单选题)2×24年3月1日,甲公司与客户签订合同,向其销售A、B两项商品。A商品的单独售价为6 000元,B商品的单独售价为24 000元。该合同价款为25 000元。合同约定,A商品于合同开始日交付,B商品在一个月之后交付,只有当两项商品全部交付之后,甲公司才有权收取25 000元的合同对价。假定A商品和B商品分别构成单项履约义务,其控制权在交付时转移给客户。上述价格均不包含增值税,且假定不考虑相关税费影响。下列说法不正确的是(   )。

A. 分摊至A商品的合同价款为5 000元
B. 分摊至B商品的合同价款为20 000元
C. 交付A商品时,甲公司应借记合同资产5 000元
D. 交付B商品时,甲公司应借记主营业务收入20 000元

【答案】D

【解析】分摊至A商品的合同价款 = 6 000 ÷ (6 000 + 24 000) × 25 000 = 5 000(元),故选项A说法正确。分摊至B商品的合同价款 = 24 000 ÷ (6 000 + 24 000) × 25 000 = 20 000(元),故选项B说法正确。

甲公司的账务处理如下:
交付A商品时:
借:合同资产   5 000
    贷:主营业务收入   5 000
故选项C说法正确。
交付B商品时:
借:应收账款   25 000
    贷:合同资产   5 000
        主营业务收入   20 000
故选项D说法错误。

当履约进度不能合理确定时,企业已经发生的成本预计能够得到补偿的,应当按照已经发生的成本金额确认收入,直到履约进度能够合理确定为止。

(二)在某一时点履行的履约义务

企业应在客户取得商品控制权的时点确认收入。

1. 如何判断客户是否已取得商品控制权。

对于不属于在某一时段内履行的履约义务,应当属于在某一时点履行的履约义务,企业应当在客户取得相关商品控制权时点确认收入。在判断客户是否已取得商品控制权(即客户是否能够主导该商品的使用并从中获得几乎全部的经济利益)时,企业主要应当综合考虑下列迹象:

一是企业就该商品享有现时收款权利,即客户就该商品负有现时付款义务。

二是企业已将该商品的法定所有权转移给客户,即客户已拥有该商品的法定所有权。

三是企业已将该商品实物转移给客户,即客户已占有该商品实物。需要说明的是,其他方占有了某项商品实物并不意味着其就一定取得了该商品的控制权,如委托代销安排;客户未占有某项商品实物也并不意味着其就未取得该商品的控制权,如售后代管商品安排。

四是企业已将该商品所有权上的主要风险和报酬转移给客户,即客户已取得该商品所有权上的主要风险和报酬。在评估商品所有权上的主要风险和报酬是否转移时,不应考虑导致企业在除所转让商品之外产生其他单项履约义务的风险。

五是客户已接受该商品。

2. 赊销收入模式中常用相关资产类科目。

应收账款和应收票据是企业采用赊销方式确认收入常用的相关资产类科目。

(1)应收账款。

①应收账款的定义。

应收账款是指因销售商品、提供劳务等经营活动,应向购货单位或接受劳务单位收取的款项。

应收账款的核算范围:因销售活动采用除商业汇票结算方式外其他结算方式形成的债权;属于流动资产性质的债权;本企业应收客户的款项。

【提示】核算范围主要包括企业销售商品或提供劳务等应向有关债务人收取的价款及代购货单位垫付的包装费、运杂费等。应收账款的计量:应收账款按实际发生额计价入账(入账

金额需扣除商业折扣,但不扣除现金折扣)。

②坏账。

坏账是指企业无法收回或收回可能性极小的应收账款。发生坏账产生的损失称为"坏账损失"。确认坏账损失时,应遵循财务报告的目标和会计核算的基本原则,具体分析各应收账款的特殊性、金额的大小、信用期限、债务人的信誉和当时的经营情况等因素。一般来说,应收账款符合下列条件之一的,应确认为坏账:债务人死亡,以其遗产清偿后仍然无法收回;债务人破产,以其破产财产清偿后仍然无法收回;债务人较长时间内未履行其偿债义务,并有足够的证据表明无法收回或收回的可能性很小。

坏账损失的核销方法有两种,即直接转销法和备抵法,见表5-2。

表 5-2

	直接转销法	备抵法
定义	在未确认坏账时不做任何会计处理,在坏账确认后,把确认的坏账损失计入期间费用,同时注销该应收账款的方法。	每个会计期末在检查应收项收回可能性的前提下,预计可能发生的坏账损失,并计提坏账准备。当某一应收款项被确认为坏账时,将坏账金额冲减坏账准备并相应转销应收款项的方法。
优点	账务处理简单易懂。	避免企业通过应收账款操纵利润造成虚盈实亏,使报表阅读者能了解企业真实的财务状况,并加速资金周转,提高企业资金使用率。
缺点	不符合权责发生制及收入与费用配比的会计原则,可能会导致企业发生大量陈账、呆账,同时虚增企业的利润。	账务处理较复杂。
应用	发生坏账时直接计入信用减值损失: 借:信用减值损失 贷:应收账款	企业需要对应收账款的预期信用损失进行估计和判断。

a. 直接转销法。

直接转销法是指在实际发生坏账时,确认坏账损失,计入确认期间的费用,同时注销该应收账款。采用直接转销法时,日常核算中应收账款可能发生的坏账损失不予考虑,在实际发生坏账时,确认坏账损失,计入"信用减值损失"科目,同时注销应收账款。

虽然从会计账面注销了应收账款,但企业不能放弃对此应收账款的追索权,如果又收回该笔款项,作为应收账款收回处理。"应收账款"科目不仅反映企业应该向客户收回的款项金额,而且通过收款情况反映客户的信誉,因此,一旦已注销的应收账款收回,应将原注销的应收账款在会计账面上恢复,以便为会计信息使用者提供客户信誉的信息。例如,假设某企业之前已注销的应收账款收回170 000元,编制的会计分录为:

  借:应收账款   170 000
    贷:资产减值损失   170 000
  借:银行存款   170 000
    贷:应收账款   170 000

b. 备抵法。

备抵法是期末在检查应收款项收回可能性的前提下,预计可能发生的坏账损失,并计提坏账准备,当某一应收款项全部或部分被确认为坏账时,将其金额冲减坏账准备并相应转销应收款项的方法。为了能够为会计信息使用者提供应收账款实际价值的信息,应预计应收账款发生坏账的可能性,即按期估计坏账损失,并在会计账面上有所反映;预计的坏账损失计入预计期间的损益,此后再发生坏账损失时直接冲抵原计提的坏账准备,即当某一应收账款全部或者部分被确认为坏账时,应根据其金额冲减坏账准备,同时转销相应的应收账款金额。采用备抵法时,企业需要对应收账款的预期信用损失进行估计和判断。

【例5-3】(多选题)下列选项中,会引起企业应收账款账面价值发生变化的有(　　)。

A. 转销无法收回备抵法核算的应收账款
B. 收回应收账款
C. 确认实际发生的坏账
D. 收回已转销的应收账款
E. 使用直接转销法计提应收账款坏账准备

【答案】BDE

【解析】应收账款的账面价值=应收账款账面余额-坏账准备。选项A，转销无法收回备抵法核算的应收账款，借记"坏账准备"，贷记"应收账款"，不会影响企业应收账款的账面价值。选项B，收回应收账款，借记"银行存款"，贷记"应收账款"，应收账款账面价值减少。选项C，确认实际发生的坏账，借记"应收账款"，贷记"坏账准备"，不会影响企业应收账款的账面价值。选项D，收回已转销的应收账款，借记"应收账款"，贷记"坏账准备"，同时，借记"银行存款"，贷记"应收账款"，应收账款的账面价值减少。选项E，使用直接转销法计提应收账款坏账准备，借记"信用减值损失"，贷记"应收账款"，应收账款账面价值减少。

(2) 应收票据。

①应收票据的定义。

应收票据是指企业因销售商品、提供劳务等采用商业汇票结算方式而收到的商业汇票。商业承兑汇票的最长付款期限不超过一年。

商业汇票的分类见表5-3。

表5-3

分类方式	类别
是否带息	带息票据
	不带息票据
出票方式	商业承兑汇票
	银行承兑汇票

②应收票据的入账方式。

企业收到的票据无论是否带息，一律按面值入账。

其利息计算公式如下：

应收票据利息=应收票据面值×(年利率÷360)×持有期限

【提示1】票据到期转换，一年按照360天计算。

【提示2】票据持有期限分为两种：①按月计算。按次月对应日为整月计算票据持有期限，而不考虑票据的实际票据签发天数。如2月2日签发承兑期限为3个月的商业汇票，其到期日为5月2日。②按天数计算。按"算头不算尾"或"算尾不算头"的方法计算。票据的实际签发天数，在票据承兑日和到期日这两天中，只计算其中的一天。如3月2日签发的承兑期限为90天的商业汇票，其到期日为5月31日（3月份31天，4月份30天，5月份31天）。

【例5-4】（单选题）企业收到的应收票据按（　　）入账。

A. 面值+利息

B. 公允价值+利息现值

C. 面值

D. 公允价值

【答案】C

【解析】企业收到的票据无论是否带息，一律按面值入账。

③提前获取票据资金。

a. 背书转让。

背书是指持票人以转让汇票权利或授予他人一定的汇票权利为目的，在汇票背面或粘单上记载有关事项并签章的票据行为。通过背书获取资金的行为即背书转让。

b. 贴现。

贴现是指汇票的持票人在汇票到期日前，为了取得资金，贴付一定利息将票据权利转让给银行，是银行向持票人融通资金的一种方式。

贴现的计算公式如下：

应收票据利息=应收票据面值×(年利率÷360)×持有期限

票据到期值=应收票据面值+应收票据利息

贴现利息=票据到期值×贴现率×贴现期限

贴现款=票据到期值-贴现息

【提示】票据追索权即企业持未到期的票据贴现后，如果付款方到期未付款，贴现的银行向企业追索票据款的权利。商业汇票贴现根据是否带追索权，应进行区别对待（见表5-4）。

表5-4

	是否带追索权	贴现实质	能否在会计处理中注销
追索权	带追索权贴现	向银行借款	不能注销，只能作为借款处理
	无追索权贴现	票据卖给银行	可以注销

【例5-5】（单选题）甲企业作为小规模纳税人，2×18年1月3日向乙企业销售材料一批，增值税发票上注明货款（含增值税）100万元。同日收到乙企业签发并承兑的商业承兑汇票一张，期限为90天，票面金额100万元，年利率为6%。甲企业2月2日持票据到银行申请带追索权的贴现，贴现率为10%。票据到期，乙企业无力支付票据款。甲企业能贴现（　　）万元款项。

A. 98.31　　　　　B. 101.5
C. 99.81　　　　　D. 100

【答案】C

【解析】票据到期利息 = 100 × 6% × 90 ÷ 360 = 1.5（万元）；票据到期值 = 100 + 1.5 = 101.5（万元）；贴现天数 = 90 − 30 = 60（天）；贴现息 = 101.5 × 10% × 60 ÷ 360 ≈ 1.69（万元）；贴现款 = 101.5 − 1.69 = 99.81（万元）。

④账务处理。

收到票据时，按照汇票面值入账：

借：应收票据
　　贷：主营业务收入等
　　　　应缴税费——应交增值税（销项税额）

或：
借：应收票据
　　贷：应收账款

票据到期收到签发单位清偿货款：
借：银行存款
　　贷：应收票据
　　　　财务费用（带息票据票面利息）

票据到期签发单位无力清偿，将其转为应收账款：
借：应收账款
　　贷：应收票据
　　　　财务费用（带息票据票面利息）

票据背书转让：
借：库存商品等
　　应交税费——应交增值税（进项税额）
　　贷：应收票据
　　　　银行存款（差额，或在借方）

票据贴现：
借：银行存款
　　贷：短期借款

【例5-6】（单选题）企业收到带息票据利息，应（　　）。

A. 票据清偿时一次性计入应收票据成本
B. 票据清偿时一次性冲减财务费用
C. 按月或按年度计入财务费用
D. 应收票据入账时一并计入应收票据成本

【答案】C

【解析】企业收到带息票据，所收取的利息是企业销售商品延期收款的资金成本，使用"财务费用"科目核算。如果票据利息金额较大，对各月的财务成果影响较大时可按月计提利息；如果票据利息金额不大或对各月财务成果影响不大时，可于资产负债表日计提利息。

3. 一般销售商品业务收入的相关账务处理。

【例5-7】（多选题）下列关于不同销售情形会计处理的表述中，正确的有（　　）。

A. 采用托收承付方式销售商品且控制权已转移，应在办妥托收手续时确认收入，同时结转成本

B. 销售商品并负责安装且安装是合同重要组成部分的，应在安装验收合格后合并确认商品与劳务收入，并通过"发出商品"和"劳务成本"科目过渡

C. 合同包含重大融资成分时，应按现销价确认"合同负债"，差额计入"未确认融资费用"，后续按实际利率法分摊至"财务费用"

D. 附销售退回条款的销售，初始确认收入时应全额确认应收款项，待退货实际发生时冲减收入

E. 销售退回率发生变更时，应调整"预计负债"和"主营业务收入"，同时调整"应收退货成本"与"主营业务成本"

【答案】ABCE

【解析】选项A：符合教材例5-7的处理。托收承付销售在控制权转移且办妥托收时确认收入，同步结转成本。选项B：符合教材例5-8（电梯销售安装）的处理。安装作为合同重要部分，收入在验收后确认，通过"发出商品"和"劳务成本"归集成本，最终结转至主营业务。选项C：符合教材例5-9（融资成分）的处理。现销价400万确认为"合同负债"，差额49.44万为"未确认融资费用"，按6%实际利率分摊至财务费用。选项D：错误。附退回条款销售应按预期有权收取的对价确认收入（扣除预计退款），而非全额确认（见教材例5-10初始分录）。选项E：正确。教材例5-10中退

货率从 20% 变为 10%，需调增收入 25 万元（借：预计负债，贷：主营业务收入），同步调整成本 20 万元（借：主营业务成本，贷：应收退货成本）。

4. 现金折扣、商业折扣和销售折让的账务处理。

①商业折扣。

商业折扣是指企业根据市场供需情况，或针对不同顾客，在商品标价上给予的扣除。商业折扣并不单独核算，而是在入账时直接从应收账款中扣除，以实际售价入账。

②现金折扣。

现金折扣是指销售方为鼓励买方在规定的期限内付款而给予买方债务的扣除。销售商品涉及现金折扣的，销售方应当按照可变对价进行会计处理。

【提示】现金折扣通常发生在以赊销方式销售商品或提供劳务的交易中，债务人在不同期限内付款可享受不同比例的折扣。现金折扣一般用一组符合"折扣/付款期限"的分数表示，如"2/10，1/20，n/30"表示，其含义为 10 天内付款给予 2% 的折扣，11—20 天付款给予 1% 的折扣，20 天以后付款没有折扣，付款期不超过 30 天。

【例 5-8】（单选题）2×24 年 12 月 26 日，甲企业销售一台设备给乙企业，商品价款为 10 000 元，增值税税额为 1 300 元。经协商，如果在 15 日内付款，甲企业给予乙企业 2% 的现金折扣。2×25 年 1 月 5 日，乙企业支付货款，下列有关甲企业发生的现金折扣的会计处理中，正确的是（　　）。

A. 计入当期财务费用
B. 计入当期主营业务成本
C. 计入当期销售费用
D. 冲减主营业务收入

【答案】D

【解析】销售商品涉及现金折扣的，销售方应当按照可变对价进行会计处理。

【例 5-9】（单选题）20×5 年 2 月 25 日，甲公司向乙公司销售一批材料，增值税发票上注明价款 200 万元，税额 26 万元。当时材料和发票均已到账，款项尚未支付。为了及早收回货款，甲公司给予乙公司现金折扣，现金折扣条件是 2/12，1/20，n/30，甲公司评估认为乙公司不会享受该现金折扣，乙公司 3 月 1 日付款。不考虑其他因素，下列说法中正确的是（　　）。

A. 2 月 25 日，甲公司借记应收账款 200 万元
B. 2 月 25 日，甲公司贷记主营业务收入 200 万元
C. 3 月 1 日，甲公司借记主营业务收入 200 万元
D. 3 月 1 日，甲公司贷记财务费用 4 万元

【答案】B

【解析】"2/12"的含义为 12 天内付款给予 2% 的折扣。乙公司在 12 天内付款，应享受 2% 的折扣。销售商品涉及现金折扣的，销售方应当按照可变对价进行会计处理。

2 月 25 日甲公司应作会计分录：

借：应收账款　　　　　　2 260 000
　　贷：主营业务收入　　　　2 000 000
　　　　应交税费——应交增值税（销项税额）260 000

3 月 1 日甲公司应作会计分录：

借：银行存款　　　　　　2 220 000
　　主营业务收入　　　　　40 000
　　贷：应收账款　　　　　　2 260 000

选项 A，甲公司借记应收账款 226 万元。选项 C、D，甲公司借记主营业务收入 4 万元。

【知识点 2】合同

一、合同资产

（一）合同资产的确认与转换条件

企业已向客户转让商品而有权收取对价，且该权利仅取决于时间流逝之外的因素（如，向客户交付合同项下其他商品）时，企业应将该笔收款权确认为"合同资产"，而非"应收账款"。

企业取得无条件收款权时，借记"应收账款"等科目，贷记"合同资产"科目。涉及增值税的，还应进行相应的处理。

（二）合同资产的会计处理

企业应按合同对"合同资产"科目进行明细核算。企业在客户实际支付合同对价或在该对价到期应付之前，已经向客户转让了商品的，但尚未取得无条件收款权时，应当因已转让商品而有权收取的对价金额，编制如下会计分录：

借：合同资产

贷：主营业务收入/其他业务收入等

【例5-10】（单选题）甲公司是一家生产销售血液透析设备的公司，2×24年6月30日，甲公司与某医院签订合同，向该医院销售10台血液透析设备以及一批血液透析耗材，合同总价款为200万元。甲公司对于上述血液透析设备的单独销售价格为22万元/台，对于这批耗材的单独售价为5万元。合同约定，合同标的应于合同签订后一个月内交付，且在交付起3个月内血液透析设备没有任何质量问题再支付款项。上述价格均不包含增值税，且假定不考虑相关税费影响，以及交付3个月后血液透析设备没有产品质量问题。下列说法正确的是（　　）。

A. 销售10台血液透析设备应当分摊的交易价格为220万元

B. 销售血液透析耗材应分摊的交易价格为5万元

C. 交付设备时，甲公司应借记应收账款200万元

D. 交付设备3个月且没有质量问题时，甲公司应贷记合同资产200万元

【答案】D

【解析】根据交易价格分摊原则，销售10台血液透析设备应当分摊的交易价格为220÷(220+5)×200=195.56（万元），销售血液透析耗材应分摊的交易价格为5÷(220+5)×200=4.44（万元）。甲公司上述设备交付给医院后，与商品相关的履约义务已经履行，但是需要等到交付3个月后血液透析设备没有质量问题时，甲公司才具有无条件收取合同对价的权利，因此，甲公司应当将交付10台血液透析设备而有权收取的对价195.56万元，以及交付血液透析耗材而有权收取的对价4.44万元确认为合同资产，相应的会计处理如下：

(1) 交付设备时：
借：合同资产——10台血液透析设备
　　　　　　　　　　　　　1 955 600
　　　　　　——血液透析耗材
　　　　　　　　　　　　　　44 400
　贷：主营业务收入　　　2 000 000

(2) 交付设备3个月后没有质量问题时：
借：应收账款　　　　　　2 000 000
　贷：合同资产　　　　　2 000 000

企业还应当设置"合同资产减值准备"等科目，对相应减值进行核算。按应减记的金额，借记"资产减值损失"科目，贷记相应科目；转回已计提的资产减值准备时，编制相反的会计分录。

二、合同成本

（一）合同取得成本

企业为取得合同发生的增量成本预期能够收回的，应当作为合同取得成本确认为一项资产。增量成本，是指企业不取得合同就不会发生的成本，如销售佣金等。为简化实务操作，该资产摊销期限不超过一年的，可以在发生时计入当期损益。企业采用该简化处理方法的，应当对所有类似合同一致采用。

企业为取得合同发生的、除预期能够收回的增量成本之外的其他支出，例如，无论是否取得合同均会发生的差旅费、投标费、为准备投标资料发生的相关费用等，应当在发生时计入当期损益，除非这些支出明确由客户承担。

【例5-11】（单选题）甲公司为一家咨询公司，通过竞标方式与一客户新签订为期3年的服务合同，客户每年末支付含税服务费用2 544 000元。为取得与该客户的合同，甲公司支付会计师事务所尽职调查费用30 000元，为投标发生差旅费20 000元，支付销售人员佣金72 000元。甲公司预期这些支出未来均能够收回。此外，甲公司根据其年度销售目标、业绩情况等，向销售部门经理支付年度奖金20 000元。下列说法不正确的是（　　）。

A. 甲公司聘请会计师事务所进行尽职调查发生的支出、为投标发生的差旅费属于增量成本

B. 支付相关费用时，应借记合同取得成本72 000元

C. 每月摊销销售佣金2 000元

D. 每月确认服务收入20 000元

【答案】A

【解析】甲公司因签订该客户合同而向销售人员支付的佣金属于为取得合同发生的增量成本，应当将其作为合同取得成本确认为一项资产。甲公司聘请会计师事务所进行尽职调查发生的支出、为投标发生的差旅费，无论是否取得合同都会发生，因此，不属于增量成本，应当于发生时直接计入当期损益。甲公司向销售

部门经理支付的年度奖金是否发放以及发放金额还取决于公司和个人业绩等其他因素,并不能直接归属于该合同,也不是为取得合同发生的增量成本。

甲公司会计处理如下:
(1) 支付相关费用时。

借:合同取得成本　　　　72 000
　　管理费用　　　　　　50 000
　　销售费用　　　　　　20 000
　　贷:银行存款　　　　　　　142 000

每月确认服务收入,并摊销销售佣金。

服务收入 = 2 544 000 ÷ (1 + 6%) ÷ 12 = 200 000 (元)

销售佣金摊销额 = 72 000 ÷ 3 ÷ 12 = 2 000 (元)

借:应收账款　　　　　　212 000
　　销售费用　　　　　　20 000
　　贷:合同取得成本　　　　　20 000
　　　　主营业务收入　　　　 200 000
　　　　应交税费——应交增值税(销项税额)　12 000

(二)合同履约成本

企业为履行合同可能会发生各种成本,企业应当对这些成本进行分析,属于《企业会计准则第14号——收入》(2018)规范且同时满足下列条件的,应当作为合同履约成本确认为一项资产。

1. 该成本与一份当前或预期取得的合同直接相关。

预期取得的合同应当是企业能够明确识别的合同,例如,现有合同续约后的合同、尚未获得批准的特定合同等。与合同直接相关的成本包括直接人工、直接材料、制造费用、明确由客户承担的成本以及仅因该合同而发生的其他成本。

2. 该成本增加了企业未来用于履行(包括持续履行)履约义务的资源。

3. 该成本预期能够收回。

企业应当在下列支出发生时,将其计入当期损益:一是管理费用,除非这些费用明确由客户承担。二是非正常消耗的直接材料、直接人工和制造费用(或类似费用),这些支出为履行合同发生,但未反映在合同价格中。三是与履约义务中已履行(包括已全部履行或部分履行)部分相关的支出,即该支出与企业过去的履约活动相关。四是无法在尚未履行的与已履行(或已部分履行)的履约义务之间区分的相关支出。

【知识点3】政府补助
一、政府补助定义及其分类
(一)定义

政府补助是指企业从政府无偿取得货币或非货币性资产,但不包括政府作为企业所有者投入的资本。

【提示】政府补助的主要形式包括政府对企业的财政拨款、税收返还、财政贴息,以及无偿给予非货币性资产等。

(二)特征

1. 来源于政府的经济资源。

2. 无偿性。

企业从政府取得的经济资源,如果与企业销售商品或提供劳务等活动密切相关,且来源于政府的经济资源是企业商品或服务的对价或者是对价的组成部分,应当按照收入准则的规定进行会计处理,不适用政府补助准则。

【例5-12】(单选题)下列各项中,不属于企业获得的政府补助的是(　　)。

A. 政府部门对企业银行贷款利息给予的补贴

B. 政府部门无偿拨付给企业进行技术改革的专项资金

C. 政府部门作为企业所有者投入的资本

D. 政府部门先征后返的增值税

【答案】C

【解析】政府与企业之间的关系,是投资者与被投资关系,属于商业交易,不属于政府补助。

(三)分类

1. 与资产相关的政府补助。

2. 与收益相关的政府补助。

【提示】与资产相关的政府补助是指用于构建或以其他方式形成长期资产的政府补助。除此之外的政府补助,皆为与收益相关的政府补助。

二、政府补助的确认和计量

政府补助按性质分为货币性资产和非货币性资产,其计量方法见表5-5。

表 5-5

政府补助性质	计量方法
货币性资产	应收或实收金额计量。
非货币性资产	公允价值可靠的，按照公允价值计量。 公允价值不可靠的，按照名义金额（1元）计量。

(一) 确认条件

政府补助同时满足下列条件的，才能予以确认：

1. 企业能够满足政府补助所附条件。
2. 企业能够收到政府补助。

(二) 计量方法

政府补助应当最终计入损益。其会计处理有两种方法：

1. 总额法，将其全额一次或分次确认为收益。
2. 净额法，将政府补助确认为对相关资产账面价值或者所补偿成本费用等的扣减。

与企业日常活动相关的政府补助，应当按照经济业务实质，计入其他收益或冲减相关成本费用。与企业日常活动无关的政府补助，计入营业外收支。

【提示】与日常活动相关的政府补助是指与日常成本费用或销售行为密切相关的政府补助。

(三) 与资产相关的政府补助

1. 总额法。

将与资产相关的政府补助确认为递延收益，随着资产的使用而逐步结转入损益。

(1) 取得政府补助时。

借：相关资产/银行存款

　　贷：递延收益

(2) 进行摊销时（分期转出）。

借：递延收益

　　贷：其他收益/营业外收入

【提示1】如果对应的长期资产在持有期间发生减值损失，递延收益摊销仍保持不变，不受减值因素的影响。

【提示2】相关政府补助资产在使用寿命结束时或结束前被出售、转让、报废或者发生毁损的，应将尚未分摊的递延收益余额一次性转入资产处置当期的收益（营业外收入）。

【例 5-13】（单选题）2×24 年 1 月 10 日，甲公司收到专项财政拨款 60 万元，用以购买研发部门使用的某特种仪器。2×24 年 6 月 20 日，甲公司购入该特种仪器后立即投入使用。该仪器预计使用年限为 10 年，预计净残值为零，采用年限平均法计提折旧。甲公司采用总额法核算政府补助，不考虑其他因素，2×24 年度甲公司应确认的营业外收入为（　　）万元。

A. 6　　　　　　B. 5.5

C. 3.5　　　　　D. 3

【答案】D

【解析】与资产相关的政府补助，应在收到款项时先确认为递延收益，然后自资产开始折旧时起，在资产使用寿命内分期摊销确认营业收入，所以 2×24 年度甲公司应确认的营业收入 = 60÷10×(6÷12) = 3（万元）。

2. 净额法。

(1) 如果企业先取得与资产相关的政府补助，再确认所购建的长期资产，净额法下应当将取得的政府补助先确认为递延收益，在相关资产达到预定可使用状态或预定用途时将递延收益冲减资产账面价值。

(2) 如果相关长期资产投入使用后企业再取得与资产相关的政府补助，净额法下应当在取得补助时冲减相关资产的账面价值，并按照冲减后的账面价值和相关资产的剩余使用寿命计提折旧或进行摊销。

【提示】企业对某项经济业务选择总额法或净额法后，应当对该项业务一贯地运用该方法，不得随意变更。

(四) 与收益相关的政府补助

1. 用于补偿以后期间的相关成本费用或损失的。

收到政府补助时确认为递延收益，并在确认相关费用或损失的期间，计入当期损益或冲减相关成本。

【提示】在收到时应当先判断企业能否满足政府补助所附条件。如收到时暂时无法确定，则应当先作为预收款项计入"其他应付款"科目，待客观情况表明企业能够满足政府补助所附条件后，再确认递延收益，并在确认相关成本费用或损失的期间，计入当期损益或冲减相关成本。

2. 用于补偿企业已发生的相关成本费用或损失的，直接计入当期损益或冲减相关成本。

【例 5-14】（单选题）甲公交公司为执行

政府绿色出行,给予乘公交车乘客0.2元/乘次的票价优惠,公司少收入的票款由政府补贴。2×24年12月,甲公交公司实际收到乘客支付票款800万元,同时收到政府按乘次给予当月车票补贴200万元。不考虑其他因素,甲公司12月应确认的营业收入为(　　)万元。

A. 600　　　　　　B. 200
C. 1 000　　　　　D. 800

【答案】C

【解析】甲公司收到的200万元政府补贴实际上与日常经营活动密切相关且构成了甲公司乘车服务对价的组成部分,应当作为收入进行会计处理,由此甲公司12月应确认的营业收入=800+200=1 000(万元)。

3. 已确认的政府补助需要退回的,应当在需要退回的当期分情况按照以下规定进行会计处理:

(1)初始确认时冲减相关资产账面价值的,应当调整资产账面价值;

(2)存在相关的递延收益的,冲减相关递延收益账面余额,超出部分计入当期损益;

(3)属于其他情况的,直接计入当期损益。

【提示】对于属于前期差错的政府补助退回,应当按照前期差错更正进行追溯调整。

(五)特定业务的会计处理

1. 综合性项目政府补助。

综合性项目政府补助同时包含与资产相关部分和与收益相关部分的政府补助,应当区分不同部分分别进行会计处理;难以区分的,应当整体归类为与收益相关的政府补助进行会计处理。

2. 政策性优惠贷款贴息。

政策性优惠贷款贴息是政府为支持特定领域或区域发展,根据国家宏观经济形势和政策目标,对承贷企业的银行借款利息给予的补贴。企业取得政策性优惠贷款贴息的,应当区分财政将贴息资金拨付给贷款银行和财政将贴息资金直接拨付给企业两种情况分别进行会计处理。

(1)财政将贴息资金拨付给贷款银行,由贷款银行以政策性优惠利率向企业提供贷款。企业可以选择下列方法之一进行会计处理:

①以实际收到的借款金额作为借款的入账价值,按照借款本金和该政策性优惠利率计算相关借款费用。

②以借款的公允价值作为借款的入账价值并按照实际利率法计算借款费用,实际收到的金额与借款公允价值之间的差额确认为递延收益。递延收益在借款存续期内采用实际利率法摊销,冲减相关借款费用。

【提示】企业选择了上述两种方法之一后,应当一致地运用,不得随意变更。

(2)财政将贴息资金直接拨付给企业,企业先按照同类贷款市场利率向银行支付利息,财政部门定期与企业结息。这种方式下,由于先按照同类贷款市场利率向银行支付利息,所以实际收到的借款金额通常是借款的公允价值,企业应当将对应的贴息冲减相关借款费用。

3. 政府补助的列报。

(1)披露地点。

①"利润表—营业利润—其他收益"下设专门政府补助项目进行披露。

②财务报表附注。

(2)披露范围。政府补助的种类、金额和列报项目;计入当期损益的政府补助金额;本期退回的政府补助金额及原因。

【知识点4】期间费用

一、期间费用的分类

期间费用是企业当期发生的费用中的重要组成部分,指不能直接或间接归入产品成本的、直接计入当期损益的各项费用,主要包括管理费用、销售费用和财务费用,见表5-6。

表5-6

费用			
	车间内	制造费用	不能直接计入成本的费用
		生产成本	直接计入成本的费用
	车间外	销售费用	企业销售过程中发生的费用
		财务费用	利息支出、汇兑损失、手续费佣金
		管理费用	除销售费用、财务费用外的其他费用

二、管理费用

(一) 管理费用

管理费用是指企业为组织和管理企业生产经营所发生的各种费用。

(二) 核算内容

管理费用核算企业筹建期间内发生的开办费、企业董事会和行政管理部门在企业的经营管理中发生的或者应由企业统一负担的公司经费（包括行政管理部门职工工资及福利费、物料消耗、低值易耗品摊销、办公费和差旅费等）、工会经费、董事会费（包括董事会成员津贴、会议费和差旅费等）、聘请中介机构费、咨询费（含顾问费）、诉讼费、业务招待费、技术转让费、矿产资源补偿费、研究费用、排污费以及企业生产车间（部门）和行政管理部门等发生的固定资产修理费用等。

(三) 管理费用的账务处理

企业发生的管理费用在"管理费用"科目核算，并按照费用项目设置明细科目进行明细核算。期末将管理费用发生额转入本年利润，期末无余额。

1. 发生管理费用。
  借：管理费用
      贷：应付职工薪酬/累计折旧/银行存款等
2. 期末结转。
  借：本年利润
      贷：管理费用

三、销售费用

(一) 销售费用

销售费用是指企业销售（包括提供劳务）过程中发生的费用。

(二) 核算内容

销售费用核算企业在销售过程中发生的装卸费、包装费、保险费、展览费、广告费，以及为销售本企业产品而专设的销售机构（含销售网点、售后服务网点等）的职工薪酬、业务费、折旧费等费用。

(三) 销售费用的账务处理

企业发生的销售费用在"销售费用"科目核算，并按照费用项目设置明细科目进行明细核算。账务处理与"管理费用"一致。

四、财务费用

(一) 财务费用

财务费用是指企业为筹集生产经营所需资金等而发生的筹资费用。

(二) 核算内容

1. 利息支出（减利息收入）。
2. 汇兑损失（减汇兑收益）。
3. 手续费。
4. 企业收到的现金折扣。

【提示】为购建或生产资产的借款费用及利息，应予资本化的部分，不作为财务费用。

(三) 财务费用的账务处理

企业发生的财务费用在"财务费用"科目核算，并按照费用项目设置明细科目进行明细核算。账务处理与"管理费用"一致。

【例 5-15】（多选题）下列各项中，应计入期间费用的有（   ）。

A. 销售折让

B. 销售商品发生的现金折扣

C. 企业收到的现金折扣

D. 售后服务费

E. 车间工人工资

【答案】CD

【解析】选项 A，销售商品中发生的销售折让，如果发生在确认销售收入之前，则应在确认销售收入时直接按扣除销售折让后的金额确认；选项 B，销售商品发生的现金折扣，销售方应当按照可变对价进行会计处理；选项 C，企业收到的现金折扣，计入财务费用；选项 D，销售商品发生的售后服务计入销售费用；选项 E，车间工人工资计入制造费用。

【例 5-16】（多选题）下列各项中，应通过"管理费用"科目核算的有（   ）。

A. 企业筹建期间内发生的开办费

B. 销售网点的总经理薪酬

C. 筹建期间不符合资本化条件的借款利息

D. 聘请中介机构支付的机构费

E. 可以直接归属于甲产品的人工费

【答案】ACD

【解析】管理费用包括企业筹建期间内发生的开办费、企业董事会和行政管理部门在企业的经营管理中发生的或者应由企业统一负担的公司经费（包括行政管理部门职工工资及福利费、物料消耗、低值易耗品摊销、办公费和差旅费等）、工会经费、董事会会费（包括董事会成员津贴、会议费和差旅费等）、聘请中介机构费、咨询费（含顾问费）、诉讼费、业务招待费、技术转让费、矿产资源补偿费、研究费用、排污费等。选项 B，销售网点的总经理薪酬计入销售费用；选项 E，直接归属于某产品的人工费计入产品成本。

【知识点 5】所得税费用

财务会计与税收的概念及二者的区别见表 5-7。

表 5-7

项目	概念	区别
财务会计	真实、完整地反映企业的财务状况、经营成果以及现金流量情况，核算遵循一般会计原则。	确认收益与费用的时间不同，某些费用是否可以税前抵扣的计算方法不同。
税收	以课税为目的，根据经济合理、公平税负、促进竞争的原则，依据有关的税收法规，确定一定时期内纳税人应缴纳的税额。	

一、计税基础和暂时性差异

（一）计税基础

企业在取得资产、负债时，应当确定其计税基础。资产、负债的账面价值与其计税基础存在差异的，应当按照企业会计准则有关规定确认所产生的递延所得税资产或递延所得税负债，并在此基础上确定每一会计期间利润表中的所得税费用，见表 5-8。

表 5-8

分类	定义
资产的计税基础	企业收回资产账面价值过程中，计算应纳税所得额时按照税法规定可以自应税经济利益中抵扣的金额。
负债的计税基础	负债的账面价值减去未来期间计算应纳税所得额时按照税法规定可予抵扣的金额。

（二）暂时性差异

暂时性差异是指资产或负债的账面价值与其计税基础之间的差额；未作为资产和负债确认的项目，按照税法规定可以确定其计税基础的，该计税基础与其账面价值之间的差额也属于暂时性差异。

按照暂时性差异对未来期间应税金额的影响，分为应纳税暂时性差异和可抵扣暂时性差异。应纳税暂时性差异是指在确定未来收回资产或清偿负债期间的应纳税所得额时，将导致产生应税金额的暂时性差异。可抵扣暂时性差异是指在确定未来收回资产或清偿负债期间的应纳税所得额时，将导致产生可抵扣金额的暂时性差异。两者之间的区别见表 5-9。

表 5-9

暂时性差异	形成原因	确认
应纳税暂时性差异	资产：账面价值＞计税基础 负债：账面价值＜计税基础	符合条件确认所得税费用及递延所得税负债
可抵扣暂时性差异	资产：账面价值＜计税基础 负债：账面价值＞计税基础	符合条件确认所得税费用及递延所得税资产

【提示】资产在取得时其入账价值与计税基础是相同的，后续计量过程中因企业会计准则规定与税法规定不同，可能产生资产的账面价值与其计税基础的差异。包括：交易性金融资产、应收票据及账款、其他应收款、长期股权投资、固定资产、无形资产等。

【例 5-17】（单选题）甲公司所得税税率为 25%，为开发新技术 2×24 年当期发生研发支出 1 800 万元，其中资本化部分为 1 000 万元。2×24 年 7 月 1 日达到预定可使用状态，预计使用年限为 10 年，采用直线法摊销。税法规定，企业为开发新技术、新产品、新工艺发生的研究开发费用，形成无形资产的，按照无形资产成本的 150% 摊销。甲公司本年度形成的无形资产，税法规定的摊销年限和方法与会计相同。则 2×24 年底甲公司因无形资产产生的可抵扣暂时性差异为（　　）。

A. 0 B. 950 万元
C. 50 万元 D. 475 万元

【答案】D

【解析】当月形成的无形资产，当月开始摊销。该无形资产在 2×24 年已摊销 6 个月。
2×24 年底无形资产的账面价值 = 1 000 - 1 000÷10×(6÷12) = 950（万元）；2×24 年底无形资产的计税基础 = 1 000×150% - 1 000×150%÷10×(6÷12) = 1 425（万元）；无形资产的账面价值小于计税基础，产生可抵扣暂时性差异 = 1 425 - 950 = 475（万元）。

二、确认和计量

（一）递延所得税资产的确认

1. 递延所得税资产的确认原因。

在估计未来期间能够取得足够的应纳税所得额用以利用该可抵扣暂时性差异时，应当以很可能取得用来抵扣可抵扣暂时性差异的应纳税所得额为限，确认相关的递延所得税资产。即条件允许，就将可抵扣暂时性差异作为递延所得税资产确认。

2. 递延所得税资产的确认条件。

（1）递延所得税资产的确认应以未来期间可能取得的应纳税所得额为限。

（2）按照税法规定可以结转以后年度的未弥补亏损和税款抵减，应视同可抵扣暂时性差异处理。

（3）企业合并中，按照会计规定确定的合并中取得的各项可辨认资产、负债的入账价值与其计税基础之间形成可抵扣暂时性差异的，应确认相应的递延所得税资产，并调整合并中应予确认的商誉等。

（4）与直接计入所有者权益的交易或事项相关的可抵扣暂时性差异，相应的递延所得税资产应计入所有者权益。

（二）递延所得税负债的确认

1. 递延所得税负债的确认原因。

应纳税暂时性差异应作为递延所得税负债确认。

2. 确认递延所得税负债对期末报表的影响。

（1）递延所得税负债影响会计利润或应纳税所得额，在利润表所得税费用中的反映。

（2）直接计入所有者权益的递延所得税负债，其所得税影响应增加或减少所有者权益。

（3）企业合并产生的递延所得税影响，应调整购买日应确认的商誉或是计入当期损益的金额。

【提示】企业在确认因应纳税暂时性差异产生的递延所得税负债时，应遵循以下原则：①除企业会计准则中明确规定可不确认递延所得税负债的情况以外，企业对于所有的应纳税暂时性差异均应确认相关的递延所得税负债；②除直接计入所有者权益的交易或事项以及企业合并外，在确认递延所得税负债的同时，应增加利润表中的所得税费用。

（三）递延所得税资产和递延所得税负债的计量

递延所得税资产和递延所得税负债应当按照预期收回该资产或清偿该负债期间适用的所得税税率计量。递延所得税负债的确认不要求折现。

【例 5-18】（单选题）2×23 年末，甲公司购入机器设备一台，成本 120 万元，预计使用年限 5 年，预计净残值为 0。会计上按直线法计提折旧。因该设备符合税法规定的税收优惠条件，计税时采用年数总和法计提折旧。该公司适用所得税税率为 25%。假定税法规定的使用年限及净残值均与会计相同，该公司各会计期间均未对固定资产计提减值准备。则 2×24 年末，下列说法中正确的是（　　）。

A. 甲公司因会计和税法上对此项资产的差异归属于可抵扣暂时性差异

B. 甲公司应计提折旧 40 万元

C. 甲公司应确认递延所得税资产 4 万元

D. 甲公司应确认递延所得税负债 4 万元

【答案】D

【解析】2×24 年末，甲公司应计提折旧 = 120÷5 = 24（万元），资产的账面价值 = 120 - 120÷5 = 96（万元），计税基础 = 120 - 120×5÷15 = 80（万元），两者产生 16 万元差异，会增加未来期间的应纳税所得额和应交所得税，属于应纳税暂时性差异，应确认递延所得税负债 = 16×25% = 4（万元）。会计分录如下：

借：所得税费用　　　　　40 000
　　贷：递延所得税负债　　　　40 000

三、所得税费用的确认和计量

(一) 计量公式

1. 应交所得税 = 应纳税所得额 × 所得税税率。
2. 应纳税所得额 = 税前会计利润 + 纳税调整增加额 - 纳税调整减少额。

(1) 纳税调整增加额。

①按照会计准则规定核算时不作为收益计入财务报表,但计算应纳税所得额时作为收益需要交纳所得税。

②按照会计准则规定核算时确认为费用或损失计入财务报表,但在计算应纳税所得额时不允许扣减。

(2) 纳税调整减少额。

①按照会计准则核算时作为收益计入财务报表,但在计算应纳税所得额时不确认为收益。

②按照会计准则规定核算时不确认为费用或损失,但在计算应纳税所得额时允许扣减。

3. 递延所得税费用/递延所得税收益 = (当期递延所得税负债的增加额 - 当期递延所得税负债的减少额) - (当期递延所得税资产的增加额 - 当期递延所得税资产的减少额)。

【提示】①递延所得税费用,即当期递延所得税资产、递延所得税负债的发生额对应的所得税费用。②如果某项交易或事项按照企业会计准则规定应计入所有者权益,由该交易或事项产生的递延所得税负债及其变化应计入所有者权益,不构成利润表中的递延所得税费用/递延所得税收益。

所得税费用(或收益) = 当期所得税 + 递延所得税费用(-递延所得税收益)。

(二) 账务处理

借:所得税费用——当期所得税费用
　　　　　　——递延所得税费用
　　递延所得税资产
　　贷:递延所得税负债
　　　　应交税费——应交所得税

【例 5-19】(单选题) 甲公司适用 25% 的企业所得税税率。2×24 年度,甲公司应纳税额为 5 000 万元,递延所得税资产期初余额为 100 万元,期末余额为 40 万元;递延所得税负债期初为 200 万元,期末余额为 160 万元。则甲公司本年度应确认的所得税费用为( )万元。

A. 1 250　　　　B. 1 270
C. 1 290　　　　D. 1 310

【答案】B

【解析】所得税费用 = 当期所得税 + 递延所得税费用 = 5 000 × 25% + (160 - 200) - (40 - 100) = 1 270(万元)。

【例 5-20】甲公司适用的所得税税率为 25%,2×24 年初对某栋以经营租赁方式租出办公楼的后续计量由成本模式改为公允价值模式。该办公楼 2×24 年初原值为 9 000 万元,已计提折旧 300 万元,未发生减值,变更日的公允价值为 10 000 万元。该办公楼在变更日的计税基础与其原账面价值相同。甲公司变更日应调整期初留存收益的金额为( )万元。

A. 1 000　　　　B. 1 300
C. 975　　　　　D. 675

【答案】C

【解析】变更日投资性房地产的账面价值为 10 000 万元,计税基础为 8 700 万元。应该确认的递延所得税负债 = 1 300 × 25% = 325(万元);应调整的留存收益 = 10 000 - 9 000 + 300 - 325 = 975(万元)。

【提示】常见所得税的计税基础。

①常见账面价值与计税基础不同的资产,见表 5-10。

表 5-10

资产项目			账面价值	计税基础
固定资产			实际成本 - 会计累计折旧 - 固定资产减值准备	实际成本 - 税法累计折旧
无形资产	初始确认	内部研发形成	符合资本化条件的开发支出	符合资本化条件的开发支出 × 150%
		其他方式取得	实际成本	会计确认的实际成本
	后续计量	使用寿命有限	实际成本 - 会计累计摊销 - 无形资产减值准备	实际成本 - 税法累计摊销
		使用寿命不确定	实际成本 - 无形资产减值准备	

续表

资产项目		账面价值	计税基础
投资性房地产	成本模式	实际成本－会计累计折旧（摊销）－投资性房地产减值准备	实际成本－税法累计折旧（摊销）
	公允价值模式	公允价值	
以摊余成本计量的金融资产		账面余额－摊余成本	账面余额
以公允价值计量且其变动计入其他综合收益的金融资产		公允价值	初始确认成本
以公允价值计量且其变动计入当期损益的金融资产		公允价值	初始确认成本
长期股权投资		会计按照成本法、权益法核算的金额	初始投资成本

②常见账面价值与计税基础不同的负债，见表5-11。

表5-11

负债项目		账面价值	计税基础
税法规定个别负债		取得时成本	账面价值－未来取件按照税法规定允许税前扣除的金额
预计负债	产品质量保证、亏损合同、重组义务等可在实际发生时予以税前扣除的项目	根据或有事项准则和预计负债的确认条件进行确认的金额。	0
	关联方债务担保等在实际发生时不可以税前扣除的项目		账面价值
预收账款	会计和税法均不确认收入（预收款项未计入当期应纳税所得额）	会计不符合收入确认条件，将其确认为负债。	账面价值
	会计不确认收入，税法确认收入（预收款项计入当期应纳税所得额）		0
应付职工薪酬		合理的职工薪酬基本允许税前扣除，但需要遵循一定的扣除标准。如果职工薪酬超过了扣除标准，则超过部分应该进行纳税调整。如职工教育经费不超过工资薪金总额的2.5%，超过部分准予结转以后年度扣除，超过后账面价值与计税基础不相等。 超过部分不允许当期税前扣除的，未来也不允许税前扣除。	
递延收益		(1) 递延收益为政府补助的，如果税法规定该政府补助为免税收入，对所得税不产生影响。 (2) 递延收益为政府补助的，如果税法规定该政府补助应缴纳所得税，则该递延收益的计税基础为零。资产负债表日，该递延收益的账面价值与计税基础之间将产生可抵扣暂时性差异。	
行政性罚金和滞纳金		税法规定不允许税前扣除，其计税基础等于账面价值。	

【知识点6】利润

一、本年利润的结转

（一）利润的定义

利润是指企业在一定会计期间的经营成果，包括收入减去费用后的净额、直接计入当期利润的利得和损失等。

1. 直接计入当期利润的利得是指由企业非日常活动所形成的、会导致所有者权益增加的、与所有者投入资本无关的经济利益的流入。

2. 直接计入当期利润的损失是指由企业非日常活动发生的、会导致所有者权益减少的、与所有者分配利润无关的经济利益的流出。

3. 利润相关计算公式。

营业利润＝营业收入－营业成本－税金及附加－销售费用－管理费用－研发费用－财务费用＋其他收益（－其他损失）＋投资收益（－投资损失）＋净敞口套期收益（－净敞口套期损失）＋公允价值变动收益（－公允价值变动损失）－信用减值损失－资产减值损失＋资产处置收益（－资产处置损失）

利润总额＝营业利润＋营业外收入－营业外支出

净利润＝利润总额－所得税费用

【提示1】营业外收入是指企业发生的营业利润以外的收益，主要包括非流动资产毁损报废利得、债务重组利得、与企业日常活动无关的政府补助、盘盈利得、捐赠利得等。例如：

（1）盘盈利得一般指的是现金盘盈；

（2）企业接受控股股东（或控股股东的子公司）或非控股股东（或非控股股东的子公司）直接或间接代为偿债、债务豁免或捐赠，经济实质表明属于控股股东或非控股股东对企业的资本性投入，应当将相关的利得计入所有者权益（资本公积）。

【提示2】营业外支出是指企业发生的营业利润以外的支出，主要包括非流动资产毁损报废损失、债务重组损失、公益性捐赠支出、非常损失、固定资产盘亏损失等。

【例5－21】（单选题）2×25年度，甲公司发生以下交易或事项：①销售商品确认收入5 000万元，结转成本4 000万元；②采用公允价值进行后续计量的投资性房地产取得出租收入600万元，2×25年公允价值变动收益400万元；③固定资产处置损失100万元；④以公允价值计量且其变动计入其他综合收益的金融资产公允价值变动收益300万元；⑤确认无形资产减值损失900万元。不考虑其他因素，本年度甲公司营业利润是（　　）万元。

　　A. 1 400　　　　　　B. 2 000
　　C. 1 300　　　　　　D. 1 000

【答案】D

【解析】营业利润＝事项①商品销售收入（5 000）－结转销售成本（4 000）＋事项②租金收入（600）＋公允价值变动收益（400）－事项③资产处置损失（100）－事项⑤资产减值损失（900）＝1 000（万元）。

（二）科目设置

应设置"本年利润"科目，核算企业本年度实现的净利润（或发生的净亏损）。

企业将损益类科目结转至"本年利润"。结转后，"本年利润"科目如为贷方余额，表示当年实现的净利润；如为借方余额，表示当年发生的净亏损。

【提示】净利润加上其他综合收益扣除所得税影响后的净额为综合收益总额。

（三）账务处理

1. 将经济利益流出转入"本年利润"借方。

借：主营业务收入
　　其他业务收入
　　其他收益
　　营业外收入
　　投资损益
　　公允价值变动损益
　　资产处置损益
　贷：本年利润

2. 将会计期间经济利益流出转入"本年利润"借方。

借：本年利润
　贷：主营业务成本
　　其他业务成本
　　税金及附加
　　销售费用
　　管理费用
　　财务费用
　　资产减值损失
　　营业外支出
　　所得税费用
　　公允价值变动损益
　　资产处置损益
　　投资损益（损失）

3. 年度终了时，若实现净收益。

借：本年利润
　贷：利润分配——未分配利润

4. 实现净亏损。

借：利润分配——未分配利润
　贷：本年利润

结转后，"本年利润"科目应无余额。

二、以前年度损益调整

（一）定义

以前年度损益调整是指对企业本年度发生

的影响以前年度损益的事项,以及本年度发现的重要前期差错更正涉及调整以前年度损益的事项所做的调整。

(二) 科目设置

企业应设置"以前年度损益调整"科目来核算以前年度损益调整事项。企业在年度资产负债表日至财务会计报告批准报出日之间发现的需要调整报告年度损益的事项,也可以通过"以前年度损益调整"科目核算。

(三) 账务处理

1. 企业调整增加的以前年度利润或调整减少的以前年度亏损。

借:相关科目
　　贷:以前年度损益调整
借:以前年度损益调整
　　贷:应交税费——应交所得税

2. 企业调整减少的以前年度利润或调整增加的以前年度亏损。

借:以前年度损益调整
　　贷:相关科目
借:应交税费——应交所得税
　　贷:以前年度损益

3. 经过上述调整后,结转以前年度损益调整。

借:以前年度损益调整
　　贷:利润分配——未分配利润

或编制相反会计分录。

【例 5-22】(单选题) 对于按照税法规定可以结转以后年度的未弥补亏损,在预计可利用弥补亏损的未来期间有足够的应纳税所得额时,对未弥补亏损正确的会计处理是( )。

A. 作为投资损失处理
B. 作为递延所得税资产处理
C. 作为递延所得税负债处理
D. 作为其他应收款处理

【答案】B

【解析】对于未弥补亏损以后期间可以减少应纳税所得额,产生可抵扣暂时性差异,应确认递延所得税资产。

精选练习题

一、单项选择题

1. 下列情形中,不能确认为坏账的是( )。

A. 债务人家属宣告债务人失踪 3 年遗留的账款
B. 债务人破产后无法清偿的账款
C. 债务人 20 年也未偿还的账款
D. 债务人死亡且无遗产,无法清偿的账款

2. 收入确认的时点为( )。

A. 风险报酬转移时
B. 客户取得相关商品控制权时
C. 签订购销合同时
D. 预收商品货款时

3. 甲公司为增值税一般纳税人,适用的增值税税率为 13%。2×24 年 5 月 1 日,乙公司购买了 M 商品 200 件。根据甲公司的销售策略,M 商品销售单价为每件 440 元,若一次性购买 200 件(含 200 件)以上,则可以使用每件 400 元的批发价格购买。为了维持与乙公司的长久合作,甲公司此笔交易给予乙公司一定的现金折扣,折扣条件为 2/10, 1/20, n/30。甲公司于 2×24 年 5 月 17 日收到该笔款项。则本次甲公司的销售商品收入为( )元。

A. 80 000　　　　B. 90 400
C. 79 200　　　　D. 89 496

4. 下列情形中,不属于在某一时间段履行履约义务的是( )。

A. 客户在企业履约的同时即取得并消耗企业履约所带来的经济利益
B. 客户能够控制企业履约过程中在建的商品
C. 企业履约过程中所产出的商品具有不可替代用途,且该企业在整个合同期间内有权就累计至已完成的履约部分收取款项
D. 客户已接受该商品

5. 下列说法正确的是( )。

A. 企业销售材料等存货通过"主营业务收入"科目核算
B. 企业出售原材料应该确认其他业务收入,结转其他业务成本
C. 企业出租房产取得的款项应当计入"营业外收入"或"营业外支出"
D. 企业出租固定资产的折旧额应当计入"主营业务成本"

6. 2×24 年 7 月 1 日,某建筑公司与客户签订一项固定造价合同,承建一幢办公楼,预计

2×25年6月30日完工；合同总金额为15 000万元，预计总成本为12 000万元。截至2×24年12月31日，该建筑公司实际发生合同成本6 000万元。假定该固定造价合同整体构成单项履约义务，并属于在某一时段履行的履约义务，该建筑公司采用成本法确定履约进度，不考虑其他因素的影响，2×24年度对该项合同确认的收入为（　　）万元。

A. 12 000　　　　　B. 15 000
C. 6 000　　　　　D. 7 500

7. 2×24年4月1日，甲公司与乙公司签订一项固定造价建造合同，承建乙公司的一幢办公楼，预计2×25年12月31日完工；合同总金额为18 000万元，预计总成本为14 500万元。2×24年11月20日，因合同变更而增加收入3 200万元。截至2×24年12月31日，甲公司实际发生合同成本8 000万元。假定该建造合同的结果能够可靠地估计，甲公司2×24年度对该项建造合同应确认的收入为（　　）万元。

A. 8 000　　　　　B. 3 200
C. 11 696.55　　　D. 9 930.6

8. 2×24年10月31日，甲公司获得只能用于项目研发未来支出的财政拨款1 000万元，该研发预计2×25年12月31日完成。2×24年10月31日，甲公司应将收到的该笔财政拨款计入（　　）。

A. 研发支出　　　B. 递延收益
C. 营业外收入　　D. 其他综合收益

9. 甲企业为储备粮食企业，符合国家规定可以申请政府补助。2×24年国家财政部下达相关政策：按照企业的实际储备量给予每季度每斤0.032元的粮食保管费补贴，于每个季度初支付。2×24年甲企业实际粮食储备量为1.5亿斤。2×25年1月1日，甲企业收到财政拨付的补贴款。则甲企业2×25年1月31日递延收益余额为（　　）万元。

A. 480　　　　　B. 320
C. 160　　　　　D. 0

10. 下列关于政府补助的说法中，不符合会计准则的是（　　）。

A. 企业从政府取得的经济资源，如果与企业自身销售商品密切相关，即使是企业商品对价的组成部分，也可以作为政府补助进行会计处理

B. 企业按照名义金额计量的政府补助，应计入当期损益

C. 与资产相关的政府补助的公允价值不能合理确定的，应以名义金额对其进行计量，并计入当期损益

D. 政府补助按照总额法计量，企业收到的自然灾害补贴应确认为营业外收入

11. 下列各项中，不应通过"管理费用"核算的项目是（　　）。

A. 企业的环境污染改造费
B. 管理用固定资产折旧费
C. 财务部门发生的办公费
D. 长期借款的利息支出费

12. 甲公司本月为宣传新产品，雇用当红流量明星做代言，并在视频网络平台投放一批制作精良的广告，则明星的代言费应计入甲公司的（　　）进行核算。

A. 管理费用　　　B. 营业外费用
C. 销售费用　　　D. 财务费用

13. 下列各项中，不应计入"财务费用"的是（　　）。

A. 企业收到的现金折扣
B. 短期借款利息
C. 筹建期间长期借款的利息
D. 外汇汇兑损益

14. 在企业合并中，购买方取得被购买方的可抵扣暂时性差异，在购买日不符合递延所得税资产确认条件的，不应予以确认。购买日后12个月内如取得新的或进一步的信息表明购买日的相关情况已经存在，预期被购买方在购买日可抵扣暂时性差异带来的经济利益能够实现的，应当确认相关的递延所得税资产，同时（　　）。

A. 冲减商誉，商誉不足冲减的，计入当期损益

B. 计入营业外支出

C. 冲减长期股权投资账面价值，长期股权投资账面价值不足冲减的，计入减值准备

D. 冲减盈余公积，盈余公积不足冲减的，调整留存收益

15. 乙公司为丙公司和丁公司共同投资设立。2×24年1月1日，乙公司增资扩股，甲公司出资450万元取得乙公司30%股权并能够对其施加重大影响。甲公司投资日，乙公司可辨

认净资产的公允价值和账面价值均为1 600万元。2×24年，乙公司实现净利润900万元，其他综合收益增加120万元。甲公司拟长期持有对乙公司的投资，甲公司适用所得税税率为25%，不考虑其他因素，下列各项关于甲公司2×24年对乙公司投资相关会计处理的表述中，正确的是（　　）。

A. 按照实际出资金额确定对乙公司投资的入账价值

B. 按照持股比例计算应享有乙公司其他综合收益变动的份额确认为投资收益

C. 投资时将实际出资额与享有乙公司可辨认净资产份额之间的差额确认为其他综合收益

D. 对乙公司投资年末账面价值与计税基础不同产生的应纳税暂时性差异，不应确认为递延所得税负债

16. 甲公司2×24年实现利润总额400万元，包括：当年发生罚款支出20万元，公允价值变动收益为20万元。甲公司2×24年初递延所得税负债余额为60万元，年末余额为70万元，上述递延所得税负债均产生于存货账面价值与计税基础的差异。甲公司适用的所得税税率为25%。不考虑其他因素，则甲公司当年的所得税费用是（　　）万元。

A. 85　　　　　　B. 90
C. 95　　　　　　D. 100

17. 2×24年，甲公司应交当期所得税15 800万元，递延所得税资产本期净增加额320万元（其中20万元对应其他综合收益），递延所得税负债未发生变化，不考虑其他因素，2×20年甲公司利润表应列示所得税费用的金额为（　　）万元。

A. 15 480　　　　B. 16 100
C. 15 500　　　　D. 16 120

18. 甲公司本年度下列交易或事项的发生，不影响当期营业利润的是（　　）。

A. 固定资产报废净损失

B. 投资于银行理财产品取得的收益

C. 预计的产品售后服务

D. 因授予高管人员股票期权在当期确认的费用

19. 下列利润的计算公式中，不正确的是（　　）。

A. 营业利润 = 营业收入 − 营业成本 − 税金及附加 − 期间费用 − 资产减值损失 + 其他收益 ± 投资收益 ± 公允价值变动收益

B. 利润总额 = 营业利润 + 营业外收入 − 营业外支出

C. 净利润 = 利润总额 − 所得税费用

D. 综合收益总额 = 净利润 + 其他综合收益 ×（1 − 所得税费用）

20. 下列事项中，不属于企业以前年度损益调整范围的是（　　）。

A. 企业本年度发生的影响以前年度损益的事项

B. 本年度发现的重要前期差错更正涉及调整以前年度损益的事项

C. 年度资产负债表日至财务会计报告批准报出日之间发现的需要调整报告年度损益的事项

D. 年度资产负债表日至财务会计报告批准报出日之间发生的无须调整报告年度损益的事项

21. 甲公司适用所得税税率为25%。2×24年末，甲公司购入不需要安装的机器设备一台，于当月投入使用。设备成本为50万元，预计使用年限5年，预计净残值为0，甲公司采用直线法计提折旧。因该设备符合税法规定的税收优惠条件，计税时可采用双倍余额递减法计提折旧。则2×25年末，甲公司应（　　）。

A. 因应纳税暂时性差异10万元，确认递延所得税负债2.5万元

B. 因应纳税暂时性差异10万元，确认递延所得税资产2.5万元

C. 因可抵扣暂时性差异10万元，确认递延所得税负债2.5万元

D. 因可抵扣暂时性差异10万元，确认递延所得税资产2.5万元

二、多项选择题

1. 企业在客户取得相关商品控制权时确认收入，下列各情形中，属于客户取得商品控制权的有（　　）。

A. 客户拥有现时权利，能够主导该商品的使用并从中获得几乎全部经济利益

B. 客户有能力主导该商品的使用

C. 只能自己使用，不能用该商品作抵押

D. 客户已拥有该商品的法定所有权

E. 商品控制权已转移给客户，但因客户缺

乏足够的仓储空间，实物尚在企业仓库

2. 甲公司本月发生的下列情况中，甲公司可以确认收入的有（　　）。

A. 甲公司与乙公司签订协议，由甲公司销售大型设备给乙公司。甲公司委托 A 企业来完成一部分制造任务。甲公司本身负责的制造任务以及 A 企业负责的制造任务均已完成，并由甲公司组装后将设备运往乙公司。乙公司已根据协议将货款及时支付给了甲公司。A 企业相关的制造成本详细资料尚未交给甲公司认可

B. 甲公司将一批 B 货物销售给国外的丙公司，基于对目前国际贸易形势的判断，因 B 货物中的个别零部件涉及出口分类问题，甲公司不能肯定丙公司所在国家能允许将货款汇出

C. 甲公司将一批商品销售给丁企业。合同规定，甲公司有权要求丁企业将售出的商品退回

D. 甲公司在销售 D 商品时向客户承诺，如果卖出的商品在 3 个月内因质量问题不符合要求，则可以退货。根据以往的经验，甲公司估计退货的比例为销售额的 1%

E. 甲公司赊销给戊公司一批 E 商品，货物已送达戊公司，戊公司已将货物验收入库，并给甲公司开出银行承兑汇票一张

3. 甲企业为增值税一般纳税人，适用的增值税税率为 16%，销售商品和提供劳务均为主营业务。发出商品成本按月末一次加权平均法计算，原材料采用计划成本核算。2×24 年 12 月 20 日，将自产的空气净化器作为福利发放给专设销售机构的 30 名职工，每人 1 台，每台不含增值税的市场售价为 15 000 元，生产成本为 10 000 元。甲企业会计处理正确的是（　　）。

A. 确认空气净化器产品作为福利时：
借：销售费用　　　　　　　372 000
　　贷：应付职工薪酬——非货币性福利
　　　　　　　　　　　　　　372 000

B. 发放空气净化器产品时：
借：应付职工薪酬——非货币性福利
　　　　　　　　　　　　　　372 000
　　贷：库存商品　　　　　　300 000
　　　　应交税费——应交增值税（销项税额）　　　　　　72 000

C. 发放空气净化器产品时：
借：应付职工薪酬——非货币性福利
　　　　　　　　　　　　　　522 000
　　贷：主营业务收入　　　　450 000
　　　　应交税费——应交增值税（销项税额）　　　　　　72 000
借：主营业务成本　　　　　300 000
　　贷：库存商品　　　　　　300 000

D. 确认空气净化器产品作为福利时：
借：销售费用　　　　　　　522 000
　　贷：应付职工薪酬——非货币性福利
　　　　　　　　　　　　　　522 000

E. 确认空气净化器产品作为福利时：
借：库存商品　　　　　　　300 000
　　贷：应付职工薪酬——非货币性福利
　　　　　　　　　　　　　　300 000

4. 下列各项有关收入确认时点的表述中，正确的有（　　）。

A. 放映电影的收费，在电影放映结束后确认收入

B. 提供培训服务的收费，在培训服务提供的相应期间确认收入

C. 包括在商品销售价格内可区分的服务费，在提供服务的期间内分期确认收入

D. 提供建筑设计服务的收费，在资产负债表日根据设计的完工进度确认收入

E. 销售某商品时，在收到销售货款时确认收入

5. 企业为履行合同发生的成本，不属于其他企业会计准则规范范围且同时满足一定条件的，应当作为合同履约成本确认为一项资产。下列项目中，属于这些条件的有（　　）。

A. 该成本与一份过去取得的合同直接相关

B. 该成本与一份当前或预期取得的合同直接相关

C. 该成本增加了企业未来用于履行履约义务的资源

D. 该成本预期能够收回

E. 与该合同成本有关的经济利益很可能流入企业

6. 下列事项中，甲公司应作为与收益相关的政府补助进行会计处理的有（　　）。

A. 收到政府按照市场价格支付的征地补偿款 5 000 万元

B. 收到政府对企业购置环保设备的补贴款 100 万元

C. 收到税务机关对企业销售产品的增值税

返还200万元

　　D. 收到政府向企业售卖服务支付的价款500万元

　　E. 收到政府对企业前期亏损的补贴款100万元

　7. 下列关于期间费用的说法中，正确的有（　　）。

　　A. 期间费用是指本期发生的各项损益，包括销售费用、管理费用、制造费用、财务费用

　　B. 企业筹建期间内发生的开办费、应由企业统一负担的公司经费应计入期间费用中的管理费用

　　C. 并不是企业所有管理层的薪酬都应计入管理费用，比如专门售后服务网点主管的薪酬，就应在销售费用中核算

　　D. 为购建或生产固定资产、投资性房地产和存货等资产而发生的借款费用，在该项资产达到预定可使用或者可销售状态前按规定应予资本化的部分，不作为财务费用核算

　　E. 期间费用期末应结转利润分配，结转后无余额

　8. 下列各项费用中，应归属于企业管理费用的有（　　）。

　　A. 企业支出的专利转让费

　　B. 与外商交易产生的汇兑损失

　　C. 企业工会经费

　　D. 与外单位交易产生的诉讼费

　　E. 车间管理人员工资

　9. 下列关于所得税的说法中，符合会计准则的有（　　）。

　　A. 资产的账面价值大于计税基础，产生应纳税暂时性差异

　　B. 企业应将所有应纳税暂时性差异确认为递延所得税负债

　　C. 确认递延所得税负债一定会影响所得税费用

　　D. 企业不应当对递延所得税资产和递延所得税负债进行折现

　　E. 与直接计入所有者权益的交易或事项相关的可抵扣暂时性差异，相应的递延所得税资产应计入所有者权益

　10. 下列事项中，应该计入当期损益的有（　　）。

　　A. 指定为以公允价值计量且其变动计入其他综合收益的非交易性权益工具发生减值损失的转回

　　B. 以摊余成本计量的金融资产减值损失的转回

　　C. 将以摊余成本计量的金融资产重分类为以公允价值计量且其变动计入其他综合收益的金融资产时账面价值与公允价值的差额

　　D. 取得以公允价值计量且其变动计入当期损益的金融资产的相关费用

　　E. 以公允价值计量且其变动计入当期损益的金融资产购入价款中包含的已到付息期尚未领取的利息

　11. 下列项目中，可能引起企业营业利润增减变动的有（　　）。

　　A. 出租固定资产取得的租金

　　B. 处置固定资产损失

　　C. 出售无形资产发生的净收益

　　D. 收到的现金折扣

　　E. 罚款支出

三、综合题

（一）政府补助的综合练习

甲公司采用净额法核算政府补助。2×24年度，甲公司发生了如下的交易或事项：

资料一：甲公司生产销售的环保设备，每台正常市场售价780万元，成本600万元，甲公司按照国家确定的指导价格500万元/台对外销售。同时，根据国家有关政策，每销售1台给予甲公司补助250万元。2×24年甲公司销售该设备销量为20台，甲公司收到其中10台货款。当年收到政府给予的设备补助款5 000万元。

资料二：因近年来国家对于环境保护的高要求，甲公司拟对自家设备进行更新换代，以适应新形势下的新要求。因此于2×24年3月1日起更新某台生产线。该生产线原价为10 000万元，已计提折旧6 500万元。换代部分设备的账面价值为300万元。新安装的购进成本为5 500万元；另发生其他直接相关费用20万元。生产线经过改造后，于12月1日达到预定可使用状态。甲公司此次更新改造通过国家申请获批政府补助3 000万元，批准文件已于11月1日下达，但截至12月31日，补助款尚未收到。

不考虑增值税和相关税费以及其他因素，回答下列问题：

1. 下列关于政府补助净额法的表述中，符

合会计准则的有（　　）。

A. 净额法下，企业在取得与资产相关的政府补助时，应当按照补助资金的金额借记"银行存款"等科目，贷记"递延收益"科目

B. 净额法下，企业在取得与资产相关的政府补助时，应当按照补助资金的金额冲减相关资产的账面价值

C. 净额法下，如果企业先取得与资产相关的政府补助，再确认所购建的长期资产，应当将取得的政府补助先确认为递延收益，在相关资产达到预定可使用状态或预定用途时将递延收益冲减资产账面价值

D. 净额法下，相关资产在使用寿命结束时或结束前被处置，尚未分配的相关递延收益余额应当转入资产处置当期的损益，不再予以递延

2. 根据资料一，下列说法中正确的有（　　）。

A. 该政府补助与销售商品交易的日常活动相关，且来源于政府的经济资源是商品对价的组成部分，应当在收到补助时确认为收入

B. 该政府补助应确认为与收益相关的政府补助，直接计入其他收益

C. 本期销售应确认主营业务收入 15 000 万元

D. 本期销售应确认主营业务成本 12 000 万元

3. 根据资料二，该政府补助属于（　　）。

A. 与收益相关的政府补助

B. 与资产相关的政府补助

C. 与损益相关的政府补助

D. 与筹资相关的政府补助

4. 根据资料二，12 月 1 日，该生产线更新改造完成，固定资产入账价值为（　　）万元。

A. 8 700　　　　　B. 5 700

C. 8 720　　　　　D. 5 720

5. 根据资料二，政府已批准给予补助，但款项尚未收到，甲公司在进行账务处理时，会计使用的科目包含（　　）。

A. 营业外收入　　　B. 固定资产

C. 递延收益　　　　D. 其他收益

（二）收入的综合练习

甲公司 2×21 年度财务报告批准报出日为 2×22 年 4 月 10 日。2×21—2×22 年，甲公司发生的相关交易或事项如下。

资料一：2×21 年 12 月 31 日，甲公司与乙公司签订合同，以每辆 20 万元的价格向乙公司销售所生产的 15 辆工程车。当日，甲公司 15 辆工程车的控制权转移给乙公司，300 万元的价款已收存银行。同时，甲公司承诺如果在未来 3 个月内，该型号工程车售价下降，则按照合同价格与最低售价之间的差额向乙公司退还差价。根据以往执行类似合同的经验，甲公司预计未来 3 个月内该型号工程车不降价的概率为 50%，每辆降价 2 万元的概率为 30%，每辆降价 5 万元的概率为 20%。2×22 年 3 月 31 日，因该型号工程车售价下降为每台 18.4 万元。甲公司以银行存款向乙公司退还差价 24 万元。

资料二：2×22 年 3 月 1 日，甲公司与丙公司签订合同，向丙公司销售其生产的成本为 300 万元的商务车，商务车的控制权已于当日转移给丙公司。根据合同约定，丙公司如果当日付款，需支付 400 万元，丙公司如果在 2×25 年 3 月 1 日付款，则需按照 3% 的年利率支付货款与利息共计 437 万元。丙公司选择 2×25 年 3 月 1 日付款。

甲公司按照净利润的 10% 提取盈余公积。本题不考虑增值税、企业所得税等相关税费及其他因素。

1. 甲公司 2×21 年 12 月 31 日向乙公司销售工程车应确认收入的金额为（　　）万元。

A. 300　　　　　B. 276

C. 270　　　　　D. 225

2. 下列关于甲公司 2×21 年 12 月 31 日向乙公司销售工程车确认收入时编制的会计分录的说法中正确的是（　　）。

A. 应借记银行存款 300 万元

B. 应贷记主营业务收入 300 万元

C. 应贷记应付账款 24 万元

D. 应借记预计负债 24 万元

3. 下列关于甲公司 2×22 年 3 月 31 日向乙公司退还工程车差价的说法中正确的是（　　）。

A. 编制会计分录时应借记预计负债 24 万元

B. 编制会计分录时应借记应付账款 24 万元

C. 如果该型号工程车售价下降为每台 18 万元，应借记"预计负债""资产减值损失"科目

D. 如果该型号工程车售价下降为每台 18 万

元，应借记"预计负债""信用减值损失"科目

4. 下列关于甲公司2×22年3月1日向丙公司销售商务车确认销售收入时编制的会计分录的说法不正确的是（   ）。

A. 应贷记应付利息37万元
B. 应贷记未实现融资收益37万元
C. 应借记长期应收款437万元
D. 应贷记主营业务收入400万元

5. 下列关于甲公司2×22年3月1日向丙公司销售商务车结转销售成本编制的会计分录的说法正确的是（   ）。

A. 应借记主营业务成本300万元
B. 应借记银行存款300万元
C. 应贷记库存商品300万元
D. 应贷记存货300万元

精选练习题参考答案及解析

一、单项选择题

1.【答案】A

【解析】应收账款符合下列条件之一的，应确认为坏账：①债务人死亡，以其遗产清偿后仍然无法收回；②债务人破产，以其破产财产清偿后仍然无法收回；③债务人较长时间内未履行其偿债义务，并有足够的证据表明无法收回或收回的可能性很小。选项A不符合上述情形。

2.【答案】B

【解析】企业应当在履行了合同中的履约义务，即在客户取得相关商品控制权时确认收入。

3.【答案】C

【解析】本次甲公司的销售商品收入＝400×200－400×200×10%＝79 200（元）。

4.【答案】D

【解析】满足下列条件之一的，属于在某一时段内履行履约义务：

（1）客户在企业履约的同时即取得并消耗企业履约所带来的经济利益。

（2）客户能够控制企业履约过程中在建的商品。

（3）企业履约过程中所产出的商品具有不可替代用途，且该企业在整个合同期间内有权就累计至今已完成的履约部分收取款项。

5.【答案】B

【解析】选项A错误，企业销售材料等存货通过"其他业务收入"科目核算，结转成本通过"其他业务成本"科目核算。选项B正确，企业出售原材料应该确认其他业务收入，结转其他业务成本。选项C错误，营业外支出主要包括非流动资产处置损失、公益性捐赠支出、盘亏损失、罚款支出、非货币性资产交换损失、债务重组损失等。企业出租房产应计入其他业务收入。选项D错误，"其他业务成本"科目核算企业确认的除主营业务活动以外的其他经营活动所发生的支出，包括销售材料的成本、出租固定资产的折旧额、出租无形资产的摊销额、出租包装物的成本或摊销额等。企业出租固定资产的折旧额应当计入"其他业务成本"。

6.【答案】D

【解析】该项合同确认的收入＝15 000×（6 000÷12 000）＝7 500（万元）。

7.【答案】C

【解析】该建造合同的结果能够可靠地估计，甲公司应按完工百分比法确认收入。合同完工进度＝8 000÷14 500×100%＝55.17%，合同总收入＝18 000＋3 200＝21 200（万元），故2×24年度对该项建造合同应确认的收入＝21 200×（8 000÷14 500）＝11 696.55（万元）。

8.【答案】B

【解析】该笔财政拨款是用于补偿以后期间费用或损失的，在取得时先确认为递延收益。

9.【答案】B

【解析】政府补助是指企业取得的、用于购建或以其他方式形成长期资产的政府补助，本题属于政府补助，与资产构建无关，应分类为与收益相关的政府补助。甲企业2×25年1月31日递延收益余额＝1.5×10 000×0.032×2/3＝320（万元）。

会计分录如下：

季度初收款时。

借：银行存款
4 800 000（1.5×100 000 000×0.032）
　　贷：递延收益　　　　4 800 000

1月末，递延收益摊销。

借：递延收益
　　1 600 000（4 080 000×1/3）
　　贷：营业外收入　　　1 600 000

10.【答案】A

【解析】选项A，企业从政府取得的经济资

源，如果与企业自身销售商品密切相关，且是企业商品对价的组成部分，不应作为政府补助进行会计处理。

11. 【答案】D

【解析】利息支出使用"财务费用"科目进行核算。

12. 【答案】C

【解析】企业发生的广告费（包括明星的代言费）应计入"销售费用"。

13. 【答案】C

【解析】筹建期间长期借款的利息，符合资本化条件的应计入相关资产成本；不符合资本化条件的计入"管理费用"。

14. 【答案】A

【解析】根据会计准则，企业合并中，按照会计规定确定的合并中取得的各项可辨认资产、负债的入账价值与其计税基础之间形成可抵扣暂时性差异的，应确认相应的递延所得税资产，并调整合并中应予确认的商誉，商誉不足冲减的，差额部分确认为当期损益。

15. 【答案】D

【解析】选项 A、C，长期股权投资初始投资成本为付出对价 450 万元，初始投资成本小于乙公司可辨认净资产公允价值份额 480 万元（1 600×30%）的差额，应调整初始投资成本，计入"长期股权投资——投资成本"科目，同时计入营业外收入，因此甲公司长期股权投资的初始投资成本为 450 万元，入账价值为 480 万元，选项 A 错误，选项 C 错误。选项 B，按持股比例计算其享有乙公司其他综合收益的份额，应借：长期股权投资——其他综合收益，贷：其他综合收益，选项 B 错误。选项 D，因该长期股权投资拟长期持有，故不确认递延所得税。

16. 【答案】D

【解析】本期递延所得税负债发生额 = 70 - 60 = 10（万元），原因是本期产生的应纳税暂时性差异 = 10÷25% = 40（万元），所以本期计算应交所得税时纳税调减 40 万元。本年度甲公司应交所得税 = （400 + 20 - 20 - 40）×25% = 90（万元）。本年度甲公司递延所得税费用 = 70 - 60 = 10（万元）。因此，甲公司本年度所得税费用 = 当期所得税 + 递延所得税费用 = 90 + 10 = 100（万元）。

17. 【答案】C

【解析】因交易或事项产生的影响按规定计入所有者权益（其他综合收益），因此该交易或事项的递延所得税资产或递延所得税负债及其变化应计入所有者权益，不构成利润表中的递延所得税费用。因此，本年度利润表应列示所得税费用 = 应交所得税 + 递延所得税费用 = 15 800 - （320 - 20）= 15 500（万元）。

18. 【答案】A

【解析】固定资产报废净损失计入营业外支出，不影响当期营业利润，选项 A 正确。

19. 【答案】A

【解析】营业利润 = 营业收入 - 营业成本 - 税金及附加 - 销售费用 - 管理费用 - 研发费用 - 财务费用 + 其他收益（- 其他损失）+ 投资收益（- 投资损失）+ 净敞口套期收益（- 净敞口套期损失）+ 公允价值变动收益（- 公允价值变动损失）- 信用减值损失 - 资产减值损失 + 资产处置收益（- 资产处置损失）

20. 【答案】D

【解析】年度资产负债表日至财务会计报告批准报出日之间发生的无须调整报告年度损益的事项按照本年度正常的交易或事项处理即可，选项 D 不属于以前年度损益调整范围。

21. 【答案】A

【解析】2×25 年该设备累计会计折旧 = 50÷5 = 10（万元），账面价值 40 万元。累计税法折旧 = 50÷5×2 = 20（万元），计税基础 30 万元。因为账面价值 40 万元大于计税基础 30 万元，两者之间产生 10 万元差异，会增加未来期间的应纳税所得额和应交所得税，属于应纳税暂时性差异，应确认与其相关的递延所得税负债 = 10×25% = 2.5（万元），选项 A 正确。

二、多项选择题

1. 【答案】ABDE

【解析】选项 C，不能表明客户对商品具有控制权。取得商品控制权包括以下三个要素：（1）企业就该商品享有现时收款权利，即客户就该商品负有现时付款义务。（2）企业已将该商品的法定所有权转移给客户，即客户已拥有该商品的法定所有权。（3）企业已将该商品实物转移给客户，即客户已占有该商品实物。（4）企业已将该商品所有权上的主要风险和报酬转移给客户，即客户已取得该商品所有权上的主要风险和报酬。（5）客户已接受该商品。

2.【答案】DE

【解析】选项A，尽管大型设备已交付给了乙公司，甲公司已收到了货款，但甲公司为该设备发生的实际成本因A企业相关资料未送达而不能可靠地计量。因此，甲公司在收到乙公司的货款时，不能确认收入。选项B，相关的经济利益难以流入企业，不能确认收入。选项C，企业保留商品与所有权相联系的继续管理权，不能确认收入。

3.【答案】CD

【解析】将自产空气净化器作为福利发放给专设销售机构职工，应作视同销售处理。

确认空气净化器产品作为福利时：
借：销售费用　　　　　　522 000
　　贷：应付职工薪酬　　　522 000

实际发放空气净化器产品时：
借：应付职工薪酬　　　　522 000
　　贷：主营业务收入
　　　　　450 000（15000×30）
　　　　应交税费——应交增值税（销项税额）
　　　　　72 000（15000×30×16%）
借：主营业务成本
　　　　300 000（10000×30）
　　贷：库存商品　　　　　300 000

4.【答案】BCD

【解析】选项A，宣传媒介的收费，在相关的广告或商业行为开始出现于公众面前时确认为收入；选项B，为客户提供服务的收费，通常应该在相关劳务活动发生时确认收入；选项C，同时销售商品和提供劳务的，如果能够区分且能够单独计量的，应当分别核算，将提供劳务的部分在服务期间分期确认收入；选项D，建造设计，企业应当根据完工百分比法在资产负债表日确认合同收入和费用；选项E，企业应当在客户取得相关商品控制权时点确认收入。

5.【答案】BCD

【解析】企业为履行合同发生的成本，不属于其他企业会计准则规范范围且同时满足下列条件的，应当作为合同履约成本确认为一项资产：（1）该成本与一份当前或预期取得的合同直接相关，包括直接人工、直接材料、制造费用（或类似费用）、明确由客户承担的成本以及仅因该合同而发生的其他成本；（2）该成本增加了企业未来用于履行履约义务的资源；（3）该成本预期能够收回。

6.【答案】CE

【解析】选项A、B为与资产相关的政府补助，选项C、E为与收益相关的政府补助，选项D不属于政府补助。

7.【答案】BCD

【解析】期间费用是企业当期发生的费用中的重要组成部分，指本期发生的、不能直接或间接归入产品成本的、直接计入当期损益的各项费用，主要包括管理费用、销售费用和财务费用。制造费用能够归属于产品成本，不属于期间费用，选项A错误。所有的期间费用（销售费用、管理费用和财务费用）都应在期末结转至"本年利润"，结转后期间费用科目无余额，选项E错误。

8.【答案】ACD

【解析】管理费用包括企业筹建期间内发生的开办费、企业董事会和行政管理部门在企业的经营管理中发生的或者应由企业统一负担的公司经费（包括行政管理部门职工工资及福利费、物料消耗、低值易耗品摊销、办公费和差旅费等）、工会经费、董事会会费（包括董事会成员津贴、会议费和差旅费等）、聘请中介机构费、咨询费（含顾问费）、诉讼费、业务招待费、技术转让费、矿产资源补偿费、排污费等。选项B，与外商交易的汇兑损失计入财务费用；选项E，车间管理人员工资计入制造费用。

9.【答案】ADE

【解析】选项B，企业只能将符合条件的应纳税暂时性差异确认为递延所得税负债；选项C，确认递延所得税负债可能会影响商誉，也可能会影响其他综合收益。

10.【答案】BD

【解析】选项A，指定为以公允价值计量且其变动计入其他综合收益的非交易性权益工具发生投资损失应通过其他综合收益科目转回；选项B，以摊余成本计量的金融资产减值损失通过当期损益转回；选项C，将以摊余成本计量的金融资产重分类为以公允价值计量且其变动计入其他综合收益的金融资产时账面价值与公允价值的差额应计入其他综合收益，而非当期损益；选项D，以公允价值计量且其变动计入当期损益的金融资产相关费用计入投资收益；选项

E，应确认为应收利息，不确认利息收益，不影响损益。

11.【答案】ABC

【解析】选项 E，罚款支出都计入营业外支出，不影响营业利润。

三、综合题

(一) 政府补助的综合练习

1.【答案】BC

【解析】总额法下，企业在取得与资产相关的政府补助时，应当按照补助资金的金额借记"银行存款"等科目，贷记"递延收益"科目，选项 A 错误；净额法下，资产达到预定可使用状态及将补助冲减资产账面价值，没有递延一说，选项 D 错误。

2.【答案】ACD

【解析】选项 A、B，与收益相关的政府补助用于补偿企业已发生的相关成本费用或损失的，直接计入当期损益或冲减相关成本，选项 A 正确，选项 B 错误。

相关会计分录如下：

借：银行存款
　　　　10 000（5 000 + 500 × 10）
　　应收账款　5 000（500 × 10）
　　贷：主营业务收入
　　　　　　　15 000（20 × 750）
借：主营业务成本
　　　　12 000（600 × 20）
　　贷：库存商品　　　12 000

选项 C、D 正确。

3.【答案】B

【解析】与资产相关的政府补助是指企业取得的、用于购建或以其他方式形成长期资产的政府补助，资料二更新生产线为与资产相关的政府补助。

4.【答案】D

【解析】净额法下，企业在取得与资产相关的政府补助时，应当按照补助资金的金额冲减相关资产的账面价值。即使补助尚未收到，根据权责发生制，在净额法下应该冲减固定资产的账面价值。因此，固定资产入账价值 =（10 000 - 6 500）- 300 + 5 500 + 20 - 3 000 = 5 720（万元）。

5.【答案】BC

【解析】在净额法下，相关会计分录如下：

借：其他应收款
　　贷：递延收益
借：递延收益
　　贷：固定资产

(二) 收入的综合练习

1.【答案】B

【解析】甲公司 2×21 年 12 月 31 日向乙公司销售工程车应确认的收入金额 = [20 - (50% × 0 + 30% × 2 + 20% × 5)] × 15 = 276（万元）。

2.【答案】A

【解析】甲公司 2×21 年 12 月 31 日向乙公司销售工程车确认收入时编制的会计分录如下：

借：银行存款　　　　3 000 000
　　贷：主营业务收入　2 760 000
　　　　预计负债　　　　240 000

3.【答案】A

【解析】甲公司 2×22 年 3 月 31 日向乙公司退还工程车差价时编制的会计分录如下：

借：预计负债　　　　240 000
　　贷：银行存款　　　240 000

如果该型号工程车售价下降为每台 18 万元，应编制的会计分录如下：

借：预计负债　　　　240 000
　　主营业务收入　　　6 000
　　贷：银行存款　　　300 000

4.【答案】A

【解析】甲公司 2×22 年 3 月 1 日向丙公司销售商务车确认销售收入时编制的会计分录如下：

借：长期应收款　　　4 370 000
　　贷：主营业务收入　4 000 000
　　　　未实现融资收益　370 000

5.【答案】AC

【解析】甲公司 2×22 年 3 月 1 日向丙公司销售商务车结转销售成本时编制的会计分录如下：

借：主营业务成本　　3 000 000
　　贷：库存商品　　　3 000 000

第六章 财务报告

考试大纲

一、考试目的
考查考生对资产负债表、利润表、现金流量表、所有者权益变动表、合并财务报表、会计政策及其变更、会计估计及其变更、会计差错更正、资产负债表日后事项等会计知识和会计处理的掌握情况及应用能力。

二、考试内容及要求
（一）掌握的内容
1. 资产负债表的内容、格式和编制方法。
2. 利润表的内容、格式和编制方法。
3. 现金流量表的内容、格式和编制方法。
4. 合并财务报表的合并原则、抵消的内容。
5. 关联方关系的认定。
6. 会计政策变更的条件及其会计处理；前期会计差错更正的会计处理。
7. 资产负债表日后事项的会计处理。

（二）熟悉的内容
1. 所有者权益变动表的内容、格式和编制方法。
2. 合并财务报表的编制程序。
3. 会计政策的内容。
4. 会计政策及其变更的会计处理。
5. 资产负债表日后事项及其内容。

（三）了解的内容
1. 现金流量的分类。
2. 关联方的披露。
3. 非调整事项的会计处理。

考情分析

与往年比，2025年本章教材有增补，新增了资产负债表中关于数据资产相关的列报【知识点1】，以及现金流量表补充资料中"不涉及现金收支的重大投资和筹资活动"项目的"新增使用权资产"项目【知识点3】。

本章知识点主要涉及财务报表的编制方法；合并财务报表合并范围的确定；关联方的认定；会计政策变更、会计估计变更的内容。

本章试题单选题和多选题都有所涉猎，属于考试重点章节。

本章建立在前五章熟练掌握的基础上，注重考查对知识点的理解和掌握，尤其注重考查知识点辨析。本章知识点较多，但考点集中，总体难度并不高。本章节考生需重点关注关联方的认定、会计政策和会计估计的辨析。

考生在本章应重点学习以下内容：
1. 资产负债表主要项目的计算。
2. 利润表的营业利润、每股收益的计算。
3. 现金流量表的项目分类及具体案例。
4. 合并财务报表的合并范围以及抵消项目。
5. 关联方关系的认定辨析。
6. 会计政策和会计估计辨析。
7. 资产负债表日后调整事项具体案例辨析及调整方法。

考点精讲及典型例题解析

主要财务报表内容及作用见表6-1。

表6-1

报表名称	反映内容	作用
资产负债表	某一特定日期财务状况	静态报表，反映企业某一特定日期所拥有或控制的经济资源和经营规模。
利润表	一定会计期间的经营成果	动态报表，反映的是企业的经营是利润还是亏损。同时，反映企业在某一会计期间收入的实现、费用的耗费，据以判断资本保值、增值等情况。
现金流量表	一定会计期间现金和现金等价物流入和流出	为报表使用者提供企业一定会计期间内现金和现金等价物流入和流出的信息，以便于报表使用者了解和评价企业获取现金和现金等价物的能力，并据以预测企业未来现金流量。
所有者权益变动表	所有者权益当期变动情况	包括所有者权益总量的增减变动、所有者权益增减变动的重要结构信息。

【知识点1】资产负债表

一、资产负债表的定义

资产负债表是指反映企业在某一特定日期财务状况的报表。资产负债表为企业静态报表，编制内容包括企业的资产、负债、所有者权益总额及其构成。

二、资产负债表的结构

（一）资产负债表的设计依据

资产＝负债＋所有者权益

（二）资产负债表的列报方式

1. 账户式：左方列示资产、右方列示负债和所有者权益。

2. 报告式：分为上下三部分，第一部分反映全部资产的各项目，第二部分反映负债各项目，第三部分反映所有者权益各项目。

（三）资产和负债的列示方式

资产负债表中，资产应当分别按流动资产和非流动资产列示，负债应分别按流动负债和非流动负债列示。

1. 资产的分类。

资产按流动性分类可分为流动资产和非流动资产，具体分类方法及使用的科目见表6-2。

表6-2

标准	类别	具体分类方法	适用会计科目
资产分类	流动性	流动资产	符合以下条件之一的资产： （1）预计能在一个正常营业周期中变现、出售或耗用； （2）主要为交易目的而持有； （3）预计在资产负债表日起一年内（含一年）变现； （4）自资产负债表日起一年内交换其他资产或清偿负债的能力不受限制的现金或现金等价物。	货币资金 应收票据 应收账款 预付款项 存货 一年内到期的非流动资产等
		非流动资产	流动资产以外的资产。	长期股权投资 固定资产 在建工程 无形资产 开发支出等

2. 负债的分类。

负债按流动性分类可分为流动负债和非流动负债，具体分类方法及使用的科目见表6-3。

表6-3

标准	类别	具体分类方法	适用会计科目
负债分类	流动性	流动负债	符合以下条件之一的负债： （1）预计在一个正常营业周期中清偿； （2）主要为交易目的而持有； （3）自资产负债表日起一年内（含一年）到期应予以清偿； （4）企业无权自主地将清偿推迟至资产负债表日后一年以上的负债。	短期借款 应付票据 应付账款 预收账款 应付职工薪酬 应交税费 应付利息 一年内到期的非流动负债等
		非流动负债	除流动负债以外的负债为非流动负债。	长期借款 应付债券等

【提示】①对于在资产负债表日起一年内到期的负债，企业预计能够自主地将清偿义务展期至资产负债表日起一年以上的，应当归类为非流动负债；不能自主地将清偿义务展期的，

该项负债仍应归类为流动负债。根据《企业会计准则第30号——财务报表列报》的规定，对负债的流动性进行划分时的负债清偿是指，企业向交易对手方以转移现金、其他经济资源（如商品或服务）或企业自身权益工具的方式解除负债。负债的条款导致企业在交易对手方选择的情况下通过交付自身权益工具进行清偿的，如果该企业按照《企业会计准则第37号——金融工具列报》的规定将上述选择权分类为权益工具并将其作为复合金融工具的权益组成部分单独确认，则该条款不影响该项负债的流动性划分。

企业在资产负债表日没有将负债清偿推迟至资产负债表日后一年以上的实质性权利的，该项负债应当归类为流动负债。企业是否有行使上述权利的主观可能性，并不影响负债的流动性划分。对于符合《企业会计准则第30号——财务报表列报》非流动负债划分条件的负债，即使企业有意图或者计划在资产负债表日后一年内（含一年）提前清偿该负债，或者在资产负债表日至财务报告批准报出日之间已提前清偿该负债，该项负债仍应归类为非流动负债。

对于企业贷款安排产生的负债，企业将负债清偿推迟至资产负债表日后一年以上的权利可能取决于企业是否遵循了贷款安排中规定的条件（以下简称契约条件）。企业根据《企业会计准则第30号——财务报表列报》对该负债的流动性进行划分时，应当区别以下情况考虑在资产负债表日是否具有推迟清偿负债的权利：(1) 企业在资产负债表日或者之前应遵循的契约条件，即使在资产负债表日之后才对该契约条件的遵循情况进行评估（如有的契约条件规定在资产负债表日之后基于资产负债表日财务状况进行评估），影响该权利在资产负债表日是否存在的判断，进而影响该项负债在资产负债表日的流动性划分。(2) 企业在资产负债表日之后应遵循的契约条件（如有的契约条件规定基于资产负债表日之后6个月的财务状况进行评估），不影响该权利在资产负债表日是否存在的判断，与该项负债在资产负债表日的流动性划分无关。

②在资产负债表日或之前企业违反长期借款协议，导致贷款人可随时要求清偿的负债，应当归类为流动负债。但是，如果贷款人在资产负债表日或之前同意提供在资产负债表日后一年以上的宽限期，在此期限内企业能够改正违约行为，且贷款人不能要求随时清偿的，在资产负债表日的此项负债并不符合流动负债的判断标准，应当归类为非流动负债。

【例6-1】（单选题）下列说法中不正确的是（　　）。

A. 企业不能自主地将在资产负债表日起一年内到期的负债的清偿义务展期至一年以上的，应归类为流动负债

B. 企业在资产负债表日至财务报告批准报出日之间已提前清偿已划分为非流动负债的负债，应将该负债重新归类为非流动负债

C. 一年内到期的非流动负债，应归类为流动负债

D. 长期借款均属于非流动负债

【答案】B

【解析】对于符合《企业会计准则第30号——财务报表列报》非流动负债划分条件的负债，即使企业有意图或者计划在资产负债表日后一年内（含一年）提前清偿该负债，或者在资产负债表日至财务报告批准报出日之间已提前清偿该负债，该项负债仍应归类为非流动负债，选项B错误。

【例6-2】（单选题）2×24年末，甲公司于财务报表中的列报相关事项如下：①购买的国债将于2×25年5月到期；②乙公司定制的产品尚在加工中，预计将于2×26年10月完工并交付甲公司；③甲公司发行的公司债券将于2×25年11月到期兑付；④向银行借入的款项将于2×25年2月到期，但甲公司可以自主地将清偿义务展期3年，甲公司预计将展期2年清偿该债务。不考虑其他因素，下列各项关于甲公司上述事项于2×24年末资产负债表列报的表述中，不正确的是（　　）。

A. 甲公司持有的于2×25年5月到期的国债作为流动资产列报

B. 为乙公司加工的定制产品作为流动资产列报

C. 甲公司发行的将于2×25年11月到期兑付的债券作为流动负债列报

D. 甲公司可自主展期的银行借款作为流动负债列报

【答案】D

【解析】甲公司有意图且有能力自主展期一年以上,属于非流动负债,选项 D 错误。

三、资产负债表的编制

（一）"年初余额"的填列方法

"年初余额"栏内各项目数字,根据上年末资产负债表"期末余额"栏内所列数字填列。

（二）"期末余额"的填列方法

"期末余额"是指某一会计期末的数字,编制方法归纳见表6-4。

表6-4

填列方法	举例
（1）根据总账科目的余额填列	①直接根据总账科目的余额填列,举例如下: 固定资产清理、长期待摊费用、递延所得税资产、短期借款、应付职工薪酬、应交税费、递延所得税负债、实收资本、资本公积、库存股、盈余公积等 ②根据几个总账科目的余额计算填列,举例如下:货币资金=库存现金+银行存款+其他货币资金
（2）根据有关明细科目的余额分析计算填列	应收账款、预付款项、应付账款、预收款项,举例如下: 应收账款=应收账款借方余额-坏账准备 应付账款=应付账款贷方余额+预付款项贷方余额
（3）根据总账科目和明细科目的余额分析计算填列	长期应收款、债权投资、一年内到期的非流动资产、长期借款、应付债券、长期应付款、一年内到期的非流动负债等,举例如下: 长期应收款=长期应收款总账科目余额-未实现融资收益总账科目余额-明细科目中将于一年内到期的部分 长期借款=长期借款总账科目余额-明细科目中将于一年内到期的部分 应付债券=应付债券总账科目余额-明细科目中将于一年内到期的部分 长期应付款=长期应付款总账科目余额-未确认融资费用总账科目余额-明细科目中将于一年内到期的部分
（4）根据总账科目与其备抵科目抵销后的净额填列	应收票据及应收账款、存货、债权投资、长期股权投资、固定资产、无形资产、在建工程等,举例如下: 存货=原材料+库存商品+发出商品+周转材料-存货跌价准备 债权投资=债权投资-债权投资减值准备 固定资产=固定资产-累计折旧-固定资产减值准备 无形资产=无形资产-累计摊销-无形资产减值准备

【提示】各项目内容及填列方法如下:

①"交易性金融资产"项目,反映资产负债表日企业分类为以公允价值计量且其变动计入当期损益的金融资产,以及企业持有的指定为以公允价值计量且其变动计入当期损益的金融资产的期末账面价值。该项目应根据"交易性金融资产"科目的相关明细科目的期末余额分析填列。自资产负债表日起超过一年到期且预期持有超过一年的以公允价值计量且其变动计入当期损益的非流动金融资产的期末账面价值,在"其他非流动金融资产"项目反映。

②"应收票据"项目,反映资产负债表日以摊余成本计量的,企业因销售商品、提供服务等收到的商业汇票,包括银行承兑汇票和商业承兑汇票。该项目应根据"应收票据"科目的期末余额,减去"坏账准备"科目中相关坏账准备期末余额后的金额分析填列。

③"应收账款"项目,反映资产负债表日以摊余成本计量的,企业因销售商品、提供服务等经营活动应收取的款项。该项目应根据"应收账款"科目的期末余额,减去"坏账准备"科目中相关坏账准备期末余额后的金额分析填列。

④"其他应收款"项目,应根据"应收利息""应收股利"和"其他应收款"科目的期末余额合计数,减去"坏账准备"科目中相关坏账准备期末余额后的金额填列。其中的"应收利息"仅反映相关金融工具已到期可收取但于资产负债表日尚未收到的利息。基于实际利率法计提的金融工具的利息应包含在相应金融工具的账面余额中。

⑤"持有待售资产"项目，反映资产负债表日划分为持有待售类别的非流动资产及划分为持有待售类别的处置组中的流动资产和非流动资产的期末账面价值。该项目应根据"持有待售资产"科目的期末余额，减去"持有待售资产减值准备"科目的期末余额后的金额填列。

⑥"固定资产"项目，反映资产负债表日企业固定资产的期末账面价值和企业尚未清理完毕的固定资产清理净损益。该项目应根据"固定资产"科目的期末余额，减去"累计折旧"和"固定资产减值准备"科目的期末余额后的金额，以及"固定资产清理"科目的期末余额填列。

⑦"在建工程"项目，反映资产负债表日企业尚未达到预定可使用状态的在建工程的期末账面价值和企业为在建工程准备的各种物资的期末账面价值。该项目应根据"在建工程"科目的期末余额，减去"在建工程减值准备"科目的期末余额后的金额，以及"工程物资"科目的期末余额，减去"工程物资减值准备"科目的期末余额后的金额填列。

⑧"一年内到期的非流动资产"项目，通常反映预计自资产负债表日起一年内变现的非流动资产。对于按照相关会计准则采用折旧（或摊销、折耗）方法进行后续计量的固定资产、无形资产和长期待摊费用等非流动资产，折旧（或摊销、折耗）年限（或期限）只剩一年或不足一年的，或预计在一年内（含一年）进行折旧（或摊销、折耗）的部分，不得归类为流动资产，仍在各该非流动资产项目中填列，不转入"一年内到期的非流动资产"项目。

⑨"应付票据"项目，反映资产负债表日以摊余成本计量的，企业因购买材料、商品和接受服务等开出、承兑的商业汇票，包括银行承兑汇票和商业承兑汇票。该项目应根据"应付票据"科目的期末余额填列。

⑩"应付账款"项目，反映资产负债表日以摊余成本计量的，企业因购买材料、商品和接受服务等经营活动应支付的款项。该项目应根据"应付账款"和"预付账款"科目所属的相关明细科目的期末贷方余额合计数填列。

⑪"其他应付款"项目，应根据"应付利息""应付股利"和"其他应付款"科目的期末余额合计数填列。其中的"应付利息"仅反映相关金融工具已到期应支付但于资产负债表日尚未支付的利息。基于实际利率法计提的金融工具的利息应包含在相应金融工具的账面余额中。

⑫"长期应付款"项目，反映资产负债表日企业除长期借款和应付债券以外的其他各种长期应付款项的期末账面价值。该项目应根据"长期应付款"科目的期末余额，减去相关的"未确认融资费用"科目的期末余额后的金额，以及"专项应付款"科目的期末余额填列。

⑬"递延收益"项目中摊销期限只剩一年或不足一年的，或预计在一年内（含一年）进行摊销的部分，不得归类为流动负债，仍在该项目中填列，不转入"一年内到期的非流动负债"项目。

⑭"其他权益工具"项目，反映资产负债表日企业发行在外的除普通股以外分类为权益工具的金融工具的期末账面价值。对于资产负债表日企业发行的金融工具，分类为金融负债的，应在"应付债券"项目填列，对于优先股和永续债，还应在"应付债券"项目下的"优先股"项目和"永续债"项目分别填列；分类为权益工具的，应在"其他权益工具"项目填列，对于优先股和永续债，还应在"其他权益工具"项目下的"优先股"项目和"永续债"项目分别填列。

⑮"专项储备"项目，反映高危行业企业按国家规定提取的安全生产费的期末账面价值。该项目应根据"专项储备"科目的期末余额填列。

【例6-3】（单选题）下列资产负债表项目，应根据总账科目和明细科目的余额分析计算填列的是（ ）。

A. 长期待摊费用
B. 递延所得税负债
C. 长期应收款
D. 应付账款

【答案】C

【解析】选项C，长期应收款应根据总账科目和明细科目的余额分析计算填列，长期应收款=长期应收款总账科目余额-未实现融资收

益总账科目余额 - 明细科目中将于一年内到期的部分。选项 A、B，直接根据总账科目的余额填列。选项 D，根据有关明细科目的余额分析计算填列。

【例 6 - 4】（单选题）甲公司 2×24 年 12 月库存、采购、销售交易或事项如下：①原材料库存账面价值 100 万元，该材料市场公允价值 90 万元，将原材料卖出预计会发生相关手续费 10 万元。②向乙公司赊销商品一批，售价 500 万元，增值税销项税 65 万元，商品成本 350 万元，月末甲公司将商品发出，但尚未收到任何票据及合同凭证。③库存商品账面价值 200 万元，商品目前市场售价 210 万元，将商品销售预计会发生相关税费 40 万元。④采购工程物资一批，价值 300 万元，同时支付增值税进项税额 39 万元，物资已验收入库。⑤库存周转材料一批，价值 50 万元。

不考虑其他因素，甲公司 2×24 年 12 月 31 日资产负债表，存货项目应填列金额为（ ）万元。

A. 1 000   B. 700
C. 650   D. 300

【答案】 C

【解析】 存货期末采用成本与可变现净值孰低法计量。事项①，原材料可变现净值 = 90 - 10 = 80（万元），应计提存货跌价准备 100 - 80 = 20（万元）。事项③，库存商品可变现净值 = 210 - 40 = 170（万元），小于库存商品账面价值，应计提存货跌价准备 = 200 - 170 = 30（万元）。因此期末应计提存货跌价准备 20 + 30 = 50（万元）。事项②，商品发出但不符合确认条件，应计入发出商品，不应计入损益。存货 = 原材料 + 发出商品 + 库存商品 + 周转材料 - 存货跌价准备 = 100 + 350 + 200 + 50 - （20 + 30）= 650（万元）。工程物资不属于存货。

（三）关于资金集中管理相关列报

企业根据相关法规制度，通过内部结算中心、财务公司等对母公司及成员单位资金实行集中统一管理的，对于成员单位归集至集团母公司账户的资金，成员单位应当在资产负债表"其他应收款"项目中列示，或者根据重要性原则并结合本企业的实际情况，在"其他应收款"项目之上增设"应收资金集中管理款"项目单独列示；母公司应当在资产负债表"其他应付款"项目中列示。对于成员单位从集团母公司账户拆借的资金，成员单位应当在资产负债表"其他应付款"项目中列示；母公司应当在资产负债表"其他应收款"项目中列示。

对于成员单位未归集至集团母公司账户而直接存入财务公司的资金，成员单位应当在资产负债表"货币资金"项目中列示，根据重要性原则并结合本企业的实际情况，成员单位还可以在"货币资金"项目之下增设"其中：存放财务公司款项"项目单独列示；财务公司应当在资产负债表"吸收存款"项目中列示。对于成员单位未从集团母公司账户而直接从财务公司拆借的资金，成员单位应当在资产负债表"短期借款"项目中列示；财务公司应当在资产负债表"发放贷款和垫款"项目中列示。

资金集中管理涉及非流动项目的，企业还应当按照《企业会计准则第 30 号——财务报表列报》关于流动性列示的要求，分别在流动资产和非流动资产、流动负债和非流动负债列示。在集团母公司、成员单位和财务公司的资产负债表中，除符合《企业会计准则第 37 号——金融工具列报》中有关金融资产和金融负债抵销的规定外，资金集中管理相关金融资产和金融负债项目不得相互抵销。

（四）关于数据资产相关列报

企业应当根据重要性原则并结合本企业的实际情况，在"存货"项目下增设"其中：数据资源"项目，反映资产负债表日确认为存货的数据资源的期末账面价值；在"无形资产"项目下增设"其中：数据资源"项目，反映资产负债表日确认为无形资产的数据资源的期末账面价值；在"开发支出"项目下增设"其中：数据资源"项目，反映资产负债表日正在进行数据资源研究开发项目满足资本化条件的支出金额。

【例 6 - 5】（单选题）某企业在资产负债表日有如下数据资产相关项目：

1. 确认为存货的数据资源期末账面价值

2. 确认为无形资产的数据资源期末账面价值

3. 正在进行的数据资源研究开发项目满足资本化条件的支出金额

根据企业数据资产列报要求，上述项目应分别在资产负债表的哪些项目中列示为（ ）。

A. 存货、无形资产、无形资产
B. 存货、无形资产、开发支出
C. 开发支出、无形资产、存货
D. 无形资产、存货、开发支出

【答案】B

【解析】根据数据资产列报要求：存货项目下增设"其中：数据资源"，反映确认为存货的数据资源期末账面价值（对应第1项）；无形资产项目下增设"其中：数据资源"，反映确认为无形资产的数据资源期末账面价值（对应第2项）；开发支出项目下增设"其中：数据资源"，反映满足资本化条件的数据资源研发支出金额（对应第3项）。因此，正确答案为选项B。其他选项混淆了不同项目的列报规则，选项A将开发支出与无形资产混淆，选项C、D则完全打乱对应关系。

【知识点2】利润表

一、利润表的定义

利润表是反映企业在一定会计期间的经营成果的报表。利润表反映企业一定会计期间经营成果的内容。

二、利润表的结构

（一）利润表设计依据

收入－费用＝利润

（二）利润表的列报方式

1. 单步式。
2. 多步式（我国）。

（三）我国利润表的列示方式

我国企业利润表采用多步式，内容如下：

1. 营业收入＝主营业务收入＋其他业务收入。
2. 营业利润＝营业收入－营业成本－税金及附加－销售费用－管理费用－研发费用－财务费用＋其他收益（－其他损失）＋投资收益（－投资损失）＋净敞口套期收益（－净敞口套期损失）＋公允价值变动收益（－公允价值变动损失）－信用减值损失－资产减值损失＋资产处置收益（－资产处置损失）。
3. 利润总额＝营业利润＋营业外收入－营业外支出。
4. 净利润＝利润总额－所得税费用。
5. 综合收益＝净利润＋其他综合收益税后净额。
6. 每股收益＝基本每股收益、稀释每股收益。

【提示1】综合收益是指企业在某一期间除与所有者以其所有者身份进行的交易之外的其他交易或事项所引起的所有者权益变动。综合收益总额项目反映净利润和其他综合收益扣除所得税影响后的净额相加后的合计金额。

【提示2】其他综合收益的税后净额：

其他综合收益项目应当根据其他相关会计准则的规定分为下列两类列报：

（1）以后会计期间不能重分类进损益的其他综合收益项目，主要包括：重新计量设定受益计划变动额、权益法下不能转损益的其他综合收益、其他权益工具投资公允价值变动、企业自身信用风险公允价值变动等。

（2）以后会计期间在满足规定条件时将重分类进损益的其他综合收益项目，主要包括：权益法下可转损益的其他综合收益、其他债权投资公允价值变动、金融资产重分类计入其他综合收益的金额、其他债权投资信用减值准备、现金流量套期储备、外币财务报表折算差额等。

【提示3】有关项目说明：

（1）"研发费用"项目，反映企业进行研究与开发过程中发生的费用化支出，以及计入管理费用的自行开发无形资产的摊销。该项目应根据"管理费用"科目下的"研究费用"明细科目的发生额，以及"管理费用"科目下的"无形资产摊销"明细科目的发生额分析填列。

（2）"财务费用"项目下的"利息费用"项目，反映企业为筹集生产经营所需资金等而发生的应予费用化的利息支出。该项目应根据"财务费用"科目的相关明细科目的发生额分析填列。该项目作为"财务费用"项目的其中项，以正数填列。

（3）"财务费用"项目下的"利息收入"项目，反映企业按照相关会计准则确认的应冲减财务费用的利息收入。该项目应根据"财务费用"科目的相关明细科目的发生额分析填列。该项目作为"财务费用"项目的其中项，以正数填列。

（4）"其他收益"项目，反映计入其他收益的政府补助，以及其他与日常活动相关且计入其他收益的项目。该项目应根据"其他收益"科目的发生额分析填列。

（5）"资产处置收益"项目，反映企业出售划分为持有待售的非流动资产（金融工具、长期股权投资和投资性房地产除外）或处置组（子公司和业务除外）时确认的处置利得或损失，以及处置未划分为持有待售的固定资产、在建工程及无形资产而产生的处置利得或损失。债务重组中因处置非流动资产（金融工具、长期股权投资和投资性房地产除外）产生的利得或损失和非货币性资产交换中换出非流动资产（金融工具、长期股权投资和投资性房地产除外）产生的利得或损失也包括在本项目内。该项目应根据"资产处置损益"科目的发生额分析填列；如为处置损失，以"-"号填列。

（6）"营业外收入"项目，反映企业发生的除营业利润以外的收益，主要包括与企业日常活动无关的政府补助、盘盈利得、捐赠利得（企业接受股东或股东的子公司直接或间接的捐赠，经济实质属于股东对企业的资本性投入的除外）等。该项目应根据"营业外收入"科目的发生额分析填列。

（7）"营业外支出"项目，反映企业发生的除营业利润以外的支出，主要包括公益性捐赠支出、非常损失、盘亏损失、非流动资产毁损报废损失等。该项目应根据"营业外支出"科目的发生额分析填列。"非流动资产毁损报废损失"通常包括因自然灾害发生毁损、已丧失使用功能等原因而报废清理产生的损失。企业在不同交易中形成的非流动资产毁损报废利得和损失不得相互抵销，应分别在"营业外收入"项目和"营业外支出"项目进行填列。

【例6-6】（单选题）下列各项中，影响利润表中"营业利润"项目的是（　　）。
A. 盘亏固定资产净损失
B. 计提固定资产减值准备
C. 发生的所得税费用
D. 转让无形资产的净收益
【答案】B

【解析】盘亏固定资产净损失计入营业外支出，影响利润总额，不影响营业利润，选项A错误；计提固定资产减值准备计入资产减值损失，影响营业利润，选项B正确；发生的所得税费用影响净利润，不影响营业利润，选项C错误；转让无形资产的净收益计入营业外收入，影响利润总额，不影响营业利润，选项D错误。

【例6-7】（多选题）企业将自用房地产转化为以公允价值模式计量的投资性房地产时，转换日的公允价值与原账面价值的差额，可能影响的财务报表项目有（　　）。
A. 盈余公积
B. 投资收益
C. 公允价值变动收益
D. 其他综合收益
E. 资本公积
【答案】CD
【解析】企业将自用房地产转换为以公允价值模式计量的投资性房地产时，转换日公允价值与原账面价值的差额借方计入公允价值变动损益，贷方计入其他综合收益，选项C、D正确。

三、利润表的编制

（一）利润表各项目均需填列"本期金额"和"上期金额"两栏

1. "上期金额"栏内各项数字，应根据上年该期利润表的"本期金额"栏内所列数字填列，如果上年度利润表的项目名称和内容与本年度利润表不相一致，应对上年度利润表项目的名称和数字按本年度的规定进行调整。

2. "本期金额"栏内各项数字，除"基本每股收益"和"稀释每股收益"项目外，应当按相关科目的发生额分析填列。

（二）填列说明

利润表的填列方式及案例说明见表6-5。

表6-5

填列方式	案例
1. 根据各损益类科目的发生额分析填列	如：税金及附加、销售费用、管理费用、财务费用、资产减值损失、信用减值损失、公允价值变动损益、处置资产收益、投资收益、其他收益、营业外收入、营业外支出等
2. 根据有关项目发生额的分析数计算填列	如：营业收入＝主营业务收入＋其他业务收入 营业成本＝主营业务成本＋其他业务成本
3. 根据报表项目计算填列	如：营业利润、利润总额、净利润等
4. 根据相应的报表项目分析计算填列	如：基本每股收益、稀释每股收益等

四、每股收益

(一) 定义

每股收益是指普通股股东每持有一股普通股所能享有的企业净利润或需承担的企业净亏损。

(二) 作用

反映企业的经营成果,衡量普通股的获利水平及投资风险,用于评价企业盈利能力、预测企业成长潜力。

(三) 分类

每股收益分为基本每股收益和稀释每股收益,见表6-6。

表6-6

	概念	计算方式
基本每股收益	基本每股收益只考虑当期实际发行在外的普通股股份,按照归属普通股股东当期净利润除以当期实际发行在外普通股的加权平均数计算确定。	①基本每股收益=归属于普通股股东的当期净利润÷发行在外普通股的加权平均数 ②发行在外普通股加权平均数=期初发行在外普通股股数+当期新发行普通股股数×已发行时间÷报告期时间-当期回购普通股股数×已回购时间÷报告期时间
稀释每股收益	稀释每股收益以基本每股收益为基础,假设企业所有发行在外的稀释性潜在普通股均已转换为普通股,从而分别调整归属普通股股东的当期净利润以及发行在外普通股的加权平均数计算的每股收益。	①根据下列事项对归属于普通股股东的当期净利润进行调整:当期已确认为费用的稀释性潜在普通股的利息;稀释性潜在普通股转换时将产生的收益或费用。 ②当期发行在外普通股的加权平均数应当为计算基本每股收益时普通股的加权平均数与假定稀释性潜在普通股转换为已发行普通股而增加的普通股股数的加权平均数之和。

【提示1】基本每股收益:

①归属普通股股东的当期净利润是指当期实现的可供普通股股东分配的净利润或分担的净亏损,为当期实现净利润扣除分配给优先股东的利润。

②当期实际发行在外普通股加权平均数是指期初发行在外普通股股数根据当期新发行或回购的普通股股数与相应时间权数的乘积进行调整后的股数。库存股不属于发行在外的普通股,计算时应扣除。

【提示2】稀释每股收益:

潜在普通股是指赋予其持有者在报告期或以后期间享有取得普通股权利的一种金融工具或其他合同。主要包括:可转换公司债券、认股权证、股份期权等。

【例6-8】(单选题) 甲公司按月数计算每股收益的时间权重,2×24年期初发行在外的普通股为10 000万股。6月30日,甲公司新发行普通股20 000万股。12月1日,甲公司作为职工奖励使用回购普通股9 000万股。甲公司当年度实现净利润为16 250万元。分配给优先股东4 700万元。则本年度甲公司基本每股收益为( )元。

A. 1   B. 0.8

C. 0.6   D. 0.4

【答案】C

【解析】甲公司发行在外普通股加权平均数=期初发行在外普通股股数+当期新发行普通股股数×已发行时间÷报告期时间-当期回购普通股股数×已回购时间÷报告期时间=10 000+20 000×6÷12-9 000×1÷12=19 250(万股);基本每股收益=归属于普通股股东的当期净利润÷发行在外普通股的加权平均数=(16 250-4 700)÷19 250=0.6(元/股)。

【知识点3】现金流量表

一、现金流量表的基本概念

(一) 现金流量表的定义

现金流量表是反映企业在一定会计期间现金和现金等价物流入和流出的报表。

(二) 现金的定义

现金是指企业的库存现金以及可以随时用于支付的存款以及现金等价物。具体包括:库存现金、银行存款、其他货币资金。

(三) 现金等价物的定义

现金等价物是指企业持有的期限短、流动性强、易于转换为已知金额现金、价值变动风险很小的投资。期限短,一般是指从购买日起3

个月内到期。权益性投资变现的金额通常不确定,因而不属于现金等价物。企业应当根据具体情况,确定现金等价物的范围,一经确定不得随意变更。

(四)现金流量的定义

现金流量是一定会计期间企业现金及现金等价物流入量和流出量的总称。

现金净流量=现金流入量-现金流出量

二、经济业务的重分类

将现金项目和现金流量相结合,可以将经济业务重新分为三类(见表6-7)。

1. 现金项目之间增减变化的业务,对现金净流量不产生影响,在现金流量表及补充资料中反映其变动的基础和变动的结果。

2. 非现金项目之间增减变化的经济业务,对现金净流量当期不产生影响,但影响企业未来现金流量,在现金流量表补充资料的第二部分列示。

3. 现金项目与非现金项目之间增减变化的经济业务,对现金净流量产生影响,在现金流量表正表列示。

表6-7

类型	范围
(1)经营活动产生的现金流量	(流入)销售商品、提供劳务收到的现金,收到的税费返还,收到其他与经营活动有关的现金。 (流出)购买商品、接受劳务支付的现金,支付给职工以及为职工支付的现金,支付的各项税费,支付的按租赁准则简化处理的短期租赁付款额和低价值资产租赁付款额,未纳入租赁负债的可变租赁付款额,按租赁准则简化处理的短期租赁和低价值资产租赁相关的预付租金和租赁保证金,支付其他与经营活动有关的现金。
(2)投资活动产生的现金流量	(流入)收回投资收到的现金,取得投资收益收到的现金,处置固定资产、无形资产和其他长期资产收回的现金净额,处置子公司及其他营业单位收到的现金净额,收到其他与投资活动有关的现金。 (流出)购建固定资产、无形资产和其他长期资产支付的现金,投资支付的现金,取得子公司及其他营业单位支付的现金净额,支付其他与投资活动有关的现金。
(3)筹资活动产生的现金流量	(流入)吸收投资收到的现金,取得借款收到的现金,收到其他与筹资活动有关的现金。 (流出)偿还租赁负债本金和利息所支付的现金,偿还债务支付的现金,分配股利、利润或偿付利息支付的现金,预付租金和租赁保证金,支付其他与筹资活动有关的现金。

【提示】对于重要的现金流入或流出项目应当单独反映,根据会计的重要性原则进行列报。

【例6-9】(单选题)下列各项中,能对现金净流量产生影响的是( )。

A. 以货币资金购买3个月内到期的国库券
B. 以银行存款支付职工工资、奖金、津贴
C. 将库存现金存入银行
D. 用投资性房地产抵债

【答案】B

【解析】以货币资金购买3个月内到期的国库券,3个月内到期的债券投资属于现金等价物,不会影响现金净流量,选项A错误;以银行存款支付职工工资、奖金、津贴会引起现金的减少,选项B正确;将库存现金存入银行属于现金与现金等价物内部的增减变动,不会影响现金净流量,选项C错误;用投资性房地产抵债,不涉及现金变化,不会对现金产生影响,选项D错误。

三、现金流量表的结构

(一)"经营活动产生现金流量"各项目内容和填列方法

1. 销售商品、提供劳务收到的现金。

本项目反映企业本期销售商品、提供劳务收到的现金,以及前期销售商品、提供劳务本期收到的现金(包括销售收入和应向购买者收取的增值税销项税额)和本期预收的款项,减去本期销售本期退回的商品和前期销售本期退回的商品支付的现金。计算公式为:

销售商品、提供劳务收到的现金=营业收入+销项税额-(应收票据期末余额-期初余额)-[(应收账款期末余额+坏账准备余额)-(应收账款期初余额+坏账准备余额)]-(预收款项期初余额-期末余额)-贴现息-坏账损失-非现金偿还的债权

2. 收到的税费返还。

本项目反映企业收到返还的增值税、所得税、消费税、关税和教育费附加等。

3. 收到其他与经营活动有关的现金。

本项目反映企业收到的罚款收入、流动资产损失中由个人赔偿的现金收入、经营租赁的租金等其他与经营活动有关的现金流入，金额较大的应当单独列示。

4. 购买商品、接受劳务支付的现金。

本项目反映企业本期购买商品、接受劳务实际支付的现金（包括增值税进项税额），以及本期支付前期购买商品、接受劳务的未付款项和本期预付款项，减去本期发生的购货退回收到的现金。计算公式为：

购买商品、接受劳务支付的现金 = "营业成本"项目 +（存货项目期末余额 - 期初余额）+ 进项税额 -（存货跌价准备期末余额 - 期初余额）-（应付票据期末余额 - 期初余额）-（应付账款期末余额 - 期初余额）-（预付账款期初余额 - 期末余额）- 生产工人及车间管理人员工资 - 非现金支付的制造费用 - 非现金偿还的债务

5. 支付给职工以及为职工支付的现金。

本项目反映企业本期实际支付给职工的工资、奖金、各种津贴和补贴等职工薪酬。但是应由在建工程、无形资产负担的职工薪酬以及支付的离退休人员的职工薪酬除外。

【提示】支付的离退休人员的各项费用计入经营活动中的其他支付项目；支付的在建工程人员的工资，在"购建固定资产、无形资产和其他长期资产支付的现金"项目中反映。

6. 支付的各项税费。

本项目反映企业按规定支付的各项税费，包括本期发生并支付的税费及本期支付以前各期发生的以及预交的税费，包括增值税、消费税、所得税、教育费附加、印花税、房产税、土地增值税、车船税、矿产资源补偿费等。

【提示】计入固定资产价值、实际支付的耕地占用税、本期退回的增值税、所得税等除外。

7. 支付的其他与经营活动有关的现金。

本项目反映企业支付的差旅费、业务招待费、保险费等其他与经营活动有关的现金流出，金额较大的应当单独列示。

【提示】以融资租赁方式支付的租赁费，属于筹资活动的现金流量。

【例6-10】（多选题）下列各项现金收支中，属于企业经营活动现金流量的有（　　）。

A. 收到商品销售款
B. 缴纳企业所得税
C. 偿还银行借款
D. 收到现金股利
E. 发放现金股利

【答案】AB

【解析】选项C、E，属于筹资活动现金流量；选项D，属于投资活动现金流量。

(二)"投资活动产生的现金流量"各项目内容和填列方法

1. 收回投资收到的现金。

本项目反映企业出售、转让或到期收回除现金等价物以外的交易性金融资产、长期股权投资而收到的现金，以及收回长期债权投资本金而收到的现金，但长期债权投资收回的利息以及处置子公司及其他营业单位收到的现金净额除外。

2. 取得投资收益收到的现金。

本项目反映企业除现金等价物以外的对其他企业的权益工具、债务工具和合营中的权益投资分回的现金股利、利息等，不包括股票股利。

3. 处置固定资产、无形资产和其他长期资产收回的现金净额。

本项目反映企业出售、报废固定资产、无形资产和其他长期资产所取得的现金（包括因资产毁损而收到的保险赔偿收入），减去为处置这些资产而支付的有关费用后的净额。

4. 处置子公司及其他营业单位收到的现金净额。

本项目反映企业处置子公司及其他营业单位所取得的现金减去相关处置费用后的净额。

5. 收到的其他与投资活动有关的现金。

本项目反映企业除上述各项外，收到的其他与投资活动有关的现金。比如，企业收回购买股票或债券时支付的价款中包括的已宣告尚未发放的现金股利或已到付息期但尚未领取的利息。其他与投资活动有关的现金，价值较大的，应单列项目反映。

6. 购建固定资产、无形资产和其他长期资产支付的现金。

本项目反映企业购买、建造固定资产、取得无形资产和其他长期资产所支付的现金及增值税款、支付的应由在建工程和无形资产负担的职工薪酬现金支出。

【提示】企业构建固定资产而发生的借款利息资本化的部分、融资租入固定资产支付的租赁费以及企业以分期付款方式构建固定资产各期支付的现金，都属于筹资活动中的支付项目。

7. 投资支付的现金。

本项目反映企业取得的除现金等价物以外的权益性投资和债权性投资所支付的现金以及支付的佣金、手续费等附加费用，但取得子公司及其他营业单位支付的现金净额除外。

8. 取得子公司及其他营业单位支付的现金净额。

本项目反映企业购买子公司及其他营业单位购买出价中以现金支付的部分，减去子公司或其他营业单位持有的现金和现金等价物后的净额。

9. 支付其他与投资活动有关的现金。

本项目反映企业除上述各项目外，支付的其他与投资活动有关的现金。价值较大的应单列项目反映。

【例 6 – 11】（多选题）下列各项中，影响制造企业现金流量表"投资活动产生的现金流量"项目金额的有（ ）。

A. 购买专利权支付的现金
B. 购买股票支付的现金
C. 购置办公楼支付的现金
D. 购买原材料支付的现金
E. 支付业务招待费的现金

【答案】ABC

【解析】选项 A、B、C，属于投资活动产生的现金流量；选项 D、E，属于经营活动产生的现金流量。

（三）"筹资活动产生的现金流量"各项目内容和填列方法

1. 吸收投资收到的现金。

本项目反映企业以发行股票等方式筹集资金实际收到的款项，减去直接支付的佣金等发行费用的净额。

2. 取得借款收到的现金。

本项目反映企业举借各种短期、长期借款实际收到的现金，以及发行债券实际收到的款项净额。

3. 收到的其他与筹资活动有关的现金。

本项目反映企业除上述各项目外，收到的其他与筹资活动有关的现金。其他与筹资活动有关的现金，价值较大的应单列项目反映。本项目可根据有关科目的记录分析填列。

4. 偿还债务支付的现金。

本项目反映企业以偿还债务的本金所支付的现金，包括借款本金和债券本金。

5. 分配股利、利润或偿付利息支付的现金。

本项目反映企业实际支付的现金股利、支付给其他投资单位的利润或用现金支付的借款利息、债券利息。

6. 支付其他与筹资活动有关的现金。

本项目反映企业除上述各项目外所支付的其他与筹资活动有关的现金流出。若某项其他与筹资活动有关的现金流出金额较大，应单列项目反映。

【提示】偿付应付账款、应付票据等商业应付款，属于经营活动，不属于筹资活动。

【例 6 – 12】（多选题）工业企业的下列现金收支中，属于筹资活动产生的现金流量的有（ ）。

A. 发放的现金股利
B. 坏账收回后的现金
C. 向银行借款收到的现金
D. 转让股权投资收到的现金
E. 债券投资收到的利息

【答案】AC

【解析】选项 B，属于经营活动收到的现金流量，选项 D、E，属于投资活动产生的现金流量。

【例 6 – 13】（单选题）甲公司本年度发生与现金流量相关的交易或事项包括：①与乙公司进行非货币性资产交换，为交换的股权资产以银行存款支付补价240万元；②销售产品收入8 000万元，其中5 900万元为现金流入；③支付经营租入固定资产租金300万元；④支付管理人员报销差旅费2万元；⑤发行权益性证券收到现金5 000万元；⑥收到政府补助500万元。下列各项关于甲公司今年现金流量相关的表述中，正确的是（ ）。

A. 经营活动现金流出300万元
B. 经营活动现金流入6 400万元
C. 投资活动现金流出540万元

D. 筹资活动现金流入 10 900 万元

【答案】B

【解析】经营活动现金流出 = 300 + 2 = 302（万元），选项 A 错误；经营活动现金流入 = 5 900 + 500 = 6 400（万元），选项 B 正确；投资活动现金流出为 240 万元，选项 C 错误；筹资活动现金流入为 5 000 万元，选项 D 错误。

（四）"汇率变动对现金及现金等价物的影响"项目的内容和填列方法

该项目反映下列两个金额之间的差额：

（1）企业外币现金流量折算为记账本位币时，采用现金流量发生日的即期汇率或按照系统合理的方法确定的、与现金流量发生日即期汇率近似的汇率折算的金额。

（2）企业外币现金及现金等价物净增加额按资产负债日即期汇率折算的金额。

四、现金流量表的编制

（一）编制实质

权责发生制转换为收付实现制的过程。

（二）编制方法

1. 工作底稿法。
2. T 形账户法。
3. 直接根据有关科目的记录分析填列。

（三）工作底稿法的具体应用

1. 定义。

工作底稿法是以工作底稿为手段，以利润表和资产负债表数据为基础，结合有关科目记录，对现金流量表的每一项目进行分析并编制调整分录，从而编制出现金流量表的一种方法。

2. 步骤。

第一步，将资产负债表的年初余额和期末余额过入工作底稿的年初余额栏和期末余额栏；将利润表的本年累计数过入第五栏——本期金额。

第二步，对当期业务进行分析并编制调整分录。

第三步，将调整分录过入工作底稿中的相应部分。

第四步，通过试算平衡核对调整分录，借贷合计应当相等，资产负债表项目年初余额加减调整分录中的借贷金额以后，应当等于期末余额。

第五步，根据工作底稿中的现金流量表项目部分编制正式的现金流量表。

五、现金流量表补充资料

企业应当在附注中披露将净利润调节为经营活动现金流量、不涉及现金收支的重大投资和筹资活动、现金及现金等价物净变动情况等信息。

（利润表项目）
使净利润减少，调增
使净利润增加，调减

净利润 → 经营活动产生的现金流量净额

（资产负债表项目）
资产负债表项目涉及的会计科目借方记录，调减
资产负债表项目涉及的会计科目贷方记录，调增

（一）"将净利润调节为经营活动的现金流量"项目

1. 资产减值准备。

该项目反映企业本期实际计提的除信用减值准备之外的各项资产减值准备。计提减值准备时，借记"资产减值损失"科目，导致净利润减少，加各项减值准备科目，将净利润中包含的各项减值准备调整出去。通常使净利润减少的项目，调整时应在净利润的基础上增加；反之，应在净利润的基础上调整减少。

2. 信用减值准备。

该项目反映企业按照金融工具确认和计量准则要求在当期计提扣除转回的信用减值准备。企业当期计提和按规定转回的各项信用减值准

备，包括在利润表中，属于利润的减除项目，但没有发生现金流出。所以，在将净利润调节为经营活动现金流量时，需要加回。本项目可根据"信用减值损失"科目的记录分析填列。

3. 固定资产折旧、油气资产折耗、生产性生物资产折旧。

该项目反映企业本期累计计提的固定资产折旧、油气资产折耗、生产性生物资产折旧。本项目可以根据"累计折旧""累计折耗"等科目的贷方发生额分析确定。计提各项折旧时，借记折旧科目，导致净利润减少，加各项折旧科目，将净利润中包含的折旧、折耗调整出去。

4. 无形资产摊销。

该项目反映企业本期累计摊入成本费用的无形资产价值。该项目可以根据"累计摊销"科目的贷方发生额分析确定。计提摊销时，借记"管理费用"科目，导致净利润减少，加累计摊销科目，将净利润中包含的摊销调整出去。

5. 长期待摊费用摊销。

该项目反映企业本期累计摊入成本费用的长期待摊费用。该项目可以根据"长期待摊费用"科目的贷方发生额分析确定。计提摊销时，借记"管理费用"科目，导致净利润减少，加长期待摊费用科目，不涉及现金项目，故将净利润调节为经营活动的现金流量，应在净利润的基础上进行调整。

6. 处置固定资产、无形资产和其他长期资产的损失。

该项目反映企业本期处置固定资产、无形资产和其他长期资产发生的净损失（或净收益）。如为净收益，以"-"号填列。

7. 固定资产报废损失。

该项目反映企业本期发生的固定资产盘亏（减盘盈）后的净损失。该项目可以根据"营业外支出"和"营业外收入"科目所属有关明细科目中固定资产盘亏损失减去固定资产盘盈收益后的差额确定。

8. 公允价值变动损失。

该项目反映企业持有的以公允价值计量且其变动计入当期损益的金融资产、以公允价值计量且其变动计入当期损益的金融负债、采用公允价值模式计量的投资性房地产等公允价值变动形成的净损失。如为净收益，以"-"号填列。

9. 财务费用。

该项目反映企业本期实际发生的应属于投资活动或筹资活动的财务费用。属于投资活动、筹资活动的部分，在计算净利润时已扣除，但其现金流出不属于经营活动产生的现金流量的范畴，所以，在将净利润调节为经营活动的现金流量时，需要予以加回。该项目可以根据"财务费用"科目的本期借方发生额分析填列；如为收益，以"-"号确定。

10. 投资损失。

该项目反映企业对外投资所实际发生的投资损失减去收益后的净损失。该项目可以根据利润表"投资收益"项目的数字确定；如为投资收益，以"-"号反映。投资收益通常与投资活动有关，故将净利润调节为经营活动的现金流量，应在净利润的基础上进行调整。

11. 递延所得税资产减少。

该项目反映企业资产负债表中"递延所得税资产"项目的期初余额与期末余额的差额。该项目可以根据"递延所得税资产"科目的发生额分析确定。如为递延所得税资产增加，以"-"号反映。

12. 递延所得税负债增加。

该项目反映企业资产负债表中"递延所得税负债"项目的期初余额与期末余额的差额。该项目可以根据"递延所得税负债"科目的发生额分析填列。如为递延所得税负债减少，以"-"号填列。

13. 存货的减少。

该项目反映企业本期存货的减少。本项目可以根据资产负债表"存货"项目的期初与期末余额的差额确定；期末数大于期初数的差额，以"-"号反映。

14. 经营性应收项目的减少。

该项目反映企业本期经营性应收项目的减少。该项目可以根据资产负债表"应收票据及应收账款""预付款项""其他应收款""长期应收款"等项目的期初与期末余额的差额分析确定；期末数大于期初数的差额，以"-"号反映。

15. 经营性应付项目的增加。

该项目反映企业本期经营性应付项目的增加。经营性应付项目主要是指应收票据及应付账款、预收款项、应付职工薪酬、应交税费和其他应付款等经营性应付项目中与经营活动有关的部分以及应付的增值税进项税额等。该项目可以根据资产负债表"应付票据及应付账款""预收款项""应付职工薪酬""应交税费""其他应付款"等项目的期初、期末余额的差额分析确定；期末数小于期初数的差额，以"-"号反映。

(二)"不涉及现金收支的重大投资和筹资活动"项目

1. 债务转资本。
2. 一年内到期的可转换公司债券。
3. 新增使用权资产。

(三)"现金及现金等价物净变动情况"项目

该项目反映企业一定会计期间现金及现金等价物的期末余额减去期初余额后的净增加额（或净减少额）。

【例6-14】（单选题）下列关于"将净利润调节为经营活动的现金流量"项目的说法中正确的是（　）。

A."资产减值准备"项目反映企业本期实际计提的各项资产减值准备

B."信用减值损失"项目包括商誉减值准备

C. 如果"公允价值变动损失"项目为"-"号，说明公允价值变动形成了净损失

D. 如果"经营性应收项目的减少"项目为"-"号，说明期末数小于期初数

【答案】A

【解析】商誉减值准备包括在资产减值准备项目中，选项B错误。如果公允价值变动损失如为"-"号，说明公允价值变动形成了净收益，选项C错误。"经营性应收项目的减少"项目反映企业本期经营性应收项目的减少，期末数大于期初数的差额，以"-"号反映，选项D错误。

【例6-15】（单选题）甲公司本年度发生的下列事项中，在编制现金流量表补充资料将净利润调节为经营活动现金流量时，应调增的项目是（　）。

A. 出售土地使用权资产获取资产处置收益8 000万元

B. 本年度交易性金融资产确认投资收益600万元

C. 可供出售金融资产的公允价值与账面价值差异导致递延所得税资产100万元

D. 固定资产报废损失60万元

【答案】D

【解析】选项D，固定资产报废损失会减少净利润金额，但不属于经营活动且未发生现金流量，故属于调增项目。

【知识点4】所有者权益变动表

一、所有者权益变动表概述

所有者权益是指企业资产扣除负债后由所有者享有的剩余权益。所有者权益的来源包括所有者投入的资本（包括实收资本和资本公积）、其他综合收益、留存收益（包括盈余公积和未分配利润）等。

所有者权益变动表应当反映构成所有者权益的各组成部分当期的增减变动情况。综合收益和与所有者（或股东）的资本交易导致的所有者权益的变动，应当分别列示。与所有者的资本交易是指与所有者以其所有者身份进行的、导致企业所有者权益变动的交易。

二、所有者权益变动表的编制

(一)"上年年末余额"项目

1. 反映内容。

上年资产负债表中实收资本（或股本）、其他权益工具、资本公积、库存股、其他综合收益、盈余公积、未分配利润等。

2. 填列方法。

根据上年资产负债表直接填列。

(二)"会计政策变更"和"前期差错更正"项目

1. 反映内容。

会计政策变更和会计差错更正的累积影响金额。

2. 填列方法。

根据"盈余公积""利润分配""以前年度损益调整"等科目的发生额分析填列。

(三)"本年增减变动额"项目

1. "综合收益总额"项目。

该项目反映企业当年直接计入所有者权益的利得和损失金额。根据当年利润表中"其他综合收益的税后净额"和"净利润"项目填列。

2. "所有者投入和减少资本"项目。

该项目反映企业当年所有者投入的资本和减少的资本。

3. "利润分配"项目。

该项目反映企业当年对所有者（或股东）

分配的利润（或股利）金额和按照规定提取盈余公积金额，并对应列示于"未分配利润""盈余公积"栏。

4."所有者权益内部结转"项目。

该项目反映不影响当年所有者权益总额的所有者权益组成部分之间的增减变动情况。包括资本公积转增资本（或股本）、盈余公积转增资本（或股本）、盈余公积弥补亏损等。

【例 6-16】（多选题）甲公司本年度所发生的下列变动中，需要在所有者权益变动表列示的有（ ）。

A. 本年度获取净利 3 000 万元
B. 本年度董事会通过向股东分配现金股利 600 万元提案
C. 本年度获取的其他收益合计 150 万元
D. 本年度债务重组收益 200 万元
E. 本年度将存货的计量方法由先进先出法变更为移动加权平均法

【答案】ABE

【解析】所有者权益变动表的列示信息包括：①净利润；②直接计入所有者权益的利得和损失项目及其总额；③会计政策变更和差错更正的累积影响金额；④所有者投入的资本和向所有者分配的利润等；⑤提取的盈余公积；⑥实收资本或股本、资本公积、盈余公积、未分配利润的期初和期末余额及其调节情况。选项 A 属于本年净利润信息；选项 B 属于本年度向所有者分配利润信息；选项 E 属于会计政策变更信息，因此选项 A、B、E 需要在所有者权益变动表上列示。

【知识点 5】合并财务报表

一、合并财务报表概述

（一）定义

合并财务报表是指反映母公司和其全部子公司形成的企业集团整体财务状况、经营成果和现金流量的财务报表。

（二）合并内容

1. 合并资产负债表。
2. 合并利润表。
3. 合并现金流量表。
4. 合并所有者权益变动表。

【例 6-17】（单选题）相对于个别财务报表，下列各项中，仅属于合并财务报表项目的有（ ）。

A. 少数股东权益
B. 债券投资
C. 固定资产
D. 投资收益

【答案】A

【解析】选项 B、C、D 在个别财务报表中也要列示。

二、合并财务报表的合并范围

（一）确认基础

合并财务报表的合并范围以控制为基础予以确定。

（二）控制

控制是指投资方拥有对被投资方的权利，通过参与被投资方的相关活动而享有可变回报，并且有能力运用对被投资方的权力影响其回报金额。

要达到控制，投资方需要满足以下要求：

（1）通过涉入被投资方的活动享有的是可变回报；

（2）投资方拥有对被投资方的权力，并且有能力运用对被投资方的权力影响其回报金额。

三、合并财务报表编制的前期准备事项

1. 统一母子公司的会计政策。
2. 统一母子公司的资产负债表日及会计期间。
3. 对子公司以外币表示的财务报表进行折算。
4. 收集编制合并财务报表的相关资料。

【例 6-18】（单选题）甲公司拥有四家子公司，分别是子公司 A、子公司 B、子公司 C、子公司 D，并能对它们进行控制。甲公司下属的子公司的会计政策和会计估计均符合会计准则规定。则 2×25 年甲公司在编制合并财务报表时，对其子公司进行的下述调整中，正确的是（ ）。

A. 将 A 公司坏账计提的方法由余额百分比法变更为与甲公司相同的账龄分析法
B. 对 B 公司的无形资产摊销年限调整为与甲公司相同的期限
C. 对 C 公司投资性房地产的后续计量模式由成本模式调整为与甲公司相同的公允价值模式
D. 将 D 公司不符合条件的资产组划分为持有待售非流动资产组并按甲公司相同模式进行

后续计量

【答案】C

【解析】选项 A 和 B 属于会计估计，子公司不需要与母公司统一；选项 D，属于错误会计处理。

四、合并财务报表的编制程序

1. 设置合并工作底稿。
2. 将有关个别报表数据过入合并工作底稿。
3. 编制调整分录和抵销分录。
4. 计算合并财务报表各项目的合并数额。
5. 填列合并财务报表。

五、编制合并财务报表需要抵销的项目

（一）编制合并资产负债表需要抵销的项目

母子公司个别资产负债表中的资产、负债和所有者权益类各项目加总重复计算因素需要抵销，具体包括：

（1）母公司对子公司股权投资项目与子公司所有者权益（股东权益）项目；

（2）母公司与子公司、子公司相互之间未结算的内部债权债务项目；

（3）内部购进存货价值中包含的未实现内部销售损益；

（4）内部购进固定资产价值中包含的未实现内部销售损益；

（5）内部购进无形资产价值中包含的未实现内部销售损益。

（二）编制合并利润表和合并所有者权益变动表需要调整抵销的项目

母子公司的个别利润表和个别所有者权益变动表为基础计算的收益和费用等项目的重复计算因素应进行抵销，具体包括：

（1）内部销售收入和内部销售成本项目；

（2）内部投资收益项目，包括内部利息收入与利息支出项目、内部股权投资收益项目；

（3）资产减值损失项目，即与内部交易相关的内部应收账款、存货、固定资产、无形资产等项目的资产减值损失；

（4）纳入合并范围的子公司利润分配项目。

【例 6-19】（单选题）乙公司为甲公司的全资子公司，且甲公司无其他子公司。2×24 年度乙公司实现净利润 1 000 万元，提取法定盈余公积 100 万元，任意盈余公积 100 万元，宣告分配现金股利 200 万元。2×24 年，甲公司个别报表中确认的投资收益 500 万元，不考虑其他因素，2×24 年合并利润表中"投资收益"项目的列示金额是（　　）万元。

A. 300　　B. 700
C. 500　　D. 800

【答案】A

【解析】在合并财务报表中，子公司的现金股利分配应与母公司确认的投资收益相抵销，因此合并财务报表中的投资收益 = 母公司个别报表确认的投资收益 - 子公司分配的现金股利中确认的投资收益 = 500 - 200 = 300（万元）。

（三）编制合并现金流量表需要调整抵销的项目

母公司和子公司内部交易对合并现金流量表的影响需要抵消，具体包括母公司与子公司、子公司相互之间的下列事项：

（1）当期以现金投资或收购股权增加的投资所产生的现金流量；

（2）当期取得投资收益收到的现金与分配股利、利润或偿付利息支付的现金；

（3）以现金结算债权与债务所产生的现金流量；

（4）当期销售商品所产生的现金流量；

（5）处置固定资产、无形资产和其他长期资产收回的现金净额与购建固定资产、无形资产和其他长期资产支付的现金；

（6）当期发生的其他内部交易所产生的现金流量。

【知识点 6】关联方披露

一、概述

（一）定义

一方控制、共同控制另一方或对另一方施加重大影响，以及两方或两方以上同受一方控制、共同控制或重大影响的，构成关联方。

（二）特征

1. 关联方涉及两方或多方，任何单独的个体不能构成关联方关系。
2. 关联方以各方之间的影响为前提，这种影响包括控制或被控制、共同控制或被共同控制、施加重大影响或被施加重大影响。
3. 关联方的存在可能会影响交易的公允性。

二、关联方关系的认定

（一）构成关联方的情况（13 种）

1. 该企业的母公司，不仅包括直接或间接地控制该企业的其他企业，也包括能够对该企

业实施直接或间接控制的单位等。

（1）某一个企业直接控制一个或多个企业。

（2）某一个企业通过一个或若干个中间企业间接控制一个或多个企业。

（3）一个企业直接地和通过一个或若干中间企业间接地控制一个或多个企业。

2. 该企业的子公司，包括直接或间接地被该企业控制的其他企业，也包括直接或间接地被该企业控制的单位、基金等特殊目的实体。

3. 与该企业受同一母公司控制的其他企业。

4. 对该企业实施共同控制的投资方，包括直接的共同控制和间接的共同控制。

5. 对该企业施加重大影响的投资方，包括直接的重大影响和间接的重大影响。

6. 该企业的合营企业。合营企业包括合营企业的子公司。

7. 该企业的联营企业。联营企业包括联营企业的子公司。

8. 该企业与其所属企业集团的其他成员单位（包括母公司和子公司）的合营企业或联营企业。

9. 企业的合营企业与企业的其他合营企业或联营企业。

10. 该企业的主要投资者个人及与其关系密切的家庭成员。

11. 该企业或其母公司的关键管理人员及与其关系密切的家庭成员。

【提示】关键管理人员是指有权力并负责计划、指挥和控制企业活动的人员，如董事长、董事、董事会秘书、总经理、总会计师、财务总监、主管各项事务的副总经理以及行使类似决策职能的人员等。

12. 该企业主要投资者个人、关键管理人员或与其关系密切的家庭成员控制、共同控制或施加重大影响的其他企业。

13. 该企业关键管理人员提供服务的提供方与服务接受方。

【例6-20】（单选题）甲公司拥有乙公司18%的表决权资本；乙公司拥有丙公司60%的表决权资本；甲公司拥有丁公司60%的表决权资本，拥有戊公司6%的权益性资本；丁公司拥有戊公司45%的表决权资本。上述公司之间存在关联方关系的是（　　）。

A. 甲公司与乙公司

B. 甲公司与丙公司

C. 甲公司与戊公司

D. 乙公司与戊公司

【答案】C

【解析】甲公司与乙公司未达到重大影响，不属于关联方；甲公司与丙公司不属于间接控制，不属于关联方；甲公司直接和间接拥有戊公司51%（6%+45%）的股份，存在控制关系，属于关联方；乙公司与戊公司无投资关系，不属于关联方。

（二）不构成关联方关系的情况（4种）

1. 与该企业发生日常往来的资金提供者、公用事业部门、政府部门和机构，以及与该企业发生大量交易而存在经济依存关系的单个客户、供应商、特许商、经销商和代理商关系。

2. 与该企业共同控制合营企业的合营者关系。

3. 仅仅同受国家控制而不存在其他关联方关系的企业关系。

4. 受同一方重大影响的企业之间不构成关联方关系。

【例6-21】（单选题）甲、乙、丙、丁四家公司关系如下：甲公司能够对乙公司、丙公司施加重大影响，甲公司是丁公司的子公司，丁公司董事长的儿子对丙公司具有控制权。则下列不属于关联方交易的有（　　）。

A. 甲公司出售给丙公司一批商品

B. 乙公司为丙公司提供担保

C. 丙公司代理丁公司从事出口业务

D. 丁公司对甲公司的员工进行股份支付

【答案】B

【解析】选项B，受同一方重大影响的企业之间不构成关联方，所以乙公司、丙公司不构成关联方，乙公司、丙公司之间的交易不属于关联方交易。

【例6-22】（多选题）下列各项中，应划分为甲公司关联方的有（　　）。

A. 甲公司的母公司的关键管理人员

B. 甲公司财务总监的妻子控制的乙企业

C. 与甲公司共同控制丙公司的丁公司

D. 与甲公司常年发生交易而存在经济依存关系的代销公司

E. 与甲公司受同一母公司控制的其他公司

【答案】ABE

【解析】与该企业共同控制合营企业的合营

者之间,通常不构成关联方关系,丁公司与甲公司共同控制丙公司,但丁公司和甲公司不构成关联方,选项C错误;与该企业发生日常往来的资金提供者、公用事业部门、政府部门和机构,以及与该企业发生大量交易而存在经济依存关系的单个客户、供应商、特许商、经销商和代理商之间,不构成关联方关系,选项D错误。

三、关联方交易的类型

关联方的交易类型主要有:

1. 购买或销售商品。
2. 购买或销售除商品以外的其他资产。
3. 提供或接受劳务。
4. 担保。担保包括在借贷、买卖、货物运输、加工承揽等经济活动中,为了保障其债权实现而实行的担保等。
5. 提供资金(贷款或股权投资)。
6. 租赁。
7. 代理。
8. 研究与开发项目的转移。
9. 许可协议。
10. 代表企业或由企业代表另一方进行债务结算。
11. 关键管理人员薪酬。
12. 就某特定事项在未来发生或不发生时所做出的采取相应行动的任何承诺,如待执行合同。

四、关联方的披露

1. 企业无论是否发生关联方交易,均应当在附注中披露与该企业之间存在控制关系的母公司和子公司有关的下列信息:

(1) 母公司和所有子公司的名称。
(2) 母公司和子公司的业务性质、注册地、注册资本(或实收资本、股本)及其变化。
(3) 母公司对该企业或者该企业对子公司的持股比例和表决权比例。

2. 企业与关联方发生关联方交易的,应当在附注中披露该关联方关系的性质、交易类型及交易要素:

(1) 关联方关系的性质。关联方是子公司、合营企业、联营企业等。
(2) 交易类型。购买或销售商品、购买或销售商品以外的其他资产、提供或接受劳务、担保、提供资金(贷款或股权投资)、租赁、代

理、研究与开发项目的转移、许可协议、代表企业或由企业代表另一方进行债务结算、就某特定事项在未来发生或不发生时所做出的采取相应行动的任何承诺,包括(已确认及未确认的)待执行合同等。

(3) 交易要素。交易的金额、未结算项目的金额、条款和条件(包括承诺)、担保、未结算应收项目坏账准备金额、定价政策等。

3. 披露范围。

关联方交易应当分别对关联方以及交易类型予以披露。类型相似的关联方交易,在不影响财务报表阅读者正确理解关联方交易对财务报表影响的情况下,可以合并披露。对外提供合并财务报表的,对于已经包括在合并范围内各企业之间的交易不予披露。

【知识点7】会计政策及其变更

一、概述

(一) 定义

会计政策是指企业在会计确认、计量和报告中所采用的原则、基础和会计处理方法。

(二) 企业会计政策的选择和运用的特点

1. 企业应当在国家统一会计准则规定的会计政策范围内选择适用的会计政策。
2. 会计政策包括不同层次,涉及会计原则、会计基础和具体的会计处理方法。
3. 企业所选择的会计政策是企业进行会计核算的基础。

(三) 会计政策举例

1. 财务报表的编制基础、计量基础和会计政策的确定依据等。
2. 合并政策,即编制合并财务报表所采纳的原则。
3. 外币折算,即外币折算所采用的方法以及汇兑损益的处理。
4. 收入的确认,即收入确认的原则和方法。
5. 存货的计价,即企业存货的计价方法。
6. 长期股权投资的核算,即长期股权投资的具体会计处理方法。
7. 坏账损失的核算,即坏账损失的具体会计处理方法。
8. 借款费用的核算,即借款费用的处理方法。

二、会计政策变更及变更条件

(一) 定义

会计政策变更是指企业对相同的交易或事

项由原来采用的会计政策改用另一会计政策的行为。企业采用的会计政策,在每一会计期间和前后各期应当保持一致,不得随意变更。如需变更,应重新履行批准程序。

【提示】会计政策变更≠会计政策错误。如果以前期间会计政策的运用是错误的,则属于前期差错,应按前期差错更正的会计处理方法进行会计处理。

(二)变更会计政策的条件

满足下列条件之一的,可以变更会计政策:

1. 法律、行政法规或者国家统一的会计制度(含企业会计准则)等要求变更。

2. 会计政策变更能够提供更可靠、更相关的会计信息。

以下两种情形不属于会计政策变更:

1. 本期发生的交易或者事项与以前相比具有本质差别而采用新的会计政策。

2. 对初次发生的或不重要的交易或者事项采用新的会计政策。

【例6-23】(单选题)下列各项属于会计政策变更的是( )。

A. 长期股权投资的核算因增加投资份额由权益法改为成本法

B. 重新对企业的土地使用权进行评估,预计净残值增加10%

C. 固定资产折旧方法由年限平均法改为年数总和法

D. 存货期末计量由先进先出法更改为月末一次加权平均法

【答案】D

【解析】选项A,作为当期新增事项处理;选项B、C,属于会计估计变更。

三、会计政策变更的会计处理

(一)会计处理方法

会计政策变更的会计处理方法有追溯调整法和未来适用法,见表6-8。

表6-8

方法	定义	会计处理
追溯调整法	对某项交易或事项变更会计政策,视同该项交易或事项初次发生时即采用变更后的会计政策,并以此对财务报表相关项目进行调整的方法。	追溯调整法按照以下四个步骤进行追溯: (1)计算会计政策变更的累积影响数; (2)通过"利润分配——未分配利润"科目进行相关的账务处理; (3)调整会计报表相关项目; (4)附注说明。
未来适用法	在会计政策变更时,将变更后的会计政策应用于变更日及以后发生的交易或者事项,或者在会计估计变更当期和未来期间确认会计估计变更影响数的方法。	不调整原会计政策产生的影响,而在变更日后采用新的方法进行计量。

【提示1】会计政策变更的累积影响数是指按照变更后的会计政策对以前各期追溯计算的列报前期最早期初留存收益应有金额与现有金额之间的差额。即会计政策变更的累积影响数是以下两个金额之间的差额:①在变更会计政策的当期,按变更后的会计政策对以前各期追溯计算,所得到的期初留存收益金额;②变更会计政策当期期初的留存收益金额。

【提示2】会计政策变更累积影响数的计算:①根据新的会计政策重新计算受影响的前期交易或事项;②计算两种会计政策下的差异;③计算差异的所得税影响金额;④确定前期中每一期的税后差异;⑤计算会计政策变更的累积影响数。

(二)会计政策变更的会计处理方法的适用范围

1. 法律法规统一变更要求时,企业应当分别进行核算。

(1)规定了会计政策变更的处理办法的,企业应当按照国家相关会计规定执行。

(2)没有规定会计政策变更的处理办法的,企业应当采用追溯调整法进行会计处理。

2. 会计政策变更能够提供更可靠、更相关的会计信息的,应当采用追溯调整法处理。

3. 确定会计政策变更对列报前期累积影响数不切实可行的,应当从可追溯调整的最早期间期初开始应用变更后的会计政策。

4. 在当期期初确定会计政策变更对以前各期累积影响数不切实可行的，应当采用未来适用法处理。

【例6-24】（单选题）会计政策变更时，会计处理方法的选择应遵循的原则是（   ）。

A. 必须采用追溯调整法

B. 必须采用未来适用法

C. 在选项A和B中任选其一

D. 当会计政策变更累积影响数可合理确定时，应采用追溯调整法，否则采用未来适用法

【答案】 D

【解析】 对会计政策变更能够提供更可靠、更相关的会计信息的情况下，企业应当采用追溯调整法进行会计处理，将会计政策变更累积影响数调整列报前期最早期初留存收益，其他相关项目的期初余额和列报前期披露的其他比较数据也应当一并调整。对确定会计政策变更对列报前期影响数不切实可行的，应当从可追溯调整的最早期间期初开始应用变更后的会计政策。对在当期期初确定会计政策变更对以前各期累积影响数不切实可行的，应当采用未来适用法处理。选项A、B、C属于以偏概全，选项D正确。

【知识点8】会计估计及其变更

一、会计估计概述

（一）定义

会计估计是指企业对其结果不确定的交易或事项以最近可利用的信息为基础所做出的判断。

（二）特点

1. 会计估计的存在是由于经济活动中内在的不确定性因素的影响。

2. 进行会计估计时，应当以最近可利用的信息或资料为基础。

3. 进行会计估计并不会削弱会计核算的可靠性。

【提示】 属于会计估计的情况有：①存货可变现净值的确定；②公允价值的确定；③固定资产的使用寿命、预计净残值和折旧方法的确定；④使用寿命有限的无形资产的预计使用寿命、残值、摊销方法的确定；⑤可收回金额的确定；⑥预计负债金额的确定；⑦收入金额的确定；⑧完工进度的确定。

【例6-25】（多选题）下列各项中属于会计估计的有（   ）。

A. 收入确认时合同履约进度的确定

B. 固定资产预计使用寿命的确定

C. 无形资产预计残值的确定

D. 存货成本的确定

E. 投资性房地产计量模式的确定

【答案】 ABCD

【解析】 选项E，投资性房地产后续计量模式属于会计政策。

二、会计估计变更概述

（一）定义

会计估计变更是指由于资产和负债的当前状况及预期经济利益和义务发生了变化，从而对资产或负债的账面价值或者资产的定期消耗金额进行调整。

（二）原因

1. 赖以进行估计的基础发生了变化。

2. 取得了新的信息、积累了更多的经验。

【提示】 会计估计变更并不意味着以前期间会计估计是错误的，只是由于情况发生变化，或者掌握了新的信息，积累了更多的经验，使得变更会计估计能够更好地反映企业的财务状况和经营成果。

三、会计估计变更的会计处理

（一）会计估计变更的会计方法：未来适用法

在会计估计的变更仅影响变更当期的，有关估计变更的影响数应当在变更当期予以确认；如会计估计的变更既影响变更当期又影响未来期间，有关估计变更的影响数应当在变更当期和未来期间予以确认。

（二）会计估计变更的应用

1. 如果会计估计的变更仅影响变更当期，有关估计变更的影响应于当期确认。

2. 如果会计估计的变更既影响变更当期又影响未来期间，有关估计变更的影响在当期及以后各期确认。

3. 某项变更难以区分为会计政策变更和会计估计变更的，应作为会计估计变更处理。

【例6-26】（单选题）当难以区分某项变更属于会计政策变更还是会计估计变更时，通常将这种会计变更（   ）。

A. 视为前期差错处理

B. 视为会计政策变更处理
C. 视为会计估计变更处理
D. 视为资产负债表日后调整事项处理

【答案】C

【解析】如果企业难以区分某项变更为会计政策变更还是会计估计变更的,应当将其作为会计估计变更处理。

【提示】常见会计政策变更与会计估计变更对比见表6-9。

表6-9

序号	类型	会计政策变更	会计估计变更
1	坏账损失的核算由备抵法改为直接转销法	√	
2	分期付款购买固定资产原来采用历史成本计量,现在改为公允价值计量	√	
3	存货后续计量由历史成本改为成本与可变现净值孰低计量	√	
4	研发费用原来确认为管理费用,现在确认为无形资产	√	
5	在合并财务报表中对合营企业的投资由比例合并改为权益法核算	√	
6	一般借款费用原全部费用化,现在改为满足条件时可以资本化	√	
7	商业企业购入商品发生的运杂费原计入损益,现在改为计入存货成本	√	
8	会计准则修订,在施行日之前已经按旧企业会计准则执行的企业,应当按照新准则进行追溯调整,追溯调整不切实可行的除外	√	
9	投资性房地产的后续计量由成本模式改为公允价值模式	√	
10	存货发出计价方法的变更,由先进先出法变为加权平均法	√	
11	公允价值的计算方法的变更		√
12	固定资产、无形资产的折旧年限、净残值率、摊销年限的变更等		√
13	资产减值准备(存货)原来按照分类来计提,现改为按照单项计提		√
14	应收账款计提坏账准备由余额百分比法变更为账龄分析法,或百分比的变更10%→20%或20%→10%		√
15	因或有事项确认的预计负债根据最新证据进行调整		√
16	提供劳务完工进度的确定		√
17	应纳税暂时性差异和可抵扣暂时性差异的确定		√

【例6-27】(单选题)企业发生的下列交易或事项中,属于会计估计变更的是( )。

A. 按照存货实际流转状况将存货发出计价由加权平均法变更为个别计价法
B. 由于追加投资对长期股权投资的核算由权益法转换为成本法
C. 投资性房地产后续计量从成本模式转换为公允价值模式
D. 固定资产折旧方法由年限平均法变更为年数总和法

【答案】D

【解析】选项A、C,属于会计政策变更;选项B,不属于会计变更事项。

【例6-28】(单选题)2×24年1月1日起,企业对其确认为无形资产的某项专利技术按照5年的期限进行摊销,由于替代技术研发进行的加快,2×25年1月,企业将该无形资产的剩余摊销年限缩短为2年,这一变更属于( )。

A. 会计政策变更 B. 会计估计变更
C. 前期差错更正 D. 本期差错更正

【答案】B

【解析】变更无形资产摊销年限,属于会计估计变更。

四、会计估计变更的披露

企业应在财务报表附注中披露与会计估计变更有关的内容:

(1)会计估计变更的内容和原因,主要包括会计估计变更的内容、会计估计变更的日期以及会计估计变更的原因。

(2)会计估计变更对当期和未来期间的影响数,主要包括会计估计变更对当期和未来期间损益的影响金额、会计估计变更对其他项目的影响金额。

（3）会计估计变更的影响数不能确定的，披露这一事实和原因。

【知识点9】前期差错更正

一、前期差错概述

（一）定义

前期差错是指由于没有运用或错误运用以下两种信息，而对前期财务报表造成省略或错报：①编报前期财务报表时预期能够取得并加以考虑的可靠信息；②前期财务报告批准报出时能够取得的可靠信息。

（二）前期差错内容

1. 计算错误。
2. 应用会计政策错误。
3. 疏忽或曲解事实以及舞弊产生的影响以及存货。
4. 固定资产盘盈等。

二、前期差错更正的会计处理

1. 企业应当采用追溯重述法更正重要的前期差错，若差错重要，企业应当在其发现当期的财务报表中调整前期比较数据。

【提示】追溯重述法是指在发现前期差错时，视同该项前期差错从未发生过，从而对财务报表相关项目进行更正的方法。追溯重述法的会计处理与追溯调整法基本相同。

2. 科目设置。

企业应设置"以前年度损益调整"科目核算企业本年度发现的重要前期差错更正涉及调整以前年度损益的事项以及本年度发生的调整以前年度损益的事项。

（1）企业调整增加以前年度利润或减少以前年度亏损，借记有关科目，贷记"以前年度损益调整"科目；调整减少以前年度利润或增加以前年度亏损，借记"以前年度损益调整"科目，贷记有关科目。

（2）由于以前年度损益调整的所得税费用。

借：以前年度损益调整
　　贷：应交税费——应交所得税/递延所得税资产/递延所得税负债

或编制相反会计分录。

（3）经上述调整后。

借：以前年度损益调整
　　贷：利润分配——未分配利润

或编制相反会计分录。

3. 确定前期差错累积影响数不切实可行的，可以从可追溯重述的最早期间开始调整留存收益的期初余额，财务报表其他相关项目的期初余额也应当一并调整，也可以采用未来适用法。

【提示】对于年度资产负债表日至财务报告批准报出日之间发现的报告年度的会计差错及报告年度前不重要的前期差错，应按照资产负债表日后事项准则的规定进行处理。

4. 对于不重要的前期差错，企业不需要调整会计报表相关项目的期初数，但应调整发现当期与前期相同的相关项目。

三、前期差错更正的信息披露

企业应在附注中披露与前期差错更正有关的下列内容：

（1）前期差错的性质。
（2）各个列报前期财务报表中受影响的项目名称和更正金额。
（3）无法进行追溯重述的，说明该事实和原因以及对前期差错开始进行更正的时点、具体更正情况。

在以后期间的财务报表中，不需要重复披露在以前期间的财务报表附注中已披露的前期差错更正的信息。

【例6-29】（单选题）2×24年12月31日，甲公司发现应自2×23年10月开始计提折旧的一项固定资产从2×24年1月才开始计提折旧，导致2×23年管理费用少计200万元，被认定为重大差错，税务部门允许调整2×24年度的应交所得税。甲公司适用的企业所得税税率为25%，无其他纳税调整事项，甲公司利润表中的2×23年度利润为500万元，并按10%提取了法定盈余公积。不考虑其他因素，甲公司更正差错时应将2×24年12月31日资产负债表未分配利润项目年初余额调减（　　）万元。

A. 15　　　　　　B. 50
C. 135　　　　　 D. 150

【答案】C

【解析】甲公司更正该差错时应调减2×24年12月31日资产负债表未分配利润项目年初余额=200×(1-25%)×(1-10%)=135（万元），甲公司的应交所得税=200×25%=50（万元），甲公司的以前年度损益调整=200-50=150（万元）。

相关会计分录为：

借：以前年度损益调整——管理费用
　　　　　　　　　　　　　2 000 000

　　　　贷：累计折旧　　　　2 000 000
　　借：应交税费——应交所得税
　　　　　　　　　　　　　　500 000
　　　　贷：以前年度损益调整——所得税费用
　　　　　　　　　　　　　　500 000
　　借：盈余公积　　　150 000
　　　　利润分配——未分配利润
　　　　　　　　　　　　　1 350 000
　　　　贷：以前年度损益调整 1 500 000

【知识点10】资产负债表日后事项

表6-10

	定义	举例
资产负债表日	会计年度末和会计中期期末。	年末、月末、季度末、半年末
财务报告批准报出日	董事会或类似机构批准财务报告报出的日期。通常是指对财务报告的内容负有法律责任的单位或个人批准财务报告对外公布的日期。	某一特定日期

一、资产负债表日后事项概述

（一）定义

资产负债表日后事项是指资产负债表日至财务报告批准报出日之间发生的有利或不利事项。包括资产负债表日后调整事项和资产负债表日后非调整事项两类。

（二）资产负债表日和财务报告批准报出日

资产负债表日和财务报告批准报出日的定义及举例见表6-10。

（三）有利或不利事项

资产负债表日后事项准则所称"有利或不利事项"，是指资产负债表日后对企业财务状况和经营成果具有一定影响（既包括有利影响也包括不利影响）的事项。

【提示】一般情况下，如果该期间发生的某些事项对企业"有利"或者"不利"，那么不管该事项是否需要在财务报告中披露，都属于资产负债表日后事项；反之，如果资产负债表日后发生的某些事项对企业并无任何影响，那就不属于资产负债表日后事项。

（四）资产负债表日后事项涵盖的期间

该期间指资产负债表日后至财务报告批准报出日之间。这一期间包括：

（1）报告年度次年的1月1日或报告期间下一期第一天至董事会或类似机构批准财务报告对外公布的日期。即以董事会或类似机构批准财务报告对外公布的日期为截止日期。

（2）董事会或类似机构批准财务报告对外公布的日期，与实际对外公布日之间发生的与资产负债表日后事项有关的事项，由此影响财务报告对外公布日期的，应以董事会或类似机构再次批准财务报告对外公布的日期为截止日期。

二、资产负债表日后调整事项

（一）定义

资产负债表日后调整事项是指对资产负债表日已经存在的情况提供了新的或进一步证据的事项。如果资产负债表日及以前已经存在某种情况，但当时并不知道其存在或者不能知道确切结果，资产负债表日后发生的事项能够证实该情况的存在，则该事项属于资产负债表日后事项中的调整事项。调整事项能对资产负债表日的存在情况提供追加的证据，并会影响编制会计报表过程中的内在估计。

（二）调整事项的特点

1. 在资产负债表日已经存在，资产负债表日后得以证实的事项。

2. 对按资产负债表日存在状况编制的财务报表产生重大影响的事项。

（三）企业的资产负债表日后调整事项案例

1. 资产负债表日后诉讼案件结案，法院判决证实了企业在资产负债表日已经存在现时义务，需要调整原先确认的与该诉讼案件相关的预计负债，或确认一项新负债。

2. 资产负债表日后取得确凿证据，表明某项资产在资产负债表日发生了减值或者需要调整该项资产原先确认的减值金额。

3. 资产负债表日后进一步确定了资产负债表日前购入资产的成本或售出资产的收入。

4. 资产负债表日后发现了财务报表舞弊或差错。

【例6-30】（单选题）甲公司对该资产负

债表日后调整事项进行会计处理时,下列报告年度财务报表项目中,不应调整的是（　　）。

A. 损益类项目
B. 应收账款项目
C. 货币资金项目
D. 所有者权益类项目

【答案】C

【解析】日后调整事项中涉及的货币资金是本年度的现金流量,不影响报告年度货币资金项目,所以不能调整报告年度资产负债表的货币资金。

【例6-31】（多选题）在资产负债表日后至财务报告批准报出日前发生的下列事项中,属于资产负债表日后调整事项的有（　　）。

A. 因汇率变化导致企业持有的外币资金出现重大汇兑损失
B. 企业年度报告销售给某主要客户的一批产品存在质量缺陷被退回
C. 报告年度未决诉讼经人民法院判决败诉,企业需要赔偿的金额大幅超过已确认的预计负债
D. 企业获悉某主要客户在报告年度发生重大火灾,需要大额补提报告年度应收该客户账款的坏账准备
E. 资产负债表日后企业发生巨额亏损

【答案】BCD

【解析】选项A、E属于非调整事项。

（四）调整事项的账务处理

资产负债表日后发生的调整事项应当分别以下情况进行账务处理：

1. 涉及损益的事项通过"以前年度损益调整"科目核算。

【提示】

以前年度损益调整

调整减少以前年度收益或调减增加以前年度亏损的事项,以及调整增加的所得税	调整增加以前年度收益或调减少以前年度亏损的事项,以及调整减少的所得税

2. 涉及利润分配调整的事项,直接在"利润分配——未分配利润"科目核算。

3. 不涉及损益以及利润分配的事项,调整相关科目,同时还应调整会计报表相关项目的数字。

三、资产负债表日后非调整事项

（一）定义

资产负债表日后非调整事项是指表明资产负债表日后发生的情况的事项。该事项不影响资产负债表日企业的财务状况、经营成果,不应当调整资产负债表日的财务报表。

（二）非调整事项的特点

1. 资产负债表日并未发生或存在,完全是期后才发生的事项。

2. 对理解和分析财务报告有重大影响的事项。

【例6-32】（单选题）甲公司2×24年度财务报告批准报出日为2×25年4月15日,下列事项中,属于资产负债表日后调整事项的是（　　）。

A. 因受国际关系影响,2×25年2月,美国对中汇率发生巨大变化
B. 因地壳板块运动,2×25年3月1日,甲公司某所在地仓库因地震毁损
C. 经股东大会决议,2×25年3月15日,甲公司对外公布2×24年转增资本额
D. 2×25年2月10日,会计师事务所审计时发现2×24年度重大会计差错

【答案】D

【解析】选项A、B、C属于资产负债表日后非调整事项。

精选练习题

一、单项选择题

1. 资产负债表的下列项目中,需要根据总账科目与其备抵科目抵销后的净额填列的是（　　）。

A. 存货
B. 递延所得税资产
C. 货币资金
D. 盈余公积

2. 2×24年12月31日,甲公司"工程物资"科目的借方余额为500万元,"发出商品"科目的借方余额为50万元,"原材料"科目的借方余额为60万元,"材料成本差异"科目的贷方余额为5万元,不考虑其他因素,甲公司2×24年12月31日资产负债表中"存货"项目的期末余额为（　　）万元。

A. 110　　　　　B. 105
C. 505　　　　　D. 495

3. 下列关于资产负债表中"预付款项"项目的填列方法，正确的是（　　）。

A. 预付款项＝预付账款明细账借方余额＋应付账款明细账借方余额

B. 预付款项＝预付账款明细账借方余额＋预收账款明细账借方余额－与预付账款有关的"坏账准备"期末余额

C. 预付款项＝预付账款明细账借方余额＋应付账款明细账借方余额－与预付账款有关的"坏账准备"期末余额

D. 预付款项＝预付账款明细账借方余额＋预收账款明细账借方余额

4. 2×24年1月1日，甲公司采用分期付款的方式从乙公司购入一台不需要安装的机器设备，并于投入当日作为固定资产使用。甲乙双方合同约定，设备总价款为2 000万元，甲公司分别于2×24年12月31日、2×25年12月31日、2×26年12月31日这3年末支付1 000万元、600万元、400万元。经测算，甲公司购买设备的实际年利率为6%，设备价款的现值为1 813.24万元。不考虑其他因素，2×24年12月31日甲公司资产负债表中"长期应付款"项目应列示的金额为（　　）万元。

A. 922.03　　　B. 544.68
C. 377.35　　　D. 400

5. 下列财务报表项目中，属于利润表应披露的项目是（　　）。

A. 存货　　　　B. 盈余公积
C. 利润分配　　D. 稀释每股收益

6. 每股收益是指普通股股东每持有一股普通股所能享有的企业净利润或需承担的企业净亏损。每股收益用于反映企业的经营成果，衡量普通股的获利水平及投资风险，是投资者、债权人等会计信息使用者评价企业盈利能力、预测企业成长潜力、进行经营决策的重要指标。企业计算基本每股收益的方法是（　　）。

A. 归属普通股股东当期净利润÷当期实际发行在外普通股的加权平均数

B. 期初发行在外普通股股数＋当期新发行普通股股数×已发行时间÷报告期时间

C. （普通股股东当期净利润－当期已确认为费用的稀释性潜在普通股的利息）÷当期实际发行在外普通股的加权平均数

D. 普通股的加权平均数＋假定稀释性潜在普通股转换为已发行普通股而增加的普通股股数的加权平均数

7. 下列各项中，能够引起现金流量净额发生变动的是（　　）。

A. 以存货抵偿债务

B. 以银行存款支付采购款

C. 将现金存为银行活期存款

D. 以银行存款购买2个月内到期的债券投资

8. 下列各项中，会引起现金流量表"经营活动产生的现金流量净额"项目发生增减变动的是（　　）。

A. 收取现金股利的现金流入

B. 偿还长期借款的现金流出

C. 购置固定资产的现金流出

D. 购买日常办公用品的现金流出

9. 甲公司为制造企业，2×24年发生的现金流量事项如下：①向股东分配现金股利1 200万元；②构建生产线一条支付现金200万元；③收到保险公司对存货损毁的赔偿款120万元；④收到所得税返还款260万元；⑤向其他方提供劳务收取现金400万元。不考虑其他因素。甲公司2×24年经营活动产生的现金流量净额是（　　）万元。

A. 780　　　　　B. 2 180
C. 980　　　　　D. 1 980

10. 下列各项中，不属于企业现金流量表中"筹资活动产生的现金流量"的是（　　）。

A. 吸收投资收到的现金

B. 分配股利、利润支付的现金

C. 处置子公司收到的现金

D. 偿还债务支付的现金

11. 企业进行会计政策变更产生的累计影响金额应披露于财务报告的（　　）上。

A. 现金流量表

B. 利润表

C. 所有者权益变动表

D. 财务报表附注

12. 乙公司、丙公司和丁公司同属于甲公司的子公司。甲公司的投资性房地产按照成本模式进行后续计量，其房屋按照15年计提投资性房地产累计折旧。子公司的房地产政策如下：

①乙公司对作为投资性房地产的房屋采用公允价值模式计量；②丙公司对作为投资性房地产的土地使用权采用成本模式进行后续计量，并按10年进行摊销；③丁公司对其投资性房地产一栋建筑大楼采用成本模式进行后续计量，按照20年进行折旧计提。不考虑其他因素，下列关于甲公司编制合并财务报表的说法中，正确的是（　　）。

A. 甲公司按照子公司自己的投资性房地产计量方式直接合并

B. 甲公司对子公司的投资性房地产应视情况而定，若子公司投资性房地产公允价值可以可靠计量，则按照公允价值进行计量，若不能，则按照成本模式进行计量

C. 甲公司对子公司的投资性房地产应调整成按照甲公司的成本模式进行后续计量，其折旧或摊销根据实际情况而定

D. 甲公司对子公司的投资性房地产应调整成按照甲公司的成本模式进行后续计量，并将其折旧或摊销调整到甲公司的统一标准

13. 乙公司和丙公司均为甲公司的子公司，纳入甲公司的合并范围，2×24年12月20日，乙公司将某产品销售给丙公司作为管理用固定资产使用，售价（不含增值税）为40万元，销售成本为25万元。丙公司购入后当月投入使用，该固定资产尚可使用年限为5年，丙公司采用年限平均法进行摊销，预计净残值为0。不考虑其他因素，甲公司在编制2×25年度合并财务报表时，应调整"固定资产"项目的金额为（　　）万元。

A. 25　　　　　　B. 12
C. 15　　　　　　D. 40

14. 编制合并现金流量表时，下列应予抵销的项目是（　　）。

A. 子公司的少数股东依法从子公司抽回权益性投资

B. 子公司向其少数股东支付的现金股利

C. 子公司吸收母公司投资收到的现金

D. 子公司吸收少数股东投资收到的现金

15. 甲公司为某集团母公司，其与控股子公司（乙公司）会计处理存在差异的下列事项中，在编制合并报表时，应当作为会计政策变更的是（　　）。

A. 甲公司产品保证费用的计提比例为售价的2%，乙公司不计提产品保证费

B. 甲公司应收款项计提坏账准备的比例为期末余额的3%，乙公司采用账龄分析法计提坏账准备

C. 甲公司固定资产折旧年限为15年，乙公司为20年

D. 甲公司对投资性房地产采用成本模式进行后续计量，乙公司采用公允价值模式

16. 下列各项中，不属于会计估计变更的是（　　）。

A. 固定资产的净残值率由15%改为10%

B. 坏账准备的提取比例由7%提高为13%

C. 外币报表折算由时态法变为现行汇率法

D. 无形资产的摊销方法由加速摊销法改为直线法

17. 2×24年12月31日，甲公司发现其拥有的40年使用年限的土地使用权摊销情况不符合要求，经查找核对发现，是2×23年甲公司更换主管会计时交接失误，导致漏记了半年的土地使用权摊销额200万元。甲公司适用所得税税率为25%，按净利10%计提法定盈余公积。则甲公司应转入利润分配金额为（　　）万元。

A. 200　　　　　　B. 150
C. 135　　　　　　D. 130

18. 下列选项中，不属于前期差错更正需要披露内容的是（　　）。

A. 重大会计差错的事项、原因和更正方法

B. 各个列报前期财务报表中受影响的项目名称和更正金额

C. 无法进行追溯重述的，说明该事实和原因以及对前期差错开始进行更正的时点、具体更正情况

D. 董事会对差错的态度、处理方法及股东陈述

19. 2×25年2月1日，甲公司内审人员发现的下列事件中，会影响2×24年度未分配利润的是（　　）。

A. 2×24年7月，购入一辆价值50万元的小汽车，一直未入账核算

B. 2×25年1月，持有的长期股权投资的企业股票市价下跌30%

C. 2×25年1月，所在地区突发水灾，冲毁价值100万元的库存商品

D. 2×25年1月，因计算错误，少计折旧

费用 2 万元

二、多项选择题

1. 下列关于资产负债表的说法中，正确的有（　　）。

A. 资产负债表反映的是企业在某一特定日期财务状况的财务报表

B. 资产负债表被称为动态报表

C. 资产负债表反映企业在某一特定日期所拥有或控制的经济资源、所承担的现时义务和所有者对净资产的要求权

D. 资产负债表采用账户式结构

E. 资产负债表设计的依据是：资产＝负债＋所有者权益

2. 甲公司 2×24 年 12 月 31 日持有的下列资产、负债中，应当在 2×24 年 12 月 31 日资产负债表中作为流动性项目列报的有（　　）。

A. 持有但准备随时变现的股票投资

B. 当年支付定制生产用设备的预付款 3 000 万元，按照合同约定该设备预计交货期为 2×26 年 2 月

C. 预计将于 2×25 年 3 月底前出售的作为交易性金融资产核算的股票投资

D. 预计于 2×25 年 5 月到期的长期借款，甲公司对此有自主展期权，但还未决定是否展期

E. 已经持有 5 年，并预计长期持有的对联营企业的投资

3. 下列事项的发生会对利润表"营业成本"项目产生影响的有（　　）。

A. 以经营租赁方式出租设备计提的折旧额

B. 向灾区捐赠商品的成本

C. 出租非专利技术计提的摊销额

D. 出售自产商品的成本

E. 对外提供劳务的成本

4. 下列各项中，应列入利润表"营业利润"项目的有（　　）。

A. 出售固定资产的成本

B. 销售材料的成本

C. 出租非专利技术的摊销额

D. 报废固定资产的损失

E. 投资性房地产收到的租金

5. 企业发生的下列现金支出业务中，应列入现金流量表中"购建固定资产、无形资产和其他长期资产支付的现金"项目的有（　　）。

A. 在建工程人员的薪酬支出

B. 并购其他企业支付的现金

C. 支付工程项目专门借款利息

D. 偿还工程项目专门借款本金

E. 以外包方式建造固定资产支付的工程款

6. 2×24 年度，甲公司产生现金流量的部分交易如下：①对外销售商品收到现金 1 500 万元；②收到联营企业分派的现金股利 100 万元；③出售子公司收到现金 600 万元；④向股东支付现金股利 800 万元；⑤本年度使用现金支付员工工资 1 250 万元。下列关于甲公司上述交易产生的现金流量列报的表述中，正确的有（　　）。

A. 对外销售商品收到的现金作为经营活动的现金流入

B. 收到联营企业分派的现金股利作为投资活动的现金流入

C. 出售子公司收到的现金作为筹资活动现金流入

D. 支付股东的现金股利作为投资活动的现金流出

E. 支付员工工资的现金作为经营活动的现金流入

7. 以下项目属于现金流量表补充资料的有（　　）。

A. 将净利润调节为经营活动的现金流量

B. 汇率变动对现金及现金等价物的影响

C. 投资活动产生的现金流量

D. 现金及现金等价物净变动情况

E. 不涉及现金收支的重大投资和筹资活动

8. 甲公司作为集团内部的母公司，下辖五家子公司，分别为子公司 A、子公司 B、子公司 C、子公司 D、子公司 E。在编制合并资产负债表时，下列做法符合会计准则的有（　　）。

A. 将甲公司账面 A 公司的长期股权投资 2 000 万元与 A 公司的股东权益相抵销

B. 将甲公司本年度从 B 公司购买的存货中，已经出售的部分与 B 公司销售损益相抵销

C. 在本年度与 C 公司产生的往来交易中，将甲公司账面的归属于 C 公司的应收账款与 C 公司账面应付账款相抵销

D. 将上一年向 D 公司购进的无法确定尚可使用年限的无形资产与 D 公司无形资产处置收益相抵销

E. 将4年前向E公司购进的及其设备的折旧额与E公司固定资产处置损失相抵销

9. 下列关于母公司合并财务报表的抵销分录说法中，正确的有（　　）。

A. 合并资产负债表中内部购进固定资产价值中包含的已实现内部销售损益需要抵销

B. 合并资产负债表中内部购进存货价值中包含未实现内部销售损益需要抵销

C. 合并利润表中内部利息收益需要抵销

D. 除长期股权投资项目之外，合并利润表中其他资产减值损失项目不需要抵销

E. 合并现金流量表中子公司与子公司之间处置固定资产收回的现金净额与构建固定资产支付的现金需要抵销

10. 在不考虑其他因素的情况下，下列各项中，属于甲公司关联方的有（　　）。

A. 对甲公司实施重大影响的乙企业

B. 甲公司母公司的财务总监

C. 甲公司总经理的儿子控制的丙公司

D. 与甲公司共同投资设立合营企业的合营方丁公司

E. 甲公司通过控股子公司间接拥有30%股权并能施加重大影响的戊公司

11. 乙公司是甲公司的全资子公司，同时负责甲公司的产品销售。2×25年度，甲公司以市场价格向乙公司销售产品。对此，甲公司应在年度财务报告附注中披露的内容有（　　）。

A. 与乙公司发生交易的金额

B. 乙公司未支付的金额

C. 甲公司对乙公司的持股比例

D. 向乙公司所售产品的定价政策

E. 与乙公司的销售产品交易是公平交易

12. 下列各项中，属于会计政策变更的有（　　）。

A. 预计负债的初始计量的最佳估计数的改变

B. 无形资产的预计使用寿命由15年变为20年

C. 管理用固定资产的折旧方法由年限平均法改为双倍余额递减法

D. 发出存货成本的计量由后进先出法改为移动加权平均法

E. 因执行新准则将所得税的会计处理由应付税款法改为资产负债表债务法

13. 下列关于会计政策及其变更的表述中，正确的有（　　）。

A. 会计政策涉及会计原则、会计基础和具体会计处理方法

B. 变更会计政策表明以前会计期间采用的会计政策存在错误

C. 当会计政策的变更能够提供更可靠、更相关的会计信息时，企业可以变更会计政策

D. 变更会计政策能够更好地反映的企业的财务状况和经营成果

E. 本期发生的交易或事项与前期相比具有本质差别而采用新的会计政策属于会计政策变更

14. 下列各项不属于会计差错的有（　　）。

A. 企业在期末漏提折旧100万元

B. 企业能够合理估计退货可能性且确认与退货相关负债的，在发出商品时不确认销售收入

C. 企业内部研发形成的无形资产账面价值与计税基础不同，产生可抵扣暂时性差异，期末不确认递延所得税资产

D. 企业期末存货采用成本计量与可变现净值孰低法计量

E. 存货发出方法由先进先出法变更为移动加权平均法

15. 甲公司是一家在中国境内做对外贸易进出口的公司，主要出口贸易国为美国与意大利。甲公司的财务报告批准报出日为次年4月30日。则在4月30日前发生的下列事项中，不需要甲公司调整4月30日报出的资产负债表的有（　　）。

A. 接到意大利债务人的通知，因为突发世界性疾病，导致800万元的货款不能按时偿还，该公司已将此货款于资产负债表日计入应收账款

B. 3月30日，人民币对美元汇率发生重大变化，人民币对美元的汇率由1美元=6.60元人民币变为1美元=5.00元人民币

C. 3月15日，由会计师事务所审计年度财务报表时发现，有证据表明承包的长期建造合同应计收益的估计存在重大误差，误差金额经测算为600万元

D. 4月1日，甲公司获批可以以发行债券的形式筹集生产经营用资金，拟向公开市场发行债券9 000万元，至4月25日，已募集完毕

E. 2月10日，因突发性大火，毁损企业仓库一座，同时库中待出口货物也因此遭难，共计损失300万元

三、综合题

甲公司适用的所得税税率为25%。2×24年，甲公司发生了下列交易或事项：

资料一：2×24年1月1日，与乙公司签订了一份期限为18个月，不可撤销的销售合同。合同约定，自2×24年1月1日起18个月内，甲公司负责向乙公司提供大型机器设备一套，并负责安装调试培训等前期工作，合同价款11 000万元。乙公司对该设备分为交付阶段和安装调试阶段进行验收。各阶段一经乙公司验收，所有权的风险报酬就正式转移给乙公司。2×24年12月31日，为本项目的第一阶段，甲公司向乙公司交付设备，设备价款9 000万元；2×25年3月30日，甲公司负责调试设备，安装调试费用1 000万元；2×25年3月30日至6月30日，甲公司负责对乙公司工作人员开展设备使用培训工作，预计培训费1 000万元。

截至2×24年12月31日，甲公司已将设备交付给乙公司，并收到乙公司的验收合格报告，但货款尚未收到。甲公司建造生产该设备的成本为7 000万元。

甲公司考虑到该设备安装调试没有完成，因此未在2×24年利润表列示该设备情况。

资料二：2×24年12月31日，甲公司与丙公司签订了一份销售合同，约定甲公司采用分期收款方式向丙公司销售办公设备一批，价款为600万元，以公允价值确认收入。乙公司分6年支付该价款，于每年末等额支付100万元。2×24年12月31日，甲公司收到第一笔价款100万元。

该批办公设备的生产成本为350万元，目前市场售价500万元。

资料三：2×24年12月，甲公司收到财政部门拨款100万元，系对甲公司2×20年执行国家计划内政策价差的补偿。甲公司自产的X商品市场售价每台5万元，生产成本每台3万元，但根据国家目前统一价格政策，X商品市场指导价为每台4万元，因此国家对于设备的销售给予每台1万元的补贴。2×24年甲公司共销售X商品100台。

资料四：本年度甲公司发生相关成本费用和收益如下：①税金及附加100万元；②销售费用20万元，管理费用5万元，财务费用20万元；③研发支出中可资本化费用300万元，研发支出中可费用化费用110万元；④期末对存货进行测试计提存货跌价准备800万元；⑤购入的交易性金融资产发生公允价值变动400万元；⑥对于持股比例达30%的合营企业年末发生持有的可供出售金融资产公允价值变动500万元；⑦向社会捐赠物资一批，共计100万元；⑧收到税务局罚款单一张，需缴纳罚金50万元。

不考虑增值税等其他因素，回答下列问题：

1. 根据资料一，下列说法中正确的是（　　）。

A. 设备的安装和使用是一个整体，基于谨慎性的原则，一旦设备后续调试及培训未完成，则甲公司整个销售业务也未完成，因此要等2×25年6月30日乙公司培训验收后再确认收入

B. 甲公司应该在2×24年确认销售设备的营业收入9 000万元，同时结转营业成本7 000万元

C. 甲公司可以选择在2×24年12月31日仅确认设备销售收入，后续收入在2×25年确认。甲公司也可以选择在2×25年6月30日将全部11 000万元确认为2×25年收入，这需要甲公司会计的职业判断

D. 甲公司不能在2×24年确认收入9 000万元，因为还未收到货款，但根据权责发生制，应该结转成本7 000万元

2. 根据资料二，下列说法中正确的是（　　）。

A. 甲公司应在2×24年财务报表中确认收入100万元，结转成本350万元

B. 甲公司应在2×24年财务报表中确认收入500万元，结转成本350万元

C. 甲公司应在2×24年财务报表中确认收入600万元，结转成本350万元

D. 甲公司应在2×24年财务报表中确认收入100万元，结转成本58.33万元

3. 根据资料三，下列说法中正确的是（　　）。

A. 甲公司应在利润表列示主营业务收入400万元，确认主营业务成本300万元，其他收益100万元

B. 甲公司应在利润表列示主营业务收入

500万元，确认主营业务成本300万元

C. 甲公司应在利润表列示主营业务收入400万元，确认主营业务成本300万元，递延收益100万元

D. 甲公司应在利润表列示主营业务收入400万元，确认主营业务成本300万元，营业外收入100万元

4. 根据资料一至资料四，甲公司2×24年应在利润表列示营业利润（　　）万元。

A. 1 395　　　　B. 2 095
C. 1 695　　　　D. 1 845

5. 甲公司2×24年应在利润表中列示的净利润为（　　）万元。

A. 1 158.75　　　B. 1 383.75
C. 1 458.75　　　D. 1 571.25

精选练习题参考答案及解析

一、单项选择题

1. 【答案】A

【解析】选项A，"存货"项目，应当根据"原材料""库存商品""发出商品""周转材料"等科目期末余额，减去"存货跌价准备"科目期末余额后的金额填列。选项B，"递延所得税资产"项目，应当直接根据总账科目的余额填列。选项C，"货币资金"项目，应当根据"库存现金""银行存款""其他货币资金"等科目的期末余额合计填列。选项D，"盈余公积"项目，应当直接根据总账科目的余额填列。

2. 【答案】B

【解析】存货项目的期末余额=50（发出商品）+60（原材料）-5（材料成本差异）=105（万元）。

3. 【答案】C

【解析】资产负债表中"预付款项"项目应根据"预付账款"和"应付账款"科目所属各明细科目的期末借方余额合计数，减去"坏账准备"科目中有关预付账款计提的坏账准备期末余额后的净额填列，选项C正确。

4. 【答案】C

【解析】2×24年12月31日"长期应付款"科目余额=2 000-1 000=1 000（万元），"未确认融资费用"科目余额=（2 000-1 813.24）-1 813.24×6%=77.97（万元），应付本金余额=1 000-77.97=922.03（万元），

2×25年未确认融资费用摊销额=922.03×6%=55.32（万元），2×25年应付本金减少额=600-55.32=544.68（万元），该部分金额应在2×24年12月31日资产负债表中"一年内到期的非流动负债"项目反映。2×24年12月31日资产负债表中"长期应付款"项目应列示的金额=922.03-544.68=377.35（万元）。

5. 【答案】D

【解析】根据利润表的基本格式，选项D为利润表中披露的项目。

6. 【答案】A

【解析】基本每股收益只考虑当期实际发行在外的普通股股份，按照归属普通股股东当期净利润除以当期实际发行在外普通股的加权平均数计算确定，选项A正确。

7. 【答案】B

【解析】选项A，不涉及现金流量变动；选项B，使现金流量减少，能够引起现金流量表净额发生变动；选项C，银行活期存款属于银行存款，不涉及现金流量变动；选项D，2个月内到期的债券投资属于现金等价物，以银行存款换取现金等价物不涉及现金流量的变动。

8. 【答案】D

【解析】选项A、C，属于投资活动产生的现金流量；选项B，属于筹资活动产生的现金流量；选项D，属于经营活动产生的现金流量，引起"经营活动产生的现金流量净额"项目发生变动。

9. 【答案】A

【解析】事项①属于筹资活动；事项②属于投资活动；其他事项属于经营活动，故甲公司2×24年经营活动产生的现金流量净额=120+260+400=780（万元）。

10. 【答案】C

【解析】处置子公司收到的现金属于投资活动产生的现金流量；选项A、B、D均属于筹资活动产生的现金流量。

11. 【答案】C

【解析】所有者权益变动表需列示"会计政策变更""前期差错更正"项目，分别反映企业采用追溯调整法处理的会计政策变更的累积影响金额和采用追溯重述法处理的会计差错更正的累积影响金额。

12. 【答案】C

【解析】甲公司的合并财务报表编制应统一母子公司的会计政策，但具体会计估计按实际情况而定，选项C正确。

13. 【答案】B

【解析】编制合并报表时，因内部交易应调减固定资产的金额 =（40－25）－（40－25）÷5 = 12（万元）。

14. 【答案】C

【解析】子公司吸收母公司投资收到的现金，属于内部现金流量，在编制合并现金流量表时应予抵销，选项C正确。选项A、B、D，子公司与少数股东之间发生的现金流入或现金流出，从整个企业集团看，也影响到其整体的现金流入和现金流出的变动，因此不属于内部现金流量，不应予以抵销，必须要在合并现金流量表中予以反映。

15. 【答案】D

【解析】选项A、B和C属于会计估计变更，不属于会计政策变更。

16. 【答案】C

【解析】选项C，属于会计政策变更。

17. 【答案】C

【解析】应转入利润分配金额 = 200×（1－25%）×（1－10%）= 135（万元）。

18. 【答案】D

【解析】企业应在附注中披露与前期差错更正有关的下列内容：①前期差错的性质，包括重大会计差错的事项、原因和更正方法。②各个列报前期财务报表中受影响的项目名称和更正金额，包括前期差错影响项目的名称、对净损益的影响金额以及对其他项目的影响金额。③无法进行追溯重述的，说明该事实和原因以及对前期差错开始进行更正的时点、具体更正情况。选项D不属于前期差错更正需要披露的内容。

19. 【答案】A

【解析】选项A，是前期会计差错，要进行追溯调整，最终影响数调整2×25年初留存收益。

二、多项选择题

1. 【答案】ACDE

【解析】选项B，资产负债表反映某一特定日期，即编制报表的当日，所以将其称为静态报表。

2. 【答案】AC

【解析】选项B，当年支付定制生产设备的预付款，按照合同约定设备预计交货期为2×26年2月，自资产负债表日起至到期日，时间在1年以上，应作为非流动项目列报；选项D，拥有自主展期权的长期借款应作为非流动项目列报；选项E，预计长期持有的对联营企业的投资应作为非流动项目列报。

3. 【答案】ACDE

【解析】营业成本包括主营业务成本和其他业务成本。选项A，出租设备计提的折旧额计入其他业务成本；选项B，向灾区捐赠商品的成本计入营业外支出；选项C，出租非专利技术的摊销额计入其他业务成本；选项D，出售商品的成本计入主营业务成本；选项E，对外提供劳务的成本计入主营业务成本或其他业务成本。

4. 【答案】ABCE

【解析】选项A，出售固定资产的成本计入资产处置损益，计入营业利润；选项B，销售材料的成本计入其他业务成本，计入营业利润；选项C，出租非专利技术的摊销额计入其他业务成本，计入营业利润；选项D，报废固定资产的损失计入营业外支出，不计入营业利润；选项E，投资性房地产收到的租金计入其他业务收入，计入营业利润。

5. 【答案】AE

【解析】"购建固定资产、无形资产和其他长期资产支付的现金"项目，反映企业购买、建造固定资产、取得无形资产和其他长期资产所支付的现金及增值税款、支付的应由在建工程和无形资产负担的职工薪酬现金支出，选项A、E正确；选项B由"取得子公司及其他营业单位支付的现金净额"项目反映；选项C、D在"筹资活动产生的现金流量"相关项目填列。

6. 【答案】ABE

【解析】选项C，出售子公司收到的现金应作为投资活动现金流入；选项D，支付股东的现金股利作为筹资活动的现金流出。

7. 【答案】ADE

【解析】现金流量表补充资料包括：①将净利润调节为经营活动的现金流量（即按间接法在现金流量表附注中披露将净利润调节为经营活动现金流量的信息）；②不涉及现金收支的重大投资和筹资活动；③现金及现金等价物净变

动情况。选项 A、D、E 正确。选项 B、C 是现金流量表正表的填列内容。

8.【答案】ACD

【解析】选项 B，母公司与子公司需要抵销部分为内部购进存货价值中包含的未实现内部销售损益，已经实现的无须抵销。选项 E，内部购进无形资产价值中包含的未实现内部销售损益，已经实现的无须抵销。

9.【答案】BCE

【解析】选项 A，合并资产负债表中内部购进固定资产价值中包含的未实现内部销售损益需要抵销，已实现的不用抵销；选项 D，合并利润表中全部资产减值损失项目都需要抵销，包括内部交易相关的内部应收账款、存货、固定资产、无形资产等项目的资产减值损失。

10.【答案】ABCE

【解析】根据准则规定，在没有其他关联关系的情况下，仅因为某一合营企业的共同合营者，不能认定各合营者之间是关联方，故选项 D 不属于甲公司关联方。选项 A、B、C、E 皆属于关联方关系。

11.【答案】ABCD

【解析】企业与关联方发生关联方交易的，应当在附注中披露该关联方关系的性质、交易类型及交易要素。交易要素至少应当包括：交易的金额；未结算项目的金额、条款和条件，以及有关提供或取得担保的信息；未结算应收项目坏账准备金额；定价政策。通常说来，企业只有在提供确凿证据的前提下，才能披露关联方交易是公平交易。因此选项 E 不是必须披露的内容。

12.【答案】DE

【解析】选项 A、B、C 为会计估计变更。

13.【答案】ACD

【解析】会计政策变更并不是意味着以前的会计政策是错误的，而是采用变更后的会计政策会使得会计信息更加具有可靠性和相关性，选项 B 错误；本期发生的交易或事项与前期相比具有本质差别而采用新的会计政策不属于会计政策变更，选项 E 错误。

14.【答案】CDE

【解析】选项 C，企业内部研发形成的无形资产，在初始确认时既不影响会计利润也不影响应纳税所得额，按照所得税准则规定，不确

认该暂时性差异的所得税影响，不属于会计差错；选项 D，属于资产正常的计量方法，不属于会计差错；选项 E，属于会计政策变更，不属于会计差错。

15.【答案】ABDE

【解析】选项 A、E，属于非调整事项中的自然灾害造成的损失；选项 B，属于外汇汇率变动产生的日后事项；选项 C，属于调整事项中的重要差错；选项 D，属于非调整事项中的股票和债券发行。

三、综合题

1.【答案】B

【解析】甲公司与乙公司签订的合同包括销售商品和提供劳务的，销售商品部分和提供劳务部分能够区分且单独计量，应将销售商品的部分作为销售商品处理，提供劳务的部分作为提供劳务处理。乙公司签发的验收报告表明设备的风险和报酬已经转移给甲公司，应当确认设备的销售收入。

2.【答案】B

【解析】甲公司采用分期收款方式销售办公设备，按合同货物的公允价值确认收入。因此甲公司应在 2×24 年 12 月 31 日确认收入 500 万元，结转成本 350 万元，因此选项 B 正确。

3.【答案】B

【解析】甲公司自财政部门取得的款项作为企业正常销售价款的一部分，在取得时应确认为主营业务收入，因此选项 B 正确。

4.【答案】C

【解析】营业利润＝营业收入－营业成本－税金及附加－销售费用－管理费用－研发费用－财务费用＋其他收益（－其他损失）＋投资收益（－投资损失）＋净敞口套期收益（－净敞口套期损失）＋公允价值变动收益（－公允价值变动损失）－信用减值损失－资产减值损失＋资产处置收益（－资产处置损失）＝（9 000－7 000）（资料一）＋（500－350）（资料二）＋（500－300）（资料三）－100－20－5－20－110－800＋400＝1 695（万元）。

5.【答案】A

【解析】利润总额＝营业利润＋营业外收入－营业外支出＝1 695－150＝1 545（万元）；净利润＝利润总额×（1－25%）＝1 545×（1－25%）＝1 158.75（万元）。

第二部分

财务管理知识

第一章　财务管理基础

考试大纲

一、考试目的

考查考生对财务管理目标、风险与收益等的掌握情况及应用能力。

二、考试内容及要求

（一）掌握的内容

1. 财务管理的目标。
2. 资产收益率的计算。
3. 证券资产组合的风险与收益。

（二）熟悉的内容

1. 资产收益率的类型。
2. 资产的风险及其衡量。
3. 资本资产定价模型。

（三）了解的内容

1. 对财务管理内容的理解。

考情分析

2025 年教材与 2024 年相比，没有明显变化。

本章内容为财务管理基本理论知识。知识点主要包括财务管理的目标、资产收益率的计算、资本资产定价模型的应用等内容。本章难度不大。

财务管理三个目标的区分、系统性风险与非系统性风险的区分、证券组合的风险和收益是重点和难点，需要逐一掌握。在复习时，需注意概念的辨析，个别关键概念存在多种名称，考生需一一了解清楚，切忌模糊它们之间的关系。

考点精讲及典型例题解析

【知识点1】财务管理的基本概念

一、财务活动

财务活动包括资金的筹集、资金的运用和资金的分配等一系列活动。这些活动具体分为四种，分别是筹资活动、投资活动、资金营运活动和分配活动。这四种活动相关联系、相互依存，构成了完整的企业财务活动，成为企业财务管理的基本内容（见表1-1）。

表 1-1

财务活动	含义	案例	对应财务管理内容
筹资活动	企业为了满足投资和其他形式使用资本的需要，筹措和集中所需资金的过程。	发行股票、发行债券、银行借款等。	筹资管理
投资活动	广义的投资活动是指企业将筹集的资金投入使用以及对外投放资金的过程；狭义的投资活动仅指对外投资。	购置流动资产、固定资产；购买股票、债券；对外投资等。	投资管理
资金营运活动	资金营运活动是指企业在日常生产经营过程中发生的一系列的资金收付过程，是企业因经营而引起的财务活动。	企业采购、生产、销售、支付费用等引起资金变化的活动。	营运资金管理
分配活动	广义的分配是指对收入和利润进行分割和分派的过程；狭义的分配仅指利润的分配。	获取营业利润，利润分配，提取盈余公积等。	分配管理

【例1-1】（多选题）下列关于企业财务活动的说法中，正确的有（　　）。

A. 选择适合的筹资工具，确定合理的筹资结构，是企业资金营运活动的方式之一

B. 企业购买固定资产是企业的资金营运活动方式之一

C. 与其他企业联合经营是企业投资活动方式之一

D. 从供应商采购原材料支付的支票是企业资金营运活动之一

E. 根据国家要求上缴税款是企业的分配活动之一

【答案】CDE

【解析】在筹资活动过程中,企业一方面要确定筹资的总规模,以保证投资所需要的资金;另一方面要通过筹资渠道、筹资方式或工具的选择,合理确定筹资结构,以降低资本成本和筹资风险。企业内部使用资金的过程(如购置固定资产、无形资产等)称为投资活动。

二、财务关系

企业财务关系是指企业在组织财务活动过程中与有关各方面发生的经济利益关系。与企业具有经济利益关系的机构或部门包括出资者、债权人、受资者、债务人、职工、政府、供应商和其他社会组织等。

【例1-2】(多选题)皮草制造企业在进行财务活动时,需要考虑的财务关系包括( )。

A. 本企业的出纳　　B. 财经专科学校
C. 竞争者　　D. 动物保护组织
E. 皮毛饲养场

【答案】ADE

【解析】财务关系包括与企业具有经济利益关系的机构或部门,包括出资者、债权人、受资者、债务人、职工、政府、供应商和其他社会组织等。

三、财务管理的概念

财务管理是组织企业财务活动,处理财务关系的一项经济管理工作,既涉及对资金运动的管理,又涉及对人的行为的管理。

财务管理按照管理环节可分为财务预测与规划、财务决策、财务控制和财务评价等。

【知识点2】财务管理的目标

企业财务管理有三种具有代表性的目标,分别为利润最大化目标、股东财富最大化目标、企业价值最大化目标。

一、利润最大化目标

利润最大化目标的含义、优点及缺点如表1-2所示。

表1-2

含义	优点	缺点
利润最大化目标认为,利润代表了企业新创造的财富,利润越多说明企业的财富增加得越多,越接近企业的目标。	(1)定义明确; (2)计算简易; (3)便于考核。	(1)没有考虑时间因素; (2)没有考虑资本投入与收益产出的关系; (3)没有考虑风险问题; (4)诱导经营者的短期行为。

【提示】如果投入资本相同、利润取得的时间相同、相关的风险相同,利润最大化是一个可以接受的观念。

二、股东财富最大化目标

股东财富最大化目标的含义、优点及缺点如表1-3所示。

表1-3

含义	优点	缺点
股东财富最大化目标是指通过财务上的合理安排,实现股东利益的最大化。	(1)体现时间属性; (2)反映风险因素; (3)规避经营者短期行为。	(1)忽视债权人、供应商、员工等其他利益相关者在公司中的作用,忽视对相关利益者的利益保护; (2)忽视公司的社会责任; (3)非上市公司难以应用。

【提示】股东财富的增加=股东权益的市场价值-股东投资资本。因此在股东投资资本不变时,股价上涨与增加股东财富具有同等意义,即股东财富最大化可以表述为股价最大化。

三、企业价值最大化目标

企业价值最大化目标的含义、优点及缺点如表1-4所示。

表1-4

含义	优点	缺点
企业价值最大化目标是指采用最优的财务结构,充分考虑资金的时间价值以及风险与报酬的关系,使企业价值达到最大。	(1) 体现企业的整体价值; (2) 兼顾了企业利益相关者各方的经济利益。	(1) 计量价值主观,难以量化,不易操作; (2) 受企业存续期的影响; (3) 变现形式具有虚拟性。

【提示】企业价值=债务市场价值+股权市场价值=债务市场价值+股东投资资本+股东财富的增加,因此,股东财富的增加=企业价值-债务市场价值-股东投资资本,即在债务市场价值不变、股东投资资本不变的情况下,企业价值最大化与增加股东财富具有同等意义。

【例1-3】(单选题)关于股东财富最大化目标,下列表述中不正确的是(　　)。

A. 考虑了货币的时间价值

B. 追求公司经营活动现金流量实现的最低风险

C. 鼓励公司追求可持续增长与长期价值增值

D. 鼓励公司关注其他利益相关者和社会责任

【答案】D

【解析】略。

【提示】三种目标对比如表1-5所示。

表1-5

目标	时间价值	经营风险	长远发展	衡量难度
利润最大化	×	×	×	容易
股东财富最大化	√	√	√	容易
企业价值最大化	√	√	√	困难

【例1-4】(单选题)企业目标资本结构是追求加权平均资本成本最小的资本结构,假设其他条件不变,下述财务管理目标与企业追求的资本结构目标相符的是(　　)。

A. 利润最大化

B. 股东财富最大化

C. 企业价值最大化

D. 相关方利益最大化

【答案】B

【解析】该题目与第五章相联系,根据第五章内容,筹资决策的核心问题是决定资本结构。最优资本结构是使股票价格最大化的资本结构。由于估计资本结构对股票价格的影响非常困难,通常的办法是假设资本结构不改变企业的现金流,那么能使公司价值最大化的资本结构就是加权平均资本成本最小的资本结构。因此,公司追求加权平均资本成本最小的资本结构,即意味着追求股票价格最大化的资本结构。股东财富的增加=股东权益的市场价值-股东投资资本,在股东投资资本不变时,股价上涨与增加股东财富具有同等意义,即股价最大化的追求目标可以表述为股东财富最大化目标。

【知识点3】资产的收益与收益率

一、资产收益的含义与计算

1. 资产收益是指资产的价值在一定时期的增值。

2. 资产收益的表达方式。资产收益可以以金额表示或以百分比表示(见表1-6)。

表1-6

表达方式	来源
以金额表示:资产收益额	(1) 现金净收入(利息、股息) (2) 期末资产相对于期初资产的价值升值(资本利得)
以百分比表示:资产收益率或报酬率	(1) 利息(股息)收益率 (2) 资本利得收益率

【提示1】为了便于比较和分析，对于计算期限短于或长于一年的资产，在计算收益率时一般要将不同期限的收益率转化成年收益率。

【提示2】在财务管理中，用收益率表示收益，比如求资产的年收益，即计算资产的年收益率，又称资产报酬率。

3. 资产收益率计算方法。

单期资产收益率（资产持有期间的收益率）
= 资产价值（价格）的增值 ÷ 期初资产价值（或价格）
= [利息（股息）收益 + 资本利得] ÷ 期初资产价值（或价格）
= 利息（股息）收益率 + 资本利得收益率

年资产收益率 = 资产价值（或价格）的增值 ÷ [期初资产价值（或价格）× 资产持有年限]

【提示】资本利得是指出售股票、债券或不动产等资本性项目取得的收入扣除其账面价值后的余额。

【例1-5】（单选题）某投资者购买X公司股票，购买价格为每股100元，共购得1万股，当期分得现金股利5万元，当期期末X公司股票市场价格上升到每股120元。则该投资产生的资本利得为（　　）万元。

A. 20　　　　B. 15
C. 5　　　　 D. 25

【答案】A

【解析】该投资产生资本利得 = 120 - 100 = 20（万元）。

【例1-6】（单选题）某投资者购买X公司股票，购买时价格为100元，卖出时价格为150元，持有该股票期间为半年，持有期间收到税后股息20元，在不考虑交易费用的情况下，该股票的年收益率为（　　）。

A. 150%　　　B. 140%
C. 120%　　　D. 100%

【答案】B

【解析】该股票的增值 = (150 - 100) + 20 = 70（元），该股票的年收益率 = 70 ÷ (100 × 0.5) × 100% = 140%。

二、资产收益的类型

资产收益率的类型如表1-7所示。

表1-7

类型	含义及计算方法
实际收益率	已经实现或者确定可以实现的资产收益率。 实际收益率 = 利息（股息）率 + 资本利得收益率 【提示】实际收益率是一种名义利率，如果存在通货膨胀，则需要扣除通货膨胀率才能得到真实的收益率。
预期收益率（也称期望收益率）	在不确定的条件下，预测的某资产未来可能实现的收益率。具体估算方法如下： (1) 方法一：首先描述影响收益率的各种可能情况，然后预测各种可能情况发生的概率，以及在各种可能情况下收益率的大小，那么预期收益率就是各种情况下收益率的加权平均值，权数是各种可能情况发生的概率。 $\overline{E}(R) = \sum P_i R_i$ P_i 表示情况 i 可能出现的概率，R_i 表示情况 i 出现时的收益率。 (2) 方法二：首先收集事后收益率（即历史数据），将这些历史数据按照不同的经济状况分类，并计算发生在各类经济状况下的收益率观测值的百分比，将所得百分比作为各类经济情况可能出现的概率，然后计算各类经济情况下所有收益率观测值的平均值作为该类情况下的收益率。 预期收益率 = 各类情况下收益率的加权平均值 (3) 方法三：首先收集能够代表预测收益率分布的历史收益率的样本，假定所有历史收益率的观测值出现的概率相等，那么预期收益率就是所有数据的简单算术平均值。
必要收益率（也称最低要求收益率、最低必要报酬率）	投资者对某资产合理要求的最低收益率。 必要收益率 = 无风险收益率 + 风险收益率 = 纯粹利率（资金的时间价值）+ 通货膨胀补偿率 + 风险收益率 【提示1】无风险收益率，也称无风险利率，是指无风险资产的收益率，无风险收益率 = 纯粹利率（资金的时间价值）+ 通货膨胀补偿率。 【提示2】风险收益率，是指某资产持有者因承担该资产的风险而要求的超过无风险利率的额外收益，它取决于风险的大小和投资者对风险的偏好两个方面。

【例1-7】（单选题）某企业目前持有的股票价值1 000元，至今未分派股利，企业预测未来也不会发放股利。但该股票价值未来预期为1 200元的可能性为40%，未来预期为1 500元的可能性为60%。那么该股票的预期收益率为（ ）。

A. 20%　　　　　B. 45%
C. 38%　　　　　D. 48%

【答案】C

【解析】预期收益率 = [40% × (1 200 - 1 000) + 60% × (1 500 - 1 000)] ÷ 1 000 = 38%。

【例1-8】（单选题）已知市场的纯粹利率为3%，通货膨胀补偿为2%，投资某证券要求的风险收益率为6%，则目前的无风险利率为（ ）。

A. 5%　　　　　B. 7%
C. 9%　　　　　D. 11%

【答案】A

【解析】无风险利率也称无风险收益率，它是指无风险资产的收益率，它的大小由纯粹利率（资金的时间价值）和通货膨胀补偿率两部分组成，所以无风险收益率 = 3% + 2% = 5%。

【例1-9】（多选题）下列关于资产收益率的表述中，正确的有（ ）。

A. 实际收益率是一种名义利率
B. 如果某公司陷入财务困难的可能性很大，那么投资于该公司的股东将要求一个较低的必要收益率
C. 风险收益率取决于投资者对风险的偏好
D. 无风险利率指无风险的资产收益率，是由资金的时间价值决定的
E. 收集能够代表预测期收益率分布的历史收益率样本，假定所有历史收益率的观测值出现的概率相等，采用算术平均的方法，就能计算出预期收益率

【答案】AE

【解析】必要收益率与投资者认识到的风险有关，如果某公司陷入财务困难的可能性很大，也就是说投资该公司股票产生损失的可能性很大，那么投资于该公司股票将会要求一个较高的收益率，所以股票的必要收益率就会较高。风险收益率取决于两个因素，一是风险的大小，二是投资者对风险的偏好。无风险收益率又称无风险利率，是指无风险资产的收益率，它由纯粹利率（资金的时间价值）和通货膨胀补偿两部分组成。

【知识点4】资产的风险及其衡量

一、风险的概念

1. 风险是指收益的不确定性。
2. 财务管理的风险。从财务管理的角度看，风险就是企业在各项财务活动过程中，由于各种难以预料或无法控制的因素作用，使企业的实际收益与预计收益发生背离，从而蒙受经济损失的可能性。

二、风险的衡量

资产风险的衡量方式如表1-8所示。

表1-8

	含义	类型	公式
概率分布	用百分比或小数来表示随机事件发生的可能性及出现某种结果可能性大小的数值。	随机	$\sum_{i=1}^{n} P_i = 1$ $0 \leq P_i \leq 1$
期望值	概率分布中所有可能结果，以各自概率为权数计算的加权平均值。	加权平均	$\overline{E} = \sum_{i=1}^{n} X_i P_i$
离散程度（衡量风险的主要指标）	离散程度是指资产收益率的各种可能结果与预期收益率的偏差，离散程度越大，风险越大，离散程度越小，风险越小。	方差(σ^2)	$\sigma^2 = \sum_{i=1}^{n} (X_i - \overline{E})^2 P_i$
		标准离差(σ)（均方差）	$\sigma = \sqrt{\sum_{i=1}^{n} (X_i - \overline{E})^2 P_i}$
		标准离差率	$V = \dfrac{\sigma}{\overline{E}} \times 100\%$

【提示】期望值相同的情况下，标准离差越大，风险越大；标准离差越小，风险越小。在期望值不同的情况下，标准离差率越大，相对风险越大；标准离差率越小，相对风险越小。

【例1-10】（单选题）对于两个期望值不同的决策方案，下列指标中，可以比较它们风

险程度的有（　　）。

A. 标准离差率　　B. 标准离差
C. 方差　　　　　D. 期望值

【答案】A

【解析】方差和标准离差作为绝对数，只适用于期望值相同的决策方案风险程度的比较。对于期望值不同的决策方案，评价和比较其各自的风险程度只能借助于标准离差率这一相对数值。期望值不能衡量风险。

【例 1-11】（单选题）甲公司的某投资项目，出现良的项目实施情况概率有 20%，此时投资收益率为 20%；出现一般的项目实施情况概率有 70%，此时投资收益率为 8%；出现差的项目实施情况概率有 10%，此时的投资收益率为 0。则该项目的期望收益率为（　　）。

A. 9.2%　　　　B. 9.5%
C. 9.6%　　　　D. 9.8%

【答案】C

【解析】期望投资收益率 = 20% × 20% + 70% × 8% + 10% × 0 = 9.6%。

【知识点 5】证券资产组合的风险与收益

一、证券资产组合的预期收益率

（一）证券资产组合的定义

两个或两个以上资产所构成的集合称为资产组合。当资产组合中的资产均为有价证券时，该资产组合称为证券资产组合或证券组合。

（二）证券资产组合的预期收益率

证券资产组合的预期收益率就是组成证券资产组合的各种资产收益率的加权平均数，其权数为各种资产在组合中的价值比例。具体公式如下：

$$\overline{E}(R_p) = \sum W_i \overline{E}(R_i)$$

其中，$\overline{E}(R_p)$ 为证券资产组合的预期收益率；$\overline{E}(R_i)$ 为组合内第 i 项资产的预期收益率；W_i 为第 i 项资产在整个组合中所占的价值比例。

【例 1-12】（单选题）甲公司选择投资一种证券资产组合，该组合的 X 股票权重为 30%，预期收益率为 15%；Y 股票投资权重为 50%，其预期收益率为 80%；Z 股票权重为 20%，其投资收益率为 10%。则该投资组合的预期收益率为（　　）。

A. 40.2%　　　　B. 35%
C. 46.5%　　　　D. 25.5%

【答案】C

【解析】投资组合的预期收益率 = 30% × 15% + 50% × 80% + 20% × 10% = 46.5%。

二、证券资产组合风险及其衡量

（一）证券资产组合的风险衡量

证券投资组合用标准差 σ_p 来衡量组合的风险，计量标准如表 1-9 所示。

表 1-9

指标	公式	含义
组合方差	$\sigma_P^2 = w_1^2 \sigma_1^2 + w_2^2 \sigma_2^2 + 2w_1 w_2 \rho_{1,2} \sigma_1 \sigma_2$	σ_1 和 σ_2：组合中两项资产的标准差。 w_1 和 w_2：组合中两项资产分别所占的价值比例。 $\rho_{1,2}$：反映两项资产收益率的相关程度，称为相关系数。
组合标准差	$\sigma_P = \sqrt{w_1^2 \sigma_1^2 + w_2^2 \sigma_2^2 + 2 w_1 w_2 \rho_{1,2} \sigma_1 \sigma_2}$	

【提示】理论上来说，相关系数 ρ 介于区间 $[-1, 1]$ 内，两项资产组合相关系数与风险分散程度之间的关系如表 1-10 所示。

表 1-10

相关系数	组合的方差	风险分散程度
$\rho_{1,2} = 1$（完全正相关），σ_P^2 最大	$\sigma_P^2 = (w_1 \sigma_1 + w_2 \sigma_2)^2$	收益率变化方向和变化幅度完全相同，投资组合不降低任何风险。
$\rho_{1,2} = -1$（完全负相关），σ_P^2 最小	$\sigma_P^2 = (w_1 \sigma_1 - w_2 \sigma_2)^2$	收益率变化方向和变化幅度完全相反，投资组合可以最大程度抵消风险。
$-1 < \rho_{1,2} < 1$	$0 < \sigma_P^2 < (w_1 \sigma_1 + w_2 \sigma_2)^2$	投资组合可以分散风险，但不能完全消除风险。

【提示】随着证券资产组合中资产个数的增加，证券资产组合的风险会逐渐降低，当资产的个数增加到一定程度时，证券资产组合的风险程度将趋于平稳，这时组合风险的降低将非常缓慢，直到不再降低。

【例1-13】（单选题）一项投资组合由两项资产构成，下列关于资产组合相关系数与投资组合风险分散效应的说法中，正确的是（　　）。

A. 相关系数等于0时，风险分散效应最强
B. 相关系数等于1时，不能分散风险
C. 相关系数等于-1时，才有风险分散效应
D. 相关系数大小不影响风险分散效应

【答案】B

【解析】相关系数为1时，不能分散风险；-1≤相关系数<1时，具有分散风险效应；相关系数为-1时，风险分散效应最强。

【例1-14】（单选题）甲公司某项投资组合中有X和Y两个项目，这两个项目的资产收益率变化方向与变化幅度完全相反，则下列对该组合的说法中，正确的是（　　）。

A. 它们组合的风险不能抵消
B. 它们组合的标准差一定小于组合各资产标准差的加权平均
C. 它们组合的相关系数一定为0
D. 它们组合的方差可能为0

【答案】D

【解析】略。

（二）风险的分类

1. 系统性风险与非系统性风险。系统性风险与非系统性风险的含义、范围及特点如表1-11所示。

表1-11

种类	含义	范围	特点
系统性风险（市场风险/不可分散风险）	影响所有资产的、不能通过风险分散而消除的风险	整个市场	不能随着资产种类增加而分散
非系统性风险（公司风险/可分散风险）	可以通过证券资产组合而分散掉的风险	个别公司和个别行业	能够随着资产种类增加而降低直至消除

【例1-15】（多选题）下列因素引起的风险中，投资者不能通过证券投资组合减少风险的有（　　）。

A. 货币政策
B. 战争
C. 宏观经济状况
D. 投资企业经营失误
E. 破产

【答案】ABC

【解析】投资企业经营失误和破产属于非系统性风险，可以通过资产组合分散。

2. 非系统性风险。非系统性风险又被称为公司风险或可分散风险，对于特定企业而言，可进一步分为经营风险和财务风险（见表1-12）。

表1-12

风险名称	解释	举例
经营风险	是指因生产经营方面的原因给企业目标带来不利影响的可能性。	（1）由于原材料供应地的政治经济情况变动；（2）新材料的出现等因素带来的供应方面的风险；（3）由于生产组织不合理而带来的生产方面的风险；（4）由于销售决策失误带来的销售方面的风险。
财务风险	又称筹资风险，是指由于举债而给企业目标带来的可能影响。	用自有资金支付利息，可能使企业发生亏损，若企业亏损严重，财务状况恶化，丧失支付能力，就会出现无法还本付息甚至招致破产的危险。

【例1-16】（多选题）下列关于风险的说法中，正确的有（　　）。

A. 不可分散风险对所有企业的影响都是相同的
B. 企业举债经营会带来财务风险
C. 可以通过不断增加不同行业的资产个数来分散非系统性风险
D. 原材料地政治经济情况变动带来的风险

是非系统性风险

E. 市场风险可以通过自有资金筹资方式来降低

【答案】BD

【解析】略。

【例1-17】（单选题）甲证券与乙证券的收益率相关系数为0.2，则下列说法中，正确的是（　　）。

A. 甲证券与乙证券的相关性无法判断
B. 甲证券与乙证券不存在相关性
C. 甲证券与乙证券的组合可以分散非系统性风险
D. 甲证券与乙证券的组合可以分散系统性风险

【答案】C

【解析】当 $-1 \leq$ 相关系数 ≤ 1 时，两项资产组合存在相关关系。当相关系数小于1时，证券资产组合可以分散非系统性风险，系统性风险不能随着证券组合的增加而被分散。

（三）系统性风险

单项资产或证券资产组合受系统性风险影响的程度，可以通过系统性风险系数（β系数）来衡量。

1. 单项资产的系统性风险系数（β系数）。

β系数的含义、公式及内容如表1-13所示。

表1-13

含义	单项资产的β系数是指可以反映单项资产收益率与市场平均收益率之间变动关系的一个量化指标，它表示单项资产收益率的变动受市场平均收益率变动的影响程度。
公式	$\beta_i = \dfrac{\text{COV}(R_i, R_m)}{\sigma_m^2} = \dfrac{\rho_{i,m} \sigma_i \sigma_m}{\sigma_m^2} = \rho_{i,m} \dfrac{\sigma_i}{\sigma_m}$ $\rho_{i,m}$ 表示第 i 项资产的收益率与市场组合收益率的相关系数；σ_i 是该项资产收益率的标准差，反映该资产的风险大小；σ_m 是市场组合收益率的标准差，反映市场组合的风险。
结论	（1）当β系数=1时，说明该资产的收益率与市场平均收益率同方向、同比例变化，该资产所含的系统性风险与市场组合的风险一致； （2）当β系数<1时，说明该资产收益率的变动幅度小于市场组合收益率的变动幅度，因此其所含的系统性风险小于市场组合的风险； （3）当β系数>1时，说明该资产收益率的变动幅度大于市场组合收益率的变动幅度，因此其所含的系统性风险大于市场组合的风险； （4）当β系数=0时，说明该资产的系统性风险程度等于0。
提示	（1）β系数的计算由于包含了所有的资产，市场组合中的非系统性风险已经被消除，所以市场组合的风险就是市场风险或系统性风险。 （2）绝大多数资产的β系数是大于零的，它们收益率的变化方向与市场平均收益率的变化方向是一致的，只是变化幅度不同而导致β系数的不同；极个别资产的β系数是负数，表明这类资产与市场平均收益的变化方向相反，当市场平均收益增加时，这类资产的收益却在减少。
影响因素	（1）资产收益率与市场组合收益率的相关系数（同向）； （2）该项资产收益率的标准差（同向）； （3）市场组合收益率的标准差（反向）。

【例1-18】（单选题）下列关于β系数的说法，正确的是（　　）。

A. β系数恒为正数
B. 市场组合的β系数大于1
C. β系数能衡量系统性风险和非系统性风险
D. β系数为负数表明企业收益率与市场收益率的变化方向相反

【答案】D

【解析】β系数可以为负数。市场组合的β系数恒等于1。β系数衡量系统性风险的大小，不衡量非系统性风险。市场存在个别资产的β系数是负数，表明这类资产与市场平均收益的变化方向相反，当市场平均收益增加时，这类资产的收益却在减少。

【例1-19】（多选题）某企业在计算其股票的β系数时，需要考虑的因素包括（　　）。

A. 整个股票市场报酬率的标准差

B. 该股票报酬率的标准差

C. 整个股票市场报酬率与无风险报酬率的相关性

D. 该股票报酬率与整个股票市场报酬率的相关性

E. 投资者对该股票的市场期望回报率

【答案】ABD

【解析】根据公式 $\beta_i = \dfrac{\text{COV}(R_i, R_m)}{\alpha_m^2} = \dfrac{\rho_{i,m}\sigma_i\sigma_m}{\sigma_m^2} = \rho_{i,m}\dfrac{\sigma_i}{\sigma_m}$ 可知，影响某股票β系数的因素包括资产收益率与市场组合收益率的相关系数、该项资产收益率的标准差和市场组合收益率的标准差。

2. 市场组合。市场组合是指由市场上所有资产组成的组合。市场组合的收益率即市场平均收益率（通常用股票价格指数代替）。市场组合的方差即市场整体风险。市场组合的风险就是市场风险或系统性风险。

3. 证券资产组合的系统性风险系数（组合β系数）。组合β系数是所有单项资产β系数的加权平均数，权数为各种资产在证券资产组合中所占的价值比例。计算公式为：

$$\beta_p = \sum w_i \beta_i$$

【提示】由于单项资产的β系数不尽相同，因此通过替换资产组合中的资产或改变不同资产在组合中的价值比例，可以改变组合的风险特性。

【例1-20】（多选题）下列各项中，能够影响特定投资组合β系数的有（　　）。

A. 该组合中所有单项资产在组合中所占比重

B. 该组合中所有单项资产各自的β系数

C. 市场投资组合的无风险收益率

D. 该组合的无风险收益率

E. 该组合的投资收益

【答案】AB

【解析】投资组合的β系数受到单项资产的β系数和各种资产在投资组合中所占的比重两个因素的影响。

【例1-21】（单选题）某企业打算安排X、Y、Z三种股票组成一个投资组合，三种股票情况如下，则该证券资产组合的β系数为（　　）。

股票	β系数	每股市价（元）	拟持股数量
X	1.4	8	200
Y	0.6	4	100
Z	1.2	20	100

A. 1.48　　　　B. 1.22

C. 1.62　　　　D. 1.35

【答案】B

【解析】首先计算三种股票所占的价值比例，X 为 $(8 \times 200) \div (8 \times 200 + 4 \times 100 + 20 \times 100) = 40\%$，同理可得 Y 为 10%，Z 为 50%。则证券资产组合的β系数 = $40\% \times 1.4 + 10\% \times 0.6 + 50\% \times 1.2 = 1.22$。

【知识点6】资本资产定价模型（CAPM模型）

一、基本原理

资本资产定价模型（CAPM模型）的基本原理：

必要收益率 = 无风险收益率 + 风险收益率

$$R = R_f + \beta(R_m - R_f)$$

R 表示某资产的必要收益率；β 表示该资产的系统性风险系数；R_f 表示无风险收益率，通常以短期国债的利率来近似替代；R_m 表示市场组合收益率，通常用股票价格指数收益率的平均值或所有股票的平均收益率来代替。

$(R_m - R_f)$ 称为市场风险溢酬，反映的是市场整体对风险的厌恶程度。$\beta(R_m - R_f)$ 表示单项资产的风险收益率。

【提示】$(R_m - R_f)$ 称为市场风险溢酬。它是附加在无风险收益率之上的，由于承担了市场平均风险所要求获得的补偿，它反映的是市场作为整体对风险的平均"容忍"程度。对风险越是厌恶和回避，要求的补偿就越高，市场风险溢酬的数值就越大。如果市场的抗风险能力强，则对风险的厌恶和回避就不是很强烈，要求的补偿就越低，所以市场风险溢酬的数值就越小。

【例1-22】（单选题）有甲、乙两种证券，甲证券的必要收益率为10%，乙证券要求的风险收益率是甲证券的1.5倍，如果无风险收益率为4%，则根据资本资产定价模型，乙证券的必要收益率为（　　）。

A. 12%　　　　B. 16%

C. 15%　　　　D. 13%

【答案】D

【解析】资本资产定价模型：必要收益率＝无风险收益率＋风险收益率。

甲证券的必要收益率＝4%＋甲证券的风险收益率＝10%，甲证券的风险收益率＝6%。

乙证券的风险收益率＝6%×1.5＝9%，乙证券的必要收益率＝4%＋9%＝13%。

【例1-23】（单选题）甲股票的预期收益率为12%，收益率的标准差为16%；乙股票的预期收益率为15%，收益率的标准差为18%。市场组合的收益率为10%，市场组合的标准差为8%，无风险收益率为4%。投资者将全部资金按照60%和40%的比例投资购买甲、乙股票构成投资组合，则该组合的必要收益率为（　　）。

A. 18.9%　　　　B. 15.3%
C. 13.2%　　　　D. 9.2%

【答案】C

【解析】甲股票：12%＝4%＋$\beta_甲$×(10%－4%)，则$\beta_甲$＝4/3；乙股票：15%＝4%＋$\beta_乙$×(10%－4%)，则$\beta_乙$＝11/6；组合的β系数＝60%×4/3＋40%×11/6＝23/15，组合的必要收益率＝4%＋(23/15)×(10%－4%)＝13.2%。

二、证券市场线（SML）

证券市场线的定义及数学坐标的财务管理含义如表1-14所示。

表1-14

定义	证券市场线是由 $R = R_f + \beta_p(R_m - R_f)$ 代表的直线。
数学坐标的财务管理含义	(1) 坐标横轴（自变量）：β系数。 (2) 坐标纵轴（因变量）：R，资产必要报酬率。 (3) 斜率：$(R_m - R_f)$，市场风险溢酬。 (4) 截距：R_f，无风险报酬率。

【提示1】证券市场线可以用来描述单项资产，也可以描述资产组合。

【提示2】单项资产或特定资产组合的必要报酬率受到无风险报酬率R_f、市场组合的必要报酬率R和β系数三个因素影响，三个因素均为同向影响。

【提示3】证券市场线表明：只有系统性风险才有资格要求补偿，非系统性风险可以通过证券组合进行分散。

【提示4】当期望报酬率＞必要报酬率时，应进行投资；当期望报酬率＜必要报酬率时，不应进行投资；当期望报酬率＝必要报酬率时，可选择投资或不投资该项目。

【例1-24】（单选题）下列关于证券市场线的说法，正确的是（　　）。

A. 证券市场线对任何公司、任何资产都是适合的

B. 证券市场上，相关性为0的证券资产组合的系统性风险系数无法找到对应点

C. 证券市场线中，β系数仅是对资产组合的系统性风险的度量

D. 根据证券市场线的暗示，公司风险不可以通过证券资产组合消除

【答案】A

【解析】证券市场线上每个点的横、纵坐标值分别代表每一项资产（或证券资产组合）的系统性风险系数和必要收益率，因此，证券市场上任意一项资产或证券资产组合的系统性风险系数和必要收益率都可以在证券市场线上找到对应的点。在证券市场线上，β系数可以是对单个资产的风险度量，也可以是对资产组合的风险度量。证券市场线公式中并没有引入非系统性风险即公司风险，投资者要求补偿只是因为他们"忍受"了市场风险的缘故，而不包括公司风险，因为公司风险可以通过证券资产组合消除。

三、证券资产组合的必要收益率

证券资产组合的必要收益率公式：
$R = R_f + \beta_p(R_m - R_f)$

【例1-25】（多选题）投资组合由证券X和证券Y各占50%构成。证券X的期望收益率12%，标准差12%，β系数1.5。证券Y的期望收益率10%，标准差10%，β系数1.3。下列说法正确的有（　　）。

A. 投资组合的期望收益率等于11%

B. 投资组合的β系数等于1.4

C. 投资组合的标准差等于11%

D. 投资组合的β系数等于1.3

E. 投资组合的相关系数等于0.6

【答案】AB

【解析】组合的期望收益率 = 12% × 50% + 10% × 50% = 11%。组合的β系数 = 1.5 × 50% + 1.3 × 50% = 1.4。题目没有给出相关系数的计算信息，无法计算相关系数。没有相关系数无法计算组合标准差。

【例1-26】（单选题）甲公司投资的A、B两种证券资产构成投资组合，投资比重7：3。A证券的预期收益率为12%，方差为0.0625，该债券的β系数为1.7。B证券的预期收益率为8%，方差为0.0256，该债券的β系数为1.1。A、B两种证券的相关系数是0.65。该市场的平均收益率为10%，市场无风险利率为5%，根据上述材料，以下说法错误的是（　　）。

A. 该证券投资组合的预期收益率为10.8%

B. 资产B的标准离差为0.16

C. 资产组合的β系数为1.52

D. 资产组合的必要收益率为7.6%

【答案】D

【解析】该证券投资组合的预期收益率 = 加权平均资产收益率 = 12% × 70% + 8% × 30% = 10.8%。资产B的标准离差 = $\sqrt{0.0256}$ = 0.16。组合的β系数 = 1.7 × 70% + 1.1 × 30% = 1.52。资产组合的风险收益率 = 1.52 × (10% - 5%) = 7.6%，资产组合的必要收益率 = 5% + 7.6% = 12.6%。

四、资本资产定价模型的有效性和局限性

（一）有效性

资本资产定价模型和证券市场线最大的贡献在于它提供了对风险和收益之间关系的一种实质性的表述。

（二）局限性

1. 某些资产或企业的β值难以估计，特别是一些缺乏历史数据的新兴行业。

2. 经济环境的不确定性和不断变化，使得依据历史数据估算出来的β值对未来的指导作用必然要打折扣。

3. 资本资产定价模型是建立在一系列假设之上的，其中一些假设与实际情况有较大偏差，使得CAPM有效性受到质疑。这些假设包括：市场是均衡的；市场不存在摩擦；市场参与者都是理性的且是风险厌恶者；不存在交易费用；税收不影响资产的选择和交易等。

【例1-27】（单选题）资本资产定价模型的局限性不包括（　　）。

A. 没有解决非系统性风险的定价问题

B. 某些资产或企业的β值难以估计

C. 依据历史数据估算出来的β值对未来的指导作用必然要打折扣

D. 资本资产定价模型建立假设与实际情况有较大偏差

【答案】A

【解析】资本资产定价模型局限性包括：（1）某些资产或企业的β值难以估计，特别是一些缺乏历史数据的新兴行业；（2）经济环境的不确定性和不断变化，使得依据历史数据估算出来的β值对未来的指导作用必然要打折扣；（3）资本资产定价模型是建立在一系列假设之上的，其中一些假设与实际情况有较大偏差。

【例1-28】（多选题）下列关于资本资产定价模型的描述中，说法正确的有（　　）。

A. 资本资产定价模型仅对上市公司适合

B. 市场风险溢酬越大，表示对风险越厌恶

C. 平均风险的风险收益率反映的是行业市场对风险的厌恶程度

D. 无风险收益率和风险收益率共同组成必要收益率

E. 计算风险收益率时考虑了全部风险

【答案】BD

【解析】资本资产定价模型对任何公司、任何资产（包括资产组合）都是适合的。平均风险的风险收益率反映的是市场整体对风险的厌恶程度。在资本资产定价模型中，计算风险收益率时只考虑了系统性风险，没有考虑非系统性风险。

精选练习题

一、单项选择题

1. 企业对收入和利润进行分割和分派的财务活动被称为（　　）。

A. 筹资活动　　　　B. 投资活动

C. 资金营运活动　　D. 分配活动

2. 下列关于企业价值最大化目标的说法中，正确的是（　　）。

A. 不受企业存续期的影响

B. 计量不受主观因素的影响

C. 不需考虑虚拟资产的市场价值

D. 不是企业各项资产的简单相加

3. 下列关于财务管理目标的表述中，不正确的是（　　）。

A. 假设投入资本相同、利润取得的时间相同，利润最大化目标是一个可以接受的观念

B. 假设股东投资资本不变，股价最大化目标与增加股东财富具有同等意义

C. 假定股东是公司唯一服务对象，股东财富最大化目标忽视对相关利益者的利益保护

D. 假设股东投资资本和债务价值不变，企业价值最大化目标与增加股东财富具有相同意义

4. 下列有关财务管理目标的表述中，正确的是（　　）。

A. 财务管理主张股东财富最大化目标会忽视其他利益相关者的利益

B. 企业只要依法经营就承担了自己的社会责任

C. 企业在追求自己的目标时，会使社会受益，因此企业所有目标都与社会一致

D. 财务管理目标与企业目标是一致的

5. 下列公式中，不能计算出企业单期收益率的是（　　）。

A. 资产价值的增值÷期初资产价值

B. （股息收益+资本利得）÷期初资产价格

C. 资产价格的增值÷（期初资产价格×资产持有年限）

D. 利息收益率+资本利得收益率

6. 已知市场的纯粹利率为3%，通货膨胀补偿率为2%，投资某证券要求的风险收益率为6%，则该证券的必要收益率为（　　）。

A. 5%　　　　　　B. 7%
C. 9%　　　　　　D. 11%

7. 某股票2×23年1月1日的交易价格为每股200元，2×23年6月1日的交易价格为每股240元。甲公司持有该股票500万股，持有期间为从2×23年1月1日至6月1日，期间收到税后股息每股5元。在不考虑交易费用的情况下，投资该股票的单期收益率和年收益率分别为（　　）。

A. 22.5%、20%　　B. 20%、11.25%
C. 22.5%、45%　　D. 20%、22.5%

8. 甲公司的某投资项目预期收益情况如下，则该项目的标准离差为（　　）。

收益情况	好	一般	差
预期概率	20%	60%	20%
投资收益率	20%	10%	0%

A. 0.0632　　　　B. 0.0654
C. 0.0623　　　　D. 0.0676

9. 目前有甲、乙两个投资项目，甲、乙两个投资项目的期望收益率分别是5%、6%，标准差分别是0.1、0.12，则下列说法正确的有（　　）。

A. 甲项目的风险大于乙项目
B. 甲项目的风险小于乙项目
C. 甲项目的风险等于乙项目
D. 无法判断

10. 已知甲、乙两个投资方案收益率的期望值分别为20%和9%，两个方案都存在投资风险。则下列方法中，最适宜用于比较两个方案风险的是（　　）。

A. 标准离差率　　B. 标准离差
C. 方差　　　　　D. 期望值

11. 甲公司的一项证券组合中包含A、B和C三种股票，权重分别为20%、30%和50%，三种股票的预期收益率分别为4%、8%和12%。则该投资组合的预期收益率为（　　）。

A. 14.8%　　　　　B. 12.8%
C. 9.2%　　　　　D. 50%

12. 市场上有两种有风险证券X和Y，下列情况下，两种证券组成的投资组合风险等于二者加权平均风险的是（　　）。

A. X和Y期望报酬率的相关系数是0
B. X和Y期望报酬率的相关系数是-1
C. X和Y期望报酬率的相关系数是0.5
D. X和Y期望报酬率的相关系数是1

13. 下列关于相关系数的说法中，正确的是（　　）。

A. 证券组合想分散风险，必须使相关系数不等于0

B. 两项资产组合相关程度越高，风险分散效应越强

C. 相关系数越趋近于1，风险分散效应越强

D. 只要两种证券之间的相关系数小于1，证券组合报酬率的标准差就小于各证券报酬率标准差的加权平均数

14. 下列各项中，属于系统性风险的是（　　）。
   A. 变现风险　　　　B. 违约风险
   C. 破产风险　　　　D. 购买力风险

15. 下列关于 β 系数的说法中，正确的是（　　）。
   A. β 值恒大于 0
   B. β 系数是衡量系统性风险和非系统性风险的系数
   C. β 系数为 0 表示无系统性风险
   D. β 系数等于 −1 时，表示资产所含有的系统性风险与市场组合的风险一致

16. 某公司拟向新构造的投资组合投入 1 000 万元，该投资组合由 3 项资产组成，投资额的 50% 购买甲公司股票，其 β 系数为 1.2，投资额的 40% 购买乙公司股票，其 β 系数为 0.8，投资额的 10% 购买国债，年收益率为 3%，则该投资组合的 β 系数为（　　）。
   A. 0.8　　　　　　B. 0.92
   C. 1.06　　　　　D. 1.2

17. 在单个资产表示的证券市场线 $R = R_f + \beta(R_m - R_f)$ 中，能准确表述 β 含义的选项是（　　）。
   A. 系统性风险的绝对衡量
   B. 非系统性风险的绝对衡量
   C. 系统性风险的标准衡量
   D. 非系统性风险的标准衡量

18. 证券市场线可以用来描述市场均衡条件下单项资产或资产组合的期望收益与风险之间的关系。当投资者的风险厌恶感普遍减弱时，会导致证券市场线（　　）。
   A. 向上平行移动　　B. 向下平行移动
   C. 斜率上升　　　　D. 斜率下降

19. 甲公司资产的 β 系数为 1.25，短期国债利率为 3.5%。市场组合的收益率为 8%，则投资者投资在公司股票的必要收益率是（　　）。
   A. 13.5%　　　　　B. 9.125%
   C. 11.5%　　　　　D. 7.875%

20. 甲公司持有的三只股票组成一个证券组合。其中，股票 X 的 β 系数为 0.7，每股市价 4 元，甲公司持有 100 股；股票 Y 的 β 系数为 1.1，每股市价 3 元，甲公司持有 200 股；股票 Z 的 β 系数为 1.6，每股市价 10 元，甲公司持有 100 股。则这个证券组合的 β 系数为（　　）。
   A. 1.27　　　　　B. 1.33
   C. 1.17　　　　　D. 1.23

21. 关于资本资产定价模型，下列说法不正确的是（　　）。
   A. 该模型反映资产的必要收益率而不是实际收益率
   B. 该模型中的资本资产主要是指债券资产
   C. 该模型解释了风险收益率的决定因素和度量方法
   D. 该模型中未提及公司特有的非系统性风险

二、多项选择题
1. 财务管理的基本内容为（　　）。
   A. 筹资活动　　　　B. 投资活动
   C. 资金营运活动　　D. 分配活动
   E. 资产管理活动

2. 下列有关股东财富最大化目标的表述，正确的有（　　）。
   A. 强调股东财富最大化目标会忽视其他利益相关者的利益
   B. 假设股东投资资本和债务价值不变，企业价值最大化目标和增加股东财富具有相同的意义
   C. 股东财富可以用股东权益的账面价值来衡量
   D. 企业与股东之间的交易会影响股价，也会影响股东财富
   E. 股东财富最大化目标体现了时间属性，一定程度上规避经营者短期行为

3. 2×23 年，甲公司拟采取保守经营方式，不打算向债权人借款，也不打算向股东增资，则与甲公司本年财务管理目标相符的财务管理目标包括（　　）。
   A. 产值最大化
   B. 股东财富最大化
   C. 企业价值最大化
   D. 相关方利益最大化
   E. 利润最大化

4. 有关收益率的计算方法中，下列说法正确的有（　　）。
   A. 预期收益率 = 各种情况下收益率的加权平均

B. 风险收益率取决于投资者对于风险的偏好和风险本身大小两个方面

C. 纯粹利率=无风险收益率+通货膨胀补偿率

D. 最低必要报酬率=必要收益率+风险收益率

E. 实际收益率=利息率+资本利得率

5. 下列指标中，能够反映资产风险的有（　　）。

A. 标准离差率　　　　B. 标准离差
C. 方差　　　　　　　D. 期望值
E. 概率分布

6. 关于系统性风险和非系统性风险，下列表述正确的有（　　）。

A. 证券市场的系统性风险不能通过证券组合予以消除

B. 若证券组合中各证券收益率之间负相关，则该组合能分散非系统性风险

C. β系数衡量的是投资组合的非系统性风险

D. 某公司新产品开发失败的风险属于非系统性风险

E. 证券组合中有些资产受系统性风险影响大，有些资产受系统性风险影响小

7. 企业投资时面临的下列风险中，可以通过证券组合分散掉的有（　　）。

A. 被投资企业面临激烈的市场竞争
B. 国家经济政策变化
C. 被投资行业筹资难度增大
D. 国家企业会计准则改革
E. 上游供应商因当地政策变化导致供应原材料不足

8. 根据证券组合风险的衡量公式，下列因素能够影响证券组合风险的有（　　）。

A. 证券组合的标准差
B. 单个证券的标准差
C. 证券组合的相关系数
D. 证券组合的预期收益率
E. 单个证券的必要收益率

9. 下列关于相关系数与风险组合关系的说法中，正确的有（　　）。

A. 相关系数为1时，表明两项资产的收益率变化方向和变化幅度完全相同

B. 当组合的标准差达到最大时，组合不能抵消任何风险

C. 证券组合呈完全负相关，组合标准差为1

D. 当组合可以最大程度抵消风险时，组合的两项资产收益率的变化方向完全相同

E. 当相关系数处于 –1 和 +1 之间时，组合可以分散部分风险

10. 目前市场投资大热的甲股票和乙股票的β系数分别为0.6、1.5，收益率的标准差分别为8%、25%。丙公司拟按1:9的比例投资甲乙两个公司，组成一个证券组合。已知现行国债利率为3%，证券市场组合平均收益率为11%，市场组合的标准差为10%，则下列说法正确的有（　　）。

A. 甲股票的必要收益率为7.8%
B. 乙股票的必要收益率为11%
C. 甲股票与市场组合的相关系数为0.75
D. 乙股票与市场组合的相关系数为0.6
E. 投资组合的β系数为1.2

11. 甲公司拟投资X、Y、Z三种证券组成的一个投资组合，三种证券分别分配全部资金的40%、30%、30%。其中，X证券的β系数为1.25，Y证券的β系数为1.5，Z证券的β系数为0.8。甲公司对Y股票的预期收益率为10%，对Z股票的预期收益率为15%，甲公司对X股票的投资收益测算概率分布如下表所示。已知当前国债利率为4%，该市场组合的必要收益率为9%，则下列说法正确的有（　　）。

状况	概率	投资收益率
行情较好	10%	20%
行情一般	50%	15%
行情较差	40%	5%

A. 甲公司对X股票的预期收益率为11.5%
B. 该投资组合的预期收益率为10%
C. 证券组合的β系数为1.2
D. 证券组合的必要收益率为9.95%
E. 该证券组合不值得投资

12. 按照资本资产定价模型，影响特定资产必要收益率的因素有（　　）。

A. 系统性风险系数
B. 无风险收益率
C. 市场组合收益率
D. 财务杠杆系数

E. 预期收益率标准离差

13. 关于资本资产定价模型,下列说法正确的有（　　）。
A. 该模型解释了风险收益率的度量方法
B. 该模型中的市场组合收益率可以用行业股票的平均收益率来代替
C. 该模型解释了风险收益率的决定因素
D. 该模型只可以用来计算资产组合
E. 应用该模型,对风险越是厌恶和回避的公司,要求的补偿就越高,市场风险溢酬的数值就越大

精选练习题参考答案及解析

一、单项选择题

1. 【答案】D
【解析】广义的分配是指对收入（如营业收入）和利润进行分割和分派的过程。

2. 【答案】D
【解析】略。

3. 【答案】A
【解析】如果投入资本相同、利润取得的时间相同,考虑了相关的风险相同的情况下,利润最大化才是一个可以接受的观念,不考虑风险。

4. 【答案】D
【解析】股东权益是剩余权益,只有满足其他利益相关者之后才会有股东权利。法律不可能解决所有问题,企业有可能在合法的情况下从事不利于社会的事情。企业目标与社会目标并不是完全一致,有时企业为了获利生产劣质品,就与社会目标相背离。

5. 【答案】C
【解析】选项 C 是年资产收益率的计算方法。

6. 【答案】D
【解析】必要收益率 = 纯粹利率 + 通货膨胀补偿率 + 风险收益率 = 3% + 2% + 6% = 11%。

7. 【答案】C
【解析】资产的每股收益为 5 + (240 - 200) = 45（元）,其中股息的每股收益为 5 元,资本利得为每股 40 元。单期收益率 = [5 + (240 - 200)] ÷ 200 × 100% = 22.5%；年收益率 = 45 ÷ (200 × 0.5) × 100% = 45%。

8. 【答案】A

【解析】该项目的期望收益率 = 20% × 20% + 60% × 10% + 20% × 0% = 10%,该项目的方差 = 20% × (20% - 10%)^2 + 60% × (10% - 10%)^2 + 20% × (0 - 10%)^2 = 0.004,标准离差 = $\sqrt{0.004}$ = 0.0632。

9. 【答案】C
【解析】因为期望收益率不相等,所以不能根据标准差判断风险的大小,应该根据标准离差率进行判断。甲项目的标准离差率 = 5% ÷ 0.1 = 50%,乙项目的标准离差率 = 6% ÷ 0.12 = 50%。甲、乙两个投资项目的标准离差率相等,所以风险相同。

10. 【答案】A
【解析】在两个方案投资收益率的期望值不同的情况下,应用标准离差率来比较两个方案的风险。

11. 【答案】C
【解析】该投资组合的预期收益率 = 20% × 4% + 30% × 8% + 50% × 12% = 9.2%。

12. 【答案】D
【解析】当相关系数为 1 时,两种证券的投资组合的风险等于二者的加权平均数。

13. 【答案】D
【解析】相关系数等于 0,是小于 1 的,是可以分散非系统性风险的。当两种资产完全负相关,风险分散效应最强,当两种资产完全正相关,风险分散效应最弱。相关系数越趋近于 1,风险分散效应越弱。

14. 【答案】D
【解析】证券资产的系统性风险,是指由于外部经济环境因素变化引起整个资本市场不确定性加强,从而对所有证券都产生影响的共性风险,主要包括:价格风险、再投资风险、购买力风险等。

15. 【答案】C
【解析】极个别资产的 β 系数是负数,表明这类资产与市场平均收益的变化方向相反,当市场平均收益增加时,这类资产的收益却在减少。β 系数是衡量系统性风险的系数,不能衡量非系统性风险。β 系数等于 -1 时,资产所含有的系统性风险与市场组合的风险相反。

16. 【答案】B
【解析】一般用国债的利率表示无风险利率,投资额10%购买国债,则其对应的 β 系数

为0。证券资产组合的β系数是所有单项资产β系数的加权平均数。权数为各种资产在证券资产组合中所占的价值比例。所以投资组合的β系数 = 50% × 1.2 + 40% × 0.8 + 10% × 0 = 0.92。

17．【答案】C

【解析】β值是指单个资产系统性风险的标准衡量。

18．【答案】D

【解析】证券市场线的斜率表示经济系统中风险厌恶感的程度（市场风险溢酬）。一般来说，投资者对风险的厌恶感越强，证券市场线的斜率越大；投资者对风险的厌恶程度减弱时，斜率则会下降。

19．【答案】B

【解析】必要收益率 = 3.5% + 1.25 × (8% − 3.5%) = 9.125%。

20．【答案】A

【解析】三种股票的金额合计 = 4 × 100 + 3 × 200 + 10 × 100 = 2 000（元）。三种股票的所占比例如下：X = 4 × 100 ÷ 2 000 × 100% = 20%；Y = 3 × 200 ÷ 1 000 × 100% = 30%；Z = 10 × 100 ÷ 2 000 × 100% = 50%。

证券组合的β系数 = 20% × 0.7 + 30% × 1.1 + 50% × 1.6 = 1.27。

21．【答案】B

【解析】资本资产定价模型：必要收益率 = 无风险收益率 + 风险收益率。该模型的资产主要是指股票资产。根据资本资产定价模型，风险收益率 = β × (市场组合收益率 R_m − 无风险利率 R_f)，该模型解释了风险收益率的决定因素和度量方法。β系数是系统性风险系数，根据资本资产定价模型 $R = R_f + β × (R_m − R_f)$ 得知，β系数是计算必要收益率的重要因素之一，而该模型未提及非系统性风险。

二、多项选择题

1．【答案】ABCD

【解析】财务活动包括资金的筹集活动、投资活动、资金营运活动和分配活动等。

2．【答案】BE

【解析】强调股东财富最大化，并非不考虑其他利益相关者的利益，股东权益是剩余权益，只有满足了其他方面的利益之后才会有股东利益。股东财富可以用股东权益的市场价值来衡量，而不是账面价值。企业与股东之间的交易会影响股价，但不会影响股东财富。

3．【答案】BC

【解析】企业价值 = 债务市场价值 + 股权市场价值 = 债务市场价值 + 股东投资资本 + 股东财富的增加；因此，股东财富的增加 = 企业价值 − 债务市场价值 − 股东投资资本，即在债务市场价值不变，股东投资资本不变的情况下，企业价值最大化与增加股东财富具有同等意义。

4．【答案】AB

【解析】无风险收益率 = 纯粹利率 + 通货膨胀补偿率。最低必要报酬率即必要收益率，必要收益率 = 无风险收益率 + 风险收益率。实际收益率 = 利息率 + 资本利得率 − 通货膨胀率。

5．【答案】ABC

【解析】期望值和概率分布不能衡量风险。

6．【答案】ABDE

【解析】β系数表示相对于市场组合的平均风险而言单项资产所含的系统性风险的大小。

7．【答案】ACE

【解析】在证券资产组合中，能够随着资产种类增加而降低直至消除的风险，称为非系统性风险。

8．【答案】ABC

【解析】两项证券组合的收益率方差满足下列关系：$\sigma_p^2 = w_1^2\sigma_1^2 + w_2^2\sigma_2^2 + 2w_1w_2\rho_{1,2}\sigma_1\sigma_2$。$\sigma_p$ 表示证券资产组合的标准差，它衡量的是组合的风险。σ_1 和 σ_2 分别表示组合中两项资产的标准差。$\rho_{1,2}$ 反映两项资产收益率的相关程度，即两项资产收益率之间的相对运动状态，称为相关系数。

9．【答案】ABE

【解析】当组合的标准差为最大时，相关系数为0，两项资产的收益率完全正相关，两项资产的风险完全不能相互抵消，所以这样的组合不能降低任何风险。当证券组合完全负相关时，组合标准差达到最小，甚至可能是零。当组合可以最大程度抵消风险时，证券组合呈完全负相关，组合的两项资产收益率的变化方向相反，变化幅度完全相同。

10．【答案】ACD

【解析】甲股票必要收益率 = 3% + 0.6 × (11% − 3%) = 7.8%。乙股票必要收益率 = 3% + 1.5 × (11% − 3%) = 15%。甲股票与市场组合的相关系数 = 0.6 × 10% ÷ 8% = 0.75。乙股票与

市场组合的相关系数 = 1.5×10%÷25% = 0.60。组合的β系数 = 10%×0.6+90%×1.5 = 1.41。

11. 【答案】AD

【解析】对X股票的预期收益率 = 10%×20%+50%×15%+40%×5% = 11.5%。该投资组合的预期收益率 = 40%×11.5%+30%×10%+30%×15% = 12.1%。证券组合的β系数 = 40%×1.25+30%×1.5+30%×0.8 = 1.19。证券组合的必要收益率 = 4%+1.19×(9%-4%) = 9.95%。证券组合的必要收益率9.95%<证券组合的预期收益率12.1%，值得投资。

12. 【答案】ABC

【解析】资本资产定价模型 $R = R_f + \beta \times (R_m - R_f)$ 中，R 表示某资产的必要收益率；β 表示该资产的系统性风险系数；R_f 表示无风险收益率，通常以短期国债的利率来近似替代；R_m 表示市场组合收益率。

13. 【答案】ACE

【解析】市场组合收益率，通常用股票价格指数收益率的平均值或所有股票的平均收益率来代替，不能用行业股票的平均收益率来代替。资本资产定价模型既可以计算单项资产也可以计算投资组合。

第二章　财务分析

考试大纲

一、考试目的
考查考生对财务分析的主体、对象、方法、基本财务分析和杜邦分析法等的掌握情况及应用能力。

二、考试内容及要求
（一）掌握的内容
1. 偿债能力分析。
2. 获利能力分析。
3. 营运能力分析。
4. 杜邦分析法。

（二）熟悉的内容
1. 财务分析的主体及其信息需求。
2. 财务分析的基本方法。

（三）了解的内容
1. 财务分析的对象。
2. 财务分析的资料。

考情分析

2025年教材与2024年相比，没有明显变化。

本章主要讲述了财务分析与评价的方法，主要包括财务分析的基本方法、短期偿债能力分析、长期偿债能力分析、获利能力分析、营运能力分析和杜邦分析法，属于重要章节。

本章知识点涉及27个比率公式（不包含公式变形），考生需掌握每个公式的含义、计算方法及各个公式之间的转换关系。公式结论数据高低代表的含义是进行财务分析的主要内容，考生需掌握其含义及相关财务表现。

其中，理解运用在杜邦分析法中提高净资产收益率的方法是本章的重点与难点。

同时，考生需注意，长期偿债能力分析经常与第五章筹资与分配中债务筹资、资本结构等考点结合考察。

本章各指标的计算方式、杜邦分析法构成的企业各财务指标之间的关联关系是考试重点。

考点精讲及典型例题解析

【知识点1】财务分析概述

一、财务分析的主体及其信息需求

财务分析的主体是指为达到特定目的而对企业进行财务分析的人。不同的报表使用者的角度不同，信息需求不同，财务分析主体及各自需求重点如表2-1所示。

表2-1

分析主体	需求
投资人	（1）含义：投资人包括企业的所有者和潜在的未来投资者。 （2）分析目标：关注企业的获利能力、投资回报率以及企业经营的风险水平。
债权人	（1）含义：债权人是借款给企业并得到企业还款承诺的主体，包括银行、非银行金融机构（如财务公司、保险公司等）、企业债券的购买者等。一般而言，债权人可以分为短期债权人和长期债权人。 （2）分析目标：关注企业的负债程度和偿债能力，评价企业的信用等级。其中，短期债权人目标是企业的短期偿债能力。长期债权人的分析目标是企业连续支付利息和到期偿还债务本金的能力。
管理者	（1）含义：管理者即企业的经营管理人员，负责企业的日常经营活动，支付股东投资回报，偿还到期债务，充分利用企业经济资源，为企业创造价值。 （2）分析目标：关注企业各方面，包括偿债能力、运营能力、获利能力、发展能力并进行综合分析，同时注重企业财务风险和经营风险。

续表

分析主体	需求
监管机构	(1) 含义：监管机构主要包括工商、物价、财政、税务、审计、国有资产管理局和企业主管部门等。 (2) 分析目标：关注企业各项经济政策、法规、制度的执行情况；关注企业财务会计信息和财务分析报告的真实性、准确性。
其他使用者	(1) 含义：供应商、客户、企业职工、竞争对手、社会公众等。 (2) 分析目标：关注企业的过去、评价企业的现在和预测企业的未来。

【例 2 – 1】（单选题）下列关于企业财务报表使用者需求的说法，错误的是（　　）。

A. 企业经营者关心企业财务状况的全面情况，并关注企业的经营风险

B. 监管机构通过财务分析为宏观政策提供决策信息

C. 投资者重点关心企业的发展能力，为长期投资做准备

D. 债权人侧重于企业的信用评级，考虑是否批准企业贷款申请

【答案】C

【解析】投资人财务分析的重点是企业的获利能力、投资回报率以及企业经营的风险水平，以此做出自己的投资决策。

【例 2 – 2】（多选题）作为企业的债权人，在进行财务分析时，下列指标中（　　）被重点关注。

A. 净资产收益率　　B. 流动资产周转率
C. 产权比率　　　　D. 销售毛利率
E. 营运资金

【答案】CE

【解析】净资产收益率、销售毛利率是分析企业获利能力的财务指标，流动资产周转率是分析企业营运能力的指标，它们都不是债权人关注的目标。债权人财务分析侧重于企业的负债程度和偿债能力，评价企业的信用等级，决定是否批准企业的贷款申请和考虑是否提前收回贷款或继续提供贷款。选项 C、E 是企业偿债能力的分析指标。

二、财务分析的对象

财务分析的对象是企业的基本经济活动，包括投资活动、筹资活动和经营活动（见表 2 – 2）。

表 2 – 2

	概念	作用
投资活动	投资活动是指将所筹集的资金配置于资产项目，包括企业长期资产和流动资产的购建活动。投资活动包括：为维持和扩大生产规模而进行的；为闲置资金寻找投资机会或为开拓新的业务领域而进行的。	通过对企业的投资活动进行财务分析，可以发现企业的非效率投资，降低企业财务风险，提高企业的投资效率，增加企业价值。
筹资活动	筹资活动是指筹集企业经营及投资所需要的资金，通过筹资渠道和金融市场，运用筹资方式，经济有效地筹措和集中资本的活动。	通过对企业的筹资活动进行财务分析，可以帮助企业选择合适的融资方式和渠道来筹集所需资金，以保证企业生产经营活动的正常运行和扩大再生产的需要。
经营活动	经营活动是指企业生产和销售商品以及提供劳务等活动。	通过对企业的经营活动进行财务分析，可以了解企业的偿债能力、营运状况以及经营成果和获利能力，以便及时发现企业生产经营中存在的问题和不足，并采取有效的解决措施。

【例 2 – 3】（单选题）通过对企业的（　　）进行财务分析，可以发现企业的非效率投资，降低企业财务风险，提高企业的投资效率，增加企业价值。

A. 投资活动　　　　B. 筹资活动
C. 经营活动　　　　D. 分配活动

【答案】A

【解析】投资活动是指将所筹集的资金配置于资产项目，包括两种：一是为维持和扩大生产规模而进行的；二是为闲置资金寻找投资机

会或为开拓新的业务领域而进行的。通过对企业的投资活动进行分析，可以发现企业的非效率投资，降低企业财务风险，提高企业的投资效率，增加企业价值。

三、财务分析的资料

财务分析的资料类型及其具体内容如表2-3所示。

表2-3

资料类型		具体内容
（一）基本财务报表	资产负债表	资产负债表反映企业在某一特定日期财务状况。通过资产负债表，可以了解企业未来财务状况，预测企业的发展前景。
	利润表	利润表反映企业在一定期间的经营成果及分配情况。通过利润表，可帮助报表使用者评价企业的盈利状况和工作业绩，预测企业未来的盈利能力。
	现金流量表	现金流量表反映企业会计期间内由经营活动、筹资活动和投资活动带来的现金流入和流出情况。通过现金流量表，可帮助报表使用者了解和评价企业获取现金和现金等价物的能力，并据以预测企业未来现金流量。
	所有者权益变动表	所有者权益变动表反映企业在一定期间内由于各种原因导致股东权益各个项目的增减变化过程和结果。通过所有者权益变动表，可了解企业盈利能力方面的信息；能够反映企业自有资本的质量，揭示所有者权益变动的原因，为正确评价企业的经营管理水平提供信息；能够反映企业的股利分配政策及现金支付能力，为投资者的投资决策提供全面信息。
（二）报表附注		帮助财务报表使用者理解报表内容而对报表的编制基础、编制依据、编制原则和编制方法及主要项目做出解释。 会计报表附注的主要作用有：（1）提高报表信息的可比性；（2）增进报表信息的可理解性；（3）突出财务报表信息的重要性。
（三）其他		1. 企业提供的其他报告：（1）公司董事会报告；（2）监事会报告；（3）公司治理结构报告；（4）其他企业报告。 2. 企业外部的相关信息：（1）审计报告；（2）国家有关经济政策和法律法规；（3）市场信息。

【例2-4】（多选题）会计报表附注的主要作用包括（　　）。

A. 提高报表信息可比性
B. 增加报表的可信度
C. 突出财务报表信息的重要性
D. 增进报表信息的可理解性
E. 提供问题解决方案

【答案】ACD
【解析】略。

四、财务分析的基本方法

（一）比较分析法

比较分析法的定义、对比方式、对比标准及举例如表2-4所示。

表2-4

定义	比较分析法是通过相关经济指标的对比分析确定指标间差异或趋势，研究企业各项经营业绩或财务状况发展变动情况的一种财务分析方法。
对比方式	（1）绝对数比较分析； （2）绝对数增减变动分析； （3）百分比增减变动分析。
对比标准	（1）实际指标同预算指标比较； （2）本期指标与上期指标比较； （3）本企业指标同国内外先进企业指标比较。
举例	（1）重要财务指标比较分析：$\frac{\text{分析期数额}}{\text{前期数额}} \times 100\%$。 （2）会计报表项目构成比较分析。

(二) 比率分析法

比率分析法的定义、分类及举例如表 2-5 所示。

表 2-5

定义	比率分析法是将影响财务状况的两个相关因素联系起来，通过计算比率，反映它们之间的关系，借以揭示并评价企业的财务状况和经营成果。
分类	(1) 构成比率，反映某项经济指标的各个组成部分与总体之间关系的财务比率，构成比率 = $\frac{某个组成部分数值}{总体数值} \times 100\%$； (2) 效率比率，反映某项经济活动投入与产出之间的财务比率，效率比率 = $\frac{产出}{投入} \times 100\%$； (3) 相关比率，反映经济活动中某两个或两个以上相关项目比值的财务比率，相关比率 = $\frac{某一指标}{另一相关指标} \times 100\%$。
举例	(1) 构成比率：流动资产与资产总额的比率、流动负债与负债总额的比率。 (2) 效率比率：资产报酬率、销售净利率。 (3) 相关比率：流动比率、速动比率。

(三) 因素分析法

因素分析法的定义、计算方式如表 2-6 所示。

表 2-6

定义	因素分析法是依据分析指标与其影响因素间的关系，按照一定程序和方法，确定各因素对分析指标差异影响程度的一种技术方法。
计算方式	1. 连环替代法：根据因素之间的相互依存关系，顺次测定各因素变动对财务指标影响程度的一种分析方法。 设 $F = A \times B \times C$ 基数：$F_0 = A_0 \times B_0 \times C_0$ (1) 实际：$F_1 = A_1 \times B_1 \times C_1$ 置换 A 因素：$A_1 \times B_0 \times C_0$ (2) 置换 B 因素：$A_1 \times B_1 \times C_0$ (3) 置换 C 因素：$A_1 \times B_1 \times C_1$ (4) (2) - (1) 即 A 因素变动对 F 指标的影响， (3) - (2) 即 B 因素变动对 F 指标的影响， (4) - (3) 即 C 因素变动对 F 指标的影响。 2. 差额计算法：直接根据各因素的预算与实际的差异，按顺序计算并确定其变动对分析对象的影响程度的一种分析方法。 A 因素变动对 F 指标的影响：$(A_1 - A_0) \times B_0 \times C_0$ B 因素变动对 F 指标的影响：$A_1 \times (B_1 - B_0) \times C_0$ C 因素变动对 F 指标的影响：$A_1 \times B_1 \times (C_1 - C_0)$

【例 2-5】（单选题）将连续数期财务报告中的相同指标进行对比，确定其增减变动的方向、数额和幅度，以说明企业财务状况的分析方法是（　　）。

A. 因素分析法　　B. 趋势分析法
C. 比较分析法　　D. 比率分析法

【答案】B
【解析】略。

【例 2-6】（多选题）下列方法中，属于财务分析基本方法中因素分析法的有（　　）。

A. 连环替代法
B. 差额计算法
C. 结构比率
D. 财务报表构成项目的比较
E. 百分比增减变动分析

【答案】AB
【解析】选项 C 属于比率分析法；选项 D 属

于趋势分析法；选项 E 属于比较分析法。

【例 2-7】（单选题）企业的净资产收益率由销售净利率、总资产周转率、权益乘数三者乘积决定。某企业 2×23 年计划净资产收益率为 13.5%，实际为 10.92%，计划与实际之间的差别如下表所示，则运用连环替代法，按照上述顺序，对净资产收益率影响最大的因素是（　　）。

项目	计划值	实际值
销售净利率	2.25%	1.85%
总资产周转率	2	2.69
权益乘数	3	2.2
净资产收益率	13.5%	10.95%

A. 销售净利率　　　B. 总资产周转率
C. 权益乘数　　　　D. 净资产收益率
【答案】C

【解析】计划值 = 2.25% × 2 × 3 = 13.5%　（1）
第一次替代：1.85% × 2 × 3 = 11.1%　（2）
第二次替代：1.85% × 2.69 × 3 = 14.93%
　　　　　　　　　　　　　　　　　　（3）
第三次替代：1.85% × 2.69 × 2.2 = 10.95%
　　　　　　　　　　　　　　　　　　（4）
由于销售净利率下降对净资产收益率的影响为（2）-（1）= 11.1% - 13.5% = -2.4%，由于总资产周转率上升对净资产收益率的影响为（3）-（2）= 14.93% - 11.1% = 3.83%，由于权益乘数下降对净资产收益率的影响为（4）-（3）= 10.95% - 14.93% = -3.98%。
因此，权益乘数因素的变化对净资产收益率的影响最大。

（四）趋势分析法
趋势分析法的定义、运用方式如表 2-7 所示。

表 2-7

定义	趋势分析法是将连续数期财务报告中的相同指标进行对比，确定其增减变动的方向、数额和幅度，以说明企业财务状况和经营成果的变动趋势的一种方法。
运用方式	（1）重要财务指标的比较：将不同时期财务报告中的相同指标或比率进行比较，直接观察其增减变动情况及变动幅度，考察其发展趋势，预测其发展前景。 （2）会计报表的比较：将连续数期的会计报表的金额并列起来，比较其相同指标的增减变动金额和幅度，据以判断企业财务状况和经营成果发展变化的一种方法。 （3）会计报表项目构成的比较：在会计报表比较的基础上发展而来，以会计报表中的某个总体指标作为 100%，再计算出其各组成项目占该总体指标的百分比，进而来比较各个项目百分比若干期的增减变动，以此来判断有关财务活动的变化趋势。

【例 2-8】（多选题）某公司拟采用趋势分析法对本年度公司财务情况进行分析，则可以采用的方法包括（　　）。
A. 将近五年的利润表进行比较，判断公司的经营成果
B. 将连续三年的第三季度销售利润率进行比较，对在旺季某产品销售情况进行预测
C. 以流动资产作为总体指标，计算存货占总体的百分比，并进行连续 12 个季度的比较分析
D. 将净资产收益率拆分成销售净利率、总资产周转率、权益乘数的乘积，计算本年度对净资产收益率影响最大的因素
E. 计算本年度流动比率和速动比率，并观察它们之间的相互关系
【答案】ABC

【解析】趋势分析法的运用主要有三种方式：重要财务指标的比较（选项 B）、财务报表的比较（选项 A）、财务报表项目构成的比较（选项 C）。选项 D 是因素分析法；选项 E 是比率分析法。

【知识点 2】偿债能力分析
【提示】1. 指标计算规律。
（1）分母分子率：指标名称中前面是分母，后面是分子。如资产负债率，计算公式为负债÷资产，指标中资产是分母，负债是分子。
（2）分子比率：指标中前面是分子。如流动比率，计算公式为流动资产÷流动负债，指标中前面的流动指流动资产。
2. 指标计算过程的注意事项。
（1）同时间指标相计算，时间点对时间点，

时间段对时间段，年初对年初，年末对年末。若是时间点对时间段的计算指标，则应该将时间段的头尾取平均值，调整成时间点指标。

（2）是否需要调整时间点指标，计算平均值，要具体题目具体分析。题目不具备计算条件时（未提供期初期末数据），应以期末数计算。题目另有要求，按题目要求计算。

（3）计算现金流相关指标，应以期末数计算，因为实际需要偿还的是期末金额，而非平均金额。

企业偿债能力分析包括短期偿债能力分析和长期偿债能力分析。

一、短期偿债能力分析

短期偿债能力分析指标的分类、公式及分析如表2-8所示。

表2-8

分类	指标及公式	分析
绝对数指标	营运资金＝流动资产－流动负债＝长期资本－长期资产	（1）营运资金，又称营运资本，是指企业为维持日常经营活动所需要的净投资额，它可以衡量企业在偿还完全部流动负债后的流动资产的剩余情况。 （2）营运资金越多，企业的短期偿债能力越强，债权人的债权可以收回的安全性越高；反之，企业具有较大的偿债风险。
相对数指标（分子比率）	流动比率＝流动资产÷流动负债	（1）流动比率表明企业每一元流动负债有多少流动资产作为保障，反映了企业流动资产在短期债务到期时可变现用于偿还流动负债的能力。 （2）流动比率越高，表明企业资产的流动性和短期偿债能力就越强。但对于企业而言，流动比率并不是越高越好，流动比率大表明企业的流动资产占用较多，意味着企业经营资金的周转效率和获利能力较低。
	速动比率＝速动资产÷流动负债＝（流动资产－存货）÷流动负债	（1）速动比率/酸性测试比率，是衡量企业流动资产可以立即变现用于偿还流动负债的能力，表明企业每一元流动负债有多少速动资产作保障。 （2）速动比率越高，企业偿还流动负债的能力越强。

【提示】1.营运资金计算的注意事项。

（1）流动资产数额注意事项：①流动资产中的现金必须是用来偿还债务的，用于特殊用途的现金不能计入流动资产；②超出正常经营需要的存货应该在存货这一科目中扣除，同时关注不同存货的计价方法对资产总额带来的影响；③应收账款中应该扣除那些来自非正常业务且收账期长于一年的应收账款。

（2）在营运资金计算时，流动负债数额注意事项：①流动负债是在一年内准备使用流动资产或产生其他流动负债来偿还的债务，不属于这个范畴的负债应该扣除；②递延税款负债不属于流动负债。

2.一般情况下，流动比率＞速动比率。

3.速动资产，是指可以在短时间内变现的资产，包括货币资金、交易性金融资产和各种应收款项。其他的流动资产，称为非速动资产。

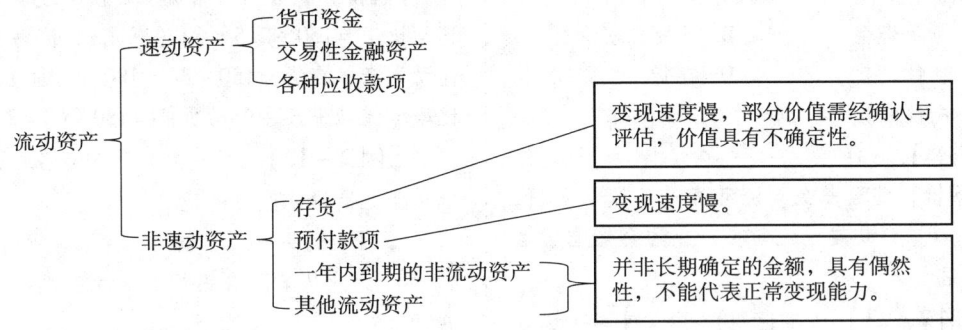

4. 比率受国家、行业、金融环境影响，没有绝对标准（见表2-9）。

表2-9

	流动比率	速动比率
影响指标的主要因素	不同行业流动资产变现因素的不同，因此受存货周转率、应收账款周转率的影响。如飞机制造业存货变现周期长，食品制造业存货变现周期短。	不同行业回款期限不同，每个企业的信用政策不同，受应收账款周转率的影响。
合理的标准	制造业企业基准值为2。营业周期越短，合理的流动标准越低。	基准值为1，但不同行业会有很大差别。如大量现货销售的企业，速动比率非常低也很合理。

5. 影响短期偿债能力的其他因素（表外因素）（见表2-10）。

表2-10

影响	与企业的关系	项目
增强短期偿债能力	内部	可快速变现的非流动资产。
	外部	债权人口中的良好声誉。
		可动用的银行授信额度。
降低短期偿债能力	内部	被担保的或有负债（不包括预计负债）。

【例2-9】（多选题）下列关于营运资本的说法中，正确的是（ ）。

A. 营运资本越多的企业，流动比率越大

B. 营运资本越多，长期资本用于流动资产的金额越大

C. 营运资本增加，说明企业短期偿债能力提高

D. 营运资本越多的企业，短期偿债能力越强

E. 拥有同样的营运资金的两家公司，其短期偿债能力相同

【答案】BD

【解析】营运资本 = 流动资产 - 流动负债 = 长期资本 - 长期资产。营运资本为正数，说明长期资本的数额大于长期资产，营运资本数额越大，财务状况越稳定。

【例2-10】（多选题）下列各项中，对营运资金占用水平产生影响的有（ ）。

A. 货币资金   B. 开发支出
C. 预付账款   D. 存货
E. 应付债券

【答案】ACD

【解析】营运资金 = 流动资产 - 流动负债，选项A、C、D均属于流动资产，均会影响营运资金占用水平。

【例2-11】（单选题）甲公司库存现金10万元，银行存款150万元，交易性金融资产1 000万元，应收账款640万元，存货150万元，流动负债1 600万元。据此，甲公司速动比率为（ ）。

A. 1.125   B. 1.218
C. 0.5   D. 0.194

【答案】A

【解析】速动比率 = (10 + 150 + 1 000 + 640) ÷ 1 600 = 1.125。

【例2-12】（单选题）某公司的流动资产由速动资产和存货组成，年末速动资产为150万元，年末速动比率为2.5，年末存货余额为30万元，则年末流动比率为（ ）。

A. 2.8   B. 2
C. 1.2   D. 3

【答案】D

【解析】该公司年末流动负债 = 速动资产 ÷ 速动比率 = 150 ÷ 2.5 = 60（万元），流动资产 = 速动资产 + 存货 = 150 + 30 = 180（万元），流动比率 = 流动资产 ÷ 流动负债 = 180 ÷ 60 = 3。

【例2-13】（单选题）下列业务中，会降低企业短期偿债能力的是（ ）。

A. 企业购买一台大型机械设备，款项尚未支付

B. 企业从某国有银行取得3年期500万元的贷款

C. 年末提取盈余公积

D. 企业向股东发放股票股利

【答案】A

【解析】选项 A，应付账款增加流动负债，能够降低企业短期偿债能力。选项 B 会增加企业短期偿债能力。选项 C、D 不会影响企业短期偿债能力。

二、长期偿债能力分析

（一）长期偿债能力的概念

1. 定义。长期偿债能力是指企业偿还长期债务的现金保障程度。企业的长期偿债能力主要取决于企业资产与负债的比例关系即资本结构，以及企业的获利能力。

2. 资本结构对长期偿债能力的影响。

（1）权益资本是承担长期债务的基础。

（2）资本结构影响企业的财务风险，进而影响企业的偿债能力。

3. 收益与长期偿债能力。企业长期的盈利水平是偿付债务本金和利息的最稳定、最可靠的来源，因此企业盈利水平的稳定性和发展前景是影响企业长期偿债能力最重要的因素。

【提示】资本结构知识点见第五章相关内容。

（二）长期偿债能力公式

长期偿债能力公式如表 2-11 所示。

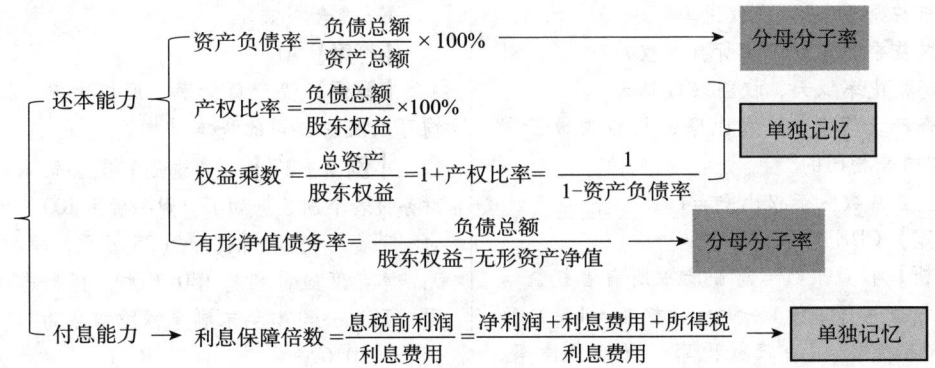

表 2-11

分类	指标及公式	分析
还本能力分析（资本结构比率）	资产负债率 = 负债总额 ÷ 资产总额	（1）资产负债率越低，表明企业资产对负债的保障能力越高，企业的长期偿债能力越强，企业的负债越安全，财务风险小，同时表明企业没有充分利用财务杠杆，即没能充分利用负债经营的好处，降低了企业的净资产收益率； （2）资产负债率越高，负债比重越大，资金成本低，不能偿还负债的风险越高，但同时表明企业充分利用财务杠杆，提高了企业的净资产收益率。 【提示】资产总额是扣除累计折旧后的净额。
	产权比率 = 负债总额 ÷ 股东权益	（1）产权比率越低，表明企业长期偿债能力越强，债权人权益保障程度越高，承担的风险越小。 （2）产权比率高，是高风险、高报酬的财务结构；产权比率低，是低风险、低报酬的财务结构。
	权益乘数 = 资产总额 ÷ 股东权益	（3）正常情况下，权益乘数应该大于1。权益乘数越大，表明企业投入资本占全部资本的比重较小，企业的负债程度越高。 【提示】 （1）权益乘数 = 1 ÷ (1 - 资产负债率) = 1 + 产权比率。 （2）权益乘数与资产负债率的变动方向一致。
	有形净值债务率 = 负债总额 ÷（股东权益 - 无形资产净值）	有形净值债务率越大，表明风险越大；反之，则风险越小，企业长期偿债能力越强。 【提示】有形净值是指将所有者权益扣除无形资产净值后的净值，即所有者具有所有权的有形资产的净值。

续表

分类	指标及公式	分析
付息能力分析（收益偿债能力）	利息保障倍数 = $\dfrac{\text{息税前利润}}{\text{利息费用}}$ = $\dfrac{\text{净利润 + 利息费用 + 所得税费用}}{\text{利息费用}}$	利息保障倍数越大，利息支付越有保障；反之，则说明企业支付利息的能力越弱。如果利息保障倍数小于1，表明自身的经营收益不足以支付当期的利息费用，归还本金就更难指望，财务风险非常高，需要引起高度重视。 【提示】分子的利息费用仅指财务费用；分母的利息费用指本期发生的全部应付利息，包括财务费用中的利息费用、固定资产的资本化利息等。

【提示】权益乘数和产权比率同时也是财务杠杆的衡量指标。

【例2-14】（多选题）下列关于资产负债率、产权比率、权益乘数的关系中，说法正确的有（　　）。

A. 权益乘数 = 1 ÷ 产权比率
B. 权益乘数 = 负债 ÷ 所有者权益
C. 产权比率越大，权益乘数越大
D. 资产负债率、产权比率、权益乘数三者的变化方向是相同的
E. 权益乘数 - 产权比率 = 1

【答案】CDE

【解析】权益乘数 = 总资产 ÷ 所有者权益 = （所有者权益 + 总负债）÷ 所有者权益 = 1 + 总负债 ÷ 所有者权益 = 1 + 产权比率。资产负债率、产权比率和权益乘数三者是同方向变化指标，一个指标增加，其余指标也增加。

【例2-15】（单选题）下列关于利息保障倍数的说法，正确的是（　　）。

A. 利息保障倍数反映债务政策的风险大小
B. 利息保障倍数等于1，表明利息保障不受经营风险的影响
C. 利息保障倍数如果是由低利息导致的，说明企业充分利用举债经营的优势
D. 利息保障倍数越大，企业利息支付能力越弱

【答案】A

【解析】利息保障倍数 = 息税前利润 ÷ 利息费用。利息保障倍数等于1，表明企业息税前利润仅够支付利息，财务风险很大，利息保障情况受到经营风险的影响的可能性相当大（一旦稍微经营不善，利息立刻无法保障）。如果利息保障倍数不是由高利润带来的，而是由低利息带来的，则说明企业的财务杠杆很低，未能利用举债经营的优势。利息保障倍数越大，企业利息支付越有保障，利息保障倍数越小，企业支付利息的能力越弱。

【例2-16】（多选题）下列财务指标中，可以反映公司资本结构的有（　　）。

A. 资产负债率　　B. 权益乘数
C. 营业净利率　　D. 总资产周转率
E. 内含报酬率

【答案】AB

【解析】资产负债率、产权比率、权益乘数均可以反映公司的资本结构。

【例2-17】（单选题）某公司本年末相关财务报表个别数据如下：财务费用100万元（全部为利息费用），所得税费用25万元，净利润75万元，本年度应付利息150万元，利润总额100万元，则该公司本年末利息保障倍数为（　　）。

A. 0.67　　B. 1
C. 1.33　　D. 2

【答案】C

【解析】利息保障倍数 = （75 + 25 + 100）÷ 150 = 1.33。

【知识点3】获利能力分析

一、总体获利能力分析

（一）获利能力分析的含义

1. 定义。获利能力，又称盈利能力，是企业通过经营管理活动取得收益的能力，关系到企业的生存与发展。

2. 分析维度。

（1）以收入为基础的获利能力分析，即营业收入与利润的关系；

（2）以资产为基础的获利能力分析，即资产与利润的关系；

（3）股东投资报酬分析，即股东权益与利润的关系。

（二）分析指标

总体获利能力的分析指标见表2-12。

$$\text{分母分子率} \begin{cases} \text{销售毛利率} = \dfrac{\text{销售毛利}}{\text{营业收入}} \times 100\% \\ \text{销售净利率} = \dfrac{\text{净利润}}{\text{营业收入}} \times 100\% \\ \text{总资产收益率} = \dfrac{\text{净利润}}{\text{平均资产总额}} \times 100\% \\ \text{流动资产收益率} = \dfrac{\text{净利润}}{\text{平均流动资产}} \times 100\% \\ \text{固定资产收益率} = \dfrac{\text{净利润}}{\text{平均固定资产原值}} \times 100\% \\ \text{净资产收益率} = \dfrac{\text{净利润}}{\text{净资产}} \times 100\% \end{cases}$$

$$\text{单独记忆} \begin{cases} \text{每股收益} = \dfrac{\text{净利润} - \text{优先股股利}}{\text{普通股股数}} \times 100\% \\ \text{市盈率} = \dfrac{\text{每股市价}}{\text{每股收益}} \end{cases}$$

表 2 – 12

类别	指标及公式	分析
以收入为基础的获利能力分析	销售毛利率 = 销售毛利÷营业收入×100% 销售毛利 = 营业收入 – 营业成本	该指标可反映每一元营业收入扣除营业成本后,有多少钱可以用于补偿各项期间费用和形成盈利。该指标值越大,表明公司盈利能力越强;反之则越弱。 【提示】常见的导致毛利率下降的原因主要有: (1) 因竞争而降低售价; (2) 购货成本或生产成本上升; (3) 生产或经销的产品或商品的结构发生变化; (4) 发生严重的存货损失。
	销售净利率 = 净利润÷营业收入×100%	该指标说明每一元销售收入所赚取的税后净利润是多少,反映的是营业收入转化为净利润的能力。该指标值越大,表明公司盈利能力越强;反之则越弱。
以资产为基础的获利能力分析	总资产收益率(ROA) = 净利润÷平均资产总额×100%	总资产收益率反映了企业一元资产所能够创造的净利润。该指标值越高,表明总资产利用效率越高,企业的获利能力也越强;该指标值越低,说明企业总资产利用效率低,企业的获利能力也越差。 【提示】 平均资产总额 = (期初总资产 + 期末总资产)÷2 总资产收益率 = 净利润÷平均资产总额 = $\dfrac{\text{净利润}}{\text{销售收入}} \times \dfrac{\text{销售收入}}{\text{平均资产总额}}$ = 销售净利率×总资产周转率
	流动资产收益率 = 净利润÷平均流动资产×100%	流动资产收益率反映了企业生产经营中流动资产所实现的效益,该指标值越高,表明流动资产利用效率越高,企业的获利能力也越强;该指标值越低,说明企业流动资产利用效率低,企业的获利能力也越差。 【提示】 平均流动资产 = (期初流动资产 + 期末流动资产)÷2
	固定资产收益率 = 净利润÷平均固定资产原值×100%	固定资产收益率反映了企业固定资产的利用效果。固定资产收益率越高,固定资产的管理效果越好,反之则越差。 【提示】 平均固定资产原值 = (期初固定资产原值 + 期末固定资产原值)÷2 分母中的固定资产不包括在建工程的数据,并且是指固定资产原值,不考虑折旧。

续表

类别	指标及公式	分析
股东投资报酬分析	净资产收益率（ROE）=净利润÷净资产×100%	净资产收益率（ROE），又称净资产利润率、权益报酬率，是企业净利润与净资产（账面值）的比率，可以衡量企业的总体盈利能力，反映股东投入的资金所获得的报酬率，也是杜邦财务指标体系的核心，是股东关注的主要指标之一。该指标值越大，说明企业为股东提供的收益性越强，获利能力越强；反之，则越差。 【提示】 净资产收益率=净利润÷净资产=$\frac{净利润}{资产总额} \times \frac{资产总额}{净资产}$=$\frac{净利润}{营业收入} \times \frac{营业收入}{资产总额} \times \frac{资产总额}{净资产}$=销售净利率×总资产周转率×[1÷（1-资产负债率）]=总资产收益率×权益乘数=销售净利率×总资产周转率×权益乘数 净资产是企业资产总额中扣除负债总额的账面值，包括实收资本、资本公积、盈余公积和未分配利润四个部分；净利润是企业当期经营管理活动所取得的属于股东的收益额（不论净利润用于留存或分红）。

【例2-18】（单选题）某企业本年度利润表显示，企业营业收入100万元，营业成本40万元，税金及附加5万元，期间费用20万元（其中财务费用10万元，皆是费用化利息），投资收益10万元，资产处置收益10万元，营业外支出5万元。资产负债表显示，年初总资产450万元，年末550万元。该企业适用所得税税率25%。不考虑其他因素，企业在进行财务分析时，下列说法错误的是（　　）。

A. 该企业的销售毛利率为60%
B. 该企业的销售净利率为50%
C. 该企业的总资产收益率为7.5%
D. 该企业的利息保障倍数为6倍

【答案】B

【解析】该企业的销售毛利率=（营业收入-营业成本）÷营业收入×100%=（100-40）÷100×100%=60%

该企业的销售净利率=净利润÷营业收入×100%=（100-40-5-20+10+10-5）×（1-25%）÷100×100%=37.5÷100×100%=37.50%

该企业总资产收益率=净利润÷平均资产额×100%=37.5÷[（450+550）÷2]×100%=7.50%

该企业利息保障倍数=（净利润+利息费用+所得税费用）÷利息费用=[37.5÷（1-25%）+10]÷10=6（倍）

【例2-19】（单选题）某企业净利润年末金额为261万元，年初为391.5万元。流动资产年末余额为1400万元，年初为1210万元，则该企业的流动资产收益率为（　　）。

A. 25%   B. 20%
C. 18.64%   D. 23.30%

【答案】B

【解析】平均流动资产总额=（期初流动资产+期末流动资产）÷2=（1400+1210）÷2=1305（万元），流动资产收益率=净利润÷平均流动资产总额×100%=261÷1305×100%=20%

二、每股收益（EPS）

每股收益/每股盈余（EPS），反映普通股的获利水平，可衡量上市公司的盈利能力。该指标值越大，盈利能力越强，股利分配来源越充足，资产增值能力越强。由于上市公司存在潜在普通股的可能，每股收益又可分为基本每股收益和稀释每股收益。

每股收益(EPS)=$\frac{净利润-优先股股利}{流通在外的普通股加权平均数}$

1. 基本每股收益。基本每股收益是指在计算每股收益时，其分母只考虑发行在外的普通股股数，而不考虑潜在股。其计算公式为：

基本每股收益=归属于公司普通股股东的净利润÷发行在外的普通股加权平均数

发行在外的普通股加权平均数=期初发行在外普通股股数+当期新发行普通股股数×

$$\frac{\text{已发行时间}}{\text{报告期时间}} - \text{当期回购普通股股数} \times \frac{\text{已回购时间}}{\text{报告期时间}}$$

【例2-20】（单选题）某上市公司本年初发行在外的普通股9 000万股，7月1日新发行普通股1 000万股，12月1日回购普通股1 200万股以备股权激励。该上市公司本年实现净利润5 700万元，并发放优先股股利1 000万元。则该公司本年的基本每股收益为（　　）元/股。

A. 0.5　　　　B. 1
C. 0.96　　　D. 0.69

【答案】A

【解析】归属于普通股股东的净利润＝5 700－1 000＝4 700（万元）

发行在外的普通股加权平均数＝期初发行在外普通股股数＋当期新发行普通股股数×已发行时间÷报告期时间－当期回购普通股股数×已回购时间÷报告期时间＝9 000＋1 000×6÷12－1 200×1÷12＝9 400（万股）

基本每股收益＝归属于公司普通股股东的净利润÷发行在外的普通股加权平均数＝4 700÷9 400＝0.5（元/股）

2. 稀释每股收益。稀释每股收益在计算时需要考虑潜在的普通股（可转换公司债券、认股权证、股份期权），并对计算的公式进行分子和分母的调整（见表2-13）。

表2-13

调整方式	考虑因素
分子的调整	一是当期已确认为费用的稀释性潜在普通股的利息；二是稀释性潜在普通股转换时会产生的收益或费用；三是上述调整对所得税的影响。
分母的调整	潜在普通股的影响。当期发行在外普通股的加权平均数应当为已经发行在外的加权平均数与假定稀释性潜在普通股转换为普通股而增加的普通股股数的加权平均数之和。

【提示】并不是所有潜在普通股对公司每股收益都具有稀释性。判断一种潜在普通股是否具有稀释性要看其转换为普通股后对每股收益的影响。判断方法如下：

（1）计算基本每股收益。

（2）假设全部潜在的普通股转换为普通股后，计算所增加的净利润以及增加的年加权平均普通股股数。

（3）计算增量每股收益，增量每股收益＝增加的净利润÷增加的年加权普通股股数。

（4）增量每股收益＜基本每股收益，潜在的普通股具有稀释作用；增量每股收益＞基本每股收益，潜在的普通股不具有稀释作用。

【例2-21】（单选题）甲公司的下列各项中活动或事项，不会稀释公司每股收益的是（　　）。

A. 股东大会审议通过发行认股权证
B. 发行可按照约定价格将其转换成公司普通股票的债券
C. 为激励管理层授予股份期权
D. 为融资发行短期融资券

【答案】D

【解析】会稀释公司每股收益的潜在普通股票主要包括：可转换公司债券、认股权证和股份期权。

【例2-22】（单选题）某公司本年度1月1日发行票面利率为6%的可转换债券，面值1 000万元，规定每100元面值可转换为1元面值普通股120股。甲公司今年净利润1 500万元，发行在外普通股1 000万股，公司适用的所得税率为25%。则甲公司本年度稀释每股收益为（　　）元。

A. 0.6667　　B. 0.0375
C. 0.7023　　D. 0.7042

【答案】C

【解析】普通每股收益＝1 500÷1 000＝1.5（元）。

假设全部转股，净利润的增加＝1 000×6%×（1－25%）＝45（万元）；

假设全部转股，普通股股数的增加＝（1 000÷100）×120＝1 200（万股）；

增量每股收益＝45÷1 200＝0.0375（元/股）；

增量每股收益小于原每股收益，可转换债券具有稀释作用，稀释的每股收益＝（1 500＋45）÷（1 000＋1 200）＝0.7023（元）。

三、市盈率

市盈率（价格盈余比率）＝每股市价÷每股收益

每股收益＝（净利润－优先股股利）÷流通在外普通股加权平均股数

市盈率反映企业的经营能力和盈利能力以及潜在的成长能力。

【提示】1. 市盈率的每股收益是指流通在外的普通股股数，要点有三个：

（1）每股收益包含普通股股利；

（2）每股收益不包含优先股；

（3）每股收益不包含当年宣告或累计的优先股股利。

2. 市盈率不宜用于不同行业公司之间的比较。

3. 每股收益很小时，可能会得到一个没有多少实际意义的高市盈率。

4. 市盈率越高，公司未来成长潜力越大，但投资于该股票的风险越大。

【例2-23】（单选题）甲公司年初发行在外的普通股为4 000万股，4月1日新发行400万股，11月1日回购普通股240万股。本年度甲公司实现净利润2 480万元，发放优先股股利350万元，发放普通股股利400万元，甲公司年末每股市价为8元，则市盈率为（　　）倍。

A. 4　　　　　　B. 3
C. 6　　　　　　D. 16

【答案】D

【解析】归属于普通股股东的净利润 = 2 480 - 350 = 2 130（万元）

发行在外普通股加权平均数 = 4 000 + 400 × 9 ÷ 12 - 240 × 2 ÷ 12 = 4 260（万股）

基本每股收益 = 2 130 ÷ 4 260 = 0.5（元）

市盈率 = 每股市价 ÷ 每股收益 = 8 ÷ 0.5 = 16（倍）

【例2-24】（多选题）下列关于市盈率的说法正确的有（　　）。

A. 每股收益仅适用于普通股

B. 企业存在优先股时，计算每股收益的分子应该是净利润扣除优先股的清算价值

C. 市盈率越高，说明投资于该股票的风险越小

D. 企业存在优先股时，计算每股收益的分子应该是可分配给普通股股东的净利润

E. 市盈率反映了投资者对公司未来前景的预期

【答案】ADE

【解析】企业存在优先股时，计算每股收益的分子应该是可分配给普通股股东的净利润，即从净利润中扣除当年宣告或累积的优先股股息。市盈率 = 每股价格 ÷ 每股收益，市盈率越高，说明公司未来成长的潜力越大，投资者对该公司股票的评价越高，愿意出较高的价格购买公司的股票，同时也说明投资于该股票的风险越大，高风险带来高回报。

【知识点4】营运能力分析

【提示】周转率又叫周转次数，代表一定时期内资产完成的循环次数。

周转期又叫周转天数，代表资产完成一次循环所需要的天数。

一、营运能力分析记忆要点

某某周转率 = 周转额 ÷ 某某平均数

总资产周转率 = 营业收入 ÷ 总资产平均余额
流动资产周转率 = 营业收入 ÷ 流动资产平均余额
应收账款周转率 = 营业收入 ÷ 应收账款平均余额
存货周转率 = 营业成本 ÷ 存货平均余额
固定资产周转率 = 营业收入 ÷ 固定资产平均余额
某某周转天数 = 计算期天数 ÷ 某某周转次数

【提示】"计算期天数"取决于营业收入所涵盖的时期长短，为了计算方便，通常按全年360天计算。

二、指标分析

（一）营运能力指标

营运能力指标、公式及分析如表2-14所示。

表2-14

指标及公式	分析
总资产周转率 = 营业收入 ÷ 总资产平均余额 总资产平均余额 = （年初资产总额 + 年末资产总额）÷ 2 总资产周转天数 = 计算期天数 ÷ 总资产周转率 　　　　　　　　 = 360 ÷ 总资产周转率	反映企业全部资产的周转速度，用于衡量企业全部资产的管理质量和利用效率。

续表

指标及公式	分析
流动资产周转率 = 营业收入 ÷ 流动资产平均余额 流动资产平均余额 = (年初流动资产余额 + 年末流动资产余额) ÷ 2 流动资产周转天数 = 计算期天数 ÷ 流动资产周转率 = 360 ÷ 流动资产周转率	综合反映流动资产利用效果的基本指标，同时也反映所有流动资产运用效率的重要指标，表明流动资产使用的经济效益。
应收账款周转率 = 营业收入 ÷ 应收账款平均余额 应收账款周转天数 = 计算期天数 ÷ 应收账款周转率 　　　　　　　　 = 360 ÷ 应收账款周转率	反映应收账款的变现速度。 【提示】营业收入应使用营业收入总额扣除现销收入、销售退回、现金折让与折扣后的净额。
存货周转率 = 营业成本 ÷ 存货平均余额 存货周转天数 = 计算期天数 ÷ 存货周转率 　　　　　　　 = 360 ÷ 存货周转率 其中： 原材料周转率 = 耗用原材料成本 ÷ 原材料平均余额 在产品周转率 = 制造成本 ÷ 在产品平均余额	评价企业从取得存货、投入生产到销售收回等各个环节管理效率的综合性指标。该指标用于考核企业存货运用效率的指标且与企业的获利能力直接相关。 【提示】原材料周转率反映企业原材料使用效率；在产品周转率反映企业在产品利用效率。
固定资产周转率 = 营业收入 ÷ 固定资产平均余额 固定资产周转天数 = 计算期天数 ÷ 固定资产周转率 　　　　　　　　 = 360 ÷ 固定资产周转率	反映一定时期内固定资产的周转次数，衡量固定资产运用效率。

（二）各指标要点

各指标的分析要点如表 2 – 15 所示。

表 2 – 15

比率	分析要点
总资产周转率	（1）总资产周转率的高低取决于营业收入和总资产两个因素； （2）总资产周转率高即总资产周转天数少，说明企业资产周转速度快，利用全部资产进行经营的效率好，盈利能力强，资产的有效使用程度高，同样的资产取得的收入多。
流动资产周转率	（1）流动资产周转率越高，流动资产周转天数越短，说明企业流动资产周转得越快，企业以相同的流动资产占用实现了更多的销售收入，表明企业流动资产运用效率越好；反之，说明企业流动资产周转速度慢，利用流动资产进行经营活动的能力越差，流动资产运用效率越低。 （2）流动资产周转得过快，需要结合企业的具体情况看是否是流动资产管理不当等原因造成，包括存货和应收账款的管理等。
应收账款周转率	（1）在一定时期内，企业的应收账款周转率越高，周转天数越短，表明企业应收账款回收速度越快，运用效率越高，在其他条件不变的条件下，表明流动资产的质量越强，短期偿债能力也越强； （2）应收账款周转率并非越高越好，过高的应收账款周转率可能是企业紧缩的信用政策、苛刻的付款条件所致； （3）销售收入无明显增加而应收账款周转率出现大幅度增加的情况，可能是计提了大量的坏账准备所致； （4）评价企业应收账款周转率的适当与否，要结合企业的经营特点，对比分析企业前期指标、行业平均水平或其他类似企业的指标； （5）应收账款周转率不存在统一的标准，取决于企业的经营战略和管理能力。
存货周转率	（1）存货周转率越高，存货周转天数越短，说明存货周转得越快，变现能力越强，资金占用水平越低，存货的运用效率越高，流动资产的流动性和质量均越好，企业的盈利能力也越强。存货周转率越高，说明企业存货变现速度越快，资金回收快。存货周转速度慢，说明企业存货可能存在销售不对路，有较多的呆滞存货，影响资金及时回笼。 （2）存货周转率并非越高越好。过高的存货周转率可能导致企业存货不足或短缺，引发停工停料，从而丧失一些生产和销售机会。 （3）用存货周转率指标进行分析时，还应对存货的内部结构、影响存货周转速度的重要项目进行分析，包括原材料周转率、在产品周转率等。 （4）计算存货周转率时应注意统一存货计价方法。

续表

比率	分析要点
固定资产周转率	(1) 一般而言，固定资产周转率越高，表明企业固定资产利用越充分，在一定时期内，提供的收入越多，说明固定资产投资得当，结构分布合理，企业的经营活动越有效率；反之则表明企业固定资产利用效率低，提供的生产经营成果不多，即拥有的固定资产数量过多，设备有闲置，未能充分利用。 (2) 固定资产周转率应结合企业战略进行具体分析。

【例2-25】（单选题）某公司上期营业收入为1 000万元，本期期初应收账款为120万元，本期期末应收账款为180万元，本期应收账款周转率为8次，则本期的营业收入增长率为（　　）。

A. 20%　　B. 12%
C. 18%　　D. 50%

【答案】A

【解析】本期应收账款周转率 = 本期营业收入 ÷ [（期初应收账款 + 期末应收账款）÷ 2]，即 8 = 本期营业收入 ÷ [（120 + 180）÷ 2]，本期营业收入 = 1 200（万元），本期的营业收入增长率 = (1 200 - 1 000) ÷ 1 000 × 100% = 20%。

【例2-26】（单选题）下列关于企业在计算和评价应收账款周转率时，对需要注意事项的说法，错误的是（　　）。

A. 在计算应收账款周转次数时，不应将应收票据考虑在内

B. 应收账款周转率的分母，应选择财务报表应收账款平均余额

C. 应收账款周转天数越短，表明企业应收账款回款速度越快

D. 本年度企业计提了大量坏账准备，会导致销售收入无明显增加而应收账款周转率出现大幅度增加

【答案】A

【解析】应收账款周转次数中，应收账款包括会计报表中"应收票据"及"应收账款"等全部赊销账款在内，因为应收票据是销售形成的应收账款的另一种形式。

【例2-27】（单选题）某企业的销售净利率为20%，净资产收益率为30%，资产负债率为60%，则该企业的总资产周转率为（　　）。

A. 40%　　B. 50%
C. 60%　　D. 70%

【答案】C

【解析】权益乘数 = 1 ÷ (1 - 资产负债率) = 1 ÷ (1 - 60%) = 2.5，总资产周转率 = 净资产收益率 ÷ (销售净利率 × 权益乘数) = 30% ÷ (20% × 2.5) = 60%。

【例2-28】（多选题）在进行营运能力分析时，公司董事会成员提出不同的意见，下列意见正确的有（　　）。

A. 甲董事提出：我们公司的总资产周转天数少，说明企业资产获得的收入较少，应该加快资产的周转

B. 乙董事提出：我们公司流动资产周转率比同行业快1倍，说明我们公司流动资产运用得非常好，不存在任何问题

C. 丙董事提出：我们公司的销售收入无明显增加，但应收账款周转率出现大幅度增加，可能是计提了大量的坏账准备所导致

D. 丁董事提出：我们公司的存货周转周转天数长，可能存在销售不对路情况，影响资金及时回笼

E. 戊董事提出：我们公司固定资产周转率比去年有所增加，企业的经营活动比去年的效率有所提升

【答案】CDE

【解析】总资产周转天数少，即总资产周转率高，说明企业利用全部资产进行经营的效率好，盈利能力强，资产的有效使用程度高，甲董事的说法错误。流动资产周转率并非越快越好，流动资产周转得过快，需要结合企业的具体情况看是否是流动资产管理不当等原因造成，包括存货和应收账款的管理等，该企业流动资产周转率比同行业快1倍，流动资产管理方式适当性存疑，乙董事说法错误。

【知识点5】杜邦分析法

一、杜邦分析法的基本原理

杜邦分析法是利用各主要财务比率指标之间的内在联系，对企业财务状况及经济效益进行综合系统分析评价的方法。

二、杜邦分析法的核心比率
核心比率：净资产收益率

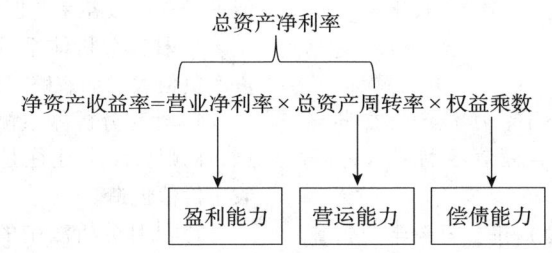

三、杜邦分析法的基本框架

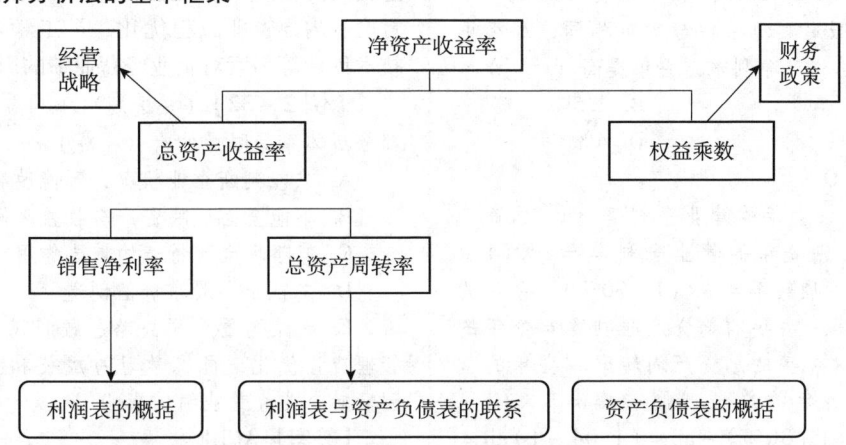

净资产收益率 = 净利润 ÷ 净资产 = $\dfrac{净利润}{资产总额} \times \dfrac{资产总额}{净资产}$

= $\dfrac{净利润}{营业收入} \times \dfrac{营业收入}{资产总额} \times \dfrac{资产总额}{净资产}$

= 销售净利率 × 总资产周转率 × 权益乘数

= 销售净利率 × 总资产周转率 × [1 ÷ (1 − 资产负债率)]

= 总资产净利率 × 权益乘数

四、提高净资产收益率的途径

通过调整经营战略、财务政策可以提高净资产的收益率（见表2−16）。

表2−16

	相关公式	企业可采用的战略模式	原因
经营战略	销售净利率、总资产周转率	(1) 高盈利、低周转； (2) 低盈利、高周转。	在经营战略中，销售净利率和总资产周转率相互作用，共同影响净资产收益率。
财务政策	权益乘数（财务杠杆）	(1) 低经营风险、高财务杠杆； (2) 高经营风险、低财务杠杆。	在总资产收益率保持不变的前提下，高财务杠杆带来高权益净利率。经营战略需要和财务政策相匹配。

所以，企业可以通过下列途径提高资产净收益率：

(1) 使销售收入增长幅度高于成本的增加幅度；

(2) 减少公司的销售成本或经营费用；

(3) 提高总资产周转率，即在现有资产基础上，增加销售收入，或者减少企业资产；

(4) 在不危及企业财务安全前提下，增加债务规模，提高负债比率。

【例2−29】（多选题）杜邦分析体系中涉

及的主要财务指标有（　　）。

A．动态回收期　　　B．经营杠杆系数
C．总资产周转率　　D．产权比率
E．净资产收益率

【答案】CE

【解析】杜邦分析体系下，净资产收益率＝总资产收益率×权益乘数＝销售净利率×总资产周转率×权益乘数。

【例2－30】（单选题）甲公司今年的销售净利率比去年下降20%，总资产周转率比去年提高30%，假定其他条件与去年相同，那么甲公司今年的总资产净利率比去年提高（　　）。

A．20%　　　　　B．2.5%
C．－16%　　　　D．4%

【答案】D

【解析】设去年的营业净利率＝a，总资产周转率为b，则今年的营业净利率＝a×（1－20%），总资产周转率＝b×（1＋30%）。今年的总资产净利率－去年的总资产净利率＝今年的营业净利率×今年的总资产周转率－去年的营业净利率×去年的总资产周转率＝a×（1－20%）×b×（1＋30%）－ab＝（1.04－1）ab＝4%×ab。

【例2－31】（多选题）从杜邦分析体系可知，提高净资产收益率的途径包括（　　）。

A．加强成本管理，降低成本费用
B．增加销售收入，增加企业资产
C．加强资产管理，提高资产周转率
D．减少债务规模，降低负债比率
E．在现有基础上，增加资产总额

【答案】AC

【解析】增加企业销售收入不一定会增加企业销售净利率，如企业通过低于成本价甩卖的方式增加销售收入，反而会降低企业销售净利率，从而降低企业净资产收益率。

权益乘数＝资产总额÷股东权益总额，在其他条件不变的情况下，降低负债比率会导致企业资产总额下降，从而降低权益乘数，最终降低企业净资产收益率。

只有收入的增加幅度高于资产的增加幅度，总资产周转率才会上升，其他条件不变，增加资产总额反而会导致总资产周转率下降，从而降低净资产收益率。

五、杜邦分析体系的缺陷

1．杜邦分析体系是从结果倒推原因，只能判断企业状况，不能改善企业经营。

2．杜邦分析体系以净资产收益率为核心，但是净资产收益率与股东财富存在差异。

3．杜邦分析体系的资料主要来利润表和资产负债表，而忽略了现金流量表的信息。

4．杜邦分析体系侧重于财务报表方面的信息，而财务结果往往是短期倾向，忽略了长期股东价值创造。

5．杜邦分析法中的财务指标反映的是企业过去的经营成果，无法衡量公司战略、顾客满意度、内部管理流程优化、员工学习与成长和技术创新等因素对企业经营业绩的影响。

【例2－32】（多选题）下列各项中属于杜邦分析体系局限性的有（　　）。

A．只能判断企业状况，不能改善企业经营
B．不能全面反映资产与收益之间的关系
C．忽略现金流量表的重要作用
D．忽视长期股东价值创造
E．无法衡量公司战略、顾客满意度、内部管理流程优化、员工学习与成长和技术创新等因素对企业经营业绩的影响

【答案】ACDE

【解析】杜邦分析体系的核心指标就是净资产收益率，反映了企业资产与收益之间的关系。

精选练习题

一、单项选择题

1．下列角色中，最关心企业的负债程度和偿债能力，会根据企业的信用评级做出财务决策的角色是（　　）。

A．保险公司　　　B．国有资产管理局
C．财务经理　　　D．潜在投资者

2．下列活动不是财务管理分析对象的是（　　）。

A．投资活动　　　B．筹资活动
C．经营活动　　　D．分配活动

3．下列比率指标的不同类中，流动比率属于（　　）。

A．构成比率　　　B．动态比率
C．效率比率　　　D．相关比率

4．依据分析指标与其影响因素之间的关系，确定各因素对分析指标差异影响程度的财务方法是（　　）。

A．因素分析法　　B．趋势分析法
C．比较分析法　　D．比率分析法

5. 甲公司本年度某种材料费用实际为 10 080 元，预算是 8 100 元。由于材料费用是由 A、B、C 三个因素的乘积构成，具体情况如下：

项目	预算数	实际数	差异
A	180	210	30
B	9	8	−1
C	5	6	1
材料费用（元）	8 100	10 080	1 980

则 A、B、C 三种因素对总材料费的影响从大到小排列正确的是（　　）。

A. B＞A＞C　　　B. A＞C＞B
C. C＞B＞A　　　D. C＞A＞B

6. 在计算速动比率指标时，下列各项中，不属于速动资产的是（　　）。

A. 存货　　　　　B. 应收票据
C. 货币资金　　　D. 交易性金融资产

7. 某企业年末库存现金 20 万元，银行存款 680 万元，交易性金融资产 800 万元，应收账款 500 万元，存货 1 000 万元，在建工程 1 500 万元，长期股权投资 900 万元，流动负债 7 500 万元。则该企业的速动比率为（　　）。

A. 0.72　　　　　B. 0.27
C. 0.06　　　　　D. 1.23

8. 下列指标中，不能用于分析企业长期偿债能力的是（　　）。

A. 权益乘数
B. 有形净资产债务率
C. 利息保障倍数
D. 总资产收益率

9. 利息保障倍数 = 息税前利润 ÷ 利息费用，其中，分母的利息费用代表的含义是（　　）。

A. 计入本期现金流量表的利息支出
B. 计入本期利润表的费用化利息和资产负债表的资本化利息
C. 计入本期利润表的费用化利息
D. 计入本期资产负债表的资本化利息

10. 某公司本年末资产总额 1 000 万元，负债总额 400 万元，所有者权益总额 600 万元。资产中，存货 200 万元，长期股权投资 100 万元，交易性金融资产 50 万元，无形资产 100 万元，其他资产 550 万元。负债中，流动负债为 300 万元，非流动负债为 100 万元。基于本年度的资产负债状况，下列说法错误的是（　　）。

A. 该公司资产负债率为 40%
B. 该公司有形净值债务率为 80%
C. 该公司权益乘数为 1.67
D. 该公司产权比率为 60%

11. 在下列关于资产负债率、权益乘数和产权比率之间关系的表达式中，正确的是（　　）。

A. 资产负债率 + 权益乘数 = 产权比率
B. 资产负债率 − 权益乘数 = 产权比率
C. 资产负债率 × 权益乘数 = 产权比率
D. 资产负债率 ÷ 权益乘数 = 产权比率

12. 甲公司本年度营业收入为 19 000 万元，财务费用为 680 万元，资产减值损失为 50 万元，所得税费用为 80 万元，净利润为 240 万元，甲公司本年度资本化利息支出 120 万元，已经计入在建工程，则利息保障倍数为（　　）。

A. 1.25　　　　　B. 1.47
C. 0.38　　　　　D. 0.47

13. 某企业本年的营业收入金额为 5 500 万元，上年金额为 4 700 万元。营业成本本年金额为 4 500 万元，上年金额为 4 100 万元。净利润本年金额为 1 000 万元，上年金额为 800 万元，则该企业本年的销售毛利率为（　　）。

A. 5.77%　　　　B. 18.18%
C. 17.02%　　　D. 10.58%

14. 已知某企业本年度销售毛利率为 75%，销售净利率为 50%，资产负债率为 60%。本年度企业总资产周转 2 次，一次周转 180 天；流动资产周转 3 次，一次周转 60 天。则该企业本年度总资产收益率为（　　）。

A. 250%　　　　B. 150%
C. 100%　　　　D. 50%

15. 假定其他条件不变，下列各项业务中，会导致总资产收益率上升的是（　　）。

A. 收回应收账款
B. 用资本公积转增资本
C. 用银行存款购入生产设备
D. 用银行存款归还银行借款

16. 企业在进行以资产为基础的获利能力分析时，下列说法正确的是（　　）。

A. 总资产收益率是年末企业净利润与年末企业资产总额的比值，它从总资产利用效率角度来反映企业的盈利能力
B. 企业在计算固定资产收益率时，分母的固定资产应包括在建工程的项目

C. 固定资产收益率仅受企业生产量和资产利用情况的影响，因此如果企业固定资产收益率不高，企业要从尽量减少固定资产占用和增加产量两个方面出发改善情况

D. 因为提高权益乘数会增加企业的经营风险，且权益乘数并不能无限制提高，因此提高净资产收益率的基本动力是提高总资产收益率

17. 甲公司今年期初发行在外的普通股股数为2 000万股，6月30日新发行普通股1 000万股，11月30日回购普通股840万股。该公司本年度实现净利润1 600万元，发放优先股股利300万元。则该公司本年度每股收益为每股（　　）元。

　　A. 1　　　　　　B. 0.8
　　C. 0.535　　　　D. 0.658

18. 甲公司上年净利润为250万元，流通在外的普通股的加权平均股数为100万股，优先股为50万股，优先股股息为每股1元。如果上年末普通股的每股市价为30元，甲公司的市盈率为（　　）。

　　A. 12　　　　　B. 15
　　C. 18　　　　　D. 22.5

19. 甲公司今年1月1日按面值发行年利率4%的可转换公司债券，面值10 000万元，期限为5年，利息每年末支付一次。发行结束一年后可以转换股票，转换价格为每股10元，即每100元债券可以转换为1元面值的普通股10股。甲公司今年归属于普通股股东的净利润为50 000万元，发行在外的普通股加权平均数为80 000万股，债券利息不符合资本化条件，直接计入当期损益，所得税税率为25%。假设不考虑可转换公司债券在负债成分和权益成分之间的分拆，即到期全部转为股票。且债券票面利率等于实际利率，则甲公司年末的稀释每股收益为（　　）元。

　　A. 0.621　　　　B. 0.625
　　C. 0.609　　　　D. 0.615

20. 甲公司是一家电器销售企业，每年6月到10月是销售旺季，管理层拟用存货周转率评价全年存货管理业绩，适合使用的公式是（　　）。

　　A. 存货周转率 = 营业收入／（∑各月末存货／12）
　　B. 存货周转率 = 营业收入／[（年初存货 + 年末存货）／2]
　　C. 存货周转率 = 营业成本／[（年初存货 + 年末存货）／2]
　　D. 存货周转率 = 营业成本／（∑各月末存货／12）

21. 下列关于存货周转率的相关表述中，错误的是（　　）。

　　A. 为计算上的配比，计算存货周转率时，应将营业收入中的销售毛利部分剔除
　　B. 存货周转率越高，存货周转天数越短，说明存货周转得越快，变现能力越强，资金占用水平越低，存货运用效率越高，因此存货周转率越高越好
　　C. 存货周转率是指企业一定时期内营业成本与存货平均余额的比例，它的计算结果是企业全部存货在一年内周转的次数
　　D. 存货计价方法对存货周转率的影响较大，因此比较不同企业存货周转率时应注意采用的存货计价方法是否一致

22. 某企业今年的营业成本年末余额为4 490万元，年初余额为4 214万元。存货年末余额为302万元，年初余额为680万元，则该企业的存货周转天数为（　　）。

　　A. 39天　　　　　B. 32天
　　C. 74天　　　　　D. 64天

23. 在杜邦分析的财务体系中，最具有综合性的财务指标是（　　）。

　　A. 总资产收益率　　B. 销售净利率
　　C. 总资产净利率　　D. 净资产收益率

24. 甲公司今年的销售净利率比去年下降10%，总资产周转率提高20%，假定其他条件与去年相同，那么甲公司今年的净资产收益率比去年提高（　　）。

　　A. 12%　　　　　B. 6%
　　C. 8%　　　　　D. 10%

25. 某企业的总资产收益率为16%，若资产负债率为60%，则净资产收益率为（　　）。

　　A. 26.67%　　　B. 40%
　　C. 44%　　　　D. 3.75%

26. 某公司去年的销售净利率为5.25%，总资产周转率为2.26，净利润2.66亿元；今年的销售净利率为4.95%，总资产周转率为2.96，净利润2.51亿元。若两年的资产负债率相同，则今年的净资产收益率比照去年的变化趋势为（　　）。

A. 上升　　　　B. 不变
C. 下降　　　　D. 无法比较

27. 杜邦分析法存在一定的局限性，下列不属于杜邦分析的局限性的是（　　）。

A. 杜邦分析法以净资产收益率为核心，该指标未能明确考虑公司的财务风险和经营风险

B. 杜邦分析法忽略了现金流量表的信息

C. 杜邦分析法不能揭示企业财务系统中各因素之间的相互关联

D. 杜邦分析法侧重于短期财务结果，可能助长企业短期行为，忽略长期股东创造价值

二、多项选择题

1. 下列财务资料中，能够对企业获利能力分析提供帮助的有（　　）。

A. 资产负债表
B. 利润表
C. 现金流量表
D. 所有者权益变动表
E. 公司治理结构报告

2. 公司某董事拟对该公司的财务状况进行基础性的分析，则他选择的方法中，正确的有（　　）。

A. 该董事想了解公司某项经济指标的各个组成部分与总体之间关系的财务比率，应采用效率比率分析法

B. 该董事想了解公司与先进企业之间的差距，可以选择绝对数比较分析法

C. 该董事想了解不同时期相关指标变动的情况，可以选择绝对数增减变动分析法

D. 该董事想了解组成某项指标的若干因素中每个因素对分析指标产生的影响，可以采用差额计算法

E. 该董事想了解某项指标的各组成部分与总体之间的关系的财务比率，可以选择构成比率分析法

3. 下列关于企业短期偿债能力的说法，正确的有（　　）。

A. 营运资金越多意味着债权人的债券可回收的安全性越低

B. 本年度甲公司的营运资金是 50 万元而乙公司是 3 000 万元，甲公司的短期偿债能力高于乙公司

C. 用来衡量企业每 1 元流动负债有多少流动资产作为保障的指标叫做流动比率

D. 流动比率越高意味着企业营运资金的周转效率越低

E. 速动比率长期不规则波动，分析师最好不要用它来判断这个企业的短期偿债能力

4. 下列衡量长期偿债能力的公式中，正确的有（　　）。

A. 资产负债率 = 资产总额 ÷ 负债总额
B. 产权比率 = 股东权益 ÷ 负债总额
C. 权益乘数 = 1 + 产权比率
D. 利息保障倍数 =（净利润 + 所得税费用）÷ 利息费用
E. 有形净值债务率 = 负债总额 ÷（股东权益 – 无形资产净值）

5. 甲公司本年度期初在外发行股票 500 万股，6 月 30 日增发 200 万股。本年末发放优先股股利 200 万元。年末，甲公司每股市价为 10 元。期初流动资产 3 750 万元，期末流动资产 4 250 万元。又已知流动资产收益率为 35%，销售毛利率为 15%，流动资产周转率为 0.7 次。则下列分析中，说法正确的有（　　）。

A. 甲公司本年度营业收入为 2 800 万元
B. 甲公司本年度营业成本为 2 300 万元
C. 甲公司本年度净利润为 1 450 万元
D. 甲公司本年度基本每股收益为 2.4 元
E. 甲公司本年末市盈率为 5 倍

6. 根据有关要求，企业存在稀释性潜在普通股的，应当计算稀释每股收益，下列属于潜在普通股的有（　　）。

A. 可转换公司债券　　B. 认股权证
C. 股份期权　　　　　D. 优先股
E. 普通股

7. 下列指标中，可以用来衡量股东投资报酬的财务指标是（　　）。

A. 净资产收益率　　B. 稀释每股收益
C. 市盈率　　　　　D. 总资产周转率
E. 权益乘数

8. 甲公司是一家上市公司，本年度营业收入为 100 000 万元，营业成本为 75 000 万元，财务费用为 350 万元（全部为利息支出），利润总额为 4 000 万元，净利润为 3 000 万元，非经营收益为 50 万元。此外，资本化利息支出 50 万元。甲公司存货年初 5 000 万元，年末余额 7 000 万元，全年平均总资产 25 000 万元。公司全年发行在外的普通股加权平均数为 5 000 万股，年末每股市价 3 元。根据上述条件，以下

说法正确的有（　　）。

　　A. 甲公司销售净利率为 4%
　　B. 甲公司利息保障倍数为 8 倍
　　C. 甲公司存货周转率为 10.71 次
　　D. 甲公司总资产净利率为 12%
　　E. 甲公司市盈率为 5 倍

9. 在其他条件不变的情况下，会引起总资产周转率上升的经济业务包括（　　）。

　　A. 用固定资产进行对外投资
　　B. 偿还银行专门借款
　　C. 收到预付货款，货在 3 个月后发出
　　D. 用现金购入存货一批
　　E. 因遭遇不可抗力，毁损一个仓库的货物

10. 某公司去年的营业收入净额为 5 000 万元，流动资产平均余额 500 万元，非流动资产平均余额 1 500 万元，应收账款平均余额为 600 万元；今年的营业收入净额为 6 000 万元，流动资产平均余额 800 万元，非流动资产平均余额 1 700 万，应收账款平均余额为 1 000 万元，则下列说法正确的有（　　）。

　　A. 今年的总资产周转率为 2.67 次
　　B. 去年的流动资产周转率为 10 次
　　C. 今年的流动资产周转率为 8 次
　　D. 去年的应收账款周转天数为 43 天
　　E. 今年的应收账款周转率为 6 次

11. 甲企业在计算本年度存货周转次数时，发现同比大幅度增加，这表明甲企业可能出现（　　）。

　　A. 盈利能力上升
　　B. 短期偿债能力变强
　　C. 资金占用水平升高
　　D. 存货流动性下降
　　E. 资产管理效率提升

12. 下列各项中，影响应收账款周转率的指标有（　　）。

　　A. 预付账款　　B. 销售退回
　　C. 预收账款　　D. 应收票据
　　E. 现金折扣

13. 杜邦分析法所应用的下列公式中，正确的有（　　）。

　　A. 净资产收益率 = 总资产净利率 × 权益乘数
　　B. 权益乘数 = 销售净利率 ÷ 总资产周转率
　　C. 净资产收益率 = 净利润 × 净资产
　　D. 总资产周转率 = 净资产收益率 ÷ 销售净利率
　　E. 销售净利率 = 净资产周转率 ÷ 总资产周转率 ÷ [1 ÷ (1 − 资产负债率)]

14. 下列途径中，能够提高净资产收益率的有（　　）。

　　A. 增发新股筹资提高资金总量
　　B. 使销售收入增长幅度高于成本的增加幅度
　　C. 减少公司的销售成本或经营费用
　　D. 在现有资产基础上，增加销售收入
　　E. 在不危及企业财务安全前提下，增加债务规模，提高负债比率

15. 关于杜邦分析法的优点，下列说法正确的有（　　）。

　　A. 可以深入分析比较企业经营业绩
　　B. 可以全面优化企业内部管理流程
　　C. 可以为股东创造长期价值
　　D. 可以衡量员工的学习成长对企业经营业绩的影响
　　E. 可以将资产负债表和利润表进行深入联系

三、综合题

（一）财务指标及分析能力的综合练习

资料一：甲公司本年度资产负债表简表、利润表简表如下。

资产负债表简表　　　　　　　　　　　　　　单位：万元

资产	年初	年末	负债及所有者权益	年初	年末
流动资产：			流动负债合计	650	520
货币资金	195	225	长期负债合计	275	385
交易性金融资产	50	40	负债合计	925	905
应收账款	290	210			
存货	240	260			

续表

资产	年初	年末	负债及所有者权益	年初	年末
流动资产合计	775	735			
长期股权投资	140	100	实收资本	750	750
无形资产	10	50	未分配利润	250	330
固定资产	1 000	1 100	所有者权益合计	1 000	1 030
合计	1 925	1 985	合计	1 925	1 985

利润表简表 单位：万元

项目	金额
营业收入	2 000
减：营业成本	1 400
营业税金及附加	200
减：期间费用	200
其中：利息费用	20
营业利润	200
减：所得税（税率25%）	50
净利润	150

资料二：已知甲公司本年度构建固定资产的资本化利息费用为 2 万元，甲公司所在行业存货周转天数为 80 天。

资料三：甲公司本年初流通在市场的普通股 100 万股，6 月 30 日，又发行普通股 80 万股。本年度，甲公司拟发放优先股股利 10 万元。截至本年末 12 月 31 日，甲公司每股市价为 3 元。

资料四：已知甲公司所在行业的 β 系数为 1.2，短期国债利率为 4%，12 月 31 日股票价格指数收益率为 12%。甲公司所在行业的风险收益率为 12%。

根据上述资料，不考虑其他因素，回答下列问题：

1. 甲公司本年度下列指标中，计算正确的有（　　）。
   A. 本年度存货周转率为 5.6 次
   B. 本年度甲公司产权比率为 87.86%
   C. 本年度甲公司利息保障倍数为 11 倍
   D. 本年度甲公司销售毛利率为 30%

2. 甲公司本年末市盈率为（　　）。
   A. 3　　　　　　　　B. 3.86
   C. 2.8　　　　　　　D. 3.61

3. 在进行甲公司财务报告分析时，下列说法正确的有（　　）。

   A. 甲公司的存货周转能力高于行业平均水平
   B. 甲公司的债权人对甲公司不具备信心
   C. 甲公司的股东对甲公司的发展前景不具备信心
   D. 甲公司的抗风险能力高于行业平均水平

4. 甲公司本年度净资产收益率为（　　）。
   A. 13.68%　　　　　B. 14.56%
   C. 14.78%　　　　　D. 13.26%

5. 甲公司可以通过下列（　　）途径来提高净资产收益率。
   A. 使销售收入增长幅度高于成本的增加幅度
   B. 增加生产成本保证高质量产品
   C. 减少企业资产，提高总资产周转率
   D. 尽力增加债务规模，提高负债比率

（二）杜邦分析法的综合练习

某公司是一家上市公司，已公布的公司今年财务报告显示，今年，该公司净资产收益率较去年大幅度降低，引起了各市场的广泛关注。为此，分析师小 M 详细搜集了该公司去年和今年的相关数据，如下表所示：

项目	去年	今年
销售净利率	12%	8%
总资产周转率	1	0.8
权益乘数	1.8	2
净利润（万元）	1800	2000

6. 该公司去年的净资产收益率为（　　）。
   A. 16%　　　　　　B. 17.28%
   C. 21.6%　　　　　D. 12.8%

7. 该公司今年的股东权益总额为（　　）万元。
   A. 25 000　　　　　B. 8 333.33

C. 15 625　　　　　D. 9 259.26

8. 下列说法中，正确的是（　　）。
   A. 该公司去年的资产负债率为44.44%
   B. 该公司去年的资产负债率为50%
   C. 该公司今年的资产负债率为62%
   D. 该公司今年的资产负债率为50%

9. 下列关于净利润的计算公式中，正确的有（　　）。
   A. 净利润=息税前利润-利息费用-所得税费用
   B. 净利润=营业收入÷销售净利率
   C. 净利润=总资产收益率×期末总资产
   D. 净利润=净资产收益率×净资产

10. 分析师小M利用因素分析法对该公司的销售净利率、总资产周转率和权益乘数的变动对今年公司净资产收益率的影响进行分析，下述分析正确的有（　　）。
    A. 销售净利率变动的影响为4.32%
    B. 总资产周转率变动的影响为-2.88%
    C. 权益乘数变动的影响为0.48%
    D. 销售净利率的减少对净资产收益率的下降影响最大

精选练习题参考答案及解析

一、单项选择题

1. 【答案】A

【解析】选项A属于债权人角色，债权人是借款给企业并得到企业还款承诺的主体，包括银行、非银行金融机构（如财务公司、保险公司等）、企业债券的购买者等。一般而言，债权人可以分为短期债权人和长期债权人。债权人财务分析侧重于企业的负债程度和偿债能力，评价企业的信用等级，决定是否批准企业的贷款申请和考虑是否提前收回贷款或继续提供贷款。选项B属于监管机构角色，最关心的是企业是否按照政策法规去运营。选项C属于企业管理者角色，经营理财的各个方面，包括偿债能力、运营能力、获利能力、发展能力，主要进行各方面的综合分析，并关注企业财务风险和经营风险。选项D属于投资人角色，最关心企业的获利能力、投资回报率以及企业经营的风险水平。

2. 【答案】D

【解析】财务分析的对象是企业的基本经济活动，包括投资活动、筹资活动和经营活动。

3. 【答案】D

【解析】相关比率是反映经济活动某两个或两个以上相关比值的财务比率，流动比率=流动资产÷流动负债，属于相关比率。

4. 【答案】A

【解析】因素分析法是依据分析指标与其影响因素间的关系，按照一定程序和方法，确定各因素对分析指标差异影响程度的一种技术方法。

5. 【答案】D

【解析】方法一：运用连环替代法计算各因素变动对材料费用总额的影响程度。

某产品材料费=A×B×C

预算指标：180×9×5=8 100（元）　①

第一次替代：210×9×5=9 450（元）　②

第二次替代：210×8×5=8 400（元）　③

第三次替代：210×8×6=10 080（元）　④

因此：

A的影响程度：②-①=9 450-8 100=1 350（元）

B的影响程度：③-②=8 400-9 450=-1 050（元）

C的影响程度：④-③=10 080-8 400=1 680（元）

方法二：运用差额计算法计算各因素变动对材料费用的影响。

A的影响程度：(210-180)×9×5=1 350（元）

B的影响程度：210×(8-9)×5=-1 050（元）

C的影响程度：210×8×(6-5)=1 680（元）

因此，三者的影响程度排列如下：C>A>B。

6. 【答案】A

【解析】货币资金、交易性金融资产和各种应收款项，可以在短时间内变现，称为速动资产。

7. 【答案】B

【解析】速动比率=(20+680+800+500)÷7 500=0.27。

8. 【答案】D

【解析】总资产收益率是企业净利润与平均

资产总额的比值,是用于反映企业盈利能力的指标。

9.【答案】B

【解析】分母的"利息费用"是指本期的全部应付利息,不仅包括计入利润表中财务费用的利息费用,还包括计入资产负债表固定资产等成本的资本化利息。

10.【答案】D

【解析】选项A,资产负债率=负债总额÷资产总额×100%=400÷1 000×100%=40%。选项B,有形净值债务率=[负债总额/(股东权益-无形资产净值)]×100%=400÷(600-100)×100%=80%。选项C,权益乘数=1÷(1-资产负债率)=1÷(1-40%)=1.67。选项D,权益乘数=1+产权比率,因此,产权比率=(1.67-1)×100%=67%。

11.【答案】C

【解析】资产负债率×权益乘数=(总负债÷总资产)×(总资产÷股东权益)=总负债÷股东权益=产权比率,选项C正确。

12.【答案】A

【解析】利息保障倍数=息税前利润÷应付利息=(240+80+680)÷(680+120)=1.25。

13.【答案】B

【解析】本年销售毛利率=(本年营业收入-本年营业成本)÷本年营业收入×100%=(5 500-4 500)÷5 500×100%=18.18%。

14.【答案】C

【解析】总资产收益率=销售净利率×总资产周转率=50%×2=100%。

15.【答案】D

【解析】总资产收益率=净利润÷平均资产总额。选项A,收回应收账款,资产负债表中银行存款增加、应收账款减少,资产总额不变,不影响总资产收益率。选项B,用资本公积转增资本,不影响企业净利润和平均总资产,不影响总资产收益率。选项C,用银行存款购入生产设备,资产负债表中固定资产增加银行存款减少,资产总额不变,不影响总资产收益率。选项D,用银行存款归还银行借款,资产负债表中银行存款减少、短期借款或长期借款减少,即资产负债表项目中资产减少、负债减少,企业平均资产总额减少,总资产收益率上升。

16.【答案】D

【解析】总资产收益率是企业净利润与平均资产总额的比值。它从总资产利用效率角度来反映企业的盈利能力,选项A错误。企业在计算固定资产收益率时,分母中的固定资产不包括在建工程的数据,并且是指固定资产原值,选项B错误。固定资产利润率不但受生产量的影响,而且受销售量、销售成本、销售价格等因素的影响。企业要提高利润,一方面要尽量减少固定资产占用,另一方面要增加产量,提高质量,降低成本,做好销售工作,选项C的说法片面。

17.【答案】C

【解析】归属于普通股股东的净利润=1 600-300=1 300(万元),发行在外的普通股加权平均数=2 000+1 000×6÷12-840×1÷12=2 430(万股),基本每股收益=1 300÷2 430=0.535(元/股)。

18.【答案】B

【解析】每股收益=(净利润-优先股股利)÷流通在外的普通股加权平均股数=(250-50×1)÷100=2(元/股),市盈率=每股市价÷每股收益=30÷2=15。

19.【答案】A

【解析】基本每股收益=50 000÷80 000=0.625(元),假设全部转股,所增加的净利润=10 000×4%×(1-25%)=300(万元),所增加的年加权平均普通股股数=10 000÷100×10=1 000(万股),增量股的每股收益=300÷1 000=0.3(元),增量股的每股收益小于原每股收益,可转换债券具有稀释作用,甲公司年末的稀释每股收益=(50 000+300)÷(80 000+1 000)=0.621(元)。

20.【答案】D

【解析】为了评价存货管理的业绩,应当使用"营业成本"计算存货周转率。而存货的年初余额在1月初,年末余额在12月末,都不属于旺季,存货的数额较少,采用存货余额年初年末平均数计算出来的存货周转率较高,因此应该按月进行平均,比较准确。

21.【答案】B

【解析】存货周转率并非越高越好,盲目追求太高的存货周转率可能导致企业存货不足或缺货,引发停工停料,从而丧失一些生产和销售机会,对正常的生产经营生活带来不利影响。

22.【答案】A

【解析】存货平均余额=(680+302)÷2=491(万元),存货周转率=营业成本÷存货平均余额=4 490÷491=9.14(次),存货周转天数=计算期天数/存货周转率=360÷9.14=39(天)。

23.【答案】D

【解析】净资产收益率是综合性最强的财务指标,它是杜邦分析体系的源头和核心。

24.【答案】C

【解析】净资产收益率=销售净利率×总资产周转率×权益乘数,设去年的净资产收益率为E,则今年的净资产收益率为(1-10%)(1+20%)E=1.08E,因此,今年的净资产收益率比去年提高(1.08E-E)÷E×100%=8%。

25.【答案】B

【解析】权益乘数=1÷(1-资产负债率)=1÷(1-60%)=2.5,则净资产收益率=权益乘数×总资产收益率=16%×2.5=40%。

26.【答案】A

【解析】净资产收益率=销售净利率×总资产周转率×权益乘数,设权益乘数为M,则去年的净资产收益率=5.25%×2.26×M=11.865%M,今年的净资产收益率=4.95%×2.96×M=14.652%M。因此今年的净资产收益率比照去年呈上升趋势。

27.【答案】C

【解析】杜邦分析法将企业的盈利能力、营运能力、风险与偿债能力等都联系在一起,触及企业营业规模与成本费用水平、资产、负债、股东权益的规模与结构等方方面面,全面、系统地反映企业整体的财务状况和经营成果,并揭示系统中各个因素之间的相互关联,较好地解释了指标变动原因。

二、多项选择题

1.【答案】ABD

【解析】获利能力分析可以从三个维度进行:(1)以收入为基础的获利能力分析,即营业收入与利润的关系。(2)以资产为基础的获利能力分析,即资产与利润的关系。(3)股东投资报酬分析,即股东权益与利润的关系,即企业的利润表、资产负债表、所有者权益变动表都能对企业获利能力提供帮助。

2.【答案】CDE

【解析】选项A,反映某项经济指标的各个组成部分与总体之间关系的财务比率是构成比率。选项B,想了解与先进企业之间的差距,因为是不同企业之间的比较,应采用比较分析法中的百分比增减变动分析,该方法可以消除项目绝对规模因素的影响。

3.【答案】CDE

【解析】选项A,营运资金=流动资产-流动负债,营运资金越多意味着可用于偿还流动负债的资金越充裕,企业的短期偿债能力越强,债权人的债券可以收回的安全性越高。选项B,营运资金是短期偿债能力的绝对指标,应结合企业具体情况进行考量,同样的营运资金在不同资产和负债的公司反映的结果不同,不具备可比性。

4.【答案】CE

【解析】选项A,资产负债率=负债总额÷资产总额。选项B,产权比率=负债总额÷股东权益。选项D,利息保障倍数=息税前利润÷利息费用=(净利润+利息费用+所得税费用)÷利息费用。

5.【答案】AE

【解析】选项A,流动资产周转率=营业收入÷流动资产平均余额,则营业收入=流动资产平均余额×流动资产周转率=[(3 750+4 250)÷2]×0.7=2 800(万元)。选项B,销售毛利率=(营业收入-营业成本)÷营业收入,因此,营业成本=营业收入-销售毛利率×营业收入=2 800-2 800×15%=2 380(万元)。选项C,流动资产收益率=净利润÷平均流动资产总额,因此本年度净利润=流动资产收益率×平均流动资产总额=35%×[(3 750+4 250)÷2]=1 400(万元)。选项D,发行在外的普通股加权平均数=500+200×6÷12=600(万股),基本每股收益=(1 400-200)÷600=2(元)。选项E,市盈率=10÷2=5(倍)。

6.【答案】ABC

【解析】稀释性潜在普通股是假设当期转换为普通股会减少每股收益的潜在普通股,潜在普通股主要包括:可转换公司债券、认股权证和股份期权等。

7.【答案】ABC

【解析】选项D,总资产周转率,是指企业一定时期的营业收入与企业总资产平均余额的比率，它是用于衡量企业全部资产的管理质量和利用效率的，无法衡量股东投资报酬。选项E，权益乘数，是资产总额与股东权益总额的比值，解释资产、股东权益对负债总额的保障程度，是从股东权益这一角度衡量公司偿债能力与风险的指标，无法衡量股东投资报酬。

8.【答案】DE

【解析】选项A，销售净利率＝净利润÷营业收入×100%＝3 000÷100 000×100%＝3%。选项B，利息保障倍数＝息税前利润÷应付利息＝(4 000+350+50)÷(350+50)＝11。选项C，存货周转率＝营业成本÷存货平均余额＝75 000÷[(5 000+7 000)÷2]＝12.5（次）。选项D，总资产净利率＝销售净利率×(营业收入÷总资产平均余额)＝3%×(100 000÷25 000)＝12%。选项E，市盈率＝每股市价÷每股收益＝3÷(3 000÷5 000)＝5（倍）。

9.【答案】BE

【解析】总资产周转率＝营业收入÷总资产平均余额。选项A、D是资产内部增减变动，对总资产周转率不产生影响。选项B、E，企业总资产减少，从而使总资产周转率上升。选项C，企业总资产增加，从而使总资产周转率下降。

10.【答案】BDE

【解析】选项A，今年的总资产周转率＝6 000÷(800+1 700)＝2.4（次）。选项B，去年流动资产周转率＝5 000÷500＝10（次）。选项C，今年的流动资产周转率＝6 000÷800＝7.5（次）。选项D，去年的应收账款周转率＝5 000÷600＝8.33（次），周转天数＝360÷8.33＝43（天）。选项E，今年的应收账款周转率＝6 000÷1 000＝6（次）。

11.【答案】ABE

【解析】存货周转率次数是衡量和评价企业存货、投入生产、销售收回等各环节管理的综合性指标，一般来讲，存货周转率越高，说明企业存货周转得越快，变现能力越强，资金占用水平越低，存货的运用效率越高，流动资产的流动性和质量均越好，企业盈利能力也越强，存货转换为现金或应收账款的速度就越快，企业短期偿债能力及盈利能力变强。

12.【答案】BDE

【解析】应收账款包括会计核算中的"应收账款"和"应收票据"等全部赊销账款在内，同时在计算应收账款周转率时需要考虑营业收入，营业收入应使用营业收入总额扣除现销收入、销售退回、现金折让与折扣后的净额。

13.【答案】AE

【解析】选项B，权益乘数＝净资产收益率÷总资产净利率。选项C，净资产收益率＝净利润÷净资产。选项D，总资产周转率＝净资产收益率÷(销售净利率×权益乘数)。

14.【答案】BCDE

【解析】选项A会降低权益乘数，从而降低净资产收益率。

15.【答案】AE

【解析】杜邦分析法是对企业财务状况的综合分析，通过几种比率之间的相关关系，全面、系统、直观地反映企业的财务状况，分析资料主要来自利润表和资产负债表，可以将它们之间通过比率的乘积关系进行联系。杜邦分析法的财务指标反映的是企业过去的经营成果，无法衡量内部管理流程优化、员工学习与成长对企业经营业绩的影响。杜邦分析法侧重于财报信息，财务结果是短期结果，从而忽略了长期股东价值创造。

三、综合题

(一) 财务指标及分析能力的综合练习

1.【答案】ABD

【解析】选项A，甲公司本年度存货周转率＝1 400÷[(240+260)÷2]＝5.6（次）。选项B，产权比率＝负债总额÷股东权益总额×100%＝905÷1 030×100%＝87.86%。选项C，本年度甲公司利息保障倍数＝(净利润+利息费用+所得税费用)÷利息费用，其中，分子的利息费用仅指财务费用；分母的利息费用指本期发生的全部应付利息，包括财务费用中的利息费用、固定资产的资本化利息等，因此，本年度甲公司利息保障倍数＝(150+50+20)÷(20+2)＝10（倍）。选项D，本年度甲公司销售毛利率＝销售毛利÷营业收入×100%＝(营业收入－营业成本)÷营业收入×100%＝(2 000－1 400)÷2 000×100%＝30%。

2.【答案】A

【解析】每股收益＝(150－10)÷(100+80×6÷12)＝1（元），市盈率＝3÷1＝3（倍）。

3.【答案】AD

【解析】选项A，甲公司的存货周转天数＝

360÷5.6=64.29（天），高于行业80天。选项B，甲公司的利息保障倍数远高于1，说明甲公司有充足的资金用于偿还利息，甲公司的债权人应对甲公司充满信心。选项C，虽然甲公司的市盈率为3，但题目中未给出行业的比较基准，无法衡量市场对甲公司的前景。选项D，甲公司的风险收益率=1.2×（12%－4%）=9.6%，低于市场的风险收益率，说明甲公司具有较强的抗风险能力。

4.【答案】B

【解析】净资产收益率=150÷1 030×100%=14.56%。

5.【答案】AC

【解析】选项B，增加生产成本会增加企业经营费用，降低净利润，从而降低净资产收益率。选项D，提高负债比率必须在不危及财物安全的前提下进行。

（二）杜邦分析法的综合练习

6.【答案】C

【解析】去年的净资产收益率=12%×1×1.8=21.6%。

7.【答案】C

【解析】今年的净资产收益率=8%×0.8×2=12.8%，因为净资产收益率（ROE）=净利润÷净资产，因此，股东权益（净资产）=净利润÷净资产收益率=2 000÷12.8%=15 625（万元）。

8.【答案】AD

【解析】资产负债率=1－1÷权益乘数，该公司去年的资产负债率=（1－1÷1.8）×100%=44.44%，该公司今年的资产负债率=1－1÷2×100%=50%。

9.【答案】AD

【解析】选项B，净利润=营业收入×销售净利率。选项C，净利润=总资产收益率×（期初总资产+期末总资产）÷2。

10.【答案】BD

【解析】去年的净资产收益率=12%×1×1.8=21.6% ①

替代销售净利率：8%×1×1.8=14.4% ②

替代总资产周转率：8%×0.8×1.8=11.52% ③

替代权益乘数：8%×0.8×2=12.8% ④

销售净利率变动影响：②－①=14.4%－21.6%=－7.2%

总资产周转率变动影响：③－②=11.52%－14.4%=－2.88%

权益乘数变动影响：④－③=12.8%－11.52%=1.28%

因此，销售净利率的变动对净资产收益率的影响最大。

第三章 预测与预算

考试大纲

一、考试目的

考查考生对成本性态、本量利分析、产品定价、经营预测、全面预算管理等的掌握情况及应用能力。

二、考试内容及要求

(一) 掌握的内容

1. 固定成本的基本特征和种类。
2. 变动成本的基本特征和种类。
3. 总成本模型。
4. 本量利分析基本原理及其应用。
5. 销售预测的定量分析法。
6. 成本预测的基本方法。
7. 利润预测的基本方法。
8. 全面预算编制的方法。

(二) 熟悉的内容

1. 混合成本的基本特征、种类和分解。
2. 销售预测的定性分析法。
3. 全面预算管理的内容。
4. 全面预算的编制原理。

(三) 了解的内容

1. 预测与预算的分类。
2. 预测与预算的关系。
3. 经营预测的程序和方法。
4. 全面预算管理的意义、循环,及其与其他管理体系的关系。

考情分析

2025年教材与2024年相比,没有明显变化。

本章主要内容包括成本性态分析、本量利分析、经营预测和全面预算管理四个方面。

本章重点包括:成本性态的三类成本区分(固定成本、变动成本、混合成本),本量利分析四个指标(变动成本、贡献毛益、保本作业、安全边际),敏感性分析,全面预算的编制方法。

其中,本章的难点包括:本量利分析图代表的含义、本量利分析四个指标在图中的表示、敏感性分析与本量利分析的结合考察、全面预算编制的公式。需要考生认真掌握,全面记忆。

考点精讲及典型例题解析

【知识点1】预测与预算的概念界定

一、概述

(一) 预测

预测的定义、积极作用及注意事项如表3-1所示。

表3-1

预测	概念
定义	预测是在掌握现有信息的基础上,依照一定的方法和规律对未来的事情进行测算,以预先了解事情发展的过程与结果。
积极作用	(1) 揭示出客观事物运行中的发展规律; (2) 预见出未来事物发展的基本状况; (3) 提出基于事物发展趋势的科学解决方案。
注意事项	预测存在一定主观性。

(二) 预算及预算管理

1. 预算。预算的定义及作用如表3-2所示。

表3-2

预算	概念
定义	预算指国家、企业、事业单位、非营利性组织或个人等不同形式的组织未来的一定时期内经营、资本、财务等各方面的收入、支出以及现金流等的用途和数量的计划,反映预算主体未来一定时期内的活动范围和方向。
作用	预算反映预算主体未来一定时期内的活动范围和方向,它是一种预测,是对未来一段时期内的收支情况的预计;是一种控制手段,是企业控制活动的基础。

2. 预算管理。预算管理的定义、内容及作用如表3-3所示。

表 3-3

预算管理	概念
定义	预算管理是指为确保预算主体预算资金规范运行而进行的一系列编制、组织、调节、控制、监督、反馈等活动的总称。
内容	预算管理对企业未来的经营活动和相应财务结果进行充分、全面的预测和筹划，并通过对执行过程的监控，将实际完成情况与预算目标不断对照和分析。
作用	预算管理指导经营活动的改善和调整，帮助管理者更加有效地管理企业和最大程度地实现战略目标。

【例 3-1】（单选题）下列关于预算的说法，正确的是（　　）。

A. 预算必须是货币化表述
B. 预算仅仅是对未来企业发展提出方案策略，无须量化
C. 企业应先进行预算，采用预算的结果去进行预测
D. 预算为决策提供充分科学合理的支持

【答案】A

【解析】预算是量化的，以货币的形式对企业进行预期量化，选项 A 正确，选项 B 错误。预算要用到预测的成果，预算是在预测的基础上，对企业未来发展提出的对策性方案和计划的数量表达，选项 C 错误。预算是建立在预测的基础上的量化表达，预测是一种科学方法，但依然以一定的主观估计为基础，没有一种预测方法会绝对有效，同理预算也是一种主观估计，并不能提供绝对科学合理的证据，选项 D 错误。

【例 3-2】（多选题）下列关于预测与预算的说法，正确的有（　　）。

A. 预算能准确地揭示出客观事物运行中的发展规律
B. 预算能提出基于事物发展趋势的解决方案
C. 预算必定是科学的
D. 没有一种预测方法会绝对有效
E. 未来一定时期内的经营、资本、财务等各方面的收入、支出以及现金流等的用途和数量是预算的主要工作内容

【答案】DE

【解析】选项 A，预算能够在自觉地认识客观规律的基础上，借助大量的历史信息和日益发展的数据分析手段，尽可能准确地揭示出客观事物运行中的发展规律，并不代表它能完全且准确地揭示规律，选项 A 说法过于绝对。选项 B，预算能够在认识规律的基础上揭示规律，但不能提出基于事务发展趋势的解决方案。选项 C，预算可以作为决策的重要参考之一，但预算以主观估计为基础，并不代表其绝对有效，作为依据不代表科学的充分性。选项 D，预测是一种科学方法，但依然以一定的主观估计为基础，没有一种预测方法会绝对有效。选项 E，预算指国家、企业、事业单位、非营利性组织或个人等不同形式的组织未来一定时期内的经营、资本、财务等各方面的收入、支出以及现金流等的用途和数量，反映预算主体未来一定时期内的活动范围和方向。

二、分类

（一）预测的分类

预测的分类方法及维度如表 3-4 所示。

表 3-4

分类方法	维度
方法客观性	(1) 主观预测； (2) 客观预测。
技术差异	(1) 定量预测； (2) 定性预测； (3) 定时预测； (4) 定比预测； (5) 评价预测。
分析途径	(1) 直观型预测方法； (2) 时间序列预测方法； (3) 计量经济模型预测方法； (4) 因果分析预测方法。
在经济活动中的运用范围	(1) 宏观经济经济数据预测； (2) 中观行业经济数据预测； (3) 微观领域企业经营预测。

（二）预算的分类

预算的分类方法及维度如表 3-5 所示。

表 3-5

分类方法	维度
内容范围	(1) 经营预算； (2) 资本预算； (3) 财务预算。

续表

分类方法	维度
使用范围	(1) 财政预算； (2) 事业单位预算； (3) 非营利组织预算； (4) 企业预算。
时间范围	(1) 短期预算； (2) 长期预算。
业务范围	(1) 全面预算； (2) 责任预算。

【例3-3】（单选题）下列关于预算分类维度的说法，正确的是（　　）。

A. 财政预算是按照内容范围分类的预算维度

B. 长期预算是按照使用范围分类的预算维度

C. 财务预算是按照时间范围分类的预算维度

D. 责任预算是按照业务范围分类的预算维度

【答案】D

【解析】财政预算是按照使用范围的预算维度；长期预算是按照时间范围分类的预算维度；财务预算是按照内容范围分类的预算维度。

三、预算与预测的联系

预算是对企业未来发展提出的对策性方案和计划的数量表述，它是以货币的形式对企业未来的收入、现金流量和财务状况进行的预期量化。

计划、预测、预算三者的关系为计划→预测→预算，如图所示。

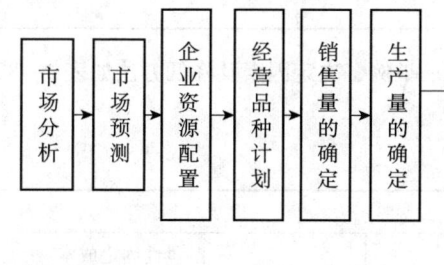

【例3-4】（单选题）对于企业的整个预测过程，下列应最先进行的是（　　）。

A. 经营品种计划　　B. 市场分析
C. 市场预测　　　　D. 企业资源配置

【答案】B

【解析】市场分析是预测与预算最开始的活动。

【知识点2】成本性态

一、成本性态及其分类

成本性态及其分析如表3-6所示。

表3-6

项目	内容
成本性态 （成本习性）	成本的变动与业务量（产量或销售量）之间的依存关系。
成本习性分析	对成本与业务量之间的依存关系进行分析，从而在数量上具体掌握成本与业务量之间的规律性，以便为企业正确地进行最优管理决策和改善经营管理提供有价值的资料。

续表

项目	内容
成本性态分类	固定成本、变动成本、混合成本。

【提示】业务量看成本总额，不看单位成本。

本量利分析假设产销平衡，产量销量都可以作为业务量。

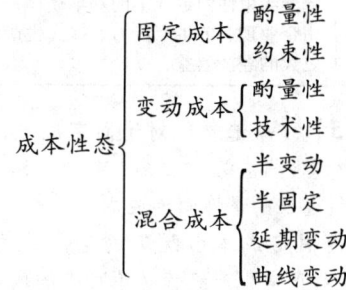

二、固定成本

（一）固定成本的基本特征

固定成本的定义、特征、举例、模型及分类如表3-7所示。

表 3-7

固定成本	内容
定义	固定成本是指其总额在一定时期及一定产量范围内，不直接受业务量变动的影响而保持固定不变的成本。
特征	固定成本总额不因业务量的变动而变动，但单位固定成本（单位业务量负担的固定成本）与业务量的增减一般呈反向变动。
举例	企业固定的折旧费用、房屋租金、行政管理人员工资、财产保险费、广告费、职工培训费、办公费、产品研究与开发费用等。
习性模型（数学坐标变动情况）	a.固定成本总额（水平直线）；b.单位固定成本（随业务量增加而递减的曲线）
分类	约束性固定成本、酌量性固定成本

（二）约束性固定成本、酌量性固定成本

约束性固定成本、酌量性固定成本的特点、举例、决定因素及降低方法如表 3-8 所示。

表 3-8

分类依据	其支出额是否可以在一定期间内改变。	
类别	约束性固定成本	酌量性固定成本
特点	管理当局的短期经营决策行动不能改变其具体数额的固定成本。【提示】提供和维持生产经营所需设施、机构而支出的成本。	管理当局的短期经营决策行动能改变其数额的固定成本。【提示】为完成特定活动而支出的固定成本，其发生额是根据企业的经营方针由经理人员决定的。
举例	折旧摊销、保险费、房屋租金、管理人员的基本工资等。	广告费、职工培训费、新产品研究开发费用等。
决定因素	由既定的生产能力决定，是维护企业正常生产经营必不可少的成本。	取决于管理当局的决策行动，它关系到企业的竞争能力。
降低方法	降低约束性固定成本的基本途径，只能是合理利用企业现有的生产能力、提高生产效率，以取得更大的经济效益。	降低酌量性固定成本的基本途径，只有厉行节约、精打细算、编制出积极可行的费用预算并严格执行、防止浪费和过度投资。

【例 3-5】（单选题）对于固定成本，下列说法正确的是（ ）。

A. 房屋租金是酌量性固定成本
B. 约束性固定成本由既定的生产能力决定，是维护企业正常生产经营必不可少的成本
C. 降低约束性固定成本只有厉行节约、精打细算
D. 约束性固定成本关系到企业的竞争能力

【答案】B

【解析】选项 A，约束性固定成本指管理当局的短期经营决策行动不能改变其具体数额的固定成本。如保险费、房屋租金、管理人员的基本工资等。选项 C，降低约束性固定成本的基本途径，只能是合理利用企业现有的生产能力、提高生产效率，以取得更大的经济效益。降低酌量性固定成本的基本途径，只有厉行节约、精打细算、编制出积极可行的费用预算并严格执行、防止浪费和过度投资。选项 D，取决于管

理当局的决策行动、关系到企业的竞争能力的固定成本是酌量性固定成本。

【例3-6】（单选题）下列各项中，属于约束性固定成本的是（　　）。
A. 按销售收入一定百分比支付的技术转让费
B. 厂房折旧费
C. 新产品研发费
D. 广告费

【答案】B
【解析】约束性固定成本指管理当局的短期经营决策行动不能改变其具体数额的固定成本，如保险费、房屋租金、管理人员的基本工资等。

【例3-7】（单选题）下列各项成本费用中，属于酌量性固定成本的是（　　）。
A. 运输车辆保险费
B. 广告费
C. 生产部门管理人员工资
D. 行政部门耗用的水电费

【答案】B
【解析】酌量性固定成本是可以通过管理决策行动而改变数额的固定成本，如科研开发费、广告费、职工培训费等。

【例3-8】（单选题）企业为维持一定经营能力所负担的最低成本是（　　）。
A. 变动成本　　B. 混合成本
C. 约束性固定成本　　D. 酌量性固定成本

【答案】C
【解析】约束性固定成本属于企业"经营能力成本"，是指管理当局的短期经营决策行动不能改变其具体数额的固定成本，是企业为维持一定的生产能力必须负担的最低成本。如保险费、房屋租金、管理人员的基本工资等。

三、变动成本

（一）变动成本的基本特征

变动成本的定义、特征、举例、模型及分类如表3-9所示。

表3-9

变动成本	内容
定义	变动成本是指在特定的业务量范围内，其总额会随业务量的变动而成正比例变动的成本
特征	变动成本总额与业务量成正比例变动，但单位变动成本（单位业务量负担的变动成本）不变
举例	直接材料、直接人工，按销售量支付的推销员佣金、装运费、包装费，以及按产量计提的固定设备折旧等
习性模型（数学坐标变动情况）	a.变动成本总额（成本随业务量线性增长）　　b.单位变动成本（成本水平线）
分类	技术性变动成本、酌量性变动成本

（二）变动成本的进一步分类

变动成本可进一步分为技术性变动成本和酌量性变动成本。其特点、举例及决定因素如表3-10所示。

表3-10

分类依据	其支出额是否可以由经理决定。	
类别	技术性变动成本	酌量性变动成本
特点	与产量有明确的技术或实物关系的变动成本，经理人员不能决定技术性变动成本的发生额。	通过管理当局的决策行动可以改变的变动成本。

续表

类别	技术性变动成本	酌量性变动成本
举例	生产产品的产品成本，如各类直接材料、低值易耗品等。	按销售收入的一定百分比支付的销售佣金、技术转让费等。
决定因素	只要生产就必然会发生，若不生产，其技术变动成本为零。	其单位变动成本的发生额可由企业最高管理层决定。

【例3-9】（单选题）下列成本费用中，按成本性态分类，可以归类为变动成本的是（　　）。

A. 车间管理人员的基本工资
B. 按产品产量计提的固定资产折旧
C. 所得税费用
D. 新产品研发支出

【答案】B

【解析】按产品量计提的固定资产折旧，单个产品折旧金额固定，总折旧金额随着产品量的增加而增加，属于变动成本。

【例3-10】（单选题）企业生产产品所耗用直接材料成本属于（　　）。

A. 技术性变动成本　　B. 酌量性变动成本
C. 约束性固定成本　　D. 酌量性固定成本

【答案】A

【解析】技术性变动成本是指与产量有明确的技术或实物关系的变动成本，经理人员不能决定技术性变动成本的发生额。直接材料成本是生产成本的组成部分，属于技术性变动成本。

四、总成本模型

总成本 = 固定成本总额 + 变动成本总额 = 固定成本总额 + 单位变动成本 × 业务量

公式表达：

$$y = a + bx$$

式中，a 为固定成本部分（在数学坐标轴表现为截距），b 为单位变动成本（在数学坐标轴表现为斜率）。

【例3-11】（单选题）甲公司生产X产品，产量处于10万件至20万件范围内时，固定总成本为22万元，单位变动成本不变。目前，X产品产量为11万件，总成本44万元。预计下年总产量为11.5万件，总成本为（　　）万元。

A. 45　　　　　　B. 44
C. 46　　　　　　D. 不能确定

【答案】A

【解析】单位变动成本 = (44 - 22) ÷ 11 = 2（元），总成本 = 2 × 11.5 + 22 = 45（万元）。

五、混合成本

（一）混合成本的基本特征

1. 定义：成本与业务量之间的关系处于固定成本和变动成本之间的成本。

2. 特征：(1) 混合成本随业务量的变化而变化；(2) 混合成本的变化不能与业务量的变化保持纯粹的正比例关系。

（二）混合成本的分类

混合成本的分类及不同类型混合成本的特点、图示和举例如表3-11所示。

表3-11

分类	特点	图示	举例
半变动成本	半变动成本是指在有一定初始量（a）基础上，随着产量（b）的变化而成正比例变动的成本。$Y = a + bX$		基础工资 + 销售提成

续表

分类	特点	图示	举例
半固定成本	半固定成本（阶梯式变动成本），这类成本在一定业务量范围内的发生额是固定的，但当业务量增长到一定限度，其发生额就突然跳跃到一个新的水平，然后在业务量增长的一定限度内，发生额又保持不变，直到另一个新的跳跃。	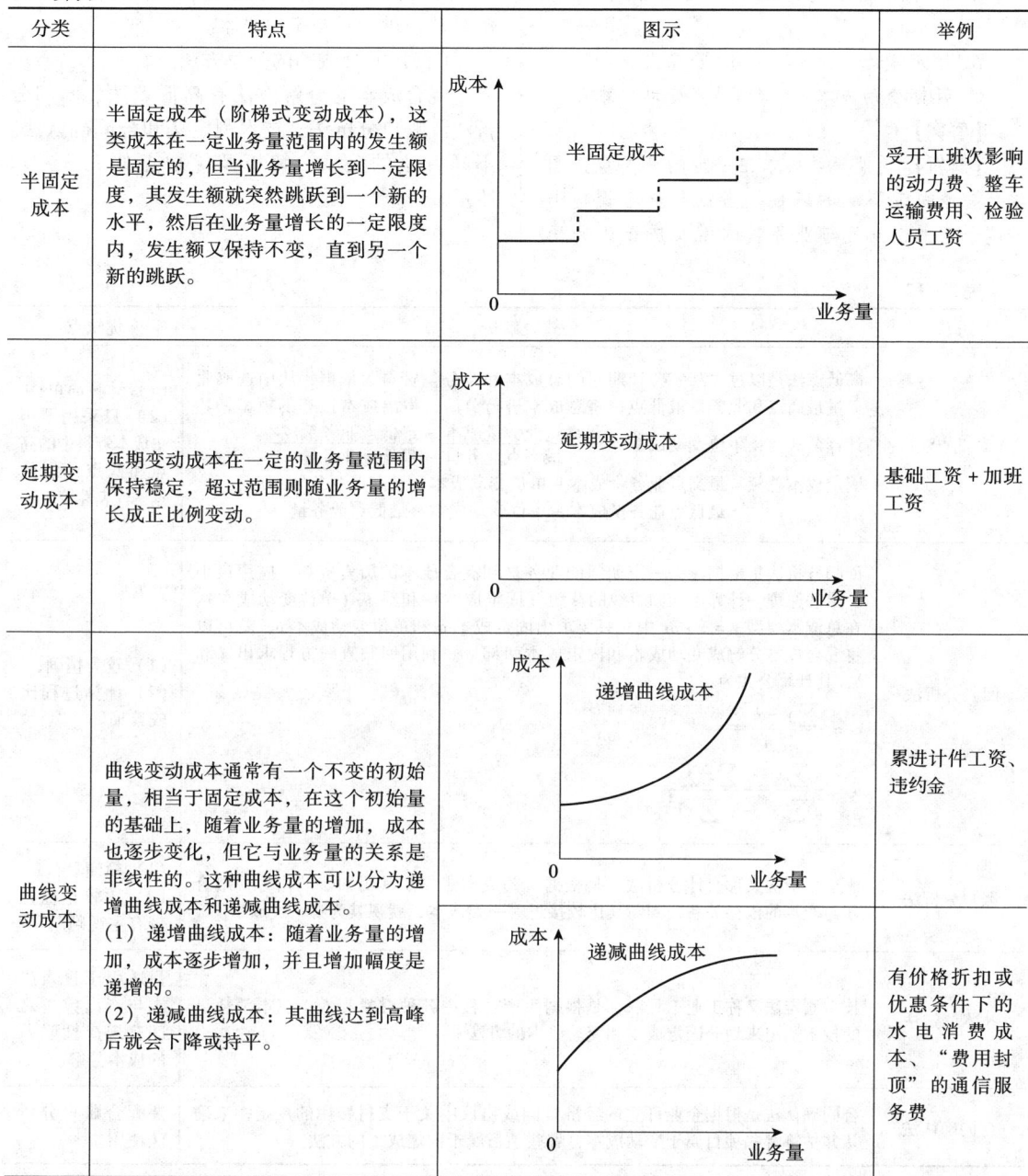	受开工班次影响的动力费、整车运输费用、检验人员工资
延期变动成本	延期变动成本在一定的业务量范围内保持稳定，超过范围则随业务量的增长成正比例变动。		基础工资＋加班工资
曲线变动成本	曲线变动成本通常有一个不变的初始量，相当于固定成本，在这个初始量的基础上，随着业务量的增加，成本也逐步变化，但它与业务量的关系是非线性的。这种曲线成本可以分为递增曲线成本和递减曲线成本。 （1）递增曲线成本：随着业务量的增加，成本逐步增加，并且增加幅度是递增的。 （2）递减曲线成本：其曲线达到高峰后就会下降或持平。		累进计件工资、违约金 有价格折扣或优惠条件下的水电消费成本、"费用封顶"的通信服务费

【例 3－12】（单选题）下列关于混合成本性态分析的说法中，错误的是（　　）。

A. 半变动成本可分解为固定成本和变动成本

B. 延期变动成本在一定业务量范围内为变动成本，超过该业务量可变为固定成本

C. 阶梯式成本在一定业务量范围内为固定成本，当业务量超过限度时，成本跳跃到新的水平，以新的成本为固定成本

D. 为简化数据，在相关范围内曲线变动成本可以近似看成变动成本或半变动成本

【答案】B

【解析】延期变动成本在一定的业务量范围内保持稳定，超过范围则随业务量的增长成正比例变动。

【例 3－13】（单选题）运营商推出"手机 92 元不限流量，可免费通话 1 000 分钟，超出部分主叫国内通话每分钟 0.1 元"

套餐,若选用该套餐,则消费者每月手机费属于( )。

A. 固定成本　　　B. 阶梯式成本
C. 延期变动成本　D. 半变动成本

【答案】C
【解析】延期变动成本在一定的业务量范围内有一个固定不变的基数,当业务量增长超出了这个范围,它就与业务量的增长成正比例变动。套餐在1 000分钟内不变,超出部分成正比例变动,属于延期变动成本。

(三)混合成本的分解方法

混合成本的分解方法有高低点法、回归分析法、账户分析法、技术测定法和合同确认法。不同方法的公式、解析及优缺点如表3－12所示。

表3－12

方法	公式及解析	优缺点
高低点法	高低点法是以过去某一会计期间的总成本和业务量资料为依据,从中选取业务量最高点和业务量最低点,将总成本进行分解,得出成本性态的模型,其计算公式为:单位变动成本 = $\dfrac{最高点业务量成本 - 最低点业务量成本}{最高点业务量 - 最低点业务量}$ 固定成本总额 = 最高点业务量成本 - 单位变动成本 × 最高点业务量 　　　　　　 = 最低点业务量成本 - 单位变动成本 × 最低点业务量	(1) 计算简单; (2) 只采用了历史成本资料中的高点和低点两组数据,代表性较差。
回归分析法	回归分析法是根据过去一定期间的业务量和混合成本的历史资料,应用最小二乘法原理,计算出回归直线的截距(固定成本)和斜率(单位变动成本)。在总成本模型 $y = a + bx$ 中,只要求出固定成本 a 和单位变动成本 b,就可以将混合成本分解成变动成本和固定成本两部分。利用回归直线方程求出 a 和 b,其计算公式为: $a = \dfrac{\sum y - b \sum x}{n}$ $b = \dfrac{n \sum xy - \sum x \sum y}{n \sum x^2 - (\sum x)^2}$	(1) 较为精确; (2) 计算过程比较繁琐。
账户分析法	账户分析法又称会计分析法,是根据有关成本账户及其明细账的内容,结合其与产量的依存关系,判断其比较接近哪一类成本,就视其为哪一类成本。	(1) 简便易行; (2) 比较粗糙且带有主观判断。
技术测定法	技术测定法又称工业工程法,是根据生产过程中各种材料和人工成本消耗量的技术测定来划分固定成本和变动成本的方法。	只适用于投入成本与产出数量之间有规律性联系的成本分解。
合同确认法	合同确认法是根据企业订立的经济合同或协议中关于支付费用的规定,来确认并估算哪些项目属于变动成本,哪些项目属于固定成本的方法。	要配合账户分析法使用。

【例3－14】(单选题)下列混合成本分解的方法中,只适用于投入成本与产出数量之间有规律性联系的成本分解的方法是( )。

A. 回归分析法　　B. 账户分析法
C. 合同确认法　　D. 技术测定法

【答案】D
【解析】技术测定法又称工业工程法,是根据生产过程中各种材料和人工成本消耗量的技术测定来划分固定成本和变动成本的方法,它只适用于投入成本与产出数量之间有规律性联系的成本分解。

【知识点3】本量利分析
一、本量利分析的含义

本量利分析的含义、基本内容及用途如表3－13所示。

表 3-13

含义	以成本性态分析和变动成本法为基础,运用数学模型和图式,对成本、利润、业务量与单价等因素之间的依存关系进行分析,发现变动的规律性,以便为企业进行预测、决策、计划和控制等活动提供支持的一种分析方法。
基本内容	保本分析、盈利条件下的本量利分析、多品种结构下的本量利分析和本量利关系中的敏感性分析。
用途	在企业的预测、决策、计划和控制等多个方面具有广泛的用途。

二、基本模型

计算公式为:

利润 =(单价 - 单位变动成本)× 销售量 - 固定成本

= 销售量 × 单价 - 销售量 × 单位变动成本 - 固定成本

即 $P = V \times (SP - VC) - FC$

其中,P 表示利润;V 表示销量;SP 表示单价;VC 表示单位变动成本;FC 表示固定成本。

【提示1】本量利分析中,"本"是指广义的成本,包括固定成本和变动成本(包括付现成本也包括非付现成本,既包括制造成本,也包括期间费用);"量"是指业务量,销售量或产量;"利"一般是指息税前利润,同时可以理解为企业的经营收益(而非利润总额或净利润)。

【提示2】本量利分析中,需事先进行成本性质判断,常见的成本如表 3-14 所示。

表 3-14

事项	固定成本总额	单位变动成本
固定资产/无形资产	折旧额/摊销额	
工资	固定薪酬/基本工资	计件工资/销售提成
使用许可费	按期定额收取	按收入比率收取
税金及附加		税金及附加

【例3-15】(单选题)某产品当月产销量平衡,为1 000台,每台售价3万元。已知该产品每台原材料的材料费9 000元,当月生产工人计件工资300万元,税金及附加为营业收入的5%,则该产品的单位变动成本为( )万元。

A. 151.2 B. 150.3
C. 1.35   D. 1.2

【答案】C

【解析】该产品的单位变动成本 = 3 × 5% + 0.9 + 300 ÷ 1 000 = 1.35(万元)。

【例3-16】(单选题)某企业生产销售一种产品,销售单价为150元,正常销售量为1 000件,固定成本总额5 000元,单位变动成本50元。则该企业的预期利润为( )元。

A. 100 000 B. 90 000
C. 95 000   D. 105 000

【答案】C

【解析】利润 =(150 - 50)× 1 000 - 5 000 = 95 000(元)。

三、贡献毛益及相关指标的计算

贡献毛益及相关指标的图示、表现形式、公式及其表现如表 3-15 所示。

表 3-15

含义	贡献毛益又称作边际贡献,是指产品的销售收入减去变动成本后的余额。
图示	贡献毛益的来源:销售收入减去变动成本 贡献毛益的作用:覆盖固定成本,形成利润 销售收入 — 变动成本 = 固定成本 + 营业利润
表现形式	以绝对数表现的贡献毛益: (1)贡献毛益总额; (2)单位贡献毛益。 以相对数表示的贡献毛益率: 贡献毛益占销售收入的比例。

续表

公式	贡献毛益总额 = 销售收入 − 变动成本总额 = 单位贡献毛益 × 销量 = 销售收入 × 贡献毛益率 单位贡献毛益 = 单价 − 单位变动成本 = 单价 × 贡献毛益率	贡献毛益率 = 贡献毛益 ÷ 销售收入 = 单位贡献毛益 ÷ 单价 变动成本率 = 变动成本 ÷ 销售收入 贡献毛益率 = 1 − 变动成本率
贡献毛益在本量利中的表现	利润 = (单价 − 单位变动成本) × 销售量 − 固定成本 = 贡献毛益 − 固定成本 = 单位贡献毛益 × 销量 − 固定成本 = 贡献毛益率 × 销售收入 − 固定成本 = (1 − 变动成本率) × 销售收入 − 固定成本	

【例 3 − 17】（单选题）产品的贡献毛益是指（　　）。

A. 营业收入与产品变动成本之差
B. 营业收入与销售和管理变动成本之差
C. 营业收入与制造贡献毛益
D. 营业收入与全部变动成本（包括产品变动成本和期间变动成本）之差

【答案】D

【解析】贡献毛益 = 销售收入 − 变动成本总额。

【例 3 − 18】（单选题）某企业生产某产品，年销售收入为 100 万元，变动成本总额为 30 万元，固定成本总额为 40 万元，则该产品的贡献毛益率为（　　）。

A. 30% B. 40%
C. 60% D. 70%

【答案】D

【解析】贡献毛益率 = 贡献毛益总额 ÷ 销售收入 = (100 − 30) ÷ 100 = 70%。

【例 3 − 19】（单选题）某企业生产一款产品，销售单价为 15 元，变动成本为 10.5 元，销量为 900 件，则该产品的变动成本率为（　　）。

A. 70% B. 30%
C. 60% D. 40%

【答案】A

【解析】变动成本率 = 变动成本总额 ÷ 销售收入总额 × 100% = 单位变动成本 ÷ 单价 × 100% = 10.5 ÷ 15 × 100% = 70%。

【例 3 − 20】（单选题）甲公司的销售收入为 50 万元，贡献毛益率为 40%。该公司仅设有 X 和 Y 两个部门，其中 X 部门的变动成本为 26 万元，贡献毛益率为 35%。则下列说法中，错误的是（　　）。

A. X 部门贡献毛益为 14 万元
B. X 部门销售收入为 40 万元
C. Y 部门销售收入为 10 万元
D. Y 部门变动成本为 6 万元

【答案】D

【解析】贡献毛益率 = 贡献毛益 ÷ 销售收入 = (销售收入 − 单位变动成本) ÷ 销售收入，销售收入 = 单位变动成本 ÷ (1 − 贡献毛益率)，X 部门的销售收入 = 26 ÷ (1 − 35%) = 40（万元），X 部门的贡献毛益 = 40 × 35% = 14（万元）。Y 部门的销售收入 = 甲公司总收入 − X 部门的销售收入 = 50 − 40 = 10（万元）。甲公司的变动成本 = 销售收入 × 变动成本率 = 销售收入 × (1 − 贡献毛益率) = 50 × (1 − 40%) = 30（万元），Y 部门的变动成本 = 30 − 26 = 4（万元）。

四、本量利关系图

本量利关系图又称盈亏临界图或损益平衡图，主要包括传统式本量利关系图、贡献毛益式本量利关系图和利量式本量利关系图（见表 3 − 16）。

【提示】利润的计算方程式：

1. 基本方程式。

利润 = 单价 × 销量 − 单位变动成本 × 销量 − 固定成本

2. 贡献毛益方程式。

利润 = 贡献毛益 − 固定成本
　　 = 单位贡献毛益 × 销量 − 固定成本
　　 = 贡献毛益率 × 销售收入 − 固定成本

3. 含期间成本的方程式。

利润 = 单价 × 销量 − (单位变动产品成本 + 单位变动销售管理费用) × 销量 − (固定产品成本 + 固定销售管理费用)

4. 税后利润的方程式。

利润 = (单价 × 销量 − 单位变动成本 × 销量 − 固定成本) × (1 − 税率)

类型	项目	内容
传统式	图示	（图：纵轴为金额，横轴为销量；包含营业收入线、总成本线、固定成本线；标注亏损区、利润区、保本点销量）
传统式	含义	（1）在固定成本、单位变动成本、销售单价不变的情况下，即在保本点既定的情况下，销售量越大，实现的利润越多（当销售量超过保本点时），或者说亏损越少（当销售量不足保本点时）。 （2）在总成本既定的情况下，保本点的位置随销售单价的变动而逆向变动：销售收入线的斜率越大，保本点就越低；反之，保本点越高。 （3）在销售单价、单位变动成本既定的情况下，保本点的位置随固定成本总额的变动而同向变动：总成本线与纵轴的交点越高，保本点就越高；反之，保本点越低。 （4）在销售单价和固定成本总额既定的情况下，保本点的位置随单位变动成本的变动而同向变动：总成本线的斜率越大，保本点就越高；反之，保本点越低。
贡献毛益式	图示	（图：包含营业收入线、总成本线、变动成本线；标注贡献毛益、保本点销量、F）
贡献毛益式	含义	（1）保本点的贡献毛益刚好等于固定成本；超过保本点的贡献毛益大于固定成本，也就是实现了利润。 （2）不足保本点的贡献毛益小于固定成本，则表明发生了亏损。
利量式	图示	（图：纵轴为利润，横轴为销量；利润线穿过原点上方；标注利润区、亏损区、保本点销量、F）
利量式	含义	（1）当销售量为零时，企业的亏损就等于固定成本；随着销售量的增长，亏损逐渐减少直至盈利。 （2）利润线表示的是销售收入与变动成本之间的差量关系，即贡献毛益，利润线的斜率也就是单位贡献毛益。 （3）在固定成本既定的情况下，贡献毛益率越高，利润线的斜率也就越大，保本点的临界值也就越小。 （4）将固定成本置于横轴之下，能更清晰地表示固定成本在企业盈亏中的特殊作用。 （5）既可以用于单一品种的保本点分析，还可以用于多品种的分析。

表 3-16

【例 3-21】（单选题）利量式本量利关系图的斜率是（　　）。

A. 贡献毛益率　　B. 变动成本率
C. 单位贡献毛益　　D. 销售数量

【答案】 C

【解析】 利量式本量利关系图横轴为销售数量（金额），纵轴表示利润，关系图与纵轴交点为固定成本，斜率线是单位贡献毛益。

【例 3-22】（单选题）在贡献毛益式本量利关系图中，下列各项可以视为保本状态的是（　　）。

A. 贡献毛益线与变动成本线相交
B. 营业收入线与固定成本线相交
C. 营业收入线与总成本线相交
D. 固定成本线与变动成本线相交

【答案】 C

【解析】 保本状态即盈亏临界状态，是指能使企业不盈不亏、利润为零的状态，当营业收入与总额相等，即销售收入线与总成本线相交时，边际贡献等于固定成本，利润等于零。

【例 3-23】（多选题）下列关于利量式本量利关系图优点的说法，正确的有（　　）。

A. 能清晰地看到固定成本在企业盈亏中的特殊作用
B. 只能用于多品种的分析
C. 是最简单的一种，它最直接地表达了销售量与利润之间的关系
D. 贡献毛益率越高，利润线的斜率也就越小
E. 利润线表示的是销售收入与变动成本之间的差量关系

【答案】 ACE

【解析】 略。

五、本量利关系分析应用

（一）保本分析

保本分析主要计算保本点的销售量、销售额、作业率和安全边际（见表 3-17）。

表 3-17

分类	项目	含义
保本点分析	含义	保本点，又称"盈亏临界点"，是指企业利润为零时的销售量或销售额，描述了企业经营收支相等、不盈不亏的状态。
	公式	保本点销售量 = 固定成本 ÷（单价 - 单位变动成本） 保本点销售额 = 单价 × 保本点销售量 　　　　　　　= 固定成本 ÷ 贡献毛益率
保本点作业率	含义	保本点作业率，是保本点的销售量占企业正常销售量的百分比。
	公式	保本点作业率（盈亏临界点作业率）= 保本点销售量 ÷ 正常销售量
安全边际	含义	安全边际是指正常销售量或者现有销售量超过保本点销售量的差额，这一指标表明企业的销售在超越了保本点的销售量之后，到底有多大的盈利空间。
	公式	安全边际量 = 现有销售量或预计销售量 - 保本点销售量 安全边际额 = 现有销售额或预计销售额 - 保本点销售额 安全边际率 = 安全边际量 ÷ 现有销售量或预计销售量 　　　　　　= 安全边际额 ÷ 现有销售额或预计销售额
公式汇总		(1) 保本点作业率 + 安全边际率 = 1 (2) 利润 = 安全边际销售数量 × 单位产品贡献毛益 　　　　 = 安全边际销售数量 × 销售单价 ×（单位产品贡献毛益 ÷ 销售单价） 　　　　 = 安全边际销售收入 × 贡献毛益率 (3) 销售利润率 = 安全边际率 × 贡献毛益率

【提示】 由于企业通常应该按照正常的销售量来安排产品的生产，在合理库存的条件下，产品产量与正常的销售量应该大体相同。所以，保本点作业率还可以表明企业在保本状态下的生产能力的利用程度。

【例 3-24】（多选题）下列本量利公式中，正确的有（　　）。

A. 利润 = 安全边际额 × 贡献毛益率 - 固定

成本

B. 利润＝销售量×单价－销售量×单位变动成本－固定成本

C. 单位贡献毛益＝单价－单位变动成本

D. 贡献毛益率＝1－保本点作业率

E. 贡献毛益总额＝单位贡献毛益×销量

【答案】BCE

【解析】利润＝贡献毛益－固定成本＝安全边际额×贡献毛益率。贡献毛益率＝1－变动成本率。

【例3－25】（单选题）甲公司预计开发一种新产品，预计价格为120元，单位变动成本为50元，该项投资每年增加新的固定成本70 000元，预期获得利润300 000元，则该产品保本点销量为（　　）件。

A. 584　　　　　　B. 1 000
C. 1 350　　　　　D. 1 400

【答案】B

【解析】保本点销量＝70 000÷（120－50）＝1 000（件）。

【例3－26】（单选题）某企业生产和销售一种产品，本年度销售收入为1 250万元，固定成本80万元，变动成本率为60%，则保本点作业率为（　　）。

A. 16%　　　　　　B. 40%
C. 10.67%　　　　D. 6.4%

【答案】A

【解析】保本点作业率＝保本点销售额÷销售收入×100%＝（固定成本÷贡献毛益率）÷销售收入×100%＝[固定成本÷（1－变动成本率）]÷销售收入×100%＝[80÷（1－60%）]÷1 250×100%＝16%。

【例3－27】（多选题）企业在其他条件不变的情况下，仅发生下列变化，会导致保本点上升的有（　　）。

A. 价格下跌　　　　B. 销售量减少
C. 固定成本减少　　D. 贡献毛益减少
E. 单位变动成本减少

【答案】AD

【解析】保本点又称盈亏临界点，是指企业利润为0时的销售量或销售额。保本点销量＝固定成本÷（单价－单位变动成本），保本点销售额＝单价×保本点销售量＝固定成本÷贡献毛益率。从公式可得，固定成本、单位变动成本与保本点变动方向相同，价格和贡献毛益与保本点变动方向相反，销售量对保本点没有影响。

（二）保利分析

保利分析主要计算税前和税后的保利量和保利额（见表3－18）。

表3－18

分类	项目	含义
税前保利	含义	企业产品销售在补偿了固定成本（达到保本点）后，实现目标利润的销售量。
	公式	保利量＝（固定成本＋目标利润）÷（单价－单位变动成本） ＝（固定成本＋目标利润）÷单位贡献毛益 保利额＝（固定成本＋目标利润）÷贡献毛益率
税后保利	含义	所得税费当销量超过盈亏临界点时会随利润的变动而变动，因此在分析和预测目标利润时，需扣除。
	公式	保利量＝[固定成本＋目标税后利润÷（1－所得税税率）]÷单位贡献毛益 保利额＝[固定成本＋目标税后利润÷（1－所得税税率）]÷贡献毛益率

【例3－28】（单选题）甲公司仅产销一种产品，销售单价为20元，单位变动成本为12元，固定成本为9 000元/月。若目标税后利润为6 000元/月，所得税税率为25%。为确保目标利润，甲公司销售额应达到（　　）元/月。

A. 42 500　　　　B. 42 000
C. 43 500　　　　D. 43 000

【答案】A

【解析】保利量＝[9 000＋6 000÷（1－25%）]÷（20－12）＝2 125（件）。贡献毛益率＝（20－12）÷20＝40%。保利额＝[9 000＋6 000÷（1－25%）]÷40%＝42 500（元）。

【例3－29】（单选题）某企业只销售一款设备，单价1万元，固定成本为100万元。经计算该设备的变动成本率为30%,若企业今年的目标利润是3亿元,则销售量至少应达到( )台。

A. 100 000 B. 42 500
C. 43 000   D. 55 000

【答案】C

【解析】保利量=(100+30 000)÷[1×(1-30%)]=43 000(台)。

(三)敏感性分析

敏感性分析,是指在短期经营决策和长期决策时,对影响决策目标实现的各因素变化进行的量化分析,旨在确定各因素变化对实现目标的影响及其敏感程度,以便识别不确定风险,找出敏感因素,为规划、控制和决策提供参考。

敏感性分析主要计算盈利(或亏损)临界值和敏感系数(见表3-19)。

表3-19

分类	项目	含义
临界值分析	含义	临界值分析(最大最小法)是求取达到保本点的销售量和单价的最小允许值以及单位变动成本和固定成本的最大允许值。
	公式	当利润为目标利润时,求得临界值项目: 临界值销量=固定成本÷(单价-单位变动成本) 临界值单价=固定成本÷销量+单位变动成本 临界值单位变动成本=单价-固定成本÷销量 临界值固定成本=销量×(单价-单位变动成本) 【提示】固定成本的临界值也可以直接将原固定成本与目标利润相加而得。
敏感系数分析	含义	衡量选定变量变化1%时,导致目标变量变化的百分比,反映目标变量对于选定变量变化的敏感程度。 【提示】常见的敏感因素包括:销售量、单价、单位变动成本、固定成本。
	公式	敏感系数 = $\dfrac{目标值变动百分比}{因素值变动百分比}$ 【提示】计算敏感系数,只能让一个选定变量变化,其他变量保持不变。 敏感系数若为正数,表明它与利润为同向增减关系;敏感系数若为负数,表明它与利润为反向增减关系。 敏感系数的绝对值越大,敏感程度越高;敏感系数的绝对值越小,越不敏感。

【例3-30】(单选题)某企业生产销售A产品,预计销售为6 250件,单价为100元,单位变动成本为40元,固定成本为75 000元,假定销售量、单价、单位变动成本和固定成本均分别增长10%。则对利润最不敏感的因素是( )。

A. 销售量 B. 单价
C. 单位变动成本 D. 固定成本

【答案】D

【解析】原利润=6 250×(100-40)-75 000=300 000(元)。销售量增长10%时,销售量=6 250×(1+10%)=6 875(件),目标利润=6 875×(100-40)-75 000=337 500(元),利润变化百分比=(337 500-300 000)÷300 000×100%=12.5%,销售量的敏感系数=12.5%÷10%=1.25。

单价增长10%时,新的单价=100×(1+10%)=110(元),目标利润=6 250×(110-40)=437 500(元),利润变化百分比=(437 500-300 000)÷300 000×100%=45.83%,单价的敏感系数=45.83%÷10%=4.58。

单位变动成本增加10%时,新的单位变动成本=40×(1+10%)=44(元),目标利润=6 250×(100-44)-75 000=275 000(元),利润变化百分比=(275 000-300 000)÷300 000×100%=-8.33%,单位变动成本的敏感系数=-8.33%÷10%=-0.83。

固定成本增加10%时,新的固定成本=75 000×(1+10%)=82 500(元),目标利润=6 250×(100-40)-82 500=292 500(元),利润变化百分比=(292 500-300 000)÷300 000×100%=-2.5%,固定成本的敏感系数=-2.5%÷

$10\% = -0.25$。

单价敏感系数的绝对值 > 销售量敏感系数的绝对值 > 单位变动成本敏感系数的绝对值 > 固定成本敏感系数的绝对值,因此对利润最不敏感的因素是固定成本。

【提示1】销售量的敏感系数亦称经营杠杆。

设某公司盈亏临界点作业率为90%,安全边际率为10%。若该公司销售量下降10%(与安全边际率相等),则利润为零,利润下降了100%。因此,利润对销量的敏感系数=利润变化的百分比÷销量变化的百分比=(-100%)÷(-10%)=1÷安全边际率=10。

【提示2】设某公司变动成本、固定成本、营业利润分别占销售收入的75%、15%、10%:
销售成本率+销售利润率=90%+10%=100%
变动成本率+贡献毛益率=75%+25%=100%
若该公司单价下降10%(与销售利润率相等),则利润为0,利润下降100%。因此,利润对单价的敏感系数=(-100%)÷(-10%)=1÷销售利润率=10。

【提示3】盈亏临界点(临界值分析)的表现:利润=0;营业收入=总成本;贡献毛益=固定成本;利润变化百分比=-100%;安全边际=0;经营杠杆系数=∞。

【例3-31】(单选题)甲公司经营处于盈亏临界点,则下列表述正确的是( )。

A. 经营杠杆系数等于0
B. 安全边际等于1
C. 销售额等于本量利关系图中销售收入线与总成本线交点处的销售额
D. 贡献毛益等于变动成本总额

【答案】C

【解析】选项A,经营杠杆系数=1÷安全边际率,因为安全边际率=0,则经营杠杆系数=∞。选项B,公司处于盈亏临界点,安全边际=0。选项D,根据"利润=贡献毛益-固定成本",则盈亏临界点利润为0时,贡献毛益=固定成本总额。

【例3-32】(单选题)某企业只生产销售一种产品,单价50元,贡献毛益率40%,假设单位变动成本保持不变,每年固定成本300万元,预计明年产销量为20万件,则价格对利润影响的敏感系数为( )。

A. 10   B. 8
C. 4   D. 0.4

【答案】A

【解析】方法一:假设单价增加10%,则增加前利润=(50-30)×20-300=100(万元),增加后利润=(55-30)×20-300=200(万元),利润变动百分比=(200-100)÷100=100%,价格对利润影响的敏感系数=100%÷10%=10。

方法二:收入=50×20=1 000(万元),利润=1 000×40%-300=100(万元),销售利润率=100÷1 000=10%,则价格对利润影响的敏感系数=1÷销售利润率=1÷10%=10。

【例3-33】(单选题)甲公司只生产一种产品,每件产品的单价为5元,单价敏感系数为5。假定其他条件不变,甲公司盈亏平衡时的产品单价是( )元。

A. 3   B. 3.5
C. 4   D. 4.5

【答案】C

【解析】甲公司盈亏平衡时,说明利润的变动率为-100%,单价敏感系数=5,则单价变动的百分比=(-100%)÷5=-20%,盈亏平衡时的产品单价=5×(1-20%)=4(元)。

【知识点4】经营预测
一、经营预测概述
(一)经营预测定义与内容

经营预测的定义及预测的主要内容如表3-20所示。

表3-20

定义	经营预测是指根据历史资料和现在的信息,运用一定的科学预测方法,对未来经济活动可能产生的经济效益和发展趋势做出科学的预计和推测的过程。
预测内容	销售预测、成本预测、利润预测。

(二)经营预测的程序
1. 确定预测目标。
2. 收集数据和信息。

3. 选择预测方法。
4. 进行实际预测。
5. 评价分析预测结果。

(三) 经营预测的方法

经营预测的方法主要有定量预测法和定性预测法(见表3-21)。

表 3-21

分类	含义	类别
定量预测法	利用统计资料，运用数学方法，建立变量之间规律性联系预测模型，从而预计未来情况。	(1) 趋势分析法； (2) 因果关系分析法。
定性预测法	由专家进行综合分析，对事物未来状况和发展趋势做出推测。	(1) 调查分析法； (2) 德尔菲法； (3) 集合意见法。

二、销售预测

(一) 销售预测概述

销售预测是企业经营预测的首要环节，是成本预测、利润预测的基础(见表3-22)。

表 3-22

定义		销售预测是根据产品的历史销售资料和市场需求变化的情况，运用一定的预测方法，对其在未来某一时期的销售量(额)进行科学的推断和预计。
影响因素	外部因素	(1) 市场环境；(2) 企业的市场占有率；(3) 经济发展趋势；(4) 竞争对手情况。
	内部因素	(1) 产品价格；(2) 产品的功能和质量；(3) 企业提供的配套服务；(4) 企业的生产能力；(5) 各种广告手段的应用；(6) 推销的方法。
基本方法	定性方法	(1) 调查分析法；(2) 德尔菲法；(3) 集合意见法。
	定量方法	(1) 趋势分析法：算术平均法、加权平均法、指数平滑法。 (2) 因果关系预测法：回归直线法、对数直线法、多元回归法。

(二) 销售预测定性分析法

定性分析法主要包括调查分析法、德尔菲法和集合意见法。不同方法的含义及应用注意事项如表3-23所示。

表 3-23

	分类	含义	应用注意事项
定性分析法	调查分析法	通过对有代表性顾客的消费意向的调查，了解市场需求的变化趋势，进行销售预测的一种方法。	(1) 选择的调查对象要具有普遍性和代表性； (2) 调查的方法必须简便易行； (3) 对调查所取得的数据与资料要进行科学的分析。
	德尔菲法	依据系统的程序，抽取专家，采用匿名发表意见的方式，汇总成专家看法作为预测的结果。	(1) 专家之间不得相互讨论，不发生横向联系，只能与调查人员发生联系； (2) 需要通过多轮次调查、反复征询，并不能以单次结果作为预测结果。
	集合意见法	是由企业销售人员根据经验进行预测，然后由管理人员对意见进行综合分析得出预测结果的一种方法。	销售人员由于销售定额和个人对市场敏感程度等原因，对预测值有偏低或偏高预测的可能，需要根据历史的预测值和实际值之间的偏差，进行修正。

【例3-34】(多选题) 在销售预测中，会影响结果的外部因素有 ( )。

A. 企业的市场占有率
B. 产品价格
C. 各种广告手段的应用
D. 提供的配套服务
E. 竞争对手情况

【答案】AE

【解析】影响销售预测的外部因素包括市场环境、企业的市场占有率、经济发展趋势、竞争对手情况等。选项B、C、D属于影响销售预测的内部因素。

【例3-35】（单选题）需要根据历史的预测值和实际值之间的偏差进行修正的销售预测方法是（　　）。

A. 指数平滑法　　　　B. 对数直线法
C. 调查分析法　　　　D. 集合意见法

【答案】D

【解析】集合意见法是由企业销售人员根据对市场的调查、了解，对未来市场的状态及可能发生的销售量（额）进行预测，然后由管理人员对意见进行综合分析得出预测结果的一种方法。销售人员由于销售定额和个人对市场敏感程度等原因，对预测值有偏低或偏高预测的可能，需要根据历史的预测值和实际值之间的偏差，进行修正。

（三）销售预测定量分析法

销售预测定量分析法主要包括趋势分析法和因果关系预测法，其分类和公式如表3-24所示。

表3-24

	分类	公式
趋势分析法	算术平均法	预计销售量（额）=各期销售量（额）之和÷期数
	加权平均法	$Y = \sum_{i=1}^{n} W_i X_i$ Y为加权平均数；W_i为第i个观察值的权数；X_i为第i个观察值；n为观察值个数。
	指数平滑法	$S_t = aX_{t-1} + (1-a)S_{t-1}$ S_t为t期的销售预测值；S_{t-1}为t期上一期的销售预测值；X_{t-1}为t期上一期的销售实际值；a为满足$0 < a < 1$条件的常数，亦称指数平滑系数。
定量分析法 / 因果关系预测法	回归直线法	$a = \dfrac{\sum y - b \sum x}{n}$ $b = \dfrac{n \sum xy - \sum x \sum y}{n \sum x^2 - (\sum x)^2}$ 【提示1】根据$y = a + bx$，求解常数a和b的值，先算b，再算a。 【提示2】b的分子=乘积的均值-均值的乘积（协方差） b的分母=平方的均值-均值的平方（方差）
	对数直线法/曲线法	$\lg a = \dfrac{\sum \lg y_t - \lg b \sum x_t}{n}$ $\lg b = \dfrac{n \sum x_t \lg y_t - \sum x_t \sum \lg y_t}{n \sum x^2 - (\sum x)^2}$ 【提示】根据指数方程$y_t = ab^{x_t}$通过两边同时取对数的方式，转化为对数直线方程$\lg y_t = \lg a + x_t \lg b$，然后采用与回归直线相同的方法，求出常数$\lg a$和$\lg b$，从而确定对数直线方程。
	多元回归法	$y = a + b_1 x_1 + b_2 x_2 + b_3 x_3 + \cdots + b_n x_n$ y为因变量；x_i为各个自变量；b_i为每个x_i变动一个单位时y的变动值。

【提示】指数平滑法中，如果指数平滑系数a的取值越大，则近期实际销售量对预测结果的影响越大；如果a的取值越小，则近期实际销售量对预测结果的影响也越小。

【例3-36】（单选题）下列预测方法中，属于因果分析预测法的是（　　）。

A. 算术平均法　　　　B. 加权平均法
C. 指数平滑法　　　　D. 对数直线法

【答案】D

【解析】略。

【例 3-37】（单选题）甲公司仅生产一种产品，该产品每个月的固定成本为 300 万元，销售单价为 1 万元，变动成本为 0.35 万元/件。按照市场预测，该产品每个月的销售额应为 500 件。本月该产品实际销售 480 件。甲公司采用指数平滑法预测下个月的利润，假设平滑指数为 0.6，则下个月的预计销售量为（　　）件。

A. 480 　　B. 488 　　C. 492 　　D. 495

【答案】B

【解析】预计销售量 = 0.6 × 480 + (1 - 0.6) × 500 = 488（件）。

三、成本预测

（一）成本预测概述

成本预测的定义、影响因素和基本方法如表 3-25 所示。

表 3-25

定义	成本预测是根据企业未来的发展目标和现实条件，参考其他资料，利用专门方法对企业未来成本水平及其发展趋势所进行的推测与估算。	
影响因素	外部因素	（1）宏观经济状况；（2）市场供求与竞争环境；（3）通货膨胀水平及币值变动。
	内部因素	（1）原料、材料、燃料费用、折旧费用、工资费用水平等；（2）存货计价方法；（3）产品生产技术。
基本方法	目标成本预测	
	历史资料成本预测	（1）高低点法；（2）回归分析法。

（二）成本预测的基本方法

成本预测主要包括目标成本预测和历史资料成本预测，主要方法、公式及优缺点如表 3-26 所示。

表 3-26

分类		公式	
目标成本预测		目标成本预测是指根据产品的价格，目标利润来制定产品目标成本的一种方法。 单位产品目标成本 = 预测产品单位售价 – 单位产品目标利润	
历史资料成本预测	高低点法	设高点的成本性态为 $y_H = a + bx_H$，低点为 $y_L = a + bx_L$，因此，$b = \dfrac{y_H - y_L}{x_H - x_L}$ 单位变动成本 = 高低点成本之差 ÷ 高低点产量之差	优点：简便易用。 缺点：只适用于各期成本变动趋势较稳定的情况，否则带来的误差将较大。
	回归分析法	已知混合成本 y 和业务量 x 的历史观测值，建立一组回归直线方程式 $y_i = a + bx_i$，计算得出回归系数 a 和 b： $a = \dfrac{\sum y - b \sum x}{n}$ $b = \dfrac{n \sum xy - \sum x \sum y}{n \sum x^2 - (\sum x)^2}$ 求解后代入 $y = a + bx$ 进行测算。	优点：结果精确。 缺点：人工计算较为复杂。

【例 3-38】（单选题）某企业上半年设备服务费如下表所示，用高低点法将混合成本（设备服务费）分解为固定成本和变动成本。假定 7 月份预计设备需要服务 20 千小时，则利用高低点法计算 7 月份预计维修成本为（　　）元。

月份	1	2	3	4	5	6
设备服务时长（千小时）	20	18	12	17	21	22
服务费（元）	2 200	2 100	1 400	1 900	2 500	2 400

A. 2 100　　　　　　B. 2 280
C. 2 460　　　　　　D. 2 200

【答案】D

【解析】本项目业务量最高的点（22，2 400），业务量最低的点（12，1 400），则根据高低点法，单位变动成本 $b = (2\,400 - 1\,400) ÷ (22 - 12) = 100$（元/千小时），固定成本 $A = 2\,400 - 22 × 100 = 200$（元），因此总成本 $y = bx + A = 200 + 100 × 20 = 2\,200$（元）。

【例 3 - 39】（单选题）某企业近五年的产量和成本情况如下，预计下一年产量为 11 万件，则利用回归分析法，该企业下一年的预计总成本为（　　）万元。

年度	产量（万件）	成本（万元）
1	7	500
2	8	560
3	9	620
4	12	700
5	10	650

A. 690.55　　　　　　B. 589.46
C. 677.01　　　　　　D. 665.23

【答案】C

【解析】根据上表可得：

年度	产量（X）	成本（Y）	X^2	XY
1	7	500	49	3 500
2	8	560	64	4 480
3	9	620	81	5 580
4	12	700	144	8 400
5	10	650	100	6 500
平均	9.2	606	87.6	5 692

$b = (5\,692 - 9.2 × 606) ÷ (87.6 - 9.2^2) = 39.46$，$a = 606 - 39.46 × 9.2 = 243.06$。

则 $Y = 39.46X + 243.06$，当 $X = 11$ 时，代入解方程得该企业下一年的预计总成本 $= 39.45 × 11 + 243.06 = 677.01$（万元）。

四、利润预测

（一）定义

利润预测是按照企业经营目标的要求，通过对影响利润变化的成本、产销量等因素的综合分析，对未来一定时间内可能达到的利润水平和变化趋势所进行的科学预计和推测。

（二）基本方法

利润预测的基本方法主要包括本量利分析法和相关比例分析法（见表 3 - 27）。

表 3 - 27

方法	公式
本量利分析法（边际贡献法）	目标利润 =（单价 - 单位变动成本）× 销售量 - 固定成本
相关比例分析法	（1）确定目标利润率。 （2）根据目标利润的计算公式确定目标利润的基础数据，公式为： 目标利润 = 预计的销售收入 × 销售利润率 　　　　 = 预计资金平均占用额 × 资金利润率 　　　　 = 预计总产值 × 产值利润率 （3）对基础目标利润进行修正，确定最终的目标利润。 【提示】相关比例分析法的应用前提： （1）销售收入、产值、销售成本、资金投入总额等数据能准确预测； （2）企业生产、经营较为稳定，基本比率保持不变。

【例 3 - 40】（单选题）某企业生产 B 产品，本期计划销售量为 5 000 件，目标利润总额为 120 000 元，完全成本总额为 200 000 元，适用的消费税税率为 5%，根据以上资料，运用相关比例分析法预测单位 B 产品的价格为（　　）元。

A. 35　　　　　　B. 22.56
C. 68　　　　　　D. 67.37

【答案】D

【解析】单位产品价格 =（目标利润总额 + 完全成本总额）÷ [产品销量 ×（1 - 适用税率）] =（120 000 + 200 000）÷ [5 000 ×（1 - 5%）] = 67.37（元）。

【例 3 - 41】（单选题）某企业今年实现利

润 600 万元，过去三年的利润增长率分别为 20%、10%、15%。假定过去三年的权数分别为 1、2、3，则预测明年的目标利润为（　　）万元。

A. 613.02　　　　B. 685.02
C. 631.02　　　　D. 600

【答案】B

【解析】加权平均利润增长率 =（20% × 1 + 10% × 2 + 15% × 3）÷（1 + 2 + 3）= 14.17%，明年的目标利润 = 600 ×（1 + 14.17%）= 685.02（万元）。

【知识点 5】全面预算

一、全面预算概述

（一）全面预算的含义

全面预算的含义、范围及特征如表 3 - 28 所示。

表 3 - 28

全面预算	内容
含义	全面预算是企业为了实现战略规划和经营目标，按照一定程序编制、审查、批准的，以量化形式表现的企业预算期内经营活动、投资活动、财务活动的统筹规划。
范围	财务预算、业务预算、资本预算
特性	系统性、综合性、规范性、参与性

（二）全面预算管理的含义

全面预算管理的定义、流程及意义如表 3 - 29 所示。

表 3 - 29

全面预算管理		内容
定义		全面预算管理是以全面预算为标准，对预算执行过程和结果进行控制、核算、分析、考评、奖惩等一系列管理活动的过程。
循环（全面预算管理的流程）	预算编制	（1）预算系统运行关键的开端。 （2）以预算目标为依据。 （3）方法。 ①确定企业预算目标，编制企业预算； ②将预算总目标进行具体落实，并将其分解为责任目标下达给预算执行者。
	预算执行	（1）预算系统运行的核心环节。 （2）有效执行的方法。 ①确定科学、先进的预算目标； ②借助激励与约束机制，强化人力资源。
	预算调控	（1）预算的日常控制，是预算目标实现的有力保证。 （2）包含内容：预算协调、预算调整、预算监控。
	预算评价	（1）对预算实际执行情况和预算目标之间差异大小以及差异原因进行分析。 （2）目的。 ①通过评价掌握预算的执行情况，及时发现问题以及问题产生的根源； ②作为业绩评价的依据。
	预算反馈	上述四个环节运行的重要保障，在上述环节中一直存在。
意义		（1）通过规划与计划落实企业战略目标； （2）沟通和协调各部门、各单位的工作； （3）合理配置资源； （4）明确经济责任； （5）控制与监督经济活动； （6）考核与评价经营业绩。

【例 3-42】（单选题）下列关于全面预算管理循环的说法，正确的是（ ）。

A. 预算目标可分为企业预算目标和责任预算目标，所编制的预算也包括企业预算和责任预算

B. 在预算执行环节，企业需将预算总目标进行具体落实，并将其分解为责任目标下达给预算执行者

C. 预算调控强调企业各项经济资源，尤其是人力资源的潜能

D. 预算反馈作为全面预算管理循环的最后一个环节，需等前面环节全部执行完毕后再执行

【答案】 A

【解析】 选项 B，在预算编制环节，首先，确定企业预算目标，编制企业预算；其次，将预算总目标进行具体落实，并将其分解为责任目标下达给预算执行者。选项 C，强调各项经济资源，尤其是人力资源的潜能的全面预算管理环节是预算执行环节。选项 D，预算反馈并不是单独的一个环节，而是存在于预算编制、预算执行、预算调控、预算评价四个环节之中。

二、全面预算管理的主要内容和编制

（一）全面预算管理的内容

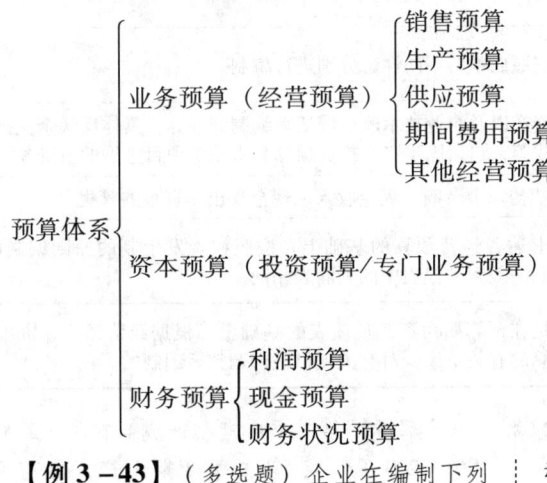

【例 3-43】（多选题）企业在编制下列预算中，属于财务预算的有（ ）。

A. 利润预算　　B. 现金预算
C. 财务状况预算　　D. 制造费用预算
E. 资本支出预算

【答案】 ABC

【解析】 财务预算是预算期内企业财务活动、经营成果和财务状况方面的预算，主要包括利润预算、现金预算和财务状况预算。

（二）全面预算管理的编制

全面预算管理主要包括销售预算、生产预算、管理和销售费用预算、资本支出预算和财务汇总预算（见表 3-30）。

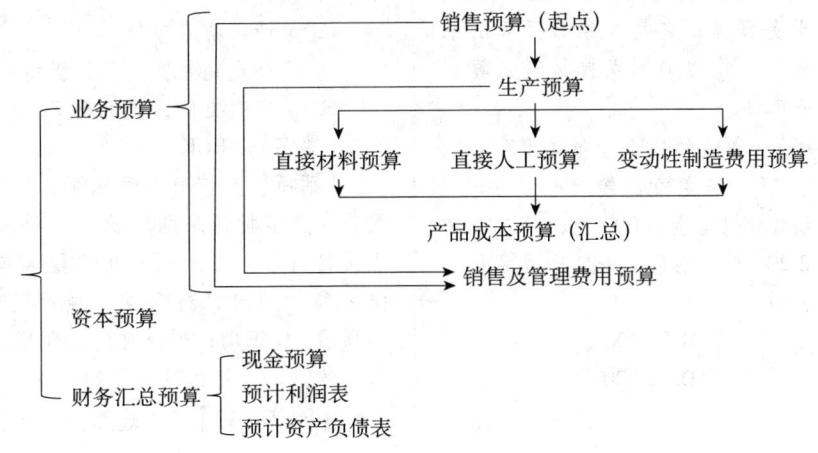

表 3-30

分类		预算方法
销售预算		预计销售收入 = 预计销售量 × 预计销售单价
生产预算		预计生产量 = 预计销售量 + 预计期末产成品存货量 - 预计期初产成品存货量
	直接材料预算	预计直接材料采购量 = 预计生产量 × 单位产品耗用量 + 预计期末材料存货 - 预计期初材料存货 直接材料预算额 = 直接材料预计采购量 × 直接材料单价
	直接人工预算	直接人工预算额 = 预计生产量 × 单位产品直接人工小时 × 小时工资率
	制造费用预算	变动性制造费用预算额 = 预计生产量 × 单位产品费用分配率 固定制造费用与生产量之间不存在线性关系,通常是根据上年的实际水平,根据预期变动加以适当修正来进行预计。
	单位产品成本和期末存货预算	预计期末产成品存货额 = 单位产品成本 × 预计期末产成品存货数量
管理和销售费用预算		编制方法和制造费用的编制方法相同,按照成本的不同性态分别进行编制。
资本支出预算		资本支出预算是为购置固定资产、无形资产以及企业技术改造等活动编制的预算,具体反映企业投资的时间、规模、收益以及资金的筹措方式等,包括固定资产投资预算和未完工项目进展的投资预算。
财务汇总预算	现金预算	期末现金余额 = 期初现金余额 + 现金收入 - 现金支出 + 资金的筹集
	预计利润表	预计利润表是在上述各经营预算的基础上,按照权责发生制的原则编制的,其编制方法与编制一般财务报表中的利润表相同。
	预计资产负债表	预计资产负债表是在预算期初资产负债表的基础上,根据经营预算、资本支出预算和现金预算的有关结果,对有关项目进行调整后编制的。

【例 3-44】(单选题)在预算编制过程中,企业生产预算一般应当在( )预算的基础上编制。

A. 预计资产负债表
B. 管理和销售费用预算
C. 预计利润表
D. 销售预算

【答案】D

【解析】生产预算是为规划预算期生产规模而编制的一种业务预算,它是在销售预算的基础上编制的,并可以作为编制直接材料预算和产品成本预算的依据。

【例 3-45】(单选题)企业每季度预计期末产成品存货为下一季度预计销售量的 10%,已知第二季度预计销售量为 2 000 件,第三季度预计销售量为 2 200 件,则第二季度产成品预计产量为( )件。

A. 2 020   B. 2 000
C. 2 200   D. 2 220

【答案】A

【解析】第二季度期初产成品存货 = 2 000 × 10% = 200(件),第二季度期末产成品存货 = 2 200 × 10% = 220(件),第二季度产成品预计产量 = 220 + 2 000 - 200 = 2 020(件)。

【例 3-46】(多选题)企业在编制直接材料预算时,需预计下个季度材料采购的现金支出额,影响该金额的因素有( )。

A. 材料采购单价
B. 预计产量
C. 预计材料库存量
D. 已确定销售商的预计折扣
E. 供货商提供的信用政策

【答案】ABCE

【解析】直接材料预算额 = 直接材料预计采购量 × 直接材料采购单价,选项 A 正确;预计直接材料采购量 = 预计生产量 × 单位产品耗用量 + 预计期末材料存货 - 预计期初材料存货,选项 B、C 正确;现金支出金额需要看供货商的付现政策,因此选项 E 正确。

【例 3-47】(单选题)关于资产负债表预

算,下列表述正确的是( )。

A. 资本支出预算的结果不会影响资产负债表的编制

B. 编制资产负债表预算的目的在于了解企业预算期的经营成果

C. 利润表预算编制应当优先于资产负债表预算编制而成

D. 资产负债表预算是现金预算编制的起点和基础

【答案】C

【解析】预计资产负债表的编制需以计划开始日的资产负债表为基础,结合计划期间的各项业务预算、专门决策预算、现金预算和预计利润表进行编制。编制预计资产负债表的目的,在于判断预算反映的财务状况的稳定性和流动性。预计资产负债表是编制全面预算的终点。

【例3-48】(单选题)企业每个季度销售收入有70%于本季度收到现金,30%于下季度收到现金。已知本年年末应收账款余额为600万元,下年第一季度预计销售收入1 500万元,则下年第一季度预计现金收入为( )万元。

A. 1 650　　　　B. 2 100
C. 1 050　　　　D. 1 230

【答案】A

【解析】第一季度预计现金收入 = 600 + 1 500×70% = 1 650(万元)。

(三)全面预算编制的方法

全面预算编制的方法包括固定预算法、弹性预算法、滚动预算法、零基预算法等(见表3-31)。

表3-31

类别	含义	特点	适用范围
固定预算法	以预算期内某一固定业务量水平为基础来编制预算的方法。	优点:工作量相对较少,运用范围广,使用较简单,易于控制。 缺点:灵活性和可比性差,不适用于变化市场。	(1)业务量比较稳定的企业; (2)非营利性组织; (3)固定成本或费用支出数额稳定的预算项目。
弹性预算法	以预算期内可能发生的多种业务水平为基础,分别确定多种预算指标的预算编制方法。	优点:适用企业不同的业务量水平,利于业绩考核。 缺点:工作量大,对成本习性分析要求高,要求企业有较高的管理能力,不适用于变化市场。	(1)企业不同的业务量水平; (2)与预算执行单位业务量有关的成本、费用、利润、资金规模预算的编制。
滚动预算法	将预算期始终保持一个固定期间、连续进行预算编制的方法。	优点:准确且及时,动态把握企业的发展。 缺点:编制工作量繁重、成本高。	(1)规模大、时间长的工程类; (2)大型设备采购项目。
零基预算法	以零为基点编制的预算的方法。	优点:强调作业的必要性,强调资源消耗及所需的资源配置。 缺点:编制工作量大,时间成本高。	对于各项费用的预算。

【例3-49】(单选题)以预算期内可能发生的多种业务水平为基础,分别确定多种预算指标的预算编制方法称为( )。

A. 固定预算法　　B. 弹性预算法
C. 滚动预算法　　D. 零基预算法

【答案】B

【解析】弹性预算法又称动态预算法、变动预算法,是以预算期内可能发生的多种业务水平为基础,分别确定多种预算指标的预算编制方法。这种方法是针对固定预算的主要不足设计的,其预算编制的依据不是某一固定的业务量,而是一个可预见的业务量范围,具有一定的伸缩性,因而称为"弹性预算法"。

【例3-50】(单选题)相对于增量预算,下列关于零基预算的表述中错误的是( )。

A. 预算编制成本相对较高
B. 预算编制工作量相对较少
C. 以零为起点编制预算
D. 不受历史期不合理因素的影响

【答案】B

【解析】略。

精选练习题

一、单项选择题

1. 下列对于预测与预算的说法，不正确的是（　　）。
   A. 国家、企业、事业单位、非营利性组织或个人等不同形式的组织都可以作为预算的主体
   B. 预算是对未来一定时期经营现金流的测算
   C. 没有一种预测方法会绝对有效
   D. 预算不是预测

2. 关于固定成本，下列说法正确的是（　　）。
   A. 按照产量计提的固定资产折旧费应计入固定成本
   B. 固定成本总量随着业务量的增加而逐步增加
   C. 固定成本按照业务量的多少分为约束性固定成本和酌量性固定成本
   D. 单位固定成本随着业务量的增加而下降

3. 根据成本性态的分类，按其支出额是否可以在一定期间内改变划分，新产品研究开发费一般属于（　　）。
   A. 半变动成本　　　B. 半固定成本
   C. 约束性固定成本　D. 酌量性固定成本

4. 下列各项中，属于酌量性变动成本的是（　　）。
   A. 直接材料成本
   B. 产品销售税金及附加
   C. 按销售额一定比例支付的销售代理费
   D. 直接人工成本

5. 某企业设备维修费与机器工时密切相关，本期设备固定维修费为 5 000 元，单位变动维修费为 10 元/时，预计维修时间为 2 000 小时，则本期维修费的总额为（　　）元。
   A. 50 000　　　B. 25 000
   C. 5 000　　　D. 500 000

6. 某公司的推销员采用基础工资加奖金提成的方式进行工资发放。每月的保底销量为 1 000 台，基础工资 2 500 元，此外，若推销员的业绩超出规定业务量，推销员还可根据超出的数额获得 600 元/台的奖金，那么推销员的工资费用是（　　）。
   A. 半变动成本　　B. 半固定成本
   C. 延期变动成本　D. 曲线变动成本

7. 甲雪糕制造厂位于广东省，本年度 12 月的生产销售运输的成本与产出产品数量如下表所示。为精确计算生产成本，则下列方法中，甲公司首先排除（　　）方法进行分解混合成本。

月份	1	2	3	4	5	6	7	8	9	10	11	12
成本（万元）	10	6	88	90	110	120	166	200	160	110	80	60
产出（亿件）	10	10	40	45	50	50	55	60	56	40	40	20

A. 高低点法　　　B. 回归分析法
C. 账户分析法　　D. 技术测定法

8. 甲公司本年度 X 产品的销售收入为 3 000 万元，生产 X 产品消耗固定成本 400 万元，已知 A 产品变动成本率为 40%，本年度 X 产品营业利润为（　　）万元。
   A. 2 600　　　B. 800
   C. 1 200　　　D. 1 400

9. 在传统式本量利关系图中，单价和固定成本总额既定的情况下，保本点的位置随着单位变动成本的变动而（　　）变动。
   A. 同向　　　　B. 反向
   C. 随机　　　　D. 不

10. 下列表述中，在传统式本量利关系图中能够正确体现的是（　　）。
    A. 在固定成本、单位变动成本、销售单价不变的情况下，即在保本点既定的情况下，销售量越大，实现的利润越多
    B. 在总成本既定的情况下，销售收入线的斜率越大，保本点就越高
    C. 在销售单价、单位变动成本既定的情况下，保本点的位置随固定成本总额的变动反向变动
    D. 当销售量为零时，企业的亏损位于第四象限，直至销量到达保本点之后，才会到第一象限

11. 某企业生产销售 A 产品，且产销平衡。其销售单价为 25 元/件，单位变动成本为 18 元/件，固定成本为 2 520 万元。若 A 产品的正常销

量为600万件,则安全边际率为( )。

A. 30%　　　　　B. 50%
C. 60%　　　　　D. 40%

12. 根据本量利分析原理,下列各项中,将导致保本点销售额提高的是( )。

A. 降低单位变动成本
B. 降低变动成本率
C. 降低贡献毛益率
D. 降低固定成本

13. 甲公司只生产销售一种产品,变动成本率30%,保本点作业率40%,甲公司销售利润率是( )。

A. 18%　　　　　B. 12%
C. 42%　　　　　D. 28%

14. 下列本量利公式中,正确的是( )。

A. 利润 = 贡献毛益 – 固定成本
B. 利润 = 销售量 × 单价 – 固定成本
C. 单位贡献毛益 = 单价 – 单位固定成本
D. 贡献毛益总额 = 单位变动成本 × 销量

15. 某企业只生产一种产品,该产品的市场预计售价为90元,单位变动成本40元,固定成本35 000元,期望销售利润是175 000元,则该产品的保本点是( )件。

A. 600　　　　　B. 700
C. 800　　　　　D. 900

16. 某公司生产和销售单一产品,预计计划年度销售量为10 000件,单价为300元,单位变动成本为200元,固定成本为200 000元。假设销售单价增长了10%,则销售单价的敏感系数为( )。

A. 0.1　　　　　B. 3.75
C. 1　　　　　　D. 3

17. 甲公司只生产一种产品,目前处于盈利状态,单位变动成本10元,息税前利润对变动成本敏感系数为–4。假定其他条件不变,甲公司盈亏平衡点时的单位变动成本为( )元。

A. 7.5　　　　　B. 9.6
C. 10.4　　　　　D. 12.5

18. 本量利分析中,销售利润率等于( )。

A. 安全边际率 × 变动成本率
B. 保本销售率 × 安全边际率
C. 贡献毛益率 × 变动成本率
D. 安全边际率 × 贡献毛益率

19. 甲公司第1年至第5年产销量和资金变化情况如下表所示:

年度	产量(万件)	总成本(万元)
第1年	68	60
第2年	45	56
第3年	60	58
第4年	50	43
第5年	76	64

则采用高低点法确定的固定成本总额为( )万元。

A. 44.24　　　　B. 63.55
C. 42.56　　　　D. 53.68

20. 某企业根据过去一段时间的业务量和混合成本资料,应用最小二乘法原理,算出最能代表二者关系的函数表达式,据此对混合成本进行分解,则该企业采用的混合成本分解法是( )。

A. 回归分析法　　B. 高低点法
C. 账户分析法　　D. 技术测定法

21. 某企业9月的预计产销量是1 850件,实际产销量为2 000件,总成本为30 000元,假设平滑系数为0.6,则利用指数平滑法,10月的产销量预测为( )件。

A. 1 910　　　　B. 1 940
C. 1 900　　　　D. 1 925

22. 某企业生产的产品销售单价为10元/件,单位边际贡献是4元/件,固定成本为10 000元,税后目标利润(假设利息为零)为22 500元,所得税税率25%,则实现目标利润的销售额为( )元。

A. 120 000　　　B. 100 000
C. 80 000　　　　D. 60 000

23. 某企业只生产甲产品,预计单位售价11元,单位变动成本8元,固定成本费用1 000万元,该企业要实现5 000万元的目标利润,则甲产品的销售量至少为( )万件。

A. 1 000　　　　B. 2 000
C. 3 000　　　　D. 4 000

24. 在全面预算管理循环的一个环节中要求企业在进行全面预算的时候,除了依据可控性原则确定科学、先进的预算目标,还必须强调各项经济资源,尤其是人力资源的潜能。这个环节就是( )。

A. 预算编制　　　　B. 预算执行
C. 预算调控　　　　D. 预算反馈

25. 下列各项预算中，最先编制的预算应该是（　　）。
A. 销售预算　　　　B. 生产预算
C. 预计利润表　　　D. 预计资产负债表

26. 甲公司正在编制全面预算，下列各项中，无法以生产预算为编制基础的有（　　）。
A. 直接材料预算
B. 销售预算
C. 直接人工预算
D. 固定制造费用预算

27. 某企业根据上年经营成果，预计今年的生产量。本年第一季度销售量为 900 件，第二季度销售量为 1 000 件，预计本年第三季度销售量 950 件，第四季度销售量 1 050 件，期末存货为上一季度销售量的 10%，第三季度预计生产量为（　　）件。
A. 920　　　　　　B. 940
C. 960　　　　　　D. 980

28. 某公司本年第四季度预算生产量为 100 万件，单位变动制造费用为 3 元/件，固定制造费用总额为 10 万元（含折旧费 2 万元），除折旧费外，其余均为付现费用。则本年第四季度制造费用的现金支出预算为（　　）万元。
A. 292　　　　　　B. 308
C. 312　　　　　　D. 288

29. 下列各项费用预算项目中，最适宜采用零基预算编制方法的是（　　）。
A. 直接材料　　　　B. 职工培训费
C. 直接人工　　　　D. 保险费

30. 下面有关预算编制方法的说法中不正确的是（　　）。
A. 固定预算是以预算期内某一固定业务量水平为基础来编制的
B. 零基预算法是一切以零为出发点编制
C. 滚动预算法是以固定不变的会计期间作为预算期间编制
D. 弹性预算针对一个可预见的业务量范围分别确定多种预算指标

二、多项选择题

1. 下列对于预算及预算管理的说法中，正确的有（　　）。
A. 预算管理是指为确保预算主体预算资金规范运行而进行的一系列编制、组织、调节、控制、监督、反馈等活动的总称
B. 预算管理指导经营活动的改善和调整，帮助管理者更加有效地管理企业和最大程度地实现战略目标
C. 预算反映预算主体未来一定时期内的活动范围和方向
D. 预算是对企业未来的经营活动和相应财务结果进行充分、全面的预测和筹划
E. 预算是一种控制手段，是企业控制活动的基础

2. 下列预测的类别中，属于按照分析途径进行分类的包括（　　）。
A. 直观型预测方法
B. 定量预测
C. 时间序列预测方法
D. 计量经济模型预测方法
E. 定性预测

3. 下列各项中，属于固定成本的有（　　）。
A. 广告费　　　　　B. 财产保险费
C. 电消费成本　　　D. 累进计件工资
E. 包装费

4. 下列属于约束性固定成本的有（　　）。
A. 新产品研究开发费用
B. 房屋租金
C. 保险费
D. 生产成本
E. 技术转让费

5. 在一定期间及特定的业务量范围内，关于成本与业务量之间的关系，下列说法正确的有（　　）。
A. 固定成本总额随着业务量的增加而增加
B. 单位固定成本随着业务量的增加而降低
C. 变动成本总额随着业务量的增加而增加
D. 单位变动成本随着业务量的增加而降低
E. 固定成本总额和单位变动成本随着业务量的增加而不变

6. 下列项目的成本，按成本性态分类，属于混合成本中的半固定成本的有（　　）。
A. 累进计件工资　　B. 违约金
C. 运货员工资　　　D. 职工基本工资
E. 检验员工资

7. 下列关于基本的本量利分析图的说法中，正确的是（　　）。

A. 主要优点是可以表示边际贡献的数值

B. 在保本点以上的总收入线与总成本线相夹的区域为盈利区

C. 总成本线的斜率是变动成本率

D. 总收入线与变动成本线的交点是保本点

E. 横坐标是销量

8. 下列各项中，会使企业保本点下降的有（ ）。

A. 价格下降　　　B. 销售量减少

C. 固定成本减少　D. 贡献毛益减少

E. 单位变动成本减少

9. 某公司已知其半年来每个月的产销量及总成本，想使得自己的预测更加准确，将每个月的数据都利用起来去预测下个月的总成本，能够使用的预测方法有（ ）。

A. 多元回归法　　B. 指数平滑法

C. 对数直线法　　D. 算术平均法

E. 德尔菲法

10. 企业下列做法中，可能会使企业贡献毛益率提高的有（ ）。

A. 提高单位变动成本

B. 等额降低单价和单位变动成本

C. 提高销量

D. 提高单价

E. 提高目标利润

11. 某企业只生产一种产品，单价20万元，单位变动成本12万元，固定成本为2 400万元，满负荷运转下的正常销售量为400件。以下说法中正确的有（ ）。

A. 贡献毛益率为30%

B. 满负荷状态下保本作业率为75%

C. 安全边际额为1 000万元

D. 满负荷状态下利润为800万元

E. 在"销售量"以金额表示的边际贡献式量本利图中，该企业的变动成本线斜率为12

12. 在单一产品本量利分析中，下列成立的有（ ）。

A. 保本作业率 + 安全边际率 = 1

B. 变动成本率 × 营业毛利率 = 边际贡献率

C. 安全边际率 × 贡献毛益率 = 销售利润率

D. 变动成本率 + 边际贡献率 = 1

E. 固定成本 × 贡献毛益总额 = 保本作业率

13. 某企业生产销售 A 产品，预计销售为6 250件，单价为100元，单位变动成本为40元，固定成本为75 000元，则下列说法正确的有（ ）。

A. 该企业的目标利润为500 000元

B. 该企业的最小销售量为1 500件

C. A 产品的单价最小值为52元

D. 单位变动成本的最大值为48元

E. 该企业固定成本的最大值为375 000元

14. 下列各因素中，影响销量敏感系数的因素有（ ）。

A. 销售单价变动　B. 销售数量变动

C. 预计总产值变动　D. 固定成本变动

E. 所得税费率变动

15. 某企业只生产一种产品，该产品单价为100元，单位变动成本60元，固定成本100 000元，本年度正常销售量为10 000件。企业满负荷运转下的生产量为12 000件，若要销售超过正常销售量的部分，根据经验，可以原价7折出售方可销售出去。则下列说法中，正确的有（ ）。

A. 单价的敏感系数为3.33

B. 在保本状态下，该企业的生产经营能力的利用程度为20.83%

C. 安全边际提供的贡献贸易为300 000元

D. 企业满负荷生产的目标利润为300 000元

E. 在贡献毛益式本量利关系图中，变动成本线的斜率是60%

16. 某公司计划本年只生产一种产品，产品售价为1 000元/件，第二季度的销售收入为8 000万元，第三季度的销售收入为12 000万元。每一季度末的库存产品数量等于下一季度销售量的20%。单位产品材料定额耗用量为5千克，第二季度末的材料结存量为8 400千克，第二季度初的材料结存量为6 400千克，材料计划单价10元/千克。下列说法正确的是（ ）。

A. 第二季度预计销售量为8万件

B. 第三季度预计销售量为10万件

C. 第二季度预计材料耗用量为44万千克

D. 第二季度预计生产量为9万件

E. 第二季度预计材料采购量为44万千克

17. 下列各项中，属于业务预算的有（ ）。

A. 利润预算　　　B. 生产预算

C. 现金预算　　　D. 资本预算

E. 销售预算

18. 下列预算编制方法中，表述正确的有

（　　）。

A. 在现金预算中，期末现金余额＝期初现金余额＋现金收入－现金支出＋资金的筹集

B. 在生产预算中，预计生产量＝预计销售量＋预计期末产成品存货量－预计期初产成品存货量

C. 在单位成本和期末存货预算中，预计期末产成品存货额＝单位产品成本×预计期末产成品存货数量＋期初产成品单位成本×初产成品存货数量－本期销售产成品单位成本×本期销售产成品数量

D. 在直接材料预算中，预计直接材料采购量＝预计生产量＋预计期末材料存货－预计期初材料存货

E. 在销售预算中，预计销售收入＝预计销售量×预计销售单价

19. 与固定预算编制方法相比，零基预算编制方法的优点有（　　）。

A. 编制工作量小
B. 可以重新审视现有业务的合理性
C. 可以避免前期不合理费用项目的干扰
D. 可以调动各部门降低费用的积极性
E. 时间成本低

20. 下列对于不同的全面预算所适用的范围，说法正确的有（　　）。

A. 固定预算适用于非营利性组织
B. 弹性预算适用于规模较大、时间较长的工程
C. 滚动预算适用于不同业务量水平的企业
D. 零基预算适用于对各项费用进行预算
E. 弹性预算适用于执行单位业务量有关的成本、费用、利润、资金规模预算的编制

三、综合题

（一）利润与成本预测的综合练习

甲公司仅生产一种产品，该产品每个月的固定成本为 300 万元，销售单价为 1 万元，变动成本为 0.35 万元/件。按照市场预测，该产品每个月的销售额应为 500 件。本月该产品设计销售 480 件。根据上述材料，回答下列问题：

1. 甲公司采用指数平滑法预测下个月的利润，假设平滑指数为 0.6，则下个月的预计销售量为（　　）件。

A. 480　　　　　　　B. 488
C. 495　　　　　　　D. 492

2. 若甲公司本年初计划该产品每个月销售应达到 600 件，则甲公司生产该产品原本的预期利润应为（　　）万元。

A. 90　　　　　　　B. 165
C. 180　　　　　　　D. 120

3. 按照目前的生产情况，该产品目标的保本点销量为（　　）件。

A. 468　　　　　　　B. 477
C. 450　　　　　　　D. 462

4. 该产品目标安全边际量和安全边际额分别为（　　）。

A. 38 件、38 万元
B. 18 件、11.7 万元
C. 38 件、24.7 万元
D. 18 件、18 万元

5. 该产品实际获取利润远低于预期，甲公司却希望提高自己的获利能力，可以采用的措施有（　　）。

A. 降低固定成本
B. 降低单位变动成本
C. 降低销售量
D. 降低变动成本率

（二）成本分析与敏感性分析的综合练习

甲公司只生产一种 M 产品，本年度 M 产品销售量 6 000 件，每件价格 0.2 万元。本年度 M 产品相关成本包括：

（1）M 产品专利技术费：每年 90 万元的固定专利技术授权费，以及每年 10% 销售收入的变动专利技术授权费。

（2）本年度直接材料、直接人工中的变动成本为 380 万元（其中直接材料为 300 万元，直接人工为 80 万元），支付给管理人员的固定工资为 50 万元。

（3）本年度其他相关成本费用，包括生产部门折旧费 90 万元，其他变动成本 40 万元，其他固定成本 100 万元。

请根据上述材料，回答下列问题：

6. 下列关于 M 产品的说法，正确的有（　　）。

A. M 产品固定成本总额为 230 万元
B. M 产品的单位变动成本为 0.09 万元
C. M 产品的单位贡献毛益为 0.11 万元
D. M 产品的保本点销售量为 2 750 件

7. 本年度 M 产品保本点作业率为（　　）

A. 50%　　　　　B. 45.83%
C. 41.67%　　　　D. 55%

8. 甲公司税前利润对销售量的敏感系数为（　　）。
A. 1.5　　　　　B. 1.8
C. 2　　　　　　D. 2.2

9. 甲公司单价对销售量的敏感系数为（　　）。
A. 2.59　　　　　B. 3.27
C. 3.68　　　　　D. 4.55

10. 如果下一年原材料价格上涨 50%，其他因素不变，A 产品的销售价格应该上涨（　　）才能保持本年的水平。
A. 12.9%　　　　B. 11.9%
C. 14.9%　　　　D. 13.9%

（三）成本与利润预测的综合练习

甲公司拟承包乙集团投资开发的主题公园中的游乐场，承包期限 5 年，承包时一次性支付经营权使用费 25 000 万元，按承包年限平均分摊，承包期内每年上缴 5 000 万元承包费，并且每年按其年收入的 10% 向乙集团支付管理费。甲公司目前正在进行 2×24 年盈亏平衡分析。相关资料如下：

（1）游乐场售卖两种门票，均当日当次有效。标价如下：

单位：元

项目	游乐场门票	公园观光和游乐场联票（联票）
成人普通票（普通票）	60	80
儿童及 60 岁以上老人优惠票（优惠票）	30	40

（2）2×24 年预计门票售卖情况：游乐场门票 500 万张，联票 400 万张。假设各类已售门票中，普通票和优惠票的比例均为 40%：60%。

（3）联票收入甲、乙分项，各占 50%。

（4）物业费为固定费用，2×24 年甲公司支付游乐场物业费 10 000 万元。

（5）假设不考虑企业所得税。

根据上述资料，回答下列问题：

11. 下列关于游乐场 2×24 年成本利润的说法中，正确的有（　　）。
A. 游乐场优惠票贡献毛益为 8 100 万元
B. 游乐场成人普通票贡献毛益为 10 800 万元
C. 游乐场 2×24 年固定成本总额为 15 000 万元
D. 游乐场 2×24 年营业利润为 8 980 万元

12. 游乐场 2×24 年贡献毛益总额为（　　）万元。
A. 28 980　　　　B. 32 200
C. 27 400　　　　D. 24 660

13. 2×24 年平均每人次贡献毛益（　　）元。
A. 64.4　　　　　B. 31.5
C. 63　　　　　　D. 32.2

14. 甲公司 2×24 年安全边际率为（　　）。
A. 29.66%　　　B. 28.66%
C. 31.99%　　　D. 30.99%

15. 如果甲公司计划 2×24 年实现营业利润 1 000 万元，拟将游乐场普通票票价提至 70 元，其他票价不变，联票销售预计增长 50%。假设其他条件不变，甲公司至少要售卖（　　）万张门票才能实现利润目标。
A. 293.18　　　　B. 289.96
C. 270.64　　　　D. 262.55

精选练习题参考答案及解析

一、单项选择题

1.【答案】D

【解析】预算反映预算主体未来一定时期内的活动范围和方向，是一种预测，是对未来一段时期内的收支情况的预计；是一种控制手段，是企业控制活动的基础。

2.【答案】D

【解析】选项 A，按照产量计提的固定资产折旧费计入变动成本。选项 B，固定成本是指其总额在一定时期及一定产量范围内，不直接受业务量变动的影响而保持固定不变的成本。选项 C，固定成本按其支出额是否可以在一定期间内改变分为约束性固定成本和酌量性固定成本。

3.【答案】D

【解析】酌量性固定成本指管理当局的短期经营决策行动能改变其数额的固定成本，如广告费、职工培训费、新产品研究开发费用等。

4.【答案】C

【解析】酌量性变动成本的发生额是由经理

人员决定的，例如，按销售额一定的百分比开支的销售佣金、新产品研制费、技术转让费，以及可按人的意愿投入的辅料等，称为酌量性变动成本。

5. 【答案】B

【解析】总成本＝固定成本总额＋单位变动成本×业务量＝5 000＋10×2 000＝25 000（元）。

6. 【答案】C

【解析】延期变动成本在一定的业务量范围内有一个固定不变的基数，当业务量增长超出这个范围，它就与业务量的增长成正比例变动。

7. 【答案】D

【解析】从表中可以看出，5月份、6月份的投入产出与7月份、8月份情况有很大出入，甲公司的投入产出比并不是一个非常规律的情况。技术测定法只适用于投入成本与产出数量之间有规律性联系的成本分解，因此甲公司首先排除使用技术测定法分解混合成本。

8. 【答案】D

【解析】贡献毛益率＝1－变动成本率＝1－40%＝60%，利润＝贡献毛益率×销售收入－固定成本＝60%×3 000－400＝1 400（万元）。

9. 【答案】A

【解析】在传统式本量利关系图中，单价和固定成本总额既定的情况下，保本点的位置随着单位变动成本的变动而同向变动，单位变动成本越大（坐标图表示斜率越大），保本点越高；反之，保本点越低。

10. 【答案】A

【解析】选项B，在总成本既定的情况下，保本点的位置随销售单价的变动而逆向变动：销售收入线的斜率越大，保本点就越低；反之，保本点越高。选项C，在销售单价、单位变动成本既定的情况下，保本点的位置随固定成本总额的变动而同向变动：总成本线与纵轴的交点越高，保本点就越高；反之，保本点越低。选项D，本项目考察的是利量式本量利关系图，而非传统式本量利关系图。

11. 【答案】D

【解析】保本销售量＝固定成本÷（单价－单位变动成本）＝2 520÷（25－18）＝360（万件），安全边际量＝正常销售量－保本销售量＝600－360＝240（万件），安全边际率＝安全边际量÷正常销售量×100%＝240÷600×100%＝40%。

12. 【答案】C

【解析】保本点销售额＝固定成本÷贡献毛益率，其中，贡献毛益率＝单位贡献毛益÷单价＝（单价－单位变动成本）÷单价。降低单位变动成本，贡献毛益率提高，保本点销售额降低；降低变动成本率，贡献毛益率提高，保本点销售额降低；降低贡献毛益率，保本点销售额提高；降低固定成本总额，保本点销售额降低。

13. 【答案】C

【解析】销售利润率＝安全边际率×贡献毛益率＝（1－保本点作业率）×（1－变动成本率）＝（1－40%）×（1－30%）＝42%。

14. 【答案】A

【解析】利润＝销售量×（单价－单位变动成本）－固定成本，单位贡献毛益＝单价－单位变动成本，贡献毛益总额＝单位贡献毛益×销量。

15. 【答案】B

【解析】该产品的保本点＝固定成本总额÷（单价－单位变动成本）＝35 000÷（90－40）＝700（件）。

16. 【答案】B

【解析】单价上涨前的息税前利润＝10 000×（300－200）－200 000＝800 000（元）；单价上涨后的息税前利润＝10 000×［300×（1＋10%）－200］－200 000＝1 100 000（元）；息税前利率增长率＝（1 100 000－800 000）÷800 000×100%＝37.5%，则销售单价的敏感系数＝37.5%÷10%＝3.75。

17. 【答案】D

【解析】当甲公司盈亏平衡时，利润由盈利变为0，则利润变动的百分比＝－100%。因此单位变动成本的变动百分比＝（－100%）÷（－4）＝25%，因此盈亏平衡时的单位变动成本＝10×（1＋25%）＝12.5（元）。

18. 【答案】D

【解析】利润＝安全边际销售数量×单位产品贡献毛益＝安全边际销售数量×销售单价×（单位产品贡献毛益÷销售单价）＝安全边际销售收入×贡献毛益率

上述公式两边同除以销售收入，则有：
销售利润率＝安全边际率×贡献毛益率

19. 【答案】A

【解析】设 $y=a+bx$，采用高低点法，选出业务量最高的点（76，64）和业务量最低的点（45，56），代入求得单位变动成本 $b=(64-56)\div(76-45)=0.26$，即 $y=a+0.26x$；选择其中一个业务量点（76，64）代入公式，得 $a+0.26\times76=64$，解得 $a=44.24$。

20. 【答案】A

【解析】回归分析法是根据过去一定期间的业务量和混合成本的历史资料，应用最小二乘法原理，算出最能代表业务量与混合成本关系的回归直线，借以确定混合成本中固定成本和变动成本的方法。

21. 【答案】B

【解析】10月的产销量 $=0.6\times2\,000+(1-0.6)\times1\,850=1\,940$（件）。

22. 【答案】B

【解析】目标利润 $=22\,500\div(1-25\%)=30\,000$ 元，实现目标利润的销售额 $=(10\,000+30\,000)\div(4\div10)=100\,000$（元）。

23. 【答案】B

【解析】目标利润 = 预计产品产销数量 ×（单位产品售价 − 单位变动成本）− 固定成本费用，则有 $5\,000=$ 预计销售量 $\times(11-8)-1\,000$，因此，预计销售量 $=2\,000$（万件）。

24. 【答案】B

【解析】预算执行即预算的具体实施，是预算目标实现与否的关键，是预算系统运行中的核心环节。预算的有效实施，必须借助激励与约束机制，充分调动各级责任人的积极性，强化其责任意识。为此，除了依据可控性原则确定科学、先进的预算目标，还必须强调各项经济资源，尤其是人力资源的潜能。

25. 【答案】A

【解析】销售预算是整个预算的起点。根据销售预算可以推算出生产预算、预计利润表和预计资产负债表。

26. 【答案】B

【解析】根据生产预算来确定的项目包括直接材料预算、直接人工预算和制造费用预算，选项B错误。

27. 【答案】C

【解析】第三季度初的存货量 = 第二季度末的存货量 = 第一季度的销售量 $\times10\%=900\times10\%=90$（件），第三季度末的存货量 = 第二季度的销售量 $\times10\%=1\,000\times10\%=100$（件），则第三季度预计生产量 = 预计销售量 + 期末存货量 − 期初存货量 $=950+100-90=960$（件）。

28. 【答案】B

【解析】第四季度制造费用的现金支出 $=(10-2)+100\times3=308$（万元）。

29. 【答案】B

【解析】零基预算是在编制费用预算时，不考虑以往会计期间所发生的费用项目或费用数额，而是一切以零为出发点，根据实际需要逐项审议预算期内各项费用的内容及开支标准是否合理，在综合平衡的基础上编制费用预算的方法。选项A、C属于技术性变动成本，选项D通常属于约束性固定成本，只有选项B属于酌量性固定成本。

30. 【答案】C

【解析】滚动预算法是在上期预算完成情况的基础上，调整和编制下期预算，并将预算期间逐期连续向后滚动推移，使预算期间保持一定的时期跨度，也就是会使得会计期间与预算期间脱离。

二、多项选择题

1.【答案】ABCE

【解析】选项D描述的是预算管理的内容，而非预算的内容。

2.【答案】ACD

【解析】预测按照分析途径进行分类，分为直观型预测方法、时间序列预测方法、计量经济模型预测方法和因果分析预测方法。

3.【答案】AB

【解析】固定折旧费用、房屋租金、行政管理人员工资、财产保险费、广告费、职工培训费、办公费、产品研究与开发费用等，均属于固定成本。选项C、D属于混合成本，选项E属于变动成本。

4.【答案】BC

【解析】选项A属于酌量性固定成本，选项D、E属于变动成本。

5.【答案】BCE

【解析】固定成本的基本特征是：固定成本总额不因业务量的变动而变动，但单位固定成本会与业务量的增减呈反向变动。变动成本的基本特征是：变动成本总额因业务量的变动呈正比例变动，但单位变动成本不变。

6.【答案】CE

【解析】半固定成本也称阶梯式变动成本，一般在一定的业务量范围内发生额是固定的，但当业务量增长到一定限度，其发生额就突然跳跃到另一个新的水平，然后在业务量增长的一定限度内，发生额又保持不变，直到另一个新的跳跃，一般企业的管理员、运货员、检验员工资等成本项目就属于这一类成本。选项A、B属于曲线变动成本，在一个初始量的基础上，随着业务量的增加，成本逐步增加，但与业务量增加的关系不是线性的；选项D，职工基本工资属于延期变动成本，在正常工时内不变，但超过正常工时，则需按加班时间的长短成比例支付加班薪酬。

7.【答案】BE

【解析】选项A，基本的本量利分析图没有变动成本线，因此不能表示边际贡献的数值，贡献毛益式的本量利分析图的主要优点是可以表示贡献毛益的数值。选项C，基本的本量利分析图的横坐标是销售量，总成本＝单位变动成本×销售量＋固定成本，所以总成本线的斜率是单位变动成本。选项D，总收入线与总成本线的交点是保本点。

8.【答案】CE

【解析】保本点又称"盈亏临界点"，是指企业利润为0时的销售量或销售额，描述了企业经营收支相等、不盈不亏的状态。企业的销售收入扣减变动成本以后得到贡献毛益。

保本点销售量＝固定成本÷（单价－单位变动成本）

保本点销售额＝单价×保本点销售量＝固定成本÷贡献毛益率

从公式上可以看出，固定成本、单位变动成本与保本点是同方向变化，价格和贡献毛益与保本点是反向变化，销售量对保本点没有影响。

9.【答案】ACD

【解析】选项B，指数平滑法是根据上期的预测销售量、上期的实际销售量，就可以预测本期销售量的一种方法，无法将半年来每个月的数据利用起来。选项E，德尔菲法是依据系统的程序，采用匿名发表意见的方式，即专家之间不得相互讨论，不发生横向联系，只能与调查人员发生联系，通过多轮次调查专家对问卷所提问题的看法，经过反复征询、归纳、修改，最后汇总成专家基本一致的看法，作为预测结果的一种方法，无须使用公司数据。

10.【答案】BDE

【解析】选项A，单位变动成本与贡献毛益率呈反方向变动。选项C，销量不影响贡献毛益率。选项E，保利额＝（固定成本＋目标利润）÷贡献毛益率，保利额×贡献毛益率－固定成本＝目标利润，因此在其他事项都不变的情况下，目标利润的提高会使得企业贡献毛益率提高。

11.【答案】BD

【解析】选项A，贡献毛益率＝（单价－单位变动成本）÷单价＝（20－12）÷20×100%＝40%。选项B，在保本状态下，保本销售量＝固定成本÷单位贡献毛益＝2 400÷（20－12）＝300（件），则保本作业率＝300÷400×100%＝75%。选项C，安全边际额＝（预计销售量－保本销售量）×单价＝（400－300）×20＝2 000（万元）。选项D，利润＝（单价－单位变动成本）×销量－固定成本＝（20－12）×400－2 400＝800（万元）。选项E，在"销售量"以金额表示的边际贡献式量本利图中，变动成本＝变动成本率×销售收入，所以该企业的变动成本线斜率为变动成本率，即60%。

12.【答案】ACD

【解析】边际贡献率＝（单价－单位变动成本）÷单价＝1－单位变动成本÷单价＝1－变动成本率。保本作业率＝保本点销售量÷正常销售量＝固定成本÷（单价－单位变动成本）÷正常销售量＝固定成本÷[（单价－单位变动成本）×正常销售量]＝固定成本÷贡献毛益总额。

13.【答案】CE

【解析】目标利润＝6 250×（100－40）－75 000＝300 000（元）。销售量的最小值＝75 000/（100－40）＝1 250（件）。单价的最小值＝（75 000/6 250）＋40＝52（元）。单位变动成本的最大值＝100－（75 000/6 250）＝88（元）。固定成本的最大价值＝6 250×（100－40）＝375 000（元）。

14.【答案】ABD

【解析】贡献毛益＝销量×（单价－单位变动成本）。销量的敏感系数＝息税前利润的变动率÷销售量的变动率。息税前利润＝边际贡献－固定成本。

15.【答案】ACE

【解析】利润 = 10 000×(100 - 60) - 100 000 = 300 000（元），假设单价增长10%，则单价 = 100×(1 + 10%) = 110（元），增长后利润 = 10 000×(110 - 60) - 100 000 = 400 000（元），利润变化的百分比 = (400 000 - 300 000)÷300 000×100% = 33.33%，单价的敏感系数 = 33.33%÷10% = 3.33。

企业保本销售量 = 固定成本÷(单价 - 单位变动成本) = 100 000÷(100 - 60) = 2 500（件），企业通常应该按照正常的销售量来安排产品生产，保持合理库存，保本点作业率同时表明企业在保本状态下的生产能力的利用程度，保本点作业率 = 2 500÷10 000×100% = 25%。

企业保本点状态意味着该点销售量下的贡献毛益刚好弥补了全部固定成本，只有销售量超过保本点销售量，其超出部分（即安全边际）所提供的贡献毛益才能够形成企业利润，因此安全边际提供的贡献毛益 = 利润 = 10 000×(100 - 60) - 100 000 = 300 000（元）。

企业满负荷生产，多余的生产量能够获取利润 = (12 000 - 10 000)×(100×70% - 60) = 20 000（元），因此满负荷生产的目标利润 = 正常销售量利润 + 多余生产量获取利润 = 300 000 + 20 000 = 320 000（元）。

在贡献毛益式本量利关系图中，变动成本线的斜率 = 变动成本率 = 单位变动成本÷单价 = 60÷100×100% = 60%。

16.【答案】AC

【解析】第二季度的预计销售量 = 8 000÷1 000 = 8（万件）

第三季度的预计销售量 = 12 000÷1 000 = 12（万件）

第一季度末的库存产品数量 = 8×20% = 1.6（万件）

第二季度末的库存产品数量 = 12×20% = 2.4（万件）

第二季度的预计生产量 = 第二季度的预计销售量 + 第二季度末的库存产品数量 - 第一季度末的库存产品数量 = 8 + 2.4 - 1.6 = 8.8（万件）

第二季度的预计材料耗用量 = 8.8×10 000×5 = 44（万千克）

第二季度的预计材料采购量 = 第二季度的预计材料耗用量 + 第二季度末的材料结存量 - 第二季度初的材料结存量 = 440 000 + 8 400 - 6 400 = 44.2（万千克）

17.【答案】BE

【解析】业务预算，又称经营预算，是预算期内企业日常生产活动的预算，主要包括销售预算、生产预算、供应预算、期间费用预算和其他经营预算。

18.【答案】ABE

【解析】选项C，在单位成本和期末存货预算中，预计期末产成品存货额 = 单位产品成本×预计期末产成品存货数量。选项D，在直接材料预算中，预计直接材料采购量 = 预计生产量×单位产品耗用量 + 预计期末材料存货 - 预计期初材料存货。

19.【答案】BCD

【解析】选项A、E，运用零基预算法编制费用预算的优点是不受前期费用项目和费用水平的制约，能够调动各部门降低费用的积极性，但缺点是编制工作量大、需要大量的人力和物力支持，时间成本也较高。

20.【答案】ADE

【解析】选项B，弹性预算适用于企业不同的业务量水平或与预算执行单位业务量有关的成本、费用、利润、资金规模预算的编制。选项C，滚动预算适用于规模较大、时间较长的工程类或大型设备采购项目。

三、综合题

（一）利润与成本预测的综合练习

1.【答案】B

【解析】预计销售量 = 0.6×480 + (1 - 0.6)×500 = 488（件）。

2.【答案】A

【解析】预期利润 = 600×(1 - 0.35) - 300 = 90（万元）。

3.【答案】D

【解析】该产品单位贡献毛益 = 1 - 0.35 = 0.65（万元），保本点销售量 = 300÷0.65 = 461.54≈462（件）。

4.【答案】D

【解析】本月实际销售480件，安全边际量 = 480 - 462 = 18（件），安全边际额 = 18×1 = 18（万元）。

5.【答案】ABD

【解析】利润 = 销量 ×（售价 - 单位变动成本）- 固定成本，为增加利润，可以通过提高销售量、提高单位售价、降低单位变动成本、降低固定成本方式进行。利润 = 贡献毛益率 × 销售收入 - 固定成本 =（1 - 变动成本率）× 销售收入 - 固定成本，降低变动成本率会增加贡献毛益率，从而增加企业利润。

（二）成本分析与敏感性分析的综合练习

6.【答案】BC

【解析】M 产品固定成本 = 90 + 50 + 90 + 100 = 330（万元）

M 产品的单位变动成本 = 0.2 × 0.1 +（380 + 40）÷ 6 000 = 0.09（万元）

单位贡献毛益 = 0.2 - 0.09 = 0.11（万元）

保本点销售量 = 330 ÷ 0.11 = 3 000（件）

7.【答案】A

【解析】保本点作业率 = 3 000 ÷ 6 000 × 100% = 50%。

8.【答案】C

【解析】税前利润 =（0.2 - 0.09）× 6 000 - 330 = 330（万元）。

当销量增加 10% 时，增加后的税前利润 =（0.2 - 0.09）× 6 000 ×（1 + 10%）- 330 = 396（万元），税前利润变动百分比 =（396 - 330）÷ 330 × 100% = 20%，销量的敏感系数 = 20% ÷ 10% = 2。

9.【答案】B

【解析】单价增加 10%，单价为 0.2 ×（1 + 10%）= 0.22（万元），单位变动成本增加到 = 0.2 ×（1 + 10%）× 0.1 +（380 + 40）÷ 6 000 = 0.092（万元）。

增加前的税前利润 =（0.2 - 0.09）× 6 000 - 330 = 330（万元），增加后的税前利润 =（0.22 - 0.092）× 6 000 - 330 = 438（万元），利润的变化幅度 =（438 - 330）÷ 330 × 100% = 32.73%。

单价的敏感系数 = 32.73% ÷ 10% = 3.27。

10.【答案】D

【解析】单位变动成本 = 单价 × 10% +［300 ×（1 + 50%）+ 80 + 40］÷ 6 000 = 0.1 × 单价 + 0.095，因利润不变，（单价 - 0.1 × 单价 - 0.095）× 6 000 - 330 = 330，单价 = 0.2278（万元），单价的上涨幅度 =（0.2278 - 0.2）÷ 0.2 × 100% = 13.9%。

（三）成本与利润预测的综合练习

11.【答案】ABD

【解析】选项 A，游乐场优惠票贡献毛益 = 500 × 60% × 30 ×（1 - 10%）= 8 100（万元）；

选项 B，游乐场普通票贡献毛益 = 500 × 40% × 60 ×（1 - 10%）= 10 800（万元）；

选项 C，游乐场 2×24 年固定成本总额 = 25 000 ÷ 5 + 5 000 + 10 000 = 20 000（万元）；

选项 D，游乐场 2×24 年营业利润 = 28 980 - 20 000 = 8 980（万元）。

12.【答案】A

【解析】游乐场 2×24 年贡献毛益总额 =（500 × 40% × 60 + 500 × 60% × 30 + 400 × 40% × 80 × 50% + 400 × 60% × 40 × 50%）×（1 - 10%）= 28 980（万元）。

13.【答案】D

【解析】2×24 年平均每人次贡献毛益 = 28 980 ÷（500 + 400）= 32.2（元）。

14.【答案】D

【解析】2×24 年盈亏临界点游客人次 = 20 000 ÷ 32.2 = 621.12（万人次）

2×24 年安全边际率 =（1 - 621.12 ÷（500 + 400））× 100% = 30.99%。

15.【答案】B

【解析】设游乐场门票售卖 X 万张，则［X × 40% × 70 + X × 60% × 30 + 400 ×（1 + 50%）× 40% × 80 × 50% + 400 ×（1 + 50%）× 60% × 40 × 50%］×（1 - 10%）- 20 000 = 10 000，解得 X = 289.96（万张）。

第四章 投资管理

考试大纲

一、考试目的
考查考生对投资分类、项目投资管理、证券投资管理等的掌握情况，以及运用项目投资决策参数估计方法、项目投资决策方法、证券估值方法等进行财务管理的能力。

二、考试内容及要求
（一）掌握的内容
1. 项目投资决策参数的估计。
2. 静态投资回收期法的应用。
3. 净现值法、内含报酬率法、现值指数法的应用。
4. 项目投资决策应用。
5. 证券投资风险的主要类型。
6. 债券投资收益及收益率的计算。
7. 股票投资收益及收益率的计算。

（二）熟悉的内容
1. 会计报酬率法的应用。
2. 动态投资回收期法的应用。
3. 项目投资决策方法的比较。
4. 债券、股票的估值方法及应用。

（三）了解的内容
1. 投资的分类。
2. 证券投资的目的。

考情分析

2025 年教材与 2024 年相比，没有明显变化。

本章内容为投资管理基本知识，属于重要章节。

本章总体分为三节，主要是投资管理概述、项目投资管理和证券投资管理。主要涉及投资的概念及分类、投资项目现金流量的估算、项目投资决策方法、项目投资决策应用、证券投资概述、债券投资管理、股票投资管理等知识点。

需要提醒考生注意的是，本章提到的公式计算固然重要，但更要对知识点的概念和特点进行充分理解，而不是仅仅记住公式。这一点在本章后面的精选练习题中也有体现。

考点精讲及典型例题解析

【知识点 1】投资的概念及分类

一、投资与企业投资
投资与企业投资的定义、主体、渠道及目的如表 4-1 所示。

表 4-1

	定义	主体	渠道	目的
投资	特定经济主体以收回本金并获取收益为目的，将资产作为资本投放于某个具体对象，以在未来较长时期内获取经济利益的经济行为。	政府、企业和个人	货币、实物等	获取收益
企业投资	企业为在较长时期内获取经济利益而实施的经济行为。	企业	建造厂房、购买设备、研究开发、购买证券等	

【例 4-1】（单选题）以下行为属于投资的是（ ）。
A. 甲公司为迎接领导视察翻新办公楼
B. 甲公司提升员工福利而购买新车
C. 甲公司为维护公司形象举办发布会
D. 甲公司为新产品制造营销而翻新百货大楼

【答案】D

【解析】判断一项行为是不是投资，主要看这项行为的目的，而不是行为本身。甲公司为迎接领导、提升员工福利、维护公司形象，从长远来看确实可能对公司有利，但目前它的资金投入并不是在可以预见的某个时间段内收回并盈利，只有选项 D 的目的是新产品的制造营销，是一项直接投资行为中的一部分。

二、投资的分类

投资按投资活动与企业自身的生产经营活动的关系、按投资对象的存在形态和性质、按投资项目之间的关联关系可以分为不同的类型（见表 4-2）。

表 4-2

分类标志	种类	含义及特点	解释
投资活动与企业自身的生产经营活动的关系	直接投资	是指将资金直接投放于形成自身生产经营能力的实体性资产，直接获取经营收益的投资行为。	建造厂房、购置设备、从事研究开发、搭建营销网络等。
	间接投资	是指将资金投放于股票、债券、基金等有价证券的投资行为。	购买股票、债券、基金等有价债券时，投资者并不直接介入被投资者的生产经营过程。
投资对象的存在形态和性质	项目投资	是将资金用于购买经营性资产，如固定资产、无形资产、流动资产，形成生产能力，开展经营生产活动以获益的行为。	项目投资属于直接投资，是投资后企业自身开展生产经营活动。
	证券投资	是指通过购买权益性资产，如股票、债券、基金等获取收益的一种投资行为。	证券投资属于间接投资。
投资项目之间的关联关系	独立投资	独立投资是相容性投资，各个投资项目之间互不关联、互不影响，可以同时并存。	独立投资项目的决策不受其他项目投资与否的影响，仅根据项目本身是否满足决策标准来决定。但是独立项目的选择受资金限量的影响。
	互斥投资	互斥项目是非兼容项目。项目之间相互关联、相互取代，不能并存。	如固定资产更新决策，要么购置新设备，要么使用旧设备，只能取其一。

【提示】直接投资与间接投资、项目投资与证券投资，两种投资分类方式的区别仅在于分类的角度不同。直接投资与间接投资强调的是投资的方式，项目投资与证券投资强调的是投资的对象。

企业投资还可以进行其他分类。如按投资的方向，可分为对内投资和对外投资；按投资期限的长短，可以分为短期投资和长期投资。

对内投资都是直接投资，对外投资主要是间接投资，也可能是直接投资。考生要注意厘清各种投资之间的关系，具体问题具体分析。

【例 4-2】（单选题）以下行为属于间接投资的是（　　）。
A. 甲公司让张阿姨来做保洁工作并发放工资
B. 甲公司给张经理发放股票作为绩效奖励
C. 张经理买了甲公司的股票打算以后高价卖出
D. 甲公司为新产品制造而建造厂房
【答案】C
【解析】选项 A，甲公司给张阿姨发工资是雇用员工，不属于投资范畴。选项 B，甲公司发放的股票属于股权激励，记为职工薪酬，不属于投资范畴。选项 C，张经理购买股票是证券投资，也是间接投资。选项 D，建造厂房属于直接投资行为。

【例 4-3】（单选题）以下投资分类关系中不正确的是（　　）。
A. 搭建营销网络是直接投资
B. 搭建营销网络是对内投资
C. 购买固定资产是互斥投资
D. 更新固定资产是项目投资
【答案】C
【解析】搭建营销网络也是为了形成自身生产经营能力的一部分，既是对内投资又是直接投资。购买固定资产不一定是互斥投资，公司若资金充沛，可购买多项资产，因此购买固定资产可以是独立投资，也可以是互斥投资。项目投资指将资金用于购买经营性资产，如固定资产、无形资产、流动资产，形成生产能力，开展生产经营活动以获益的行为，更新固定资产是项目投资。

【例4-4】（单选题）下列选项中，（　　）不是互斥投资。

A. 资金充足的情况下，买不同的股票或债券
B. 继续使用旧设备或购入新设备
C. 使用厂房生产产品或将厂房出租
D. 购买地皮自建或租赁厂房

【答案】A

【解析】互斥项目是非兼容项目，项目之间相互关联、相互取代，不能并存。

【知识点2】项目投资决策参数的估计

项目投资决策涉及的参数主要有三个：项目期限、现金流量和折现率。

一、项目期限

项目期限（项目寿命期/项目计算期），是指从项目开始投资到项目终结的时间跨度，包括建设期和经营期两个阶段。包括建设期（投资期）和经营期（营业期）两个阶段，如下图所示：

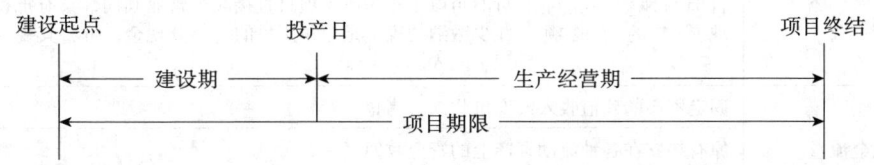

二、项目现金流量

（一）项目现金流量的概念

项目现金流量分为与项目投资相关的现金流入量、现金流出量和现金净流量（见表4-3）。

表4-3

种类	主要内容
项目投资现金流入量	主要包括营业收入、固定资产的净残值、土地的变价收入和垫支的营运资金的回收等。
项目投资现金流出量	主要包括建设性投资、其他支出、经营成本（付现成本）和所得税等部分。
净现金流量	净现金流量=项目投资现金流入量-项目投资现金流出量

【提示】一般来说，项目投资决策中的现金流量通常是指现金净流量，三者的概念如图所示：

时间点	0	1	2	……	n
流入	+	+	+	+	+
流出	-	-	-	-	-
净流量（流入-流出）	-	+	+	+	+
	↓				
	初始投资	未来现金净流量			

（二）项目现金流量的估算

1. 项目整体现金流估算。

项目现金流量的估算，一般是按发生的时间点分三个阶段进行的，即初始现金流量（建设期现金流量）、经营现金流量（Net Cash Flow/NCF/营业现金流量/经营期间现金流量）、终结现金流量。三个阶段发生的现金流内容如下表所示，其中"现金流项目名称及现金流方向"中，"+"代表通常情况下该项目会成为整个项目的现金流入项目，"-"代表通常情况下该项目会成为整个项目的现金流出项目（见表4-4）。

表4-4

定义		现金流项目名称及现金流方向	具体内容
初始现金流量	指项目建设期间发生的现金流量。	建设性投资（-）	建设性投资包括固定资产投资、无形资产投资和营运资金的垫支。
		其他支出（-）	其他支出包括项目的筹建费、开办费等，按税法规定可在经营期第一年一次性列支。
		原有固定资产的净残值收入（+）	对于固定资产更新改造项目，原有固定资产报废残值收入扣除清理成本和税收影响后形成的净收益则作为建设性投资的扣除项。

续表

定义	现金流项目名称及现金流方向	具体内容
经营现金流量：指投资项目建成投产后，在其经营期内因开展正常生产经营活动而产生的现金流入、流出及现金净流量，按年度进行计算。	营业现金收入（+）	项目投产后销售产品或提供劳务而使公司每年增加的现金销售收入（不考虑赊账）。
	经营现金成本（-）	又称付现成本，是指所有以现金支出的各种成本和费用，如材料费用、人工费用、设备修理费用等。
	所得税（-）	所得税是经营期的一项重要现金流出，其他税款无须单独估算，已包含在经营成本中。
	折旧与摊销等非付现成本的抵税额（+）	折旧与摊销作为成本项目直接减少营业利润，具有抵税效应，因此少缴纳的税金是公司少付的一部分现金，可将其视为一项税后现金流入。
终结现金流量	固定资产的残值收入或变价收入（考虑所得税）（+）	
	原有垫支在各种流动资产上的资金收回（+）	
	停止使用的土地的变价收入（考虑所得税）（+）	

2. 现金流估算要点与记忆。

（1）初始现金流量。

NCF_0：项目建设期期初投资，即项目最开始的投入。

$NCF_0 \neq$ 初始现金流量，因为在初始现金流量中，有的项目并非在0时点就即刻建成可用，需要一定的建设期，如下例：

某项目需要购入土地使用权，花费300万元，分两年支付购建厂房，预计建设费用600万元，建设期3年，每期期初向建设方支付建设资金，则该项目的初始现金流量：

	NCF_0	NCF_1	NCF_2	NCF_3
购买无形资产产生的现金流	-150	-150	0	0
构建固定资产产生的现金流	-200	-200	-200	0
现金净流量	-350	-350	-200	0

初始现金流量 = -350 - 350 - 200 = -900

（2）经营现金流量计算。

年经营现金净流量（NCF）
= 年营业收入 - 年付现成本 - 所得税
= 年营业收入 -（总成本 - 折旧与摊销等非付现成本）- 所得税
=（年营业收入 - 总成本 - 所得税）+ 折旧与摊销等非付现成本
= 税后净利 + 非付现成本

年经营现金净流量（NCF）
= 年营业收入 - 年付现成本 -（年营业收入 - 年付现成本 - 折旧与摊销等非付现成本）× 所得税税率
= 年营业收入 ×（1 - 所得税税率）- 年付现成本 ×（1 - 所得税税率）+ 折旧与摊销等非付现成本 × 所得税税率

【记忆方法】

①记原理：年经营现金净流量（NCF）只包括现金，需剔除非现金收入和成本。

②记原理：年付现成本 = 总成本 - 非付现成本（折旧、摊销等）。

③记基本公式：年经营现金净流量（NCF）= 年营业收入 - 年付现成本 - 所得税。

④替换年付现成本：NCF = 年营业收入 -（总成本 - 折旧与摊销等非付现成本）- 所得税 =（年营业收入 - 总成本 - 所得税）+ 折旧与摊销等非付现成本 = 税后净利 + 折旧与摊销等非付现成本。

⑤记住所得税 =（年营业收入 - 年付现成本 - 非付现成本）× 所得税税率。

（3）终结现金流量。固定资产的残值收入和土地的变价收入需要考虑所得税的影响，产生的净收益需要交纳税金，而产生的净损失可以抵税。

【记忆方法】

①计算终结期时，固定资产按照税法计算的账面价值 = 固定资产原值 - 按照税法规定计提的累计折旧。

②计算固定资产变现净损益=变价净收入-固定资产按税法计算的账面价值。

③所得税影响=固定资产变现净损益×25%，如果净损益为0，则所得税也为0。

④终结期固定资产的残值变价收入=固定资产变现净损益-所得税（获得收益）+所得税（产生损失）。

【例4-5】（单选题）甲公司投资建造一栋厂房用于生产新产品，2×23年6月1日发生土地使用权投资600万元，分两期支付，第一期300万元于2×23年6月1日支付，第二期于2×24年6月支付。土地使用权购买当日，甲公司开始建造厂房，厂房于2×24年12月31日建造完毕，共计投入300万元。2×23年6月1日，甲公司向专业制造厂商定制专门生产设备，已支付定制款100万元，余款300万元在验收时支付；原设备预计于2×24年12月31日完成验收，结果2×25年3月1日才到货，4月1日才安装完成，4月15日才完成验收。因此，因生产商违约，生产商需向甲公司支付100万元违约金；设备安装完成后全面投产，甲公司垫支营运资金200万元用来维持设备运转。该设备于5月1日正式投产。则该项目的建设期为（　　）。

A. 2×23年6月1日至2×24年12月31日
B. 2×24年12月31日至2×25年4月1日
C. 2×23年6月1日至2×25年5月1日
D. 2×24年12月31日至2×25年5月1日

【答案】C

【解析】项目期限包括建设期和经营期，在本题中，甲公司的建设期是在准备建造厂房之后、投产之前，因此建设期为2×23年6月1日至2×25年5月1日。

【例4-6】（单选题）接【例4-5】，甲公司建设期的现金净流量为（　　）万元。

A. 1 700   B. 1 400
C. -1 500   D. -1 400

【答案】D

【解析】建设期现金净流量=-600-300-100-300+100-200=-1 400（万元）。

【例4-7】（多选题）甲公司投资建造一栋厂房，预计建设性投资总额为2 400万元，其中，土地使用权投资600万元，需要在项目建设期初一次性支付，土地使用权年限为40年；厂房造价约600万元，建设工程期为2年，平均每年投资300万元；厂房完成后需要购置生产设备900万元，运输及安装费用100万元，安装完成后可以立即投入使用。此外，还需要投入净营运资金200万元，用于购买原材料等流动资产。则下列说法正确的是（　　）。

A. 筹建期间的现金净流量为900万元
B. 筹建期间的现金净流量为600万元
C. 第一年的现金净流量为300万元
D. 第二年的现金净流量为1 200万元
E. 第二年的现金净流量为1 500万元

【答案】ACD

【解析】根据材料所示，甲公司建造厂房的投资建设期现金流量可整理如下表所示：

时间	第0年-筹建期	第1年-建设期	第2年-建设期
土地使用权	-600		
厂房造价	-300	-300	
购置生产设备			-(900+100)
垫支营运资金			-200
合计	-900	-300	-1 200

该企业筹备建设时的现金净流量NCF_0=土地使用权投资+厂房建造投资=600+300=900（万元）；第一年的现金净流量NCF_1=厂房建造投资=300（万元）；第二年的现金净流量NCF_2=购置生产设备资金+运输及安装费用+净营运资金=900+100+200=1 200（万元）。

需要注意的是，题目中厂房的建设工程期为两年，每年投入300万元，但上表中我们把这两个300万元分别放在了第0年和第1年，而不是第1年和第2年，这是因为建设资金投入应该在建设期初投放，即第1年年初和第2年年初，也就是第0年和第1年末的时点。

【例4-8】（单选题）接【例4-7】，假定该厂房的经营期为30年，每年营业收入为3 000万元，年付现成本为1 000万元，预计固定资产残值率为10%，按直线法计提折旧，与税法规定相同。假定甲公司适用的所得税税率为25%，则甲公司新投资的厂房经营期每年的经营现金净流量为（　　）万元。

A. 2 000   B. 1 932
C. 3 000   D. 1 517

【答案】D

【解析】方法一：固定资产年折旧额=（厂房建造投资+设备购买投资+运费及安装费）×（1-10%）/经营期=（600+900+100）×(1-10%)/30=48（万元），无形资产年摊销额=土地使用权投资/经营期=600/30=20（万元），年折旧与摊销总额=48+20=68（万元）。

时间	第3年至第32年	来源
年营业收入（1）	3 000万元	题目给定
年付现成本（2）	1 000万元	题目给定
折旧与摊销（3）	48+20=68（万元）	固定资产折旧和无形资产摊销的总和，属于非付现成本
利润总额（4）	3 000-（1 000+68）=1 932（万元）	利润总额=年营业收入-年营业成本=年营业收入-（年付现成本+折旧与摊销等非付现成本）
所得税（5）	1 932×25%＝483（万元）	所得税（5）＝利润总额（4）×税率
净利润（6）	1 932-483=1 449（万元）	净利润（6）＝利润总额（4）-所得税（5）
现金净流量（7）	＝（6）+（3） ＝（1）-（2）-（5） ＝1 517（万元）	年经营现金净流量（NCF）＝税后净利+折旧与摊销等非付现成本＝年营业收入-年付现成本-所得税

方法二：年经营现金净流量（NCF）＝年营业收入×（1-所得税税率）-年付现成本×（1-所得税税率）+折旧与摊销等非付现成本×所得税税率=3 000×（1-25%）-1 000×（1-25%）+68×25%＝1 517（万元）。

【例4-9】（单选题）接【例4-7】、【例4-8】，土地使用权在项目终结时预计变价收入为400万元。垫支的营运资金在项目终结时全额收回，则甲公司新厂房终结期现金流量为（　　）万元。

A. 300　　　　B. 460
C. 500　　　　D. 660

【答案】D

【解析】土地的变价净收入=400×（1-25%）=300（万元），固定资产预计净残值=（300×2+900+100）×10%＝1 600×10%＝160（万元），垫支的运营资金的回收=200（万元），因此，终结期现金流量=300+160+200=660（万元）。

【例4-10】（单选题）甲公司正在考虑卖掉现有设备，该设备于5年前购置，买价为25 000元，税法规定的折旧年限为10年，按照直线法计提折旧，预计净残值为5 000元；目前该设备可以10 000元的价格出售，该企业适用的所得税税率为25%，则出售该设备产生的现金净流量为（　　）元。

A. 10 000　　　　B. 8 875
C. 11 250　　　　D. 7 500

【答案】C

【解析】本题考察终结期现金净流量，题中出售该设备产生的现金净流量主要考虑两个方面：一是出售价格10 000元；二是要看出售时账面上是产生收益还是损失，收益需要交税，损失可以抵税。目前设备的账面价值=25 000-2 000×5=15 000（元），处置该设备发生的净损失=15 000-10 000=5 000（元），出售该设备产生的现金净流量=10 000+5 000×25%＝11 250（元）。

【例4-11】（单选题）甲公司是一家连锁图文打印店，打算新开一家分店。开分店需要购入三台机器，共计150万元，预计能使用10年，残值率为20%。每年预计获得现金收入50万元，付现成本预计18万元，假设所得税率为25%，则这家新店经营期的年经营现金净流量为（　　）万元。

A. 50　　　　B. 32
C. 35　　　　D. 27

【答案】D

【解析】年经营现金净流量=年营业收入-年付现成本-所得税=税后净利+折旧与摊销等非付现成本，可以发现，题目没有直接给出所得税，需要我们自己计算。年折旧=（150-150×20%）÷10=12（万元），年所得税=（50-

18－12）×25%＝5（万元），因此，年经营现金净流量＝50－18－5＝27＝15＋12＝27（万元）。

【例4－12】（单选题）用税后净利加折旧与摊销等非付现成本，计算得出的是投资项目的（　　）。
A. 项目建设期的现金流量
B. 项目经营期的现金流量
C. 项目终结期的现金流量
D. 项目固定资产残值收入
【答案】B
【解析】年经营现金净流量（NCF）＝税后净利＋折旧与摊销等非付现成本，是衡量项目经营期的现金净流量。

三、现金流量估算注意事项

在进行现金流量估算时，要注意沉没成本、机会成本等若干事项（见表4－5）。

表4－5

注意事项	解释
沉没成本	沉没成本是指在决策时点前已经发生的成本，与决策无关，不构成项目的现金流量。如果无论一个项目是否可行，往年已投入的某项成本都无法收回，则该项成本就是沉没成本。沉没成本不构成项目现金流量。
机会成本	机会成本是指一项经济资源因选择了某一使用方案而放弃其他使用方案时，被放弃方案的预期收益。在计算营业现金流量的时候，需要将机会成本作为现金流出。
增量现金流量	增量现金流量，又被称为相关现金流量，是决定采纳该项目所导致的公司现金流量的改变量，即公司现有现金流量的增加（减少）量。在财务评价中，只有增量现金流才是与项目相关的现金流。
关联现金流量	来自新项目与公司现有项目相关产生的关联效应。若效应是互斥的，则新项目会减少原有项目的现金流量，减少额应列入新项目的现金流出；若效应是互补的，则新项目会增加原有项目的现金流量，增加额应列入新项目的现金流入。
非付现成本	非付现成本需考虑抵税作用，计算现金流量时首先将非付现成本从税前收益中扣除，并据此计算所得税支出，然后在税后收益上再加上非付现成本。
税后现金流量	项目可行性评价要以税后现金流量为基础进行，因为所得税是企业的一项必要的现金流出。
利息费用和其他融资成本	因项目借款所发生的借款本金偿还、利息费用支出和股利支付等所产生的现金流出，不单独在项目的增量现金流量中考虑。
营运资金的垫支与回收	营运资金等于流动资产与流动负债之间的差额。新项目开始运营时，如果差额是正数，则意味着公司需要追加营运资金投入（营运资金垫支），发生现金支出；如果差额是负数，则意味着公司对营运资金的回收，发生现金流入。而当项目终止时，公司将出售与项目有关的流动资产等，从而收回营运资金。

【例4－13】（单选题）甲公司适用的所得税税率为25%，年营业收入为120万元，年付现成本为40万元，固定资产折旧费用为10万元，则甲公司年经营现金净流量为（　　）万元。
A. 80　　　　B. 62.5
C. 60　　　　D. 85
【答案】B
【解析】NCF＝年营业收入×(1－所得税税率)－年付现成本×(1－所得税税率)＋折旧与摊销等非付现成本×所得税税率＝120×(1－25%)－40×(1－25%)＋10×25%＝62.5（万元）。

【例4－14】（单选题）下列现金流量项目中，没有涉及所得税影响的是（　　）。
A. 建设期现金流量
B. 经营期现金流量
C. 土地的变价收入
D. 营运资金的垫支与回收
【答案】D
【解析】选项A，建设期现金流量中，可能涉及原有固定资产的净残值收入，这个会有所得税的影响。选项B，经营期现金流量中本身就有所得税因素。选项C，土地的变价收入可能会产生抵税收入或缴税支出。

【例4-15】（单选题）甲制药公司今年投资厂房生产了一批药品，由于该批药品被检出不符合国家质量要求的成分，甲公司打算撤掉这批药品并生产一批新药，但此时乙公司出高价租用生产药品的厂房。甲公司目前正在做投资决策，在估算新药品项目的现金流量时，下列甲公司无须考虑进去的是（　　）。

A. 将今年生产的旧药品的成本计入新投资项目中

B. 将乙公司租用厂房的出价计入生产新药的成本中

C. 考察新药市场，预估新药的现金流入和销售费用

D. 在预估项目现金流量时，厂房的折旧也要考虑

【答案】A

【解析】选项A，目前甲制药公司面临的决策是要不要生产新药，如果不生产新药，可以把厂房租给乙公司，获得高价租金。对于甲来说，无论做什么决策，今年生产的不合格的药品都不可能再带来现金流入，也就是当年的亏损不可能追回，这意味着这批药与决策无关，属于沉没成本，不应该计入新投资项目中。选项B，甲公司如果选择生产新药，意味着放弃乙公司提供的高价租金，如果甲公司的新药不能带来足够的盈利，那不如把厂房租给乙公司。这意味着将厂房租给乙公司是甲公司必须考虑的一个备选项，这份租金就是甲公司做新药决策时的机会成本，是需要被考虑的。选项C是在考虑新药的增量现金流量。选项D，厂房的折旧属于非付现成本，会影响项目的经营期现金流量。

【小结】

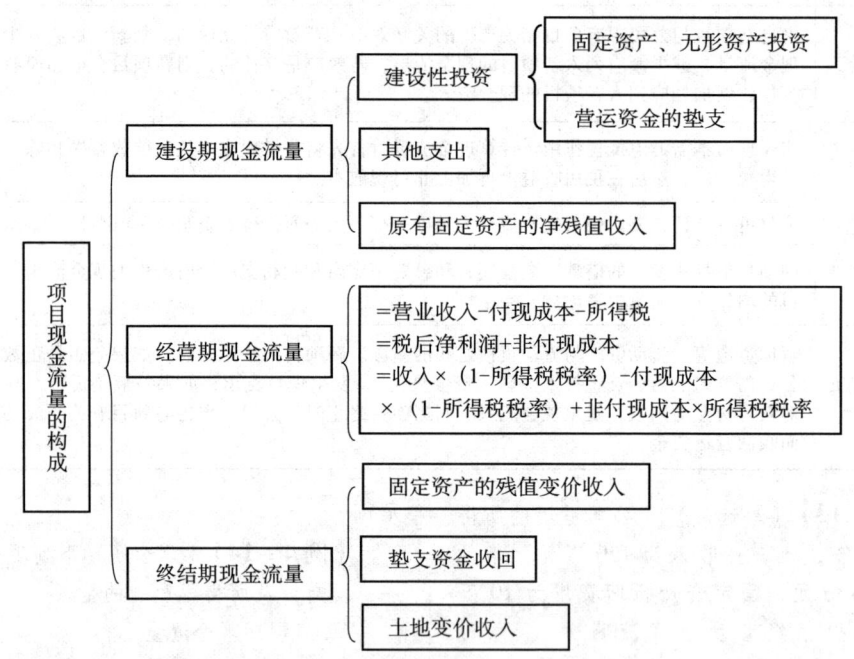

【知识点3】项目投资决策方法

一、非折现现金流量法

非折现现金流量法（静态评价法），是指不考虑货币时间价值的分析评价方法。

（一）会计报酬率法

会计报酬率法的应用如表4-6所示。

表4-6

	会计报酬率法		
项目	内容		
定义	通过计算会计报酬率指标，并与必要报酬率进行比较，从而进行投资决策的一种评价方法。		
公式	会计报酬率 = $\dfrac{\text{年平均净利润}}{\text{投资总额}} \times 100\%$		
决策原理	独立投资项目	会计报酬率≥必要报酬率	项目可行
		会计报酬率＜必要报酬率	项目不可行
	互斥投资项目	会计报酬率越高项目越优	
特点	优点	简单明了并易于理解	
	缺点	高估项目的真实报酬率	

【例4-16】（多选题）甲公司投资的必要报酬率为18%，投资项目的总投资额为1 000万元，年平均净利润为200万元，则下列说法正确的有（　　）。

A. 该项目会计报酬率为20%
B. 该项目会计报酬率为18%
C. 从会计报酬率角度，该项目可行
D. 从会计报酬率角度，该项目不可行
E. 从真实报酬率角度，该项目不可行

【答案】AC

【解析】会计报酬率 = 年平均净利润÷投资总额 = 200÷1 000×100% = 20%，选项A正确，选项B错误。会计报酬率20%＞必要报酬率18%，项目可行，选项C正确，选项D错误。会计报酬率会高估企业的真实报酬率，因此该项目的真实报酬率小于20%，但题目条件不足，无法计算企业的真实报酬率（内含报酬率），选项E的说法无法得出。

【例4-17】（单选题）地产公司投资一栋厂房用于出租，投资总额为1 000万元，经营期为5年。年收入为300万元，第一年无付现成本，从第二年起每年比上一年多支出20万元维修费用。固定资产残值率为50%，按直线法计提折旧。假定地产公司适用的所得税率为25%，则该公司投资该厂房的会计报酬率为（　　）。

A. 12%　　B. 15%
C. 20%　　D. 25%

【答案】A

【解析】会计报酬率 = 年平均净利润÷投资总额，在本题中，由于每年的维修费用都在增加，那么每年的净利润也不同，每年净利润如下表所示：

单位：万元

项目	1	2	3	4	5
年营业收入（1）	300	300	300	300	300
年付现成本（2）	0	20	40	60	80
折旧与摊销（3）	100	100	100	100	100
利润总额（4）=（1）-（2）-（3）	200	180	160	140	120
所得税（5）=（4）×25%	50	45	40	35	30
净利润（6）=（4）-（5）	150	135	120	105	90

年平均净利润 =（150 + 135 + 120 + 105 + 90）÷5 = 120（万元），会计报酬率 = 年平均净利润÷投资总额 = 120÷1 000×100% = 12%。

（二）静态投资回收期法

投资回收期，是指投资项目收回全部初始投资所需要的时间，一般以"年"为单位。投资回收期有静态投资回收期和动态投资回收期两种。

1. 静态投资回收期法。静态投资回收期法的定义、公式、决策原理及特点如表4-7所示。

表 4-7

项目			内容	
定义			不考虑货币的时间价值，是通过计算静态投资回收期来判断项目是否可行的方法。	
公式	不含建设期		每年经营现金净流量（NCF）相等，则： 静态回收期 $(PP) = \dfrac{初始投资总额}{每年经营现金净流量}$ 每年经营现金净流量（NCF）不相等，则： 静态回收期 $(PP) = n + \dfrac{第 n 年末累计尚未回收的投资额}{第 (n+1) 年回收额}$ n 表示尚有投资额未收回的最后年份	
	含建设期		投资回收期 = 建设期 + 不包含建设期的投资回收期	
决策原理	设立基准回收期，根据备选方案性质进行决策	备选方案为独立方案	投资项目回收期 ≤ 基准回收期	项目可行
			投资项目回收期 > 基准回收期	项目不可行
		备选方案为互斥方案	比较互斥方案回收期与基准回收期，选择回收期最短的投资项目。	
优点			(1) 计算简便，容易理解； (2) 可以用于衡量投资方案的相对风险。	
缺点			(1) 忽略了整个项目期间的现金流量，不能反映项目的盈利能力； (2) 没有考虑时间价值。	

【提示】投资回收期越短，说明该项投资在未来时期内的风险越小，反之，风险越大。

【例 4-18】（单选题）采用静态回收期法进行项目评价时，下列表述错误的是（ ）。

A. 若每年现金净流量不相等，则无法计算静态回收期

B. 静态回收期法没有考虑资金时间价值

C. 若每年现金净流量相等，则静态回收期等于原始投资额除以每年现金净流量

D. 静态回收期法没有考虑回收期后的现金流量

【答案】A

【解析】若每年现金净流量不相等，设 M 是收回原始投资额的前一年，静态回收期 = M + 第 M 年的尚未回收额 ÷ 第 (M+1) 年的现金净流量。

【例 4-19】（单选题）甲公司项目的投资总额为 1 400 万元，建设期为 3 年，经营期内每年经营现金净流量为 480 万元，则甲公司包含建设期的静态投资回收期为（ ）年。

A. 2.92 B. 3
C. 5.92 D. 6

【答案】C

【解析】不包含建设期的投资回收期 = 1 400 ÷ 480 = 2.92（年），包含建设期的投资回收期 = 3 + 2.92 = 5.92（年）。

【例 4-20】（单选题）甲公司投资一座工厂，初始投资总额为 1 000 万元，建设期 1 年。其中，固定资产投资 800 万元，垫支营运资金 200 万元。建设完成后，该项目投入经营，项目经营期为 4 年，各年经营期现金净流量为 100 万元、200 万元、500 万元和 400 万元。终结期现金净流量为 480 万元。则该项目包含建设期的静态投资回收期为（ ）年。

A. 2.5 B. 4.5
C. 1.5 D. 3.5

【答案】B

【解析】静态回收期的测算如下：

单位：万元

年份	NCF	未回收投资额
0	-800	-800
1	-200	-1 000
2	100	-900
3	200	-700
4	500	-200
5	400+480	0

由表可知，到了第5年，该项目年末就已经没有尚未回收的投资额了，甲公司建设期为1年，因此经营期为3年，包含建设期的静态投资回收期=1（建设期）+3（经营期）+200÷400=4.5（年）。

2. 动态投资回收期法。动态投资回收期法是将未来各期的现金流量采用适当的折现率进行折现，然后计算回收期，这样的回收期指标更为精确。

【提示】一个项目：动态回收期>静态回收期。

【例4-21】（多选题）下列各项关于回收期的说法中，正确的是（ ）。

A. 回收期指未来现金净流量累积到原始投资数额时所经历的时间

B. 用回收期指标评价方案时，回收期越短越好

C. 计算简便，易于理解

D. 没有考虑回收期以后的现金流量

E. 同一个项目的动态投资回收期一般比静态投资回收期短

【答案】BCD

【解析】投资回收期分为静态和动态两种：静态回收期是指直接用未来现金净流量累积到原始投资数额时所经历的时间，而动态回收期是未来现金净流量的现值等于原始投资额现值时所经历的时间。由于考虑了资金的时间价值，同一个项目的动态回收期一般比静态回收期长。

【例4-22】（单选题）甲公司投资一座工厂，初始投资总额为1 000万元，建设期1年。其中，固定资产投资800万元，垫支营运资金200万元。建设完成后，该项目投入经营，项目经营期为4年，各年经营期现金净流量为100万元、200万元、500万元和400万元。终结期现金净流量为480万元，已知项目折现率为10%，则该项目包含建设期的动态投资回收期为（ ）年。

A. 4.5   B. 4.75
C. 3.75   D. 3.25

【答案】B

【解析】动态回收期的测算如下：

单位：万元

年份	NCF	现值系数	现金流量现值	未回收投资额
0	-800	1	-800	-800
1	-200	0.9091	-181.82	-981.82
2	100	0.8264	82.64	-899.18
3	200	0.7513	150.26	-748.92
4	500	0.683	341.5	-407.42
5	400+480	0.6209	546.39	0

则包含建设期的动态回收期=4+407.42÷546.39=4.75（年）。

二、折现现金流量法

折现现金流量法（动态评价法），是指考虑了货币时间价值的分析评价方法，主要包括净现值法、内含报酬率法、现值指数法。

（一）净现值法

净现值法的定义、公式、决策原理及特点如表4-8所示。

表4-8

	净现值法
项目	内容
定义	以净现值（Net Present Value，NPV）指标作为项目评价标准的财务评价方法。
公式	$NPV = \sum_{t=m+1}^{n} \frac{NCF_t}{(1+k)^t} - \sum_{t=0}^{m} \frac{I_t}{(1+k)^t}$

续表

项目	内容
公式	若为期初一次性投入，则：$NPV = \sum_{t=1}^{n} \frac{NCF_t}{(1+k)^t} - I_0$ NPV 代表项目净现值；NCF_t 是第 t 年税后净现金流量；k 代表折现率；I_t 代表第 t 期投资额；n 代表项目寿命周期（包括建设期和经营期）；m 代表项目的建设期。
简化公式	净现值 = 未来现金流量总现值 − 项目投资额的现值 若为期初一次性投入，则： 净现值 = 未来现金流量总现值 − 建设期初一次性投资额
决策原理 独立项目	若 NPV > 0，则项目可行；若 NPV ≤ 0，则项目不可行。
决策原理 互斥项目	应选择 NPV 大于 0 中最大者。
优点	（1）考虑了货币的时间价值； （2）考虑了投资风险的影响； （3）反映了财富绝对值的增加。
缺点	（1）不能直接显示各投资项目本身可能达到的实际收益率； （2）在互斥项目决策中，没有考虑互斥项目的投资规模差异，从而不能说明单位投资所取得的净现值是多少； （3）折现率的确定比较困难，而其正确与否对净现值的影响至关重要。

【提示】要注意项目的总体期限，熟练使用货币的时间价值概念，注意递延年金的使用。

当选择的折现率较低时，项目决策结果可能是可行的；而提高折现率，项目可能不可行。可见，折现率对决策结果的影响很大。

【例 4-23】（单选题）甲公司是一家制造企业，适用所得税税率为 25%。甲公司正打算建设一个项目，该项目无建设期，期初购入的厂房设备可以立刻使用，厂房设备合计 1 200 万元。甲公司预计垫支营运资金 500 万元。

该项目经营期共 15 年，每年经营现金净流量为 400 万元。终结期甲公司预计将厂房出售能收取 800 万元的货款，该厂房预计净残值为 720 万元。甲公司要求本项目的必要报酬率为 10%，则该厂投资该项目的净现值为（　　）万元。已知（P/A，10%，15）= 7.6061，（P/F，10%，15）= 0.2394。

A. 1 658.45
B. 4 268 896.06
C. 1 648.87
D. 4 287 896.04

【答案】C

【解析】在项目终结期，厂房净残值 720 万元，因此产生固定资产处置净收益 800 − 720 = 80（万元），需缴纳所得税 80 × 25% = 20（万元）。该项目的净现值 = 未来现金流量总现值 − 项目投资额的现值 = 400 ×（P/A，10%，15）+（500 + 800 − 20）×（P/F，10%，15）− 1 200 − 500 = 1 648.87（万元）。

【例 4-24】（多选题）下列选项关于净现值的说法中，正确的有（　　）。

A. 净现值法不能直接反映投资项目的实际收益率水平
B. 当各项目原始投资额现值不等时，仅用净现值法无法确定独立投资方案的优劣
C. 净现值法所采用的折现率不易确定
D. 净现值法没有考虑投资的风险性
E. 净现值法未考虑财富的绝对值增加

【答案】ABC

【解析】选项 A，净现值法不能直接显示各投资项目本身可能达到的实际收益率。选项 B，由于净现值法衡量的是整个项目的总现金流量差额，无法在各项目原始投资额现值不等的情况下做出确定的判断。选项 C，净现值法最重要的一个环节就是将未来的现金流量进行折现，折现率的确定比较困难，容易影响该决策结果的正确与否。选项 D，净现值法中，折现率无论选择资本成本还是选择投资者要求的必要收益率，都包括了对风险因素的考虑，风险较大的投资项目，其选用的折现率较高。选项 E，现金

流的折现即反映为财富的绝对值增加。

（二）内含报酬率法

内含报酬率法的定义、公式、决策原理及特点如表4-9所示。

表4-9

内含报酬率法

项目	内容		
定义	以内含报酬率（Internal Rate of Return，IRR）作为项目评价标准的财务评价方法。		
公式	内含报酬率是使投资项目的净现值等于零时的折现率，公式如下：$$\sum_{t=m+1}^{n}\frac{NCF_t}{(1+IRR)^t}-\sum_{t=0}^{m}\frac{I_t}{(1+IRR)^t}=0$$ IRR代表内含报酬率；NCF_t代表第t年税后净现金流量；I_t代表第t期投资额；n代表项目寿命周期（包括建设期和经营期）；m代表项目的建设期。		
决策原理	设立基准收益率，根据备选方案性质进行决策	独立项目	若内含报酬率≥基准收益率，则项目可行。
			若内含报酬率＜基准收益率，则项目不可行。
		互斥项目	在高于基准收益率的项目中，选择内含报酬率较高的项目。
	【提示】基准收益率的确认标准：投资者要求的必要收益率、机会成本、加权资本成本或行业平均收益率。		
优点	（1）考虑了货币的时间价值； （2）能正确反映投资项目本身实际能达到的真实报酬。		
缺点	应用这一方法所得出的决策结论，有时会出现歧义或错误。		

【例4-25】（单选题）甲公司投资一个无建设期的新项目，初始投资为2 400万元，项目寿命为5年，每年可获得现金净流量600万元，已知（P/A，6%，5）=4.212；（P/A，7%，5）=4.100；（P/A，8%，5）=3.993。则该项目内含报酬率为（ ）。

A. 6%　　　　　　　B. 7.99%
C. 6.99%　　　　　　D. 8%

【答案】B

【解析】根据已知条件得出下表：

折现率	年金现值系数	现金净流量之和	净现值
6%	（P/A，6%，5）=4.212	600×4.212=2 527.2	127.2
7%	（P/A，7%，5）=4.100	600×4.100=2 460	240
8%	（P/A，8%，5）=3.993	600×3.993=2 395.8	-4.2

设内含报酬率IRR，根据插值法，取7%和8%得出计算公式$\frac{IRR-7\%}{8\%-7\%}=\frac{0-240}{-4.2-240}$，则内含报酬率IRR=7.99%。

【例4-26】（单选题）某4年期的投资项目初始投资成本为3 500万元，以后每年的现金净流量为1 000万元，该项目适用的资本成本率为5%，该项目的内含报酬率为（ ）。

已知：

（P/A，5%，3）=2.7232，（P/A，5%，4）=3.5460，（P/A，5%，5）=4.3295；

（P/A，6%，3）=2.6730，（P/A，6%，4）=3.4651，（P/A，6%，5）=4.2124；

（P/A，7%，3）=2.6243，（P/A，7%，4）=3.3872，（P/A，7%，5）=4.1002。

A. 5.57%　　　　　　B. 6.73%
C. 5.37%　　　　　　D. 6.23%

【答案】A

【解析】设内含报酬率为r，则有NPV=-3 500+1 000×（P/A，r，4）=0，则（P/A，r，4）=3 500÷1 000=3.5，因此r介于5%和6%之间，采用插值法计算，（r-5%）÷（6%-5%）=（3.5-3.5460）÷（3.4651-3.5460），解得r=5.57%。

（三）现值指数法

现值指数法的定义、公式、决策原理及特点如表4-10所示。

表 4-10

项目	内容	
	现值指数法	
定义	现值指数法，又称获利指数法，是以现值指数（Profitability Index, PI）作为项目评价标准的财务评价方法。现值指数反映了项目的投资效率，即投入 1 元初始投资所获得的未来现金流的现值。	
公式	$PI = \sum_{t=m+1}^{n} \frac{NCF_t}{(1+k)^t} \div \sum_{t=0}^{m} \frac{I_t}{(1+k)^t}$ NCF_t 是第 t 年税后净现金流量；k 是折现率；I_t 是第 t 期投资额；n 是项目寿命周期（包括建设期和经营期）；m 是项目的建设期。	
决策原理	独立项目	若现值指数≥1，则项目可行
		若现值指数＜1，则项目不可行
	互斥项目	该选择现值指数最大的项目
优点	（1）考虑了货币的时间价值，能够真实地反映投资项目的盈亏程度； （2）由于现值指数是用相对数来表示的，所以可以反映长期投资项目的投资效率。	
缺点	无法反映投资项目本身的收益率水平，且对不同规模互斥项目的选择方面会产生误导性结果。	

【例 4-27】（多选题）某公司投资 100 万元购买一台无须安装的设备，投产后每年增加营业收入 48 万元，增加付现成本 13 万元，预计项目寿命为 5 年。设备按直线法计提折旧，预计使用寿命 10 年，期满无残值。该公司适用 25% 的所得税税率，项目的资本成本为 10%。已知（P/A，10%，5）= 3.7908，则下列表述中正确的有（   ）。

A. 投产后每年增加的营业现金流量为 35 万元
B. 年折旧额为 20 万元
C. 静态投资回收期为 3.2 年
D. 净现值为 18.46 万元
E. 现值指数为 2.46

【答案】BCD

【解析】因该设备是项目配套适用的设备，应按项目预期适用寿命计提折旧，因此该设备年折旧额 = 100÷5 = 20（万元），投产后每年增加的营业现金流量 = 每年营业收入×(1-25%) - 年付现成本×(1-25%) + 折旧与摊销×25% = (48-13)×(1-25%) + 20×25% = 31.25（万元）。项目的静态投资回收期 = 初始投资总额÷每年经营现金净流量 = 100÷31.25 = 3.2（年）。净现值 = 未来现金流量总现值 - 项目投资额的现值×100% = 31.25×(P/A,10%,5) - 100×100% = 18.46（万元）。现值指数 = 未来现金流量总现值÷项目投资额的现值×100% = 31.25×(P/A,10%,5)÷100 = 118.46%。

三、项目投资决策方法的比较

【提示】折现现金流量法三个指标（NPV/IRR/PI）都体现了现金流折现模型的基本特点：
（1）考虑了货币的时间价值；
（2）考虑了项目期限内全部的增量现金流量；
（3）受建设期长短、回收额有无、现金流大小影响。

（一）可比性

三个指标（NPV/IRR/PI）的可比性如表 4-11 所示。

表 4-11

事项	净现值 NPV	内含报酬率 IRR	现值指数 PI
若投资额不同	不可比	可比	可比
若投资期不同	不可比	可比	不可比
可比性	可比性差	可比性强	可比性一般
数据性质	绝对数	相对数	相对数
反映效果	投资效果	投资效率	投资效率

【提示】相对数可比性强,能够进行业绩评价;绝对数可比性差,能够正确引导决策。所以项目决策最终要以净现值(绝对数)为根本进行比较。

(二)净现值法与现值指数法的比较

1. 在评价独立项目与同等规模下的互斥项目时,结论是一致的。

2. 在评价规模不同的互斥项目时,分为两种情形:

(1)在资金无限制情况下,应以净现值法为准;

(2)在资金受限制情况下,公司应按照现值指数的大小排序,选择净现值之和最大的投资项目组合,以保证公司获得最大的收益,增加股东财富。

【提示】用净现值和现值指数决策,项目优劣与折现率有关。

提高折现率,会增加短期项目的吸引力;降低折现率,会增加长期项目的吸引力。

(三)净现值法与内含报酬率法的比较

理论上认为,净现值法优于内含报酬率法。原因如下:

1. 互斥项目中,内含报酬率法下的再投资利率假定不合理。

2. 内含报酬率法未考虑投资规模因素,导致决策结论不合理。

3. 内含报酬率法计算时,非正常现金流量会导致不正确的多根解。

4. 可能出现决策错误,有时利用内含报酬率法会出现一些评估错误。

【例4-28】(多选题)甲公司对未来三年的投资做出规划,投资限额是800万元,目前有4个备选方案,均为期初一次性投入:方案A需投入300万元,净现值为150万元;方案B需投入300万元,净现值为225万元;方案C需投入200万元,现值指数为2;方案D现值指数为2.5,净现值为600万元;方案E需投入100万元,净现值为120万元。哪几个方案进行组合可以获得最大收益?( )

A. 方案A B. 方案B
C. 方案C D. 方案D
E. 方案E

【答案】BDE

【解析】首先要明确的是,甲公司的投资总额是有限的,且四个备选项目中,投资规模都不相同,也就构成了"规模不同的互斥项目,且资金受限制"的情况。在此情形下,适用的评价方法是"按照现值指数的大小排序,选择净现值之和最大的投资项目组合"。也就是说我们需要知道每个方案的净现值和现值指数,根据:

净现值=投资项目未来现金流量的总现值-项目投资额的现值

现值指数=投资项目未来现金流量的总现值/项目投资额的现值

用在本题中,由于项目均为期初一次性投入,则项目投资额现值就等于投资规模总额。

净现值=现金流量总现值-投资规模

现值指数=现金流量总现值/投资规模

方案	投资规模	现值指数	净现值
方案A	300万元	(300+150)÷300=1.5	150万元
方案B	300万元	(300+225)÷300=1.75	225万元
方案C	200万元	2	2×200-200=200(万元)
方案D	600÷(2.5-1)=400(万元)	2.5	600万元
方案E	100万元	(100+120)÷100=2.2	120万

在计算出上表各项数字后,再根据现值指数的大小排序:

方案	投资规模	现值指数	净现值
方案D	400万元	2.5	600万元
方案E	100万元	2.2	120万元
方案C	200万元	2	200万元
方案B	300万元	1.75	225万元
方案A	300万元	1.5	150万元

在充分利用800万元投资限额的情况下，有下列几种组合可能：

组合序号	包含的方案	投资规模	净现值
1	DEB	400+100+300=800（万元）	600+120+225=945（万元）
2	DEC	400+100+200=700（万元）	600+120+200=920（万元）
3	ECB	100+200+300=600（万元）	120+200+225=545（万元）
4	EBA	100+300+300=700（万元）	120+225+150=495（万元）
5	CBA	200+300+300=800（万元）	200+225+150=575（万元）

根据上表，在不超过投资限额的情况下，方案D、E、B组合净现值最大。

【小结】项目投资决策方法对比如表4-12所示。

表4-12

投资决策方法	非折现金流量法		
	会计报酬率法	静态投资回收期法	动态投资回收期法
计算方式	年平均净利润÷投资总额	(1)初始投资总额÷每年经营现金净流量； (2)n+（第n年末累计尚未回收的投资额÷第n+1年回收额）。	先将每年的现金净流量折现折回到投资时点，再按照回收期方法进行计算。
决策方法-独立投资项目	会计报酬率大于等于必要报酬率，则项目可行。	投资项目回收期短于基准回收期，则项目可行。	投资项目回收期短于基准回收期，则项目可行。
决策方法-互斥投资项目	会计报酬率越高项目越优。	首先应考虑其回收期是否短于设定的期限，然后选择回收期最短的投资项目。	首先应考虑其回收期是否短于设定的期限，然后选择回收期最短的投资项目。
优点	简单明了、易于理解。	(1)计算简便，容易理解； (2)可以用于衡量投资方案的相对风险。	可以弥补静态投资回收期法没有考虑资金时间价值这一缺陷。
缺点	没有考虑货币的时间价值，会高估项目的真实报酬率。	(1)忽略了整个项目期间的现金流量，不能反映项目的盈利能力； (2)没有考虑时间价值。	除了考虑了时间价值之外，其他的问题仍然存在。
掌握程度	熟悉即可。	掌握并灵活计算。	熟悉即可。
	折现金流量法		
投资决策方法	净现值法	内含报酬率法	现值指数法
计算方式	净现值=未来现金流量总现值-项目投资额的现值	当折现率为项目的内含报酬率时，项目的未来现金流量现值总和与项目投资额是相等的。	现值指数PI=投资项目未来现金流量的总现值/项目投资额的现值。
决策方法-独立投资项目	NPV≥0，投资收益能够弥补投资成本； NPV<0，投资收益不能弥补投资成本。	只要内含报酬率大于或等于公司确定的基准收益率，则投资可行。	现值指数大于等于1，表明未来现金流入的总现值超过或等于初始投资的现值，项目可行。
决策方法-互斥投资项目	选择净现值大于零中的最大者。		在同等投资规模下，应选择现值指数最大的项目。
优点	(1)考虑了货币的时间价值； (2)考虑了投资风险的影响； (3)反映了财富绝对值的增加。	考虑了货币的时间价值，能正确反映投资项目本身实际能达到的真实报酬。	(1)考虑了货币的时间价值，能够真实地反映投资项目的盈亏程度； (2)由于现值指数是用相对数来表示的，所以可以反映长期投资项目的投资效率。

续表

	净现值法	内含报酬率法	现值指数法
缺点	(1) 不能直接显示各投资项目本身可能达到的实际收益率； (2) 在互斥项目决策中，不能说明单位投资所取得的净现值是多少； (3) 折现率的确定比较困难。	应用这一方法所得出的决策结论，有时会出现歧义或错误。	该方法无法反映投资项目本身的收益率水平，且对不同规模互斥项目的选择方面会产生误导性结果。
掌握程度	掌握并灵活计算。	掌握并熟悉计算。	掌握并灵活计算。

【小结】项目投资决策指标之间的数量关系。

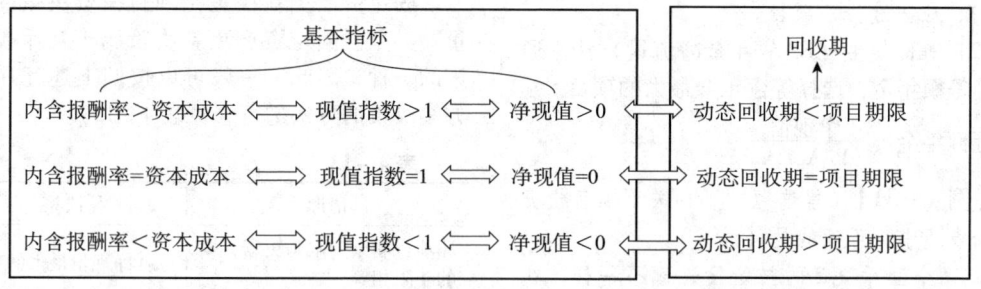

【例4-29】（多选题）甲公司拟建立一家专卖店，经营期限6年，资本成本8%。假设该项目的初始现金流量发生在期初，营业现金流量均发生在投产后各年末。该投资现值指数小于1，下列有关该投资的说法中，正确的是（　　）。

A. 净现值小于1
B. 内含报酬率小于8%
C. 动态回收期小于6年
D. 会计报酬率小于8%
E. 静态回收期小于6年

【答案】AB

【解析】选项A，已知现值指数<1，则净现值<0<1。选项B，现值指数<1，内含报酬率<资本成本率=8%。选项C、E，回收期大于经营期限，意味着净现值为负，这一说法正确；但净现值为负，并不意味着回收期必然大于经营期限，如"项目在终止前某一时点全部收回初始投资，但最后几年损失惨重，导致项目整体净现值仍为负数"，因此现值指数<1，动态回收期/静态回收期期限无法推算。选项D，会计报酬率=年平均净利润÷投资总额，在现值指数<1时，因为不知道各年净利润的情况，无法推算会计报酬率。

【知识点4】项目投资决策应用

一、独立投资方案决策

独立投资方案决策原则：

1. 当资金没有限量时，可以用内含报酬率法或现值指数法进行项目排序。

2. 当资金有限量时，先按内含报酬率法或现值指数法进行项目排序，然后选择净现值最大的投资组合。

二、互斥投资方案决策

互斥投资方案决策应以经济效益最大化为原则。

1. 项目期限相等。不论项目投资额的大小，应该选择净现值最大的项目。

2. 项目期限不同。

(1) 共同年限法。可以将两个项目转化成相同的投资期限，再以净现值最大为原则进行选择。将项目转化成相同投资期限时，一般可以选择两个不同期限的项目的最小公倍数，作为共同的项目期限。利用重置净现值法计算（这种处理方法是根据可持续经营假设，期限短的项目收回投资后还可以按照原有的状态再投资）。

【例4-30】（单选题）某公司在甲和乙两个互斥项目之间进行投资决策，经测算得出，甲项目的投资期限为6年，净现值为200万元，资本成本为12%；乙项目投资期限为3年，净现值为120万元，资本成本为10%。若使用共同年限法，则公司应该做出的决策是（ ）。

A. 选项甲项目投资
B. 选项乙项目投资
C. 两个项目任选一个
D. 无法判断

【答案】B

【解析】甲项目和乙项目的共同年限（最小公倍数）为6年，重置净现值$_甲$=200（万元）；重置净现值$_乙$=120+120÷$(1+10\%)^3$=210.16（万元），应当选择乙项目。

（2）等额年金（EAA/年金净流量）法。通过计算等额年金，选择等额年金最大的项目。

$$等额年金 = \frac{净现值}{(P/A, i, n)}$$

【例4-31】（单选题）下列关于项目投资决策的表述中，正确的是（ ）。

A. 两个互斥项目的初始投资额不一样，在权衡时选择内含报酬率高的项目
B. 使用净现值法评价项目的可行性与使用内含报酬率法的结果是一致的
C. 使用现值指数法进行投资决策可能会计算出多个现值指数
D. 投资回收期主要测定投资方案的流动性而非盈利性

【答案】D

【解析】选项A，互斥项目决策时应选择净现值高的项目。选项B，对于单一项目，使用净现值法评价与内含报酬率法评价结果一致，对于多个项目，可能会产生冲突。选项C，净现值与现值指数一定有唯一解，内含报酬率可能有多个解。选项D，投资回收期衡量的是项目的风险性、流动性，未衡量项目的盈利情况。

【例4-32】（单选题）某公司在甲和乙两个互斥项目之间进行投资决策，经测算得出，甲项目的投资期限为6年，净现值为200万元，资本成本为12%；乙项目投资期限为3年，净现值为120万元，资本成本为10%。若使用等额年金法，则公司应该做出的决策是（ ）。

已知（P/A, 12%, 6）=4.4114, （P/A, 10%, 3）=2.4869。

A. 选项甲项目投资
B. 选项乙项目投资
C. 两个项目任选一个
D. 无法判断

【答案】B

【解析】等额年金$_甲$=200÷（P/A, 12%, 6）=200÷4.4114=45.34（万元）

等额年金$_乙$=120÷（P/A, 10%, 3）=120÷2.4869=48.25（万元）

等额年金$_甲$<等额年金$_乙$，应选择乙项目投资。

三、固定资产更新决策

固定资产更新决策是项目投资决策的一种重要类型。固定资产更新决策属于互斥投资决策的一种，因此，一般可以按照上述互斥投资方案决策的方法进行（见表4-13）。

表4-13

情形	决策
原项目剩余期限与更新方案的年限相等	选择净现值最大的项目
原项目剩余期限与更新方案的年限不相等	选择等额年金最大的项目

如果固定资产更新不改变生产能力和销售收入，则只需要比较新旧固定资产的现金净流出量现值或年金成本即可。对于不改变生产能力和销售收入的固定资产更新决策，分寿命期限相等和不等两种情况来讨论。

（一）寿命期限相等时的更新决策

用新设备替代旧设备时一般不改变其生产能力，不会增加或减少营业收入，因此其未来现金流入量不变。决策时无须考虑未来现金流入量的影响，只需要比较新旧固定资产的现金净流出量现值就可以作出是否更新的决策。

如果新设备的现金净流出量现值小于旧设备，则更新；如果新设备的现金净流出量现值大于旧设备，则不更新。因此，在寿命期限相等的固定资产更新决策中，应在新旧设备中选择现金流出量现值较小的项目。

（1）新设备的现金净流出量现值=新设备原始投资额的现值+垫支营运资金的现值

$$+ \sum_{t=1}^{n} \frac{年付现成本 \times (1-所得税税率) - 年折旧 \times 所得税税率}{(1+i)^t}$$

$$- \frac{税后净残值收入 + 营运资本回收额}{(1+i)^n}$$

税后净残值收入 = 净残值收入 + 变现净损失（或 - 变现净收益）× 所得税税率

（2）旧设备的现金净流出量现值 = 旧设备税后变价收入的现值 + 垫支营运资金的现值

$$+ \sum_{t=1}^{n} \frac{年付现成本 \times (1 - 所得税税率) - 年折旧 \times 所得税税率}{(1+i)^t}$$

$$- \frac{税后净残值收入 + 营运资本回收额}{(1+i)^n}$$

旧设备税后变价收入 = 旧设备变现净收入 + 变现净损失（或 - 变现净收益）× 所得税税率

【提示】上述公式的本质：折现到投资时点的新旧设备所有支出 - 残值和营运资本回收收入的现值。

在关于旧设备现金流出量的公式中，有个组成部分是"旧设备税后变价收入的现值"，该现值不是指实际付出成本，而是指采用旧设备决策的机会成本：如果用新设备替换掉旧设备，就可以立刻卖掉旧设备，获得一笔税后变价收入，但如果不更新，则无法获得该笔收入。

【例 4 - 33】（单选题）当企业做固定资产更新决策时，以下说法中不正确的是（ ）。

A. 企业做固定资产决策时，要先调查原项目剩余期限与更新方案的年限是否相等

B. 是否更新固定资产一般都不改变生产能力和收入，因此企业只比较两个方案的成本

C. 在对比新旧方案时，都会使用到所得税税率这一因素

D. 计算旧设备的现金净流出量时，没有考虑机会成本

【答案】D

【解析】如果对机会成本的概念比较陌生，则可以使用排除法。旧设备的现金净流出量中的机会成本部分，指的是"旧设备税后变价收入的现值"，是因为如果采用旧设备，就失去了购买新设备时，出售这个旧设备所能取得的变价收入。这对旧设备方案来说是一项机会成本。在财务评价中，机会成本同样不能忽视。

【例 4 - 34】（单选题）甲公司拟更新一台 3D 打印机，目前旧打印机的账面价值为 240 万元，还能使用 6 年，如果将其出售将获得 150 万元的变价收入。继续使用旧打印机每年需支付 50 万元修理费，6 年后预计报废收入为 100 万元，税法规定残值为 60 万元。假设甲公司的所得税税率为 25%，适用折现率为 10%，已知

(P/A, 10%, 6) = 4.3553, (P/F, 10%, 6) = 0.5645，则旧设备的现金流出量现值为（ ）万元。

A. 252.35　　B. 256.87
C. 262.42　　D. 268.53

【答案】A

【解析】旧设备的现金流出量现值 = 旧设备税后变价收入的现值 + 垫支营运资金的现值 + 每年税后付现成本减去年折旧抵税额的差额之和的年金现值 - 税后净残值收入和营运资本回收额之和的复利现值 = 150 + (240 - 150) × 25% + 0 + [50 × (1 - 25%) - (240 - 60) ÷ 6 × 25%] × (P/A, 10%, 6) - [100 - (100 - 60) × 25% + 0] × (P/F, 10%, 6) = 252.35（万元）。要注意，计算旧设备变价收入时，账面价值大于变价收入，则旧设备会"卖亏了"，亏损可以抵税。

【例 4 - 35】（单选题）甲公司拟更新一台 3D 打印机，如果购入价值 300 万元的新打印机，能使用 6 年，按照直线法计提折旧，残值为 60 万元，预计报废时可得变价收入 100 万元。新设备投入使用需要垫支营运资金 30 万元，每年支付维修费用 20 万元，甲公司适用的所得税税率为 25%，已知 (P/A, 10%, 6) = 4.3553, (P/F, 10%, 6) = 0.5645，则购买新设备的现金净流出量现值为（ ）万元。

A. 283.03　　B. 284.04
C. 232.56　　D. 245.76

【答案】B

【解析】新设备的现金流出量现值 = 新设备原始投资额的现值 + 垫支营运资金的现值 + 每年税后付现成本减去年折旧抵税额的差额之和的年金现值 - 税后净残值收入和营运资本回收额之和的复利现值 = 300 + 30 + [20 × (1 - 25%) - (300 - 60) ÷ 6 × 25%] × (P/A, 10%, 6) - [100 - (100 - 60) × 25% + 30] × (P/F, 10%, 6) = 284.04（万元）。

（二）寿命期限不相等时的更新决策

对于不改变生产能力和营业收入的寿命期限不相等的固定资产更新，适宜采用年金成本法进行决策。比较新旧设备的年金成本，年金成本较低者为优。

$$年金成本 = \frac{现金流出量现值}{(P/A, i, n)}$$

【例 4 - 36】（单选题）甲公司适用的资本

成本率为15%，正进行一个设备是否进行更新的决策，下面是旧设备和新设备的相关材料。假设不考虑所得税影响，如果你是甲公司的经理，你会（　　）。

事项	延用旧设备	购置新设备
预计使用年限	10年	10年
已经使用年限	4年	0年
剩余使用年限	6年	10年
原值	2 200万元	2 400万元
变现价值/购置成本	600万元	2 400万元
年运行成本	700万元	400万元
最终残值	200万元	300万元

已知（P/A, 15%, 6）= 3.7845, （P/F, 15%, 6）= 0.4323, （P/A, 15%, 10）= 5.0188, （P/F, 15%, 10）= 0.2472。

A. 购置新设备，新设备使公司花钱更少
B. 延用旧设备，旧设备使公司花钱更少
C. 无法自行判断，向董事长请教
D. 新旧设备的花销一致，掷骰子决定

【答案】B

【解析】沿用旧设备现值总成本 = 600 + 700 × (P/A, 15%, 6) − 200 × (P/F, 15%, 6) = 3 162.69（万元）

年金成本（旧）= 3 162.69 ÷ (P/A, 15%, 6) = 835.70（万元）

购置新设备现值总成本 = 2 400 + 400 × (P/A, 15%, 10) − 300 × (P/F, 15%, 10) = 4 333.36（万元）

年金成本（新）= 4 333.36 ÷ (P/A, 15%, 10) = 863.43（万元）

因为年金成本（旧）< 年金成本（新），应选择延用旧设备。

【知识点5】证券投资概述
一、证券投资的目的
证券投资具有以下四个目的：
（1）分散资金投向，降低投资风险；
（2）利用闲置资金，增加企业收益；
（3）稳定客户关系，保障生产经营；
（4）提高资产流动性，增强偿债能力。

二、证券投资的风险
获取投资收益是证券投资的主要目的，证券投资的风险是投资者无法获得预期投资收益的可能性。按风险性质划分，证券投资的风险分为系统性风险和非系统性风险两大类别（见表4-14）。

表4-14

风险类型		解释
系统性风险	价格风险	价格风险是指由于市场利率上升，而使证券资产价格普遍下跌的可能性。 风险产生原因：资本市场买卖双方资本供求关系的不平衡：资本需求量增加，市场利率上升；资本供应量增加，市场利率下降。
	再投资风险	再投资风险是指市场利率下降造成的无法通过投资实现预期收益的可能性。 风险产生原因：虽然市场长期证券资产的报酬率一般高于短期证券资产，但期限越长，不确定性就越大。为了避免市场利率上升的价格风险，投资者可能会投资于短期证券资产，但短期证券资产又会面临市场利率下降的再投资风险，即无法按照预定报酬率进行再投资而实现所需求的预期收益。
	购买力风险	购买力风险是指由于通货膨胀导致货币购买力下降的可能性。 风险产生原因：在持续而剧烈的物价波动环境下，货币性资产会产生购买力损益：当物价持续上涨时，货币性资产会遭受购买力损失；当物价持续下跌时，货币性资产会带来购买力收益。
非系统性风险	违约风险	违约风险是指证券资产发行者无法按时兑付证券资产利息和偿还本金的可能性。
	变现风险	变现风险是指证券资产持有者无法在市场上以正常的价格平仓出货的可能性。
	破产风险	破产风险是指在证券资产发行者破产清算时，投资者无法收回应得权益的可能性。

【提示1】系统性风险波及所有证券资产，最终会反映在资本市场平均利率的提高上，所有的系统性风险几乎都可以归结为利率风险。利率风险是指由于市场利率变动引起证券资产

价值变化的可能性。

【提示2】价格风险。

市场利率的变动会造成证券资产价格的普遍波动，两者呈反向变化：市场利率上升，证券资产价格下跌；市场利率下降，证券资产价格上升。

关于市场利率和证券价格的关系可以这样理解：陈小姐是一位投资者，她正在考虑购买债券A，该债券面值1 000元，票面利率为7%，此时市场利率也是7%，陈小姐打算花1 000元买一份债券A，这样她就可以在一年后获得1 070元，一年能挣70元；就在陈小姐要买的时候，市场利率突然升到了8%，她转念一想，"我随便在市场上做个什么别的投资都能得到8%的收益，何必还买这个呢？"于是打算不买，债券A一看自己卖不出去了，就开始降价，提出用990元就可以购买一份。陈小姐开始计算，如果花990元在市场上做其他投资，一年能挣到990×8% = 79.2（元）；如果买债券A，可以挣到1 070 - 990 = 80（元），相差无几，于是决定还是买债券A。

为了说清楚债券与利息的关系，此处将市场利率上升后的价格做了简化处理，并不完全精确，但是可以看出原理：当市场利率上升时，债券价格就会下跌，反之同理。

【例4-37】（单选题）下列选项中，属于证券投资的系统性风险的是（　　）。

A. 购买力风险　　B. 违约风险
C. 变现风险　　　D. 破产风险

【答案】A

【解析】证券投资的系统性风险包括价格风险、再投资风险和购买力风险。

【例4-38】（单选题）某公司预期未来市场利率上升而将闲置资金全部用于短期证券投资，而到期时市场利率却大幅度下降，这意味着公司的证券投资出现（　　）。

A. 再投资风险　　B. 购买力风险
C. 汇率风险　　　D. 变现风险

【答案】A

【解析】再投资风险是由于市场利率下降所造成的无法通过再投资而实现预期收益的可能性。

【知识点6】债券投资

债券是依照法定程序发行的约定在一定期限内还本付息的有价证券，它反映证券发行者与持有者之间的债权债务关系。债券一般包含债券面值、票面利率和到期日等基本要素。企业投资债券通常是为了替代现金并获取固定的利息收入。

一、债券的估值

债券的内在价值，又称债券的理论价值，是指债券未来现金流入量的现值。债券未来现金流入量包括未来收取的利息和回收的本金。

只有债券价值大于其购买价格时，该债券才值得投资。

（一）债券估值基本模型

$$V_b = \sum_{t=1}^{n} \frac{I}{(1+k)^t} + \frac{M}{(1+k)^t}$$

式中，V_b表示债券的价值；I表示债券各期的利息；M表示债券的面值；K表示债券价值评估时所采用的折现率；$t/T/n$表示债券期限。

【提示1】该基本模型计算的是平息债券（即到期之间内，间隔固定时间、平均支付利息的债券）。平息债券的债券价值 = 利息×年金现值 + 本金×复利现值 = 票面利率×票面金额×按折现率计算的年金现值 + 票面本金×按折现率计算的复利现值

【提示2】票面的折现率，取决于当前等风险投资的市场利率，通常会在题目中表述为：

（1）必要报酬率/期望报酬率；
（2）当时市场利率；
（3）现行市场报酬率；
（4）到期收益率/债务资本成本。

【提示3】$t/T/n$ 债券期限 = 剩余到期时间≠债券的整个存续期限≠已经过去的期限。

【例4-39】（单选题）甲公司购入一项债券，此时市场利率为8%，债券面值为1 000元，票面利率为10%，期限为12年，每年支付一次利息，到期归还本金，以市场利率作为评估债券价值的贴现率，已知（P/A，10%，12）= 6.8137；（P/F，10%，12）= 0.3186；（P/A，8%，12）= 7.5361；（P/F，8%，12）= 0.3971，则甲公司购入债券时，债券价值为（　　）元。

A. 1 000　　　　　B. 1 150.71
C. 999.97　　　　D. 942.20

【答案】B

【解析】债券价值 = 1 000×10%×（P/A，8%，12）+ 1 000×（P/F，8%，12）= 100×7.5361 + 1 000×0.3971 = 753.61 + 397.1 =

1 150.71（元）。

（二）影响债券估值的基本因素

影响债券估值的基本因素主要包括债券面值、票面利率、债券到期日及市场利率（见表4-15）。

表4-15

影响债券估值的基本因素	
债券面值	是指债券设定的票面金额，它代表发行人借入并且承诺于未来某一特定日偿付债券持有人的金额。债券面值包括票面币种和面面金额。票面金额小，有利于小额投资者购买，从而有利于债券发行，但发行费用可能增加；票面金额大，会降低发行成本，但可能减少发行量。
票面利率	是指债券发行者预计一年内向持有者支付的利息占票面金额的比率。票面利率不同于实际利率，实际利率是指按复利计算的一年期的利率，债券的计息和付息方式有多种，可能使用单利或复利计算，利息支付可能半年一次、一年一次或到期一次还本付息，这使得票面利率可能与实际利率发生差异。
债券到期日	是指偿还债券本金的日期。债券一般都有到期日，以便到期时归还本金。
市场利率	债券投资中，投资者期望的最低投资回报率一般以可比债券的平均市场利率为标准。

【提示】（1）当票面利率＜市场利率时，债券价值＜债券面值；

（2）当票面利率＝市场利率时，债券价值＝债券面值；

（3）当票面利率＞市场利率时，债券价值＞债券面值。

二、债券投资的收益率

（一）债券投资收益的来源

债券投资收益的来源主要有名义利息收益、利息再投资收益和价差收益（见表4-16）。

表4-16

债券投资收益的来源	
名义利息收益	债券各期的名义利息收益是其面值与票面利率的乘积。
利息再投资收益	债券投资评价时，有两个重要的假定：第一，债券本金是到期收回的，而债券利息是分期收取的；第二，将分期收到的利息重新投资于同一项目，并取得与本金同等的利息收益率。 注：按货币时间价值的原理计算债券投资收益，就已经考虑了再投资因素。
价差收益	是指债券尚未到期时投资者中途转让债券，在卖价和买价之间的价差上所获得的收益，也称资本利得收益。

【提示】可以这样理解：陈小姐购买了一份面值为1 000元，票面利息为7%的三年期债券，她可以获得几种不同收益：第一，每年获得票面利息1 000×7%＝70（元），就是名义利息收益；第二，陈小姐可以把每年获得的收益再拿来购买这种债券，那么她获得的收益就不止这三年的名义利息，这就是利息再投资收益，当我们用上节学习的债券价值公式去计算债券价值时，就已经计入了这种收益；第三，如果有合适的市场，陈小姐在债券没到期时将其转给了其他人，获得的差价，也就是价差收益。

（二）债券投资的内部收益率

债券投资的内部收益率，是指按当前市场价格购买债券并持有至到期日或转让日所产生的预期报酬率。

内部收益率的本质是内含报酬率，即使债券未来现金流量现值等于当前购入价格的折现率，或使债券投资的净现值为零的折现率：

$$P = \sum \frac{I}{(1+R)^t} + \frac{B}{(1+R)^n}$$

$$NPV = \sum \frac{I}{(1+R)^t} + \frac{B}{(1+R)^n} - P = 0$$

其中，求解R即为内部收益率。

也可以使用公式简化计算：

$$R = \frac{I + (B-P)/N}{(B+P)/2} \times 100\%$$

式中，I 表示债券的利息；P 表示债券的当前购买价格；B 表示债券面值；N 表示债券期限。分母表示平均资金占用，分子表示平均收益。

【提示1】内部收益率与购买价格有关，与

未来的出售价格无关。

【提示2】溢价债券的内部收益率低于票面利率，折价债券的内部收益率高于票面利率，平价债券的内部收益率等于票面利率。

【例4-40】（单选题）投资者当前以1 890元的价格，购买了一份面值为2 000元，每年支付一次利息，到期归还本金，票面利率为10%的15年期债券，投资者将该债券持有至到期日。则该债券的内部收益率为（　　）。

A. 10.66%　　　　B. 10.87%
C. 11.25%　　　　D. 9.98%

【答案】A

【解析】$R = \dfrac{I + (B-P)/N}{(B+P)/2}$

$= \dfrac{2\,000 \times 10\% + (2\,000 - 1\,890)/15}{(2\,000 + 1\,890)/2}$

$= 10.66\%$。

【知识点7】股票投资管理

一、股票的估值

（一）股票估值的基本模型

股票投资预期获得的未来现金流量的现值，即为股票的价值或内在价值。股票未来预期收益包括各期获得的股利、转让股票获得的价差收益、股份公司的清算收益等。在计算股票价值时，以可以确定的未来各期股利的现值之和确定当前价值。

$V = \dfrac{D_1}{(1+K)^1} + \dfrac{D_2}{(1+K)^2} + \cdots + \dfrac{D_n}{(1+K)^n} + \cdots$

$= \sum\limits_{t=1}^{\infty} \dfrac{D_t}{(1+K)^t}$

式中，D_t表示股票未来各期股利；K表示估值所采用的贴现率，即投资者所期望的最低收益率。

【提示1】基本模型的特点是对无限期股利逐一预测、逐笔折现。它适用于所有股票，它的适用范围与投资者持股意图无关。

【提示2】在计算V时，D_0通常假定为已经发放的股利，不包含在股票价值V_0中，股票价值中包含的最早的现金流是D_1。

在股票中，优先股是特殊的股票，优先股股东每期在固定的时点上收到相等的股利，优先股没有到期日，未来的现金流量是一种永续年金，其估值公式为：

$V = \dfrac{D}{K}$，即优先股股票价值 = 每期股利/贴现率

【例4-41】（单选题）某投资者准备投资购买甲公司的优先股，每期按照0.5元/股发放固定股利，若贴现率为6%，则该股票价值为（　　）元/股。

A. 3.33　　　　B. 5
C. 6　　　　　D. 8.33

【答案】D

【解析】优先股股票价值 = 每期股利/贴现率 = 0.5÷6% = 8.33（元/股）。

【例4-42】（单选题）下列说法中错误的是（　　）。

A. 优先股的价值等于未来各期股利的现值之和
B. 优先股的本质是一种债券
C. 优先股的现金流量以永续年金的形式来表现
D. 优先股股利与普通股股利一般同时发放

【答案】D

【解析】选项A，优先股虽然是特殊的股票，但其理论价值与股票是一致的。选项B，优先股能够在每期收到固定股利，相当于是购买了对方的永久债券。选项C，优先股没有到期日，未来的现金流量是一种永续年金。选项D，普通股发放时间、发放多少一般由公司董事会根据每年的经营状况和发展策略来决定，但优先股是在购买前就已经设定好，股息相对固定，一般也先于普通股发放股息。

（二）常用的股票估值模型

与债券不同的是，持有期限、股利、贴现率是影响股票价值的重要因素。

1. 固定增长模型。假设公司本期的股利是D_0，未来各期的股利按上期股利的g速度呈几何级数增长，且预计增长速度g小于最低收益率K，则：

$V = \sum\limits_{t=1}^{\infty} \dfrac{D_0(1+g)}{(1+K)^t}$

因为g是一个固定的常数，可简化为：

$V = \dfrac{D_1}{K-g}$，$D_1 = D_0 \times (1+g)$

即固定增长模式下的每股股票价值 = 下期股利÷（贴现率－增长率）

【提示1】固定股利增长模型下，股利构成

了永续增长现金流。固定股利增长模型隐含了 K 必须大于 g 的意义。

【提示 2】g = 股利增长率 = 股价增长率 = 资本利得率。

【提示 3】计算股票价值 V 时应注意是计算年初的股票价值还是年末的股票价值。

本年年末股票价值 $V_{年末} = D_{下年} \div (K - g)$。

本年年初股票价值，即上年年末股票价值 $V_{年初} = D_{本年} \div (K - g)$。

【例 4-43】（单选题）投资者打算购买并长期持有甲公司的股票，要求达到 10% 的最低收益率。甲公司今年每股股利为 3 元，预计未来会以 5% 的速度增长，则甲公司股票的价值为（　　）元/股。

A. 45　　　　　　　B. 48
C. 50　　　　　　　D. 63

【答案】D

【解析】该股票属于固定增长模式，$V = 3 \times (1 + 5\%) \div (10\% - 5\%) = 63$（元/股）。

【例 4-44】（单选题）甲公司已进入稳定增长状态，固定股利增长率 4%，股东必要报酬率 10%。公司最近一期每股股利 0.75 元，预计下一年股票价格是（　　）元。

A. 7.5　　　　　　　B. 13
C. 12.5　　　　　　D. 13.52

【答案】D

【解析】根据题目要求最近一期股票价格 $D_0 = 0.75$，求解 P_1。

方法一：
已知当前股票价格 $P_0 = 0.75 \times (1 + 4\%) \div (10\% - 4\%) = 13$（元）
下一年的股票价格 $P_1 = 13 \times (1 + 4\%) = 13.52$（元）

方法二：
第二年的股利 $D_2 = 0.75 \times (1 + 4\%)^2 = 0.8112$（元）
下一年股票价格 $P_1 = 0.8112 \div (10\% - 4\%) = 13.52$（元）

2. 零增长模型。如果公司未来各期发放的股利都相等，并且投资者准备永久持有，该股票与优先股类似，当固定增长模式中 $g = 0$ 时，$V = \dfrac{D}{K}$，即零增长模型下的每股股票价值 = 每期

股利 ÷ 贴现率。

【例 4-45】（单选题）投资者打算购买并长期持有甲公司的股票，打算使用 10% 的折现率来估值。甲公司今年每股股利为 3 元，预计未来将持续保持这个股利水平，则甲公司股票的价值为（　　）元/股。

A. 30　　　　　　　B. 28
C. 35　　　　　　　D. 63

【答案】A

【解析】该股票属于零增长模式，$V = 3 \div 10\% = 30$（元/股）。

3. 阶段型增长模型。许多公司的股利在某一阶段有一个超常的增长率，这段时期的增长率 g 可能大于 K，而后公司的股利固定不变或正常增长。对于阶段性增长的股票，需要分段计算才能确定股票的价值。以二阶段增长模型为例：

$$V = \sum_{t=1}^{n} \frac{D_t}{(1+K)^t} + \frac{D_{n+1}}{K-g} \times \frac{1}{(1+K)^n}$$

式中，n 为第一阶段的期数。以上模型将股票估值分成两个阶段：

第一阶段有 n 期，$\sum_{t=1}^{n} \dfrac{D_t}{(1+K)^t}$ 是指将第一阶段 1—n 期每期的股利折现之后的总和。

第二阶段是第 $(n+1)$ 期到无穷大，各期股利按增长率 g 持续增长，这个永续年金折算到投资时的现值。

使用该模型分为三个步骤：

（1）将 n 期内每期股利逐一折算成现值；

（2）按固定增长模型将 $(n+1)$ 期及其后的股利折算成第 n 期价值（这里使用了固定增长模式模型 $V = \dfrac{D_1}{K-g}$），再复利折现至第 0 期；

（3）将两个阶段求和即为股票的价值。

【提示】阶段型增长模型，该公式原理是：股票的价值等于未来各期股利的现值之和。因此，该公式就是把每一期的股利都折算到投资时点来。第一阶段是个上升期，上升速度每年都不同，因此按每一期股利计算后分别折现；第二阶段是平稳期，采用固定增长模型计算出股票价值后再折现。股票（企业价值）= 预测期价值 + 后续期价值。预测期及后续期的特点如表 4-17 所示。

表 4-17

	预测期/高速增长期	后续期/稳定增长期
特点	增长率高	增长率低
	增长率可能变动，可能固定	增长率持续固定
	有限期（根据题目）	无限期
计算	逐笔计算每期股利	只需计算最早一期股利
	逐笔折现	分两步折现
	计算预测期价值	计算后续期价值

【例 4-46】（单选题）投资者准备购买 A 股票，该股票最低收益为 10%，A 公司今年每股发放股利 1 元，预计未来 2 年会以 20% 的速度高速增长，而后以 6% 的速度进入正常增长阶段，已知（P/F，10%，1）= 0.9091，（P/F，10%，2）= 0.8264，则 A 公司的股票价值为（　　）元/股。

A. 31.54   B. 35.72
C. 33.82   D. 36.83

【答案】C

【解析】高速增长期股利的现值 = $1 \times (1+20\%) \times$（P/F，10%，1）+ $1 \times (1+20\%)^2 \times$（P/F，10%，2）= 2.28（元）；正常增长期股利的现值 = $\frac{1 \times (1+20\%)^2 \times (1+6\%)}{10\% - 6\%} \times \frac{1}{(1+10\%)^2}$ = 31.54（元/股），该股票的价值 = 2.28 + 31.54 = 33.82（元/股）。

二、股票投资的收益率

（一）股票收益的来源

股票投资的收益由股利收益、股利再投资收益、转让价差收益三个部分构成。

【提示】只要按货币时间价值的原理计算任何一项投资的价值或收益，就无须单独考虑再投资收益的因素。

（二）股票的内部收益率

股票的内部收益率，即股票的以往报酬率，是使得股票未来现金流量现值等于目前购买价格时的贴现率。

1. 投资者打算长期持有。在固定增长股票估值模型中，用股票的购买价格 P_0 代替内在价值 V，有：

$$R = \frac{D_1}{P_0} + g$$

股票内部收益率 = 预期股利收益率 + 股利增长率 = 预期股利 ÷ 购买价格 + 股利增长率

【例 4-47】（单选题）甲公司发行股票，在二级市场上目前价格为 20 元/股，甲公司宣布下季度发放今年的股利每股 1 元，且预计以后年度按照 5% 的增速发放股利。则甲公司股票的内部收益率为（　　）。

A. 5%   B. 8%
C. 10.25%   D. 11.25%

【答案】C

【解析】$R = D_1 \div P_0 + g = 1 \times (1+5\%) \div 20 + 5\% = 10.25\%$。

2. 投资者不打算长期持有。股票投资的收益由股利收益和资本利得（转让价差收益）构成。股票内部收益率是使得股票净现值为 0 的收益率，即下式中的收益率 R。

$$NPV = \sum_{t=1}^{n} \frac{D_t}{(1+R)^t} + \frac{P_n}{(1+R)^n} - P_0 = 0$$

式中，P_n 表示股票预计出售价格；P_0 表示股票购买价格。

【例 4-48】（单选题）投资者在今年年初购买甲公司的股票 10 000 股，每股股价为 18 元，甲公司从今年开始，每年年底发放现金股利 0.5 元/股。4 年后，投资者将股票以每股 22 元卖出，已知（P/A，10%，3）= 2.4869；（P/F，10%，3）= 0.7513；（P/A，9%，3）= 2.5313；（P/F，9%，3）= 0.7722。则该股票的内部收益率为（　　）。

A. 10%   B. 9.52%
C. 11.25%   D. 8.87%

【答案】B

【解析】$NPV = 0.5 \times$（P/A，i，3）+ $22 \times$（P/F，i，3）- 18 = 0，使用插值法计算：当收益率为 10% 时，$NPV = 0.5 \times 2.4869 + 22 \times 0.7513 - 18 = -0.23$，当收益率为 9% 时，$NPV = 0.5 \times 2.5313 + 22 \times 0.7722 - 18 = 0.25$，则 r = 9.52%。

【小结】如表 4-18 所示。

表 4-18

	债券投资	股票投资
估值基本模型	$V_b = \sum_{t=1}^{n} \frac{I}{(1+k)^t} + \frac{M}{(1+k)^t}$ 债券价值 = 票面利息现值的总和 + 债券面值的复利现值	$V = \frac{D_1}{(1+K)^1} + \frac{D_2}{(1+K)^2} + \cdots + \frac{D_n}{(1+K)^n} + \cdots = \sum_{t=1}^{\infty} \frac{D_t}{(1+K)^t}$ 理论上,股票价值为未来各期股利现值之和; 优先股股票价值 $V = \frac{D}{K}$ = 每期股利 / 贴现率
影响价值的基本因素	(1) 债券面值; (2) 票面利率; (3) 债券期限; (4) 债券的市场利率。	(1) 持有期限; (2) 股利; (3) 贴现率。
投资收益的来源	(1) 名义利息收益; (2) 利息再投资收益; (3) 价差收益。	(1) 各期股利; (2) 价差收益; (3) 股份公司的清算收益等。
常见的估值模式	$V_b = \sum_{t=1}^{n} \frac{I}{(1+k)^t} + \frac{M}{(1+k)^t}$	(1) 固定模式增长模型:$V = \frac{D_1}{K-g} = \frac{D_0 \times (1+g)}{K-g}$ (2) 零增长模型:$V = \frac{D}{K}$ (3) 阶段型增长模型: $V = \sum_{t=1}^{n} \frac{D_t}{(1+K)^t} + \frac{D_{n+1}}{K-g} \times \frac{1}{(1+K)^n}$
内部收益率的计算公式	$R = \frac{I + (B-P)/N}{(B+P)/2} \times 100\%$ $= \frac{债券利息 + (债券面值 - 购买价格)/债券期限}{(债券面值 + 购买价格)/2}$	(1) 在固定增长股票估值模型中,$R = \frac{D_1}{P_0} + g$; (2) 如果投资者打算出售股票, $NPV = \sum_{t=1}^{n} \frac{D_t}{(1+R)^t} + \frac{P_n}{(1+R)^n} - P_0 = 0$。

精选练习题

一、单项选择题

1. 以下行为属于投资的是( )。
A. 地产公司购买一块土地用于建造办公楼
B. 地产公司购买一块绿地用于优化办公环境
C. 王先生购买地产公司的股票
D. 王先生把遗产留给自己的儿子

2. 下列关于经营现金流量的说法中错误的是( )。
A. 折旧与摊销作为成本项目直接减少营业利润,具有抵税效应,因此少缴纳的税金是公司少付的一部分现金,可将其视为一项税后现金流入
B. 营业现金收入,指项目投产后销售产品或提供劳务而使公司每年增加的现金销售收入,是经营期最主要的现金流入项目
C. 经营现金成本,是指所有以现金支出的各种成本和费用,如材料费用、人工费用、设备修理费用等,是经营期间最主要的现金流出项目
D. 所得税是经营期的一项重要现金流出,其他各项税款如消费税、印花税等也需要估算,但是不包含在经营成本中

3. 某企业投资新生产线,购置设备价款于 2×23 年、2×24 年、2×25 年三年年初分别支付 200 万元,设备准备投产时追加流动资产 300 万元,追加流动负债 150 万元。若不考虑货币的时间价值,则企业投资新生产线的原始投资额为( )万元。
A. 1 100   B. 600
C. 750   D. 950

4. 某公司拟新建一车间用以生产甲产品,据预测甲产品投产后每年可创造 300 万元的现金净流量,但公司原来生产的产品会因此受到影响,使其年收入由原来的 100 万元降低到 80 万元。假设所得税税率为 25%,则与新建车间

生产甲产品项目相关的现金净流量为（ ）万元。

　　A. 285　　　　　B. 300
　　C. 305　　　　　D. 400

5. 甲公司2×24年年末处置现有的闲置设备一台（当年度折旧已提），收到现金32 000元，支出处置费用200元。该设备于2×12年末以100 000元购入，使用年限为10年（与税法规定相同），并按年限平均法计提折旧，预计净残值率为10%。公司适用的企业所得税税率为25%，则甲公司处置该项设备对2×25年现金流量的影响是（ ）。

　　A. 减少29 025元　B. 减少30 850元
　　C. 增加29 025元　D. 增加30 850元

6. 项目投资终结期现金流量不包括（ ）。

　　A. 营运资金垫支
　　B. 营运资金回收
　　C. 固定资产的残值变价
　　D. 土地的变价收入

7. 甲公司某固定资产投资的项目终结期相关信息如下：固定资产原值100万元，按照税法规定计提了累计折旧50万元，获得变现收入70万元，支出清理费用10万元，回收垫支营运资金20万元，适用的所得税税率为25%。则甲公司项目终结期的现金流量为（ ）万元。

　　A. 60　　　　　　B. 7.5
　　C. 80　　　　　　D. 27.5

8. 甲公司是一家房地产企业，正在评估一个新楼盘项目的预计经营现金流量，下列说法中正确的是（ ）。

　　A. 新楼盘将占用以前作为对外停车场的一块地皮，由于停车场项目与新楼盘项目无关，则以前停车场的年现金流入属于无关成本

　　B. 甲公司在新楼盘附近有一些没有出租出售完的商铺，由于新楼盘的启动，吸引了附近的商家投资，新增了一些商铺的出租或出售，这些属于新楼盘项目的关联现金流量，不能忽视

　　C. 项目进行过程中涉及的折旧与摊销等，由于不涉及现金，不应纳入预计经营现金流量的考虑范围

　　D. 由于新楼盘项目在建设初期，发生了一些借款本金和利息的支出，这些支出导致了整个项目总体的经营现金流量的增加，因此也算作项目的增量现金流量

9. 企业拟定投资策略时，采用一定方法对投资项目的现金流量进行估算，关于估算时需要注意的事项，下列说法中不正确的是（ ）。

　　A. 为了尽量收回各项成本，机会成本、沉没成本都应计入项目现金流量

　　B. 在财务评价中，只有增量现金流才是与项目相关的现金流

　　C. 在对现金流量进行估算时，一些非付现成本对项目现金流量也有影响

　　D. 在对现金流量进行估算时，需要考虑所得税的影响

10. 甲公司在某厂房项目中，建设性投资总额为2 400万元，经营期年平均利润为每年1 517万元。其中，土地使用权投资500万元；经营期内假设甲公司要求的必要报酬率为50%，则公司投资该厂房的会计报酬率是（ ）。

　　A. 15%　　　　　B. 63.21%
　　C. 75.89%　　　 D. 68.65%

11. 甲公司新厂房的总投资为2 400万元，建设期为2年，经营期内每年经营现金净流量为1 517万元，则甲公司包含建设期的静态投资回收期为（ ）年。

　　A. 1.58　　　　　B. 2
　　C. 3.58　　　　　D. 4

12. 下列关于静态回收期的计算中，正确的是（ ）。

　　A. 静态回收期 = 原始投资额现值/每年现金净流量

　　B. 静态回收期 = 原始投资额/每年现金净流量

　　C. 静态回收期 = M + 第 M 年的尚未回收额/第（M+1）年的现金净流量的现值

　　D. 静态回收期 = M + 第 M 年的尚未回收额的现值/第（M+1）年的现金净流量的现值

13. 甲公司新投资项目 M 的年现金流量如下表（单位：万元）所示，项目要求的必要报酬率为10%，则该项目的净现值为（ ）万元。

A. 1 478.84　　　　　B. 1 552.33
C. 1 408.69　　　　　D. 1 504.76

14. 某投资项目的项目期限为 5 年，投资期为 1 年，投产后每年的现金净流量均为 1 000 万元，原始投资额现值为 2 000 万元，资本成本率为 10%，已知（P/A，10%，4）= 3.1699，（P/A，10%，5）= 3.7908，则该项目的净现值为（　　）万元。

A. 2 000　　　　　　B. 4 000
C. 881.3　　　　　　D. 1 169.9

15. 甲公司新投资项目 M 的年现金流量如下表（单位：万元）所示，项目要求的必要报酬率为 10%，则该项目的现值指数为（　　）。

时间	0	1	2	3—12	12
建设期现金净流量	−1 500	−800	−2 400		
经营期现金净流量				1 000	
终结期现金净流量					2 000

A. 1.65　　　　　　　B. 1.36
C. 2.52　　　　　　　D. 1.54

16. 下列选项中，需要考虑货币时间价值的是（　　）。

A. 项目经营期现金流量
B. 项目的会计报酬率
C. 项目的静态投资回收期
D. 项目的内含报酬率

17. 甲公司投资一个没有建设期的新项目，初始投资为 12 000 万元，项目寿命为 5 年，每年可获得现金净流量 3 000 万元，则该项目内含报酬率为（　　）。

A. 7.93%　　　　　　B. 7%
C. 8%　　　　　　　D. 7.54%

18. 在采用内含报酬率法进行项目投资决策时，下列各项中，不能作为确定基准收益率依据的是（　　）。

A. 行业平均收益率
B. 加权平均资本成本
C. 企业的机会成本
D. 投资者要求的最高收益率

19. 甲公司拟投资一条生产线，该项目投资期限 5 年，资本成本 12%，净现值 200 万元。下列关于该项目说法中，正确的是（　　）。

A. 现值指数小于 1
B. 会计报酬率大于 12%
C. 动态回收期大于 5 年
D. 内含报酬率大于 12%

20. 如果某投资项目在建设起点一次性投入资金，随后每年都有正的现金净流量，在采用内含报酬率对该项目进行财务可行性评价时，下列说法中正确的是（　　）。

A. 如果内含报酬率大于折现率，则项目净现值大于 1
B. 如果内含报酬率大于折现率，则项目现值指数大于 1
C. 如果内含报酬率小于折现率，则项目现值指数小于 0
D. 如果内含报酬率等于折现率，则项目动态回收期小于项目寿命期

21. 某企业拟进行一项固定资产投资项目决策，资本成本为 12%，有四个方案可供选择。其中甲方案的项目寿命期为 10 年，净现值为 1 000 万元；乙方案的现值指数为 0.65；丙方案的项目寿命期为 15 年，年金净流量为 140 万元；丁方案的内部收益率为 10%。最优的投资方案是（　　）。

已知（P/A，10%，10）= 6.1446，（P/A，12%，10）= 5.6502，（P/A，12%，15）= 6.8109。

A. 甲方案　　　　　　B. 乙方案
C. 丙方案　　　　　　D. 丁方案

22. 甲公司新投资项目 A 及其替代方案 B

的净现值分别为 3 000 万元和 4 000 万元，项目 A 的期限为 5 年，方案 B 的期限为 8 年，必要报酬率都是 10%，则下列说法中最准确的是（　　）。

A. 甲公司应当选择净现值更大的投资方案 B

B. 甲公司应选择期限更短的投资项目 A

C. 甲公司应选择等额年金更大的投资项目 A

D. 甲公司应当选择充分利用资金的方案 B

23. 下列各项中，属于系统性风险的是（　　）。

A. 变现风险　　　　B. 利率风险

C. 破产风险　　　　D. 违约风险

24. 下列关于企业证券投资目的的说法，错误的是（　　）。

A. 分散资金投向，降低投资风险

B. 提高资产的流动性，增强偿债能力

C. 利用闲置资金，增加企业收益

D. 避免资产的系统性风险，提高资本的回报率

25. 某债券面值为 2 000 元，期限 15 年，每年支付一次利息，到期归还本金，以市场利率作为评估债券价值的贴现率。假定市场利率为 10%，则当票面利率为（　　）时，债券价值小于债券面值。

A. 8%　　　　　　　B. 0

C. 12%　　　　　　D. 只要大于 0

26. 假定投资者当前以 2 304.26 元的价格购买了一份面值为 2 000 元、每年支付一次利息、到期归还本金、票面利率为 12% 的 15 年期债券，投资者将该债券持有至到期日。则该债券的内部收益率为（　　）。

A. 8%　　　　　　　B. 10%

C. 12%　　　　　　D. 15%

27. 某投资者以 3 000 元购买了一份面值为 2 000 元、每年支付一次利息、到期归还本金的债券。该债券票面利率为 40%，到期年限为 10 年，投资者预计会将其持有至到期。则该债券的收益率在市场至少要（　　），投资者才能赚钱。

A. 高于 32%　　　　B. 高于 36%

C. 高于 40%　　　　D. 高于 28%

28. 某企业发行五年期的债券面值为 1 000 元，票面利率为 8%，每年付息一次，目前市场利率为 6%，该证券的内在价值为 1 084 元，下列关于该证券的说法不正确的是（　　）。

A. 该债券每年支付利息 60 元

B. 如果目前市场利率小于 6%，则债券内在价值高于 1 084 元

C. 因为该债券票面利率高于市场利率，所以该债券内在价值高于债券面值

D. 如果目前债券发行价格为 1 200 元，可能会发行失败

29. 假定某投资者准备购买 A 公司的股票，且准备长期持有，要求达到 14% 的最低收益率。A 公司今年每股股利为 0.8 元，预计未来会以 8% 的速度增长，则 A 公司股票的价值为（　　）元/股。

A. 21.6　　　　　　B. 14.4

C. 9.2　　　　　　　D. 42.2

30. 投资者准备购买甲公司的股票，且准备长期持有，要求达到 10% 的最低收益率。A 公司今年每股股利为 2 元，股票股利预计未来不会变化，则 A 公司股票的价值为（　　）元/股。

A. 53　　　　　　　B. 20

C. 23　　　　　　　D. 50

31. 假定某个投资者 2×21 年购买 A 公司的股票 1 000 股，每股股价 3.5 元。该公司 2×22 年、2×23 年、2×24 年分别派分现金股利 0.5 元/股、0.6 元/股、0.8 元/股。该投资者于 2×24 年以每股 4 元的价格售出该股票，则该股票内部收益率为（　　）。

A. 21.44%　　　　　B. 20.47%

C. 23%　　　　　　D. 22.82%

32. 某投资者准备购入 A 股票，目前的市场利率为 10%，A 公司今年每股发放股利 0.8 元，预计未来 3 年会以 20% 的速度高速增长，而后以 6% 的速度进入正常增长阶段，已知（P/F，10%，1）= 0.9091，（P/F，10%，2）= 0.8264，（P/F，10%，3）= 0.7513，则 A 公司的股票价值为（　　）元/股。

A. 32.38　　　　　　B. 34.4

C. 30.38　　　　　　D. 36.83

二、多项选择题

1. 王先生购买了多只股票，其中购买地产公司的股票属于（　　）。

A. 直接投资　　B. 项目投资
C. 独立投资　　D. 互斥投资
E. 证券投资

2. 下列关于投资分类的特点及具体描述中，正确的有（　　）。

A. 将生产经营用于形成自身经营能力的实体性资产，获取收益的行为称为直接投资，如搭建营销网络

B. 对于独立项目的投资，其选择会受资金限量的影响

C. 按投资项目之间关系进行分类，项目要不是独立投资，要不是互斥投资

D. 按投资活动与企业自身的生产经营活动的关系，投资分为项目投资、证券投资

E. 对于用资金购买经营性资产并形成生产能力的行为，称为项目投资；不形成生产能力的行业，称为直接投资

3. 下列可用于计算经营期现金净流量的算式中，正确的有（　　）。

A. 税后净利润＋非付现成本

B. 营业收入－付现成本－所得税

C. （营业收入－付现成本）×（1－所得税税率）

D. 营业收入×（1－所得税税率）＋非付现成本×所得税税率

E. （营业收入－付现成本）×（1－所得税税率）＋非付现成本×所得税税率

4. 下列成本中，企业做投资决策时需要考虑的是（　　）。

A. 机会成本　　B. 非付现成本
C. 沉没成本　　D. 垫支的营运资金
E. 全部现金流

5. 甲公司打算把原有的一个农家乐庄园改造成一个工厂园区用于生产新产品，在估算工厂园区和新产品的现金流量时，下列说法正确的是（　　）。

A. 因改造园区而损失的农家乐庄园的预期收益，应当计入新投资项目的成本中

B. 因改造园区而发生的各项税费、建造成本，应当计入新投资项目的成本中

C. 若新产品项目终结时，甲公司打算卖掉这块土地，则土地变价收入应计入终结期现金流量

D. 若新产品投产时，预计垫支的营运资金能够收回，则不将营运资金计入项目现金流量

E. 在计算项目的经营现金净流量时，会用到土地的摊销费用

6. 下列关于现值指数的表述中，正确的有（　　）。

A. 现值指数法会考虑资金的时间价值

B. 现值指数无须事先设定折现率就可以计算

C. 现值指数可以从动态角度反映项目投资的资金投入与总产出的关系

D. 现值指数法无须事先设定折现率就可以排定项目的优劣次序

E. 现值指数法反映长期投资项目的投资效率

7. 甲公司是生产制造企业，现计划更新一台设备。旧设备预计可以使用 5 年，现金净流出量现值为 1 000 万元；新设备预计可以使用 8 年，现金净流出量现值为 1 600 万元。假设投资者要求的必要报酬率为 10%，则下列说法正确的是（　　）。

A. 旧设备的年金成本为 200 万元

B. 旧设备的年金成本为 263.8 万元

C. 新设备的年金成本为 200 万元

D. 新设备的年金成本为 299.91 万元

E. 由于旧设备年金成本更低，因此不应该更新设备

8. 下列说法中，正确的是（　　）。

A. 会计报酬率法不涉及货币的时间价值，会高估项目的真实报酬率

B. 静态投资回收期法可以反映项目的盈利能力

C. 动态投资回收期法可以弥补静态投资回收期法的所有缺陷

D. 净现值法能够反映项目财富绝对值的增加

E. 净现值法估算中，折现率的确定比较困难

9. 下列关于投资项目评价方法的表述中，正确的有（　　）。

A. 现值指数法克服了净现值法不能直接比较原始投资额现值不同的项目的局限性，它在数值上等于投资项目的净现值除以原始投资额

B. 动态回收期法克服了静态回收期法不考虑货币时间价值的缺点，但是仍然不能衡量项目的盈利性

C. 内含报酬率是项目本身的投资报酬率，不随投资项目预期现金流的变化而变化

D. 内含报酬率法不能直接评价两个投资规模不同但寿命期相同的互斥项目的优劣

E. 对于互斥项目，选择净现值最大者

10. 下列各项关于互斥投资方案的表述中，正确的有（　　）。

A. 两项目原始投资额不同但期限相同，采用净现值较高的项目

B. 两项目原始投资额不同但期限相同，采用年金净流量较高的项目

C. 两项目原始投资额相同但期限不同，采用年金净流量较高的项目

D. 两项目原始投资额相同但期限不同，采用净现值较高的项目

E. 两项目原始投资额相同但期限不同，采用现值指数较高的项目

11. 下列属于证券投资非系统性风险的有（　　）。

A. 价格风险　　　B. 再投资风险

C. 违约风险　　　D. 变现风险

E. 破产风险

12. 下列说法中，正确的有（　　）。

A. 当物价持续上涨时，会提升证券投资的系统性风险

B. 系统性风险最终都与市场利率有关

C. 某公司因为无法承受高利率而无法按时兑付债券利息，这属于这项证券的价格风险

D. 投资者在做出投资决策时，应当充分考虑系统性风险

E. 投资者在做出投资决策时，应当充分考虑非系统性风险

13. 下列各项与债券相关的因素中，影响债券内在价值的有（　　）。

A. 市场价格　　　B. 市场利率

C. 债券期限　　　D. 票面利率

E. 债券面值

14. 债券内含报酬率的计算公式涉及（　　）。

A. 债券面值　　　B. 市场利率

C. 票面利率　　　D. 债券期限

E. 出售价格

15. 一般来说，股票投资的未来收益包括（　　）。

A. 股利

B. 转让股票获得的价差收益

C. 利息

D. 股份公司的清算收益

E. 股票做空收益

16. 与股票内在价值呈反方向变化的因素有（　　）。

A. 股利年增长率　B. 年股利

C. 必要报酬率　　D. β 系数

E. 发行数量

三、综合题

（一）现金流量计算的综合练习

甲公司生产的某产品在市场上供不应求，现有的生产线已经不足以满足生产需要，公司准备购置一条生产线，相关资料如下：

资料一：甲公司生产线的购置有两个方案可供选择。

A 方案：生产线的购买价格为 3 300 万元，采购和运输成本为 200 万元，购入后无须安装。预计使用 5 年，采用直线法计提折旧，预计净残值率为 10%，生产线投产时需要投入营运资金，预计完成资金投入后，该生产线的相关流动资产为 700 万元，经营性负债为 200 万元，预计垫支的资金在生产线运营期满时能够全部收回。生产线投入使用后，预计每年新增销售收入 6 000 万元，每年新增付现成本 4 500 万元。项目期满时预计取得税法规定的残值。

B 方案：生产线的购买成本为 5 000 万元，预计使用 8 年，当设定折现率为 12% 时，净现值为 3 600 万元。

资料二：甲公司适用的企业所得税税率为 25%，不考虑其他相关税金，公司要求的最低投资报酬率为 12%，部分时间价值系数如下表所示：

年度	1	2	3	4	5	6	7	8
(P/F, 12%, n)	0.8929	0.7972	0.7118	0.6355	0.5674	0.5066	0.4523	0.4039
(P/A, 12%, n)	0.8929	1.6901	2.4018	3.0373	3.6048	4.1114	4.5638	4.9676

根据上述资料,则:

1. A 方案的投资期现金净流量为(　　)万元。
   A. -3 300　　　　B. -3 500
   C. -4 000　　　　D. -4 400

2. A 方案经营期第 1—4 年的营业现金净流量为(　　)万元。
   A. 1 500　　　　B. 1 282.5
   C. 1 755　　　　D. 1 455.5

3. A 方案经营期第 5 年的营业现金净流量为(　　)万元。
   A. 1 282.5　　　B. 1 782.5
   C. 2 132.5　　　D. 1 232.5

4. A 方案的净现值为(　　)万元。
   A. 1 105.32　　　B. 1 235.35
   C. 2 132.5　　　D. 1 721.5

5. 下列说法中正确的是(　　)。
   A. A 方案的年金净流量为 221.06 万元

   B. B 方案的净现值大于 A 方案
   C. 甲公司应选择 A 方案
   D. 甲公司应选择 B 方案

(二)固定资产更新决策的综合练习一

乙公司本年末准备新增一台大型设备,项目相关资料如下。

资料一:设备成本为 1 000 万元,预计下一年年初一次性投入后立即投入生产,税法规定该设备的使用寿命为 5 年,残值率 10%;投产时需垫支营运资金 300 万元;设备投产后,预计每年带来营业收入 1 200 万元,变动成本 600 万元,税金等其他成本 100 万元;乙公司计划新设备经营 4 年后进行处理,预计处理时净残值为 200 万元。

资料二:乙公司适用的所得税税率 25%,项目投资必要报酬率 10%。相关时间价值系数如下表所示:

年度	1	2	3	4	5
(P/F, 10%, n)	0.9091	0.8264	0.7513	0.6830	0.6209
(P/A, 10%, n)	0.9091	1.7355	2.4869	3.1699	3.7908

根据上述资料,不考虑其他因素,回答下列问题。

6. 乙公司新设备经营期每年的非付现成本为(　　)万元。
   A. 200　　　　B. 180
   C. 300　　　　D. 280

7. 乙公司经营期第 1—3 年每年的现金净流量 NCF_{1-3} 为(　　)万元。
   A. 600　　　　B. 500
   C. 420　　　　D. 555

8. 第 4 年乙公司的新设备残值变现应当(　　)。
   A. 抵税 20 万元　　B. 缴税 20 万元
   C. 抵税 80 万元　　D. 缴税 80 万元

9. 新设备项目的静态回收期为(　　)年。
   A. 3　　　　B. 4
   C. 3.06　　　D. 3.04

10. 下列说法中正确的是(　　)。
    A. 如果考虑货币的时间价值,则该项目的动态回收期小于 3 年
    B. 该项目的净现值为 386.52 万元
    C. 该项目属于独立投资项目,可以用净现值或现值指数等财务指标进行决策
    D. 由于该项目净现值大于零,因此项目可行

(三)固定资产更新决策的综合练习二

甲公司拟更新旧设备,新设备购置后无须安装可立即投入使用。该企业的所得税税率为 25%,资本成本为 10%。相关材料如下表所示:

单位:万元

项目	旧设备	新设备
原价	4 500	5 600
税法残值	500	600
税法使用年限	10 年	8 年
已使用年限	2 年	0 年
尚可使用年限	8 年	8 年
垫支运营资金	500	800
每年折旧费	400	625
每年付现成本	600	200
目前变现价值	2 000	4 000
最终报废残值	150	700

已知（P/A，10%，8）=5.3349，（P/F，10%，8）=0.4665。

根据上述材料，不考虑其他事项，回答下列问题。

11. 旧设备的税后净残值收入为（ ）万元。
A. 237.5 B. 150
C. 262.5 D. 112.5

12. 下列关于旧设备的说法中，正确的有（ ）。
A. 旧设备的税后变价收入现值为2 000万元
B. 旧设备垫支营运资金的现值为500万元
C. 旧设备年折旧抵税额年金现值之和为533.49万元
D. 营运资本回收额现值为233.25万

13. 旧设备的净现金流出量现值为（ ）万元。
A. 4 841.64 B. 5 678.57
C. 4 448.18 D. 4 023.18

14. 新设备的现金流出量为（ ）万元。

A. 4 841.64 B. 5 678.57
C. 4 448.18 D. 4 023.18

15. 甲公司的决策是（ ）。
A. 更新设备 B. 不更新设备
C. 更不更新都行 D. 无法决策

（四）投资综合练习

甲公司本年度的部分证券投资相关资料如下。

资料一：本年年初，甲公司以每份960元的发行价购入乙公司同日发行的5年期债券，该债券面值为每份1 000元，票面年利率为9%，每年10月1日付息一次。

资料二：本年年初，甲公司以每股25元的价格购入丙公司发行的股票，丙公司宣布每年年末发放每股1元的本年股利。甲公司投资部门预计该股票的股利未来三年将以9%的速度增长，第4年及以后以6%的速度开始稳定增长，假设丙公司此后每年发放现金股利都在当年的12月底。

资料三：近年的投资市场较为稳定，市场利率为10%，部分时间价值系数如下表所示：

年限	1	2	3	4	5
(P/F,8%,n)	0.9259	0.8573	0.7938	0.7350	0.6806
(P/A,8%,n)	0.9259	1.7833	2.5771	3.3121	3.9927
(P/F,9%,n)	0.9174	0.8417	0.7722	0.7084	0.6499
(P/A,9%,n)	0.9174	1.7591	2.5313	3.2397	3.8897
(P/F,10%,n)	0.9091	0.8264	0.7513	0.6830	0.6209
(P/A,10%,n)	0.9091	1.7355	2.4869	3.1699	3.7908

根据上述资料，不考虑其他因素，回答下列问题。

16. 甲公司购买乙公司债券的内部收益率为（ ）。
A. 8% B. 9%
C. 10% D. 11%

17. 乙公司债券的内在价值为每份（ ）元。
A. 900 B. 962.07
C. 999.07 D. 1 000

18. 丙公司股票价值为（ ）元/股。
A. 25.6 B. 27.8
C. 28.73 D. 26.52

19. 第四年年初，甲公司将丙公司股票以每股28元全部出售，则该股票的内部收益率为（ ）。
A. 8.43% B. 9.43%
C. 8.02% D. 9.02%

20. 下列说法中正确的是（ ）。
A. 债券投资的内部收益率与债券买价有关
B. 债券投资的内部收益率与债券卖价有关
C. 股票的内部收益率与股票的卖价无关
D. 股票的内部收益率高于投资者要求的最低报酬率时，股票的价格低于股票价值

精选练习题参考答案及解析

一、单项选择题

1.【答案】C

【解析】判断一项行为是不是投资，主要看

这项行为的目的。选项 A 和 B，经济主体同为地产公司，但选项 A 购买土地是为了建造办公楼，选项 B 的目的是优化办公环境，都不能为地产公司带来直接收益，因此不能算作投资。选项 C 和 D，经济主体都是王先生个人，选项 C 购买公司股票是一项典型的投资行为，是把货币作为资本投放到所买股票上，以期能获取股息或出售差价的收益，而选项 D 的目的并非获取收益，不是投资行为。

2. 【答案】D

【解析】与经营成本一样，所得税也是经营期的一项重要现金流出。其他各项税款，如消费税、印花税等也需要估算，但是应包含在经营成本中。

3. 【答案】C

【解析】原始投资额=购置固定资产+垫支营运资金=200×3+(300-150)=750（万元）。

4. 【答案】A

【解析】这里考察的是项目投资相关流量中要考虑的一些其他因素，在本题中，新项目的运行会导致原项目现金流量的减少，对于整个公司来说是一项损失，这项损失是因为新项目造成的，就应将其计入新项目的相关现金流量：相关现金净流量=300-(100-80)×(1-25%)=285（万元）。

5. 【答案】D

【解析】折旧=100 000×(1-10%)/10=9 000（元），账面价值=原值-已提折旧=100 000-9 000×8=28 000（元），变现收益=(32 000-200)-28 000=3 800（元），由于变现产生了收益，需要缴纳税费，因此甲公司处置该项设备对 2×25 年现金流量的影响=变现价值-变现收益纳税=(32 000-200)-3 800×25%=30 850（元）。

6. 【答案】A

【解析】项目投资终结期的现金流量包括固定资产的残值变价收入、原有垫支的资金收回、土地变价收入等。

7. 【答案】D

【解析】该固定资产的账面价值=100-50=50（万元），获得了变现净收入=70-10=60（万元）；也就是说该项固定资产的实际最终受益超过了按税法计算的残值，产生了净收益，需要纳税。甲公司终结期现金流量=(60-50)×(1-25%)+20=27.5（万元）。

8. 【答案】B

【解析】选项 A，新楼盘占用的停车场的收入，属于一项机会成本，因为新楼盘的启用意味着停车场的收入必然要被放弃，对于甲公司来说是一项损失，所以应当计入项目的预计经营现金流量中。选项 B，新楼盘的启动不仅仅会带来楼盘本身的收入，还会使公司原有的产品或服务销量产生增加，这些当然是新楼盘项目的关联现金流量，需要被纳入考虑。选项 C，折旧与摊销等属于非付现成本，虽然没有引起现金的流出，却对税收有影响，因此也要考虑。选项 D，利息费用和其他融资成本在投资使用时，已经作为建设期现金流量考虑了，在估计现金流量时再考虑会造成重复计算。

9. 【答案】A

【解析】沉没成本是无法追回的成本，与决策无关。

10. 【答案】B

【解析】会计报酬率=1 517÷2 400×100%=63.21%。

11. 【答案】C

【解析】由于该企业新厂房的每年经营现金净流量（NCF）相等，NCF=1 517（万元），则有：不包含建设期的投资回收期=2 400÷1 517=1.58（年），包含建设期的投资回收期=2+1.58=3.58（年）。

12. 【答案】B

【解析】本题主要考核"静态投资回收期"，静态投资回收期=原始投资额/每年现金净流量，或者静态投资回收期=M+第 M 年的尚未回收额/第（M+1）年的现金净流量，分别是指每年现金净流量相等及不相等的情况。

13. 【答案】D

【解析】计算项目的净现值，首先要将经营期现金净流量都折算到投资时点来，由表可知，M 项目的建设期是 2 年，经营期是 10 年，则要把第 3 年至第 12 年的经营现金净流量折算到第 0 年，即投资时点，则该经营期现金净流量是递延年金，年金期为 10 年，递延期为 2 年。

净现值（NPV）=未来现金流量总现值-项目投资额的现值=经营期第 3 年至第 12 年的递延年金现值+终结期净流量的现值-第 0 年投资时点的净流量（这里本身就是投资时点，不用折现）- 第 1 年和第 2 年的净流量现值 = $1\,000 \times [(P/A,10\%,12) - (P/A,10\%,2)] + 2\,000 \times (P/F,10\%,12) - [1\,500 + 800 \times (P/F,10\%,1) + 2\,400 \times (P/F,10\%,2)] = 1\,000 \times (6.8137 - 1.7355) + 2\,000 \times 0.3186 - (1\,500 + 800 \times 0.9091 + 2\,400 \times 0.8264) = 1\,504.76$（万元）。

14.【答案】C

【解析】净现值 = 未来现金流量总现值 - 项目投资额的现值，由于该项目的期限为 5 年，其中有 1 年是投资期（也称建设期），则能够带来收益的经营期（也称营业期）是 4 年，则未来现金流量总现值 = $1\,000 \times (P/A,10\%,4) \div (1+10\%)$，其中 $3\,000 \times (P/A,10\%,4)$，是 4 年经营期的现金流入折算到第 1 年建设期期末的现值，再除以 $(1+10\%)$，是为了将这个值再折算到第 0 年的投资时点。因此，净现值 $NPV = 3\,000 \times (P/A,10\%,4)/(1+10\%) - 2\,000 = 1\,000 \times 3.1699/1.1 - 2\,000 = 881.3$（万元）。

15.【答案】B

【解析】现值指数 = 未来现金流量总现值 ÷ 项目投资额的现值 = $\{1\,000 \times [(P/A,10\%,12) - (P/A,10\%,2)] + 2\,000 \times (P/F,10\%,12)\} \div [1\,500 + 800 \times (P/F,10\%,1) + 2\,400 \times (P/F,10\%,2)] = [1\,000 \times (6.8137 - 1.7355) + 2\,000 \times 0.3186] \div (1\,500 + 800 \times 0.9091 + 2\,400 \times 0.8264) = 5\,715.4 \div 4\,210.64 = 1.36$。

16.【答案】D

【解析】内含报酬率是使投资项目的净现值等于 0 时的折现率，计算净现值时需要考虑货币的时间价值，将现金流量折现。

17.【答案】A

【解析】内含报酬率是使投资项目的净现值等于 0 时的折现率，本题中，项目建设期为 0，则项目的净现值直接等于每年的现金净流量之和减去原始投资 12 000 万元。可以观察选项，选项里的报酬率都为 7%—8%，则：

折现率	年金现值系数	现金净流量之和	净现值
7%	(P/A,7%,5) = 4.100	3 000 × 4.100 = 12 300	300
8%	(P/A,8%,5) = 3.993	3 000 × 3.993 = 11 979	-21

$(IRR - 7\%) \div (8\% - 7\%) = (0 - 300) \div (-21 - 300)$，解得 $IRR = 7.93\%$。

18.【答案】D

【解析】公司确定基准收益率的依据与折现率相同，可以是投资者要求的必要收益率、机会成本、加权平均成本或行业平均收益率。

19.【答案】D

【解析】选项 A，净现值 = 未来现金流量总现值 - 项目投资额的现值 > 0，即未来现金流量总现值 > 项目投资额的现值，现值指数 = 投资项目未来现金流量的总现值 ÷ 项目投资额的现值，分子 > 分母，现值指数 > 1。选项 B，会计报酬率 = 年平均净利润 ÷ 投资总额，根据题目信息无法推算。选项 C，项目投资期限 5 年，净现值 > 0，项目具有正现金流流入，即项目的资金回收期肯定小于 5 年，因此动态回收期 < 5 年。选项 D，根据资本成本率 12% 折现，得到净现值 > 0，因此未来现金流量总现值 > 项目投资额的现值，若使未来现金流量总现值 = 项目投资额现值（即按内含报酬率进行折现），则主要提高折现率，因此内含报酬率一定大于 12%。

20.【答案】B

【解析】内含报酬率是使净现值等于 0 时的折现率，内含报酬率大于项目折现率时，项目净现值大于 0，即未来现金净流量现值 > 原始投资额现值，现值指数 = 未来现金净流量现值/原始投资额现值 > 1。内含报酬率等于项目折现率时，项目动态回收期等于项目寿命期。

21.【答案】A

【解析】由于乙方案的现值指数小于 1，丁方案的内部收益率为 10%，小于设定贴现率 12%，所以乙方案和丁方案均不可行；甲方案和丙方案的项目寿命期不等，应选择年金净流量最大的方案为最优方案。甲方案的年金净流量 = $1\,000/(P/A,12\%,10) = 176.98$（万元），高于丙方案，所以甲方案较优。

22.【答案】C

【解析】对于期限不同的互斥项目，不应盲目选择净现值去评价，而单纯看期限或投入资金都是不科学的方法，要计算不同项目的等额年金再行比较。

新投资项目 A 的等额年金 = $3\,000 \div (P/A,$

10%，5）=3 000÷3.7908=791.39（万元）

替代方案 B 的等额年金 = 4 000÷（P/A，10%，8）= 4 000÷5.3349 = 749.78（万元）

比较二者的等额年金净现值可见，新投资项目 A 更优。

23.【答案】B

【解析】系统性风险波及所有证券资产，最终会反映在资本市场平均利率的提高上，所有的系统性风险几乎都可以归结为利率风险。

24.【答案】D

【解析】证券投资的目的有：（1）分散资金投向，降低投资风险；（2）利用闲置资金，增加企业收益；（3）稳定客户关系，保障生产经营；（4）提高资产的流动性，增强偿债能力。资产的系统性风险是面向整个市场的，单一企业无法避免任何系统性风险。

25.【答案】A

【解析】当票面利率小于市场利率时，债券价值低于债券面值。

26.【答案】B

【解析】代入债券投资内部收益率的公式：

R = [2 000×12% + （2 000 - 2 304.26）/15] ÷ [（2 000 + 2 304.26）/2] ×100% = 10.2%

把购买价格 2 304.26 元代入债券估值基本模型中，也可以求出内部收益率。2 304.26 = 2 000 × 12% × （P/A，R，15） + 2 000 × （P/F，R，15），R = 10%。

27.【答案】D

【解析】投资者的市场收益率至少到达到股票的内部收益率才能赚钱，该股票的内部收益率为 R = [2 000×40% + （2 000 - 3 000）÷10] ÷ [（3 000 + 2 000）÷2] = 28%，因此该债券市场利率至少要高于 28%，才能赚钱。

28.【答案】A

【解析】每年支付利息 = 1 000 × 8% = 80（元）。内在价值与市场利率是反向变动的。票面利率大于市场利率，则债券价值大于面值，是溢价债券。发行价格大于内在价值，不值得投资，没有投资人愿意购买，所以可能会发行失败。

29.【答案】B

【解析】本题考察股票的估值模型，本题中的股票类型是固定增长模式，每股股票价值 = 下期股利÷（贴现率 - 增长率）= 0.8×（1 + 8%）÷

（14% - 8%）= 14.4（元/股）。

30.【答案】B

【解析】该股票属于零增长模式，V = 2 ÷ 10% = 20（元/股）。

31.【答案】A

【解析】$NPV = \frac{0.5}{1+R} + \frac{0.6}{(1+R)^2} + \frac{0.8}{(1+R)^3} + \frac{4}{(1+R)^3} - 3.5 = 0$，答案的范围都在 20% 和 24% 之间，于是使用试误法，当 R = 20% 时，NPV = 0.1111，当 R = 22% 时，NPV = -0.0437，则 $\frac{R - 20\%}{22\% - 20\%} = \frac{0 - 0.1111}{-0.0437 - 0.1111}$，得出该股票内部收益率 R = 21.44%。

32.【答案】C

【解析】高速增长期股利的现值 = 0.8 × （1 + 20%） × （P/F，10%，1） + 0.8 × （1 + 20%）² × （P/F，10%，2） + 0.8 × （1 + 20%）³ × （P/F，10%，3）= 2.86（元）；正常增长期股利的现值 = 0.8 × （1 + 20%） × （1 + 6%） × （P/F，10%，3）/（10% - 6%）= 27.52（元/股），该股票的价值 = 2.86 + 27.53 = 30.38（元/股）。

二、多项选择题

1.【答案】CE

【解析】王先生的投资不是通过生产经营获取收益，而是通过股票所代表公司的经营状况或二级市场的出售情况，因此该投资是间接投资，不是直接投资，选项 A 错误。王先生作为投资者，购买股票的行为是一项证券投资，而非一项项目投资，选项 B 错误，选项 E 正确。由于王先生购买了多只股票，地产公司的股票并不是他唯一的投资，也就是说，购买地产公司股票的决策不受其他项目投资的影响，因此这也是一项独立投资，不是互斥投资，选项 C 正确，选项 D 错误。

2.【答案】ABC

【解析】选项 D，按投资活动与企业自身的生产经营活动的关系，投资分为直接投资与间接投资。选项 E，项目投资是按投资对象的存在形态和性质进行的投资分类，项目投资属于直接投资，是投资后企业自身开展生产经营活动的一种行为。

3.【答案】ABE

【解析】营业现金净流量 = 营业收入 - 付现成本 - 所得税 = 税后净利润 + 非付现成本 = 收

入×(1－所得税税率) －付现成本×(1－所得税税率) ＋非付现成本×所得税税率。

4. 【答案】ABD

【解析】沉没成本是指在决策时点前已经发生的成本，与决策无关，不构成项目的现金流量。如果无论一个项目是否可行，往年已投入的某项成本都无法收回，则该项成本就是沉没成本。沉没成本不构成项目现金流量，选项 C 错误。在财务评价中，只有增量现金流才是与项目相关的现金流，非相关现金流无须考虑，选项 E 错误。

5. 【答案】ABCE

【解析】选项 A 是改造园区必须承担的机会成本，应当被考虑。选项 B 是该项目的建设期的建设性投资成本及其他支出。选项 C 是终结期现金流量相关内容。选项 D，垫支的营运资金一般要到项目寿命终结时才能收回，因此也是一种长期投资。选项 E 指的是非付现成本。

6. 【答案】ACE

【解析】现值指数 ＝ $\dfrac{未来现金流量总现值}{项目投资额的现值}$，分子是现金流入的现值（产出），分母是现金流出的现值（投入），可以从动态角度反映项目投资的资金投入与总产出的关系。现值指数法属于折现现金流量法，考虑了资金的时间价值。

7. 【答案】BDE

【解析】旧设备年金成本 ＝ 1 000/(P/A，10%，5) ＝ 1 000/3.7908 ＝ 263.80（万元）

新设备年金成本 ＝ 1 600/(P/A，10%，8) ＝ 1 600/5.3349 ＝ 299.91（万元）

由于旧设备年金成本更低，因此不应该更新设备。

8. 【答案】ADE

【解析】选项 B，静态投资回收期法只能衡量投资方案的相对风险，不能反映项目的盈利能力。选项 C，动态投资回收期法可以弥补静态投资回收期法没有考虑资金时间价值这一缺陷，但除了这一点外，其他的问题仍然存在。

9. 【答案】BD

【解析】现值指数是投资项目的未来现金净流量现值与原始投资额现值之比。内含报酬率的高低不随预期折现率的变化而变化，但会随投资项目预期现金流、期限的变化而变化。对于互斥项目，应选择净现值大于零中的最大者。

10. 【答案】ABC

【解析】互斥方案的评价指标：如果项目寿命期相同，采用净现值法或者年金净流量法的决策结论一致；如果项目寿命期不同，采用年金净流量法或最小公倍数法，大多数采用年金净流量法进行计算。

11. 【答案】CDE

【解析】证券的系统性风险包括价格风险、再投资风险、购买力风险，非系统性风险包括违约风险、变现风险、破产风险。

12. 【答案】ABE

【解析】选项 A，物价持续上涨时，货币性资产会遭受购买力损失，这属于证券投资的系统性风险中的购买力风险。选项 B，系统性风险是因为市场利率的总体上升而导致价格风险、再投资风险和购买力风险，都与市场利率有关。选项 C，一是因为主体的"某公司"是个体情况而不是普遍情形，二是无法按时兑付利息属于违约风险。选项 D 和 E，系统性风险波及的是所有证券资产，是需要整个市场共同面对的，投资者作为市场中的个体，无法左右系统性风险而只能接受，因此，只能面对不同的投资对象，充分考虑各项投资的非系统性风险。

13. 【答案】BCDE

【解析】债券真正的内在价值是按市场利率贴现所决定的内在价值，债券的内在价值 ＝ 债券面值×票面利率×年金现值系数＋债券面值×复利现值系数。

14. 【答案】ACD

【解析】债券的内含报酬率，也就是债券的内部收益率，其公式为 $R = \dfrac{I+(B-P)/N}{(B+P)/2} \times 100\%$，涉及债券的面值、购买价格、票面利率/利息、期限等，不涉及市场利率或者给定的其他利率。

15. 【答案】ABD

【解析】股票是一种权利凭证，它之所以有价值，是因为它能给持有者带来未来的收益，这种未来的收益包括各期获得的股利、转让股票获得的价差收益、股份公司的清算收益等。

16. 【答案】CD

【解析】本题考查股票估值公式 $V_s = D_1/(R_s - g)$，股利增长率 g 和年股利 D_1 与股票价值呈同向变化，而必要报酬率 R_s 与股票价值呈反向变化，而 β 系数与必要报酬率呈同向变化，因此 β 系数同股票价值呈反向变化。

三、综合题
(一)现金流量计算的综合练习
1.【答案】C
【解析】由于该项目无须安装,这意味着没有实际上的投资期,那么所谓投资期就是投资期初的建设起点"第 0 年",$NCF_0 = -3\,300 - 200 - (700 - 200) = -4\,000$(万元)。

2.【答案】B
【解析】A 方案生产线的年折旧 $= (3\,300 + 200) \times (1 - 10\%) \div 5 = 630$(万元),生产线投入使用后第 1—4 年每年的营业现金净流量 $NCF_{1-4} = (6\,000 - 4\,500) \times (1 - 25\%) + 630 \times 25\% = 1\,282.5$(万元)。

3.【答案】C
【解析】生产线投入使用后第 5 年的现金净流量 $NCF_5 = 1\,282.5 + (700 - 200) + 3\,500 \times 10\% = 2\,132.5$(万元)。

4.【答案】A
【解析】A 方案的净现值 $= -4\,000 + 1\,282.5 \times (P/A, 12\%, 4) + 2\,132.5 \times (P/F, 12\%, 5) = -4\,000 + 1\,282.5 \times 3.0373 + 2\,132.5 \times 0.5674 = 1\,105.32$(万元)。

5.【答案】BD
【解析】A 方案的年金净流量 $= 1\,105.32/(P/A, 12\%, 5) = 1\,105.32/3.6048 = 306.62$(万元);B 方案的年金净流量 $= 3\,600/(P/A, 12\%, 8) = 3\,600/4.9676 = 724.70$(万元)。由于 A 方案的年金净流量小于 B 方案的年金净流量,因此乙公司应选择 B 方案。

(二)固定资产更新决策的综合练习一
6.【答案】B
【解析】每年非付现成本 $= 1\,000 \times (1 - 10\%) \div 5 = 180$(万元)。

7.【答案】C
【解析】营业现金净流量 $NCF_{1-3} = (1\,200 - 600 - 100) \times (1 - 25\%) + 180 \times 25\% = 420$(万元)。

8.【答案】A
【解析】设备第 4 年的账面价值 $= 1\,000 - 1\,000 \times (1 - 10\%) \div 5 \times 4 = 280$(万元),预计净残值为 200(万元),则会发生损失 $280 - 200 = 80$(万元);则损失可以抵税 $80 \times 25\% = 20$(万元)。

9.【答案】D
【解析】第 4 年的经营现金流量 $NCF_4 = 420 + 200 + 300 + 20 = 940$(万元),投资总额 $= 1\,000 + 300 = 1\,300$(万元),前 3 年每年经营现金流量为 420 万元,3 年后还剩余 40 万元未回收,项目的静态回收期 $= 3 + 40/940 = 3.04$(年)。

10.【答案】BCD
【解析】$NPV = -1\,000 - 300 + 420 \times (P/A, 10\%, 4) + (200 + 20 + 300) \times (P/F, 10\%, 4) = -1\,300 + 1\,331.358 + 355.16 = 386.52$(万元),该项目净现值大于零,该项目可行。

(三)固定资产更新决策的综合练习二
11.【答案】A
【解析】税后净残值收入 $= 150 + (500 - 150) \times 25\% = 237.5$(万元)。

12.【答案】BCD
【解析】旧设备的现金流出量分析与现值计算:
旧设备的现金净流出量现值 = ① + ② + ③ - ④
① 旧设备税后变价收入的现值
② 垫支营运资金的现值
③ $\sum_{t=1}^{n} \dfrac{\text{年付现成本} \times (1 - \text{所得税税率}) - \text{年折旧} \times \text{所得税税率}}{(1+i)^t}$
④ $\dfrac{\text{税后净残值收入} + \text{营运资本回收额}}{(1+i)^n}$

选项 A,旧设备税后变价收入的现值,也就是把旧设备卖掉能够取得的变现价值,但这个价值不光是把设备卖掉后取得的现金收入,还要考虑到所得税的影响。卖赚了要交税,卖亏了可以抵税。如何衡量设备卖亏与否呢? 就要将设备的净值与变价收入进行比较。

本题中,旧设备的账面价值 $= 4\,500 - 400 \times 2 = 3\,700$(万元),大于目前变现价值 2 000 万元,因此这个设备最终发生了亏损,可以抵税:旧设备税后变价收入 $= 2\,000 + (3\,700 - 2\,000) \times 25\% = 2\,425$(万元)。因为这是一项做决策时考虑的机会成本,假设的是当下卖掉旧设备会产生的变现收入,本身就是现值,因此不需要再折现。选项 A 错误。

选项 B,垫支营运资金的现值,题目在表中已经给出,为 500 万元,也属于发生在决策时需要的投入,本身就是现值,不需要再折现。

选项 C,税后年付现成本 $= 600 \times (1 - 25\%) = 450$(万元),税后年付现成本年金现值之和 $= 450 \times (P/A, 10\%, 8) = 450 \times 5.3349 =$

2 400.71（万元）。

年折旧额×所得税税率＝400×25%＝100（万元），税后年折旧额抵税年金现值之和＝100×（P/A，10%，8）＝100×5.3349＝533.49（万元）。

$$\sum_{m+1}^{n}\frac{年付现成本\times(1-所得税税率)-年折旧\times所得税税率}{(1+i)^t}=$$

税后年付现成本的年金现值之和－年折旧额可抵税额的年金现值之和＝450×（P/A，10%，8）－100×（P/A，10%，8）＝450×5.3349－100×5.3349＝1 867.22（万元）

选项D，旧设备的税后净残值收入属于企业的一项现金流入，应作为旧设备现金净流出量的一个减项。要注意的是，这里设备净残值小于税法规定的净残值可以抵减所得税，因此要在税后净残值收入中加上这个部分。

税后净残值收入＝150＋（500－150）×25%＝237.5（万元），税后净残值收入现值＝237.5×（P/F，10%，8）＝237.5×0.4665＝110.79（万元）。

营运资本回收额现值＝500×（P/F，10%，8）＝500×0.4665＝233.25（万元），选项D正确。

$$\frac{税后净残值收入+营运资本回收额}{(1+i)^n}=110.79+233.25=344.04（万元）$$

13.【答案】C

【解析】旧设备的现金净流出量现值＝旧设备税后变价收入的现值＋垫支营运资金的现值

$$+\sum_{t=1}^{n}\frac{年付现成本\times(1-所得税税率)-年折旧\times所得税税率}{(1+i)^t}$$

$$-\frac{税后净残值收入+营运资本回收额}{(1+i)^n}$$

＝2 425＋500＋1 867.22－344.04＝4 448.18（万元）。

14.【答案】B

【解析】新设备的现金流出量分析与现值计算：

新设备的现金流出量现值＝①＋②＋③－④

①新设备原始投资额的现值

②垫支营运资金的现值

③$\sum_{t=1}^{n}\frac{年付现成本\div(1-所得税税率)-年折旧\times所得税税率}{(1+i)^n}$

④$\frac{税后净残值收入+营运资本回收额}{(1+i)^n}$

新设备投资额5 600万元，不需要折现。

垫支营运资金为800万元，不需要折现。

税后年付现成本＝200×（1－25%）＝150（万元），需要按照年金方式折现，其中折旧可以抵税，年折旧抵税＝625×25%＝156.25（万元），需要按照年金方式折现。

$$\sum_{t=1}^{n}\frac{年付现成本\div(1-所得税税率)-年折旧\times所得税税率}{(1+i)^n}=$$

150×（P/A，10%，8）－156.25×（P/A，10%，8）＝－33.34（万元）

税后净残值收入是一项现金流入，也是作为新设备现金流出量的减项。新设备税法残值为600万元，而预计的净残值为700万元，产生了100万元的收入，是需要缴纳所得税的，因此这里应减掉这笔收入。税后净残值收入＝700－（700－600）×25%＝675（万元）。

同样地，净残值与营运资本都发生在项目的终结点，应按复利方式贴现，则：

$$\frac{税后净残值收入+营运资本回收额}{(1+i)^n}=(675+800)\times(P/F,10\%,8)=688.09（万元）$$

新设备现金流出量现值＝①＋②＋③－④＝5 600＋800－33.34－688.09＝5 678.57（万元）。

15.【答案】B

【解析】由于旧设备的现金净流出量现值小于新设备的现金净流出量现值，不应更新设备，选项B正确。

（四）投资综合练习

16.【答案】C

【解析】$R=\frac{I+(B-P)/N}{(B+P)/2}$

$$=\frac{1000\times9\%+(1000-960)/5}{(1\,000+960)/2}$$

＝10%

17.【答案】B

【解析】$V_b=\sum_{t=1}^{n}\frac{I}{(1+k)^t}+\frac{M}{(1+k)^t}=$

1 000×9%×（P/A，10%，5）＋1 000×（P/F，10%，5）＝90×3.7908＋1 000×0.6209＝962.07（元）。

18.【答案】C

【解析】高速增长期股利的现值＝1×（1＋

$9\%) \times (P/F, 10\%, 1) + 1 \times (1+9\%)^2 \times (P/F, 10\%, 2) + 1 \times (1+9\%)^3 \times (P/F, 10\%, 3) = 1.09 \times 0.9091 + 1.09^2 \times 0.8264 + 1.09^3 \times 0.7513 = 2.95$（元）；

正常增长期股利的现值 = $\dfrac{1 \times (1+9\%)^3 \times (1+6\%)}{10\% - 6\%} \times \dfrac{1}{(1+10\%)^3} = 25.78$（元）。

则该股票的价值 = $2.95 + 25.78 = 28.73$（元/股）。

19.【答案】A

【解析】内部收益率即当 NPV 为 0 时的收益率，即：

$$\text{NPV} = \dfrac{1 \times (1+9\%)}{1+R} + \dfrac{1 \times (1+9\%)^2}{(1+R)^2} + \dfrac{1 \times (1+9\%)^3}{(1+R)^3} + \dfrac{28}{(1+R)^3} - 25 = 0$$

当 $r = 8\%$ 时，NPV = $1.09 \div (1+8\%) + 1.09^2 \div (1+8)^2 + 1.09^3 \div (1+8\%)^3 + 28 \div (1+8\%)^3 - 25 = 0.2832$；

当 $r = 9\%$ 时，NPV = $1.09 \div (1+9\%) + 1.09^2 \div (1+9)^2 + 1.09^3 \div (1+9\%)^3 + 28 \div (1+9\%)^3 - 25 = -0.3789$。

则 $(r - 8\%) \div (9\% - 8\%) = (0 - 0.2832) \div (-0.3789 - 0.2832)$，解得 $r = 8.43\%$。

20.【答案】AD

【解析】债券投资的内部收益率与买价有关，与卖价无关，选项 A 正确，选项 B 错误。股票的内部收益主要由股利收入和买卖差价组成，因此股票的内部收益率与买价和卖价都有关，选项 C 错误。股票的内部收益率高于投资者所要求的最低报酬率时，投资者才愿意购买该股票，此时股票的价格必然低于价值。

第五章 筹资与分配管理

考试大纲

一、考试目的
考查考生对筹资的内容与分类、筹资方式、资本结构决策、股利分配等的掌握情况,以及运用资本成本计算方法、资本结构决策方法、股利政策制定方法等进行财务管理的能力。

二、考试内容及要求
(一)掌握的内容
1. 筹资数量的预测。
2. 长期借款的利率、优缺点。
3. 债券的分类、债券发行价格、债券筹资的优缺点。
4. 普通股的首次发行、普通股筹资的优缺点。
5. 个别资本成本、加权平均资本成本的计算。
6. 资本成本变动的影响因素。
7. 杠杆系数的衡量。
8. 资本结构决策分析方法及其应用。
9. 资本结构的影响因素。
10. 股利政策类型及制定股利政策需考虑的因素。

(二)熟悉的内容
1. 筹资管理的目标和原则。
2. 筹资的分类。
3. 长期借款的种类。
4. 债券的评级和偿还。
5. 股权再融资。
6. 优先股筹资。
7. 可转换公司债券筹资。
8. 资本成本的用途。
9. 股利的种类。

(三)了解的内容
1. 长期债务融资的特点和主要方式。
2. 长期借款的种类、保护性条款和偿还方式。
3. 资本结构及其决策的意义。
4. 股利分配的原则。
5. 股利分配的项目和顺序。

考情分析

与 2024 年相比,2025 年本章教材没有发生实质性变动。

本章内容为筹资管理基本知识,属于重要章节。

本章总体分为五节,主要是筹资管理概述、筹资方式、资本成本、资本结构决策、股利分配等。

其中,长期借款的利率及优缺点、债券的分类与发行价格及优缺点、普通股的发行及优缺点、股利政策类型及制定股利政策需考虑的因素是考试的重点。

筹资数量的预测、各项资本成本的计算、杠杆系数的衡量、资本结构的分析与应用是考试的难点。

需要提醒考生注意的是,本章提到的公式计算固然重要,但更重要是对知识点概念和特点进行充分理解。在熟练掌握公式的前提下,公式计算结果代表的实际含义及利用结果进行决策的能力是考生需要进行锻炼的。

考点精讲及典型例题解析

【知识点1】筹资管理概述

筹资管理是指企业根据其生产经营、对外投资和调整资本结构的需要,通过筹资渠道,采用适当的筹资方式,经济有效地筹集企业所需资金的财务行为。

一、筹资管理的目标

企业的筹资管理,要合理选择筹资方式,使资本成本最小,同时兼顾资本结构,使企业的资本结构与外部环境、经营特征相匹配。企业筹资管理的目标具有多样性,具体如表 5-1 所示。

表 5 –1

典型的筹资管理目标	解释
创建企业	企业的创建需要具备一定数量的资金。
企业扩张	企业扩张以资金的不断投入为重要条件。对内，处于快速成长期的企业往往需要筹集大量资金，以扩大企业生产经营规模；对外，企业会为了获得更高的投资收益追加对外投资而需要筹集大量资金。
偿还债务	企业在财务状况恶化或不佳的情况下，通过筹集资金满足偿还债务的需要。
调整资本结构	当企业的资本结构偏离最优资本结构时，可以通过不同的筹资方式、不同的渠道筹集资金来进行调整，使之趋于合理。

【例 5 –1】（单选题）甲公司正处于稳定发展阶段，为了追求更高的投资收益，追加对外投资，甲公司决定发行债券筹措资金，这项筹资的目标是（　　）。

A. 创建企业　　　B. 企业扩张
C. 偿还债务　　　D. 调整资本结构

【答案】B
【解析】略。

二、筹资管理的原则

为了保证和提高企业筹资管理的有效性，筹资管理需要遵循筹资合法、规模适当、筹措及时、来源经济、结构合理等五种原则（见表 5 –2）。

表 5 –2

筹资管理原则	解释
筹资合法原则	企业的筹资行为和筹资活动必须遵循国家的相关法律法规，依法履行法律法规和相关合同约定的责任，合法合规筹资，依法进行信息披露，维护筹资合约相关各方的合法权益。
规模适当原则	企业筹资规模受到多方面因素的影响，因此需科学合理地预测资金需要量。
筹措及时原则	企业筹集资金，需要合理预测资金需要的时间，适时取得资金。
来源经济原则	筹资管理需了解各种筹资渠道，恰当选择资金来源和具体筹资方式，降低总体资本成本。
结构合理原则	筹资管理必须研究各种筹资方式，优化资本结构。企业筹资需综合考虑股权资本筹资与债务资本筹资的关系、长期资本筹资与短期资本筹资的关系、内部资本筹资与外部资本筹资的关系，合理安排资本结构。

【提示】资本结构主要是指权益资本和借入资本的比例关系。完全通过权益资本筹资是不明智的，不能得到负债经营的好处；但负债的比例越大，风险也越大。

【例 5 –2】（多选题）甲公司拟向银行借入一笔长期借款，甲公司的董事对该笔借款的来源、用途和数量都提出了各自的建议，其中符合筹资管理原则的有（　　）。

A. 张董事：与银行签订 5 年期专门借款合同，拿到资金后用于投资债券市场赚取收益

B. 王董事：初步预计，长期借入长期借款 500 万，款项到账后，甲公司权益乘数会由 2 上升至 5

C. 李董事：向银行借款是为了甲公司能力不足以清偿的短期债务，有一笔欠供应商 200 万元的债务马上就要到期，如果逾期不还，供应商将停止给甲公司供应原材料

D. 赵董事：甲公司的 I 型生产机器已经在市场淘汰的边缘，技术落后，借款可以为该机器更新换代

E. 孙董事：选择向银行借款还不如选择向我朋友开的借贷公司借款，虽然他们的年利率高达 30%，但是可以迅速到账，还不用资格审核

【答案】CD
【解析】选项 A，根据筹资合法原则，筹资管理必须依法履行合同约定的责任。专门借款，是指为购建或生产符合资本化条件的资产而专门借入的款项。专门借款不得用于非专门的事项，甲公司的筹资用途不合法。

选项 B，权益乘数 = 资产总额 ÷ 股东权益总额，权益乘数应该大于 1。权益乘数越大，表明

企业投入资本占全部资本的比重较小，企业的负债程度越高，权益乘数上升至5，表明企业所有的资产中有4/5是通过借入，只有1/5是股东投入，企业几乎举债经营，违背了企业筹资中的结构合理原则，甲公司的借款数量不科学。

选项E，企业在确定筹资数量的基础上，需恰当选择资金来源和具体筹资方式。规范的机构都要对企业进行资格审核，孙董事朋友的公司明显不合适。

三、筹资途径的分类

筹资途径按所筹资金的权益性质、按所筹资金是否以金融机构为媒介、按所筹集资金来源于企业内部还是外部、按资金可使用时间的长短可分为不同的途径（见表5-3）。

表5-3

分类标准	筹资途径	解释
按所筹资金的权益性质	股权筹资	股权筹资形成股权资本（或所有者权益资本），是企业依法长期拥有、能够自主调配运用的资本，也称企业的自有资本、主权资本或股东权益资本。 取得方式：吸收直接投资、发行股票、内部积累。
	债务筹资	债务筹资形成债务资本，取得后在规定期限内需要偿还。 取得方式：银行借款、发行债券、融资租赁、赊购商品或服务。
	混合筹资	混合筹资所形成的资本兼具股权资本和债务资本的特征的筹资方式。 取得方式：发行优先股、发行可转换债券。
按所筹资金是否以金融机构为媒介	直接筹资	直接筹资包括以发行股票、债券、短期融资券方式等取得资金。
	间接筹资	间接筹资主要以银行、保险公司等金融机构为媒介间接取得资金。
按所筹集资金来源于企业内部还是外部	内部筹资	内部筹资是指企业通过利润留存进行筹资。
	外部筹资	外部筹资是指企业通过外部资本市场和金融机构进行筹资。
按资金可使用时间的长短	长期筹资	可使用时间在1年以上的属于长期筹资。
	短期筹资	可使用时间不超过1年的属于短期筹资。

【例5-3】（单选题）下列筹资方式中，属于债务筹资方式的是（　　）。

A. 吸收直接投资　　B. 融资租赁
C. 留存收益　　　　D. 发行优先股

【答案】B

【解析】选项A、C属于股权投资。选项D属于衍生工具投资。

【例5-4】（单选题）下列各项中，既可以作为长期筹资方式又可以作为短期筹资方式的是（　　）。

A. 发行可转换债券　　B. 银行借款
C. 发行普通股　　　　D. 融资租赁

【答案】B

【解析】银行借款筹资广泛使用于各类企业，它既可以筹集长期资金，也可以用于短期融通资金，具有灵活、方便的特点。

【例5-5】（单选题）下列筹资方式中，既有股权筹资性质又有债务筹资性质的混合筹资方式是（　　）。

A. 发行普通股　　B. 发行公司债券
C. 发行优先股　　D. 吸收直接投资

【答案】C

【解析】本题考察的是混合筹资的概念，优先股属于一种混合筹资，它的股息相对固定，一般不会根据公司经营情况增减，而且一般也不再参与公司普通股的分红，这在性质上更接近于一项永久债券，但优先股不用还本的特点又有股权筹资的性质。

【知识点2】筹资数量的预测
一、基本预测方法

企业可以通过定性预测法、因素分析法和销售百分比预测法预测资金需要量（见表5-4）。

表 5-4

方法	定义	预测过程
定性预测法	利用直观的资料，依靠个人的经验和主观分析、判断能力，预测企业未来资金需要量的方法。	(1) 由专家根据经验进行分析判断，提出预测初步意见； (2) 召开座谈会或发出各种表格等形式，对初步预测意见进行修正补充； (3) 重复一次或数次调整，得出最终的预测结果。
因素分析法	在上年度资本平均占用额的基础上，剔除其中不合理的地方，考虑预测期的生产经营任务和加速资本周转等因素，进而预测的方法。	资本需要量 = (上年资本实际平均占用额 - 不合理资本占用额) × (1 ± 预测年度销售增减率) × (1 ± 预测年度资本周转速度变动率)
销售百分比预测法	假设某些资产和负债与销售额存在稳定的百分比关系，并根据这个假设预计外部资金需要量的方法。	资金需要量总额 = $\frac{A}{S_1}\Delta S - \frac{B}{S_1}\Delta S$ 外部融资需求量 = $\frac{A}{S_1}\Delta S - \frac{B}{S_1}\Delta S - S_2 PE$

【提示】因素分析法公式使用时：

1. 当预测年度销售量增加时，预测年度的资本需要量也增加。

2. 当预测年度资本周转速度增加时，预测年度的资本需要量减少。

其原因就是：当销售量增加时，相应的附加成本、费用都会增加，资本需要量当然也会增加，这对资本需要量提出了更高的要求。当资本周转速度增加时，意味着资金的回收速度更快，资金短缺的可能性减小，也就意味着资金的需要量可以相应减少。

【例 5-6】（单选题）甲公司上年度资本实际平均占用额为 2 000 万元，其中不合理占用额为 350 万元，预计本年度销售增长为 8%，资本周转速度加快 2%，则预测年度资本需求量是（　　）万元。

A. 1 746.36　　　　B. 1 735.05
C. 2 116.80　　　　D. 2 487.24

【答案】A

【解析】按照因素分析法，预测年度的资本需求量 = (2 000 - 350) × (1 + 8%) × (1 - 2%) = 1 746.36（万元）。

二、销售百分比法的基本步骤

销售百分比法的基本步骤如表 5-5 所示。

表 5-5

销售百分比法的基本步骤

1. 确定随销售额变动而变动的资产和负债项目	原理：随着销售额的增长，经营性资产项目将占用更多的资金。同时，随着经营性资产的增加，相应的经营性短期债务也会增加（如存货增加会导致应付账款增加，经营性资产与经营性负债的差额通常与销售额保持稳定的比例关系）。
	组成：经营性资产项目包括库存现金、应收账款、存货等项目。 经营性负债项目包括应付票据、应付账款等项目，不包括短期借款、短期融资券、长期负债等筹资性负债。
2. 确定有关项目与销售额的稳定比例关系	原理：如果企业资金周转营运效率保持不变，经营性资产项目与经营性负债项目的大部分都会随销售额的变动而呈正比例变动，保持稳定的百分比关系。
	组成：企业应当根据历史资料和同业情况，剔除不合理的资金占用，寻找敏感性项目与销售额之间的稳定百分比关系。
3. 确定资金需要量总额	原理：销售增长会引发资产需求的增加，也会引发经营性负债的增加，二者之间的差额就引发了筹资需求。
	公式：资金需要量总额 = $\frac{A}{S_1}\Delta S - \frac{B}{S_1}\Delta S$ = $\frac{\text{敏感性资产}}{\text{基期销售额}} \times \text{销售额变化量} - \frac{\text{敏感性负债}}{\text{基期销售额}} \times \text{销售额变化量}$

续表

	销售百分比法的基本步骤
4. 确定外部筹资需要量	原理：预计由于销售增长而需要的资金需求增长额，扣除利润留存后，即为外部筹资需要量。
	公式：留存收益增加额 = S_2PE = 预测期销售额 × 销售净利率 × 利润留存率
	外部融资需求量 = $\frac{A}{S_1} \times \Delta S - \frac{B}{S_1} \times \Delta S - P \times E \times S_2$
	= 资金需要量总额 - 销售净利率 × 利润留存率 × 预测期销售额

需要额外说明的是，如果非敏感性资产增加，则外部筹资需要量也应相应增加。

销售百分比的优点是能为筹资管理提供短期预计的财务报表，以适应外部筹资的需要，且易于使用。但在有关因素发生变动的情况下，须相应调整原有的销售百分比。

【例5-7】（多选题）下列选项中，企业在运用销售百分比法时，与外部筹资需要量相关的比率有（　　）。

A. 资金需要量总额　　B. 销售净利率
C. 股利支付率　　D. 基期销售额
E. 基期销售增长率

【答案】ABCD

【解析】外部筹资需要量 = 资金需要量总额 - 销售净利率 × 利润留存率 × 预测期销售额，利润留存率 = 1 - 股利支付率，预测期销售额 = 基期销售额 × (1 + 预测期销售增长率)。

【例5-8】（单选题）甲公司今年末的简要资产负债及相关信息如下表所示。假定甲公司今年销售额为20 000万元，销售净利率为10%，利润留存率为30%。预计明年销售额预计增长20%，追加固定资产投资1 000万元。

资产	金额（万元）	负债与权益	金额（万元）
现金	1 500	短期借款	1 000
应收账款	1 000	应付账款	2 500
存货	2 500	应交税费	500
固定资产	3 000	公司债券	1 000
		实收资本	2 000
		留存收益	1 000
合计	8 000	合计	8 000

根据上述信息，甲公司明年的资金需要量总额为（　　）万元。

A. 400　　B. 1 400
C. 1 200　　D. 1 280

【答案】B

【解析】第一步，确定随销售额变动而变动的资产和负债项目。在预测中，明年的销售额会增长，随着销售额的增长，现金、应收账款等货币资金需要量肯定会增加，存货一类的流动资产的资金需要量也必然增加。另外，经营性负债包括应付票据、应付账款等项目，不包括短期借款、长期短期融资券、长期负债等筹资性负债。

因此在上表中，现金、应收账款、存货是随销售的变化而变化的经营性资产（或称敏感性资产），应付账款、应交税费是随销售变化而变化的经营性负债（或称敏感性负债）。

第二步，确定有关项目与销售额的稳定比例关系，即A/S_1和B/S_1。整理如下表所示：

资产	金额（万元）	占销售额比例	负债与权益	金额（万元）	占销售额比例
现金	1 500	7.5%	短期借款	1 000	N
应收账款	1 000	5%	应付账款	2 500	12.5%
存货	2 500	12.5%	应交税费	500	2.5%
固定资产	3 000	N	公司债券	1 000	N
			实收资本	2 000	N
			留存收益	1 000	N
合计	8 000	25%	合计	8 000	15%

注：不属于经营性资产、经营性负债的项目无须计算，用N表示无结果。

第三步，确定资金需要量总额。

资金需要量总额 = $A/S_1 \times \Delta S - B/S_1 \times \Delta S$ + 非敏感性资产增加

= 经营性资产占销售额的比例总额 × 销售额的增长量 - 经营性负债占销售额的比例总额 × 销售额的增长量 + 非敏感性资产增加

= (25% - 15%) × (20 000 × 20%) + 1 000
= 1 400（万元）

【例5-9】（单选题）接【例5-8】，甲公司明年的外部筹资需要量为（　　）万元。

A. 720　　B. 700
C. 680　　D. 660

【答案】C

【解析】外部融资需求量 = 资金需要量总额 – 销售净利率 × 利润留存率 × 预测期销售额 = 1400 – 10% × 30% × [20 000 × (1 + 20%)] = 680（万元）。

【例5–10】（单选题）甲公司本年度的经营性资产为1 980万元，经营性负债为820万元，销售收入为2 800万元，经营性资产、经营性负债占销售收入的百分比不变，预计下一年销售增长率为5%，销售净利率为10%，股利支付率为55%，则下一年需要从外部筹集的资金为（　　）万元。

A. 27　　　　　　　　　B. 32
C. 15　　　　　　　　　D. 0

【答案】D

【解析】下一年需要从外部筹集的资金 = (1 980 – 820) × 5% – 2 800 × (1 + 5%) × 10% × (1 – 55%) = –74.3（万元）。外部筹集资金为负数，说明不需要从外部筹集资金，而且有多余的资金可用于增加股利或进行短期投资。

【知识点3】长期债务筹资
一、债务筹资与长期债务筹资

债务筹资与长期债务筹资的定义、特点与分类如表5–6所示。

表5–6

	债务筹资	长期债务筹资
定义	债务筹资是指通过负债筹集资金。	长期负债是指期限超过1年的负债。
特点	(1) 资金使用具有时间限制，需要到期偿还； (2) 需支付固定的债务利息，形成企业负担； (3) 资本成本小于普通股资本成本，且不会分散投资者对企业的控制权。	(1) 还债压力和风险相对较小； (2) 筹资成本较高，筹资利率一般高于短期借款； (3) 债务通常具备限制性条件。
分类	(1) 长期借款筹资； (2) 长期债券筹资。	(1) 长期借款筹资； (2) 长期债券筹资。

【例5–11】（单选题）甲公司想在债务筹资或普通股筹资中做出一个选择，下列条件中，不会使甲公司更偏向于选择债权投资的是（　　）。

A. 长期债务投资归还期限很长，偿债压力和风险也相对较小
B. 债务筹资不会分散投资者对企业的控制权
C. 长期债务筹资的资本成本小于普通股的资本成本
D. 长期债务筹资需定期向债权人支付利息

【答案】D

【解析】债务筹资需支付固定的债务利息，形成企业负担，而普通股筹资是否发放股利由企业自己决定，选项D的说法会让甲公司更想选择普通股筹资。

【例5–12】（多选题）关于银行借款筹资的资本成本，下列说法错误的有（　　）。

A. 银行借款手续费会影响银行借款的资本成本
B. 银行借款的资本成本仅包括银行借款利息支出
C. 银行借款的资本成本率一般等于无风险利率
D. 银行借款的资本成本与还本付息方式无关
E. 银行借款的资本成本包括银行借款的占用成本

【答案】BCD

【解析】资本成本是指企业为筹集和使用资本而付出的代价，包括筹资费用和占用费用，选项A、E正确，选项B错误。无风险收益率也称无风险利率，它是指无风险资产的收益率，而银行借款是有风险的，选项C错误。还本付息方式会影响企业银行的利息费用，进而影响资本成本的计算，选项D错误。

二、长期借款筹资

长期借款是指企业向银行或其他非银行金融机构借入的使用期超过1年的借款，主要用于企业构建固定资产和满足长期流动资金占用的需要。

1. 长期借款的分类。

长期借款
- 按用途分类
  - 固定资产投资借款
  - 更新改造借款
  - 科技开发和新产品试制借款
- 按机构分类
  - 政策性银行借款
  - 商业银行借款
  - 信托投资借款
  - 财务公司中长期借款
- 按有无担保分类
  - 信用借款
  - 抵押借款

2. 长期借款的特点和优缺点如表 5-7 所示。

表 5-7

长期借款的特点和优缺点

保护性条款		银行通常向借款企业提出一些有助于保证借款按时足额偿还的条件。将这些条件写进借款合同中，就形成了合同的保护性条款。
利率	固定利率	若预测市场利率将上升，应与银行签订固定利率合同。
	浮动利率	若预测市场利率将下降，则应签订浮动利率合同。
偿还方式		定期支付利息、到期一次偿还本金。（这种方式会加大企业借款到期时的还款压力）
		定期等额偿还，平时逐期偿还小额本金利息、期末偿还剩余大额部分。（这种方式会提高企业使用借款的实际年利率）
优点	筹资速度快	向金融机构借款与发行证券相比，一般借款所需时间较短，可以迅速地获取资金。
	借款弹性好	可通过直接商谈来确定借款的时间、数量、利息、偿付方式等条件，后期还可以协商修改。
缺点	财务风险较大	在经营状况不佳时，可能会产生不能偿付的风险，甚至会导致企业破产。
	限制条款较多	较多的限制条款，可能会限制企业的经营活动。

【提示】（1）长期借款的抵押品通常是房屋、建筑物、机器设备、股票、债券等。

（2）长期借款的利率通常高于短期借款，但信誉好或抵押品流动性强的借款企业，仍然可以争取到较低的长期借款利率。浮动利率通常有最高、最低限，并在借款合同中明确。对于借款企业而言，若预测市场利率将上升，应与银行签订固定利率合同；反之，则签订浮动利率合同。

（3）除了利息之外，银行还会向借款企业收取其他费用，如实行周转信贷协定所收取的承诺费、要求借款企业在本银行中保持补偿性余额所形成的间接费用。这些费用会增大长期借款的成本。

【例 5-13】（多选题）相对于普通股筹资，银行筹资具有的特点为（   ）。
A. 财务风险低　　B. 不分散公司控制权
C. 可以利用财务杠杆　D. 筹资速度快
E. 需获得证监会批准
【答案】BCD
【解析】银行借款属于财务筹资，财务风险高，但可以利用财务杠杆，选项 A 错误，选项 C 正确。银行借款筹资不会增加普通股股数，所以不分散公司控制权，选项 B 正确。银行借款的程序相对简单，所花时间较短，无须进行审批，公司可以迅速获得资金，选项 D 正确，E 错误。

三、长期债券筹资

债券是发行人依照法定程序发行，约定在一定期限内还本付息的有价证券。这里所说的债券，指的是期限超过 1 年的公司债券，其发行目的通常是为了建设大型项目。

（一）债券的分类

债券可以按发行主体、债券偿还期限、偿还与付息方式、担保性质或发行的市场分类（见表 5-8）。

表 5-8

长期债券的五种分类方式及特点

	国债	信用最好，被称为金边债券。
按发行主体分类	地方政府债券	信用、利率、流通性通常低于国债。
	金融债券	信用高、流动性好、安全，利率高于国债。
	公司债券	由股份有限公司或有限责任公司发行的债券。
按债券偿还期限分类	短期债券	一年以内的债券，通常有 3、6、9、12 个月等几种期限。
	中期债券	1—5 年的债券。
	长期债券	5 年以上的债券。

续表

长期债券的五种分类方式及特点		
按偿还与付息方式分类	定息债券	半年或一年支付一次利息,利率是固定的。
	一次还本付息债券	到期一次性支付利息并偿还本金。
	贴现债券	发行价低于票面额,到期以票面额兑付,发行价与票面额之间的差就是贴息。
	浮动利率债券	债券利率随着市场利率变化。
	累进利率债券	持有时间越长,利率越高。
	可转换债券	到期可以选择将债券转换成公司股票。
按担保性质分类	抵押债券	以不动产作为抵押发行。
	担保信托债券	以动产或有价证券担保。
	保证债券	由第三者作为还本付息的担保人。
	信用债券	只凭发行者信用而发行,如政府债券。
按发行的市场分类	场内交易市场	上交所债券市场、深交所债券市场。
	场外交易市场	商业银行柜台市场:非金融企业可以在商业银行柜台市场发行理财直接融资工具。
		银行间债券市场主要类型:(1)短期融资券;(2)超短期融资券;(3)非公开定向债务融资工具;(4)资产支持票据;(5)项目收益票据;(6)其他在银行间债券市场发行的约定在一定期限内还本付息的有价证券。

【例 5-14】(单选题)下列关于公司债券的种类的表述,不正确的是( )。

A. 按偿还方式,可以分为定息债券和贴现债券

B. 按发行主体,分为地方政府债券、金融债券、公司债券

C. 按债券偿还期限,分为短期债券、中期债券、长期债券

D. 按发行的市场分类,分为场内交易市场、场外交易市场

【答案】A

【解析】略。

债务融资工具的分类如表 5-9 所示。

表 5-9

类别	含义
短期融资券	具有法人资格的非金融企业在银行间债券市场发行的,约定在 1 年内还本付息的债务融资工具。
中期票据	具有法人资格的非金融企业在银行间债券市场按照计划分期发行的,约定在一定期限内还本付息的债务融资工具,发行时间在 1 年以上。
超短期融资券	具有法人资格、信用评级较高的非金融企业在银行间债券市场发行的,约定在 270 天以内还本付息的债务融资工具。
非公开定向债务融资工具	具有法人资格的非金融企业,向银行间市场特定机构投资人发行的,并在特定机构投资人范围内流通转让的债务融资工具。
资产支持票据	非金融企业在银行间债券市场发行的,由基础资产所产生的现金流作为还款来源的,约定在一定期限内还本付息的债务融资工具。
项目收益票据	非金融企业在银行间债券市场发行的,募集资金用于项目建设且以项目产生的经营性现金流作为主要偿债来源的债务融资工具。
其他	其他在银行间债券市场发行的约定在一定期限内还本付息的有价证券。

（二）债券发行价格

债券的发行价格是债券发行时使用的价格，即投资者购买债券时需要支付的价格。

公司债券的发行价格通常有三种：平价、溢价和折价（见表5－10）。

表5－10

种类	发行价格	利率
平价债券	发行价格＝票面金额	票面利率＝市场利率
溢价债券	发行价格＞票面金额	票面利率＞市场利率
折价债券	发行价格＜票面金额	票面利率＜市场利率

【例5－15】（单选题）当债券的票面利率高于市场利率时，（   ）。

A. 债券的发行价格高于票面价格
B. 债券的发行价格等于票面价格
C. 债券的发行价格低于票面价格
D. 债券的利率小于投资者的必要报酬率

【答案】A

【解析】债券的票面利率高于市场利率时，债券会被争相购买，也就是说，债券的利率是大于投资者的必要报酬率的，这时候，市场的供不应求会导致债券的发行价格高于票面价格。

【例5－16】（多选题）甲公司发行面值为1 000元的债券，票面利率为8%，下列说法中正确的是（   ）。

A. 若发行价格为1 100元，则市场利率大于8%
B. 若发行价格为1 100元，则市场利率小于8%
C. 若发行价格为900元，则市场利率大于8%
D. 若发行价格为900元，则市场利率小于8%
E. 若发行价格为1 000元，则市场利率等于8%

【答案】BCE

【解析】若发行价格大于票面金额，则说明是溢价发行，说明市场上的供应形势是供不应求的，这说明票面利率大于市场利率，也就是市场利率小于票面利率。在本题中，若发行价格为1 100元，则市场利率小于8%；若发行价格为900元，则市场利率大于8%；若发行价格为1 000元，则市场利率等于8%。

（三）债券的评级和偿还

1. 债券的评级。债券的信用等级对于发行公司和购买人都有重要影响。原因有二：

（1）债券评级是度量违约风险的一个重要指标，直接影响债券利率以及公司债务的成本。资信等级高的债券能够以较低的利率发行，资信等级低的债券只能以较高的利率发行。

（2）债券评级为投资者进行债券投资决策提供了便利。

【提示】国际上流行的债券等级是3等9级。AAA级为最高级，AA级为高级，A级为中上级，BBB级为中级，BB级为中下级，B级为投机级，CCC级为完全投机级，CC级为最大投机级，C级为最低级。

2. 债券的偿还。主要有偿还时间、偿还形式、债券付息等三个要点，如表5－11所示。

表5－11

	债券的偿还	
偿还时间	到期偿还	到期偿还包括分批偿还和一次偿还两种类型。
	提前偿还	只有在契约中明确了允许提前偿还，企业才可以提前偿还，提前偿还所支付的价格通常高于债券的面值，并随着到期日的临近而逐渐下降。
	滞后偿还	债券在到期日之后偿还又叫滞后偿还。这种偿还条款一般在发行时便在债券契约中订立，主要目的是给予持有人延长持有债权的选择权。
偿还形式		现金、新发行的本公司债券、本公司的普通股股票和本公司持有的其他公司发行的有价证券。
债券付息	利率确定	固定利率、浮动利率。
	付息频率	按年付息、按半年付息、按季付息、按月付息和一次性付息（利随本清，贴现发行）。
	付息方式	（1）现金、支票或汇款； （2）息票债券。

【提示】以新债券换旧债券也被称为"债券的调换"。企业进行债券调换的原因有：（1）原有债券的契约中订有较多的限制性条款，不利于企业发展；（2）将多次发行、尚未彻底偿清的债券进行合并，以减少管理费用；（3）有的债券到期，但企业现金不足。如果企业发行的是可转换债券，那么可通过转换成普通股来偿还债券。

【例5-17】（单选题）关于债券的偿还和付息，下列说法中不正确的是（　）。

A. 债券的利息分为固定利率和浮动利率两种方式
B. 债券的付息频率越高，对投资人的吸引力越大
C. 只要企业资金充足，就可以随时提前偿还
D. 债券的滞后偿还分为转期和转换

【答案】C

【解析】只有在契约中明确了允许提前偿还，企业才可以提前偿还。

债券筹资的优缺点如表5-12所示。

表5-12

债券筹资的优点		债券筹资的缺点	
筹资规模大	债券属于直接筹资，发行对象分布广泛，不受金融中介机构自身资产规模及风险管理的约束，可以筹集的资金数量也较多。	债券发行成本高	公开发行债券的程序复杂，需要聘请会计师、律师、资产评估机构以及资信评级机构等中介，发行成本较高。
具有长期性和稳定性	债券的期限可以比较长，且投资者一般不能在到期之前向企业索取本金，因而债券筹资方式具有长期性和稳定性的特点。	信息披露成本高	发行债券须公开披露募集说明书及其引用的多种文件；债券上市后也须披露有关信息，信息披露成本较高，且不利于信息保密。
有利于资源优化配置	投资者可以方便地转让所持有的债券。有助于提高市场的流动性，并通过市场竞争，优化了社会资金的配置效率。	限制性条件较多	发行债券的契约书中的限制条款，比优先股及短期债务更为严格，可能影响企业的正常发展和以后的筹资能力。

【提示】银行长期借款和债券融资优点的比较（见表5-13）。

表5-13

优点	银行长期借款	长期债券
利息能节税	√	√
筹资费用低	√	—
债务利息低	?	?
筹资弹性大	√	—
筹资速度快	√	—
筹资规模大	—	√

其中，"√"表示具备该优点；"—"表示不具备该优点；"?"表示这是个疑问，无法确定结论，必须具体问题具体分析。

【例5-18】（单选题）长期借款与长期债券筹资相比，其特点是（　）。

A. 利息能节税　　B. 筹资弹性大
C. 筹资费用大　　D. 债务利息高

【答案】B

【解析】长期借款的特点有利息能节税、筹资费用低、债务利息低、筹资弹性大、筹资速度快；长期债券的特点有利息能节税、筹资规模大。与长期债券相比，长期借款的特点为筹资弹性大。

【知识点4】普通股筹资

普通股是最基本的股票形式，是相对于优先股的一种股票种类。它是指股份公司依法发行的具有表决权、股利不固定的一类股票。普通股具有股票的最一般特征，每一份股权对公司的财产享有平等权利，即"同股同权、同股同利"。

普通股筹资通常不需要归还本金，且没有固定的股利负担，相对于债券和借款的固定性利息支出所带来的财务风险而言，权益筹资的资本成本较高。

一、普通股的首次发行

股份公司在设立时需要初次发行股票。股份的发行实行公平、公正的原则。大多数情况下需要保持"同股同权、同股同利"。

股票的发行方式有公开间接发行和非公开直接发行（见表5-14）。

表 5-14

发行方式	公开间接发行	非公开直接发行
概念	通过中介机构，公开向社会公众发行股票。	不公开对外发行股票，只向少数特定的对象直接发行。
特点	1. 发行条件高。 2. 发行成本高。 3. 发行手续繁琐。 4. 发行弹性（灵活性）小。 5. 发行范围广、发行对象多。 6. 募集资金多。 7. 股票变现性强、流通性好。 8. 有助于提高公司知名度/影响力。	1. 发行条件低。 2. 发行成本低。 3. 发行手续简单。 4. 发行弹性（灵活性）大。 5. 发行范围窄、发行对象少。 6. 募集资金少。 7. 股票变现性弱、流通性差。 8. 无助于提高公司知名度/影响力。

【提示】我国《证券法》规定下列情形之一属于公开发行：向不特定的对象发行证券；向累计超过200人的特定对象发行证券；法律、行政法规规定的其他发行行为。非公开发行证券，不得采用广告、公开劝诱和其他变相公开方式。

二、股权再融资

上市公司利用证券市场进行再融资是国际证券市场的通行做法，是证券市场能够持续发展的重要动力源泉，也是发挥证券市场资源配置功能的基本方式。

再融资包含股权再融资、债权再融资和混合再融资三种方式，其中股权再融资的方式包括向现有股东配股筹资和增发新股筹资。

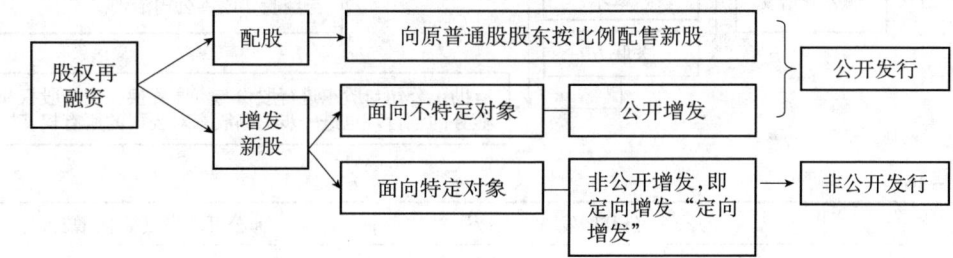

（一）配股

1. 配股权：当股份公司为增加公司股本而决定发行新股时，原普通股股东享有的按其持股数量，以低于市价的某一特定价格优先认购一定数量新发行股票的权利。

2. 配股价格：配股一般采用网上定价的方式进行，配股价格由主承销商和发行人协商确定。

3. 配股条件：

（1）拟配售股份数量不超过本次配售股份前股本总额的30%；

（2）控股股东应当在股东大会召开前公开承诺认购的配股数量；

（3）采用证券法规定的代销方式发行。

4. 除权价格。除权后股票的理论除权基准价格为：

$$配股除权价格 = \frac{配股前股票市值 + 配股价格 \times 配股数量}{配股前股数 + 配股数量} = \frac{配股前每股价格 + 配股价格 \times 股份变动比例}{1 + 股份变动比例}$$

【提示】除权价只是计算除权日股价涨跌幅度的基准，提供的只是一个基准参考价。如果除权日收盘时股票交易市价高于该除权基准价格，则参与配股的股东财富较配股前有所增加，一般称为"填权"；如果股价低于除权基准价格，则会减少参与配股股东的财富，一般称为"贴权"（见表5-15）。

表 5-15

类型	除权日收盘时的股票市价	参与配股股东的财富变化
填权	市价高于除权基准价	较配股前有所增加
贴权	市价低于除权基准价	较配股前有所减少

【例 5-19】（单选题）甲公司有普通股 20 000 股，拟采用配股的方式进行融资。每 10 股配 3 股，配股价为 16 元/股，股权登记日收盘市价 20 元/股。假设共有 1 000 股普通股的原股东放弃配股权，其他股东全部参与配股，配股后除权参考价是（　　）元。

A. 19.11　　　B. 18.00
C. 20.00　　　D. 19.20

【答案】A

【解析】配股除权参考价 = (20 000 × 20 + 19 000 × 0.3 × 16) ÷ (20 000 + 19 000 × 0.3) = 19.11（元）。

【例 5-20】（单选题）甲公司采用配股方式进行融资，每 10 股配 5 股，配股价 20 元；配股前股价 27 元。最终参与配股的股权占 80%。乙在配股前持有甲公司股票 1 000 股，若其全部行使配股权，乙的财富（　　）。

A. 增加 1 500 元　　B. 增加 500 元
C. 不发生变化　　D. 减少 1 000 元

【答案】B

【解析】配股除权参考价 = (27 + 20 × 50% × 80%) ÷ (1 + 50% × 80%) = 25（元）。

乙的财富变化 = 1 000 × (1 + 50%) × 25 − 20 × 1 000 × 50% − 1 000 × 27 = 500（元）

（二）增发新股

增发新股分为公开增发和非公开增发（定向增发）（见表 5-16）。

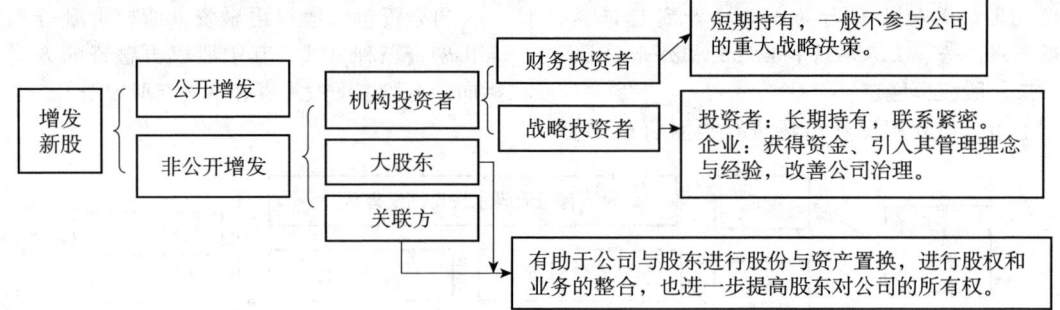

表 5-16

	公开增发	非公开增发（定向增发）
增发新股的特别规定	最近 3 个会计年度加权平均净资产报酬率平均不低于 6%；除金融企业外，最近 1 期期末不存在持有金额较大的交易性金融资产和可供出售金融资产、借予他人款项、委托理财等财务性投资的情形。	除发行对象为境外机构投资者需国务院相关部门批准外，还要求特定发行对象符合股东大会规定的条件，且在数量上不超过 10 名。
增发新股的定价	通常按照"发行价格应不低于公告招股意向书前 20 个交易日公司股票均价或前 1 个交易日的均价"的原则确定增发价格。公开增发新股的发行价格没有折价。	非公开增发股票的发行价格不低于定价基准日前 20 个交易日公司股票均价的 90%。定价基准日为本次非公开发行股票发行期的首日。
增发新股的认购方式	公开增发新股的认购方式通常为现金认购。	非公开增发新股的认购方式不限于现金，还包括股权、债券、无形资产、固定资产等非现金资产。

【提示】非公开增发股票的定价，不应低于定价基准日前 20 个交易日公司股票均价的 90%。定价基准日前 20 个交易日股票均价的计算公式为：定价基准日前 20 个交易日股票交易均价 = 前 20 个交易日股票交易总额 ÷ 前 20 个交易日股票交易总量。

【例 5-21】（多选题）甲公司不是金融企业，本年度拟公开增发新股，下列甲公司具备的条件或拟进行的发行股票行为中，符合股票发行准则的有（　　）。

A. 选择合适的股票市场甲公司自己发行新股

B. 最近3个会计年度加权平均净资产报酬率平均为4%

C. 最近2年不存在持有金额较大的交易性金融资产

D. 最近半年委托子公司对甲公司自己的90%闲置资金进行理财,占甲公司总资产的40%

E. 发行价格定为招股意向书前20个交易日公司股票均价的150%

【答案】CE

【解析】选项A,公司公开发行股票,是指公司通过中介机构,公开向社会公众发行股票。我国股份有限公司采用募集设立方式向社会公开发行新股时,必须由证券经营机构承销,不能自己发行,甲公司的打算不符合股票发行准则。选项B,公开发行股票要求最近3个会计年度加权平均净资产报酬率平均不低于6%,甲公司的财务状况不符合股票发行准则。选项D,除金融企业外,最近1期期末不存在持有金额较大的交易性金融资产和可供出售金融资产、借予他人款项、委托理财等财务性投资的情形,甲公司的财务状况不符合股票发行准则。

【例5-22】(单选题)下列关于普通股筹资定价的说法中,正确的是( )。

A. 上市公司向原有股东配股时,发行价通常低于市价

B. 上市公司向原有股东配股时,发行价可由发行人自行确定

C. 上市公司公开增发新股时,发行价不能低于公告招股意向书前20个交易日公司股票均价80%

D. 上市公司非公开增发新股时,发行价不能低于定价基准日前20个交易日公司股票的均价

【答案】A

【解析】选项B,上市公司向原股东配股时,一般采取网上定价发行的方式,配股价格由主承销商和发行人协商确定。选项C,上市公司公开增发新股时,发行价格应不低于公告招股意向书前20个交易日公司股票均价或前1个交易日的均价。选项D,非公开增发股票的发行价格不低于定价基准日前20个交易日公司股票均价的90%。

(三)股权再融资对企业的影响

股权再融资对公司资本结构、企业财务状况及控制权产生影响如表5-17所示。

表5-17

股权再融资对企业的影响	
对公司资本结构的影响	(1)降低资产负债率,可能增加资本成本; (2)如果企业目标是企业目标资本结构,则增强企业的财务稳健性,降低债务的违约风险,可能降低资本成本。
对企业财务状况的影响	(1)在运营和盈利状况不变的情况下,降低企业的财务杠杆水平,并降低净资产报酬率; (2)如果募投项目好,有正的净现值,或者能降低资本成本,有利于增加企业价值。
对控制权的影响	(1)公开发行:由于面对不特定对象发行,可能稀释控制权。 (2)配股:只要控股股东不放弃配股权,就不会削弱控制权。 (3)定向增发:如果定增是针对控股股东的,会增强控制权。

【例5-23】(单选题)下列筹资方式中,更有利于上市公司引入战略投资者的是( )。

A. 发行债券 B. 定向增发股票
C. 公开增发股票 D. 配股

【答案】B

【解析】非公开增发(也称定向增发)的对象主要是机构投资者、大股东及关联方。机构投资者大体可以划分为财务投资者和战略投资者。其中财务投资者通常以获利为目的,通过短期持有上市公司股票适时套现,实现获利。战略投资者通常是指与发行人具有合作关系或合作意向和潜力,并愿意按照发行人配售要求与发行人签署战略投资配售协议的法人。他们与发行公司业务联系紧密,且计划长期持有发行公司股票。

三、普通股筹资的优缺点

普通股筹资的优点及缺点如表5-18所示。

表 5-18

普通股筹资的优点		普通股筹资的缺点	
没有固定利息负担	若公司有盈余，并认为适合分配给股东，就可以支付股利。若公司盈余较少或虽有盈余但资金短缺，或有更有利的投资机会，就可以少支付或不支付股利。	资本成本较高	对投资者来说，投资于普通股风险较高，相应地对投资报酬率要求较高。
			对筹资公司来说，股利从净利润中支付，不像债券利息那样作为费用从税前利润中支付，不具有抵税效应。
			此外，普通股的发行费用一般也高于其他证券。
没有固定到期日	普通股筹集的是永久性的资金，只有公司清算才需要偿还。它对保证企业最低资金需求有重要意义。	稀释原股东股权	普通股筹资会增加新股东，这可能会分散公司的控制权，削弱原有股东对公司的控制。
筹资风险小	由于普通股没有固定的到期日，不用支付固定的利息，因此风险小。		
能增加公司的信誉	普通股筹资可以改善公司的信用状况，进而为使用更多的债务资金提供了强有力的支持。	上市将增加信息披露成本	若股票上市，那么公司需要严格履行相关的信息披露制度，接受公众股东的监督，会带来较大的信息披露成本，也增加了公司保护商业秘密的难度。
筹集难度相对小	普通股的预期收益较高，可以一定程度上抵消通货膨胀的影响，因此普通股筹资相对容易筹集资金。		

【提示】普通股融资和负债融资的比较（见表 5-19）。

表 5-19

	负债筹资	普通股筹资
风险	高	低
成本	低	高
控制	不分散控制权	分散控制权
限制	限制条款多	限制条款少

1. 风险。普通股融资风险低，是指无利息负担，无固定到期日；普通股融资成本高，直接体现为稀释每股价值。

2. 限制。股东能控制企业，就没有必要去限制企业；债权人限制企业，是因为他无法控制企业。

【例 5-24】（单选题）从公司理财的角度看，与长期借款筹资相比较，普通股筹资的优点是（　　）。
A. 筹资弹性大　　B. 筹资速度快
C. 筹资成本小　　D. 筹资风险小
【答案】D

【解析】普通股筹资没有固定到期还本付息的压力，所以筹资风险小。筹资速度快、筹资成本小和筹资弹性大，属于长期借款筹资的优点。

【例 5-25】（单选题）与股权筹资相比，下列各项中，不属于债券筹资缺点的是（　　）。
A. 对企业的限制较多
B. 资本成本较高
C. 稀释股东控制权
D. 可能会影响企业的商业隐私保护
【答案】C

【解析】债券筹资的缺点：债券的发行成本高，发行债券之后的信息披露成本高，在发行债券的契约书中的限制条款多，可能影响企业的政策发展和以后的筹资能力。

【知识点 5】混合筹资
一、优先股筹资
优先股的定义、表现、特征及特点如表 5-20 所示。

表 5-20

		优先股筹资
优先股的定义		优先股是指依照公司法，在一般规定的普通股之外，另行规定的其他种类股份，其股份持有人优先于普通股股东分配公司利润和剩余财产，但参与公司决策管理等权利受到限制。
优先权的表现		(1) 须在派发普通股股息之前派发优先股股息，且股息固定； (2) 破产清算时，优先股股东对公司剩余资产的权利先于普通股股东，但在债权人之后。
优先股的特征	固定收益	收益相对固定，优先股的股息一般不会根据公司经营情况增减，而且一般也不再参与公司普通股的分红。
	先派息	公司可分配的利润先分给优先股股东，剩余部分再分给普通股股东。
	先清偿	清偿顺序先于普通股，而次于债权人。
	权利小	优先股股东对公司日常经营管理的一般事项没有表决权。仅在股东大会表决与优先股股东自身利益直接相关的特定事项时，优先股股东才有投票权。
优点		与债券筹资相比，不支付股利不会导致公司破产；没有到期期限，不需要偿还本金。 与普通股相比，发行优先股一般不会稀释股东权益。
缺点		优先股股利不可以在企业税前扣除，是优先股筹资的税收劣势。 优先股需要按约定支付固定股息，通常被视为固定资本成本，具有财务杠杆效应，增加企业的财务风险，增加普通股资本成本。

【提示 1】债务、优先股、普通股三者对投资者和公司的比较（见表 5-21）。

表 5-21

资本来源	投资者角度		公司角度	
债务	风险低	收益低	风险高	成本低
优先股	风险居中	收益居中	风险居中	成本居中
普通股	风险高	收益高	风险低	成本高

【提示 2】所得税的处理（见表 5-22）。

表 5-22

纳税人	债务利息	权益分红
公司	可以抵扣（债务利息可以税前抵扣，称为利息抵税效应）	不得抵扣（普通股股利、优先股股利，都不得税前抵扣）
投资机构	需要缴税	可以免税（居民企业之间的股利红利属于免税收入）
个人投资者	需要缴税	需要缴税（公司分配给股东的税后利润，股东仍然要缴纳个税）

【提示 3】优先股需要按约定支付固定股息，通常被视为固定资本成本，具有财务杠杆效应，增加企业的财务风险，增加普通股资本成本的原因可参考本章节知识点 8：

财务杠杆系数 $DFL = \dfrac{EBIT}{EBIT - I - \dfrac{PD}{1-t}} = \dfrac{\text{息税前利润}}{\text{归属普通股股东的税前利润}}$

$I + \dfrac{PD}{1-t}$ 称为税前固定融资成本。

虽然在教材的财务杠杆系数中未将 PD 纳入杠杆公式内，但是在本章节知识点 8 中将 PD 纳入了计算范畴。公式中，PD 为优先股股利，t 为所得税税率。

通过完整的财务杠杆系数计算公式 DFL 可知，优先股股息和债务利息一样，被视为固定融资成本，都会提高企业的财务杠杆系数，增加财务风险。

【例 5-26】（多选题）相对于普通股而言，优先股的优先权包含的内容有（　　）。
A. 股利分配优先权
B. 配股优先权
C. 剩余财产分配优先权
D. 表决优先权
E. 日常事务管理权

【答案】AC
【解析】优先股股票是公司发行的相对于普通股具有一定优先权的股票，其优先权利主要表现在股利分配优先权和剩余财产分配优先权上。

二、可转换公司债券筹资

可转换公司债券筹资的定义、特征及优缺点如表 5-23 所示。

表 5-23

		可转换公司债券筹资
定义		可转换公司债券是指发行公司依法发行，在一定期间内依据约定的条件可以转换成股份的公司债券。可转换公司债券本身具有债权与股权性质，在转换成公司股票前代表债权与债务的关系，转换成股票后代表上市公司所有权的关系。
特征	可转换性	可转换公司债券可以转换为公司的普通股。这种转换在资产负债表上只是负债转换为普通股，不增加额外的资本。证券持有人可以选择转换，也可以选择不转换而继续持有。
	转换价格	可转换公司债券发行时，就已经明确了以怎样的价格转换为公司普通股。转换价格通常比发行时的股价高出 20%—30%。
	转换比率	转换比率是债权人通过转换可以获得的普通股股数。可转换公司债券的面值、转化价格、转换比率之间存在下列关系： 转换比率 = 债券面值 ÷ 转换价格
	转换期	转换期是指可转换公司债券可转换为股份的起始日至结束日的期间。可转换公司债券的转换期可以与债券的期限相同，也可以短于债券的期限。
	赎回条款	赎回条款是可转换债券的发行企业，可以在债券到期日之前提前赎回债券的规定。
	回售条款	回售条款是在可转换债券发行公司的股票价格达到某种恶劣程度时，债券持有人有权按照约定的价格，将可转换债券卖给发行公司的有关规定。回售条款包括回售时间、回售价格等内容。
	强制性转换条款	强制性转换条款是指在某些条件具备后，债券持有人必须将可转换债券转换为股票，无权要求偿还债券本金的规定。
优点		(1) 与普通债权相比，可转换债券使公司能够以较低的利率取得资金。可转换债券的票面利率低于同一条件下的普通债券的利率，阶段性地降低了公司的资本成本。 (2) 它向投资者提供了转为股权投资的选择权。 (3) 可转换公司债券使公司获得了以高于当前股价出售普通股的可能性。
缺点		(1) 股价上涨风险。如果转换时股票价格大幅上涨，公司只能以较低的固定转换价格换出股票。这实际上降低了公司的股权筹资额。 (2) 股价低迷风险。发行可转换公司债券后，如果股价没有达到转股所需要的水平，可转换公司债券持有者没有如期将债券转换成普通股，则公司只能继续承担债务。 (3) 资本成本高于纯债券。尽管可转换公司债券的票面利率比纯债券低，但是计入转股成本之后的总资本成本比纯债券高。

【提示】一些公司本来计划发行股票而不是债券，但是认为当前股票价格太低，为筹集同样的资金需要发行更多的股票，因此，为避免直接发行新股而遭受损失，才通过发行可转换公司债券变相发行更多的股票。因此，在发行新股时机不理想时可以先发行可转换公司债券，然后通过转换实现较高价格的股权筹资。

【例 5-27】（单选题）甲公司发行了

2 000万元的可转换公司债券,面值为每份1 000元,年利率为6.56%,转换比率为50。则其转换价格为( )元/股。

A. 10 B. 20
C. 50 D. 100

【答案】B

【解析】转换价格=债券面值÷转换比率=1 000÷50=20(元/股)。

【例5-28】(单选题)关于可转换债券,下列表述正确的是( )。

A. 可转换债券既具有债权性质又具有股权性质
B. 可转换债券的回售条款有助于可转换债券顺利转换股票
C. 可转换债券的赎回条款有利于降低投资者的持券风险
D. 可转换债券的转换比率为标的股票市市值与转换价格之比

【答案】A

【解析】可转换债券在转换成公司股票前代表债权与债务的关系,转换成股票后代表上市公司所有权的关系,选项A正确。可转换债券的回售条款,是在可转换债券发行公司的股票价格达到某种恶劣程度时,债券持有人有权按照约定的价格,将可转换债券卖给发行公司,有利于降低投资者的持券风险,选项B错误。可转换债券的赎回条款,最主要的功能是防止企业强制债券持有者过早行使转股权,选项C错误。可转换债券的转换比率为标的股票市面值与转换价格之比,选项D错误。

可赎回债券的赎回条款具体内容如表5-24所示。

表5-24

可转换债券的赎回条款

	不可赎回期	赎回期
赎回期间	含义:是可转换债券从发行开始不能被赎回的期间。目的:保护债券持有人的利益,防止发行企业滥用赎回权,强制债券持有人过早转换债券(但并不是每种可转换债券都设有不可赎回条款)。	含义:是可转换债券的发行公司可以赎回债券的期间。特点:赎回价格一般高于可转换债券的面值,两者之间的差额为赎回溢价。赎回溢价随债券到期日的临近而减少。
	无条件赎回	有条件赎回
赎回条件	无条件赎回是在赎回期内发行公司可随时按照赎回价格赎回债券。	有条件赎回是对赎回债券有一定的条件限制,只有满足了这些条件之后,才能由发行公司赎回债券。

【例5-29】(单选题)有些可转换债券在赎回条款中设置不可赎回期,其目的是( )。

A. 防止赎回溢价过高
B. 保证可转换债券顺利转换成股票
C. 防止发行公司过度使用赎回权
D. 保证发行公司长时间使用资金

【答案】C

【解析】设置不可赎回期的目的就是保护债券持有人的利益,防止发行企业滥用赎回权。

【例5-30】(单选题)为确保债券平价发行,假设其他条件不变,下列各项不会导致票面利率降低的是( )。

A. 附赎回条款 B. 附回售条款
C. 附转换条款 D. 降低票面利率

【答案】A

【解析】选项A,附赎回条款,是对发行人有利的条款,会导致票面利率上升。选项B、C都是对投资人有利的条款,会导致票面利率下降。

【知识点6】资本成本的概念和作用

一、资本成本的概念与作用

(一)资本成本的概念

1. 资本成本的重要性。

(1)公司要达到股东财富最大化,必须使所有的投入成本最小,其中包括资本成本的最小化,所以正确估计和合理降低资本成本是制定筹资决策的基础;

(2)公司为了增加股东财富,只能投资于报酬率高于资本成本的项目,正确估计资本成本是制定投资决策的基础。

2. 资本成本的内容。资本成本是指投资资本的机会成本，即将资本用于本投资所放弃的其他投资机会的最高收益。

受资金所限，投资人在选择投资某个项目时，只能放弃其他备选项目。因此，投资人要求该项目的必要报酬率，是他放弃的其他投资机会中报酬率最高的一个。因此，资本成本也称为必要期望报酬率、投资项目的取舍率、最低可接受的报酬率。

【提示】由于公司经营的业务不同（经营风险不同）、资本结构不同（财务风险不同），因此，各公司的资本成本不同。公司的经营风险和财务风险越大，投资人要求的报酬率就会越高，公司的资本成本也就越高。在各类成本中，考生请注意区分资本成本所包含的内容及不包含的内容（见表5－25）。

表5－25

资本成本包含内容	资本成本不包含内容
机会成本	付现成本
未来成本/增量成本	沉没成本/历史成本

续表

资本成本包含内容	资本成本不包含内容
长期资本成本	短期债务成本
期望报酬率	承诺报酬率
必要报酬率	实际报酬率
项目取舍率	内含报酬率

【例5－31】（单选题）在进行投资决策时，需要顾及的债务成本是（　　）。
A. 未来债务的承诺收益
B. 未来债务的期望收益
C. 现有债务的承诺收益
D. 现有债务的期望收益
【答案】B
【解析】资本成本是指投资资本的机会成本，即将资本用于本投资所放弃的其他投资机会的最高收益，事项还未发生，选项C、D错误。资本成本是项目投资人的期望收益而非承诺收益，选项A错误，选项B正确。

（二）资本成本的作用

资本成本的作用如表5－26所示。

表5－26

用途	含义
投资决策	当投资项目与公司现存业务相同时，公司的资本成本是合适的折现率。如果投资项目与现有资产平均风险不同，公司资本成本不能作为项目现金流量的折现率，但其仍提供了一个调整基础。 评价投资项目最普遍的方法是净现值法和内含报酬率法。采用净现值法的时候，项目资本成本是计算净现值的折现率；采用内含报酬率法时，项目资本成本是其"取舍率"或必要报酬率。因此，项目资本成本是项目投资评价的重要参考基准。
筹资决策	资本结构虽然会对股票价格产生影响，但该影响难以量化反映，因此决策时通常不考虑资本结构改变对企业现金流产生的影响，而是假设资本结构的改变不会改变企业现金流，基于该假设可以得出如下结论：公司价值最大化的资本结构＝加权平均资本成本最小的资本结构。
营运资金管理	公司各类资产的收益、风险和流动性不同，营运资金投资和长期资产投资的风险不同，其资本成本也不同。可以把各类流动资产看成不同的"投资项目"，它们也有不同的资本成本。在管理营运资金方面，资本成本可以用来评估营运资金投资政策和营运资金筹资政策。
企业价值评估	评估企业价值时，主要采用现金流量折现法，需要使用公司资本成本作为公司现金流量的折现率。
业绩评价	资本成本是投资人要求的报酬率。与公司实际的投资报酬率进行比较可以评价公司的业绩。日渐兴起的以价值为基础的业绩评价，其核心指标是经济增加值。计算经济增加值需要使用公司资本成本，公司资本成本与资本市场相关，所以经济增加值可以把业绩评价和资本市场联系在一起。

二、个别资本成本的计算

(一) 债务资本成本的计算

债务资本成本的计算如表 5-27 所示。

表 5-27

	债务资本成本的计算	
定义	债务资本成本是指债务的税后资本成本。	
计算	考虑货币时间价值：$$P(1-F)=\sum_{t=1}^{n}\frac{I}{(1+K_d)^t}+\frac{M}{(1+K_d)^n}$$ 债券的资本成本 $K_{dt}=K_d(1-T)$ P 为债券发行价格；M 为债券面值；F 为发行费用率；n 为债券的到期时间；T 为公司的所得税税率；K_d 为经发行成本调整后的债券税前成本。	不考虑货币时间价值： 债务资本成本 = 税前资本成本 × (1 - 所得税税率) 不考虑货币时间价值，但考虑筹资费用： 税前资本成本 = $\dfrac{利率}{1-筹资费率}$ 税后资本成本 = 利率 × $\dfrac{1-所得税税率}{1-筹资费率}$

【例 5-32】(单选题) 甲公司拟发行 5 年期的公司债券，债券面值为 1 000 元，票面利率为 7%，发行费用率为 2.5%，甲公司适用的所得税税率为 25%，则该债券的资本成本为 ( )。

A. 7%   B. 5.25%
C. 6.1%   D. 5.38%

【答案】D

【解析】税后资本成本 = 7% × (1 - 25%)/(1 - 2.5%) = 5.38%，由于没有特意提到货币的时间价值，也没有给出复利现值系数等条件，因此直接按照不考虑货币时间价值的方法来计算。

【例 5-33】(单选题) 甲公司拟发行按年付息，为期 5 年的债券。该债券面值为 1 000 元，发售价格为 1 200 元，年利率 10%，发行费用率为面值的 2%，适用的所得税税率为 25%。已知 (P/A, 10%, 5) = 3.7908, (P/F, 10%, 5) = 0.6209, (P/A, 5%, 5) = 4.3295, (P/F, 5%, 5) = 0.7835，则该债券的资本成本为 ( )。

A. 7.50%   B. 6.32%
C. 5.50%   D. 4.12%

【答案】D

【解析】如考虑货币时间价值，则需要先计算税前资本成本，再根据债务资本成本 = 税前资本成本 × (1 - 所得税税率)，计算债务资本成本。税前资本成本 K_d 须满足以下公式：

$$P\times(1-F)=\sum_{t=1}^{n}\frac{I}{(1+K_d)^t}+\frac{M}{(1+K_d)^n},$$
$$K_{dt}=K_d(1-T)$$

即：

债券的发行价格 × (1 - 发行费用率) = 各期利息现值的总和 + 到期时债券面值的现值 债务资本成本 = 税前资本成本 × (1 - 所得税税率)

公式中，P 为债券发行价格；M 为债券面值；F 为发行费用率；n 为债券的到期时间；T 为公司的所得税税率；K_d 为经发行成本调整后的债券税前成本。

将题目中的数字代入公式，则有：

$1\,200 \times (1-2\%) = 1\,000 \times 10\% \times (P/A, K_d, 5) + 1\,000 \times (P/F, K_d, 5) = 1\,176$ (元)

使用插值法，当 $K_d = 10\%$ 时，$1\,000 \times 10\% \times (P/A, 10\%, 5) + 1\,000 \times (P/F, 10\%, 5) = 100 \times 3.7908 + 1\,000 \times 0.6209 = 999.98$ (元)，当 $K_d = 5\%$ 时，$1\,000 \times 10\% \times (P/A, 5\%, 5) + 1\,000 \times (P/F, 5\%, 5) = 100 \times 4.3295 + 1\,000 \times 0.7835 = 1\,216.45$ (元)，解得 $K_d = 5.38\%$。

债券的资本成本 $K_{dt} = 5.38\% \times (1-25\%) \div (1-2\%) = 4.12\%$

(二) 权益资本成本的计算

普通股资本成本是指筹集普通股所需的成本。增加普通股有两种方式：一是增发新的普通股，二是留存收益转增普通股。其估计方法如表 5-28 所示。

普通股资本成本估计方法有三种：资本资产定价模型、股利增长估值模型和债券报酬率风险调整模型。本教材主要介绍资本资产定价模型和股利增长模型。

表 5-28

目的	方式	资本成本估计方法	
增加普通股	增发普通股的资本成本	资本资产定价模型	$K_e = R_f + \beta(R_m - R_f)$
		股利增长估值模型	不考虑发行费用： $K_e = \dfrac{D_1}{P_0} + g$ K_e 为普通股资本成本；D_1 为预期下一年股利额；P_0 为普通股当前市价；g 为股利的年增长率。 考虑发行费用（f 为发行费用率）： $K_e = \dfrac{D_1}{P_0(1-f)} + g$
	留存收益资本成本		股东愿意将其留在公司，说明其必要报酬率与普通股相同，本质上，股东对这笔留存收益要求与普通股等价的报酬。因此，留存收益也有资本成本，且是一种典型的机会成本。 留存收益资本成本的估计与普通股相似，但无须考虑筹资费用。

【例 5-34】（单选题）甲公司已进入稳定增长状态，固定股利增长率 4%，股东必要报酬率 10%。公司最近一年每期股利 0.75 元，预计下一年的股票价格是（　　）元。

A. 7.5　　　　　B. 12.5
C. 13　　　　　D. 13.52

【答案】D

【解析】普通股资本成本 = 下一年预期股利额 ÷ 普通股当前市价 + 股利增长率，即 10% = 0.75 × (1 + 4%) ÷ 当年普通股市价 + 4%，则当前普通股市价 = 0.75 × (1 + 4%) ÷ (10% - 4%) = 13（元），则下一年的股票价格 = 13 × (1 + 4%) = 13.52（元）。

【例 5-35】（单选题）企业内部筹资不需要考虑的因素是（　　）。

A. 普通股市价
B. 普通股股利的年增长率
C. 普通股资本成本
D. 普通股的筹资费用

【答案】D

【解析】企业内部筹资以留存收益为主，留存收益资本成本的估计与普通股相似，但无须考虑筹资费用。选项 A、B、C 都与普通股资本成本有关，都属于需要被考虑的因素。

（三）优先股资本成本的计算

优先股资本成本是优先股股东要求的必要报酬率。优先股资本成本包括股息和发行费用。优先股股息通常是固定的，公司以税后利润，在派发普通股股利之前，优先派发优先股股息。

其资本成本的计算公式如下：

$$K_P = \dfrac{D_P}{P_P(1-f)} = \dfrac{\text{优先股股息}}{\text{优先股发行价格} \times (1-\text{发行费用率})}$$

式中，K_p 为优先股资本成本；D_p 为优先股每股年股息；P_p 为优先股发行价格；f 为优先股发行费用率。

【例 5-36】（单选题）某公司发行优先股，面值总额为 8 000 元，年股息率为 8%，股息不可税前抵扣。发行价格为 10 000 元，发行费用占发行价格的 2%，则该优先股的资本成本为（　　）。

A. 8.16%　　　　B. 6.4%
C. 8%　　　　　D. 6.53%

【答案】D

【解析】该优先股的资本成本率 = 8 000 × 8% ÷ [10 000 × (1 - 2%)] = 6.53%。

三、加权平均资本成本的计算

（一）加权平均资本成本的意义

加权平均资本成本是公司全部长期资本的平均成本，一般按各种长期资本的比例加权计算，故称为加权平均资本成本。

在公司价值评估、资本结构决策中，加权平均资本成本是一种可供选择的折现率。

（二）加权平均资本成本的计算

1. 权重的选择。计算加权平均资本成本，有三种权重依据可供选择，即账面价值权重、实际市场价值权重和目标资本结构权重。

【提示】关于"权重"的选择：所谓加权平

均资本成本,是将每种资金来源乘以该资金在总资本中的占比,最后再全部相加。这里讲的三种权重,就是要按照三种不同的方法去计算这个占比(见表5-29)。

表 5-29

权重	解释
账面价值权重	含义:根据企业资产负债表上显示的会计价值来衡量每种资本的比例。 特点:资产负债表提供了负债和权益的金额,计算时很方便。但是,账面结构反映的是资本的历史结构,不一定符合未来的状态。由于账面价值与市场价值通常存在较大的差异,以账面价值为权重很可能歪曲企业的加权平均资本成本。
实际市场价值权重	含义:根据当前负债和权益的市场价值比例衡量每种资本的比例。 特点:由于市场价值不断变动,负债和权益的比例随之变动,计算出的加权平均资本成本数额也是经常变化的。
目标资本结构权重	含义:更加接近最优资本结构的资本结构。目标资本结构是达到企业价值最大化时的负债价值与权益价值之比,以及内部各种资本来源之比。 特点:企业的目标资本结构,代表企业目标资本的发展方向,是企业从企业融资结构、企业控制权、企业现金流三个方面去考虑得出的最优资本结构。目标资本结构的权重,是根据按市场价值计量的目标资本结构衡量每种要素的比例。该权重在确认时,可以采用平均市场价格来确认权重,以回避证券市场价格的频繁变动;也可以采用公司评价未来的资本结构来确认权重,以避免受到历史或现实资本结构数据的影响。

2. 加权平均资本成本的计算方法。假设 W_i 为第 i 种资本金来源在总资本中所占的比重,K_i 为第 i 种资金的资本成本,公司筹资一共有 n 种资金来源,则加权平均资本成本 $WACC = \sum_{i=1}^{n} W_i K_i$,即将每种资金来源在总资本中所占比重乘以该资金的资本成本,最后再全部相加,即为该企业的加权平均资本成本。

【例 5-37】(单选题)甲公司 2×23 年末长期资本为 5 000 万元,其中:长期借款为 1 500 万元,年利率为 8%;所有者权益为 3 500 万元,资本成本为 12%。短期资本为 3 000 万元,其中:短期债券为 2 000 万元,资本成本为 4.5%;短期借款为 1 000 万元,资本成本为 3.65%。甲公司准备在 2×24 年发行 3 000 万元的优先股,固定股息率为 7.5%,筹资费用率为 2%。甲公司适用的所得税税率为 25%,则甲公司 2×24 年完成筹资计划后的平均资本成本为( )。

A. 8.24%   B. 9.24%
C. 7.23%   D. 6.21%

【答案】B

【解析】优先股的资本成本 = 7.5% ÷ (1 - 2%) = 7.65%;甲公司筹资后的长期资本总额 = 5 000 + 3 000 = 8 000(万元)。需要注意的是,加权平均资本成本是公司全部长期资本的平均成本,因此这里不能再加上这些短期资本。另外要注意的是,债券筹资的资本成本要记得扣除所得税的影响,优先股和普通权益资本则不用。甲公司的平均资本成本 = 1 500/8 000 × 8% × (1 - 25%) + 3 500/8 000 × 12% + 3 000/8 000 × 7.65% = 9.24%。

【小结】如表 5-30 所示。

表 5-30

资本成本	前提		公式
债务资本成本	不考虑筹资费用率		债务资本成本 = 税前资本成本 × (1 - 所得税税率)
	考虑筹资费用率	不考虑货币时间价值	债务资本成本 = 税前资本成本 × (1 - 所得税税率)/(1 - 筹资费率)
		考虑货币时间价值	税前资本成本 K_d 须满足以下公式: $$P \times (1 - F) = \sum_{i=1}^{n} \frac{I}{(1 + K_d)^t} + \frac{M}{(1 + K_d)^n}$$

续表

资本成本	前提	公式	
权益资本成本	增发新普通股	资本资产定价模型：$K_e = R_f + \beta(R_m - R_f)$	
		股利增长估值模型：$K_e = \dfrac{D_1}{P_0} + g$	发行新股考虑发行费率：$K_e = \dfrac{D_1}{P_0(1-f)} + g$
	留存收益转增普通股	与普通股相似，但无须考虑筹资费用	
优先股资本成本		$K_P = \dfrac{D_P}{P_P(1-f)} = \dfrac{优先股股息}{优先股发行价格 \times (1 - 发行费用率)}$	
加权平均资本成本		$WACC = \sum_{i=1}^{n} W_i K_i$ 将每种资金来源在总资本中所占比重乘以该资金的资本成本，再进行汇总相加。	

四、资本成本变动的影响因素

资本成本变动可能受外部因素或内部因素的影响（见表5-31）。

表5-31

类型	影响因素	解释
外部因素	利率	市场利率上升，公司的债务成本会上升，因为投资人的机会成本增加了，公司筹资时必须付给债权人更多的报酬。同时，利率上升也会引起普通股和优先股的资本成本上升。资本成本上升，投资的价值会降低，会抑制公司的投资。利率下降，公司的资本成本也会下降，则会刺激公司投资。
	市场风险报酬	由资本市场上的供求双方决定，个别公司无法控制。根据资本资产定价模型，市场风险报酬会影响股权成本。
	税率	税率变化直接影响税后债务成本以及公司加权平均资本成本。此外，资本性收益的税务政策发生变化，会影响人们对于权益投资和债务投资的选择，并间接影响公司的最佳资本结构。
内部因素	资本结构	企业改变资本结构时，资本成本会被改变。增加债务比重，会使平均资本成本降低，同时会加大公司的财务风险。财务风险的提高，又会引起债务成本和股权成本的上升。
	股利政策	股利政策影响净利润中分配给股东的比例，它是决定股权成本的因素之一。公司改变股利政策，将会引起股权资本成本的变化。
	投资政策	如果公司向高于现有资产风险的新项目大量投资，公司资产的平均风险就会提高，并使得公司资本成本上升。

【例5-38】（多选题）今年年初，甲公司研究新一年度的投资项目Y产品，分析各种投资、筹资策略和公司面对的内外部环境。以下情形中，会导致公司资本成本提高的有（　　）。

A. 上一年因外部原因，甲公司所在行业遭受重大打击，甲公司的主营业务由面向国外的进出口贸易转为面向国内的生产与销售

B. 甲公司正在研发一款能使公司产生核心竞争力的X产品，新一年的投资项目Y产品跟X产品的生产过程完全不同，具备较大的研发难度

C. 在X产品研发的近五年，甲公司已投入大量的人力物力材料，目前甲公司面临较大的经营风险和财务风险

D. 为开发Y产品，甲公司拟通过发行普通股的方式进行筹资

E. Y产品预计占用较大的资金量和较长的资金使用时间

【答案】BCDE

【解析】选项A，行业遭受打击，市场利率必然会下降，公司的债务成本、普通股和优先股的资本成本都会下降。选项B，如果公司向高于现有资产风险的新项目大量投资，公司资产的平均风险就会提高，并使得公司资本成本上

升。选项 C，企业的财务风险越大，投资者要求的报酬率就越高，资本成本越大。选项 D，普通股的资本成本较高，发行普通股会使公司资本成本提高。选项 E，资本是稀缺资源，一次筹集资金越多，占用时间越长，资本成本越高。

【知识点 7】 资本结构决策

一、资本结构及其决策的意义

资本结构是指企业各种资本的构成及其比例关系。资本结构决策的意义为：

（1）合理安排资本结构可以降低企业的综合资本成本；

（2）合理安排资本结构可以获得财务杠杆收益；

（3）合理安排资本结构可以增加公司价值。

【例 5-39】（单选题）合理安排资本结构对于企业有着许多重要的意义，下列说法中不属于其中之一的是（　　）。

A. 降低企业资本成本
B. 获得经营杠杆收益
C. 获得财务杠杆收益
D. 帮助增加公司价值

【答案】B

【解析】合理安排资本结构，最直接的是为了调整企业的资本成本，将企业资本成本降到最低，也就能更好地获得财务杠杆收益、增加企业价值。

【小结】资本成本是连接筹资和投资的纽带，具有广泛的用途：首先，筹资决策决定了一个公司的加权平均资本成本；其次，加权平均资本成本又成为投资决策的依据，既是平均风险项目要求的必要报酬率，也是其他风险项目资本成本的调整基础；再次，投资决策决定了公司所需资金的数额和时间，成为筹资决策的依据；最后，投资于高于现有资产平均风险的项目，会增加公司的风险并提高公司的资本成本。资本成本把筹资决策和投资决策联系起来。

二、杠杆系数的衡量

杠杆系数包括经营杠杆、财务杠杆及联合杠杆。它们的含义及关系如表 5-32 所示。

表 5-32

杠杆系数	含义
经营杠杆	经营杠杆是指由于企业固定生产经营成本的存在而导致息税前利润变动大于产销业务量变动的杠杆效应。
财务杠杆	财务杠杆是指由于企业有息债务的存在而导致普通股每股收益变动大于息税前利润变动的杠杆效应。
联合杠杆	联合杠杆又称复合杠杆，是指由于企业固定生产经营成本和固定财务费用的存在，而导致的普通股每股利润变动大于产销业务量变动的杠杆效应。
三者关系	联合杠杆系数＝经营杠杆系数×财务杠杆系数

（一）经营杠杆系数的衡量

1. 经营风险。经营风险是指企业未使用债务时经营的内在风险。企业经营的影响因素如表 5-33 所示。

2. 经营杠杆系数的衡量方法。经营杠杆系数（DOL）的含义及衡量方法如表 5-34 所示。

表 5-33

影响因素	经营风险小的情况	经营风险大的情况
产品需求	市场对企业产品的需求稳定	市场对企业产品的需求不稳定
产品售价	产品售价稳定	产品售价不稳定
产品成本	产品成本变动小	产品成本变动大
调整价格的能力	企业具有较强的调整价格的能力	企业没有较强的调整价格的能力
固定成本的比重	固定成本占全部成本比重较小	固定成本占全部成本比重较大

表 5-34

含义	如果企业不存在固定成本，则息税前利润的变动率将与销售量的变动率保持一致。这种在某一固定成本比重的作用下，由于销售量一定程度的变动，引起息税前利润产生更大程度变动的现象，称为经营杠杆效应。
大小	经营杠杆的大小是由固定性经营成本和息税前利润共同决定的。
公式1	$DOL = \dfrac{\Delta EBIT \div EBIT}{\Delta S \div S}$ $DOL = \dfrac{\text{息税前利润变化的百分比}}{\text{营业收入变化的百分比}}$
公式2	当销量为 Q 时： $DOL_Q = \dfrac{Q(P-V)}{Q(P-V)-F}$ $DOL_Q = \dfrac{\text{销量} \times (\text{单价} - \text{单位变动成本})}{\text{销量} \times (\text{单价} - \text{单位变动成本}) - \text{固定成本总额}}$
公式3	当营业收入为 S 时： $DOL_S = \dfrac{S-VC}{S-VC-F} = \dfrac{EBIT+F}{EBIT}$ $DOL_S = \dfrac{\text{营业收入} - \text{变动成本总额}}{\text{营业收入} - \text{变动成本总额} - \text{固定成本总额}} = \dfrac{\text{息税前利润} + \text{固定成本总额}}{\text{息税前利润}}$

【提示1】（1）贡献毛益＝销售收入－变动成本＝息税前利润＋固定成本；

（2）息税前利润＝销售收入－变动成本－固定成本。

【提示2】公式2可用于计算单一产品的经营杠杆系数，公式3除了用于单一产品外，还可以用于计算多种产品的经营杠杆系数。从上述公式可以看出，如果固定成本等于0，则经营杠杆系数为1，即不存在经营杠杆效应。当固定成本不为0时，通常经营杠杆系数都是大于1的，即可以显现出经营杠杆效应。

【提示3】只要企业存在固定性成本，就存在经营杠杆效应，经营杠杆系数越高，表明息税前利润受产销量变动的影响程度越大，经营风险也越大。在固定成本不变的情况下，经营杠杆系数说明了营业收入增长（减少）引起息税前利润增长（减少）的幅度。

经营杠杆的影响因素变动对经营杠杆的影响如表5-35所示。

表 5-35

影响因素		中间因素		影响方向	
P 单价	↑	贡献毛益	↑	经营杠杆系数	↓
Q 销量	↑	贡献毛益	↑	经营杠杆系数	↓
V 单位变动成本	↑	贡献毛益	↓	经营杠杆系数	↑
F 固定成本总额	↑	固定经营成本	↓	经营杠杆系数	↑

【例5-40】（单选题）企业的经营杠杆因（　）而存在。

A. 固定成本　　　B. 变动成本
C. 所得税　　　　D. 产销能力

【答案】A

【解析】在某一固定成本比重的作用下，由于销售量一定程度的变动，引起息税前利润产生更大程度变动的现象，称为经营杠杆效应。因此可以说企业的经营杠杆因固定成本而存在。

【例5-41】（单选题）若企业基期固定成本为200万元，基期息税前利润为300万元，则企业的经营杠杆系数为（　）。

A. 2.5　　　　　B. 1.67
C. 1.5　　　　　D. 0.67

【答案】B

【解析】经营杠杆系数 DOL =（EBIT + F）÷

EBIT = (200 + 300) ÷ 300 = 1.67。

【例5-42】（单选题）甲公司的经营杠杆系数为3.5，每年的固定经营成本为225万元，利息费用为30万元，则甲公司的利息保障倍数为（　　）。

A. 1　　　　　　B. 2
C. 3　　　　　　D. 4

【答案】C

【解析】经营杠杆系数 =（息税前利润 + 固定成本）÷ 息税前利润，则有 3.5 =（息税前利润 + 225）÷ 息税前利润，求得息税前利润 = 90（万元），利息保障倍数 = 息税前利润 ÷ 利息费用 = 90 ÷ 30 = 3。

（二）财务杠杆系数的衡量

1. 财务风险。财务风险是包含有企业可能丧失偿债能力的风险和股东收益的波动性。随着债务、租赁和优先股筹资在企业资本结构中所占比重的提高，企业支出的固定费用会增加，结果使企业丧失现金偿付能力的可能性增大。企业财务风险的另一方面涉及股东可能得到的收益波动性。总之，企业的财务风险包含了股东未来收益的波动性和企业丧失偿债能力的可能性。

2. 财务杠杆系数的衡量方法。财务杠杆系数（DFL）的含义及衡量方法如表5-36所示。

表5-36

财务杠杆系数（DFL）的含义及衡量方法

含义	在某一固定的债务与权益筹资结构下，由于息税前利润的变动引起的每股收益产生更大幅度变动的现象，称为财务杠杆效应。
大小	固定性资本成本是引发财务杠杆效应的根源，但息税前利润与固定性资本成本之间的相对水平决定了财务杠杆的大小。
公式1	$DFL = \dfrac{\Delta EPS/EPS}{\Delta EBIT/EBIT}$ $DFL = \dfrac{每股收益变化的百分比}{息税前利润变化的百分比} = \dfrac{普通股每股收益变动额 \div 普通股每股收益}{息税前利润变动额 \div 息税前利润}$
公式2	不考虑优先股股利： $DFL = \dfrac{EBIT}{EBIT - I} = \dfrac{息税前利润}{息税前利润 - 债务利息}$ $DFL = \dfrac{Q(P-V) - F}{Q(P-V) - F - I} = \dfrac{销量 \times (单价 - 单位变动成本) - 固定成本总额}{销量 \times (单价 - 单位变动成本) - 固定成本总额 - 债务利息}$
公式3 （拓展）	考虑优先股股利： $DFL = \dfrac{EBIT}{EBIT - I - \dfrac{PD}{1-T}}$ $DFL = \dfrac{息税前利润}{归属普通股股东的税前利润} = \dfrac{息税前利润}{息税前利润 - 债务利息 - \dfrac{优先股股利}{1 - 所得税税率}}$ $DFL = \dfrac{Q(P-V) - F}{Q(P-V) - F - I - \dfrac{PD}{1-T}}$ $DFL = \dfrac{销量 \times (单价 - 单位变动成本) - 固定成本总额}{销量 \times (单价 - 单位变动成本) - 固定成本总额 - 债务利息 - \dfrac{优先股股利}{1 - 所得税税率}}$

【提示1】公式3作为公式2的拓展，为接下来的知识点资本结构决策分析中每股收益无差别点法学习的理论基础，需要考生进行掌握。其中，PD ÷（1 - T）代表税前优先股股息；I + PD ÷（1 - T）税前固定融资成本。

【提示2】固定融资成本是引发财务杠杆效应的根源；固定融资成本和息税前利润共同决定财务杠杆的大小。

【提示3】引起经营杠杆效应的是"固定成本"（固定经营成本），引起财务杠杆效应的是"固定性资本成本"（固定融资成本）（见表5-37）。

表 5-37

经营杠杆系数 DOL	财务杠杆系数 DFL
营业收入波动→息税前利润波动	息税前利润波动→每股收益波动
衡量经营风险	衡量财务风险
来源：固定经营成本	来源：固定融资成本
取决于：固定经营成本（同向）、息税前利润（反向）	取决于：固定融资成本（同向）、息税前利润（反向）

【例 5-43】（单选题）某公司 2×24 年普通股收益为 100 元，20×25 年息税前利润预计增长 20%，假设财务杠杆系数为 3，则 2×25 年普通股收益预计为（　　）元。

A. 300　　　　B. 120
C. 100　　　　D. 160

【答案】D

【解析】财务杠杆系数 = 普通股收益变动率÷息税前利润变动率，普通股收益增长率 = 20%×3 = 60%，2×24 年普通股收益 = 100×（1+60%）= 160（万元）。

【例 5-44】（单选题）甲公司 2×24 年净利润 150 万元，利息费用 100 万元，优先股股利 37.5 万元。企业所得税税率适用 25%，甲公司财务杠杆系数为（　　）。

A. 2　　　　B. 1.85
C. 3　　　　D. 2.15

【答案】A

【解析】甲公司财务杠杆系数 = [150÷(1-25%)+100]÷[150÷(1-25%)-37.5÷(1-25%)] = 2。

（三）联合杠杆系数的衡量

1. 联合杠杆系数的定义。

联合杠杆系数（DTL）的定义式（1）：

$$DTL = \frac{\Delta EPS \div EPS}{\Delta S \div S} = \frac{每股收益变化的百分比}{营业收入变化的百分比}$$

联合杠杆系数（DTL）的定义式（2）：

$DTL = DOL \times DFL =$ 经营杠杆系数×财务杠杆系数

联合杠杆系数（DTL）的计算式（1）：

$$DTL = \frac{Q(P-V)}{Q(P-V)-F-\left[I+\frac{PD}{1-T}\right]}$$

$$= \frac{贡献毛益}{归属普通股股东的税前利润}$$

联合杠杆系数（DTL）的计算式（2）：

$$DTL = \frac{EBIT+F}{EBIT-I-\frac{PD}{1-T}}$$

$$= \frac{贡献毛益}{归属普通股股东的税前利润}$$

2. 联合杠杆系数对公司管理层的意义。

（1）当营业收入变化时，公司管理层在一定的成本结构与筹资结构下，能够对每股收益的影响程度做出判断。

（2）通过分析经营杠杆与财务杠杆之间的相互关系，有利于管理层对经营风险与财务风险进行管理。

【例 5-45】（单选题）联合杠杆可以反映（　　）。

A. 营业收入变化对息税前利润的影响程度
B. 营业收入变化对每股收益的影响程度
C. 息税前利润变化对每股收益的影响程度
D. 营业收入变化对贡献毛益的影响程度

【答案】B

【解析】联合杠杆的定义式：$DFL = \frac{\Delta EPS/EPS}{\Delta EBIT/EBIT}$。

【例 5-46】（单选题）甲公司上一年年末每股收益 1 元，经营杠杆系数 1.2，财务杠杆系数 1.5，如果甲公司本年度未进行股票分割，本年度每股收益达到 1.9 元，根据杠杆效应，其营业收入应比上一年增加（　　）。

A. 50%　　　　B. 65%
C. 75%　　　　D. 60%

【答案】A

【解析】联合杠杆系数 = 1.2×1.5 = 1.8，每股收益增长率 = (1.9-1)÷1×100% = 90%，营业收入增长率 = 90%÷1.8 = 50%。

【例 5-47】（单选题）甲公司的经营杠杆为 2.5，财务杠杆为 1.4，若公司的销售额减少 10%，甲公司的每股收益预期下降（　　）。

A. 39%　　　　B. 3.9%
C. 35%　　　　D. 3.5%

【答案】C

【解析】联合杠杆系数 = 每股收益变化的百分比÷营业收入变化的百分比，因此，每股收益变化的百分比 = 联合杠杆系数×营业收入变化百分比 = 经营杠杆系数×财务杠杆系数×营业收入变化百分比 = 2.5×1.4×10% = 35%。

【小结】如表 5-38 所示。

表 5-38

杠杆系数	风险类型	衡量内容	公式	意义
经营杠杆系数（DOL）	经营风险	衡量营业收入变化对息税前利润的影响程度	(1) $DOL = \dfrac{\Delta EBIT/EBIT}{\Delta S/S}$ (2) $DOL_Q = \dfrac{Q(P-V)}{Q(P-V)-F}$ (3) $DOL_S = \dfrac{S-VC}{S-VC-F} = \dfrac{EBIT+F}{EBIT}$	经营杠杆系数越高，表明息税前利润受产销量变动的影响程度越大，经营风险也越大。
财务杠杆系数（DFL）	财务风险	衡量息税前利润变化对每股收益的影响程度	(1) $DFL = \dfrac{\Delta EPS/EPS}{\Delta EBIT/EBIT}$ (2) $DFL = \dfrac{EBIT}{EBIT - I - \dfrac{PD}{1-T}}$ (3) $DFL = \dfrac{Q(P-V)-F}{Q(P-V)-F-I-\dfrac{PD}{1-T}}$	财务杠杆系数越大，表明财务杠杆作用越大，财务风险也就越大；财务杠杆系数越小，表明财务杠杆作用越小，财务风险也就越小。
联合杠杆系数（DTL）	联合风险	衡量营业收入的变化对每股收益的影响程度	(1) $DTL = \dfrac{\Delta EPS/EPS}{\Delta S/S}$ (2) $DTL = DOL \times DFL$ (3) $DTL = \dfrac{Q(P-V)}{Q(P-V)-F-I-\dfrac{PD}{1-T}}$ (4) $DTL = \dfrac{EBIT+F}{EBIT-I-\dfrac{PD}{1-T}}$	公司管理层可以根据联合杠杆系数判断营业收入变化对每股收益的影响，有利于对经营风险和财务风险进行管理。

【提示】杠杆系数总结（见表 5-39）：所有杠杆系数都要大数除小数，确保杠杆系数≥1。

表 5-39

杠杆系数	定义式	计算式
经营杠杆系数	$\dfrac{息税前利润变动\%}{营业收入变动\%}$	$\dfrac{贡献毛益}{息税前利润}$
财务杠杆系数	$\dfrac{每股收益变动\%}{息税前利润变动\%}$	$\dfrac{息税前利润}{归属于普通股股东的税前利润}$
联合杠杆系数	$\dfrac{每股收益变动\%}{营业收入变动\%}$	$\dfrac{贡献毛益}{归属于普通股股东的税前利润}$

【知识点 8】资本结构决策分析

一、资本结构的影响因素

企业资本结构决策的主要内容是权衡债务的收益与风险，实现合理的目标资本结构，从而实现企业价值最大化。

影响资本结构的因素
- 外部因素：税率、利率；资本市场、行业特征
- 内部因素：营业收入、成长性；资本结构、盈利能力；管理层偏好、财务灵活性；股权结构

【拓展】一般而言，收益与现金流量波动较大的企业要比现金流量较稳定的类似企业的负债水平低；一般性用途资产比例较高的企业因其资产作为债务抵押的可能性较大，要比具有特殊用途资产比例高的类似企业的负债水平高；财务灵活性大的企业要比财务灵活性小的类似企业的负债筹资能力强。财务灵活性是指企业利用闲置资金和剩余的负债能力，以及应付可能发生的偶然情况和把握未预见机会（新的好项目）的能力。

二、资本结构决策分析方法

企业应当确定其最佳资本结构，使加权平均资本成本最低，以此实现企业价值最大化。

常用的资本决策分析方法有资本成本比较法、每股收益无差别点法与企业价值比较法。

（一）资本成本比较法（加权平均资本成本 WACC）

资本成本比较法，是指在不考虑各种筹资方式的数量与比例的约束，以及财务风险差异的情况下，计算各种基于市场价值的长期筹资组合方案的加权平均资本成本，并根据计算结果选择加权平均资本成本最小的筹资方案，进而确定相对最优的资本结构。

公司资本成本是加权平均资本成本（WACC）。

1. 资本结构中只有普通股和债务。

$$WACC = r_s \frac{S}{S+D} + r_d(1-t)\frac{D}{S+D}$$

公司资本成本 = 权益资本成本 + 税后债务资本成本 = 权益资本成本 × 权益权重 + 税前债务资本成本 ×（1 - 所得税税率）× 债务权重

2. 资本结构中包含优先股。

$$WACC = r_s \frac{S}{S+P+D} + r_p \frac{P}{S+P+D} + r_d(1-t)\frac{D}{S+P+D}$$

公司资本成本 = 权益资本成本 + 优先股资本成本 + 税后债务资本成本 = 权益资本成本 × 权益权重 + 优先股资本成本 × 优先股权重 + 税前债务资本成本 ×（1 - 所得税税率）× 债务权重

【例 5 - 48】（单选题）所谓的最佳资本结构，是指（　　）。

A. 企业加权平均资本成本最高，企业价值最大的资本结构

B. 企业加权平均资本成本最低，企业价值最小的资本结构

C. 企业加权平均资本成本最低，企业价值最大的资本结构

D. 企业加权平均资本成本最高，企业价值最小的资本结构

【答案】C

【解析】根据资本结构理论，当公司平均资本成本最低时，公司价值最大。所谓最佳资本结构，是指在一定条件下使企业平均资本成本率最低、企业价值最大的资本结构。

【例 5 - 49】（单选题）甲公司成立之初需要的成本总额为 8 000 万元，有以下三种筹资方案：

筹资方式	方案一		方案二		方案三	
	筹资金额（万元）	资本成本	筹资金额（万元）	资本成本	筹资金额（万元）	资本成本
长期借款	600	4.6%	900	5.3%	600	4.6%
长期债券	1 300	6%	1 500	6%	2 000	7%
优先股	800	10%	800	10%	800	10%
普通股	5 300	14%	4 800	14%	4 600	13%
资本合计	8 000	—	8 000	—	8 000	—

表中债务成本均为税后资本成本，所得税税率为25%。甲公司应按（　　）来筹集资金。

A. 方案一　　　　B. 方案二

C. 方案三　　　　D. 方案一或方案二

【答案】C

【解析】题中给出了不同的筹资方式和资本成本，只需要计算出各方案的加权平均资本成本，将三种加权平均资本进行比较，就能确定出相对最优秀的资本结构了。

方案一：WACC$_1$ =（600 × 4.6% + 1 300 × 6% + 800 × 10% + 5 300 × 14%）÷ 8 000 × 100% = 10.64%

方案二：WACC$_2$ =（900 × 5.3% + 1 500 × 6% + 800 × 10% + 4 800 × 14%）÷ 8 000 × 100% = 11.12%

方案三：WACC$_3$ =（600 × 4.6% + 2 000 × 7% + 800 × 10% + 4 600 × 13%）÷ 8 000 × 100% = 10.57%

因此，方案三的加权平均资本成本最低，在适当的财务风险条件下，该公司应该按照方案三来筹集资金。

【提示】资本成本比较法仅以资本成本最低为选择标准，因测算过程简单，是一种比较便捷的方法。但这种方法只是比较了各种筹资组

合方案的资本成本,难以反映不同筹资方案之间的财务风险差异,在实际计算中有时也难以全面考虑各种筹资方式的资本成本。

(二)每股收益无差别点法

1. 每股收益计算公式。

$$EPS = \frac{(EBIT - I)(1 - T) - PD}{N}$$

其中,EPS 代表每股收益,EBIT 代表息税前利润,I 代表债务利息(可以税前抵扣),PD 代表优先股股利(不可税前抵扣),T 代表所得税税率,N 代表普通股股份数。

2. 每股收益无差别点。每股收益无差别点法(EBIT - EPS 方法)是在计算不同筹资方案下企业的每股收益(EPS)相等时所对应的盈利水平(EBIT)的基础上,通过比较在给定企业预期盈利水平情况下,不同筹资方案的每股收益,选择每股收益较大的筹资方案(见表 5 - 40)。

表 5 - 40

	每股收益无差别点的计算及决策	
公式	$EPS = \dfrac{(EBIT - I_1)(1 - T) - PD_1}{N_1} = \dfrac{(EBIT - I_2)(1 - T) - PD_2}{N_2}$	
步骤	(1) 将方案 1 的数值代入公式:$\dfrac{(EBIT - 利息支出) \times (1 - 所得税税率) - 优先股股利}{筹资后的普通股股数}$ (2) 将方案 2 的数值代入公式:$\dfrac{(EBIT - 利息支出) \times (1 - 所得税税率) - 优先股股利}{筹资后的普通股股数}$ (3) 令两种方案相等,得到每股收益无差别时的企业息税前利润。	
决策	企业的息税前利润	应当选择的筹资方式
	息税前利润 = 每股收益无差别点	债务或股权筹资方案均可
	息税前利润 > 每股收益无差别点(高收益)	债务筹资方案(高杠杆)
	息税前利润 < 每股收益无差别点(低收益)	股权筹资方案(低杠杆)

【例 5 - 50】(单选题)甲公司目前已有 1 000 万元长期资本,均为普通股,股价为 10 元/股。甲公司希望再实现 500 万元的长期资本融资以扩大生产规模,扩张后的长期资本共计 1 500 万元,该企业的所得税税率为 25%。甲公司有以下三个融资方案:

方案一:按 10 元每股的股价发行 50 万股新的普通股。

方案二:按 10% 年利率平价发行 50 万元长期债券。

方案三:按 12% 的优先股股息率平价发行 500 万元优先股。

方案一和方案二的每股收益无差别点为( )万元。

A. 120 B. 180
C. 150 D. 160

【答案】C

【解析】甲公司已有 1 000 万元长期资本,均为普通股,股价为 10 元/股,即甲公司目前的普通股股份为 1 000÷10 = 100(万股),根据公式[(EBIT - 0) × (1 - 25%) - 0] ÷ (100 + 50) = [(EBIT - 50) × (1 - 25%) - 0] ÷ 100,解得 EBIT = 150(万元)。

【例 5 - 51】(单选题)接【例 5 - 50】,方案一和方案三的每股收益无差别点为( )万元。

A. 180 B. 200
C. 220 D. 240

【答案】D

【解析】按照方案三,发行优先股将支付股利 500 × 12% = 60(万元)。根据公式[(EBIT - 0) × (1 - 25%) - 0] ÷ (100 + 50) = [(EBIT - 0) × (1 - 25%) - 60] ÷ 100,解得 EBIT = 240(万元)。

【例 5 - 52】(单选题)接【例 5 - 50】、【例 5 - 51】,根据上述计算结果,三个方案首先排除( )。

A. 方案一   B. 方案二
C. 方案三   D. 无法计算

【答案】C

【解析】当息税前利润在0和150万元之间时，选择普通股融资方案最佳，当息税前利润大于150万元时，选择债券方案融资最佳，具体如下图所示。因此面对多个方案选择时，可以找到两两方案之间的每股收益无差别点，再通过图示的方式进行判断。

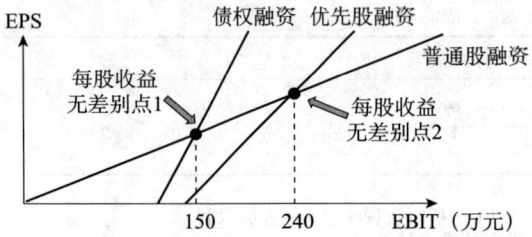

【例5-53】（单选题）甲公司发行长期债券、优先股、普通股三种筹资方式可选。发行长期债券与发行普通股的每股收益无差别点为120万元，发行优先股与发行普通股的每股收益无差别点为180万元。采用每股收益无差别点进行决策时，下列说法正确的是( )。

A. 预计息税前利润为100万元时，应选择发行长期债券

B. 预计息税前利润为150万元时，可选择发行普通股

C. 预计息税前利润为180万元时，可选择发行普通股或优先股

D. 预计息税前利润为200万元时，应当选择发行长期债券

【答案】D

【解析】如下图所示，根据EBIT的位置，选择EPS最大的方案。

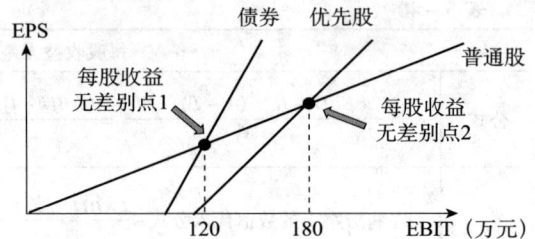

选项A，息税前利润=100万元，应发行普通股；选项B、C、D，息税前利润>120万元，应发行长期债券。

（三）企业价值比较法

企业价值比较法衡量企业的总价值（见表5-41）。

表5-41

企业价值比较法	
含义及优点	公司的最佳资本结构应当使公司的总价值最高，而不一定使每股收益最高。同时，在公司总价值最高的资本结构下，公司的资本结构也是最合理的。每股收益无差别点法未考虑风险，企业价值比较法考虑了风险。
企业市场价值V	$V = S + B$ 企业的市场价值 = 其股票的市场价值 + 长期债务价值
股票市场价值S	$S = \dfrac{(EBIT - I)(1 - T) - PD}{K_e}$ $K_e = R_f + \beta(R_m - R_f)$ EBIT为息税前利润；I为年利息额；T为公司所得税税率；K_e为权益资本成本；PD为优先股股息；R_f为无风险报酬率；β为股票的β系数；R_m为平均风险股票必要报酬率。 S的前提假设：股票的现值等于企业未来的净收益按照股东要求的报酬率贴现，且企业的经营利润永续，股东要求的回报率（权益资本成本）不变
长期债务价值B	长期债务价值 = 税前债务资本成本×(1 - 所得税税率)×长期债务价值 税前债务资本成本采用加权平均资本成本（WACC） $WACC = \dfrac{K_d(1-T)B}{V} + \dfrac{K_e S}{V}$，其中$K_d$为税前债务资本成本。 假设：长期债务（长期借款和长期债券）的现值等于其账面价值
企业价值法下的加权平均资本成本 = 税前债务资本成本×(1 - 所得税税率)×长期债务价值÷企业市场价值V + 权益资本成本×股票的市场价值÷企业市场价值	

【例5-54】（单选题）甲公司的长期资本构成为普通股，无长期债券资本和优先股资本。股票的账面价值为2 000万元。预计未来每年的EBIT为400万元，所得税税率为25%。企业管理层认为目前的资本结构不合理，准备通过发行债券来调整资本结构。目前有五种方案，即发行300万元、600万元、900万元、1 200万元、1 500万元的债券，具体情况如下：

债券市场价值B（万元）	税前债务资本K_d（%）	股票β值	无风险报酬率R_f（%）	市场证券组合必要报酬率R_m（%）	权益资本成本K_e（%）
0		1.2	7	11	11.8
300	10	1.3	7	11	12.2
600	10	1.4	7	11	12.6
900	11	1.6	7	11	13.4
1 200	12	1.75	7	11	14
1 500	14	2.0	7	11	15

发行（　　）万元长期债券，能使企业的资本结构最合理。

A. 300   B. 600
C. 900   D. 1 200

【答案】B

【解析】根据上表的资料可以计算出不同长期债券规模下的企业价值和加权平均资本成本。以发行300万元的债券为例：

第一步，计算权益资本成本（表中已经给出），权益资本成本 $K_e = 7\% + 1.3 \times (11\% - 7\%) = 12.2\%$；

第二步，计算股票的市场价值，$S = \frac{(EBIT - I)(1 - T) - PD}{K_e}$ = [（400 - 300 × 10%）× (1 - 25%) - 0] ÷ 12.2% = 2 274.59（万元）；

第三步，计算企业市场价值，V = 2 274.59 + 300 = 2 574.59（万元）；

第四步，计算加权平均资本成本，WACC = 10% × (1 - 25%) × 300 ÷ 2 574.59 + 12.2% × 2 274.59 ÷ 2 574.59 = 11.65%。

以此类推，得出下表：

企业市场价值V（万元）①=②+③	②债券市场价值B（万元）	③股票市场价值S（万元）	税前债务资本K_d	权益资本成本K_e	加权平均资本成本WACC
2 542.37	0	2 542.37		11.8%	11.8%
2 574.59	300	2 274.59	10%	12.2%	11.65%
2 623.81	600	2 023.81	10%	12.6%	11.43%
2 584.70	900	1 684.70	11%	13.4%	11.61%
2 571.43	1 200	1 371.43	12%	14%	11.67%
2 450	1 500	950.00	14%	15%	12.24%

由上表可知，当债券价值为600万元时，甲公司的加权平均资本成本最低，为11.43%，应当选择发行债券600万元。

【提示】可以看出，在没有发行债券时，企业的总价值等于股票的总价值，企业的平均资本成本也等于企业的权益资本成本。当企业增加一部分债务时，财务杠杆便开始发挥作用，企业的总价值开始上升，平均资本成本开始下降，这意味着企业的资本结构在不断被优化。当债券价值到达600万元时，企业的加权平均资本成本达到最低11.43%，企业市场价值也达到最大为2 623.81万元。但随着利息率的不断上升，财务杠杆作用逐步减弱甚至出现负作用，公司总价值下降，平均资本成本上升。

【知识点 9】股利分配

利润分配是企业按照国家有关法律、法规以及企业章程的规定，在兼顾股东与债权人等利益相关者利益的基础上，将实现的利润在企业与企业所有者之间、企业内部的有关项目之间、企业所有者之间进行分配的活动。

一、利润分配

（一）利润分配的原则

1. 依法分配原则。
2. 资本保全原则。
3. 充分保护债权人利益原则。
4. 多方及长短期利益兼顾原则。

（二）利润分配的项目

1. 法定公积金。法定公积金从净利润中提取形成，可用于弥补公司亏损、扩大企业生产经营或者转增公司资本。公司应按当年税后利润 10% 提取法定公积金，按需提取任意公积金；当法定公积金累计额达到公司注册资本的 50% 时，可不再计提。

2. 股利。股利是指向投资者分配的利润，公司向股东支付股利，要在提取公积金之后。

股份有限公司原则上应从累计盈余中分配股利，无盈利不得支付股利。但在公司用公积金弥补亏损后，为维护其股票信誉，经股东大会特别决议，也可用公积金支付股利。

（三）利润分配的顺序

第一步，计算可供分配的利润。

第二步，计提法定公积金。

第三步，计提任意公积金。

第四步，宣布及发放股利。

最后按照股东大会的决议宣布并发放股利。

【提示】只有不存在年初累计亏损，才能按照本年税后利润计算提取数。这种"补亏"实际是按账面数值进行的，与所得税法的亏损后转无关，关键在于不能用资本发放股利，也不能在没有累积盈余的情况下提取公积金。

【例 5-55】（单选题）计提法定盈余公积金的基数是（　　）。

A. 可供分配的利润
B. 本年的税后利润
C. 抵减年初累计亏损后的本年净利润
D. 可供分配的利润与累计亏损的差额

【答案】C

【解析】法定盈余公积应按抵减年初亏损后的本年净利润计提，提取公积金的基数，不一定是可供分配的利润，也不一定是本年的税后利润。只有不存在年初累计亏损，才能按照本年税后利润计算提取数。这种"补亏"实际是按账面数值进行的，与所得税法的亏损后转无关，关键在于不能用资本发放股利，也不能在没有累积盈余的情况下提取公积金。

二、股利种类

股利按支付方式分为现金股利、股票股利及其他方式（见表 5-42）。

表 5-42

种类	含义
现金股利	以现金的形式支付股利，它是股利支付的主要方式。对于公司而言，其在支付现金股利前需要筹备充足的现金。
股票股利	公司以增发的股票作为股利的支付方式。现金股利和股票股利是股利支付最主要的方式。
其他方式	公司还可以使用财产和负债方式支付股利。财产股利是以现金以外的资产支付的，主要是以公司所拥有的其他公司的有价证券，如股票作为股利支付给股东。负债股利是公司以负债的形式支付的股利，通常以公司的应付票据支付给股东，在不得已的情况下也可以发行公司债券抵付股利。财产股利和负债股利实际上是现金股利的替代。

【例 5-56】（单选题）如果甲公司以所持有的乙公司股票作为股利支付给股东，这种股利属于（　　）。

A. 现金股利　　B. 负债股利
C. 股票股利　　D. 财产股利

【答案】D

【解析】以持有的其他公司的有价证券支付的股利，属于财产股利。

三、股利政策类型

（一）股利政策的类型与特点

股利政策主要包括剩余股利政策、固定股利政策、固定股利支付率政策及低正常股利加额外股利政策（见表 5-43）。

表 5-43

类型		特点
剩余股利政策	含义	剩余股利政策是在公司有良好的投资机会时，根据一定的目标资本结构，测算出投资所需的权益资本，先从盈余当中留用，然后将剩余的盈余作为股利予以分配。
	应用步骤	（1）设定目标资本结构，即确定权益资本与债务资本的比率，在此资本结构下加权平均资本成本将达到最低水平； （2）确定目标资本结构下投资所需的股东权益数额； （3）最大限度地使用保留盈余来满足投资方案所需的权益资本数额； （4）投资方案所需权益资本已满足后若有剩余，将其作为股利发放给股东。
固定股利政策	含义	固定股利政策是将每年发放的股利，固定在某一相对稳定的水平，并在较长的时期内不变，只有公司认为未来盈余会显著地、不可逆转地增长，才提高年度的股利发放额。
	优点	（1）向市场传递公司正常发展的信息，有利于树立公司良好形象，增强投资者对公司的信心，稳定股票价格； （2）稳定的股利有利于投资者安排鼓励收入和支出，特别是那些对股利有着很高依赖性的股东； （3）稳定的股利政策可能不符合剩余股利理论，但考虑到股东的心理状态和其他要求会对股票市场产生影响，股利维持在稳定的水平上，对公司更有利。
	缺点	股利支付与盈余相脱节。当盈余较低时仍要支付固定的股利，这可能导致资金短缺，财务状况恶化；同时不能像剩余股利政策那样保持较低的资本成本。
固定股利支付率政策	含义	固定股利支付率政策，是指公司确定一个股利占盈余的比率，长期按此比率支付股利。在这一股利政策下，各年股利会随着公司经营的好坏而上下变动，股利的变动比较大，容易造成公司经营不稳定的感觉，对于稳定股票价格不利。
	优点	能使股利与公司盈余紧密结合，以体现多盈多分、少盈少分、无盈不分的原则。
	缺点	各年的股利变动较大，极易造成公司经营不稳定的感觉，对于稳定股票价格不利。
低正常股利加额外股利政策	含义	低正常股利加额外股利政策，是指公司在一般情况下只支付固定的、数额较低的股利，在盈余多的年份，再根据实际情况向股东发放额外股利。但额外股利并不固定化，不意味着公司永久地提高了固定的股利率。
	优点	（1）具有较大的灵活性。当公司可分配的股利较少时，可以支付较低但正常的股利；当盈余有较大幅度增加时，可适度增加股利，使股东增强对公司的信心。 （2）可使那些对股利依赖性较大的股东每年可以得到虽然较低但比较稳定的股利收入。

【例 5-57】（单选题）下列股利政策中，最具有灵活性的股利政策是（ ）。

A. 剩余股利政策
B. 固定股利政策
C. 固定股利支付率政策
D. 低正常股利加额外股利政策

【答案】D

【解析】低正常股利加额外股利政策下，公司可根据每年的具体情况，选择不同的股利发放水平，赋予公司较大的灵活性。

（二）制定股利政策需要考虑的因素

制定股利政策主要需要考虑法律限制、股东因素、公司因素及其他限制因素（见表 5-44）。

表 5-44

类型		具体因素
法律限制	资本保全原则	股利的支付不能减少法定资本金，公司不能用资本（包括股本和资本公积）发放股利。
	企业积累	只有提取法定公积金后的利润净额才能用于支付股利。提取的法定公积金达到注册资本的50%后可以不再计提。
	净利润	公司年度累计净利润必须为正数才可以分配股利，以前年度亏损必须足额弥补。

续表

类型		具体因素
法律限制	无力偿付	如果一个公司无力偿讨债务，或者支付股利会导致公司失去偿债能力，则不能支付股利。
	再融资监管	上市公司董事会未作出现金利润分配预案的，应当在定期报告中披露原因。上市公司最近三年未进行现金利润分配的，不得向社会公众增发新股、发行可转换公司债券或向原有股东配售股份。
股东因素	稳定的收入和避税	一些主要收入来源是股利的股东往往要求公司支付稳定的股利；一些股东为了避税则反对公司发放较多的股利。
	控制权的稀释	公司支付较高的股利会导致留存收益的减少，这意味着发行新股的可能性加大，拥有控制权的股东们不愿股权因发行新股而被稀释，从而更倾向于不分配股利。
公司因素	盈利的稳定性	收益稳定的公司通常面临的经营风险和财务风险较小，筹资能力较强。
	公司的流动性	及时满足财务应付义务的能力。支付现金股利会减少公司现金持有量，这是在实施股利分配方案时应权衡的。
	举债能力	具有较强举债能力的公司往往倾向于采取高股利政策；而举债能力弱的公司，一般采取低股利政策。
	投资机会	若公司当前有良好的投资机会，往往少发股利；缺乏良好投资机会的公司为了不造成资金的闲置，则倾向于支付较高的股利。
	资本成本	与发行新股相比，保留盈余不需花费筹资费用，是一种比较经济的筹资渠道。如果公司的资金需求扩大，将会减少股利的支付。
	债务需求	对于具有较多债务需要偿还的公司，如果其选择用经营积累偿还债务，将会减少股利的发放。
其他限制	债务合同约束	在债务合同中，为了保护债权人的利益，有些条款会对公司现金支付做出限制，公司只能采取低股利支付率的股利政策。
	通货膨胀	在通货膨胀情况下，由于货币购买力下降，公司需要支付更多货币才能获得其所需要的资产，尤其是固定资产金额较大时，公司的股利政策往往偏紧。

精选练习题

一、单项选择题

1. 下列说法中，不正确的是（   ）。
  A. 在创建企业时，筹资管理可以为企业的开办筹集到足够的资金
  B. 快速成长期的企业一般是为了获得更高的投资收益而进行筹资管理
  C. 在企业资金恶化的情况下，可能需要筹集资金来偿还债务
  D. 筹集资金可以优化企业的资本结构，当企业的债务资金比例较高时，可以通过筹集一定的自有资金来降低债务资金比例

2. 甲企业的过去三年的筹资都来源于股权筹资，经财务管理部门的核算，甲企业的总体资本成本过高，为了改善这一状况，甲企业决定新一轮融资采用债务融资，这种筹资目标属于（   ）。
  A. 创建企业　　　B. 企业扩张
  C. 偿还债务　　　D. 调整资本结构

3. 企业要依照其自身的实际生产经营和发展的要求，科学合理地预测、安排资金的需求量，筹资规模既不能过大，造成资金的闲置浪费，又不能筹资不足，影响生产经营的正常运转的筹资管理原则是（   ）。
  A. 筹措合法　　　B. 规模适当
  C. 取得及时　　　D. 来源经济

4. 下列筹资方式中，属于混合筹资方式的是（   ）。
  A. 发行股票
  B. 发行债券
  C. 发行可转换债券
  D. 向银行取得1年以上借款

5. 关于直接筹资与间接筹资，下列表述中错误的是（   ）。
  A. 银行借款属于间接筹资

B. 发行股票属于直接筹资

C. 直接筹资的筹资费用较高

D. 直接筹资仅可筹集股权资金

6. 下列各项中属于内部筹资方式的是（　　）。

　　A. 通过利润留存收益筹资

　　B. 向股东发行新股筹资

　　C. 向企业股东借款筹资

　　D. 向企业职工借款筹资

7. 甲企业上年度资金平均占用额为800万元，其中不合理的占用额为60万元，预计本年度销售增长10%，资金周转加速2%，则本年度的资金需要量预测为（　　）万元。

　　A. 740　　　　　　B. 814

　　C. 797.72　　　　D. 830.61

8. 甲公司本年度的经营资产为4 500万元，经营负债为550万元，当年的销售额为8 000万元，净利润为480万元，预计下一年的销售额比本年增长15%，根据企业以往经验，股利支付率为30%，则下一年甲公司的外部资金需求量为（　　）万元。

　　A. 125.8　　　　　B. 206.1

　　C. 120.1　　　　　D. 125.8

9. 下列筹资方式中，筹资速度较快，但筹资资金使用的限制条件较多的是（　　）。

　　A. 银行借款　　　　B. 债券筹资

　　C. 股权筹资　　　　D. 融资租赁

10. 甲公司向乙银行借入了一笔500万元贷款，还款期限为5年。下列关于该长期债务筹资的说法中，不正确的是（　　）。

　　A. 由于长期债务筹资期限长，甲公司可以更好地安排债务的归还，因此有财务压力和风险较小的特点

　　B. 由于债务期限较长，对乙银行来说，收回借款和利息的风险比短期债务大，因此乙银行会要求更低的利息，以维持双方长时间的合作关系

　　C. 由于债务期限较长，对乙银行来说，收回借款和利息的风险较大，因此乙银行会对甲公司提出使用这笔款项的诸多要求和限制，甲公司在使用借款时不能随意使用

　　D. 若其他情况不变，甲公司如果向乙银行借入8年期的500万元贷款，则贷款利率应高于目前这笔借款

11. 甲公司发行面值为1 000元的债券，票面利率为7%，市场利率为6%，则票面的发行价格（　　）。

　　A. 大于1 000元

　　B. 小于1 000元

　　C. 等于1 000元

　　D. 根据市场变动难以预测

12. 发行债券和向银行借款之间的区别是（　　）。

　　A. 所筹资金的权益性质

　　B. 所筹资金是否以金融机构为媒介

　　C. 所筹集资金来源于企业内部还是外部

　　D. 所筹资金是长期筹资还是短期筹资

13. 为了简化股票的发行手续，降低发行成本，股票的发行应采取（　　）方式。

　　A. 溢价发行　　　　B. 平价发行

　　C. 公开间接发行　　D. 非公开直接发行

14. 与普通股筹资相比，下列属于优先股筹资优点的是（　　）。

　　A. 有利于降低公司财务风险

　　B. 优先股股息可以抵减所得税

　　C. 有利于保障普通股股东的控制权

　　D. 有利于减轻公司现金支付的财务压力

15. 甲公司采用配股方式进行融资，拟每10股配1股，配股前每股价格8元，配股价格每股6元，假设所有股东均参与配股，则配股除权价格为（　　）元。

　　A. 8.8　　　　　　B. 7.82

　　C. 6.6　　　　　　D. 6.82

16. 甲公司采用配股方式进行融资，每10股配2股，配股前股价为6.2元。配股价位5元。如果除权日价格为5.85元。所有股东都参与了配股。按理论除权参考价计算，除权日股价下降（　　）。

　　A. 2.42%　　　　　B. 2.50%

　　C. 2.56%　　　　　D. 5.65%

17. 甲公司企业适用的所得税税率为25%，本年甲公司净利润是63万元，分配优先股股利15万元。已知甲公司本年度的利息保障倍数为2.4，则财务杠杆系数为（　　）。

　　A. 1.85　　　　　　B. 2.25

　　C. 2.68　　　　　　D. 2.95

18. 甲公司本年年初发行了5 000万元可转换公司债券，面值为1 000元，年利率为

4.56%，20年后到期，转换可以在到期前的任何时候进行，转换比率为20。其转换价格为（ ）元。

A. 25 B. 50
C. 100 D. 500

19. 在其他条件不变的情况下，下列各项会导致债券内含报酬率提高的是（ ）。

A. 债券期限延长 B. 票面利率降低
C. 转换价格提高 D. 转换比率提高

20. 甲公司拟平价发行10年期的债券，面值1 000元，利率10%（按年付息），发行费用率为面值的2%，适用的所得税税率为25%。如果不考虑货币时间价值，则该债券的资本成本为（ ）。

A. 7.65% B. 7.50%
C. 7.50% D. 7.75%

21. 甲公司拟平价发行10年期的债券，面值1 000元，利率10%（按年付息），发行费用率为面值的2%，适用的所得税税率为25%。如果考虑货币时间价值，则该债券的资本成本为（ ）。

A. 7.5% B. 7.59%
C. 7.91% D. 7.75%

22. 甲公司股票的发行价为每股8元，股票发行费用率为10%，当年发放的现金股利为每股0.6元。证券分析师预测，股利年增长率为2%。则甲公司的股权资本成本为（ ）。

A. 8.5% B. 9.5%
C. 10.5% D. 11.5%

23. 甲公司目前债务的账面价值为1 000万元，利息率为5%，债务的市场价值与账面价值相同；普通股4 000万股，每股价格1元，所有者权益账面金额4 000万元（与市价相同）；每年的息税前利润为500万元。甲该公司的所得税税率为25%。公司保持现有的资产规模和资产税前利润率，每年将全部税后净利分派给股东，预计未来增长率为零。已知当前市场国债利息率为4%，市场风险溢酬为5%。则甲公司目前适用的β系数为（ ）。

A. 1.1120 B. 1.1002
C. 0.8880 D. 0.9444

24. 甲公司普通股的当前市价50元，最近一次支付的股利为4.19元/股，预期股利的永续增长率为5%。该股票的β系数为1.2，公司不准备发行新的普通股。已知股债收益率为7%，市场风险溢价估计为6%，则两种计算方法下的平均权益资本成本为（ ）。

A. 14.00% B. 14.20%
C. 13.80% D. 14.40%

25. 甲公司拟发行一批优先股，每股发行价格105元，发行费用5元，预计每股股息10元，其资本成本是（ ）。

A. 10% B. 9.5%
C. 7.5% D. 9.1%

26. 甲公司按平均市场价值计算的目标资本结构是30%的长期债务，15%的优先股，55%的普通股。长期债务的税前资本成本是7%，优先股的资本成本是6.8%，普通股的资本成本是12.6%，该公司的加权平均资本成本是（ ）。

A. 7.52% B. 7.91%
C. 8.69% D. 9.53%

27. 基于本量利分析模式，各相关因素变动对于利润的影响程度的大小可用敏感系数来表达，其数值等于经营杠杆系数的是（ ）。

A. 利润对销量的敏感系数
B. 利润对单位变动成本的敏感系数
C. 利润对单价的敏感系数
D. 利润对固定成本的敏感系数

28. 甲公司生产S产品，本年甲公司营业收入为200万元，固定成本为90万元，变动成本率为40%，则甲公司的息税前利润为（ ）万元。

A. 30 B. 40
C. 90 D. 60

29. 甲公司每年经营成本为200万元，负债总额为2 000万元，平均利息率为5%，净利润为750万元，所得税税率为25%，不考虑其他因素，甲公司的经营杠杆系数为（ ）。

A. 1.30 B. 1.18
C. 1.86 D. 1.42

30. 本年度甲公司经营杠杆系数为1.5，财务杠杆系数为1.6，固定成本为400万元，优先股股利为75万元，甲公司适用的所得税税率为25%，则本年度公司的利息费用为（ ）万元。

A. 100 B. 200
C. 400 D. 500

31. 如果企业的资本来源全部为自有资本，且没有优先权存在，则企业的财务杠杆系数（ ）。

  A. 等于 0   B. 等于 1
  C. 大于 1   D. 小于 1

32. 下列筹资活动中，会加大企业财务杠杆的有（ ）。

  A. 增发普通股   B. 留存收益转股
  C. 提高股利支付率   D. 增发公司债券

33. 经营杠杆系数（DOL）、财务杠杆系数（DFL）和总杠杆系数（DTL）之间的关系是（ ）。

  A. DTL = DOL + DFL
  B. DTL = DOL − DFL
  C. DTL = DOL × DFL
  D. DTL = DOL/DFL

34. 下列选项中，不属于联合杠杆的性质的是（ ）。

  A. 联合杠杆能够起到财务杠杆和经营杠杆的综合作用
  B. 联合杠杆能够表达企业营业收入的变化对每股收益的影响
  C. 联合杠杆表现为联合杠杆系数，联合杠杆系数越大，联合杠杆作用越大
  D. 联合杠杆系数越大，企业的经营风险和财务风险越大

35. 甲公司 2×24 年有 1 000 万元的长期资本，均为普通股，股价为 10 元/股。财务部门提出，实现新一年度扩大经营规模的计划还另需 500 万元的长期资本。有两种筹资方案可供选择：一是全部通过利率 10% 的长期债券筹资；二是全部通过增发普通股股票筹资。甲公司适用的企业所得税税率为 25%，则两种方案的每股收益无差别点为（ ）万元，在企业息税前利润为 300 万元时，应选择的筹资方案为（ ）。

  A. 100，方案一   B. 150，方案一
  C. 100，方案二   D. 150，方案二

36. 甲公司使用每股收益无差别点法选择筹资方式，已知发行股票或债券的每股收益无差别点为 500 万元，则（ ）。

  A. 若甲公司预计息税前利润为 400 万元，应选择发行债券
  B. 若甲公司预计息税前利润为 400 万元，则选择发行股票
  C. 若甲公司预计息税前利润为 600 万元，则选择发行股票
  D. 若甲公司预计息税前利润为 600 万元，则可以随意选择

37. 甲公司拟在年末分配现金股利，2×23 年末甲公司分配现金股利 40 万元。2×24 年末甲公司的利润总额为 2 000 万元，应缴所得税为 300 万元，则甲公司应计提法定公积金（ ）万元。

  A. 200   B. 120
  C. 90   D. 170

38. 甲公司上一年度税后利润为 1 200 万元，预计今年需要增加投资 1 000 万元。今年公司的目标资本结构为权益资本占 55%，债务资本占 45%。按照法律规定，至少提取 10% 的公积金。公司采用剩余股利政策。则甲公司应分配（ ）万元股利。

  A. 550   B. 660
  C. 650   D. 680

39. 在下列公司中，通常适合采用固定股利政策的是（ ）。

  A. 收益相对稳定的公司
  B. 财务风险较高的公司
  C. 投资机会较多的公司
  D. 收益显著增长的公司

40. 个人投资者李女士购买了甲公司的股票，李女士不擅长炒股，对股票的收益主要依赖于企业发放的现金股利，而甲公司对于自身经营的稳定性并无太高自信，如果同时照顾李女士这样的投资者和甲公司的经营状况，甲公司的股利分配应该采用（ ）。

  A. 剩余股利政策
  B. 固定股利政策
  C. 固定股利支付率政策
  D. 低正常股利加额外股利政策

二、多项选择题

1. 甲公司筹资部门中，分析员小李的日常工作如下：整理公司内部财务资料以分析公司资本结构和资金缺口，了解外部筹资渠道，对各种筹资方法进行整理，按照难易程度、资金成本、筹资限制等方面进行排列筛选。小李的工作可以体现的甲公司筹资管理原则有（ ）。

  A. 规模适当原则   B. 筹措及时原则

C. 来源经济原则　　D. 结构合理原则
E. 筹资合法原则

2. 甲公司发行的五年期可转换债券属于（　　）。
   A. 债务筹资　　　B. 直接筹资
   C. 内部筹资　　　D. 长期筹资
   E. 混合筹资

3. 采用销售百分比法预测对外筹资需要量时，下列影响因素的变动会使对外筹资需要量减少的有（　　）。
   A. 降低股利支付率
   B. 增加固定资产的购置
   C. 提高留存收益率
   D. 提高销售净利率
   E. 增加设备的换新更替

4. 下列筹款方式中可以降低财务风险的有（　　）。
   A. 普通股筹资　　B. 留存收益筹资
   C. 银行借款筹资　D. 债券筹资
   E. 短期融资券筹资

5. 甲上市公司由第三者作为还本付息的担保人，以每份1 800元的发行价发行了每份面值为2 000元的债券，期限6年，票面利率为7%，每半年还息一次，到期一次归还全部票面本金。甲公司发行的债券是（　　）。
   A. 公司债券　　　B. 定息债券
   C. 中期债券　　　D. 贴现债券
   E. 抵押债券

6. 下列关于债券的说法中，正确的有（　　）。
   A. 将债券按照信用从高到低排序，分别有国债、地方政府债券、金融债券、公司债券等
   B. 长期债券是指3年以上的债券
   C. 贴现债券是指半年或一年支付一次固定利息的债券
   D. 以企业自有厂房作为抵押来发行的债券是抵押债券
   E. 场外交易市场主要有商业银行柜台市场和银行间债券市场

7. 下列说法中，正确的是（　　）。
   A. 资信等级高的债券比等级低的债券利率更高
   B. 对广大投资者而言，债券的信用等级是非常重要的评价指标
   C. 国际上流行将债券分为3等9级
   D. 在9级债券等级中，一般认为A级是债券的最高级
   E. 资信等级低的债券，只能以较低的利率发行

8. 下列说法中，正确的是（　　）。
   A. 投资者往往需要通过债券的评级对债券进行判断
   B. 投资者可以在资金充裕的情况下随时提前偿还债券
   C. 债券的转期是指将债券按一定的条件转换成公司的股票
   D. 债券的调换可能是为了减少企业关于债券的管理费用
   E. 债券付息频率越高，债券的实际利率越高，越吸引投资人

9. 下列选项中，属于债券筹资特点的是（　　）。
   A. 债券筹资是直接筹资，可以筹集的资金数量较多
   B. 债券筹资方式具有长期性和稳定性的特点
   C. 债券筹资方式具有灵活性，投资者可以方便地转让债券
   D. 债券筹资的信息披露成本较高
   E. 债券筹资方发行成本低

10. 下列说法中，正确的是（　　）。
    A. 股权再融资的方式分为股东配股和增发新股两种
    B. 配股是公司发行新股是对老股东的一种补偿方式
    C. "填权"是指除权日收盘时的股票市价高于除权基准价的情况
    D. "填权"的含义是配股后股东财富有所减少
    E. 公司财务投资者与战略投资者的区别主要在于其是否参与公司的战略决策

11. 上市公司采用普通股筹资的优点有（　　）。
    A. 便于筹措资金
    B. 集中对公司的控制权
    C. 信息披露成本低
    D. 促进股权流通和转让
    E. 资本成本低

12. 优先股的"优先"主要体现在（　　）。
A. 优先分配权利
B. 优先分配剩余财产
C. 优先认股权
D. 优先投票权
E. 优先表决权

13. 甲公司目前的长期资本只有股权资本，不考虑筹资费用等其他因素，下列筹资方式中，有利于降低公司资本成本的是（　　）。
A. 可转换债券　　B. 普通股
C. 优先股　　D. 公司债券
E. 留存收益

14. 对发行股票的企业而言，可转换债券的特点有（　　）。
A. 股价大幅上扬时，可增加筹资数额
B. 利率低于普通债券，可节约利息支出
C. 可增强筹资灵活性
D. 若股价低迷，将会面临到期兑付债券本金的压力
E. 资本成本比普通的债券高

15. 对于企业而言，资本成本可以有以下哪些作用？（　　）。
A. 比较筹资方式、选择筹资方案
B. 衡量资本结构是否合理
C. 评价投资项目是否可行
D. 进行绩效评价
E. 评估企业价值

16. 下列影响经营杠杆效应的因素有（　　）。
A. 销售量　　B. 单价
C. 变动成本　　D. 固定成本
E. 利息费用

17. 如果A公司的经营杠杆系数为1.5，联合杠杆系数为3，则下列说法中正确的是（　　）。
A. 如果每股收益增加30%，销售量需要增加3%
B. 如果每股收益增加30%，销售量需要增加10%
C. 如果销售量增加8%，每股收益增加24%
D. 如果销售量增加6%，息税前利润将增加9%
E. 如果息税前利润增加10%，每股收益将增加20%

18. 下列有关杠杆效应的表述中，正确的有（　　）。
A. 经营杠杆表明产销量变动对息税前利润变动的影响
B. 财务杠杆表明息税前利润变动对每股收益的影响
C. 总杠杆表明产销量变动对每股收益的影响
D. 经营杠杆系数、财务杠杆系数以及总杠杆系数恒大于1
E. 财务杠杆系数 = 每股收益变动率÷息税前利润变动率

19. 公司发放固定股利的优点有（　　）。
A. 有利于节约公司现金
B. 有利于减轻公司财务压力
C. 传递公司未来发展前景良好的信息
D. 有利于树立公司形象
E. 资本成本较低

20. 甲公司拟在年末分配现金股利，下列做法中，错误的是（　　）。
A. 先弥补亏损，后分配利润
B. 先分配利润，后弥补亏损
C. 先偿还债务，后分配利润
D. 先分配利润，后偿还债务
E. 先提取盈余，后分配利润

三、综合题

（一）筹资的综合练习一

甲公司本年年末资产负债表（简表）如下：

单位：万元

资产	期末数	负债及所有者权益	期末数
货币资金	300	应付账款	800
应收账款	900	应付票据	400
存货	1 800	长期借款	2 000
固定资产	2 500	实收资本	3 000
无形资产	1 500	留存收益	600
资产总计	7 000	负债及所有者权益总计	7 000

甲公司本年年末销售收入为 6 000 万元，销售净利率为 10%，股利支付率为 50%。预计下一年销售收入净额比上年增长 25%，为此需要增加固定资产 200 万元，增加无形资产 100 万元。假定本年的营业净利率与上年保持一致，该年度长期借款不发生变化、公司保持股利支付率不变。根据上述材料，回答下列问题：

1. 甲公司的敏感资产占销售收入的百分比为（　　）。
  A. 45%　　　　　　B. 24%
  C. 50%　　　　　　D. 91.67%
2. 甲公司的敏感负债占销售收入的百分比为（　　）。
  A. 20%　　　　　　B. 24%
  C. 50%　　　　　　D. 30%
3. 甲公司下一年的资金需要量总额为（　　）万元。
  A. 450　　　　　　B. 750
  C. 500　　　　　　D. 800
4. 甲公司下一年的外部筹资需要量为（　　）万元。
  A. 225　　　　　　B. 350
  C. 625　　　　　　D. 375
5. 下列说法中，正确的是（　　）。
  A. 销售百分比法能为筹资管理提供短期预计的财务报表
  B. 销售百分比法是一种比较易于使用的筹资预测方式
  C. 销售百分比法适用于资产负债与销售收入比例较稳定的公司
  D. 销售百分比法适用于资产负债与销售收入比例变动较大的公司

（二）筹资的综合练习二

乙公司是一家上市公司，企业所得税税率为 25%，相关资料如下。

资料一：乙公司为了扩大生产经营准备购置一条新生产线，计划于 2×23 年初一次性投入资金 6 000 万元，全部形成固定资产并立即投入使用。该生产线建设期为 0，使用年限 6 年，新生产线每年增加营业收入 3 000 万元，增加付现成本 1 000 万元。新生产线开始投产时需垫支运营资金 700 万元，在项目终结时一次性收回。固定资产采用直线法计提折旧，预计净残值为 1 200 万元。公司所要求的最低投资收益率为 8%，

相关资金时间价值系数为：（P/A, 8%, 5）= 3.9927，（P/F, 89%, 6）= 0.6302。

资料二：为满足购置生产线的资金需求，公司设计了两个筹资方案。

方案一为向银行借款 6 000 万元，限期为 6 年，年利率为 6%，每年年末付息一次，到期还本。

方案二为发行普通股 1 000 万股，每股发行价 6 元。公司将持续执行稳定增长的股利政策，每年股利增长率为 3%。预计公司 2×23 年每股股利为 0.45 元。

资料三：已知筹资方案实施前，公司发行在外的普通股股数为 3 000 万股，年利息费用为 500 万元。经测算，追加筹资后预计年息税前利润可达到 2 200 万元。

6. 根据资料一，下列说法正确的有（　　）。
  A. 该项目投资期初的现金净流量为 –6 000 万元
  B. 该项目第 4 年折旧额为 1 000 万元
  C. 该项目第 3 年现金净流量为 1 700 万元
  D. 该项目第 6 年现金净流量为 3 600 万元
7. 根据资料一，该项目的现值指数为（　　）。
  A. 1.35　　　　　　B. 1.05
  C. 0.88　　　　　　D. 0.75
8. 根据资料二，下列说法正确的有（　　）。
  A. 银行借款的资本成本率为 4.5%
  B. 银行借款的资本成本率为 8%
  C. 发行股票的资本成本率为 6%
  D. 发行股票的资本成本率为 11%
9. 比较方案一和方案二，两个方案每股收益无差别点为（　　）万元。
  A. 1 850　　　　　　B. 1 940
  C. 2 030　　　　　　D. 2 120
10. 关于生产线的建设，下列说法正确的是（　　）。
  A. 该项目现值指数小于 1，项目不可行
  B. 该项目现值指数大于 1，项目可行
  C. 应选择方案一进行筹资
  D. 应选择方案二进行筹资

（三）资本结构决策的综合练习一

本年末，丙公司的长期资本总额为 1 200 万元，其中有普通股 90 万股，每股价格 8 元；债

券480万元，年利率8%；目前的销量为30万件，单价为25元，单位变动成本为20元，固定成本为100万元。明年丙公司准备扩大生产规模，预计需要新增投资500万元，投资所需资金有下列两种方案可供选择。

方案一：发行债券筹资500万元，年利率10%，筹资费率为5%。

方案二：发行普通股股票筹资500万元，每股发行价格10元。预计下一年的每股股利是1.2元，股利增长率是8%。

预计扩大生产能力后，息税前利润会增加156万元，假设其他条件不变，公司适用所得税税率为25%。

11. 方案一的资本成本为（　　）。
A. 10%　　　　　　B. 8.5%
C. 7.89%　　　　　D. 6.53%

12. 方案二的资本成本为（　　）。
A. 8%　　　　　　B. 12%
C. 20%　　　　　　D. 16.2%

13. 两种方案的每股收益无差别点为（　　）万元。
A. 156　　　　　　B. 178.4
C. 156.4　　　　　D. 206.4

14. 若使用每股收益无差别点法选择筹资方案，则丙公司应当（　　）。
A. 选择方案一，平均资本成本较低
B. 选择方案二，平均资本成本较低
C. 选择方案一，息税前利润大于每股收益无差别点
D. 选择方案二，息税前利润小于每股收益无差别点

15. 下列说法中，正确的有（　　）。
A. 每股收益无差别点法是一种资本结构决策方法
B. 每股收益无差别点法计算的是不同筹资方法下当企业每股收益相等时的盈利水平
C. 每股收益无差别点法的缺点是没有考虑风险因素
D. 当丙公司预期息税前利润大于每股收益无差别点时，应选择股权筹资

（四）资本结构决策的综合练习二

丁公司有两种产品可以生产，但出于生产线的限制，只能选择其中一种产品：产品A单位售价为15元，单位变动成本为7元，固定成本为60万元；产品B单位售价为15元，单位变动成本为8.25元，固定成本为45万元。丁公司总资产为200万元，资产负债率为45%，负债的平均年利率为10%。预计年销售量为20万件，丁公司目前正处于免税期。

16. 如果丁公司选择产品A，则丁公司的经营杠杆系数为（　　）。
A. 1　　　　　　　B. 1.2
C. 1.5　　　　　　D. 1.6

17. 如果丁公司选择产品A，则丁公司的财务杠杆系数为（　　）。
A. 1.1　　　　　　B. 1.2
C. 1.5　　　　　　D. 1.6

18. 如果丁公司选择产品A，则丁公司的联合杠杆系数为（　　）。
A. 1.1　　　　　　B. 1.32
C. 1.76　　　　　　D. 1.85

19. 如果以整体风险进行选择，则丁公司应当（　　）。
A. 选择整体风险较高的A产品
B. 选择整体风险较低的A产品
C. 选择整体风险较高的B产品
D. 选择整体风险较低的B产品

20. 假设丁公司选择A产品，则下列说法正确的是（　　）。
A. 当丁公司销售量增长10%时，息税前利润增长11%
B. 当丁公司销售量增长10%时，息税前利润增长16%
C. 当丁公司息税前利润增长10%时，每股收益增长11%
D. 当丁公司息税前利润增长10%时，每股收益增长17.6%

精选练习题参考答案及解析

一、单项选择题

1. 【答案】B
【解析】快速成长期的企业一般会为了扩大生产经营规模而筹集资金。当企业的债务资金比例较高时，可以通过筹集一定的自有资金来降低债务资金比例。

2. 【答案】D
【解析】为了改善资本成本而采取债务融资，是出于调整资本结构的筹资目的。

3. 【答案】B

【解析】筹资合法，是指遵循国家法律法规，合法筹集资金。规模适当，是指分析生产经营情况，正确预测资金需求量。取得及时，是指合理安排筹资时间，适时取得资金，企业在保证资金供应的同时，避免资金的闲置。来源经济，是指了解各种筹资渠道，恰当选择资金来源，尽可能降低企业的筹资资本。

4. 【答案】C

【解析】我国上市公司目前最常见的混合筹资方式就是可转换债券融资，发行股票属于普通股筹资，发行债券属于债券筹资，向银行取得借款是长期借款筹资。

5. 【答案】D

【解析】直接筹资方式主要有发行股票、发行债券、吸收直接投资等。

6. 【答案】A

【解析】内部筹资是指企业通过利润留存而形成的筹资。

7. 【答案】C

【解析】资金需要量＝（基期平均占用额－不合理资金占用额）×（1±预测期销售增长率）×（1－预测期资金周转速度增长率）＝（800－60）×（1＋10%）×（1－2%）＝797.72（万元）。

8. 【答案】B

【解析】资金需要量总额＝4 500÷8 000×（8 000×15%）－550÷8 000×（8 000×15%）＝592.5（万元），留存收益增加额＝预测期销售额×销售净利率×利润留存率＝8 000×（1＋15%）×（480÷8 000）×（1－30%）＝386.4（万元），因此最终资金的外部需要量＝592.5－386.4＝206.1（万元）。

9. 【答案】A

【解析】银行筹资特点有：筹资速度快，成本较低，筹资弹性大，限制条款多，并且数额有限。

10. 【答案】B

【解析】由于债务期限较长，对乙银行来说，收回借款和利息的风险比短期债务大，因此乙银行会要求更高的利息，反过来说也就是甲企业的筹资成本会比较高。

11. 【答案】A

【解析】市场利率只为6%，而企业以7%发行该债权，则必然会有很多人愿意购买，供不

应求的情况下，发行价格当然要大于票面价格。

12. 【答案】B

【解析】发行债券和向银行借款之间的区别是所筹资金是否以金融机构为媒介。发行债券是直接筹资，向银行借款是间接筹资。

13. 【答案】D

【解析】选项A、B是指普通股的发行定价，是由发行人与承销的证券公司协商确定的，与发行成本和程序手续之间没有必然关系。非公开直接发行是指不公开对外发行股票，只向少数特定的对象直接发行，因而不需要经中介机构承销，发行成本较低，手续相对简单。

14. 【答案】C

【解析】与普通股筹资相比，优先股需要定期支付固定股息，不能降低财务风险，股息也不能抵减所得税，也不能降低财务压力，但由于优先股股东没有投票和表决权，因此有利于保障普通股股东的控制权。

15. 【答案】B

【解析】所有股东都参与配股，则意味着整体股份中，每十份就会增加一份，股份变动比例为1÷10×100%＝10%；则配股除权价格＝（8＋6×10%）÷（1＋10%）＝7.82（元）。

16. 【答案】B

【解析】配股除权价＝（6.2＋5×0.2）÷（1＋0.2）＝6（元），则除权日股价下跌＝（6－5.85）÷6×10%＝2.50%。

17. 【答案】B

【解析】利息保障倍数＝息税前利润÷利息，因此息税前利润＝2.4×利息，净利润＝（息税前利润－利息）×（1－所得税税率），则63＝（2.4×利息－利息）×（1－25%），解得利息＝60（万元），息税前利润＝2.4×利息＝60×2.4＝144（万元），财务杠杆系数＝144÷〔144－60－15÷（1－25%）〕＝2.25。

18. 【答案】B

【解析】转换价格＝债券面值÷转换比率＝1 000÷20＝50（元/股）。

19. 【答案】D

【解析】转换比率＝债券面值÷转换价格。选项A，债券期限的延长，对投资人的影响不明确，无法确定内含报酬率的增减状况。选项B，票面利率降低，对投资人不利，债券内含报酬率下降。选项C，转换价格升高，对投资人

不利，债券内涵报酬率下降。选项D，转换比率的升高，对投资人有利，债券的内含报酬率上升。

20.【答案】A

【解析】在做这类题目时，只要给出了筹资费率，就应当考虑发行费用。而要不要考虑货币的时间价值，则要看题目要求（如果没有要求，一般默认为不考虑货币的时间价值），因此税后资本成本 = 10% × (1 − 25%)/(1 − 2%) = 7.65%。

21.【答案】C

【解析】根据公式：

$$P \times (1-F) = \sum_{t=1}^{n} \frac{I}{(1+K_d)^t} + \frac{M}{(1+K_d)^n}$$

则有：

1 000 × (1 − 2%) = 1 000 × 10% × (P/A, K_d, 10) + 1 000 × (P/F, K_d, 10) = 980（元）

使用插值法，当 K_d = 10% 时，1 000 × 10% × (P/A, K_d, 10) + 1 000 × (P/F, K_d, 10) = 100 × 6.1446 + 1 000 × 0.3855 = 999.96（元），当 K_d = 11% 时，1 000 × 10% × (P/A, K_d, 10) + 1 000 × (P/F, K_d, 10) = 100 × 5.8892 + 1 000 × 0.3522 = 941.12（元），解得 K_d = 10.34%，则债券的资本成本 K_{dt} = 10.34% × (1 − 25%) ÷ (1 − 2%) = 7.91%。

22.【答案】C

【解析】根据股利增长估值模型 $K_e = \frac{D_1}{P_0(1-f)} + g$，甲公司的股权资本成本 K_e = 0.6 × (1 + 2%) ÷ [8 × (1 − 10%)] + 2% = 10.5%。

23.【答案】C

【解析】采用固定股利增长模型计算出权益资本成本，再由权益资本成本，根据资本资产定价模型可以逆推出β系数。

因为甲公司将全部税后净利分派给股东，所以甲公司股利总额 = 税后净利 = (500 − 1 000 × 5%) × (1 − 25%) = 337.5（万元），则甲公司的每股股利 = 337.5 ÷ 4 000 = 0.0844（元/股）。

因为甲公司预计未来增长率为零，根据固定股利增长模型，股权资本成本 = 每股股利 ÷ 每股市价 + 增长率 = 0.0844 ÷ 1 + 0 = 8.44%。

根据资本资产定价模型，股权资本成本 = 8.44%，即 8.44% = 4% + β × 5%，解得 β = 0.8880。

24.【答案】A

【解析】股利增长模型下，K_e = 4.19 × (1 + 5%) ÷ 50 + 5% = 13.80%，资本成本定价模型下，K_e = 7% + 1.2 × 6% = 14.20%，则平均权益资本成本 = (13.80% + 14.20%) ÷ 2 = 14%。

25.【答案】A

【解析】优先股资本成本 K_p = 10 ÷ (105 − 5) × 100% = 10%。

26.【答案】D

【解析】WACC = 30% × 7% × (1 − 25%) + 15% × 6.8% + 55% × 12.6% = 9.53%。

27.【答案】A

【解析】对销售进行敏感分析，实质上就是分析经营杠杆现象，利润对销售量的敏感系数其实就是经营杠杆系数。

28.【答案】A

【解析】EBIT = 营业收入 − 变动成本 − 固定成本 = 营业收入 × (1 − 变动成本率) − 固定成本 = 200 × (1 − 40%) − 90 = 30（万元）。

29.【答案】B

【解析】甲公司属于普通股的税前净利润 = 750 ÷ (1 − 25%) = 1 000（万元），已知甲公司平均利息率为5%，即其债务利息 = 2 000 × 5% = 100（万元），则甲公司息税前利润 EBIT = 1 000 + 100 = 1 100（万元）。甲公司贡献毛益总额 = 息税前利润 EBIT + 固定经营成本 F = 1 100 + 200 = 1 300（万元），因此甲公司经营杠杆系数 DOL = (EBIT + F) ÷ EBIT = 1 300 ÷ 1 100 = 1.18。

30.【答案】B

【解析】题目要求计算利息费用，那么可以通过财务杠杆系数公式来得出，但梳理公式时又发现，题目没有给出息税前利润，这需要用经营杠杆系数公式来得出。

$$DOL_S = \frac{EBIT + F}{EBIT} = \frac{EBIT + 400}{EBIT} = 1.5$$，则 $EBIT$ = 800（万元），另有

$$DFL = 1.6 = \frac{EBIT}{EBIT - I - \frac{PD}{1-T}} = \frac{800}{800 - I - \frac{75}{1-25\%}}$$，

计算得 I = 200（万元）。

31.【答案】B

【解析】财务杠杆系数 = EBIT/(EBIT − I)，当 I 为 0 时，DFL = 1。

32.【答案】D

【解析】财务杠杆的根源是固定的财务费用。普通股、留存收益、提高股利支付率都不会增加企业的利息，所以不会加大财务杠杆

作用。

33. 【答案】C

【解析】总经营杠杆系数 = 经营杠杆系数 × 财务杠杆系数。

34. 【答案】D

【解析】联合杠杆系数等于企业经营杠杆乘以财务杠杆，企业的经营风险和财务风险越大，联合杠杆系数越大，但不能反过来说。

35. 【答案】B

【解析】各项计算结果如下表所示：

项目	方案一（债券）	方案二（普通股）
EBIT	300	300
利息支出	500×10% = 50	0
税前收益	300 - 40 = 260	300 - 0 = 300
所得税（25%）	260×25% = 65	75
税后收益	260 - 65 = 195	225
普通股收益	195	225
普通股股数（N）	100 万股	150 万股
EPS	1.95	1.5

则[(EBIT - 50)×(1 - 25%) - 0]÷100 = [(EBIT - 0)×(1 - 25%) - 0]÷150，得出 EBIT = 150（万元）。企业息税前利润为 300 万元，大于每股收益无差别点 150 万元，因此选择长期债务筹资。

36. 【答案】B

【解析】当息税前利润 > 每股收益无差别点时，应当选择债务筹资方案；当息税前利润 < 每股收益无差别点，应当选择股权筹资方案。当息税前利润 = 每股收益无差别点时，两种方案都可以选择。

37. 【答案】D

【解析】由于 2×23 年末甲公司已经分配了利润，可以推算出 2×23 年甲公司没有累计亏损，也就是说，2×24 年提取公积金的基数就是 2×24 年的本年净利润。计提的法定公积金 = (2 000 - 300)×10% = 170（万元）。

38. 【答案】C

【解析】按照提示，第一步，确定权益资本与债务资本的比率分别为 55% 和 45%。题中这种资本结构为目标资本结构，在此资本结构下加权平均资本成本将达到最低水平。

第二步，确定目标资本结构下投资所需的股东权益数额，所需股东权益数额为 1 000×55% = 550（万元）。

第三步，最大限度地使用保留盈余来满足投资方案所需的权益资本数额，由于上年税后利润为 1 200 万元，大于 550 万元，所需权益资本数额即为 550 万元。

第四步，投资方案所需权益资本已经满足后有所剩余，可以作为股利发放给股东。则甲公司应当分配 1 200 - 550 = 650（万元）。

39. 【答案】A

【解析】在固定股利政策下，公司在较长时期内都将分期支付固定的股利额，股利不随经营状况的变化而变动，除非公司预期未来收益将会有显著的、不可逆转的增长而提高股利发放额。采用这种政策的，大多数属于收益比较稳定或正处于成长期、信誉一般的公司。

40. 【答案】D

【解析】低正常股利政策比较灵活，既能保持一定的稳定性，又能根据企业的经营状况进行调整。

二、多项选择题

1. 【答案】ACD

【解析】小李分析公司内部资本结构，对各种筹资来源中的资金成本进行分析，可以是为了遵循筹措资金时的结构合理原则；分析资金缺口，可以为了遵循规模适当原则；分析筹资来源的难易程度、成本、限制等可以是为了遵循来源经济原则。题目中没有体现小李筹措资金的及时性和合法性。

2. 【答案】BDE

【解析】甲公司发行的可转换债券不完全是债务筹资，而是混合筹资，同时也是直接筹资、外部筹资、长期筹资。

3. 【答案】ACD

【解析】根据销售百分比法预测对外筹资需要量的计算公式可知，选项 A、C、D 都会导致留存收益增加，因此会导致对外筹资需要量的减少，而增加固定资产的购置和增加设备的换新更替会增加对外筹资需要量。

4. 【答案】AB

【解析】发行股票和留存收益筹资都属于股权筹资，没有固定利息和还款日，可以降低财务风险。

5. 【答案】ABD

【解析】选项 A，该债券是上市公司发行的，属于公司债券。选项 B，每半年还息一次，票面利率也是固定的，因此是定息债券。选项 C，该债券期限超过 6 年，是长期债券而非中期债券。选项 D，由于发行价低于票面额，到期以票面额兑付，所以该债券是贴现债券。选项 E，抵押债券以不动产作为抵押发行，保证债券是由第三者作为还本付息担保人的债券。

6. 【答案】ADE

【解析】选项 B 是指 5 年以上的债券。选项 C，贴现债券是指发行价低于票面额，到期以票面额兑付，发行价与票面额之间的差就是贴息，半年或一年支付一次固定利息的债券是定息债券。

7. 【答案】BC

【解析】选项 A，一般来说，资信等级高的债券信用较好，能够以较低的利率发行。选项 D，在 3 等 9 级的债券等级中，AAA 级是最高级。选项 E，一般来说，资信等级高的债券，能够以较低的利率发行；资信等级低的债券，风险较大，只能以较高的利率发行。另外，许多机构投资者将投资范围限制在特定等级的债券之内。

8. 【答案】ADE

【解析】选项 B，只有在契约中明确了允许提前偿还，企业才可以提前偿还。选项 C，债券的转期是指将较早到期的债券换成到期日较晚的债券。

9. 【答案】ABCD

【解析】公开发行债券的程序复杂，需要聘请会计师、律师、资产评估机构以及资信评级机构等中介，发行成本较高。

10. 【答案】ABCE

【解析】"填权"是指除权日收盘时的股票市价高于除权基准价的情况，配股后股东财富会有所增加。

11. 【答案】AD

【解析】采用普通股筹资会分散公司的控制权，增加公司的信息披露成本，有较高的资本成本。

12. 【答案】AB

【解析】优先股的"优先"主要在于优先获得股息，但是股息比较固定，而且一般也不再参与公司普通股的分红；其次在于优先

清偿顺序先于普通股，而次于债权人。优先股可以视作是一种特殊的债券，一般来说没有投票和表决权。

13. 【答案】ACD

【解析】一般来说，权益资本的资本成本比较高，债务资本的资本成本相对较低，因此，发行可转换债券、优先股、公司债券都可以降低公司资本成本。优先股有股权资本性质，但由于性质是永续债，且没有表决权，所以资本成本会低于普通股。

14. 【答案】BCDE

【解析】如果转换时股票价格大幅上涨，公司只能以较低的固定转换价格换出股票。这实际上降低了公司的股权筹资额。

15. 【答案】ABCE

【解析】绩效评价是指运用一定的评价方法、量化指标及评价标准，对中央部门为实现其职能所确定的绩效目标的实现程度，以及为实现这一目标所安排预算的执行结果所进行的综合性评价。资本成本无法对企业进行绩效评价。

16. 【答案】ABCD

【解析】经营杠杆系数 = [销售量 ×（单价 − 变动成本）] ÷ [销售量 ×（单价 − 变动成本）− 固定成本]。

17. 【答案】BCDE

【解析】联合杠杆系数 = 每股收益变化量 ÷ 销售量的变化量，由于联合杠杆系数为 3，所以每股收益增加 30%，销售量会增加 10%（30%/3），选项 B 正确。销售量增加 8%，每股收益增加 8% × 3 = 24%，选项 C 正确；经营杠杆系数 = 息税前利润的变化量 ÷ 销售量的变化量，由于经营杠杆为 1.5，所以销售量增加 6%，息税前利润增加 6% × 1.5 = 9%，选项 D 正确。财务杠杆系数 = 每股收益变化量 ÷ 息税前利润的变化量。由于财务杠杆为 3/1.5 = 2，所以息税前利润增加 10%，每股收益增加 10% × 2 = 20%，选项 E 正确。

18. 【答案】ABCE

【解析】选项 D，当固定成本为 0 时，经营杠杆系数等于 1，当利息为 0 时，财务杠杆系数等于 1。

19. 【答案】CD

【解析】固定股利不利于减轻公司财务压

力，也不利于节约公司现金，选项 A、B 错误。固定股利政策能够向市场传递公司正常发展的信息，有利于树立公司良好形象，增强投资者对公司的信心，稳定股票价格，选项 C、D 正确。股利支付与盈余相脱节，这可能导致资金短缺，财务状况恶化，同时不能像剩余股利政策那样保持较低的资本成本。

20. 【答案】BD

【解析】选项 B，违反了资本保全原则。选项 D，违反了充分保护债权人利益的原则。

三、综合题

(一) 筹资的综合练习一

1. 【答案】C

【解析】敏感资产销售百分比 =（300 + 900 + 1 800）÷ 6 000 × 100% = 50%。

2. 【答案】A

【解析】敏感负债的销售百分比 =（400 + 800）÷ 6 000 × 100% = 20%。

3. 【答案】B

【解析】资金需要量 = 6 000 × 25% ×（50% - 20%）+ 200 + 100 = 750（万元）。

4. 【答案】D

【解析】外部筹资需要量 = 750 - 6 000 ×（1 + 25%）× 10% ×（1 - 50%）= 375（万元）。

5. 【答案】ABC

【解析】销售百分比法是假设资产、负债和费用与销售收入之间存在稳定的百分比关系，不适用于资产负债与销售收入比例变动较大的公司。

(二) 筹资的综合练习二

6. 【答案】CD

【解析】选项 A，第 0 年现金净流量 = -（6 000 + 700）= -6 700（万元）；选项 B，该项目年折旧额 =（6 000 - 1 200）÷ 6 = 800（万元）；选项 C，该项目第 3 年现金净流量 = 3 000 ×（1 - 25%）- 1 000 ×（1 - 25%）+ 800 × 25% = 1 700（万元）；选项 D，该项目第 6 年现金净流量 = 1 700 + 700 + 1 200 = 3 600（万元）。

7. 【答案】A

【解析】该项目的现值指数 = [1 700 ×（P/A，8%，5）+ 3 600 ×（P/F，89%，6）] ÷ 6 700 =（1 700 × 3.9927 + 2 600 × 0.6302）÷ 6 700 = 1.35。

8. 【答案】AD

【解析】该项目银行借款的资本成本率 = 6% ×（1 - 25%）= 4.5%，发行股票的资本成本率 = 0.45 ÷ 6 × 100% + 3% = 11%。

9. 【答案】B

【解析】根据每股收益无差别点公式（EBIT - 500 - 6 000 × 6%）× 3 000 =（EBIT - 500）÷（3 000 + 1 000），解得 EBIT =（4 000 × 860 - 3 000 × 500）÷（4 000 - 3 000）= 1 940（万元）。

10. 【答案】BC

【解析】现值指数是指投资项目未来现金流量的总现值与项目投资额的现值之比。它反映了项目的投资效率，即投入 1 元初始投资所获得的未来现金流的现值，因此，该值大于 1，项目可行，选项 A 错误，B 正确；每股收益无差别点为 1 940 万元，由于筹资后预计年息税前利润可达到 2 200 万元，大于 1 940 万元，所以选择方案一。

(三) 资本结构决策的综合练习一

11. 【答案】C

【解析】方案一，债券的资本成本 = 10% ×（1 - 25%）÷（1 - 5%）= 7.89%。

12. 【答案】C

【解析】方案二，发行股票的资本成本 = 1.2/10 + 8% = 20%。

13. 【答案】B

【解析】丙公司现负担利息 = 480 × 8% = 38.4（万元），追加筹资后的总利息 = 38.4 + 500 × 10% = 88.4（万元），追加筹资后的股数 = 90 + 500 ÷ 10 = 140（万股），则有：$\frac{(EBIT - 88.4) \times (1 - 25\%) - 0}{90} = \frac{(EBIT - 38.4) \times (1 - 25\%) - 0}{140}$，EBIT = 178.4（万元）。

14. 【答案】C

【解析】筹资前的息税前利润 =（25 - 20）× 30 - 100 = 50（万元），筹资后的息税前利润 = 50 + 156 = 206（万元），大于每股收益无差别点，应当选择方案一。

15. 【答案】ABC

【解析】当企业预期息税前利润大于每股收益无差别点时，应选债权筹资。

(四) 资本结构决策的综合练习二

16. 【答案】D

【解析】A 产品的息税前利润 EBIT =（15 -

7）×20 －60 ＝160 －60 ＝100（万元），经营杠杆系数 ＝（EBIT＋F）÷EBIT ＝（100＋60）÷100 ＝1.6。

17.【答案】A

【解析】丁公司的利息费用 ＝200 ×45％ ×10％ ＝9（万元）；财务杠杆系数 ＝EBIT÷（EBIT－I）＝100÷（100－9）＝1.1。

18.【答案】C

【解析】A 产品的联合杠杆系数 ＝1.6 ×1.1 ＝1.76。

19.【答案】D

【解析】B 产品的息税前利润 ＝（15－8.25）×20－45 ＝90（万元）；经营杠杆系数 ＝（90＋45）÷90 ＝1.5；财务杠杆系数 ＝EBIT/（EBIT－I）＝90÷（90－9）＝1.11；总杠杆系数 ＝1.5 ×1.11 ＝1.67，小于 A 产品的联合杠杆系数，所以 A 产品的整体风险更大，应当选择 B 产品。

20.【答案】BC

【解析】DOL ＝息税前利润的变动百分比÷销售量变动百分比；DFL ＝每股收益的变动百分比÷息税前利润变动百分比。

第三部分

经济法知识

第一章 企业法律制度

考试大纲

一、考试目的

考查考生对企业法概念与体系、市场主体登记管理、公司设立和组织机构以及运行管理、合伙企业的设立与事务执行等法律规定的掌握情况，以及运用企业法律制度解决企业法律问题的能力。

二、考试内容及要求

（一）掌握的内容

1. 企业登记管理制度。
2. 公司资本制度与股东出资制度。
3. 股东的各项权利。
4. 有限责任公司的设立和组织机构。
5. 股份有限公司的设立和组织机构。
6. 公司决议制度。
7. 公司财务会计。
8. 普通合伙企业的设立条件和事务执行规定。
9. 有限合伙企业的设立条件和事务执行规定。

（二）熟悉的内容

1. 个人独资企业的设立及事务管理。
2. 公司对外投资和担保的限制。
3. 公司发起人及其责任、股东资格确定。
4. 只有一个股东的公司的特别规定。
5. 国家出资公司组织机构的特别规定。
6. 上市公司组织机构的特别规定。
7. 董事、监事、高级管理人员的资格和义务。
8. 合伙企业的入伙和退伙规定。

（三）了解的内容

1. 企业的概念与分类。
2. 企业法的概念与体系。
3. 公司的概念与特征。
4. 公司分立、合并、增资、减资的规定。
5. 公司解散和清算的规定。
6. 合伙企业的解散和清算的规定。

考情分析

本章在考试中处于重要地位，2025 年本章内容变化较大。本章在考试中一般既有选择题也有综合题。复习重点是：（1）有限责任公司和股份有限公司的组织机构；（2）有限合伙企业的特殊规定。

考点精讲及典型例题解析

【知识点 1】企业的概念与分类

（一）企业的概念与特征

1. 企业的概念。企业首先是一个经济概念，即在生产、分配、交换、消费的经济系统中，企业是组合各种生产要素、生产并提供各种产品或服务的经济组织。

2. 企业的特征。经营性是企业最重要的特征，即基于一定的经济目的而筹划运作，计较投入产出，进行经济核算，借以参与社会经济活动。除经营性外，企业还具有组织性、经济性、法定性等特征。

（二）企业的分类

1. 按照组织形式标准，企业可分为个人独资企业、合伙企业和公司。

【提示】有限合伙企业由普通合伙人和有限合伙人组成，普通合伙人对合伙企业债务承担无限连带责任，有限合伙人以其认缴的出资额为限对合伙企业债务承担责任。有限责任公司的股东以其认缴的出资额为限对公司承担责任；股份有限公司的股东以其认购的股份为限对公司承担责任。

2. 按照所有制标准，可将企业主要分为全民所有制企业、集体所有制企业、私营企业、外商投资企业等。

3. 按照是否为法人为标准，企业分为法人型企业和非法人型企业。

【提示】营利法人是以取得利润并分配给出资人为目的成立的法人，包括有限责任公司、股份有限公司和其他企业法人等；非营利法人是为公益目的或者其他非营利目的成立，不向出资人、设立人或者会员分配所取得利润的法人，包括事业单位、社会团体、基金会、社会服务机构等；特别法人包括特定的机关法人、农村集体经济组织法人、城镇农村的合作经济组织法人等。非法人组织包括个人独资企业、合伙企业、不具有法人资格的专业服务机构等。

【例1-1】（多选题）按照所有制标准，可将企业分为（　　）。
A. 全民所有制企业
B. 集体所有制企业
C. 法人型企业
D. 私营企业
E. 外商投资企业
【答案】ABDE
【解析】略。

【知识点2】个人独资企业法
（一）个人独资企业的设立条件
设立个人独资企业应当具备下列条件：（1）投资人为一个自然人；（2）有合法的企业名称；（3）有投资人申报的出资；（4）有固定的生产经营场所和必要的生产经营条件；（5）有必要的从业人员。

（二）个人独资企业的投资人及事务管理
受托人或者被聘用的人员应当履行诚信、勤勉义务，按照与投资人签订的合同负责个人独资企业的事务管理，且不得有下列行为：（1）利用职务上的便利，索取或者收受贿赂；（2）利用职务或者工作上的便利侵占企业财产；（3）挪用企业的资金归个人使用或者借贷给他人；（4）擅自将企业资金以个人名义或者以他人名义开立账户储存；（5）擅自以企业财产提供担保；（6）未经投资人同意，从事与本企业相竞争的业务；（7）未经投资人同意，同本企业订立合同或者进行交易；（8）未经投资人同意，擅自将企业商标或者其他知识产权转让给他人使用；（9）泄露本企业的商业秘密；（10）法律、行政法规禁止的其他行为。

（三）个人独资企业的解散和清算
个人独资企业的解散情形有：（1）投资人决定解散；（2）投资人死亡或者被宣告死亡，无继承人或者继承人决定放弃继承；（3）被依法吊销营业执照；（4）法律、行政法规规定的其他情形。

个人独资企业的财产应当按照下列顺序清偿：（1）所欠职工工资和社会保险费用；（2）所欠税款；（3）其他债务。

【提示】个人独资企业财产不足以清偿债务的，投资人应当以其个人的其他财产予以清偿。

【知识点3】企业登记管理
（一）企业登记及备案事项
1. 名称。《公司法》规定，有限责任公司必须在公司名称中标明"有限责任公司"或者"有限公司"字样；股份有限公司必须在公司名称中标明"股份有限公司"或者"股份公司"字样。《合伙企业法》规定，合伙企业在名称中应当根据合伙类型标明"普通合伙""特殊普通合伙"或"有限合伙"字样。《个人独资企业法》规定，个人独资企业的名称应当与其责任形式及从事的营业相符合。

2. 主体类型。公司类型包括有限责任公司、股份有限公司、一人有限责任公司（自然人独资或者法人独资）。合伙企业类型包括普通合伙企业、特殊的普通合伙企业、有限合伙企业。农民专业合作社类型包括农民专业合作社、农民专业合作社联合社。个体工商户类型包括个人经营的个体工商户、家庭经营的个体工商户。

3. 经营范围。市场主体的经营范围包括一般经营项目和许可经营项目。经营范围中属于在登记前依法须经批准的许可经营项目，市场主体应当在申请登记时提交有关批准文件。营业执照记载的经营范围是市场主体依法登记的主要经营活动项目。

4. 住所或者主要经营场所。市场主体只能登记一个住所或者主要经营场所。电子商务平台内的自然人经营者可以根据国家有关规定，将电子商务平台提供的网络经营场所作为经营场所。公司以其主要办事机构所在地为住所。

5. 注册资本或者出资额。除法律、行政法规或者国务院决定另有规定外，市场主体的注册资本或者出资额实行认缴登记制，以人民币表示。有限责任公司的注册资本为在公司登记机关登记的全体股东认缴的出资额。股份有限公司的注册资本为在公司登记机关登记的已发行股份的股本总额。法律、行政法规以及国务院决定对股份有限公司注册资本最低限额另有规定的，从其规定。

【提示】公司股东、非公司企业法人出资人、农民专业合作社（联合社）成员不得以劳务、信用、自然人姓名、商誉、特许经营权或者设定担保的财产等作价出资。

6. 法定代表人、执行事务合伙人或者负责人姓名。公司的法定代表人依照公司章程的规定，由代表公司执行公司事务的董事或者经理担任，并依法登记。有下列情形之一的，不得担任公司、非公司企业法人的法定代表人：（1）无民事行为能力或者限制民事行为能力；（2）因贪污、贿赂、侵占财产、挪用财产或者破坏社会主义市场经济秩序被判处刑罚，执行期满未逾5年，或者因犯罪被剥夺政治权利，执行期满未逾5年；（3）担任破产清算的公司、非公司企业法人的法定代表人、董事或者厂长、经理，对破产负有个人责任的，自破产清算完结之日起未逾3年；（4）担任因违法被吊销营业执照、责令关闭的公司、非公司企业法人的法定代表人，并负有个人责任的，自被吊销营业执照之日起未逾3年；（5）个人所负数额较大的债务到期未清偿；（6）法律、行政法规规定的其他情形。

7. 其他登记事项。（1）有限责任公司股东、股份有限公司发起人、非公司企业法人出资人的姓名或者名称；（2）个人独资企业的投资人姓名及居所；（3）合伙企业的合伙人名称或者姓名、住所、承担责任方式；（4）个体工商户的经营者姓名、住所、经营场所；（5）法律、行政法规规定的其他事项。

【提示】《最高人民法院关于适用〈中华人民共和国公司法〉若干问题的规定（三）》规定，公司发起人是指为设立公司而签署公司章程、向公司认购出资或者股份并履行公司设立职责的人，包括有限责任公司设立时的股东。

8. 备案事项。市场主体的下列事项应当向登记机关办理备案：（1）章程或者合伙协议；（2）经营期限或者合伙期限；（3）有限责任公司股东或者股份有限公司发起人认缴的出资数额，合伙企业合伙人认缴或者实际缴付的出资数额、缴付期限和出资方式；（4）公司董事、监事、高级管理人员；（5）农民专业合作社（联合社）成员；（6）参加经营的个体工商户家庭成员姓名；（7）市场主体登记联络员、外商投资企业法律文件送达接受人；（8）公司、合伙企业等市场主体受益所有人相关信息；（9）法律、行政法规规定的其他事项。

【例1-2】（单选题）以下关于企业登记及备案事项，说法错误的是（　　）。

A. 营业执照记载的经营范围是市场主体依法登记的主要经营活动项目

B. 公司股东、非公司企业法人出资人允许以商誉作价出资

C. 公司以其主要办事机构所在地为住所

D. 个人所负数额较大的债务到期未清偿的，不得担任公司、非公司企业法人的法定代表人

【答案】B

【解析】根据规定，公司股东、非公司企业法人出资人、农民专业合作社（联合社）成员不得以劳务、信用、自然人姓名、商誉、特许经营权或者设定担保的财产等作价出资。

（二）登记规范

1. 登记的一般规范。市场主体登记管理应当遵循依法合规、规范统一、公开透明、便捷高效的原则。

申请办理市场主体登记，应当提交下列材料：（1）申请书；（2）申请人资格文件、自然人身份证明；（3）住所或者主要经营场所相关文件；（4）公司、非公司企业法人、农民专业合作社（联合社）章程或者合伙企业合伙协议；（5）法律、行政法规和国务院市场监督管理部门规定提交的其他材料。

【提示】市场主体实行实名登记。

2. 营业执照。营业执照分为正本和副本，具有同等法律效力。电子营业执照与纸质营业执照具有同等法律效力。营业执照样式、电子营业执照标准由国务院市场监督管理部门统一制定。

【提示】根据国务院办公厅2016年6月30日发布的《关于加快推进"五证合一、一照一码"登记制度改革的通知》，全国自2016年10月1日起正式实施"五证合一、一照一码"，将工商营业执照、组织机构代码证、税务登记证、

社会保险登记证和统计登记证五证合一，由登记部门直接核发加载统一社会信用代码的营业执照，实行"一照一码"。

【提示】市场主体伪造、涂改、出租、出借、转让营业执照的，由登记机关没收违法所得，处10万元以下的罚款；情节严重的，处10万元以上50万元以下的罚款，吊销营业执照。

（三）登记类型

1. 设立登记。《公司法》规定，申请设立公司，应当提交设立登记申请书、公司章程等文件，提交的相关材料应当真实、合法和有效。申请材料不齐全或者不符合法定形式的，公司登记机关应当一次性告知需要补正的材料。股份有限公司董事会应当授权代表，于公司成立大会结束后30日内向公司登记机关申请设立登记。依法设立的公司，由公司登记机关发给公司营业执照。公司营业执照签发日期为公司成立日期。

【提示】公司营业执照签发日期为公司成立日期。

【提示】《合伙企业法》规定，申请设立合伙企业，应当向企业登记机关提交登记申请书、合伙协议书、合伙人身份证明等文件。合伙企业的营业执照签发日期，为合伙企业成立日期。

【例1-3】（单选题）根据公司法律制度的规定，有限责任公司的成立日期为（　　）。

A. 公司股东缴足出资之日
B. 公司法人企业营业执照签发之日
C. 公司企业法人营业执照领取之日
D. 公司登记机关受理设立申请之日

【答案】B

【解析】公司营业执照签发之日为公司成立日期。

2. 变更登记。变更登记的情形包括：（1）法定代表人变更。公司、非公司企业法人的法定代表人在任职期间发生不得担任法定代表人的情形的，应当向登记机关申请变更登记。（2）经营范围变更。市场主体变更经营范围，属于依法须经批准的项目的，应当自批准之日起30日内申请变更登记。许可证或者批准文件被吊销、撤销或者有效期届满的，应当自许可证或者批准文件被吊销、撤销或者有效期届满之日起30日内向登记机关申请变更登记或者办理注销登记。（3）住所或主要经营场所变更。市场主体变更住所或者主要经营场所跨登记机关辖区的，应当在迁入新的住所或者主要经营场所前，向迁入地登记机关申请变更登记。迁出地登记机关无正当理由不得拒绝移交市场主体档案等相关材料。

【提示】市场主体变更登记涉及营业执照记载事项的，登记机关应当及时为市场主体换发营业执照。市场主体变更备案事项的，应当自作出变更决议、决定或者法定变更事项发生之日起30日内向登记机关办理备案。

【提示】《公司法》规定，公司登记事项发生变更的，应当依法办理变更登记。公司登记事项未经登记或者未经变更登记，不得对抗善意相对人。公司申请变更登记，应当向公司登记机关提交公司法定代表人签署的变更登记申请书、依法作出的变更决议或者决定等文件。公司变更登记事项涉及修改公司章程的，应当提交修改后的公司章程。公司变更法定代表人的，变更登记申请书由变更后的法定代表人签署。公司营业执照记载的事项发生变更的，公司办理变更登记后，由公司登记机关换发营业执照。

【例1-4】（单选题）市场主体变更经营范围，属于依法须经批准的项目的，应当自批准之日起（　　）日内申请变更登记。

A. 30　　　　B. 45
C. 60　　　　D. 90

【答案】A

【解析】略。

3. 歇业备案。因自然灾害、事故灾难、公共卫生事件、社会安全事件等原因造成经营困难的，市场主体可以自主决定在一定时期内歇业。

【提示】市场主体歇业的期限最长不得超过3年。市场主体在歇业期间开展经营活动的，视为恢复营业，市场主体应当通过国家企业信用信息公示系统向社会公示。市场主体歇业期间，可以以法律文书送达地址代替住所或者主要经营场所。

4. 注销登记。市场主体因解散、被宣告破产或者其他法定事由需要终止的，应当依法向登记机关申请注销登记。

市场主体注销登记前依法应当清算的，清算组应当自成立之日起10日内将清算组成员、清算组负责人名单通过国家企业信用信息公示系统公告。清算组可以通过国家企业信用信息公示系统发布债权人公告。清算组应当自清算结束之日起 30 日内向登记机关申请注销登记。市场主体申请注销登记前，应当依法办理分支机构注销登记。

市场主体应当将承诺书及注销登记申请通过国家企业信用信息公示系统公示，公示期为 20 日。在公示期内无相关部门、债权人及其他利害关系人提出异议的，市场主体可以公示期届满之日起 20 日内向登记机关申请注销登记。

【提示】个体工商户按照简易程序办理注销登记的，无须公示，由登记机关将个体工商户的注销登记申请推送至税务等有关部门，有关部门在 10 日内没有提出异议的，可以直接办理注销登记。

（四）企业信息公示

1. 政府部门公示企业信息。市场监督管理部门应当通过国家企业信用信息公示系统，公示其在履行职责过程中产生的下列信息：（1）注册登记、备案信息；（2）动产抵押登记信息；（3）股权出质登记信息；（4）行政处罚信息；（5）其他依法应当公示的信息。前述企业信息应当自产生之日起 20 个工作日内予以公示。

2. 企业公示自身信息。企业应当自下列信息形成之日起 20 个工作日内通过国家企业信用信息公示系统向社会公示：（1）有限责任公司股东或者股份有限公司发起人认缴和实缴的出资额、出资时间、出资方式等信息；（2）有限责任公司股东股权转让等股权变更信息；（3）行政许可取得、变更、延续信息；（4）知识产权出质登记信息；（5）受到行政处罚的信息；（6）其他依法应当公示的信息。

3. 企业年度报告公示。企业应当于每年 1 月 1 日至 6 月 30 日，通过国家企业信用信息公示系统向市场监督管理部门报送上一年度的年度报告，并向社会公示。年度报告内容包括：（1）企业通信地址、邮政编码、联系电话、电子邮箱等信息；（2）企业开业、歇业、清算等存续状态信息；（3）企业投资设立企业、购买股权信息；（4）企业为有限责任公司或者股份有限公司的，其股东或者发起人认缴和实缴的出资额、出资时间、出资方式等信息；（5）有限责任公司股东股权转让等股权变更信息；（6）企业网站以及从事网络经营的网店的名称、网址等信息；（7）企业从业人数、资产总额、负债总额、对外提供保证担保、所有者权益合计、营业总收入、主营业务收入、利润总额、净利润、纳税总额信息。

【例 1-5】（多选题）根据公司法律制度的规定，下列哪些属于企业年度报告内容？（　　）

A. 公司开业、歇业、清算等存续状态信息

B. 公司网站以及从事网络经营的网店的名称、网址等信息

C. 行政处罚信息

D. 公司投资设立企业、购买股权信息

E. 公司通信地址、邮政编码、联系电话、电子邮箱等信息

【答案】ABDE

【解析】略。

（五）监督管理

企业未按照《企业信息公示暂行条例》规定的期限公示年度报告或者未按照市场监督管理部门责令的期限公示有关企业信息的，由县级以上市场监督管理部门列入经营异常名录，并依法给予行政处罚。企业因连续 2 年未按规定报送年度报告被列入经营异常名录未改正，且通过登记的住所或者经营场所无法取得联系的，由县级以上市场监督管理部门吊销营业执照。

企业公示信息隐瞒真实情况、弄虚作假的，法律、行政法规有规定的，依照其规定；没有规定的，由市场监督管理部门责令改正，处 1 万元以上 5 万元以下罚款；情节严重的，处 5 万元以上 20 万元以下罚款，列入市场监督管理严重违法失信名单，并可以吊销营业执照。被列入市场监督管理严重违法失信名单的企业的法定代表人、负责人，3 年内不得担任其他企业的法定代表人、负责人。

县级以上地方人民政府及其有关部门应当建立健全信用约束机制，在政府采购、工程招投标、国有土地出让、授予荣誉称号等工作中，将企业信息作为重要考量因素，对被列入经营异常名录或者市场监督管理严重违法失信名单的企业依法予以限制或者禁入。

【知识点 4】公司与公司法

（一）公司的特征

公司的特征主要包括：（1）公司需依法设立，即公司须依照法定条件及程序设立。（2）公司为营利法人，即公司是以取得利润并分配给股东等出资人为目的而成立的法人。（3）公司股东承担有限责任，有限责任公司的股东以其认缴的出资额为限对公司承担责任；股份有限公司的股东以其认购的股份为限对公司承担责任。

（二）公司法人人格否认制度

实践中否认公司法人人格而使相关股东承担连带责任的主要情形有：人格混同、过度支配与控制、资本显著不足等。（1）人格混同的判断标准是公司是否具有独立意思和独立财产，最主要的表现是公司的财产与股东的财产是否混同且无法区分，认定时应综合考虑以下因素：股东无偿使用公司资金或者财产，不作财务记载的；股东用公司的资金偿还股东的债务，或者将公司的资金供关联公司无偿使用，不作财务记载的；公司账簿与股东账簿不分，致使公司财产与股东财产无法区分的；股东自身收益与公司盈利不加区分，致使双方利益不清的；公司的财产记载于股东名下，由股东占有、使用的；人格混同的其他情形。（2）过度支配与控制是指公司控制股东对公司过度支配与控制，操纵公司的决策过程，使公司完全丧失独立性，沦为控制股东的工具或躯壳，严重损害公司债权人利益。常见情形包括：母子公司之间或者子公司之间进行利益输送的；母子公司或者子公司之间进行交易，收益归一方，损失却由另一方承担的；先从原公司抽走资金，然后再成立经营目的相同或者类似的公司，逃避原公司债务的；先解散公司，再以原公司场所、设备、人员及相同或者相似的经营目另设公司，逃避原公司债务的；过度支配与控制的其他情形。（3）资本显著不足是指公司设立后在经营过程中，股东实际投入公司的资本数额与公司经营所隐含的风险相比明显不匹配。该项标准在适用时要十分谨慎，应当与其他因素结合起来综合判断。

【例 1-6】（单选题）以下不属于公司法人人格否认制度中过度支配与控制情形的是（　　）。

A. 母子公司之间或者子公司之间进行利益输送

B. 母子公司或者子公司之间进行交易，收益归一方，损失却由另一方承担

C. 先从原公司抽走资金，然后再成立经营目的相同或者类似的公司，逃避原公司债务

D. 公司设立后在经营过程中，股东实际投入公司的资本数额与公司经营所隐含的风险相比明显不匹配

【答案】D

【解析】选项 D 属于资本显著不足情形。

【知识点 5】公司对外投资和担保的限制

（一）对外投资的限制

《公司法》第十四条规定，公司可以向其他企业投资；法律规定公司不得成为对所投资企业的债务承担连带责任的出资人的，从其规定。《公司法》及《合伙企业法》都未规定公司不得成为普通合伙人，因而公司可以成为合伙企业普通合伙人，对合伙企业债务承担连带责任。

【提示】公司向其他企业投资，按照公司章程的规定，由董事会或者股东会、股东大会决议；公司章程对投资的总额及单项投资的数额有限额规定的，不得超过规定的限额。

（二）对公司担保的限制

公司为他人提供担保，依照公司章程的规定，由董事会或者股东会、股东大会决议；公司章程对担保的总额及单项担保的数额有限额规定的，不得超过规定的限额。公司为公司股东或者实际控制人提供担保的，应当经股东会或者股东大会决议；接受担保的股东或者受实际控制人支配的股东，不得参加该担保事项的表决；该项表决由出席会议的其他股东所持表决权的过半数通过。

【提示】《最高人民法院关于适用〈中华人民共和国民法典〉有关担保制度的解释》规定，公司的法定代表人违反公司法关于公司对外担保决议程序的规定，超越权限代表公司与相对人订立担保合同，人民法院应当依照《民法典》中关于法定代表人越权代表的规定处理：（1）相对人善意的，担保合同对公司发生效力；相对人请求公司承担担保责任的，人民法院应予支持。（2）相对人非善意的，担保合同对公司不发生效力；相对人请求公司承担赔偿责任的，需根据过错确定担保人的赔偿责任。其具体情形包括：（1）主合同有效而第三人提供的担保合同

无效，债权人与担保人均有过错的，担保人承担的赔偿责任不应超过债务人不能清偿部分的1/2；担保人有过错而债权人无过错的，担保人对债务人不能清偿的部分承担赔偿责任；债权人有过错而担保人无过错的，担保人不承担赔偿责任。(2) 主合同无效导致第三人提供的担保合同无效，担保人无过错的，不承担赔偿责任；担保人有过错的，其承担的赔偿责任不应超过债务人不能清偿部分的1/3。

【知识点6】公司设立制度概述

(一) 公司设立概念及方式

设立公司的行为，从设立阶段区分，包括发起行为和设立行为。

【提示】 公司设立的方式，包括发起设立和募集设立。有限责任公司设立采用发起设立方式，即由全体股东认缴公司注册资本而设立公司。股份有限公司设立采取发起设立或者募集设立方式。发起设立方式，是指由发起人认购设立公司时应发行的全部股份而设立公司；募集设立，是指由发起人认购设立公司时应发行股份的一部分，其余股份向特定对象募集或者向社会公开募集而设立公司。《公司法》第九十七条规定，以发起设立方式设立股份有限公司的，发起人应当认足公司章程规定的公司设立时应发行的股份；以募集设立方式设立股份有限公司的，发起人认购的股份不得少于公司章程规定的公司设立时应发行股份总数的35%；但是，法律、行政法规另有规定的，从其规定。

(二) 有限责任公司的设立条件

《公司法》对有限公司设立条件的主要规定包括：

(1) 股东符合规定数量。有限责任公司由1个以上50个以下股东出资设立。

(2) 制定公司章程。公司章程是记载公司组织、活动基本准则的公开性法律文件。设立有限责任公司，应当由股东共同制定公司章程。公司章程对公司、股东、董事、监事、高级管理人员具有约束力。公司章程所记载的事项可以分为必备事项和任意事项。《公司法》第四十六条规定，有限责任公司章程应当载明下列事项：①公司名称和住所；②公司经营范围；③公司注册资本；④股东的姓名或者名称；⑤股东的出资额、出资方式和出资日期；⑥公司的机构及其产生办法、职权、议事规则；⑦公司法定代表人的产生、变更办法；⑧股东会认为需要规定的其他事项股东应当在公司章程上签名或者盖章。

(三) 股份有限公司的设立条件

《公司法》对股份有限公司设立条件的主要规定包括：

(1) 发起人符合规定数量。设立股份有限公司，应当有1人以上200人以下为发起人，其中应当有半数以上的发起人在中华人民共和国境内有住所。

(2) 制定公司章程。《公司法》第九十五条规定，股份有限公司章程应当载明下列事项：①公司名称和住所；②公司经营范围；③公司设立方式；④公司注册资本、已发行的股份数和设立时发行的股份数，面额股的每股金额；⑤发行类别股的，每一类别股的股份数及其权利和义务；⑥发起人的姓名或者名称、认购的股份数、出资方式；⑦董事会的组成、职权和议事规则；⑧公司法定代表人的产生、变更办法；⑨监事会的组成、职权和议事规则；⑩公司利润分配办法；⑪公司的解散事由与清算办法；⑫公司的通知和公告办法；⑬股东会认为需要规定的其他事项。

(3) 按规定认购或募集股份。发起人向社会公开募集股份，应当公告招股说明书，并制作认股书。认股书应当载明发行的股份总数、面额股的票面金额和发行价格或者无面额股的发行价格、募集资金的用途、认购人的权利和义务、股份种类及其权利和义务、本次募股的起止日期及逾期未募足时认股人可以撤回所认股份的说明、发起人认购的股份数等事项，由认股人填写认购的股份数、金额、住所，并签名或者盖章。认股人应当按照所认购股份足额缴纳股款。向社会公开募集股份的股款缴足后，应当经依法设立的验资机构验资并出具证明。公司设立时应发行的股份未募足，或者发行股份的股款缴足后，发起人在30日内未召开成立大会的，认股人可以按照所缴股款并加算银行同期存款利息，要求发起人返还。发起人、认股人缴纳股款或者交付非货币财产出资后，除未按期募足股份、发起人未按期召开成立大会或者成立大会决议不设立公司的情形外，不得抽回其股本。

(4) 召开公司成立大会。以发起设立方式设立股份有限公司成立大会的召开和表决程序由公司章程或者发起人协议规定。募集设立股份有限公司的发起人应当自公司设立时应发行股份的股款缴足之日起30日内召开公司成立大会；发起人应当在成立大会召开15日前将会议日期通知各认股人或者予以公告；成立大会应当有持有表决权过半数的认股人出席，方可举行。

（四）有限责任公司设立时的股东的责任

《公司法》第四十四条规定，有限责任公司设立时的股东为设立公司从事的民事活动，其法律后果由公司承受。公司未成立的，其法律后果由公司设立时的股东承受；设立时的股东为2人以上的，享有连带债权，承担连带债务。设立时的股东为设立公司以自己的名义从事民事活动产生的民事责任，第三人有权选择请求公司或者公司设立时的股东承担。设立时的股东因履行公司设立职责造成他人损害的，公司或者无过错的股东承担赔偿责任后，可以向有过错的股东追偿。

【知识点7】公司资本制度与股东出资制度

（一）公司资本制度

《公司法》第一百五十二条规定，公司章程或者股东会可以授权董事会在3年内决定发行不超过已发行股份50%的股份。但以非货币财产作价出资的应当经股东会决议。董事会依照前述规定决定发行股份导致公司注册资本、已发行股份数发生变化的，对公司章程该项记载事项的修改不需再由股东会表决。《公司法》第一百五十三条规定，公司章程或者股东会授权董事会决定发行新股的，董事会决议应当经全体董事2/3以上通过。

（二）类别股制度

本次《公司法》修订新增列举类别股种类，规定发行类别股的公司，应当在公司章程中载明以下事项：（1）类别股分配利润或者剩余财产的顺序；（2）类别股的表决权数；（3）类别股的转让限制；（4）保护中小股东权益的措施；（5）股东会认为需要规定的其他事项。为保护类别股股东利益，《公司法》还规定了特定事项的分类表决机制，即发行类别股东公司，在股东会作出修改公司章程、增加或者减少注册资本的决议，以及公司合并、分立、解散或者变更公司形式等事项的决议时，可能影响类别股股东权利的，除应当经出席会议的股东所持表决权的2/3以上通过股东会决议外，还应当经出席类别股股东会议的股东所持表决权的2/3以上通过。

《公司法》第一百四十四条列举了类别股的种类，包括优先和劣后股、特殊表决权股、转让受限股等，即公司可以按照公司章程的规定发行下列与普通股权利不同的类别股：（1）优先或者劣后分配利润或者剩余财产的股份；（2）每一股的表决权数多于或者少于普通股的股份；（3）转让须经公司同意等转让受限的股份；（4）国务院规定的其他类别股。公开发行股份的公司不得发行第（2）（3）项规定的类别股；公开发行前已发行的除外。公司发行第（2）项规定的类别股的，对于监事或者审计委员会成员的选举和更换，类别股与普通股每一股的表决权数相同。以下简要介绍较常见的优先股和特殊表决权股。

1. 优先股。优先股是指在普通种类股份之外另外发行的，股份持有人优先于普通股股东分配公司利润和剩余财产，但参与公司决策管理等权利受到限制的股份。优先股股东享有按照约定的票面股息率，优先于普通股股东分配公司利润的权利。公司应当以现金的形式向优先股股东支付股息，在完全支付约定的股息之前，不得向普通股股东分配利润。优先股股东享有优先分配剩余财产的权利。公司因解散、破产等原因进行清算时，公司财产在按照《公司法》和《破产法》有关规定进行清偿后的剩余财产，应当优先向优先股股东支付未派发的股息和公司章程约定的清算金额，不足以支付的按照优先股股东持股比例分配。

【提示】优先股股东的表决权受到限制。除以下情况外，优先股股东不出席股东大会会议，所持股份没有表决权：（1）修改公司章程中与优先股相关的内容；（2）一次或累计减少公司注册资本超过10%；（3）公司合并、分立、解散或变更公司形式；（4）发行优先股；（5）公司章程规定的其他情形。

2. 特殊表决权股，即"每一股的表决权数多于或者少于普通股的股份"，也被称为AB股、双重股权结构。持有特别表决权股份的股东在上市公司中拥有权益的股份合计应当达到公司全部已发行有表决权股份10%以上。上市公章程应当规定每份特别表决权股份的表决数量。每份特别表决权股份的表决权数量应当相同，且不得超过每份普通股份的表决权数量的10倍。特别表决权股份不得在二级市场进行交易，但可以按照有关规定进行转让。

（三）面额股与无面额股制度

面额股是记载票面金额的股份，无面额股则是未记载票面金额的股份。

公司的股份采取股票的形式。股票是公司签发的证明股东所持股份的凭证。公司发行的股票，应当为记名股票。股票采用纸面形式或者国务院证券监督管理机构规定的其他形式。股票采用纸面形式的，应当载明下列主要事项：（1）公司名称；（2）公司成立日期或者股票发行的时间；（3）股票种类、票面金额及代表的股份数，发行无面额股的，股票代表的股份数。股票采用纸面形式的，还应当载明股票的编号，由法定代表人签名，公司盖章。发起人股票采用纸面形式的，应当标明发起人股票字样。

【提示】《公司法》第二百一十三条规定，公司以超过股票票面金额的发行价格发行股份所得的溢价款、发行无面额股所得股款未计入注册资本的金额以及国务院财政部门规定列入资本公积金的其他项目，应当列为公司资本公积金。据此规定，公司发行无面额股时，股东会可以决定发行股份所得股款全部计入注册资本，也可以决定发行股份所得股款1/2以上计入注册资本，剩余部分计入资本公积。

（四）股东出资的规定

1. 出资形式的一般规定。股东可以用货币出资，也可以用实物、知识产权、土地使用权、股权、债权等可以用货币估价并可以依法转让的非货币财产作价出资；但是，法律、行政法规规定不得作为出资的财产除外。

【提示】《市场主体登记管理条例》规定，公司股东不得以劳务、信用、自然人姓名、商誉、特许经营权或者设定担保的财产等作价出资。

2. 非货币财产的评估作价。对作为出资的非货币财产应当评估作价，核实财产，不得高估或者低估作价。

【提示】出资人以符合法定条件的非货币财产出资后，因市场变化或者其他客观因素导致出资财产贬值，公司、其他股东或者公司债权人请求该出资人承担补足出资责任的，人民法院不予支持。

3. 出资财产的缴付。股东以货币出资的，应当将货币出资足额存入有限责任公司在银行开设的账户；以非货币财产出资的，应当依法办理其财产权的转移手续。以发起设立方式设立股份有限公司的，发起人应当书面认足公司章程规定其认购的股份，并按照公司章程规定缴纳出资。以非货币财产出资的，应当依法办理其财产权的转移手续。股份有限公司的发起人应当在公司成立前按照其认购的股份全额缴纳股款。

4. 股东出资义务加速到期。有限责任公司股东的出资期限由公司章程规定，最长不得超过5年。章程规定的出资期限是股东享有的期限利益。但在出资期限届满之前，公司即陷入财务困境，此时允许股东出资义务加速到期。2023年修订《公司法》第五十四条规定，公司不能清偿到期债务的，公司或者已到期债权的债权人有权要求已认缴出资但未届出资期限的股东提前缴纳出资。

5. 无处分权财产出资。股东应当以有处分权的财产出资。如果出资人以不享有处分权的财产出资，当事人之间对于出资行为效力产生争议的，人民法院可以参照《民法典》第三百一十一条的规定予以认定，即符合下列情形的，公司可以取得该出资财产的所有权，原所有权人只能向无权处分的出资人请求赔偿相应损失：（1）公司受让该财产时是善意的，即公司不知道且不应当知道出资人为无权处分；（2）以合理的价格转让；（3）转让的财产依照法律规定应当登记的已经登记，不需要登记的已经交付给公司，则公司可以取得该出资财产的所有权，原所有权人只能要求无权处分的出资人赔偿相应损失。

【提示】出资时，以贪污、受贿、侵占、挪用等违法犯罪所得的货币出资后取得股权的，对违法犯罪行为予以追究、处罚时，应当采取拍卖或者变卖的方式处置其股权。

出资人以划拨土地使用权出资，或者以设定权利负担的土地使用权出资，公司、其他股东或者公司债权人主张认定出资人未履行出资义务的，人民法院应当责令当事人在指定的合理期间内办理土地变更手续或者解除权利负担；

逾期未办理或者未解除的，人民法院应当认定出资人未依法全面履行出资义务。

(五)违反出资义务的责任

1. 违反出资义务的责任。有限责任公司成立后，董事会应当对股东的出资情况进行核查，发现股东未按期足额缴纳公司章程规定的出资的，应当由公司向该股东发出书面催缴书，催缴出资。有限责任公司股东未按期足额缴纳出资的，除应当向公司足额缴纳外，还应当对给公司造成的损失承担赔偿责任。有限责任公司设立时，股东未按照公司章程规定实际缴纳出资，或者实际出资的非货币财产的实际价额显著低于所认缴的出资额的，设立时的其他股东与该股东在出资不足的范围内承担连带责任。此外，若董事会未履行核查股东出资情况、催缴出资义务，给公司造成损失的，负有责任的董事应当承担赔偿责任。

【提示】公司债权人请求未履行或者未全面履行出资义务的股东在未出资本息范围内对公司债务不能清偿的部分承担补充赔偿责任的，人民法院应予支持；未履行或者未全面履行出资义务的股东已经承担上述责任，其他债权人提出相同请求的，人民法院不予支持。股东在公司设立时未履行或者未全面履行出资义务，公司、其他股东或者公司债权人提起诉讼，请求公司的发起人与被告股东承担连带责任的，人民法院应予支持；公司的发起人承担责任后，可以向被告股东追偿。

有限责任公司的股东转让已认缴出资但未届出资期限的股权的，由受让人承担缴纳该出资的义务；受让人未按期足额缴纳出资的，转让人对受让人未按期缴纳的出资承担补充责任。未按照公司章程规定的出资日期缴纳出资或者作为出资的非货币财产的实际价额显著低于所认缴的出资额的股东转让股权的，转让人与受让人在出资不足的范围内承担连带责任；受让人不知道且不应当知道存在上述情形的，由转让人承担责任。

公司股东未履行或者未全面履行出资义务或者抽逃出资，公司或者其他股东请求其向公司全面履行出资义务或者返还出资，被告股东以诉讼时效为由进行抗辩的，人民法院不予支持。公司债权人的债权未过诉讼时效期间，请求未履行或者未全面履行出资义务或者抽逃出资的股东承担赔偿责任，被告股东以出资义务或者返还出资义务超过诉讼时效期间为由进行抗辩的，人民法院不予支持。

股份有限公司的注册资本为在公司登记机关登记的已发行股份的股本总额。在发起人认购的股份缴足前，不得向他人募集股份。发起人不按照其认购的股份缴纳股款，或者作为出资的非货币财产的实际价额显著低于所认购的股份的，其他发起人与该发起人在出资不足的范围内承担连带责任。

2. 禁止抽逃出资的规定。抽逃出资的表现形式主要有：(1)制作虚假财务会计报表虚增利润进行分配；(2)通过虚构债权债务关系将其出资转出；(3)利用关联交易将出资转出；(4)其他未经法定程序将出资抽回的行为。

【提示】股东抽逃出资，公司或者其他股东请求其向公司返还出资本息、协助抽逃出资的其他股东、董事、高级管理人员或者实际控制人对此承担连带责任的，人民法院应予支持。

公司债权人请求抽逃出资的股东在抽逃出资本息范围内对公司债务不能清偿的部分承担补充赔偿责任、协助抽逃出资的其他股东、董事、高级管理人员或者实际控制人对此承担连带责任的，人民法院应予支持；抽逃出资的股东已经承担上述责任，其他债权人提出相同请求的，人民法院不予支持。

【例1-7】(多选题)甲公司股东吴某抽逃出资，根据公司法律制度的规定，下列各项中，有资格对吴某提起向公司返还出资之诉的有( )。

A. 甲公司
B. 甲公司其他股东
C. 甲公司董事会
D. 甲公司监事会
E. 甲公司高级管理人

【答案】ABE

【解析】公司债权人请求抽逃出资的股东在抽逃出资本息范围内对公司债务不能清偿的部分承担补充赔偿责任、协助抽逃出资的其他股东、董事、高级管理人员或者实际控制人对此承担连带责任的，人民法院应予支持。

3. 违反出资义务股东的权利限制和股东失权的制度。有限责任公司成立后，董事会应当核查股东出资情况，由公司向未按期足额缴纳出资的股东发出书面催缴书，载明缴纳出资的宽限期；宽限期自公司发出催缴书之日起，不得少于60日。宽限期届满，股东仍未履行出资义务的，公司经董事会决议可以向该股东发出失权通知，通知应当以书面形式发出。自通知发出之日起，该股东丧失其未缴纳出资的股权。依照前述规定丧失的股权应当依法转让，或者相应减少注册资本并注销该股权；6个月内未转让或者注销的，由公司其他股东按照其出资比例足额缴纳相应出资。股东对失权有异议的，应当自接到失权通知之日起30日内，向人民法院提起诉讼。

【知识点8】股东资格确定

（一）取得股东资格的要件

有限责任公司成立后，应当向股东签发出资证明书，记载下列事项：（1）公司名称；（2）公司成立日期；（3）公司注册资本；（4）股东的姓名或者名称、认缴和实缴的出资额、出资方式和出资日期；（5）出资证明书的编号和核发日期。出资证明书由法定代表人签名，并由公司盖章。《公司法》第五十六条规定，有限责任公司应当置备股东名册，记载下列事项：（1）股东的姓名或者名称及住所；（2）股东认缴和实缴的出资额、出资方式和出资日期；（3）出资证明书编号；（4）取得和丧失股东资格的日期。记载于股东名册的股东，可以依股东名册主张行使股东权利。

（二）隐名投资的处理

《公司法司法解释三》对隐名投资作出如下规定：

（1）合同效力确认。有限责任公司的实际出资人与名义出资人订立合同，约定由实际出资人出资并享有投资权益、以名义出资人为名义股东，实际出资人与名义股东对该合同效力发生争议的，如无法律规定的无效情形，人民法院应当认定该合同有效。

（2）合同利益归属。基于实际出资人与名义出资人订立的有效合同，双方因投资权益的归属发生争议，实际出资人以其实际履行了出资义务为由向名义股东主张权利的，人民法院应予支持。名义股东以公司股东名册记载、公司登记机关登记为由否认实际出资人权利的，人民法院不予支持。

（3）实际出资人取得股权的条件。实际出资人未经公司其他股东半数以上同意，请求公司变更股东、签发出资证明书、记载于股东名册、记载于公司章程并办理公司登记机关登记的，人民法院不予支持。

（4）代持股权处分的效果。名义股东将登记于其名下的股权转让、质押或者以其他方式处分，实际出资人以其对于股权享有实际权利为由，请求认定处分股权行为无效的，人民法院可以参照《民法典》第三百一十一条"善意取得"的规定处理。名义股东处分股权造成实际出资人损失、实际出资人请求名义股东承担赔偿责任的，人民法院应予支持。

（三）冒名股东的责任

冒用他人名义出资并将该他人作为股东在公司登记机关登记的，冒名登记行为人应当承担相应责任；公司、其他股东或者公司债权人以未履行出资义务为由，请求被冒名登记为股东的承担补足出资责任或者对公司债务不能清偿部分的赔偿责任的，人民法院不予支持。

【例1-8】（单选题）甲盗用乙的身份证以乙的名义向丙公司出资。乙被记载于丙公司股东名册，并进行工商登记，但直至出资期限届满仍未履行出资义务。根据公司法律制度的规定，下列关于出资责任承担的表述，正确的是（　　）。

A．乙承担出资责任

B．甲承担出资责任

C．乙首先承担出资责任，不足部分再由甲补足

D．甲、乙对出资承担连带责任

【答案】 B

【解析】 冒用他人名义出资并将该他人作为股东在公司登记机关登记的，冒名登记行为人应当承担相应责任；公司、其他股东或者公司债权人以未履行出资义务为由，请求被冒名登记为股东的承担补足出资责任或者对公司债务不能清偿部分的赔偿责任的，人民法院不予支持。

【知识点9】股东的各项权利

通常，将股东权利分为管理权和财产权两大类，前者包括参加股东（大）会权、提案权、表决权、信息权等；后者包括利润分配请求权、新股优先认购权、股权（份）转让权、剩余财

产分配请求权等。

（一）信息权

有限责任公司股东有权查阅、复制公司章程、股东名册、股东会会议记录、董事会会议决议、监事会会议决议和财务会计报告。股东可以要求查阅公司会计账簿、会计凭证。股东要求查阅公司会计账簿、会计凭证的，应当向公司提出书面请求，说明目的。公司有合理根据认为股东查阅会计账簿、会计凭证有不正当目的，可能损害公司合法利益的，可以拒绝提供查阅，并应当自股东提出书面请求之日起15日内书面答复股东并说明理由。公司拒绝提供查阅的，股东可以请求人民法院要求公司提供查阅。

【提示】有限责任公司有证据证明股东存在下列情形之一的，人民法院应当认定为前述的"不正当目的"：（1）股东自营或者为他人经营与公司主营业务有实质性竞争关系业务的，但公司章程另有规定或者全体股东另有约定的除外；（2）股东为了向他人通报有关信息查阅公司会计账簿，可能损害公司合法利益的；（3）股东在向公司提出查阅请求之日前的3年内，曾通过查阅公司会计账簿，向他人通报有关信息损害公司合法利益的；（4）股东有不正当目的的其他情形。

股份有限公司应当将公司章程、股东名册、股东会会议记录、董事会会议记录、监事会会议记录、财务会计报告、债券持有人名册置备于本公司。

【例1-9】（多选题）根据公司法律制度的规定，股份有限公司的下列文件中，股东有权查阅的有（　　）。

A. 公司债券存根

B. 股东名册

C. 董事会会议决议

D. 公司会计账簿

E. 财务会计报告

【答案】ABCE

【解析】有限责任公司的股东有要求查阅公司会计账簿的权利，但是股份有限公司的股东并没有该项权利。

（二）表决权

有限责任公司股东会会议由股东按照出资比例行使表决权；但是，公司章程另有规定的除外。

股份有限公司股东出席股东大会会议，所持每一股份有一表决权，类别股股东除外。但是，公司持有的本公司股份没有表决权。股份有限公司股东大会选举董事、监事，可以依照公司章程的规定或者股东大会的决议，实行累积投票制。累积投票制是指股东大会选举董事或者监事时，每一股份拥有与应选董事或者监事人数相同的表决权，股东拥有的表决权可以集中使用。

股东可以委托代理人出席股东大会会议，应当明确代理人代理的事项、权限和期限；代理人应当向公司提交股东授权委托书，并在授权范围内行使表决权。

股东认缴的出资未届履行期限，对未缴纳部分的出资是否享有以及如何行使表决权等问题，应当根据公司章程来确定。公司章程没有规定的，应当按照认缴出资的比例确定。如果股东（大）会作出不按认缴出资比例而按实际出资比例或者其他标准确定表决权的决议，该决议应符合修改公司章程所要求的表决程序，即必须经代表2/3以上表决权的股东通过。

（三）股权或股份转让权

1. 有限责任公司股东转让股权。

（1）股东之间转让股权。有限责任公司的股东之间可以相互转让其全部或者部分股权。公司章程对股权转让另有规定的，从其规定。

（2）股东向股东以外的人转让股权。股东向股东以外的人转让股权的，应当将股权转让的数量、价格、支付方式和期限等事项书面通知其他股东，其他股东在同等条件下有优先购买权。股东自接到书面通知之日起30日内未答复的，视为放弃优先购买权。两个以上股东行使优先购买权的，协商确定各自的购买比例；协商不成的，按照转让时各自的出资比例行使优先购买权。

【提示】"同等条件"的判断，应当考虑转让股权的数量、价格、支付方式及期限等因素。有限责任公司的自然人股东因继承发生变化时，其他股东主张行使优先购买权的，人民法院不予支持，但公司章程另有规定或者全体股东另有约定的除外。

【提示】转让股东以欺诈、恶意串通等手段，损害其他股东优先购买权，其他股东主张按照同等条件购买该转让股权的,人民法院应当予以支持,但其他股东自知道或者应当知道行使优先购买权的同等条件之日起30日内没有主张,或者自股权变更登记之日起超过1年的除外。其他股东仅提出确认股权转让合同及股权变动效力等请求,未同时主张按照同等条件购买转让股权的,人民法院不予支持,但其他股东非因自身原因导致无法行使优先购买权,请求损害赔偿的除外。股东以外的股权受让人,因股东行使优先购买权而不能实现合同目的的,可以依法请求转让股东承担相应民事责任。

【例1-10】(单选题)有限责任公司的股东向股东以外的人转让股权,应当经其他股东( )同意。

A. 1/3以上　　B. 全体
C. 2/3以上　　D. 过半数

【答案】D
【解析】略。

(3) 人民法院强制转让股东股权。人民法院依照法律规定的强制执行程序转让股东的股权时,应当通知公司及全体股东,其他股东在同等条件下有优先购买权。其他股东自人民法院通知之日起满20日不行使优先购买权的,视为放弃优先购买权。

(4) 转让股权后的变更登记、换发出资证明书。股东转让股权的,应当书面通知公司,请求变更股东名册;需要办理变更登记的,并请求公司向公司登记机关办理变更登记。公司拒绝或者在合理期限内不予答复的,转让人、受让人可以依法向人民法院提起诉讼。股权转让的,受让人自记载于股东名册时起可以向公司主张行使股东权利。

依法转让股权后,公司应当及时注销原股东的出资证明书,向新股东签发出资证明书,并相应修改公司章程和股东名册中有关股东及其出资额的记载。对公司章程的该项修改不需再由股东会表决。

2. 股份有限公司股份转让。

(1) 股份有限公司股东转让股权。股份有限公司的股东持有的股份可以向其他股东转让,也可以向股东以外的人转让。股东转让其股份,应当在依法设立的证券交易场所进行或者按照国务院规定的其他方式进行。股东会会议召开前20日内或者公司决定分配股利的基准日前5日内,不得变更股东名册。公司公开发行股份前已发行的股份,自公司股票在证券交易所上市交易之日起1年内不得转让。公司董事、监事、高级管理人员应当向公司申报所持有的本公司的股份及其变动情况,在就任时确定的任职期间每年转让的股份不得超过其所持有本公司股份总数的25%;所持本公司股份自公司股票上市交易之日起1年内不得转让。上述人员离职后半年内,不得转让其所持有的本公司股份。

股份在法律、行政法规规定的限制转让期限内出质的,质权人不得在限制转让期限内行使质权。

(2) 公司收购本公司股份。《公司法》规定,公司不得收购本公司股份。但是,有下列情形之一的除外:①减少公司注册资本;②与持有本公司股份的其他公司合并;③将股份用于员工持股计划或者股权激励;④股东因对股东会作出的公司合并、分立决议持异议,要求公司收购其股份;⑤将股份用于转换公司发行的可转换为股票的公司债券;⑥上市公司为维护公司价值及股东权益所必需。

(3) 公司财务资助行为规制。《公司法》规定,公司不得为他人取得本公司或者其母公司的股份提供赠与、借款、担保以及其他财务资助,公司实施员工持股计划的除外。为公司利益,经股东会决议,或者董事会按照公司章程或者股东会的授权作出决议,公司可以为他人取得本公司或者其母公司的股份提供财务资助,但财务资助的累计总额不得超过已发行股本总额的10%。董事会作出决议应当经全体董事的2/3以上通过。

【例1-11】(单选题)公司董事、监事、高级管理人员在任职期间每年转让的股份不得超过其所持有本公司股份总数的( )。

A. 10%　　B. 25%
C. 30%　　D. 50%

【答案】B
【解析】略。

(四) 利润分配请求权

《公司法》规定,公司分配当年税后利润时,应当提取利润的10%列入公司法定公积金。公司法定公积金累计额为公司注册资本的50%以上的,可以不再提取。公司的法定公积金不足以弥补以前年度亏损的,在依照前述规定提取法定公积金之前,应当先用当年利润弥补亏损。公司从税后利润中提取法定公积金后,经股东会决议,还可以从税后利润中提取任意公积金。

公司弥补亏损和提取公积金后所余税后利润,有限责任公司按照股东实缴的出资比例分配利润,全体股东约定不按照出资比例分配利润的除外;股份有限公司按照股东所持有的股份比例分配利润,公司章程另有规定的除外。公司持有的本公司股份不得分配利润。

【提示】实践中,常有公司受大股东控制而不分配利润的情形。应当明确,"审议批准公司的利润分配方案和弥补亏损方案"是股东会的职权,是否分配利润以及如何分配利润主要是公司自治的事项。因此,《公司法司法解释四》规定,股东提交载明具体分配方案的股东会或者股东大会的有效决议,请求公司分配利润,公司拒绝分配利润且其关于无法执行决议的抗辩理由不成立的,人民法院应当判决公司按照决议载明的具体分配方案向股东分配利润。股东未提交载明具体分配方案的股东会或者股东大会决议,请求公司分配利润的,人民法院应当驳回其诉讼请求,但违反法律规定滥用股东权利导致公司不分配利润,给其他股东造成损失的除外。

股东请求公司分配利润案件,应当列公司为被告。一审法庭辩论终结前,其他股东基于同一分配方案请求分配利润并申请参加诉讼的,应当列为共同原告。

关于利润分配的时间,2023年《公司法》修订明确,股东会作出分配利润的决议的,董事会应当在股东会决议作出之日起6个月内进行分配。

【例1-12】(单选题)甲、乙成立有限责任公司,甲认购出资4万元,乙认购2万元。1年后公司利润为9万元,甲实缴1万元,乙缴足出资,设立公司时未约定利润分配方式。根据公司法律制度的规定,甲应分配的利润是( )。

A. 6万元 B. 3万元
C. 4.5万元 D. 9.5万元

【答案】B

【解析】由于股东未事先约定利润分配方式,应按股东实缴的出资比例进行分配,甲可分得1/3×9=3(万元)。

(五)少数股东的回购请求权

1. 有限责任公司少数股东回购请求。有限责任公司中,对股东会的下述决议投反对票的股东可以请求公司按照合理的价格收购其股权,退出公司:(1)公司连续5年不向股东分配利润,而公司该5年连续盈利,并且符合《公司法》规定的分配利润条件;(2)公司合并、分立、转让主要财产;(3)公司章程规定的营业期限届满或者章程规定的其他解散事由出现,股东会通过决议修改章程使公司存续。

2. 股份有限公司少数股东收购请求。股份有限公司中,对股东会的下述决议投反对票的股东可以请求公司按照合理的价格收购其股份,公开发行股份的公司除外:(1)公司连续5年不向股东分配利润,而公司该5年连续盈利,并且符合公司法规定的分配利润条件;(2)公司转让主要财产;(3)公司章程规定的营业期限届满或者章程规定的其他解散事由出现,股东会通过决议修改章程使公司存续。

(六)股东的诉讼权利

1. 股东直接诉讼。董事、高级管理人员违反法律、行政法规或者公司章程的规定,损害股东利益的,股东可以向人民法院提起诉讼。

2. 股东通过董事会或监事会提起保护公司利益诉讼。董事、高级管理人员执行公司职务时违反法律、行政法规或者公司章程的规定,给公司造成损失的,应当承担赔偿责任。有限责任公司的股东、股份有限公司连续180日以上单独或者合计持有公司1%以上股份的股东,可以书面请求监事会或者不设监事会的有限责任公司的监事向人民法院提起诉讼。在此诉讼中,应当列公司为原告,依法由监事会主席或者不设监事会的有限责任公司的监事代表公司进行诉讼。

监事执行公司职务时违反法律、行政法规或者公司章程的规定,给公司造成损失的,有限责任公司的股东、股份有限公司连续180日以上单独或者合计持有公司1%以上股份的股东可以书面请求董事会或者不设董事会的有限责任公司的执行董事向人民法院提起诉讼。在此诉讼中,应当列公司为原告,依法由董事长或者执行董事代表公司进行诉讼。

3. 股东直接提起保护公司利益诉讼。通常，公司利益受到损害，应当由董事会等公司机构代表公司提起诉讼。若因董事、监事、高级管理人员损害公司利益，或者他人损害侵犯公司合法权益而公司怠于起诉，股东可通过上述"股东通过董事会或者监事会提起保护公司利益诉讼"的方式，书面请求监事会或者董事会提起诉讼。

但是，监事会、不设监事会的有限责任公司的监事，或者董事会、执行董事收到前述的股东书面请求后拒绝提起诉讼，或者自收到请求之日起30日内未提起诉讼，或者情况紧急、不立即提起诉讼将会使公司利益受到难以弥补的损害的，有限责任公司的股东、股份有限公司连续180日以上单独或者合计持有公司1%以上股份的股东有权为了公司的利益，以自己的名义直接向人民法院提起诉讼。在该直接对董事、监事、高级管理人员或者他人提起的诉讼中，前述股东应当列为原告，一审法庭辩论终结前，符合法定条件的其他股东，以相同的诉讼请求申请参加诉讼的，应当列为共同原告；列公司为第三人参加诉讼。案件胜诉的，胜诉利益归属于公司；公司应当承担股东因参加诉讼支付的合理费用。股东请求被告直接向其承担民事责任的，人民法院不予支持。

【提示】公司全资子公司的董事、监事、高级管理人员执行公司职务时违反法律、行政法规或者公司章程的规定，给公司造成损失的，或者他人侵犯公司全资子公司合法权益造成损失的，有限责任公司的股东、股份有限公司连续180日以上单独或者合计持有公司1%以上股份的股东，可以依照前述规定书面请求全资子公司的监事会、董事会向人民法院提起诉讼或者以自己的名义直接向人民法院提起诉讼。这就是2023年修订的《公司法》确立的双重股东代表诉讼。

【例1-13】（单选题）甲有限责任公司的股东乙起诉公司请求分配利润。该公司另一股东丙得知后，在一审法庭辩论终结前，基于同一分配方案也提出分配利润的请求并申请参加诉讼。根据公司法律制度的规定，丙在本案中的诉讼地位是（　　）。

A. 共同原告
B. 共同被告
C. 无独立请求权的第三人
D. 有独立请求权的第三人

【答案】A

【解析】《公司法司法解释四》规定，股东起诉请求公司分配利润的案件，应当列公司为被告。一审法庭辩论终结前，符合法定条件的其他股东，以相同的诉讼请求申请参加诉讼的，应当列为共同原告。

（七）股东滥用股东权的责任

2023年《公司法》修订加强了控股股东、实际控制人的责任，主要规定有：（1）公司的控股股东滥用股东权利，严重损害公司或者其他股东利益的，其他股东有权请求公司按照合理的价格收购其股权。（2）公司的控股股东、实际控制人不担任公司董事但实际执行公司事务的，对公司负有忠实义务和勤勉义务。（3）公司的控股股东、实际控制人指示董事、高级管理人员从事损害公司或者股东利益的行为的，与该董事、高级管理人员承担连带责任。

根据《公司法》附则的规定，控股股东是指其出资额占有限责任公司资本总额超过50%或者其持有的股份占股份有限公司股本总额超过50%的股东；出资额或者持有股份的比例虽然低于50%，但依其出资额或者持有的股份所享有的表决权已足以对股东会的决议产生重大影响的股东。实际控制人是指通过投资关系、协议或者其他安排，能够实际支配公司行为的人。

【知识点10】有限责任公司的组织机构

（一）股东会

有限责任公司股东会由全体股东组成。股东会是公司的权力机构。

1. 股东会依法行使下列职权：（1）选举和更换董事、监事，决定有关董事、监事的报酬事项；（2）审议批准董事会的报告；（3）审议批准监事会的报告；（4）审议批准公司的利润分配方案和弥补亏损方案；（5）对公司增加或者减少注册资本作出决议；（6）对发行公司债券作出决议；（7）对公司合并、分立、解散、清算或者变更公司形式作出决议；（8）修改公司章程；（9）公司章程规定的其他职权。对前述所列事项股东以书面形式一致表示同意的，可以不召开股东会会议，直接作出决定，并由全体股东在决定文件上签名或者盖章。此外，股东会可以授权董事会对发行公司债券作出决议。

【例1-14】（单选题）股份有限公司章程的修改权限属于（　　）。

A. 股东会　　B. 职工代表大会
C. 董事会　　D. 法定代表人

【答案】A
【解析】略。

2. 股东会的形式。股东会会议分为定期会议和临时会议。定期会议应当按照公司章程的规定按时召开。代表1/10以上表决权的股东，1/3以上的董事或者监事会提议召开临时会议的，应当召开临时会议。

3. 股东会的召开。首次股东会会议由出资最多的股东召集和主持，依法行使职权。以后的股东会会议，由董事会召集，董事长主持；董事长不能履行职务或者不履行职务的，由副董事长主持；副董事长不能履行职务或者不履行职务的，由过半数的董事共同推举一名董事主持。董事会不能履行或者不履行召集股东会会议职责的，由监事会召集和主持；监事会不召集和主持的，代表1/10以上表决权的股东可以自行召集和主持。召开股东会会议，应当于会议召开15日前通知全体股东；但是，公司章程另有规定或者全体股东另有约定的除外。股东会应当对所议事项的决定做成会议记录，出席会议的股东应当在会议记录上签名或者盖章。

4. 股东会的决议。股东会会议由股东按照出资比例行使表决权；但公司章程另有规定的除外。股东会的议事方式和表决程序，除《公司法》有规定的外，由公司章程规定。股东会作出决议，应当经代表过半数表决权的股东通过。股东会作出修改公司章程、增加或者减少注册资本的决议以及公司合并、分立、解散或者变更公司形式的决议，应当经代表2/3以上表决权的股东通过

（二）董事会

有限责任公司设董事会。但是，规模较小或者股东人数较少的有限责任公司，可以不设董事会，设一名董事，行使董事会的法定职权；该董事可以兼任公司经理。

1. 董事会的组成。有限责任公司董事会成员为3人以上，其成员中可以有公司职工代表。职工人数300人以上的有限责任公司，除依法设监事会并有公司职工代表的外，其董事会成员中应当有公司职工代表。董事会中的职工代表由公司职工通过职工代表大会、职工大会或者其他形式民主选举产生。董事会设董事长1人，可以设副董事长。董事长、副董事长的产生办法由公司章程规定。

有限责任公司可以按照公司章程的规定在董事会中设置由董事组成的审计委员会，行使监事会的法定职权，不设监事会或者监事。公司董事会成员中的职工代表可以成为审计委员会成员。

董事任期由公司章程规定，但每届任期不得超过3年。董事任期届满，连选可以连任。董事任期届满未及时改选，或者董事在任期内辞任导致董事会成员低于法定人数的，在改选出的董事就任前，原董事仍应当依照法律、行政法规和公司章程的规定履行董事职务。董事辞任的，应当以书面形式通知公司，公司收到通知之日辞任生效，但因董事在任期内辞任导致董事会成员低于法定人数的，董事应当继续履行职务。

2. 董事会的职权。董事会行使下列职权：（1）召集股东会会议，并向股东会报告工作；（2）执行股东会的决议；（3）决定公司的经营计划和投资方案；（4）制订公司的利润分配方案和弥补亏损方案；（5）制订公司增加或者减少注册资本以及发行公司债券的方案；（6）制订公司合并、分立、解散或者变更公司形式的方案；（7）决定公司内部管理机构的设置；（8）决定聘任或者解聘公司经理及其报酬事项，并根据经理的提名决定聘任或解聘公司副经理、财务负责人及其报酬事项；（9）制订公司的基本管理制度；（10）公司章程规定或者股东会授予的其他职权。公司章程对董事会职权的限制不得对抗善意相对人。

3. 董事会的召开。董事会会议由董事长召集和主持；董事长不能履行职务或者不履行职务的，由副董事长召集和主持；副董事长不能履行职务或者不履行职务的，由过半数的董事共同推举一名董事召集和主持。

4. 董事会的表决。董事会的议事方式和表决程序，除《公司法》有规定的外，由公司章程规定。董事会会议应当有过半数的董事出席方可举行。董事会作出决议，应当经全体董事

的过半数通过。董事会决议的表决，应当一人一票。董事会应当对所议事项的决定做成会议记录，出席会议的董事应当在会议记录上签名。

【例 1－15】（单选题）根据《公司法》规定，股份有限公司的经理由（　　）决定聘任或解聘。

A. 职工代表大会
B. 监事会
C. 董事会
D. 股东会

【答案】C
【解析】略。

【例 1－16】（单选题）根据公司法律制度的规定，下列各项中，有权制订公司年度财务预算、决算方案的是（　　）。

A. 总经理　　B. 股东会
C. 董事会　　D. 监事会

【答案】C
【解析】董事会是制订公司的年度财务预算方案、决算方案的；股东会是审议批准公司的年度财务预算方案、决算方案的。

（三）经理

有限责任公司可以设经理，由董事会决定聘任或者解聘。经理对董事会负责，根据公司章程的规定或者董事会的授权行使职权。经理列席董事会会议。

（四）监事会

有限责任公司设立监事会，但有两种例外情形：（1）公司章程规定在董事会中设置由董事组成的审计委员会，行使监事会的法定职权的，不设监事会或者监事。（2）规模较小或者股东人数较少的有限责任公司，可以不设监事会，设一名监事，行使监事会的法定职权；经全体股东一致同意，也可以不设监事。

1. 监事会的组成。监事会成员为 3 人以上。监事会成员应当包括股东代表和适当比例的公司职工代表，其中，职工代表的比例不得低于 1/3，具体比例由公司章程规定。监事会中的职工代表由公司职工通过职工代表大会、职工大会或者其他形式民主选举产生。监事会设主席 1 人，由全体监事过半数选举产生。监事会主席召集和主持监事会会议；监事会主席不能履行职务或者不履行职务的，由过半数的监事共同推举 1 名监事召集和主持监事会会议。董事、高级管理人员不得兼任监事。监事的任期每届为 3 年。监事任期届满，连选可以连任。监事任期届满未及时改选，或者监事在任期内辞任导致监事会成员低于法定人数的，在改选出的监事就任前，原监事仍应当依照法律、行政法规和公司章程的规定履行监事职务。

2. 监事会的职权。监事会行使下列职权：（1）检查公司财务；（2）对董事、高级管理人员执行公司职务的行为进行监督，对违反法律、行政法规、公司章程或者股东会决议的董事、高级管理人员提出解任的建议；（3）当董事、高级管理人员的行为损害公司的利益时，要求董事、高级管理人员予以纠正；（4）提议召开临时股东会会议，在董事会不履行规定的召集和主持股东会会议职责时召集和主持股东会会议；（5）向股东会会议提出提案；（6）依照《公司法》的规定，对董事、高级管理人员提起诉讼；（7）公司章程规定的其他职权。监事可以列席董事会会议，并对董事会决议事项提出质询或者建议。监事会发现公司经营情况异常，可以进行调查；必要时，可以聘请会计师事务所等协助其工作，费用由公司承担。监事会行使职权所必需的费用由公司承担。

3. 监事会的决议。监事会每年度至少召开一次会议，监事可以提议召开临时监事会会议。监事会的议事方式和表决程序，除《公司法》有规定的外，由公司章程规定。监事会决议应当经全体监事的过半数通过。监事会决议的表决，应当一人一票。监事会应当对所议事项的决定作成会议记录，出席会议的监事应当在会议记录上签名。

【例 1－17】（单选题）根据《公司法》的规定，下列各项中，不属于有限责任公司监事会职权的是（　　）。

A. 检查公司财务
B. 解聘公司财务负责人
C. 提议召开临时股东会议
D. 建议罢免违反公司章程的经理

【答案】B
【解析】根据规定，董事会决定聘任或者解聘公司经理及其报酬事项，根据经理的提名，决定聘任或者解聘公司副经理、财务负责人及其报酬事项，故选项 B 错误。

【知识点 11】股份有限公司的组织机构

股份有限公司股东会是公司的权力机构，由全体股东组成。

（一）股东会

1. 股东会的职权。有限责任公司股东会的职权的规定，适用于股份有限公司股东会的职权。此外，根据中国证监会发布的《上市公司章程指引》（2023 年修订）的规定，上市公司股东会的职权还包括：对公司聘用、解聘会计师事务所作出决议；审议批准《上市公司章程指引》第四十二条规定的担保事项；审议公司在 1 年内购买、出售重大资产超过公司最近一期经审计总资产 30% 的事项；审议批准变更募集资金用途事项；审议股权激励计划和员工持股计划；审议法律、行政法规、部门规章或本章程规定应当由股东大会决定的其他事项等。

【提示】《上市公司章程指引》第四十二条规定，公司下列对外担保行为，须经股东会审议通过：（1）本公司及本公司控股子公司的对外担保总额，超过最近一期经审计净资产的 50% 以后提供的任何担保；（2）公司的对外担保总额，超过最近一期经审计总资产的 30% 以后提供的任何担保；（3）公司在 1 年内担保金额超过公司最近一期经审计总资产 30% 的担保；（4）为资产负债率超过 70% 的担保对象提供的担保；（5）单笔担保额超过最近一期经审计净资产 10% 的担保；（6）对股东、实际控制人及其关联方提供的担保。

2. 股东会的形式。股份有限公司的股东会应当每年召开 1 次年会。有下列情形之一的，股份有限公司应当在 2 个月内召开临时股东会会议：（1）董事人数不足《公司法》规定人数或者公司章程所定人数 2/3 时；（2）公司未弥补的亏损达股本总额 1/3 时；（3）单独或者合计持有公司 10% 以上股份的股东请求时；（4）董事会认为必要时；（5）监事会提议召开时；（6）公司章程规定的其他情形。

3. 股东会的召开。股东会会议由董事会召集，董事长主持；董事长不能履行职务或者不履行职务的，由副董事长主持；副董事长不能履行职务或者不履行职务的，由过半数的董事共同推举 1 名董事主持。董事会不能履行或者不履行召集股东会会议职责的，监事会应当及时召集和主持；监事会不召集和主持的，连续 90 日以上单独或者合计持有公司 10% 以上股份的股东可以自行召集和主持。单独或者合计持有公司 10% 以上股份的股东请求召开临时股东会会议的，董事会、监事会应当在收到请求之日起 10 日内作出是否召开临时股东会会议的决定，并书面答复股东。召开股东会会议，应当将会议召开的时间、地点和审议的事项于会议召开 20 日前通知各股东；临时股东会会议应当于会议召开 15 日前通知各股东。单独或者合计持有公司 1% 以上股份的股东，可以在股东会会议召开 10 日前提出临时提案并书面提交董事会。临时提案应当有明确议题和具体议决事项。董事会应当在收到提案后 2 日内通知其他股东，并将该临时提案提交股东会审议；但临时提案违反法律、行政法规或者公司章程的规定，或者不属于股东会职权范围的除外。公司不得提高提出临时提案股东的持股比例。公开发行股份的公司，应当以公告方式作出前述规定的通知。股东会不得对通知中未列明的事项作出决议。

4. 股东会的决议。股东出席股东会会议，所持每一股份有一表决权，类别股股东除外。公司持有的本公司股份没有表决权。股东会作出决议，应当经出席会议的股东所持表决权过半数通过。股东会作出修改公司章程、增加或者减少注册资本的决议以及公司合并、分立、解散或者变更公司形式的决议，应当经出席会议的股东所持表决权的 2/3 以上通过。股东会应当对所议事项的决定做成会议记录，主持人、出席会议的董事应当在会议记录上签名。会议记录应当与出席股东的签名册及代理出席的委托书一并保存。

（二）董事会

股份有限公司设董事会，但是规模较小或者股东人数较少的股份有限公司，可以不设董事会，设 1 名董事，行使董事会的法定职权。该董事可以兼任公司经理。

1. 董事会的组成。股份有限公司设董事会，董事会成员为 3 人以上，其成员中可以有公司职工代表。职工人数 300 人以上的股份有限公司，除依法设监事会并有公司职工代表的外，其董事会成员中应当有公司职工代表。董事会中的职工代表由公司职工通过职工代表大会、职工大会或者其他形式民主选举产生。股份有限公司的董事任期由公司章程规定，但每届任期不得超过3年。董事任期届满，连选可以连任。董事任期届满未及时改选，或者董事在任期内辞任导致董事会成员低于法定人数的，在改选出的董事就任前，原董事仍应当依照法律、行政法规和公司章程的规定履行董事职务。董事辞任的，应当以书面形式通知公司，公司收到通知之日辞任生效，但董事在任期内辞任导致董事会成员低于法定人数的，董事应当继续履行职务。股东会可以决议解任董事，决议作出之日解任生效。无正当理由，在任期届满前解任董事的，该董事可以要求公司予以赔偿。

2. 董事会中设置审计委员会等委员会。股份有限公司可以按照公司章程的规定在董事会中设置由董事组成的审计委员会，行使监事会的法定职权，不设监事会或者监事。审计委员会成员为3名以上，过半数成员不得在公司担任除董事以外的其他职务，且不得与公司存在任何可能影响其独立客观判断的关系。公司董事会成员中的职工代表可以成为审计委员会成员。审计委员会作出决议，应当经审计委员会成员的过半数通过。审计委员会决议的表决，应当一人一票。审计委员会的议事方式和表决程序，除《公司法》有规定的外，由公司章程规定。公司可以按照公司章程的规定在董事会中设置其他委员会。

3. 董事会的职权。股份有限公司董事会的职权与有限责任公司董事会的职权的规定相同。

4. 董事会的召开。董事会设董事长1人，可以设副董事长。董事长和副董事长由董事会以全体董事的过半数选举产生。董事长召集和主持董事会会议，检查董事会决议的实施情况。副董事长协助董事长工作，董事长不能履行职务或者不履行职务的，由副董事长履行职务；副董事长不能履行职务或者不履行职务的，由过半数的董事共同推举1名董事履行职务。董事会每年度至少召开2次会议，每次会议应当于会议召开10日前通知全体董事和监事。代表1/10以上表决权的股东、1/3以上董事或者监事会，可以提议召开临时董事会会议。董事长应当自接到提议后10日内，召集和主持董事会会议。董事会召开临时会议，可以另定召集董事会的通知方式和通知时限。

5. 董事会的决议。董事会会议应有过半数的董事出席方可举行。董事会作出决议，应当经全体董事的过半数通过。董事会决议的表决，应当一人一票。董事会应当对会议所议事项的决定做成会议记录，出席会议的董事应当在会议记录上签名。董事会会议，应当由董事本人出席；董事因故不能出席，可以书面委托其他董事代为出席，委托书应当载明授权范围。董事应当对董事会的决议承担责任。董事会的决议违反法律、行政法规或者公司章程、股东会决议，给公司造成严重损失的，参与决议的董事对公司负赔偿责任。但经证明在表决时曾表明异议并记载于会议记录的，该董事可以免除责任。

（三）经理

股份有限公司设经理，由董事会决定聘任或者解聘。经理对董事会负责，根据公司章程的规定或者董事会的授权行使职权。经理列席董事会会议。公司董事会可以决定由董事会成员兼任公司经理。

（四）监事会

股份有限公司依法应当设立监事会，但有两种例外：（1）公司章程规定在董事会中设置由董事组成的审计委员会，行使监事会的法定职权，不设监事会或者监事；（2）规模较小或者股东人数较少的股份有限公司，可以不设监事会，设一名监事，行使监事会的法定职权。

1. 监事会的组成。股份有限公司监事会成员为3人以上。监事会成员应当包括股东代表和适当比例的公司职工代表，其中，职工代表的比例不得低于1/3，具体比例由公司章程规定。监事会中的职工代表由公司职工通过职工代表大会、职工大会或者其他形式民主选举产生。董事、高级管理人员不得兼任监事。监事的任期每届为3年。监事任期届满，连选可以连任。监事任期届满未及时改选，或者监事在任期内辞任导致监事会成员低于法定人数的，在改选出的监事就任前，原监事仍应当依照法律、行政法规和公司章程的规定，履行监事职务。

2. 监事会的职权。股份有限公司监事会的职权与有限责任公司监事会的职权的规定基本相同。

3. 监事会的召开。监事会设主席1人，可以设副主席。监事会主席和副主席由全体监事过半数选举产生。监事会主席召集和主持监事会会议；监事会主席不能履行职务或者不履行职务的，由监事会副主席召集和主持监事会会议；监事会副主席不能履行职务或者不履行职务的，由过半数的监事共同推举1名监事召集和主持监事会会议。

监事会每6个月至少召开1次会议。监事可以提议召开临时监事会会议。监事会的议事方式和表决程序，除《公司法》有规定的之外，由公司章程规定。监事会决议应当经全体监事的过半数通过。监事会决议的表决，应当一人一票。监事会应当对所议事项的决定做成会议记录，出席会议的监事应当在会议记录上签名。

【例1-18】（多选题）根据《公司法》规定，股份有限公司应在2个月内召开临时股东会的有（　　）。

A. 董事人数不足公司章程规定人数2/3时
B. 未弥补的亏损达实收股本总额1/3时
C. 持有5%股份的股东请求时
D. 董事会认为必要时
E. 监事会提议召开时

【答案】ABDE

【解析】有下列情形之一的，股份有限公司应当在2个月内召开临时股东会：(1) 董事人数不足《公司法》规定人数或者公司章程所定人数2/3时；(2) 公司未弥补的亏损达实收股本总额1/3时；(3) 单独或者合计持有公司10%以上股份的股东请求时；(4) 董事会认为必要时；(5) 监事会提议召开时；(6) 公司章程规定的其他情形。

【例1-19】（单选题）某股份有限公司共有甲、乙、丙、丁、戊、己、庚7位董事。某次董事会会议，董事甲、乙、丙、丁、戊、己参加，庚因故未能出席，也未书面委托其他董事代为出席。该次会议通过一项违反法律规定的决议，给公司造成严重损失。该次会议的会议记录记载，董事戊在该项决议表决时表明了异议。根据《公司法》的规定，应对公司负赔偿责任的董事是（　　）。

A. 董事甲、乙、丙、丁、戊、己、庚
B. 董事甲、乙、丙、丁、戊、己
C. 董事甲、乙、丙、丁、己、庚
D. 董事甲、乙、丙、丁、己

【答案】D

【解析】根据规定，董事应当对董事会的决议承担责任。董事会决议违反法律、行政法规或者公司章程，致使公司遭受严重损失的，参与决议的董事对公司负赔偿责任。但经证明在表决时曾表示异议并记载于会议记录的，该董事可以免除责任。本题中，董事戊已经明确表示了异议并记载于董事会会议记录中，因此不承担责任；董事庚因故未出席也未书面委托其他董事代为出席，并没有参与该事项的决议，因此不承担责任。因此，故选项D正确。

【例1-20】（单选题）股份有限公司设置监事，人数不得少于（　　）人。

A. 5 B. 13
C. 1 D. 3

【答案】D

【解析】略。

【知识点12】上市公司组织机构的特别规定

上市公司是指其股票在证券交易所上市交易的股份有限公司。

（一）上市公司设立独立董事

担任独立董事应当符合下列条件：(1) 根据法律、行政法规及其他有关规定，具备担任上市公司董事的资格；(2) 符合《上市公司独立董事管理办法》规定的独立性要求；(3) 具备上市公司运作的基本知识，熟悉相关法律法规和规则；(4) 具有5年以上履行独立董事职责所必需的法律、会计或者经济等工作经验；(5) 具有良好的个人品德，不存在重大失信等不良记录；(6) 法律、行政法规、中国证监会规定、证券交易所业务规则和公司章程规定的其他条件。

有关独立性要求，《上市公司独立董事管理办法》规定，独立董事必须保持独立性。下列人员不得担任独立董事：(1) 在上市公司或者其附属企业任职的人员及其配偶、父母、子女、主要社会关系；(2) 直接或间接持有上市公司已发行股份1%以上或者是上市公司前10名股东中的自然人股东及其配偶、父母、子女；(3) 在直接或间接持有上市公司已发行股份5%以上的股东或者在上市公司前5名股东任职的人员及其配偶、父母、子女；(4) 在上市公司控股股东、实际控制人的附属企业任职的人员及其配偶、父母、子女；(5) 与上市公司及其控股股东、实际控制人或者其各自的附属企业有重大业务往来的人员，或者在有重大业务往来的单位及其控股股东、实际控制人任职的人员；(6) 为上市公司及其控股股东、实际控制人或者其各自附属企业提供财务、法律、咨询、保荐等服务的人员，包括但不限于提供服务的中介机构的项目组全体人员、各级复核人员、在报告上签字的人员、合伙人、董事、高级管理人员及主要负责人；(7) 最近12个月内曾经具有前述（1）—（6）项所列举情形的人员；(8) 法律、行政法规、中国证监会规定、证券交易所业务规则和公司章程规定的不具备独立性的其他人员。

【提示】独立董事原则上最多在3家境内上市公司担任独立董事，并应当确保有足够的时间和精力有效地履行独立董事的职责。独立董事每年在上市公司的现场工作时间应当不少于15日。独立董事每届任期与上市公司其他董事任期相同，任期届满，可以连选连任，但是连续任职不得超过6年。

上市公司的公司章程应当依照法律、行政法规的规定载明董事会专门委员会的组成、职权以及董事、监事、高级管理人员薪酬考核机制等事项。上市公司独立董事占董事会成员的比例不得低于1/3，且至少包括1名会计专业人士。上市公司应当在董事会中设置审计委员会。审计委员会成员应当为不在上市公司担任高级管理人员的董事，其中独立董事应当过半数，并由独立董事中会计专业人士担任召集人。上市公司可以根据需要在董事会中设置提名、薪酬与考核、战略等专门委员会。提名委员会、薪酬与考核委员会中独立董事应当过半数并担任召集人。

上市公司董事会审计委员会负责审核公司财务信息及其披露、监督及评估内外部审计工作和内部控制，下列事项应当经审计委员会全体成员过半数同意后，提交董事会审议：(1) 披露财务会计报告及定期报告中的财务信息、内部控制评价报告；(2) 聘用或者解聘承办上市公司审计业务的会计师事务所；(3) 聘任或者解聘上市公司财务负责人；(4) 因会计准则变更以外的原因作出会计政策、会计估计变更或者重大会计差错更正；(5) 法律、行政法规、中国证监会规定和公司章程规定的其他事项。审计委员会每季度至少召开1次会议，2名及以上成员提议，或者召集人认为有必要时，可以召开临时会议。审计委员会会议须有2/3以上成员出席方可举行。上市公司董事会对下列事项作出决议前，应当经审计委员会全体成员过半数通过：(1) 聘用、解聘承办公司审计业务的会计师事务所；(2) 聘任、解聘财务负责人；(3) 披露财务会计报告；(4) 国务院证券监督管理机构规定的其他事项。

(二) 关联关系董事的表决权排除制度

上市公司董事与董事会会议决议事项所涉及的企业或者个人有关联关系的，该董事应当及时向董事会书面报告。有关联关系的董事不得对该项决议行使表决权，也不得代理其他董事行使表决权。该董事会会议由过半数的无关联关系董事出席即可举行，董事会会议所作决议须经无关联关系董事过半数通过。出席董事会会议的无关联关系董事人数不足3人的，应当将该事项提交上市公司股东会审议。关联关系是指公司控股股东、实际控制人、董事、监事、高级管理人员与其直接或者间接控制的企业之间的关系以及可能导致公司利益转移的其他关系。但是，国家控股的企业之间不仅因为同受国家控股而具有关联关系。

【知识点13】一人公司和国家出资公司的规定

(一) 一人公司的相关规定

2023年修订《公司法》，新增了一人股份有限公司类型，与一人有限责任公司统称为"只有一个股东的公司"，并做如下规定：

1. 一人公司不设股东会。只有一个股东的有限责任公司不设股东会。股东作出有限责任公司股东会职权事项的决定时，应当采用书面形式，并由股东签名或者盖章后置备于公司。前述规定适用于只有一个股东的股份有限公司。

2. 一人公司法人人格否认制度。只有一个股东的公司，股东不能证明公司财产独立于股东自己的财产的，应当对公司债务承担连带责任。

(二) 国家出资公司组织机构的特别规定

国家出资公司，是指国家出资的国有独资公司、国有资本控股公司，包括国家出资的有限责任公司、股份有限公司。国家出资公司，由国务院或者地方人民政府分别代表国家依法履行出资人职责，享有出资人权益。

国有独资公司章程由履行出资人职责的机构制定。国有独资公司不设股东会，由履行出资人职责的机构行使股东会职权。履行出资人职责的机构可以授权公司董事会行使股东会的部分职权，但公司章程的制定和修改，公司的合并、分立、解散、申请破产，增加或者减少注册资本，分配利润，应当由履行出资人职责的机构决定。

国有独资公司的董事会成员中，应当过半数为外部董事，并应当有公司职工代表。董事会成员由履行出资人职责的机构委派；但是，董事会成员中的职工代表由公司职工代表大会选举产生。董事会设董事长1人，可以设副董事长。董事长、副董事长由履行出资人职责的机构从董事会成员中指定。

国有独资公司的经理由董事会聘任或者解聘。经履行出资人职责的机构同意，董事会成员可以兼任经理。国有独资公司的董事、高级管理人员，未经履行出资人职责的机构同意，不得在其他有限责任公司、股份有限公司或者其他经济组织兼职。国有独资公司在董事会中设置由董事组成的审计委员会行使监事会法定职权的，不设监事会或者监事。

【例1-21】（单选题）下列关于一人有限责任公司的表述中，不符合公司法律制度规定的是（　　）。

A. 股东只能是一个自然人
B. 一个自然人只能投资设立一个一人有限责任公司
C. 财务会计报告应当经会计师事务所审计
D. 股东不能证明公司财产独立于自己财产的，应当对公司债务承担连带责任

【答案】A

【解析】根据规定，一人有限责任公司是指只有一个自然人股东或者一个法人股东的有限责任公司，因此，一个法人企业也可以设立一人有限公司，故选项A表述错误。

【例1-22】（单选题）下列关于国有独资公司组织机构的表述中，符合公司法律制度规定的是（　　）。

A. 国有独资公司应当设股东会
B. 国有独资公司董事长由董事会选举产生
C. 经国有资产监督管理机构同意，国有独资公司董事可以兼任经理
D. 国有独资公司监事会主席由监事会成员选举产生

【答案】C

【解析】国有独资公司不设股东会，由国有资产监督管理机构行使股东会职权，故选项A错误；国有独资公司的董事长、副董事长由国有资产监督管理机构从董事会成员中指定而非董事会选举产生，故选项B错误；经国有资产监督管理机构同意，董事会成员可以兼任经理，故选项C正确；国有独资公司的监事会成员由国有资产监督管理机构委派，但是职工代表由公司职工代表大会选举产生，故选项D错误。

【知识点14】公司决议制度

公司决议是公司组织机构按照法定程序作出的意思表示，是公司及其组织机构行使权力的主要方式，常见的有股东会决议、董事会决议、监事会决议等。

（一）公司决议效力的类型

根据《公司法》及其司法解释的规定，公司决议效力包括有效、无效、可撤销和不成立四种情形。

1. 决议无效。公司股东会、董事会的决议内容违反法律、行政法规的无效。

2. 决议可撤销。公司股东会、董事会的会议召集程序、表决方式违反法律、行政法规或者公司章程，或者决议内容违反公司章程的，股东自决议作出之日起60日内，可以请求人民法院撤销。但是，股东会、董事会的会议召集程序或者表决方式仅有轻微瑕疵，对决议未产生实质影响的除外。未被通知参加股东会会议的股东自知道或者应当知道股东会决议作出之日起60日内，可以请求人民法院撤销；自决议作出之日起1年内没有行使撤销权的，撤销权消灭。

3. 决议不成立。有下列情形之一的，公司股东会、董事会决议不成立：（1）未召开股东会、董事会会议作出决议；（2）股东会、董事会会议未对决议事项进行表决；（3）出席会议的人数或者所持表决权数未达到公司法或者公司章程规定的人数或者所持表决权数；（4）同意决议事项的人数或者所持表决权数未达到公司法或者公司章程规定的人数或者所持表决权数。

（二）公司决议效力诉讼

公司股东、董事、监事等请求确认股东会、董事会决议无效或者不成立的，人民法院应当依法予以受理。依法请求撤销股东会、董事会

决议的原告，应当在起诉时具有公司股东资格。原告请求确认股东会、董事会决议不成立、无效或者撤销决议的案件，应当列公司为被告；对决议涉及的其他利害关系人，可以依法列为第三人。一审法庭辩论终结前，其他有原告资格的人以相同的诉讼请求申请参加诉讼的，可以列为共同原告；

公司股东会、董事会决议被人民法院宣告无效、撤销或者确认不成立的，公司应当向公司登记机关申请撤销根据该决议已办理的登记。

股东会、董事会决议被人民法院宣告无效、撤销或者确认不成立的，公司根据该决议与善意相对人形成的民事法律关系不受影响。

【例1-23】（单选题）根据公司法律制度的规定，确认公司董事会决议效力无效，应当以（　　）为被告。

A. 公司
B. 出席会议的董事
C. 董事会
D. 对该决议投赞成票额董事

【答案】A

【解析】公司股东、董事、监事等请求确认股东会或者股东大会、董事会决议无效或者不成立的，人民法院应当依法予以受理。原告应当在起诉时具有公司股东资格；一审法庭辩论终结前，其他有原告资格的人以相同的诉讼请求申请参加诉讼的，可以列为共同原告。应当列公司为被告。

【知识点15】董事、监事、高级管理人员的资格和义务

（一）董事、监事、高级管理人员的资格

高级管理人员，是指公司的经理、副经理、财务负责人，上市公司董事会秘书和公司章程规定的其他人员。

有下列情形之一的，不得担任公司的董事、监事、高级管理人员：（1）无民事行为能力或者限制民事行为能力；（2）因贪污、贿赂、侵占财产、挪用财产或者破坏社会主义市场经济秩序，被判处刑罚，或者因犯罪被剥夺政治权利，执行期满未逾5年，被宣告缓刑的，自缓刑考验期满之日起未逾2年；（3）担任破产清算的公司、企业的董事或者厂长、经理，对该公司、企业的破产负有个人责任的，自该公司、企业破产清算完结之日起未逾3年；（4）担任因违法被吊销营业执照、责令关闭的公司、企业的法定代表人，并负有个人责任的，自该公司、企业被吊销营业执照、责令关闭之日起未逾3年；（5）个人因所负数额较大的债务到期未清偿被人民法院列为失信被执行人。

违反上述规定选举、委派董事、监事或者聘任高级管理人员的，该选举、委派或者聘任无效。董事、监事、高级管理人员在任职期间出现上述情形，公司应当解除其职务。

（二）董事、监事、高级管理人员的义务

1. 忠实义务。具体而言，董事、监事、高级管理人员不得有下列行为：（1）侵占公司财产、挪用公司资金；（2）将公司资金以其个人名义或者以其他个人名义开立账户存储；（3）利用职权贿赂或者收受其他非法收入；（4）接受他人与公司交易的佣金归为己有；（5）擅自披露公司秘密；（6）违反对公司忠实义务的其他行为。

【提示】针对董事、监事、高级管理人员的自我交易行为、谋取公司商业机会行为、同业竞争行为容易发生违反忠实义务的情形，《公司法》修订后将此三类行为分别进行规定：

（1）自我交易行为。董事、监事、高级管理人员，直接或者间接与本公司订立合同或者进行交易，应当就与订立合同或者进行交易有关的事项向董事会或者股东会报告，并按照公司章程的规定经董事会或者股东会决议通过。董事、监事、高级管理人员的近亲属，董事、监事、高级管理人员或者其近亲属直接或者间接控制的企业，以及与董事、监事、高级管理人员有其他关联关系的关联人，与公司订立合同或者进行交易，适用相同的规定。

（2）谋取公司商业机会。董事、监事、高级管理人员，不得利用职务便利为自己或者他人谋取属于公司的商业机会。但是，有下列情形之一的除外：①向董事会或者股东会报告，并按照公司章程的规定经董事会或者股东会决议通过；②根据法律、行政法规或者公司章程的规定，公司不能利用该商业机会。

（3）同业竞争行为。董事、监事、高级管理人员未向董事会或者股东会报告，并按照公司章程的规定经董事会或者股东会决议通过，不得自营或者为他人经营与其任职公司同类的业务。

董事会对上述涉及自我交易行为、谋取公司商业机会行为、同业竞争行为的事项决议时，关联董事不得参与表决，其表决权不计入表决权总数。出席董事会会议的无关联关系董事人数不足3人的，应当将该事项提交股东会审议。

2. 勤勉义务。第一，守法义务，即董事、监事、高级管理人员执行职务违反法律、行政法规或者公司章程的规定，给公司造成损失的，应当承担赔偿责任。第二，接受质询义务，即股东会要求董事、监事、高级管理人员列席会议的，董事、监事、高级管理人员应当列席并接受股东的质询。

【例1-24】（多选题）下列人员中，不得担任公司的董事、监事、高级管理人员的有（　　）。
A. 限制民事行为能力的人
B. 个人所负数额较大的债务到期未清偿的人
C. 因犯罪被剥夺政治权利，执行期满未逾5年的人
D. 无民事行为能力的人
E. 自国家行政机关辞职的人
【答案】ABCD
【解析】略。

【例1-25】（多选题）根据《公司法》的规定，下列公司人员中，对公司负有忠实义务和勤勉义务的有（　　）。
A. 职工　　　　B. 董事
C. 高级经理　　D. 监事
E. 股东
【答案】BCD
【解析】略。

【知识点16】公司财务会计

公司财务会计报告主要包括：资产负债表、利润表、现金流量表、所有者权益（或股东权益）变动表等报表及附注。有限责任公司应当按照公司章程规定的期限将财务会计报告送交各股东。股份有限公司的财务会计报告应当在召开股东会年会的20日前置备于本公司，供股东查阅；公开发行股份的股份有限公司应当公告其财务会计报告。

【提示】公司应当依法建立账簿、开立账户。公司除法定的会计账簿外，不得另立会计账簿。对公司资金，不得以任何个人名义开立账户存储。

根据《公司法》规定，公司应当按照下列顺序进行利润分配：（1）弥补以前年度的亏损，但不得超过税法规定的弥补期限；（2）缴纳所得税；（3）弥补在税前利润弥补亏损之后仍存在的亏损；（4）提取法定公积金；（5）提取任意公积金；（6）向股东分配利润。

公积金分为盈余公积金和资本公积金两类。盈余公积金是从公司税后利润中提取的公积金，分为法定公积金和任意公积金两种。法定公积金按照公司税后利润的10%提取，当公司法定公积金累计额为公司注册资本的50%以上时可以不再提取。公司的法定公积金不足以弥补以前年度亏损的，在依照规定提取法定公积金之前，应当先用当年利润弥补亏损。任意公积金按照公司股东会决议，在提取法定公积金后从公司税后利润中提取。资本公积金是直接由资本原因等形成的公积金，公司以超过股票票面金额的发行价格发行股份所得的溢价款、发行无面额股所得股款未计入注册资本的金额以及国务院财政部门规定列入资本公积金的其他项目，应当列为公司资本公积金。

公积金的用途：（1）弥补公司亏损。公积金弥补公司亏损，应当先使用任意公积金和法定公积金；仍不能弥补的，可以按照规定使用资本公积金；（2）扩大公司生产经营；（3）转增公司资本。法定公积金转为增加注册资本时，所留存的该项公积金不得少于转增前公司注册资本的25%。

【例1-26】（单选题）股份有限公司在召开股东大会年会的（　　）日以前将财务会计报告置备于本公司，供股东查阅。
A. 10　　　　B. 20
C. 30　　　　D. 45
【答案】B
【解析】略。

【例1-27】（单选题）下列关于法定公积金的表述中，符合公司法律制度规定的是（　　）。
A. 法定公积金按照公司股东会或者股东大会决议，从公司税后利润中提取
B. 法定公积金按照公司税后利润的10%提取，当公司法定公积金累计额为公司注册资本的50%以上时可以不再提取

C. 股份有限公司以超过股票票面金额的发行价格发行股份所得的溢价款，应当列为公司法定公积金

D. 对用法定公积金转增资本的，法律没有限制

【答案】B

【解析】根据规定，法定公积金按照公司税后利润的10%提取，当公司法定公积金累计额为公司注册资本的50%以上时可以不再提取，故选项B正确。提取公积金是法律的强制性规定，公司的股东会或股东大会无权决定是否提取，故选项A错误。股份有限公司以超过股票票面金额的发行价格发行股份所得的溢价款，以及国务院财政部门规定列入资本公积金的其他收入，应当列为公司资本公积金，故选项C错误。法定公积金转为资本时，所留存的该项公积金不得少于转增前公司注册资本的25%，故选项D错误。

【知识点17】公司合并、分立、增资、减资

（一）公司合并

公司合并分为两种：吸收合并与新设合并。吸收合并是指一个公司吸收其他公司加入本公司，被吸收的公司解散。新设合并是指两个以上公司合并设立一个新的公司，合并各方解散。

【提示】2023年《公司法》修订新增了两类特殊合并情形：（1）母子公司之间的简易合并。公司与其持股90%以上的公司合并，被合并的公司不需经股东会决议，但应当通知其他股东，其他股东有权请求公司按照合理的价格收购其股权或者股份。（2）小规模合并。公司合并支付的价款不超过本公司净资产10%的，可以不经股东会决议；但是，公司章程另有规定的除外。公司采用上述两种特殊合并方式不经股东会决议的，应当经董事会决议。

（二）公司分立

公司分立的概念与类型。公司分立是指一个公司依法分为两个以上的公司。公司分立一般分为派生分立与新设分立。派生分立是公司以其部分财产和业务另设一个新的公司，原公司存续；新设分立是公司以其全部财产设立两个以上的新公司，原公司解散。

（三）公司注册资本的增加

有限责任公司增加注册资本时，股东认缴新增资本的出资，依照《公司法》设立有限责任公司缴纳出资的有关规定执行。股东在同等条件下有权优先按照实缴的出资比例认缴出资。但是，全体股东约定不按照出资比例优先认缴出资的除外。

股份有限公司为增加注册资本发行新股时，股东认购新股，依照《公司法》设立股份有限公司缴纳股款的有关规定执行。公司增加注册资本，应当依法向公司登记机关办理变更登记。股东不享有优先认购权，公司章程另有规定或者股东会决议决定股东享有优先认购权的除外。

（四）公司注册资本的减少

公司减少注册资本，应当编制资产负债表及财产清单。公司应当自股东会作出减少注册资本决议之日起10日内通知债权人，并于30日内在报纸上或者国家企业信用信息公示系统公告。债权人自接到通知之日起30日内，未接到通知的自公告之日起45日内，有权要求公司清偿债务或者提供相应的担保。

【提示】2023年《公司法》修订增加了等比例减资的规定，即公司减少注册资本，应当按照股东出资或者持有股份的比例相应减少出资额或者股份，法律另有规定、有限责任公司全体股东另有约定或者股份有限公司章程另有规定的除外。

【提示】2023年《公司法》修订增加了减资以弥补亏损的规定，即公司依次使用任意公积金、法定公积金和资本公积金弥补亏损后，仍有亏损的，可以减少注册资本弥补亏损。减少注册资本弥补亏损的，公司不得向股东分配，也不得免除股东缴纳出资或者股款的义务。此种减资不必遵循普通减资程序中通知债权人、向债权人清偿或提供担保的要求，但应当自股东会作出减少注册资本决议之日起30日内在报纸上或者国家企业信用信息公示系统公告。公司因弥补亏损而减少注册资本后，在法定公积金和任意公积金累计额达到公司注册资本50%前，不得分配利润。

【提示】2023年《公司法》修订增加了违法减资的法律后果规定，即违反《公司法》规定减少注册资本的，股东应当退还其收到的资金，减免股东出资的应当恢复原状；给公司造成损失的，股东及负有责任的董事、监事、高级管理人员应当承担赔偿责任。

【例1-28】（单选题）甲公司欠乙公司300万元贷款。后甲公司将部分优良资产分离出去另成立丙公司，甲、丙公司在分立协议中约定，该笔债务由甲、丙公司按3∶7的比例分担，但甲、丙公司未与乙公司达成债务清偿协议。债务到期后，乙公司要求甲公司清偿300万元，遭到拒绝。根据公司法律制度的规定，下列关于该笔债务如何清偿的表述中，正确的是（　　）。

A. 乙公司只能向甲公司主张清偿

B. 乙公司只能向丙公司主张清偿

C. 应当由甲、丙公司按连带责任方式向乙公司清偿

D. 应当由甲、丙公司按分立协议约定的比例向乙公司清偿

【答案】C

【解析】根据规定，公司分立前的债务由分立后的公司承担连带责任，但是公司在分立前与债权人就债务清偿达成的书面协议另有约定的除外。本题中，甲与丙达成的协议并未通知乙，故该协议不成立，由甲、丙对乙承担连带责任，故选项C正确。

【例1-29】（单选题）下列关于公司减少注册资本的表述中，不符合公司法律制度规定的是（　　）。

A. 公司需要减少注册资本时，应当编制资产负债表及财产清单

B. 公司减少注册资本，应当自股东会作出减少注册资本决议之日起10日内通知债权人，并于30日内在报纸上或者国家企业信用信息公示系统公告

C. 公司减少注册资本的，应当自作出减少注册资本决议之日起45日后申请变更登记

D. 公司减资的，债权人有权要求公司清偿债务或者提供相应的担保

【答案】C

【解析】公司减少注册资本的，应当自债权人接到通知之日起45日申请变更登记，故选C。

【知识点18】公司解散和清算

1. 成立清算组。除因公司合并或者分立需要解散外，当发生前述公司解散原因而解散公司的，应当清算。董事为公司清算义务人，应当在解散事由出现之日起15日内组成清算组进行清算。清算组由董事组成，但是公司章程另有规定或者股东会决议另选他人的除外。

2. 清算组的职权。清算组在清算期间行使下列职权：（1）清理公司财产，分别编制资产负债表和财产清单；（2）通知、公告债权人；（3）处理与清算有关的公司未了结的业务；（4）清缴所欠税款以及清算过程中产生的税款；（5）清理债权、债务；（6）分配公司清偿债务后的剩余财产；（7）代表公司参与民事诉讼活动。清算组成员履行清算职责，负有忠实义务和勤勉义务。

3. 清算工作程序。

（1）登记债权。清算组应当自成立之日起10日内通知债权人，并于60日内在报纸上或者国家企业信用信息公示系统公告。债权人应当自接到通知之日起30日内，未接到通知的自公告之日起45日内，向清算组申报其债权。

（2）清理公司财产，制订清算方案。

（3）清偿债务。公司财产在分别支付清算费用、职工的工资、社会保险费用和法定补偿金，缴纳所欠税款，清偿公司债务后的剩余财产，有限责任公司按照股东的出资比例分配，股份有限公司按照股东持有的股份比例分配。

（4）公告公司终止。公司清算结束后，清算组应当制作清算报告，报股东会或者人民法院确认，并报送公司登记机关，申请注销公司登记。

4. 简易注销和强制注销制度。

（1）简易注销制度。公司在存续期间未产生债务，或者已清偿全部债务的，经全体股东承诺，可以按照规定通过简易程序注销公司登记。通过简易程序注销公司登记，应当通过国家企业信用信息公示系统予以公告，公告期限不少于20日。公告期限届满后，未有异议的，公司可以在20日内向公司登记机关申请注销公司登记。

（2）强制注销制度。公司被吊销营业执照、责令关闭或者被撤销，满3年未向公司登记机关申请注销公司登记的，公司登记机关可以通过国家企业信用信息公示系统予以公告，公告期限不少于60日。

【例1-30】（单选题）2019年，刘某、李某、闫某设立甲有限责任公司，张某以下列哪一理由提起解散公司的诉讼法院应该受理

( )。

A. 以公司被吊销企业法人营业执照而未进行清算为由

B. 以公司经营管理发生严重困难,继续存续会使股东利益受到重大损失为由

C. 以公司董事长严重侵害公司利益为由

D. 以公司管理层严重侵害其利益分配请求权,其股东利益受到重大损失为由

【答案】B

【解析】根据《公司法》,经营管理发生其他严重困难,公司继续存续会使股东利益受到重大损失的情形,股东可以向人民法院提起解散公司的诉讼,故选项B正确。选项A、C、D,人民法院不予受理。

【例1-31】(单选题)公司应当在解散事由出现之日起15日内成立清算组,有限责任公司的清算组由( )组成。

A. 董事

B. 股东

C. 公司股东会确定的人

D. 董事和股东

【答案】B

【解析】公司应当在解散事由出现之日起15日内成立清算组。有限责任公司的清算组由股东组成,股份有限公司的清算组由董事或者股东大会确定的人员组成。

【知识点19】合伙企业法概述

1. 合伙企业的特征。(1)从组织形式上看,合伙企业是契约式组织,不具有法人资格。(2)从责任形态上看,普通合伙人对合伙企业债务承担无限连带责任,有限合伙人对合伙企业的债务以其认缴的出资额为限承担有限责任。当合伙企业的财产不足以清偿企业债务时,各普通合伙人有义务以其出资之外的个人财产对债权人承担连带责任。(3)从人员结构上看,合伙企业人员结构相对稳定,普通合伙人变动不自由。这也体现出合伙企业的人合性特征。

2. 合伙企业的分类。合伙企业分为普通合伙企业和有限合伙企业。

【知识点20】普通合伙企业

(一)普通合伙企业的特点

(1)由普通合伙人组成。普通合伙人是指在合伙企业中对合伙企业的债务依法承担无限连带责任的自然人、法人和其他组织。

【提示】国有独资公司、国有企业、上市公司以及公益性的事业单位、社会团体不得成为普通合伙人。

(2)普通合伙人对合伙企业债务依法承担无限连带责任,法律另有规定的除外。在特殊情况下,合伙人可以不承担无限连带责任。按照《合伙企业法》中"特殊的普通合伙企业"的规定,对以专业知识和专门技能为客户提供有偿服务的专业服务机构,可以设立为特殊的普通合伙企业。一个合伙人或者数个合伙人在执业活动中因故意或者重大过失造成合伙企业债务的,应当承担无限责任或者无限连带责任,其他合伙人以其在合伙企业中的财产份额为限承担责任。合伙人在执业活动中非因故意或者重大过失造成的合伙企业债务以及合伙企业的其他债务,由全体合伙人承担无限连带责任。

(二)普通合伙企业的设立

普通合伙企业的设立条件包括:

1. 有2个以上合伙人。合伙人为自然人的,应当具有完全民事行为能力。

2. 有书面合伙协议。合伙协议应当依法由全体合伙人协商一致,以书面形式订立。合伙协议应当载明下列事项:(1)合伙企业的名称和主要经营场所的地点;(2)合伙目的和合伙经营范围;(3)合伙人的姓名或者名称、住所;(4)合伙人的出资方式、数额和缴付期限;(5)利润分配、亏损分担方式;(6)合伙事务的执行;(7)入伙与退伙;(8)争议解决办法;(9)合伙企业的解散与清算;(10)违约责任等。合伙协议经全体合伙人签名、盖章后生效。修改或者补充合伙协议,应当经全体合伙人一致同意;但是,合伙协议另有约定的除外。合伙协议未约定或者约定不明确的事项,由合伙人协商决定;协商不成的,依照《合伙企业法》和其他有关法律、行政法规的规定处理。

3. 有合伙人认缴或者实际缴付的出资。合伙协议生效后,合伙人应当按照合伙协议的规定缴纳出资。合伙人可以用货币、实物、知识产权、土地使用权或者其他财产权利出资,也可以用劳务出资。

【提示】合伙人以实物、知识产权、土地使用权或者其他财产权利出资,需要评估作价的,可以由全体合伙人协商确定,也可以由全体合伙人委托法定评估机构评估。合伙人以劳务出资的,其评估

办法由全体合伙人协商确定,并在合伙协议中载明。合伙人应当按照合伙协议约定的出资方式、数额和缴付期限履行出资义务。以非货币财产出资的,依照法律、行政法规的规定,需要办理财产权转移手续的,应当依法办理。

4. 有合伙企业的名称和生产经营场所。合伙企业的名称中必须有"合伙"二字。普通合伙企业应当在其名称中标明"普通合伙"字样,其中,特殊的普通合伙企业应当在其名称中标明"特殊普通合伙"字样。

5. 法律、行政法规规定的其他条件。

【例1-32】(单选题)根据合伙企业法律制度的规定,下列出资形式中,只能由全体合伙人协商确定其评估办法的是( )。

A. 实物　　　B. 土地使用权
C. 知识产权　D. 劳务

【答案】D

【解析】合伙人以实物、知识产权、土地使用权或者其他财产权利出资,需要评估作价的,可以由全体合伙人协商确定,也可以由全体合伙人委托法定评估机构评估。合伙人以劳务出资的,其评估办法由全体合伙人协商确定,并在合伙协议中载明。

(三)普通合伙企业财产

1. 普通合伙企业财产的构成。合伙企业财产由以下三部分构成:(1)合伙人的出资。(2)以合伙企业名义取得的收益,主要包括合伙企业的公共积累资金、未分配的盈余、合伙企业债权等权益。(3)依法取得的其他财产,如合法接受的赠与财产等。

2. 普通合伙企业财产的性质。合伙企业的财产具有独立性和完整性两方面的特征。合伙人在合伙企业清算前,不得请求分割合伙企业的财产;但是,法律另有规定的除外。合伙人在合伙企业清算前私自转移或者处分合伙企业财产的,合伙企业不得以此对抗善意第三人。

3. 普通合伙人财产份额的转让。(1)内部转让。合伙人之间转让在合伙企业中的全部或者部分财产份额时,应当通知其他合伙人。(2)对外转让。除合伙协议另有约定外,合伙人向合伙人以外的人转让其在合伙企业中的全部或者部分财产份额时,须经其他合伙人一致同意。(3)优先购买权。合伙人向合伙人以外的人转让其在合伙企业中的财产份额的,在同等条件下,其他合伙人有优先购买权;但是,合伙协议另有约定的除外。

4. 普通合伙人财产份额的出质。合伙人以其在合伙企业中的财产份额出质的,须经其他合伙人一致同意;未经其他合伙人一致同意,其行为无效,由此给善意第三人造成损失的,由行为人依法承担赔偿责任。

【例1-33】(单选题)某普通合伙企业的一名合伙人拟将其合伙财产份额转让给合伙企业以外的人,合伙协议对该事项的决定规则未作约定。根据合伙企业法律制度的规定,下列关于该事项决定规则的表述中,正确的是( )。

A. 须其他合伙人半数以上同意
B. 须其他合伙人一致同意
C. 须其他合伙人2/3以上同意
D. 须其他合伙人过半数以上同意

【答案】B

【解析】根据合伙企业法律制度的规定,除合伙协议另有约定外,合伙人向合伙人以外的人转让其在合伙企业中的全部或者部分财产份额时,须经其他合伙人一致同意。

(四)普通合伙事务执行

1. 普通合伙事务执行的形式。(1)全体合伙人共同执行合伙事务。(2)委托一个或者数个合伙人执行合伙事务,其他合伙人不再执行合伙事务。

2. 普通合伙人在执行合伙事务中的权利和义务。(1)合伙人在执行合伙事务中的权利包括:①合伙人对执行合伙事务享有同等的权利;②执行合伙事务的合伙人对外代表合伙企业;③不执行合伙事务的合伙人有权监督执行事务合伙人执行合伙事务的情况;④合伙人查阅合伙企业会计账簿等财务资料的权利;⑤合伙人有提出异议的权利和撤销委托的权利。(2)合伙人在执行合伙事务中的义务包括:①合伙事务执行人向不参加执行事务的合伙人报告企业经营状况和财务状况;②合伙人不得自营或者同他人合作经营与本合伙企业相竞争的业务;③除合伙协议另有约定或者经全体合伙人一致同意外,合伙人不得同本合伙企业进行交易;④合伙人不得从事损害本合伙企业利益的活动。

3. 普通合伙事务执行的决议办法。除合伙协议另有约定外,合伙企业的下列事项应当经全体合伙人一致同意:①改变合伙企业的名称;

②改变合伙企业的经营范围、主要经营场所的地点；③处分合伙企业的不动产；④转让或者处分合伙企业的知识产权和其他财产权利；⑤以合伙企业名义为他人提供担保；⑥聘任合伙人以外的人担任合伙企业的经营管理人员。合伙人对合伙企业有关事项作出决议，按照合伙协议约定的表决办法办理。合伙协议未约定或者约定不明确的，实行合伙人一人一票并经全体合伙人过半数通过的表决办法。《合伙企业法》对合伙企业的表决办法另有规定的，从其规定。

4. 普通合伙企业的损益分配。（1）合伙损益。合伙损益包括合伙利润与合伙亏损。合伙亏损是全体合伙人所共同面临的风险，或者说是共同承担的经济责任。（2）合伙损益分配原则：①合伙企业的利润分配、亏损分担，按照合伙协议的约定办理；合伙协议未约定或约定不明确的，由合伙人协商决定；协商不成的，由合伙人按照实缴出资比例分配、分担；无法确定出资比例的，由合伙人平均分配、分担。②合伙协议不得约定将全部利润分配给部分合伙人或者由部分合伙人承担全部亏损。

5. 非合伙人参与经营管理。除合伙协议另有约定外，经全体合伙人一致同意，可以聘任合伙人以外的人担任合伙企业的经营管理人员。被聘任的合伙企业的经营管理人员应当在合伙企业授权范围内履行职务，超越合伙企业授权范围履行职务或者在履行职务过程中因故意或者重大过失给合伙企业造成损失的，依法承担赔偿责任。

【例1-34】（单选题）某普通合伙企业委托合伙人杨某执行合伙事务，根据《合伙企业法》的规定，下列关于杨某执行合伙事务的权利义务的表述中，正确的是（　　）。

A. 只能由杨某对外代表该合伙企业

B. 除合伙协议另有约定外，杨某可以自行决定改变该合伙企业主要经营场所的地点

C. 除合伙协议另有约定外，杨某可以自行处理分割合伙企业的不动产

D. 杨某可以自营与该合伙企业竞争的业务

【答案】A

【解析】本题考核普通合伙事务执行。选项A：按照合伙协议的约定或经全体合伙人决定，可以委托一个或者数个合伙人对外代表合伙企业，执行合伙事务的，此时其他合伙人不再执行合伙事务，对外不代表合伙企业。选项B、C：除合伙协议另有约定外，改变主要经营场所的地点、处分合伙企业的不动产，应当经全体合伙人一致同意，杨某不得自行决定或处分。选项D：普通合伙人不得自营或者同他人合作经营与本合伙企业相竞争的业务。

（五）普通合伙企业与第三人关系

合伙企业与第三人关系是指合伙企业的外部关系，即合伙企业与合伙企业的合伙人以外的第三人的关系。

1. 合伙事务执行中的对外代表权。执行合伙企业事务的合伙人在取得对外代表权后，即可以合伙企业的名义进行经营活动，其执行合伙事务所产生的收益归合伙企业，所产生的费用和亏损由合伙企业承担。

2. 合伙企业对外代表权的限制。合伙企业对合伙人执行合伙事务以及对外代表合伙企业权利的限制，不得对抗善意第三人。

（六）普通合伙企业和合伙人的债务清偿

1. 普通合伙企业的债务清偿与合伙人的关系。（1）合伙企业财产优先清偿。合伙企业对其债务应先以其全部财产进行清偿。（2）合伙人的无限连带清偿责任。合伙企业不能清偿到期债务的，合伙人承担无限连带责任。合伙人的无限责任是指各个合伙人承担合伙企业的债务不是以其出资额为限，而是以其自有财产来清偿合伙企业的债务。合伙人的连带责任是指合伙企业的债权人对合伙企业所负债务，可以向任何一个其他合伙人主张，其他合伙人不得以其出资的份额大小、合伙协议有特别约定、合伙企业债务另有担保人或者自己已经偿付所承担的份额等理由来拒绝。（3）合伙人之间的债务追偿。合伙人清偿数额超过规定的其亏损分担比例的，有权向其他合伙人追偿。

2. 合伙人的债务清偿与合伙企业的关系。（1）合伙人发生与合伙企业无关的债务，相关债权人不得以其债权抵销其对合伙企业的债务，也不得代位行使合伙人在合伙企业中的权利。（2）合伙人的自有财产不足清偿其与合伙企业无关的债务的，该合伙人可以其从合伙企业中分取的收益用于清偿；债权人也可以依法请求人民法院强制执行该合伙人在合伙企业中的财产份额用于清偿。人民法院强制执

行合伙人的财产份额时,应当通知全体合伙人,其他合伙人有优先购买权;其他合伙人未购买,又不同意将该财产份额转让给他人的,依照《合伙企业法》的规定为该合伙人办理退伙结算或者办理削减该合伙人相应财产份额的结算。

【知识点21】有限合伙企业
(一)有限合伙企业的概念及法律适用
1. 有限合伙企业的概念。有限合伙企业是指由有限合伙人和普通合伙人共同组成,普通合伙人对合伙企业债务承担无限连带责任,有限合伙人以其认缴的出资额为限对合伙企业债务承担责任的合伙组织。
2. 有限合伙企业的法律适用。《合伙企业法》中对有限合伙企业有特殊规定的,应当适用有关特殊规定;无特殊规定的,适用有关普通合伙企业及其合伙人的一般规定。

(二)有限合伙企业设立的特殊规定
1. 有限合伙企业人数。有限合伙企业由2个以上50个以下合伙人设立;但是,法律另有规定的除外。有限合伙企业至少应当有1个普通合伙人。有限合伙企业仅剩有限合伙人的,应当解散;有限合伙企业仅剩普通合伙人的,应当转为普通合伙企业。
2. 有限合伙企业名称。有限合伙企业名称中应当标明"有限合伙"的字样,而不能标明"普通合伙""特殊普通合伙""有限公司""有限责任公司"等字样。
3. 有限合伙企业协议。有限合伙企业协议除符合普通合伙企业合伙协议的规定外,还应当载明下列事项:(1)普通合伙人和有限合伙人的姓名或者名称、住所;(2)执行事务合伙人应具备的条件和选择程序;(3)执行事务合伙人权限与违约处理办法;(4)执行事务合伙人的除名条件和更换程序;(5)有限合伙人入伙、退伙的条件、程序以及相关责任;(6)有限合伙人和普通合伙人相互转变程序。
4. 有限合伙人出资形式。有限合伙人可以用货币、实物、知识产权、土地使用权或者其他财产权利作价出资,但不得以劳务出资。

【例1-35】(单选题)根据《合伙企业法》的规定,下列关于合伙企业合伙人出资形式的表述中,错误的是( )。

A. 普通合伙人可以以知识产权出资
B. 有限合伙人可以以实物出资
C. 普通合伙人可以以土地使用权出资
D. 有限合伙人可以以劳务出资

【答案】D
【解析】本题考核合伙人的出资。有限合伙人不能以劳务出资。

5. 有限合伙人出资义务。有限合伙人应当按照合伙协议的约定按期足额缴纳出资;未按期足额缴纳的,应当承担补缴义务,并对其他合伙人承担违约责任。

(三)有限合伙企业的事务执行及利润分配的特殊规定
1. 有限合伙企业事务执行的特殊规定。有限合伙企业由普通合伙人执行合伙事务。执行事务合伙人可以要求在合伙协议中确定执行事务的报酬及报酬提取方式。有限合伙人不执行合伙事务,不得对外代表有限合伙企业。有限合伙人的下列行为,不视为执行合伙事务:(1)参与决定普通合伙人入伙、退伙;(2)对企业的经营管理提出建议;(3)参与选择承办有限合伙企业审计业务的会计师事务所;(4)获取经审计的有限合伙企业财务会计报告;(5)对涉及自身利益的情况,查阅有限合伙企业财务会计账簿等财务资料;(6)在有限合伙企业中的利益受到侵害时,向有责任的合伙人主张权利或者提起诉讼;(7)执行事务合伙人怠于行使权利时,督促其行使权利或者为了本企业的利益以自己的名义提起诉讼;(8)依法为本企业提供担保。
2. 有限合伙企业利润分配特殊规定。有限合伙企业不得将全部利润分配给部分合伙人;但是,合伙协议另有约定的除外。

(四)有限合伙企业财产出质与转让的特殊规定
1. 有限合伙人财产份额出质。有限合伙人可以将其在有限合伙企业中的财产份额出质;但是,合伙协议另有约定的除外。
2. 有限合伙人财产份额转让。有限合伙人可以按照合伙协议的约定向合伙人以外的人转让其在有限合伙企业中的财产份额,但应当提前30日通知其他合伙人。

(五)有限合伙人债务清偿的特殊规定
有限合伙人的自有财产不足清偿其与合伙

企业无关的债务的,该合伙人可以以其从有限合伙企业中分取的收益用于清偿;债权人也可以依法请求人民法院强制执行该合伙人在有限合伙企业中的财产份额用于清偿。人民法院强制执行有限合伙人的财产份额时,应当通知全体合伙人。在同等条件下,其他合伙人有优先购买权。

(六)有限合伙企业入伙、退伙的特殊规定

1. 入伙。新入伙的有限合伙人对入伙前有限合伙企业的债务,以其认缴的出资额为限承担责任。

2. 退伙。(1)有限合伙人当然退伙。有限合伙人出现下列情形时当然退伙:①作为合伙人的自然人死亡或者被依法宣告死亡;②作为合伙人的法人或其他组织依法被吊销营业执照、责令关闭、撤销,或者被宣告破产;③法律规定或者合伙协议约定合伙人必须具有相关资格而丧失该资格;④合伙人在合伙企业中的全部财产份额被人民法院强制执行。(2)有限合伙人丧失民事行为能力的处理。作为有限合伙人的自然人在有限合伙企业存续期间丧失民事行为能力的,其他合伙人不得因此要求其退伙。(3)有限合伙人继承人的权利。作为有限合伙人的自然人死亡、被依法宣告死亡或者作为有限合伙人的法人及其他组织终止时,其继承人或者权利承受人可以依法取得该有限合伙人在有限合伙企业中的资格。(4)有限合伙人退伙后的责任承担。有限合伙人退伙后,对基于其退伙前的原因发生的有限合伙企业债务,以其退伙时从有限合伙企业中取回的财产承担责任。

(七)有限合伙企业合伙人性质转变的特殊规定

除合伙协议另有约定外,普通合伙人转变为有限合伙人,或者有限合伙人转变为普通合伙人,应当经全体合伙人一致同意。有限合伙人转变为普通合伙人的,对其作为有限合伙人期间有限合伙企业发生的债务承担无限连带责任。普通合伙人转变为有限合伙人的,对其作为普通合伙人期间合伙企业发生的债务承担无限连带责任。

【例1-36】(单选题)根据合伙企业法律制度的规定,有限合伙人退伙后,以特定的财产对基于其退伙前的原因发生的有限合伙企业的债务承担责任,该特定财产是( )。

A. 该合伙人退伙时从有限合伙企业中取回的财产
B. 该合伙人入伙时认缴的出资
C. 该合伙人入伙时实缴的出资
D. 该合伙人的合伙财产

【答案】A
【解析】《合伙企业法》规定,有限合伙人退伙后,对基于其退伙前的原因发生的有限合伙企业债务,以其退伙时从有限合伙企业中取回的财产承担责任。

【知识点22】合伙企业的解散和清算

(一)合伙企业的解散

合伙企业有下列情形之一的,应当解散:(1)合伙期限届满,合伙人决定不再经营;(2)合伙协议约定的解散事由出现;(3)全体合伙人决定解散;(4)合伙人已不具备法定人数满30天;(5)合伙协议约定的合伙目的已经实现或者无法实现;(6)依法被吊销营业执照、责令关闭或者被撤销;(7)法律、行政法规规定的其他原因。

(二)合伙企业的清算

1. 确定清算人。合伙企业解散,应当由清算人进行清算。清算人由全体合伙人担任;经全体合伙人过半数同意,可以自合伙企业解散事由出现后15日内指定一个或者数个合伙人,或者委托第三人担任清算人。自合伙企业解散事由出现之日起15日内未确定清算人的,合伙人或者其他利害关系人可以申请人民法院指定清算人。

2. 清算人职责。清算人在清算期间执行下列事务:(1)清理合伙企业财产,分别编制资产负债表和财产清单;(2)处理与清算有关的合伙企业未了结事务;(3)清缴所欠税款;(4)清理债权、债务;(5)处理合伙企业清偿债务后的剩余财产;(6)代表合伙企业参加诉讼或者仲裁活动。

3. 通知和公告债权人。清算人自被确定之日起10日内将合伙企业解散事项通知债权人,并于60日内在报纸上公告。债权人应当自接到通知书之日起30日内,未接到通知书的自公告之日起45日内,向清算人申报债权。债权人申报债权,应当说明债权的有关事项并提供证明材料。清算人应当对债权进行登记。清算期间,合伙企业存续，但不得开展与清算无关的经营活动。

4. 财产清偿顺序。合伙企业财产在支付清算费用和职工工资、社会保险费用、法定补偿金以及缴纳所欠税款、清偿债务后的剩余财产，依照《合伙企业法》关于利润分配和亏损分担的规定进行分配。

【例1-37】（多选题）合伙企业解散，应当由清算人进行清算。下列选项属于清算人在清算期间执行的事务有（　　）。

A. 处理合伙企业清偿债务后的剩余财产
B. 清缴所欠税款
C. 清理债权、债务
D. 代表合伙企业参加诉讼
E. 清理合伙企业财产，编制现金流量表

【答案】ABCD

【解析】清算人在清算期间执行下列事务：（1）清理合伙企业财产，分别编制资产负债表和财产清单；（2）处理与清算有关的合伙企业未了结事务；（3）清缴所欠税款；（4）清理债权、债务；（5）处理合伙企业清偿债务后的剩余财产；（6）代表合伙企业参加诉讼或者仲裁活动。

精选练习题

一、单项选择题

1. 下列关于有限责任公司股东出资方式的表述中，符合公司法律制度规定的是（　　）。

A. 以商誉作价出资
B. 以劳务作价出资
C. 以特许经营权作价出资
D. 以土地使用权作价出资

2. 甲股份有限公司（简称"甲公司"）有15个股东。乙为甲公司股东，持有甲公司15%的股权，因银行贷款要求甲公司为其担保，为此召开股东会进行表决，参加会议的股东加上乙共有8个，持有股份为65%，关于此事项表决下列表述正确的是（　　）。

A. 必须经出席会议的股东一致通过
B. 必须经出席会议的股东所持表决权的2/3以上通过
C. 必须经出席会议的其他7位股东所持决权的过半数通过
D. 必须经出席会议的其他7位股东所持表决权的2/3以上通过

3. 王某、刘某共同出资设立了甲有限责任公司（简称"甲公司"），注册资本为10万元，下列关于甲公司组织机构设置的表述中，不符合公司法律制度规定的是（　　）。

A. 甲公司决定不设董事会，由王某担任执行董事
B. 甲公司决定不设监事会，由刘某担任监事
C. 甲公司决定由执行董事王某兼任经理
D. 甲公司决定由执行董事王某兼任监事

4. 根据公司法律制度的规定，下列人员中，符合公司董事、监事、高级管理人员任职资格的是（　　）。

A. 张某，曾为甲大学教授，现已退休
B. 王某，曾为乙企业董事长，因其决策失误导致乙企业破产清算，自乙企业破产清算完结之日起未逾3年
C. 李某，曾为丙公司董事，因贷款炒股，个人负到期债务1 000万元尚未偿还
D. 赵某，曾担任丁国有企业总会计师，因贪污罪被判处有期徒刑，执行期满未逾5年

5. 甲有限责任公司董事张某拟自营与所任职公司同类的业务。根据公司法律制度的规定，张某自营该类业务必须满足的条件是（　　）。

A. 经股东会同意
B. 经董事会同意
C. 经监事会同意
D. 经总经理同意

6. B公司注册资本金为6 000万元。2024年，该公司提取的法定公积金累计额为4 000万元，该公司拟用法定公积金转增公司资本。根据公司法律制度的规定，该公司法定公积金转增资本的最高额为（　　）万元。

A. 1 500　　　　B. 2 500
C. 3 000　　　　D. 4 000

7. 下列关于有限合伙企业中有限合伙人入伙与退伙的表述中，符合《合伙企业法》规定的是（　　）

A. 新入伙的有限合伙人对入伙前有限合伙企业的债务，以其实缴的出资额为限承担责任
B. 作为有限合伙人的自然人，有限合伙企业存续期间丧失民事行为能力的，该有限合伙人当然退伙

C. 退伙后的有限合伙人对基于其退伙前的原因发生的有限合伙企业的债务，以其退伙时从有限合伙企业中取回的财产为限承担责任

D. 退伙后的有限合伙人对基于其退伙前的原因发生的有限合伙企业的债务，以其认缴的出资额为限承担责任

8. 根据《合伙企业法》的规定，有限合伙人在出现一定情形时当然退伙。下列各项中，不属于当然退伙情形的是（　　）。

A. 作为有限合伙人的自然人被依法宣告死亡

B. 有限合伙人在合伙企业中的全部财产份额被人民法院强制执行

C. 作为有限合伙人的自然人丧失民事行为能力

D. 作为有限合伙人的法人被责令关闭

9. 2022年3月，甲、乙、丙、丁成立一有限合伙企业，甲为普通合伙人，乙、丙、丁为有限合伙人。2023年3月丙转为普通合伙人，2022年8月该合伙企业欠银行30万元，直至2024年3月合伙企业被宣告破产仍未偿还。下列关于甲、乙、丙、丁对30万元银行债务承担责任的表述中，符合《合伙企业法》规定的是（　　）。

A. 乙、丁应以其认缴的出资额为限对30万元债务承担清偿责任，甲、丙承担无限连带责任

B. 乙、丙、丁应以其认缴的出资额为限对30万元债务承担清偿责任，甲承担无限责任

C. 乙、丁应以其实缴的出资额为限对30万元债务承担清偿责任，甲、丙承担无限连带责任

D. 乙、丙、丁应以实缴的出资额为限对30万元债务承担清偿责任，甲承担无限责任

10. 根据《公司法》的规定，下列各项中，不属于有限责任公司中监事会职权的是（　　）。

A. 向股东会会议提出提案

B. 检查公司财务

C. 提请聘任或者解聘公司副经理、财务负责人

D. 对董事、高级管理人员执行公司职务的行为进行监督

二、多项选择题

1. 根据公司法律制度的规定，持有有限责任公司全部股东表决权10%以上的股东，在发生某些法定事由时，可以提起解散公司的诉讼，人民法院应予受理。下列各项中属于该法定事由的有（　　）。

A. 公司持续两年以上无法召开股东会，公司经营管理发生严重困难的

B. 股东表决时无法达到法定比例，持续两年以上不能作出有效股东会决议，公司经营管理发生严重困难的

C. 公司严重侵害股东知情权，股东会无法解决的

D. 公司严重侵害股东利润分配请求权，股东利益遭受重大损失的

E. 公司董事长期冲突，且无法通过股东会或者股东大会解决，公司经营管理发生严重困难的

2. 股东在下列形式的出资中，依法应办理评估作价及财产权转移手续的有（　　）。

A. 人民币　　B. 厂房
C. 专利权　　D. 商标权
E. 土地使用权

3. 设立各种公司都必须具备的基本要件有（　　）。

A. 发起人的人数及资格应符合法定要求

B. 制订了符合法定要求的公司章程

C. 有确定的公司住所

D. 报经政府主管部门的审批

E. 依法进行设立登记

4. 关于股份有限公司董事的任期，下列表述正确的有（　　）。

A. 董事任期由公司章程规定，但每届任期最长不得超过2年

B. 董事任期届满，连选可以连任

C. 董事任期届满后，如果没有改选，董事资格并不当然终止

D. 董事在任期届满前，如果没有过错，公司股东会就不能提前对其进行改选

E. 达到退休年龄的董事，其任职资格自动终止

5. 李某打算发起设立金陵自行车股份有限公司，作为发起人，李某应当承担的责任有（　　）。

A. 公司不能成立时，对设立行为所产生的债务和费用负连带责任

B. 公司不能成立时，对认股人已经缴纳的股款负返还股款的连带责任

C. 公司成立后，其他发起人未缴足出资的，应当与其他发起人承担连带责任

D. 公司设立过程中，因其他发起人的过失致使公司利益受到损害的，应当由李某对公司承担赔偿责任

E. 公司成立后发现，其他股东未缴足出资的，应当承担补足差额的责任

6. 2024年，甲公司决定分立出乙公司单独经营。甲公司原有债务5 000万元，债权人主要包括丙银行、供货商丁公司和其他一些小债权人。在分立协议中，甲、乙公司约定：原甲公司债务中，对丁公司的债务由分立出的乙公司承担，其余债务由甲公司承担。该债务分担安排经过了丁公司的同意，但未通知丙银行和其他小债权人，则（　　）。

A. 丁公司有权要求甲、乙连带清偿债务

B. 丙银行有权要求甲、乙连带清偿债务

C. 小债权人有权要求甲、乙连带清偿债务

D. 甲、乙公司不得对债务分担作出约定

E. 甲、乙、丁公司按连带责任方式向丙公司清偿

7. 李某于2024年7月毕业于北京大学，毕业后自己出资20万元设立了甲一人有限责任公司（简称"甲公司"）。下列选项中，正确的是（　　）。

A. 如果李某不能证明公司财产独立于其自己的财产，应当对公司债务承担连带责任

B. 如果甲公司持续盈利，5年后李某还可以设立乙一人有限责任公司

C. 甲公司应当在每一会计年度终了时编制财务会计报告，并经会计师事务所审计

D. 如果李某决定聘请其大学同学张某为甲公司的董事，那么该决定应当采用书面形式，并由李某签字后置备于公司

E. 甲公司可不设股东会

8. 作为金凤电子科技有限公司的股东，孙亮认为，他应当遵守的义务有（　　）。

A. 遵守公司章程

B. 参加公司股东会会议

C. 缴纳出资

D. 不得抽逃出资

E. 保守公司商业秘密

9. 某社会团体与某私立学校共同出资设立一合伙企业，经营文具用品。两年后，因经营亏损，该合伙企业财产不足以清偿全部债务。下列关于各合伙人承担责任的表述中，符合《合伙企业法》规定的有（　　）。

A. 该社会团体以其认缴的出资额为限对合伙企业债务承担责任

B. 该私立学校以其认缴的出资额为限对合伙企业债务承担责任

C. 该社会团体对合伙企业债务承担无限责任

D. 该私立学校对合伙企业债务承担无限责任

E. 该社会团体与私立学校对合伙企业债务承担无限连带责任

10. 对有限责任公司和股份有限公司股东责任的表述，下列各选项中正确的是（　　）。

A. 有限责任公司股东以出资额为限对公司承担责任

B. 有限责任公司股东以其认缴的出资额为限对公司承担责任

C. 股份有限公司股东以其认购的股份为限对公司承担责任

D. 股份有限公司股东以其所持的股份为限对公司承担责任

E. 公司以其全部财产对公司债务承担责任

三、综合题

甲、乙、丙、丁共同出资320万元，于2024年9月成立A商贸中心（普通合伙）。其中甲以货币出资80万元，乙以房地产出资100万元；丙以知识产权出资120万元，丁以劳务出资20万元。合伙协议约定由乙、丙对外代表合伙企业分别执行合伙事务，乙、丙的对外签约权仅限于每笔交易额5万元以下；此外，合伙协议还约定，合伙企业的全部利润归甲、乙所有，合伙企业的亏损全部由丙、丁承担。2023年1月乙以合伙企业的名义，从B公司订购价值60万元的节日礼品，准备在春节前转销给某单位，但对这一礼品订购合同的签订，丁提出异议。

1. 各合伙人的下列出资方式，符合《合伙企业法》规定的是（　　）。

A. 甲以货币出资80万元

B. 乙以房地产出资100万元

C. 丙以知识产权出资 120 万元
D. 丁以劳务出资 20 万元

2. 关于合伙事务执行的约定，下列选项正确的是（　　）。

A. 甲认为协议违反合伙人平等原则，剥夺甲对外签约权的决议应为无效
B. 甲可以此为由向其他合伙人主张赔偿其损失
C. 乙此后对外签约的标的额超过 5 万元时，须事先征得甲、丙、丁的同意
D. 对乙的签约权限制，不得对抗善意相对人

3. 关于利润分享和亏损承担的约定，下列做法正确的是（　　）。

A. 合伙企业的全部利润归甲乙所有
B. 合伙企业的亏损全部由丙丁承担
C. 合伙人可以按照实缴出资比例分配利润
D. 合伙人可以按照实缴出资比例分担亏损

4. 关于礼品订购合同的签订，下列选项正确的是（　　）。

A. 因对合伙企业来说，该合同标的额较大，故乙在签约前应取得丁的同意
B. 丁的异议不影响该合同的效力
C. 就乙的签约行为所产生的债务，甲无须承担无限连带责任
D. 就乙的签约行为所产生的债务，丁须承担无限连带责任

5. 2023 年 2 月，丁因抄底买房，向王某借款 80 万元，约定借期 3 个月。3 个月后，丁亏损不能还债。关于王某对丁实现债权，下列选项正确的是（　　）。

A. 可代位行使丁在合伙企业中的权利
B. 可就丁在合伙企业中分得的收益主张清偿
C. 可申请对丁的合伙财产份额进行强制执行
D. 就丁的合伙份额享有优先受偿权

精选练习题参考答案及解析

一、单项选择题

1. 【答案】D

【解析】根据《公司法》的规定，有限责任公司的股东可以用货币出资，也可以用实物、知识产权、土地使用权等可以用货币估价并可以依法转让的非货币财产作价出资，但不得以劳务、信用、自然人姓名、商誉、特许经营权或者设定担保的财产等作价出资，故选项 D 正确。

2. 【答案】C

【解析】根据《公司法》规定，股东会或者股东大会在为公司股东或者实际控制人提供担保决议时，接受担保的股东或者受实际控制人支配的股东，不得参加此项表决，该项表决由出席会议的其他股东所持表决权的过半数通过，故选项 C 正确。

3. 【答案】D

【解析】根据规定，有限责任公司股东人数较少或规模较小的，可以设 1 名执行董事，不设董事会，故 A 正确；执行董事可以兼任公司经理，故 C 正确；股东人数较少或者规模较小的有限责任公司，可以设 1－2 名监事，不设立监事会，故 B 正确；董事、高级管理人员不得兼任监事，故选项 D 错误。

4. 【答案】A

【解析】担任破产清算的公司、企业的董事或者厂长、经理，对该公司、企业的破产负有个人责任的，自该公司、企业破产清算完毕之日起未逾 3 年的，不得担任董事、监事、高级管理人员，故选项 B 错误；个人所负数额较大的债务到期未清偿的，不得担任董事、监事高级管理人员，故选项 C 错误；因贪污、贿赂、侵占财产、挪用财产或者破坏社会主义经济秩序，被判处刑罚，执行期满未逾 5 年，或者因犯罪被剥夺政治权利，执行期满未逾 5 年的，不得担任董事、监事、高级管理人员，故选项 D 错误。

5. 【答案】A

【解析】根据规定，董事不得有的行为之一：未经股东会或者股东大会同意，利用职务之便为自己或他人谋取属于公司的商业机会，自营或者为他人经营与所任职公司同类的业务。故选项 A 正确。

6. 【答案】B

【解析】根据规定，法定公积金转为资本时，所留存的法定公积金不得少于转赠前注册资本的 25%。所以本题中，法定公积金最少应该留存 6 000×25%＝1 500（万元）；可用于转增资本的最高额 4 000－1 500＝2 500（万元）。

7.【答案】C

【解析】《合伙企业法》规定，新入伙的有限合伙人对入伙前有限合伙企业的债务，以其"认缴"的出资额为限承担责任，而不是以其实缴的出资额为限承担责任，选项A错误；作为有限合伙人的自然人在有限合伙企业存续期间丧失民事行为能力的，其他合伙人不得因此要求其退伙，选项B错误；有限合伙人退伙后，对基于其退伙前的原因发生的有限合伙企业债务，以其退伙时从有限合伙企业中取回的财产承担责任，选项C正确，选项D错误。

8.【答案】C

【解析】《合伙企业法》规定，有限合伙人出现下列情形时当然退伙：（1）作为合伙人的自然人死亡或者被依法宣告死亡；（2）作为合伙人的法人或者其他组织依法被吊销营业执照、责令关闭、撤销，或者被宣告破产；（3）法律规定或者合伙协议约定合伙人必须具有相关资格而丧失该资格；（4）合伙人在合伙企业中的全部财产份额被人民法院强制执行，故选项A、B、D符合法律规定。根据规定，作为有限合伙人的自然人在有限合伙企业存续期间丧失民事行为能力的，其他合伙人不得因此要求其退伙，因此，选项C不属于当然退伙的情形。

9.【答案】A

【解析】本题考核有限合伙企业债务清偿的规定。根据规定，有限合伙人转变为普通合伙人的，对其作为有限合伙人期间有限合伙企业发生的债务承担无限连带责任。故选项A正确。

10.【答案】C

【解析】本题考核的是有限责任公司监事会的职权。选项C是经理的职权。

二、多项选择题

1.【答案】ABE

【解析】根据规定，股东以知情权、利润分配请求权等权益受到损害，或者公司亏损、财产不足以偿还全部债务，以及公司被吊销企业法人营业执照未进行清算等为由，提起解散公司诉讼的，人民法院不予受理。

2.【答案】BCDE

【解析】《公司法》第二十七条规定，股东可以用货币出资，也可以用实物、知识产权、土地使用权等可以用货币估价并可以依法转让的非货币财产作价出资；但是，法律、行政法规规定不得作为出资的财产除外。对作为出资的非货币财产应当评估作价，核实财产，不得高估或者低估作价。法律、行政法规对评估作价有规定的，从其规定。本题中，厂房属于实物，专利权、商标权属于知识产权。

3.【答案】ABC

【解析】设立不同种类公司的具体条件是不同的，但设立各类公司所需具备的基本要件是相同的，这些要件是：（1）发起人符合法定人数；（2）注册资本数达到法定最低要求；（3）发起人（或者股东）共同制订公司规章；（4）有公司名称和符合《公司法》需求的组织机构；（5）有公司住所。

4.【答案】BC

【解析】《公司法》第四十五条规定，董事任期由公司章程规定，但每届任期不得超过3年。董事任期届满，连选可以连任。董事任期届满未及时改选，或者董事在任期内辞职导致董事会成员低于法定人数的，在改选出的董事就任前，原董事仍应当依照法律、行政法规和公司章程的规定，履行董事职务。

5.【答案】ABC

【解析】根据《公司法》，股份有限公司的发起人应当承担下列责任：（1）公司不能成立时，对设立行为所产生的债务和费用负连带责任。（2）公司不能成立时，对认股人已缴纳的股款，负返还股款并加算银行同期存款利息的连带责任。（3）在公司设立过程中，由于发起人的过失致使公司利益受到损害的，应当对公司承担赔偿责任。

6.【答案】BC

【解析】根据规定，公司分立前的债务由分立后的公司承担连带责任，但是公司在分立前与债权人就债务清偿达成的书面协议另有约定的除外。故选项D错误。由于丁公司认可了清偿债务，故选项A错误。由于协议规定对丁公司的债务由分立出的乙公司承担，所以丁公司不需要按连带责任方式向丙公司清偿，故选项E错误。

7.【答案】ACDE

【解析】一个自然人只能设立一个一人有限责任公司，禁止其设立多个一人有限责任公司，而且该一人有限责任公司不能再投资设立新的一人有限责任公司。故选项B错误。

8. 【答案】ACDE

【解析】股东的义务：（1）遵守公司章程；（2）缴纳出资；（3）不得抽逃出资。股东泄露公司秘密导致公司合法权益受到损害，公司请求该股东赔偿相关损失的，人民法院应予以支持。

9. 【答案】AD

【解析】本题考核合伙人的责任承担。国有独资公司、国有企业、上市公司以及公益性的事业单位、社会团体不得成为普通合伙人。

10. 【答案】BCE

【解析】本题考查的是有限责任的概念。我国《公司法》第三条规定，公司是企业法人，有独立的法人财产，享受法人财产权。公司以其全部财产对公司债务承担责任，有限责任公司的股东以其认缴的出资额为限对公司承担责任，股份有限公司的股东以其认购的股份为限对公司承担责任。故选项 BCE 正确。

三、综合题

1. 【答案】ABCD

【解析】货币、知识产权、房地产、劳务都可以作为合伙企业出资。

2. 【答案】CD

【解析】选项 A、B 错误。按照合伙协议的约定或者经全体合伙人决定，可以委托一个或者数个合伙人对外代表合伙企业，执行合伙事务。由此可知，该合伙人会议决议有效，甲不再享有对外签约权，甲因此不能以此为由向其他合伙人主张赔偿。选项 C、D 正确。合伙企业对合伙人执行合伙事务以及对外代表合伙企业权利的限制，不得对抗善意第三人。合伙人决议作出的对乙对外签约权的限制有效，乙对外签约的标的额超过 5 万元时，须事先征得全体合伙人的同意，但该限制不得对抗善意第三人。

3. 【答案】CD

【解析】合伙人可以按照实缴出资比例分配利润、分担亏损。但是不能约定由部分合伙人享受全部利润或者承担全部亏损。

4. 【答案】BD

【解析】选项 A 错误。乙是合伙事务执行人，其享有对外签约权，其对外签约无须征得丁的同意。选项 B 正确，丁的异议并不影响合同的效力。合伙人对合伙企业债务承担无限连带责任。故选项 C 错误，选项 D 正确。

5. 【答案】BC

【解析】合伙人的自有财产不足清偿其与合伙企业无关的债务的，该合伙人可以以其从合伙企业中分取的收益用于清偿；债权人也可以依法请求人民法院强制执行该合伙人在合伙企业中的财产份额用于清偿。故选项 B、C 正确。

第二章　物权法律制度

考试大纲

一、考试目的
考查考生对物权取得、不动产登记、所有权、用益物权、担保物权等法律规定的掌握情况，以及运用物权法律制度解决物权取得、归属、用益、担保等问题的能力。

二、考试内容及要求

（一）掌握的内容
1. 不动产登记效力与不动产登记的证明。
2. 不动产登记的类型。
3. 所有权的取得。
4. 债务转移对担保人担保的影响。
5. 混合担保中担保物权实现规则。
6. 抵押财产的范围。
7. 抵押权的设立、效力和实现规定。
8. 质权的设立、效力和实现规定。
9. 留置权的性质、设立、效力和实现规定。

（二）熟悉的内容
1. 不动产登记的基本要求。
2. 非依法律行为的物权变动规定。
3. 动产交付的形态。
4. 所有权与他物权的关系。
5. 国家所有权、集体所有权和个人所有权的客体与权利行使规定。
6. 按份共有与共同共有的规定。
7. 征收征用规定。
8. 土地承包经营权的基本规定。
9. 建设用地使用权的基本规定。
10. 特殊类型的抵押的规定。
11. 担保物权及其特点的规定。

（三）了解的内容
1. 不动产登记机构应当履行的职责和禁止的行为。
2. 不动产登记资料的查询。
3. 所有权的行使和消灭规定。
4. 担保合同的规定。
5. 担保物权担保范围、消灭的规定。

考情分析

本章是重点内容，2025年本章变动不大。本章在考试中一般既有主观题也会有客观题。复习重点是：（1）不动产登记制度；（2）所有权制度；（3）担保物权制度。

考点精讲及典型例题解析

【知识点1】物权的概念和种类

（一）物权的概念和特征

1. 物权的概念。物权是指权利人依法对特定的物享有直接支配和排他的权利，包括所有权、用益物权和担保物权。

2. 物权的特征。（1）物权是支配权；（2）物权的客体是特定的物；（3）物权是排他的权利；（4）物权的内容是对物的直接支配并享受其利益。

（二）物权的种类

1. 所有权和他物权。所有权即自物权，是权利人对自己的财产所享有的权利。他物权是指在他人所有的物上设定的物权，包括用益物权和担保物权。所有权是所有人依法可以对物进行占有、使用、收益和处分的权利，它是物权中最完整、最充分的权利。

2. 用益物权和担保物权。用益物权是指非所有人对他人所有物享有占有、使用、收益的他物权，包括土地承包经营权、建设用地使用权、宅基地使用权、居住权和地役权等。担保物权是为担保债权的实现，在债务人或第三人的特定物或权利上所设立的他物权，包括抵押权、质权和留置权。

3. 动产物权、不动产物权和以权利为客体的物权。动产物权是以动产为客体的物权，包括动产所有权、动产质权、留置权等。不动产物权是以不动产为客体的物权，包括不动产所有权、土地使用权等。以权利为客体的物权是指在权利之上设立的物权，例如权利质权等。

【提示】一般来说，动产物权的公示方法为交付，不动产物权的公示方法为登记，权利质押的设立和变更，也要采取法律规定的方式（或交付或登记）。

【例2-1】（单选题）土地承包经营权属于（　　）。

A. 所有权　　　　B. 用益物权
C. 担保物权　　　D. 准物权

【答案】B

【解析】本题考核我国物权的类型。用益物权包括土地承包经营权、建设用地使用权、宅基地使用权和地役权。

【例2-2】（多选题）下列物权中，属于不动产物权的有（　　）。

A. 留置权　　　　B. 质权
C. 宅基地使用权　D. 地役权
E. 抵押权

【答案】CD

【解析】宅基地使用权和地役权以不动产为客体，选项C、D正确。

【知识点2】物权法律的基本原则

（一）平等保护原则

《民法典》规定，国家、集体、私人的物权和其他权利人的物权受法律保护，任何组织或者个人不得侵犯。

（二）物权法定原则

《民法典》规定，物权的种类和内容，由法律规定。物权的种类、内容应由法律明确规定，而不能由法律之外的其他规范性文件确定，或由当事人通过合同任意设定。

（三）物权客体特定原则。

《民法典》规定，物权是权利人依法对特定的物享有直接支配和排他的权利。因为物权是直接支配标的物的权利，因此客体必须是特定的，否则物权人将无从支配标的物。

（四）物权公示原则

《民法典》规定，不动产物权的设立、变更、转让和消灭，应当依照法律规定登记。动产物权的设立和转让，应当依照法律规定交付。

【例2-3】（单选题）下列选项中取得所有权是基于物权公示原则的是（　　）。

A. 甲在垃圾堆拾取他人抛弃的旧物

B. 甲从市场上以正常价格买到一件赃物
C. 甲从乙处买得一台电脑
D. 甲误将乙的房子登记为自己的房子，后甲将此房转让给丙，甲、丙之间办理房屋过户手续，丙取得该房所有权

【答案】D

【解析】不动产物权的设立、变更、转让和消灭，应当依照法律规定登记，这体现了物权公示原则。

【知识点3】不动产登记

（一）不动产登记效力与不动产登记证明

1. 不动产登记的效力。《民法典》规定，不动产物权的设立、变更、转让和消灭，经依法登记，发生效力；未经登记，不发生效力，但是法律另有规定的除外。依法属于国家所有的自然资源，所有权可以不登记。处分享有的不动产物权，依照法律规定需要办理登记，未经登记，不发生物权效力。

（1）不动产物权的设立、变更、转让和消灭，依照法律规定应当登记的，自记载于不动产登记簿时发生效力。

（2）权利推定效力。登记记载的权利人应当推定为法律上的权利人。如果其他利害关系人有足够的证据可以证明自己是真正的权利人，可以申请登记机构更正登记，也可以通过诉讼程序请求人民法院重新确权。

（3）善意保护效力。登记申请人办理了登记之后，任何人因为信赖登记，而与登记权利人就登记的财产从事了交易行为，符合善意取得的构成要件，应当受到善意取得制度的保护。

2. 不动产登记证明。不动产登记簿是物权归属和内容的根据，由登记机构管理。不动产权属证书是权利人享有该不动产物权的证明。不动产权属证书记载的事项，应当与不动产登记簿一致；记载不一致的，除有证据证明不动产登记簿确有错误外，以不动产登记簿为准。

（二）不动产登记的基本要求

1. 不动产登记机构。

（1）不动产登记管理机构。国务院自然资源主管部门负责指导、监督全国不动产登记工作。县级以上地方人民政府应当确定一个部门为本行政区域的不动产登记机构，负责不动产登记工作，并接受上级人民政府不动产登记主管部门的指导、监督。

(2) 不动产登记办理机构。不动产登记由不动产所在地的县级人民政府不动产登记机构办理；直辖市、设区的市人民政府可以确定本级不动产登记机构统一办理所属各区的不动产登记。跨县级行政区域的不动产登记，由所跨县级行政区域的不动产登记机构分别办理。不能分别办理的，由所跨县级行政区域的不动产登记机构协商办理；协商不成的，由共同的上一级人民政府不动产登记主管部门指定办理。

(3) 国家对不动产实行统一登记制度。统一登记的范围、登记机构和登记办法，由法律、行政法规规定。

2. 不动产登记的基本单位。不动产以不动产单元为基本单位进行登记。

3. 不动产登记的收费。不动产登记费按件收取，不得按照不动产的面积、体积或者价款的比例收取。

4. 不动产登记的类型。不动产登记包括首次登记、变更登记、转移登记、注销登记、更正登记、异议登记、预告登记、查封登记等类型。

(三) 不动产登记的类型

1. 首次登记。首次登记是指不动产权利第一次登记，未办理不动产首次登记的，除法律、行政法规另有规定的外，不得办理不动产其他类型登记。

2. 变更登记。变更登记是指登记事项不涉及不动产权利转移的变更情形所为的登记。有下列情形之一的，不动产权利人可以向不动产登记机构申请变更登记：(1) 权利人的姓名、名称、身份证明类型或者身份证明号码发生变更的；(2) 不动产的坐落、界址、用途、面积等状况变更的；(3) 不动产权利期限、来源等状况发生变化的；(4) 同一权利人分割或者合并不动产的；(5) 抵押担保的范围、主债权数额、债务履行期限、抵押权顺位发生变化的；(6) 最高额抵押担保的债权范围、最高债权额、债权确定期间等发生变化的；(7) 地役权的利用目的、方法等发生变化的；(8) 共有性质发生变更的；(9) 法律、行政法规规定的其他不涉及不动产权利转移的变更情形。

3. 转移登记。转移登记是指不动产权利在不同主体之间发生转移所为的登记。因下列情形导致不动产权利转移的，当事人可以向不动产登记机构申请转移登记：(1) 买卖、互换、赠与不动产的；(2) 以不动产作价出资（入股）的；(3) 法人或者其他组织因合并、分立等原因致使不动产权利发生转移的；(4) 不动产分割、合并导致权利发生转移的；(5) 继承、受遗赠导致权利发生转移的；(6) 共有人增加或者减少以及共有不动产份额变化的；(7) 因人民法院、仲裁委员会的生效法律文书导致不动产权利发生转移的；(8) 因主债权转移引起不动产抵押权转移的；(9) 因需役地不动产权利转移引起地役权转移的；(10) 法律、行政法规规定的其他不动产权利转移情形。

4. 注销登记。注销登记是指不动产权利消灭时办理的登记。有下列情形之一的，当事人可以申请办理注销登记：(1) 不动产灭失的；(2) 权利人放弃不动产权利的；(3) 不动产被依法没收、征收或者收回的；(4) 人民法院、仲裁委员会的生效法律文书导致不动产权利消灭的；(5) 法律、行政法规规定的其他情形。

5. 更正登记和异议登记。(1) 更正登记。权利人、利害关系人认为不动产登记簿记载的事项错误的，可以申请更正登记。不动产登记簿记载的权利人书面同意更正或者有证据证明登记确有错误的，登记机构应当予以更正。更正登记是对登记簿上瑕疵记载（错误或疏漏）进行改正补充而发生的登记，可以理解为是对原登记权利的涂销登记，同时是对真正权利的初始登记。更正登记的目的是保护事实上的权利人的物权，许可真正的权利人或者利害关系人依据真正的权利状态对不动产登记簿记载的内容进行更正。但是，更正的程序可能较为费时，有时申请公证的权利人与不动产登记簿上记载的权利人之间的争议一时难以化解，法律有必要建立异议登记制度。(2) 异议登记。不动产登记簿记载的权利人不同意更正的，利害关系人可以申请异议登记。登记机构予以异议登记的，申请人自异议登记之日起 15 日内不提起诉讼的，异议登记失效。异议登记不当，造成权利人损害的，权利人可以向申请人请求损害赔偿。异议登记暂时中断不动产登记簿的公信力，以维护真正权利人的合法权益。异议登记作为一种保护真正权利人和利害关系人利益的临时性措施，对登记的权利人而言，异议登记可以暂时限制其按照不动产登记簿记载的内容行使权力;对第三人而言,异议登记可以暂时排除第三人依据不动产登记簿的公信力取得物权。异议登记给不动产交易造成了一种不稳定状态,不利于发挥财产的经济效益,为使不动产物权的不稳定状态早日恢复正常,法律必须对登记异议的有效存续期间作出限制。另外,如果申请人滥用异议登记制度,由此给不动产登记簿上记载的权利人造成损害的,应当赔偿损失。

【提示】"《民法典》物权编司法解释(一)"规定,异议登记因法定事由失效后,当事人提起民事诉讼,请求确认物权归属的,应当依法受理。异议登记失效不影响人民法院对案件的实体审理。

【例2-4】(单选题)根据物权法律制度的规定,下列关于更正登记和异议登记的表述中,正确的是( )。

A. 提起更正登记之前,须先提起异议登记
B. 更正登记的申请人可以是权利人,也可以是利害关系人
C. 异议登记之日起10日内申请人不起诉的,异议登记失效
D. 异议登记不当造成权利人损害的,登记机关应承担损害赔偿责任

【答案】B

【解析】本题考核不动产登记的类型之更正登记和异议登记。提起更正登记之前,无须先提起异议登记,只有不动产登记簿记载的权利人不同意更正时,利害关系人才可以申请异议登记,选项A错误。申请人在异议登记之日起15日内申请人不起诉的,异议登记失效,选项C错误。异议登记不当,造成权利人损害的,权利人可以向申请人请求损害赔偿,选项D错误。

【例2-5】(单选题)根据《民法典》的规定,利害关系人认为不动产登记簿的事项错误的,在更正登记不能获得权利人同意后,有权提出异议并记入登记簿。异议登记申请人在法定期限内不起诉的,则异议登记失效。异议登记申请人起诉的法定期限为( )。

A. 提出异议申请之日起15日内
B. 提出异议申请之日起30日内
C. 自异议登记之日起15日内
D. 自异议登记之日起30日内

【答案】C

【解析】考查变更登记和异议登记。在不动产登记簿记载的权利人不同意变更时,利害关系人可以申请异议登记,异议登记有阻断登记公信力的作用。申请人在异议登记之日起15日内不起诉的,异议登记失效。

6. 预告登记。预告登记是指为保全一项请求权而进行的不动产登记。当事人签订买卖房屋的协议或者签订其他不动产物权的协议,为保障将来实现物权,按照约定可以向登记机构申请预告登记。预告登记后,未经预告登记的权利人同意,处分该不动产的,不发生物权效力。

【提示】"《民法典》物权编司法解释(一)"规定,未经预告登记的权利人同意,转移不动产所有权等物权,或者设立建设用地使用权、居住权、地役权、抵押权等其他物权的,认定其不发生物权效力。

预告登记保护了预告登记权利人的利益,为了保全将来财产权变动能够顺利进行,在确定的财产权登记条件已经具备,或者所附条件具备以及所附期限到来时,预告登记权利人应当积极申请登记,实现请求权指向物权变动的效果。如果此时预告登记人怠于行使权利,将造成现实登记权利人处分权行使的长期限制,对登记权利人带来不利,有必要对预告登记消灭作出相关规定。为此,《民法典》规定,预告登记后,债权消灭或者自能够进行不动产登记之日起90日内未申请登记的,预告登记失效。

【提示】"《民法典》物权编司法解释(一)"规定,预告登记的买卖不动产物权的协议被认定无效、被撤销或者预告登记的权利人放弃债权的,应当认定为"债权消灭"的情形。

【例2-6】(单选题)预告登记后,债权消灭或者自能够进行不动产登记之日起( )内未申请登记的,预告登记失效。

A. 15日 B. 30日
C. 90日 D. 180日

【答案】C

【解析】略。

7. 查封登记。查封登记是登记机构依据人民法院等有权机关的要求,做出的以限制登记名义人处分不动产权利的登记。作为需要登记的重要法定事项,查封登记是典型的限制登记,

也是主要的依嘱托登记。根据有关规定，采取查封措施需要有关单位协助的，人民法院应当制作协助执行通知书，连同裁定书副本一并送达协助执行人。查封裁定书和协助执行通知书送达时发生法律效力。查封已登记的不动产，应当通知有关登记机构办理登记手续。未办理登记手续的，不得对抗其他已经办理了登记手续的查封行为。人民法院的查封没有公示的，其效力不得对抗善意第三人。登记簿上已经记载司法机关或者行政机关依法裁定、决定查封或者以其他形式限制不动产权利的有关事项，应当认定不动产受让人知道转让人无处分权。

（四）不动产登记机构应当履行的职责和禁止的行为

1. 不动产登记机构应当履行的职责。登记机构应当履行下列职责：（1）查验申请人提供的权属证明和其他必要材料；（2）就有关登记事项询问申请人；（3）如实、及时登记有关事项；（4）法律、行政法规规定的其他职责。申请登记的不动产的有关情况需要进一步证明的，登记机构可以要求申请人补充材料，必要时可以实地查看。

2. 不动产登记机构的禁止行为。登记机构不得有下列行为：（1）要求对不动产进行评估；（2）以年检等名义进行重复登记；（3）超出登记职责范围的其他行为。

（五）不动产登记资料的查询

国家实行不动产登记资料依法查询制度。《民法典》第二百一十八条规定，权利人、利害关系人可以申请查询、复制不动产登记资料，登记机构应当提供。

1. 不动产登记资料。不动产登记资料包括：（1）不动产登记簿等不动产登记结果；（2）不动产登记原始资料，包括不动产登记申请书、申请人身份材料、不动产权属来源、登记原因、不动产权籍调查成果等材料以及不动产登记机构审核材料。

2. 查询主体。不动产权利人、利害关系人可以依照有关规定，查询、复制不动产登记资料。不动产权利人、利害关系人可以委托律师或者其他代理人查询、复制不动产登记资料。

3. 查询范围。不动产登记簿上记载的权利人可以查询本不动产登记结果和本不动产原始资料。继承人、受遗赠人因继承和受遗赠取得不动产权利的，适用权利人查询的有关规定。

符合下列条件的利害关系人可以申请查询有利害关系的不动产登记结果：（1）因买卖、互换、赠与、租赁、抵押不动产构成利害关系的；（2）因不动产存在民事纠纷且已经提起诉讼、仲裁而构成利害关系的；（3）法律法规规定的其他情形。

不动产权利人、利害关系人申请查询不动产登记资料，应当提交查询申请书以及不动产权利人、利害关系人的身份证明材料。不动产的利害关系人申请查询不动产登记结果的，除提交前述材料外，还应当提交下列利害关系证明材料：（1）因买卖、互换、赠与、租赁、抵押不动产构成利害关系的，提交买卖合同、互换合同、赠与合同、租赁合同、抵押合同；（2）因不动产存在相关民事纠纷且已经提起诉讼或者仲裁而构成利害关系的，提交受理案件通知书、仲裁受理通知书。

4. 查询资料使用。利害关系人不得公开、非法使用权利人的不动产登记资料。

【例2-7】（单选题）下列情形中，不动产登记机构可以向申请人、利害关系人或者有关单位进行调查的是（　　）。

A. 房屋所有权首次登记
B. 在建建筑物抵押权登记
C. 因不动产灭失导致的注销登记
D. 可能存在权属争议的登记申请

【答案】D

【解析】对可能存在权属争议或者可能涉及他人利害关系的登记申请，不动产登记机构可以向申请人、利害关系人或者有关单位进行调查。

【例2-8】（多选题）下列关于不动产登记资料的查询的相关规定，正确的是（　　）。

A. 权利人、利害关系人可以申请查询、复制不动产登记资料，登记机构应当提供
B. 不动产权利人、利害关系人不允许委托律师或者其他代理人查询、复制不动产登记资料
C. 继承人、受遗赠人因继承和受遗赠取得不动产权利的，适用权利人查询的有关规定
D. 不动产权利人、利害关系人申请查询不动产登记资料，应当提交查询申请书以及不动

产权利人、利害关系人的身份证明材料

E. 利害关系人不得公开、非法使用权利人的不动产登记资料

【答案】ACDE

【解析】不动产权利人、利害关系人可以依照有关规定，查询、复制不动产登记资料。不动产权利人、利害关系人可以委托律师或者其他代理人查询、复制不动产登记资料，选项B错误。

【知识点4】动产交付

（一）动产交付的含义

动产交付是移转占有，即一方当事人将自己对物的管理控制权力移转于另一方。

（二）交付形态

1. 现实交付。现实交付是指动产物权的出让人将动产的占有实际地转移给受让人，由受让人直接占有该动产。

2. 观念交付。观念交付是指在特殊情况下，法律允许当事人通过特别的约定，采用变通交付办法代替现实交付，包括简易交付、指示交付和占有改定。

（1）简易交付。简易交付又称"无形交付"，是指受让人在动产物权变动前已先行占有该动产的，让与人如设立和转让其动产物权，受让人依据法律行为取得其物权的情况下，动产物权的公示已经在事先完成，物权受让人已经能够依物权的排他性行使物权，无须再为现实交付。

【提示】《民法典》第二百二十六条规定：动产物权设立和转让前，权利人已经占有该动产的，物权自民事法律行为生效时发生效力。此处"法律行为生效时"即为动产交付之时。

（2）指示交付。指示交付是指让与人设立或转让动产物权时，因该项动产正由第三人占有，让与人不能进行现实交付，而将其对于第三人的返还请求权让与受让人，以代替现实交付。

【提示】《民法典》第二百二十七条规定：动产物权设立和转让前，第三人占有该动产的，负有交付义务的人可以通过转让请求第三人返还原物的权利代替交付。此种情形下，转让人与受让人之间有关转让返还原物请求权的协议生效时即为动产交付之时。

【例2-9】（单选题）关于指示交付下列说法正确的是（　　）。

A. 动产物权设立和转让前，第三人占有该动产的，负有交付义务的人可以通过转让请求第三人返还原物的权利代替交付

B. 动产物权设立和转让后，第三人占有该动产的，负有交付义务的人可以通过转让请求第三人返还原物的权利代替交付

C. 动产物权设立和转让后，第三人占有该动产的，负有交付义务的人可以不用通过转让请求第三人返还原物的权利代替交付

D. 动产物权设立和转让前，第三人占有该动产的，负有交付义务的人可以通过转让请求债务人返还原物的权利代替交付

【答案】B

【解析】《民法典》第二百二十七条规定：动产物权设立和转让前，第三人占有该动产的，负有交付义务的人可以通过转让请求第三人返还原物的权利代替交付。

（3）占有改定。占有改定也称继续占有，是指转让动产物权时，让与人与受让人约定，由让与人继续占有该动产，受让人取得该动产的间接占有，以代替现实交付。占有改定是以承认间接占有为前提的。

【提示】《民法典》第二百二十八条规定：动产物权转让时，当事人又约定由出让人继续占有该动产的，物权自该约定生效时发生效力。售后回租正是占有改定的典型例子。

【知识点5】非依法律行为的物权变动

（一）非依法律行为的物权变动的具体情形

1. 因生效法律文书或征收决定引起物权变动。

【提示】《民法典》第二百二十九条规定：因人民法院、仲裁机构的法律文书或者人民政府的征收决定等，导致物权设立、变更、转让或者消灭的，自法律文书或征收决定等生效时发生效力。"法律文书"包括人民法院、仲裁机构在分割共有不动产或者动产等案件中作出并依法生效的改变原有物权关系的判决书、裁决书、调解书以及人民法院在执行程序中作出的拍卖成交裁定书、变卖成交裁定书、以物抵债裁定书。

2. 因继承而取得物权。

【提示】《民法典》第二百三十条规定：因

继承取得物权的，自继承开始时发生效力。

3. 因事实行为发生物权变动。

【提示】《民法典》第二百三十一条规定：因合法建造、拆除房屋等事实行为设立或者消灭物权的，自事实行为成就时发生效力。

（二）非依法律行为的物权变动的适用规则

非依法律行为发生的物权变动，一般不需要公示即可取得，但是，非依法律行为而享有不动产物权的权利人在处分该物权时，依照法律规定需要办理登记的，未经登记，不发生物权效力。

【提示】在非依法律行为的物权变动情形中享有物权，但尚未完成动产交付或者不动产登记的物权人，可以依照《民法典》的有关规定要求保护其物权的，应予支持。非依法律行为享有物权但尚未完成动产交付或者不动产登记的权利人，请求无权占有其不动产或者动产的人返还原物，在物权受到妨害或者可能受到妨害时请求排除妨害或者消除危险，在财产受到损毁时请求修理、重作、更换或者恢复原状，物权受侵害造成损失时请求损害赔偿，这些保护物权的请求，人民法院应予支持。

【知识点6】所有权

（一）所有权的概念和特征

1. 所有权的概念。所有权是指所有权人依法对自己的不动产或动产，依法享有占有、使用、收益和处分的权利。所有权的权能是指所有人对其财产依法可以采取的支配方式，包括：

（1）占有，是指对财产的实际管领或控制。

（2）使用，是指按照物的性质或用途对物加以利用以满足需要。

（3）收益，是指使用物以及基于该物收取孳息。

【提示】孳息包括天然孳息和法定孳息，前者是依据物的自然性能或者物的变化规律而取得的收益，例如果树所结果实；后者是依据一定法律关系而收取的孳息，例如租金。

（4）处分，是指依法对物进行处置，从而决定物的命运。

【提示】处分包括法律处分和事实处分，前者是指处分所有权，包括使该所有权消灭、转移或者设定负担等；后者是指在事实上改变所有物的性状。

2. 所有权的特征。

（1）所有权是完全物权，是用益物权、担保物权等他物权的源泉。

（2）所有权具有整体性。所有权是整体的权利，不能在内容或者时间上加以分割。

（3）所有权具有恒久性。所有权在时间上没有法律的限制。

（4）所有权具有弹力性。所有权的权能依据所有人的意志和利益与所有权发生分离，但并不导致所有人丧失所有权。所有权与其诸种权能的分离不论经过多长时间，都只是暂时的分离。

【例2-10】（单选题）对财产的处分，可以分为事实上的处分和法律上的处分，以下属于事实上的处分的是（　　）。

A. 将汽车变卖
B. 将手机赠给他人
C. 将日用生活用品消费掉
D. 将电脑借给他人暂用

【答案】C

【解析】事实上的处分是指在事实上改变所有物的性状。选项C正确。

（二）所有权的取得

1. 原始取得。原始取得是指根据法律规定，最初取得财产的所有权或不依赖于原所有人的意志而取得财产的所有权。主要种类有：

（1）先占。先占指以取得所有权的意思，最先占有无主物的单方事实行为。先占取得的财产须为无主物，且须为动产。

（2）劳动生产、收益。天然孳息由所有权人取得；既有所有权人又有用益物权人的，由用益物权人取得；当事人另有约定的，按照约定取得。法定孳息，当事人有约定的，按照约定取得；没有约定或者约定不明确的，按照交易习惯取得。

（3）征收。征收是为了社会公共利益的需要，将集体所有的土地和组织、个人的房屋及其他不动产所有权转归征收人的法律事实。

（4）善意取得。善意取得又称即时取得，是指无处分权人将其不动产或者动产转让给受让人，如果受让人取得该不动产或者动产时符合善意取得要件，则受让人将依法取得对该不动产或者动产的所有权或其他物权。

【提示】《民法典》第三百一十一条规定，无处分权人将不动产或者动产转让给受让人的，所有权人有权追回；除法律另有规定外，符合下列情形的,受让人取得该不动产或者动产的所有权:①受让人受让该不动产或者动产时是善意;②以合理的价格转让;③转让的不动产或者动产依照法律规定应当登记的已经登记,不需要登记的已经交付给受让人。受让人依据前述规定取得不动产或者动产的所有权的,原所有权人有权向无处分权人请求损害赔偿。善意受让人取得动产后,该动产上的原有权利消灭,但善意受让人在受让时知道或者应当知道该权利的除外。

受让人受让不动产或者动产时,不知道转让人无处分权,且无重大过失的,应当认定受让人为善意。真实权利人主张受让人不构成善意的,应当承担举证证明责任。具有下列情形之一的,应当认定不动产受让人知道转让人无处分权:①登记簿上存在有效的异议登记;②预告登记有效期内,未经预告登记的权利人同意;③登记簿上已经记载司法机关或者行政机关依法裁定、决定查封或者以其他形式限制不动产权利的有关事项;④受让人知道登记簿上记载的权利主体错误;⑤受让人知道他人已经依法享有不动产物权。

在上述情形下,由于不动产受让人被认定为知道转让人无处分权,不能构成善意,因而就不能依照《民法典》的规定主张受让财产的所有权。真实权利人有证据证明不动产受让人应当知道转让人无处分权的,应当认定受让人具有重大过失。受让人受让动产时,交易的对象、场所或者时机等不符合交易习惯的,应当认定受让人具有重大过失。前述"受让人受让该不动产或者动产时"是指依法完成不动产物权转移登记或者动产交付之时;当事人以简易交付方式交付动产的,转让动产民事法律行为生效时为动产交付之时;当事人以指示交付方式交付动产的,转让人与受让人之间有关转让返还原物请求权的协议生效时为动产交付之时。法律对不动产、动产物权的设立另有规定的,应当按照法律规定的时间认定权利人是否为善意。"合理的价格"应当根据转让标的物的性质、数量以及付款方式等具体情况,参考转让时交易地市场价格以及交易习惯等因素综合认定。转让人将船舶、航空器和机动车等交付给受让人的,符合善意取得制度中的"转让的动产不需要登记的已经交付给受让人"这一条件。

具有下列情形之一,受让人主张根据《民法典》第三百一十一条规定取得所有权的,不予支持:①转让合同被认定无效;②转让合同被撤销。学理上认为,法律禁止或限制流转的物不适用善意取得制度;赃物、遗失物、埋藏物、隐蔽物、漂流物等不适用于善意取得,但第三人如果是从出卖同类物品的公共市场上买得的除外。

【提示】"《民法典》物权编司法解释(一)"还规定,转让人转让船舶、航空器和机动车等所有权,受让人已经支付合理价款并取得占有,虽未经登记,但转让人的债权人主张其为善意取得制度中的"善意第三人"的,不予支持,法律另有规定的除外。

【例2-11】(单选题)甲有一手表委托乙保管,乙将手表卖给丙,丙又赠予女友丁,丁戴了3天后在街头被戊抢走,戊抢走后又遗失于街头,为庚拾得。根据《民法典》的规定,对该手表享有所有权的是( )。

A. 甲　　　　　　　　B. 丙
C. 丁　　　　　　　　D. 庚

【答案】C

【解析】丙属于善意取得,享有所有权,因此丙、丁之间的赠予有效。丁依据赠予取得所有权。拾得人庚应当将手表返还权利人。

(5)添附。添附是指不同所有人的财产合并在一起,形成为一种不能分离的新财产,或分离在经济上不合理,这就需要对新财产的所有权归属加以界定。添附主要包括混合、附合和加工三种方式。

(6)没收。国家可以根据法律、法规采取强制手段,剥夺违法犯罪分子的财产归国家所有。

(7)拾得遗失物。遗失物是指非基于占有人的意思且非由他人行为而丧失占有之物。它既不是无主物,也不是抛弃物。所有权人或者其他权利人有权追回遗失物。该遗失物通过转让被他人占有的,权利人有权向无处分权人请求损害赔偿,或者自知道或者应当知道受让人之日起两年内向受让人请求返还原物;但是,受让人通过拍卖或者向具有经营资格的经营者购得该遗失物的,权利人请求返还原物时应当支付受让人所付的费用。权利人向受让人支付所付费用后,有权向无处分权人追偿。

拾得遗失物,应当返还权利人。拾得人应

当及时通知权利人领取或者送交公安等有关部门;有关部门收到遗失物,知道权利人的,应当及时通知其领取;不知道的,应当及时发布招领公告;拾得人在遗失物送交有关部门前,有关部门在遗失物被领取前,应当妥善保管遗失物,因故意或者重大过失致使遗失物损毁、灭失的,应当承担民事责任。权利人领取遗失物时,应当向拾得人或者有关部门支付保管遗失物等支出的必要费用;权利人悬赏寻找遗失物的,领取遗失物时应当按照承诺履行义务;拾得人侵占遗失物的,无权请求保管遗失物等支出的费用,也无权请求权利人按照承诺履行义务;遗失物自发布招领公告之日起 1 年内无人认领的,归国家所有。拾得漂流物、发现埋藏物或者隐藏物的,参照适用拾得遗失物的有关规定;法律另有规定的,依照其规定。

2. 继受取得。继受取得又称传来取得,是指通过法律行为从原所有人处取得对某项财产的所有权,主要包括买卖、赠与、互易、继承、受遗赠等方式取得。

【例 2-12】(单选题)根据我国《民法典》的规定,遗失物自发布招领公告之日起一段时间内无人认领的,归国家所有,该段时间为( )。

A. 1 个月   B. 3 个月
C. 6 个月   D. 1 年

【答案】D

【解析】遗失物自发布招领公告之日起 1 年内无人认领的,归国家所有。

【例 2-13】(单选题)李某有一头牛走失,赵某牵回关入自家牛棚,准备次日寻找失主。当晚牛棚被台风刮倒,将牛压死,赵某将牛肉和牛皮出售,各得款 500 元及 100 元,请人屠宰及销售支出为 100 元,下列说法正确的是( )。

A. 李某有权要求赵某返还一头同样的牛
B. 李某有权要求赵某返还 500 元
C. 李某有权要求赵某返还 600 元
D. 李某有权要求赵某按牛的市价赔偿 1 000 元

【答案】B

【解析】拾得人、保管人为保管遗失物支付的必要费用,可以向领取人主张返还。

(三)所有权的行使和消灭

1. 所有权的行使。所有权的行使是指所有权人依照法律规定实现所有权各项权能的行为。(1)所有权人直接行使,是指所有权人在法律允许的范围内直接对其财产行使占有、使用、收益和处分的权利;(2)所有权人授权他人行使,是指所有权人根据法律规定或合同约定,授权他人依法占有、使用、收益或处分自己的财产,从而使所有权权能与所有权分离。

2. 所有权的消灭。所有权的消灭是指因某种法律事实的出现而使财产所有人丧失了所有权。导致所有权消灭的原因主要有:(1)所有权客体灭失;(2)所有权主体消灭;(3)所有权被依法转让;(4)所有权被抛弃;(5)所有权被依法强制消灭,即国家依照法律规定,为了社会公共利益的需要,采用依法征收或国有化等措施,有偿或无偿地迫使所有权人转移其享有的所有权。

【提示】所有权的消灭会导致所有权的绝对消灭和相对消灭的后果。在所有权绝对消灭的情况下,该财产已不复存在,任何民事主体都不能拥有对该财产的所有权。在所有权主体消灭、所有权被依法转让、被依法征收等情况下,只是发生相对消灭的后果,一方丧失了所有权,但同时另一方则取得了对该项财产的所有权。

(四)征收征用制度

1. 征收制度。征收是国家取得所有权的一种特殊方式。

(1)征收的条件。为了公共利益的需要,依照法律规定的权限和程序可以征收集体所有的土地和组织、个人的房屋及其他不动产。国家对耕地实行特殊保护,严格限制农用地转为建设用地,控制建设用地总量。不得违反法律规定的权限和程序征收集体所有的土地。

(2)征收的补偿。①征收集体所有的土地,应当依法及时足额支付土地补偿费、安置补助费以及农村村民住宅、其他地上附着物和青苗等的补偿费用,并安排被征地农民的社会保障费用,保障被征地农民的生活,维护被征地农民的合法权益。②征收组织、个人的房屋及其他不动产,应当依法给予征收补偿,维护被征收人的合法权益;征收个人住宅的,还应当保障被征收人的居住条件。③任何组织或个人不得贪污、挪用、私分、截留、拖欠征收补偿费等费用。

2. 征用制度。征用是指基于特定利益非经被征用人同意而使用其物的一种强制借用。因抢险、救灾、疫情防控等紧急需要，依照法律规定的权限和程序可以征用组织、个人的不动产或者动产。被征用的不动产或者动产使用后，应当返还被征用人。组织、个人的不动产或者动产被征用或者征用后毁损、灭失的，应当给予补偿。

3. 征收和征用的关系。征收和征用都是政府通过法定权限和程序对组织或者个人财产所有权的一种限制，但二者还存在以下区别：（1）适用情况不同。征收是基于公共利益的需要，征用则主要用于抢险救灾、疫情防控等紧急需要。（2）适用对象不同。征收的对象仅限于不动产，动产不适用征收；征用的对象不仅包括不动产，也包括动产。（3）法律效果不同。征收的结果是国家取得财产的所有权，此所有权自人民政府的征收决定生效时发生效力。征用的目的是取得使用权，而非所有权，发生转移的是所有权中的占有、使用权能。因此，在紧急情况消失后，政府应当将财产返还被征用的组织或者个人，并补偿被征用人所受到的损失，不能返还原物的，应当补偿。（4）补偿标准不同。征收应按照标的物的价值进行及时充分的补偿；征用补偿则主要考虑被征用人所受到的损失，原则上只有在标的物灭失或损坏时，才基于标的物的价值给予合理的补偿。财产被征用的，虽未造成财产本身的直接损害，但基于利用财产使用价值的事实，也应当给予补偿。

（五）所有权与他物权的关系

所有权人有权在自己的不动产或者动产上设立用益物权和担保物权。用益物权人、担保物权人行使权利，不得损害所有人的权益。

【知识点7】国家所有权、集体所有权和私人所有权

（一）国家所有权

1. 国家所有权的概念。国家所有权是指以国家的名义享有的所有权。国家所有权具有主体的唯一性和统一性的特征。国家所有权的主体为国家，即中华人民共和国。

2. 国家所有权的客体。《民法典》规定，法律规定专属于国家所有的不动产和动产，任何组织或者个人不能取得所有权。国家所有权的客体主要有：

（1）国家所有的自然资源，包括矿藏、水流、海域、无居民海岛、城市的土地以及法律规定国家所有的森林、山岭、草原、荒地、滩涂等自然资源。法律规定属于国家所有的农村和城市郊区的土地，属于国家所有。

【提示】属于国家专属的财产有：矿藏、水流、海域、无居民海岛、城市的土地、无线电频谱资源、国防资产，这些财产的物权人不能是国家之外的组织或者个人。

（2）法律规定属于国家所有的野生动植物资源。

（3）无线电频谱资源。

（4）国家所有的文物。

（5）国防资产。

（6）国家所有的基础设施。铁路、公路、电力设施、电信设施和油气管道等基础设施，依照法律规定为国家所有的，属于国家所有。

3. 国家所有权的取得。国家所有权除了可以通过积累和交易方式取得外，还可以通过税收、罚没、赎买、征收等方式取得。

4. 国家所有权的行使。国有财产由国务院代表国家行使所有权；法律另有规定的，依照其规定。国家机关对其直接支配的不动产和动产，享有占有、使用以及依照法律和国务院的有关规定处分的权利。国家举办的事业单位对其直接支配的不动产和动产，享有占有、使用以及依照法律和国务院的有关规定收益、处分的权利。国家出资的企业，由国务院、地方人民政府依照法律、行政法规规定分别代表国家履行出资人职责，享有出资人权益。

5. 国家所有权的保护。国家所有的财产受法律保护，禁止任何组织或者个人侵占、哄抢、私分、截留、破坏。

【例2-14】（单选题）下列财产中，只能属于国家所有权客体的是（　　）。

A. 土地　　　　　　B. 房屋
C. 水面　　　　　　D. 矿藏

【答案】D

【解析】略。

（二）集体所有权

1. 集体所有权的概念及特征。集体所有权是指集体组织及集体组织全体成员对集体财产享有占有、使用、收益和处分的权利。集体所有权的特征有：

（1）主体具有多元性。城镇集体所有的不

动产和动产，依照法律、行政法规的规定由本集体享有占有、使用、收益和处分的权利。农民集体所有的不动产和动产，属于本集体成员集体所有。

（2）客体具有相对广泛性，包括：①法律规定属于集体所有的土地和森林、山岭、草原、荒地、滩涂；②集体所有的建筑物、生产设施、农田水利设施；③集体所有的教育、科学、文化、卫生、体育等设施；④集体所有的其他不动产和动产。

（3）集体所有权的内容是指集体对它所有的财产享有占有、使用、收益和处分的权利。其特点在于必须由集体组织的成员进行民主管理，并且依照法定的程序行使权利。

2. 集体所有权的行使。

（1）农民集体所有权的行使。《民法典》规定，农民集体所有的不动产和动产，属于本集体成员集体所有。下列事项应当依照法定程序经本集体成员决定：①土地承包方案以及将土地发包给本集体以外的组织或者个人承包；②个别土地承包经营权人之间承包地的调整；③土地补偿费等费用的使用、分配办法；④集体出资的企业的所有权变动等事项；⑤法律规定的其他事项。集体经济组织或者村民委员会、村民小组应当依照法律、行政法规以及章程、村规民约向本集体成员公布集体财产的状况。

（2）城镇集体所有权。城镇集体所有的不动产和动产，依照法律、行政法规的规定由本集体享有占有、使用、收益和处分的权利。

3. 集体成员对集体财产的知情权。农村集体经济组织或者村民委员会、村民小组应当依照法律、行政法规以及章程、村规民约向本集体成员公布集体财产的状况。集体成员有权查阅、复制相关资料。

4. 集体所有权的保护。

（1）集体财产受法律保护。集体所有的财产受法律保护，禁止任何组织或个人侵占、哄抢、私分、破坏。

（2）农村集体成员的撤销权。农村集体经济组织、村民委员会或者其负责人作出的决定侵害集体成员合法权益的，受侵害的集体成员可以请求人民法院予以撤销。

（三）私人所有权

私人对其合法的收入、房屋、生活用品、生产工具、原材料等不动产和动产享有所有权。私人合法的储蓄、投资及其收益，以及其他合法权益受法律保护。国家依照法律规定保护私人的继承权及其他合法权益。私人的合法财产受法律保护，禁止任何组织或者个人侵占、哄抢、破坏。

【知识点8】共有

（一）共有的概念及特征

共有是指两个或两个以上的主体就同一不动产或动产享有所有权，即一个财产上有多个所有权人。

共有的特征：（1）共有的主体是两个或两个以上的组织或个人；（2）共有物在共有关系存续期间不能分割，每个共有人的所有权都及于共有物整体；（3）共有的内容是共有人对共有物按照各自的份额享有权利并承担义务，或者平等地享有权利，承担义务；（4）共有不是一种独立的所有权类型，而是一个所有权同时归多个权利主体享有的权属状态。

（二）共有的种类

共有可区分为按份共有和共同共有。

1. 按份共有。

（1）按份共有的含义。按份共有是指两个或两个以上的主体按照各自的份额分别对共有财产享有权利和承担义务的一种共有关系。共有人对共有的不动产或者动产没有约定为按份共有或者共同共有，或者约定不明确的，除共有人具有家庭关系等外，视为按份共有。按份共有人对共有的不动产或者动产享有的份额，没有约定或者约定不明确的，按照出资额确定；不能确定出资额的，视为等额享有。

（2）按份共有人的权利和义务。按份共有人的权利：①有权依其份额对共有财产享有占有、使用、收益权。按份共有人对共有的不动产或者动产按照其份额享有所有权。但对共有财产的使用方法，应由全体共有人协商确定。②有权按照约定管理共有财产。共有人按照约定管理共有的不动产或者动产；没有约定或者约定不明确的，各共有人都有管理的权利和义务。按份共有人对共有的不动产或者动产作重大修缮、变更性质或用途的，应当经占份额2/3以上的按份共有人同意，但是共有人之间另有约定的除外。③有权处分其份额。按份共有人可以转让其享有的共有的不动产或者动产份额。

对共有份额的处分是自由的,无须其他按份共有人同意。④有权处分共有物。处分共有的不动产或者动产的,应当经占份额 2/3 以上的按份共有人同意,但是共有人之间另有约定的除外。⑤优先购买权。虽然按份共有人可以自由转让其享有的共有的不动产或者动产份额,但按份共有人之间的关系较其他人更为密切,因此此种场合下,其他共有人在同等条件下享有优先购买的权利。按份共有人转让其享有的不动产或者动产份额的,应当将转让条件及时通知其他共有人。其他共有人应当在合理期限内行使优先购买权。两个以上其他共有人主张行使优先购买权的,协商确定各自的购买比例;协商不成的,按照转让时各自的共有份额比例行使优先购买权。

按份共有人按照各自的份额享有权利,同时也要按各自的份额分担义务。对共有物的管理费用以及其他负担,有约定的,按照其约定;没有约定或者约定不明确的,按份共有人按照其份额负担。共有份额的权利主体因继承、遗赠等原因发生变化时,其他按份共有人主张优先购买的,不予支持,但按份共有人之间另有约定的除外。按份共有人的义务:①按份共有人按各自的份额分担义务。②共有人应按其份额承担共有的不动产或者动产的管理费、税费及保险费等。上述义务承担方式,共有人之间可以另行约定。

(3) 按份共有对外债权债务的内部效力。《民法典》规定,因共有的不动产或者动产产生的债权债务,在对外关系上,共有人享有连带债权、承担连带债务,但是法律另有规定或者第三人知道共有人不具有连带债权债务关系的除外;在共有人内部关系上,除共有人另有约定外,按份共有人按照份额享有债权、承担债务。偿还债务超过自己应当承担份额的按份共有人,有权向其他共有人追偿。

【例 2 – 15】(单选题)根据《民法典》的规定,下列各项有关共有关系的表述中,不符合法律规定的是( )。

A. 按份共有人有权自由处分自己的共有份额,无须取得其他共有人的同意

B. 共同共有人对共有财产的处分,必须征得全体共有人的同意

C. 按份共有人将份额出让给共有人以外的第三人时,必须征得其他共有人的同意

D. 共同共有关系终止,才能确定份额,分割共有财产

【答案】C

【解析】本题考核按份共有知识点。按份共有人将份额出让给共有人以外的第三人时,其他共有人在同等条件下,有优先购买的权利。

2. 共同共有。

(1) 共同共有的含义与特征。共同共有是指两个或两个以上的法人或公民,根据某种共同关系而对某项财产不分份额地共同享有权利并承担义务。共同共有的特征:①共同共有根据共同关系而产生,例如因夫妻关系、家庭共同劳动而形成的夫妻财产共有关系和家庭财产共有关系。②共有财产不分份额,只有在共同共有关系终止时才能确定各共有人的份额,分割共有财产。③各共有人平等地享有权利和承担义务。

(2) 共同共有人的权利和义务。共同共有人对共有的不动产或者动产共同享有所有权。共同共有人按照约定管理共有的不动产或者动产;没有约定或者约定不明确的,各共有人都有管理的权利和义务。处分共有的不动产或者动产以及对共有的不动产或者动产做重大修缮的,应当经全体共同共有人同意,但共有人之间另有约定的除外。对共有物的管理费用以及其他负担,有约定的,按照其约定;没有约定或者约定不明确的,共同共有人共同负担。

【例 2 – 16】(单选题)甲、乙、丙三人分别出资修建了一栋 3 层小楼。建楼前三人约定建成后甲、乙、丙分别住一楼、二楼、三楼,但对楼房的所有权的归属未明确约定。楼房建成后,三人对楼房的所有权归属发生争议。如果三人不能协商解决,该楼房的所有权( )。

A. 三人共同共有

B. 三人按份共有

C. 三人区分所有

D. 甲拥有所有权,乙、丙拥有使用权

【答案】B

【解析】《民法典》规定:共有人对共有的不动产或者动产没有约定为按份共有或者共同共有,或者约定不明确的,除共有人具有家庭关系的以外,视为按份共有。本题三人共同出资建楼并约定建成后甲、乙、丙分别住一楼、

二楼、三楼，虽然对整个楼房的所有权归属没有约定，但是很明显三人对楼房是按份共有关系。

(三) 共有物的分割

1. 共有物分割的情形。共有人约定不得分割共有的不动产或者动产，以维持共有关系的，应当按照约定，但是共有人有重大理由需要分割的，可以请求分割；没有约定或者约定不明确的，按份共有人可以随时请求分割，共同共有人在共有的基础丧失或者有重大理由需要分割时可以请求分割。因分割对其他共有人造成损害的，应当给予赔偿。前述"重大理由"主要是指维持生活、医疗、教育等费用支出的事由。

2. 共有物分割的方式。共有人可以协商确定分割方式。达不成协议，共有的不动产或者动产可以分割并且不会因分割减损价值的，应当对实物予以分割；难以分割或者因分割会减损价值的，应当对折价或者拍卖、变卖取得的价款予以分割。共有人分割所得的不动产或者动产有瑕疵的，其他共有人应当分担损失。

【例 2-17】（多选题）共有财产难以分割的，可以选择（   ）方法分割。
  A. 实物分割   B. 以物易物
  C. 折价分割   D. 拍卖
  E. 变卖
【答案】CDE
【解析】略。
【提示】共有人可以协商确定分割方式。达不成协议，共有的不动产或者动产可以分割并且不会因分割减损价值的，应当对实物予以分割；难以分割或者因分割会减损价值的，应当对折价或者拍卖、变卖取得的价款予以分割。

【知识点9】用益物权

(一) 用益物权的概念与特点

1. 用益物权的概念。用益物权是对他人所有的不动产或者动产，依法享有占有、使用和收益的权利。

2. 用益物权的特点。(1) 他物权；(2) 以占有、使用、收益为其权利内容；(3) 权能不完全，是一种限制物权。

(二) 用益物权的种类

根据《民法典》，用益物权主要包括：土地承包经营权、建设用地使用权、宅基地使用权、居住权、地役权和准物权（海域使用权、探矿权、采矿权、取水权、养殖权和捕捞权）。

【提示】土地承包经营权、地役权自土地承包经营合同、地役权合同生效时设立，未经登记，不得对抗善意第三人；建设用地使用权、居住权自办理登记时设立。

【例 2-18】（单选题）下列权利中，不属于用益物权的是（   ）。
  A. 建设用地使用权
  B. 土地承包经营权
  C. 探矿权
  D. 房屋租赁权
【答案】D
【解析】房屋租赁权属于债权。

【知识点10】土地承包经营权

(一) 土地承包经营权的概念

农村集体经济组织实行家庭承包经营为基础、统分结合的双层经营体制。农民集体所有和国家所有由农民集体使用的耕地、林地、草地以及其他用于农业的土地，依法实行土地承包经营制度。

土地承包经营权，又称农村土地承包经营权，是指农业生产经营者以从事农业生产为目的，对集体所有或国家所有的由农民集体使用的土地进行占有、使用和收益的权利。土地承包经营权人依法对其承包经营的耕地、林地、草地等享有占有、使用和收益的权利，有权从事种植业、林业、畜牧业等农业生产。

(二) 土地承包经营权的设立、确认、期限、互换和转让

1. 土地承包经营权的设立。土地承包经营权自土地承包经营权合同生效时设立。

2. 土地承包经营权的确认。国家对耕地、林地和草地等实行统一登记。登记机构应当向土地承包经营权人颁发土地承包经营权证、林权证等证书，并登记造册，确认土地承包经营权。土地承包经营权证、林权证等证书应当将具有土地承包经营权的全部家庭成员列入。登记机构除按规定收取证书工本费外，不得收取其他费用。

3. 土地承包经营权的期限。耕地的承包期为30年。草地的承包期为30—50年。林地的承

包期为30—70年。前述规定的承包期限届满，由土地承包经营权人依照农村土地承包的法律规定继续承包。耕地承包期届满后再延长30年，草地、林地承包期满后按照规定相应延长。

4. 土地承包经营权的互换和转让。《民法典》规定，土地承包经营权人依照法律规定，有权将土地承包经营权互换、转让。未经依法批准，不得将承包地用于非农建设。根据《农村土地承包法》的规定，承包方之间为方便耕种或者各自需要，可以对属于同一集体经济组织的土地的土地承包经营权进行互换，并向发包方备案。经发包方同意，承包方可以将全部或者部分的土地承包经营权转让给本集体经济组织的其他农户，由该农户同发包方确立新的承包关系，原承包方与发包方在该土地上的承包关系即行终止。土地承包经营权互换、转让的，当事人可以向登记机构申请登记；未经登记，不得对抗善意第三人。

5. 其他方式承包农村土地。不宜采取家庭承包方式的荒山、荒沟、荒丘、荒滩等农村土地，可以直接通过招标、拍卖、公开协商等方式实行承包经营，也可以将土地经营权折股份给本集体经济组织成员后，再实行承包经营或者股份合作经营。以其他方式承包农村土地的，应当签订承包合同，承包方取得土地经营权。当事人的权利和义务、承包期限等，由双方协商确定。以招标、拍卖方式承包的，承包费通过公开竞标、竞价确定；以公开协商等方式承包的，承包费由双方议定。

以其他方式承包农村土地，在同等条件下，本集体经济组织成员有权优先承包。发包方将农村土地发包给本集体经济组织以外的单位或者个人承包，应当事先经本集体经济组织成员的村民会议2/3以上成员或者2/3以上村民代表的同意，并报乡（镇）人民政府批准。由本集体经济组织以外的单位或者个人承包的，应当对承包方的资信情况和经营能力进行审查后，再签订承包合同。

依照规定通过招标、拍卖、公开协商等方式取得土地经营权的，该承包人死亡，其应得的承包收益，依照《民法典》的规定继承；在承包期内，其继承人可以继续承包。

【例2-19】（单选题）在我国，确认土地承包经营权的主要依据是（　　）。

A. 国家法律的规定
B. 集体经济组织的规定
C. 国家土地政策
D. 承包经营合同

【答案】D

【解析】土地承包经营权自土地承包经营权合同生效时设立，其主要依据是承包经营合同。

（三）土地经营权的流转

1. 土地经营权流转应当遵循的原则。（1）依法、自愿、有偿，任何组织和个人不得强迫或者阻碍土地经营权流转；（2）不得改变土地所有权的性质和土地的农业用途，不得破坏农业综合生产能力和农业生态环境；（3）流转期限不得超过承包期的剩余期限；（4）受让方须有农业经营能力或者资质；（5）在同等条件下，本集体经济组织成员享有优先权。

2. 土地经营权流转的方式。

（1）家庭承包土地的经营权流转方式。依照《农村土地承包法》的规定，承包方有权将土地经营权采取出租（转包）、入股或者其他方式流转。

（2）"四荒"土地经营权的流转方式。通过招标、拍卖、公开协商等方式承包荒山、荒沟、荒丘、荒滩等农村土地，经依法登记取得权属证书的，可以依法采取出租、入股、抵押或者其他方式流转土地经营权。

3. 土地经营权流转的登记。土地经营权流转期限为5年以上的，当事人可以向登记机构申请土地经营权登记。未经登记，不得对抗善意第三人。

【例2-20】（单选题）通过招标、拍卖、公开协商等方式承包（　　）等农村土地，依照土地承包法等法律和国务院的有关规定。其土地承包经营权可以转让、入股、抵押或者以其他方式流转。

A. 耕地　　　　　　B. 林地
C. 荒地　　　　　　D. 草地

【答案】C

【解析】通过招标、拍卖、公开协商等方式承包荒地等农村土地，依照农村土地承包法等法律和国务院的有关规定，其土地承包经营权可以转让、入股、抵押或者以其他方式流转。

（四）《农村土地承包法》对发包人的限制

1. 承包期内发包人不得调整承包地。承包期内，因自然灾害严重损承包地等特殊情形对个别农户之间承包的耕地和草地需要适当调整的，必须经本集体经济组织成员的村民会议2/3以上成员或者2/3以上村民代表的同意，并报乡（镇）人民政府和县级人民政府农业农村、林业和草原等主管部门批准。承包合同中约定不得调整的，按照其约定。承包期内，妇女结婚，在新居住地未取得承包地的，发包方不得收回其原承包地；妇女离婚或者丧偶，仍在原居住地生活或者不在原居住地生活但在新居住地未取得承包地的，发包方不得收回其原承包地。承包人应得的承包收益，依照《民法典》的规定继承。林地承包的承包人死亡，其继承人可以在承包期内继续承包。

2. 承包期内发包人不得收回承包地，法律另有规定的，依照其规定。国家保护进城农户的土地承包经营权。不得以退出土地承包经营权作为农户进城落户的条件。承包期内，承包农户进城落户的，引导支持其按照自愿有偿原则依法在本集体经济组织内转让土地承包经营权或者将承包地交回发包方，也可以鼓励其流转土地经营权。承包期内，承包方交回承包地或者发包方依法收回承包地时，承包方对其在承包地上投入而提高土地生产能力的，有权获得相应的补偿。

【提示】不得随意调整承包地。承包期内发包人不得调整承包地。因自然灾害严重毁损承包地等特殊情形，需要适当调整承包的耕地和草地的，应当依照农村土地承包法等法律规定办理。承包期内发包人不得收回承包地。农村土地承包法等法律另有规定的，依照其规定。

【例2-21】（单选题）甲乙签订合同，将甲的土地承包经营权转让于乙，但双方未办理登记。后甲又将土地承包经营权转让于善意的第三人丙并登记，下列说法中正确的是（　　）。

A. 乙不得以其设立在先的土地承包经营权对抗丙设立在后的土地承包经营权

B. 乙以其设立在先的土地承包经营权对抗丙设立在后的土地承包经营权

C. 甲无权流转承包地

D. 乙不享有土地承包经营权

【答案】A

【解析】本题考核土地承包经营权的设立效力。土地承包经营权自土地承包经营权合同生效时设立。土地承包经营权人将土地承包经营权互换、转让，当事人要求登记的，应当向县级以上地方人民政府申请土地承包经营权变更登记；未经登记，不得对抗善意第三人。善意的第三人丙土地承包经营权的转让行为有效并登记，所以可以对抗先设立的乙。

【知识点11】建设用地使用权

（一）建设用地使用权的概念及特点

1. 建设用地使用权的概念。建设用地使用权是指自然人、法人或其他组织依法对国家所有的土地享有占有、使用和收益的权利，有权利用该土地建造建筑物、构筑物及其附属设施。建设用地使用权可以在土地的地表、地上或者地下分别设立。

2. 建设用地使用权的特点。

（1）建设用地使用权的客体主要是国有土地。集体所有的土地作为建设用地的，应当依照《土地管理法》等法律规定办理。

（2）建设用地使用权的目的是建造并保有建筑物、构筑物及其附属设施。

（3）建设用地使用权的内容具有限制性。建设用地使用权对标的土地的支配限于对土地使用价值的支配，而且这种支配也是有期限的。

【提示】建设用地使用权出让最高年限按下列用途确定：①居住用地70年；②工业用地50年；③教育、科技、文化、卫生、体育用地为50年；④商业、旅游、娱乐用地为40年；⑤综合或者其他用地50年。

（二）建设用地使用权的设立

1. 设立建设用地使用权的要求。设立建设用地使用权，应当符合节约资源、保护生态环境的要求，遵守法律、行政法规关于土地用途的规定，不得损害已经设立的用益物权。

2. 设立建设用地使用权的方式。（1）严格限制以划拨方式设立建设用地使用权。采取划拨方式的，应当遵守法律、行政法规中关于土地用途的规定。下列用地，经县级以上人民政府依法批准，可以以划拨方式取得建设用地使用权：国家机关用地和军事用地；城市基础设施用地和公益事业用地；国家重点扶持的能源、交通、水利等基础设施用地；法律、行政法规规定的其他符合条件的用地。（2）建设用地使用权出让，具体形式包括协议、招标、拍卖。

工业、商业、旅游、娱乐和商品住宅等经营性用地以及同一土地有两个以上意向用地者的，应当采取招标、拍卖等公开竞价的方式出让。

3. 建设用地使用权设立的时间。设立建设用地使用权的，应当向登记机构申请建设用地使用权登记。建设用地使用权自登记时设立。登记机构应当向建设用地使用权人发放权属证书。

4. 建设用地使用权出让合同。通过招标、拍卖、协议等出让方式设立建设用地使用权的，当事人应当采用书面形式订立建设用地使用权出让合同。建设用地使用权出让合同一般包括下列条款：当事人的名称和住所；土地界址、面积等；建筑物、构筑物及其附属设施占用的空间；土地用途、规划条件；建设用地使用权期限；出让金等费用及其支付方式；解决争议的方法。

（三）建设用地使用权的内容

1. 建设用地使用权人应当合理利用土地，不得改变土地用途；需要改变土地用途的，应当依法经有关行政主管部门批准。

2. 建设用地使用权人应当依照法律规定以及合同约定支付出让金等费用。

3. 建设用地使用权人建造的建筑物、构筑物及其附属设施的所有权属于建设用地使用权人，但是有相反证据证明的除外。

4. 建设用地使用权人有权将建设用地使用权转让、互换、出资、赠与或者抵押，但法律另有规定的除外。

（1）建设用地使用权转让、互换、出资、赠与或者抵押的，当事人应当采取书面形式订立相应的合同。使用期限由当事人约定，但不得超过建设用地使用权的剩余期限。

（2）建设用地使用权转让、互换、出资或者赠与的，应当向登记机构申请变更登记。

（3）建设用地使用权转让、互换、出资或者赠与的，附着于该土地上的建筑物、构筑物及其附属设施一并处分。

（4）建筑物、构筑物及其附属设施转让、互换、出资或赠与的，该建筑物、构筑物及其附属设施占用范围内的建设用地使用权一并处分。

5. 建设用地使用权期间届满前，因公共利益需要提前收回该土地的，应当依照《民法典》的规定对该土地上的房屋及其他不动产给予补偿，并退还相应的出让金。

【提示】住宅建设用地使用权期间届满的，自动续期；续期费用的缴纳或者减免，依照法律、行政法规的规定办理。非住宅建设用地使用权期间届满后的续期，依照法律规定办理。该土地上的房屋及其他不动产的归属，有约定的，按照约定；没有约定或者约定不明确的，依照法律、行政法规的规定办理。建设用地使用权消灭的，出让人应当及时办理注销登记。登记机构应当收回权属证书。

【例2-22】（单选题）根据物权法律制度的规定，下列关于建设用地使用权的表述中，正确的是（　　）。

A. 以划拨方式取得的建设用地使用权，非经国务院审批不得转让

B. 建设用地使用权自登记时设立

C. 建设用地使用权期间届满自动续期

D. 工业用地建设用地使用权出让最高年限70年

【答案】B

【解析】以划拨方式取得的建设用地使用权的，转让房地产时，应报有批准权的人民政府审批，不是国务院审批，选项A错误；只有住宅建设用地使用权期限届满自动续期，选项C错误；工业用地建设用地使用权出让最高年限50年，选项D错误。

【知识点12】担保物权概述

（一）担保物权及其特点

1. 担保物权的概念。

担保物权是指以确保债务的清偿为目的，在债务人或第三人的特定财产或者权利上设立的他物权。在我国，担保物权包括抵押权、质权和留置权三种。

2. 担保物权的特点。

（1）优先受偿性。担保物权人在债务人不履行到期债务或者发生当事人约定的实现担保物权的情形，依法享有就担保财产优先受偿的权利，但是法律另有规定的除外。

（2）从属性。设立担保物权应当依照《民法典》和其他法律的规定订立担保合同。担保合同包括抵押合同、质押合同和其他具有担保功能的合同。担保合同是主债权债务合同的从

合同。主债权债务合同无效，担保合同无效，但法律另有规定的除外。担保合同被确认无效后，债务人、担保人、债权人有过错的，应当根据其过错各自承担相应的民事责任。

（3）不可分性。担保物权人在其债权未完全受偿之前，可就担保物之全部行使其权利，担保物的价值变化及债权的变化不影响担保物权的整体性。

（4）物上代位性。担保期间，担保财产毁损、灭失或者被征收等，担保物权人可以就获得的保险金、赔偿金或者补偿金等优先受偿。被担保债权的履行期未届满的，也可以提存该保险金、赔偿金或者补偿金等。

【例 2-23】（单选题）担保期间，担保财产毁损、灭失或者被征收等，担保物权人可以就获得的保险金、赔偿金或者补偿金等优先受偿。这体现了担保物权的（　　）特征。

A．优先受偿性　　B．从属性
C．不可分性　　　D．物上代位性

【答案】D
【解析】略。

（二）担保合同

1. 担保合同的定义。担保合同是担保权人和担保人之间明确相互间权利义务关系的协议。除留置权外，担保物权都依当事人的合意（即担保合同）而成立。

2. 流押、流质契约的禁止。流押、流质契约是指当事人在设立担保物权时约定，当债务人不履行债务时，由债权人取得担保物所有权的合同。

【提示】《民法典》第四百零一条规定，抵押权人在债务履行期限届满前，与抵押人约定债务人不履行到期债务时抵押财产归债权人所有的，只能依法就抵押财产优先受偿。《民法典》第四百二十八条规定，质权人在债务履行期限届满前，与出质人约定债务人不履行到期债务时质押财产归债权人所有的，只能依法就质押财产优先受偿。可见，流押、流质条款均为无效。

3. 担保合同无效的法律后果。担保合同被确认无效后，债务人、担保人、债权人有过错的，应当根据其过错各自承担相应的民事责任。

（三）担保物权的担保范围

担保物权的担保范围包括主债权及其利息、违约金、损害赔偿金、保管担保财产和实现担保物权的费用。当事人另有约定的，按照约定。

（四）债务承担对担保人担保的影响

第三人提供担保，未经其书面同意，债权人允许债务人转移全部或者部分债务的，担保人不再承担相应的担保责任。

（五）混合担保中担保物权实现规则

被担保的债权既有物的担保又有人的担保的，债务人不履行到期债务或者发生当事人约定的实现担保物权的情形，债权人应当按照约定实现债权；没有约定或者约定不明确，债务人自己提供物的担保的，债权人应当先就该物的担保实现债权；第三人提供物的担保的，债权人可以就物的担保实现债权，也可以请求保证人承担保证责任。提供担保的第三人承担担保责任后，有权向债务人追偿。

（六）担保物权的消灭

有下列情形之一的，担保物权消灭：主债权消灭；担保物权实现；债权人放弃担保物权；法律规定担保物权消灭的其他情形。

【知识点 13】抵押权

（一）抵押权的概念及特点

1. 抵押权的概念。抵押权是指为担保债务的履行，债务人或者第三人不转移财产的占有，将该财产抵押给债权人，债务人不履行到期债务或者发生当事人约定的实现抵押权的情形，债权人以该财产优先受偿的权利。其中，债务人或第三人为抵押人，债权人为抵押权人，提供担保的财产为抵押财产。

2. 抵押权的特点。抵押权除了具有担保物权的一般特点外，还具有下列特点：

（1）抵押权的标的物为特定财产。抵押财产须为债务人或第三人所有的或有权处分的作为担保的特定的财产。

（2）不转移抵押财产的占有。这是抵押权区别于质权、留置权等其他担保物权的标志。

（二）抵押财产的范围

1. 可以抵押的财产。债务人或者第三人有权处分的下列财产可以抵押：（1）建筑物和其他土地附着物；（2）建设用地使用权；（3）海域使用权；（4）生产设备、原材料、半成品、产品；（5）正在建造的建筑物、船舶、航空器；（6）交通运输工具；（7）法律、行政法规未禁止抵押的其他财产。抵押人可以将前述所列财产一并抵押。以建筑物抵押的，该建筑物占用范围内的建设用地使用权一并抵押。以建设用地使用权抵押的，该土地上的建筑物一并抵押。抵押人未依照前述规定一并抵押的，未抵押的财产视为一并抵押。乡镇、村企业的建设用地使用权不得单独抵押。以乡镇、村企业的厂房等建筑物抵押的，其占用范围内的建设用地使用权一并抵押。

2. 不得抵押的财产。下列财产不得抵押：（1）土地所有权；（2）宅基地、自留地、自留山等集体所有的土地使用权，但是法律规定可以抵押的除外；（3）学校、幼儿园、医疗机构等以公益目的成立的非营利法人的教育设施、医疗卫生设施和其他公益设施；（4）所有权、使用权不明或者有争议的财产；（5）依法被查封、扣押、监管的财产；（6）法律、行政法规规定不得抵押的其他财产。

【例2-24】（单选题）下列财产中，禁止抵押的是（　　）。

A. 正在建造的建筑物
B. 交通运输工具
C. 生产设备
D. 社会公益设施

【答案】D

【解析】学校、幼儿园、医疗机构等以公益目的成立的非营利法人的教育设施、医疗卫生设施和其他公益设施不得抵押。

(三) 抵押权的设立

1. 抵押合同的订立。设立抵押权，当事人应当采取书面形式订立抵押合同。抵押合同一般包括下列条款：（1）被担保债权的种类和数额；（2）债务人履行债务的期限；（3）抵押财产的名称、数量等情况；（4）担保的范围。

2. 抵押权的设立时间。以建筑物和其他土地附着物、建设用地使用权、海域使用权以及正在建造的建筑物抵押的，应当办理抵押登记，抵押权自登记时设立。以动产抵押的，抵押权自抵押合同生效时设立；未经登记，不得对抗善意第三人。以动产抵押的，不得对抗正常经营活动中已经支付合理价款并取得抵押财产的买受人。

3. 流押条款的禁止。抵押权人在债务履行期限届满前，与抵押人约定债务人不履行到期债务时抵押财产归债权人所有的，只能依法就抵押财产优先受偿。也就是说，如果当事人在抵押合同中约定了流押条款，该条款无效，该条款的无效不影响抵押合同其他部分内容的效力。

【例2-25】（单选题）甲欠乙债务20万元，甲以一艘轮船为乙设定了抵押，抵押合同签订后，一直未到有关部门办理抵押登记。下列关于抵押权效力的表述中，正确的是（　　）。

A. 因未办理登记，因此抵押无效
B. 抵押有效，但不可对抗第三人
C. 抵押有效，并可以对抗第三人
D. 抵押效力待定，双方当事人办理登记后有效

【答案】B

【解析】以生产设备、原材料、半成品、产品抵押的，或者以正在建造中的船舶、航空器抵押的，或者以交通运输工具抵押的，抵押权自抵押合同生效时设立；未经登记，不得对抗善意第三人。

【例2-26】（单选题）根据《民法典》，以下列财产设定抵押的，抵押权自办理登记时设立的是（　　）。

A. 正在建造的建筑物
B. 正在建造的船舶
C. 生产设备
D. 航空器

【答案】A

【解析】以建筑物和其他土地附着物、建设用地使用权、荒地等土地承包经营权以及正在建造的建筑物抵押的，应当办理抵押登记，抵押权自登记时设立。以生产设备、原材料、半成品、产品抵押的，或者以正在建造中的船舶、航空器抵押的，或者以交通运输工具抵押的，抵押权自抵押合同生效时设立；未经登记，不得对抗善意第三人。

(四) 抵押权的效力

1. 抵押权对租赁关系的影响。抵押权设立前，抵押财产已经出租并转移占有的，原租赁关系不受该抵押权的影响。抵押权实现后，租赁合同在有效期内对抵押物的受让人继续有效。

2. 抵押财产的转让。抵押期间，抵押人可以转让抵押财产。当事人另有约定的，按照其约定。抵押财产转让的，抵押权不受影响。抵

押人转让抵押财产的，应当及时通知抵押权人。抵押权人能够证明抵押财产转让可能损害抵押权的，可以请求抵押人将转让所得的价款向抵押权人提前清偿债务或者提存。转让的价款超过债权数额的部分归抵押人所有，不足部分由债务人清偿。

【提示】当事人可以约定禁止或者限制转让抵押财产。（1）当事人约定禁止或者限制转让抵押财产但是未将约定登记，抵押人违反约定转让抵押财产，抵押权人请求确认转让合同无效的，人民法院不予支持；抵押财产已经交付或者登记，抵押权人请求确认转让不发生物权效力的，人民法院不予支持，但是抵押权人有证据证明受让人知道的除外；抵押权人请求抵押人承担违约责任的，人民法院依法予以支持。（2）当事人约定禁止或者限制转让抵押财产且已经将约定登记，抵押人违反约定转让抵押财产，抵押权人请求确认转让合同无效的，人民法院不予支持；抵押财产已经交付或者登记，抵押权人主张转让不发生物权效力的，人民法院应予支持，但是因受让人代替债务人清偿债务导致抵押权消灭的除外。

3. 抵押权的从属性。抵押权不得与债权分离而单独转让或者作为其他债权的担保。债权转让的，担保该债权的抵押权一并转让，但是法律另有规定或者当事人另有约定的除外。

4. 抵押财产价值减少时抵押权人的补救措施。抵押人的行为足以使抵押财产价值减少的，抵押权人有权要求抵押人停止其行为；抵押财产价值减少的，抵押权人有权请求恢复抵押财产的价值，或者提供与减少的价值相应的担保。抵押人不恢复抵押财产的价值也不提供担保的，抵押权人有权请求债务人提前清偿债务。

5. 抵押权顺位及相关规则。抵押权人可以放弃抵押权或者抵押权的顺位。抵押权人与抵押人可以协议变更抵押权顺位以及被担保的债权数额等内容。但是，抵押权的变更未经其他抵押权人书面同意的，不得对其他抵押权人产生不利影响。债务人以自己的财产设定抵押，抵押权人放弃该抵押权、抵押权顺位或者变更抵押权的，其他担保人在抵押权人丧失优先受偿权益的范围内免除担保责任，但是其他担保人承诺仍然提供担保的除外。

【例2-27】（单选题）甲向乙借款10万元，以其价值10万元的房屋设定抵押，并办理了抵押登记。后甲将房屋出租给丙居住。在丙居住期间，因丙吸烟不慎起火致房屋贬值2万元。对此，下列说法中正确的是（　　）。
A. 甲应重新提供抵押物
B. 乙有权请求甲将丙给付的2万元赔偿款提存
C. 乙有权请求甲提前还款
D. 乙有权请求丙赔偿损失
【答案】B
【解析】本题考核抵押权的效力。抵押财产的价值减少，抵押人的行为足以使抵押财产价值减少的，抵押权人有权要求抵押人停止其行为。抵押财产价值减少的，抵押权人有权要求恢复抵押财产的价值，或者提供与减少的价值相应的担保。

（五）抵押权的实现

1. 抵押权实现的方式和程序。债务人不履行到期债务或者发生当事人约定的实现抵押权的情形，抵押权人可以与抵押人协议以抵押财产折价或者以拍卖、变卖该抵押财产所得的价款优先受偿。协议损害其他债权人利益的，其他债权人可以请求人民法院撤销该协议。抵押权人与抵押人未就抵押权实现方式达成协议的，抵押权人可以请求人民法院拍卖、变卖抵押财产。抵押财产折价或者变卖的，应当参照市场价格。抵押财产折价或者拍卖、变卖后，其价款超过债权数额的部分归抵押人所有，不足部分由债务人清偿。

2. 抵押财产的孳息。债务人不履行到期债务或者发生当事人约定的实现抵押权的情形，致使抵押财产被人民法院依法扣押的，自扣押之日起，抵押权人有权收取该抵押财产的天然孳息或者法定孳息，但抵押权人未通知应当清偿法定孳息的义务人的除外。孳息应当先充抵收取孳息的费用。

3. 重复抵押的受偿顺序。同一财产向两个以上债权人抵押的，拍卖、变卖抵押财产所得的价款依照下列规定清偿：抵押权已登记的，按照登记的时间先后确定清偿顺序；抵押权已登记的先于未登记的受偿；抵押权未登记的，按照债权比例清偿。其他可以登记的担保物权，清偿顺序参照适用前述规定。

4. 同一财产上抵押权与质权竞存的受偿顺

序。同一财产既设立抵押权又设立质权的,拍卖、变卖该财产所得的价款按照登记、交付的时间先后确定清偿顺序。

5. 动产抵押担保的优先效力规则。动产抵押担保的主债权是抵押物的价款,标的物交付后10日内办理抵押登记的,该抵押权人优先于抵押物买受人的其他担保物权人受偿,但是留置权人除外。这也被称为动产抵押权人的"超级优先权"。

6. 动产抵押的"正常买受人"规则。以动产抵押的,不得对抗正常经营活动中已经支付合理价款并取得抵押财产的买受人;此被称为"正常买受人"规则,即无论动产抵押权是否登记,均不得对抗此类买受人。买受人在出卖人正常经营活动中通过支付合理对价取得已被设立抵押权的动产,担保物权人不得请求就该动产优先受偿,但是有下列情形的除外:(1)购买商品的数量明显超过一般买受人;(2)购买出卖人的生产设备;(3)订立买卖合同的目的在于担保出卖人或者第三人履行债务;(4)买受人与出卖人存在直接或者间接的控制关系;(5)买受人应当查询抵押登记而未查询的其他情形。"出卖人正常经营活动",是指出卖人的经营活动属于其营业执照明确记载的经营范围,且出卖人持续销售同类商品。"担保物权人"是指已经办理登记的抵押权人、所有权保留买卖的出卖人、融资租赁合同的出租人。

7. 新增建筑物的处置。建设用地使用权抵押后,该土地上新增的建筑物不属于抵押财产。该建设用地使用权实现抵押权时,应当将该土地上新增的建筑物与建设用地使用权一并处分。但是,新增建筑物所得的价款,抵押权人无权优先受偿。

8. 以集体所有土地的使用权依法抵押的,实现抵押权后,未经法定程序,不得改变土地所有权的性质和土地用途。

9. 抵押权行使的期间。抵押权人应当在主债权诉讼时效期间行使抵押权;未行使的,人民法院不予保护。

【例2-28】(单选题)孙某有一辆汽车,估价20万元。6月1日孙某向李某借款10万元,并订立汽车抵押合同并于当天办理抵押登记。6月2日,孙某向赵某借款10万元,又以该汽车抵押登记。后孙某不能还款,变卖汽车得款16万元。关于抵押权,下列说法正确的是( )。

A. 赵某优先得到实现
B. 李某和赵某处于同一顺序
C. 李某优先得到实现
D. 李某和赵某协商处理

【答案】C
【解析】动产抵押权的实现,都已登记的,按登记的先后顺序优先;登记和未登记的,登记的优先;都未登记的,处于同一顺序,按照债权比例清偿。

(六)特殊类型的抵押

1. 浮动抵押。

(1)适用情形。经当事人书面协议,企业、个体工商户、农业生产经营者可以将现有的以及将有的生产设备、原材料、半成品、产品抵押,债务人不履行到期债务或者发生当事人约定的实现抵押权的情形,债权人有权就抵押财产确定时的动产优先受偿。

(2)适用特点。在抵押期间,抵押的标的物处于不断变化之中,抵押人在占有抵押物的同时,对抵押物仍有处分权。抵押权人对被抵押人处分的财产无追及力。

(3)抵押登记。浮动抵押应当向抵押人住所地的市场监督管理部门办理登记。

(4)抵押权设立。抵押权自抵押合同生效时设立;未经登记,不得对抗善意第三人。浮动抵押不得对抗正常经营活动中已支付合理价款并取得抵押财产的买受人。

(5)浮动抵押财产确定情形。设定浮动抵押的,抵押财产自下列情形之一发生时确定:债务履行期限届满,债权未实现;抵押人被宣告破产或者解散;当事人约定的实现抵押权的情形;严重影响债权实现的其他情形。

(6)浮动抵押权无论是否办理抵押登记,均不得对抗正常经营活动中已支付合理价款并取得抵押财产的买受人。

2. 最高额抵押。有下列情形之一的,抵押权人的债权确定:(1)约定的债权确定期间届满;(2)没有约定债权确定期间或者约定不明确,抵押权人或者抵押人自最高额抵押权设立之日起满2年后请求确定债权;(3)新的债权不可能发生;(4)抵押权人知道或者应当知道抵押财产被查封、扣押;(5)债务人、抵押人被宣告破产或者解散；（6）法律规定债权确定的其他情形。

【提示】浮动抵押是抵押权设立时抵押财产尚未确定，最高额抵押是抵押权设立时所担保的债权额尚未确定。

【知识点14】质权

（一）质权概述

1. 质权的概念。质权是指为担保债务的履行，债务人或第三人将其动产或权利出质给债权人占有或控制，在债务人不履行到期债务或者发生当事人约定的实现质权的情形时，债权人以该动产或权利优先受偿的权利。其中，提供质物的债务人或第三人为出质人，债权人为质权人，交付的动产或权利为质押财产。质权依客体的不同区分为动产质权和权利质权。

2. 质权的特征。质权除具有一般担保物权的特征外，还有自身特点：（1）质权以占有为公示方法；（2）质权的标的为动产和权利，但不包括不动产；（3）质权具有留置效力。

（二）动产质权

1. 动产质权的设立。

（1）不得出质的物。法律、行政法规禁止转让的动产不得出质。

（2）质权合同。设立质权，当事人应当采取书面形式订立质押合同。质押合同一般包括下列条款：①被担保债权的种类和数额；②债务人履行债务的期限；③质押财产的名称、数量等情况；④担保的范围；⑤质押财产交付的时间、方式。质权人在债务履行期届满前，不得与出质人约定债务人不履行到期债务时质押财产归债权人所有。当事人在质押合同中约定流质条款的，流质条款无效，但不影响质押合同其他部分内容的效力及质权的设立，质权人只能依法就质押财产优先受偿。

（3）质权设立。动产质权自出质人交付质押财产时设立。

2. 动产质权的效力。

（1）孳息收取。质权人有权收取质押财产的孳息，但是合同另有约定的除外。孳息应当先充抵收取孳息的费用。

（2）擅自使用、处分质押财产。质权人在质权存续期间，未经出质人同意，擅自使用、处分质押财产，造成出质人损害的，应当承担赔偿责任。

（3）质押财产毁损灭失。质权人负有妥善保管质押财产的义务；因保管不善致使质押财产毁损、灭失的，应当承担赔偿责任。质权人的行为可能使质押财产毁损、灭失的，出质人可以请求质权人将质押财产提存，或者请求提前清偿债务并返还质押财产。

（4）质押财产价值减少。因不可归责于质权人的事由可能使质押财产毁损或者价值明显减少，足以危害质权人权利的，质权人有权请求出质人提供相应的担保；出质人不提供的，质权人可以拍卖、变卖质押财产，并与出质人通过协议将拍卖、变卖所得的价款提前清偿债务或者提存。

（5）转质。质权人在质权存续期间，未经出质人同意转质，造成质押财产毁损、灭失的，应当向出质人承担赔偿责任。

（6）放弃质权。质权人可以放弃质权。债务人以自己的财产出质，质权人放弃该质权的，其他担保人在质权人丧失优先受偿权益的范围内免除担保责任，但其他担保人承诺仍然提供担保的除外。

3. 动产质权的实现。

（1）质权实现的基本要求。债务人履行债务或者出质人提前清偿所担保的债权的，质权人应当返还质押财产。债务人不履行到期债务或者发生当事人约定的实现质权的情形，质权人可以与出质人协议以质押财产折价，也可以就拍卖、变卖质押财产所得的价款优先受偿。质押财产折价或者变卖的，应当参照市场价格。质押财产折价或者拍卖、变卖后，其价款超过债权数额的部分归出质人所有，不足部分由债务人清偿。

（2）履行期届满后行使质权。出质人可以请求质权人在债务履行期届满后及时行使质权；质权人不行使的，出质人可以请求人民法院拍卖、变卖质押财产。出质人请求质权人及时行使质权，因质权人怠于行使权利造成损害的，由质权人承担赔偿责任。质押财产折价或者拍卖、变卖后，其价款超过债权数额的部分归出质人所有，不足部分由债务人清偿。

4. 最高额质权。出质人与质权人可以协议设立最高额质权。最高额质权除了适用《民法典》物权编中的动产质权的规定外，参照适用最高额抵押权的规定。

（三）权利质权

1. 权利质权的标的。债务人或者第三人有权处分的下列权利可以出质：(1) 汇票、本票、支票；(2) 债券、存款单；(3) 仓单、提单；(4) 可以转让的基金份额、股权；(5) 可以转让的注册商标专用权、专利权、著作权等知识产权中的财产权；(6) 现有的以及将有的应收账款；(7) 法律、行政法规规定可以出质的其他财产权利。

2. 权利质权的设立。

（1）以汇票、本票、支票、债券、存款单、仓单、提单出质的，当事人应当订立书面合同。质权自权利凭证交付质权人时设立；没有权利凭证的，质权自办理出质登记时设立。

（2）以基金份额、股权出质的，当事人应当订立书面合同。以基金份额、证券登记结算机构登记的股权出质的，质权自办理出质登记时设立。

（3）以注册商标专用权、专利权、著作权等知识产权中的财产权出质的，当事人应当订立书面合同。质权自办理出质登记时设立。

（4）以应收账款出质的，当事人应当订立书面合同。质权自信贷征信机构办理出质登记时设立。

3. 权利质权的效力。

（1）汇票、本票、支票、债券、存款单、仓单、提单的兑现日期或者提货日期先于主债权到期的，质权人可以兑现或者提货，并与出质人协议将兑现的价款或者提取的货物提前清偿债务或者提存。

（2）基金份额、股权出质后，不得转让，但是经出质人与质权人协商同意的除外。出质人转让基金份额、股权所得的价款，应当向质权人提前清偿债务或者提存。

（3）知识产权中的财产权出质后，出质人不得转让或者许可他人使用，但是经出质人与质权人协商同意的除外。出质人转让或者许可他人使用出质的知识产权中的财产权所得的价款，应当向质权人提前清偿债务或者提存。

（4）应收账款出质后，不得转让，但是经出质人与质权人协商同意的除外。出质人转让应收账款所得的价款，应当向质权人提前清偿债务或者提存。

【例2-29】（单选题）权利质权的标的可以是（　　）。

A. 债券、汇票、存款单、股票
B. 支票、存款单、名誉权、专利权
C. 商标权、仓单、债券、荣誉权
D. 汇票、提单、本票、继承权

【答案】A

【解析】债务人或者第三人有权处分的下列权利可以出质：(1) 汇票、支票、本票；(2) 债券、存款单；(3) 仓单、提单；(4) 可以转让的基金份额、股权；(5) 可以转让的注册专用权、专利权、著作权等知识产权中的财产权；(6) 应收账款；(7) 法律、行政法规规定可以出质的其他财产权利。

【知识点15】留置权

（一）留置权的概念与性质

1. 留置权的概念。债务人不履行到期债务，债权人可以留置已经合法占有的债务人或第三人的动产，并有权就该动产优先受偿。在该种法律关系中，债权人为留置权人，占有的动产为留置财产。

2. 留置权的性质。留置权属于法定担保物权，不必有当事人之间的担保合同。只要具备法定条件，留置权即可设立。但法律规定或者当事人约定不得留置的动产，不得留置。

（二）留置权的设立

留置权的设立，需要满足的要件有：

1. 债权人合法占有债务人或第三人的动产。可被留置的动产，如果属于同一法律关系，不必属于债务人所有。根据相关司法解释的规定，债务人不履行到期债务，债权人因同一法律关系留置合法占有的第三人的动产，并主张就该留置财产优先受偿的，人民法院应予支持。第三人以该留置财产并非债务人的财产为由请求返还的，人民法院不予支持。企业之间留置的动产与债权并非同一法律关系，债务人以该债权不属于企业持续经营中发生的债权为由请求债权人返还留置财产的，人民法院应予支持。企业之间留置的动产与债权并非同一法律关系，债权人留置第三人的财产，第三人请求债权人返还留置财产的，人民法院应予支持。

2. 债权已届清偿期。债权人的债权未届清偿期，其交付或返回所占有标的物的义务已届履行期的，不能行使留置权；但是，债权人能够证明债务人无支付能力的除外。

3. 动产之占有与债权属同一法律关系。债权人留置的动产，应当与债权属于同一法律关系，但是企业之间留置的除外。企业之间留置的动产与债权并非同一法律关系，债务人以该债权不属于企业持续经营中发生的债权为由请求债权人返还留置财产的，人民法院应予支持。

（三）留置权的效力

1. 留置担保的范围。留置担保的范围包括主债权及利息、违约金、损害赔偿金、留置物保管费用和实现留置权的费用。留置财产为可分物的，留置财产的价值应当相当于债务的金额；留置物为不可分物的，留置权人可以就其留置物的全部行使留置权。

2. 留置权人的优先受偿权。债务人逾期未履行债务的，留置权人可以与债务人协议以留置财产折价，也可以就拍卖、变卖留置财产所得的价款优先受偿。留置权人有权收取留置财产的孳息，留置权人所收取的孳息应当先充抵收取孳息的费用。

3. 留置权人的义务。（1）保管义务。留置权人负有妥善保管留置财产的义务；因保管不善致使留置财产毁损、灭失的，应当承担赔偿责任。（2）通知义务。债权人与债务人应当在合同中约定留置财产后的债务履行期限；没有约定或者约定不明确的，债权人留置债务人财产后，应当确定60日以上的期限，通知债务人在该期限内履行债务，但是鲜活易腐等不易保管的动产除外。

4. 同一动产上抵押权、质权与留置权并存的清偿顺序。同一动产上已设立抵押权或者质权，该动产又被留置的，留置权人优先受偿。同一财产既设定抵押权又设定质权的，拍卖、变卖该财产所得价款按照登记、交付的时间先后确定清偿顺序。

【例2-30】（单选题）同一动产上已设立抵押权或者质权，该动产又被留置的，优先受偿的是（　　）。

A. 抵押权人　　B. 质权人
C. 所有权人　　D. 留置权人

【答案】D

【解析】考核同一动产上抵押权、质权与留置权并存的清偿顺序。同一动产上已设立抵押权或者质权，该动产又被留置的，留置权人优先受偿。

（四）留置权的实现

留置权人与债务人应当约定留置财产后的债务履行期限；没有约定或者约定不明确的，留置权人应当给债务人60日以上履行债务的期限，但是鲜活易腐等不易保管的动产除外。债务人逾期未履行的，留置权人可以与债务人协议以留置财产折价，也可以就拍卖、变卖留置财产所得的价款优先受偿。留置财产折价或者变卖的，应当参照市场价格。留置财产折价或者拍卖、变卖后，其价款超过债权数额的部分归债务人所有，不足部分由债务人清偿。债务人可以请求留置权人在债务履行期限届满后行使留置权；留置权人不行使的，债务人可以请求人民法院拍卖、变卖留置财产。

（五）留置权的消灭

留置权人对留置财产丧失占有或者留置权人接受债务人另行提供担保的，留置权消灭。

【例2-31】（单选题）甲公司欠乙公司货款100万元，乙公司与甲公司签订了一份价款为50万元的电视买卖合同，合同签订后，甲公司要求乙公司将该合同项下的电视交付给甲公司，但甲公司届期未清偿之前所欠的100万元货款，故乙公司将该批电视扣留。关于乙公司的行为，下列选项正确的是（　　）。

A. 属于行使抵押权
B. 属于行使动产质权
C. 属于行使留置权
D. 属于自助行为

【答案】C

【解析】债权人留置的动产应当与债权属于同一法律关系，但企业之间留置的除外。虽然电视和100万货物不属于同一法律关系，但是双方均为企业，乙公司可以行使留置权依法留置电视，故选项C正确。

精选练习题

一、单项选择题

1. 以土地所有权为抵押物设立的抵押，其抵押合同（　　）。

A. 自合同订立时生效
B. 自办理抵押登记时生效
C. 自土地管理部门批准后生效
D. 无效

2. 2022年2月，甲的父母在购买住房时将房屋的所有权人登记为甲,并办理了房产证。2023年6月,甲做生意急需大笔资金,便瞒着父母将该房屋卖给乙,并且办理了过户登记手续。甲的父母知情后,与乙就房屋产权归属发生争执。甲的父母起诉至法院后,法院判决甲父母对诉争房屋无所有权。法院的判决体现了《民法典》上的(　　)原则。

A. 物权区分　　　　B. 物权公示
C. 物权法定　　　　D. 平等保护

3. 甲居住的房屋,乙认为并非甲所有,而对其主张所有权。根据《民法典》的规定,乙可以请求法院(　　)。

A. 返还原物　　　　B. 排除妨碍
C. 恢复原状　　　　D. 确认物权

4. 甲将其所有的房屋出租给乙,双方口头约定租金为每年5万元,乙可以一直承租该房屋,直至乙去世。房屋出租后的第二年,乙为了经营酒店,经甲同意,对该房屋进行装修,共花费6万元。对于乙的房屋装修费用,若后来甲乙协商达不成一致,应如何处理(　　)。

A. 乙无条件拆除,费用由乙自理
B. 装修物归甲所有,且甲无须支付费用
C. 装修物归甲所有,且甲应当支付全部装修费用
D. 若装修物可以拆除则拆除,不能拆除的,可折价后归甲所有

5. 甲有天然奇石一块,不慎丢失,乙捡到误认为是无主财物并拿回家,配以基座,陈列于客厅,乙的朋友丙非常喜欢,乙遂以之相赠,后甲发现,向丙追索,则下列说法正确的是(　　)。

A. 奇石属遗失物,丙应返还给甲
B. 奇石属无主物,乙取得所有权
C. 乙因加工行为取得奇石的所有权
D. 丙可以取得奇石的所有权

6. 根据《民法典》的相关规定,下列财产中,不可以作为抵押物的是(　　)

A. 工厂的半成品
B. 正在建造的船舶
C. 以招标方式取得的荒地的土地承包经营权
D. 自留地

7. 甲、乙按20%和80%的份额共有一间房屋,二人将房屋出租给丙,丙取得甲和乙的同意将房屋转租给丁,现甲欲转让自己的份额,则下列表述正确的是(　　)。

A. 乙、丙有优先购买权,丁无优先购买权
B. 乙、丁有优先购买权,丙无优先购买权
C. 乙、丙、丁都有优先购买权
D. 丙、丁有优先购买权,乙无优先购买权

8. 下列所有权取得方式中,属于继受取得的是(　　)。

A. 添附　　　　B. 国有化
C. 互易　　　　D. 没收

9. 甲遗失一部相机,乙拾得后放在办公桌的抽屉内,并张贴了招领启事。丙盗走该相机,卖给了不知情的丁,丁出质于戊,对此下列说法不正确的是(　　)。

A. 乙对相机的占有属于无权占有
B. 丙对相机的占有属于他主占有
C. 丁对相机的占有属于自主占有
D. 戊对相机的占有属于直接占有

10. 下列以有偿出让方式取得的居住用地使用权限的表述中,符合我国物权法律制度规定的是(　　)。

A. 最高年限为30年
B. 最高年限为50年
C. 最高年限为70年
D. 一般无使用期限的限制

二、多项选择题

1. 下列财产所有权的取得方式中,属原始取得的方式有(　　)。

A. 添附　　　　B. 劳动生产
C. 继承　　　　D. 拾得遗失物
E. 接受赠予

2. 根据《民法典》的规定,在下列物权的变动中未经登记不得对抗善意第三人的有(　　)

A. 机动车物权的设立
B. 土地承包经营权的转让
C. 以动产抵押时抵押权的设立
D. 以汇票出质时质权的设立
E. 不动产的抵押

3. 根据《民法典》的规定,下列各项中,可以成为征收客体的有(　　)。

A. 集体所有的山岭
B. 个人所有的房屋
C. 个人所有的小汽车

D. 集体所有的荒地

E. 集体所有的草原

4. 甲和乙共有房屋三间，出租给丙开办商店。现甲要向丁借款5万元，在丁的要求下，征得乙的同意后，甲将其在上述三间房屋中的共有份额抵押给戊，并在通知丙后，到房屋管理局作了登记。对其中的法律关系，下列表述正确的是（　　）。

A. 房屋抵押后，甲、乙与丙之间的租赁合同继续有效

B. 房屋抵押后，甲、乙与丙之间的租赁合同随之终止

C. 由于房屋是共有的，所以不得抵押

D. 在乙以出卖共有份额的方式实现该抵押权时，甲、乙与丙之间的租赁合同即告终止

E. 在乙以出卖共有份额的方式实现该抵押权时，如果乙和第三人愿意以同一价格购买，则应卖给乙

5. 下列不须全体共有人同意即可为之的行为包括（　　）。

A. 财产的保存

B. 财产的改良

C. 财产的转让

D. 履行财产所负担义务的行为

E. 财产的重大修缮

6. 下列客体中，能作为物权客体的有（　　）。

A. 电力　　　　　B. 行为

C. 土地使用权　　D. 房屋

E. 林木

7. 根据物权法律制度的规定，可以作为权利质押标的的是（　　）

A. 甲公司向乙公司签发的面额为100万元的汇票

B. 丙购买的价值为20万元的国债

C. 丁公司与戊公司签订了货运合同，丁公司依法提货的提单

D. 辛拥有的100万元可转让的基金份额

E. 壬向癸公司提供的劳务

8. 根据《民法典》，可以作为抵押物的财产有（　　）。

A. 交通运输工具

B. 建筑物

C. 被查封的机器

D. 建设用地使用权

E. 正在建造中的航空器

9. 浮动抵押的抵押财产自下列情形之一发生时确定的有（　　）。

A. 债务履行期限届满，债权未实现

B. 抵押人被宣告破产或者解散

C. 当事人约定的实现抵押权的情形

D. 严重影响债权实现的其他情形

E. 债务履行期限届满，债权已实现

10. 甲以自有的一批布匹作抵押向乙借款，双方签订了书面的抵押合同，但未办理登记。在抵押期间，甲欲将该抵押布匹转让给丙，下列说法正确的有（　　）。

A. 甲，乙之间的抵押合同因为未办理登记而无效

B. 如果乙同意甲将布匹转让且将转让价款提前清偿债务的，则甲可以转让抵押物

C. 如果乙同意甲将布匹转让给丙且将转让的价金提存的，则甲可以转让抵押物

D. 如果丙代甲向乙清偿债务的，则甲可以转让抵押物

E. 如果甲，乙之间的抵押合同办理了登记，则合同有效

三、综合题

甲乙二人于2023年10月12日共同出资购买一台价格为100万的挖掘机，甲出资20万，乙出资80万，双方约定按出资比例共有。

情形（1）：2024年7月9日，挖掘机出现故障，无法正常工作。乙在未征得甲同意的情况下请丙维修，维修费9万元。乙要求甲分担20%的维修费用，甲以维修未征得自己同意为由拒绝。丙要求甲支付全部维修费，乙拒绝。

情形（2）：乙不想再与甲合作，欲将其份额对外转让。2024年8月2日，乙发函征求丁的购买意向，同时告知甲：正在寻找份额买主，甲须在接到通知之日起15日内决定是否行使优先购买权。

情形（3）2024年8月3日，甲在未告知乙的情况下，将挖掘机以市价卖给了不知情的戊，约定5日后交付。

情形（4）2024年8月4日，丁想要整台挖掘机。由于甲对乙之前的通知置之不理，乙也不再告知甲，于8月4日当天将挖掘机转让给丁，并同时交付。

1. 根据情形（1），挖掘机维修是否需要征得甲的同意？乙能否有权要求甲分担20%的维修费用？
   A. 需要　　不能
   B. 需要　　能
   C. 不需要　不能
   D. 不需要　能

2. 根据情形（1），乙是否有权拒绝向丙支付全部维修费用？
   A. 无权
   B. 有权
   C. 需与甲商议后决定
   D. 乙只需支付80%费用

3. 根据情形（2），乙的份额转让是否需要征得甲的同意？乙在寻找份额买主时要求甲在接到通知之日起15日内决定是否行使优先购买权，是否符合法律规定？
   A. 需要　　不符合
   B. 需要　　符合
   C. 不需要　不符合
   D. 不需要　符合

4. 根据情形（3）（4），甲与戊之间买卖挖掘机的行为是否有效？丁是否取得挖掘机的所有权？
   A. 有效　　不能
   B. 有效　　能
   C. 无效　　不能
   D. 无效　　能

5. 根据物权法律制度的规定，下列关于按份共有的说法错误的是（　　）。
   A. 共有人之间必须存在共同关系
   B. 共有人对共有的财产按照各自的份额享有所有权和承担义务
   C. 共有关系存续期间，按份共有人不能对共有财产确定份额
   D. 对按份共有的不动产做重大修缮的，应当经占份额1/3以上的按份共有人同意

精选练习题参考答案及解析

一、单项选择题

1.【答案】D
【解析】土地所有权不得抵押。

2.【答案】B
【解析】对物权人而言，物权公示是物权人获得法律承认的过程，也是其物权获得法律保护的基础。本题中，房屋已过户给乙，不动产物权发生了变更，并依法律规定办理了过户登记，这体现了物权公示原则。

3.【答案】D
【解析】因物权的归属、内容发生争议的，利害关系人可以请求确认权利。

4.【答案】D
【解析】承租人在承租物上增添附属物，出租人同意的，并就财产返还时附属物如何处理有规定的，按其约定，没有约定或协商不成的，若装修物可以拆除则拆除，不能拆除的，可折价后归出租人所有。

5.【答案】A
【解析】由于遗失物并不适用非善意取得，故受让人即使善意且无过失，也不能以善意取得为由取得标的物的所有权，权利人当然有权向受让人追回遗失物。故丙应将奇石归还甲。

6.【答案】D
【解析】根据我国《民法典》规定，下列财产不得抵押：（1）土地所有权；（2）耕地、宅基地、自留地、自留山等集体所有的土地使用权，但法律规定可以抵押的除外；（3）学校、幼儿园、医院等以公益为目的的事业单位、社会团体的教育设施、医疗卫生设施和其他社会公益设施；（4）所有权、使用权不明或者有争议的财产；（5）依法被查封、扣押、监管的财产；（6）法律、行政法规规定不得抵押的其他财产。故选项D的自留地不得作为抵押物。

7.【答案】C
【解析】共有房屋的一部分所有权人与转让其财产权利的，原共有人和房屋承租人在同等条件下都享有优先购买权，故乙、丙、丁都有优先购买权。

8.【答案】C
【解析】继受取得又称传来取得，是指通过法律行为从原所有人处取得对某项财产的所有权，主要包括买卖、赠与、互易、继承、受遗赠等方式取得。

9.【答案】B
【解析】本题考核占有的分类。有权占有是指具有法律的根据或原因的占有，例如承租人、借用人、保管人对标的物的占有；无权占有则是指不具有法律的根据或原因的占有，对赃物、

遗失物的占有。乙对拾得的相机的占有是无权占有，丙盗走该相机也属于无权占有，故选项B错误。

10.【答案】C

【解析】根据物权法律制度的规定，以有偿出让方式取得的居住用地使用权限期限最高年限为70年。

二、多项选择题

1.【答案】ABD

【解析】原始取得主要种类有先占、劳动生产、收益、征收、善意取得、添附、没收、拾得遗失物。选项C、E属于继受取得。

2.【答案】ABC

【解析】船舶、航空器、机动车属于特殊动产。在我国此等物权的变动采取登记对抗主义，即未经登记不得对抗善意第三人。土地承包经营权人将土地承包经营权互换、转让，当事人要求登记的，应当向县级以上地方人民政府申请土地承包经营权变更登记；未经登记，不得对抗善意第三人。以生产设备、原材料、半成品、产品抵押的，或者以正在建造中的船舶、航空器抵押的，或者以交通运输工具抵押的，抵押权自抵押合同生效时设立；未经登记，不得对抗善意第三人。

3.【答案】ABDE

【解析】征收是为了社会公共利益的需要，将集体所有的土地和单位个人的房屋及其他不动产所有权转归征收人的法律事实。选项C属于个人动产，不作为征收客体。

4.【答案】AE

【解析】房屋抵押不影响租赁合同的效力，选项A正确。经全体共有人同意后，可处分共有物，选项C错误。共有人转让其份额，其他共有人在同等条件下享有优先购买的权利。E选项正确。

5.【答案】ABD

【解析】处分共有的不动产或者动产以及对共有的不动产或者动产作重大修缮的，应当经全体共同共有人同意，但共有人之间另有约定的除外。

6.【答案】ACDE

【解析】行为是债权的客体，而不是物权的客体。

7.【答案】ABCD

【解析】债务人或者第三人有权处分的下列权利可以出质：(1) 汇票、支票、本票；(2) 债券、存款单；(3) 仓单、提单；(4) 可以转让的基金份额、股权；(5) 可以转让的注册商标专用权、专利权、著作权等知识产权中的财产权；(6) 应收账款；(7) 法律、行政法规规定可以出质的其他财产权利。

8.【答案】ABDE

【解析】根据我国《民法典》规定下列财产不得抵押：(1) 土地所有权；(2) 耕地、宅基地、自留地、自留山等集体所有的土地使用权，但法律规定可以抵押的除外；(3) 学校、幼儿园、医院等以公益为目的的事业单位、社会团体的教育设施、医疗卫生设施和其他社会公益设施；(4) 所有权、使用权不明或者有争议的财产；(5) 依法被查封、扣押、监管的财产；(6) 法律、行政法规规定不得抵押的其他财产。故选项C错误。

9.【答案】ABCD

【解析】根据《民法典》相关规定，浮动抵押的抵押财产自下列情形之一发生时确定：债务履行期限届满，债权未实现；抵押人被宣告破产或者解散；当事人约定的实现抵押权的情形；严重影响债权实现的其他情形。

10.【答案】BCD

【解析】A项错误，动产抵押合同的成立不以登记为生效要件；B、C、D项正确，抵押期间，抵押人经抵押权人同意转让抵押财产的，应当将转让所得的价款向抵押权人提前清偿债务或者提存。抵押期间，抵押人未经抵押权人同意，不得转让抵押财产，但受让人代为清偿债务消灭抵押权的除外，在民法上这称为抵押物受让人的涤除权；E项错误，动产抵押合同未经登记不影响合同效力，只是不能对抗善意第三人。

三、综合题

1.【答案】D

【解析】根据物权法律制度的规定，甲乙二人形成按份共有，按份共有对共有物进行重大修缮的，经占份额为2/3以上按份共有人同意即可，因此乙无须征得甲的同意。共有修缮费用，当事人没有约定的，按照各自份额负担，因此乙有权要求甲承担与其份额相当即20%的修缮费用。

2. 【答案】A

【解析】乙无权拒绝向丙支付全部修缮费用。根据物权法律的规定，债权债务的对外关系上，任何一名按份共有人均有义务对债权人承担全部债务。

3. 【答案】C

【解析】乙的份额转让无须征得甲的同意。根据物权法律制度的规定，按份共有人对其份额享有处分自由，可自由转让，无须征得其他共有人的同意。根据物权法律制度的规定，优先购买权的行使期间须以同等条件确定为前提，发出的通知应包含同等条件之内容，未确定此内容之前，优先购买权的期间不得算起。所以，乙在寻求份额买主时要求甲在接到通知之日起15日内决定是否行使优先购买前，不符合法律规定。

4. 【答案】B

【解析】甲与戊之间的买卖行为有效，共有物买卖行为属于债权行为，不以处分权为有效要件；丁取得挖掘机的所有权，根据物权法律制度的规定，占共有份额2/3以上多数的共有人即可处分共有物，乙处分属于有权处分，且已交付。

5. 【答案】ACD

【解析】按份共有人之间的联系不以存在共同关系为必要，即不需要特别的身份，选项A错误。按份共有人对共有的不动产或者动产享有的份额，没有约定或者约定不明确的，按照出资额确定；不能确定出资额的，视为等额享有，选项C错误。对按份共有的不动产做重大修缮的，应当经占份额2/3以上的按份共有人同意，选项D错误。

第三章 金融法律制度

考试大纲

一、考试目的

考查考生对证券、银行、信托、融资租赁等法律规定的掌握情况，以及运用相关法律制度解决金融法律问题的能力。

二、考试内容及要求

（一）掌握的内容

1. 股票公开发行与上市交易的基本规定。
2. 银行账户管理规定。
3. 银行存款、贷款、结算业务规定。
4. 信托设立、信托财产和信托行为规定。
5. 融资租赁当事人与融资租赁合同规定。

（二）熟悉的内容

1. 公司债券公开发行与上市交易的基本规定。
2. 银行卡业务规则。
3. 特殊信托业务规定。
4. 融资租赁公司及金融租赁公司的经营规则与监督管理规定。

（三）了解的内容

1. 证券与证券市场的类型。
2. 私募投资基金的监管规则。
3. 银行的分类与监管体制。
4. 信托的分类。
5. 融资租赁的类型。

考情分析

本章在考试中处于重要地位。2025 年，金融租赁公司相关规定变动较大。本章一般既有主观题也会有客观题。复习重点是：（1）证券法律制度；（2）商业银行法律制度。

考点精讲及典型例题解析

【知识点1】证券概念和类型

（一）证券的概念和范围

证券是用以证明或设定权利为目的而做成的书面凭证。广义证券是证明持券人享有一定经济权益的书面凭证，包括资本证券、货币证券和商品证券。资本证券是证明持有人享有一定所有权或债权的书面凭证，例如股票、债券等；货币证券是证明持有人享有一定货币请求权的书面凭证，例如汇票、本票、支票等；商品证券是证明持票人享有一定商品请求权的书面凭证，例如货单、货运单等。狭义证券专指资本证券。

（二）股票

1. 股票的概念和特征。股票是股份有限公司签发的证明股东所持股份的凭证。股票具有收益性、流通性、非返还性和风险性等特点。

2. 股票的分类。

（1）根据股东承担风险程度和享有权利的不同，股票分为普通股和优先股。

（2）根据投资者身份及定价币种的不同，股票可以分为人民币普通股（A 股或内资股）、境内上市外资股（B 股）和境外上市外资股。

（3）根据投资主体和资金来源不同，股票还可以分为国家股、法人股、社会公众股。

【例 3-1】（单选题）根据股东承担风险程度和享有权利的不同，股票可以分为（　　）。

A. 优先股和普通股
B. 法人股和社会公众股
C. 人民币普通股和外资股
D. 国家股和法人股

【答案】A

【解析】根据股东承担风险程度和享有权利的不同，将股票分为普通股和优先股。优先股股东优先于普通股股东分配公司利润和剩余财产，但参与公司决策管理等权利受限。

（三）债券

1. 债券的概念。债券是政府、金融机构、公司企业等单位依照法定程序发行的、约定在一定期限还本付息的有价证券。

2. 债券的分类。根据发债主体不同分为企业债券、公司债券、金融债券和政府债券。

（四）证券投资基金份额

证券投资基金份额是证券投资基金的证券形式，是记载投资者所持基金单位数的凭证。相比股票、债券，证券投资基金份额的特点是：投资者通常不直接参与对证券投资基金的管理，基金的具体业务活动由经理公司承担，亦即"专家理财"；通常基金份额的价格与市场波动相关，但风险比股票低，而比债券特别是政府债券要高。

（五）存托凭证

存托凭证是指由存托人签发、以境外证券为基础在中国境内发行、代表境外基础证券权益的证券。

（六）认股权证

认股权证是股份有限公司给予持证人的无期限或在一定期限内以确定价格购买一定数量普通股票的权利凭证。

【知识点2】证券市场概念和类型

（一）证券市场的概念

企业发展需要的资金可以从企业外部的金融市场获取。传统上，将金融市场分为资金市场和资本市场，前者主要是银行或者各种非银行金融机构为主体构成的市场系统，包括民间借贷市场；后者主要是进行各种直接融资的场所，特别是进行证券募集、发行和交易的交易所市场，即证券市场，也包括各种场外市场。习惯上对证券市场按照不同标准进行分类。

（二）证券品种市场

按照证券品种市场分类，可以将证券市场分为股票市场、债券市场、基金市场以及衍生品证券市场四个基本类别。

（三）证券板块市场

按照证券市场的定位和服务对象企业的不同特点，在我国将证券市场分为主板、创业板、科创板、新三板、北交所和区域性股权市场。

【提示】《首次公开发行股票注册管理办法》明确了主板、科创板、创业板的板块定位：主板突出"大盘蓝筹"特色，重点支持业务模式成熟、经营业绩稳定、规模较大、具有行业代表性的优质企业。科创板面向世界科技前沿、面向经济主战场、面向国家重大需求；优先支持符合国家战略，拥有关键核心技术，科技创新能力突出，主要依靠核心技术开展生产经营，具有稳定的商业模式，市场认可度高，社会形象良好，具有较强成长性的企业。创业板深入贯彻创新驱动发展战略，适应发展更多依靠创新、创造、创意的大趋势，主要服务成长型创新创业企业，支持传统产业与新技术、新产业、新业态、新模式深度融合。

【例3-2】（多选题）我国证券市场依照定位和服务对象企业的不同，分为（　　）。

A. 主板市场
B. 创业板市场
C. 新三板市场
D. 创新板市场
E. 区域性股权市场

【答案】ABCE

【解析】按照证券市场的定位和服务对象企业的不同特点，在我国将证券市场分为主板、创业板、科创板、新三板、北交所和区域性股权市场。

（四）证券功能市场

按照证券市场的职能和证券交易先后顺序的不同，证券市场可以分为证券发行市场和证券交易市场。证券发行市场是指证券发行人依照法定的条件和程序向投资者制作并销售新证券而形成的市场，通常也称为一级市场或初级市场。证券发行市场的主要主体包括证券发行人和证券认购人。证券交易市场是指证券依法发行后，合法持有人为处分自己的证券权利而与他人进行交易所形成的市场，通常也称为二级市场。证券交易市场的主要主体是证券投资者。

【知识点3】股票发行交易

（一）证券发行概述

证券发行分为公开发行与非公开发行，按照《证券法》的规定，有下列情形之一的，为公开发行：一是向不特定对象发行证券；二是向特定对象发行证券累计超过200人，但依法实施员工持股计划的员工人数不计算在内；三是法律、行政法规规定的其他发行行为。非公开发行证券，不得采用广告、公开劝诱和变相公开方式。

【提示】2023年《首次公开发行股票注册管理办法》规定：首次公开发行股票并上市，应当符合发行条件、上市条件以及相关信息披露要求，依法经交易所发行上市审核，并报中国证监会注册。

（二）股票公开发行

1. 首次公开发行的一般条件。公司首次公开发行新股，应当符合下列条件：（1）具备健全且运行良好的组织机构；（2）具有经营能力；（3）最近3年财务会计报告被出具无保留意见审计报告；（4）发行人及其控股股东、实际控制人最近3年不存在贪污、贿赂、侵占财产、挪用财产或者破坏社会主义市场经济秩序的刑事犯罪；（5）经国务院批准的国务院证券监督管理机构规定的其他条件。

2. 在中国境内首次公开发行并在上海证券交易所、深圳证券交易所上市的股票发行条件。根据《首次公开发行股票注册管理办法》的规定，首次公开发行并在沪深交易所上市的股票发行条件包括：

（1）发行人是依法设立且持续经营3年以上的股份有限公司，具备健全且运行良好的组织机构，相关机构和人员能够依法履行职责。有限责任公司按原账面净资产值折股整体变更为股份有限公司的，持续经营时间可以从有限责任公司成立之日起计算。

（2）发行人会计基础工作规范，财务报表的编制和披露符合企业会计准则和相关信息披露规则的规定，在所有重大方面公允地反映了发行人的财务状况、经营成果和现金流量，最近3年财务会计报告由注册会计师出具无保留意见的审计报告。发行人内部控制制度健全且被有效执行，能够合理保证公司运行效率、合法合规和财务报告的可靠性，并由注册会计师出具无保留结论的内部控制鉴证报告。

（3）发行人业务完整，具有直接面向市场独立持续经营的能力：

①资产完整，业务及人员、财务、机构独立，与控股股东、实际控制人及其控制的其他企业间不存在对发行人构成重大不利影响的同业竞争，不存在严重影响独立性或者显失公平的关联交易；②主营业务、控制权和管理团队稳定，首次公开发行股票并在主板上市的，最近3年内主营业务和董事、高级管理人员均没有发生重大不利变化；首次公开发行股票并在科创板、创业板上市的，最近2年内主营业务和董事、高级管理人员均没有发生重大不利变化；首次公开发行股票并在科创板上市的，核心技术人员应当稳定且最近2年内没有发生重大不利变化；发行人的股份权属清晰，不存在导致控制权可能变更的重大权属纠纷，首次公开发行股票并在主板上市的，最近3年实际控制人没有发生变更；首次公开发行股票并在科创板、创业板上市的，最近2年实际控制人没有发生变更；③不存在涉及主要资产、核心技术、商标等的重大权属纠纷，重大偿债风险，重大担保、诉讼、仲裁等或有事项，经营环境已经或者将要发生重大变化等对持续经营有重大不利影响的事项。

（4）发行人生产经营符合法律、行政法规的规定，符合国家产业政策。最近3年内，发行人及其控股股东、实际控制人不存在贪污、贿赂、侵占财产、挪用财产或者破坏社会主义市场经济秩序的刑事犯罪，不存在欺诈发行、重大信息披露违法或者其他涉及国家安全、公共安全、生态安全、生产安全、公众健康安全等领域的重大违法行为。董事、监事和高级管理人员不存在最近3年内受到中国证监会行政处罚，或者因涉嫌犯罪正在被司法机关立案侦查或者涉嫌违法违规正在被中国证监会立案调查且尚未有明确结论意见等情形。

3. 在北交所公开发行股票的条件。发行人应当为在全国股转系统连续挂牌满12个月的创新层挂牌公司，其申请公开发行股票，应当符合下列规定：（1）具备健全且运行良好的组织机构；（2）具有持续经营能力，财务状况良好；（3）最近3年财务会计报告无虚假记载，被出具无保留意见审计报告；（4）依法规范经营。发行人及其控股股东、实际控制人存在下列情形之一的，发行人不得公开发行股票：（1）最近3年内存在贪污、贿赂、侵占财产、挪用财产或者破坏社会主义市场经济秩序的刑事犯罪；（2）最近3年内存在欺诈发行、重大信息披露违法或者其他涉及国家安全、公共安全、生态安全、生产安全、公众健康安全等领域的重大违法行为；（3）最近1年内受到中国证监会行政处罚。

4. 股票增发条件。（1）上市公司向不特定对象发行股票，应当符合下列规定：①具备健全且运行良好的组织机构；②现任董事、监事和高级管理人员符合法律、行政法规规定的任职要求；③具有完整的业务体系和直接面向市场独立经营的能力，不存在对持续经营有重大不利影响的情形；④会计基础工作规范，内部控制制度健全且有效执行，财务报表的编制和披露符合企业会计准则和相关信息披露规则的规定，在所有重大方面公允反映了上市公司的财务状况、经营成果和现金流量，最近3年财务会计报告被出具无保留意见审计报告；⑤除金融类企业外，最近一期末不存在金额较大的财务性投资；⑥交易所主板上市公司配股、增发的，应当最近3个会计年度盈利；增发还应当满足最近3个会计年度加权平均净资产收益率平均不低于6%；净利润以扣除非经常性损益前后孰低者为计算依据。同时，上市公司不得存在下列任一情形：①擅自改变前次募集资金用途未纠正，或者未经股东大会认可；②上市公司或者其现任董事、监事和高级管理人员最近3年受到中国证监会行政处罚，或者最近1年受到证券交易所公开谴责，或者因涉嫌犯罪正在被司法机关立案侦查或者涉嫌违法违规正在被中国证监会立案调查；③上市公司或者其控股股东、实际控制人最近1年存在未履行向投资者作出的公开承诺的情形；④上市公司或者其控股股东、实际控制人最近3年存在贪污、贿赂、侵占财产、挪用财产或者破坏社会主义市场经济秩序的刑事犯罪，或者存在严重损害上市公司利益、投资者合法权益、社会公共利益的重大违法行为。

（2）上市公司存在下列情形之一的，不得向特定对象发行股票：①擅自改变前次募集资金用途未作纠正，或者未经股东大会认可；②最近1年财务报表的编制和披露在重大方面不符合企业会计准则或者相关信息披露规则的规定；最近1年财务会计报告被出具否定意见或者无法表示意见的审计报告；最近1年财务会计报告被出具保留意见的审计报告，且保留意见所涉及事项对上市公司的重大不利影响尚未消除。本次发行涉及重大资产重组的除外；③现任董事、监事和高级管理人员最近3年受到中国证监会行政处罚，或者最近1年受到证券交易所公开谴责；④上市公司或者其现任董事、监事和高级管理人员因涉嫌犯罪正在被司法机关立案侦查或者涉嫌违法违规正在被中国证监会立案调查；⑤控股股东、实际控制人最近3年存在严重损害上市公司利益或者投资者合法权益的重大违法行为；⑥最近3年存在严重损害投资者合法权益或者社会公共利益的重大违法行为。

【例3-3】（单选题）增发股票除需要符合公开发行证券的一般条件外，还应当符合最近3个会计年度加权平均净资产收益率平均不低于（　　）。

A. 3%　　　　　　　B. 6%
C. 8%　　　　　　　D. 9%

【答案】B
【解析】略。

（三）股票注册的程序

1. 作出发行决议。发行人董事会应当依法就本次股票发行的具体方案、本次募集资金使用的可行性及其他必须明确的事项作出决议，提请股东会批准。股东会应当就本次发行股票作出决议，决议内容至少应当包括下列事项：（1）本次发行股票的种类和数量；（2）发行对象；（3）定价方式；（4）募集资金用途；（5）发行前滚存利润的分配方案；（6）决议的有效期；（7）对董事会办理本次发行具体事宜的授权；（8）其他必须明确的事项。

2. 报送文件。

【提示】发行人申请首次公开发行股票并上市，应当按照中国证监会有关规定制作注册申请文件，依法由保荐人保荐并向交易所申报。交易所收到注册申请文件，5个工作日内作出是否受理的决定。注册申请文件受理后，未经中国证监会或者交易所同意，不得改动。发生重大事项的，发行人、保荐人、证券服务机构应当及时向交易所报告，并按要求更新注册申请文件和信息披露资料。

3. 预先披露申请文件。发行人申请首次公开发行股票的，在提交申请文件后，应当按照国务院证券监督管理机构的规定预先披露有关申请文件。

4. 证券注册。国务院证券监督管理机构或者国务院授权的部门依照法定条件负责证券发行申请的注册。按照国务院的规定，证券交易所等可以审核公开发行证券申请，判断发行人是否符合发行条件、信息披露要求，督促发行人完善信息披露内容。国务院证券监督管理机构或者国务院授权的部门应当自受理证券发行申请文件之日起3个月内，依照法定条件和法定程序作出予以注册或者不予注册的决定,发行人根据要求补充、修改发行申请文件的时间不计算在内。不予注册的,应当说明理由。

5. 公开发行信息。

【提示】《首次公开发行股票注册管理办法》规定,交易所受理注册申请文件后,发行人应当按规定,将招股说明书、发行保荐书、上市保荐书、审计报告和法律意见书等文件在交易所网站预先披露。交易所认为发行人符合发行条件和信息披露要求,将发行人注册申请文件报送中国证监会时,招股说明书、发行保荐书、上市保荐书、审计报告和法律意见书等文件应当同步在交易所网站和中国证监会网站公开。发行人在发行股票前应当在交易所网站和符合中国证监会规定条件的报刊依法开办的网站全文刊登招股说明书,同时在符合中国证监会规定条件的报刊刊登提示性公告,告知投资者网上刊登的地址及获取文件的途径。发行人可以将招股说明书以及有关附件刊登于其他网站,但披露内容应当完全一致,且不得早于在交易所网站、符合中国证监会规定条件的网站的披露时间。保荐人出具的发行保荐书、证券服务机构出具的文件以及其他与发行有关的重要文件应当作为招股说明书的附件。

6. 签订承销协议,进行证券承销。

(1) 证券承销及其方式。发行人向不特定对象发行的证券,法律、行政法规规定应当由证券公司承销的,发行人应当同证券公司签订承销协议。证券承销业务采取代销或者包销方式。公开发行证券的发行人有权依法自主选择承销的证券公司。

(2) 证券公司与发行人签订的承销协议应当载明下列事项:①当事人的名称、住所及法定代表人姓名;②代销、包销证券的种类、数量、金额及发行价格;③代销、包销的期限及起止日期;④代销、包销的付款方式及日期;⑤代销、包销的费用和结算办法;⑥违约责任;⑦国务院证券监督管理机构规定的其他事项。

(3) 证券承销的要求。证券公司承销证券,应当对公开发行募集文件的真实性、准确性、完整性进行核查。发现有虚假记载、误导性陈述或者重大遗漏的,不得进行销售活动;已经销售的,必须立即停止销售活动,并采取纠正措施。证券的代销、包销期限最长不得超过90日。证券公司在代销、包销期内,对所代销、包销的证券应当保证先行出售给认购人,证券公司不得为本公司预留所代销的证券和预先购入并留存所包销的证券。股票发行采取溢价发行的,其发行价格由发行人与承销的证券公司协商确定。

(4) 证券承销团。向不特定对象发行证券聘请承销团承销的,承销团应当由主承销和参与承销的证券公司组成。

(5) 证券发行失败。股票发行采用代销方式,代销期限届满,向投资者出售的股票数量未达到拟公开发行股票数量70%的,为发行失败。发行人应当按照发行价并加算银行同期存款利息返还股票认购人。

【例3-4】(多选题)证券承销方式有代销、包销两种方式,下列说法正确的是(　　)。

A. 代销、包销都要签订承销协议

B. 代销、包销期限都不得超过90日

C. 代销是承销期结束后由承销商退还未售出证券的承销方式

D. 包销是承销期结束后由承销商全部购入未售出证券的承销方式

E. 代销期限届满,向投资者出售的股票数量未达到拟公开发行股票数量75%的,为发行失败

【答案】ABCD

【解析】代销期限届满,向投资者出售的股票数量未达到拟公开发行股票数量70%的,为发行失败。

7. 备案。公开发行股票,代销、包销期限届满,发行人应当在规定的期限内将股票发行情况报国务院证券监督管理机构备案。

8. 撤销注册决定。国务院证券监督管理机构或者国务院授权的部门对已作出的证券发行注册的决定,发现不符合法定条件或者法定程序,尚未发行证券的,应当予以撤销,停止发行。股票依法发行后,发行人经营与收益的变化,由发行人自行负责;由此变化引致的投资风险,由投资者自行负责。

(四) 证券上市与交易

1. 证券上市的规定。

(1) 申请证券上市交易,应当符合证券交

易所上市规则规定的上市条件。证券交易所上市规则规定的上市条件，应当对发行人的经营年限、财务状况、最低公开发行比例和公司治理、诚信记录等提出要求。

（2）证券上市交易申请及审核。申请证券上市交易，应当向证券交易所提出申请，由证券交易所依法审核同意，并由双方签订上市协议。

（3）证券终止上市。上市交易的证券，有证券交易所规定的终止上市情形的，由证券交易所按照业务规则终止其上市交易。证券交易所决定终止证券上市交易的，应当及时公告，并报国务院证券监督管理机构备案。对证券交易所作出的不予上市交易、终止上市交易决定不服的，可以向证券交易所设立的复核机构申请复核。

2. 证券交易的一般规定。

（1）证券交易的客体。证券交易当事人依法买卖的证券，必须是依法发行并交付的证券。非依法发行的证券，不得买卖。

（2）证券交易场所。公开发行的证券，应当在依法设立的证券交易所上市交易或者在国务院批准的其他全国性证券交易场所交易。非公开发行的证券，可以在证券交易所、国务院批准的其他全国性证券交易场所、按照国务院规定设立的区域性股权市场转让。

（3）证券交易方式。公开发行的证券，应当在依法设立的证券交易所上市交易或者在国务院批准的其他全国性证券交易场所交易。非公开发行的证券，可以在证券交易所、国务院批准的其他全国性证券交易场所、按照国务院规定设立的区域性股权市场转让。

（4）证券交易中相关人员的义务。①证券交易场所、证券公司和证券登记结算机构的从业人员，证券监督管理机构的工作人员以及法律、行政法规规定禁止参与股票交易的其他人员，在任期或者法定限期内，不得直接或者以化名、借他人名义持有、买卖股票或者其他具有股权性质的证券，也不得收受他人赠送的股票或者其他具有股权性质的证券。②为证券发行出具审计报告或者法律意见书等文件的证券服务机构和人员，在该证券承销期内和期满后6个月内，不得买卖该证券。③保密义务。证券交易场所、证券公司、证券登记结算机构、证券服务机构及其工作人员应当依法为投资者的信息保密，不得非法买卖、提供或者公开投资者的信息。

（5）证券交易收费。证券交易的收费必须合理，并公开收费项目、收费标准和管理办法。

（6）归入权。上市公司、股票在国务院批准的其他全国性证券交易场所交易的公司持有5%以上股份的股东、董事、监事、高级管理人员，将其持有的该公司的股票或者其他具有股权性质的证券在买入后6个月内卖出，或者在卖出后6个月内又买入，由此所得收益归该公司所有，公司董事会应当收回其所得收益。但是，证券公司因购入包销售后剩余股票而持有5%以上股份，以及有国务院证券监督管理机构规定的其他情形的除外。

3. 禁止的交易行为。（1）禁止内幕交易；（2）禁止利用未公开信息进行交易；（3）禁止操纵证券市场；（4）禁止虚假陈述或信息误导；（5）禁止损害客户利益；（6）其他禁止的行为。

【知识点4】公司债券发行交易

（一）公司债券的概念

公司债券是指公司依照法定程序发行、约定在一定期限还本付息的有价证券。

（二）公司债券的类型

1. 记名公司债券和无记名公司债券，两者的主要区别在于是否在公司债券上记载债权人姓名或者名称。发行记名公司债券的，应当在公司债券存根簿上载明下列事项：（1）债券持有人的姓名或者名称及住所；（2）债券持有人取得债券的日期及债券的编号；（3）债券总额、债券的票面金额、利率、还本付息的期限和方式；（4）债券的发行日期。发行无记名公司债券的，应当在公司债券存根簿上载明债券总额、利率、偿还期限和方式、发行日期及债券的编号。

2. 上市的公司债券和非上市的公司债券。上市的公司债券是指发行后可以在依法设立的证券交易所挂牌交易的公司债券，非上市的公司债券是指发行之后不在证券交易所挂牌交易的公司债券。非上市的公司债券可以通过协议转让等方式进行交易，但不能在证券交易所进行买卖。

3. 公开发行的公司债券与非公开发行的公司债券。公开发行的公司债券是指符合法定条件而向公众投资者公开发行或向合格投资者公开发行的公司债券。非公开发行的公司债券是面向合格投资者发行，并不得采用公告、公开劝诱和变相公开劝诱的发行方式，发行对象不超过 200 人的公司债券。公开发行公司债券在证券交易所、全国中小企业股份转让系统交易或转让；非公开发行公司债券应依法承销或自行销售，在证券交易所、全国中小企业股份转让系统、机构间私募产品报价与服务系统、证券公司柜台转让。

【例 3-5】（多选题）非公开发行公司债券的转让平台有（　　）。
A. 证券交易所
B. 全国中小企业股份转让系统
C. 机构间私募产品报价与服务系统
D. 证券公司柜台
E. 本公司柜台

【答案】ABCD

【解析】公开发行公司债券在证券交易所、全国中小企业股份转让系统交易或转让；非公开发行公司债券应依法承销或自行销售，在证券交易所、全国中小企业股份转让系统、机构间私募产品报价与服务系统、证券公司柜台转让。

4. 可转换公司债券。可转换公司债券是指发行人按照法定程序，向投资者发行的在一定期间内依据约定的条件可以转换成股份的公司债券。上市公司经股东大会决议可以发行可转换为股票的公司债券，并在公司债券募集办法中规定具体的转换办法。

【例 3-6】（多选题）关于可转换公司债券的说法，不正确的是（　　）。
A. 发行可转换公司债券，依法采取承销方式的，需要聘请保荐人
B. 应在债券上标明"可转换公司债券"字样
C. 上市公司经董事会决议可以发行可转换公司债券
D. 上市公司发行可转换为股票的公司债券，应当报国务院证券监督管理机构核准
E. 上市公司发行可转换公司债券需要满足净资产不低于人民币 6 000 万元的条件

【答案】CE

【解析】选项 C，上市公司发行可转换公司债券需要经过股东大会决议；E 选项，上市公司发行可转换公司债券要求净资产不低于 3 000 万元人民币。

（三）公司债券公开发行、上市与交易

1. 公开发行公司债券的基本条件。包括：(1) 具备健全且运行良好的组织机构；(2) 最近 3 年平均可分配利润足以支付公司债券 1 年的利息；(3) 国务院规定的其他条件。

2. 公开发行公司债券的申请。申请公开发行公司债券，应当向国务院授权的部门或者国务院证券监督管理机构报送下列文件：(1) 公司营业执照；(2) 公司章程；(3) 公司债券募集办法；(4) 国务院授权的部门或者国务院证券监督管理机构规定的其他文件。依照《证券法》规定聘请保荐人的，还应当报送保荐人出具的发行保荐书。

3. 禁止再次发行公司债券的情形。有下列情形之一的，不得再次公开发行公司债券：(1) 对已公开发行的公司债券或者其他债务有违约或者延迟支付本息的事实，仍处于继续状态；(2) 违反《证券法》规定，改变公开发行公司债券所募资金的用途。

4. 公司债券交易中的禁止行为。公开发行的公司债券的上市和交易，规则与公开发行的股票上市和交易相同。在公司债券交易的禁止性行为中，内幕交易为其中一类，但依《证券法》的规定，公司债券交易的内幕信息范围与股票的内幕信息范围不同，指可能对上市交易公司债券的交易价格产生较大影响的重大事件，包括：(1) 公司股权结构或者生产经营状况发生重大变化；(2) 公司债券信用评级发生变化；(3) 公司重大资产抵押、质押、出售、转让、报废；(4) 公司发生未能清偿到期债务的情况；(5) 公司新增借款或者对外提供担保超过上年末净资产的 20%；(6) 公司放弃债权或者财产超过上年末净资产的 10%；(7) 公司发生超过上年末净资产 10% 的重大损失；(8) 公司分配股利，作出减资、合并、分立、解散及申请破产的决定，或者依法进入破产程序、被责令关闭；(9) 涉及公司的重大诉讼、仲裁；(10) 公司涉嫌犯罪被依法立案调查，公司的控股股东、实际控制人、董事、监事、高级管理人员涉嫌犯罪被依法采取强制措施；(11) 国务院证券监督管理机构规定的其他事项。

【知识点5】私募投资基金

(一) 私募投资基金设立原则

设立私募基金管理机构和发行私募基金不设行政审批,允许各类发行主体在依法合规的基础上,向累计不超过法律规定数量的投资者发行私募基金。私募基金管理人在初次开展资金募集、基金管理等私募基金业务活动前,应当按照规定在基金业协会完成登记。基金业协会为私募基金管理人和私募基金办理登记备案不构成对私募基金管理人投资能力、持续合规情况的认可;不作为对基金财产安全的保证。

建立健全私募基金发行监管制度,切实强化事中事后监管,依法严厉打击以私募基金为名的各类非法集资活动。私募基金管理人不得直接或者间接从事民间借贷、担保、保理、典当、融资租赁、网络借贷信息中介、众筹、场外配资等任何与私募基金管理相冲突或者无关的业务,证监会另有规定的除外。

(二) 私募基金管理人和私募基金托管人

1. 私募基金管理人。《证券投资基金法》规定,担任非公开募集基金的基金管理人,应当按照规定向基金行业协会履行登记手续,报送基本情况。有下列情形之一的,不得担任私募基金管理人,不得成为私募基金管理人的控股股东、实际控制人或者普通合伙人:①存在不得担任私募基金管理人的董事、监事、高级管理人员、执行事务合伙人或者委派代表的情形的;②因非法集资、非法经营等重大违法行为被追究法律责任而被注销登记,自被注销登记之日起未逾3年的私募基金管理人,或者为该私募基金管理人的控股股东、实际控制人、普通合伙人;③从事的业务与私募基金管理存在利益冲突;④有严重不良信用记录尚未修复。

有下列情形之一的,不得担任私募基金管理人的董事、监事、高级管理人员、执行事务合伙人或者委派代表:①因犯有贪污贿赂、渎职、侵犯财产罪或者破坏社会主义市场经济秩序罪,被判处刑罚;②最近3年因重大违法违规行为被金融管理部门处以行政处罚;③对所任职的公司、企业因经营不善破产清算或者因违法被吊销营业执照负有个人责任的董事、监事、厂长、高级管理人员、执行事务合伙人或者委派代表,自该公司、企业破产清算终结或被吊销营业执照之日起未逾5年;④所负债务数额较大,到期未清偿或者被纳入失信被执行人名单;⑤因违法行为被开除的基金管理人、基金托管人、证券期货交易场所、证券公司、证券登记结算机构、期货公司以及其他机构的从业人员和国家机关工作人员;⑥因违法行为被吊销执业证书或者被取消资格的律师、注册会计师和资产评估机构、验证机构的从业人员、投资咨询从业人员,自被吊销执业证书或者被取消资格之日起未逾5年;⑦担任因非法集资、非法经营等重大违法行为被追究法律责任而被注销登记的私募基金管理人的法定代表人、执行事务合伙人或者委派代表,或者负有责任的高级管理人员,自该私募基金管理人被注销登记之日起未逾3年。

私募基金管理人应当履行下列职责:①依法募集资金,办理私募基金备案;②对所管理的不同私募基金财产分别管理、分别记账,进行投资;③按照基金合同约定管理私募基金并进行投资,建立有效的风险控制制度;④按照基金合同约定确定私募基金收益分配方案,向投资者分配收益;⑤按照基金合同约定向投资者提供与私募基金管理业务活动相关的信息;⑥保存私募基金财产管理业务活动的记录、账册、报表和其他有关资料;⑦国务院证券监督管理机构规定和基金合同约定的其他职责。以非公开方式募集资金设立投资基金的,私募基金管理人还应当以自己的名义,为私募基金财产利益行使诉讼权利或者实施其他法律行为。

私募基金管理人有下列情形之一的,登记备案机构应当及时注销私募基金管理人登记并予以公示:①自行申请注销登记;②依法解散、被依法撤销或者被依法宣告破产;③因非法集资、非法经营等重大违法行为被追究法律责任;④登记之日起12个月内未备案首只私募基金;⑤所管理的私募基金全部清算后,自清算完毕之日起12个月内未备案新的私募基金;⑥国务院证券监督管理机构规定的其他情形。登记备案机构注销私募基金管理人登记前,应当通知私募基金管理人清算私募基金财产或者依法将私募基金管理职责转移给其他经登记的私募基金管理人。

2. 私募基金托管人。《证券投资基金法》规定,除基金合同另有约定外,非公开募集基金应当由基金托管人托管。《私募监管条例》规定,除基金合同另有约定外,私募基金财产应当由私募基金托管人托管。私募基金财产不进行托管的，应当明确保障私募基金财产安全的制度措施和纠纷解决机制。私募基金财产进行托管的，私募基金托管人应当依法履行职责。私募基金托管人应当依法建立托管业务和其他业务的隔离机制，保证私募基金财产的独立和安全。

（三）私募基金的资金募集

1. 一般规定。私募基金管理人应当自行募集资金，不得委托他人募集资金，但国务院证券监督管理机构另有规定的除外。私募基金不得向合格投资者以外的单位和个人募集或者转让；不得向为他人代持的投资者募集或者转让；不得通过报刊、电台、电视台、互联网等大众传播媒介，电话、短信、即时通讯工具、电子邮件、传单，或者讲座、报告会、分析会等方式向不特定对象宣传推介；不得以虚假、片面、夸大等方式宣传推介；不得以私募基金托管人名义宣传推介；不得向投资者承诺投资本金不受损失或者承诺最低收益。

2. 合格投资者要求。私募基金应当向合格投资者募集或者转让，单只私募基金的投资者累计不得超过法律规定的人数。私募基金管理人不得采取为单一融资项目设立多只私募基金等方式，突破法律规定的人数限制；不得采取将私募基金份额或者收益权进行拆分转让等方式，降低合格投资者标准。私募基金管理人应当向投资者充分揭示投资风险，根据投资者的风险识别能力和风险承担能力匹配不同风险等级的私募基金产品。

合格投资者是具备相应风险识别能力和风险承担能力，投资于单只私募基金的金额不低于100万元且符合下列相关标准的单位和个人：（1）净资产不低于1 000万元的单位；（2）金融资产不低于300万元或者最近3年个人年均收入不低于50万元的个人。金融资产包括银行存款、股票、债券、基金份额、资产管理计划、银行理财产品、信托计划、保险产品、期货权益等。

【例3-7】（多选题）私募基金的合格投资者包括（　　）。

A. 具备相应风险识别能力和风险承担能力的单位或个人

B. 投资于单只私募基金的金额不低于100万元的单位或个人

C. 资产不低于1 000万元的单位

D. 金融资产不低于300万元的个人

E. 最近3年个人年均收入不低于50万元的个人

【答案】ABDE

【解析】选项C应当是净资产不低于1 000万元的单位。

（四）私募基金的投资运作

1. 私募基金运行的禁止性规定。私募基金管理人、私募基金托管人、私募基金销售机构及其他私募服务机构及其从业人员从事私募基金业务，不得有以下行为：（1）将其固有财产或者他人财产混同于基金财产从事投资活动；（2）不公平地对待其管理的不同基金财产；（3）利用基金财产或者职务之便，为本人或者投资者以外的人牟取利益，进行利益输送；（4）侵占、挪用基金财产；（5）泄露因职务便利获取的未公开信息，利用该信息从事或者明示、暗示他人从事相关的交易活动；（6）从事损害基金财产和投资者利益的投资活动；（7）玩忽职守，不按照规定履行职责；（8）从事内幕交易、操纵交易价格及其他不正当交易活动；（9）法律、行政法规和中国证监会规定禁止的其他行为。

【提示】私募基金管理人不得直接或者间接将私募基金财产用于下列投资活动：（1）借（存）贷、担保、明股实债等非私募基金投资活动，但是私募基金以股权投资为目的，按照合同约定为被投企业提供1年期限以内借款、担保除外；（2）投向保理资产、融资租赁资产、典当资产等类信贷资产、股权或其（受）益权；（3）从事承担无限责任的投资；（4）法律、行政法规和中国证监会禁止的其他投资活动。私募基金有上述第（1）项规定行为的，借款或者担保到期日不得晚于股权投资退出日，且借款或者担保余额不得超过该私募基金实缴金额的20%；中国证监会另有规定的除外。

（五）私募基金的监督管理及行业自律

中国证监会对私募基金业务活动实施监督管理，依法履行下列职责：①制定有关私募基金业务活动监督管理的规章、规则；②对私募基金管理人、私募基金托管人以及其他机构从事私募基金业务活动进行监督管理，对违法行为进行查处；③对登记备案和自律管理活动进行指导、检查和监督；④法律、行政法规规定的其他职责。

【知识点6】银行法律制度

(一) 中央银行

1. 中央银行的概念。中央银行是一国金融体制中居于核心地位、依法制定和执行国家货币金融政策、实施金融调控与监管的特殊金融机关。

2. 中央银行的地位。中央银行通常是发行的银行、银行的银行、政府的银行，承担金融调控与监管等重要职能。

【提示】依据《中华人民共和国中国人民银行法》，中国人民银行是中华人民共和国的中央银行。中国人民银行在国务院领导下，制定和执行货币政策，防范和化解金融风险，维护金融稳定。

3. 中国人民银行的职责。中国人民银行履行下列职责：(1) 发布和履行与其职责有关的命令和规章；(2) 依法制定和执行货币政策；(3) 发行人民币，管理人民币流通；(4) 监督管理银行间同业拆借市场和银行间债券市场；(5) 实施外汇管理，监督管理银行间外汇市场；(6) 监督管理黄金市场；(7) 持有、管理、经营国家外汇储备、黄金储备；(8) 经理国库；(9) 维护支付、清算系统的正常运行；(10) 指导、部署金融业反洗钱工作，负责反洗钱的资金监测；(11) 负责金融业的统计、调查、分析和预测；(12) 作为国家的中央银行，从事有关的国际金融活动；(13) 国务院规定的其他职责。

4. 中国人民银行的货币政策工具。为执行货币政策，中国人民银行可以运用下列货币政策工具：(1) 要求银行业金融机构按照规定的比例交存存款准备金；(2) 确定中央银行基准利率；(3) 为在中国人民银行开立账户的银行业金融机构办理再贴现；(4) 向商业银行提供贷款；(5) 在公开市场上买卖国债、其他政府债券和金融债券及外汇；(6) 国务院确定的其他货币政策工具。

【例3-8】(多选题) 中央银行的职能有( )。

A. 依法制定和执行货币政策
B. 监督管理银行间同业拆借市场和银行间债券市场
C. 发行人民币，管理人民币流通
D. 向国有企业贷款
E. 负责金融业的统计、调查、分析和预测

【答案】ABCE

【解析】略。

(二) 政策性银行

1. 政策性银行的概念。政策性银行是指由政府创立、参股或保证的，不以营利为目的，专门为贯彻、配合政府经济政策、社会政策，在特定的业务领域内，直接或间接从事政策性融资活动，充当政府发展经济、促进社会进步、进行宏观经济管理的专门金融机构。

2. 政策性银行的类型。我国分别设立了国家开发银行、中国农业发展银行、中国进出口银行三家政策性银行，它们都是独立法人，是国有企业法人型银行，负责实施国家产业政策，支持国家区域发展战略实现，运用融资手段贯彻国家的经济政策。

(三) 商业银行

商业银行是指依照《商业银行法》《公司法》设立的吸收公众存款、发放贷款、办理结算等业务的企业法人。商业银行是一种特殊的金融企业法人，遵循安全性、流动性、效益性的"三性原则"，实行自主经营、自担风险、自负盈亏、自我约束的"四自方针"依法独立经营和承担民事责任，接受银行业监督管理机构、中央银行等机构的监督管理。

【例3-9】(单选题) 下列不属于商业银行"四自"原则的是( )。

A. 自主经营　　　　B. 自担风险
C. 自负盈亏　　　　D. 自我监督

【答案】D

【解析】商业银行实行自主经营、自担风险、自负盈亏、自我约束的"四自方针"。商业银行应当接受银监会的监督、中国人民银行等的外部监督。

(四) 信用合作社

信用合作社包括农村信用合作社和城市信用合作社，是群众性合作金融组织，是我国银行体系的必要补充。

(五) 互联网银行

互联网发展对传统金融银行业务产生了巨大影响，催生了电子银行业务和互联网银行业

务。如浙江网商银行、深圳前海微众银行等被认为是纯粹的互联网银行,即以纯互联网方式运营,不设物理网点,不做现金业务,也不涉足传统银行线下业务等,而是利用大数据和互联网技术进行金融资源配置和风险防控的金融机构。

【提示】国家金融监督管理总局的主要职责:(1)依法对除证券业之外的金融业实行统一监督管理,强化机构监管、行为监管、功能监管、穿透式监管、持续监管,维护金融业合法、稳健运行。(2)对金融业改革开放和监管有效性相关问题开展系统性研究,参与拟订金融业改革发展战略规划。拟订银行业、保险业、金融控股公司等有关法律法规草案,提出制定和修改建议。制定银行业机构、保险业机构、金融控股公司等有关监管制度。(3)统筹金融消费者权益保护工作。制定金融消费者权益保护发展规划,建立健全金融消费者权益保护制度,研究金融消费者权益保护重大问题,开展金融消费者教育工作,构建金融消费者投诉处理机制和金融消费纠纷多元化解机制。(4)依法对银行业机构、保险业机构、金融控股公司等实行准入管理,对其公司治理、风险管理、内部控制、资本充足状况、偿付能力、经营行为、信息披露等实施监管。(5)依法对银行业机构、保险业机构、金融控股公司等实行现场检查与非现场监管,开展风险与合规评估,查处违法违规行为。(6)统一编制银行业机构、保险业机构、金融控股公司等的监管数据报表,按照国家有关规定予以发布,履行金融业综合统计相关工作职责。(7)负责银行业机构、保险业机构、金融控股公司等的科技监管,建立科技监管体系,制定科技监管政策,构建监管大数据平台,开展风险监测、分析、评价、预警,充分利用科技手段加强监管、防范风险。(8)对银行业机构、保险业机构、金融控股公司等实行穿透式监管,制定股权监管制度,依法审查批准股东、实际控制人及股权变更,依法对股东、实际控制人以及一致行动人、最终受益人等开展调查,对违法违规行为采取相关措施或进行处罚。(9)建立除货币、支付、征信、反洗钱、外汇和证券期货等领域之外的金融稽查体系,建立行政执法与刑事司法衔接机制,依法对违法违规金融活动相关主体进行调查、取证、处理,涉嫌犯罪的,移送司法机关。(10)建立银行业机构、保险业机构、金融控股公司等的恢复和处置制度,会同相关部门研究提出有关金融机构恢复和处置意见建议并组织实施。(11)牵头打击非法金融活动,组织建立非法金融活动监测预警体系,组织协调、指导督促有关部门和地方政府依法开展非法金融活动防范和处置工作。对涉及跨部门跨地区和新业态新产品等非法金融活动,研究提出相关工作建议,按要求组织实施。(12)按照建立以中央金融管理部门地方派出机构为主的地方金融监管体制要求,指导和监督地方金融监管相关业务工作,指导协调地方政府履行相关金融风险处置属地责任。(13)负责对银行业机构、保险业机构、金融控股公司等与信息技术服务机构等中介机构的信息科技外包等合作行为进行监管,依法对违法违规行为开展调查,并对金融机构采取相关措施。(14)参加金融业相关国际组织与国际监管规则制定,开展对外交流与国际合作。(15)完成党中央、国务院交办的其他任务。

【知识点7】商业银行存贷业务

(一)银行账户管理

银行结算账户按存款人分为单位银行结算账户和个人银行结算账户。

1. 单位银行结算账户。

(1)单位银行结算账户概述。存款人以单位名称开立的银行结算账户为单位银行结算账户。个体工商户凭营业执照以字号或经营者姓名开立的银行结算账户纳入单位银行结算账户管理。单位银行结算账户按用途分为基本存款账户、一般存款账户、专用存款账户、临时存款账户。

(2)基本存款账户。基本存款账户是存款人因办理日常转账结算和现金收付需要开立的银行结算账户。企业、事业单位可以自主选择一家商业银行的营业场所开立一个办理日常转账结算和现金收付的基本账户,不得开立两个以上基本账户。基本存款账户是存款人的主办账户。存款人日常经营活动的资金收付及其工资、奖金和现金的支取,应通过该账户办理。

(3)一般存款账户。一般存款账户是存款人因借款或其他结算需要,在基本存款账户开户银行以外的银行营业机构开立的银行结算账户。一般存款账户用于办理存款人借款转存、借款归还和其他结算的资金收付。该账户可以办理现金缴存，但不得办理现金支取。

（4）专用存款账户。专用存款账户是存款人按照法律、行政法规和规章，对其特定用途资金进行专项管理和使用而开立的银行结算账户。专用存款账户用于办理各项专用资金的收付。

（5）临时存款账户。临时存款账户是存款人因临时需要并在规定期限内使用而开立的银行结算账户。临时存款账户用于办理临时机构以及存款人临时经营活动发生的资金收付。

（6）单位银行结算账户的开立。单位申请开立银行结算账户，应当依照规定向银行出具相应的证明文件。单位开立银行结算账户的名称应与其提供的申请开户的证明文件的名称全称相一致。有字号的个体工商户开立银行结算账户的名称应与其营业执照的字号相一致；无字号的个体工商户开立银行结算账户的名称，由"个体户"字样和营业执照记载的经营者姓名组成。

2. 个人银行结算账户。

（1）个人银行结算账户的概念。个人银行结算账户是自然人因投资、消费、结算等而开立的可办理支付结算业务的存款账户。邮政储蓄机构办理银行卡业务开立的账户纳入个人银行结算账户管理。

（2）个人银行结算账户的开立。存款人申请开立个人银行结算账户，应向银行出具相应的证明文件。自然人开立银行结算账户的名称应与其提供的有效身份证件中的名称全称相一致。

（3）个人银行结算账户的使用。个人银行结算账户用于办理个人转账收付和现金存取。储蓄账户仅限于办理现金存取业务，不得办理转账结算。任何单位和个人不得将单位的资金以个人名义开立账户存储。

（二）存款业务规则

1. 个人存款业务规则。

（1）储蓄实名制。

（2）人民币储蓄业务类型。人民币储蓄业务包括：①活期储蓄存款；②整存整取定期储蓄存款；③零存整取定期储蓄存款；④存本取息定期储蓄存款；⑤整存零取定期储蓄存款；⑥定活两便储蓄存款；⑦华侨（人民币）整存整取定期储蓄存款；⑧经中国人民银行批准开办的其他种类的储蓄存款。

（3）储蓄存款利率和计息。储蓄存款利率由中国人民银行拟订，经国务院批准后公布，或者由国务院授权中国人民银行制定、公布。未到期的定期储蓄存款，全部提前支取的，按支取日挂牌公告的活期储蓄存款利率计付利息；部分提前支取的，提前支取的部分按支取日挂牌公告的活期储蓄存款利率计付利息，其余部分到期时按存单开户日挂牌公告的定期储蓄存款利率计付利息。逾期支取的定期储蓄存款，其超过原定存期的部分，除约定自动转存的外，按支取日挂牌公告的活期储蓄存款利率计付利息。定期储蓄存款在存期内遇有利率调整，按存单开户日挂牌公告的相应的定期储蓄存款利率计付利息。活期储蓄存款在存入期间遇有利率调整，按结息日挂牌公告的活期储蓄存款利率计付利息。全部支取活期储蓄存款，按清户日挂牌公告的活期储蓄存款利率计付利息。

（4）提前支取、挂失、查询和过户。①提前支取储蓄存款。未到期的定期储蓄存款，储户提前支取的，必须持存单和存款人的身份证明办理；代储户支取的，代支取人还必须持其身份证明。②存单存折的挂失。存单、存折分为记名式和不记名式。记名式的存单、存折可以挂失，不记名式的存单、存折不能挂失。储户遗失存单、存折或者预留印鉴的印章的，必须立即持本人身份证明，并提供储户的姓名、开户时间、储蓄种类、金额、账号及住址等有关情况，向其开户的储蓄机构书面申请挂失。在特殊情况下，储户可以用口头或者函电形式申请挂失，但必须在5天内补办书面申请挂失手续。储蓄机构受理挂失后，必须立即停止支付该储蓄存款；受理挂失前该储蓄存款已被他人支取的，储蓄机构不负赔偿责任。③储蓄存款查询。储蓄机构及其工作人员对储户的储蓄情况负有保密责任。储蓄机构不代任何单位和个人查询、冻结或者划拨储蓄存款，国家法律、行政法规另有规定的除外。④储蓄存款过户。储蓄存款的所有权发生争议，涉及办理过户的，储蓄机构依据人民法院发生法律效力的判决书、裁定书或者调解书办理过户手续。

【例3-10】（多选题）根据相关法律规定，下列对个人存款业务规则的说法正确的是

( )。

A. 遵循"存款自愿,取款自由,存款有息,为储户保密"的原则

B. 储蓄存款利率由中国人民银行拟订,经银监会批准后公布,或者由银监会授权中国人民银行制定、公布

C. 记名式的存单、存折可以挂失,不记名式的存单、存折不能挂失

D. 储蓄机构及其工作人员对储户的储蓄情况负有保密责任

E. 储蓄存款的所有权发生争议,涉及办理过户的,储蓄机构依据人民法院发生法律效力的判决书、裁定书或者调解书办理过户手续

【答案】ACDE

【解析】根据《商业银行法》第二十九条、《储蓄管理条例》第五条、二十二条、三十条、三十二条、三十三条规定,选项A、C、D、E正确。储蓄存款利率由中国人民银行拟订,经国务院批准后公布,或是由国务院授权中国人民银行制度、公布。故选项B错误。

2. 单位存款业务规则。

(1) 单位定期存款办理。金融机构对单位定期存款实行账户管理。存款时单位须提交开户申请书、营业执照正本等,并预留印章,包括单位财务专用章、单位法定代表人章(或主要负责人印章)和财会人员章。接受存款的金融机构给存款单位开具"单位定期存款开户证实书"该证实书仅对存款单位开户证实,不得作为质押的权利凭证。

(2) 单位定期存款期限。单位定期存款期限分为3个月、半年、1年三个档次,起存金额1万元,多存不限。

(3) 单位定期存款支取。存款单位支取定期存款只能以转账方式将存款转入单位基本存款账户,不得用于结算或从定期存款账户中提取现金。支取时应出具证实书并提供预留印鉴,金融机构审核无误后办理支取手续,并收回证实书。

(三) 贷款业务规则

1. 贷款种类。

(1) 按照贷款期限分为:短期贷款,系指贷款期限在1年以内(含1年)的贷款;中期贷款,系指贷款期限在1年以上(不含1年)5年以下(含5年)的贷款;长期贷款,系指贷款期限在5年(不含5年)以上的贷款。

(2) 按照有无担保及担保方式分为:信用贷款、担保贷款和票据贴现。信用贷款,系以借款人的信誉发放的贷款。担保贷款,系指保证贷款、抵押贷款、质押贷款。票据贴现,系指贷款人以购买借款人未到期商业票据的方式发放的贷款。

(3) 按照贷款人是否承担风险划分为:自营贷款、委托贷款和特定贷款。

(4) 按照客户类型划分为个人贷款和公司企业贷款。

2. 贷款期限。

(1) 一般期限。贷款期限根据借款人的生产经营周期、还款能力和贷款人的资金供给能力由借贷双方共同商议后确定,并在借款合同中载明。自营贷款期限最长一般不得超过10年,超过10年应当报中国人民银行备案。票据贴现的贴现期限最长不得超过6个月,贴现期限为从贴现之日起到票据到期日止。

(2) 展期。不能按期归还贷款的,借款人应当在贷款到期日之前,向贷款人申请贷款展期。是否展期由贷款人决定。申请保证贷款、抵押贷款、质押贷款展期的,还应当由保证人、抵押人、出质人出具同意的书面证明。已有约定的,按照约定执行。短期贷款展期期限累计不得超过原贷款期限;中期贷款展期期限累计不得超过原贷款期限的一半;长期贷款展期期限累计不得超过3年。国家另有规定者除外。借款人未申请展期或申请展期未得到批准,其贷款从到期日次日起,转入逾期贷款账户。

4. 贷款程序。(1) 申请;(2) 信用评级;(3) 调查核实;(4) 审批;(5) 签订合同;(6) 发放贷款;(7) 跟踪检查。

5. 贷款管理。(1) 行长负责制;(2) 审贷分离制;(3) 分级审批制;(4) 岗位责任制;(5) 驻厂信贷员制;(6) 离任审计制;(7) 贷款质量监管制。

6. 民间借贷。

【知识点8】商业银行中间业务

(一) 结算业务

1. 票据结算。

(1) 使用要求。票据和结算凭证是办理支

付结算的工具。单位、个人和银行办理支付结算，必须使用按中国人民银行统一规定印制的票据凭证和统一规定的结算凭证。

（2）记载要求。单位、个人和银行签发票据、填写结算凭证，应按照规定方法记载，单位和银行的名称应当记载全称或者规范化简称。票据和结算凭证上的签章为签名、盖章或者签名加盖章。票据和结算凭证的金额、出票或签发日期、收款人名称不得更改，更改的票据无效；更改的结算凭证，银行不予受理。票据和结算凭证金额以中文大写和阿拉伯数码同时记载，二者必须一致，二者不一致的票据无效。票据和结算凭证上的签章和其他记载事项应当真实，不得伪造、变造。

（3）银行验核。

2. 汇兑。汇兑是汇款人委托银行将其款项支付给收款人的结算方式，分为信汇、电汇两种，由汇款人选择使用。

3. 委托收款。委托收款是收款人委托银行向付款人收取款项的结算方式。单位和个人凭已承兑商业汇票、债券、存单等付款人债务证明办理款项的结算，均可以使用委托收款结算方式。委托收款在同城、异地均可以使用。委托收款结算款项的划回方式分邮寄和电报两种，由收款人选用。

4. 托收承付。托收承付是根据购销合同由收款人发货后委托银行向异地付款人收取款项，由付款人向银行承认付款的结算方式。使用托收承付结算方式的收款单位和付款单位必须是国有企业、供销合作社以及经营管理较好，并经开户银行审查同意的城乡集体所有制工业企业。办理托收承付结算的款项必须是商品交易，以及因商品交易而产生的劳务供应的款项。代销、寄销、赊销商品的款项不得办理托收承付结算。

5. 信用证结算。

（1）信用证概念。信用证是由银行应申请人的请求和指示，向受益人开立的载有一定金额，在一定期限内凭规定的单据在指定地点向受益人付款的书面保证文件。

（2）信用证当事人。信用证业务当事人包括：①申请人，指申请开立信用证的当事人，一般为货物购买方或服务接受方。②受益人，指接受信用证并享有信用证权益的当事人，一般为货物销售方或服务提供方。③开证行，指应申请人申请开立信用证的银行。④通知行，指应开证行的要求向受益人通知信用证的银行。⑤交单行，指向信用证有效地点提交信用证项下单据的银行。⑥转让行，指开证行指定的办理信用证转让的银行。⑦保兑行，指根据开证行的授权或要求对信用证加具保兑的银行。⑧议付行，指开证行指定的为受益人办理议付的银行，开证行应指定一家或任意银行作为议付信用证的议付行。

（3）信用证结算流程、信用证结算过程比较复杂。

【例3-11】（多选题）商业银行的结算业务有（　　）。

A. 汇兑　　　　　　B. 票据承兑
C. 托收承付　　　　D. 信用证结算
E. 委托付款

【答案】ABCD

【解析】商业银行可以办理票据承兑、汇兑、托收承付、委托收款、信用证结算的中间业务。

（二）银行卡业务规则

1. 银行卡分类。银行卡包括信用卡和借记卡。

（1）信用卡按是否向发卡银行交存备用金分为贷记卡、准贷记卡两类。贷记卡是指发卡银行给予持卡人一定的信用额度，持卡人可在信用额度内先消费、后还款的信用卡。准贷记卡是指持卡人须先按发卡银行要求交存一定金额的备用金，当备用金账户余额不足支付时，可在发卡银行规定的信用额度内透支的信用卡。

（2）借记卡按功能不同分为转账卡（含储蓄卡）、专用卡、储值卡。借记卡不具备透支功能。

2. 交易管理。单位人民币卡可办理商品交易和劳务供应款项的结算，但不得透支；超过中国人民银行规定起点的，应当经中国人民银行当地分行办理转汇。发卡银行对贷记卡的取现应当每笔授权，每卡每日累计取现不得超过2 000元人民币。发卡银行应当对持卡人在自动柜员机（ATM）取款设定交易上限，每卡每日累计提款不得超过20 000元人民币。储值卡的面值或卡内币值不得超过1 000元人民币。

【知识点9】信托法律制度

(一)信托的概念与功能

1. 信托的概念。信托是指委托人基于对受托人的信任,将其财产权委托给受托人,由受托人按委托人的意愿以自己的名义,为受益人的利益或者特定目的,进行管理或者处分的行为。

2. 信托的功能。

(1) 财产管理功能,即金融信托机构接受财产所有者的委托,为其管理、处分信托财产及代办经济事务,以实现信托财产的保全、增值、社会公益等目的。

(2) 融通资金功能,即通过办理信托业务,为建设项目筹措资金,或对其他客户给予资金融通和调剂。

(3) 资产证券化导管功能,即信托作为资产证券化导管体的功能。

(4) 沟通和协调经济关系的功能,即金融信托机构通过开展信托业务,提供信任、信息与咨询服务等方面的职能。

(二)信托类型

1. 按照信托受益人与委托人的关系,信托分为自益信托与他益信托。自益信托是指委托人和受益人为同一人的信托;他益信托是指委托人和受益人不为同一人的信托。我国信托事务中自益信托占多数。

2. 按照信托设立意图,信托分为公益信托与私益信托。公益信托是指委托人为学术、慈善、宗教等事业以及其他社会公共利益目的而设立的信托,其受益人是符合规定条件的不特定多数人。私益信托是指委托人为自己或其指定的特定私人利益而设立的信托。我国《信托法》规定的民事信托、营业信托本质上都属于私益信托。

3. 按照信托设立依据,信托分为设定信托与法定信托。设定信托是基于信托合同或遗嘱等信托文件而设立的信托;法定信托是通过法律强制或法律根据对当事人意思的解释,推定而成立的信托。

(三)信托设立

1. 设立条件及效力。

(1) 基本条件。设立信托,必须有合法的信托目的;有确定的信托财产,并且该信托财产必须是委托人合法所有的财产;对于信托财产,有关法律、行政法规规定应当办理登记手续的,应当依法办理信托登记;应当签订书面信托文件。设立遗嘱信托,应当遵守《民法典》关于遗嘱的规定。

(2) 信托无效。信托无效的情形包括:①信托目的违反法律、行政法规或者损害社会公共利益;②信托财产不能确定;③委托人以非法财产或者《信托法》规定不得设立信托的财产设立信托;④专以诉讼或者讨债为目的设立信托;⑤受益人或者受益人范围不能确定;⑥法律、行政法规规定的其他情形。

(3) 信托撤销。委托人设立信托损害其债权人利益的,债权人有权申请人民法院撤销该信托,申请权应在债权人知道或者应当知道撤销原因之日起1年内行使。人民法院撤销信托的,不影响善意受益人已经取得的信托利益。

【提示】设立信托应当采用书面形式,包括采用信托合同形式。书面文件应当载明信托目的;委托人、受托人的姓名或者名称、住所;受益人或者受益人范围;信托财产的范围、种类及状况;受益人取得信托利益的形式、方法。此外,信托书面文件可以载明信托期限、信托财产的管理方法、受托人的报酬、新受托人的选任方式、信托终止事由等事项。

2. 信托当事人。

(1) 委托人,是指通过信托将自己财产权转移给受托人管理或处分,从而设立信托的人。委托人应当是具有完全民事行为能力的自然人、法人或者依法成立的其他组织。委托人主要权利包括:信托运作知情权;信托财产管理方法调整请求权;对受托人不当信托行为的撤销申请权;对受托人的解任权。

(2) 受托人,是指接受委托人的委托或者国家有关机关的指定而对信托财产负有为他人利益进行管理和处分的人。受托人应当是具有完全民事行为能力的自然人、法人,法律另有规定的除外。受托人的主要权利包括:对信托财产的处分权;处理信托事务的权利;请求给付报酬和补偿费用权;请求辞任的权利。

(3) 受益人,是在信托中享有信托受益权的人。受益人可以是自然人、法人或者依法成立的其他组织。委托人可以是同一信托的唯一受益人;受托人可以是受益人,但不得是同一信托的唯一受益人。受益人的主要权利包括:信托利益的享有权;监督信托事务权;附随收益权的其他权利。

【例3-12】（单选题）根据《信托法》，下列情形中，属于信托撤销事由的是（　　）。
A. 信托财产不能确定的
B. 专以诉讼为目的设立信托的
C. 受益人范围不能确定的
D. 委托人设立信托损害其债权人利益的

【答案】D

【解析】委托人设立信托损害其债权人利益的，债权人有权申请人民法院撤销该信托，申请权应在债权人知道或者应当知道撤销原因之日起1年内行使。

（四）信托财产和信托行为

1. 信托财产。

（1）信托财产的概念和范围。信托财产是指委托人移交给受托人，并由受托人按照一定的信托目的进行管理和处分的财产。受托人因承诺信托而取得的财产是信托财产。受托人因信托财产的管理运用、处分或者其他情形而取得的财产，也归入信托财产。法律、行政法规禁止流通的财产，不得作为信托财产。法律、行政法规限制流通的财产，依法经有关主管部门批准后，可以作为信托财产。

（2）信托财产的独立性。信托财产具有独立性，即信托一旦有效设立，信托财产就从委托人、受托人和受益人的固有财产中分离出来而成为一种独立的财产整体，委托人、受托人和受益人各方的债权人行使债权均不得及于信托财产。其独立性表现在：①信托财产与委托人未设立信托的其他财产相区别；②信托财产与属于受托人所有的财产（固有财产）相区别，不得归入受托人的固有财产或者成为固有财产的一部分；③受托人死亡或者依法解散、被依法撤销、被宣告破产而终止，信托财产不属于其遗产或者清算财产；④受托人不得将信托财产转为其固有财产；受托人将信托财产转为其固有财产的，必须恢复该信托财产的原状；⑤受托人必须将信托财产与其固有财产分别管理、分别记账，并将不同委托人的信托财产分别管理、分别记账。

2. 信托行为。

（1）信托经营规则。信托公司管理运用或者处分信托财产，必须恪尽职守，履行诚实、信用、谨慎、有效管理的义务，维护受益人的最大利益。信托公司在处理信托事务时应当避免利益冲突，在无法避免时，应向委托人、受益人予以充分的信息披露，或拒绝从事该项业务。信托公司应当亲自处理信托事务。信托文件另有约定或有不得已事由时，可委托他人代为处理，但信托公司应尽足够的监督义务，并对他人处理信托事务的行为承担责任。信托公司对委托人、受益人以及所处理信托事务的情况和资料负有依法保密的义务。信托公司应当妥善保存处理信托事务的完整记录，定期向委托人、受益人报告信托财产及其管理运用、处分及收支的情况。信托公司应当将信托财产与其固有财产分别管理、分别记账，并将不同委托人的信托财产分别管理、分别记账。

（2）禁止性行为。信托公司开展信托业务，不得有下列行为：①利用受托人地位谋取不当利益；②将信托财产挪用于非信托目的的用途；③承诺信托财产不受损失或者保证最低收益；④以信托财产提供担保；⑤法律、法规和银保监会禁止的其他行为。

（五）特殊信托业务

1. 房地产信托业务。房地产信托业务，是指信托投资公司通过资金信托方式集中两个或两个以上委托人合法拥有的资金，按委托人的意愿以自己的名义，为受益人的利益或者特定目的，以不动产或其经营企业为主要运用标的，对房地产信托资金进行管理、运用和处分的行为。

2. 银信理财合作业务。银信理财合作是指银行将理财计划项下的资金交付信托，由信托公司担任受托人并按照信托文件的约定进行管理、运用和处分的行为。

3. 证券投资信托业务。证券投资信托业务是指信托公司将集合信托计划或者单独管理的信托产品项下的资金投资于依法公开发行并在符合法律规定的交易场所公开交易的证券的经营行为。

4. 商业银行理财业务。商业银行理财业务是指商业银行接受投资者委托，按照与投资者事先约定的投资策略、风险承担和收益分配方式，对受托的投资者财产进行投资和管理的金融服务。理财产品是指商业银行按照约定条件和实际投资收益情况向投资者支付收益、不保证本金支付和收益水平的非保本理财产品。商业银行应当根据投资性质的不同，将理财产品分为固定收益类理财产品、权益类理财产品、商品及金融衍生品类理财产品和混合类理财产品。固定收益类理财产品投资于存款、债券等债权类资产的比例不低于80%；权益类理财产品投资于权益类资产的比例不低于80%；商品及金融衍生品类理财产品投资于商品及金融衍生品的比例不低于80%；混合类理财产品投资于债权类资产、权益类资产、商品及金融衍生品类资产且任一资产的投资比例未达到前三类理财产品标准。

（六）资产证券化业务

1. 资产证券化概念。一般而言，资产证券化是指发起人（融资者）通过把金融中介机构间缺乏流动性但具有预期未来稳定现金收益的金融资产汇集起来，形成一个资产池，并通过结构性重组将其标准化、单位化（拆细），从而使金融资产转变为以稳定现金收益为支持的可以在金融市场上自由转让流通的证券，销售给金融市场投资者据以融资的一种金融业务活动。

2. 资产证券化当事人及其权责。

（1）原始权益人，是指按照规定及约定向专项计划转移其合法拥有的基础资产以获得资金的主体。原始权益人不得侵占、损害专项计划资产，并应当履行下列职责：①依照法律、行政法规、公司章程和相关协议的规定或者约定移交基础资产；②配合并支持管理人、托管人以及其他为资产证券化业务提供服务的机构履行职责；③专项计划法律文件约定的其他职责。

（2）管理人，是指为资产支持证券持有人之利益，对专项计划进行管理及履行其他法定及约定职责的证券公司、基金管理公司子公司。管理人应当履行下列职责：①按照规定对相关交易主体和基础资产进行全面的尽职调查，可聘请具有从事证券期货相关业务资格的会计师事务所、资产评估机构等相关中介机构出具专业意见；②在专项计划存续期间，督促原始权益人以及为专项计划提供服务的有关机构，履行法律规定及合同约定的义务；③办理资产支持证券发行事宜；④按照约定及时将募集资金支付给原始权益人；⑤为资产支持证券投资者的利益管理专项计划资产；⑥建立相对封闭、独立的基础资产现金流归集机制，切实防范专项计划资产与其他资产混同以及被侵占、挪用

等风险；⑦监督、检查特定原始权益人持续经营情况和基础资产现金流状况，出现重大异常情况的，管理人应当采取必要措施，维护专项计划资产安全；⑧按照约定向资产支持证券投资者分配收益；⑨履行信息披露义务；⑩负责专项计划的终止清算；⑪法律、行政法规和中国证监会规定以及计划说明书约定的其他职责。

（3）托管人，是指为资产支持证券持有人之利益，按照规定或约定对专项计划相关资产进行保管，并监督专项计划运作的商业银行或其他机构。托管人办理专项计划的托管业务，应当履行下列职责：①安全保管专项计划相关资产；②监督管理人专项计划的运作，发现管理人的管理指令违反计划说明书或者托管协议约定的，应当要求改正；未能改正的，应当拒绝执行并及时向中国基金业协会报告，同时抄送对管理人有辖区监管权的中国证监会派出机构；③出具资产托管报告；④计划说明书以及相关法律文件约定的其他事项。

【例3-13】（多选题）下列关于资产证券化的说法正确的是（　　）。

A. 按照规定及约定向专项计划转移其合法拥有的基础资产以获得资金的主体是原始权益人

B. 为资产支持证券持有人之利益，对专项计划进行管理及履行其他法定及约定职责的证券公司、基金管理公司子公司是管理人

C. 管理人办理资产支持证券发行事宜

D. 原始权益人履行信息披露义务

E. 管理人可以超过计划说明书约定的规模募集资金

【答案】ABC

【解析】根据《证券公司及基金管理公司子公司资产证券化业务管理规定》《证券公司及基金管理公司子公司资产证券化业务信息披露指引》《证券公司及基金管理公司子公司资产证券化业务尽职调查工作指引》规定，管理人履行信息披露义务；管理人不得超过计划说明书约定的规模募集资金。所以选项D、E错误。

3. 专项计划设立。

（1）基础资产的管理。法律、法规规定基础资产转让应当办理批准、登记手续的，应当依法办理。法律、法规没有要求办理登记或者暂时不具备办理登记条件的，管理人应当采取

有效措施，维护基础资产安全。基础资产不得附带抵押、质押等担保负担或者其他权利限制，但通过专项计划相关安排，在原始权益人向专项计划转移基础资产时能够解除相关担保负担和其他权利限制的除外。基础资产的规模、存续期限应当与资产支持证券的规模、存续期限相匹配。

【提示】基础资产可以是企业应收款、租赁债权、信贷资产、信托受益权等财产权利，基础设施、商业物业等不动产财产或不动产收益权，以及中国证监会认可的其他财产或财产权利。

（2）资产支持证券的发行。资产支持证券应当面向合格投资者发行，发行对象不得超过200人，单笔认购不少于100万元人民币发行面值或等值份额。资产支持证券按照计划说明书约定的条件发行完毕，专项计划设立完成。发行期结束时，资产支持证券发行规模未达到计划说明书约定的最低发行规模，或者专项计划未满足计划说明书约定的其他设立条件，专项计划设立失败。管理人应当自发行期结束之日起10个工作日内，向投资者退还认购资金，并加算银行同期活期存款利息。

（3）专项计划备案。管理人应当自专项计划成立日起5个工作日内将设立情况报中国基金业协会备案，同时抄送对管理人有辖区监管权的中国证监会派出机构。

【例3－14】（单选题）资产支持证券应当面向合格投资者发行，发行对象不超过（　　）人，单笔认购不少于（　　）万元人民币发行面值或等值份额。

A. 100，100　　　　B. 100，200
C. 200，100　　　　D. 200，200

【答案】C

【解析】略。

4. 资产支持证券的挂牌、转让。

（1）资产支持证券的挂牌。资产支持证券可以按照规定在证券交易所、全国中小企业股份转让系统、机构间私募产品报价与服务系统、证券公司柜台市场以及中国证监会认可的其他证券交易场所进行挂牌、转让。

（2）资产支持证券的转让。资产支持证券仅限于在合格投资者范围内转让。转让后，持有资产支持证券的合格投资者合计不得超过200人。资产支持证券初始挂牌交易单位所对应的发行面值或等值份额应不少于100万元人民币。

5. 信息披露。

（1）信息披露基本要求。管理人和其他信息披露义务人应当依法、依规履行信息披露和报送义务，及时、公平地履行披露义务。所披露或者报送的信息必须真实、准确、完整，不得有虚假记载、误导性陈述或者重大遗漏。

（2）年度报告披露。管理人、托管人应当在每年4月30日之前向资产支持证券合格投资者披露上年度资产管理报告、年度托管报告。每次收益分配前，管理人应当及时向资产支持证券合格投资者披露专项计划收益分配报告。年度资产管理报告、年度托管报告应当由管理人向中国基金业协会报告，同时抄送对管理人有辖区监管权的中国证监会派出机构。

（3）临时信息披露。发生可能对资产支持证券投资价值或价格有实质性影响的重大事件，管理人应当及时将有关该重大事件的情况向资产支持证券合格投资者披露，说明事件的起因、目前的状态和可能产生的法律后果，并向证券交易场所、中国基金业协会报告，同时抄送对管理人有辖区监管权的中国证监会派出机构。

【知识点10】融资租赁法律制度

（一）融资租赁的概念和功能

1. 融资租赁的概念。融资租赁合同是出租人根据承租人对出卖人、租赁物的选择，向出卖人购买租赁物，提供给承租人使用，承租人支付租金的合同。

2. 融资租赁的功能。

（1）融资功能。融资租赁本质上以融通资金为目的，是为解决企业资金不足的问题而产生的。

（2）促销功能。融资租赁可以用"以租代销"的形式，为生产企业提供金融服务，一方面避免生产企业存货过多，另一方面可以扩大产品销路。

（3）投资功能。融资租赁作为一种投资手段，使资金既有专用性，又改善了企业的资产质量，使中小企业实现技术、设备的更新改造。

（4）资产管理功能。租赁公司有责任对租赁资产进行管理、监督，控制资产流向；设备生产者为设备的承租方提供维修、保养和产品升级换代等特别服务，使其经常能使用上先进的设备,降低使用成本和设备淘汰的风险。

(二)融资租赁类型

1. 直接租赁,是指国内金融租赁公司用筹措到的资金,从国内外厂商购进承租人所需要的设备,再租给承租人使用;承租人分期向租赁公司支付租金,并负责设备的安装、保养、维护、支付保险费和缴纳税金。

2. 转租赁,即转租,是租赁公司以承租人的身份,先从国内外租赁公司或厂商那里租入用户所急需的设备,再以出租人身份将设备租给用户使用。

3. 售后回租,是指承租人将自有物件出卖给出租人,同时与出租人签订融资租赁合同,再将该物件从出租人处租回的融资租赁形式。售后回租业务是承租人和供货人为同一人的融资租赁方式。

4. 杠杆租赁,又称平衡租赁,是指出租人从银行借到60%—80%的资金,本身投资设备价款的20%—40%,购买设备并将设备租给承租人的融资租赁方式。

5. 联合租赁,是指多家有融资租赁资质的租赁公司对同一个融资租赁项目提供租赁融资,由其中一家租赁公司作为牵头人。

【例3-15】(单选题)乙租赁公司以承租人的身份,先从国外丙租赁公司那里租入用户所急需的设备,再以出租人身份将设备租给用户使用,这种融资租赁是( )。

A. 售后回租 B. 转租赁
C. 杠杆租赁 D. 直接租赁

【答案】B

【解析】略。

(三)融资租赁当事人

1. 出租人。融资租赁合同的出租人是根据承租人对出卖人、租赁物的选择,向出卖人购买租赁物,提供给承租人使用并收取租金的当事人。在我国,融资租赁交易具有融资性,融资租赁业务的出租人只能是经过金融管理部门许可的金融租赁公司或金融租赁企业。

2. 承租人。承租人是占有使用租赁物并支付租金的当事人。

(四)融资租赁合同

1. 合同订立。根据《民法典》规定,融资租赁合同应当采用书面形式,其内容一般包括租赁物的名称、数量、规格、技术性能、检验方法、租赁期限、租金构成及其支付期限和方式、币种、租赁期间届满租赁物的归属等条款。

2. 当事人权利义务。

(1) 出租人的主要权利:在租赁期内享有租赁物的所有权;按约定收取租金;合同终止时可按约定收回租赁物。

(2) 出租人的主要义务:根据承租人对出卖人、租赁物的选择向出卖人购买租赁物;保证承租人对租赁物的占有使用;根据购买租赁物的大部分或者全部成本以及出租人的合理利润,合理确定租金;依买卖合同向出卖人支付货款。

(3) 承租人的主要权利:选择出卖人和租赁物,接受出卖人交付的租赁物;在租赁期内占有使用租赁物;按约定向不履行买卖合同义务的出卖人行使索赔权。

(4) 承租人的主要义务:及时验收出卖人交付的租赁物;按约支付租金;妥善保管和合理使用租赁物,履行占有租赁物期间的维修义务;不得擅自转租。

(5) 出卖人的权利与义务。出卖人享有收取租赁物货款的权利,需承担交付租赁物的义务。

3. 租赁登记。租赁物属于国家法律、法规规定所有权转移必须到登记部门进行登记的财产类别,金融租赁公司应当进行相关登记。租赁物不属于需要登记的财产类别,金融租赁公司应当采取有效措施保障对租赁物的合法权益。

4. 合同履行与解除。

(1) 合同履行。融资租赁合同各方当事人应当全面、诚信地履行合同义务。

(2) 出租人或承租人解除合同的情形:①出租人与出卖人订立的买卖合同解除、被确认无效或者被撤销,且未能重新订立买卖合同的;②租赁物因不可归责于当事人的原因毁损、灭失,且不能修复或者确定替代物;③因出卖人的原因致使融资租赁合同的目的不能实现的。

(3) 出租人可以请求解除合同的情形:①承租人未经出租人同意,将租赁物转让、抵押、质押、投资入股或者以其他方式处分的;②承租人未按照合同约定的期限和数额支付租金,符合合同约定的解除条件,经出租人催告后在合理期限内仍不支付租金的;③合同对于欠付租金解除的情形没有明确约定,但承租人欠付租金达到两期以上,或者数额达到全部租金15%以上，经出租人催告后在合理期限内仍不支付的；④承租人违反合同约定，致使合同目的不能实现的其他情形。

5. 违约责任。

（1）出租人应当保证承租人对租赁物的占有和使用。出租人有下列情形之一的，承租人有权请求其赔偿损失：①无正当理由收回租赁物；②无正当理由妨碍、干扰承租人对租赁物的占有和使用；③因出租人的原因导致第三人对租赁物主张权利；④不当影响承租人对租赁物占有、使用的其他情形。

（2）出租人有下列情形之一，致承租人对出卖人行使索赔权利失败的，承租人有权请求出租人承担相应的责任：①明知租赁物有质量瑕疵而不告知承租人；②承租人行使索赔权时，未及时提供必要协助的。出租人怠于行使只能由其对出卖人行使的索赔权利，造成承租人损失的，承租人有权请求出租人承担赔偿责任。

（3）租赁物不符合约定或不符合使用目的，且出租人实施下列行为，承租人可请求出租人承担责任：①承租人依赖出租人的技能确定租赁物或者出租人干预选择租赁物；②出租人干预或者要求承租人按照出租人意愿选择出卖人或者租赁物的；③出租人擅自变更承租人已经选定的出卖人或者租赁物的。

（4）承租人逾期履行支付租金义务或者迟延履行其他付款义务，应向出租人按约承担逾期利息、违约金等违约责任。

（五）融资租赁的监督管理

1. 融资租赁公司。

融资租赁公司可以经营下列部分或全部业务：（1）融资租赁业务；（2）租赁业务；（3）与融资租赁和租赁业务相关的租赁物购买、残值处理与维修、租赁交易咨询、接受租赁保证金；（4）转让与受让融资租赁或租赁资产；（5）固定收益类证券投资业务。融资租赁公司不得有下列业务或活动：（1）非法集资、吸收或变相吸收存款；（2）发放或受托发放贷款；（3）与其他融资租赁公司拆借或变相拆借资金；（4）通过网络借贷信息中介机构、私募投资基金融资或转让资产；（5）法律法规、银保监会和省、自治区、直辖市地方金融监管部门禁止开展的其他业务或活动。

2. 融资租赁公司的监管指标。

（1）融资租赁公司融资租赁和其他租赁资产比重不得低于总资产的60%。

（2）融资租赁公司的风险资产总额不得超过净资产的8倍。风险资产总额按企业总资产减去现金、银行存款和国债后的剩余资产确定。

（3）融资租赁公司开展的固定收益类证券投资业务，不得超过净资产的20%。

（4）融资租赁公司应当加强对重点承租人的管理，控制单一承租人及承租人为关联方的业务比例，有效防范和分散经营风险。融资租赁公司应当遵守以下监管指标：①单一客户融资集中度。融资租赁公司对单一承租人的全部融资租赁业务余额不得超过净资产的30%。②单一集团客户融资集中度。融资租赁公司对单一集团的全部融资租赁业务余额不得超过净资产的50%。③单一客户关联度。融资租赁公司对一个关联方的全部融资租赁业务余额不得超过净资产的30%。④全部关联度。融资租赁公司对全部关联方的全部融资租赁业务余额不得超过净资产的50%。⑤单一股东关联度。对单一股东及其全部关联方的融资余额，不得超过该股东在融资租赁公司的出资额，且同时满足本办法对单一客户关联度的规定。银保监会可以根据监管需要对上述指标作出调整。

【例3-16】根据融资租赁法律制度的规定，下列关于金融租赁公司风险监管指标管理的规定说法正确的是（　　）。

A. 金融租赁公司对单一承租人的全部融资租赁业务余额不得超过资本净额的30%

B. 金融租赁公司对单一集团的全部融资租赁业务余额不得超过资本净额的50%

C. 金融租赁公司对一个关联方的全部融资租赁业务余额不得超过资本净额的30%

D. 金融租赁公司对全部关联方的全部融资租赁业务余额不得超过资本净额的50%

E. 金融租赁公司同业拆入资金余额不得超过资本净额的30%

【答案】B

【解析】略。

3. 融资租赁公司的监督管理。

（1）监管体制。银保监会负责制定融资租赁公司的业务经营和监督管理规则。省级人民政府负责制定促进本地区融资租赁行业发展的政策措施，对融资租赁公司实施监督管理，处置融资租赁公司风险。省级地方金融监管部门具体负责对本地区融资租赁公司的监督管理。地方金融监管部门应当根据融资租赁公司的经营规模、风险状况、内控管理等情况，对融资租赁公司实施分类监管。

(2) 主要监管措施。地方金融监管部门应当建立非现场监管制度，利用信息系统对融资租赁公司按期分析监测，重点关注相关指标偏高、潜在经营风险较大的公司。地方金融监管部门应当建立现场检查制度，对融资租赁公司的检查包括但不限于下列措施：①进入融资租赁公司以及有关场所进行现场检查；②询问有关单位或者个人，要求其对有关检查事项作出说明；③查阅、复制有关文件资料，对可能被转移、销毁、隐匿或者篡改的文件资料，予以先行登记保存；④检查相关信息系统。进行现场检查，应当经地方金融监管部门负责人批准。现场检查时，检查人员不得少于2人，并应当出示合法证件和检查通知书。有关单位和个人应当配合地方金融监管部门依法进行监督检查，如实提供有关情况和文件、资料，不得拒绝、阻碍或者隐瞒。

地方金融监管部门根据履行职责需要，可以与融资租赁公司的董事、监事、高级管理人员进行监督管理谈话，要求其就融资租赁公司业务活动和风险管理的重大事项作出说明。地方金融监管部门应当建立融资租赁公司及其主要股东、董事、监事、高级管理人员违法经营融资租赁业务行为信息库，如实记录相关违法行为信息；给予行政处罚的，应当依法向社会公示。

地方金融监管部门应当建立融资租赁公司重大风险事件预警、防范和处置机制，制定融资租赁公司重大风险事件应急预案。融资租赁公司发生重大风险事件的，应当立即采取应急措施，并及时向地方金融监管部门报告，地方金融监管部门应当及时处置。

(3) 分类监管。地方金融监管部门要通过信息交叉比对、实地走访、接受信访投诉等方式，准确核查辖内融资租赁公司经营和风险状况，按照经营风险、违法违规情形划分为正常经营、非正常经营和违法违规经营等三类。①正常经营类是指依法合规经营的融资租赁公司。地方金融监管部门要对正常经营类融资租赁公司按其注册地审核营业执照、公司章程、股东名单、高级管理人员名单和简历、经审计的近两年资产负债表、利润表、现金流量表及规定的其他资料。对于接受并配合监管、在注册地有经营场所且如实完整填报信息的企业，省级地方金融监管部门要在报银保会同意后及时纳入监管名单。②非正常经营类主要是指"失联"和"空壳"等经营异常的融资租赁公司。"失联"是指满足以下条件之一的融资租赁公司：无法取得联系；在企业登记住所实地排查无法找到；虽然可以联系到企业工作人员，但其并不知情也不能联系到企业实际控制人；连续3个月未按监管要求报送监管信息。"空壳"是指满足以下条件之一的融资租赁公司：未依法通过国家企业信用信息公示系统报送并公示上一年度年度报告；近6个月监管信息显示无经营；近6个月无纳税记录或"零申报"；近6个月无社保缴纳记录。地方金融监管部门要督促非正常经营类企业整改。非正常经营类企业整改验收合格的，可纳入监管名单；拒绝整改或整改验收不合格的，纳入非正常经营名录，劝导其申请变更企业名称和业务范围、自愿注销。③违法违规经营类是指经营行为违反法律法规和本办法规定的融资租赁公司。违法违规情节较轻且整改验收合格的，可纳入监管名单；整改验收不合格或违法违规情节严重的，地方金融监管部门要依法处罚、取缔或协调市场监管部门依法吊销其营业执照，涉嫌违法犯罪的及时移送公安机关依法查处。

(六) 金融租赁公司的经营与监管规则

金融租赁公司名称中应当标明"金融租赁"字样。

1. 金融租赁公司的设立条件。申请设立金融租赁公司，应当具备以下条件：①有符合《公司法》和国家金融监督管理总局规定的公司章程；②有符合规定条件的主要出资人；③注册资本为一次性实缴货币资本，最低限额为10亿元人民币或等值的可自由兑换货币，国家金融监督管理总局根据金融租赁公司的发展情况和审慎监管的需要，可以提高金融租赁公司注册资本金的最低限额；④有符合任职资格条件的董事、高级管理人员，从业人员中具有金融或融资租赁工作经历3年以上的人员应当不低于总人数的50%，并且在风险管理、资金管理、合规及内控管理等关键岗位上至少各有1名具有3年以上相关金融从业经验的人员；⑤建立有效的公司治理、内部控制和风险管理体系；⑥建立与业务经营和监管要求相适应的信息科技架构，具有支撑业务经营的必要、安全且合规的信息系统，具备保障业务持续运营的技术与措施；⑦有与业务经营相适应的营业场所、安全防范措施和其他设施；⑧国家金融监督管理总局规章规定的其他审慎性条件。

2. 金融租赁公司的业务范围。金融租赁公司可以经营下列本外币业务：（1）融资租赁业务；（2）转让和受让融资租赁资产；（3）向非银行股东借入3个月（含）以上借款；（4）同业拆借；（5）向金融机构融入资金；（6）发行非资本类债券；（7）接受租赁保证金；（8）租赁物变卖及处理业务。

符合条件的金融租赁公司可以向国家金融监督管理总局及其派出机构申请经营下列本外币业务：（1）在境内设立项目公司开展融资租赁业务；（2）在境外设立项目公司开展融资租赁业务；（3）向专业子公司、项目公司发放股东借款，为专业子公司、项目公司提供融资担保、履约担保；（4）固定收益类投资业务；（5）资产证券化业务；（6）从事套期保值类衍生产品交易；（7）提供融资租赁相关咨询服务；（8）经国家金融监督管理总局批准的其他业务。

3. 金融租赁公司的公司治理。

国有金融租赁公司应当按照有关规定，将党建工作要求写入公司章程，落实党组织在公司治理结构中的法定地位。坚持和完善"双向进入、交叉任职"的领导体制，将党的领导融入公司治理各个环节。民营金融租赁公司应当按照党组织设置有关规定，建立党的组织机构，加强政治引领，建设先进企业文化，促进金融租赁公司持续健康发展。

金融租赁公司应当按照法律法规及监管规定，建立包括股东会、董事会、高级管理层等治理主体在内的公司治理架构，明确各治理主体的职责边界、履职要求，不断提升公司治理水平。

金融租赁公司应当按照全面、审慎、有效、独立原则，建立健全内部控制制度，持续开展内部控制监督、评价与整改，防范、控制和化解风险，并加强专业子公司并表管理，保障公司安全稳健运行。金融租赁公司应当建立健全内部审计制度，审查评价并改善经营活动、风险状况、内部控制和公司治理效果，促进合法经营和稳健发展。

4. 金融租赁公司的资本与风险管理。

金融租赁公司应当按照国家金融监督管理总局的相关规定构建资本管理体系，合理评估资本充足状况，建立审慎、规范的资本补充、约束机制。

金融租赁公司应当对租赁应收款建立以预期信用损失为基础的资产质量分类制度，及时、准确进行资产质量分类。金融租赁公司应当建立准备金制度，及时足额计提资产减值损失准备，增强风险抵御能力。未提足准备或资本充足率不达标的，不得进行现金分红。

金融租赁公司应当建立健全集中度风险管理体系，有效防范和分散经营风险。金融租赁公司应当建立与自身业务规模、性质相适应的流动性风险管理体系，定期开展流动性压力测试，制定并完善流动性风险应急计划，及时消除流动性风险隐患。金融租赁公司应当根据业务流程、人员岗位、信息系统建设和外包管理等情况建立科学的操作风险管理体系，制定规范员工行为和道德操守的相关制度，加强员工行为管理和案件风险防控，确保有效识别、评估、监测和控制操作风险。

金融租赁公司应当加强关联交易管理，制定完善关联交易管理制度，明确审批程序和标准、内外部审计监督、信息披露等内容。

关联交易应当按照商业原则，以不优于非关联方同类交易的条件进行，确保交易的透明性和公允性，严禁通过掩盖关联关系、拆分交易、嵌套交易拉长融资链条等方式规避关联交易监管制度规定。金融租赁公司的重大关联交易应当经董事会批准。重大关联交易是指金融租赁公司与单个关联方之间单笔交易金额达到金融租赁公司上季末资本净额5%以上，或累计达到金融租赁公司上季末资本净额10%以上的交易。金融租赁公司与单个关联方的交易金额累计达到前款标准后，其后发生的关联交易，每累计达到上季末资本净额5%以上，应当重新认定为重大关联交易。

5. 金融租赁公司的业务规则。

金融租赁公司可以在全国范围内开展业务。

涉及境外承租人的，符合条件的金融租赁公司可以在境内、境外设立项目公司开展相关融资租赁业务。其中，租赁物为飞机（含发动机）或船舶（含集装箱）且项目公司需设在境外的，原则上应当由专业子公司开展相关业务。

金融租赁公司应当选择适格的租赁物，确保租赁物权属清晰、特定化、可处置、具有经济价值并能够产生使用收益。金融租赁公司不得以低值易耗品作为租赁物，不得以小微型载客汽车之外的消费品作为租赁物，不得接受已设置抵押、权属存在争议或已被司法机关查封、扣押的财产或所有权存在瑕疵的财产作为租赁物。

金融租赁公司应当合法取得租赁物的所有权。租赁物属于未经登记不得对抗善意第三人的财产类别，金融租赁公司应当依法办理相关登记。除上述规定情形外，金融租赁公司应当在国务院指定的动产和权利担保统一登记机构办理融资租赁登记，采取有效措施保障对租赁物的合法权益。

金融租赁公司应当按照评购分离、评处分离、集体审查的原则，优化内部部门设置和岗位职责分工，负责评估和定价的部门及人员原则上应当与负责购买和处置租赁物的部门及人员分离。金融租赁公司应当建立健全租赁物价值评估体系，制定租赁物评估管理办法，明确评估程序、评估影响因素和评估方法，合理确定租赁物资产价值，不得低值高买。金融租赁公司的评估工作人员应当具备评估专业资质。需要委托第三方机构评估的，应当对相关评估方法的合理性及可信度进行分析论证，不得简单以外部评估结果代替自身调查、取证和分析工作。

金融租赁公司应当持续提升租赁物管理能力，强化租赁物风险缓释作用，充分利用信息科技手段，密切监测租赁物运行状态、租赁物价值波动及其对融资租赁债权的风险覆盖水平，制定有效的风险管理措施，降低租赁物持有期风险。金融租赁公司应当加强租赁物未担保余值的评估管理，定期评估未担保余值，并开展减值测试。当租赁物未担保余值出现减值迹象时，应当按照会计准则要求计提减值准备。金融租赁公司应当加强未担保余值风险的限额管理，根据业务规模、业务性质、复杂程度和市场状况，对未担保余值比例较高的融资租赁资产设定风险限额。金融租赁公司应当加强对租赁期限届满返还或因承租人违约而取回的租赁物的风险管理，建立完善的租赁物变卖及处理的制度和程序。

6. 对金融租赁公司的监督管理。

金融租赁公司应当依法向国家金融监督管理总局及其派出机构报送财务会计报告、统计报表以及其他与经营管理有关的文件、资料，确保相关材料真实、准确、完整。金融租赁公司应当遵守以下监管指标的规定：（1）资本充足率。各级资本净额与风险加权资产的比例不得低于国家金融监督管理总局对各级资本充足率的监管要求。（2）杠杆率。一级资本净额与调整后的表内外资产余额的比例不得低于6%。（3）财务杠杆倍数。总资产不得超过净资产的10倍。（4）同业拆借比例。同业拆入和同业拆出资金余额均不得超过资本净额的100%。（5）拨备覆盖率。租赁应收款损失准备与不良租赁应收款余额之比不得低于100%。（6）租赁应收款拨备率。租赁应收款损失准备与租赁应收款余额之比不得低于2.5%。（7）单一客户融资集中度。对单一承租人的融资余额不得超过上季末资本净额的30%。（8）单一集团客户融资集中度。对单一集团的融资余额不得超过上季末资本净额的50%。（9）单一客户关联度。对一个关联方的融资余额不得超过上季末资本净额的30%。（10）全部关联度。对全部关联方的融资余额不得超过上季末资本净额的50%。（11）单一股东关联度。对单一股东及其全部关联方的融资余额不得超过该股东在金融租赁公司的出资额，且同时满足单一客户关联度的规定。（12）流动性风险监管指标。流动性比例、流动性覆盖率等指标应当符合国家金融监督管理总局的相关监管要求。（13）固定收益类投资比例。固定收益类投资余额原则上不得超过上季末资本净额的20%，金融租赁公司投资本公司发行的资产支持证券的风险自留部分除外。经国家金融监督管理总局认可，特定行业和企业的单一客户融资集中度、单一集团客户融资集中度、单一客户关联度、全部关联度和单一股东关联度要求可以适当调整。

金融租赁公司应当根据国家金融监督管理总局发布的鼓励清单和负面清单及时调整业务

发展规划，不得开展负面清单所列相关业务。金融租赁公司应当建立定期外部审计制度，并在每个会计年度结束后的 4 个月内，将经法定代表人签名确认的年度审计报告报送国家金融监督管理总局派出机构。金融租赁公司应当按照国家金融监督管理总局的规定制定恢复和处置计划，并组织实施。

精选练习题

一、单项选择题

1. 根据证券法律制度的规定，下列关于板块市场的说法错误的是（　　）。

A. 主板市场主要服务于高成长、高收益的优秀企业

B. 科创板主要服务于符合国家战略、突破关键核心技术、市场认可度高的科技创新企业

C. 创业板市场主要服务于以自主创新企业及其他成长型创业企业

D. 新三板主要服务于创新型、创业型、成长型中小微企业

2. 公司申请其发行的公司债券上市交易，由（　　）依照法定条件和法定程序核准。

A. 国务院证券监督管理机构

B. 国家发改委

C. 中国人民银行

D. 证券交易所

3. 下列关于私募基金的说法不符合法律规定的是（　　）。

A. 私募基金合格投资者个人是指金融资产不低于 300 万元或者最近 3 年个人年均收入不低于 50 万元的个人

B. 社会保障基金、企业年金等养老基金，慈善基金等社会公益基金属于合格投资者

C. 私募基金管理人不得侵占、挪用基金财产

D. 私募基金管理人需向投资者承诺投资本金不受损失或者承诺最低收益

4. 国务院证券监督管理机构对已作出的核准股票发行的决定，发现不符合法定条件或者法定程序，股票已经发行但尚未上市的，保荐人应当与发行人承担（　　）。

A. 连带责任　　　　B. 无限连带责任

C. 赔偿责任　　　　D. 连带赔偿责任

5. 现行《证券法》明确规定了股票上市交易的条件，根据《证券法》，证券交易所（　　）。

A. 必须按照《证券法》规定的股票上市交易的条件执行

B. 可以规定高于《证券法》规定的上市交易条件，并报国务院证券监督管理机构批准

C. 可以规定低于《证券法》规定的上市交易条件，并报国务院证券监督管理机构批准

D. 可以规定高于或低于《证券法》规定的上市交易条件，并报国务院证券监督管理机构批准

6. 信托法律关系中，受托人的主要权利不包括（　　）。

A. 对信托财产的处分权

B. 处理信托事务的权利

C. 信托利益的享有权

D. 请求给付报酬和补偿费用权

7. 申请设立金融租赁公司其注册资本最低限额为人民币（　　）。

A. 5 000 万元　　　　B. 1 亿元

C. 2 亿元　　　　　　D. 5 亿元

8. 信托法律关系的当事人有：委托人、受托人以及（　　）。

A. 代理人　　　　B. 被代理人

C. 保证人　　　　D. 受益人

9. 存款人按照法律、行政法规和规章，对其特定用途资金进行专项管理和使用而开立的银行结算账户叫作（　　）。

A. 基本存款账户

B. 一般存款账户

C. 临时账户

D. 专用存款账户

10. 商业银行最主要的负债业务是（　　）。

A. 吸收公众存款

B. 向央行或国外银行借贷

C. 发行金融债券

D. 发行国债

二、多项选择题

1. 证券市场的基本功能包括（　　）。

A. 监管公司经营行为

B. 融资投资功能

C. 定价功能

D. 资本配置功能

E. 风险管控功能

2. 我国《证券法》的适用范围是中国境内( )。
   A. 股票的发行和交易
   B. 公司债券的发行和交易
   C. 政府债券的发行和交易
   D. 证券投资基金份额的发行和交易
   E. 证券衍生品种的发行和交易

3. 下列票据中，属于资本证券的有( )。
   A. 支票   B. 货单
   C. 股票   D. 货运单
   E. 债券

4. 中国人民银行作为我国大陆的中央银行，可以采用的货币政策工具包括( )。
   A. 中央银行基准利率
   B. 存款准备金
   C. 再贴现
   D. 向商业银行提供贷款
   E. 向国有企业提供贷款

5. 有限责任公司公开发行公司债券应当符合的条件有( )。
   A. 净资产不低于人民币1亿元
   B. 累计债券余额不超过公司净资产的40%
   C. 最近3年平均可分配利润足以支付公司债券1年的利息
   D. 筹集的资金投向符合国家产业政策
   E. 债券利率不超过国务院限定的利率水平

6. 下列票据中，属于货币证券的有( )。
   A. 支票   B. 货单
   C. 汇票   D. 本票
   E. 债券

7. 申请上市的公司债券必须满足的条件有( )。
   A. 债券期限在1年以上
   B. 公司债券实际发行额不少于人民币5 000万元
   C. 债券持有人不少于1万人
   D. 债券须要有担保人担保
   E. 累计债券余额不超过公司净资产的40%

8. 根据《证券法》，上市公司有下列情形之一的，由证券交易所决定终止其股票上市交易( )。
   A. 公司最近3年连续亏损，在其后1个年度内未能恢复盈利
   B. 对财务会计报告作虚假记载，且拒绝纠正
   C. 有重大违法行为
   D. 公司不按照规定公开其财务状况
   E. 公司股本总额、股权分布等发生变化不再具备上市条件，在证券交易所规定的期限内仍不能达到上市条件

9. ( )是上市公司向特定对象发行证券的增资方式。
   A. 配股
   B. 增发
   C. 向特定对象发行股票
   D. 向特定对象发行可转债
   E. 向不特定对象发行可转债

10. 按照信托设立依据，信托分为( )。
    A. 法定信托   B. 公益信托
    C. 约定信托   D. 私益信托
    E. 设定信托

三、综合题

甲、乙、丙共同出资1亿元设立了某有限责任公司，其中甲出资5 000万元，乙出资3 000万元，丙出资2 000万元。公司成立后，召开了第一次股东会会议。

1. 有关这次会议的下列情况中，不符合我国《公司法》规定的有( )。
   A. 会议由乙召集和主持
   B. 会议决定不设董事会，由甲任执行董事，甲为公司法定代表人
   C. 会议决定设1名监事，任期3年
   D. 会议选举了公司章程所定的全部董事，包括2名职工代表出任的董事

2. 公司成立后，某年需要减少注册资本300万元，那么该减少注册资本的决议的通过方式为( )。
   A. 经股东会持表决权过半数的股东通过决议
   B. 必须代表2/3以上表决权的股东通过
   C. 必须代表1/3以上表决权的股东通过
   D. 必须经出席会议的股东所持表决权的全部通过

3. 甲因犯有贪污罪被判处刑罚后，不得担任公司的董事的情形是( )。
   A. 执行期满未逾1年
   B. 执行期满未逾2年
   C. 执行期满未逾3年

D. 执行期满未逾 5 年

4. 该有限责任公司的董事 A 违反公司章程的规定进行的行为损害了公司股东乙的利益，那么乙（　　）。
A. 可以直接向法院提起诉讼
B. 必须通过董事会提起诉讼
C. 必须通过监事会提起诉讼
D. 必须通过股东会提起诉讼

5. 该公司准备发行公司债券（首次），下列关于该公司发行公司债的条件中，符合《证券法》规定的是（　　）。
A. 该公司的净资产达到 8 000 万元
B. 最近 3 年平均可分配利润足以支付公司债券 1 年期利息
C. 债券发行额达到净资产的 30%
D. 发行债券的资金用于弥补亏损

精选练习题参考答案及解析

一、单项选择题

1. 【答案】A
【解析】主板市场主要服务规模较大、基础较高、处于成熟稳健发展期的优秀企业，故选项 A 错误。

2. 【答案】D
【解析】公司债券上市交易申请经证券交易所审核同意后，签订上市协议的公司应当在规定的期限内公告公司债券上市文件及有关文件，并将其申请文件置备于指定场所供公众查阅。

3. 【答案】D
【解析】私募基金管理人、私募基金销售机构不得向投资者承诺投资本金不受损失或者承诺最低收益。因此，D 项不符合法律规定。

4. 【答案】A
【解析】证监会作出核准证券发行决定后，发现不符合法定条件或者法定程序的，可撤销核准决定。尚未发行证券的，应当停止发行。已经发行尚未上市的，发行人应当按照发行价并加算银行同期存款利息返还证券持有人；保荐人应当与发行人承担连带责任，但是能够证明自己没有过错的除外；发行人的控股股东、实际控制人有过错的，应当与发行人承担连带责任。

5. 【答案】B
【解析】证券交易所可以规定高于规定的上市条件，并报国务院证券监督管理机构批准。

6. 【答案】C
【解析】受托人的主要权利包括：对信托财产的处分权；处理信托事务的权利；请求给付报酬和补偿费用权；请求辞任的权利。信托利益的享有权由受益人享有。

7. 【答案】B
【解析】申请设立金融租赁公司，注册资本为一次性实缴货币资本，最低限额为 1 亿元人民币或等值的可自由兑换货币。

8. 【答案】D
【解析】信托法律关系的主体有：委托人、受托人、受益人。

9. 【答案】D
【解析】专用存款账户是存款人按照法律、行政法规和规章，对其特定用途资金进行专项管理和使用而开立的银行结算账户。专用存款账户用于办理各项专用资金的收付。

10. 【答案】A
【解析】吸收公众存款是商业银行受众最广的负债业务类型。

二、多项选择题

1. 【答案】BCD
【解析】证券市场有融通资金、配置资本、市场定价的功能，但不能控制风险和监管市场主体的行为。

2. 【答案】ABCD
【解析】《证券法》规定，在中华人民共和国境内，股票、公司债券和国务院依法认定的其他证券的发行和交易，适用本法；政府债券、证券投资基金份额的上市交易，适用本法；证券衍生品种发行、交易的管理办法，由国务院依照《证券法》的原则另行规定。

3. 【答案】CE
【解析】资本证券是证明持有人享有一定所有权或债权的书面凭证，例如股票、债券等。

4. 【答案】ABCD
【解析】根据《中国人民银行法》第二十三条，中国人民银行为执行货币政策，可以运用下列货币政策工具：（1）要求银行业金融机构按照规定的比例交存存款准备金；（2）确定中央银行基准利率；（3）为在中国人民银行开立账户的银行业金融机构办理再贴现；（4）向商业银行提供贷款；（5）在公开市场上买卖国债、其他政府债券和金融债券及外汇；(6)国务院确定的其他货币政策工具。中国人民银行为执行货币政策，运用前款所列货币政策工具时，可以规定具体的条件和程序。

5.【答案】BCDE

【解析】根据《证券法》，公开发行公司债券应当符合下列条件：(1)股份有限公司的净资产不低于人民币3 000万元（选项A错误），有限责任公司的净资产不低于人民币6 000万元；(2)累计债券余额不超过公司净资产的40%；(3)最近3年平均可分配利润足以支付公司债券1年的利息；(4)筹集的资金投向符合国家产业政策；(5)债券的利率不超过国务院限定的利率水平；(6)国务院规定的其他条件。

6.【答案】ACD

【解析】货币证券是证明持券人享有一定货币请求权的书面凭证，例如汇票、本票、支票等。

7.【答案】ABE

【解析】根据《证券法》，公开发行公司债券应当符合下列条件：(1)股份有限公司的净资产不低于人民币3 000万元，有限责任公司的净资产不低于人民币6 000万元；(2)累计债券余额不超过公司净资产的40%；(3)最近3年平均可分配利润足以支付公司债券1年的利息；(4)筹集的资金投向符合国家产业政策；(5)债券的利率不超过国务院限定的利率水平；(6)国务院规定的其他条件。公开发行公司债券筹集的资金，必须用于核准的用途，不得用于弥补亏损和非生产性支出。

此外，公司申请公司债券上市交易，应当符合下列条件：(1)公司债券的期限为1年以上；(2)公司债券实际发行额不少于人民币5 000万元；(3)公司申请债券上市时仍符合法定的公司债券发行条件。

8.【答案】ABDE

【解析】根据《证券法》，上市公司有下列情形之一的，由证券交易所决定终止其股票上市交易：(1)公司股本总额、股权分布等发生变化不再具备上市条件，在证券交易所规定的期限内仍不能达到上市条件；(2)公司不按照规定公开其财务状况，或者对财务会计报告作虚假记载，且拒绝纠正；(3)公司最近3年连续亏损，在其后1个年度内未能恢复盈利；(4)公司解散或者被宣告破产。

9.【答案】CD

【解析】向特定对象发行证券包括上市公司向特定对象发行股票、向特定对象发行可转债。向不特定对象发行证券包括上市公司向原股东配售股份（简称配股）、向不特定对象募集股份（简称增发）和向不特定对象发行可转债，故选项A、B、E错误。

10.【答案】AE

【解析】按照信托受益人与委托人的关系，信托分为自益信托与他益信托；按照信托设立依据，信托分为设定信托与法定信托。

三、综合题

1.【答案】AD

【解析】根据《公司法》的规定，有限责任公司股东会的首次会议由出资最多的股东召集和主持。股东人数较少或者规模较小的有限责任公司，可以设1名执行董事，不设董事会；执行董事可以兼任公司经理，执行董事为公司的法定代表人。经营规模较大的有限责任公司设立监事会，股东人数较少或者规模较小的有限责任公司可以只设1至2名监事。监事的任期每届为3年。职工代表出任的监事是由职工民主选举产生的。因此，选项AD的说法是错误的。

2.【答案】B

【解析】《公司法》规定：股东会会议作出修改公司章程、增加或者减少注册资本的决议，以及公司合并、分立、解散或者变更公司形式的决议，必须经代表2/3以上表决权的股东通过。

3.【答案】D

【解析】根据公司法律制度的规定，因贪污、贿赂、侵占财产、挪用财产或者破坏社会主义市场经济秩序，被判处刑罚，执行期满未逾5年，或者因犯罪被剥夺政治权利，执行期满未逾5年的，不得担任公司的董事、监事、经理。

4.【答案】A

【解析】根据规定，公司董事、高级管理人员违反法律、行政法规或者公司章程的规定，损害股东利益的，股东可以依法向人民法院提起诉讼。

5. 【答案】ABC

【解析】发行公司债券，应当符合下列条件：（1）股份有限公司的净资产不低于人民币3 000万元，有限责任公司的净资产不低于人民币6 000万元；（2）本次发行后累计公司债券余额不超过最近一期期末净资产额的40%；金融类公司的累计公司债券余额按金融企业的有关规定计算；（3）公司的生产经营符合法律、行政法规和公司章程的规定，募集的资金投向符合国家产业政策；（4）最近三个会计年度实现的年均可分配利润不少于公司债券1年的利息；（5）债券的利率不超过国务院规定的利率水平；（6）公司内部控制制度健全，内部控制制度的完整性、合理性、有效性不存在重大缺陷；（7）经资信评估机构评级，债券信用级别良好。因此，答案是选项A、B、C。

第四章 企业国有资产法律制度

考试大纲

一、考试目的
考查考生对国有资产监督管理、产权登记、资产交易等法律规定的掌握情况，以及运用相关法律制度解决国有资产管理法律问题的能力。

二、考试内容及要求
（一）掌握的内容
1. 关系国有资产出资人权益的重大事项的规定。
2. 企业国有资产产权登记范围和内容规定。
3. 企业国有资产产权转让、企业增资和资产转让规定。
4. 上市公司国有股权管理规定。
5. 金融企业国有资产转让规定。

（二）熟悉的内容
1. 国家出资企业与履行出资人职责的机构的类型。
2. 企业国有资产产权登记管理规定。
3. 企业国有产权无偿转让规定。
4. 国有资本经营预算规定。
5. 金融企业国有金融资本产权登记管理规定。
6. 国有金融企业增资扩股管理规定。

（三）了解的内容
1. 企业国有资产监督管理体制。
2. 国有出资企业与履行出资人职责的机构的法律责任。
3. 金融企业国有资产概述。

考情分析

本章在考试中处于一般地位，2025年本章教材内容变动不大，新增"国有资本经营预算"。

考点精讲及典型例题解析

【知识点1】企业国有资产和监督管理体制概述

（一）企业国有资产

1. 国有资产的概念和分类。国有资产是指属于国家所有的一切财产的总称。国有资产按照用途和性质划分，可分为经营性国有资产、行政事业性国有资产和资源性国有资产等。经营性国有资产是指国家作为出资者在企业中依法拥有的资产及权益。行政事业性国有资产是指行政单位、事业单位使用财政资金，接受调拨或者划转、置换等形成的资产。资源性国有资产是指以自然资源形态存在并能带来一定经济价值的国有资产，例如国家所有的土地、矿藏、森林、水流等。

【例4-1】（多选题）国有资产按照用途和性质划分为（　　）。
A. 经营性国有资产
B. 行政事业性国有资产
C. 行政性国有资产
D. 资源性国有资产
E. 流动性国有资产

【答案】ABD

【解析】国有资产按照用途和性质划分，可分为经营性国有资产、行政事业性国有资产和资源性国有资产。

2. 企业国有资产的概念。企业国有资产仅指国有资产中的经营性国有资产。

3. 企业国有资产的特征：（1）企业国有资产是国家以各种形式对企业的出资形成的资产；（2）企业国有资产是国家作为出资人对出资企业所享有的一种权益。

【提示】国家对企业的出资有多种形式，既可以是货币，也可以是以实物、知识产权、土地使用权等可以用货币估价并可以依法转让的非货币财产。

（二）企业国有资产的监督管理体制

1. 企业国有资产属于国家所有，即全民所有。国务院代表国家行使企业国有资产所有权。

2. 国务院和地方人民政府依照法律、行政法规的规定，分别代表国家对国家出资企业履行出资人职责，享有出资人权益。

3. 国务院和地方人民政府应当按照政企分开、社会公共管理职能与企业国有资产出资人职能分开、不干预企业依法自主经营的原则，依法履行出资人职责。

4. 国家采取措施，推动企业国有资本向关系国民经济命脉和国家安全的重要行业和关键领域集中，优化国有经济布局和结构，推进国有企业的改革和发展，提高国有经济的整体素质，增强国有经济的控制力、影响力。

5. 国家建立健全与社会主义市场经济发展要求相适应的企业国有资产管理与监督体制，建立健全企业国有资产保值增值考核和责任追究制度，落实企业国有资产保值增值责任。

6. 企业国有资产受法律保护，任何单位和个人不得侵害。

【例4-2】（单选题）下列选项中代表国家行使国有资产所有权的是（　　）。

A. 全国人民代表大会
B. 国资委
C. 国务院
D. 财政部

【答案】C

【解析】根据规定，国务院代表国家行使企业国有资产所有权，故选项C正确。

【知识点2】履行出资人职责的机构

履行出资人职责的机构是指根据本级人民政府的授权，代表本级人民政府对国家出资企业履行出资人职责的机构、部门。

1. 国务院国有资产监督管理机构，即国务院国有资产监督管理委员会，为国务院直属特设机构。

2. 地方人民政府按照国务院的规定设立的国有资产监督管理机构。根据地方人民政府的授权，其代表地方人民政府对国家出资企业履行出资人职责。

3. 国务院和地方人民政府根据需要授权的其他部门、机构。根据国务院的有关规定，国务院授权财政部对中国国家铁路集团公司、中国邮政集团公司、中国烟草总公司、北大荒农垦集团有限公司，以及中央金融行业、中央文化企业等企业履行出资人职责，对其国有资产进行监管。另外，政府可以直接授权国有投资、运营公司对授权范围内的国有资本履行出资人职责。

【例4-3】（单选题）根据国务院的有关规定，国务院授权（　　）对中国国家铁路集团公司、中国邮政集团公司、中国烟草总公司、北大荒农垦集团有限公司，以及中央金融行业、中央文化企业的国有资产进行监管。

A. 保监会
B. 证监会
C. 中国人民银行
D. 财政部

【答案】D

【解析】根据国务院的有关规定，国务院授权财政部对中国国家铁路集团公司、中国邮政集团公司、中国烟草总公司、北大荒农垦集团有限公司，以及中央金融行业、中央文化企业的国有资产进行监管，授权财政部对中国邮政集团公司履行出资人职责等，故选项D正确。

【知识点3】国家出资企业

国家出资企业是指国家出资的国有独资企业、国有独资公司以及国有资本控股公司、国有资本参股公司。

【提示】国家出资企业出资设立的子企业，不属于国家直接出资的企业，但国家出资企业中的国有资本出资人权益，通过国家出资企业投资延伸到子企业。

（一）国家出资企业的类型

1. 国有独资企业，即依照《全民所有制工业企业法》设立的，企业全部注册资本均为国有资本的非公司制企业。全民所有制企业是依法自主经营、自负盈亏、独立核算的经营单位。企业财产属于全民所有，国家依照所有权和经营权分离的原则授予企业经营管理，企业对国家授予其经营管理的财产享有占有、使用和依法处分的权利。企业内部的治理结构与公司制企业不同：企业不设股东会、董事会、监事会；企业实行厂长（经理）负责制，厂长（经理）是企业法定代表人，对企业的物质文明建设和精神文明建设负有全面责任；企业的高级管理人员由政府或者履行出资人职责的机构直接任命。

2. 国有独资公司，即依照《公司法》设立的企业全部资本均为国有资本的公司制企业。《公司法》对国有独资公司作了专门规定，具体内容参见本书第一章第一节公司法律制度。

3. 国有资本控股公司，即根据《公司法》成立的国有资本具有控股地位的公司。这类公司包括有限责任公司和股份有限公司。所谓"国有资本控股"，是指（1）国有资本占有限责任公司资本总额50%以上或者国有资本出资人持有的股份占股份有限公司股本总额50%以上；（2）国有资本出资人出资额或者持有股份的比例虽然不足50%，但依其出资额或者持有的股份享有的表决权已足以对股东会、股东大会的决议产生重大影响的股东。

【例4-4】（单选题）下列不属于国有资本控股的是（　　）。

A. 国有资本占有限责任公司资本总额49%以上的股东

B. 持有的股份占股份有限公司股本总额50%以上的股东

C. 持有股份的比例为40%，但其享有的表决权已足以对股东大会产生重大影响的股东

D. 持有股份的比例为30%，但其享有的表决权已足以对股东大会产生重大影响的股东

【答案】A

【解析】略。

4. 国有资本参股公司，即公司资本包含部分国有资本，但国有资本不具有控股地位的股份公司。《公司法》规定的国家出资公司不包括国有资本参股公司。

（二）《企业国有资产法》对国家出资企业的要求

1. 国家出资企业对其动产、不动产和其他财产依照法律、行政法规以及企业章程享有占有、使用、收益和处分的权利。国家出资企业依法享有的经营自主权和其他合法权益受法律保护。

2. 国家出资企业从事经营活动，应当遵守法律、行政法规，加强经营管理，提高经济效益，接受人民政府及其有关部门、机构依法实施的管理和监督，接受社会公众的监督，承担社会责任，对出资人负责。国家出资企业应当依法建立和完善法人治理结构，建立健全内部监督管理和风险控制制度。

3. 国家出资企业应当依照法律、行政法规和国务院财政部门的规定，建立健全财务、会计制度，设置会计账簿，进行会计核算，依照法律、行政法规以及企业章程的规定向出资人提供真实、完整的财务、会计信息。国家出资企业应当依照法律、行政法规以及企业章程的规定向出资人分配利润。

4. 国家出资企业的监事会依照法律、行政法规以及企业章程的规定，对董事、高级管理人员执行职务的行为进行监督，对企业财务进行监督检查。

5. 国家出资企业依照法律规定，通过职工代表大会或者其他形式，实行民主管理。

6. 国家出资企业对其所出资企业依法享有资产收益、参与重大决策和选择管理者等出资人权利。国家出资企业对其所出资企业，应当依照法律、行政法规的规定，通过制定或者参与制定所出资企业的章程，建立权责明确、有效制衡的企业内部监督管理和风险控制制度，维护其出资人权益。

【知识点4】关系企业国有资产出资人权益的重大事项

（一）一般规定

1. 国家出资企业合并、分立、改制、上市，增加或者减少注册资本，发行债券，进行重大投资，为他人提供大额担保，转让重大财产，进行大额捐赠，分配利润，以及解散、申请破产等重大事项，应当遵守法律、行政法规以及企业章程的规定，不得损害出资人和债权人的权益。

2. 国有独资企业、国有独资公司合并、分立，增加或者减少注册资本，发行债券，分配利润以及解散、申请破产，由履行出资人职责的机构决定。

3. 国有独资企业、国有独资公司有上述第1项所列事项的，除依照上述第2项规定和有关法律、行政法规以及企业章程的规定，由履行出资人职责的机构决定的以外，国有独资企业由企业负责人集体讨论决定，国有独资公司由董事会决定。

4. 国有资本控股公司、国有资本参股公司有上述第1项所列事项的，依照法律、行政法规以及公司章程的规定，由公司股东会、股东大会或者董事会决定。由股东会、股东大会决定的，履行出资人职责的机构委派的股东代表，应当按照委派机构的指示提出提案、发表意见、行使表决权，并将其履行职责的情况和结果及

时报告委派机构。

5. 重要的国有独资企业、国有独资公司、国有资本控股公司的合并、分立、解散、申请破产以及法律、行政法规和本级人民政府规定应当由履行出资人职责的机构报经本级人民政府批准的重大事项，履行出资人职责的机构在作出决定或者向其委派参加国有资本控股公司股东会会议、股东大会会议的股东代表作出指示前，应当报请本级人民政府批准。重要的国有独资企业、国有独资公司和国有资本控股公司，按照国务院的规定确定。

6. 国家出资企业发行债券、投资等事项，有关法律、行政法规规定应当报经人民政府或者人民政府有关部门、机构批准、核准或者备案的，依照其规定。按照现行规定，企业发行的债券分为企业债券和公司债券两种。中国证监会统一负责公司（企业）债券发行审核工作。

7. 国家出资企业投资应当符合国家产业政策，并按照国家规定进行可行性研究；与他人交易应当公平、有偿，取得合理对价。

8. 国家出资企业的合并、分立、改制、解散、申请破产等重大事项，应当听取企业工会的意见，并通过职工代表大会或者其他形式听取职工的意见和建议。

【例4-5】（单选题）按照现行规定，企业发行的债券分为企业债券和公司债券两种。（　　）统一负责公司（企业）债券发行审核工作。

A. 中国证券监督管理委员会
B. 中国证监会
C. 财政部
D. 中国证券监督管理委员会

【答案】B

【解析】根据规定，中国证监会统一负责公司（企业）债券发行审核工作。故选项B正确。

（二）企业改制

1. 企业改制的类型。（1）国有独资企业改为国有独资公司；（2）国有独资企业、国有独资公司改为国有资本控股公司或者非国有资本控股公司；（3）国有资本控股公司改为非国有资本控股公司。这是指国有资本控股公司依照《公司法》的有关规定，吸收其他法人、非法人组织、自然人投资入股，改制为国有资本只参股不控股的公司，或者将该公司的国有资本全部转让，成为没有国有资本参股的公司。

2. 企业改制的程序。企业改制应当依照法定程序，由履行出资人职责的机构决定或者由公司股东会、股东大会决定。重要的国有独资企业、国有独资公司、国有资本控股公司的改制，履行出资人职责的机构在作出决定前，应当将改制方案报请本级人民政府批准。

3. 企业改制方案的制定。

（1）改制方案的内容。企业改制应当制定改制方案，载明改制后的企业组织形式、企业资产和债权债务处理方案、股权变动方案、改制的操作程序、资产评估和财务审计等中介机构的选聘等事项。企业改制涉及重新安置企业职工的，还应当制定职工安置方案，并经职工代表大会或者职工大会审议通过。

（2）职工安置方案的内容。根据有关规定，国有企业实施改制前，原企业应当与投资者就职工安置费用、劳动关系接续等问题明确相关责任，并制订职工安置方案。职工安置方案必须经职工代表大会或职工大会审议通过，企业方可实施改制。职工安置方案必须及时向广大职工公布，其主要内容包括：企业的人员状况及分流安置意见；职工劳动合同的变更、解除及重新签订办法；解除劳动合同职工的经济补偿金支付办法；社会保险关系接续；拖欠职工的工资等债务和企业欠缴的社会保险费处理办法等。

（3）改制企业职工权益的保护。企业实施改制时必须向职工公布企业总资产、总负债、净资产、净利润等主要财务指标的财务审计、资产评估结果，接受职工的民主监督。改制为国有控股企业的，改制后企业继续履行改制前企业与留用的职工签订的劳动合同；留用的职工在改制前企业的工作年限应合并计算为在改制后企业的工作年限；原企业不得向继续留用的职工支付经济补偿金。改制为非国有企业的，要严格按照有关法律、法规和政策处理好改制企业与职工的劳动关系。对企业改制时解除劳动合同且不再继续留用的职工，要支付经济补偿金。企业国有产权持有单位不得强迫职工将经济补偿金等费用用于对改制后企业的投资或借给改制后企业（包括改制企业的投资者）使用。企业改制时，对经确认的拖欠职工的工资、集资款、医疗费和挪用的职工住房公积金以及企业欠缴社会保险费，原则上要一次性付清。改制后的企业要按照有关规定，及时为职工接续养老、失业、医疗、工伤、生育等各项社会保险关系，并按时为职工足额交纳各种社会保险费。

4. 企业改制的资产界定。企业改制应当按照规定进行清产核资、财务审计、资产评估，准确界定和核实资产，客观、公正地确定资产的价值。企业改制涉及以企业的实物、知识产权、土地使用权等非货币财产折算为国有资本出资或者股份的，应当按照规定对折价财产进行评估，以评估确认价格作为确定国有资本出资额或者股份数额的依据。不得将财产低价折股或者有其他损害出资人权益的行为。

【例4-6】（多选题）企业实施改制时必须向职工公布企业有关的主要财务指标的财务审计、资产评估结果，接受职工的民主监督。下列选项中，需要公布的有（　　）。

A. 总资产　　　　B. 总负债
C. 净利润　　　　D. 净负债
E. 剩余财产

【答案】ABC

【解析】根据规定，企业实施改制时必须向职工公布企业总资产、总负债、净资产、净利润等主要财务指标的财务审计、资产评估结果，接受职工的民主监督。故选项A、B、C正确。

（三）资产评估与企业国有资产转让

1. 企业国有资产评估的基本规定。

（1）国有独资企业、国有独资公司和国有资本控股公司合并、分立、改制，转让重大财产，以非货币财产对外投资，清算或者有法律、行政法规以及企业章程规定应当进行资产评估的其他情形的，应当按照规定对有关资产进行评估。

（2）国有独资企业、国有独资公司和国有资本控股公司应当委托依法设立的符合条件的资产评估机构进行资产评估；涉及应当报经履行出资人职责的机构决定的事项的，应当将委托资产评估机构的情况向履行出资人职责的机构报告。

（3）国有独资企业、国有独资公司和国有资本控股公司及其董事、监事、高级管理人员应当向资产评估机构如实提供有关情况和资料，不得隐瞒或者提供虚假情况和资料，不得与资产评估机构串通评估作价。资产评估机构及其评估专业人员受托评估有关资产，应当遵守法律、行政法规以及评估执业准则，独立、客观、公正地对受托评估的资产进行评估。资产评估机构及其评估专业人员应当对其出具的评估报告负责。

2. 企业国有资产转让的基本规定。企业国有资产转让是指依法将国家对企业的出资所形成的权益转移给其他单位或者个人的行为，不包括按照国家规定无偿划转企业的国有资产。企业国有资产的转让应当遵守以下规定：

（1）企业国有资产转让应当有利于国有经济布局和结构的战略性调整，防止企业国有资产损失，不得损害交易各方的合法权益。

（2）企业国有资产转让由履行出资人职责的机构决定。履行出资人职责的机构决定转让全部企业国有资产的，或者转让部分企业国有资产致使国家对该企业不再具有控股地位的，应当报请本级人民政府批准。

（3）企业国有资产转让应当遵循等价有偿和公开、公平、公正的原则。除按照国家规定可以直接协议转让的以外，企业国有资产转让应当在依法设立的产权交易场所公开进行。转让方应当如实披露有关信息，征集受让方；征集产生的受让方为2个以上的，转让应当采用公开竞价的交易方式。转让上市交易的股份依照《证券法》的规定进行。

（4）企业国有资产转让应当以依法评估的、经履行出资人职责的机构认可或者由履行出资人职责的机构报经本级人民政府核准的价格为依据，合理确定最低转让价格。

（5）法律、行政法规或者国务院国有资产监督管理机构规定可以向本企业的董事、监事、高级管理人员或者其近亲属，或者这些人员所有或者实际控制的企业转让的企业国有资产，在转让时，上述人员或者企业参与受让的，应当与其他受让参与者平等竞买；转让方应当按照国家有关规定，如实披露有关信息；相关的董事、监事和高级管理人员不得参与转让方案的制定和组织实施的各项工作。

（6）企业国有资产向境外投资者转让的，应当遵守国家有关规定，不得危害国家安全和社会公共利益。

【例4-7】（多选题）根据《企业国有资

产法》规定，如果公司章程无另行规定，国有独资公司中相关资产应进行资产评估的有（　　）

A. 合并　　　　　B. 分立
C. 出租资产　　　D. 转让重大财产
E. 以货币对外投资

【答案】ABD

【解析】《企业国有资产法》规定：国有独资企业、国有独资公司和国有资本控股公司合并、分立、改制，转让重大财产，以非货币财产对外投资，清算或者有法律、行政法规以及企业章程规定应当进行资产评估的其他情形的，应当按照规定对有关资产进行评估。

【知识点5】国有资本经营预算

国有资本经营预算，是国家以所有者身份依法取得国有资本收益并对所得收益进行分配而发生的各项收支预算，是政府预算的重要组成部分，是企业国有资产管理的重要内容。国有资本经营预算按照收支平衡的原则编制，不列赤字。各级国有资本经营预算年度执行中有超收收入的，应当在下一年度安排使用；出现短收的，应当通过减少支出实现收支平衡。国务院另有规定的除外。

2024年1月，国务院发布《关于进一步完善国有资本经营预算制度的意见》，要求按照深化预算管理制度改革以及健全管资本为主的国有资产监管体制的要求，进一步完善国有资本经营预算制度。《意见》提出，有序扩大国有资本经营预算实施范围，逐步实现国有企业应纳尽纳。国有独资企业和国有独资公司以年度归属于母公司所有者的净利润为基础，依法扣除以前年度未弥补亏损、提取的法定公积金等，按一定比例计算上交收益。各级政府要根据行业、企业类型等，完善国有独资企业和国有独资公司上交收益比例分类分档规则，健全动态调整机制。国有控股、参股企业按照市场化、法治化原则建立分红机制。政府授权履行出资人职责的机构（部门）以及有关党政机关和事业单位研究提出国有控股、参股企业利润分配意见时，应当统筹考虑国民经济布局优化和结构调整总体要求、企业所处行业特点、发展阶段、财务状况、发展规划以及其他股东意见等，所提意见的利润分配原则上不低于同类国有独资企业和国有独资公司收益上交水平。出资人单位应督促国有控股企业依法及时制定利润分配方案，股东会审议决定上年利润分配方案的时间原则上不晚于当年9月底，利润分配方案通过后，企业应及时按规定上交国有股股息红利。

【知识点6】履行出资人职责的机构与国家出资企业的法律责任

（一）履行出资人职责的机构的法律责任

1. 履行出资人职责的机构的主管人员与其他责任人员的法律责任。履行出资人职责的机构有下列行为之一的，对其直接负责的主管人员和其他直接责任人员依法给予处分：（1）不按照法定的任职条件任命或者建议任命国家出资企业管理者的；（2）侵占、截留、挪用国家出资企业的资金或者应当上缴的国有资本收入的；（3）违反法定的权限、程序，决定国家出资企业重大事项，造成国有资产损失的；（4）有其他不依法履行出资人职责的行为，造成国有资产损失的。

2. 履行出资人职责的机构的工作人员的法律责任。履行出资人职责的机构的工作人员玩忽职守、滥用职权、徇私舞弊，尚不构成犯罪的，依法给予处分。

3. 履行出资人职责的机构委派的股东的法律责任。履行出资人职责的机构委派的股东代表未按照委派机构的指示履行职责，造成国有资产损失的，依法承担赔偿责任；属于国家工作人员的，并依法给予处分。

（二）国家出资企业的法律责任

1. 国家出资企业的董事、监事和高级管理人员的法律责任。国家出资企业的董事、监事、高级管理人员有下列行为之一，造成企业国有资产损失的，依法承担赔偿责任；属于国家工作人员的，并依法给予处分：（1）利用职权收受贿赂或者取得其他非法收入和不当利益的；（2）侵占、挪用企业资产的；（3）在企业改制、财产转让等过程中违反法律、行政法规和公平交易规则，将企业财产低价转让、低价折股的；（4）违反规定与本企业进行交易的；（5）不如实向资产评估机构、会计师事务所提供有关情况和资料，或者与资产评估机构、会计师事务所串通出具虚假资产评估报告、审计报告的；（6）违反法律、行政法规和企业章程规定的决策程序决定企业重大事项的；（7）有其他违反法律、行政法规和企业章程执行职务行为的。

国家出资企业的董事、监事、高级管理人员因上述所列行为取得的收入，依法予以追缴或者归国家出资企业所有。履行出资人职责的机构任命或者建议任命的董事、监事、高级管理人员有上述所列行为之一，造成国有资产重大损失的，由履行出资人职责的机构依法予以免职或者提出免职建议。

2. 国家出资企业的董事、监事和高级管理人员的市场禁入。国有独资企业、国有独资公司、国有资本控股公司的董事、监事、高级管理人员违反规定，造成国有资产重大损失，被免职的，自免职之日起5年内不得担任国有独资企业、国有独资公司、国有资本控股公司的董事、监事、高级管理人员；造成国有资产特别重大损失，或者因贪污、贿赂、侵占财产、挪用财产或者破坏社会主义市场经济秩序被判处刑罚的，终身不得担任国有独资企业、国有独资公司、国有资本控股公司的董事、监事、高级管理人员。

【例4-8】（多选题）国有独资企业的董事、监事、高级管理人员有下列（　　）行为，造成严重后果，则终身不得担任国有独资企业、国有独资公司、国有资本控股公司的董事、监事、高级管理人员。

A. 造成国有资产重大损失
B. 造成国有资产特别重大损失
C. 贪污、贿赂
D. 侵占财产、挪用财产
E. 破坏社会主义市场经济秩序被判处刑罚

【答案】BCDE

【解析】根据规定，国有独资企业、国有独资公司、国有资本控股公司的董事、监事、高级管理人员违反规定，造成国有资产特别重大损失，或者因贪污、贿赂、侵占财产、挪用财产或者破坏社会主义市场经济秩序被判处刑罚的，终身不得担任国有独资企业、国有独资公司、国有资本控股公司的董事、监事、高级管理人员。故选项B、C、D、E正确。

【知识点7】企业国有资产产权登记概述

（一）产权登记管理机关概述

1. 产权登记管理机关。企业国有资产产权登记机关是县级以上各级政府负责国有资产管理的部门。国务院国有资产管理部门主管全国企业国有资产产权登记工作，统一制定产权登记各项政策法规。上级产权登记机关指导下级产权登记机关的产权登记工作。

【提示】中央党政机关和事业单位所属企业的国有资本产权，由财政部、中央部门根据管理职责对占有国有资本企业的产权及其分布状况、变动情况进行登记管理，依法确认产权归属关系。此处"所属企业"包括：（1）中央党政机关和事业单位及其所属各级行政事业单位（含垂直管理机构和派出机构）按照国家有关规定，直接投资兴办或管理的一级全资、控股和参股企业（统称部门所属一级企业）；（2）一级全资、控股企业投资兴办的各级企业（统称部门所属二级以下企业）。各级国有参股企业再投资兴办的企业除外。

2. 产权登记管理机关职责。产权登记管理机关依法履行下列职责：（1）依法确认企业产权归属，理顺企业集团内部产权关系；（2）掌握企业国有资产占有、使用的状况；（3）监管企业的国有产权变动；（4）检查企业国有资产经营状况；（5）监督国家授权投资机构、国有企业和国有独资公司的出资行为；（6）备案企业的担保或资产被司法冻结等产权或有变动事项；（7）在汇总、分析的基础上，编报并向同级政府和上级产权登记机关呈送产权登记与产权变动状况分析报告。

（二）产权登记分级管理

1. 管理原则。产权登记按照统一政策、分级管理原则，由县级以上政府负责国有资产管理的部门按产权归属关系组织实施。

2. 管辖机关。由两个及两个以上国有资本出资人共同投资设立的企业，按国有资本额最大的出资人的产权归属关系确定企业产权登记的管辖机关。若国有资本各出资人出资额相等，则按推举的出资人的产权归属关系确定企业产权登记的管辖机关，其余出资人出具产权登记委托书。

3. 委托管理。产权登记机关可视具体情况，委托仍管理企业的政府部门、机构或下级产权登记机关办理企业的产权登记。

4. 国务院国有资产管理部门负责的产权登记对象。国务院国有资产管理部门负责下列企业的国有资产产权登记管理工作：①由国务院管辖的企业（含国家授权投资机构）；②中央各部门、直属机构的机关后勤、各直属事业单位及全国性社会团体管辖的企业；③中央国有企业、国有独资公司或国务院授权的国家授权投资机构投资设立的企业。

5. 省级国有资产管理部门负责的产权登记对象。省、自治区、直辖市及计划单列市国有资产管理部门负责下列企业的国有资产产权登记管理工作：①由省级政府管辖的企业（含省属国家授权投资机构）；②省级各部门、直属机构的机关后勤、事业单位，各直属事业单位及省级社会团体管辖的企业；③省级国有企业、国有独资公司或省级政府授权的国家授权投资机构投资设立的企业；④国务院国有资产管理部门委托办理产权登记的企业。

（三）申请办理企业国有资产产权登记的主体和范围

1. 申请办理企业国有资产产权登记的主体。国有企业、国有独资公司、国家授权投资的机构、设置国有股权的有限责任公司和股份有限公司、国有企业和国有独资公司或国家授权投资机构投资设立的企业，以及其他形式占有国有资产的企业，都应当依照规定申请办理企业国有资产产权登记。

《国有出资企业产权登记管理暂行办法》进一步将企业国有资产产权登记主体概括为：国家出资企业、国家出资企业（不含国有资本参股公司）拥有实际控制权的境内外各级企业及其投资参股企业。"拥有实际控制权"是指国家出资企业直接或者间接合计持股比例超过50%，或者持股比例虽然未超过50%，但为第一大股东，并通过股东协议、公司章程、董事会决议或者其他协议安排能够实际支配企业行为的情形。国家出资企业所属事业单位视为其子企业进行产权登记。

2. 企业国有资产产权登记的范围。国有资产管理部门依法对本级人民政府授权管理的国家出资企业的产权及其分布状况进行登记管理。国家出资企业、国家出资企业（不含国有资本参股公司）拥有实际控制权的境内外各级企业及其投资参股企业，为交易目的持有的下列股权不进行产权登记：（1）为了赚取差价从二级市场购入的上市公司股权；（2）为了近期内（1年以内）出售而持有的其他股权。

企业提供保证、定金或者设置抵押、质押、留置，以及发生资产被司法机关冻结情况的，应当在申办各类产权登记中如实向产权登记机关报告。企业以设置抵押、质押、留置、作为定金以及属于司法冻结的资产用于投资或进行产权（股权）转让时，必须符合《民法典》等法律、法规的规定，否则，产权登记机关不予登记。

企业产权归属关系不清楚或者发生产权纠纷的，可以申请暂缓办理产权登记。被批准暂缓办理产权登记的企业应当在暂缓期内，将产权界定清楚、产权纠纷处理完毕，然后及时办理产权登记。

【例4-9】（单选题）根据企业国有资产产权登记范围的相关规定，下列选项中，不需要办理国有资产产权登记的是（　　）。

A. 国有企业

B. 国有独资公司投资设立的企业

C. 国家出资企业

D. 国家出资企业为了近期内（1年内）出售而持有的股权

【答案】D

【解析】略。

（四）企业国有资产产权登记的内容和程序

企业国有资产产权登记分为占有产权登记、变动产权登记和注销产权登记。

1. 占有产权登记。履行出资人职责的机构和履行出资人职责的企业有下列情形之一的，应当办理占有产权登记：（1）因投资、分立、合并而新设企业的；（2）因收购、投资入股而首次取得企业股权的；（3）其他应当办理占有产权登记的情形。

占有产权登记的主要内容包括：（1）企业出资人及出资人类别、出资额、出资形式；（2）企业注册资本、股权比例；（3）企业名称及在国家出资企业中所处级次；（4）企业组织形式；（5）企业注册时间、注册地；（6）企业主营业务范围；（6）国有资产监督管理机构要求的其他内容。

【提示】已取得法人资格的企业直接向产权登记机关申办占有产权登记，填写《企业国有资产占有产权登记表》，提交有关文件和资料。产权登记机关对符合登记要求的企业予以登记；对相关经济行为操作过程中存在瑕疵的企业，应当向国家出资企业下发限期整改通知书，完成整改后予以登记。已办理产权登记的国家出资企业,由产权登记机关核发产权登记证;已办理产权登记的其他企业,由产权登记机关或者其授权国家出资企业核发产权登记表。

申请取得法人资格的企业应当于办理市场主体登记前 30 日内申办占有产权登记,并提交有关文件和资料。企业持产权登记机关审定的产权登记表向市场监督管理部门申办注册登记,取得企业法人营业执照后 30 日内到原产权登记机关领取产权登记证,同时提交《企业法人营业执照》副本。

2. 变动产权登记。企业发生下列情形之一的,应当申办变动产权登记:(1)企业名称、住所或法定代表人改变的;(2)企业组织形式发生变动的;(3)企业国有资本额发生增减变动的;(4)企业国有资本出资人发生变动的;(5)产权登记机关规定的其他情形。

【提示】企业发生上述第(1)项情形的,应当于市场监督管理部门核准变动登记后 30 日内,向原产权登记机关申办变动产权登记。企业发生上述第(2)—(5)项情形的,应当自政府有关部门或企业出资人批准、企业股东大会或者董事会作出决定之日起 30 日内,向市场监督管理部门申请变更登记前,向原产权登记机关申办变动产权登记。未办理占有产权登记的企业发生国有产权变动时,应当按照规定先补办占有产权登记,再申办变动或者注销产权登记。

【例 4-10】(多选题)企业发生下列(　　)情形的,应当申办变动产权登记。
A. 因投资、分立、合并而新设企业的
B. 企业名称、住所或法定代表人改变的
C. 企业组织形式发生变动的
D. 企业国有资本额发生增减变动的
E. 因收购、投资入股而首次取得企业股权的
【答案】BCD
【解析】略。

3. 注销产权登记。企业发生下列情形之一的,应当申办注销产权登记:(1)企业解散、被依法撤销或被依法宣告破产;(2)企业转让全部国有资产产权或改制后不再设置国有股权的;(3)其他需要注销国有资产产权的情形。

【提示】企业解散的,应当自出资人的母公司或上级单位批准之日起 30 日内,向原产权登记机关申办注销产权登记。企业被依法撤销的,应当自政府有关部门决定之日起 30 日内向原产权登记机关申办注销产权登记。企业被依法宣告破产的,应当自法院裁定之日起 60 日内由企业破产清算机构向原产权登记机关申办注销产权登记。企业转让全部国有资产产权(股权)或改制后不再设置国有股权的,应当自出资人的母公司或上级单位批准后 30 日内向原产权登记机关申办注销产权登记。所出资企业发生上述情形的,由其出资人代表办理注销产权登记手续。

【例 4-11】(单选题)企业被依法宣告破产的,应当自法院裁定之日起(　　)日内由企业破产清算机构向原产权登记机关申办注销产权登记。
A. 10　　　　　　B. 20
C. 30　　　　　　D. 60
【答案】D
【解析】略。

(五)企业国有资产产权登记的年度检查和档案管理

1. 企业国有资产产权登记的年度检查。企业国有资产产权登记实行年度检查制度。企业应当于每个公历年度终了后 90 日内,向产权登记机关上报企业国有资产经营年度报告书和填写《企业国有资产产权登记年度检查表》,并提交相关文件、资料,申办产权登记年度检查。企业国有资产经营年度报告书是反映企业在检查年度内国有资产经营状况和产权变动状况的书面文件,包括企业国有资产保值增值、国有资本金实际到位和增减变动、对外投资及投资收益等情况。年检合格后,由产权登记机关在企业产权登记证副本和年度检查表上加盖年检合格章。

【提示】产权登记年度检查表不作为确定企业国有产权归属的法律依据。企业不得以年度检查替代产权登记。企业不按照规定办理年度检查或者年度检查不合格的,其产权登记证不再具有法律效力。

2. 企业国有资产产权登记的档案管理。国务院国有资产管理部门统一制定产权登记证正本和副本,确定各类产权登记表的内容和格式。经产权登记机关颁发、审定的产权登记表和产

权登记证正本、副本是产权登记的法律文件，任何单位和个人不得伪造、涂改、出借、出租或出售，有遗失或毁坏的，应向原产权登记机关申请补领。

【知识点8】企业国有资产交易管理制度

（一）企业国有资产交易的概念和范围

1. 企业国有资产交易的概念。企业国有资产交易是指履行出资人职责的机构、国有及国有控股企业、国有实际控制企业转让企业产权、增加企业资本、转让企业重大资产的活动。

2. 企业国有资产交易的范围。交易行为包括：(1) 企业产权转让，即履行出资人职责的机构、国有及国有控股企业、国有实际控制企业转让其对企业各种形式出资所形成权益的行为；(2) 企业增资，即国有及国有控股企业、国有实际控制企业增加资本的行为，政府以增加资本金方式对国家出资企业的投入除外；(3) 企业资产转让，即国有及国有控股企业、国有实际控制企业的重大资产转让行为。

3. 企业国有资产交易监督管理体制。国有资产监督管理机构负责所监管企业的国有资产交易监督管理；国家出资企业负责其各级子企业国有资产交易的管理，定期向同级国有资监管机构报告本企业的国有资产交易情况。国有资本投资、运营公司对各级子企业资产交易的监督管理，相应由各级人民政府或国资监管机构另行授权。

【例4-12】（多选题）《企业国有资产交易监督管理办法》，对国家出资企业的国有资产交易和上市公司的国有股权转让以外的企业国有资产交易行为的监督管理作出规定，下列行业不适用此规定的有（　　）。

A. 金融类　　　　B. 制造类
C. 农林类　　　　D. 文化类
E. 高新技术类

【答案】AD

【解析】2016年6月24日国务院国有资产监督管理委员会、财政部联合发布了《企业国有资产交易监督管理办法》，对除金融、文化类国家出资企业的国有资产交易和上市公司的国有股权转让以外的企业国有资产交易行为的监督管理作出规定。故选项A、D正确。

（二）企业产权转让

1. 转让决策与审核批准。

（1）产权转让方内部决策。产权转让应当由转让方按照企业章程和企业内部管理制度进行决策，形成书面决议。

（2）审核批准。国有资产监督管理机构负责审核国家出资企业的产权转让事项。

2. 审计评估。

（1）转让标的审计。产权转让事项经批准后，由转让方委托会计师事务所对转让标的企业进行审计。涉及参股权转让不宜单独进行专项审计的，转让方应当取得转让标的企业最近一期年度审计报告。

（2）转让标的评估。对按照有关法律、法规要求必须进行资产评估的产权转让事项，转让方应当委托符合条件的资产评估机构对转让标的进行资产评估，产权转让价格应以经核准或备案的评估结果为基础确定。

3. 确定受让方。

【提示】产权转让原则上不得针对受让方设置资格条件，确需设置的，不得有明确指向性或违反公平竞争原则，所设资格条件相关内容应当在信息披露前报同级国有资产监督管理机构备案，国有资产监督管理机构在5个工作日内未反馈意见的视为同意。

产权转让项目首次正式信息披露的转让底价，不得低于经核准或备案的转让标的评估结果。信息披露期满未征集到意向受让方的，可以延期或在降低转让底价、变更受让条件后重新进行信息披露。降低转让底价或变更受让条件后重新披露信息的，披露时间不得少于20个工作日。新的转让底价低于评估结果的90%时，应当经转让行为批准单位书面同意。

【例4-13】（单选题）产权转让所设资格条件相关内容应当在信息披露前报同级国有资产监督管理机构备案，国有资产监督管理机构在（　　）个工作日内未反馈意见的视为同意。

A. 3　　　　　　　B. 5
C. 15　　　　　　D. 20

【答案】B

【解析】略。

4. 结算交易价款。

（1）交易结算方式。交易价款应当以人民币计价，通过产权交易机构以货币进行结算。

因特殊情况不能通过产权交易机构结算的，转让方应当向产权交易机构提供转让行为批准单位的书面意见以及受让方付款凭证。

（2）交易价款支付。交易价款原则上应当自合同生效之日起5个工作日内一次付清。金额较大、一次付清确有困难的，可以采取分期付款方式。采用分期付款方式的，首期付款不得低于总价款的30%，并在合同生效之日起5个工作日内支付；其余款项应当提供转让方认可的合法有效担保，并按同期银行贷款利率支付延期付款期间的利息，付款期限不得超过1年。

（3）交易结果公示。产权交易合同生效后，产权交易机构应当将交易结果通过交易机构网站对外公告，公告内容包括交易标的名称、转让标的评估结果、转让底价、交易价格，公告期不少于5个工作日。产权交易合同生效，并且受让方按照合同约定支付交易价款后，产权交易机构应当及时为交易双方出具交易凭证。

5. 非公开协议方式转让企业产权。以下情形的产权转让可以采取非公开协议转让方式：

（1）涉及主业处于关系国家安全、国民经济命脉的重要行业和关键领域企业的重组整合，对受让方有特殊要求，企业产权需要在国有及国有控股企业之间转让的，经国有资产监督管理机构批准，可以采取非公开协议转让方式。

（2）同一国家出资企业及其各级控股企业或实际控制企业之间因实施内部重组整合进行产权转让的，经该国家出资企业审议决策，可以采取非公开协议转让方式。

【提示】采取非公开协议转让方式转让企业产权，转让价格不得低于经核准或备案的评估结果。国有资产监督管理机构批准、国家出资企业审议决策采取非公开协议方式转让企业产权时，应当审核下列文件：（1）产权转让的有关决议文件；（2）产权转让方案；（3）采取非公开协议方式转让产权的必要性以及受让方情况；（4）转让标的企业审计报告、资产评估报告及其核准或备案文件；（5）产权转让协议；（6）转让方、受让方和转让标的企业的国家出资企业产权登记表（证）；（7）产权转让行为的法律意见书；（8）其他必要的文件。

【例4-14】（单选题）企业国有资产非公开协议转让的审核，应当审核下列文件，哪项除外（　　）。

A. 产权转让的有关决议文件
B. 采取非公开协议方式转让产权的必要性以及受让方情况
C. 转让标的企业的财务报告
D. 产权转让协议

【答案】C

【解析】国有资产监督管理机构批准、国家出资企业审议决策采取非公开协议方式转让企业产权时，应当审核转让标的企业审计报告、资产评估报告及其核准或备案文件，不需要审核财务报告。

（三）企业增资

1. 审核批准。国有资产监督管理机构负责审核国家出资企业的增资行为。其中，因增资致使国家不再拥有所出资企业控股权的，须由国有资产监督管理机构报本级人民政府批准。

国家出资企业决定其子企业的增资行为。其中，对主业处于关系国家安全、国民经济命脉的重要行业和关键领域，主要承担重大专项任务的子企业的增资行为，须由国家出资企业报同级国有资产监督管理机构批准。企业增资应当由增资企业按照企业章程和内部管理制度进行决策，形成书面决议。

2. 审计评估。企业增资在完成决策批准程序后，应当由增资企业委托具有相应资质的中介机构开展审计和资产评估。

3. 确定投资方。

【提示】产权交易机构接受增资企业的委托提供项目推介服务，负责意向投资方的登记工作，协助企业开展投资方资格审查。通过资格审查的意向投资方数量较多时，可以采用竞价、竞争性谈判、综合评议等方式进行多轮次遴选。产权交易机构负责统一接收意向投资方的投标和报价文件，协助企业开展投资方遴选有关工作。企业董事会或股东会以资产评估结果为基础，结合意向投资方的条件和报价等因素审议选定投资方。

【例4-15】（多选题）根据国有资产法律制度的规定，国家出资企业增资公开征集投资方，通过产权交易机构资格审查的意向投资方数量较多时，需进行多轮次遴选时可以采用的方式有（　　）。

A. 竞价方式

B. 竞争性谈判方式
C. 综合评议方式
D. 招投标方式
E. 内部磋商方式

【答案】ABC

【解析】国家出资企业增资中公开征集投资方，通过产权交易机构资格审查的意向投资方数量较多时，可以采用竞价、竞争性谈判、综合评议等方式进行多轮次遴选。故选项A、B、C正确。

4. 非公开协议方式增资。以下情形经同级国有资产监督管理机构批准，可以采取非公开协议方式进行增资：（1）因国有资本布局结构调整需要，由特定的国有及国有控股企业或国有实际控制企业参与增资；（2）因国家出资企业与特定投资方建立战略合作伙伴或利益共同体需要，由该投资方参与国家出资企业或其子企业增资。

以下情形经国家出资企业审议决策，可以采取非公开协议方式进行增资：（1）国家出资企业直接或指定其控股、实际控制的其他子企业参与增资；（2）企业债权转为股权；（3）企业原股东增资。

（四）企业资产转让

1. 企业资产转让程序。企业一定金额以上的生产设备、房产、在建工程以及土地使用权、债权、知识产权等资产对外转让，应当按照企业内部管理制度履行相应决策程序后，在产权交易机构公开进行。涉及国家出资企业内部或特定行业的资产转让，确需在国有及国有控股、国有实际控制企业之间非公开转让的，由转让方逐级报国家出资企业审核批准。国家出资企业负责制定本企业不同类型资产转让行为的内部管理制度，明确责任部门、管理权限、决策程序、工作流程，对其中应当在产权交易机构公开转让的资产种类、金额标准等作出具体规定，并报同级国有资产监督管理机构备案。

2. 企业资产转让底价和信息公告期的确定。转让方应当根据转让标的情况合理确定转让底价和转让信息公告期：（1）转让底价高于100万元、低于1000万元的资产转让项目，信息公告期应不少于10个工作日；（2）转让底价高于1000万元的资产转让项目，信息公告期应不少于20个工作日。

【提示】除国家法律法规或有关规定另有要求的外，资产转让不得对受让方设置资格条件。资产转让价款原则上一次性付清。

【例4-16】（单选题）国家出资企业资产转让中，转让方应当根据转让标的情况合理确定转让底价和转让信息公告期，转让底价高于1000万元的资产转让项目，信息公告期应不少于（　　）个工作日。

A. 5　　　　　　　B. 10
C. 15　　　　　　 D. 20

【答案】D

【解析】略。

（五）企业国有产权无偿划转

1. 企业国有产权无偿划转的概念。企业国有产权无偿划转，是指企业国有产权在政府机构、事业单位、国有独资企业、国有独资公司之间的无偿转移行为。

2. 企业国有产权无偿划转的程序。
（1）做好可行性研究。
（2）划转双方审议。
（3）审计或者清产核资。
（4）签订划转协议。
（5）办理产权登记手续。

3. 企业国有产权无偿划转的批准。

企业国有产权在同一国有资产监督管理机构所出资企业之间无偿划转的，由所出资企业共同报国有资产监督管理机构批准。企业国有产权在不同国有资产监督管理机构所出资企业之间无偿划转的，依据划转双方的产权归属关系，由所出资企业分别报同级国有资产监督管理机构批准。实施政企分开的企业，其国有产权无偿划转所出资企业或其子企业持有的，由同级国有资产监督管理机构和主管部门分别批准。下级政府国有资产监督管理机构所出资企业国有产权无偿划转上级政府国有资产监督管理机构所出资企业或其子企业持有的，由下级政府和上级政府国有资产监督管理机构分别批准。企业国有产权在所出资企业内部无偿划转的，由所出资企业批准并抄报同级国有资产监督管理机构。

【提示】企业国有产权无偿划转事项经批准后，划出方和划入方调整产权划转比例或者划转协议有重大变化的，应当按照规定程序重新报批。有下列情况之一的，不得实施无偿划转：

(1) 被划转企业主业不符合划入方主业及发展规划的；(2) 中介机构对被划转企业划转基准日的财务报告出具否定意见、无法表示意见或保留意见的审计报告的；(3) 无偿划转涉及的职工分流安置事项未经被划转企业的职工代表大会审议通过的；(4) 被划转企业或有负债未有妥善解决方案的；(5) 划出方债务未有妥善处置方案的。

(六) 上市公司国有股权变动管理

1. 上市公司国有股权变动管理概念。上市公司国有股权变动，是指上市公司国有股权持股主体、数量或比例等发生变化的行为，具体包括：国有股东所持上市公司股份通过证券交易系统转让、公开征集转让、非公开协议转让、无偿划转、间接转让、国有股东发行可交换公司债券；国有股东通过证券交易系统增持、协议受让、间接受让、要约收购上市公司股份和认购上市公司发行股票；国有股东所控股上市公司吸收合并、发行证券；国有股东与上市公司进行资产重组等行为。

2. 上市公司国有股权变动管理的基本要求。(1) 上市公司国有股权变动行为应坚持公开、公平、公正原则，遵守国家有关法律、行政法规和规章制度规定，符合国家产业政策和国有经济布局结构调整方向，有利于国有资本保值增值，提高企业核心竞争力。(2) 上市公司国有股权变动涉及的股份应当权属清晰，不存在受法律法规规定限制的情形。(3) 国有股东所持上市公司股份变动应在作充分可行性研究的基础上制定方案，严格履行决策、审批程序，规范操作，按照证券监管的相关规定履行信息披露等义务。在上市公司国有股权变动信息披露前，各关联方要严格遵守保密规定。(4) 上市公司国有股权变动应当根据证券市场公开交易价格、可比公司股票交易价格、每股净资产值等因素合理定价。(5) 国有资产监督管理机构通过上市公司国有股权管理信息系统对上市公司国有股权变动实施统一监管。国家出资企业应通过管理信息系统，及时、完整、准确将所持上市公司股份变动情况报送国有资产监督管理机构。其中，按照规定由国家出资企业审核批准的变动事项须通过管理信息系统做备案管理，并取得统一编号的备案表。

3. 上市公司国有股权变动监督管理体制。上市公司国有股权变动的监督管理由省级以上国有资产监督管理机构负责。省级国有资产监督管理机构报经省级人民政府同意，可以将地市级以下有关上市公司国有股权变动的监督管理交由地市级国有资产监督管理机构负责。上市公司国有股权变动涉及政府社会公共管理事项的，应当依法报政府有关部门审核。受让方为境外投资者的，应当符合外商投资产业指导目录或负面清单管理的要求，以及外商投资安全审查的规定，涉及该类情形的，各审核主体在接到相关申请后，应就转让行为是否符合吸收外商投资政策向同级商务部门征求意见，具体申报程序由省级以上国有资产监督管理机构商同级商务部门按《关于上市公司国有股向外国投资者及外商投资企业转让申报程序有关问题的通知》(商资字〔2004〕1号) 确定的原则制定。按照法律、行政法规和本级人民政府有关规定，须经本级人民政府批准的上市公司国有股权变动事项，国有资产监督管理机构应当履行报批程序。

4. 国有股东所持上市公司股份通过证券交易系统转让。国有股东通过证券交易系统转让上市公司股份，按照国家出资企业内部决策程序决定，有以下情形之一的，应报国有资产监督管理机构审核批准：(1) 国有控股股东转让上市公司股份可能导致持股比例低于合理持股比例的；(2) 总股本不超过10亿股的上市公司，国有控股股东拟于一个会计年度内累计净转让(累计转让股份扣除累计增持股份后的余额，下同) 达到总股本5%及以上的；总股本超过10亿股的上市公司，国有控股股东拟于一个会计年度内累计净转让数量达到5 000万股及以上的；(3) 国有参股股东拟于一个会计年度内累计净转让达到上市公司总股本5%及以上的。

5. 国有股东所持上市公司股份公开征集转让。公开征集转让是指国有股东依法公开披露信息，征集受让方转让上市公司股份的行为。

(1) 公开征集转让股份信息披露。

(2) 选择确定受让方。

(3) 签订股份转让协议。

(4) 审核批准。国有股东与受让方签订协议后，按照审批权限由国家出资企业审核批准或由国有资产监督管理机构审核批准。

(5) 确定转让股份价格。国有股东公开征集转让上市公司股份的价格不得低于下列两者之中的较高者：①提示性公告日前30个交易日的每日加权平均价格的算术平均值；②最近一个会计年度上市公司经审计的每股净资产值。

（6）收取转让股份价款。国有股东应在股份转让协议签订后5个工作日内收取不低于转让价款30%的保证金，其余价款应在股份过户前全部结清。在全部转让价款支付完毕或交由转让双方共同认可的第三方妥善保管前，不得办理股份过户登记手续。

（7）办理股份过户登记手续。国有资产监督管理机构关于国有股东公开征集转让上市公司股份的批准文件或国有资产监督管理机构、管理信息系统出具的统一编号的备案表和全部转让价款支付凭证是证券交易所、中国证券登记结算有限责任公司办理上市公司股份过户登记手续的必备文件。上市公司股份过户前，原则上受让方人员不能提前进入上市公司董事会和经理层，不得干预上市公司正常生产经营。

6. 国有股东所持上市公司股份非公开协议转让。非公开协议转让是指不公开征集受让方，通过直接签订协议转让上市公司股份的行为。

（1）非公开协议转让股份情形。符合以下情形之一的，国有股东可以非公开协议转让上市公司股份：①上市公司连续两年亏损并存在退市风险或严重财务危机，受让方提出重大资产重组计划及具体时间表的；②企业主业处于关系国家安全、国民经济命脉的重要行业和关键领域，主要承担重大专项任务，对受让方有特殊要求的；③为实施国有资源整合或资产重组，在国有股东、潜在国有股东（经本次国有资源整合或资产重组后成为上市公司国有股东的）之间转让的；④上市公司回购股份涉及国有股东所持股份的；⑤国有股东因接受要约收购方式转让其所持上市公司股份的；⑥国有股东因解散、破产、减资、被依法责令关闭等原因转让其所持上市公司股份的；⑦国有股东以所持上市公司股份出资的。

（2）签订股份转让协议。国有股东在履行内部决策程序后，应当及时与受让方签订股份转让协议。涉及上市公司控股权转移的，在转让协议签订前，应按规定聘请财务顾问，对拟受让方进行尽职调查，出具尽职调查报告。

（3）审核批准。国有股东与受让方签订协议后，按照审批权限由国家出资企业审核批准或由国有资产监督管理机构审核批准。

【提示】国有资产监督管理机构关于国有股东非公开协议转让上市公司股份的批准文件或国有资产监督管理机构、管理信息系统出具的统一编号的备案表和全部转让价款支付凭证（包括非货币资产的交割凭证）是证券交易所、中国证券登记结算有限公司办理上市公司股份过户登记手续的必备文件。

（4）确定股份转让价格。国有股东非公开协议转让上市公司股份的价格不得低于下列两者之中的较高者：①提示性公告日前30个交易日的每日加权平均价格的算术平均值；②最近一个会计年度上市公司经审计的每股净资产值。

（5）收取股份转让价款。以现金支付股份转让价款的，国有股东应在股份转让协议签订后5个工作日内收取不低于转让价款30%的保证金，其余价款应在股份过户前全部结清；以非货币资产支付股份转让价款的，应当符合国家相关规定。

7. 国有股东所持上市公司股份无偿划转。政府部门、机构、事业单位、国有独资或全资企业之间可以依法无偿划转所持上市公司股份。国有股东所持上市公司股份无偿划转，按照审批权限由国家出资企业审核批准或由国有资产监督管理机构审核批准。

8. 国有股东所持上市公司股份间接转让。国有股东所持上市公司股份间接转让是指因国有产权转让或增资扩股等原因导致国有股东不再符合规定情形的行为。

9. 国有股东发行可交换公司债券。国有股东发行可交换公司债券，是指上市公司国有股东依法发行、在一定期限内依据约定条件可以交换成该股东所持特定上市公司股份的公司债券的行为。

10. 国有股东受让上市公司股份。国有股东受让上市公司股份行为主要包括国有股东通过证券交易系统增持、协议受让、间接受让、要约收购上市公司股份和认购上市公司发行股票等。

11. 国有股东所控股上市公司吸收合并。国有股东所控股上市公司吸收合并，是指国有控股上市公司之间或国有控股上市公司与非国有控股上市公司之间的吸收合并。

12. 国有股东所控股上市公司发行证券。国有股东所控股上市公司发行证券包括上市公司采用公开方式向原股东配售股份、向不特定对象公开募集股份、采用非公开方式向特定对象发行股份以及发行可转换公司债券等行为。

13. 国有股东与上市公司进行资产重组。国有股东与上市公司进行资产重组是指国有股东向上市公司注入、购买或置换资产并涉及国有股东所持上市公司股份发生变化的情形。

【知识点9】金融企业国有资产管理制度

（一）金融企业国有资产的概念

金融企业国有资产是指各级人民政府及其授权投资主体对金融企业各种形式的出资所形成的权益。金融企业包括所有获得金融业务许可证的企业和金融控股（集团）公司。

（二）金融企业国有资产监督管理部门

金融企业国有资产管理包括履行金融企业国有资产出资人职责、金融企业国有资产基础管理及资本运营、绩效考核、机构改革、风险防控、高管薪酬等管理。国务院和地方政府依照法律法规，分别代表国家履行出资人职责；各级财政部门根据本级政府授权，集中统一履行国有金融资本出资人职责。财政部负责制定全国统一的国有金融资本管理规章制度，各级财政部门依法依规履行国有金融资本管理职责，负责组织实施基础管理、经营预算、绩效考核、负责人薪酬管理等工作。各级财政部门根据需要，可以分级分类委托其他部门、机构管理国有金融资本。

【例4-17】（单选题）根据国有资产法律制度的规定，下列负责监督管理金融企业国有资产的是（　　）。

A. 国务院　　　　　B. 中国人民银行
C. 财政部　　　　　D. 国资委

【答案】 C

【解析】 财政部门是金融企业国有资产的监督管理部门。故选项C正确。

（三）金融企业国有金融资本产权登记管理

1. 国有金融资本产权登记范围。在中华人民共和国境内或境外设立的占有国有金融资本的金融机构，应当办理产权登记。以下类型的股权可不进行产权登记：

（1）金融机构依法行使债权或担保物权而受偿于债务人、担保人或第三人，以及因开展受托理财等正常经营业务所形成的股权资产，不属于产权登记的范围，但要按相关规定做好内部登记和处置工作。

（2）以交易为目的持有的股权，不在长期股权投资项下核算的，不进行产权登记。当持有目的改变后，应当及时按规定办理产权登记。

2. 国有金融资本产权登记主体。国有金融资本产权登记的登记主体为金融机构。金融机构总部负责本级的产权登记申请工作，以及其所属企业的产权登记申请、审核、检查等监督管理相关工作，并对申报产权登记事项的真实性、完整性和合法性负责。办理产权登记的机构应当权属清晰。产权归属关系不清楚、发生产权纠纷或者资产被司法机关冻结的，应当暂缓办理产权登记，并在产权界定清楚、产权纠纷处理完毕或者资产被司法机关解冻后，30日内申请办理产权登记。

3. 国有金融资本产权登记管辖。国有金融资本产权登记和管理机关为同级财政部门。财政部负责中央国有金融资本产权登记管理工作。县级以上地方财政部门负责本级国有金融资本产权登记管理工作。上级财政部门指导和监督下级财政部门的国有金融资本产权登记管理工作。财政部各地监管局根据财政部的授权和职责规定，协助办理中央国有金融资本产权登记工作，开展属地国有金融资本产权登记监督管理工作。

4. 在国有金融资本产权登记中，各级财政部门履行以下职责：（1）依法确认金融机构国有产权归属、理顺产权关系，核发产权登记证（表）；（2）监督国有控股金融机构的出资和产权变动及处置行为；（3）对金融机构产权被司法冻结等产权或有变动事项进行备案；（4）监督金融机构国有资本经营状况；（5）统计、监测、汇总和分析国有金融资本占有、使用和变动情况；（6）向上级财政部门报送国有金融资本产权登记情况与产权变动状况分析报告。

5. 国有金融资本产权登记的职责划分：（1）两个及两个以上国有控制出资人共同投资设立的金融机构，按拥有实际控制权的出资人的产权归属关系确定产权登记的主管财政部门；任一方均不拥有实际控制权的，按持股比例最大的一方确定；各方持股比例相等的，按其共同推举的一方确定。（2）隶属于各级人民政府或政府部门直接管理的一级金融机构由财政部门核发产权登记证;其他机构由财政部门核发产权登记表。

(四)国有金融资本产权登记类型和内容

国有金融资本产权登记分为产权占有登记、产权变动登记和产权注销登记。

1. 产权占有登记。有下列情形之一的,应当办理产权占有登记:(1)因投资、分立、合并而新设机构的;(2)因收购、投资入股而取得机构股权的;(3)其他应当办理产权占有登记的情形。产权占有登记应包括下列内容:(1)机构出资人名称、出资类别、出资金额、出资形式及资金来源;(2)机构注册资本、出资比例;(3)机构名称及级次;(4)机构组织形式及类别;(5)机构注册时间、注册地;(6)机构主营业务范围、所属行业;(7)机构主要管理人员情况;(8)财政部门要求的其他内容。

2. 产权变动登记。有下列情形之一的,应当办理产权变动登记:(1)名称、注册地、主营业务范围、境内机构法定代表人发生变动;(2)注册资本发生变动;(3)组织形式、机构类别及级次发生变动;(4)国有控制出资人名称、出资类别、出资金额、出资比例发生变动;(5)其他应当办理产权变动登记的情形。

3. 产权注销登记。有下列情形之一的,应当办理产权注销登记:(1)因解散、破产进行清算,并注销法人资格的;(2)因产权转让、减资、股权出资、出资人性质改变等导致出资人中不再存在国有控制出资人的;(3)其他应当办理产权注销登记的情形。

(五)国有金融资本产权登记监督与管理

1. 金融机构监督管理。金融机构总部应当于每年5月20日前,完成上一年度本级及其所属企业的产权登记情况的监督检查工作,并报财政部门备案。

2. 财政部门监督管理。财政部门应当对金融机构产权登记工作的日常登记情况、年度检查情况和限期整改事项落实情况等进行监督,并向有关单位通报情况。下级财政部门应当于每年6月20日前,编制并向上级财政部门报送上一年度本级国有金融资本产权登记年度汇总表与产权变动状况的分析报告。财政部门依据产权登记监督情况和问题整改情况,在产权登记证上签署年度监督意见。

3. 产权登记证(表)管理。任何单位和个人不得伪造、涂改、出租、出借、出售产权登记证(表)。产权登记证(表)若有遗失或者毁坏的应说明情况,再向原核发产权登记证(表)的财政部门申请补领。

(六)金融企业国有资产转让管理

1. 金融企业国有资产转让的概念。金融企业国有资产转让是指县级以上人民政府财政部门(以下简称"财政部门")和县级以上人民政府或者财政部门授权投资主体转让所持金融企业国有资产,国有及国有控股金融企业(统称"转让方")转让所持国有资产给境内外法人、自然人或者其他组织(统称"受让方")的行为。

2. 金融企业国有资产转让的类型。金融企业国有资产转让包括非上市企业国有产权转让和上市公司国有股份转让。金融企业国有资产转让以通过产权交易机构、证券交易系统交易为主要方式。符合规定条件的,可以采取直接协议方式转让金融企业国有资产。

3. 拟转让金融企业国有资产的权属要求。拟转让的金融企业国有资产权属关系应当明晰。权属关系不明确或者存在权属纠纷以及法律、行政法规和国家有关政策规定禁止转让的金融企业国有资产不得转让。转让已经设立担保物权的金融企业国有资产,应当符合《民法典》等有关法律、行政法规的规定。

4. 金融企业国有资产转让管理体制。

(1)审批部门。金融企业国有资产转让按照统一政策、分级管理的原则,由财政部门负责监督管理。财政部门转让金融企业国有资产,应当报本级人民政府批准。政府授权投资主体转让金融企业国有资产,应当报本级财政部门批准。金融企业国有资产转让过程中,涉及政府社会公共管理和金融行业监督管理事项的,应当根据国家规定,报经政府有关部门批准。以境外投资人为受让方的,应当符合国家有关外商投资的监督管理规定,由转让方按照有关规定报经政府有关部门批准。

(2)监管部门。财政部门是金融企业国有资产转让的监督管理部门,并履行下列监督管理职责:①决定或者批准金融企业国有资产转让事项,审核重大资产转让事项并报本级人民政府批准；②确定承办金融企业国有资产交易业务的产权交易机构备选名单；③负责金融企业国有资产转让情况的监督检查工作；④负责金融企业国有资产转让信息的收集、汇总、分析和上报工作；⑤本级人民政府授权的其他职责。

（3）金融企业对投资企业资产转让的管理。国有及国有控股金融企业在境内外依法设立子公司或者向企业投资的，由该国有及国有控股金融企业按规定负责所设立子公司和投资企业的国有资产的转让工作，并履行下列职责：①按照国家有关规定，制定企业所属分支机构、子公司的国有资产转让管理办法和工作程序，并报本级财政部门备案；②研究资产转让行为是否有利于促进企业的持续发展；③审议所属一级子公司的资产转让事项，监督一级子公司以下的资产转让事项；④向财政部门、相关金融监督管理部门和其他有关部门报告有关资产转让情况。

【例4-18】（多选题）财政部门是金融企业国有资产转让的监督管理部门，下列情形中，需要其履行监督管理职责的是（ ）。

A. 决定或者批准金融企业国有资产转让事项，审核重大资产转让事项并报本级人民政府批准

B. 确定承办金融企业国有资产交易业务的产权交易机构备选名单

C. 负责金融企业国有资产转让情况的监督检查工作

D. 负责金融企业国有资产转让信息的收集、汇总、分析和上报工作

E. 负责征收管理税款

【答案】ABCD

【解析】根据规定，选项A、B、C、D属于财政部门需要履行的监督管理职责。

（七）非上市金融企业国有产权转让程序

非上市金融企业国有产权的转让应当依法设立的省级以上产权交易机构公开进行，不受地区、行业、出资或者隶属关系的限制。非上市金融企业国有产权转让按照下列程序进行：（1）审批；（2）制定转让方案；（3）委托评估；（4）确定产权交易机构；（5）公开披露产权转让信息；（6）确定受让方；（7）签订转让协议；（8）收取转让价款；（9）办理产权登记。

【提示】意向受让方一般应当具备下列条件：（1）具有良好的财务状况和支付能力；（2）具有良好的商业信用；（3）受让方为自然人的，应当具备完全民事行为能力；（4）国家规定的其他条件。在不违反相关监督管理要求和公平竞争原则下，转让方可以对意向受让方的资质、商业信誉、行业准入、资产规模、经营情况、财务状况、管理能力等提出具体要求。

【提示】转让方在确定进场交易的产权交易机构后，应当委托该产权交易机构在省级以上公开发行的经济或者金融类报刊和产权交易机构的网站上刊登产权转让公告，公开披露有关非上市企业产权转让信息，征集意向受让方。产权转让公告期不得少于20个工作日。

【例4-19】（单选题）根据国有资产法律制度的规定，非上市企业国有产权转让的，其产权转让公告期不得少于（ ）个工作日。

A. 10 B. 20
C. 30 D. 40

【答案】B

【解析】略。

（八）上市金融公司国有股份转让

1. 转让平台。转让上市金融企业国有股份和金融企业转让上市公司国有股份应当通过依法设立的证券交易系统进行。

2. 转让审批。转让方为上市公司控股股东，应当将股份转让方案报财政部门审批后实施。

3. 转让价格。转让方采取大宗交易方式转让上市公司股份的，股份转让价格不得低于该上市公司股票当天交易的加权平均价格；当日无成交的，不得低于前1个交易日的加权平均价格。

4. 产权登记。上市公司股份转让完成后，转让方应当按照国家有关规定及时办理国有产权登记手续。

（九）金融企业国有资产直接协议转让

1. 直接协议转让情形。有下列情况之一，经国务院批准或者财政部门批准，转让方可以采取直接协议转让方式转让非上市企业国有产权和上市公司国有股份：（1）国家有关规定对受让方有特殊要求；（2）控股（集团）公司进行内部资产重组；（3）其他特殊原因。

2. 直接协议转让上市公司股份的程序。（1）内部决策与提示性公告；（2）转让审批；

(3) 转让信息披露；(4) 中介机构出具意见；(5) 确定转让价格；(6) 签署转让协议；(7) 出具转让批复文件；(8) 实施转让协议。

【知识点10】国有金融企业增资扩股管理

（一）国有金融企业增资扩股管理概述

各级政府或履行出资人职责的机构对国有金融企业注资，以及风险金融机构接受风险救助的情形除外。中央及地方财政部门按照统一政策、分级管理的原则，依职责对国有金融企业增资行为进行监督管理。

增资行为的报告主体为集团（控股）公司。被增资企业为多家国有金融企业共同持股的，由其中持股比例最大的国有股东负责履行相关程序；各国有股东持股比例相同的，由相关股东协商后确定其中一家股东负责履行相关程序。

（二）国有金融企业增资扩股的程序

1. 制定增资方案。
2. 投资方资格审查。
3. 确定资本及股权比例。
4. 公开征集意向投资方。
5. 确定增资方式。
6. 审批。
7. 签订协议并公告。

精选练习题

一、单项选择题

1. 下列关于国有资产，按照用途和性质划分不包括（　　）。
   A. 经营性国有资产
   B. 行政事业性国有资产
   C. 固定性国有资产
   D. 资源性国有资产

2. 国有独资企业、国有独资公司、国有资本控股公司的董事、监事、高级管理人员违反规定，造成国有资产重大损失，被免职的，自免职之日起（　　）不得担任国有独资企业、国有独资公司、国有资本控股公司的董事、监事、高级管理人员。
   A. 2年内　　　　　B. 3年内
   C. 5年内　　　　　D. 终身

3. 需要申请办理企业国有资产产权登记的主体，不包括（　　）。
   A. 国有独资公司
   B. 设置国有股权的有限责任公司
   C. 国有资本参股公司
   D. 国家授权投资的机构

4. 根据国有资产法律制度的规定，下列属于企业国有资产产权登记机关的是（　　）。
   A. 各级国有资产监督管理机构
   B. 省级国有资产监督管理机构
   C. 国务院
   D. 国务院国有资产监督管理机构

5. 企业应当于每个公历年度终了后（　　）日内，向产权登记机关上报企业国有资产经营年度报告书和填写《企业国有资产产权登记年度检查表》，并提交相关文件、资料，申办产权登记年度检查。
   A. 30　　　B. 45　　　C. 60　　　D. 90

6. 下列不属于企业产权登记年度汇总分析报告书内容的是（　　）。
   A. 企业国有资本金应到位情况和增减变动情况
   B. 企业国有资本的分布及结构变化
   C. 本企业及其各级子企业发生国有资产产权变动情况
   D. 本企业及其各级子企业办理国有资产产权登记手续情况

7. 下列选项中不属于国有股东所持上市公司股份拟协议转让信息应包括的内容的是（　　）。
   A. 拟转让股份数量及所涉及的上市公司名称及基本情况
   B. 转让方递交转让申请的截止日期
   C. 拟受让方应当具备的资格条件
   D. 拟受让方递交受让申请的截止日期

8. 下列有关国有资本经营预算的表述，错误的是（　　）。
   A. 国有资本经营预算收入由财政部门、履行出资人职责的机构收取、组织上交
   B. 财政部门负责国有资本经营预算草案的编制工作，履行出资人职责的机构向财政部门提出国有资本经营预算建议草案
   C. 国有资本经营预算按年度单独编制，纳入本级人民政府预算，报本级人民代表大会批准。预算支出按照当年预算收入规模安排，可列赤字
   D. 国有资本经营预算收入主要包括从国家出资企业分得的利润，国有资产转让收入、从

国家出资企业取得的清算收入和其他国有资本收入

9. 金融类国有企业解散的，应当自出资人或上级单位批准之日起（　　）个工作日内，由集团（或控股）公司或清算机构向主管财政部门申请办理产权注销登记。

A. 20　　B. 30　　C. 40　　D. 50

10. 根据企业国有资产法律制度的规定，非金融企业国有资产产权登记机关是（　　）

A. 各级财政部门
B. 各级人民政府
C. 各级工商行政管理部门
D. 各级国有资产监督管理机构

二、多项选择题

1. 根据国有资产法律制度的规定，下列行为中，国家出资企业及其各级子企业应当对相关资产进行评估的是（　　）。

A. 合并、分立、改制
B. 转让重大财产
C. 以知识产权对外投资
D. 清算
E. 部分资产租赁给另一国有单位

2. 根据国有资产法律制度的规定，履行出资人职责的机构和履行出资人职责的企业，应当办理占有产权登记的情形包括（　　）。

A. 因投资而新设立企业的
B. 因分立而新设立企业的
C. 因合并而新设立企业的
D. 因收购而首次取得企业股权的
E. 因投资入股而再次取得企业股权的

3. 根据国有资产法律制度的规定，下列属于企业国有资产交易行为的有（　　）。

A. 企业产权转让
B. 企业产权变更
C. 企业资产转让
D. 企业增资
E. 企业减资

4. 国家出资企业的产权转让，转让方为多家国有股东共同持股的企业，其中负责履行相关批准程序的有（　　）。

A. 持股比例最大的国有股东
B. 所有股东共同
C. 各国有股东持股比例相同的，由相关股东协商后确定其中一家
D. 各国有股东持股比例相同的，由相关股东共同
E. 国有资产管理委员会

5. 根据国有资产法律制度的规定，企业国有资产转让的，下列属于转让方应当预披露的信息有（　　）。

A. 转让标的基本情况
B. 转让标的企业的股东结构
C. 交易条件、转让底价
D. 企业管理层是否参与受让，有限责任公司原股东是否放弃优先受让权
E. 竞价方式，受让方选择的相关评判标准

6. 根据国有资产法律制度的规定，企业产权转让中关于结算交易价款的说法错误的是（　　）

A. 交易价款应当以人民币计价
B. 交易结算必须通过产权交易机构以货币进行结算
C. 交易价款原则上应当自合同生效之日起5个工作日内一次付清
D. 采用分期付款方式的，首期付款不得低于总价款的20%
E. 产权交易机构应当将交易结果通过交易机构网站对外公告

7. 根据国有资产法律制度的规定，国家出资企业增资协议签订并生效后，产权交易机构应当通过交易机构网站对外公告结果，下列属于公告内容的有（　　）。

A. 审核文件　　　　B. 投资金额
C. 持股比例　　　　D. 审计报告
E. 投资方名称

8. 以下情形中，属于经国家出资企业审议决策，可以采取非公开协议方式进行增资的是（　　）。

A. 企业债权转为股权
B. 企业原股东增资
C. 国家出资企业直接参与增资
D. 因国有资本布局结构调整需要，由特定的国有企业参与增资
E. 国家指定其控股、实际控制的其他子企业参与增资

9. 国有控股股东通过证券交易系统转让上市公司股份，同时符合以下条件的，在股份转让完成后7个工作日内报省级或省级以上国有

资产监督管理机构备案的有（　　）。

A. 总股本不超过 10 亿股的上市公司，国有控股股东在连续 3 个会计年度内累计净转让股份的比例未达到上市公司总股本的 5%

B. 总股本超过 10 亿股的上市公司，国有控股股东在连续 3 个会计年度内累计净转让股份的数量未达到 5 000 万股或累计净转让股份的比例未达到上市公司总股本的 5%

C. 总股本超过 10 亿股的上市公司，国有控股股东在连续 3 个会计年度内累计净转让股份的数量未达到 5 000 万股或累计净转让股份的比例未达到上市公司总股本的 3%

D. 国有控股股东转让股份涉及上市公司控制权的转移

E. 国有控股股东转让股份不涉及上市公司控制权的转移

10. 根据国有资产法律制度的规定，下列属于国有金融企业转让方直接协议转让上市公司股份的信息的内容有（　　）。

A. 转让股份数量及所涉及的上市公司名称及基本情况

B. 受让方应当具备的资格条件

C. 财政部门和相关部门的批复意见

D. 政府部门和同级国有资产管理部门的批复意见

E. 受让方递交受让申请的截止日期

精选练习题参考答案及解析

一、单项选择题

1. 【答案】C

【解析】国有资产按照用途和性质划分，可分为经营性国有资产、行政事业性国有资产和资源性国有资产。故选项 C 正确。

2. 【答案】C

【解析】国有独资企业、国有独资公司、国有资本控股公司的董事、监事、高级管理人员违反规定，造成国有资产重大损失，被免职的，自免职之日起 5 年内不得担任国有独资企业、国有独资公司、国有资本控股公司的董事、监事、高级管理人员。

3. 【答案】C

【解析】《企业国有资产产权登记管理办法实施细则》规定，国有企业、国有独资公司、国家授权投资的机构、设置国有股权的有限责任公司和股份有限公司、国有企业和国有独资公司或国家授权投资机构投资设立的企业，以及其他形式占有国有资产的企业，都应当依照规定申请办理企业国有资产产权登记，选项 A、B、D 正确。《国家出资企业产权登记管理暂行办法》进一步将企业国有资产产权登记主体概括为：国家出资企业、国家出资企业（不含国有资本参股公司）拥有实际控制权的境内外各级企业及其投资参股企业。

4. 【答案】A

【解析】企业国有资产产权登记机关是各级国有资产监督管理机构。故选项 A 正确。

5. 【答案】D

【解析】略。

6. 【答案】A

【解析】企业产权登记年度汇总分析报告书应报告四个方面的内容：（1）企业国有资本金实际到位和增减变动情况；（2）企业国有资本的分布及结构变化，包括企业对外投资情况；（3）本企业及其各级子企业发生国有资产产权变动情况及办理相应产权登记手续情况；（4）国务院国有资产监督管理机构规定的其他事项。

7. 【答案】B

【解析】国有股东所持上市公司股份拟协议转让信息包括以下内容：拟转让股份数量及所涉及的上市公司名称及基本情况；拟受让方应当具备的资格条件；拟受让方递交受让申请的截止日期。不包括选项 B。

8. 【答案】C

【解析】国有资本经营预算按照收支平衡的原则编制，不列赤字。各级国有资本经营预算年度执行中有超收收入的，应当在下一年度安排使用；出现短收的，应当通过减少支出实现收支平衡。国务院另有规定的除外。

9. 【答案】B

【解析】金融类企业解散的，应当自出资人或上级单位批准之日起 30 个工作日内，由集团（或控股）公司或清算机构向主管财政部门申请办理产权注销登记。故选项 B 正确。

10. 【答案】D

【解析】根据规定，企业国有资产产权登记机关是各级国有资产监督管理机构。在企业国有资产产权登记工作中，国有资产监督管理机构依法履行相应职责。

二、多项选择题

1. 【答案】ABCD

【解析】根据有关规定，国有独资企业、国有独资公司和国有资本控股公司合并、分立、改制，转让重大财产，以非货币财产对外投资，清算或者有法律、行政法规以及企业章程规定应当进行资产评估的其他情形的，应当按照规定对有关资产进行评估。

2. 【答案】ABCD

【解析】根据有关规定，履行出资人职责的机构和履行出资人职责的企业有下列情形之一的，应当办理占有产权登记：（1）因投资、分立、合并而新设企业的；（2）因收购、投资入股而首次取得企业股权的；（3）其他应当办理占有产权登记的情形。

3. 【答案】ACD

【解析】企业国有资产交易行为包括：（1）履行出资人职责的机构、国有及国有控股企业、国有实际控制企业转让其对企业各种形式出资所形成权益的行为（简称"企业产权转让"）；（2）国有及国有控股企业、国有实际控制企业增加资本的行为（简称"企业增资"），政府以增加资本金方式对国家出资企业的投入除外；（3）国有及国有控股企业、国有实际控制企业的重大资产转让行为（简称"企业资产转让"）。故选项A、C、D正确。

4. 【答案】AC

【解析】转让方为多家国有股东共同持股的企业，由其中持股比例最大的国有股东负责履行相关批准程序；各国有股东持股比例相同的，由相关股东协商后确定其中一家股东负责履行相关批准程序。故选项A、C正确。

5. 【答案】AB

【解析】转让方披露信息包括但不限于以下内容：（1）转让标的基本情况；（2）转让标的企业的股东结构；（3）产权转让行为的决策及批准情况；（4）转让标的企业最近一个年度审计报告和最近一期财务报表中的主要财务指标数据，包括但不限于资产总额、负债总额、所有者权益、营业收入、净利润等（转让参股权的，披露最近一个年度审计报告中的相应数据）；（5）受让方资格条件（适用于对受让方有特殊要求的情形）；（6）交易条件、转让底价；（7）企业管理层是否参与受让，有限责任公司原股东是否放弃优先受让权；（8）竞价方式、受让方选择的相关评判标准；（9）其他需要披露的事项。其中信息预披露应当包括但不限于以上（1）—（5）项内容。选项C、D、E并非应当预披露的信息，故选项A、B正确。

6. 【答案】BD

【解析】根据规定，交易结算可通过产权交易机构以货币进行结算。因特殊情况不能通过产权交易机构结算的，转让方应当向产权交易机构提供转让行为批准单位的书面意见以及受让方付款凭证。故选项B错误。金额较大、一次付清确有困难的交易价款，可以采取分期付款方式。采用分期付款方式的，首期付款不得低于总价款的30%，并在合同生效之日起5个工作日内支付。故选项D错误。

7. 【答案】BCE

【解析】增资协议签订并生效后，产权交易机构应当通过交易机构网站对外公告结果，公告内容包括投资方名称、投资金额、持股比例等，公告期不少于5个工作日。故选项B、C、E正确。

8. 【答案】ABCE

【解析】以下情形经同级国有资产监督管理机构批准，可以采取非公开协议方式进行增资：（1）因国有资本布局结构调整需要，由特定的国有及国有控股企业或国有实际控制企业参与增资；（2）因国家出资企业与特定投资方建立战略合作伙伴或利益共同体需要，由该投资方参与国家出资企业或其子企业增资。故选项D属于须经同级国有资产监督管理机构批准的情形。选项A、B、C、E均属于经国家出资企业审议决策即可采取非公开协议方式进行增资的情形。

9. 【答案】ACE

【解析】B项应为3%；D项应为国有控股股东转让股份不涉及上市公司控制权的转移。故选项A、C、E正确。

10. 【选项】ABCE

【解析】国有金融企业转让方直接协议转让上市公司股份信息应当包括以下内容：①转让股份数量及所涉及的上市公司名称及基本情况；②受让方应当具备的资格条件；③受让方递交受让申请的截止日期；④财政部门和相关部门的批复意见。故选项A、B、C、E正确。

第五章 税收法律制度

考试大纲

一、考试目的

考查考生对增值税、消费税、企业所得税等税种的征税范围、纳税义务人、应纳税额计算、税收优惠、征税管理等法律规定的掌握情况，以及运用相关法律制度解决税收法律问题的能力。

二、考试内容及要求

（一）掌握的内容

1. 增值税的征税范围、纳税义务人、税率与征收率的规定。
2. 增值税应纳税额的计算。
3. 消费税纳税义务人及征税范围、税目。
4. 消费税计税依据的确定。
5. 消费税应纳税额的计算。
6. 企业所得税的征税对象、纳税义务人与税率的规定。
7. 企业所得税应纳税额的计算。

（二）熟悉的内容

1. 进口货物增值税的计算。
2. 增值税税收优惠规定。
3. 增值税专用发票的使用和管理规定。
4. 消费税的纳税义务人的规定。
5. 企业所得税税收优惠规定。
6. 计算企业所得税时资产税务处理规定。

（三）了解的内容

1. 增值税征收管理规定。
2. 消费税征收管理规定。
3. 企业所得税征收管理规定。

考情分析

本章在考试中处于重点地位。2024年12月25日，第十四届全国人大常委会第十三次会议通过了《中华人民共和国增值税法》，自2026年1月1日起施行，届时《增值税暂行条例》同时废止。考虑到本年考试时《增值税法》尚未施行，本章继续以《增值税暂行条例》及相关政策进行介绍。

考点精讲及典型例题解析

【知识点1】增值税法律制度

（一）一般征税范围

根据《增值税暂行条例》及其实施细则的规定，在中华人民共和国境内销售货物或者加工或修理修配劳务（以下简称"劳务"），销售服务、无形资产、不动产以及进口货物，均为增值税的征税范围。

1. 货物，是指有形动产，包括电力、热力和气体在内。销售货物，是指有偿转让货物的所有权。有偿，是指从购买方取得货币、货物或者其他经济利益。

2. 加工、修理修配劳务，简称应税劳务。加工，是指受托加工货物，即委托方提供原料及主要材料，受托方按照委托方的要求，制造货物并收取加工费的业务。修理修配，是指受托对损伤和丧失功能的货物进行修复，使其恢复原状和功能的业务。

【提示】单位或者个体工商户聘用的员工为本单位或者雇主提供加工、修理修配劳务，不属于应税劳务。

3. 销售服务、无形资产或者不动产，简称应税行为。

4. 销售服务，是指提供交通运输服务、邮政服务、电信服务、建筑服务、金融服务、现代服务、生活服务。

5. 销售无形资产，是指转让无形资产所有权或者使用权的业务活动。

6. 销售不动产，是指转让不动产所有权的业务活动。

7. 销售服务、无形资产或者不动产，是指有偿提供服务、有偿转让无形资产或者不动产，但属于下列非经营活动的情形除外：

（1）行政单位收取的同时满足以下条件的政府性基金或者行政事业性收费：由国务院或

者财政部批准设立的政府性基金,由国务院或者省级人民政府及其财政部门、价格主管部门批准设立的行政事业性收费;收取时开具省级以上(含省级)财政部门监(印)制的财政票据;所收款项全额上缴财政。

(2)单位或者个体工商户聘用的员工为本单位或者雇主提供取得工资的服务。

(3)单位或者个体工商户为聘用的员工提供服务。

(4)财政部和国家税务总局规定的其他情形。

8. 在境内销售服务、无形资产或者不动产,是指服务(租赁不动产除外)或者无形资产(自然资源使用权除外)的销售方或者购买方在境内;所销售或者租赁的不动产在境内;所销售自然资源使用权的自然资源在境内;财政部和国家税务总局规定的其他情形。

【例5-1】(单选题)下列属于增值税征税范围的有( )。

A. 某单位聘用的员工为本单位提供的运输服务

B. 美国某公司转让其专利权供我国A公司在美国使用

C. 日本某酒店向来自我国境内的游客提供住宿服务

D. 出租车公司向使用本公司自有出租车的出租车司机收取的管理费用

【答案】D

【解析】根据增值税法律制度的规定,单位或者个体工商户聘用员工为本单位或者雇主提供取得工资的服务不属于增值税的征税范围,选项A错误;选项B属于境外单位或者个人向境内单位或者个人销售完全在境外使用的无形资产,不属于增值税的征税范围,选项B错误;选项C属于境外单位或者个人向境内单位或者个人销售完全在境外发生的服务,不征收增值税,选项C错误。

(二)视同销售

下列情形视同销售货物、服务、无形资产或者不动产:

(1)单位或者个体工商户将货物交付其他单位或者个人代销;

(2)单位或者个体工商户销售代销货物;

(3)设有两个以上机构并实行统一核算的单位或者个体工商户,将货物从一个机构移送其他机构用于销售,但相关机构设在同一县(市)的除外;

(4)单位或者个体工商户将自产、委托加工的货物用于集体福利或者个人消费;

(5)单位或者个体工商户将自产、委托加工或购进的货物作为投资提供给其他单位或者个体工商户;

(6)单位或者个体工商户将自产、委托加工或购进的货物分配给股东或者投资者;

(7)单位或者个体工商户将自产、委托加工或购进的货物无偿赠送其他单位或者个人;

(8)单位或者个体工商户向其他单位或者个人无偿提供服务,但用于公益事业或者以社会公众为对象的除外;

(9)单位或者个人向其他单位或者个人无偿转让无形资产或者不动产,但用于公益事业或者以社会公众为对象的除外;

(10)财政部和国家税务总局规定的其他情形。

【例5-2】(多选题)下列属于视同销售货物,应计算缴纳增值税的有( )。

A. 甲生产企业外购原材料用于建造厂房

B. 乙企业将自产的货物捐赠给贫困地区的儿童

C. 丙企业将委托加工收回的货物用于个人消费

D. 丁家具生产企业委托某商场代销其生产的家具

E. 戊公交公司无偿为本市公民提供运输服务

【答案】BCD

【解析】选项A:属于将购买的货物用于生产经营,不属于增值税视同销售行为,不缴纳增值税;选项E:属于单位无偿向社会公众提供服务,不属于增值税的视同销售行为,不缴纳增值税;选项B、C、D均属于增值税的视同销售行为。

(三)纳税义务人

凡在中国境内销售货物或者加工、修理修配劳务,销售服务、无形资产、不动产以及进口货物的单位和个人,为增值税的纳税人。

1. 纳税人分类。按经营规模及会计核算健全与否将纳税人划分为一般纳税人和小规模纳税人。

2. 小规模纳税人规模标准。

(1) 增值税小规模纳税人标准为年应征增值税销售额 500 万元及以下。年应税销售额是指纳税人在连续不超过 12 个月或 4 个季度的经营期内累计应征增值税销售额，包括纳税申报销售额、稽查查补销售额、纳税评估调整销售额。

(2) 纳税人登记为一般纳税人后，不得转为小规模纳税人。国家税务总局另有规定的除外。

【提示】小规模纳税人会计核算健全，能够提供准确税务资料的，可以向税务机关申请登记为一般纳税人，不再作为小规模纳税人。小规模纳税人采用简易计税方法计征增值税，不得抵扣进项税额。

3. 一般纳税人管理。一般纳税人是指年应税销售额超过财政部、国家税务总局规定的小规模纳税人标准的企业和企业性单位。符合一般纳税人条件的纳税人应当向主管税务机关办理一般纳税人资格登记。具体登记办法由国家税务总局制定。除国家税务总局另有规定外，一经登记为一般纳税人后，不得转为小规模纳税人。

下列纳税人不办理一般纳税人登记：(1) 按照政策规定，选择按照小规模纳税人纳税的；(2) 年应税销售额超过规定标准的其他个人。

【提示】纳税人自一般纳税人生效之日起，按照增值税一般计税方法计算应纳税额，并可以按照规定领用增值税专用发票，财政部、国家税务总局另有规定的除外。

(四) 税率与征收率

1. 基本税率。纳税人销售货物、劳务、有形动产租赁服务或者进口货物，除下述 2、3 项另有规定外，自 2019 年 4 月 1 日起税率为 13%。

2. 低税率。低税率有两档：

(1) 纳税人销售交通运输、邮政、基础电信、建筑、不动产租赁服务，销售不动产，转让土地使用权，销售或者进口下列货物，自 2019 年 4 月 1 日起税率为 9%；粮食等农产品、食用植物油、食用盐；自来水、暖气、冷气、热水、煤气、石油液化气、天然气、二甲醚、沼气、居民用煤炭制品；图书、报纸、杂志、音像制品、电子出版物；饲料、化肥、农药、农机、农膜；国务院规定的其他货物等，适用税率为 9%。

【提示】农业生产者销售自产农产品，免税。一般纳税人销售非自产农产品，适用税率为 9%；小规模纳税人销售非自产农产品，适用税率为 3%。

(2) 纳税人提供金融、现代服务 (有形动产租赁服务除外)、生活服务、增值电信服务，销售无形资产，税率为 6%。

3. 零税率。(1) 纳税人出口货物，税率为 0，但国务院另有规定的除外；(2) 境内单位和个人跨境销售国务院规定范围内的服务、无形资产，税率为 0。

【例 5 - 3】(多选题) 根据增值税法律制度，增值税一般纳税人中，发生下列行为取得收入中，适用 9% 税率的有 (　　)。

A. 提供金融服务

B. 销售饲料

C. 提供交通运输服务

D. 销售音像制品

E. 提供生活服务

【答案】BCD

【解析】略。

4. 征收率。征收率是针对简易计税方法适用的比率，采用简易计税方法计算缴纳增值税有两种情形：一是小规模纳税人按照销售额和征收率计算应纳税额，即应缴增值税额 = 销售额 × 征收率)，计算时不得抵扣进项税额。二是一般纳税人特定行为也可以选择简易计税方法。

(1) 增值税征收率为 3%，财政部和国家税务总局另有规定的除外。

【提示】按照《财政部、国家税务总局关于增值税小规模纳税人减免增值税政策的公告》(财政部国家税务总局公告 2023 年第 19 号) 规定，增值税小规模纳税人适用 3% 征收率的应税销售收入，减按 1% 征收增值税。该政策执行至 2027 年 12 月 31 日。

(2) 一般纳税人销售自己使用过的固定资产，若该固定资产购进时不得抵扣且未抵扣进项税额的，按照简易办法依照 3% 征收率减按 2% 征收增值税；一般纳税人销售自己使用过的除固定资产以外的物品，应当按照适用税率征收增值税。

(3) 小规模纳税人（除其他个人外，下同）销售自己使用过的固定资产，减按2%征收率征收增值税。小规模纳税人销售自己使用过的除固定资产以外的物品，应按3%的征收率征收增值税。

(4) 纳税人销售旧货，按照简易办法依照3%征收率减按2%征收增值税。所称旧货，是指进入二次流通的具有部分使用价值的旧货（含旧汽车、旧摩托车和旧游艇），但不包括自己使用过的物品。

【提示】2020年5月1日至2027年12月31日，从事二手车经销的纳税人销售其收购的二手车，由原按照简易办法依3%征收率减按2%征收增值税，改为减按0.5%征收增值税。

(5) 征收率的特殊规定。下列情形适用5%征收率：①小规模纳税人转让其取得的不动产的；②一般纳税人转让其2016年4月30日前取得的不动产，选择简易计税方法计税的；③小规模纳税人出租其取得的不动产（不含个人出租住房）的；④一般纳税人出租其2016年4月30日前取得的不动产，选择简易计税方法计税的；⑤房地产开发企业（一般纳税人）销售自行开发的房地产老项目，选择简易计税方法计税的；⑥房地产开发企业（小规模纳税人）销售自行开发的房地产项目的；⑦房地产开发企业中的一般纳税人购入未完工的房地产老项目继续开发后，以自己名义立项销售的不动产，属于房地产老项目，可以选择适用简易计税方法，按照5%的征收率计算缴纳增值税；⑧纳税人提供劳务派遣服务，选择差额纳税的，按照5%的征收率征收增值税。

【提示】个人出租住房，应按照5%的征收率减按1.5%计算应纳税额。

【例5-4】（单选题）甲公司为增值税一般纳税人，2024年8月，甲销售自己使用过的机器取得含税收入103 000，开具增值税专用发票，甲于2014年购进该机器时不得抵扣且未抵扣进项税额，销项税额是（　　）元。

A. 3 090　　　　B. 3 000
C. 2 060　　　　D. 2 000

【答案】D

【解析】一般纳税人销售自己使用过的固定资产，若该固定资产购进时不得抵扣且未抵扣进项税额的，按照简易办法依照3%征收率减按2%征收增值税。销项税额 = 103 000 ÷ (1 + 3%) × 2% = 2 000（元）。

5. 混业经营。纳税人兼营销售货物、劳务、服务、无形资产或者不动产，适用不同税率或者征收率的，应当分别核算适用不同税率或者征收率的销售额；未分别核算的，从高适用税率。

6. 混合销售。从事货物的生产、批发或者零售的单位和个体工商户的混合销售行为，按照销售货物缴纳增值税；其他单位和个体工商户的混合销售行为，按照销售服务缴纳增值税。

【提示】纳税人销售活动板房、机器设备、钢结构件等自产货物的同时提供建筑、安装服务，不属于混合销售，应分别核算货物和建筑服务的销售额，分别适用不同的税率或者征收率。

建筑企业与发包方签订建筑合同后，以内部授权或者三方协议等方式，授权集团内其他纳税人（以下称"第三方"）为发包方提供建筑服务，并由第三方直接与发包方结算工程款的，由第三方缴纳增值税并向发包方开具增值税发票，与发包方签订建筑合同的建筑企业不缴纳增值税。发包方可凭实际提供建筑服务的纳税人开具的增值税专用发票抵扣进项税额。

一般纳税人销售电梯的同时提供安装服务，其安装服务可以按照甲供工程选择适用简易计税方法计税。纳税人对安装运行后的电梯提供的维护保养服务，按照"其他现代服务"缴纳增值税。

7. 兼营免减税项目。纳税人兼营免税、减税项目的，应当分别核算免税、减税项目的销售额；未分别核算的，不得免税、减税。

(五) 增值税的计税方法

1. 一般计税方法。一般纳税人销售货物、提供应税劳务、发生应税行为适用一般计税方法计税。其计算公式为：

当期应纳增值税税额 = 当期销项税额 − 当期进项税额

2. 简易计税方法。简易计税方法的应纳税额是指按照销售额和增值税征收率计算的增值税税额，不得抵扣进项税额。简易计税方法的公式是：

当期应纳增值税税额 = 当期销售额 × 征收率

【提示】小规模纳税人和一般纳税人（特殊情况下）都可以使用。

3. 扣缴计税方法。境外单位或者个人在境内提供应税劳务或发生应税行为，在境内未设有经营机构的，扣缴义务人按照下列公式计算应扣缴税额：

应扣缴税额 = 购买方支付的价款 ÷（1 + 税率）× 税率

（六）一般计税方法应纳税额的计算

1. 销售额。销售额是指纳税人销售货物、发生应税行为或者提供应税劳务向购买方收取的全部价款和价外费用，但是不包括收取的销项税额。

2. 价外费用。价外费用是指在价外向购买方收取的手续费、补贴、基金、集资费、返还利润、奖励费、违约金、延期付款利息、包装费、包装物租金、储备费、优质费、运输装卸费以及其他各种性质的价外收费，但不包括下列项目：

（1）向购买方收取的销项税额。

（2）受托加工应征消费税的消费品所代收代缴的消费税。

（3）同时符合以下两个条件的代垫运费：承运部门将运费发票开具给购货方的；纳税人将该项发票转交给购货方的。

（4）同时符合以下条件代为收取的政府性基金或者行政事业性收费：由国务院或者财政部批准设立的政府性基金，由国务院或者省级人民政府及其财政、价格主管部门批准设立的行政事业性收费；收取时开具省级以上财政部门印制的财政票据；所收款项全部上缴财政。

（5）销售货物的同时代办保险等而向购买方收取的保险费，以及向购买方收取的代办买方缴纳的车辆购置税、车辆牌照费。

（6）以委托方名义开具发票代委托方收取的款项。凡随同销售货物、发生应税行为或提供应税劳务向购买方收取的价外费用，无论其会计制度如何核算，均应并入销售额计算应纳税额。

3. 税务机关核定销售额。纳税人销售货物、发生应税行为或者提供应税劳务的价格明显偏低且无正当理由的，由主管税务机关按照规定方法核定其销售额。

4. 含税销售额换算。纳税人销售货物、发生应税行为或提供应税劳务如果因某种原因将销售额和销项税额合并收取，应将含税的销售额换算成不含增值税的销售额计算纳税。换算公式为：

销售额 = 含税销售额 ÷（1 + 税率或征收率）

【提示】对增值税一般纳税人（包括纳税人自己或代其他部门）向购买方收取的价外费用和逾期包装物押金，应视为含税收入，在征税时换算成不含税收入再并入销售额。

5. 特殊销售方式的销售额确定。下列几种特殊销售方式，其销售额确定的方法是：

（1）采取折扣方式销售。如果销售额和折扣额在同一张发票上分别注明的，可按折扣后的销售额计算增值税；如果将折扣额另开发票，不论其在财务上如何处理，均不得从销售额中减除折扣额。

（2）采取以旧换新方式销售。应按新货物的同期销售价格确定销售额，不得扣减旧货物的收购价格。但是对金银首饰以旧换新业务，可以按销售方实际收取的不含增值税的全部价款征收增值税。

（3）采取还本销售方式。其销售额就是货物的销售价格，不得从销售额中减除还本支出。

（4）采取以物易物方式销售。双方应做购销处理，以各自发出的货物核算销售额并计算销项税额，以各自收到的货物核算购货额并计算进项税额。纳税人为销售货物而出租、出借包装物收取的押金，单独记账核算的，不并入销售额征税。但对因逾期未收回包装物不再退还的押金，应按所包装货物的适用税率计算销项税额。对收取1年以上的押金，无论是否退还，均并入销售额征税。

【例5-5】（单选题）A企业是增值税一般纳税人，向B商场销售电器100台，每台不含税价格为5 000元。由于B商场购买量大，A企业按原价八折优惠销售，B商场付款后，A企业为B商场开具的发票上分别注明了销售额和折扣额，则A企业此项业务的增值税销项税额是（　　）万元。

A. 6　　　　　　　　B. 5.2
C. 8.5　　　　　　　D. 7.3

【答案】B

【解析】纳税人采取折扣方式销售货物，如果销售额和折扣额在同一张发票上分别注明，可以按折扣后的销售额征收增值税；如果将折扣额另开发票，不论其在财务上如何处理，均不得从销售额中减除折扣额。故本题中销项税额 = 100×5 000×80%×13% = 5.2（万元）。

6. 销项税额。销项税额是纳税人销售货物、提供应税劳务或者发生应税行为，按照销售额和规定的税率计算并向购买方收取的增值税额。销项税额的计算公式为：

销项税额 = 销售额×税率

【提示】纳税人因销货退回或折让而退还给购买方的增值税额，有销货退回或折让证明单的，应从发生销货退回或折让当期的销项税额中扣减。

7. 进项税额。进项税额，是指纳税人购进货物、加工修理修配劳务、服务、无形资产或者不动产，支付或者负担的增值税额。

8. 准予抵扣的进项税额。下列进项税额准予从销项税额中抵扣：

（1）从销售方取得的增值税专用发票上注明的增值税额。

（2）从海关取得的海关进口增值税专用缴款书上注明的增值税额。

（3）购进农产品进项税额的抵扣。

【提示】纳税人购进用于生产销售或委托加工13%税率货物的农产品，按照10%的扣除率计算进项税额。计算公式为：

进项税额 = 买价×扣除率

除上述情形外，纳税人购进农产品，取得一般纳税人开具的增值税专用发票或海关进口增值税专用缴款书的，以增值税专用发票或海关进口增值税专用缴款书上注明的增值税额为进项税额；从按照简易计税方法依照3%征收率计算缴纳增值税的小规模纳税人取得增值税专用发票的，以增值税专用发票上注明的金额和9%的扣除率计算进项税额；取得（开具）农产品销售发票或收购发票的，以农产品销售发票或收购发票上注明的买价和9%的扣除率计算进项税额。上称"销售发票"是指农业生产者销售自产农产品适用免征增值税政策而开具的普通发票。

（4）从境外单位或者个人购进服务、无形资产或者不动产，自税务机关或者扣缴义务人取得的解缴税款的完税凭证上注明的增值税额。

（5）纳税人购进国内旅客运输服务，其进项税额允许从销项税额中抵扣。

（6）纳税人支付的道路、桥、闸通行费，按照以下规定抵扣进项税额：（1）纳税人支付的道路通行费，按照收费公路通行费增值税电子普通发票上注明的增值税税额抵扣进项税额。(2）纳税人支付的桥、闸通行费，暂凭取得的通行费发票上注明的收费金额按照下列公式计算可抵扣的进项税额：桥、闸通行费可抵扣的进项税额 = 桥、闸通行费发票上注明的金额÷（1+5%）×5%

（7）加计抵减进项税额政策。允许生产、生活性服务业纳税人按照当期可抵扣进项税额加计一定比例抵减应纳税额。生产、生活性服务业纳税人，是指提供邮政服务、电信服务、现代服务、生活服务取得的销售额占全部销售额的比重超过50%的纳税人。纳税人应按照当期可抵扣进项税额的加计抵减比例计提当期加计抵减额。按照现行规定不得从销项税额中抵扣的进项税额，不得计提加计抵减额；已计提加计抵减额的进项税额，按规定作进项税额转出的，应在进项税额转出当期，相应调减加计抵减额。计算公式如下：当期计提加计抵减额 = 当期可抵扣进项税额×加计抵减比例，其中，当期可抵减加计抵减额 = 上期末加计抵减额余额 + 当期计提加计抵减额 − 当期调减加计抵减额。

【提示】纳税人应按照现行规定计算一般计税方法下的应纳税额（以下称"抵减前的应纳税额"）后，区分以下情形加计抵减：①抵减前的应纳税额等于0的，当期可抵减加计抵减额全部结转下期抵减；②抵减前的应纳税额大于0，且大于当期可抵减加计抵减额的，当期可抵减加计抵减额全额从抵减前的应纳税额中抵减；③抵减前的应纳税额大于0，且小于或等于当期可抵减加计抵减额的，以当期可抵减加计抵减额抵减应纳税额至0。未抵减完的当期可抵减加计抵减额，结转下期继续抵减。

允许生活性服务业纳税人按照当期可抵扣进项税额加计一定比例抵减应纳税额。生活性服务业纳税人，是指提供生活服务取得的销售额占全部销售额的比重超过50%的纳税人。纳税人确定适用加计抵减政策后，当年内不再调整，以后年度是否适用，根据上年度销售额计算确定。按照现行规定不得从销项税额中抵扣的进项税额，不得计提加计抵减额；已按照15%（2023年为10%）计提加计抵减额的进项税额，按规定作进项税额转出的，应在进项税额转出当期，相应调减加计抵减额。计算公式为：当期计提加计抵减额 = 当期可抵扣进项税额 × 加计抵减比例。当期可抵减加计抵减额 = 上期末加计抵减额余额 + 当期计提加计抵减额 - 当期调减加计抵减额。

（8）期末留抵退税。自2019年4月1日起，试行增值税期末留抵税额退税制度。同时符合规定的七项条件的纳税人，可以向主管税务机关申请退还增量留抵税额。

【提示】进一步加大增值税期末留抵退税政策实施力度。自2022年4月1日起，加大小微企业增值税期末留抵退税政策力度，将先进制造业按月全额退还增值税增量留抵税额政策范围扩大至符合条件的小微企业（含个体工商户），并一次性退还小微企业存量留抵税额。另外加大"制造业""科学研究和技术服务业""电力、热力、燃气及水生产和供应业""软件和信息技术服务业""生态保护和环境治理业"和"交通运输、仓储和邮政业"（统称制造业等行业）增值税期末留抵退税政策力度，将先进制造业按月全额退还增值税增量留抵税额政策范围扩大至符合条件的制造业等行业企业（含个体工商户），并一次性退还制造业等行业企业存量留抵税额。自2022年7月1日起，我国又一次扩大全额退还增值税留抵税额政策行业范围，将制造业等行业按月全额退还增值税增量留抵税额、一次性退还存量留抵税额的政策范围，扩大至"批发和零售业""农、林、牧、渔业""住宿和餐饮业""居民服务、修理和其他服务业""教育""卫生和社会工作"和"文化、体育和娱乐业"（统称批发零售业等行业）企业（含个体工商户）。

9. 不得从销项税额中抵扣的进项税额。下列项目的进项税额不得从销项税额中抵扣：

（1）用于简易计税方法计税项目、免征增值税项目、集体福利或者个人消费的购进货物、劳务、服务、无形资产和不动产。其中涉及的固定资产、无形资产、不动产，仅指专用于上述项目的固定资产、无形资产（不包括其他权益性无形资产）、不动产。如果是既用于上述不允许抵扣项目又用于抵扣项目的，该进项税额准予全部抵扣。自2018年1月1日起，纳税人租入固定资产、不动产，既用于一般计税方法计税项目，又用于简易计税方法计税项目、免征增值税项目、集体福利或者个人消费的，其进项税额准予从销项税额中全额抵扣。

（2）非正常损失的购进货物，以及相关的劳务和交通运输服务。非正常损失是指因管理不善造成货物被盗、丢失、霉烂变质以及因违反法律、法规造成货物或者不动产被依法没收、销毁、拆除等情形。

（3）非正常损失的在产品、产成品所耗用的购进货物（不包括固定资产）、劳务和交通运输服务。

（4）非正常损失的不动产以及该不动产所耗用的购进货物、设计服务和建筑服务。

（5）非正常损失的不动产在建工程所耗用的购进货物、设计服务和建筑服务。纳税人新建、改建、扩建、修缮、装饰不动产，均属于不动产在建工程。

（6）购进的贷款服务、餐饮服务、居民日常服务和娱乐服务。

（7）财政部和国家税务总局规定的其他情形。

【例5-6】（多选题）根据现行增值税法律制度的规定，下列项目的进项税额不得从销项税额中抵扣的有（　　）。

A. 因自然灾害毁损的库存产成品所耗用的购进货物

B. 因管理不善被盗窃的产成品所耗用的购进原材料

C. 不动产在建工程所耗用的购进货物

D. 用于免征增值税项目的购进货物

E. 购进的旅客运输服务

【答案】BDE

【解析】根据规定，非正常损失的购进货物，以及相关的加工修理修配劳务和交通运输服务的进项税额不得从销项税额中抵扣，其中，非正常损失是指因管理不善造成货物被盗、丢失、霉烂变质，以及因违反法律法规造成货物或者不动产被依法没收、销毁、拆除等情形。选项A是自然灾害原因导致货物毁损，属于正常损失，故其进项税额可以抵扣；选项B属于非正常损失，其进项税额不得抵扣。选项D：用于简易计税方法计税项目、免征增值税项目、集体福利或者个人消费的购进货物、加工修理修配、服务、无形资产和不动产的进项税额不得抵扣,故选项 D 的进项税额不得抵扣。选项 C、E 均可以抵扣。

【例 5-7】(单选题) 非正常损失的购进货物及其相关的应税劳务,其进项税额不得从销项税额中抵扣,其中非正常损失是指( )。

A. 自然灾害损失
B. 购进货物滞销过期报废损失
C. 合理损失
D. 因管理不善造成被盗、丢失、腐烂变质的损失

【答案】D

【解析】根据规定非正常损失是指因管理不善造成货物被盗、丢失、霉烂变质,以及因违反法律法规造成货物或者不动产被依法没收、销毁、拆除等情形。

(七) 简易计税方法与扣缴计税方法应纳税额的计算

1. 简易计税方法应纳税额的计算公式。简易计税方法的公式是:

当期应纳增值税税额 = 当期销售额 × 征收率

简易计税方法的销售额不包括其应纳税额,纳税人采用销售额和应纳税额合并定价方法的,按照下列公式计算销售额:

销售额 = 含税销售额 ÷ (1 + 征收率)

一般纳税人销售自己使用过的不得抵扣且未抵扣进项税额的固定资产和旧货、小规模纳税人销售自己使用过的固定资产和旧货,按下列公式确定销售额和应纳税额:

销售额 = 含税销售额 ÷ (1 + 3%)

应纳税额 = 销售额 × 2%

小规模纳税人销售自己使用过的除固定资产及旧货以外的物品,按下列公式确定销售额和应纳税额:

销售额 = 含税销售额 ÷ (1 + 3%)

应纳税额 = 销售额 × 3%

增值税小规模纳税人按照 "13 号公告" 有关规定,减按 1% 征收率征收增值税的,按下列公式计算销售额:

销售额 = 含税销售额 / (1 + 1%)

【提示】自 2020 年 5 月 1 日至 2027 年 12 月 31 日,从事二手车经销业务的纳税人销售其收购的二手车,按以下规定执行:纳税人减按 0.5% 征收率征收增值税,并按下列公式计算销售额:销售额 = 含税销售额 / (1 + 0.5%);纳税人应当开具二手车销售统一发票。购买方索取增值税专用发票的,应当再开具征收率为 0.5% 的增值税专用发票。

【例 5-8】(单选题) 某企业为增值税小规模纳税人,2024 年 5 月,该企业取得含税销售额为 30.9 万元,该企业当月应缴纳的增值税为( )万元。

A. 0.9   B. 1.8
C. 0.93 D. 1.2

【答案】A

【解析】增值税小规模纳税人采用简易计税方法计税,当期应纳税额 = 30.9 ÷ (1 + 3%) × 3% = 0.9 (万元),故选项 A 正确。

2. 销售折让、终止或者退回的税额扣减。纳税人适用简易计税方法计税的,因销售折让、中止或者退回而退还给购买方的销售额,应当从当期销售额中扣减。扣减当期销售额后仍有余额造成多缴的税款,可以从以后的应纳税额中扣减。

3. 扣缴计税方法应纳税额的计算。

应扣缴税额 = 购买方支付的价款 ÷ (1 + 税率) × 税率

(八) 进口货物征税

申报进入中华人民共和国海关境内的货物均应缴纳增值税。进口货物的收货人或办理报关手续的单位和个人为进口货物增值税的纳税义务人。进口货物增值税适用税率与前述税率的规定相同。

纳税人进口货物按照组成计税价格适用的税率计算应纳税额。组成计税价格和应纳税额计算公式为:

组成计税价格 = 关税完税价格 + 关税 + 消费税

应纳税额 = 组成计税价格 × 税率

实行从价定率方法计征消费税的公式:

组成计税价格 = (关税完税价格 + 关税) ÷ (1 - 消费税比例税率)

实行复核计征方法计征消费税的公式:

组成计税价格 = (关税完税价格 + 关税 + 进口数量 × 消费税定额税率) ÷ (1 - 消费税比例税率)

【例5-9】（单选题）某贸易公司进口产品一批，关税完税价格140万元，关税70万元，该商品消费税税率为30%，增值税税率为13%，则下列表述正确的是（　　）。

A. 由海关代征增值税39万元
B. 由海关代征增值税90万元
C. 由税务机关直接征收增值税51万元
D. 由税务机关直接征收增值税90万元

【答案】A

【解析】本题考察进口海关代征的增值税。进口环节的增值税由海关代为征收，其应缴纳的增值税税额＝组成计税价格×税率，而组成计税价格＝（关税完税价格＋关税）÷（1－消费税比例税率），故本题中贸易公司应缴纳的增值税税额＝（140＋70）÷（1－30%）×13%＝39（万元）。

（九）税收优惠

1. 起征点。增值税起征点幅度如下：

（1）按期纳税的，为月销售额5 000—20 000元（含本数）。

（2）按次纳税的，为每次（日）销售额300—500元（含本数）。起征点的调整由财政部和国家税务总局规定。省、自治区、直辖市财政厅（局）和税务机关应当在规定的幅度内，根据实际情况确定本地区适用的起征点，并报财政部和国家税务总局备案。

【提示】个人发生应税行为的销售额未达到增值税起征点的，免征增值税；达到起征点的，全额计算缴纳增值税。增值税起征点不适用登记为一般纳税人的个体工商户。按固定期限纳税的小规模纳税人可以选择以1个月或1个季度为纳税期限，一经选择，一个会计年度内不得变更。

2. 小规模纳税人免税规定。

（1）自2023年1月1日至2027年12月31日，增值税小规模纳税人发生增值税应税销售行为，合计月销售额未超过10万元（以1个季度为1个纳税期的，季度销售额未超过30万元）的，免征增值税。

小规模纳税人发生增值税应税销售行为，合计月销售额超过10万元，但扣除本期发生的销售不动产的销售额后未超过10万元的，其销售货物、劳务、服务、无形资产取得的销售额免征增值税。适用增值税差额征税政策的小规模纳税人，以差额后的销售额确定是否可以享受上述规定的免征增值税政策。其他个人采取一次性收取租金形式出租不动产取得的租金收入，可在对应的租赁期内平均分摊，分摊后的月租金收入未超过10万元的，免征增值税。

（2）自2023年1月1日至2027年12月31日，增值税小规模纳税人适用3%征收率的应税销售收入，减按1%征收率征收增值税；适用3%预征率的预缴增值税项目，减按1%预征率预缴增值税。

小规模纳税人取得应税销售收入，适用减按1%征收率征收增值税政策的，应按照1%征收率开具增值税发票。纳税人可就该笔销售收入选择放弃减税并开具增值税专用发票。

【提示】自2023年1月1日至2027年12月31日，允许先进制造业企业按照当期可抵扣进项税额加计5%抵减应纳增值税税额。

【例5-10】（单选题）某企业为小规模纳税人，且按季度缴纳增值税，2024年第一季度该纳税人销售额为20万元，那么该企业应缴纳的增值税为（　　）万元。

A. 0　　　　　　　B. 2
C. 6　　　　　　　D. 10

【答案】A

【解析】根据《国家税务总局关于小规模纳税人免征增值税征管问题的公告》规定，自2023年1月1日至2027年12月31日，增值税小规模纳税人发生增值税应税销售行为，以1个季度为1个纳税期的，季度销售额未超过30万元的，免征增值税。

3. 《增值税暂行条例》规定的免税项目。

（1）农业生产者销售的自产农产品。农业生产者包括从事农业生产的单位和个人。农业产品是指种植业、养殖业、林业、牧业、水产业生产的各类植物、动物的初级产品。

（2）避孕药品和用具。

（3）古旧图书。古旧图书是指向社会收购的古书和旧书。

（4）直接用于科学研究、科学试验和教学的进口仪器、设备。

（5）外国政府、国际组织无偿援助的进口物资和设备。

（6）由残疾人的组织直接进口供残疾人专用的物品。

(7) 销售自己使用过的物品。自己使用过的物品是指其他个人自己使用过的物品。

除上述规定外，增值税的减免由国务院规定，任何地区、部门均不得规定免税、减税项目。

【例 5-11】（单选题）纳税人销售下列货物免缴增值税的是（　　）。

A. 超市销售外购的玉米
B. 药店销售避孕药品
C. 生产销售方便面
D. 商场销售水果罐头

【答案】B

【解析】本题考察增值税的减税免税。

【例 5-12】（多选题）下列各项中，免征增值税的有（　　）。

A. 农业生产者销售的自产农产品
B. 古旧图书
C. 将自产货物用于对外捐赠
D. 其他个人销售自己使用过的物品
E. 将外购货物用于对外投资

【答案】ABD

【解析】略。

4. "营改增"试点过渡政策中的免税项目（共49项）。

【提示】其中，第 23 项更新为：金融同业往来利息收入。但自 2018 年 1 月 1 日起，金融机构开展贴现、转贴现业务，以其实际持有票据期间取得的利息收入作为贷款服务销售额计算缴纳增值税。

（十）增值税纳税义务、扣缴义务发生的时间

1. 销售货物或提供应税劳务的纳税义务发生时间。纳税人销售货物或者提供应税劳务，其纳税义务发生时间为收讫销售款项或者取得索取销售款项凭据的当天；先开具发票的，为开具发票的当天。其中，收讫销售款项或者取得索取销售款项凭据的当天按销售方式的不同，具体为：

（1）采取直接收款方式销售货物，不论货物是否发出，均为收到销售款或取得索取销售款凭据的当天。

（2）采取托收承付和委托银行收款方式销售货物，为发出货物并办妥托收手续的当天。

（3）采用赊销和分期收款方式销售货物，为书面合同约定的收款日期的当天，无书面合同的或者书面合同没有约定收款日期的，为货物发出的当天。

（4）采取预收货款方式销售货物，为货物发出的当天，但生产销售工期超过 12 个月的大型机械设备、船舶、飞机等货物，为收到预付款或者书面合同约定的收款日期的当天。

（5）委托其他纳税人代销货物，为收到代销单位的代销清单或者收到全部或者部分货款的当天。未收到代销清单及货款的，为发出代销货物满 180 天的当天。

（6）销售应税劳务，为提供劳务同时收讫销售款或取得索取销售款的凭据的当天。

（7）纳税人发生视同销售货物的行为（将货物交付其他单位或者他人代销、销售代销货物除外），为货物移送的当天。

2. 进口货物纳税义务发生的时间。纳税人进口货物，其纳税义务发生时间为报关进口的当天。

3. 发生应税行为纳税义务发生的时间。

（1）纳税人发生应税行为并收讫销售款项或者取得索取销售款项凭据的当天；先开具发票的，为开具发票的当天。收讫销售款项是指纳税人销售服务、无形资产、不动产过程中或者完成后收到款项。取得索取销售款项凭据的当天是指书面合同确定的付款日期；未签订书面合同或者书面合同未确定付款日期的，为服务、无形资产转让完成的当天或者不动产权属变更的当天。

（2）纳税人提供租赁服务采取预收款方式的，其纳税义务发生时间为收到预收款的当天。

（3）纳税人从事金融商品转让的，为金融商品所有权转移的当天。

（4）纳税人发生视同销售服务、无形资产或者不动产行为的，其纳税义务发生时间为服务、无形资产转让完成的当天或者不动产权属变更的当天。

4. 扣缴义务发生时间。增值税扣缴义务发生时间为纳税人增值税纳税义务发生的当天。

【例 5-13】（单选题）根据《增值税暂行条例》的规定，采取预收货款方式销售货物，增值税纳税义务的发生时间是（　　）。

A. 销售方收到第一笔货款的当天
B. 销售方收到剩余货款的当天

C. 销售方发出货物的当天
D. 购买方收到货物的当天

【答案】C

【解析】本题考核增值税纳税义务发生时间的规定。采取预收货款方式销售货物，增值税纳税义务发生时间为货物发出的当天。

（十一）增值税专用发票的使用及管理

增值税专用发票由国务院税务主管部门指定的企业印制，实行集中统一管理，只限于增值税的一般纳税人领购使用，除另有规定外，增值税的小规模纳税人不得领购使用。

一般纳税人销售货物（包括视同销售货物在内）、提供应税行为、应税劳务，必须向购买方开具专用发票。下列情形不得开具专用发票：

（1）向消费者个人销售货物、服务、无形资产、不动产或者应税劳务的。

（2）适用免征增值税规定的。

（3）小规模纳税人销售货物、服务、无形资产、不动产或者应税劳务。但小规模纳税人按规定可以自行开具增值税专用发票的除外。此外，购买方索取增值税专用发票的，小规模纳税人可以向主管税务机关申请代开。国家税务总局公告2019年第33号规定，增值税小规模纳税人（其他个人除外）发生增值税应税行为，需要开具增值税专用发票的，可以自愿使用增值税发票管理系统自行开具。选择自行开具增值税专用发票的小规模纳税人，税务机关不再为其代开增值税专用发票。

【例5-14】（单选题）企业发生的下列行为中，按规定允许开具增值税专用发票的是（　　）。
A. 商业企业零售烟酒
B. 小规模纳税人销售货物
C. 销售免税的货物
D. 服装厂向商场销售服装

【答案】D

【解析】选项A属于向消费者个人销售货物、服务、无形资产、不动产或者应税劳务的情形，不得开具增值税专用发票；选项B属于小规模纳税人销售货物、服务、无形资产、不动产或者应税劳务的情形，一般情况下，不得开具增值税专用发票，若买方索取增值税专用发票的，小规模纳税人可以向主管税务机关申请代开，小规模纳税人无权自行开具增值税专用发票；选项C：免征增值税的纳税人不得开具增值税专用发票。

【知识点2】消费税法律制度

（一）纳税义务人

在中华人民共和国境内生产、委托加工和进口《消费税暂行条例》规定的消费品的单位和个人，以及国务院确定的销售《消费税暂行条例》规定的消费品的其他单位和个人，为消费税的纳税人。

（二）征税范围

消费税应税消费品的征税范围包括生产应税消费品、委托加工应税消费品、进口应税消费品和零售应税消费品。

1. 生产应税消费品。纳税人生产的应税消费品，于纳税人销售时纳税。纳税人自产自用的应税消费品，用于连续生产应税消费品的，不纳税；用于其他方面的，于移送使用时纳税。

2. 委托加工应税消费品。委托加工的应税消费品，除受托方为个人外，由受托方在向委托方交货时代收代缴税款。委托加工的应税消费品，委托方用于连续生产应税消费品的，所纳税款准予按规定抵扣。

3. 进口应税消费品。单位和个人进口属于消费税征税范围的货物，由海关代征进口环节的消费税。

4. 零售应税消费品。

（1）商业零售金银首饰。自1995年1月1日起，金银首饰消费税由生产销售环节征收改为零售环节征收。改在零售环节征收消费税的金银首饰仅限于金基、银基合金首饰以及金、银和金基、银基合金的镶嵌首饰。自2002年1月1日起，对钻石及钻石饰品消费税的纳税环节由生产环节、进口环节后移至零售环节。自2003年5月1日起，铂金首饰消费税改为零售环节征税。

【提示】对既销售金银首饰，又销售非金银首饰的生产、经营单位，应将两类商品划分清楚，分别核算销售额。凡划分不清楚或不能分别核算的，在生产环节销售的，一律从高适用税率征收消费税；在零售环节销售的，一律按金银首饰征收消费税。金银首饰与其他产品组成成套消费品销售的，应按销售额全额征收消费税。

金银首饰连同包装物销售的，无论包装物

是否单独计价，也无论会计上如何核算，均应并入金银首饰的销售额，计征消费税。

带料加工的金银首饰，应按受托方销售同类金银首饰的销售价格确定计税依据征收消费税。没有同类金银首饰销售价格的，按照组成计税价格计算纳税。

纳税人采用以旧换新（含翻新改制）方式销售的金银首饰，应按实际收取的不含增值税的全部价款确定计税依据征收消费税。

（2）零售超豪华小汽车。自2016年12月1日起，对超豪华小汽车，在生产（进口）环节按现行税率征收消费税基础上，在零售环节加征消费税，将超豪华小汽车销售给消费者的单位和个人为超豪华小汽车零售环节纳税人。超豪华小汽车是指每辆零售价格130万元（不含增值税）及以上的小汽车。

5. 批发销售卷烟。自2015年5月10日起，将卷烟批发环节从价税税率由5%提高至11%，并按0.005元/支加征从量税。自2022年11月1日起，电子烟被纳入消费税征税范围，除在生产（进口）环节征收消费税外，在批发环节加征消费税。

烟草批发企业将卷烟销售给其他烟草批发企业的，不缴纳消费税。卷烟消费税改为在生产和批发两个环节征收后，批发企业在计算应纳税额时不得扣除已含的生产环节的消费税税款。纳税人兼营卷烟批发和零售业务的，应当分别核算批发和零售环节的销售额、销售数量；未分别核算批发和零售环节销售额、销售数量的，按照全部销售额、销售数量计征批发环节消费税。

【例5-15】（单选题）下列行为涉及的货物中，属于消费税征税范围的是（　　）

A. 高尔夫球具
B. 竹制筷子
C. 护肤护发品
D. 电动自行车

【答案】A

【解析】高尔夫球及球具属于消费税征税范围。

（三）税目及税率

1. 税目。目前，消费税的税目有以下15个：

（1）烟。凡是以烟叶为原料加工生产的产品，不论使用何种辅料，均属于本税目的征收范围。包括卷烟、雪茄烟和烟丝。另外，电子烟也属于该税目，电子烟是指用于产生气溶胶供人抽吸等的电子传输系统，包括烟弹、烟具以及烟弹与烟具组合销售的电子烟产品。

（2）酒。酒是酒精度在1度以上的各种酒类饮料，包括粮食白酒、薯类白酒、黄酒、啤酒和其他酒。

（3）高档化妆品。包括各类美容、修饰类化妆品、高档护肤类化妆品和成套化妆品。其中美容、修饰类化妆品是指香水、香水精、香粉、口红、指甲油、胭脂、眉笔、唇笔、蓝眼油、眼睫毛以及成套化妆品。舞台、戏剧、影视演员化妆用的上妆油、卸妆油、油彩，不属于本税目的征收范围。高档护肤类化妆品征收范围另行制定。

（4）贵重首饰及珠宝玉石。包括金银首饰、铂金首饰和钻石及钻石饰品，以及其他贵重首饰和珠宝玉石。

（5）鞭炮、焰火。包括各类鞭炮、焰火。体育上用的发令纸、鞭炮药引线，不按本税目征收。

（6）成品油。包括汽油、柴油、石脑油、溶剂油、航空煤油、润滑油、燃料油7个子目；航空煤油暂缓征收。

（7）小汽车。小汽车是指由动力驱动，具有4个或4个以上车轮的非轨道承载的车辆。包括乘用车、中轻型商用客车和超豪华小汽车等3个子目。电动汽车不属于本税目征收范围。沙滩车、雪地车、卡丁车、高尔夫车不属于消费税征收范围，不征收消费税。

（8）摩托车。包括轻便摩托车和摩托车两种。

（9）高尔夫球及球具。高尔夫球及球具是指从事高尔夫球运动所需的各种专用装备，包括高尔夫球、高尔夫球杆及高尔夫球包（袋）等。高尔夫球杆的杆头、杆身和握把属于本税目的征收范围。

（10）高档手表。高档手表是指销售价格（不含增值税）每只在10 000元（含）以上的各类手表。

（11）游艇。本税目征税范围包括艇身长度大于8米（含）小于90米（含），内置发动机，可以在水上移动，一般为私人或团体购置，主要用于水上运动和休闲娱乐等非营利活动的各类机动艇。

（12）木制一次性筷子。木制一次性筷子是指以木材为原料经过锯段、浸泡、旋切、刨切、烘干、筛选、打磨、倒角、包装等环节加工而成的各类一次性使用的筷子。

（13）实木地板。实木地板是指以木材为原料，经锯割、干燥、刨光、截断、开榫、涂漆等工序加工而成的块状或条状的地面装饰材料。本税目征收范围包括各类规格的实木地板、实木指接地板、实木复合地板及用于装饰墙壁、天棚的侧端面为榫、槽的实木装饰板。未经涂饰的素板也属于本税目征税范围。

（14）电池。自2015年2月1日起对电池（铅蓄电池除外）征收消费税。对无汞原电池、金属氢化物镍蓄电池（又称"氢镍蓄电池""镍氢蓄电池"）、锂原电池、锂离子蓄电池、太阳能电池、燃料电池、全钒液流电池免征消费税。自2016年1月1日起，对铅蓄电池按4%税率征收消费税。

（15）涂料。涂料是指涂于物体表面能形成具有保护、装饰或特殊性能的固态涂膜的一类液体或固体材料之总称。施工状态下挥发性有机物含量低于420克/升（含）的涂料免征消费税。

消费税采用比例税率和定额税率两种形式。消费税根据不同的税目或子目确定相应的税率或单位税额。税率表如表5-1所示。

表5-1　　　　　　　　　　　消费税税率表

税目	税率
一、烟	
1. 卷烟	56%加0.003元/支
（1）甲类卷烟（生产或进口环节）	36%加0.003元/支
（2）乙类卷烟（生产或进口环节）	11%加0.005元/支
（3）批发环节	36%
2. 雪茄烟	30%
3. 烟丝	
4. 电子烟	
（1）生产（进口）环节	36%
（2）批发环节	11%
二、酒	
1. 白酒	20%加0.5元/500克（或者500毫升）
2. 黄酒	240元/吨
3. 啤酒	
（1）甲类啤酒	250元/吨
（2）乙类啤酒	220元/吨
4. 其他酒	10%
三、高档化妆品	15%
四、贵重首饰及珠宝玉石	
1. 金银首饰、铂金首饰和钻石及钻石饰品	5%
2. 其他贵重首饰和珠宝玉石	10%
五、鞭炮、焰火	15%
六、成品油	
1. 汽油	1.52元/升
2. 柴油	1.20元/升
3. 航空煤油	1.20元/升
4. 石脑油	1.52元/升
5. 溶剂油	1.52元/升
6. 润滑油	1.52元/升
7. 燃料油	1.20元/升

续表

税目	税率
七、摩托车	
1. 气缸容量为 250 毫升（含）的	3%
2. 气缸容量为 250 毫升以上的	10%
八、小汽车	
1. 乘用车	
（1）气缸容量（排气量，下同）在 1.0 升（含 1.0 升）以下的	1%
（2）气缸容量在 1.0 升以上至 1.5 升（含 1.5 升）的	3%
（3）气缸容量在 1.5 升以上至 2.0 升（含 2.0 升）的	5%
（4）气缸容量在 2.0 升以上至 2.5 升（含 2.5 升）的	9%
（5）气缸容量在 2.5 升以上至 3.0 升（含 3.0 升）的	12%
（6）气缸容量在 3.0 升以上至 4.0 升（含 4.0 升）的	25%
（7）气缸容量在 4.0 升以上的	40%
2. 中轻型商用客车	5%
3. 超豪华小汽车	10%
九、高尔夫球及球具	10%
十、高档手表	20%
十一、游艇	10%
十二、木制一次性筷子	5%
十三、实木地板	5%
十四、电池	4%
十五、涂料	4%

【例 5-16】（多选题）下列货物中，采用从量定额方法计征消费税的是（　　）

A. 雪茄烟　　　　B. 润滑油
C. 黄酒　　　　　D. 游艇
E. 烟丝

【答案】BC

【解析】消费税税目中，只有啤酒、黄酒、成品油采用从量定额税率。

（四）计税依据

1. 从价计征销售额的确定

（1）在从价定率计算方式下，应纳税额等于应税消费品的销售额乘以适用税率。销售额为纳税人销售应税消费品向购买方收取的全部价款和价外费用。

【提示】应税消费品连同包装物销售的，无论包装物是否单独计价以及在会计上如何核算，均应并入应税消费品的销售额中缴纳消费税。如果包装物不作价随同产品销售，而是收取押金，此项押金则不应并入应税消费品的销售额中征税。但对因逾期未收回的包装物不再退还的或者已收取的时间超过 12 个月的押金，应并入应税消费品的销售额，按照应税消费品的适用税率缴纳消费税。

对既作价随同应税消费品销售，又另外收取押金的包装物的押金，凡纳税人在规定的期限内没有退还的，均应并入应税消费品的销售额，按照应税消费品的适用税率缴纳消费税。

自 1995 年 6 月 1 日起，对销售啤酒、黄酒外的其他酒类产品而收取的包装物押金，无论是否返还以及会计上如何核算，均应并入当期销售额征税。

【例 5-17】（单选题）纳税人因销售应税消费品而出租出借包装物收取的押金，正确的计税方法是（　　）。

A. 啤酒的包装物押金收取时就征收增值税
B. 啤酒的包装物押金征收消费税
C. 黄酒的包装物押金征收消费税
D. 白酒的包装物押金既征收增值税，又征收消费税

【答案】D

【解析】纳税人为销售货物而出租出借包装物收取的押金，单独记账核算的，不并入销售额征收增值税、消费税。对销售除啤酒、黄酒外的其他酒类产品而收取的包装物押金，无论是否返还均应并入当期销售额征收增值税、消费税。啤酒、黄酒的包装物押金不收取消费税，逾期时征收增值税。

（2）含税销售额的换算。应税消费品的销售额，不包括应向购货方收取的增值税税款。如果纳税人应税消费品的销售额中未扣除增值税税款或者因不得开具增值税专用发票而发生价款和增值税税款合并收取的，在计算消费税时，应当换算为不含增值税税款的销售额。其换算公式为：

应税消费品的销售额 = 含增值税的销售额 ÷ （1 + 增值税税率或者征收率）

2. 从量计征销售数量的确定。在从量定额计算方式下，应纳税额等于应税消费品的销售数量乘以单位税额。

销售数量的确定。销售数量是指纳税人生产、加工和进口应税消费品的数量。具体指：（1）销售应税消费品的，为应税消费品的销售数量；（2）自产自用应税消费品的，为应税消费品的移送使用数量；（3）委托加工应税消费品的，为纳税人收回的应税消费品数量；（4）进口应税消费品的，为海关核定的应税消费品进口征税数量。

计量单位的换算标准如表5-2所示。

表5-2　　　　　　　　吨、升换算表

序号	名称	计量单位的换算标准
1	黄酒	1 吨 = 962 升
2	啤酒	1 吨 = 988 升
3	汽油	1 吨 = 1 388 升
4	柴油	1 吨 = 1 176 升
5	航空煤油	1 吨 = 1 246 升
6	石脑油	1 吨 = 1 385 升
7	溶剂油	1 吨 = 1 282 升
8	润滑油	1 吨 = 1 126 升
9	燃料油	1 吨 = 1 015 升

3. 从价从量复合计征。应税消费品中，卷烟和白酒采用复合计征方法。应纳税额等于从量税额和从价税额之和。

生产销售卷烟、白酒从量定额计税依据为实际销售数量。进口、委托加工、自产自用卷烟、白酒从量定额计税依据分别为海关核定的进口数量、委托方收回数量、移送使用数量。

4. 计税依据的特殊规定。

纳税人通过自设非独立核算门市部销售的自产应税消费品，应当按照门市部对外销售额或者销售数量征收消费税。

纳税人用于换取生产资料和消费资料，投资入股和抵偿债务等方面的应税消费品，应当以纳税人同类应税消费品的最高销售价格作为计税依据计算消费税。

酒类关联企业间关联交易消费税问题处理。白酒生产企业向商业销售单位收取的"品牌使用费"是随着应税白酒的销售而向购货方收取的，属于应税白酒销售价款的组成部分，因此，不论企业采取何种方式或以何种名义收取价款，均应并入白酒的销售额中缴纳消费税。

兼营不同税率应税消费品的税务处理。纳税人兼营不同税率的应税消费品，是指纳税人生产销售两种税率以上的应税消费品。纳税人兼营不同税率的应税消费品，应当分别核算不同税率应税消费品的销售额、销售数量。未分别核算销售额、销售数量，或者将不同税率的应税消费品组成成套消费品销售的，从高适用税率。

纳税人生产、批发电子烟的，按照生产、

批发电子烟的销售额计算纳税。电子烟生产环节纳税人采用代销方式销售电子烟的，按照经销商（代理商）销售给电子烟批发企业的销售额计算纳税。纳税人进口电子烟的，按照组成计税价格计算纳税。

电子烟生产环节纳税人从事电子烟代加工业务的，应当分开核算持有商标电子烟的销售额和代加工电子烟的销售额；未分开核算的，一并缴纳消费税。

【例 5-18】（多选题）按照我国现行税法，下列各项中，应该计入应税消费品的销售额的项目是（　　）

A. 企业受到的代垫运费（运费发票开给购货方，且由企业转交）

B. 企业销售白酒收到的包装物押金，尚未到期

C. 企业销售应税消费品应该缴纳的增值税销项税额

D. 企业销售应税消费品应该缴纳的消费税

E. 企业销售应税消费品因逾期未收回的包装物押金且不再退还

【答案】BDE

【解析】现行税法规定，对酒类生产企业销售酒类产品（啤酒、黄酒除外）而收取的包装物押金，无论押金是否返还以及会计上如何核算，均须并入酒类产品的销售额中。增值税为价外税、消费税是价内税，所以应税销售额中含有消费税，不含增值税。

（五）应纳税额的计算

1. 生产销售环节应纳税额的计算。纳税人在生产销售环节应缴纳的消费税，包括直接对外销售应税消费品应缴纳的消费税和自产自用应税消费品应缴纳的消费税。

（1）直接对外销售应纳消费税的计算。

①从价定率计算。在从价定率计算方法下，应纳消费税额等于销售额乘以适用税率。基本计算公式为：

应纳税额 = 销售额 × 比例税率

②从量定额计算。在从量定额计算方法下，应纳税额等于应税消费品的销售数量乘以单位税额。基本计算公式为：

应纳税额 = 销售数量 × 定额税率

③从价定率和从量定额复合计算。卷烟、白酒采用复合计算消费税的计算方法。基本计算公式为：

应纳税额 = 销售数量 × 定额税率 + 应税销售额 × 比例税率

（2）自产自用应纳消费税的计算。所谓自产自用，就是纳税人生产应税消费品后，不是直接用于对外销售，而是用于自己连续生产应税消费品或用于其他方面。

①用于连续生产应税消费品。纳税人自产自用的应税消费品，用于连续生产应税消费品的，不纳税。在这种情况下，自产自用的应税消费品是作为生产最终应税消费品的直接材料并构成最终产品实体的应税消费品。

②用于其他方面的应税消费品。纳税人自产自用的应税消费品，除用于连续生产应税消费品外，凡用于其他方面的，于移送使用时纳税。

纳税人自产自用的应税消费品，凡用于其他方面的，按照纳税人生产的同类消费品的销售价格计算纳税，即纳税人当月销售的同类消费品的销售价格计算纳税。如果当月同类消费品各期销售价格高低不同，应按销售数量加权平均计算。但销售的应税消费品有下列情形之一的，不得列入加权平均计算：销售价格明显偏低又无正当理由的；无销售价格的。如果当月无销售或者当月未完结，应按照同类消费品上月或者最近月份的销售价格计算纳税。

纳税人若没有同类消费品销售价格的，按照组成计税价格计算纳税。

实行从价定率办法计算纳税的组成计税价格计算公式：

组成计税价格 =（成本 + 利润）÷（1 - 消费税比例税率）

实行复合计税办法计算纳税的组成计税价格计算公式：

组成计税价格 =（成本 + 利润 + 自产自用数量 × 定额税率）÷（1 - 消费税比例税率）

上述公式中所称"成本"，是指应税消费品的产品生产成本。所称"利润"是指根据应税消费品的全国平均成本利润率计算的利润。应税消费品全国平均成本利润率由国家税务总局确定。

全国平均成本利润率如表 5-3 所示。

表 5-3 平均成本利润率表 单位：%

货物名称	成本利润率	货物名称	成本利润率
1. 甲类卷烟	10	11. 摩托车	6
2. 乙类卷烟	5	12. 高尔夫球及球具	10
3. 雪茄烟	5	13. 高档手表	20
4. 烟丝	5	14. 游艇	10
5. 粮食白酒	10	15. 木制一次性筷子	5
6. 薯类白酒	5	16. 实木地板	5
7. 其他酒	5	17. 乘用车	8
8. 化妆品	5	18. 中轻型商用客车	5
9. 鞭炮、焰火	5	19. 电池	4
10. 贵重首饰及珠宝玉石	6	20. 涂料	7

注：电子烟全国成本利润率暂定为 10%。

【例 5-19】（单选题）白酒生产企业将自产的白酒用于职工福利，若没有同类消费品的销售价格，则白酒的计税依据为（　　）。

A. 组成计税价格 =（成本 + 利润）÷（1 - 消费税比例税率）

B. 组成计税价格 = 成本 ÷（1 - 消费税比例税率）

C. 组成计税价格 =（成本 + 利润 + 自产自用数量 × 定额税率）÷（1 - 消费税比例税率）

D. 组成计税价格 =（成本 + 自产自用数量 × 定额税率）÷（1 - 消费税比例税率）

【答案】C

【解析】白酒是复合征收消费税，其自产自用的组成计税价格 =（成本 + 利润 + 自产自用数量 × 定额税率）÷（1 - 消费税比例税率）。

2. 委托加工环节应纳税额的计算。按照规定，委托加工的应税消费品，由受托方在向委托方交货时代扣代缴。但受托方为个人的除外。委托加工环节应纳消费税的计算方式为：

（1）按照受托方的同类消费品的销售价格计算纳税，即受托方当月销售的同类消费品的销售价格，如果当月同类消费品各期销售价格高低不同，应按销售数量加权平均计算。但销售的应税消费品有下列情形之一的，不得列入加权平均计算：销售价格明显偏低又无正当理由的；无销售价格的。

如果当月无销售或者当月未完结，应按照同类消费品上月或最近月份的销售价格计算纳税。

（2）没有同类消费品销售价格的，按照组成计税价格计算纳税。

① 实行从价定率办法计算纳税的组成计税价格计算公式：

组成计税价格 =（材料成本 + 加工费）÷（1 - 比例税率）

② 实行复合计税办法计算纳税的组成计税价格计算公式：

组成计税价格 =（材料成本 + 加工费 + 委托加工数量 × 定额税率）÷（1 - 比例税率）

3. 进口环节应纳税额的计算。

纳税人进口应税消费品，按照组成计税价格和规定的税率计算应纳税额。计算方法如下：

（1）从价定率计征应纳税额的计算。

组成计税价格 =（关税完税价格 + 关税）÷（1 - 消费税比例税率）

应纳税额 = 组成计税价格 × 消费税比例税率

（2）从量定额计征应纳税额的计算。应纳税额的计算公式：

应纳税额 = 进口数量 × 消费税定额税率

（3）实行从价定率和从量定额复合计税办法应纳税额的计算。

组成计税价格 =（关税完税价格 + 关税 + 进口数量 × 消费税定额税率）÷（1 - 消费税比例税率）

应纳税额 = 进口数量 × 消费税定额税率 + 组成计税价格 × 消费税比例税率。

4. 已纳消费税的扣除。为避免重复征税，将外购应税消费品和委托加工收回的应税消费品继续生产应税消费品销售的，可以将外购应税消费品和委托加工收回应税消费品已缴纳的消费税给予扣除。

（1）外购应税消费品已纳税款的扣除范围包括：

①外购已税烟丝生产的卷烟；

②外购已税高档化妆品原料生产的高档化妆品；

③外购已税珠宝、玉石为原料生产的贵重首饰及珠宝、玉石；

④外购已税鞭炮、焰火为原料生产的鞭炮、焰火；

⑤外购已税杆头、杆身和握把为原料生产的高尔夫球杆；

⑥外购已税木制一次性筷子为原料生产的木制一次性筷子；

⑦外购已税实木地板为原料生产的实木地板；

⑧外购已税石脑油、润滑油、燃料油为原料生产的成品油；

⑨外购已税汽油、柴油为原料生产的汽油、柴油。

上述当期准予扣除外购应税消费品已纳消费税税款的计算公式为：

当期准予扣除的外购应税消费品已纳税款＝当期准予扣除的外购应税消费品买价×外购应税消费品适用税率

当期准予扣除的外购应税消费品买价＝期初库存的外购应税消费品的买价＋当期购进的应税消费品的买价－期末库存的外购应税消费品的买价

外购已税消费品的买价是指购货发票上注明的销售额（不包括增值税税款）。

【例5-20】（单选题）下列外购商品中已缴纳的消费税，可以从本企业应纳消费税中扣除的是（　　）。

A. 从工业企业购进已税白酒生产的葡萄酒

B. 从工业企业购进已税汽油为原料生产的溶剂油

C. 从工业企业购进已税小汽车为原料生产的高档小汽车

D. 从工业企业购进已税高尔夫球杆握把为原料生产的高尔夫球杆

【答案】D

【解析】本题考查消费税的计税依据。选项A、C错误，以外购的酒类产品、小汽车生产应税消费品的，已纳消费税不得扣除。选项B错误，已外购的已税汽油、柴油为原料连续生产的汽油、柴油，可以扣除外购已税消费品已纳消费税。

（2）委托加工收回的应税消费品已纳税款的扣除。委托加工的应税消费品因为已由受托方代收代缴消费税，因此，委托方收回货物后用于连续生产应税消费品的，其已纳税款准予按照规定从连续生产的应税消费品应纳消费税税额中抵扣。

根据规定，下列连续生产应税消费品准予从应纳消费税税额中按当期生产领用数量计算扣除委托加工的应税消费品已纳消费税税款：

①以委托加工收回的已税烟丝为原料生产的卷烟；

②以委托加工收回的已税高档化妆品为原料生产的高档化妆品；

③以委托加工收回的已税珠宝、玉石为原料生产的贵重首饰及珠宝、玉石；

④以委托加工收回的已税鞭炮、焰火为原料生产的鞭炮、焰火；

⑤以委托加工收回的已税杆头、杆身和握把为原料生产的高尔夫球杆；

⑥以委托加工收回的已税木制一次性筷子为原料生产的木制一次性筷子；

⑦以委托加工收回的已税实木地板为原料生产的实木地板；

⑧以委托加工收回的已税石脑油、润滑油、燃料油为原料生产的成品油；

⑨以委托加工收回的已税汽油、柴油为原料生产的成品油。

上述当期准予扣除委托加工收回的应税消费品已纳消费税税款的计算公式为：

当期准予扣除的委托加工收回的应税消费品已纳税款＝期初库存的委托加工应税消费品已纳税款＋当期收回的委托加工应税消费品已纳税款－期末库存的委托加工应税消费品已纳税款

纳税人用委托加工收回已税珠宝玉石生产的改在零售环节征收消费税的金银首饰，在计税时一律不得扣除委托加工收回的珠宝玉石的已纳消费税税款。

【例5-21】（单选题）某化妆品生产企业2024年6月销售给商场普通化妆品取得含税销售额67.8万元，该企业增值税税率为13%，则该月应缴纳消费税（　　）万元。

A. 0
C. 18

【答案】A

【解析】普通化妆品不征收消费税。

（六）征收管理

1. 纳税义务发生的时间。纳税人销售应税消费品的，其纳税义务的发生时间为：

（1）纳税人采取赊销和分期收款结算方式的，为书面合同约定的收款日期的当天，书面合同没有约定收款日期或者无书面合同的，为发出应税消费品的当天。

（2）纳税人采取预收货款结算方式的，为发出应税消费品的当天。

（3）纳税人采取托收承付和委托银行收款方式销售的应税消费品，为发出应税消费品并办妥托收手续的当天。

（4）纳税人采取其他结算方式的，为收讫销售款或者取得索取销售款的凭据的当天。

2. 纳税人自产自用的应税消费品，其纳税义务的发生时间，为移送使用的当天。

3. 纳税人委托加工的应税消费品，其纳税义务的发生时间，为纳税人提货的当天。

4. 纳税人进口的应税消费品，其纳税义务的发生时间，为报关进口的当天。

【例5-22】（单选题）带料加工、翻新改制的金银首饰，其消费税纳税义务发生时间是（　　）

A. 委托方交款的当天
B. 委托方交货的当天
C. 委托方材料入库的当天
D. 委托方提货的当天

【答案】D

【解析】纳税人委托加工的应税消费品，其纳税义务的时间为纳税人提货的当天。

（七）纳税地点（见表5-4）

表5-4　　　　　　　　　　　　应税消费品纳税地点

情形	纳税地点
纳税人销售的应税消费品，以及自产自用的应税消费品	除国务院财政、税务主管部门另有规定外，应当向纳税人机构所在地或者居住地的主管税务机关申报纳税
委托加工的应税消费品	除受托方为个人外，由受托方向机构所在地或者居住地的主管税务机关解缴消费税税款
委托个人加工的应税消费品	由委托方向其机构所在地或者居住地主管税务机关申报纳税
进口的应税消费品	由进口人或者其代理人向报关地海关申报纳税
纳税人到外县（市）销售或者委托外县（市）代销自产应税消费品的	于应税消费品销售后，向机构所在地或者居住地主管税务机关申报纳税
纳税人的总机构与分支机构不在同一县（市）的	应当分别向各自机构所在地的主管税务机关申报纳税；经财政部、国家税务总局或者其授权的财政、税务机关批准，可以由总机构汇总向总机构所在地的主管税务机关申报纳税；纳税人的总机构与分支机构不在同一县（市），但在同一省（自治区、直辖市）范围内，经省（自治区、直辖市）财政厅（局）、国家税务局审批同意，可以由总机构汇总向总机构所在地的主管税务机关申报缴纳消费税；省（自治区、直辖市）财政厅（局）、国家税务局应将审批同意的结果，上报财政部、国家税务总局备案

【提示】纳税人销售的应税消费品，因质量等原因发生退货的，其已缴纳的消费税税款可予以退还。纳税人办理退税手续时，应将开具的红字增值税发票、退税证明等资料报主管税务机关备案。主管税务机关核对无误后办理退税。纳税人直接出口的应税消费品办理免税后，发生退关或者国外退货，复进口时已予以免税的，可暂不办理补税，待其转为国内销售的当月申报缴纳消费税。

【知识点3】企业所得税法律制度

（一）纳税义务人

1. 纳税义务人的范围。在中华人民共和国境内，企业和其他取得收入的组织（以下统称"企业"）为企业所得税的纳税人，依照企业所得税法的规定缴纳企业所得税。个人独资企业、合伙企业不适用《企业所得税法》。

2. 居民纳税人和非居民纳税人。《企业所得税法》按照通行的国际惯例，将纳税人分为居民企业和非居民企业两种。所谓居民企业，是指依法在中国境内成立，或者依照外国（地区）法律成立但实际管理机构在中国境内的企业。所谓非居民企业，是指依照外国（地区）法律成立且实际管理机构不在中国境内，但在中国境内设立机构、场所的，或者在中国境内未设立机构、场所，但有来源于中国境内所得的企业。可见，我国《企业所得税法》对居民企业的判断标准是"登记注册地标准"和"实际管理机构地标准"相结合的办法。

区分居民企业和非居民企业的意义主要在于确定征税的范围以及纳税人的纳税义务。居民企业承担全面（无限）纳税义务，应当就其来源于中国境内、境外的所得缴纳企业所得税。而非居民企业负有限纳税义务，一般只就其来源于我国境内的所得纳税。

【例5-23】（单选题）根据企业所得税法律制度的规定，下列非居民企业取得的所得中，不能实行源泉扣缴的是（　　）。

A. 某美国企业向中国境内企业投资而取得的股息

B. 某美国企业出售其在深圳的房产而取得的所得

C. 某美国企业向中国企业转让专利权而取得的所得

D. 某美国企业向某英国企业出租机器设备，供其在英国使用而收取的租金

【答案】D

【解析】在中国境内未设立机构、场所的，或者虽设立机构、场所但取得的所得与其所设机构、场所没有实际联系的非居民企业，就其取得的来源于中国境内的所得应缴纳的企业所得税，实行源泉扣缴。选项D中向英国企业收取的租金并不是来源于我国，不实行源泉扣缴。

（二）征税对象与税率

1. 征税对象。企业所得税的征税范围即企业所得税的征税对象，是指企业的生产、经营所得和其他所得。就所得的类别划分，既包括企业从事主营业务活动的生产、经营所得，也包括非主营业务的其他所得。

2. 税率。企业所得税的税率有普通税率和优惠税率之分。普通税率有两种情况：一般来说，企业所得税的税率为25%；但非居民企业在中国境内未设立机构、场所但取得来源于中国境内的所得，或者虽设立机构、场所但取得的与其所设机构、场所没有实际联系的所得，适用税率为20%，但实际征税时适用10%的税率（详见税收优惠）。优惠税率也有两种情况：符合条件的小型微利企业，减按20%的税率征收企业所得税；国家需要重点扶持的高新技术企业，减按15%的税率征收企业所得税。

【例5-24】（单选题）甲公司为国家需要重点扶持的高新技术企业，2024年实现年度会计利润500万元，已知甲公司不存在纳税调整事项，企业所得税税额为（　　）万元。

A. 50　　　　　B. 75
C. 100　　　　D. 125

【答案】B

【解析】国家需要重点扶持的高新技术企业，减按15%的税率征收企业所得税。企业所得税税额 = 500 × 15% = 75（万元）。

（三）应纳税所得额的计算

1. 计算方法。企业所得税的计税依据是应纳税所得额，即纳税人每一纳税年度的收入总额减除不征税收入、各项扣除以及允许弥补的以前年度亏损后的余额。

2. 收入总额。收入总额是指企业以货币形式和非货币形式从各种来源取得的收入。具体内容包括以下几项：

（1）销售货物收入，企业销售商品、产品、原材料、包装物、低值易耗品以及其他存货取得的收入。

（2）提供劳务收入，企业从事建筑安装、修理修配、交通运输、仓储租赁、金融保险、邮电通信、咨询经纪、文化体育、科学研究、技术服务、教育培训、餐饮住宿、中介代理、卫生保健、社区服务、旅游、娱乐、加工以及其他劳务服务活动取得的收入。

(3) 转让财产收入，纳税人有偿转让各类财产取得的收入，包括转让固定资产、生物资产、无形资产、股权、债权等财产取得的收入。

(4) 股息、红利等权益性投资收益，纳税人对外投资入股分得的股息、红利收入。股息是指按资本计算的利息；红利是指企业分给股东的利润。

(5) 利息收入，纳税人购买各种债券等有价证券的利息、外单位欠款付给的利息，以及其他利息收入。

(6) 租金收入，纳税人出租固定资产、包装物以及其他财产而取得的租金收入。

(7) 特许权使用费收入，纳税人提供专利权、非专利技术、商标权、著作权以及其他特许权的使用权而取得的收入。

(8) 接受捐赠收入，包括企业接受的货币性资产和非货币性资产。

(9) 其他收入，指除上述收入以外的收入，包括固定资产盘盈收入、罚款收入、因债权人原因确实无法支付的应付款项、物资及现金的盈余收入、教育费附加返还款、包装物押金收入以及其他收入。

3. 不征税收入。下列收入为不征税收入：财政拨款；依法收取并纳入财政管理的行政事业性收费、政府性基金；国务院规定的其他不征税收入。

【提示】2018年9月20日起，对全国社会保障基金理事会及基本养老保险基金管理机构在国务院批准的投资范围内，运用养老基金投资取得的归属于养老基金的投资收入，作为企业所得税不征税收入。2018年9月10日起，对全国社会保障基金取得的直接股权投资收益、股权投资基金收益，作为企业所得税不征税收入。

【例5-25】（单选题）根据企业所得税法律制度的规定，纳税人取得的下列收入中，属于不征税收入的是（　　）。

A. 劳务收入　　　B. 国债利息收入
C. 财政拨款　　　D. 权益性投资收益

【答案】C

【解析】企业所得税中的不征税收入包括：（1）财政拨款；（2）依法收取并纳入财政管理的行政事业性收费、政府性基金；（3）企业取得的由国务院财政、税务主管部门规定专项用途并经国务院批准的财政性资金。故本题答案为选项C。

4. 准予扣除的项目。一般扣除项目是指企业实际发生的与取得收入有关的、合理的支出，包括成本、费用、税金、损失和其他支出。

5. 准予扣除项目的具体标准。

(1) 工资、薪金。企业发生的合理的工资、薪金支出，准予据实扣除。

(2) 职工福利费、工会经费、职工教育经费。企业发生的职工福利费、工会经费、职工教育经费按标准扣除，未超过标准的按实际数扣除，超过标准的只能按标准扣除。①企业发生的职工福利费支出不超过工资薪金总额14%的部分准予扣除。②企业拨缴的工会经费不超过工资薪金总额2%的部分准予扣除。③除国务院财政、税务主管部门另有规定外，企业发生的职工教育经费支出，不超过工资薪金总额8%的部分准予扣除，超过部分准予结转以后纳税年度扣除。

(3) 保险费。①企业依照国务院有关主管部门或者省级人民政府规定的范围和标准为职工缴纳的基本养老保险费、基本医疗保险费、失业保险费、工伤保险费、生育保险费等基本社会保险费和住房公积金，准予扣除。②企业为投资者或者职工支付的补充养老保险费、补充医疗保险费，在国务院财政、税务主管部门规定的范围和标准内，准予扣除。③企业依照国家有关规定为特殊工种职工支付的人身安全保险费和符合国务院财政、税务主管部门可以扣除商业保险费准予扣除。④企业参加财产保险，按照规定缴纳的保险费，准予扣除。⑤企业为投资者或者职工支付的商业保险费，不得扣除。⑥企业职工因公出差乘坐交通工具发生的人身意外保险费支出，准予企业在计算应纳税所得额时扣除。

(4) 利息费用。企业在生产、经营活动中发生的利息费用，按下列规定扣除：①非金融企业向金融企业借款的利息支出、金融企业的各项存款利息支出和同业拆借利息支出、企业经批准发行债券的利息支出可据实扣除。②非金融企业向非金融企业借款的利息支出，不超过按照金融企业同期、同类贷款利率计算的数额的部分可据实扣除，超过部分不许扣除。

(5) 业务招待费。①企业发生的与生产经营活动有关的业务招待费支出，按照发生额的60%扣除，但最高不得超过当年销售（营业）收入的5‰。②对从事股权投资业务的企业（包括集团公司总部、创业投资企业等），其从被投资企业所分配的股息、红利以及股权转让收入，可以按规定的比例计算业务招待费扣除限额。③企业在筹建期间发生的与筹办活动有关的业务招待费支出，可按实际发生额的60%计入企业筹办费，并按有关规定在税前扣除。

（6）广告费和业务宣传费。①企业发生的符合条件的广告费和业务宣传费支出，除国务院财政、税务主管部门另有规定外，不超过当年销售（营业）收入15%的部分，准予扣除；超过部分，准予在以后纳税年度结转扣除。②自2021年1月1日起至2025年12月31日止，对化妆品制造或销售、医药制造和饮料制造（不含酒类制造）企业发生的广告费和业务宣传费支出，不超过当年销售（营业）收入30%的部分，准予扣除；超过部分，准予在以后纳税年度结转扣除。③对签订广告费和业务宣传费分摊协议（以下简称"分摊协议"）的关联企业，其中一方发生的不超过当年销售（营业）收入税前扣除限额比例内的广告费和业务宣传费支出可以在本企业扣除，也可以将其中的部分或全部按照分摊协议归集至另一方扣除。另一方在计算本企业广告费和业务宣传费支出企业所得税税前扣除限额时，可将按照上述办法归集至本企业的广告费和业务宣传费不计算在内。④企业在筹建期间发生的广告费和业务宣传费，可按实际发生额计入企业筹办费，并按上述规定在税前扣除。⑤烟草企业的烟草广告费和业务宣传费支出，一律不得在计算应纳税所得额时扣除。

（7）公益性捐赠。企业发生的公益性捐赠支出，在年度利润总额12%以内的部分，准予在计算应纳税所得额时扣除；超过年度利润总额12%的部分，准予结转以后三年内在计算应纳税所得额时扣除。结转年限自捐赠发生年度的次年起计算。公益性捐赠支出是指纳税人通过公益性社会团体或者县级以上人民政府及其部门用于《公益事业捐赠法》规定的公益事业的捐赠。

【提示】自2019年1月1日至2025年12月31日，企业通过公益性社会组织或者县级（含县级）以上人民政府及其组成部门，用于目标脱贫地区的扶贫捐赠支出，准予在计算企业所得税应纳税所得额时据实扣除。

（8）借款费用。①企业在生产经营活动中发生的合理的不需要资本化的借款费用，准予扣除；②企业为购置、建造固定资产、无形资产和经过12个月以上的建造才能达到预定可销售状态的存货发生借款的，在有关资产购置、建造期间发生的合理的借款费用，应予以资本化，作为资本性支出计入有关资产的成本，有关资产交付使用后发生的借款利息，可在发生当期扣除；③企业通过发行债券、取得贷款、吸收保户储金等方式融资而发生的合理的费用支出，符合资本化条件的，应计入相关资产成本，不符合资本化条件的，应作为财务费用，准予在企业所得税前据实扣除。

（9）汇兑损失。企业在货币交易中，以及纳税年度终了时将人民币以外的货币性资产、负债按照期末即期人民币汇率中间价折算为人民币时产生的汇兑损失，除已经计入有关资产成本以及与向所有者进行利润分配相关的部分外，准予扣除。

（10）环境保护专项资金。企业依照法律、行政法规有关规定提取的用于环境保护、生态恢复等方面的专项资金，准予扣除；上述专项资金提取后改变用途的，不得扣除。

（11）租赁费。以经营租赁方式租入固定资产发生的租赁费支出，按照租赁期限均匀扣除；以融资租赁方式租入固定资产发生的租赁费支出，按照规定构成融资租入固定资产价值的部分应当提取折旧费用，分期扣除。

（12）劳动保护费。企业发生的合理的劳动保护支出，准予扣除。自2011年7月1日起，企业根据其工作性质和特点，由企业统一制作并要求员工工作时统一着装所发生的工作服饰费用，可以作为企业合理的支出给予税前扣除。

（13）有关资产的费用。企业转让各类固定资产发生的费用，允许扣除。企业按规定计算的固定资产折旧费、无形资产和递延资产的摊销费用，准予扣除。

（14）总机构分摊的费用。非居民企业在中国境内设立的机构、场所，就其中国境外总机构发生的与该机构、场所生产经营有关的费用，能够提供总机构出具的费用汇集范围、定额、分配依据和方法等证明文件并合理分摊的,准予扣除。

(15) 手续费及佣金支出。

【提示】①2019 年 1 月 1 日起,保险企业发生与其经营活动有关的手续费及佣金支出,不超过当年全部保费收入扣除退保金等后余额的 18%(含本数)的部分,在计算应纳税所得额时准予扣除;超过部分,允许结转以后年度扣除。②其他企业按与具有合法经营资格的中介服务机构或个人(不含交易双方及其雇员、代理人和代表人等)所签订服务协议或合同确认的收入金额的 5% 计算限额。③从事代理服务、主营业务收入为手续费、佣金的企业(如证券、期货、保险代理等企业),其为取得该类收入而实际发生的营业成本(包括手续费及佣金支出),准予在企业所得税前据实扣除。

(16) 资产损失。企业当期发生的固定资产和流动资产盘亏、毁损净损失,由其提供清查盘存资料经主管税务机关审核后,准予扣除。

(17) 国有企业(包括国有独资、全资和国有资本绝对控股、相对控股企业)纳入管理费用的党组织工作经费,实际支出不超过职工年度工资薪金总额 1% 的部分,可依据实在企业所得税前扣除。非公有制企业党组织工作经费纳入企业管理费支出,不超过职工年度工资薪金总额 1% 的部分,可以据实在企业所得税前扣除。

(18) 其他项目。依照有关法律、行政法规和国家有关税法规定准予扣除的其他项目,例如会员费、合理的会议费、差旅费、违约金、诉讼费用等。

【例 5 - 26】(单选题)某超市 2023 年实发工资总额为 1 000 万元,发生职工教育经费支出 90 万元;2024 年实发工资总额 1 200 万元,发生职工教育经费支出 28 万元,根据企业所得税法律制度的规定,该超市在计算 2024 年应纳税所得额时,准予扣除的职工教育经费支出为( )万元。

A. 25 B. 28
C. 38 D. 32

【答案】C

【解析】2023 年职工教育经费支出税前扣除限额 = 1 000 × 8% = 80(万元),实际发生支出 90 万元,故 2023 年度准予扣除的职工教育经费为 80 万元,剩余的 10 万元准予结转以后年度扣除;2024 年职工教育经费支出税前扣除限额 = 1 200 × 8% = 96(万元),实际发生支出 28 万元,故 28 万元准予在 2024 年度税前全额扣除,而 2023 年结转的 10 万元也可以在限额 96 万元内扣除。因此,2024 年度准予扣除的职工教育经费为 38 万元,选项 C 正确。

【例 5 - 27】(单选题)居民企业甲公司是从事化妆品生产的企业,2024 年,甲公司的销售收入为 5 000 万元,当年发生的广告费和业务宣传费支出为 800 万元,根据企业所得税法律制度,在计算甲公司 2024 年企业所得税应纳税所得额时,准予扣除的广告费和业务宣传费的数额为( )万元。

A. 0 B. 750
C. 800 D. 1 500

【答案】C

【解析】自 2021 年 1 月 1 日起至 2025 年 12 月 31 日止,对化妆品制造或销售、医药制造和饮料制造(不含酒类制造)企业发生的广告费和业务宣传费支出,不超过当年销售(营业)收入 30% 的部分,准予扣除;超过部分,准予在以后纳税年度结转扣除。扣除限额为:5 000 × 30% = 1 500(万元),发生的 800 万元支出小于 1 500 万元,准予全部扣除,因此选项 C 正确。

6. 不得扣除的项目。

(1) 向投资者支付的股息、红利等权益性投资收益款项。

(2) 企业所得税税款。

(3) 税收滞纳金。

(4) 罚金、罚款和被没收财物的损失。

(5) 非公益性的捐赠以及超过扣除标准的公益性捐赠。纳税人超出税法规定,用于公益性捐赠之外的范围以外的捐赠,以及超过扣除标准以外的捐赠,不得扣除。

(6) 赞助支出。

(7) 未经核定的准备金支出。

(8) 与取得收入无关的其他支出。

7. 应纳税额的计算公式。企业的应纳税所得额乘以适用税率,减除应减免的税额和允许抵免的税额后的余额,为企业所得税的应纳税所得额。其计算公式:

应纳税额 = 应纳税所得额 × 适用税率 - 减免税额 - 允许抵免的税额

8. 来源于境外所得已纳税额的抵免。

(1) 企业取得的下列所得已在境外缴纳的所得税税额，可以从其当期应纳税额中抵免，抵免限额为该项所得依照《企业所得税法》规定计算的应纳税额；超过抵免限额的部分，可以在以后5个年度内，用每年度抵免限额抵免当年应抵税额后的余额进行抵补：①居民企业来源于中国境外的应税所得；②非居民企业在中国境内设立机构、场所，取得发生在中国境外但与该机构、场所有实际联系的应税所得。

【提示】自2017年7月1日起，企业可以选择按国（地区）别分别计算［即"分国（地区）不分项"］，或者不按国（地区）别汇总计算［即"不分国（地区）不分项"］其来源于境外的应纳税所得额，按照规定的税率，分别计算其可抵免境外所得税税额和抵免限额。上述方式一经选择，5年内不得改变。

(2) 居民企业从其直接或者间接控制的外国企业分得的来源于中国境外的股息、红利等权益性投资收益，外国企业在境外实际缴纳的所得税税额中属于该项所得负担的部分，可以作为该居民企业的可抵免境外所得税税额，在不超过抵免限额的范围内予以抵免。抵免限额为该项所得依照我国《企业所得税法》规定计算的应纳税额。

(四) 资产的税务处理

1. 固定资产的计税基础。外购的固定资产，以购买价款和支付的相关税费以及直接归属于使该资产达到预定用途发生的其他支出为计税依据。(1) 自行建造的规定资产，以竣工结算前发生的支出为计税基础。(2) 融资租入的固定资产，以租赁合同约定的付款总额和承租人在签订合同过程中发生的相关费用为计税基础，租赁合同未约定付款总额的，以该资产的公允价值和承租人在签订租赁合同过程中发生的相关费用为计税基础。(3) 盘盈的固定资产，以同类固定资产的重置完全价值为计税基础。(4) 通过捐赠、投资、非货币性资产交换、债务重组等方式取得的固定资产，以该资产的公允价值和支付的相关税费为计税基础。(5) 改建的固定资产，除已足额提取折旧的固定资产和租入的固定资产以外的其他固定资产，以改建过程中发生的改建支出增加计税基础。

【提示】下列固定资产不得计算折旧扣除：

(1) 房屋、建筑物以外未投入使用的固定资产；(2) 以经营租赁方式租入的固定资产；(3) 以融资租赁方式租出的固定资产；(4) 已足额提取折旧仍继续使用的固定资产；(5) 与经营活动无关的固定资产；(6) 单独估价作为固定资产入账的土地；(7) 其他不得计算折旧的固定资产。

企业应当自固定资产投入使用月份的次月起计算折旧；停止使用的固定资产，应当自停止使用月份的次月起停止计算折旧。企业应当根据固定资产的性质和使用情况，合理确定固定资产的预计净残值。固定资产的预计净残值一经确定，不得变更。固定资产按照直线法计算的折旧，准予扣除。

【例5-28】（单选题）依据企业所得税的相关规定，下列固定资产可以计提折扣的是（　　）。

A. 闲置未用的仓库和办公楼
B. 以经营租赁方式租入的生产设备
C. 单独估价作为固定资产入账的土地
D. 已提足折扣仍继续使用的运输工具

【答案】A

【解析】略。

【提示】除国务院财政、税务主管部门另有规定外，固定资产计算折旧的最低年限如下：房屋、建筑物，为20年；飞机、火车、轮船、机器、机械和其他生产设备，为10年；与生产经营活动有关的器具、工具、家具等，为5年；飞机、火车、轮船以外的运输工具，为4年；电子设备，为3年。

【提示】企业在2024年1月1日至2027年12月31日期间新购进的设备、器具，单位价值不超过500万元的，允许一次性计入当期成本费用在计算应纳税所得额时扣除，不再分年度计算折旧；单位价值超过500万元的，仍按相关规定执行。

2. 生产性生物资产。生产性生物资产是指企业为生产农产品、提供劳务或者出租等而持有的生物资产，包括经济林、薪炭林、产畜和役畜等。

外购的生产性生物资产，以购买价款和支付的相关税费为计税基础；通过捐赠、投资、非货币性资产交换、债务重组等方式取得的生产性生物资产，以该资产的公允价值和支付的相关税费为计税基础。

【提示】生产性生物资产计算折旧的最低年限如下：林木类生产性生物资产，为 10 年；畜类生产性生物资产，为 3 年。

3. 无形资产的摊销。无形资产是指企业为生产产品、提供劳务、出租或者经营管理而持有的、没有实物形态的非货币性长期资产，包括专利权、商标权、著作权、土地使用权、非专利技术、商誉等。除税法不允许税前扣除的无形资产摊销费外，其余摊销费均可在税前扣除。

下列无形资产不得计算摊销费用扣除：（1）自行开发的支出已在计算应纳税所得额时扣除的无形资产；（2）自创商誉；（3）与经营活动无关的无形资产；（4）其他不得计算摊销费用扣除的无形资产。

【提示】无形资产的摊销年限不得低于 10 年。

4. 长期待摊费用。长期待摊费用是指不能全部计入当年损益，应当在以后年度内分期摊销的各项费用。企业发生的下列支出，作为长期待摊费用，按照规定进行摊销，并在计算应纳税所得额时扣除：（1）已足额提取折旧的固定资产的改建支出；（2）租入固定资产的改建支出；（3）固定资产的大修理支出；（4）其他应当作为长期待摊费用的支出。

5. 投资资产。投资资产是指企业对外进行权益性投资和债权性投资形成的资产。企业在转让或者处置投资资产时，投资资产的成本准予扣除。投资资产按照以下方法确定成本：通过支付现金方式取得的投资资产，以购买价款为成本；通过支付现金以外的方式取得的投资资产，以该资产的公允价值和支付的相关税费为成本。企业对外投资期间，投资资产的成本在计算应纳税所得额时不得扣除。

6. 存货。存货是指企业持有以备出售的产品或者商品、处在生产过程中的在产品、在生产过程或提供劳务过程中耗用的材料和物料等。企业使用或者销售存货，按照规定计算的存货成本，可以在计算应纳税所得额时扣除。

7. 资产损失。资产损失是指企业在生产经营活动中实际发生的、与取得应税收入有关的资产损失，包括现金损失，存款损失，坏账损失，贷款损失，股权投资损失，固定资产和存货的盘亏、毁损、报废、被盗损失，自然灾害等不可抗力因素造成的损失以及其他损失。企业发生上述资产损失，应在按税法规定实际确认或者实际发生的当年申报扣除，不得提前或延后扣除。

【例 5－29】（单选题）在计算企业所得税应纳税所得额时，下列关于确定无形资产计税基础的表述中，不符合企业所得税法律制度规定的是（　　）。

A. 外购的无形资产，以该资产的公允价值和支付的相关税费为计税基础

B. 通过捐赠方式取得的无形资产，以该资产的公允价值和支付的相关税费为计税基础

C. 自行开发的无形资产，以开发过程中该资产符合资本化条件后至达到预定用途前发生的支出为计税依据

D. 通过债务重组方式取得的无形资产，以该资产的公允价值和支付的相关税费为计税基础

【答案】A

【解析】外购的无形资产，以购买价款和支付的相关税费以及直接归属于使该资产达到预定用途发生的其他支出为计税基础。选项 A 不符合规定。

（五）税收优惠

1. 免税收入。

（1）企业的下列收入为免税收入：①国债利息收入；②符合条件的居民企业之间的股息、红利等权益性投资收益；③在中国境内设立机构、场所的非居民企业从居民企业取得与该机构、场所有实际联系的股息、红利等权益性投资收益；④符合条件的非营利组织的收入。

【提示】前述股息、红利等权益性投资收益，不包括连续持有居民企业公开发行并上市流通的股票不足 12 个月取得的投资收益。

（2）非营利组织的下列收入为免税收入：①接受其他单位或者个人捐赠的收入；②除《企业所得税法》第七条规定的财政拨款以外的其他政府补助收入，但不包括因政府购买服务取得的收入；③按照省级以上民政、财政部门规定收取的会费；④不征税收入和免税收入孳生的银行存款利息收入；⑤财政部、国家税务总局规定的其他收入。

2. 税款的免征、减征。企业的下列所得，可以免征、减征企业所得税：

(1) 从事农、林、牧、渔业项目的所得。

(2) 从事国家重点扶持的公共基础设施项目投资经营的所得。

【提示】2027年12月31日前，对饮水工程运营管理单位从事《公共基础设施项目企业所得税优惠目录》规定的饮水工程新建项目投资经营的所得，自项目取得第一笔生产经营收入所属纳税年度起，第1年至第3年免征企业所得税，第4年至第6年减半征收企业所得税。

(3) 从事符合条件的环境保护、节能节水项目的所得。

(4) 符合条件的技术转让所得。

(5) 依法成立且符合条件的集成电路设计企业和软件企业，在2018年12月31日前自获利年度起计算优惠期，第1年至第2年免征企业所得税，第3年至第5年按照25%的法定税率减半征收企业所得税。

(6) 2019年1月1日至2023年12月31日，经营性文化事业单位转制为企业，自转制注册之日起5年内免征企业所得税。2018年12月31日之前已完成转制的企业，自2019年1月1日起可继续免征5年企业所得税。经营性文化事业单位是指从事新闻出版、广播影视和文化艺术的事业单位。

(7) 对企业取得的2012年及以后年度发行的地方政府债券利息收入，免征企业所得税。

【提示】自2018年11月7日起至2021年11月6日止，对境外机构投资境内债券市场取得的债券利息收入暂免征收企业所得税。暂免征收企业所得税的范围不包括境外机构在境内设立的机构、场所取得的与该机构、场所有实际联系的债券利息。此税收政策延续至2025年12月31日止。

对企业投资者持有2019—2023年发行的铁路债券取得的利息收入，减半征收企业所得税。对企业投资者持有2024—2027年发行的铁路债券取得的利息收入，减半征收企业所得税。

3. 降低税率。

(1) 符合条件的小型微利企业，减按20%的税率征收企业所得税。小型微利企业是指从事国家非限制和禁止行业，且同时符合年度应纳税所得额不超过300万元、从业人数不超过300人、资产总额不超过5000万元三个条件的企业。自2023年1月1日至2024年12月31日，对小型微利企业年应纳税所得额不超过100万元的部分，减按25%计入应纳税所得额，按20%的税率缴纳企业所得税，该政策延续执行至2027年12月31日。；对年应纳税所得额超过100万元但不超过300万元的部分，自2022年1月1日至2024年12月31日，减按25%计入应纳税所得额，按20%的税率缴纳企业所得税。

(2) 国家需要重点扶持的高新技术企业，减按15%的税率征收企业所得税。

【提示】自2018年1月1日起，对经认定的技术先进型服务企业（服务贸易类），减按15%的税率征收企业所得税。

(3) 非居民企业在中国境内未设立机构、场所但取得来源于中国境内的所得，或者虽设立机构、场所但取得的与其所设机构、场所没有实际联系的所得，减按10%的税率征收企业所得税。

(4) 2020年1月1日起，国家鼓励的集成电路设计、装备、材料、封装、测试企业和软件企业，自获利年度起，第一年至第二年免征企业所得税，第三年至第五年按照25%的法定税率减半征收企业所得税；国家鼓励的重点集成电路设计企业和软件企业，自获利年度起，第一年至第五年免征企业所得税，接续年度减按10%的税率征收企业所得税。

(5) 2019年1月1日至2023年12月31日，经营性文化事业单位转制为企业，自转制注册之日起五年内免征企业所得税。2018年12月31日之前已完成转制的企业，自2019年1月1日起可继续免征五年企业所得税。上述规定的税收优惠政策执行至2027年12月31日。企业在2027年12月31日享受该税收政策不满5年的，可继续享受至5年期满为止。

4. 加计扣除支出、减计收入。

(1) 加计扣除支出。①研究开发费用。企业开展研发活动中实际发生的研发费用，未形成无形资产计入当期损益的，在按规定据实扣除的基础上，自2023年1月1日起，再按照实际发生额的100%在税前加计扣除；形成无形资产的，自2023年1月1日起，按照无形资产成本的200%在税前摊销。对企业出资给非营利性科学技术研究开发机构、高等学校和政府性自然科学基金用于基础研究的支出，在计算应纳税所得额时可按实际发生额在税前扣除，并可按100%在税前加计扣除。相应的，对非营利性科研机构、高等学校接收企业、个人和其他组织机构基础研究资金收入，免征企业所得税。集成电路企业和工业母机企业开展研发活动中实际发生的研发费用，未形成无形资产计入当期损益的，在按规定据实扣除的基础上，在2023年1月1日至2027年12月31日期间，再按照实际发生额的120%在税前扣除；形成无形资产的，在上述期间按照无形资产成本的220%在税前摊销。

②企业安置残疾人员及国家鼓励安置的其他就业人员所支付的工资。企业安置残疾人员的，在按照支付给残疾职工工资据实扣除的基础上，按照支付给残疾职工工资的100%加计扣除。

（2）减计收入。企业综合利用资源，生产符合国家产业政策规定的产品所取的收入，可以在计算应纳税所得额时减计收入。综合利用资源是指企业以《资源综合利用企业所得税优惠目录》规定的资源作为主要原材料，生产国家非限制和禁止并符合国家和行业相关标准的产品取得的收入，减按90%计入收入总额。另外，自2019年6月1日起至2025年12月31日，社区提供养老、托育、家政等服务的机构，提供社区养老、托育、家政服务取得的收入，在计算应纳税所得额时，减按90%计入收入总额。

5. 抵扣应纳税所得额。创业投资企业采取股权投资方式投资于未上市的中小高新技术企业2年以上的，可以按照其投资额的70%在股权持有满2年的当年抵扣该创业投资企业的应纳税所得额；当年不足抵扣的，可以在以后纳税年度结转抵扣。

6. 缩短折旧年限或加速固定资产折旧。企业的固定资产由于技术进步等原因，确需加速折旧的，可以缩短折旧年限或者采取加速折旧的方法。

【提示】采取缩短折旧年限方法的，最低折旧年限不得低于税法规定折旧年限的60%；采取加速折旧方法的，可以采取双倍余额递减法或者年数总和法。

7. 税额抵免。企业购置并实际使用《环境保护专用设备企业所得税优惠目录》《节能节水专用设备企业所得税优惠目录》和《安全生产专用设备企业所得税优惠目录》规定的环境保护、节能节水、安全生产等专用设备的，该专用设备的投资额的10%可以从企业当年应纳税额中抵免；当年不足抵免的，可以在以后5个纳税年度结转抵免。

【提示】企业在2024年1月1日至2027年12月31日期间发生的专用设备数字化、智能化改造投入，不超过该专用设备购置时原计税基础50%的部分，可按照10%比例抵免企业当年应纳税额。企业当年应纳税额不足抵免的，可以向以后年度结转，但结转年限最长不得超过5年。

8. 债券利息减免税。

（1）对企业取得的2012年及以后年度发行的地方政府债券利息收入，免征企业所得税。

（2）自2018年11月7日起至2021年11月6日止，对境外机构投资境内债券市场取得的债券利息收入暂免征收企业所得税。暂免征收企业所得税的范围不包括境外机构在境内设立的机构、场所取得的与该机构、场所有实际联系的债券利息。该政策延续至2025年12月31日。

（3）对企业投资者持有2024～2027年发行的铁路债券取得的利息收入，减半征收企业所得税。

9. 专项优惠政策。根据国民经济和社会发展的需要，或者由于突发事件等原因对企业经营活动产生重大影响的，国务院可以制定企业所得税专项优惠政策，报全国人民代表大会常委会备案。

【例5-30】（多选题）下列行业的企业发生的研究开发费用，不适用企业所得税税前加计扣除政策的有（　　）。

A. 房地产业

B. 烟草制造业

C. 娱乐业

D. 生物药品制造业

E. 租赁和商务服务业

【答案】ABCE

【解析】按照规定，下列行业不适用税前加计扣除政策：烟草制造业；住宿和餐饮业；批发和零售业；房地产业；租赁和商务服务业；娱乐业；财政部和国家税务总局规定的其他行业。

（六）征收管理

除税收法律、行政法规另有规定外，居民

企业以企业登记注册地为纳税地点，但登记注册地在境外的，以实际管理机构所在地为纳税地点。居民企业在中国境内设立不具有法人资格的营业机构的，应当汇总计算并缴纳企业所得税。

【提示】除国务院另有规定外，企业之间不得合并缴纳企业所得税。

企业所得税按纳税年度计算。纳税年度自公历1月1日起至12月31日止。企业在一个纳税年度中间开业，或者终止经营活动，使该纳税年度的实际经营期不足12个月的，应当以其实际经营期为一个纳税年度。企业依法清算时，应当以清算期间作为一个纳税年度。企业所得税分月或者分季预缴。企业应当自月份或者季度终了之日起15日内，向税务机关报送预缴企业所得税纳税申报表，预缴税款。企业应当自年度终了之日起5个月内，向税务机关报送年度企业所得税纳税申报表，并汇算清缴，结清应缴应退税款。企业在报送企业所得税纳税申报表时，应当按照规定附送财务报告和其他有关资料。企业在年度中间终止经营活动的，应当自实际经营终止之日起60日内，向税务机关办理当期企业所得税汇算清缴。企业应当在办理注销登记前就其清算所得向税务机关申报并依法缴纳企业所得税。

【例5-31】（单选题）根据《企业所得税法》规定，企业应当自年度终了之日起（　　），向税务机关报送年度企业所得税申报表，并汇算清缴税款。

A. 15日内　　　　B. 60日内
C. 5个月内　　　D. 6个月内

【答案】C

【解析】根据规定，企业应当自年度终了之日起5个月内，向税务机关报送年度企业所得税申报表，并汇算清缴税款，故本题正确答案为选项C。

精选练习题

一、单项选择题

1. 2024年6月10日，甲公司与乙公司签订了空调买卖合同，双方约定总价款为3 000万元。6月20日，甲公司就3 000万元货款全额开具了增值税专用发票，6月21日，甲公司收到乙公司第一笔货款1 000万元，7月7日，甲公司收到乙公司第二笔货款2 000万元。根据增值税法律制度的规定，甲公司增值税纳税义务发生时间为（　　）。

A. 6月10日　　B. 6月20日
C. 6月21日　　D. 7月7日

2. 根据增值税法律制度的规定，纳税人提供的下列应税服务，适用增值税零税率的是（　　）。

A. 国际运输服务
B. 在境外提供的旅游服务
C. 存储地点在境外的仓储服务
D. 标的物在境外使用的有形动产租赁服务

3. 甲公司为增值税一般纳税人，2023年7月，甲公司将一套机器设备出租给乙公司，收取了不含税租金9万元。甲公司该笔收入的销项税额为（　　）万元。

A. 1.19　　　　B. 0.42
C. 1.17　　　　D. 1.21

4. 电信企业是一般纳税人，增值电信服务不含税销售额500万，基础电信服务不含税销售额为1 000万元，该企业应缴纳增值税额为（　　）万元。

A. 90　　　　　B. 115
C. 120　　　　D. 165

5. 下列涉税的货物中，属于消费税征税范围的是（　　）

A. 出国人员免税商店销售的金银首饰
B. 鞭炮加工厂销售田径比赛用发令纸
C. 批发商批发销售的雪茄烟
D. 汽车修理厂修车时更换的轮胎

6. 纳税人用委托加工收回的应税消费品连续生产应税消费品，在计算纳税时，其委托加工应税消费品的已纳消费税税款应按下列办法处理（　　）

A. 该已纳税款不得扣除
B. 该已纳税款当期可全部扣除
C. 该已纳税款当期可扣除50%
D. 可对收回的委托加工应税消费品当期动用部分的已纳税款予以扣除

7. 下列行为中，不得从销项税额中抵扣进项税额的是（　　）。

A. 将外购的货物用于本单位集体福利
B. 将外购的货物无偿赠送给其他人
C. 将外购的货物分配给股东和投资者

D. 将外购的货物作为投资提供给其他单位

8. 个人出租住房,应按照（ ）计算应纳税额

A. 5%的征收率减按1.5%
B. 10%的征收率减按1.5%
C. 5%的征收率减半
D. 10%的征收率减半

9. 2024年,某企业通过市政府向灾区捐款500万元,直接向受灾小学捐款20万元,两笔捐款均在营业外支出中列支。该企业当年的利润总额为3 000万元。假设不考虑其他纳税调整事项,则该企业2024年度应纳税所得额为（ ）万元。

A. 3 000   B. 3 020
C. 3 160   D. 3 520

10. 某企业2024年实发工资总额为1 000万元,发生职工教育经费支出100万元,根据企业所得税法律制度的规定,该企业在计算本年度应纳税所得额时,准予扣除的职工教育经费支出为（ ）万元。

A. 100   B. 80
C. 25   D. 75

二、多项选择题

1. 增值税的计税依据销售额中,价外费用包含的项目有（ ）。

A. 增值税款
B. 包装物租金
C. 包装费、装卸费
D. 委托加工应税消费品代收代缴的消费税
E. 向购买方收取的代办买方缴纳的车辆购置税、车辆牌照税

2. 下列行为中,涉及的进项税额不得从销项税额中抵扣的有（ ）。

A. 外购货物因意外灾害损失
B. 将专门购进货物一批用于本单位集体福利
C. 将外购的货物用于交换生产所需材料
D. 将上年委托加工收回的材料用于偿还债务
E. 购进的旅客运输服务、贷款服务、餐饮服务、居民日常服务和娱乐服务

3. 根据"营改增"的规定,下列适用6%的增值税税率的有（ ）。

A. 装卸搬运服务
B. 有形动产租赁服务
C. 基础电信服务
D. 交通运输服务
E. 增值电信服务

4. 根据增值税法律制度的规定,下列关于增值税纳税义务发生时间的表述中,正确的有（ ）。

A. 进口货物,为报关进口的当天
B. 采取直接收款方式销售货物的,为货物发出的当天
C. 委托他人销售货物的,为受托方售出货物的当天
D. 将委托加工的货物无偿赠送他人的,为货物移送的当天
E. 采取分期收款方式销售货物的,为货物发出的当天

5. 下列各项中,属于消费税征收范围的有（ ）

A. 4S店销售普通小轿车
B. 木地板厂销售自产的实木地板
C. 百货公司销售的高档化妆品
D. 烟草公司销售自产的烟丝
E. 化妆品厂销售普通护肤品

6. 根据企业所得税法律制度的规定,企业取得的下列收入中,属于不征税收入的有（ ）。

A. 财政拨款
B. 国债利息收入
C. 符合条件的居民企业之间的股息、红利等权益性投资收益
D. 依法收取并纳入财政管理的政府性基金
E. 依法收取并纳入财政管理的行政事业性收费、政府性基金

7. 根据《企业所得税法》的规定,下列项目不得扣除的有（ ）。

A. 税收滞纳金
B. 罚金、罚款
C. 违约金
D. 赞助支出
E. 企业所得税税款

8. 下列选项中,既适用比例税率又适用定额税率的是（ ）。

A. 白酒
B. 小汽车

C. 啤酒

D. 雪茄烟

E. 甲类卷烟

9. 企业缴纳的下列保险金可以在税前直接扣除的有（　　）。

A. 为特殊工种的职工支付的人身安全保险费

B. 为职工缴纳的商业保险费

C. 为职工缴纳的失业保险费

D. 为企业厂房的保险费用支出

E. 按照规定的比例，为企业员工缴纳的补充养老保险费

10. 企业所得税的纳税义务人有（　　）。

A. 合伙企业

B. 个人独资企业

C. 股份有限公司

D. 外商投资企业

E. 国有企业

三、综合题

某市区企业为增值税一般纳税人。2024年实现会计利润320万元，自行向税务机关申报的应纳税所得额也是320万元。经某注册会计师进行年终核查，发现与应纳税所得额有关的业务内容如下：

（1）2024年5月销售产品取得价外收入58.5万元，并开具了普通发票。企业将这笔收入直接计入"应付福利费"中。经核定该产品的增值税税率是13%。

（2）2024年10月，列支了新产品研究开发费用50万元，尚未形成无形资产。

（3）向关联企业支付管理费60万元。

（4）为庆祝某商场成立赞助10万元。

（5）向某基金会支付公益性捐赠款30万元。

1. 该企业销售产品取得价外收入，应补缴的增值税为（　　）。

A. 6.62万元　　B. 7.605万元

C. 6.73万元　　D. 8.59万元

2. 该企业销售产品取得价外收入，应补缴的城市维护建设税和教育费附加合计为（　　）。

A. 0.87万元　　B. 0.76万元

C. 0.67万元　　D. 0.86万元

3. 该企业列支的各项费用中，可以在计算应纳税所得额时扣除的有（　　）。

A. 新产品研究开发费用

B. 向关联企业支付的管理费

C. 为庆祝某商场成立支付的赞助费

D. 向某基金会支付公益性捐赠款

4. 根据企业所得税法律制度的规定，该企业当年在计算应纳税所得额时允许扣除的新产品研究开发费用为（　　）。

A. 25万元　　B. 50万元

C. 87.5万元　　D. 100万元

5. 根据企业所得税法律制度的规定，该企业当年在计算应纳税所得额时允许扣除的公益性捐赠额为（　　）。

A. 9.6万元　　B. 38.4万元

C. 30万元　　D. 115.2万元

精选练习题参考答案及解析

一、单项选择题

1. 【答案】B

【解析】销售货物或者提供应税劳务的，其增值税纳税义务发生时间为收讫销售款或者取得销售款凭据的当天；先开具发票的，为开具发票的当天。6月20日开具发票选项B正确。

2. 【答案】A

【解析】选项B、C、D均属于免税收入，选项A属于零税率。

3. 【答案】C

【解析】将机器设备出租属于提供有形动产租赁服务，自2019年4月1日起适用增值税税率为13%。甲公司该笔收入的销项税额＝9×13%＝1.17（万元）。

4. 【答案】C

【解析】根据规定，纳税人提供基础电信服务的税率为9%，增值电信服务的税率为6%，故本题应纳增值税额＝500×6%＋1 000×9%＝120（万元）。

5. 【答案】A

【解析】对出国人员免税店销售的金银首饰征收消费税。选项C中的雪茄烟在生产环节征收消费税。

6. 【答案】D

【解析】根据规定，委托加工收回应税消费品连续生产应税消费品可对收回的委托加工应税消费品当期动用部分的已纳税款予以扣除。

7.【答案】A

【解析】根据规定，用于集体福利的购进货物的进项税额不得从销项税额中抵扣。

8.【答案】A

【解析】个人出租住房，应按照5%的征收率减按1.5%计算应纳税额。

9.【答案】C

【解析】（1）企业通过市政府向灾区捐款500万元，属于公益性捐赠支出，在年度利润总额12%以内的部分，准予在计算应纳税所得额时扣除，该笔捐赠的税前扣除限额＝3 000×12%＝360（万元），实际捐赠额为500万元，超过抵扣限额，故调增140万元；（2）直接向受灾小学的捐款20万元不得在税前扣除，应调增20万元；（3）该企业2024年度应纳税所得额＝3 000＋140＋20＝3 160（万元）。

10.【答案】B

【解析】《企业所得税法》规定：企业发生的职工福利费、工会经费、职工教育经费分别按不超过工资薪金总额的14%、2%、8%扣除。未超过标准的按实际数扣除，超过标准的只能按标准扣除。2024年准予扣除的职工教育经费支出限额＝1 000×8%＝80（万元），2024年只能扣除80万元，剩余的20万元结转到以后年度扣除。

二、多项选择题

1.【答案】BC

【解析】增值税应税销售额中的价外费用是指在价外向购买方收取的手续费、补贴、基金、集资费、返还利润、奖励费、违约金、延期付款利息、包装费、包装物租金、储备费、优质费、运输装卸费以及其他各种性质的价外收费，但不包括税法规定的代垫运费、增值税、委托加工应税消费品代收代缴的消费税以及向购买方收取的代办买方缴纳的车辆购置税、车辆牌照税。故选项B、C正确。

2.【答案】ABE

【解析】根据《增值税法》规定，用于非应税项目、免税项目、集体福利或者个人消费的购进货物或者应税劳务的进项税额不得抵扣；非正常损失的不得抵扣，故选项A、B、E的进项税额不得从销项税额中抵扣。选项C、D是视同销售行为，相应的进项税额是可以正常抵扣的。

3.【答案】AE

【解析】装卸搬运服务属于现代服务业中的物流辅助服务，适用6%的增值税税率，故选项A正确；有形动产租赁服务属于特殊的现代服务业，适用13%的增值税税率，故选项B错误；基础电信服务适用9%的增值税税率，故选项C错误；交通运输业适用9%的增值税税率，故选项D错误；纳税人提供的增值电信服务的增值税税率为6%，选项E正确。

4.【答案】AD

【解析】选项B，采取直接收款方式销售货物，不论货物是否发出，均为收到销售额或取得索取销售额的凭证，并将提货单交给买方的当天；选项C，委托其他纳税人代销货物，为收到代销单位的代销清单或者收到全部或者部分货款的当天，未收到代销清单及货款的，为发出代销货物满180天的当天；选项E，采用分期收款方式销售货物，为书面合同约定的收款日期的当天，无书面合同的或者书面合同没有约定收款日期的，为货物发出的当天。

5.【答案】BD

【解析】本题考察消费税的征收范围。4S店销售普通小轿车、百货公司销售的高档化妆品，均不是在生产环节，不属于消费税的征收范围。普通护肤品不属于消费税的征收范围。

6.【答案】ADE

【解析】企业所得税中的不征税收入包括：（1）财政拨款；（2）依法收取并纳入财政管理的行政事业性收费、政府性基金；（3）企业取得的由国务院财政、税务主管部门规定专项用途并经国务院批准的财政性资金，故A、D、E选项正确；选项B、C属于免税收入。

7.【答案】ABDE

【解析】根据规定，在计算企业所得税时，下列项目不得抵扣：（1）向投资者支付的股息、红利等权益性投资收益款项；（2）企业所得税税款；（3）税收滞纳金；（4）罚金、罚款和被没收财物的损失；（5）非公益性的捐赠以及超过扣除标准的公益性捐赠。纳税人超出税法规定，用于公益性捐赠之外的范围以外的捐赠，以及超过扣除标准以外的捐赠，不得扣除；（6）赞助支出；（7）未经核定的准备金支出；（8）与取得收入无关的其他支出。

8.【答案】AE

【解析】根据规定，既适用比例税率又适用定额税率的是有甲类卷烟、乙类卷烟、白酒，所以选项A、E正确。

9.【答案】ACDE

【解析】本题考核社会保险费的税前扣除。选项B，企业为投资者或者职工支付的商业保险费，不得扣除。

10.【答案】CDE

【解析】除个人独资企业、合伙企业不适用《企业所得税法》外，凡在中华人民共和国境内，企业和其他取得收入的组织（以下统称企业）为企业所得税的纳税人，依照《企业所得税法》的规定缴纳企业所得税。

三、综合题

1.【答案】C

【解析】该企业销售产品取得价外收入，应补缴的增值税 = 58.5 ÷ (1 + 13%) × 13% = 6.73（万元）。

2.【答案】C

【解析】该企业为市区企业，城市维护建设税适用税率为7%，该企业销售产品取得价外收入，应补缴的城市维护建设税和教育费附加合计为 58.5 ÷ (1 + 13%) × 13% × (7% + 3%) = 0.67（万元）。

3.【答案】AD

【解析】该企业列支的各项费用中，赞助支出为不得扣除的项目，企业之间支付的管理费不得在税前扣除，因此本题可以在计算应纳税所得额时扣除的有新产品研究开发费用和向某基金会支付公益性捐赠款。

4.【答案】D

【解析】根据财政部、税务总局2023年第7号，未形成无形资产的研发费用，在据实扣除后，可再按100%比例加计扣除。该企业列支了新产品研究开发费用50万元，尚未形成无形资产，因此当年在计算应纳税所得额时允许扣除的新产品研究开发费用为 50 × (1 + 100%) = 100（万元）。

5.【答案】C

【解析】根据企业所得税法律制度的规定，该企业当年在计算应纳税所得额时允许扣除的公益性捐赠限额为利润的12%，会计利润为320万元，允许扣除的公益性捐赠额为38.4万元，当年公益性捐赠款30万元，因此，答案是C（小于捐赠限额）。

2025年资产评估师职业资格全国统一考试
《资产评估相关知识》全真模拟试题（一）

一、单项选择题（共60题，每题1分，共60分。每题的备选项中，只有一个最符合题意）

1. 甲公司属于手机加工行业的中游产业，负责手机零部件生产加工。2×24年，供应链上游特种钢片生产商乙公司拖欠甲公司原材料，导致甲公司未能按时完成供应链下游手机销售商丙公司的订单，丙公司向甲公司提起仲裁，仲裁裁决甲公司需支付丙公司2 000万元违约金。至2×24年12月31日，甲公司尚未支付丙公司。同时，甲公司向乙公司提起诉讼，要求乙公司赔付3 000万元货款及违约金，法院终审判决支持甲公司主张。甲公司在按照会计政策计提坏账准备后，该笔债权账面价值为1 800万元。不考虑其他因素，下列各项关于甲公司针对上述交易会计处理的表述中，正确的是（   ）。
   A. 资产负债表中列报应收债权3 000万元和应付债务2 000万元
   B. 资产负债表中列报对丙公司的负债2 000万元，但不列示对乙公司的债券3 000万元
   C. 资产负债表中列报应收债权1 800万元和应付债务3 000万元
   D. 资产负债表中应收和应付项目抵消后，列示应付债务200万元

2. 金融资产在进行初始计量时，应将交易费用计入投资收益的金融资产是（   ）。
   A. 以公允价值计量且其变动计入当期损益的金融资产
   B. 以摊余成本计量的金融资产
   C. 以公允价值计量且其变动计入其他综合收益的金融资产
   D. 贷款和应收款项

3. 甲公司2×24年7月1日取得乙公司40%表决权股份，能够对乙公司实施重大影响，甲公司在进行投资时，除一项固定资产外，甲公司其余可辨认资产、负债的公允价值等于其账面价值。投资时该项固定资产公允价值5 000万元，账面价值4 000万元，预计使用年限10年，预计净残值为零。2×24年9月1日，甲公司将其成本为800万元的商品以1 200万元的价格出售给乙公司，乙公司作为存货核算。截至2×24年12月31日，乙公司已将该项存货对外出售30%。2×24年乙公司实现净利润8 000万元，其他综合收益增加300万元，假定不考虑其他因素，甲公司年末记录在"长期股权投资——损益调整"的金额为（   ）万元。
   A. 3 200   B. 3 132   C. 3 048   D. 3 068

4. 甲公司以下各项权益性投资中，应作为长期股权投资核算的是（   ）。
   A. 长期持有乙公司5%股权，至今已有10年
   B. 持有丙上市公司10%的股权，对丙公司不具有重大影响，准备随时出售
   C. 持有丁公司3%的股权，能够制定丁公司的财务政策
   D. 持有戊上市公司3 000万股股份，对戊上市公司不具有控制、共同控制或重大影响，该股份限售期为3年

5. 甲企业2×24年度营业收入2 000万元，营业成本1 600万元，管理费用40万元，销售费用

70万元，资产减值损失80万元，投资收益90万元，营业外收入30万元，营业外支出20万元，其他综合收益100万元，所得税费用65万元。假定不考虑其他因素，甲企业2×24年营业利润为（　　）万元。

　　A. 246　　　　　　B. 400　　　　　　C. 300　　　　　　D. 310

　　6. 甲公司于2×24年3月与所在地地方政府签订合作协议，根据协议约定当地政府向甲公司提供100万元奖励基金，用于公司的人才激励和人才引进奖励。甲公司必须按年向当地政府报送详细的资金使用计划，并按规定用途使用资金。根据甲公司的公司发展计划、股东大会及公司章程，可以确认甲公司满足地方政府的人才激励和人才引进奖励要求。甲公司于2×24年4月10日收到500万元补助资金，甲公司预计在2×24年12月、2×25年12月，给总裁级别高管发放50万元作为年度奖金。关于上述协议，下列说法正确的是（　　）。

　　A. 甲公司可以第一年按照总额法、第二年按照净额法对该笔政府补助进行会计处理
　　B. 甲公司应在2×24年4月10日确认100万元递延收益
　　C. 2×24年4月，甲公司应当将收到的补助资金先计入"其他应付款"科目
　　D. 甲公司发放高管奖金时，将高管奖金计入营业外收入

　　7. 2×24年3月1日，甲公司支付价款500万元从活跃市场上购入乙公司3年期公司债券，另支付交易费用10万元。该债券面值600万元，票面利率5%，实际利率8%，按年支付利息，本金最后一次支付。甲公司将该债券作为以摊余成本计量的金融资产核算，假定不考虑其他因素，2×24年12月31日该债券的账面价值为（　　）万元。

　　A. 564　　　　　　B. 540　　　　　　C. 510　　　　　　D. 492.6

　　8. 下列关于消费税的说法中，正确的是（　　）。

　　A. 委托加工的应税消费品，收回后直接用于销售的，所纳税款准予按规定抵扣，委托方应按代收代缴的消费税，计入应交税费
　　B. 委托加工的应税消费品收回后用于连续生产应税消费品的，委托方应将代扣代缴的消费税计入委托加工的应税消费品成本
　　C. 进口消费品，其交纳的消费税应计入该进口消费品的成本
　　D. 消费税实行价外征收，其应缴纳的消费税通过"税金及附加"科目核算

　　9. 甲公司2×23年7月开始研制一项新技术，2×24年9月研制成功，甲公司申请了专利技术。研究阶段发生相关费用1 500万元；开发过程发生工资薪酬费用600万元，材料费用300万元，其他相关费用60万元，并且开发阶段相关支出均符合资本化条件；申请专利时发生注册费等相关费用50万元。甲公司该项专利权的入账价值为（　　）万元。

　　A. 960　　　　　　B. 1 010　　　　　C. 2 610　　　　　D. 2 460

　　10. 甲公司本年度实现净利润800万元，甲公司按10%比例提取法定盈余公积、按5%比例提取任意盈余公积，同时根据股东大会决议，用500万元弥补以前年度亏损，其余全部用于分配股票股利200万股，每股面值0.7元。不必考虑其他因素，甲公司本年度实收资本增加额为（　　）万元。

　　A. 320　　　　　　B. 100　　　　　　C. 140　　　　　　D. 180

　　11. 甲有限责任公司由两位投资者投资200万元设立，每人各出资100万元。一年后，为扩大经营规模，经批准，甲公司注册资本增加到300万元，并引入第三位投资者加入。按照投资协议，新投资者需缴入现金120万元，同时享有该公司三分之一的股份。甲有限责任公司已收到该现金投资。假定不考虑其他因素，甲有限责任公司接受第三位投资者时应确认的资本公积为（　　）万元。

　　A. 120　　　　　　B. 20　　　　　　C. 300　　　　　　D. 100

　　12. 甲公司计划构建一个厂房，发生如下业务：①2×24年1月1日，向乙商业银行取得借款2 000万元，专门用于厂房的建造。期限为3年，年利率为6%，每年12月31日支付利息。②2×24年2月1日，向施工单位支付工程款800万元；11月1日向施工单位支付工程款800万元；其余款项放至银行，年利率为0.5%。③2×25年1月31日，厂房建造完毕，达到预定可使用状态，并向施

工单位支付剩余工程款 800 万元。借款不足部分以自由资金付清。甲公司 2×24 年工程资本化利息为（　　）万元。

　　A. 114.33　　　　B. 104.33　　　　C. 121　　　　D. 116.33

13. 甲公司 2×22 年 1 月 2 日，甲公司在公开市场购入一项股权投资，甲公司将其划分为以摊余成本计量的金融资产。2×24 年 12 月 31 日，因市场变化等原因，甲公司董事会重新决议，将该金融资产重新分类为以公允价值计量且其变动计入其他综合收益的金融资产。重分类日，该投资账面价值 1 500 万元，公允价值 1 650 万元，则二者的差额应（　　）。

　　A. 计入其他综合收益 150 万元

　　B. 计入投资收益 150 万元

　　C. 计入公允价值变动损益 150 万元

　　D. 不做会计处理，记录备查账簿，待资产负债表日，根据当日公允价值再进行处理

14. 甲公司为增值税一般纳税人，2×24 年发生的有关交易或事项如下：①销售产品确认收入 100 万元，结转成本 80 万元，当期应交纳的增值税为 13 万元，有关税金及附加为 2 万元；②持有的分类为以公允价值计量且其变动计入当期损益的金融资产当期市价下降 30 万元、以公允价值计量且其变动计入其他综合收益的金融资产当期市价上升 30 万元；③出售一项专利技术产生收益 500 万元；④计提无形资产减值准备 50 万元。不考虑其他因素，甲公司 2×24 年营业利润是（　　）万元。

　　A. -10　　　　B. 20　　　　C. 468　　　　D. 438

15. 甲公司适用的所得税税率为 25%。甲公司于 2×22 年末购入一台设备并投入公司管理部门使用，入账价值为 510 万元，预计使用年限为 10 年，预计净残值为 10 万元，采用年限平均法计提折旧。该固定资产在税法上与会计上的折旧年限和折旧方法相同。2×24 年初，由于技术进步等原因，公司将该设备的折旧方法改为双倍余额递减法，预计尚可使用年限为 8 年，净残值不变。甲公司在此之前对该设备未计提减值准备，会计上的折旧方法与折旧年限变更不影响税法上的折旧方法与折旧年限。则该项变更将导致 2×24 年度公司的净利润减少（　　）万元。

　　A. 60　　　　B. 55.25　　　　C. 46.88　　　　D. 50

16. 企业接受投资者的投资如果为外币资本，将外币资本折算为记账本位币时所采用的汇率是（　　）。

　　A. 资产负债表日汇率　　　　　　B. 交易日即期汇率
　　C. 期初汇率　　　　　　　　　　D. 合同约定汇率

17. 2×24 年 12 月 31 日，甲公司"材料采购"总账科目借方余额为 20 万元，"原材料"总账科目借方余额为 25 万元，"材料成本差异"总账科目贷方余额为 3 万元。不考虑其他因素，甲公司年末资产负债表中"存货"项目期末余额为（　　）万元。

　　A. 48　　　　B. 45　　　　C. 42　　　　D. 22

18. 甲公司 2×23 年 6 月 30 日以 500 万元取得乙上市公司 10% 的股权，对乙公司不具有重大影响，甲公司将其分类为以公允价值计量且其变动计入其他综合收益的金融资产；2×24 年 12 月 31 日，其公允价值为 650 万元，累计计入其他综合收益的金额为 150 万元。同日，甲公司以 4 000 万元从丙公司（与甲公司无关联关系）购买乙上市公司 55% 的股权。2×24 年 12 月 31 日，甲公司长期股权投资初始入账成本为（　　）万元。

　　A. 3 900　　　　B. 4 650　　　　C. 4 500　　　　D. 4 225

19. 下列关于租赁的说法中，不正确的是（　　）。

　　A. 一项合同要被分类为租赁，必须存在已识别资产

　　B. 租赁期包含续租选择权涵盖的期间

　　C. 资产的某部分产能与其他部分在物理上不可区分，则该部分必定不属于已识别资产

　　D. 合同中同时包含租赁和非租赁部分的，承租人和出租人可以将租赁和非租赁部分进行分拆

20. 企业盈余公积的用途很多，下列目的中，企业不能使用盈余公积达成的是（   ）。
   A. 弥补亏损   B. 发放职工福利
   C. 转增资本   D. 扩大生产经营

21. 甲公司本年度净利润为 2 500 万元，年初流通在外普通股 8 000 万股，7 月 1 日增发普通股 4 000 万股。优先股为 500 万股，优先股股息为每股 1 元。如果本年末普通股的每股市价为 12 元，甲公司的市盈率为（   ）倍。
   A. 40   B. 60   C. 56   D. 50

22. 下列投资组合中，可以最大程度抵消风险的是（   ）。
   A. X 和 Y 期望报酬率的相关系数是 0
   B. X 和 Y 期望报酬率的相关系数是 -1
   C. X 和 Y 期望报酬率的相关系数是 0.5
   D. X 和 Y 期望报酬率的相关系数是 1

23. 本年度甲公司的财务杠杆系数为 2.5，下一年甲公司计划息税前利润增长率为 10%，则预计下一年甲公司每股收益的增长率为（   ）。
   A. 10%   B. 15%   C. 20%   D. 25%

24. 假定某个投资者准备购买 A 公司的股票，且准备长期持有，要求达到 10% 的最低收益率。A 公司今年每股股利为 1 元，预计未来 3 年会以每年 12% 的速度增长，而后以 8% 的速度转入正常增长，则 A 公司股票的价值为（   ）元/股。
   A. 3.11   B. 57   C. 60.11   D. 67

25. 甲公司正在编制直接材料预算，预计单位产品材料销售量 10 千克，材料价格 40 元/千克，第一季度期初、期末材料存货分别为 600 千克和 550 千克；第一季度、第二季度产成品销量分别为 300 件和 250 件；期末产成品存货按下季度销量 10% 安排。预计第一季度材料采购金额是（   ）元。
   A. 120 000   B. 118 000   C. 116 000   D. 140 000

26. 杜邦分析法存在一定的局限性，下列不属于杜邦分析法的局限性的是（   ）。
   A. 杜邦分析法以净资产收益率为核心，该指标未能明确考虑公司的财务风险和经营风险
   B. 杜邦分析法忽略了现金流量表的信息
   C. 杜邦分析法不能揭示企业财务系统中各因素之间的相互关联
   D. 杜邦分析法侧重于短期财务结果，可能助长企业短期行为，忽略长期股东创造价值

27. 甲公司拟持有三种股票组成一个证券组合，三种股票的 β 系数分别是 1.5、1.2、0.6，其投资额分别为 100 万元、60 万元、40 万元。股票市场的平均收益率为 12%，无风险利率为 4%，则市场组合的必要收益率为（   ）。
   A. 5.84   B. 12.34%   C. 13.84%   D. 9.34%

28. 下列关于存货周转率的相关表述中，错误的是（   ）。
   A. 为计算上的配比，计算存货周转率时，应将营业收入中的销售毛利部分剔除
   B. 存货周转率越高，存货周转天数越短，说明存货周转的越快，变现能力越强，资金占用水平越低，存货运用效率越高，因此存货周转率越高越好
   C. 存货周转率是指企业一定时期内营业成本与存货平均余额的比例，其计算结果是企业全部存货在每一年周转的次数
   D. 存货计价方法对存货周转率的影响较大，因此比较不同企业存货周转率时是应注意采用的存货计价方法是否一致

29. 甲公司仅生产一种产品，该产品每个月的固定成本为 300 万元，销售单价为 1 万元，变动成本为 0.35 万元/件。按照市场预测，该产品每个月的销售量应为 500 件。本月该产品实际销售 480 件。甲公司采用指数平滑法预测下个月的利润，假设平滑指数为 0.6，则下个月的预计销售量为（   ）件。

A. 480　　　　　　B. 488　　　　　　C. 492　　　　　　D. 495

30. 某公司2×21年为普通股股东发放了每股0.8元的现金股利，2×21年底，有分析师预计未来2年股票会以18%的速度高速增长，而后以每年8%的速度转入正常增长。王先生于2×21年底以每股32元买入该股票，若王先生在2×24年底以40元每股将该股票全部出售，则该股票的内部收益率为（　　）。

A. 9.12%　　　　　B. 9.54%　　　　　C. 10.86%　　　　D. 11.67%

31. 某公司预计第一季度和第二季度产品销售量分别为140万和200万件，第一季度期末存货量14万件，预计期末存货量为下季度预计销售量的10%，则第一季度预计生产量为（　　）万件。

A. 154　　　　　　B. 146　　　　　　C. 134　　　　　　D. 160

32. 甲公司去年和今年的销售净利率分别是9%和11%，资产周转率分别是2和1.6，两年的资产负债率相同，则今年净资产收益率同比变动趋势是（　　）。

A. 上升　　　　　B. 下降　　　　　C. 不变　　　　　D. 无法确定

33. 根据证券市场线，下列说法正确的是（　　）。

A. 市场风险溢酬是证券市场线的因变量
B. 非系统性风险为证券市场线截距
C. 公司风险不能通过证券组合消除
D. 只有系统性风险才有资格要求补偿

34. 甲公司对于互斥方案一和方案二之间难以决策，已知两个方案资料如下，则甲公司应该选择的是（　　）。

方案一：期限6年，净现值2 400万元，必要报酬率10%；
方案二：期限8年，净现值3 200万元，必要报酬率10%。
已知（P/A，10%，6）=4.3553，（P/A，10%，8）=5.3349。

A. 方案一　　　　　　　　　　　　B. 方案二
C. 方案一和方案二都可以　　　　　D. 方案一和方案二都不行

35. 下列股利政策中，既能满足靠股利度日的部分股东的诉求，又能保证企业股利支付的灵活性的股利政策是（　　）。

A. 剩余股利政策　　　　　　　　　B. 固定股利支付率政策
C. 低正常股利加额外股利政策　　　D. 固定或稳定增长股利政策

36. 在设备更换不改变生产能力且新旧设备未来使用年限不同的情况下，固定资产更新决策应选择的方法是（　　）。

A. 动态回收期法　　　　　　　　　B. 净现值法
C. 年金成本法　　　　　　　　　　D. 内含报酬率法

37. 甲公司的一项投资组合中包含A、B和C三种股票，权重分别为10%、60%和30%，三种股票的预期收益率分别为8%、15%、20%。则该投资组合的预期收益率为（　　）。

A. 14.8%　　　　　B. 14.3%　　　　　C. 15.8%　　　　　D. 33%

38. 某企业生产A产品，近六个月产销量及成本水平如下所示。如果下个月预计产销量为950件，则采用高低点法预测，下个月的总成本应为（　　）元。

月份	1	2	3	4	5	6
产销量（件）	705	680	730	900	880	660
总成本（元）	85 000	75 000	86 000	94 500	95 000	80 000

A. 95 000　　　　　B. 96 251　　　　　C. 97 521　　　　　D. 102 000

39. 甲公司打算购入债券进行投资，拟购入债券的情况如下：某债券的发行期限为14年，已在市场流通2年，其债券面值为1 000元，票面利率8%，拟购入时市场利率为10%。则该债券对甲公司来说的内在价值为（　　）元。

已知（P/A,10%,14）= 7.3667；（P/F,10%,14）= 0.2633；（P/A,8%,14）= 8.2442；（P/F,8%,14）= 0.3405；（P/A,10%,12）= 6.8137；（P/F,10%,12）= 0.3186；（P/A,8%,12）= 7.5361；（P/F,8%,12）= 0.3971

A. 1 210.64　　　　B. 1 150.71　　　　C. 999.97　　　　D. 942.20

40. 如果某公司以所持有的其他公司的有价证券作为股利发放给本公司股东，则该股利支付方式属于（　　）。

　　A. 负债股利　　　　B. 现金股利　　　　C. 财产股利　　　　D. 股票股利

41. 市场主体应当将承诺书及注销登记申请通过国家企业信用信息公示系统公示，公示期为（　　）日。

　　A. 10　　　　B. 20　　　　C. 30　　　　D. 40

42. 甲纺织厂为一般纳税人，向乙商场销售商品 20 000 件，每件不含税价格为 10 元，甲纺织厂按原价 6 折优惠销售，乙商场付清货款后，甲纺织厂为乙商场分别开具了销售额发票和折扣额发票，则甲纺织厂此项业务的增值税销项税额是（　　）万元。

　　A. 2.6　　　　B. 1.56　　　　C. 2.4　　　　D. 1.78

43. 甲企业为有限合伙企业，张某于 2023 年 4 月 8 日入伙为有限合伙人，认缴出资额 30 万元，现已缴纳 20 万元。2023 年 3 月乙银行给甲企业的 1 年期贷款到期，经多次催款均无力偿还的情况下，针对该笔债务的下列表述正确的是（　　）。

　　A. 张某不承担责任

　　B. 张某以认缴的 30 万元为限承担责任

　　C. 张某与其他合伙人一样承担无限连带责任

　　D. 张某以其实缴的 20 万元为限承担责任

44. 根据《公司法》的规定，有限责任公司经理职权不包括（　　）。

　　A. 组织实施公司年度经营计划和投资方案

　　B. 制订公司的具体规章

　　C. 提请聘任或者解聘公司副经理、财务负责人

　　D. 执行股东会的决议

45. 下列货物中，其进项税额不得进行抵扣的是（　　）。

　　A. 发给本企业职工的自产产品所耗用的购进货物

　　B. 用于集体福利的购进货物

　　C. 分配给投资者的购进货物

　　D. 无偿赠送给某单位的购进货物

46. 甲将自己收藏的一幅名画卖给乙，乙当场付款，约定 5 天后取画。丙听说后，表示愿出比乙高的价格购买此画，甲当即决定卖给丙，约定第二天交货。乙得知此事，当晚诱使甲 8 岁的儿子从家中取出此画给自己。该画在由乙占有期间，被丁盗走。根据物权法律制度的规定，此时该名画的所有权属于（　　）。

　　A. 甲　　　　B. 乙　　　　C. 丙　　　　D. 丁

47. 增值税小规模纳税人标准为年应征增值税销售额（　　）万元及以下。

　　A. 300　　　　B. 400　　　　C. 500　　　　D. 600

48. 下列关于信托财产独立性的各项说法中，错误的是（　　）。

　　A. 信托财产与委托人未设立信托的其他财产相区别

　　B. 信托财产与属于受托人所有的财产（固有财产）相区别

　　C. 受托人被宣告破产而终止，信托财产属于其清算财产

　　D. 受托人必须将信托财产与其固有财产分别管理、分别记账，并将不同委托人的信托财产分别

管理、分别记账

49. 甲企业于 2024 年 5 月份委托乙工厂加工一批高尔夫球杆，甲企业提供原材料金额为 100 万元，并支付乙工厂不含增值税的加工费 20 万元，无同类产品市场价格。假定高尔夫球杆适用消费税税率 10%，则乙工厂应代收代缴的消费税为（　　）万元。
A. 11.11　　　　　　B. 13.33　　　　　　C. 13.31　　　　　　D. 11.89

50. 根据合伙企业法律制度的规定，下列关于合伙企业债务清偿的表述中，正确的是（　　）。
A. 债权人应当首先向合伙企业求偿
B. 债权人应当首先向合伙人求偿
C. 债权人应当同时向合伙企业及其合伙人求偿
D. 债权人可以选择向合伙企业或其合伙人求偿

51. 甲、乙、丙、丁四家公司与杨某、张某拟共同出资设立一注册资本为 400 万元的有限责任公司。除杨某与张某拟以 120 万元的货币出资外，四家公司的下列非货币财产出资中，符合公司法律制度规定的是（　　）。
A. 甲公司以其特许经营权作价 50 万元出资
B. 乙公司以其商誉作价 50 万元出资
C. 丙公司以其非专利技术作价 50 万元出资
D. 丁公司以其设定了抵押担保的房屋作价 120 万元出资

52. 根据融资租赁法律制度的相关规定，下列不属于融资租赁合同出租人的主要权利的有（　　）。
A. 在租赁期内享有租赁物的所有权
B. 按约定收取租金
C. 合同终止时可按约定收回租赁物
D. 在租赁期内占有使用租赁物

53. 根据所有权法律制度的相关规定，下列关于国家所有权的说法中，错误的是（　　）。
A. 国家所有权的主体为国家
B. 国有财产由国务院代表国家行使所有权
C. 国家所有权可以通过税收、罚没、赎买等方式取得
D. 土地只能属于国家所有权的客体

54. 朋友 6 人共同出资购买一辆小轿车，未约定共有形式，且每人的出资额也不能确定。部分共有人欲对外转让该车，为避免该转让成为无权处分，在没有其他约定的情况下，根据物权法律的相关规定，同意转让的共有人至少应当达到的人数是（　　）。
A. 2 人　　　　　　B. 3 人　　　　　　C. 4 人　　　　　　D. 6 人

55. 依据企业所得税优惠政策，下列收入中，属于免税收入的有（　　）。
A. 企业购买的国债取得的利息收入
B. 财政拨款
C. 非营利组织从事营利性活动取得的收入
D. 在中国境内设立机构的非居民企业持续持有上市公司股票不足 12 个月取得的投资收益

56. 根据《公司法》的规定，有限责任公司董事会，其成员为（　　）人。
A. 1~5　　　　　　B. 2~10　　　　　　C. 5~10　　　　　　D. 3~13

57. 甲酒厂 2024 年 8 月份销售自产薯类白酒 30 吨，取得不含增值税销售额 50 万元，且开具了增值税专用发票，则甲酒厂该项业务应缴纳的消费税为（　　）万元。
A. 3　　　　　　　B. 7　　　　　　　C. 10　　　　　　　D. 13

58. 担任因违法被吊销营业执照、责令关闭的公司、非公司企业法人的法定代表人，并负有个人责任的，自被吊销营业执照之日起未逾（　　）年，不得担任公司、非公司企业法人的法定代

表人。

　　A. 3　　　　　　B. 5　　　　　　C. 10　　　　　　D. 15

59. 进口货物的增值税应纳税额的计算公式是（　　）。
　　A. 应纳税额 = 组成计税价格 × 税率
　　B. 应纳税额 = 销售额 × 税率
　　C. 应纳税额 = 销售额 × 征收率
　　D. 应纳税额 = 组成计税价格 × 征收率

60. 根据《公司法》规定，下列人员中，可以担任有限责任公司监事的是（　　）。
　　A. 公司董事长　　　　　　　　　B. 公司股东
　　C. 公司高级管理人员　　　　　　D. 公司董事

二、多项选择题（共30题，每题2分，共60分。每题的备选项中，有2个或2个以上符合题意，至少有1个错项。错选，本题不得分；少选，所选的每个选项得0.5分）

1. 下列选项中，属于会计基本假设的有（　　）。
　　A. 会计主体　　　　　　　　　　B. 借贷记账法
　　C. 持续经营　　　　　　　　　　D. 货币计量
　　E. 权责发生制

2. 下列关于特殊劳务交易在确认收入时点的说法中符合会计准则的有（　　）。
　　A. 属于提供设备的特许权费，在合同签订时确认收入
　　B. 艺术表演收费，在艺术表演成功后确认收入
　　C. 宣传媒介的收费，在相关的广告或商业行为开始出现于公众面前时确认收入
　　D. 广告的制作费，在资产负债表日根据制作广告的完成进度确认收入
　　E. 安装工作是商品销售附带条件的，安装费根据安装的完工进度确认收入

3. 甲公司是一家上市公司，在资产负债表日至财务报表批准报出之前发生的下列交易中，属于资产负债表日后非调整事项的有（　　）。
　　A. 发行可转换公司债券
　　B. 董事会提出利润分配方案
　　C. 因汇率变动造成外币应收款项出现汇兑损失
　　D. 以前年度销售的商品因质量问题退货
　　E. 董事会提出利润分配方案

4. 下列对于企业会计要素的描述，准确的有（　　）。
　　A. 与该资源有关的经济利益很可能流入企业的资源应被确认为资产
　　B. 负债是企业承担的现实义务，未来发生的交易或事项不属于负债
　　C. 除非发生减资或清算，企业不需要偿还所有者其投入的所有者权益
　　D. 收入包括企业所有的经济利益流入
　　E. 费用是指企业在日常活动中发生的、会导致所有者权益减少的，与向所有者分配利润无关的经济利益总流出

5. 下列情形中，甲公司可以确认收入的有（　　）。
　　A. 本月甲公司销售商品一批，商品已发出，买方已预付部分货款，余款由甲公司开出一张商业承兑汇票随货品一并交付。货品交付后买方表示商品质量不达标，要求甲公司退货，双方处于协商中
　　B. 本月甲公司销售商品一批，并与买方约定，3个月后将商品已售价加成一成的价格买回
　　C. 本月甲公司销售必须安装才能使用的机器设备一台，但截至月末，甲公司尚未完成商品的安装工作

D. 本月甲公司销售商品一批，买方已验收入库并支付货款

E. 本月甲公司销售商品一批，同时按照估计的退货率，把商品的10%售价确认为预计负债

6. 下列项目中，影响企业营业利润的项目包括（　　）。

A. 研发费用
B. 税金及附加
C. 净敞口套期收益
D. 所得税费用
E. 营业外支出

7. 下列活动中产生的现金流量，应该在"投资活动产生的现金流量"项目列示的有（　　）。

A. 收到投资单位甲公司本年度分配的现金股利
B. 支付职工的工会会费
C. 偿还银行构建大型机器设备的专门借款
D. 发行可转换公司债券收到的现金
E. 本年度构建大型机器设备花费的现金

8. 甲、乙公司之间发生的下列业务中，属于关联方交易的有（　　）。

A. 甲公司是乙公司的母公司，甲公司为乙公司的借款提供担保
B. 甲、乙公司有相同控制方，甲公司经销乙公司的特许商品
C. 甲、乙公司共同控制丙公司，甲公司独家代理乙公司生产的产品
D. 甲公司对乙公司有重大影响，甲公司以市场价格向乙公司提供产品
E. 甲、乙公司有相同控制方，甲公司使用乙公司已注册的商标

9. 甲公司于2年前购入乙公司40%股份，至今已持有2年，甲公司采用权益法核算该公司的长期股权投资。本年度，乙公司获得净利润500万元，则甲公司的下列做法中，符合会计准则的有（　　）。

A. 初始投资时，甲公司当时支付的投资成本为1 000万元，当时乙公司可辨认净资产公允价值为2 000万元，甲公司将长期股权投资成本调减200万元

B. 初始投资时，甲公司将乙公司财务报表存货的计量方式由先进先出法调整为与甲公司一致的移动加权平均法

C. 初始投资时，乙公司某一项无形资产的账面价值为500万元，公允价值为800万元，预计使用年限为10年，预计净残值为0。本年度，甲公司在计算投资收益时，将乙公司净利润在500万元的基础上调减30万元

D. 本年度，乙公司销售一批产品给甲公司，产品售价100万元，成本60万元，甲公司作为存货进行核算。年度终了时，甲公司已将存货中的30%销售，甲公司在计算投资收益时，将乙公司净利润在500万元的基础上调减12万元

E. 本年度，乙公司宣布发放现金股利100万元，甲公司调整长期股权投资账面价值40万元

10. 下列项目中，可以直接根据总账科目的余额填列进资产负债表的有（　　）。

A. 长期借款
B. 应收票据及应收账款
C. 库存股
D. 递延所得税负债
E. 应付职工薪酬

11. 资本资产定价模型的局限性包括（　　）。

A. 没有解决非系统性风险的定价问题
B. 某些资产或企业的β值难以估计
C. 依据历史数据估算出来的β值对未来的指导作用必然要打折扣
D. 资本资产定价模型建立假设与实际情况有较大偏差
E. 证明了高收益伴随高风险

12. 企业在编制全面预算时，下列说法和公式，正确的有（　　）。

A. 销售预算是基于对企业未来产品销售情况所作出的预测，预计销售收入＝预计销售量×实际

单价

B. 生产预算仅为生产量的预算，其中不包括生产花费，预计生产量＝预计销售量＋预计期末产成品存货量－预计期初产成品存货量

C. 直接材料预算是以生产预算为基础编制的预算，预计直接材料采购量＝预计生产量×单位产品耗用量＋预计期末材料存货－预计期初材料存货

D. 制造费用按成本性态分为固定制造费用、变动制造费用和混合制造费用三类，不同的类别编制方法也不同。其中，变动制造费用预算额＝预计生产量×单位产品生产数量占比

E. 单位产品成本和期末存货预算可以为预计损益表提供销售产品成本数据，也可以为预计资产负债表提供期末产成品存货数量，预计期末产成品存货额＝单位产品成本×预计期末产成品存货数量

13. 甲公司是一家木材加工厂，下列选项中，会影响甲公司经营杠杆系数的有（ ）。
 A. 购入的原木料
 B. 厂房及生产线的折旧
 C. 办公室常驻管理人员的工资
 D. 制造过程中耗用的水电费
 E. 固定性的筹资费用

14. 固定股利支付率政策的特点有（ ）。
 A. 在固定股利支付率政策下，各年股利的变动较大
 B. 在固定股利支付率政策下，容易因为股价造成公司经营不稳定的感觉
 C. 在固定股利支付率政策下，股利与公司盈余紧密结合
 D. 固定股利支付率政策会给企业带来过高的财务风险
 E. 固定股利支付率政策会给企业较高的股利支付压力

15. 下列属于杜邦分析体系的缺陷的有（ ）。
 A. 只能判断企业状况，不能改善企业经营
 B. 忽略了现金流量表的信息
 C. 只注重长期股东价值创造
 D. 忽略了资产负债表的信息
 E. 无法衡量公司战略、顾客满意度、内部管理流程优化、员工学习与成长和技术创新等因素对企业经营业绩的影响

16. 下列关于证券市场线的说法中，正确的有（ ）。
 A. 无风险报酬率越大，证券市场线在纵轴的截距越大
 B. 当资产组合的 β 系数增加时，证券市场线向左平移
 C. 无法分散风险的投资组合不适用于证券市场线
 D. 投资者对风险的厌恶感越强烈，证券市场线的斜率越大
 E. 预计通货膨胀情况加剧，证券市场线向上平移

17. 下列关于债券价值的说法中，正确的有（ ）。
 A. 债券期限越短，债券票面利率对债券价值的影响越大
 B. 债券期限越长，在票面利率偏离市场利率的情况下，债券价值越偏离债券面值
 C. 长期债券对市场利率的敏感性会大于短期债券
 D. 市场利率低于票面利率时，债券价值对市场利率的变化较为敏感
 E. 债券的内在价值与投资者买卖债券的价格密切相关

18. 甲公司没有优先股，下列选项中，能表示甲公司财务杠杆的有（ ）。

A. $DFL = \dfrac{EBIT}{EBIT - I}$
B. $DFL = \dfrac{EBIT + F}{EBIT - I}$
C. $DFL = \dfrac{EBIT + F}{EBIT}$
D. $DFL = \dfrac{EBIT - I}{EBIT}$

E. $DFL = \dfrac{\Delta EPS/EPS}{\Delta EBIT/EBIT}$

19. 在全面预算体系中，编制生产预算的依据有（　　）。
A. 制造费用预算
B. 预计生产量
C. 直接材料预算
D. 现金预算
E. 销售预算

20. 下列关于资产负债率、产权比率、权益乘数的关系中，说法正确的有（　　）。
A. 权益乘数 = 1 ÷ 产权比率
B. 权益乘数 = 负债 ÷ 所有者权益
C. 产权比率越大，权益乘数越大
D. 资产负债率、产权比率、权益乘数三者的变化方向是相同的
E. 权益乘数 − 产权比率 = 1

21. 对有限责任公司和股份有限公司股东责任的表述，下列各选项中正确的是（　　）。
A. 有限责任公司股东以出资额为限对公司承担责任
B. 有限责任公司股东以其认缴的出资额为限对公司承担责任
C. 股份有限公司股东以其认购的股份为限对公司承担责任
D. 股份有限公司股东以其所持的股份为限对公司承担责任
E. 公司以其全部财产对公司债务承担责任

22. 关于消费税纳税义务发生的时间，下列说法错误的是（　　）。
A. 纳税人采取预收货款结算方式销售应税消费品的，为书面合同约定的收款日期的当天
B. 纳税人自产自用的应税消费品纳税义务的发生时间，为移送使用的当天
C. 纳税人委托加工的应税消费品纳税义务的发生时间，为纳税人提货的当天
D. 纳税人进口的应税消费品纳税义务的发生时间，为发出应税消费品的当天
E. 纳税人采取分期收款结算方式销售应税消费品的，为书面合同约定的收款日期的当天

23. 根据增值税法律制度的相关规定，有偿提供服务、有偿转让无形资产或者不动产均征收增值税，但其中非经营活动除外，下列属于非经营活动的有（　　）。
A. 某政府部门按规定向企业收取政府性基金
B. 企业为本单位员工提供收费班车服务
C. 某单位工人利用自己的交通工具为本单位运输货物并收取运费
D. 某汽车修理厂提供汽车清洗、汽配等服务
E. 个体工商户聘用的员工为本单位提供取得工资的服务

24. 根据《公司法》的规定，下列关于有限责任公司董事会职权说法正确的是（　　）。
A. 制订公司的基本管理制度
B. 制订公司合并、分立、变更公司形式、解散的方案
C. 决定公司的经营方针和投资计划
D. 决定聘任或者解聘公司经理及其报酬事项
E. 制订公司的年度财务预算方案、决算方案

25. 下列项目可以在企业所得税的应纳税所得额中扣除的有（　　）。
A. 某烟草企业不超过当年销售收入15%的业务宣传费
B. 某钢厂为高温作业的职工提供的清凉饮料
C. 某制造业企业逾期归还银行贷款的罚金
D. 某企业对大型商贸活动的非广告性赞助
E. 某单位按规定缴纳的财产保险费

26. 最短折旧年限为10年的固定资产包括（　　）。
A. 飞机
B. 火车
C. 轮船
D. 轿车
E. 机器

27. 下列应税消费品中采用从价从量复合计征方法征收消费税的有（　　）。
   A. 白酒   B. 啤酒   C. 卷烟
   D. 电子烟   E. 柴油
28. 下列情形中，属于非依法律行为而导致的物权变动有（　　）。
   A. 甲将自己的房子赠予好友
   B. 某市发布征收决定，征收了乙的房屋
   C. 丙受遗赠取得房屋的所有权
   D. 丁购买汽车取得汽车的所有权
   E. 戊合法拆除了自己的房屋
29. 下列关于股份有限公司公积金的表述中，符合《公司法》规定的有（　　）。
   A. 资本公积金可以用于弥补公司的亏损
   B. 法定公积金按照公司税后利润的10%提取
   C. 任意公积金经股东会或股东大会决议，可以从税后利润中提取
   D. 公司以超过股票票面金额的发行价格发行股份所得的溢款，应当列为公司法定公积金
   E. 法定公积金转为资本时，所留存的该项公积金不得少于转增前公司注册资本的20%
30. 根据信托法律制度的规定，资产证券化业务中托管人应当履行的职责主要有（　　）。
   A. 安全保管专项计划相关资产
   B. 监督管理人专项计划的运作
   C. 负责专项计划的终止清算
   D. 监督、检查特定原始权益人持续经营情况和基础资产现金流状况
   E. 出具资产托管报告

三、综合题（共3题，每题10分，共30分。每题5个小题，有一个或多个正确选项，多选、漏选、错选、不选均不得分）

（一）
甲公司为增值税一般纳税人，适用的增值税税率为13%。2×22年至2×24年，甲公司发生如下事项：

资料一：2×22年12月31日，甲公司采用分期付款方式从乙公司购入一台机器设备，购买价款为4 000万元。甲乙双方合同约定，甲公司从第二年起，每年末12月31日支付设备款1 000万元。截至2×25年12月31日支付最后一笔合同款。已知甲公司实际利率为6%，(P/A, 6%, 4) = 3.4654。甲公司采用实际利率法摊销未确认融资费用。甲公司确认该设备的预计使用年限为5年，预计净残值为零，采用直线法计提折旧。同时，甲公司用该设备为其联营企业丙公司设定抵押担保。

资料二：2×23年6月30日，丙公司由于连年亏损，无法偿还丁公司已到期的欠款。该款项系丙公司于2×21年5月1日借入的，期限为2年，本金4 000万元，年利率为5%，到期一次偿还本金和利息，甲公司对该笔借款的本金和利息提供担保。由于丙公司无力偿还到期债务，丁公司向法院提起诉讼，要求甲公司偿还全部债务，并赔偿损失200万元。至2×23年12月31日，法院尚未做出判决。甲公司预计很可能败诉，偿还全部债务和损失130万元。

资料三：2×24年1月1日，法院做出判决，要求甲公司偿还全部债务，并赔偿丁公司150万元损失费。甲公司拿其抵押的机器设备抵债，其余用银行存款偿还。还债当日，甲公司机器设备的公允价值与账面价值相等。甲公司估计很可能收不回该款项。

假定不考虑其他因素，请回答下列问题：
1. 2×22年12月31日，下列关于分期购买机器设备的说法中，正确的有（　　）。
   A. 固定资产入账价值3 465.4万元　　　B. 长期应付款增加4 000万元

C. 财务费用增加价值 534.6 万元　　　　D. 未确认融资费用增加 534.6 万元

2. 2×23 年 12 月 30 日，甲公司应确认预计负债（　　）万元。
A. 130　　　　B. 4 000　　　　C. 4 530　　　　D. 4 600

3. 2×23 年 12 月 30 日，甲公司的或有事项在会计账簿上，借方确认预计负债的同时，贷方应计入的账户是（　　）。
A. 营业外支出　　B. 资产减值损失　　C. 意外担保损失　　D. 净敞口套期损失

4. 2×24 年 2 月 1 日，甲公司确认的实际债务支出与预计债务情况不符的，甲公司应该（　　）。
A. 计入以前年度损益调整　　　　B. 调整预计负债账面价值
C. 计入营业外支出　　　　　　　D. 调整其他应付款

5. 2×23 年 2 月 1 日，甲公司的下列做法中，正确的有（　　）。
A. 转销设备累计折旧 800 万元　　B. 预计负债增加 20 万元
C. 银行存款减少 1 777.68 万元　　D. 营业外支出增加 326.68 万元

（二）

甲公司 2×25 年有两种产品可以生产，但出于生产线的限制，只能选择其中一种产品：产品 A 单位售价为 15 元，单位变动成本为 7 元，固定成本为 60 万元；产品 B 单位售价为 15 元，单位变动成本为 8.25 元，固定成本为 45 万元。该公司总资产为 200 万元，资产负债率为 45%，负债的平均年利率为 10%。

预计 2×25 年这三种产品的销售量均为 20 万件，该企业目前正处于免税期。根据上述条件，回答下列问题：

1. 如果甲公司选择生产产品 A，则丙公司的经营杠杆系数为（　　）。
A. 1　　　　B. 1.2　　　　C. 1.5　　　　D. 1.6

2. 如果甲公司选择产品 A，则丙公司的财务杠杆系数为（　　）。
A. 1.1　　　　B. 1.2　　　　C. 1.5　　　　D. 1.6

3. 如果甲公司选择产品 A，则甲公司的联合杠杆系数为（　　）。
A. 1.1　　　　B. 1.32　　　　C. 1.76　　　　D. 1.85

4. 如果以整体风险进行选择，则甲公司应当（　　）。
A. 选择整体风险较高的 A 产品　　B. 选择整体风险较低的 A 产品
C. 选择整体风险较高的 B 产品　　D. 选择整体风险较低的 B 产品

5. 假设甲公司选择 A 产品，则下列说法正确的是（　　）。
A. 当甲公司销售量增长 10% 时，息税前利润增长 11%
B. 当甲公司销售量增长 10% 时，息税前利润增长 16%
C. 当甲公司息税前利润增长 10% 时，每股收益增长 11%
D. 当甲公司息税前利润增长 10% 时，每股收益增长 17.6%

（三）

某制造业企业为增值税一般纳税人，2024 年度生产经营情况如下：

（1）企业全年取得不含税销售收入 5 600 万元，取得货物运输收入 102 万元，全年取得国债利息收入 23 万元，持有 2024 年度中国铁路建设债券的利息收入 12 万元。

（2）困难职工补贴 5 万元，职工防暑费 8 万元，职工食堂经费 50 万元。

（3）向股东分红 200 万元，缴纳税收滞纳金 3 万元。

（4）对某中超足球队赞助 3 万元，通过公益组织向灾区捐款 35 万元。

（5）全年实际计入生产成本、费用的工资薪金总额 520 万元，其中，发生的职工福利费 70 万元，已按规定拨缴工会经费，职工教育经费支出 45 万元。

根据上述资料，回答下列问题：

1. 在计算 2024 年企业所得税应纳税额时，该制造业企业的下列收入应计入总额的是（　　）。

A. 销售收入 5 600 万元 B. 国债利息收入 23 万元
C. 货物运输收入 102 万元 D. 中国铁路建设债券的利息收入

2. 在计算 2024 年企业所得税应纳税额时，该企业的下列支出可以扣除的是（　　）。
A. 向股东分红 200 万元 B. 对某中超足球队赞助 3 万元
C. 缴纳税收滞纳金 3 万元 D. 通过公益组织向灾区捐款 35 万元

3. 下列支出不属于职工福利费的是（　　）。
A. 困难职工补贴 5 万元 B. 职工防暑费 8 万元
C. 职工教育经费 45 万元 D. 职工食堂经费 50 万元

4. 根据上述资料，该企业 2024 年度取得的铁路建设债券的利息应纳税所得额为（　　）万元。
A. 12   B. 6   C. 3   D. 0

5. 根据上述资料，该企业 2024 年度职工福利费、工会经费、职工教育经费的扣除额为（　　）万元。
A. 124.8   B. 111.6   C. 100   D. 122

2025年资产评估师职业资格全国统一考试
《资产评估相关知识》全真模拟试题（一）
参考答案及解析

一、单项选择题

1. 【答案】C

【解析】因仲裁和诉讼均已判决，属于确定事项，甲公司应将应付丙公司账款确认为负债，列示金额为3 000万元，应将应收乙公司账款按照计提坏账准备之后的账面价值1 800万元列示于资产负债表中，选项C正确。

2. 【答案】A

【解析】以公允价值计量且其变动计入当期损益的金融资产初始计量时，相关交易费用直接计入当期损益，即投资收益。

3. 【答案】D

【解析】甲公司应确认的损益调整金额=40%×[8 000-（5 000-4 000）÷10×（6/12）（固定资产折旧）-（1 200-800）×（1-30%）（未实现内部交易损益）]=3 068（万元）。

4. 【答案】C

【解析】长期股权投资是指投资方对被投资单位实施控制、重大影响的权益性投资，以及对其合营企业的权益性投资。选项C，甲公司能对丁公司产生重大影响，因此应该将其作为长期股权投资进行核算。

5. 【答案】C

【解析】营业利润=2 000-1 600-40-70-80+90=300（万元）。

6. 【答案】B

【解析】甲公司应当在取得政府补助时先判断是否满足政府补助所附条件，甲公司满足条件，则甲公司在收到补助资金时应当计入"递延收益"科目，实际按规定用途使用补助资金时，再计入当期损益，因此选项B正确、选项C错误。选项A，政府补助方法一经确认，不得随意变更，选项A错误。选项D，发放高管奖金时，相应结转递延收益并确认管理费用，选项D错误。

7. 【答案】A

【解析】期末账面价值=期末摊余成本=（500+10）×（1+8%）-600×5%=564（万元）。

8. 【答案】C

【解析】选项A，委托加工的应税消费品，收回后直接用于销售的，委托方应将代扣代缴的消费税计入委托加工的应税消费品成本。因此选项A错误。选项B，委托加工的应税消费品收回后用于连续生产应税消费品的，所纳税款准予按规定抵扣，委托方应按代收代缴的消费税，计入应交税费。因此选项B错误。选项D，消费税实行价内征收，企业销售产品缴纳的消费税通过"税金及附加"科目核算，因此选项D错误。

9. 【答案】B

【解析】该专利权的入账价值 = 600 + 300 + 60 + 50 = 1 010（万元）。

10. 【答案】C

【解析】甲公司可以用于分配股票股利的资金 = 800 × （1 - 10% - 5%） - 500 = 180（万元），其中分配实收资本 100（200 × 0.4）万元，其余计入资本公积——股本溢价，选项 C 正确，相关会计分录如下：

借：利润分配——转作股本的股利   1 800 000
  贷：实收资本   1 400 000
    资本公积——股本溢价   400 000

11. 【答案】B

【解析】甲公司接受投资时应确认的资本公积 = 120 - 300 × 1/3 = 20（万元）。

12. 【答案】B

【解析】2×24 年的借款利息 = 2 000 × 6% - 800 × 0.5% ÷ 12 - 800 × 0.5% × 10 ÷ 12 - （2 000 - 800 - 800）× 0.5% = 114.34（万元）；2×24 年资本化的利息 = 114.34 - 2 000 × 6% ÷ 12 = 104.34（万元）。

13. 【答案】A

【解析】公司将以摊余成本计量的金融资产重分类为以公允价值计量且其变动计入其他综合收益的金融资产，重分类日，该投资的账面价值与其公允价值之间的差额计入"其他综合收益"，选项 A 正确。

14. 【答案】D

【解析】营业利润 = 100 - 80 - 2 - 30 - 50 + 500 = 438（万元），以公允价值计量且其变动计入其他综合收益的金融资产公允价值变动计入其他综合收益，不影响营业利润。

15. 【答案】C

【解析】固定资产折旧方法的改变属于会计估计变更，采用未来适用法处理。折旧方法的改变对本期净利润的影响为按原折旧方法（年限平均法）与现折旧方法（双倍余额递减法）的差额扣除所得税影响后的金额。该设备 2×23 年底未改变方法前的账面价值 = 510 - （510 - 10）÷ 10 = 460（万元）。2×24 年度税法上按年限平均法计提折旧 = （510 - 10）÷ 10 = 50（万元），2×24 年度会计上按双倍余额递减法计提折旧 = （460 - 10）× 2 ÷ 8 = 112.5（万元），该项变化将导致 2×24 年度甲公司的净利润减少 = （112.5 - 50）×（1 - 25%）≈ 46.88（万元）。

16. 【答案】B

【解析】企业接受投资者的投资如果为外币资本，采用交易日即期汇率折算为记账本位币。

17. 【答案】C

【解析】甲公司年末资产负债表中"存货"项目期末余额 = 20 + 25 - 3 = 42（万元）。

18. 【答案】B

【解析】2×24 年 12 月 31 日购买乙公司的股权，共计持有 65% 的股权，实现对乙公司控股。因甲、丙公司没有关联关系，此次合并属于非同一控制下的合并，甲公司长期股权投资的入账价值 = 购买日的合并成本 + 原公允价值计量的账面价值 = 4 000 + 650 = 4 650（万元）。

19. 【答案】C

【解析】如果资产的某部分产能与其他部分在物理上不可区分（例如，光缆的部分容量），则该部分不属于已识别资产，除非其实质上代表该资产的全部产能，从而使客户获得因使用该资产所产生的几乎全部经济利益的权利。选项 C 说法错误。

20. 【答案】B

【解析】企业提取的盈余公积可以用来弥补亏损、转增资本或股本、扩大生产经营，不能用于发放职工福利，选项 B 错误。

21. 【答案】B

【解析】流通在外的普通股加权平均股＝8 000＋4 000×6÷12＝10 000（万股），每股收益＝（净利润－优先股股利）÷流通在外的普通股加权平均股数＝（2 500－500×1）÷10 000＝0.2（元/股），市盈率＝每股市价÷每股收益＝12÷0.2＝60（倍）。

22. 【答案】B

【解析】当相关系数为－1时，收益率变化方向和变化幅度完全相反，投资组合可以最大程度抵消风险。

23. 【答案】D

【解析】财务杠杆系数＝每股收益变化的百分比÷息税前利润变化的百分比，则有2.5＝每股收益变化百分比÷10%，因此，甲公司每股收益的增长率＝2.5×10%＝25%。

24. 【答案】C

【解析】未来三年股利的现值，高速增长期股利的现值＝1×（1＋12%）×（P/F，10%，1）＋1×（1＋12%）^{2}×（P/F，10%，2）＋1×（1＋12%）^{3}×（P/F，10%，3）＝3.11（元）。其次，计算正常增长期股利的现值：正常增长期股利的现值＝$\frac{1×（1＋12\%）^3×（1＋8\%）}{10\%－8\%}×\frac{1}{（1＋10\%）^3}$＝57（元），则，该股票的价值＝3.11＋57＝60.11（元/股）。

25. 【答案】C

【解析】第一季度生产量＝300＋250×10%－300×10%＝295（件）。第一季度材料采购量＝295×10＋550－600＝2 900（千克）。第一季度材料采购金额＝2 900×40＝116 000（元）。

26. 【答案】C

【解析】杜邦分析法将企业的盈利能力、营运能力、风险与偿债能力等都联系在一起，触及企业营业规模与成本费用水平，资产、负债、股东权益的规模与结构等方方面面，全面、系统地反映企业整体的财务状况和经营成果，并揭示出系统中各个因素之间的相互关联，较好地解释了指标变动原因，因此选项C的说法错误。

27. 【答案】C

【解析】第一种股票的比例＝100÷（100＋60＋40）＝50%，第二种股票的比例＝60÷（100＋60＋40）＝30%，第三种股票的比例＝40÷（100＋60＋40）＝20%，证券组合的β系数＝1.5×50%＋1.2×30%＋0.6×20%＝1.23，证券组合的风险收益率＝1.23×（12%－4%）＝9.84%，证券组合的必要收益率＝4%＋9.84%＝13.84%。

28. 【答案】B

【解析】存货周转率并非越高越好，盲目追求太高的存货周转率可能导致企业存货不足或缺货，引发停工停料，从而丧失一些生产和销售机会，对正常的生产经营生活带来不利影响。

29. 【答案】B

【解析】预计销售量＝0.6×480＋（1－0.6）×500＝488（件）。

30. 【答案】C

【解析】根据题干，该股票2×22年、2×23年、2×24年发放的股利分别为：0.8×（1＋18%）、0.8×（1＋18%）^{2}、0.8×（1＋18%）^{2}×（1＋8%），即0.944、1.114、1.20元。答案的范围都在9%~12%之间，于是使用试误法，当R＝10%时，NPV＝0.733；当R＝11%时，NPV＝－0.12，则得出该股票内部收益率R＝10.86%。

31. 【答案】B

【解析】预计期末产成品存货＝下季度销售量×10%＝200×10%＝20（万件）。

预计生产量＝预计销售量＋预计期末产成品存货－预计期初产成品存货＝140＋20－14＝146（万件）。

32. 【答案】B

【解析】净资产收益率＝销售净利率×总资产周转率×权益乘数。因为资产负债率不变，所以权益乘数不变。去年的净资产收益率＝9%×2×权益乘数＝18%×权益乘数，今年的净资产收益率＝11%×1.6×权益乘数＝17.6%×权益乘数。因此，今年的净资产收益率同比下降了。

33. 【答案】D

【解析】选项A，证券市场线，是将β作为自变量，必要收益率R作为因变量，无风险利率和市场风险溢酬作为已知系数的直线方程，选项A错误；选项B，证券市场线不包含非系统性风险，选项B错误；选项C，公司风险可以通过证券组合消除，选项C的说法错误，同时证券市场线并为引用非系统性风险，选项C不能从证券市场线中得出结论；选项D，在证券市场线关系右侧，唯一与单项资产相关的就是β系数，而β系数正是对该资产所有的系统性风险的度量，因此证券市场线的一个重要暗示就是"只有系统性风险才有资格要求补偿"，选项D的说法正确。

34. 【答案】B

【解析】因为两个项目的期限不同，因此需要采用等额年金法进行判断，方案一的等额年金＝2 400÷（P/A，10%，6）＝2 400÷4.3553＝551.05（万元）；方案二的等额年金＝3 200÷（P/A，10%，8）＝3 200÷5.4439＝587.81（万元），方案一的等额年金＜方案二的等额年金，因此应选择方案二。

35. 【答案】C

【解析】低正常部分股利能够满足靠股利度日股东的诉求，同时赋予公司较大的灵活性，使公司在股利发放上留有余地。

36. 【答案】C

【解析】对于不改变生产能力和营业收入的寿命期限不相等的固定资产更新，适宜采用年金成本法进行决策。

37. 【答案】C

【解析】预期收益率＝10%×8%＋60%×15%＋30%×20%＝15.8%。

38. 【答案】C

【解析】高点（900，94 500），低点（660，80 000），则 $b=$（94 500－80 000）÷（900－660）≈60.42，$a=94\,500-60.42\times900=40\,122$，因此该成本模型为 $y=40\,122+60.42x$，7月份总成本＝40 122＋60.42×950＝97 521（元）。

39. 【答案】B

【解析】债券内在价值＝1 000×10%×（P/A，8%，12）＋1 000×（P/F，8%，12）＝100×7.5361＋1 000×0.3971＝753.61＋397.1＝1 150.71（元）。

40. 【答案】C

【解析】财产股利是以现金以外的其他资产支付的股利，主要是以公司所拥有的其他公司的有价证券，如债券、股票等作为股利支付给股东。

41. 【答案】B

【解析】根据物权法律制度的规定，市场主体应当将承诺书及注销登记申请通过国家企业信用信息公示系统公示，公示期为20日。

42. 【答案】A

【解析】根据增值税法律制度的相关规定，采取折扣方式销售的销售额确定为：如果销售额和折扣额在同一张发票上分别注明的，可按折扣后的销售额计算增值税；如果将折扣额另开发票，不论其在财务上如何处理，均不得从销售额中减除折扣额。本题折扣额另开发票，则销售额不得减除折扣额，故增值税销项税额＝20 000×10×13%＝2.6（万元）。

43. 【答案】B

【解析】根据规定，新入伙的有限合伙人，对入伙前的有限合伙企业债务，以其认缴的出资额为限承担责任，故选项B正确。

44. 【答案】D

【解析】本题考核的是有限责任公司经理的职权。选项 D 是董事会的职权。

45. 【答案】B

【解析】根据增值税法律制度的规定，用于简易计税方法计税项目、免征增值税项目、集体福利或者个人消费的购进货物、劳务、服务、无形资产和不动产的进项税额不得从销项税额中抵扣。故选 B。

46. 【答案】A

【解析】乙属于无权占有，不享有所有权。动产物权自交付时转移，丙尚未取得所有权。

47. 【答案】C

【解析】根据增值税法律制度的相关规定，增值税小规模纳税人标准为年应征增值税销售额 500 万元及以下。

48. 【答案】C

【解析】其独立性表现在：（1）信托财产与委托人未设立信托的其他财产相区别；（2）信托财产与属于受托人所有的财产（固有财产）相区别，不得归入受托人的固有财产或者成为固有财产的一部分；（3）受托人死亡或者依法解散、被依法撤销、被宣告破产而终止，信托财产不属于其遗产或者清算财产；（4）受托人不得将信托财产转为其固有财产，受托人将信托财产转为其固有财产的，必须恢复该信托财产的原状；（5）受托人必须将信托财产与其固有财产分别管理、分别记账，并将不同委托人的信托财产分别管理、分别记账。

49. 【答案】B

【解析】根据消费税法律制度的相关规定，委托加工环节若没有同类消费品销售价格的，按照组成计税价格计算应纳消费税额。实行从价定率办法计算纳税的组成计税价格计算公式：组成计税价格 =（材料成本 + 加工费）÷（1 - 比例税率），因此，乙工厂应代收代缴的消费税 =（100 + 20）÷（1 - 10%）× 10% = 13.33（万元）。

50. 【答案】A

【解析】合伙企业对其债务应先以其全部财产进行清偿，合伙企业不能清偿到期债务的，合伙人承担无限连带责任。

51. 【答案】C

【解析】根据《公司法》的规定，有限责任公司的股东可以用货币出资，也可以用实物、知识产权、土地使用权等可以用货币估价并可以依法转让的非货币财产作价出资，但不得以劳务、信用、自然人姓名、商誉、特许经营权或者设定担保的财产等作价出资，故选项 C 正确。

52. 【答案】D

【解析】出租人的主要权利：在租赁期内享有租赁物的所有权；按约定收取租金；合同终止时可按约定收回租赁物。选项 D 属于承租人的主要权利。

53. 【答案】D

【解析】根据规定，国家所有权和集体所有权的客体都具有广泛性，其中土地既可以属于国家所有权的客体，也可以属于集体所有权的客体。

54. 【答案】C

【解析】处分共有不动产申请登记的，应当经占份额 2/3 以上的按份共有人或者全体共同共有人共同申请，但共有人另有约定的除外。所以本题至少应当达到的人数是 4 人。

55. 【答案】A

【解析】本题考察企业所得税免税收入，财政拨款属于不征税收入，选项 B 错误；符合条件的非营利组织的收入属于免税收入，但非营利组织从事营利性活动取得的收入除外，选项 C 错误；在中国境内设立机构、场所的非居民企业从居民企业取得与该机构、场所有实际联系的股息、红利等权益性投资收益为免税收入，但不包括连续持有居民企业公开发行并上市流通的股票不足 12 个月取得的投资收益，选项 D 错误。

56. 【答案】D

【解析】有限责任公司董事会，其成员为3~13人，股东人数较少或者规模较小的有限责任公司，不设董事会，可以设1名执行董事。

57. 【答案】D

【解析】根据消费税法律制度的相关规定，粮食白酒采用从价从量复合计征的方法计算消费税，税率为20%加0.5元/500克（或者500毫升），因此，该酒厂应缴纳的消费税 = 30 × (1 000 000 ÷ 500) × 0.5 + 500 000 × 20% = 13 (万元)。

58. 【答案】A

【解析】根据企业法律制度的规定，担任因违法被吊销营业执照、责令关闭的公司、非公司企业法人的法定代表人，并负有个人责任的，自被吊销营业执照之日起未逾3年，不得担任公司、非公司企业法人的法定代表人。

59. 【答案】A

【解析】纳税人进口货物按照组成计税价格适用的税率计算应纳税额。组成计税价格和应纳税额计算公式为：组成计税价格 = 关税完税价格 + 关税 + 消费税；应纳税额 = 组成计税价格 × 税率。

60. 【答案】B

【解析】根据《公司法》规定，董事、高级管理人员不得兼任监事，选项B可以。

二、多项选择题

1. 【答案】ACD

【解析】会计的基本假设包括：会计主体、会计分期、持续经营、货币计量。选项A、C、D正确。

2. 【答案】CD

【解析】选项A，属于提供设备和其他有形资产的特许权费，在交付资产或转移资产所有权时确认收入；选项B，艺术表演收费，在相关活动发生时确认收入；选项E，安装工作是商品销售附带条件的，安装费在确认商品销售实现时确认收入。

3. 【答案】ABCE

【解析】选项D，资产负债表日后发生的销售退货，作为调整事项调整报告年度相关项目。

4. 【答案】BE

【解析】选项A，一项资源确认为资产，必须符合资产的定义，同时还需要满足以下两个条件：①与该资源有关的经济利益很可能流入企业；②该资源的成本或价值能够可靠计量。选项A的描述不准确。选项C，除了减资、清算，分派现金股利也是企业偿还所有者投入的一种方式，选项C的描述不准确。选项D，收入会导致经济利益流入，但不包括投入的资本，选项D的描述不准确。

5. 【答案】DE

【解析】选项A，企业销售的商品在质量、品种、规格等方面不符合合同规定的要求，又未根据正常的保证条款予以弥补，因而仍负有责任的，企业不应确认收入；选项B，销售的商品控制权未随之转移，不确认收入；选项C，销售商品尚未完成安装或检验工作的，且此项安装或检验任务是销售合同的重要组成部分的，不确认收入。

6. 【答案】ABC

【解析】营业利润 = 营业收入 − 营业成本 − 税金及附加 − 销售费用 − 管理费用 − 研发费用 − 财务费用 − 资产减值损失 − 信用减值损失 + 其他收益（−其他损失）+ 投资收益（−投资损失）+ 净敞口套期收益（−净敞口套期损失）+ 公允价值变动收益（−公允价值变动损失）+ 资产处置收益（−资产处置损失）。因此，选项A、B、C正确。

7. 【答案】AE

【解析】选项B应在"经营活动产生的现金流量"项目列示；选项C、D应在"筹资活动产生的现金流量"项目列示。

8.【答案】ABDE

【解析】选项C，合营企业的投资者之间，如果没有其他关联方关系，一般不视为关联方，因此之间的交易不属于关联方交易。

9.【答案】BCE

【解析】选项A，权益法下，长期股权投资初始投资成本大于投资时应享有被投资单位可辨认净资产公允价值份额，该部分份额应作为商誉，在个别财务报表上不做体现，甲公司不做任何会计处理，选项A错误。

选项B，权益法下，被投资单位采用的会计政策、会计期间与投资企业不一致的，应按投资企业的会计政策、会计期间对被投资单位的财务报表进行调整，选项B正确。

选项C，投资时被投资单位无形资产公允价值与账面价值不一致的，投资企业应对被投资企业按照账面价值计量的损益调整为与投资口径一致时资产公允价值计量的净损益。因此每一个完整的会计年度应对投资企业的净利润进行调整，调整金额＝80÷10－50÷10＝30（万元），选项C正确。

选项D，在权益法下，投资单位应对被投资单位发生的未实现的内部交易应予以抵销，已实现的不做处理。本年度已实现内部交易30%，未实现70%，应调减乙公司净利润金额＝（100－60）×70%＝28（万元），选项D错误。

选项E，在权益法下，被投资单位宣告分派利润或现金股利，投资单位应按持股比例计算应分得的利润或现金股利，冲减"长期股权投资——损益调整"，选项E正确。

10.【答案】CDE

【解析】选项A，长期借款＝长期应收款总账科目余额－未实现融资收益总账科目余额－明细科目中将于一年内到期的部分，应根据总账科目和明细科目的余额分析计算填列，因此，选项A错误；选项B，应收票据及应收账款＝应收票据借方余额＋应收账款借方余额＋预收款项借方余额－坏账准备，应根据有关明细科目的余额分析计算填列，因此，选项B错误。

11.【答案】BCD

【解析】资本资产定价模型局限性包括：（1）某些资产或企业的β值难以估计，特别是对一些缺乏历史数据的新兴行业；（2）经济环境的不确定性和不断变化，使得依据历史数据估算出来的β值对未来的指导作用必然要打折扣；（3）资本资产定价模型是建立在一系列假设之上的，其中一些假设与实际情况有较大偏差。

12.【答案】BCE

【解析】选项A，预计销售收入＝预计销售量×预计销售单价。选项D，制造费用预算按成本性态分为固定制造费用、变动制造费用两类，不同的类别编制方法也不同。其中，变动性制造费用预算额＝预计生产量×单位产品费用分配率。

13.【答案】ABCD

【解析】决定经营杠杆系数的因素是固定成本，而能影响经营杠杆系数的则还有很多，如能计算出息税前利润的销量、单价、变动成本等因素，在本题中，选项A和D是变动成本，选项B和C是固定成本。选项E是财务杠杆的根本性原因。

14.【答案】ABC

【解析】固定股利支付率政策是根据企业的经营成果来分配的，没有固定的股利限制，不会给企业带来较高的股利支付压力，也就不会带来过高的财务风险。

15.【答案】ABE

【解析】杜邦分析体系的缺陷如下：（1）杜邦分析体系是从结果倒推原因，只能判断企业状况，不能改善企业经营；（2）杜邦分析体系以净资产收益率为核心，但是净资产收益率与股东财富存在差异；（3）杜邦分析体系的资料主要来自利润表和资产负债表，而忽略了现金流量表的信息；（4）杜邦分析体系侧重于财务报表方面的信息，而财务结果往往是短期倾向，忽略了长期股东价值创造；(5) 杜邦分析体系中的财务指标反映的是企业过去的经营成果，无法衡量公司战略、顾客满意度、内部管理流程优化、员工学习与成长和技术创新等因素对企业经营业绩的影响。选项 C、D 说法错误。

16. 【答案】ADE

【解析】选项 B，证券市场线横轴代表单项资产或资产组合的 β 系数，当 β 系数增大，证券市场线会向右平移；选项 C，证券市场线适用于任何资产或组合，无论其是否有效分散风险。

17. 【答案】BCD

【解析】选项 A，债券期限越短，债券票面利率对债券价值的影响越小。不论是溢价债券还是折价债券，当债券期限较短时，票面利率与市场利率的差异，不会使债券的价值过于偏离债券的面值，选项 A 错误。选项 E，债券的内在价值与其面值、票面利率、期限和折现率有关，与买卖价格无关，选项 E 错误。

18. 【答案】AE

【解析】$DFL = \dfrac{\Delta EPS/EPS}{\Delta EBIT/EBIT} = \dfrac{EBIT}{EBIT - I}$。

19. 【答案】ABC

【解析】生产预算，是指预计生产量、直接材料预算、直接人工预算、制造费用预算、单位产品成本和期末存货预算的汇总，选项 A、B、C 正确。

20. 【答案】CDE

【解析】权益乘数 = 总资产 ÷ 所有者权益 =（所有者权益 + 总负债）÷ 所有者权益 = 1 + 总负债 ÷ 所有者权益 = 1 + 产权比率，因此选项 A、B 错误，E 正确。资产负债率、产权比率和权益乘数三者是同方向变化指标，一个指标增加，其余指标也增加，选项 C 正确、D 正确。

21. 【答案】BCE

【解析】本题考查的是有限责任的概念。我国《公司法》第三条规定，公司是企业法人，有独立的法人财产，享受法人财产权。公司以其全部财产对公司债务承担责任，有限责任公司的股东以其认缴的出资额为限对公司承担责任，股份有限公司的股东以其认购的股份为限对公司承担责任。故选项 BCE 正确。

22. 【答案】AD

【解析】根据消费税法律制度的相关规定，选项 A 应为"纳税人采取预收货款结算方式销售应税消费品的，为发出应税消费品的当天"；选项 D 应为"纳税人进口的应税消费品，其纳税义务的发生时间，为报关进口的当天"。

23. 【答案】ABE

【解析】根据增值税法律制度有关规定，应征增值税的销售服务、无形资产或者不动产，是指有偿提供服务、有偿转让无形资产或者不动产，但属于下列非经营活动的情形除外：(1) 行政单位收取的同时满足以下条件的政府性基金或者行政事业性收费：由国务院或者财政部批准设立的政府性基金，由国务院或省级人民政府及其财政、价格主管部门批准设立的行政事业性收费；收取时开具省级以上（含省级）财政部门监（印）制的财政票据；所收款项全额上缴财政。(2) 单位或者个体工商户聘用的员工为本单位或者雇主提供取得工资的服务。(3) 单位或者个体工商户为聘用的员工提供服务。(4) 财政部和国家税务总局规定的其他情形。选项 A 符合非经营活动情形 (1)；选项 B 符合非经营活动情形 (3)，即使发生有偿行为，也不属于增值税征收范围；选项 E 符合非经营活动情形 (2)；而选项 C、D 均提供有偿服务，应当缴纳增值税。

24. 【答案】ABDE

【解析】本题考核的是有限责任公司董事会的职权。选项 C 是股东会的职权，董事会的职权是决定公司的经营计划和投资方案。

25. 【答案】BE

【解析】根据所得税法律制度的相关规定，选项 A 企业发生的符合条件的广告费和业务宣传费支出，除国务院财政、税务主管部门另有规定外，不超过当年销售（营业）收入15%的部分，准予扣除，但烟草企业的烟草广告费和业务宣传费支出，一律不得在计算应纳税所得额时扣除。选项 B 属于企业发生的合理的劳动保护支出，准予扣除。选项 C、D 属于企业不得扣除项目。选项 E 属于保险费，企业参加财产保险，按照规定缴纳的保险费，准予扣除。故选 B、E。

26.【答案】ABCE

【解析】本题考查企业所得税资产的税务处理。飞机、火车、轮船、机器和其他生产设备的最低折旧年限为 10 年，飞机、火车、轮船以外的运输工具，为 4 年。

27.【答案】AC

【解析】根据消费税法律制度的相关规定，应税消费品中，卷烟和白酒采用复合计征方法。应纳税额等于从量税额和从价税额之和。选项 B 啤酒采用从量定额方法计征消费税；选项 D 电子烟采用从价定率方法计征消费税；选项 E 柴油采用从量定额方法计征消费税。

28.【答案】BCE

【解析】非依法律行为的物权变动是基于法律规定、法院判决、仲裁裁决、政府征收决定、继承以及事实行为等非依法律行为引起的物权变动。选项 A、D 是基于法律行为的物权变动，选项 B、C、E 是非基于法律行为的物权变动。

29.【答案】BCD

【解析】根据《公司法》的规定，公积金可弥补公司亏损。但是，资本公积金不得用于弥补公司的亏损，故选项 A 错误。法定公积金转为资本时，所留存的该项公积金不得少于转增前公司注册资本的25%，故选项 E 错误。

30.【答案】ABE

【解析】托管人办理专项计划的托管业务，应当履行下列职责：（1）安全保管专项计划相关资产；（2）监督管理人专项计划的运作，发现管理人的管理指令违反计划说明书或者托管协议约定的，应当要求改正；未能改正的，应当拒绝执行并及时向中国基金业协会报告，同时抄送对管理人有辖区监管权的中国证监会派出机构；（3）出具资产托管报告；（4）计划说明书以及相关法律文件约定的其他事项。选项 C、D 属于资产证券化业务中管理人应当履行的职责。

三、综合题

（一）

1.【答案】ABD

【解析】固定资产入账价值 = 1 000 × 3.4654 = 3 465.4（万元），相关会计分录如下：

借：固定资产   34 654 000
    未确认融资费用   5 346 000
  贷：长期应付款   40 000 000

2.【答案】C

【解析】应确认预计负债 = 4 000 + 4 000 × 5% × 2 + 130 = 4 530（万元）。

3.【答案】A

【解析】因或有事项导致的预计负债，应计入本年度的营业外支出。

4.【答案】C

【解析】预计负债得以实现，对差异金额，按照资产负债表日后事项的有关规定进行会计处理，计入"以前年度损益调整——营业外支出"项目。

5.【答案】CD

【解析】选项 A，该设备已计提累计折旧 = 3 465.4 ÷ 5 = 693.08（万元），选项 A 错误。选项 B，事项确定后,应转销预计负债,选项 B 错误。选项 C,应支付的银行存款 = 应付款总额 − 固定资产账面价值 = 4 550 − (3 465.4 − 693.08) = 1 777.68(万元),选项 C 正确。选项 D,2×22 年已摊销融资费用 = 3 465.4 × 6% = 207.92(万元),剩余 534.6 − 207.92 = 326.68(万元),剩余未确认融资费用应转入营业外支出,选项 D 正确。

相关会计分录如下:

借:以前年度损益调整——营业外支出　　　　　　　　　　　　　　200 000
　　预计负债　　　　　　　　　　　　　　　　　　　　　　　　45 300 000
　　　贷:其他应付款　　　　　　　　　　　　　　　　　　　　　45 500 000
借:其他应付款　　　　　　　　　　　　　　　　　　　　　　　45 500 000
　　累计折旧　　　　　　　　　　　　　　　　　　　　　　　　6 930 800
　　　贷:固定资产　　　　　　　　　　　　　　　　　　　　　34 654 000
　　　　银行存款　　　　　　　　　　　　　　　　　　　　　　17 776 800
借:营业外支出　　　　　　　　　　　　　　　　　　　　　　　3 266 800
　　　贷:未确认融资费用　　　　　　　　　　　　　　　　　　3 266 800

(二)

1.【答案】D

【解析】A 产品的息税前利润 EBIT = (15 − 7) × 20 − 60 = 160 − 60 = 100(万元),经营杠杆系数 = (EBIT + F)/EBIT = (100 + 60)/100 = 1.6。

2.【答案】A

【解析】甲公司的利息费用 = 200 × 45% × 10% = 9(万元);财务杠杆系数 = EBIT/(EBIT − I) = 100/(100 − 9) = 1.1。

3.【答案】C

【解析】甲公司的联合杠杆系数 = 1.6 × 1.1 = 1.76。

4.【答案】D

【解析】B 产品的息税前利润 = (15 − 8.25) × 20 − 45 = 90(万元);经营杠杆系数 = (90 + 45)/90 = 1.5;财务杠杆系数 = EBIT/(EBIT − I) = 90/(90 − 9) = 1.11;总杠杆系数 = 1.5 × 1.11 = 1.67,小于 A 产品的联合杠杆系数,所以 A 产品的整体风险更大,应当选择 B 产品。

5.【答案】BC

【解析】DOL = 息税前利润的变动百分比 ÷ 销售量变动百分比,选项 A 错误、B 正确;DFL = 每股收益的变动百分比 ÷ 息税前利润变动百分比,选项 C 正确、D 错误。

(三)

1.【答案】ACD

【解析】根据企业所得税法律制度的相关规定,国债利息收入属于免税收入,不计入企业所得税应纳税额中。

2.【答案】D

【解析】公益捐赠不超过企业利润总额的 12% 的部分,允许税前扣除。

3.【答案】C

【解析】职工教育经费不属于职工福利费。

4.【答案】B

【解析】根据企业所得税法律制度的相关规定,符合条件的居民企业之间的股息、红利等权益性投资收益和国债利息收入免征企业所得税,而对企业投资者持有 2024~2027 年发行的铁路债券取得的利息收入,减半征收企业所得税,故选 B。

5.【答案】D

【解析】根据企业所得税法律制度的相关规定，企业发生的职工福利费支出不超过工资薪金总额14%的部分准予扣除。该企业发生的职工福利费是70万元小于扣除限额，扣除限额＝520×14%＝72.8（万元），准予扣除，无需调整。企业拨缴的工会经费不超过工资薪金总额2%的部分准予扣除，工会经费扣除标准＝520×2%＝10.4（万元）。除国务院财政、税务主管部门另有规定外，企业发生的职工教育经费支出，不超过工资薪金总额8%的部分准予扣除，超过部分准予结转以后纳税年度扣除。职工教育经费扣除标准＝520×8%＝41.6（万元），因此，该企业2024年度职工福利费、工会经费、职工教育经费扣除额＝70＋10.4＋41.6＝122（万元），故选D。

2025年资产评估师职业资格全国统一考试
《资产评估相关知识》全真模拟试题（二）

一、单项选择题（共60题，每题1分，共60分。每题的备选项中，只有一个最符合题意）

1. 2×24年7月1日，甲公司将其专利权授权给乙公司使用，使用期限10年，甲公司获得一次性授权使用费20万元，同时因为特许权使用费收入应缴企业所得税5万元。该专利为甲公司于2×20年初获得，授权时专利的账面价值为50万元，采用直线法摊销，尚可使用年限为20年，预计净残值为0，则该专利在转让当年对利润表的影响金额为（　　）万元。
   A. 17.5　　　　B. 20　　　　C. 18.75　　　　D. 1

2. 2×24年7月1日，甲公司从公开市场以2 100万元（含已到付息期但尚未领取的利息100万元）购入乙公司发行的债券，另发生交易费用10万元，划分为以公允价值计量且其变动计入当期损益的金融资产。当年12月31日，该金融资产的公允价值为2 200万元。假定不考虑其他因素，当日甲公司应就该资产确认的公允价值变动损益为（　　）万元。
   A. 90　　　　B. 100　　　　C. 190　　　　D. 200

3. 在企业集团中，虽然母公司和子公司是单独的企业法人，但是为了反映集团整体的财务状况、经营成果和现金流量，母公司会编制合并财务报表，这体现的会计基本假设是（　　）。
   A. 会计主体　　B. 持续经营　　C. 会计分期　　D. 货币计量

4. 甲公司为增值税一般纳税人，适用的增值税税率为13%。2×20年6月30日，甲公司通过现金3 000万元及一栋办公大楼从非关联方处购入乙公司55%股份，该办公大楼账面价值为2 000万元，公允价值3 000万元。2×24年12月30日，乙公司宣告分派现金股利600万元，甲公司应（　　）。
   A. 不做任何会计处理
   B. 确认投资收益330万元
   C. 确认投资收益600万元
   D. 增加长期股权投资账面价值330万元

5. 甲公司以发行股票的方式购买非同一控制下的乙公司的股权，取得乙公司55%的股权，为取得该股权甲公司发行100万股股票，每股面值为1元，每股公允价值为3元，并支付承销商佣金10万元，则甲公司取得该股权应确认的资本公积为（　　）万元。
   A. 300　　　　B. 100　　　　C. 200　　　　D. 190

6. 甲公司以每股1元的价格购入乙公司股票10 000股（买价中包含了每股0.05元已宣告但尚未派发的现金股利），另支付交易费用100元。甲公司拟将其作为以公允价值计量且其变动计入其他综合收益的金融资产核算，计入"其他债权投资——成本"科目的金额为（　　）元。
   A. 500　　　　B. 100　　　　C. 9 600　　　　D. 9 500

7. 企业发行股票时，支付的手续费和佣金应该（　　）。
   A. 计入管理费用　　　　　　B. 从溢价发行收入中扣除
   C. 扣减实收资本　　　　　　D. 计入营业外支出

8. 2×24年4月1日，甲公司向乙公司购买一台机器设备，支付价款如下：设备买价100万元，增值税 13 万元，运输费 2 万元，安装费 5 万元，机器设备使用员工培训费 1 万元，专业人员服务费 3 万元。2×24 年 4 月 20 日，该设备安装培训完成并投入使用。设备预计使用年限 5 年，预计净残值 5 万元，甲公司采用双倍余额递减法计提折旧，则 2×240 年该设备应计折旧额为（   ）万元。

A. 40　　　　　　B. 9.17　　　　　　C. 16.67　　　　　　D. 18.33

9. 企业发生的下列交易或事项中，属于会计估计变更的是（   ）。

A. 甲公司部分出售持有的某公司股权，因持股比例下降，对某公司股权核算方法由成本法变为权益法

B. 由于市场竞争对手新技术的研发，乙公司某专利权的受益期限由 10 年变为 6 年

C. 由于国际经济形势持续走低，丙公司将外币折算方法由现行汇率法变为时态法

D. 由于企业合并，丁公司（被投资企业）的收入确认方法由完工百分比法变为与投资企业一致的合同确认法

10. 甲公司经批准于 2×24 年 1 月 1 日按面值发行 5 年期，一次还本按年付息的可转换公司债券，发行价格 2 000 万元（与面值相等），款项已收存银行。债券票面年利率为 4%，甲公司发行可转换公司债券时二级市场上与之类似的没有附带转换权的债券市场利率为 6%。则 2×20 年 1 月 1 日发行可转换公司债券时，应确认的权益成分的公允价值为（   ）万元。

已知（P/A，6%，5）=4.2124，（P/F，6%，5）=0.7473。

A. 0　　　　　　B. 186.41　　　　　　C. 202.33　　　　　　D. 2 000

11. 甲企业相关的下列各方中，与甲企业不构成关联方关系的是（   ）。

A. 对甲企业施加重大影响的投资方

B. 与甲企业发生大量交易而存在经济依存关系的供应商

C. 与甲企业控股股东关键管理人员关系密切的家庭成员

D. 与甲企业受同一母公司控制的其他企业

12. 某负债按现在偿付该项负债所需支付的现金或者现金等价物的金额计量，则该负债采用的会计计量属性是（   ）。

A. 公允价值　　　　　　　　　　　　B. 重置成本
C. 可变现净值　　　　　　　　　　　D. 现值

13. 2×24 年 1 月 1 日，甲公司购入乙公司 30% 股份，对乙公司具有重大影响，甲公司采用权益法进行此笔投资的核算。甲公司取得该项投资时，乙公司各项可辨认资产、负债的公允价值与其账面价值相等。2×24 年 10 月，甲公司将其账面价值 120 万元的 A 产品以 180 万元的价格出售给乙公司，乙公司将取得的商品作为存货核算。至 2×24 年 12 月 31 日，乙公司尚未对外出售该存货。乙公司 2×24 年度实现净利润 1 000 万元，假定不考虑所得税等因素的影响，2×24 年甲公司应确认享有乙公司的净损益为（   ）万元。

A. 300　　　　　　B. 246　　　　　　C. 282　　　　　　D. 264

14. 甲公司对乙公司的控股比例占乙公司全部股份的 55%，在持有期间会导致甲公司长期股权投资价值发生变动的是（   ）。

A. 乙公司以公允价值计量且其变动计入其他综合收益的金融资产升值

B. 经过减值测试，乙公司本年度发生严重亏损

C. 乙公司宣告分派现金股利

D. 乙公司本年度实现净利

15. 下列关于会计政策变更的表述中，不正确的是（   ）。

A. 在以后期间的财务报表中，需要重复披露在以前期间的附注中已披露的会计政策变更的信息

B. 为提供更可靠、更相关会计信息而变更会计政策的，应当采用追溯调整法进行会计处理

C. 在当期期初确定会计政策变更对以前各期累积影响数不切实可行的，应当采用未来适用法处理

D. 确定会计政策变更对列报前期影响数不切实可行的，应当从可追溯调整的最早期间期初开始应用变更后的会计政策

16. 我国境内的甲公司销售一批商品给我国境内的乙公司，甲公司适用增值税税率为13%，同时给予乙公司一定的商业折扣，则甲公司应收账款的入账价值为（　　）。

　　A. 销售货款

　　B. 销售货款×（1－商业折扣率）

　　C. 销售货款×（1－商业折扣率）×（1＋增值税税率）

　　D. 销售货款×（1－商业折扣率）×（1－增值税税率）

17. 2×24年12月31日，甲公司持有库存的100件B材料专门用于生产A产品，每件成本4.5万元，每2件B材料可加工成1件A产品，加工过程中发生的加工成本为每件0.5万元。当日，B材料的市场价格为每件4.4万元，A产品市场价格为每件10.1万元，预计销售每件A产品需要0.5万元销售费用。不考虑其他因素，2×24年12月31日，甲公司库存B材料的账面价值为（　　）万元。

　　A. 415　　　　B. 440　　　　C. 450　　　　D. 455

18. 甲公司采用计划成本核算原材料，月初结存材料的计划成本为50万元，成本差异为节约差5万元，本月材料入库的计划成本为100万元，成本差异为超支差20万元。则甲公司本月材料成本差异率为（　　）。

　　A. 10%　　　　B. 16.7%　　　　C. －50%　　　　D. 30%

19. 甲公司2×23年财务报表于2×24年4月20日对外报出，假定其2×24年发生下列事项具有重要性，甲公司应当调整2×23年财务报表的是（　　）。

　　A. 3月2日，自2×23年9月即已经开始策划的企业合并交易获得股东大会批准

　　B. 4月10日，因某客户所在地发生自然灾害造成重大损失，导致甲公司2×23年资产负债表应收账款按照新的情况预计的坏账高于原预计金额

　　C. 4月15日，发现2×23年一项重要交易会计处理未充分考虑当时情况，导致虚增2×23年利润

　　D. 3月12日，某项于2×23年资产负债表日已存在的未决诉讼结案，实际支付的赔偿金额大于原已确认预计负债

20. A公司于2×22年7月1日以每股25元的价格购入B公司发行的股票100万股，指定为以公允价值计量且其变动计入其他综合收益的非交易性权益工具。2×22年12月31日，该股票的市场价格为每股27.5元。2×23年12月31日，该股票的市场价格为每股23.75元，A公司预计该股票价格的下跌是暂时的。2×24年12月31日，该股票的市场价格为每股22.75元，A公司认为该股票的下跌是因为出现了减值，并出售全部该股票。则下列2×24年12月31日A公司应作的会计处理中正确的是（　　）。

　　A. 借记"信用减值损失"科目100万元

　　B. 借记"公允价值变动损益"科目100万元

　　C. 贷记"其他权益工具投资——公允价值变动"科目250万元

　　D. 借记"其他综合收益"科目100万元

21. 若企业的流动比率大于1，则下列结论一定会成立的是（　　）。

　　A. 速动比率大于1　　　　　　　　B. 有形净债务率大于1

　　C. 营运资金大于0　　　　　　　　D. 权益乘数大于1

22. 某企业面临甲、乙两个投资项目。经衡量，甲项目的期望值大于乙项目的期望值，甲项目的标准离差小于乙项目的标准离差。对甲、乙项目可以做出的判断为（　　）。

　　A. 甲项目取得更高报酬和出现更大亏损的可能性均大于乙项目

　　B. 甲项目取得更高报酬和出现更大亏损的可能性均小于乙项目

C. 甲项目实际取得的报酬会高于其期望报酬

D. 乙项目实际取得的报酬会低于其期望报酬

23. 关于债券投资，下列说法中不正确的是（　　）。

A. 当企业预测市场利率将要下降时，可以提前赎回债券

B. 债券的转期和转换一般发生在偿还滞后的情况下

C. 债券的转换期可以短于债券期限，也可以长于债券期限

D. 发生债券调换的原因不一定都是因为企业到期现金不足

24. 企业投资某项目，项目寿命期 5 年，经测算内含报酬率为 12%，项目的资本成本为 10%，则以下表述错误的是（　　）。

A. 项目的静态回收期小于 5 年　　　　B. 项目的动态回收期大于 5 年

C. 项目的现值指数大于 1　　　　　　D. 项目的年金净流量大于 0

25. 下列选项中，不是利用趋势分析法进行财务分析的是（　　）。

A. 投入产出比较分析

B. 重要财务指标的比较

C. 会计报表的比较

D. 会计报表项目构成的比较

26. 下列各项中，属于企业内部筹资方式的是（　　）。

A. 留存收益　　　　　　　　　　　　B. 直接筹资

C. 融资租赁　　　　　　　　　　　　D. 定向增发

27. 有时候，企业的速动比率远远小于 1 也是正常情况。下列各项中，财务报表分析者在计算出速动比率为 0.5 时，不会提出质疑和管理建议的是（　　）。

A. 采用大量现金销售的商店

B. 流动负债大于速动资产的公司

C. 应收账款无法收回的厂商

D. 将实际经营业务转移给众多子公司的母公司

28. 甲公司拟发行一批优先股，每股发行价格为 90 元，发行费用为 10 元，预计每股股息为 5 元，则其资本成本为（　　）。

A. 5.75%　　　　B. 6.25%　　　　C. 7.5%　　　　D. 10.5%

29. 某企业净利润年末金额为 310 万元，年初为 360 万元。流动资产年末余额为 1 400 万元，年初为 1 210 万元，则该企业的流动资产收益率为（　　）。

A. 22.14%　　　　B. 23.75%　　　　C. 25.62%　　　　D. 27.59%

30. 利量式本量利关系图的斜率是（　　）。

A. 贡献毛益率　　B. 变动成本率　　C. 单位贡献毛益　　D. 销售数量

31. 某公司的流动资产由速动资产和存货组成，年末流动资产为 100 万元，年末流动比率为 2，年末存货余额为 40 万元，则年末速动比率为（　　）。

A. 2　　　　B. 1.2　　　　C. 1　　　　D. 0.8

32. 某企业仅产销一种产品，该产品销售单价为 200 元，单位变动成本为 120 元，固定成本为每月 20 000 元，若甲公司目标税后利润为 180 000 元，企业适用的所得税税率为 25%，则企业每月的销售额应达到（　　）元。

A. 650 000　　　　B. 500 000　　　　C. 600 000　　　　D. 550 000

33. 甲公司的未来投资方案中，项目 A 投资额为 125 万元，现值指数为 1.05，则该项目的净现值为（　　）万元。

A. 5.25　　　　B. 12.5　　　　C. 6.25　　　　D. 25

34. 项目初始现金流量不包括（　　）。

A. 固定资产投资
B. 营运资金的回收
C. 项目筹建费
D. 在固定资产的更新改造项目中，旧固定资产报废的残值收入

35. 甲公司本年度销售收入为2 000万元，敏感性资产和敏感性负债分别占销售收入的55%和35%，销售净利率为10%，股利支付率为70%。若甲公司下一年的销售净利率、股利支付率均保持不变，甲公司预计下一年销售收入将比上年增长20%，非敏感性资产不增加，则甲公司下一年外部融资需求量为（　　）。
　　A. 0　　　　　　B. 8万元　　　　　　C. 12万元　　　　　　D. 20万元

36. 在传统式本量利关系图中，单价和固定成本总额既定的情况下，保本点的位置随着单位变动成本的变动而（　　）变动。
　　A. 同向　　　　　B. 反向　　　　　　C. 随机　　　　　　D. 不

37. 甲公司拟开设一家分店，需在经营期初一次性投资300万元，投产后，各年营业现金净流量预计分别为40万元、80万元、120万元、100万元、95万元。则开设这家分店的静态投资回收期是（　　）年。
　　A. 3.2　　　　　B. 4.5　　　　　　C. 3.6　　　　　　D. 4.1

38. 下列有关因素变化对盈亏临界点的影响表述中，正确的是（　　）。
　　A. 单价升高使盈亏临界点上升
　　B. 单位变动成本降低使盈亏临界点上升
　　C. 销量降低使盈亏临界点上升
　　D. 固定成本上升使盈亏临界点上升

39. 甲公司股票的发行价为每股12元，股票发行费用率为15%，当年发放的现金股利为每股1元。证券分析师预测，股利年增长率为2%。则甲公司的股权资本成本为（　　）。
　　A. 15%　　　　　B. 12%　　　　　　C. 10%　　　　　　D. 8%

40. 有甲、乙、丙三个投资项目，期望值分别为12%、12%、12.48%，标准离差分别为0.3、0.32、0.32，某公司有一笔资金只能投资其中一个项目，则该公司应该选择（　　）项目进行投资。
　　A. 甲　　　　　　B. 乙　　　　　　C. 丙　　　　　　D. 无法选择

41. 某企业为小型微利企业，经计算，2024年应纳税所得额为206万元，则该企业2024年应缴纳的企业所得税为（　　）万元。
　　A. 0　　　　　　B. 7.8　　　　　　C. 15　　　　　　D. 18

42. 根据《公司法》的规定，关于公司利润分配的说法，错误的是（　　）。
　　A. 公司弥补亏损和提取公积金后所余税后利润，有限责任公司按照股东实缴的出资比例分配，但全体股东约定不按照出资比例分配的除外
　　B. 股份有限公司按照股东持有的股份比例分配，但股份有限公司章程规定不按持股比例分配的除外
　　C. 公司股东会、股东大会或者董事会违反规定，在公司弥补亏损和提取法定公积金之前向股东分配利润的，股东必须将违反规定分配的利润退还公司
　　D. 公司持有的本公司股份可以分配利润

43. 2023年12月2日，张某将自己的照相机租给李某使用，租期为1年。2024年4月1日，李某向张某提出购买此照相机，张某经过考虑，于2024年6月1日与李某签订书面买卖合同，将该照相机以8 000元的价格卖与李某。根据物权法律相关规定，李某取得该照相机所有权的时间为（　　）。
　　A. 2023年12月2日　　　　　　　　　B. 2024年4月1日
　　C. 2024年6月1日　　　　　　　　　D. 2024年12月2日

44. 甲向乙借款 10 万元，以其价值 10 万元的房屋设定抵押，并办理了抵押登记。后甲将房屋出租给丙居住。在丙居住期间，因丙吸烟不慎起火致房屋贬值 2 万元。对此，下列说法中正确的是（   ）。
   A. 甲应重新提供抵押物
   B. 乙有权请求甲将丙给付的 2 万元赔偿款提存
   C. 乙有权请求甲提前还款
   D. 乙有权请求丙赔偿损失

45. 某旧货公司为增值税小规模纳税人，以 1 个月为纳税期限，2024 年 1 月销售旧货取得含税销售收入 6 万元，销售自己使用过的固定资产取得含税销售收入 5 万元，则该旧货公司 2024 年 1 月应缴纳增值税（   ）元。
   A. 3 204.12   B. 3 203.88   C. 2 135.92   D. 2 136.08

46. 有关国有资本经营预算，下列说法，不正确的是（   ）。
   A. 对国有企业的资本金注入属于国有资本经营预算支出
   B. 国有资本经营预算按年度编制，不纳入本级人民政府预算
   C. 国有资本经营预算不列赤字
   D. 国有资本经营预算草案由财政部门负责编制

47. 李某是甲股份有限公司（简称"甲公司"）的实际控制人，因借款要求请求甲公司为其提供担保。甲公司遂召开股东大会对此事项进行表决。下列关于甲公司股东大会决议的表述中，正确的是（   ）。
   A. 李某不可以参加表决，该项决议由出席会议的其他股东过半数通过
   B. 李某不可以参加表决，该项决议由出席会议的其他股东所持表决权的过半数通过
   C. 李某可以参加表决，该项决议由全体股东所持表决权的过半数通过
   D. 李某可以参加表决，该项决议由出席会议的股东所持表决权的过半数通过

48. 根据增值税小微企业免税规定，2024 年 1 月 1 日至 2024 年 12 月 31 日以 1 个季度为纳税期限的增值税小规模纳税人，季度销售额未超过（   ）万元的，免征增值税。
   A. 10   B. 30   C. 45   D. 50

49. 物权法规定，物权的设立、变更、转让和消灭，必须（   ）。
   A. 经过公证   B. 依法登记   C. 签订合同   D. 交付实物

50. 某金店为增值税一般纳税人，适用增值税税率为 13%，2024 年 8 月份零售纯金项链和镀金耳环组成的套装商品，取得含税销售收入共计 30.26 万元，其中纯金项链收入 26 万元。消费税税率 5%，则该金店应缴纳的消费税为（   ）万元。
   A. 1.26   B. 1.15   C. 1.34   D. 1.30

51. 甲有限责任公司的职工股东乙未履行出资义务，经公司催告在合理期间仍拒绝缴纳。根据公司法律制度的规定，有权作出决议解除乙股东资格的公司机构是（   ）。
   A. 董事会   B. 监事会
   C. 股东会   D. 职工代表大会

52. 某普通合伙企业甲、乙分别持有 60% 和 40% 的合伙份额，经甲同意，乙将其持有的合伙企业 30% 的份额转让给丙，份额转让前，该合伙企业对丁公司负债 50 万元，转让时甲如实告知丙，丙入伙后合伙企业又欠丁 20 万元，现丁公司要求清偿债务，而合伙企业和甲、乙均无力清偿，根据《合伙企业法》，丙应清偿丁公司（   ）万元。
   A. 20   B. 21   C. 70   D. 50

53. 2016 年 5 月，甲、乙、丙、丁成立一有限合伙企业，甲、乙为普通合伙人，丙、丁为有限合伙人。2017 年 5 月甲转为有限合伙人，同时丙转为普通合伙人。2016 年 9 月该合伙企业欠银行 50 万元，直至 2018 年 3 月合伙企业被宣告破产仍未偿还。下列关于甲、乙、丙、丁对 50 万元银行债务承

担责任的表述中，符合《合伙企业法》规定的是（　　）。

A. 甲、乙承担无限连带责任，丙、丁应以其出资额为限对50万元债务承担清偿责任

B. 乙、丙承担无限连带责任，甲、丁应以其出资额为限对50万元债务承担清偿责任

C. 甲、乙、丙承担无限连带责任，丁应以其出资额为限对50万元债务承担清偿责任

D. 乙承担无限责任，甲、丙、丁应以出资额为限对50万元债务承担清偿责任

54. 根据支付结算法律制度的规定，下列银行结算账户中，可以办理现金支取的是（　　）。

A. 一般存款账户

B. 基本存款账户

C. 财政预算外资金专用存款账户

D. 期货交易保证金专用存款账户

55. 下列行为中既需缴纳增值税又需缴纳消费税的是（　　）。

A. 某啤酒厂将自产的一批啤酒免费赞助给啤酒节组委会

B. 某化妆品公司将自产的一批上妆油、卸妆油销售给商场

C. 某卷烟厂将自产的烟丝用于连续生产卷烟

D. 某新能源企业生产一批锂离子蓄电池赠送给合作商

56. 根据物权法律规定，下列各项中，不属于原始取得物权的有（　　）。

A. 刘某建造了一栋房屋，取得房屋的所有权

B. 王甲去世后，王乙继承了王甲的遗产，取得房屋的所有权

C. 张某家的母牛产下一头小牛，张某取得小牛的所有权

D. 拾荒老人在垃圾堆中捡到王某丢弃的军大衣，取得大衣的所有权

57. 商业银行的结算业务不包括（　　）。

A. 票据承兑　　　　　　　　　　B. 信用证结算

C. 吸收公众存款　　　　　　　　D. 委托收款

58. 根据《公司法》的规定，下列不属于有限责任公司中股东会职权的是（　　）。

A. 决定公司的经营方针和投资计划

B. 对公司合并、分立、变更公司形式、解散和清算等事项作出决议

C. 修改公司章程

D. 制订公司合并、分立、变更公司形式、解散的方案

59. 根据企业国有资产法律制度的规定，下列各项中，不属于国务院和地方政府依法履行出资人职责时应遵循的原则是（　　）。

A. 政企分开

B. 社会公共管理职能与企业国有资产出资人职能分开

C. 不干预企业依法自主经营

D. 保护消费者合法权益

60. 丽美公司和强盛公司合并成立了美盛公司，此种情形在《公司法》上称为（　　）。

A. 新设合并　　　B. 吸收合并　　　C. 派生分立　　　D. 新设分立

二、多项选择题（共30题，每题2分，共60分。每题的备选项中，有2个或2个以上符合题意，至少有1个错项。错选，本题不得分；少选，所选的每个选项得0.5分）

1. 下列关于现金流量表项目填列的说法中，正确的有（　　）。

A. 向职工支付的职工薪酬，应在"支付给职工以及为职工支付的现金"项目中反映

B. 外币货币性项目因汇率变动而产生的汇兑差额，应在"汇率变动对现金及现金等价物的影响"项目中反映

C. 以分期付款方式（具有融资性质）购建的长期资产每期支付的现金，应在"支付其他与投资

活动有关的现金"项目中反映

D. 处置子公司所收到的现金，减去子公司持有的现金和现金等价物以及相关处置费用后的净额，合并报表中在"处置子公司及其他营业单位收到的现金净额"项目中反映

E. 处置对联营企业长期股权投资收到的现金中属于已确认的投资收益的部分，应在"取得投资收益收到的现金"项目中反映

2. 2×23 年 1 月 1 日，甲公司支付价款 512 万元购入乙公司发行的债券，其中包含已到付息期但尚未领取的利息 8 万元及交易费用 4 万元。该债券面值总额 500 万元，剩余期限 2 年，票面利率 4%，每半年付息一次，甲公司将其分类为以公允价值计量且其变动计入当期损益的金融资产。甲公司分别在 2×23 年 1 月和 7 月、2×24 年 1 月收到该债券上半个年度的利息费用 10 万元。2×23 年 6 月 30 日和 2×23 年 12 月 31 日，该债券公允价值分别为 580 万元和 620 万元（不含利息）；2×24 年 3 月 31 日，甲公司将该债券出售，取得价款 645 万元。下列关于该债券的表述中，正确的有(　　)。

A. 2×23 年甲公司因持有该债券影响公允价值变动损益的金额为 120 万元
B. 2×23 年甲公司因持有该债券影响损益的金额为 140 万元
C. 2×23 年甲公司因持有该债券影响投资收益的金额为 16 万元
D. 2×23 年甲公司因持有该债券影响投资收益的金额为 145 万元
E. 处置该债券影响损益的金额为 25 万元

3. 长期股权投资采用权益法核算时，下列事项中，一定能够引起长期股权投资账面价值发生增减变动的有（　　）。

A. 被投资单位宣告发放现金股利
B. 被投资单位提取法定盈余公积
C. 投资单位与被投资单位顺流交易
D. 处置长期股权投资
E. 被投资单位实现净亏损

4. 对于甲公司发行的一笔公司债券，下列做法中，符合会计准则的有（　　）。

A. 甲公司在发行债券时，按照债券票面金额计入银行存款，按照实际收到的款项计入应付债券面值，差额计入应付债券利息调整

B. 甲公司发行的债券为一次还本付息债券，甲公司在每期期末计算应付未付利息时，都确认为"应付利息"

C. 甲公司发行的债券在资产负债表日，按照公允价值进行计量，公允价值与债券面值之间的差额计入利息调整

D. 甲公司当期债券入账利息费用与按票面利率计算的利息之间的差额，记为发行债券的溢价或者折价

E. 甲公司发行的债券到期，支付债券本息时，甲公司减少长期债券的账面价值和债券利息

5. 下列双方关系中，构成关联方关系的有（　　）。

A. 甲公司与甲公司的特许经销商
B. 乙公司与和其共同控制 B 公司的 M 公司
C. 丙公司与同受国家控制的 N 公司
D. 丁公司与其财务总监妻子出任董事长的 K 公司
E. 戊公司与其主要投资者控制的 Q 公司

6. 下列事项中，可能会影响所有者权益总额的有（　　）。

A. 发行可转换公司债券
B. 将作为存货的房地产转为以公允价值模式进行后续计量的投资性房地产，转换日房地产的公允价值大于原账面价值的差额
C. 用资本公积转增资本

D. 以公允价值计量且其变动计入其他综合收益的金融资产公允价值上升

E. 提取盈余公积

7. 下列各项中，不会引起留存收益总额发生增减变动的有（　　）。

A. 盈余公积弥补亏损　　　　　　　B. 盈余公积转增资本

C. 资本公积转增资本　　　　　　　D. 税前利润弥补亏损

E. 税后利润弥补亏损

8. 下列各项中，应作为以现金结算股份支付的工具的有（　　）。

A. 优先股　　　　　　　　　　　　B. 股票期权

C. 限制性股票　　　　　　　　　　D. 现金股票增值权

E. 模拟股票

9. 2×24年1月1日，甲公司以银行存款2 500万元从非关联方企业取得乙公司20%有表决权的股份，对乙公司具有重大影响；乙公司当日可辨认净资产的账面价值为12 000万元，各项可辨认资产、负债的公允价值与其账面价值均相同。乙公司2×24年实现的净利润为1 000万元，乙公司以公允价值计量且其变动计入其他综合收益的金融资产公允价值上升100万元。不考虑其他因素，以下说法正确的有（　　）。

A. 甲公司长期股权投资采用权益法进行核算

B. 甲公司初始投资成本大于公司可辨认净值的份额为100万元，应调整长期股权投资的入账价值

C. 2×24年12月31日，甲公司应确认投资收益220万元

D. 甲公司该项投资在资产负债表中应列示的年末余额为2 700万元

E. 2×24年12月31日，甲公司应确认其他综合收益20万元

10. 下列有关合并财务报表的表述中，正确的有（　　）。

A. 合并财务报表是以母公司和子公司组成的企业集团为会计主体

B. 合并财务报表仅需要合并母公司与子公司的资产负债表和利润表

C. 合并财务报表的合并范围以控制为基础予以确定，而因涉入被投资方而享有可变回报是确认控制的基本要素

D. 为了编制合并财务报表，必须把企业集团内所有子公司的会计估计和会计政策与母公司相统一

E. 母公司与子公司资产、负债和所有者权益类各项目的加总数额中，必然包含重复计算的因素，因此合并资产负债表须将重复计算的因素予以扣除

11. 下列属于固定成本的有（　　）。

A. 广告费　　　　　　　　　　　　B. 研发费

C. 按月计提的折旧费　　　　　　　D. 销售佣金

E. 技术转让费

12. 在计算下列各项指标时，其分母需要采用算术平均值的有（　　）。

A. 基本每股收益　　　　　　　　　B. 净资产收益率

C. 总资产周转率　　　　　　　　　D. 市盈率

E. 固定资产周转率

13. 根据投资的风险分散理论，某人对A、B两支股票都投入了2 000元，下列说法正确的有（　　）。

A. 若两支股票完全负相关，组合后的非系统性风险完全抵消

B. 若两支股票相关系数小于0，则组合后的非系统性风险可以减少

C. 若两支股票相关系数大于0小于1，组合后的非系统性风险不能减少

D. 若两支股票完全正相关，组合后的非系统性风险不扩大也不减少

E. 若两只股票的相关系数为 0，则组合后的系统性风险完全抵销

14. 关于投资指标"内部收益率"，以下说法正确的是（ ）。
   A. 内部收益率，是指投资项目本身能够带来的预期报酬率，也称内含报酬率
   B. 债券投资的内部收益率与债券买价有关
   C. 债券投资的内部收益率与债券卖价有关
   D. 股票的内部收益率高于投资者要求的最低报酬率时，股票的价格低于股票价值
   E. 股票的内部收益率与股票的买价无关

15. 在计算个别资金成本时，需要考虑所得税抵减作用的筹资方式有（ ）。
   A. 银行借款 B. 长期债券
   C. 优先股   D. 普通股
   E. 留存收益

16. 下列各项中，属于速动资产的有（ ）。
   A. 应收账款 B. 预收账款
   C. 存货   D. 货币资金
   E. 一年内到期或收回的长期投资

17. 下列关于证券资产组合的风险分散功能的描述中，准确的有（ ）。
   A. 当相关系数等于零时，表明两项资产收益率完全负相关
   B. 相关系数介于〔0，1〕
   C. 当相关系数等于 1 时，两项资产的收益率具有完全正相关关系
   D. 随着证券资产组合中资产个数的增加，组合的风险会逐渐降低，直至完全消除
   E. 当两项资产的收益率完全负相关时，两项资产的风险可以充分地相互抵消，这样的组合能够最大程度地降低风险

18. 下列各项成本费用中，属于约束性固定成本的有（ ）。
   A. 管理人员基本工资   B. 按照销售量支付的佣金
   C. 厂房租金   D. 职工培训费
   E. 按照机器工时计提的折旧费

19. 甲公司 2×24 年的经营资产为 2 200 万元，经营负债为 1 200 万元，当年的销售额为 1 500 万元，净利润为 300 万元，预计 2×25 年的销售额比 2×24 年增长 10%，根据企业以往经验，预计股利支付率仍为 30%，则下列说法中正确的有（ ）。
   A. 甲公司的利润留存率为 30%
   B. 甲公司的留存收益增加额为 231 万元
   C. 甲公司的留存收益增加额为 99 万元
   D. 甲公司的资金需要量总额为 100 万元
   E. 甲公司的外部资金需要量总额为 131 万元

20. 甲公司仅销售 X 产品，该产品的销售单价为 2 元，单位变动成本为 1.2 元，固定成本为 1 600 元/月，正常销售量 2 500 件。则下列说法正确的有（ ）。
   A. 保本销售量为 1 000 件
   B. 贡献毛益率为 40%
   C. 保本点作业率为 40%
   D. 安全边际为 1 000 元
   E. 安全边际率为 40%

21. 纳税人销售应税消费品收取的下列款项中，应并入消费税计税依据的是（ ）。
   A. 装卸费   B. 未逾期的黄酒包装物押金
   C. 增值税销项税额 D. 白酒优质费

E. 未逾期的啤酒包装物押金

22. 根据企业国有资产产权登记制度的规定，企业发生下列情形之一的，应当申请办理注销产权登记，下列属于应办理注销的情形有（　　）。

A. 企业解散　　　　　　　　　　　B. 企业被依法撤销
C. 企业转让全部国有资产产权　　　D. 企业改制后不再设置国有股权的
E. 企业国有资本额发生增减变动

23. 增值税一般纳税人中，发生下列行为取得收入中，适用6%税率的有（　　）。

A. 利用互联网提供短信和彩信服务　　B. 销售图书、报纸等出版物
C. 金融机构提供保险和贷款服务　　　D. 企业提供家政等生活服务
E. 销售农药、农机、农膜等

24. 2024年7月3日，甲父去世，留有房屋一套，甲是唯一的继承人。次月1日，甲将房屋登记于自己名下。随后，甲将房屋出卖给丙，未办理过户；后来甲又将房屋出卖给丁，并办理了过户。下列说法正确的有（　　）。

A. 甲于2024年7月3日获得房屋的所有权
B. 甲于2024年8月1日获得房屋的所有权
C. 丙是房屋的所有权人
D. 丁是房屋的所有权人
E. 甲是房屋的所有权人

25. 关于已纳消费税扣除范围的规定，下列表述正确的是（　　）。

A. 委托加工收回的已税玉石生产的金银首饰
B. 外购已税实木地板原料生产的实木地板
C. 以委托加工收回的已税烟丝为原料生产的卷烟
D. 外购已税珠宝原料生产的贵重首饰
E. 外购已税汽油、柴油为原料生产的汽油、柴油

26. 甲、乙、丙、丁、戊四人拟共同出资成立阳光有限责任公司，公司章程约定，由于公司规模较小，不设董事会，由甲某担任执行董事，不设监事会，由乙某担任监事，丙某担任经理，丁某担任公司财务责任人，戊某是职工代表。公司章程可以约定由（　　）担任阳光公司法定代表人。

A. 甲某　　　B. 乙某　　　C. 丙某
D. 丁某　　　E. 戊某

27. 下列物权类型中，属于用益物权的有（　　）。

A. 质权　　　　　　　　　B. 地役权
C. 建设用地使用权　　　　D. 土地承包经营权
E. 居住权

28. 下列项目不得在企业所得税的应纳税所得额中扣除的有（　　）。

A. 某纳税人通过企业向受灾地区捐赠应急物资
B. 某企业因法律纠纷而缴纳的诉讼费
C. 某上市公司向股东支付的股息
D. 某企业按照规定为职工缴纳的公积金
E. 某企业为职工支付的商业保险费

29. 甲公司欠乙公司货款500万元，乙公司要求提供担保，甲公司遂以其在A有限责任公司所占股份质押给乙公司，双方签订股权质押合同。同日，A公司其他股东同意甲公司以其股权质押给乙公司并作出董事会决议。为保险起见，乙公司为股权质押合同及相关质押资料办理了公证。下列说法中正确的有（　　）。

A. 该股权质权设立有效

B. 该股权质权的设立不产生效力
C. 该股权质权自 A 公司其他股东同意并作出董事会决议之日起有效设立
D. 该股权质权自办理公证之日起有效设立
E. 该股权质权若在工商行政管理部门办理登记，则登记之日起股权质权设立

30. 某普通合伙企业在事务执行时，合伙人甲、乙为执行合伙事务的合伙人，丙、丁、戊 3 人不执行合伙事务，下面说法中符合合伙人法律法规制度规定的有（　　）。
A. 甲：由我们 5 人一致同意才能处分企业不动产
B. 乙：丙、丁、戊不参加执行事务，不需要向其汇报企业经营状况
C. 丙：作为合伙人，我有权对企业事务提出异议
D. 丁：合伙亏损只需要甲、乙承担经济责任
E. 戊：虽然我不参加执行事务，但有权监督甲、乙执行合伙事务的情况

三、综合题（共 3 题，每题 10 分，共 30 分。每题 5 个小题，有一个或多个正确选项，多选、漏选、错选、不选均不得分）

（一）

甲公司为增值税一般纳税人，适用增值税税率 13%，适用所得税税率 25%，按 10% 提取盈余公积。

资料一：2×24 年 11 月 30 日，甲公司与乙公司签订销售合同，合同约定：甲公司将一批商品销售给乙公司，商品售价 500 万元，货物的控制权随乙公司开箱验收后转移。乙公司在验收完成七日内完成货款支付。该批货物存在 1 个月的免费试用期，从乙公司开箱验收当日起计算，乙公司在试用期内货物发生非人为毁损，甲公司负责免费退换。

2×24 年 12 月 10 日，甲公司准备好货物装车并发往乙公司，该批货物成本为 400 万元。

货物于 2×19 年 12 月 15 日送达乙公司，乙公司在验收时发现，该批货物短缺了 15%，其中有 5% 是货物运送的正常耗损，剩余 10% 是货物的非常损失，要求甲公司赔偿。

2×24 年 12 月 20 日，甲公司又将零售价 60 万元的货物送到乙公司作为赔偿，该批货物成本为 48 万元。乙公司于当日收到货并完成验收。

2×24 年 12 月 25 日，甲公司收到乙公司的货款 500 万元。

资料二：2×24 年 12 月 10 日，甲公司因合同违约涉及一起诉讼案。直至 2×19 年 12 月 31 日，甲公司尚未接到法院判决。根据以往经验并咨询相关专家后，甲公司胜诉的可能性为 30%，败诉的可能性为 70%。如果败诉，需要赔偿的金额为 5 000 万元的可能性为 10%，4 000 万元的可能性为 80%，3 500 万元的可能性为 10%。败诉后，甲公司很可能获得保险公司的赔偿，赔偿金额为 550 万元。

资料三：2×25 年 1 月 18 日，乙公司提出部分退货，因质量问题需退回 500 万元货物的 20%，甲公司同意了乙公司的退货申请。

资料四：2×25 年 2 月 1 日，甲公司合同违约案一审判决下达，甲公司需赔偿 4 200 万元，甲公司放弃上诉。

已知甲公司的财务报表批准报出日 2×25 年 4 月 15 日，甲公司 2×19 年净利润为 3.5 亿元。

除上述材料外，不考虑其他因素，回答下列问题：

1. 资料一，甲公司的收入确认时点为（　　）。
A. 2×24 年 11 月 30 日　　　　　　　　B. 2×24 年 12 月 15 日
C. 2×24 年 12 月 20 日　　　　　　　　D. 2×24 年 12 月 25 日

2. 资料一，该销售对甲公司利润表的影响金额为（　　）。
A. 39 万元　　　　B. 52 万元　　　　C. 75 万元　　　　D. 0

3. 根据资料二，该事项对甲公司净利润的影响金额为（　　）万元。

A. 3 037.5　　　　B. 4 050　　　　C. 3 500　　　　D. 2 625

4. 下列关于资料三的说法，符合会计准则的有（　　）。
A. 退货事项发生早于财务报告批准报出日，该事项为资产负债表日后事项
B. 退货事项属于资产负债表日后调整事项，因为在资产负债表日已经存在，在资产负债表日后得以证实
C. 退货事项属于资产负债表日后非调整事项，因为该事项对财务报告的编制不具备重大影响
D. 退货事项减少 2×24 年财务报表留存收益 3.9 万元

5. 不考虑所得税影响，根据资料四，甲公司在判决下达后，应调整利润分配的金额为（　　）万元。
A. 150　　　　B. 135　　　　C. 630　　　　D. 1 046.25

（二）
甲公司 2×24 年 12 月 31 日的资产负债表（简表）如下：

（单位：万元）

资产	期末数	负债及所有者权益	期末数
货币资金	300	应付账款	800
应收账款	900	应付票据	400
存货	1 800	长期借款	2 000
固定资产	2 500	实收资本	3 000
无形资产	1 500	留存收益	800
资产总计	7 000	负债及所有者权益总计	7 000

甲公司 2×24 年的销售收入为 6 000 万元，销售净利率为 10%，股利支付率为 50%。预计 2×25 年销售收入净额比上年增长 25%，为此需要增加固定资产 200 万元，增加无形资产 100 万元。

假定 2×24 年的销售净利率与上年保持一致，该年度长期借款不发生变化、公司保持股利支付率不变。根据上述材料，回答下列问题：

1. 甲公司的敏感性资产占销售收入的百分比为（　　）。
A. 45%　　　　B. 24%　　　　C. 50%　　　　D. 91.67%

2. 甲公司的敏感性负债占销售收入的百分比为（　　）。
A. 20%　　　　B. 24%　　　　C. 50%　　　　D. 30%

3. 甲公司 2×25 年的资金需要量总额为（　　）万元。
A. 450　　　　B. 750　　　　C. 500　　　　D. 800

4. 甲公司 2×25 年的外部筹资需要量为（　　）万元。
A. 225　　　　B. 350　　　　C. 625　　　　D. 375

5. 下列说法中，正确的是（　　）。
A. 销售百分比法能为筹资管理提供短期预计的财务报表
B. 销售百分比法是一种比较易于使用的筹资预测方式
C. 销售百分比法适用于资产负债与销售收入比例较稳定的公司
D. 销售百分比法适用于资产负债与销售收入比例变动较大的公司

（三）
甲、乙、丙、丁四人欲成立一家有限责任公司，注册资本为 100 万元。他们各自所占份额分别为 5%、12%、30%、53%，公司成立 1 年后，甲提出了增加公司注册资本的想法并提议召开临时股东大会，又过了一段时间，乙想将自己的股权转让给戊，并书面通知了甲、丙、丁，甲与丁均不同意乙对外转让股权，并向乙表达了自己的收购意向。2 年后，在公司的一次股东会议上，丙对其中

决议事项投出反对票，遂请求公司收购其股权。

根据上述材料，回答下列问题：

1. 根据甲、乙、丙、丁四人的出资份额，（　　）无权提议召开临时股东会。
A. 甲　　　　　　B. 乙　　　　　　C. 丙　　　　　　D. 丁

2. 若该有限责任公司想增加注册资本，则经过（　　）股东同意即可。
A. 甲、乙　　　　B. 乙、丙　　　　C. 乙、丁　　　　D. 丙、丁

3. 甲与丁应按照（　　）收购乙的股权。
A. 协商比例　　　B. 出资比例　　　C. 公司章程　　　D. 乙的意愿

4. 在（　　）情况下，公司应收购丙的股权。
A. 公司连续3年不向股东分配利润，且公司连续3年盈利
B. 公司合并、分立、转让主要财产的
C. 公司经营出现严重困难
D. 公司对内提供担保

5. 根据公司法律制度的规定，公司的（　　）事项，必须经过代表2/3以上表决权的股东通过。
A. 修改公司章程　　B. 公司合并　　　C. 公司解散　　　D. 变更公司注册地

2025年资产评估师职业资格全国统一考试
《资产评估相关知识》全真模拟试题（二）
参考答案及解析

一、单项选择题

1.【答案】A

【解析】对利润表的影响金额 = 20（其他业务收入）- 50÷20（累计摊销，一半影响管理费用等，一半影响其他业务成本）= 17.5（万元）。

2.【答案】D

【解析】甲公司应就该金融资产确认的公允价值变动损益 = 2 200 -（2 100 - 100）= 200（万元）。分类为以公允价值计量且其变动计入当期损益的金融资产发生的交易费用直接计入投资收益。

3.【答案】A

【解析】会计主体是指企业会计确认、计量和报告的空间范围。为了向财务报告使用者反映企业的财务状况、经营成果和现金流量，提供与决策有关的信息，会计核算和财务报告的编制应当集中反映特定对象的活动，将其与其他经济主体区别开来。编制合并财务报表体现了会计主体这个会计基本假设。

4.【答案】B

【解析】甲公司持有乙公司55%股权，对乙公司采用成本法进行会计核算。乙公司分派的现金股利，甲公司应按照持股比例确认投资收益，确认金额 = 600×55% = 330（万元）。

5.【答案】D

【解析】甲公司取得该股权时应确认的资本公积 = 100×3 - 100 - 10 = 190（万元）。

6.【答案】C

【解析】计入"其他债权投资——成本"科目的金额为 = 10 000×（1 - 0.05）+ 100 = 9 600（元）。

7.【答案】B

【解析】企业发行股票的手续费、佣金等交易费用，应从溢价发行收入中扣除，企业应扣除手续费、佣金后的溢价发行收入数额计入"资本公积"科目。

8.【答案】D

【解析】外购的固定资产入账价值包括买价、运输费、安装费、专业人员服务费，不包括增值税和员工培训费，该设备的入账价值 = 100 + 2 + 5 + 3 = 110（万元）。甲公司采用双倍余额递减法计提折旧，双倍余额递减法是在不考虑固定资产预计净残值的情况下计算折旧的方法，2×24年应计折旧额 = 110÷5×2×（5÷12）≈ 18.33（万元）。

9.【答案】B

【解析】选项A、C、D都属于会计政策变更。

10.【答案】B

【解析】可转换公司债券负债成分的公允价值＝2 000×0.7473＋2 000×4%×4.2124＝1 831.59（万元），权益成分公允价值＝2 000－1 813.59＝186.41（万元）。

11.【答案】B

【解析】与该企业发生大量交易而存在经济依存关系的单个客户、供应商、特许商、经销商和代理商之间，不构成关联方关系。选项B不属于关联方关系。

12.【答案】B

【解析】重置成本下，资产按照现在购买相同或者相似资产所需支付的现金或者现金等价物的金额计量，负债按照现在偿付该项债务所需支付的现金或者现金等价物的金额计量。选项B正确。

13.【答案】C

【解析】甲公司应确认享有乙公司的净损益＝［1 000－（180－120）］×30%＝282（万元）。

14.【答案】B

【解析】甲公司对乙公司采用成本法核算。选项B，成本法下，期末计提长期股权投资减值准备会引起长期股权投资账面价值减少。选项A、D，成本法下，被投资单位实现净利润和其他综合收益变化都是不做处理的。选项C，成本法下，持有期间被投资单位宣告分派现金股利的，投资企业应将其确认为投资收益，不影响长期股权投资账面价值的变化。

15.【答案】A

【解析】选项A，在以后期间的财务报表中，不需要重复披露在以前期间的附注中已披露的会计政策变更的信息。

16.【答案】C

【解析】应收账款的入账价值应为扣除商业折扣后的实际售价，本题售价需计算增值税，因此选项C正确。

17.【答案】C

【解析】A产品的可变现净值＝10.1－0.5＝9.6（万元），每件A产品的成本＝4.5×2＋0.5＝9.5（万元）。B材料专门生产的A产品未发生减值，B材料期末以成本计量，无须计提减值准备。

18.【答案】A

【解析】材料成本差异率＝（期初结存材料成本差异＋本期入库材料成本差异）÷（期初结存计划成本＋本期入库材料计划成本）×100%＝（－5＋20）÷（50＋100）＝10%。

19.【答案】D

【解析】选项A、C，不属于资产负债表日后事项期间发生的交易或事项；选项B，自然灾害导致的重大损失，属于非调整事项；选项D，属于资产负债表日后期间发生的诉讼案件结案，属于资产负债表日后调整事项，应对2×23年资产负债表进行调整。

20.【答案】D

【解析】指定为以公允价值计量且其变动计入其他综合收益的非交易性权益工具投资不计提减值准备，故应借记"其他综合收益"科目的金额＝（23.75－22.75）×100＝100（万元），贷记"其他权益工具投资——公允价值变动"科目100万元。

21.【答案】C

【解析】流动比率＝流动资产÷流动负债，若流动比率大于1，则流动资产大于流动负债，即营运资金一定大于0。

22.【答案】B

【解析】在期望值不同的情况下，标准离差率越大，风险越大；标准离差率越小，风险越小。选项B正确。

23.【答案】C

【解析】选项C，转换期是指可转换公司债券可转换为股份的起始日至结束日的期间。可转换公司债券的转换期可以与债券的期限相同，也可以短于债券的期限，但不能长于债券期限。

24. 【答案】B
   【解析】内含报酬率＞资本成本，说明未来现金净流量现值＞原始投资额现值，动态回收期小于5年。

25. 【答案】A
   【解析】选项A属于比率分析法，其他均属于趋势分析法。

26. 【答案】A
   【解析】企业内部筹资是指企业通过利润留存进行筹资，应收账款、融资租赁、定向增发都属于外部筹资，只有留存收益属于内部筹资。

27. 【答案】A
   【解析】采用大量现金销售的商店，几乎没有应收账款，因为要保持最佳现金持有量，所以会将货币资金进行投资，而不会过多持有，所以货币资金较少，因此其速动比率远远小于1也是正常情况。

28. 【答案】B
   【解析】优先股资本成本 $K_p = 5 \div (90 - 10) \times 100\% = 6.25\%$。

29. 【答案】B
   【解析】平均流动资产总额 =（期初流动资产 + 期末流动资产）÷ 2 =（1 400 + 1 210）÷ 2 = 1 305 万元，流动资产收益率 = 净利润 ÷ 平均流动资产总额 × 100% = 310 ÷ 1 305 × 100% = 23.75%。

30. 【答案】C
   【解析】利量式本量利关系图横轴为销售数量（金额），纵轴表示利润，关系图与纵轴交点为固定成本，利润线的斜率是单位贡献毛益。

31. 【答案】B
   【解析】该公司年末流动负债 = 流动资产 ÷ 流动比率 = 100 ÷ 2 = 50（万元），速动资产 = 流动资产 - 存货 = 100 - 40 = 60（万元），速动比率 = 速动资产 ÷ 流动负债 = 60 ÷ 50 = 1.2。

32. 【答案】A
   【解析】税前目标利润 = 180 000 ÷（1 - 25%）= 240 000（元），保利销售量 =（20 000 + 240 000）÷（200 - 120）= 3 250（件），保利销售额 = 3 250 × 200 = 650 000（元）。

33. 【答案】C
   【解析】现值指数 = 投资项目未来现金流量的总现值/项目投资额的现值，则该项目未来现金流量的总现值 = 125 × 1.05 = 131.25（万元），则净现值 = 131.25 - 125 = 6.25（万元）。

34. 【答案】B
   【解析】选项D，对于固定资产更新改造项目，原有固定资产报废残值收入扣除清理成本和税收影响后形成的净收益则作为建设性投资的扣除项，也同样是项目的初始现金流量中的一部分。选项B，营运资金在项目中一般在经营期开始前垫支，在项目终结期回收，因此是一种长期投资，在项目初始现金流量的构成中，只考虑营运资金的垫支，而营运资金的回收则是在终结期去考虑。

35. 【答案】B
   【解析】甲公司下一年外部融资需求量 = 2 000 × 20% ×（55% - 35%）- 2 000 ×（1 + 20%）× 10% ×（1 - 70%）= 8（万元），选项B正确。

36. 【答案】A
   【解析】在传统式本量利关系图中，单价和固定成本总额既定的情况下，保本点的位置随着单位变动成本的变动而同向变动，单位变动成本（坐标图表示斜率越大），保本点越高；反之，保本点越低，选项A正确。

37. 【答案】C
   【解析】静态投资回收期 = 最后一项为负值的累计净现金流量对应的年数 + 最后一项为负值的

累计净现金流量绝对值÷下年净现金流量 = 3 +（300 - 40 - 80 - 120）/100 = 3.6（年）。

38.【答案】D

【解析】保本量 = 固定成本÷（单价 - 单位变动成本）= 固定成本÷单位贡献毛益。由上式可知，单价与盈亏临界点呈反向变化；单位变动成本和固定成本与盈亏临界点呈同向变化；而销售量与盈亏临界点没有关系。

39.【答案】B

【解析】根据股利增长估值模型，甲公司的股权资本成本 K_e = 1 ×（1 + 2%）÷[12 ×（1 - 15%）] + 2% = 12%。

40.【答案】B

【解析】甲项目的标准离差率 = 12%÷0.3 = 40%，乙项目的标准离差率 = 12%÷0.32 = 37.5%，丙项目的标准离差率 = 12.48÷0.32 = 39%，因为乙项目的标准离差率最小，因此应该投资乙项目。

41.【答案】B

【解析】根据企业所得税法律制度的相关规定，对于符合条件的小型微利企业，自 2023 年 1 月 1 日至 2024 年 12 月 31 日，对小型微利企业应纳税所得额不超过 100 万元的部分，减按 12.5% 计入应纳税所得额，按 20% 的税率缴纳企业所得税；对年应纳税所得额超过 100 万元但不超过 300 万元的部分，自 2024 年 1 月 1 日至 2024 年 12 月 31 日，减按 25% 计入应纳税所得额，按 20% 的税率缴纳企业所得税。因此，该企业 2024 年应缴纳的企业所得税 = 100 × 12.5% × 20% +（206 - 100）× 25% × 20% = 7.8（万元）。

42.【答案】D

【解析】根据规定，公司持有的本公司股份不得分配利润，故选项 D 表述错误。

43.【答案】C

【解析】动产物权设立和转让前，权利人已经依法占有该动产的，物权自法律行为生效时发生效力，所以李某于签订书面合同之日起拥有此照相机的所有权。

44.【答案】B

【解析】本题考核抵押权的效力。抵押财产的价值减少。抵押人的行为足以使抵押财产价值减少的，抵押权人有权要求抵押人停止其行为。抵押财产价值减少的，抵押权人有权要求恢复抵押财产的价值，或者提供与减少的价值相应的担保。所以乙有权请求甲将丙给付的 2 万元赔偿款提存。

45.【答案】C

【解析】根据增值税法律制度的相关规定，小规模纳税人销售自己使用过的固定资产和旧货，按下列公式确定销售额和应纳税额：应纳税额 = 含税销售额÷（1 + 3%）× 2%。因此，该旧货公司 2024 年 1 月应缴纳增值税 =（60 000 + 50 000）÷（1 + 3%）× 2% = 2 135.92（元）。

46.【答案】B

【解析】国有资本经营预算按照收支平衡的原则编制，不列赤字。国有资本经营预算按年度单独编制，纳入本级人民政府预算，报本级人民代表大会批准。

47.【答案】B

【解析】公司为公司股东或者实际控制人提供担保的，必须经股东会或者股东大会决议。接受担保的股东或者受实际控制人支配的股东，不得参加规定事项的表决。该项表决由出席会议的其他股东所持表决权的过半数通过。

48.【答案】B

【解析】自 2023 年 1 月 1 日至 2027 年 12 月 31 日，增值税小规模纳税人发生增值税应税销售行为，合计月销售额未超过 10 万元（以 1 个季度为 1 个纳税期的，季度销售额未超过 30 万元）的，免征增值税。

49.【答案】B

【解析】根据物权法律制度的规定，物权的设立、变更、转让和消灭，必须依法登记。

50. 【答案】C

【解析】根据消费税法律制度的相关规定，金银首饰与其他产品组成成套消费品销售的，应按销售额全额征收消费税。因此，该金店应缴消费税 = 30.26 ÷（1 + 13%）× 5% ≈ 1.34（万元）。

51. 【答案】C

【解析】有限责任公司的股东未履行出资义务或者抽逃全部出资，经公司催告缴纳或者返还，其在合理期间内仍未缴纳或者返还出资，公司以股东会决议解除该股东的股东资格，该股东请求确认该解除行为无效的，人民法院不予支持。

52. 【答案】C

【解析】新合伙人对入伙前合伙企业的债务承担无限连带责任。所以丙要对其入伙前欠丁公司的50万元及入伙后新产生的20万元合计对丁公司承担责任。

53. 【答案】C

【解析】法律规定，除合伙协议另有约定外，普通合伙人转变为有限合伙人，或者有限合伙人转变为普通合伙人，都应当经全体合伙人一致同意，并且对转变前的债务承担无限连带责任。故选项C正确。

54. 【答案】B

【解析】选项B：基本存款账户是存款人因办理日常转账结算和现金收付需要开立的银行结算账户，存款人日常经营活动的资金收付及其工资、奖金和现金的支取，应通过该账户办理。选项A：一般存款账户可以办理现金缴存，但不得办理现金支取。选项C、D：财政预算外资金专用存款账户、期货交易保证金专用存款账户和信托基金专用存款账户，均不得支取现金。

55. 【答案】A

【解析】根据消费税法律的相关规定，选项B的上妆油、卸妆油不属于消费税的征收范围；选项C纳税人自产自用的应税消费品，用于连续生产应税消费品的，不纳税；选项D自2015年2月1日起对锂原电池、锂离子蓄电池、太阳能电池免征消费税。

56. 【答案】B

【解析】选项B为继承，属于继受取得；选项A为建造，属于原始取得；选项C为取得孳息，属于原始取得；选项D为先占，属于原始取得。

57. 【答案】C

【解析】选项C，吸收公众存款是商业银行受众最广的负债业务类型，不是结算业务。

58. 【答案】D

【解析】本题考核的是有限责任公司股东会的职权。选项D是董事会的职权。

59. 【答案】D

【解析】根据规定，国务院和地方人民政府应当按照政企分开、社会公共管理职能与企业国有资产出资人职能分开、不干预企业依法自主经营的原则，依法履行出资人职责。

60. 【答案】A

【解析】公司合并分为两种：吸收合并与新设合并。吸收合并是指一个公司吸收其他公司加入本公司，被吸收的公司解散。新设合并是指两个以上公司合并设立一个新的公司，合并各方解散。选项A正确。

二、多项选择题

1. 【答案】ABD

【解析】选项C，以分期付款方式（具有融资性质）购建的长期资产每期支付的现金，应在"支付的其他与筹资活动有关的现金"项目中反映；选项E，处置对联营企业长期股权投资收到的现金中属于已确认的投资收益的部分，应在"收回投资收到的现金"项目中反映。

2. 【答案】ACE

【解析】选项 A，2×23 年甲公司因持有该债券影响公允价值变动损益的金额 = [580 − (512 − 8 − 4)] + (620 − 580) = 120（万元）；选项 B，2×23 年甲公司因持有该项债权影响损益的金额 = −4 + 10 + 10 + (620 − 500) = 136（万元）；选项 C，2×23 年甲公司因持有该债券影响投资收益的金额 = −4 + 10 + 10 = 16（万元）；选项 D，2×24 年甲公司因持有该债券影响投资收益的金额 = 10 + (645 − 500) = 155（万元）；选项 E，处置该项债权影响损益的金额 = 645 − 620 = 25（万元）。

3. 【答案】ADE

【解析】选项 B，被投资单位所有者权益总额未发生变动，权益法下投资企业不需要进行账务处理。选项 C，投资单位与被投资单位未实现的内部交易需进行损益调整，已实现的内部交易在个别财务报表下，无须进行调整。

4. 【答案】BDE

【解析】选项 A，不符合会计准则规定，企业发行债券时，按实际收到的款项，借记"银行存款""库存现金"等科目，按债券票面金额，贷记"应付债券——面值"，按实际收到的款项与票面金额之间的差额，贷或借"应付债券——利息调整"。选项 C，长期债券在资产负债表日应按摊余成本进行计量。

5. 【答案】DE

【解析】某企业的主要投资者、关键管理人员或与其密切关系的家庭成员控制、共同控制或市价重大影响的其他企业，二者构成关联关系（同受国家控制除外），因此选项 D、E 构成关联关系，选项 C 不构成关联关系。选项 A、B 二者不构成关联关系。

6. 【答案】ABD

【解析】选项 A，发行可转换公司债券，账务处理为：

借：银行存款

　　贷：应付债券——可转换公司债券（负债成分的公允价值）

　　　　资本公积（权益成分的公允价值）

该业务产生资本公积，增加所有者权益总额。

选项 B，将作为存货核算的房地产转为公允价值模式核算的投资性房地产，转换日房地产的公允价值大于原账面价值的差额，账务处理为：

借：投资性房地产——成本

　　贷：开发产品

　　　　其他综合收益

该业务产生了其他综合收益，会增加所有者权益总额。

选项 C，用资本公积转增资本，账务处理为：

借：资本公积

　　贷：实收资本（或股本）

这是所有者权益内部的增减变动，所有者权益总额不变。

选项 D，以公允价值计量且其变动计入其他综合收益的金融资产公允价值上升，账务处理为：

借：其他债权投资——公允价值变动

　　贷：其他综合收益

该业务产生了其他综合收益，会增加所有者权益总额。

选项 E，提取盈余公积，所有者权益内部增减变动，所有者权益总额不变。

借：利润分配——未分配利润

　　贷：盈余公积——提取法定盈余公积/提取任意盈余公积

7. 【答案】ACDE

【解析】选项 B 导致盈余公积减少，实收资本增加，因此影响留存收益总额；选项 D 和 E 不做专门账务处理，不影响留存收益；选项 A，不涉及留存收益；选项 C，是留存收益内部的增减。

8. 【答案】DE

【解析】以权益结算的股份支付最常用的工具有两类：限制性股票和股票期权；以现金结算的股份支付最常用的工具有两类：模拟股票和现金股票增值权。优先股不是股份支付的工具。因此选项D、E正确。

9. 【答案】AE

【解析】选项A，2×24年1月1日，甲公司对乙公司具有重大影响，应采用权益法进行核算。选项B，长期股权投资初始投资成本为2 500万元，享有的乙公司可辨认净资产公允价值份额为2 400（12 000×20%）万元。初始投资成本大于享有的乙公司可辨认净资产公允价值份额为商誉，不调整长期股权投资入账价值。选项C，2×24年12月31日，甲公司应确认投资收益=1 000×20%=200（万元）。会计处理如下：

借：长期股权投资——损益调整　　　　　　　　　　　　　　　　　　2 000 000
　　贷：投资收益　　　　　　　　　　　　　　　　　　　　　　　　2 000 000

选项D，2×24年12月31日，甲公司长期股权投资在资产负债表中应列示的年末余额=2 500+1 000×20%+100×20%=2 720（万元）。选项E，2×24年12月31日，乙公司以公允价值计量且其变动计入其他综合收益的金融资产公允价值发生变动，甲公司应调整长期股权投资账面价值，并调整其他综合收益=100×20%=20（万元）。会计处理如下：

借：长期股权投资——其他综合收益　　　　　　　　　　　　　　　　200 000
　　贷：其他综合收益　　　　　　　　　　　　　　　　　　　　　　200 000

10. 【答案】ACE

【解析】选项B，合并财务报表包括合并资产负债表、合并利润表、合并现金流量表、合并所有者权益变动表（或合并股东权益变动表）和附注，附注是对在合并资产负债表、合并利润表、合并现金流量表和合并所有者权益变动表（或合并股东权益变动表）等报表中列示项目的文字描述或明细资料，以及对未能在这些报表中列示项目的说明等。选项D，合并财务报表只需统一母子公司会计政策，但会计估计根据实际情况而定。

11. 【答案】ABC

【解析】固定成本是指其总额在一定时期及一定产量范围内，不直接受业务量变动的影响而保持固定不变的成本，选项A、B、C都不会根据产销量的变化而变化，属于固定成本。

12. 【答案】CE

【解析】选项A，计算基本每股收益时，分母需要进行加权平均；选项B，净资产收益率=总资产净利率×权益乘数，分母不需要采用平均数；选项D，市盈率=每股市价÷普通股每股收益，分母不需要采用平均数。

13. 【答案】ABD

【解析】选项C，若两支股票相关系数大于0小于1，非系统性风险可小幅度减少，选项C错误；选项E，系统性风险又称市场风险或不可分散风险，是影响所有资产的、不能通过风险分散而消除的风险，选项E错误。

14. 【答案】ABD

【解析】选项A是对内部收益率的正确解释，无论对债券还是股票；选项B和C，债券投资的内部收益率只与买价有关，与卖价无关；选项D，股票的内部收益率高于投资者所要求的最低报酬率时，投资者才愿意购买该股票，此时股票的价格必然低于价值。

15. 【答案】AB

【解析】银行借款和长期债券的利息在税前支付，具有抵税作用。优先股和普通股的股利在税后支付，不具有抵税作用。留存收益方式与普通股性质相同，也就不能递减所得税了。

16. 【答案】AD

【解析】流动资产中流动性大的、可以短期快速变现的称为速动资产，具体包括货币资金、短期投资和各种应收款项。选项 B 属于流动负债，选项 C、选项 E 属于非速动资产。

17.【答案】CE

【解析】选项 A，相关系数 = -1 时，表明两项资产的收益率具有完全负相关关系，选项 A 的说法错误；选项 B，相关系数应介于 [-1，1] 之间，选项 B 的说法错误；选项 D，证券组合的风险中，系统性风险不能随着资产种类的增加而分散，选项 D 的说法错误。

18.【答案】AC

【解析】约束性固定成本是指管理当局的短期经营决策行动不能改变其具体数额的固定成本，例如保险费、房屋租金、管理人员的基本工资等。职工培训费属于酌量性固定成本。按照销售量支付的佣金和按照机器工时计提的折旧费属于变动成本，选项 A、C 正确。

19.【答案】BD

【解析】选项 A 错误，利润留存率 = 1 - 股利支付率，甲公司的利率留存率为 70%；选项 B 正确、C 错误，当年甲公司的销售净利率 = 300÷1 500 = 0.2，留存收益增加额 = 预测期销售额 × 销售净利率 × 利润留存率 = 1 500 × (1 + 10%) × 0.2 × 70% = 231（万元）；选项 D 错误、E 正确，甲公司的资金需要量总额 = 2 200/1 500 × (1 500 × 10%) - 1 200/1 500 × (1 500 × 10%) = 100（万元），小于甲公司 2×25 年预计增加的留存收益，这说明甲公司 2×25 年不需要外部筹资，外部资金需要量为 0。

20.【答案】BD

【解析】选项 A，保本量 = 1 600÷(2 - 1.2) = 2 000（件），选项 A 错误；选项 B，贡献毛益率 = (2 - 1.2)÷2 × 100% = 40%，选项 B 正确；选项 C，正常销售额 = 2 500 × 2 = 5 000（元），保本点销售额 = 1 600÷40% = 4 000（元），保本点作业率 = 4 000÷5 000 × 100% = 80%，选项 C 错误；选项 D，安全边际 = 5 000 - 4 000 = 1 000（元），选项 D 正确；安全边际率 = 1 000÷5 000 × 100% = 20%，选项 E 错误。

21.【答案】AD

【解析】本题考查消费税的计税依据。装卸费、集资费、白酒优质费属于价外费用，是消费税的计税依据。选项 C，增值税销售税额不包括在销售额中，不是消费税的计税依据。选项 B、E 错误，啤酒、黄酒包装物押金不论是否逾期、是否单独核算，都不征消费税。

22.【答案】ABCD

【解析】选项 E：企业国有资本额发生增减变动属于变动产权登记的内容。

23.【答案】ACD

【解析】根据增值税法律制度的规定，纳税人销售交通运输、邮政、基础电信、建筑、不动产租赁服务，销售不动产，转让土地使用权，销售或者进口货物，税率为 9%，选项 B、E 适用 9% 税率。而纳税人提供金融、现代服务（有形动产租赁服务除外）、生活服务、增值电信服务，销售无形资产，税率为 6%。选项 A 属于增值电信服务，选项 C 属于金融服务，选项 D 属于生活服务。

24.【答案】AD

【解析】根据规定，因继承取得物权的，自继承开始时发生效力，因此选项 A 正确；不动产物权的设立，经依法登记发生效力，因此选项 D 正确。

25.【答案】BCDE

【解析】根据消费税法律制度的相关规定，纳税人用委托加工收回已税珠宝玉石生产的改在零售环节征收消费税的金银首饰，在计税时一律不得扣除委托加工收回的珠宝玉石的已纳消费税税款。因此，选项 A 不属于已纳消费税的扣除范围。

26.【答案】AC

【解析】本题考查法定代表人。公司法定代表人依照公司的章程的规定，由董事长、执行董事或者经理担任。

27.【答案】BCDE

【解析】用益物权是对他人所有的不动产或者动产，依法享有占有、使用和收益的权利。用益物权主要包括：土地承包经营权、建设用地使用权、宅基地使用权、居住权、地役权和准物权（海域使用权、探矿权、采矿权、取水权、养殖权和捕捞权）。

28．【答案】ACE

【解析】根据企业所得税法律制度的相关规定，纳税人通过公益性社会团体或者县级以上人民政府及其部门用于《公益事业捐赠法》规定的公益事业的捐赠，选项A纳税人通过企业捐赠的不属于公益性捐赠，不得扣除；选项B属于准予扣除的其他项目；选项C属于向投资者支付的股息、红利等权益性投资收益款项，不得扣除；选项D属于保险费，准予扣除；选项E企业为投资者或者职工支付的商业保险费，不得扣除。

29．【答案】BE

【解析】选项A、C、D错误，我国物权法律制度的规定，股权质权设立的公示方法为登记，只有经过登记该股权质权才设立完毕。

30．【答案】ACE

【解析】根据规定，不执行合伙事务的合伙人有权监督执行事务合伙人执行合伙事务的情况。故选项B错误。合伙亏损是全体合伙人所共同面临的风险，或者说是共同承担的经济责任，故选项D错误。

三、综合题

（一）

1．【答案】C

【解析】企业已将商品所有权上的控制权转移给客户时应确认收入，2×24年12月20日，乙公司将全部的商品验收完毕，根据合同条款，商品的控制权在此时才转移给乙公司，选项C正确。

2．【答案】A

【解析】资料一对利润表的影响金额＝（500－400－48）×（1－25%）＝39（万元）。

3．【答案】B

【解析】因为该义务是企业承担的现时义务，履行该义务很可能（可能性大于50%小于95%）导致经济利益流出甲公司，该义务的金额能够可靠计量。因此该或有事项需要确认预计负债。该或有事项应确认预计负债的金额＝5 000×10%＋4 000×80%＋3 500×10%＝4 050（万元）。因为预期获得补偿的可能性小于95%，不能确认或有资产。根据规定，会计确认的预计负债税法只允许在实际发生时税前扣除，因此产生可抵扣暂时性差异4 050万元，确认递延所得税资产＝4 050×25%＝1 012.5（万元），减少所得税费用。因此该事项对甲公司净利润的影响金额＝4 050×（1－25%）＋1 012.5＝4 050（万元）。

4．【答案】AC

【解析】退货事项发生日为2×25年1月18日，财务报表批准报出日2×25年4月15日，选项A正确；根据资料三，甲公司发生10%退回，对利润表的影响金额＝39×10%＝3.9（万元），甲公司本年度净利润3.5亿元，该事项不会对资产负债表的编制产生重大影响，因此选项C正确。

5．【答案】B

【解析】该事项为资产负债表日后调整事项，相关会计分录：

借：以前年度损益调整　　　　　　　　　　　　　　　　1 500 000
　　预计负债　　　　　　　　　　　　　　　　　　　　40 500 000
　　贷：其他应付款　　　　　　　　　　　　　　　　　　42 000 000
借：利润分配——未分配利润　　　　　　　　　　　　　 1 350 000
　　盈余公积——法定盈余公积　　　　　　　　　　　　　 150 000
　　贷：以前年度损益调整　　　　　　　　　　　　　　　 1 500 000

(二)

1. 【答案】C

【解析】敏感性资产销售百分比 =（300 + 900 + 1 800）/6 000 = 50%。

2. 【答案】A

【解析】敏感性负债的销售百分比 =（400 + 800）÷ 6 000 = 20%。

3. 【答案】B

【解析】甲公司 2×25 年的资金需要量 = 6 000 × 25% ×（50% − 20%）+ 200 + 100 = 750（万元）。

4. 【答案】D

【解析】甲公司 2×25 年的外部筹资需要量 = 750 − 6 000 ×（1 + 25%）× 10% ×（1 − 50%）= 375（万元）。

5. 【答案】ABC

【解析】销售百分比法是假设资产、负债和费用与销售收入之间存在稳定的百分比关系，不适用于资产负债与销售收入比例变动较大的公司。

(三)

1. 【答案】A

【解析】根据《公司法》规定：股东会会议由股东按照出资比例行使表决权，同时代表 1/10 以上表决权的股东，1/3 以上的董事，监事会或者不设监事会的公司的监事提议召开临时会议的，应当召开临时会议。甲出资比例仅为 5%，因此甲的临时召开股东会的决议不具效力。

2. 【答案】D

【解析】根据《公司法》的规定：股东会会议作出修改公司章程、增加或者减少注册资本的决议，以及公司合并、分立、解散或者变更公司形式的决议，必须经代表 2/3 以上表决权的股东通过，即表决权比例为 66.7%。选项 A 合计表决权比例为 17%，选项 B 合计表决权比例为 42%，选项 C 合计表决权比例为 65%，选项 D 合计表决权比例为 83%，因此答案为选项 D。

3. 【答案】ABC

【解析】根据《公司法》规定：2 个以上股东主张行使优先购买权的，协商确定各自的购买比例；协商不成的，按照转让时各自的出资比例行使优先购买权。但是，公司章程对股权转让另有规定的，从其规定。

4. 【答案】B

【解析】有下列情形之一的，对股东会该项决议投反对票的股东可以请求公司按照合理的价格收购其股权，退出公司：（1）公司连续 5 年不向股东分配利润，而公司该 5 年连续盈利，并且符合公司法规定的分配利润条件的；（2）公司合并、分立、转让主要财产的；（3）公司章程规定的营业期限届满或者章程规定的其他解散事由出现，股东会会议通过决议修改章程使公司存续的。自股东会会议决议通过之日起 60 日内，股东与公司不能达成股权收购协议的，股东可以自股东会会议决议通过之日起 90 日内向人民法院提起诉讼。

5. 【答案】ABC

【解析】股东会会议作出修改公司章程、增加或者减少注册资本的决议，以及公司合并、分立、解散或者变更公司形式的决议，必须经代表 2/3 以上表决权的股东通过。